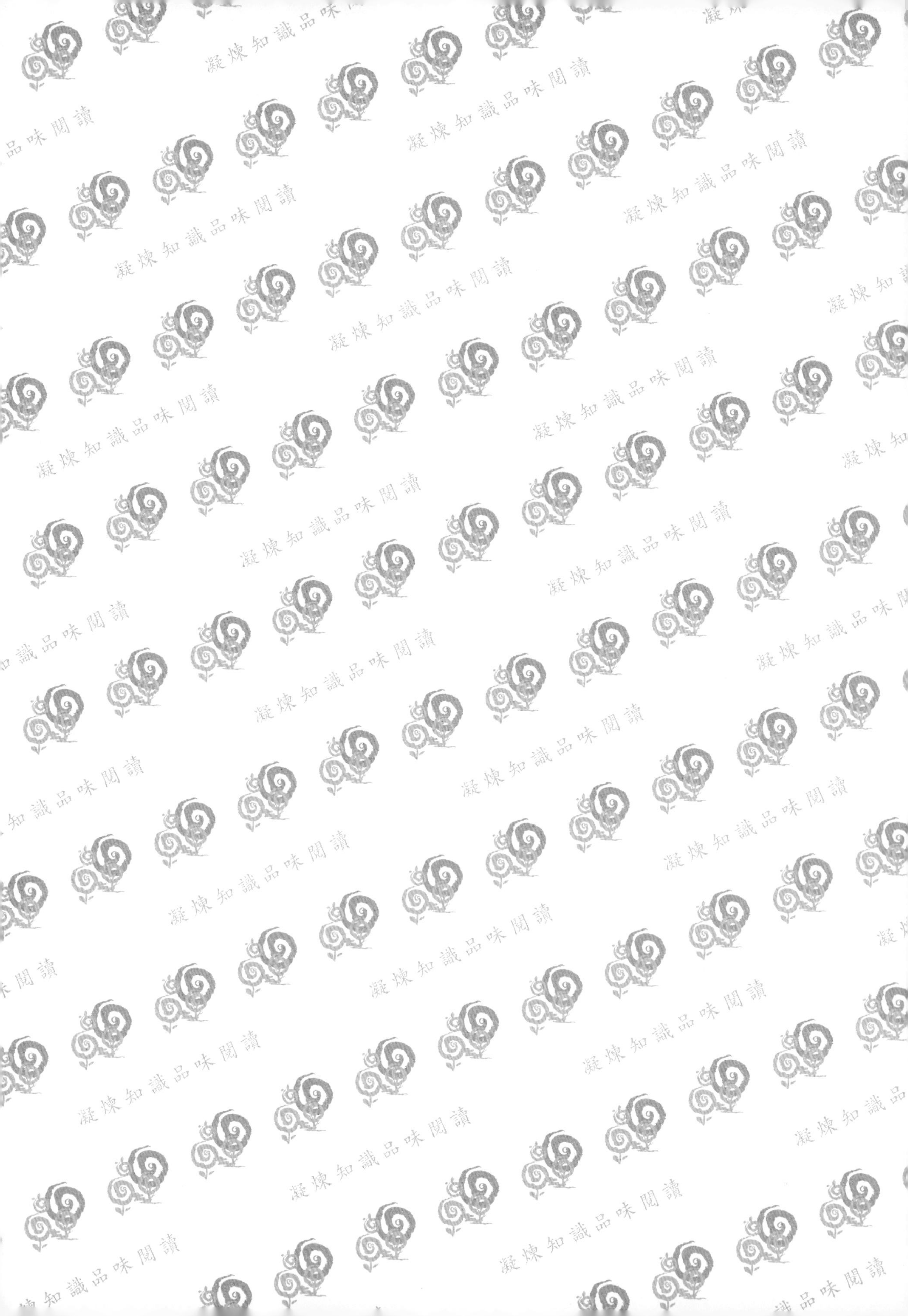

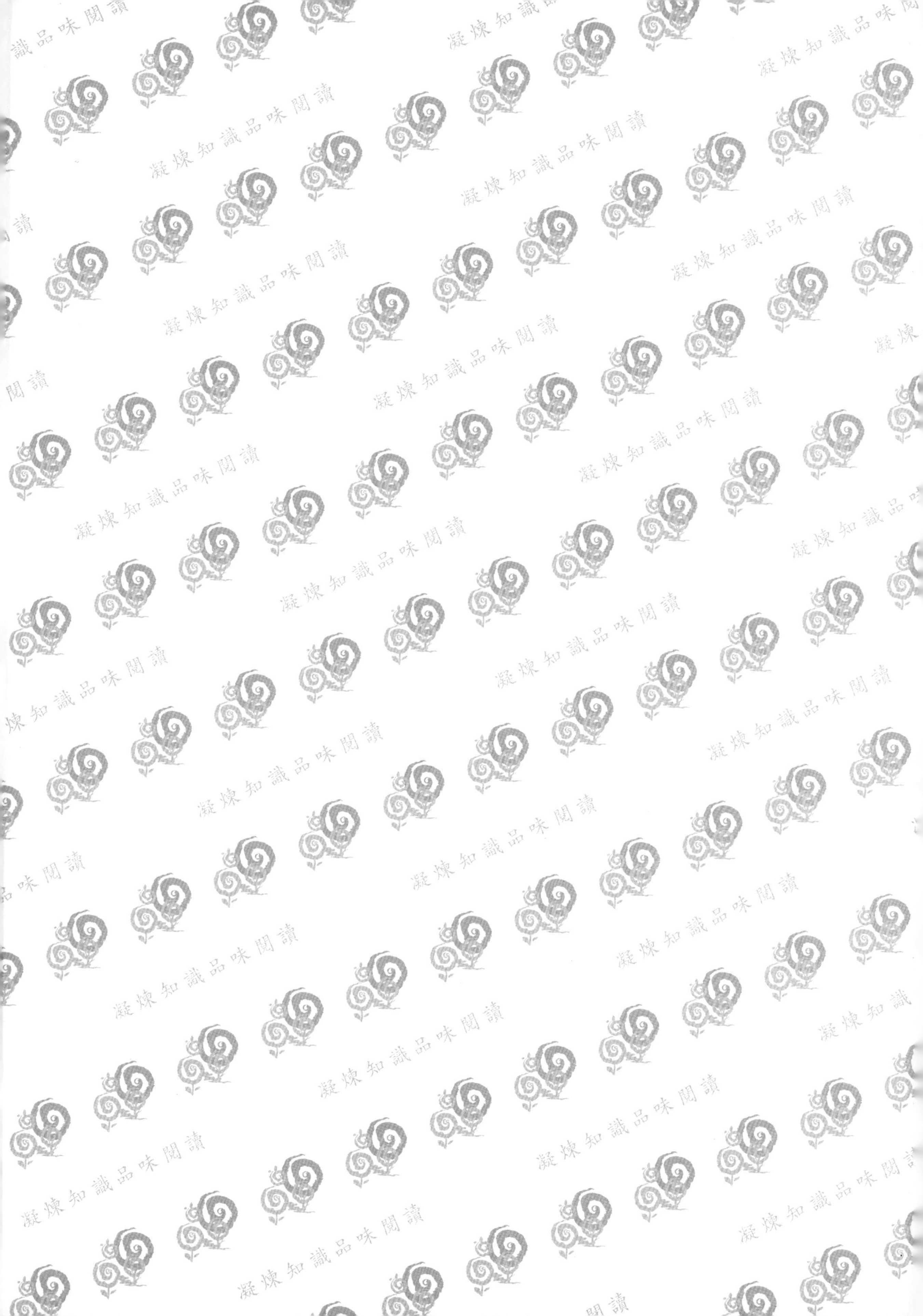

醫護統計與SPSS

分析方法與應用

楊秋月　陳耀茂　編著

序 言

統計方法經常要面對數值計算，令人視爲畏途，然而，今日科技如此進步，已開發有各種統計軟體，學生在學習統計方法時，當不至於感到「霧煞煞」了。

在學習統計方法處理問題時，首先讓人感到困擾的是：

「此數據要選用何種的統計處理方法才好呢？」

「要如何輸入數據，有無明確的輸入步驟呢？」

「輸入後，在進行統計處理時，有無明確的分析步驟呢？」

然而，這些困擾都是多餘的，任何人只要能利用本書，參照使用就行了，非常簡單。

最後讓人感到困擾的是：

「分析結果要如何解讀才好呢？」

此煩惱只要看本書的解說，即可將心中的「霧煞煞」一掃而光。

本書的特色有以下四項：

1. 只要看數據類型，即可選用適切的統計處理方法。
2. 數據的輸入與其步驟，有跡可循。
3. 統計處理的方法與其步驟，清晰明確。
4. 輸出結果的解讀方法，簡明易懂。

總之，只要對照本書，利用滑鼠，任何人均可簡單進行統計分析的操作，問題即可迎刃而解。

只要把所學的統計方法配合本書 SPSS（Statistical Package for Social Sciences）的操作方法，即可參照使用，學生再也不會視統計爲畏途了。

期盼本書讓您在操作中得到使用的滿足感，並對您的分析與研究有所助益。

今值發行第 3 版，將之前許多誤植之處，作了訂正與補充，若書中仍如謬誤之處，也請賢達仍不吝指正，不勝感謝。

楊秋月　陳耀茂　謹誌於臺中

CONTENTS 目 錄

上篇

下篇

上 篇

第1章　意見調查與問卷製作——蒐集資料

1.1　意見調查的問卷製作

為了調查

「現代人具有何種的煩惱，以及承受何種的壓力呢？」

報紙或電視是經常使用意見調查的。

雖然，乍看覺得是很簡單的意見調查，但實際的調查需要有周全的準備，那麼利用意見調查時，適切地調查、研究要如何進行呢？

首先，說明大略的流程，之後就各步驟再詳加考察。

失敗例

1. 調查或研究的主題過大。
2. 從調查結果想導出的事項，與研究主題或假設不符合。

➲ 調查進行方式的流程

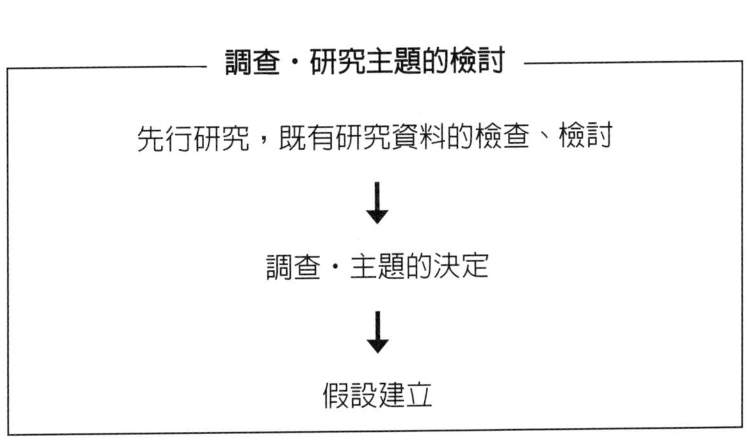

調查・研究主題的檢討
先行研究，既有研究資料的檢查、檢討
調查・主題的決定
假設建立

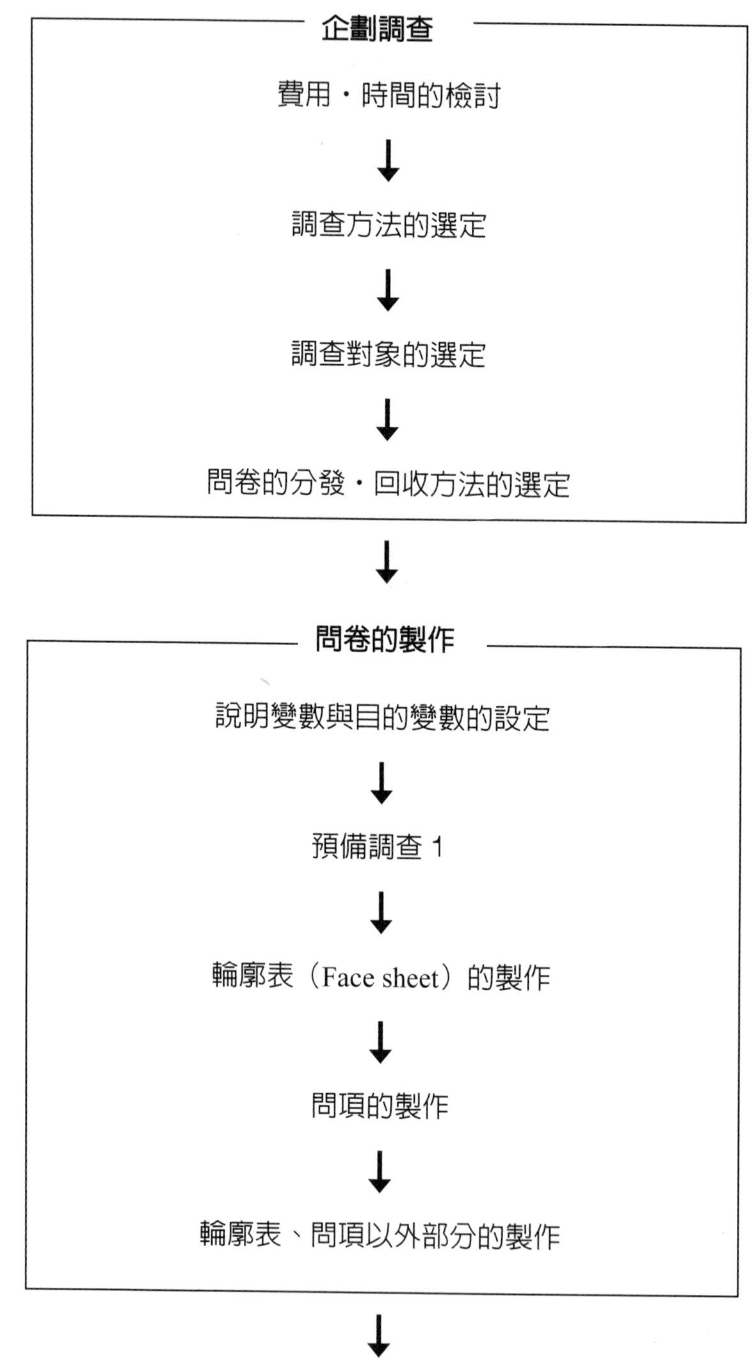
企劃調查
費用・時間的檢討
調查方法的選定
調查對象的選定
問卷的分發・回收方法的選定
問卷的製作
說明變數與目的變數的設定
預備調查 1
輪廓表（Face sheet）的製作
問項的製作
輪廓表、問項以外部分的製作

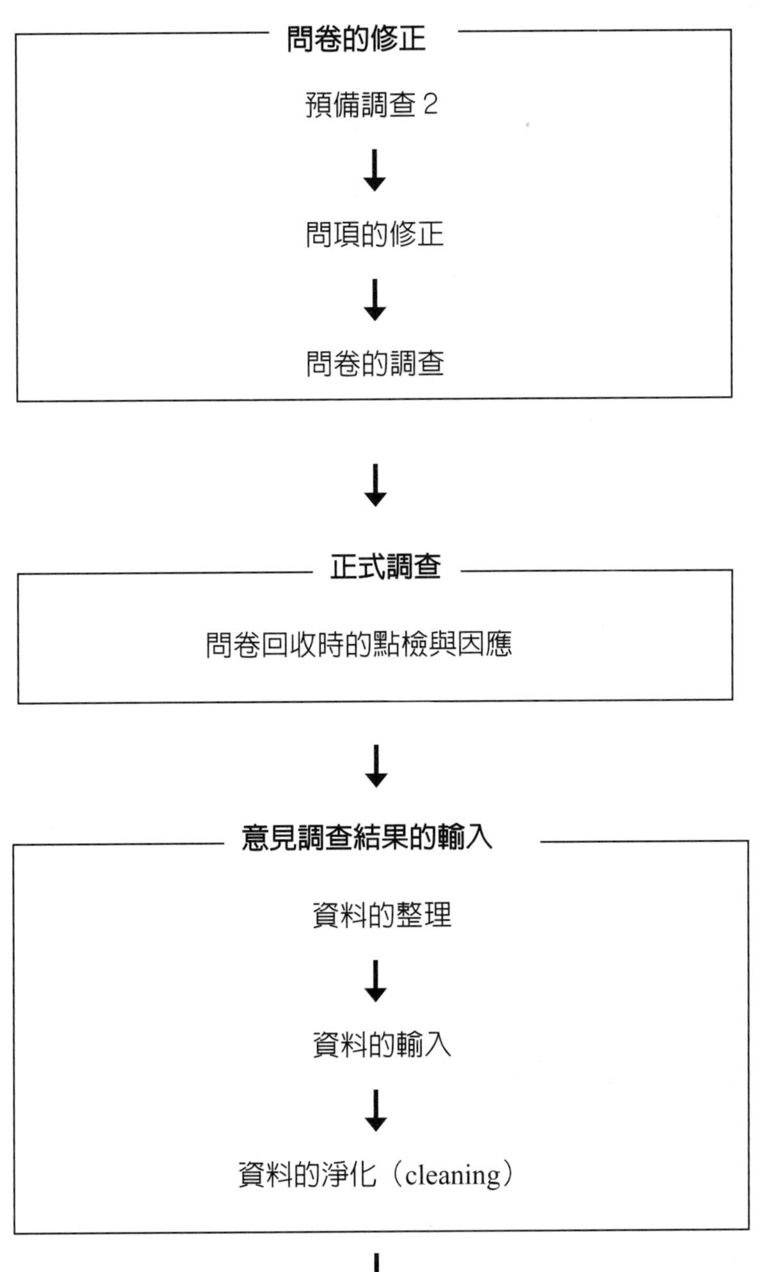
問卷的修正
預備調查 2
問項的修正
問卷的調查
正式調查
問卷回收時的點檢與因應
意見調查結果的輸入
資料的整理
資料的輸入
資料的淨化（cleaning）

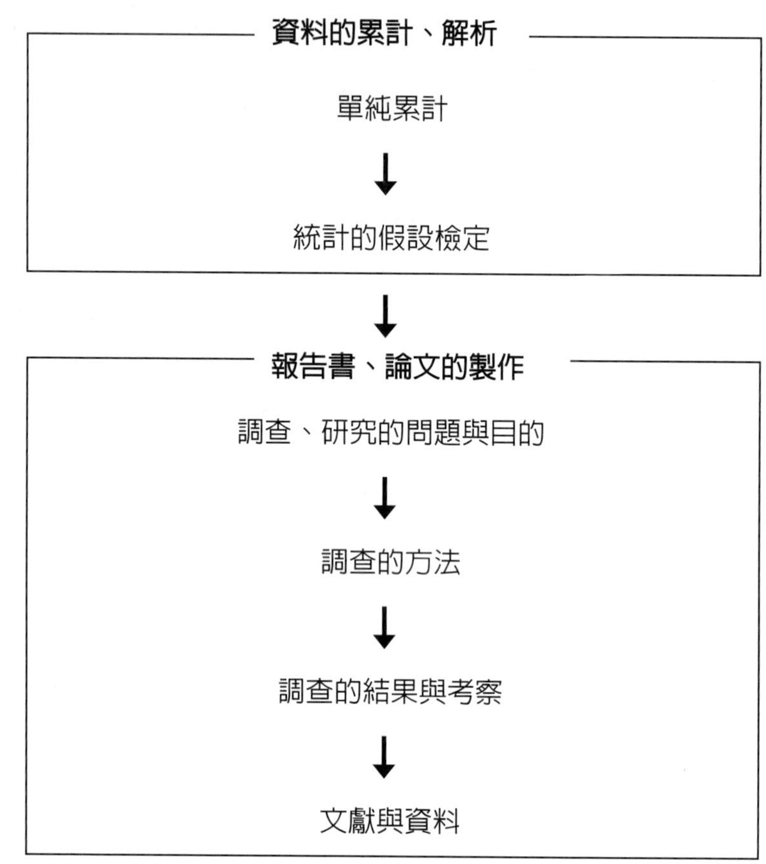

1.2 調查・研究主題的檢討

➲ 先行研究・既有統計資料的檢索・檢討

首先，針對自己有興趣的事項，尋找相關書籍或論文先行閱讀。

其次，根據其中所寫的關鍵字或引用文獻，再去尋找書籍或既有統計資料。

➲ 調查・研究主題的決定

從檢討先行研究・既有統計資料的結果，檢討

「問題點或還未解明的事項是什麼？」

使調查的目的明確，並決定調查、研究主題。

➲ 假設的設定

決定調查．研究主題之後，就要建立假設。所謂假設是

「某變數與其他變數，某概念與其他概念之間，有何種關係？」

根據理論或經驗，先假設性的加以說明。

1.3 調查的企劃

調查．研究主題已決定，假設也設定時，就有需要著手調查的具體企劃，那麼要如何企劃調查才好呢？請看以下說明。

➲ 調查方法選定

此處介紹實際的調查中經常加以利用的意見調查與面談調查兩種方法。

考察自己的調查．研究主題或假設，選擇合適的方法。

- **意見調查**

所謂意見調查，是事先準備好有關調查內容的問項，照著問項讓調查對象回答，再蒐集資料的方法。此調查法又有讓調查對象自塡問卷所記入的問項，以及調查員朗讀問項，由調查員記入調查對象所回答的內容。

- **面談調查**

調查員與調查對象面談，依據調查目的進行詢問，利用其回答蒐集資料的方法。面談調查與意見調查不同，端看調查對象的反應，補充詢問或變更詢問內容或追加詢問項目。

以預備調查來說，首先利用面談調查蒐集各種意見，再根據這些製作意見調查項目，然後再實施意見調查，此兩種調查方法並用的情形也有。

➲ 調查對象的選定

從母體選取所需要的樣本稱爲抽樣。

所謂母體是指想調查的所有調查對象的成員。

抽樣的代表性方法有以下幾種：

- **簡單隨機抽樣法**

就母體所包含的所有成員編好號碼，以亂數表等抽出樣本。

- **系統抽樣法**

只有第一個樣本隨機選出，之後以等間隔選出樣本。

- **多段抽樣法**

從母體分階段抽出樣本。

- **層別抽樣法**

將母體分成若干層，按各層別抽出樣本。

➲ 問卷的分發、回收方法的選定

取決於問卷的分發或回收的方式，回收率或回答可靠性會出現不同。以下爲較具代表性的分發、回收方法。

- **個別面談調查法**

調查員前往調查對象的所在地（住處或公司），以口頭朗讀問卷項目，以面對面的方式蒐集資料。

- **留置調查法**

調查員前往調查對象的住處，送交問卷，數日後（通常數週後）再去取回。

- **郵寄調查法**

將問卷郵寄給調查對象，讓調查對象塡寫後再回寄。

- **集合調查法**

將調查對象聚集於一場所，當場分發問卷，待其作答完成後再收回。

- **電話調查法**

調查員打電話給調查對象，朗讀問卷項目，記錄其意見。

1.4 問卷的製作

本節，說明如何製作問卷。

➲ 說明變數與目的變數的設定

當考察因果關係時，要設定說明變數與目的變數。說明變數也稱爲獨立變數或預測變數，目的變數也稱爲從屬變數或基準變數。說明變數表示原因，目的變數表示結果。

➲ 預備調查 1

在製作正式調查問項之前，還需要進行訪談調查以作爲預備調查的情形也有。需要預備調查之情形，是先行研究或既有統計資料較少時。

➲ 輪廓表的製作

所謂輪廓表（Face sheet）是詢問性別或年齡等有關調查對象之屬性。

例 1 請回答您的性別。

1. 女性　　2. 男性

例 2 請回答您的年齡。（　）歲

例 3 您目前是否已婚呢？

1. 是　　2. 不是

例 4 目前您與誰一起同住呢？

（　　　　　　）

➲ 問項的製作

例 1 您以前曾看過精神科、心療內科等嗎？

1. 有　　2. 無

例 2 您目前的心情是屬於以下何者？

1. 經常憂悶　　2. 稍微憂悶

3. 不太憂悶　　4. 完全不憂悶

例 3 您搭乘何種交通工具會覺得呼吸困難呢？按呼吸困難之順序列舉 3 項。如無法列舉 3 項時，不要勉強也行。

1. 電車　2. 公車　3. 計程車　4. 自用車
5. 腳踏車　6. 摩托車　7. 船　8. 飛機

第一位（　　　）第二位（　　　）第三位（　　　）

例 4 您覺得可怕的事情或可怕的東西是什麼？請自由填寫。

（　　　　　　　　　　　　　　　）

➲ 輪廓表・問項以外部分的製作

問卷中除了輪廓表及問項之外，還要列入什麼才好呢？

其 1　調查年月日

問卷的送交日要使調查者或調查對象知道

其 2　標題

標題要直截了當地表現調查內容，不要過長

其 3　調查者的明記

有需要讓對方知道哪種調查者並進行調查

其 4　調查的目的

簡潔地記入調查目的，可是，會影響回答的記述要避免

其 5　調查結果的活用方法

明記調查結果要如何使用，告知不會侵犯個人的隱私

其 6　注意事項

在進行意見調查時，如有需要注意的地方，再讓對方於回答前先在問項中指示

其 7　調查結果的報告

對於想知道調查結果的人，要讓對方知道結果

其 8　聯絡地點

爲了接受有關調查的詢問，聯絡地點一定要明記

1.5 問卷的修正

重新再看一遍問卷，進行修正。

➲ 預備調查 2

在正式調查之前，將完成的問項內容讓第三者確認。

如有需要，以樣本的一小部分，實際進行調查看看。觀察調查的結果，如有不易了解的項目或容易招致誤解的項目時，進行修正或刪除。

此預備調查是爲了使正式調查變得更好所致。一次無法好好修正時，可重複數次此預備調查。

➲ 問項的修正

修正或刪除不易了解的問項或容易招致誤解的問項。

➲ 問卷的調整

問項的修正或刪除完成時，最後確認有無錯字、漏字。

1.6 有關就業調查的問卷範例

問卷 1

0000 年 0 月 0 日

有關就業調查的請託

這是有關「就業壓力」的調查。想掌握與研究目前在公司任職的員工有何種的壓力，以及程度如何？

此意見調查的結果，在經過統計的處理之後，想以一般的傾向加以表現，因之絕對沒有特定個人一事。請依據自己的想法或意見照實回答。

百忙中打擾甚感抱歉，但請務必協助本調查。

<記入的請託>

・回答時，請不要與其他人商談，務必由一人回答。
・回答結束時，請再次確認回答欄有無漏寫。

<關於調查結果及詢問>

想知道調查結果的人，容日後再行告知，可洽詢以下聯絡地址。另外，有疑問者亦可洽詢以下之聯絡地址。

連絡地址：00 大學 00 學院 00 學系
住址：00 市 00 路 00 號
電話：0000-0000
E-mail：00@00.thu.tw

問卷 2

想打聽您本身。

在適當的數字中予以圈選。空欄請以數字或文章回答。

問1.1 請回答您的性別。

1、女性　　　2、男性

問1.2 請回答您的年齡。

（　　）歲

問1.3 您目前擔任何種的工作？

（　　　　　　　　）

問1.4 請回答你一週的工作時數？

約（　　　）小時

問卷 3

問 2　您有過無法入眠嗎？

請在適當的數字中圈選一者。

1、經常　　2、有時

3、不太常　　4、完全沒有

問 3　您有過早上早醒，之後就無法再入眠一事嗎？

1、經常　　2、有時

3、不太常　　4、完全沒有

問4　您覺得會厭食或暴食嗎？

1、覺得　　2、不覺得

問 5.1　您有可以商談自己煩惱的人嗎？

1、有　　2、無

問 5.2　在問 5.1 中只有回答「1、有」的人才要回答。

那他（她）是誰？

（　　　　　　　　）

問卷 4

問 6 您最近會覺得工作無法集中精神嗎？

1、經常覺得 2、略微覺得

3、不太覺得 4、完全不覺得

問 7 您最近會覺得疲勞無法解除嗎？

1、經常覺得 2、略微覺得

3、不太覺得 4、完全不覺得

問 8 您最近會覺得煩燥不安嗎？

1、經常覺得 2、略微覺得

3、不太覺得 4、完全不覺得

問 9 您與家人在一起會覺得寬心嗎？

1、相當寬心 2、略微寬心

3、不太寬心 4、完全不寬心

第2章 平均，變異數，標準差
——試著進行基本的統計處理

2.1 平均，變異數，標準差

以下的數據是將有睡眠障礙的30位受試者，分成2組，分別施予治療藥A、治療藥B的結果。

表 2.1.1

組 1

NO.	治療藥 A
1	2
2	3
3	4
4	1
5	2
6	4
7	3
8	2
9	3
10	4
11	1
12	3
13	2
14	2
15	4

組 2

NO.	治療藥 B
16	5
17	2
18	3
19	2
20	4
21	5
22	4
23	4
24	3
25	3
26	3
27	4
28	3
29	5
30	3

（注）以 5 級測量治療藥的效果

1 反而睡不著

2 略微睡不著

3 沒改變

4 略微睡得著

5 睡得很好

想分析的事情是？

1. 利用治療藥 A 與治療藥 B 想比較可以減少多少睡眠障礙。
2. 利用治療藥 A 與治療藥 B 想比較效果的變異。
3. 想圖示治療藥 A 與治療藥 B 的效果範圍。

此時，可以考慮如下的統計處理。

➲ 統計處理 1

比較治療藥 A 與治療藥 B 之平均。

➲ 統計處理 2

比較治療藥 A 與治療藥 B 的變異數、標準差。

➲ 統計處理 3

比較治療藥 A 與治療藥 B 的盒形圖。

撰寫論文時

1. 平均、變異數、標準差的情形，在論文中大多如下表現。

	平均 ± 標準差	中央值	四分位距
治療藥 A	2.67±0.270	3.00	2
治療藥 B	3.53±0.256	3.00	1

2. 盒形圖的情形，將 SPSS 的輸出照樣貼上。

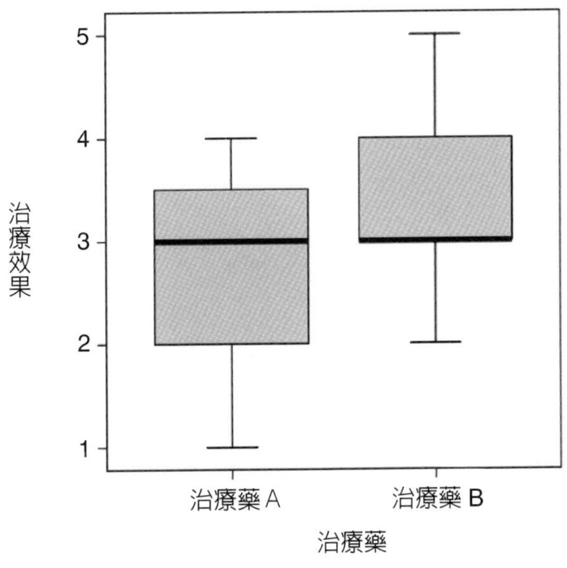

以圖形表現平均值的區間估計時，有如下的「誤差長條圖」。

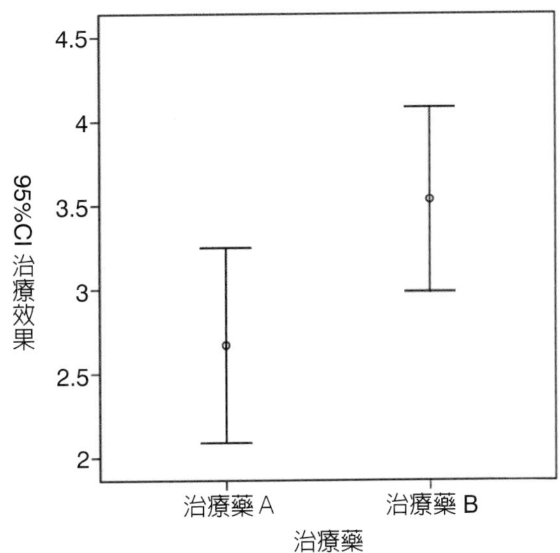

【數據輸入類型】

表 2.1.1 的數據如下輸入。

資料檢視 1

	治療藥	治療效果	var
1	1	2	
2	1	3	
3	1	4	
4	1	1	
5	1	2	
6	1	4	
7	1	3	
8	1	2	
9	1	3	
10	1	4	
11	1	1	
12	1	3	
13	1	2	
14	1	2	
15	1	4	
16	2	5	
17	2	2	
18	2	3	
19	2	2	
20	2	4	
21	2	5	
22	2	4	
23	2	4	
24	2	3	
25	2	3	
26	2	3	
27	2	4	
28	2	3	
29	2	5	

資料檢視 \ 變數檢視

資料檢視 2

	治療藥	治療效果	var
1	治療藥A	2	
2	治療藥A	3	
3	治療藥A	4	
4	治療藥A	1	
5	治療藥A	2	
6	治療藥A	4	
7	治療藥A	3	
8	治療藥A	2	
9	治療藥A	3	
10	治療藥A	4	
11	治療藥A	1	
12	治療藥A	3	
13	治療藥A	2	
14	治療藥A	2	
15	治療藥A	4	
16	治療藥B	5	
17	治療藥B	2	
18	治療藥B	3	
19	治療藥B	2	
20	治療藥B	4	
21	治療藥B	5	
22	治療藥B	4	
23	治療藥B	4	
24	治療藥B	3	
25	治療藥B	3	
26	治療藥B	3	
27	治療藥B	4	
28	治療藥B	3	
29	治療藥B	5	

資料檢視 \ 變數檢視

2.2 利用 SPSS 得出的平均、變異數、標準差

步驟 1 輸入表 2.1.1 的數據後，從【分析 (A)】的清單中選擇【描述性統計資料 (E)】，再從次選單中選擇【探索 (E)】。

步驟 2 顯示探索的分析頁面時，將治療效果移到【因變數清單 (D)】的方框中。

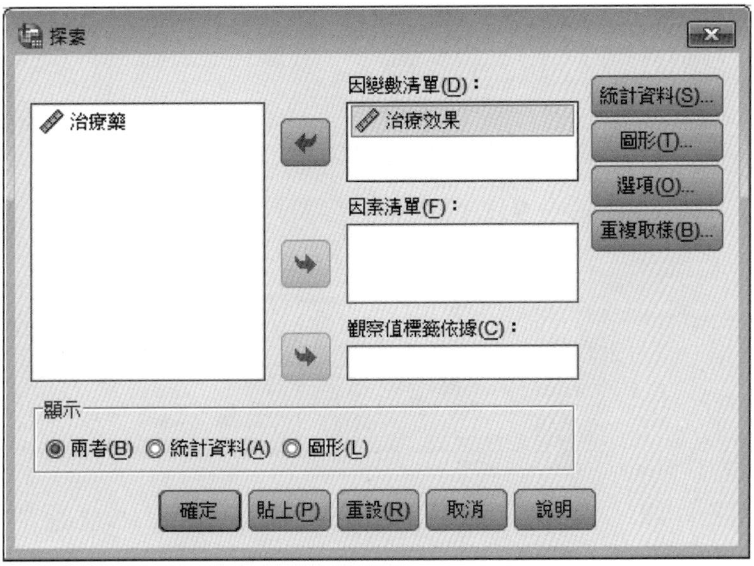

步驟 3　接著，將治療藥放到【因素清單 (F)】的方框中，按一下【統計資料 (S)】。

探索
因變數清單(D)：
治療效果
因素清單(F)：
治療藥
觀察值標籤依據(C)：
統計資料(S)...
圖形(T)...
選項(O)...
重複取樣(B)...
顯示
兩者(B)　統計資料(A)　圖形(L)
確定　貼上(P)　重設(R)　取消　說明

步驟 4　勾選【描述性統計資料 (D)】。按【繼續】回到前頁面。

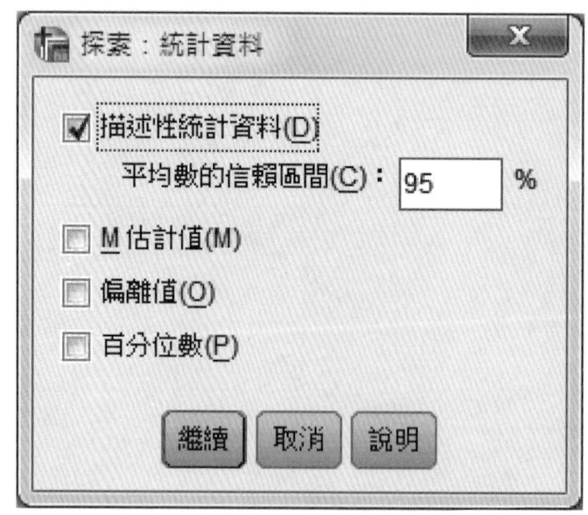

步驟 5 按一下【圖形 (T)】。開啓探索：圖形的頁面時，如下勾選【常態機率圖附檢定 (O)】，按 繼續 。回到步驟 3 的畫頁時，按 確定 。

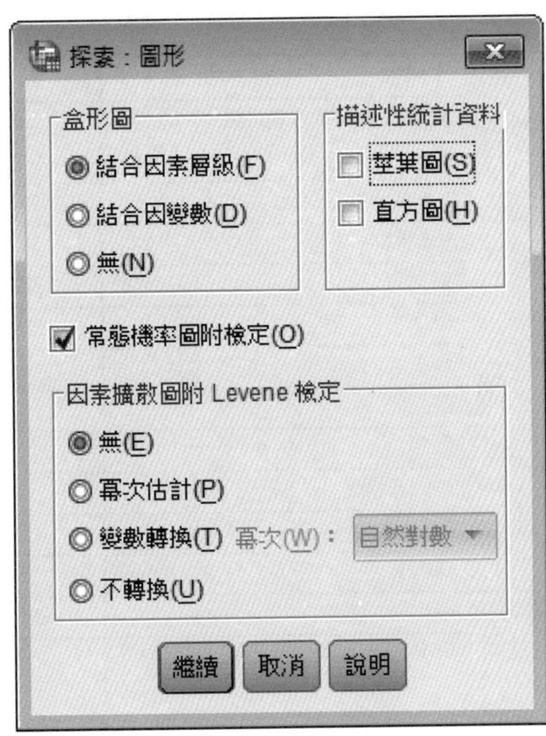

【SPSS 輸出 · 1】——探索式分析

描述性統計資料

治療藥				統計資料	標準錯誤	
治療效果	治療藥A	平均數		2.67	.270	←①
		95% 平均數的信賴區間	下限	2.09		
			上限	3.25		←③
		5% 修整的平均值		2.69		
		中位數		3.00		
		變異數		1.095		
		標準差		1.047		←②
		最小值		1		
		最大值		4		
		範圍		3		
		內四分位距		2		
		偏斜度		-.080	.580	
		峰度		-1.102	1.121	
	治療藥B	平均數		3.53	.256	←①
		95% 平均數的信賴區間	下限	2.98		
			上限	4.08		←③
		5% 修整的平均值		3.54		
		中位數		3.00		
		變異數		.981		
		標準差		.990		←②
		最小值		2		
		最大值		5		
		範圍		3		
		內四分位距		1		
		偏斜度		.149	.580	
		峰度		-.844	1.121	

【輸出結果的判讀 · 1】——探索式分析

①平均值

治療藥 A 的平均 = 2.67
治療藥 B 的平均 = 3.53

因此，治療藥 B 似乎比治療藥 A 有效。

②標準差

治療藥 A 的標準差 = 1.047
治療藥 B 的標準差 = 0.990

因此，治療藥 A 與治療藥 B 的治療效果相比，A 的變異似乎差異不大。

③平均值的 **95%** 信賴區間

A 藥的 95% 信賴區間爲 [2.09, 3.25]

B 藥的 95% 信賴區間爲 [2.98, 4.08]

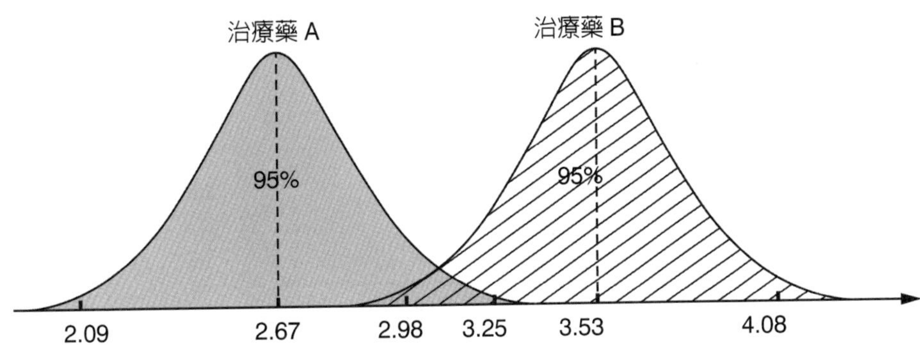

【SPSS 輸出・2】——探索式分析

常態檢定

	治療藥	Kolmogorov-Smirnov 檢定[a]			Shapiro-Wilk 常態性檢定		
		統計量	自由度	顯著性	統計量	自由度	顯著性
治療效果	治療藥A	.205	15	.091	.882	15	.052
	治療藥B	.238	15	.022	.887	15	.061

a. Lilliefors 顯著性校正

←④

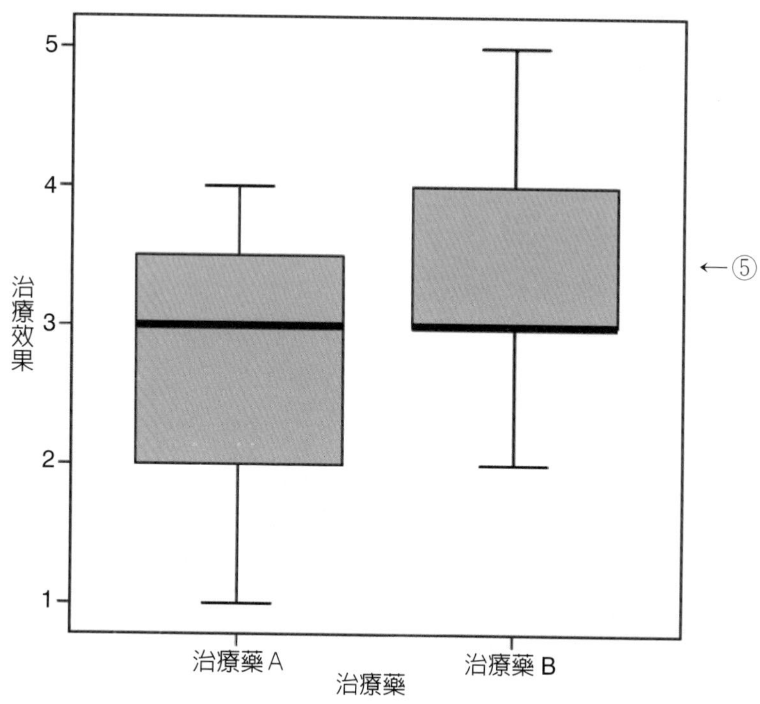

←⑤

【輸出結果的判讀・2】——探索式分析

④ **Shapiro-Wilk** 的常態性檢定

假設 H_0：在治療藥 A 中的母體分配是常態分配

治療藥 A 的顯著機率 0.052 > 顯著水準 0.05

因之，假設 H_0 無法否定。

假設 H_0：在治療藥 B 中的母體分配是常態分配

治療藥 B 的顯著機率 0.061 > 顯著水準 0.05

因之，假設 H_0 成立。

因此，治療效果的分配不管是治療藥 A 或治療藥 B 均可想成是常態母體。

⑤盒形圖

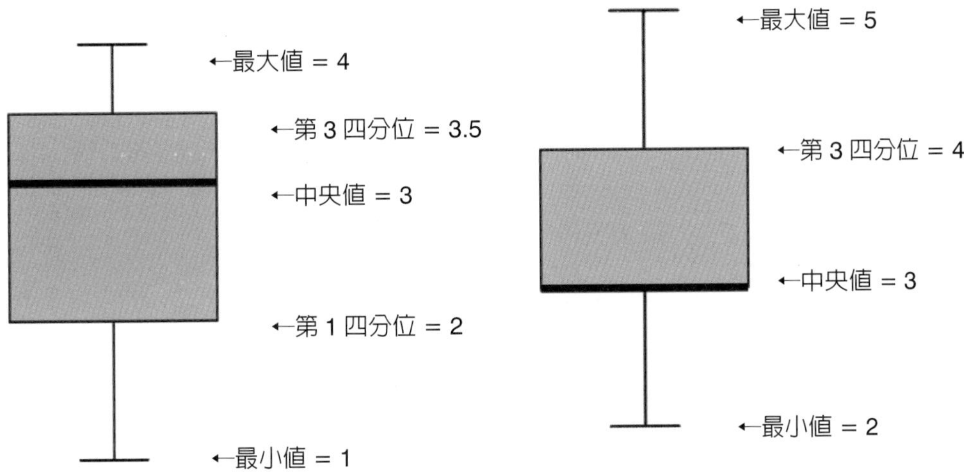

因此，治療藥 A 與治療藥 B 的中央值相同，但在四分位距中，治療效果似乎有差異。

第3章 相關係數，等級相關，Cramer's V 關聯係數，Kappa 一致性係數，Cohen's d 效果量——以圖形表現，以數值表現

3.1 散佈圖，相關係數，等級相關

以下的數據是針對 30 位受試者調查

「一週的工作時數與就業壓力的程度」所得出的結果。

表 3.1.1

NO.	一週工作時數	就業壓力	組
1	79	3	1
2	30	3	1
3	39	1	1
4	84	5	1
5	78	5	1
6	79	5	1
7	45	2	1
8	81	4	1
9	67	3	1
10	55	1	1
:	:	:	:
:	:	:	:
28	48	1	2
29	18	5	2
30	27	4	2

（注）就業壓力分成 5 級

1 無

2 不太有

3 略有

4 有

5 頗有

其中混有工作狂（workaholic）的受試者，像組 2 的受試者即是。

想分析的事情是？

1. 想圖示一週工作時數與就業壓力的關係。
2. 想以數值表現一週工作時數與就業壓力的關係。

此時，可以考慮如下的統計處理。

➲ 統計處理 1

以一週工作時數當成橫軸，就業壓力取成縱軸，繪製散佈圖（scatfer diagram）。

➲ 統計處理 2

求出一週工作時數與就業壓力的相關係數（Pearson）。

➲ 統計處理 3

求出一週工作時數與就業壓力的等級相關係數。

撰寫論文時

1. 散佈圖時，將 SPSS 的輸出照樣貼上。

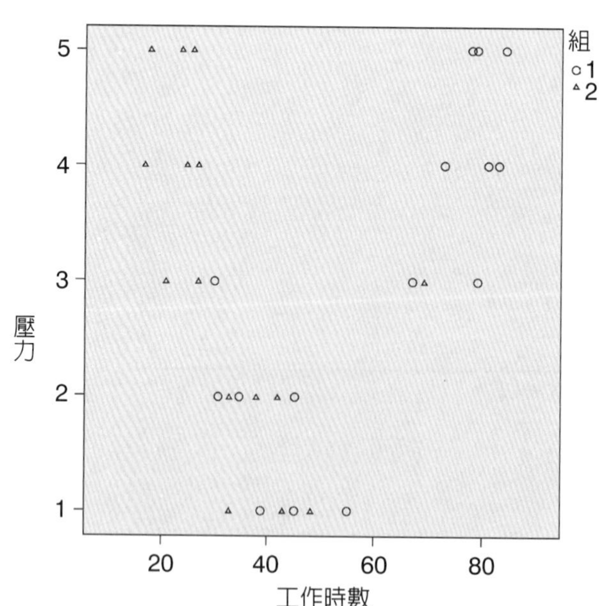

2. 相關係數時

「……相關係數是 0.187，工作時數與就業壓力之間看不出相關關係。而且，在無相關的檢定中，顯著機率是 0.322，因此不能說有相關。因此……」

3. 另外，以下的表現也有，但數據數甚多時，即使相關係數是 0.1，在無相關的檢定中被捨棄的也有。

0.0 ～ 0.2　幾乎無相關

0.2 ～ 0.4　稍有相關

0.4 ～ 0.7　頗有相關

0.7 ～ 1.0　有強烈相關

【數據輸入類型】

表 3.1.1 的資料如下輸入。

	工作時數	壓力	組	var	var	var	var	var	var	var
1	79	3	1							
2	30	3	1							
3	39	1	1							
4	84	5	1							
5	78	5	1							
6	79	5	1							
7	45	2	1							
8	81	4	1							
9	67	3	1							
10	55	1	1							
11	83	4	1							
12	73	4	1							
13	35	2	1							
14	31	2	1							
15	45	1	1							
16	43	1	2							
17	24	5	2							
18	33	2	2							

	工作時數	壓力	組	var	var	var	var	var	var	var
1	79	略有	1							
2	30	略有	1							
3	39	無	1							
4	84	頗有	1							
5	78	頗有	1							
6	79	頗有	1							
7	45	不太有	1							
8	81	有	1							
9	67	略有	1							
10	55	無	1							
11	83	有	1							
12	73	有	1							
13	35	不太有	1							
14	31	不太有	1							
15	45	無	1							
16	43	無	2							
17	24	頗有	2							
18	33	不太有	2							

3.2 利用 SPSS 求相關係數

步驟 1 表 3.1.1 的數據輸入後，從【分析 (A)】的清單中選擇【相關 (C)】，再從次選單中選擇【雙變數 (B)】。

	工作時數	壓力
1	79	3
2	30	3
3	39	1
4	84	5
5	78	5
6	79	5
7	45	2
8	81	4
9	67	3
10	55	1

步驟 2 顯示雙變量相關分析的頁面時，將工作時數與壓力移到【變數 (V)】的方框中。

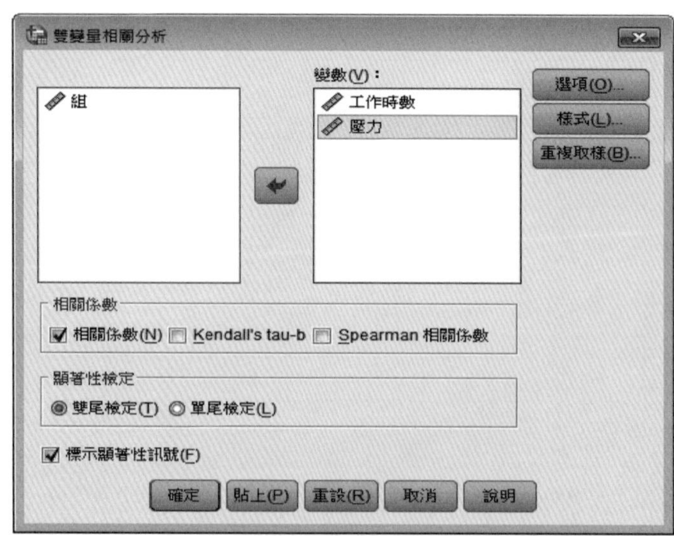

步驟 3 接著，在相關係數欄位的【相關係數 (N)】的選項框勾選後，按 確定 。

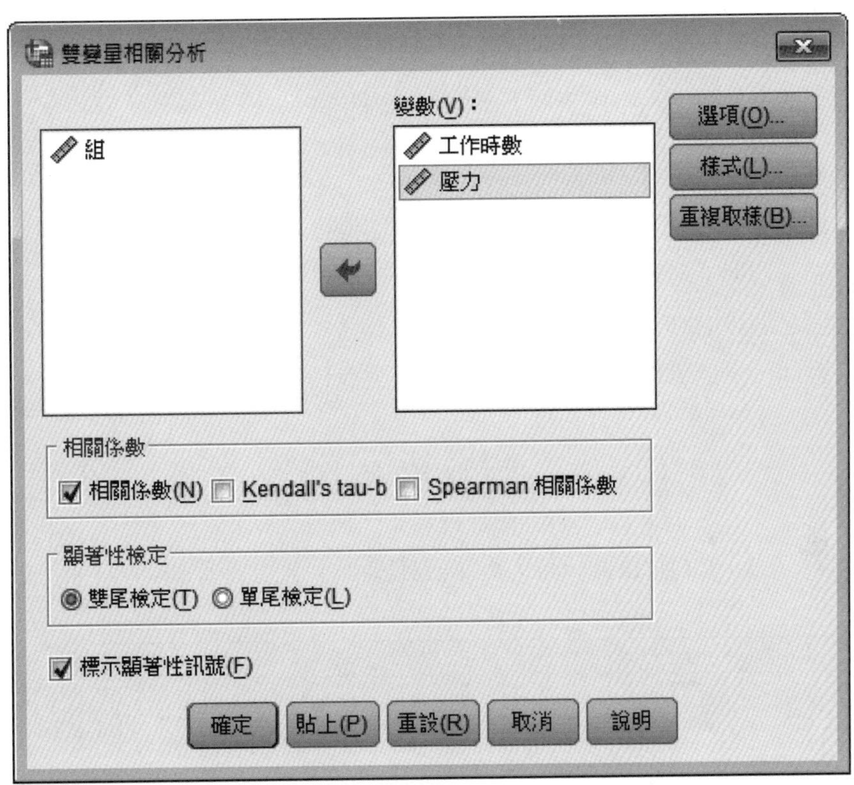

【SPSS 輸出】——相關分析

相關

		工作時數	壓力	
工作時數	Pearson 相關	1	.187	←①
	顯著性 (雙尾)		.322	←②
	個數	30	30	
壓力	Pearson 相關	.187	1	
	顯著性 (雙尾)	.322		
	個數	30	30	

【輸出結果的判讀】——相關分析

①相關係數

相關係數 = 0.187

因此，一週工作時數與壓力之間似乎無相關。

②無相關之檢定

假設 H_0：一週工作時數與壓力之間無相關

顯著機率 0.322 > 顯著水準 0.05

因之假設 H_0 成立。

因此，一週工作時數與壓力之間不能說有相關。

3.3 利用 SPSS 製作散佈圖

步驟 1 表 3.1.1 的數據輸入時，從【統計圖（G）】的清單中操作如下圖的選擇。

檔案(F) 編輯(E) 檢視(V) 資料(D) 轉換(T) 分析(A) 直效行銷 統計圖(G) 公用程式(U) 視窗(W) 說明(H)

圖表建置器(C)...
圖表板樣本選擇器(G)...
比較次組別
迴歸變數圖
歷史對話記錄(L)

長條圖(B)...
立體長條圖(3)...
線形圖(L)...
區域圖(A)...
圓餅圖(P)...
股價圖(H)...
盒形圖(X)...
誤差長條圖(O)...
人口金字塔圖(Y)...
散佈圖/點狀圖(S)...
直方圖(I)...

	工作時數	壓力	組	var
1	79	3	1	
2	30	3	1	
3	39	1	1	
4	84	5	1	
5	78	5	1	
6	79	5	1	
7	45	2	1	
8	81	4	1	
9	67	3	1	
10	55	1	1	
11	83	4	1	
12	73	4	1	
13	35	2	1	
14	31	2	1	

步驟 2 顯示散佈圖的頁面時，選擇【簡單散佈圖】，按一下【定義】。

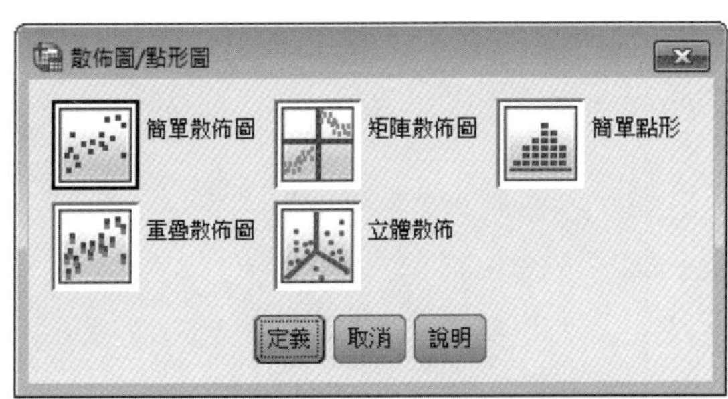

步驟 3 將壓力移到【Y 軸：】的方框中，工作時數移到【X 軸：】的方框中，組移到【設定標記依據 (S)】的方框中，按 確定 。

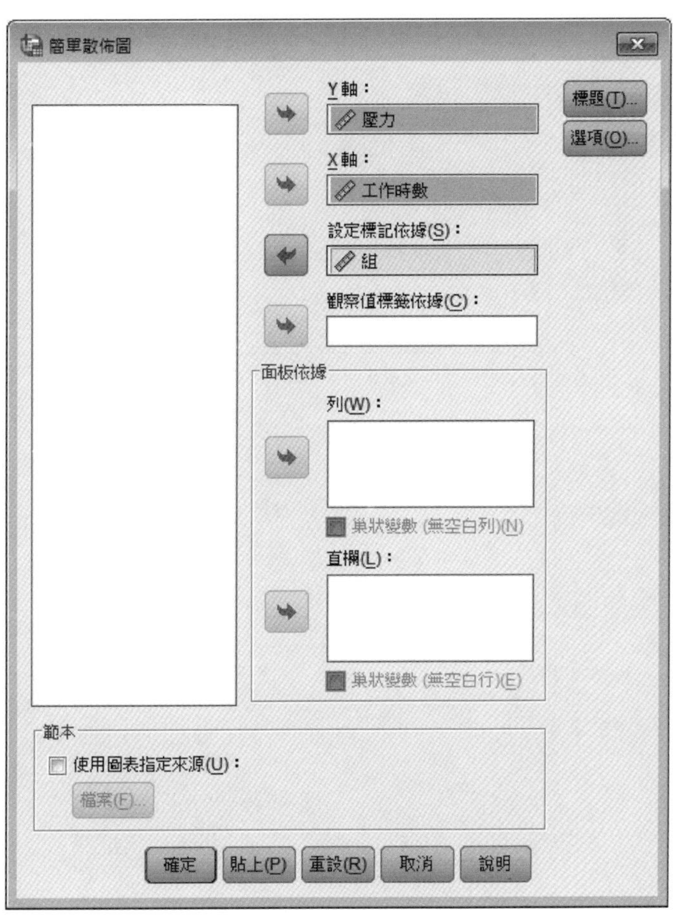

【SPSS 輸出 · 1】——散佈圖

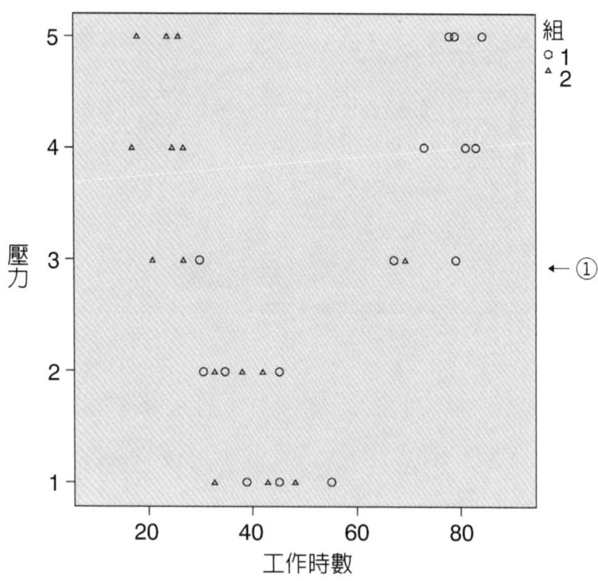

【輸出結果的判讀 · 1】——散佈圖

①散佈圖

如觀察此散佈圖時，可以發覺出在此數據中存在著 2 個組。

因此，按組別調查相關係數似乎較好。

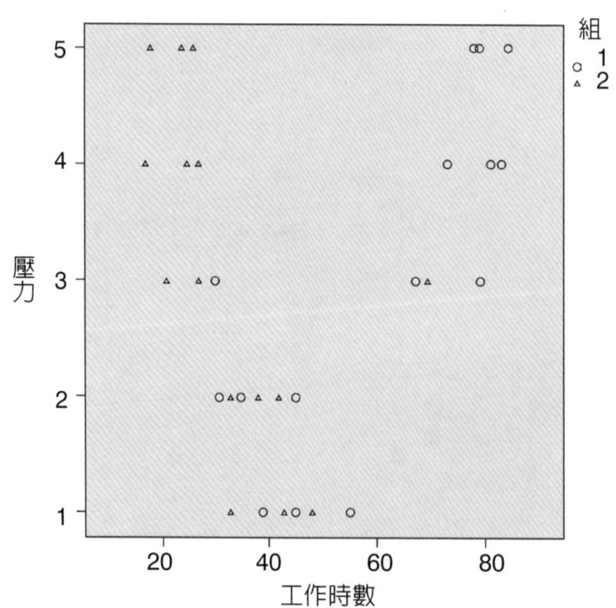

【SPSS 輸出・2】——散佈圖

相關

		工作時數	壓力
工作時數	Pearson 相關	1	.772** ←②
	顯著性 (雙尾)		.001
	個數	15	15
壓力	Pearson 相關	.772**	1
	顯著性 (雙尾)	.001	
	個數	15	15

**. 在顯著水準爲0.01時 (雙尾)，相關顯著。

相關

		工作時數	壓力
工作時數	Pearson 相關	1	-.557* ←③
	顯著性 (雙尾)		.031
	個數	15	15
壓力	Pearson 相關	-.557*	1
	顯著性 (雙尾)	.031	
	個數	15	15

*. 在顯著水準爲0.05 時 (雙尾)，相關顯著。

【輸出結果的判讀・2】——散佈圖

②組 1 的相關係數

一週工作時數與壓力的相關係數 = 0.772

一週工作時數與壓力之間有正的相關。

因此，得知組 1 的人如工作時間增加時，壓力即有增加之傾向。

③組 2 的相關係數

一週工作時數與壓力的相關係數 = -0.557

一週工作時數與壓力之間有負的相關。

因此，得知組 2 的人如工作時間減少時反而壓力有增加之傾向。

3.4 利用 SPSS 求等級相關係數

步驟 1 從表 3.1.1 的資料中，選擇組 1 的資料再求等級相關。因此，從【資料 (D)】的清單中點選【選擇觀察值 (S)】。

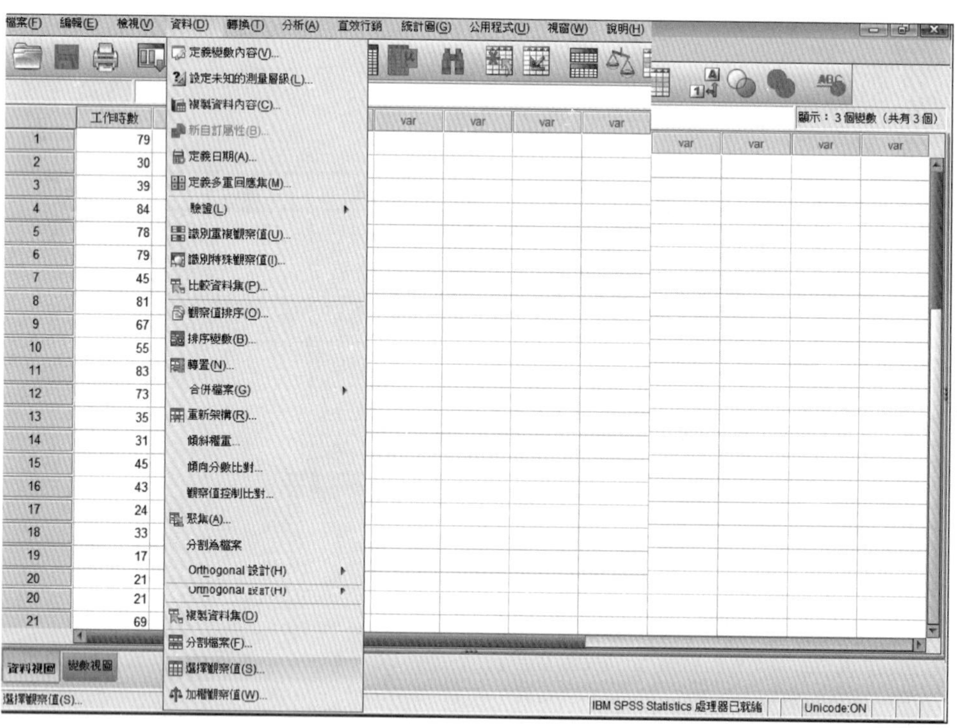

步驟 2 顯示選取觀察值的頁面時，再點選【若 (I)】。

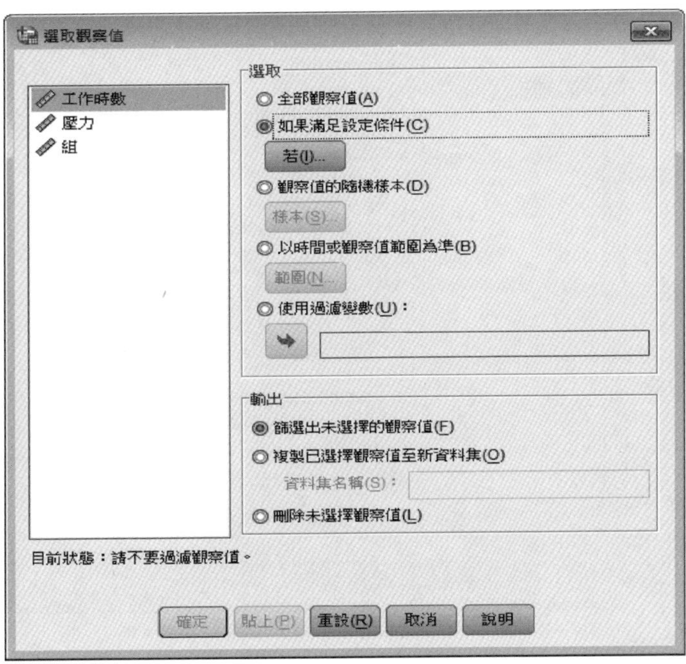

步驟 3 顯示選擇觀察值：IF 頁面時，如下圖輸入組 = 1 的條件後，按 繼續 。

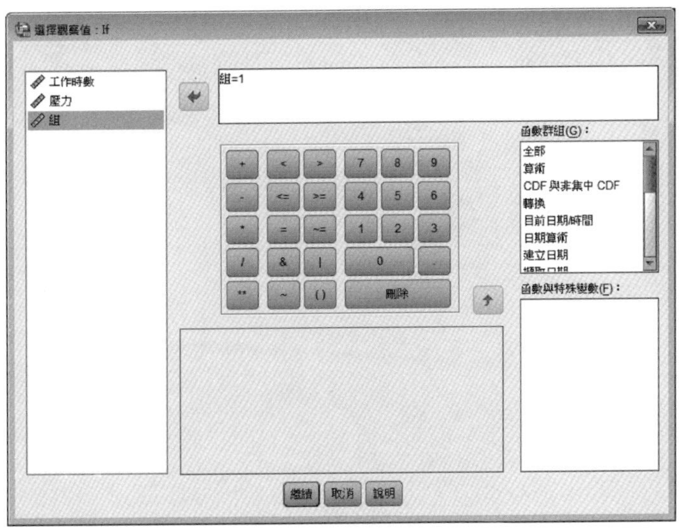

（注）輸入的是字串時，要加引號，如組 =“男”。

步驟 4　顯示以下頁面時，按 確定 。

步驟 5　選擇觀察值後，從【分析 (A)】的清單中選擇【相關 (C)】，再點選【雙變數 (B)】。

步驟 6 顯示雙變量相關分析頁面時，將工作時數與壓力移到【變數 (V)】的方框中。

步驟 7 在相關係數欄位，勾選【Kendall's tau-b】及【Spearman 相關係數】選項，再按 確定 。

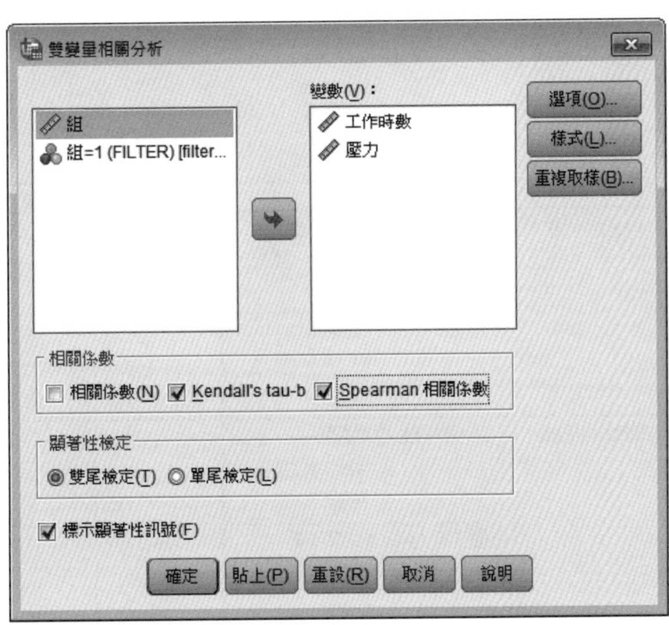

【SPSS 輸出】——等級相關

①組 1 的相關係數

相關

			工作時數	壓力	
Kendall's tau_b	工作時數	相關係數	1.000	.519*	←①
		顯著性（雙尾）	.	.011	←②
		N	15	15	
	壓力	相關係數	.519*	1.000	
		顯著性（雙尾）	.011	.	
		N	15	15	
Spearman 的相關係數	工作時數	相關係數	1.000	.716**	←③
		顯著性（雙尾）	.	.003	←④
		N	15	15	
	壓力	相關係數	.716**	1.000	
		顯著性（雙尾）	.003	.	
		N	15	15	

*. 相關性在 0.05 層上顯著（雙尾）。

**. 相關性在 0.01 層上顯著（雙尾）。

②組 2 的相關係數

相關

			工作時數	壓力
Kendall's tau_b 統計量數	工作時數	相關係數	1.000	-.582**
		顯著性 (雙尾)	.	.004
		個數	15	15
	壓力	相關係數	-.582**	1.000
		顯著性 (雙尾)	.004	.
		個數	15	15
Spearman 的相關係數	工作時數	相關係數	1.000	-.743**
		顯著性 (雙尾)	.	.001
		個數	15	15
	壓力	相關係數	-.743**	1.000
		顯著性 (雙尾)	.001	.
		個數	15	15

**. 相關的顯著水準為 0.01 (雙尾)。

【輸出結果的判讀】——等級相關

① **Kendall's tau-b**

等級相關係數 = 0.519

一週工作時數與壓力之間有正相關。

②**等級相關的檢定**

假設 H_0：一週工作時數與壓力之間無等級相關

顯著機率 0.011 < 顯著水準 0.05，因此假設 H_0 不成立。

因此，一週工作時數與壓力之間有相關。

③ **Spearman 的相關係數**

等級相關係數 = 0.716

一週工作時數與壓力之間有正相關。

④**等級相關係數之檢定**

假設 H_0：一週工作時數與壓力之間無等級相關

顯著機率 0.03 < 顯著水準 0.05，因此假設 H_0 不成立。

因此，一週工作時數與就業壓力之間有相關。

3.4.1 Spearman 相關係數

再舉一例來說明。

在一項名為「農村社區發展潛力與健康意識的研究」中，隨機抽取沙鹿地區 10 位居民，得出社區健康意識量數與社區發展潛力的資料如下；

健康意識量數	35	41	38	40	64	52	37	51	76	68
社區發展潛力	25	29	33	26	35	30	20	28	37	36

試求兩者的等級相關係數，並檢定兩者是否有相關。

步驟 1 數據輸入後，從【分析 (A)】的清單中做如下的選擇。

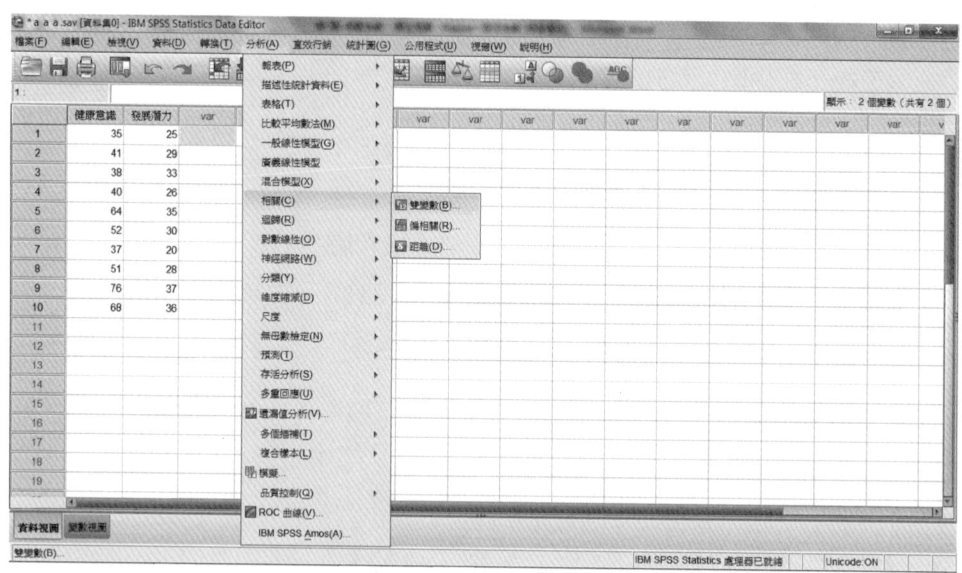

步驟 2 顯示雙變量相關分析頁面時，將健康意識與發展潛力移到【變數 (V)】的方框中。在相關係數欄位，勾選【Kendall's tau-b】、【Spearman 相關係數】及【標示顯著性訊號 (F)】，按 確定 。

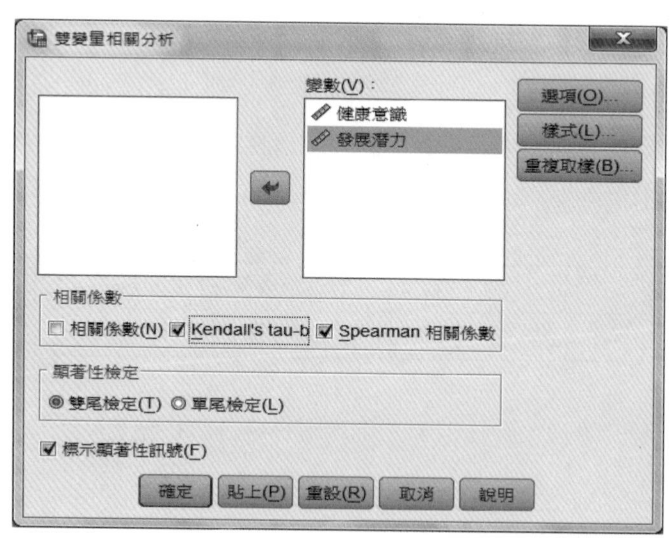

【SPSS 輸出】——等級相關

→ **Nonparametric Correlation**

Correlations

			健康意識	發展潛力	
Kendall's tau_b	健康意識	Correlation Coefficient	1.000	.733**	←①
		Sig. (2-tailed)	.	.003	←②
		N	10	10	
	發展潛力	Correlation Coefficient	.733**	1.000	
		Sig. (2-tailed)	.003	.	
		N	10	10	
Spearman's rho	健康意識	Correlation Coefficient	1.000	.855**	←③
		Sig. (2-tailed)	.	.002	←④
		N	10	10	
	發展潛力	Correlation Coefficient	.855**	1.000	
		Sig. (2-tailed)	.002	.	
		N	10	10	

**. Correlation is significant at the 0.01 level (2-tailed).

【輸出結果的判讀】——等級相關

① **Kendall's tau-b**

等級相關係數 = 0.733

健康意識與發展潛力之間有正相關。

②等級相關的檢定

假設 H_0：健康意識與發展潛力之間無等級相關

顯著機率 0.003 < 顯著水準 0.05，因此否定假設 H_0。

因此，健康意識與發展潛力之間有相關。

③ **Spearman's rho**

等級相關係數 = 0.855

健康意識與發展潛力之間有正相關。

④等級相關係數之檢定

假設 H_0：健康意識與發展潛力之間無等級相關

顯著機率 0.002 < 顯著水準 0.05，因此假設 H_0 不成立。

因此，健康意識與發展潛力之間有相關。

3.5 Kappa 一致性係數

「Kappa 一致性係數」(Kappa coefficient of agreement) 適用於檢定類別變項間一致性的程度。如果兩個變項均屬於次序變項（變項資料可以排出次序或等級），則變項間的一致性程度可以採用等級相關，等級相關常被用來作為評分者的信度指標。如果評分者所評定的資料不能排定出次序或等級，只能把它歸類到某一個類別時，應採用「Kappa 一致性係數」。Kappa 一致性係數的公式如下：

$$K = \frac{P(X) - P(E)}{1 - P(E)}$$

$P(X)$ 為評分者實際評定為一致的次數百分比、$P(E)$ 為評分者理論上評定為一致的最大可能次數百分比。

【數據形式】

有 2 位醫師想對病患的疾病型態加以分類，他們觀察 100 位病患的疾病型態，並將其各自歸類，2 位醫師歸類的結果如下。試問 2 位醫師歸類的一致性為何？

表 3.5.1　2 位醫師對病患的分類

		第 2 位醫師		
		型態一	型態二	型態三
第 1 位醫師	型態一	23	6	9
	型態二	7	20	3
	型態三	8	4	20

【輸入形式】

*未命名標題1 [資料集0] - PASW Statistics Data Editor

	V1	V2	次數
1	1	1	23
2	1	2	6
3	1	3	9
4	2	1	7
5	2	2	20
6	2	3	3
7	3	1	8
8	3	2	4
9	3	3	20

【分析步驟】

步驟 1【觀察值加權】

【資料 (D)】→【加權觀察值 (W)】→點選【觀察值加權依據 (W)】，將「次數」變項選入右邊【次數變數 (F)】按 確定 。

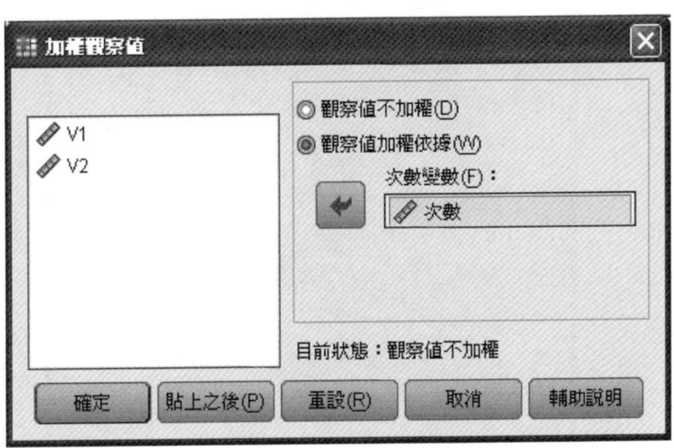

步驟 2【求 Kappa 係數】

【分析 (A)】→【敘述統計 (E)】→【交叉表 (C)】，將清單變項「v1」選入右邊【列 (W)】，將清單變項「v2」選入右邊【欄 (C)】，按【統計量 (S)】。

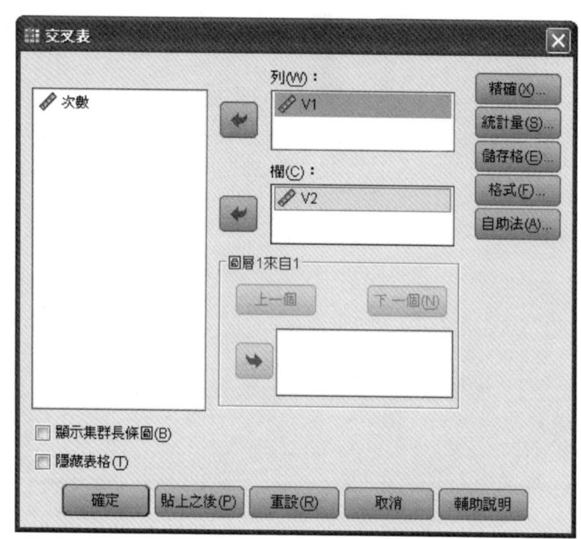

步驟 3 顯示如下的統計量對話框

勾選【卡方分配 (H)】及【Kappa 統計量數 (K)】→按 繼續 → 確定 。

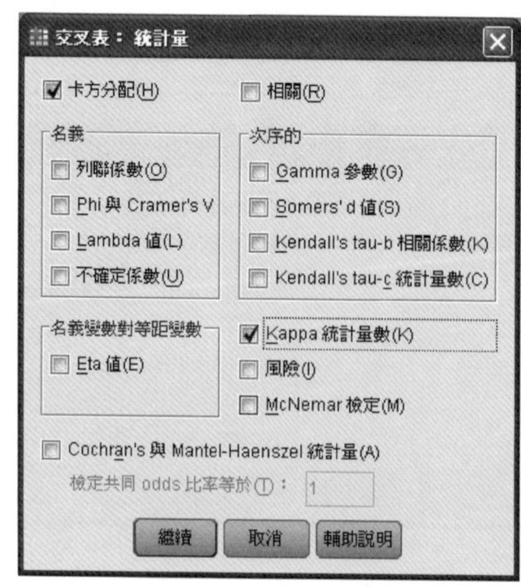

【SPSS 輸出結果】

觀察值處理摘要

	觀察值					
	有效的		遺漏值		總和	
	個數	百分比	個數	百分比	個數	百分比
V1 * V2	100	100.0%	0	.0%	100	100.0%

V1 * V2 交叉表

個數

		V2			總和
		1	2	3	
V1	1	23	6	9	38
	2	7	20	3	30
	3	8	4	20	32
總和		38	30	32	100

卡方檢定

	數值	自由度	漸近顯著性(雙尾)
Pearson卡方	42.126[a]	4	.000
概似比	39.501	4	.000
線性對線性的關連	13.420	1	.000
有效觀察值的個數	100		

a. 0格 (.0%) 的預期個數少於 5。 最小的預期個數爲

對稱性量數

		數值	漸近標準誤[a]	近似 T 分配[b]	顯著性近似值
同意量數	Kappa 統計量數	.442	.073	6.238	.000
有效觀察值的個數		100			

a. 未假定虛無假設爲眞。

b. 使用假定虛無假設爲眞時之 漸近標準誤。

【輸出結果解讀】

上表中爲 2 位醫師將病患疾病型態歸類交叉表。第 1 位醫師將病患疾病型態歸類爲型態一者有 38 人、將疾病型態歸類爲型態二者有 30 人、將疾病型態歸類爲型態三者有 32 人；第 2 位醫師將病患疾病型態歸類爲型態一者有 38 人、將疾病型態歸類爲型態二者有 30 人、將疾病型態歸類爲型態三者有 32 人。第 1 位醫師及第 2 位醫師將病患的疾病均歸類爲型態一者有 23 人，將疾病型態均歸類爲型態二者有 20 人，將疾病型態均歸類爲型態三者有 20 人。

其卡方檢定結果，卡方值等於 42.126，$df = 4$，$p = .000 < .05$，達到顯著水準。應拒絕虛無假設，故可知 2 位醫師評定的疾病型態間並不獨立，而是有所關聯。

對稱性量數檢定結果，Kappa 一致性係數值等於 .442，$p = .000 < .05$，達到 .05 顯著水準，拒絕虛無假設 H_0：$K = 0$；即 2 位醫師對於疾病型態的歸類一致性程度相當高。

3.6 Kendall 一致性係數

Kendall 一致性係數（Kendall's coefficient of concordance）適用於 k 個變項之等級一致性程度，代表三個評分等級以上的信度指標，Kendall 等級相關主要用於兩位評分者評定 N 個人的成績或 N 個人的作品，或同一位評審者前後兩次評 N 個人的作品或 N 個人的成績，它適用於兩個變項等級間的一致性程度，可被視爲 Kendall 一致性係數的一種特例。Kendall 一致性係數適用於 k 個評分者評 N 個人的成績或 N 個人的作品，如果 k 等於 2 時，就變成 Kendall 等級相關。

【數據類型】

企業模擬競賽時，5 位評審評 10 位參賽同學的名次等級如下。試問 5 位評審評選結果的一致性爲何？

表 3.6.1　參賽者得分

評分者	V1	V2	V3	V4	V5	V6	V7	V8	V9	V10
A	3	9	8	1	6	4	10	2	5	7
B	7	8	6	2	5	3	9	1	10	4
C	3	9	5	1	6	4	10	2	7	8
D	5	10	9	3	4	2	8	1	6	7
E	6	9	7	3	4	2	10	1	8	5

【數據形式】

評分者	v1	v2	v3	v4	v5	v6	v7	v8	v9	v10
a	3	9	8.00	1.00	4.00	4.00	10.00	2.00	5.00	7.00
b	7	8	6.00	2.00	3.00	3.00	9.00	1.00	10.00	4.00
c	3	9	5.00	1.00	4.00	4.00	10.00	2.00	7.00	8.00
d	5	10	9.00	3.00	2.00	2.00	8.00	1.00	6.00	7.00
e	6	9	7.00	3.00	2.00	2.00	10.00	1.00	8.00	5.00

【分析步驟】

步驟 1【分析 (A)】→【無母數檢定 (N)】→【歷史對話記錄 (L)】→【K 個相關樣本 (S)】。

步驟 2　在「多個相關樣本的檢定」的對話視窗中，將左邊 10 個變數選入右邊【檢定變數 (T)】→【檢定類型】欄位勾選【Kendall's W 檢定 (K)】選項→按 確定 。

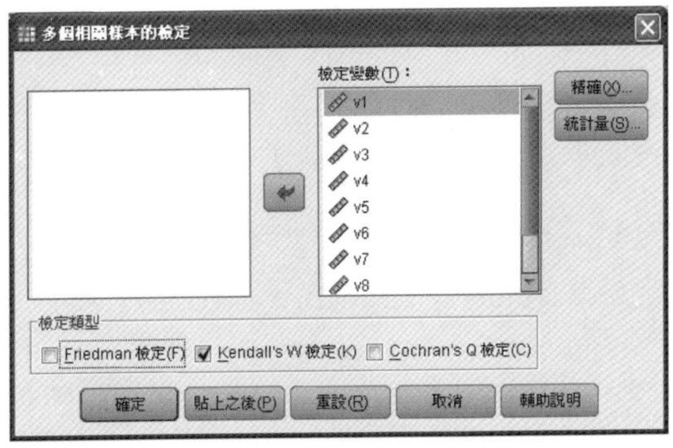

【SPSS 輸出結果】

等級

	等級平均數
v1	4.80
v2	9.00
v3	7.20
v4	2.40
v5	3.50
v6	3.50
v7	9.40
v8	1.40
v9	7.40
v10	6.40

檢定統計量

個數	5
Kendall's W 檢定[a]	.850
卡方	38.239
自由度	9
漸近顯著性	.000

a. Kendall 和諧係數

【輸出結果解讀】

上表為 Kendall W 一致性係數檢定結果。第一個表為等級平均數結果，以第 1 位受試者 V1 而言，5 位評審者給予名次等級分別為 3、7、3、5、6，整體平均名次等級為 (3 + 7 + 3 + 5 + 6)÷5 = 4.80；以受試者 V10 而言，5 位評審者給予名次等級分別為 7、4、8、7、5，整體平均名次等級為 (7 + 4 + 8 + 7 + 5)÷5 = 6.20。在 Kendall 一致性係數檢定中的統計假設為：

H_0 虛無假設：5 位評審者的評分間沒有一致性

H_1 對立假設：5 位評審者的評分間有一致性

在第二個檢定統計量表中，Kendall W 一致性係數值 = 0.850，顯示 5 位評

審者的評分間有顯著相關存在，卡方值 = 38.239，顯著性之 p 值（= .000）小於 .05，統計檢定拒絕虛無假設，接受對立假設，亦即 5 位評審者的評分結果頗爲一致，其中以 V8 的等級平均數 1.40 爲最低，名次最佳，5 位評審者的評分結果等級分別給予 2、1、2、1、1；次佳名次是 V4，其等級平均數爲 2.00；而以 V7 的名次最差，其等級平均數爲 9.40，5 位評審者的評分結果等級分別給予 10、9、10、8、10。

3.7 Cramer's V 相關係數

- **何謂交叉表**

針對名義尺度（或順序尺度）的變數而言，將各變數的水準組合資料製作成表者，稱爲交叉表（cross table）。許多時候，交叉表是將 2 個變數組合，記述兩變數間的關係。2 個變數的水準數均爲 2 的表，特別作爲 2×2 表或 4 交叉表。且在交叉表中相當於各變數的水準組合的方框稱爲格（cell）。

- **φ 係數**

在交叉表中，以記述 2 個變數間之關係的指標來說，有所謂的關聯係數。對於 2×2 表來說，關聯係數提出有 φ 係數。φ（phi）係數是對 2 個變數的 2 個水準分別分配一個值（譬如，一方的水準設爲 1，另一方的水準設爲 0）時的 2 個變數間的相關係數。

φ 係數與相關係數一樣，值取在 1 與 –1 之間。φ 係數愈大，表示 2 個變數間之關聯愈強，φ 係數之值爲 0 時，2 個變數之間表示無關聯。2 個變數無關聯，是指各行或各行的次數比爲一定，此情形的 2 個變數可以說是獨立的。

- **Cramer's 關聯係數**

比 2×2 大的交叉表，譬如在 3×4 的表中，也提出有記述兩變數間之關係的指標，此即爲 Cramer's 關聯係數 (V)。Cramer's 關聯係數 (V) 的值取在 0 ～ 1 之間。與 φ 係數的情形一樣，各列或各行的次數比爲一定時，$V = 0$，可以說 2 個變數無關聯是獨立的。另外，對於 2×2 交叉表的情形來說，Cramer's 關聯係數與 φ 係數的絕對值是相同之值。

• χ^2 檢定

在母體中，交叉表中的 2 個變數是否獨立，以統計的檢定方法來說，有卡方（χ^2）檢定。

進行 χ^2 檢定的結果，顯著機率（P 值）如比事先所設定的顯著水準（冒險率）小時，當作統計上是有顯著差異的，想成 2 個變數並非獨立。相反的，顯著機率不小於顯著水準時，則判斷 2 個變數不能說不是獨立。

1. 資料

在護理系學生中，將來想選擇內科、外科、精神科 3 科之中哪一科（系統），以及想在病房與門診中之何者任職（勤務型態），想調查其間之關聯。讓各受試者就科別系統與勤務型態兩者，各選出希望的一者。

2. 資料輸入形式

將各變數的資料輸入如下圖。「系統」的 1 表示內科，2 表示外科，3 表示精神科，以及「勤務型態」的 0 表示門診，1 表示病房。

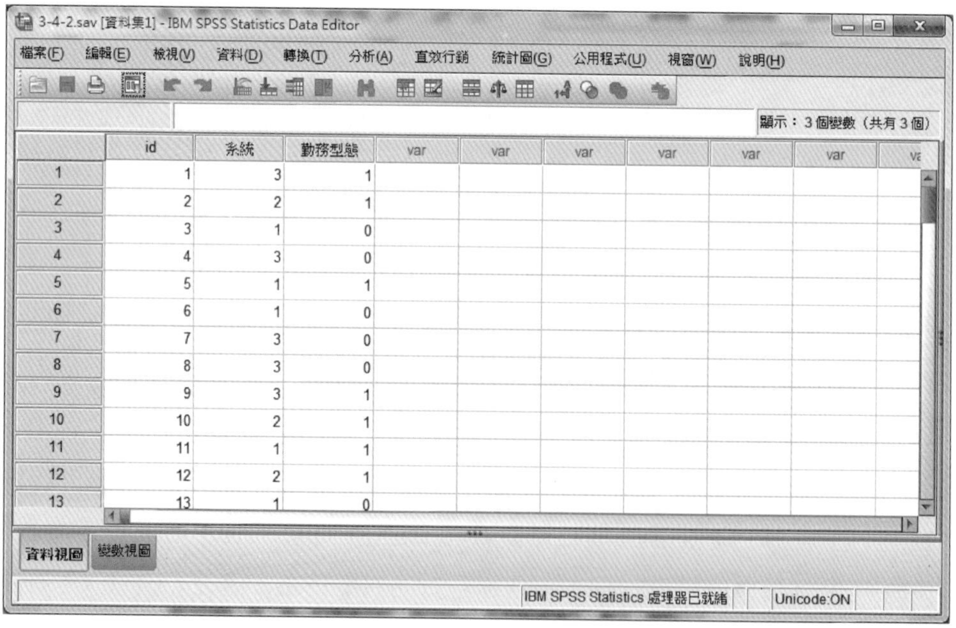

3-4-2.sav [資料集1] - IBM SPSS Statistics Data Editor

檔案(F) 編輯(E) 檢視(V) 資料(D) 轉換(T) 分析(A) 直效行銷 統計圖(G) 公用程式(U) 視窗(W) 說明(H)

顯示：3 個變數（共有 3 個）

	id	系統	勤務型態	var	var	var	var	var	var
1	1	3	1						
2	2	2	1						
3	3	1	0						
4	4	3	0						
5	5	1	1						
6	6	1	0						
7	7	3	0						
8	8	3	0						
9	9	3	1						
10	10	2	1						
11	11	1	1						
12	12	2	1						
13	13	1	0						

資料視圖 變數視圖

IBM SPSS Statistics 處理器已就緒 Unicode:ON

輸入資料的一部分

3. 分析的步驟

按照【分析 (A)】→【敘述統計 (E)】→【交叉表 (C)】進行，將 2 個變數投入到欄與列中。進行卡方檢定時，在「統計量」選項中，選擇【卡方 (H)】。

要計算 Cramer's 關聯係數時，在「統計量」選項中選擇【phi(φ) 與 Cramer's V】。

交叉表中不只是各方格的次數，想表示列中的百分比、行中的百分比、全體中的百分比時，在「格」的選項中的【百分比】，分別選擇【列 (R)】、【直欄 (C)】、【總計 (T)】。

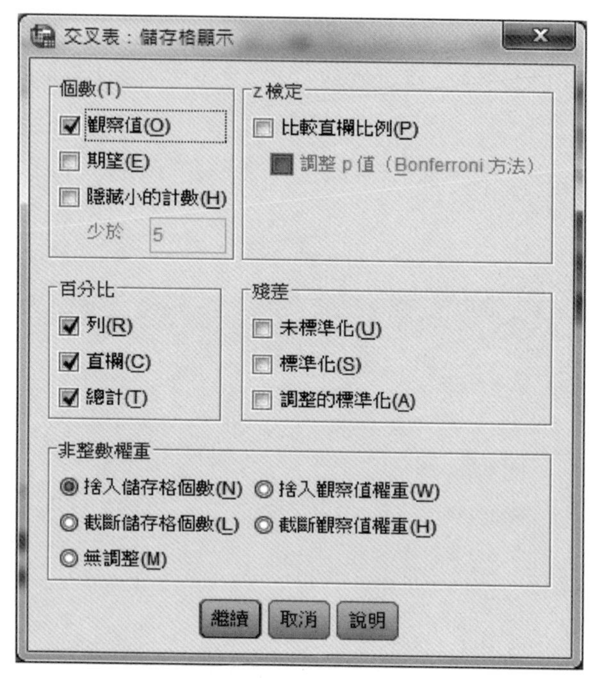

4. 結果

將隨機所選出的 69 位學生的選擇整理如下表所示。選擇內科有 31 位，其中希望在病房服務者有 19 位（61.3%），選擇精神科者有 13 位，其中希望在病房服務者有 6 位（46.2%）。

在母體方面，希望任職科別的系統與勤務型態有無關聯，亦即依系統的科別不同，希望在病房（門診）勤務的比率是否有差異，爲了檢討進行了卡方檢定之後，顯著機率（P 值）是 0.044，統計上是顯著的。亦即，依系統之別，希望在病房（門診）服務的比率，可以判斷在統計上是有顯著差異。

另外，顯示希望科別的系統與勤務型態的關聯，其間的關聯係數是 0.301。

系統 * 勤務型態 Crosstabulation

			勤務型態		Total
			門診	病房	
系統	內科	Count	12	19	31
		% within 系統	38.7%	61.3%	100.0%
		% within 勤務型態	52.2%	41.3%	44.9%
		% of Total	17.4%	27.5%	44.9%
	外科	Count	4	21	25
		% within 系統	16.0%	84.0%	100.0%
		% within 勤務型態	17.4%	45.7%	36.2%
		% of Total	5.8%	30.4%	36.2%
	精神科	Count	7	6	13
		% within 系統	53.8%	46.2%	100.0%
		% within 勤務型態	30.4%	13.0%	18.8%
		% of Total	10.1%	8.7%	18.8%
Total		Count	23	46	69
		% within 系統	33.3%	66.7%	100.0%
		% within 勤務型態	100.0%	100.0%	100.0%
		% of Total	33.3%	66.7%	100.0%

Chi-Square Tests

	Value	df	Asymp. Sig. (2-sided)	Exact Sig. (2-sided)	Exact Sig. (1-sided)	Point Probability
Pearson Chi-Square	6.245[a]	2	.044	.044		
Likelihood Ratio	6.530	2	.038	.042		
Fisher's Exact Test	6.295			.038		
Linear-by-Linear Association	.113[b]	1	.737	.867	.431	.125
N of Valid Cases	69					

a. 1 cells (16.7%) have expected count less than 5. The minimum expected count is 4.33.

b. The standardized statistic is -.336.

Symmetric Measures

		Value	Approx. Sig.	Exact Sig.
Nominal by Nominal	Phi	.301	.044	.044
	Cramer's V	.301	.044	.044
N of Valid Cases		69		

3.8 柯恩的效果量（Cohen's d effect size）

如何從發表的研究文章中計算效果量，哈佛大學薩曼莎庫克（Will Thalheimer Samantha Cook，Work-Learning Research Harvard University）提供一個簡化的方法。顯著性的統計檢定告訴我們實驗結果與機會的預期不同的可能性，而效果量的測量告訴我們實驗處理的相對大小。它們告訴我們實驗效果的大小。然而效果量尤其重要，因爲它們使我們能夠比較一個實驗與另一個實驗的處理大小。雖然使用百分比可以比較實驗處理與控制處理，但所得結果往往難以解釋，幾乎都是不可能跨越公平的實驗比較。

什麼是效果量？在本質上，效果量的大小是兩個均值之間的差異（例如，治療減控制）除以兩個條件的標準差。這是除以標準差使我們在整個實驗中可以比較效果量。由於 t-tests 和 F-tests 使用不同的標準差，兩個分開的計算是必需的。

Cohen（1992）的建議 0.20 的效果量是屬於小的，0.50 是屬於中的，0.80 以上是屬於大的，如此使我們能夠將實驗結果的效果量與已知的基準相比較。

以下提供幾種計算 Cohen's d 的方法。

1. 從 t-tests 計算 Cohen's *d*

(1) $d=\dfrac{\bar{x}_t-\bar{x}_c}{S_{pooled}}$

關鍵符號：

d = Cohen's d 的效果量

$\bar{x}$ = 平均值（平均的治療或對照條件）

s = 標準差

下標：t 表示在處理條件，c 是指在比較條件（或控制條件）。

(1a) $S_{pooted}=\sqrt{\dfrac{(n_t-1)s^2+(n_c-1)s_c^2}{n_t+n_c-2}}$

當使用 t 檢定沒有列出標準差或標準誤，可以使用 t 統計量計算 Cohen's d 如下：

(2) $d=t\sqrt{\left(\frac{n_t+n_c}{n_t n_c}\right)\left(\frac{n_t+n_c}{n_t+n_c-2}\right)}$

關鍵符號：

d = Cohen's d 的效果量

t = t 統計量

n = 受試者的數目

下標：t 表示在處理條件，c 是指在比較條件（或控制條件）。

當使用 t 檢定沒有列出標準差，但有列出標準誤，可以計算出標準差如下，然後再使用公式 (1a)：

(3) $S=SE\sqrt{n}$

關鍵符號：

S = 標準差

SE = 標準誤

n = 受試者的數目

2. 從 F-tests 計算 Cohen's *d*

(4) $d=\frac{\bar{x}_t-\bar{x}_c}{\sqrt{MSE\left(\frac{n_t+n_c-2}{n_t+n_c}\right)}}$

關鍵符號：

d = Cohen's d 的效果量

$\bar{x}$ = 平均值（平均治療或比較條件）

n = 受試者每組號碼

MSE = 均方差

下標：t 表示在處理條件，c 是指在比較條件（或控制條件）。

當使用 F 檢定時沒有列出 MSE，就可以使用 F 統計量計算出 Cohen's d 如下。

(5) $d=\sqrt{F\left(\frac{n_t+n_c}{n_t n_c}\right)\left(\frac{n_t+n_c}{n_t+n_c-2}\right)}$

關鍵符號：

d = Cohen's d 的效果量

F = F 統計量

n = 受試者每組號碼

下標：t 表示在處理條件，c 是指在比較條件（或控制條件）。

【例】

以下試舉一例來說明。如果你有兩組資料，一組實驗組，一組控制組。進行了實驗之後，想知道後測有沒有差別。若使用了 t-test，也告訴你每一組的平均值（mean）和標準差（standard deviation）。在這種情況下，Cohen's d 的算法為：

$d = (M_{實驗組} - M_{控制組})/SD_{兩組}$

而 $SD_{兩組}$的算法如下：

$SD_{兩組} = \sqrt{[(SD_{實驗組}^2 + SD_{控制組}^2)/2]}$

拿數字來當實例。

如果 $M_{實驗組} = 24$，$M_{控制組} = 20$，$SD_{實驗組} = 5$，$SD_{控制組} = 4$

$SD_{兩組} = \sqrt{[(5^2 + 4^2)/2]} = 4.53$

$\therefore d = (24 - 20)/4.53 = 0.88$

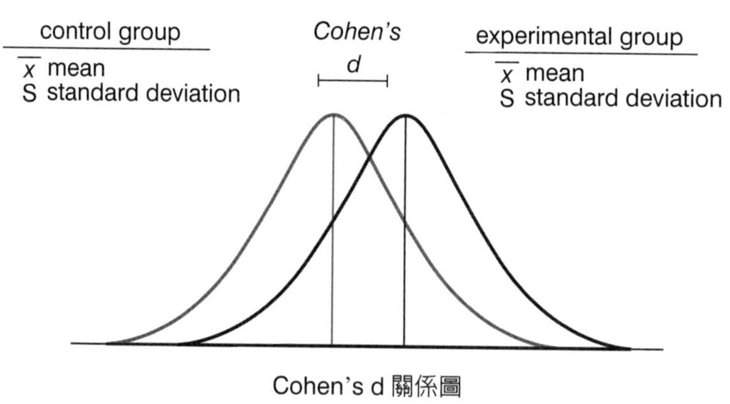

Cohen's d 關係圖

第4章 獨立性檢定，適合度檢定，常態性檢定，Mc Nemar 檢定，Cochran's Q 檢定——整理成表再調查關聯性

4.1 獨立性檢定

以下的資料是針對有睡眠障礙者 25 人，無睡眠障礙者 25 人，就

「興趣的有無，一週的工作時數，配偶者的有無，職場中有無可以商談的人，對職務內容是否滿意」等進行意見調查後所得的結果。

表 4.1.1

NO.	睡眠障礙	興趣	工作時數	配偶者	職場商談	職務內容
1	1	2	2	2	2	2
2	1	1	1	1	1	1
3	1	1	1	2	1	2
4	1	2	2	2	1	2
5	1	1	2	2	2	1
:	:	:	:	:	:	:
:	:	:	:	:	:	:
46	2	1	1	2	1	2
47	2	2	1	1	1	1
48	2	1	1	1	1	2
49	2	1	1	2	2	1
50	2	2	2	2	1	1

想分析的事情是？

1. 想將睡眠障礙者與興趣的關係整理成表。
2. 想調查睡眠障礙者與興趣之間有無關聯。

此時，可以考慮如下的統計處理。

➲ 統計處理 1

將睡眠障礙取成直行（欄），興趣取成列，製作交叉表。

➲ 統計處理 2

就睡眠障礙與興趣，進行獨立性的檢定。

（注）A 與 B 獨立⇔ A 與 B 無關聯

撰寫論文時

1. 交叉表時，將 SPSS 輸出照樣貼上。

興趣 * 睡眠障礙 交叉表

個數

		睡眠障礙		總和
		有	無	
興趣	無	16	8	24
	有	9	17	26
總和		25	25	50

2. 獨立性檢定時，

「……進行獨立性檢定之後，卡方值是 5.128，顯著機率 0.024，可知睡眠障礙與興趣之間有關聯。因此，…」

3. 獨立性檢定的檢定統計量由於服從卡方分配，因此將此檢定寫成卡方檢定的人也很多。

【數據輸入類型】

表 4.1.1 的資料，如下輸出。

	睡眠障礙	興趣	工作時數	配偶者	職場商談	職務內容	var	var	var	var	var	var
1	1	2	2	2	2	2						
2	1	1	1	1	1	1						
3	1	1	1	2	1	2						
4	1	2	2	2	1	2						
5	1	1	2	2	2	1						
6	1	1	1	2	1	1						
7	1	1	2	2	2	1						
8	1	2	2	1	2	1						
9	1	2	2	2	1	1						
10	1	1	2	1	1	1						
11	1	2	2	1	2	2						
12	1	1	1	1	2	1						
13	1	1	2	1	2	2						
14	1	1	2	1	2	1						
15	1	2	2	2	2	2						
16	1	2	1	1	2	1						
17	1	1	2	2	2	2						
18	1	2	2	2	2	1						
19	1	2	2	1	1	1						
20	1	1	1	2	2	2						
21	1	1	1	1	2	2						
22	1	1	2	2	2	2						
23	1	1	2	2	2	2						
24	1	1	1	2	2	2						
25	1	1	2	1	2	2						
26	2	2	2	2	2	2						
27	2	2	1	2	1	1						
28	2	2	2	1	1	2						
29	2	2	2	2	2	2						

資料檢視 變數檢視

	睡眠障礙	興趣	工作時數	配偶者	職場商談	職務內容	var	var	var	var	var	var
1	有	有	以上	無	無	無						
2	有	無	未滿	有	有	有						
3	有	無	未滿	無	有	無						
4	有	有	以上	無	有	無						
5	有	無	以上	無	無	有						
6	有	無	未滿	無	有	有						
7	有	無	以上	無	無	有						
8	有	有	以上	有	無	有						
9	有	有	以上	無	有	有						
10	有	無	以上	有	有	有						
11	有	有	以上	有	無	無						
12	有	無	未滿	有	無	有						
13	有	無	以上	有	無	無						
14	有	無	以上	有	無	有						
15	有	有	以上	無	無	無						
16	有	有	未滿	有	無	有						
17	有	無	以上	無	無	無						
18	有	有	以上	無	無	有						
19	有	有	以上	有	有	有						
20	有	無	未滿	無	無	無						
21	有	無	未滿	有	無	無						
22	有	無	以上	無	無	無						
23	有	無	以上	無	無	無						
24	有	無	未滿	無	無	無						
25	有	無	以上	有	無	無						
26	無	有	以上	無	無	無						
27	無	有	未滿	無	有	有						
28	無	有	以上	有	有	無						
29	無	有	以上	無	無	無						

資料檢視 變數檢視

【SPSS 分析步驟】

步驟 1 表 4.1.1 的資料輸入時，從【分析 (A)】的清單中選擇【描述性統計資料 (S)】，再從次選單中選擇【交叉表 (C)】。

步驟 2 顯示交叉表頁面時，將睡眠障礙移到【直欄 (C)】的方格，將興趣移到【列 (O)】的方框中，勾選【顯示叢集長條圖 (B)】後，按【統計資料 (S)】。

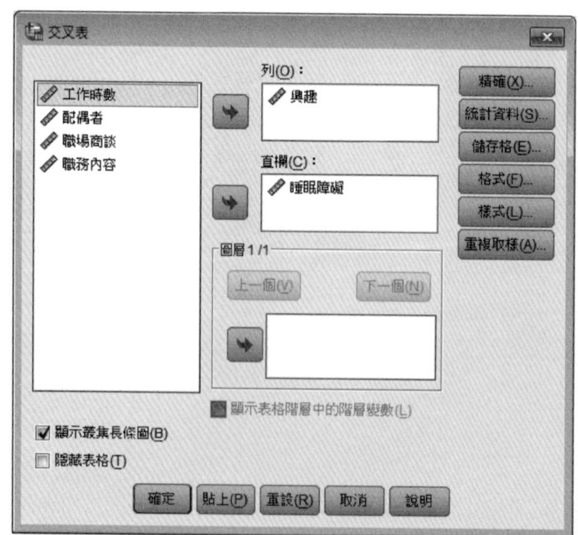

步驟 3 顯示交叉表：統計資料頁面時，勾選【卡方 (H)】選項，再按 繼續 。

交叉表：統計資料

☑ 卡方(H) ☐ 相關(R)

名義
☐ 列聯係數(O)
☐ Phi (φ) 值與克瑞瑪 V (Cramer's V)
☐ Lambda (λ)
☐ 不確定性係數(U)

序數
☐ 伽瑪(G)
☐ Somers' D
☐ Kendall's tau-b
☐ Kendall's tau-c

名義變數對等距變數
☐ Eta 值

☐ 卡帕 (Kappa)
☐ 風險(I)
☐ McNemar

☐ Cochran's 與 Mantel-Haenszel 統計資料
檢定共同勝算比等於(T)： 1

繼續 取消 說明

步驟 4 返回交叉表頁面時，按 確定 。

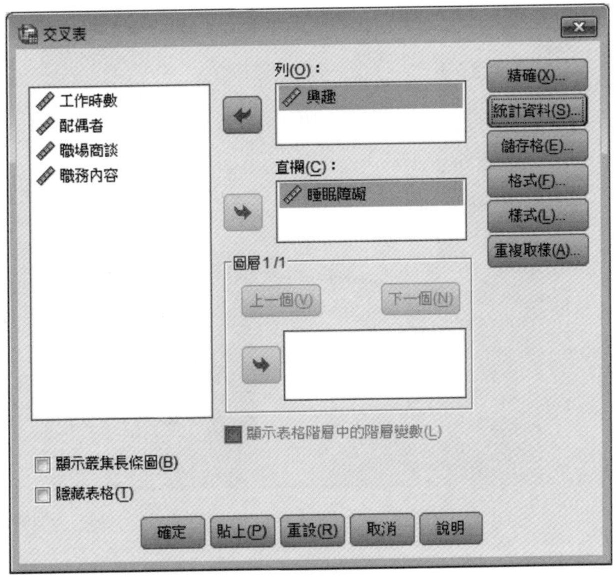

【SPSS 輸出】——交叉表

興趣 * 睡眠障礙 交叉表

個數

		睡眠障礙 有	睡眠障礙 無	總和	
興趣	無	16	8	24	←①
	有	9	17	26	
總和		25	25	50	

（注）想改變交叉表的順序，譬如「有」「無」的順序時，可利用**步驟 4** 的格式。

卡方檢定

	數值	自由度	漸近顯著性 (雙尾)	精確顯著性 (雙尾)	精確顯著性 (單尾)	
Pearson卡方	5.128[b]	1	.024			←②
連續性校正[a]	3.926	1	.048			
概似比	5.220	1	.022			
Fisher's精確檢定				.046	.023	←③
線性對線性的關連	5.026	1	.025			
有效觀察值的個數	50					

a. 只能計算 2x2 表格

b. 0格 (.0%) 的預期個數少於 5。 最小的預期個數為 12.00。

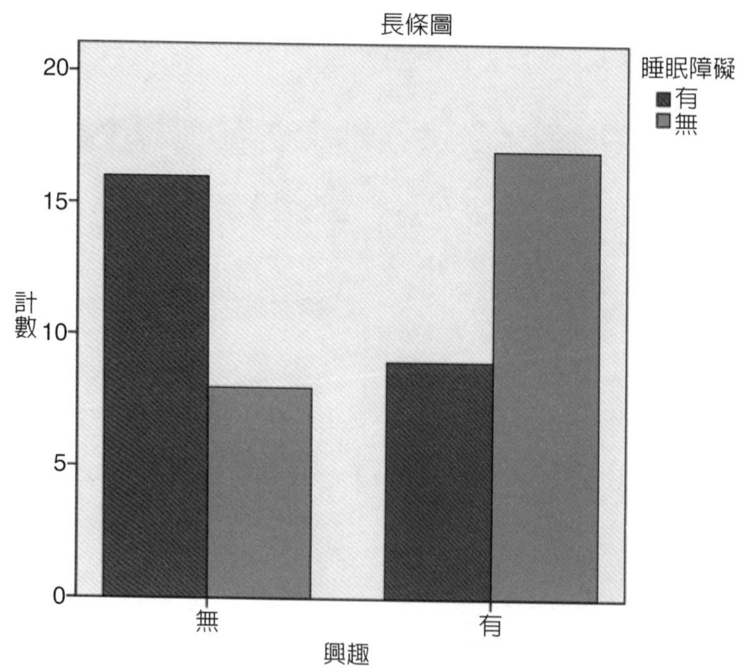

【輸出結果判讀】——交叉表

①睡眠障礙與興趣的交叉表

有睡眠障礙的人，似乎未具有興趣的人較多。

相反的，沒有睡眠障礙的人，似乎都具有興趣。

②獨立性的檢定

設 H_0：睡眠障礙與興趣是獨立

顯著機率 0.024 < 顯著水準 0.05

因之假設 H_0 不成立。

因此，睡眠障礙與興趣之間有某種的關聯。

③ **Fisher** 的直接法

假設 H_0：睡眠障礙與興趣是獨立的

顯著機率 0.046 < 顯著水準 0.05

因之假設 H_0 不成立。

因此，睡眠障礙與興趣之間有某種的關聯。

4.2 適合度檢定

使用表 4.2.1 的數據，利用 SPSS 進行適合度檢定。

【數據類型】

以下的數據是爲了遺傳因子的研究，針對 1,204 隻黃果蠅的子孫進行觀察的結果。

表 4.2.1　黃果蠅的遺傳法則

野性型雌	野性型雄	白眼雄
592 隻	331 隻	281 隻

黃果蠅在理論上可以說是以

野性型雌：野性型雄：白眼雄 = 2：1：1

的比例繁衍子孫。

因此，想知道的事情是

「理論的比 2：1：1 與利用實驗的比 592：331：281」

在統計上是否相同。

【數據輸入類型】

此數據與前節的數據非常相似。因此，數據輸入的步驟相同，參照前節的步驟時，應可安心的輸入。

變數「果蠅」，將類型從數字變成字串。

變數「果蠅數」，【資料（D）】→【加權觀察值（W）】。

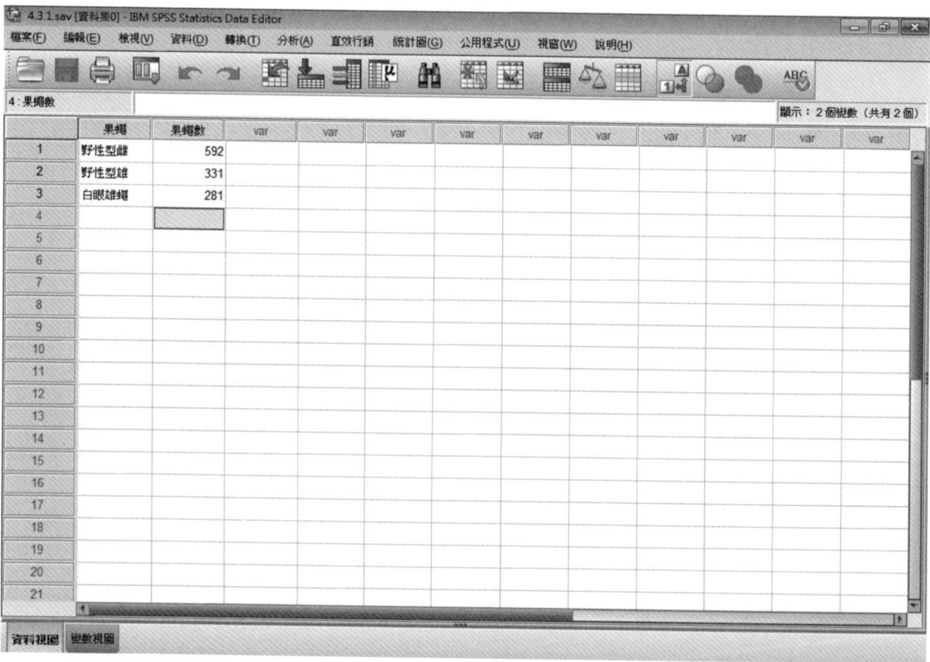

	果蠅	果蠅數
1	野性型雌	592
2	野性型雄	331
3	白眼雄蠅	281

【統計處理的步驟】

步驟 1　統計處理是從前面的狀態按【分析 (A)】開始的。

進行適合度檢定時，從清單之中按【無母數檢定 (N)】，從【歷史對話記錄 (L)】中，再選擇子清單【卡方】。

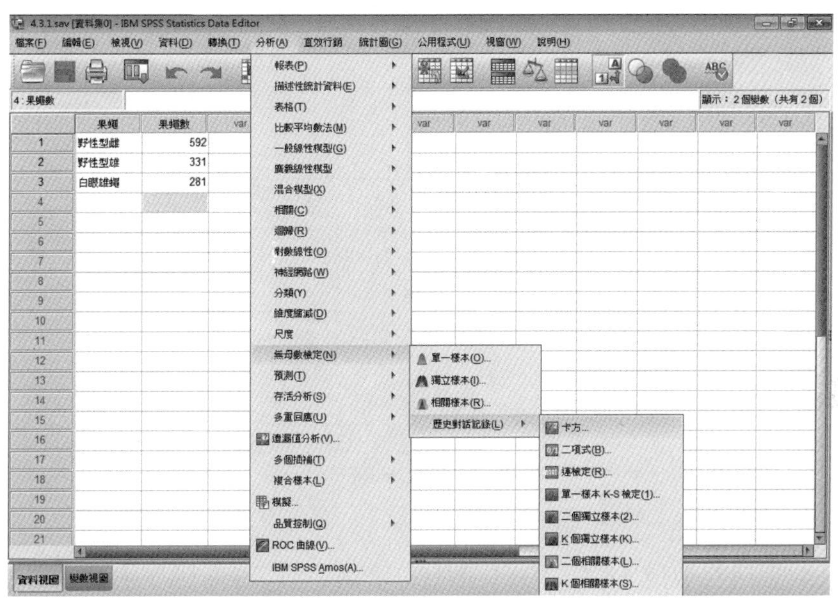

步驟 2　接著，從右側的子清單選擇【卡方分配 (C)】時，出現如下的對話框。

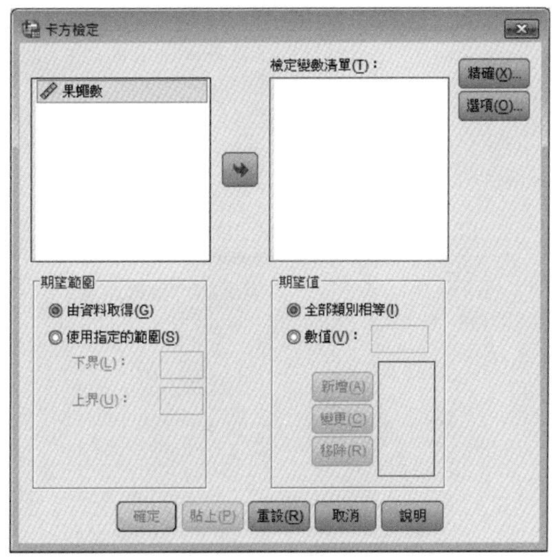

步驟 3 按一下果蠅數變成藍色之後，再按一下 [↩]。
其次，點選期望值欄位之【數值 (V)】選項。

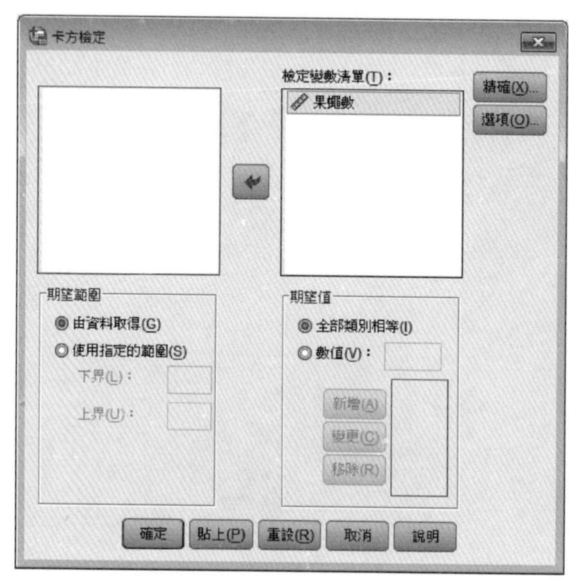

步驟 4 期待次數是 2：1：1，事實上必須以 1：1：2 的順序輸入。因此，首先從鍵盤輸入 1 到【數值 (V)】的右框中。

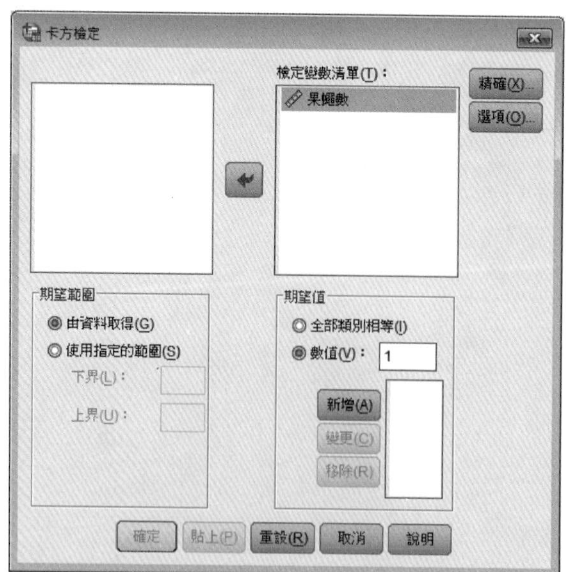

步驟 5 接著，點擊【新增 (A)】。1 移到【新增 (A)】的右框中。

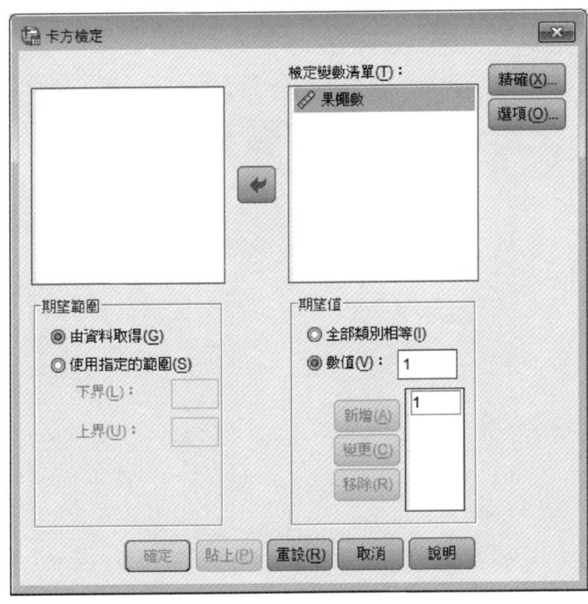

步驟 6 於【數值 (V)】的右框中，再次輸入 1，並再點擊【新增 (A)】。

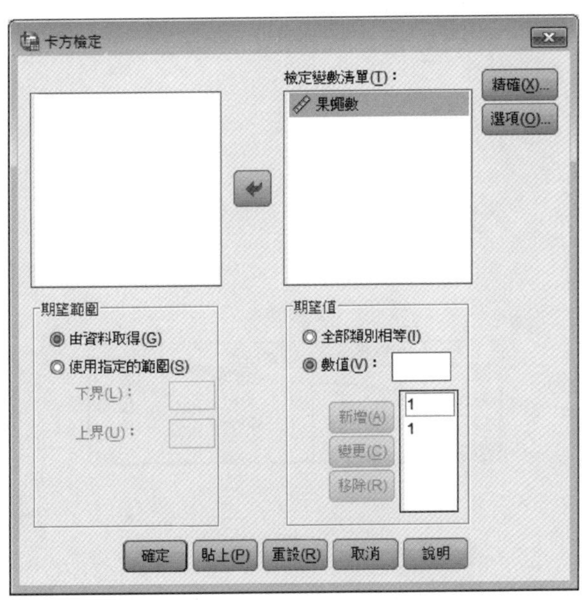

步驟 7 最後，再於【數值 (V)】的右框中輸入 2，按【新增 (A)】。像這樣，縱向變成 1，1，2 時，按 確定 即告結束。

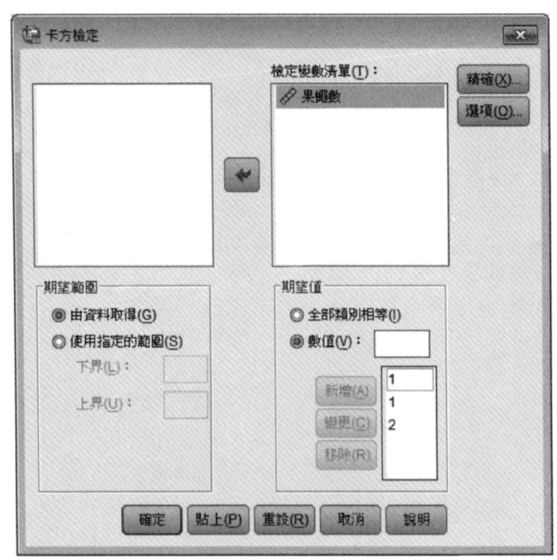

【SPSS 輸出】

表 4.2.1 的適合度檢定，輸出如下。

NPar 檢定

卡方檢定 ←①

次數分配表

果蠅數

	觀察個數	期望個數	殘差
281	281	301.0	-20.0
331	331	301.0	30.0
592	592	602.0	-10.0
總和	1204		

←②

檢定統計量

	果蠅數
卡方[a]	4.485
自由度	2
漸近顯著性	.106

←③

a. 0 個格 (.0%) 的期望次數少於 5。最小的期望格次數為 301.0。

【輸出結果判讀】

①此卡方檢定是適合度檢定。適合度檢定是檢定

假設 H_0：實測次數與期待次數相同

以此檢定來判斷假設是否成立。

②當輸入數據是 592，331，281 的順序時，觀察輸出結果則是 281，331，592 按小的順位排列。因此，期待次數也必須要按 1，1，2 輸入。

③觀察輸出結果時，檢定統計量卡方是 4.485，此時的顯著機率是 0.106。

因此，顯著水準 $\alpha = 0.05$ 時，依據顯著機率 $0.106 > \alpha = 0.05$，假設成立。換言之，實測次數 592：331：281 與期待次數 2：1：1 可以想成相同。

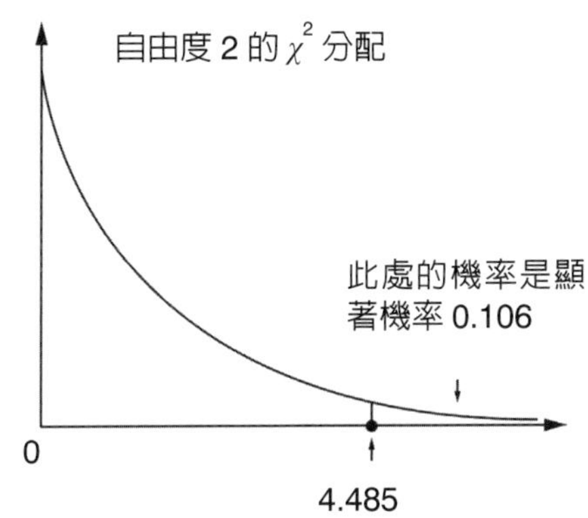

＊ 使用 Exact Tests（Option）時，即可求出精確顯著機率。

此 Exact Tests 不需要對期待次數加上條件，經常可以利用。

4.3 常態性檢定

Shapiro-Wilk test 是檢定數據是否服從常態分配的方法。

試以下面的數據爲例，檢定身高是否服從常態分配。此處分成

1 樣本的檢定：檢定身高是否服從常態分配的方法。

2 樣本的檢定：檢定男性的身高是否服從常態分配，或女性的身高是否服從常態分配的方法。

1 樣本的檢定時，將身高想成 1 個變數來進行檢定。在相關 · 迴歸分析或

多變量分析中幾乎是使用 1 樣本的檢定。

2 樣本的檢定是設想將身高分成男女 2 群來檢定時可以應用。

【資料輸入】

試輸入表 4.3.1 數據如下。

表 4.3.1

	性別	身高	胸圍	肚圍	臀圍	體重	var	var	var	var	var	var
1	1.00	1782	967	884	1018	79.8						
2	1.00	1715	858	719	877	58.0						
3	1.00	1782	848	743	915	67.6						
4	1.00	1778	911	766	940	69.2						
5	1.00	1684	788	649	872	56.2						
6	1.00	1742	832	667	868	53.4						
7	1.00	1823	875	728	925	67.8						
8	1.00	1779	787	695	890	59.4						
9	1.00	1800	874	702	921	67.4						
10	1.00	1695	869	729	879	59.0						
11	1.00	1821	923	779	918	70.2						
12	1.00	1793	899	692	926	64.6						
13	1.00	1820	834	705	932	65.8						
14	1.00	1809	935	861	1013	82.2						
15	1.00	1751	861	723	923	65.0						
16	1.00	1779	952	754	949	72.6						
17	1.00	1685	855	708	924	65.0						
18	1.00	1797	853	734	907	65.4						
19	1.00	1792	877	752	906	64.8						
20	1.00	1842	848	710	913	63.0						

【分析步驟】

步驟 1　選擇【分析 (A)】→【描敘述性統計資料 (E)】→【探索 (E)】。

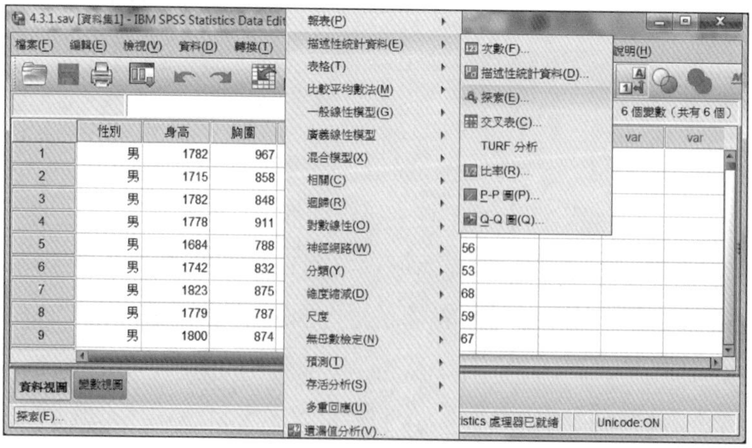

步驟 2 1 樣本檢定時，將身高移到【依變數清單 (D)】，依變數即使數個也行。

2 樣本檢定時，將身高移到【依變數清單 (D)】，性別移到【因子清單 (F)】中。又，依變數即使數個也行。

（1 樣本）

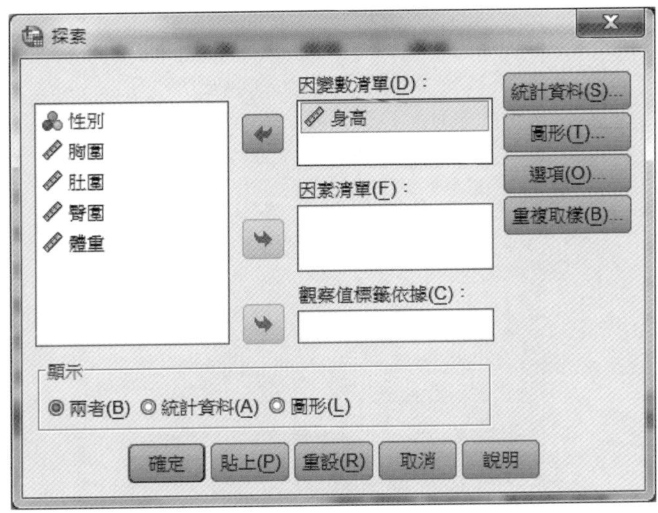

（2 樣本）

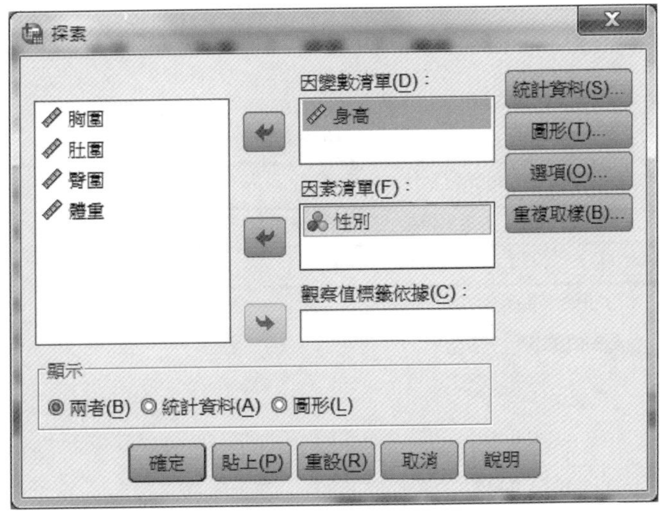

步驟 3 1 樣本檢定或 2 樣本檢定均由【圖形 (L)】→【預檢資料：圖形】，再勾選【常態機率圖附檢定 (O)】，之後按 繼續 。

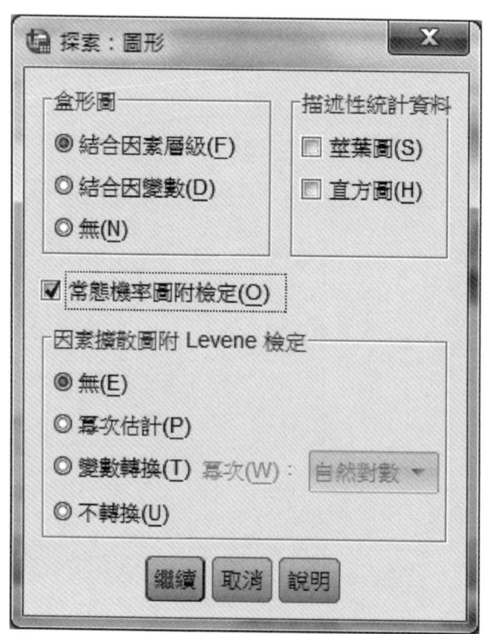

【輸出結果】

（1 樣本時）

常態檢定

	Kolmogorov-Smirnov檢定[a]			Shapiro-Wilk 常態性檢定		
	統計量	自由度	顯著性	統計量	自由度	顯著性
身高	.072	110	.200*	.987	110	.357

a. Lilliefors 顯著性校正

*. 此為真顯著性的下限。

（2 樣本時）

常態檢定

性別		Kolmogorov-Smirnov檢定[a]			Shapiro-Wilk 常態性檢定		
		統計量	自由度	顯著性	統計量	自由度	顯著性
身高	男	.087	77	.200*	.987	77	.631
	女	.105	33	.200*	.975	33	.632

a. Lilliefors 顯著性校正

*. 此爲眞顯著性的下限。

1 樣本時：從 Shapiro-Wilk test 檢定（H_0：數據服從常態分配）中知，$p =$ 0.325，大於 0.05，因之不能說是不服從常態分配，換言之，認爲服從常態分配也無錯誤。

2 樣本時：從 Shapiro-Wilk test 檢定（H_0：數據服從常態分配）中知，男的 $p = 0.631$，女的 $p = 0.632$，兩者均在 0.05 以上，因之不能說是不服從常態分配，換言之，認爲服從常態分配也行。

若以直方圖表現身高時，不管 1 樣本或 2 樣本也可看出服從常態分配。

1 樣本時：

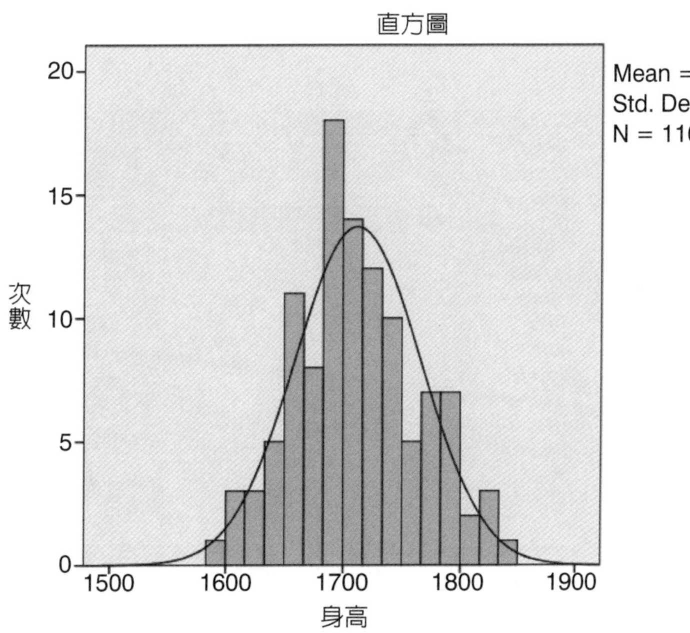

2 樣本時：

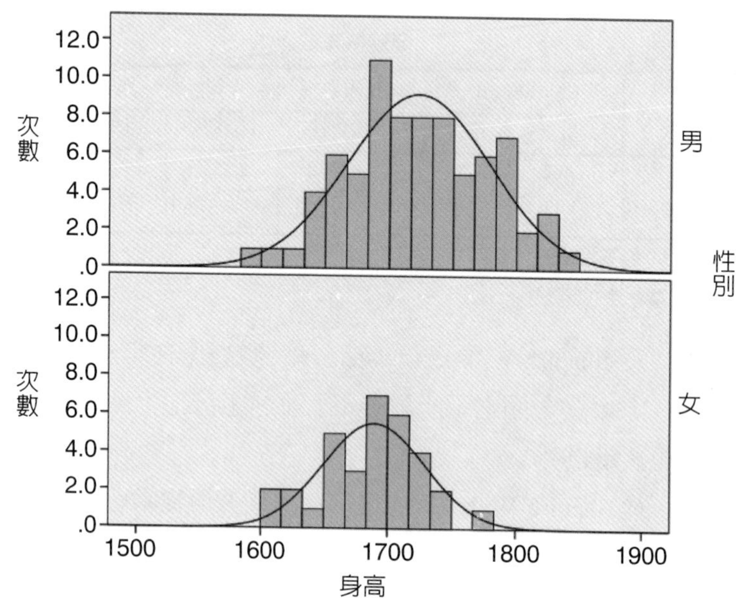

（注）欲檢定單一樣本之數據是否服從常態或其他分配，可使用「無母數檢定」的方法，按下列方式進行，所得出之結論亦同。

步驟 1 選擇【無母數檢定 (N)】，點選【歷史對話記錄 (L)】→【單一樣本 K-S 檢定 (1)】。

步驟 2　檢定分配選擇【常態（N）】，並點選【精確（X）】後按 繼續 。

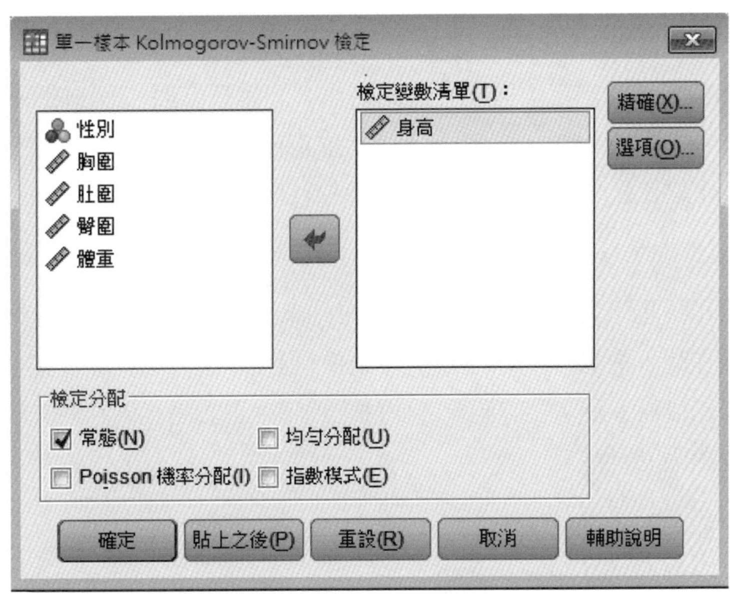

得出 p = 0.622 大於 0.05，因之不能說是不服從常態分配，換言之，認為服從常態分配也無錯誤。

單一樣本 Kolmogorov-Smirnov 檢定

		身高
個數		110
常態參數a,b	平均數	1712.54
	標準差	53.380
最大差異	絕對	.072
	正的	.064
	負的	-.072
Kolmogorov-Smirnov Z 檢定		.753
漸近顯著性 (雙尾)		.622
精確顯著性 (雙尾)		.597
點機率		.000

a. 檢定分配為常態。

b. 根據資料計算。

4.4 McNemar 檢定

在母體方面，比率上有無差異，以統計的驗證方法來說，在無對應之比率的比較方面，有卡方檢定，但在有對應之比率的比較方面，有 McNemar's 檢定或 Cochran 的 Q 檢定。McNemar's 是有對應的成對比較，而 Cochran 的 Q 是有對應的 3 組以上之比較。

1. 資料

在無小孩也不與雙親同住的 20 歲的夫婦中，分別向夫與妻雙方打聽，如果與雙親同住時，希望與「夫的雙親」同住？還是希望與「妻的雙親」同住？想比較與「夫的雙親」及「妻的雙親」同住之比率。由於是從同一對夫妻蒐集資料，所以是有對應的資料。

2. 資料輸入形式

輸入各變數的資料後，如圖所示。「夫」與「妻」的 0 表示希望與「妻的雙親」同住，1 表示希望與「夫的雙親」同住。

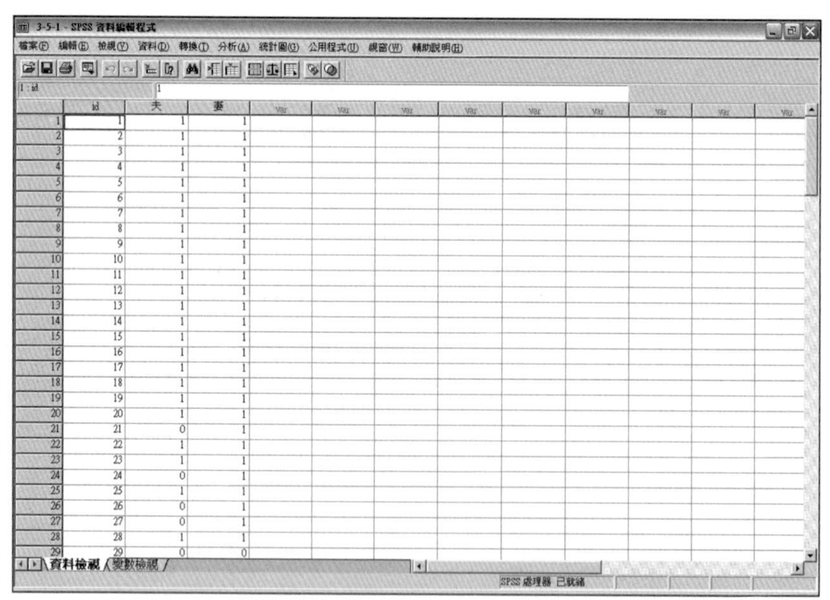

	id	夫	妻
1	1	1	1
2	2	1	1
3	3	1	1
4	4	1	1
5	5	1	1
6	6	1	1
7	7	1	1
8	8	1	1
9	9	1	1
10	10	1	1
11	11	1	1
12	12	1	1
13	13	1	1
14	14	1	1
15	15	1	1
16	16	1	1
17	17	1	1
18	18	1	1
19	19	1	1
20	20	1	1
21	21	0	1
22	22	1	1
23	23	1	1
24	24	0	1
25	25	1	1
26	26	0	1
27	27	0	1
28	28	1	1
29	29	0	0

輸入資料的一部分

3. 分析的步驟

為了觀察「夫」希望與「夫的雙親」同住的人數與比率，以及「妻」希望與「夫的雙親」同住的人數與比率，按【分析 (A)】→【描述性統計資料 (E)】→【交叉表 (C)】進行，將「夫」與「妻」投入到交叉表的欄與列中。並在「格」的選項中選擇總和的百分比。另外，比較「夫」與「妻」希望與「夫的雙親」同住的比率，在「統計量」選項中選擇 McNemar。

以其他的步驟來說，按【分析】→【無母數檢定】進行，選擇檢定的種類再執行的方法也有。如果是 McNemar 檢定時，進入到「二個相關樣本的檢定」，投入 2 個變數後，選擇 McNemar。

步驟 1 點選【分析 (A)】→【描述性統計資料 (E)】→【交叉表 (C)】

步驟 2　將「夫」與「妻」投入到交叉表的【直欄 (C)】與【列 (O)】中。

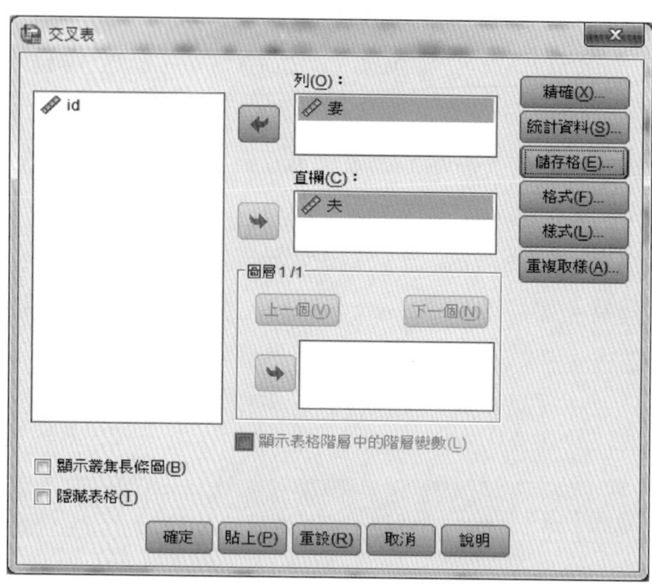

步驟 3　點選【統計資料 (S)】，勾選【McNemar】。

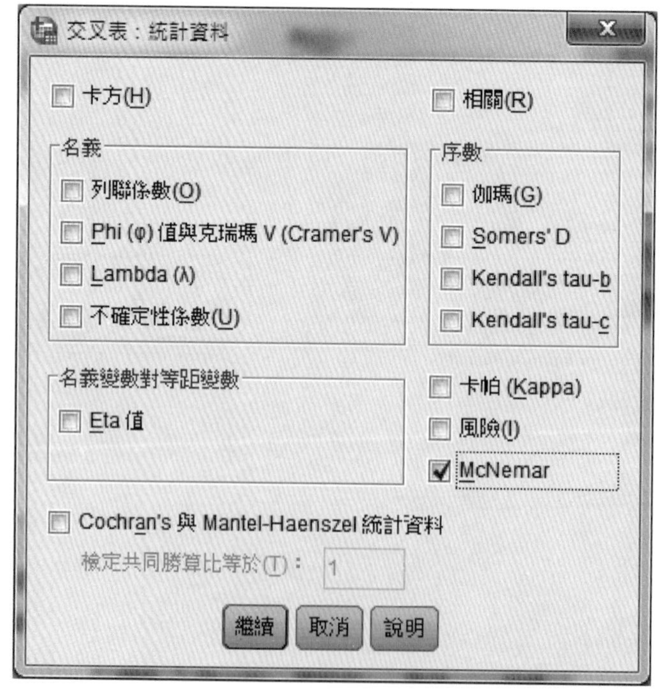

步驟 4 點選【儲存格 (E)】，點選百分比中的【總計 (T)】。之後按 繼續 再按 確定。

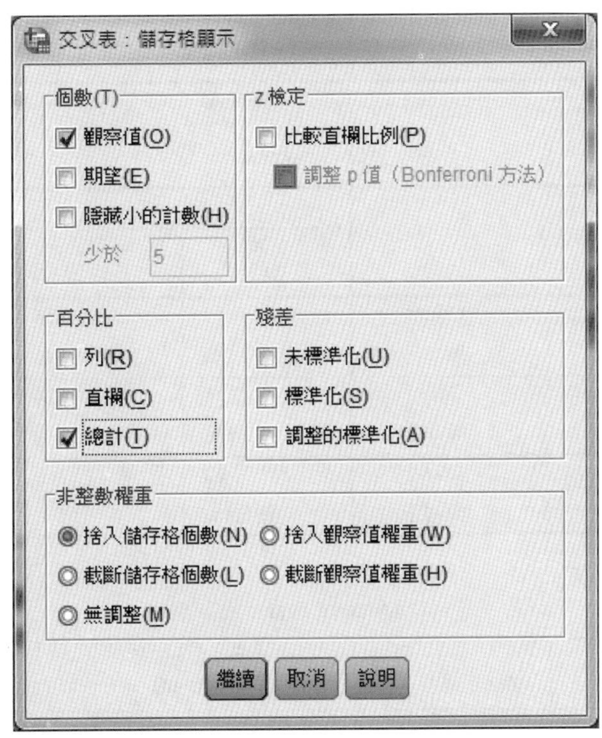

4. 結果

顯示由 112 組的夫妻得出資料的結果如下列 3 個表所示。表①是交叉表。由表②可知，112 組夫妻之中，「夫」希望與「夫的雙親」同住的比率是 61.6%（69 組），「妻」希望與「夫的雙親」同住的比率是 25.0%（28 組）。另外，21.4%（24 組）的夫婦，「夫」和「妻」均希望與「夫的雙親」同住。

進行 McNemar 檢定的結果，如表③所示。觀此檢定結果時，顯著機率（P 值）顯示是 0.000，統計上是有顯著差異。因之，「夫」與「妻」希望與「夫的雙親」同住的比率可以判斷是有差異的。

Case Processing Summary

	Cases					
	Valid		Missing		Total	
	N	Percent	N	Percent	N	Percent
妻 * 夫	112	100.0%	0	0.0%	112	100.0%

←①

妻 * 夫 Crosstabulation

			夫		
			與妻的雙親同住	與夫的雙親同住	Total
妻	與妻的雙親同住	Count	39	45	84
		% of Total	34.8%	40.2%	75.0%
	與夫的雙親同住	Count	4	24	28
		% of Total	3.6%	21.4%	25.0%
Total		Count	43	69	112
		% of Total	38.4%	61.6%	100.0%

←②

Chi-Square Tests

	Value	Exact Sig. (2-sided)	Exact Sig. (1-sided)	Point Probability
McNemar Test		.000[a]	.000[a]	.000[a]
N of Valid Cases	112			

a. Binomial distribution used.

←③

4.5 Cochran's Q 檢定

表 4.5.1 的數據是隨機抽取 20 位學生調查 4 種學科 (A, B, C, D) 成績合格與否的結果（合格：1，不合格：0）。試檢定合格率是否依科目而有差異。

表 4.5.1

ID	A	B	C	D
1	1	1	1	1
2	0	0	1	1
3	1	1	0	0
4	1	0	1	1
5	1	0	1	0
6	0	1	1	1
7	1	1	0	1
8	1	1	1	1
9	1	0	0	0
10	1	0	1	1
11	1	1	0	1
12	0	0	1	0
13	1	0	1	1
14	0	1	0	1
15	1	0	1	1
16	1	0	1	0
17	1	1	0	0
18	1	0	1	1
19	1	1	1	0
20	1	1	1	0

1. 資料輸入形式

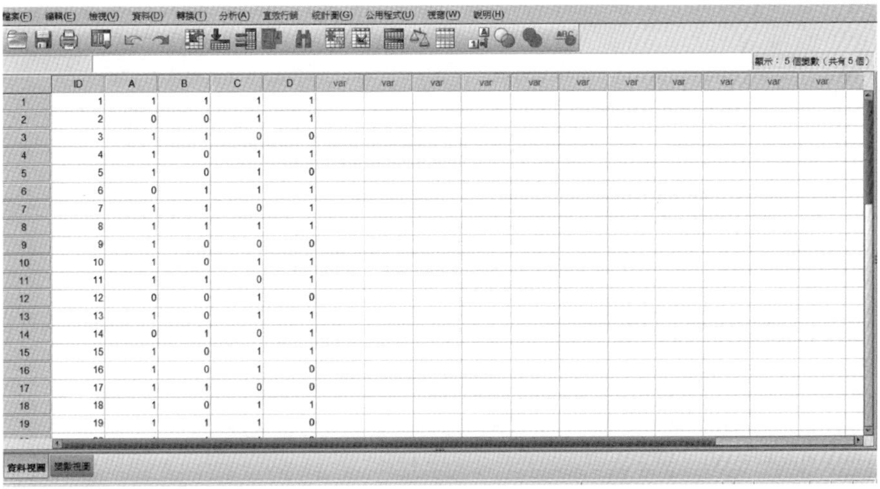

	ID	A	B	C	D
1	1	1	1	1	1
2	2	0	0	1	1
3	3	1	1	0	0
4	4	1	0	1	1
5	5	1	0	1	0
6	6	0	1	1	1
7	7	1	1	0	1
8	8	1	1	1	1
9	9	1	0	0	0
10	10	1	0	1	1
11	11	1	1	0	1
12	12	0	0	1	0
13	13	1	0	1	1
14	14	0	1	0	1
15	15	1	0	1	1
16	16	1	0	1	0
17	17	1	1	0	0
18	18	1	0	1	1
19	19	1	1	1	0

2. 分析的步驟

步驟 1　點選【分析 (A)】→【無母數檢定 (N)】→【歷史對話記錄 (L)】→【k 個相關樣本 (S)】。

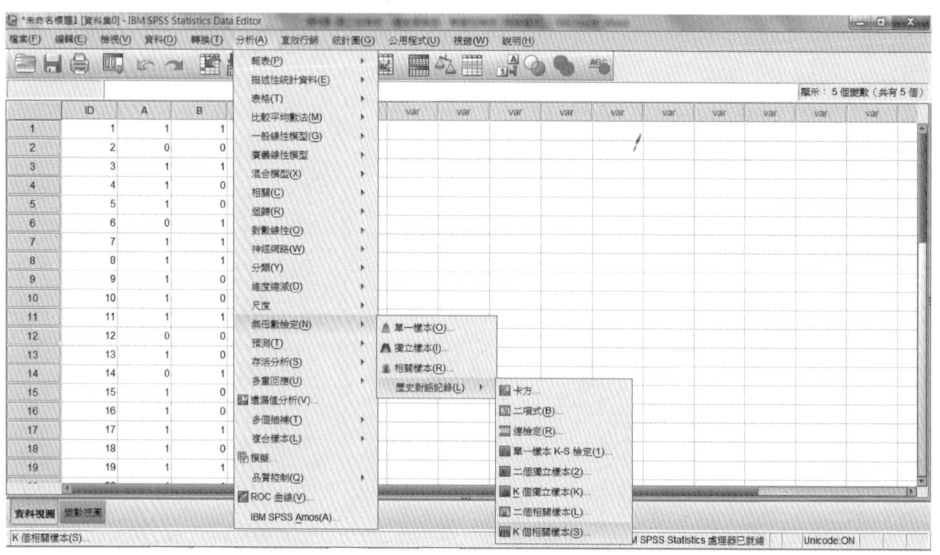

步驟 2　從開啓的視窗中，將檢定變數 A,B,C,D 輸入後，勾選【Cochran's Q 檢定】即可。最後按 確定 。

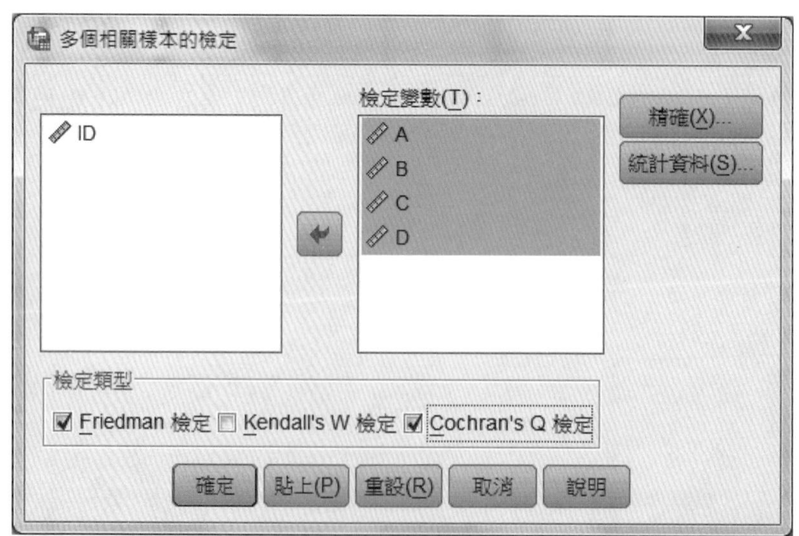

步驟 3　點選【精確 (E)】。按 繼續 最後按 確定。

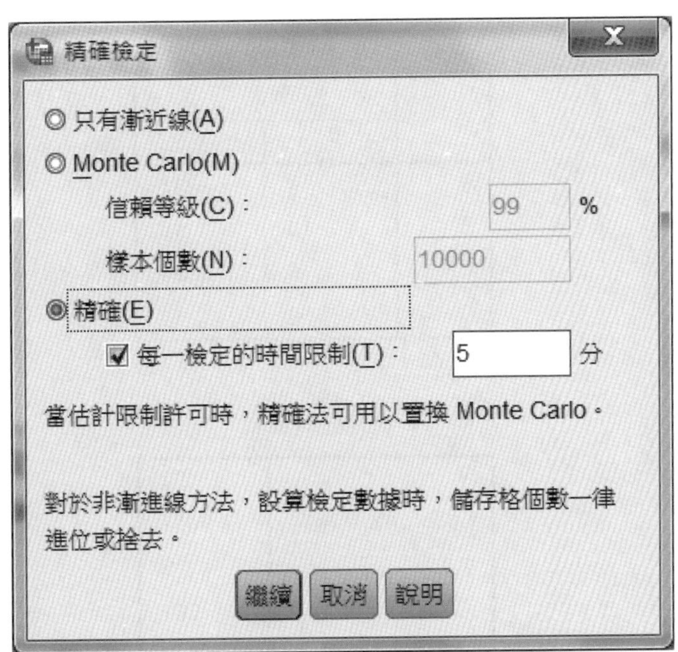

（注）適合性檢定或獨立性檢定是從檢定統計量近似卡方分配開始的。但是，數據數（樣本數）少時，此近似的程度不佳。因之無法進行這些的檢定。但是，利用電腦，即使未近似，仍能正確求出檢定統計量的外側機率。此方法在 SPSS 統計軟體中稱為精確檢定，精確檢定提供兩種方式，可透過「交叉表」和「無母數檢定」程序來計算可用統計量的顯著性層級，這兩種方法為「精確」和「Monte Carlo」法。漸近顯著性是以大型資料集的假設為基礎，以檢定統計量的漸近分配為基礎的顯著性層級，如果資料集過小或分配不佳，則可能顯示顯著性不良。

3. 結果

所建立之虛無假設爲 H_0：合格率依科目之不同無顯著差異。

漸近顯著性爲 0.261，精確顯著性爲 0.280，均小於 0.05，因之不否定 H_0，可以判定合格率依科目之不同無顯著差異。

Cochran 檢定

次數

	數值	
	0	1
A	4	16
B	10	10
C	6	14
D	8	12

檢定統計資料

N	20
Cochran's Q 檢定	4.000[a]
df	3
漸近顯著性	.261
精確顯著性	.280
點機率	.038

a. 1 被視為成功。

（註）

比率的檢定

無對應的樣本	有對應的樣本	
卡方	2 組	McNemar
	3 組以上	Cochran Q

第5章 勝算比，風險比
——計算危險度

5.1 勝算（Odds）比，風險比

以下的資料是針對有睡眠障礙者 25 人與無睡眠障礙者 25 人，詢問「是否具有興趣呢？」所得之結果。

睡眠障礙 興趣	有	無
無	16 人	8 人
有	9 人	17 人

（注 1）睡眠障礙　1. 有　2. 無
　　　　興趣　1. 有　2. 無
（注 2）此數據與表 4.1.1 同。

想分析的事情是？
1. 想調查興趣之有無，對睡眠障礙的風險有何種程度的不同。
2. 想了解風險的範圍有多大。

此時，可以考慮如下的統計處理。

➲ 統計處理 1

按興趣的有無求出睡眠障礙的勝算比。

➲ 統計處理 2

按興趣的有無對睡眠障礙的勝算比進行區間估計。

➲ 統計處理 3

按興趣的有無求出睡眠障礙的風險比。

撰寫論文時

1. Odds 比（機會，可能性，勝算，優勢）是病例對照研究（Case・Control）時所利用。
「…勝算比是 3.778，回答無興趣的人與回答有興趣的人相比，睡眠障礙的風險可以認爲大約是 3.778 倍。因此…」
2. Risk 比是世代研究（Cohort Study）時所使用。

【勝算比與風險比之定義】

	B_1	B_2
A_1	a	b
A_2	c	d

	有	無
要因 A	a	b
要因 B	c	d

⇨ 勝算比 $= \dfrac{a \times d}{b \times c}$

⇨ 風險比 $= \dfrac{\frac{a}{a+b}}{\frac{c}{c+d}}$

【數據輸入類型】

資料輸入如下圖所示。

此時，不要忘了觀察加權。

觀察值加權時

1. 從【資料 (D)】的清單中，選擇【加權觀察值 (W)】……

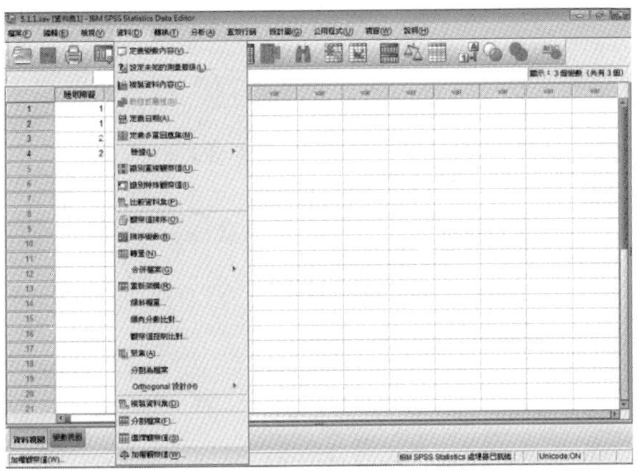

2. 如下設定

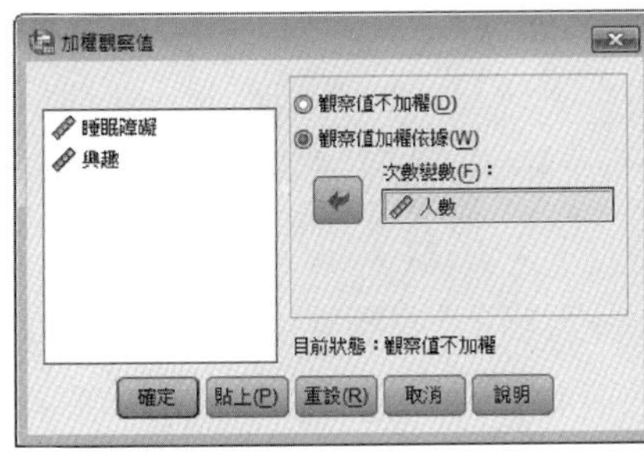

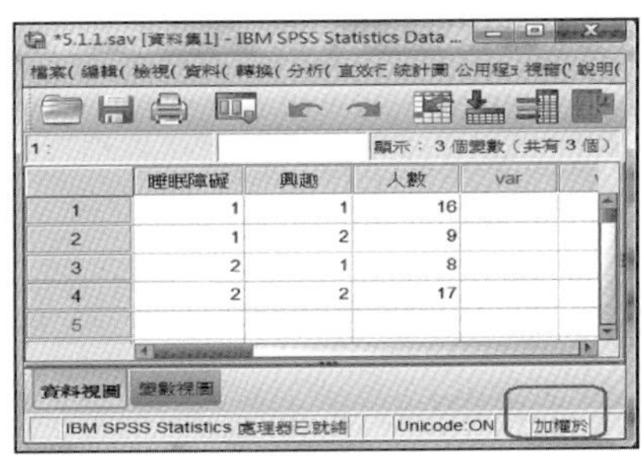

	睡眠障礙	興趣	人數	var
1	1	1	16	
2	1	2	9	
3	2	1	8	
4	2	2	17	
5				

此時的次數變數是人數。

回到輸入畫面時，畫面的右下端即變成加權於。

5.2 利用 SPSS 的勝算比、風險比

步驟 1 資料輸入後，從【分析 (A)】的清單中選擇交叉表。

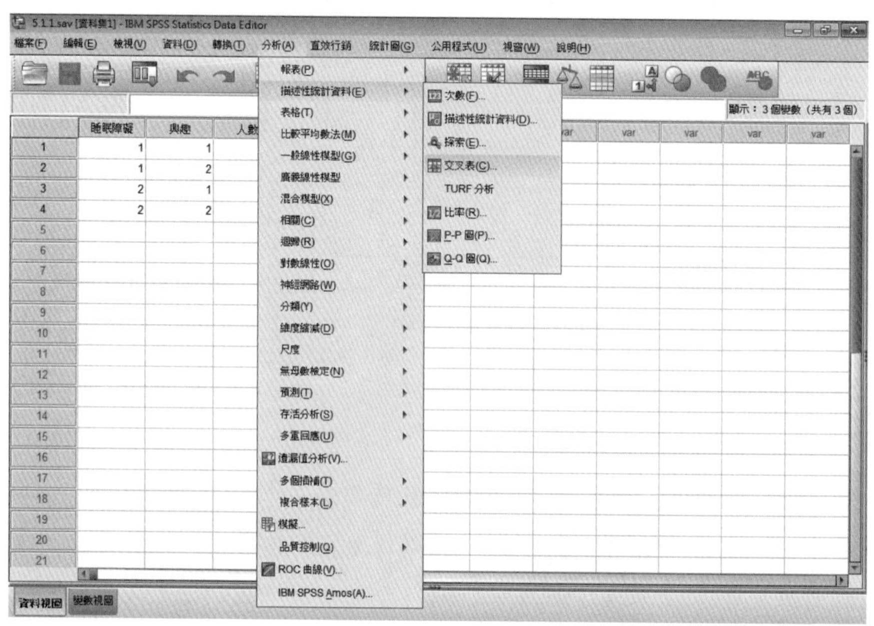

步驟 2 變成交叉表的頁面時，將睡眠障礙移到【直欄 (C)】的方框，將興趣移到【列 (O)】的方框中，再點擊【統計資料 (S)】。

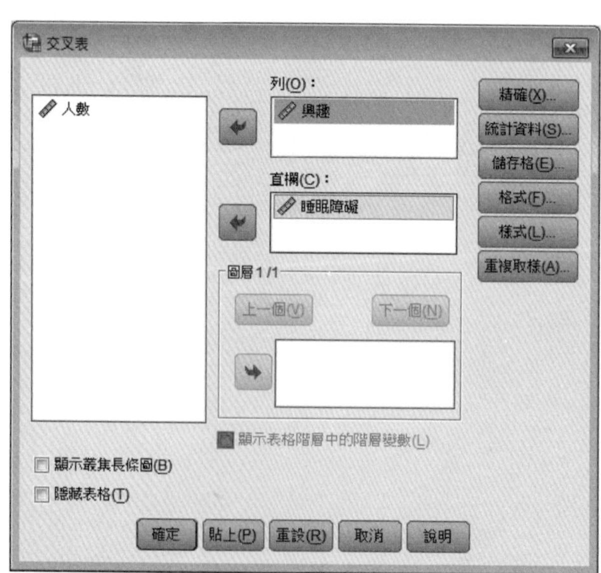

步驟 3 顯示統計資料的指定頁面時，勾選【風險（I)】，按 繼續 。

交叉表：統計資料

卡方(H)　相關(R)

名義：列聯係數(O)　Phi (φ) 值與克瑞瑪 V (Cramer's V)　Lambda (λ)　不確定性係數(U)

序數：伽瑪(G)　Somers' D　Kendall's tau-b　Kendall's tau-c

名義變數對等距變數：Eta 值

卡帕 (Kappa)　風險(I)　McNemar

Cochran's 與 Mantel-Haenszel 統計資料

檢定共同勝算比等於(T)：1

繼續　取消　說明

步驟 4 回到以下頁面時，按 確定 。

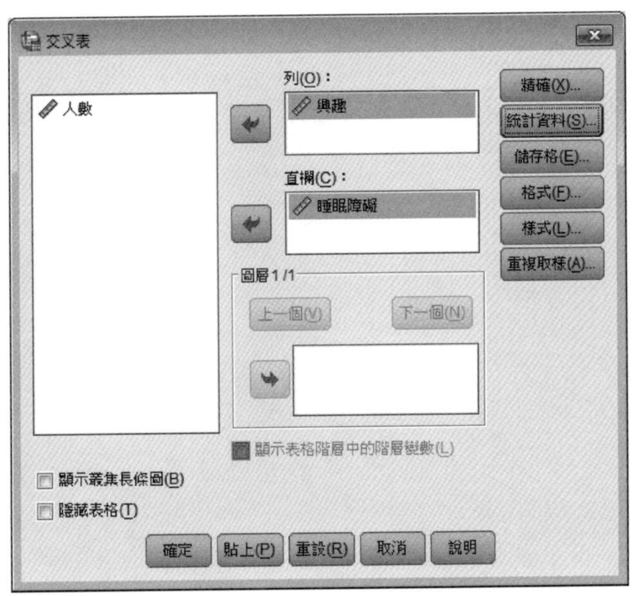

【SPSS 輸出】——交叉表

興趣 * 睡眠障礙 交叉表

個數

		睡眠障礙		總和
		有	無	
興趣	無	16	8	24
	有	9	17	26
總和		25	25	50

風險估計值

	數值	95% 信賴區間		
		較低	較高	
興趣 (無 / 有) 的奇數比	3.778	1.170	12.194	←①
顯示相對風險之估計 睡眠障礙 = 有	1.926	1.058	3.507	←②
顯示相對風險之估計 睡眠障礙 = 無	.510	.271	.958	←③
有效觀察值的個數	50			

【輸出結果的判讀】——交叉表

①勝算比

$$勝算比 = \frac{16 \times 17}{8 \times 9} = 3.778$$

沒有興趣的人，與有興趣的人相比，造成睡眠障礙的風險可以認爲約爲 3.778 倍。

勝算比的 95% 信賴區間如下圖。

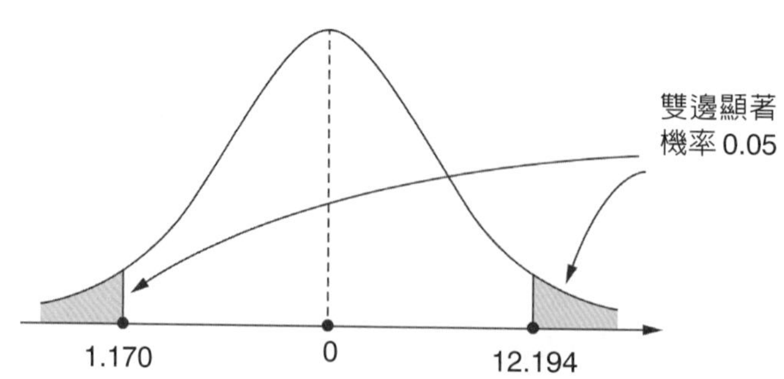

②風險比

$$風險比 = \frac{\frac{16}{24}}{\frac{9}{26}} = 1.926$$

在有睡眠障礙的人中，有興趣與無興趣相比，其風險約為 1.926 倍。風險比的 95% 信賴區間如下圖。

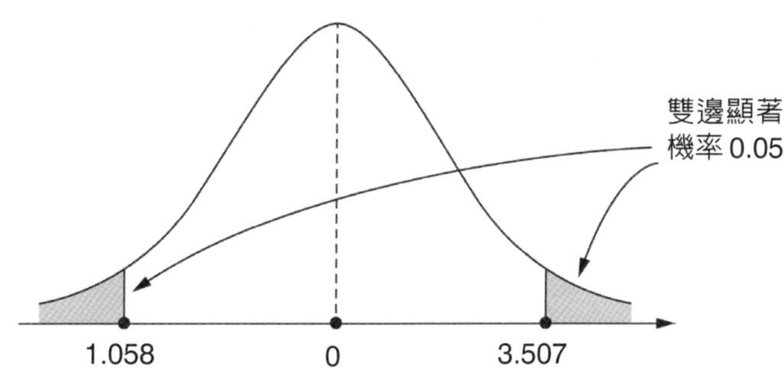

③風險比

在無睡眠障礙的人中，風險比是 0.510。

$$風險比 = \frac{\frac{8}{24}}{\frac{17}{26}} = 0.510$$

（註 1）風險比（RR）是由自變數追蹤依變數時所使用，出現於前瞻性研究（cohort study）中。

勝算比（OR）是由依變數回溯自變數時所使用，出現於回溯性研究（Refrospec-tive study）中。

（註 2）

		睡眠障礙		
		有	無	
興趣	有	100	100	200
	無	50	150	200

$$風險比 = \frac{100/200}{50/200} = 2$$

$$勝算比 = \frac{100/500}{50/100} =3$$

		睡眠障礙		
		有	無	
興趣	有	100	9900	10000
	無	50	990	10000

$$風險比 = \frac{100/10000}{50/10000} = 2$$

$$勝算比 = \frac{100/50}{9900/9950} =2.01$$

當 p 甚小時，odds 比近似風險比。

（註 3）利用 odds 比即可調查各說明變數對目的變數的影響力。

odds 之值愈大，說明目的變數因淺說明變數而有甚大的變動。

odds 比與機率一樣，表示事件發生的確實性。

（註 4）第 1 群的機率為 p，第 2 群的機率為 q

$$\frac{p/1-p}{q/1-q}=\frac{p(1-q)}{q(1-p)}$$

odds 比 = 1 ⇒ 表兩群的事件發生容易性相同

odds 比 > 1 ⇒ 第 1 群容易發生事件

odds 比 < 1 ⇒ 第 2 群容易發生事件

譬如，第 1 群：調查肺癌患者 100 人，其中有 80 人抽煙，20 人未抽煙（$p = 0.8$）

第 2 群：調查健康的人 100 人，其中 20 人抽煙，80 人未抽煙（$q = 0.2$）

$$\text{odds 比} = \frac{p/1-p}{q/1-q} = \frac{0.8\times(1-0.2)}{0.2\times(1-0.8)} = 16$$

說明抽煙者得肺癌的可能性是未抽煙者的 16 倍。

第6章 t 檢定，Wilcoxon 等級和檢定——比較 2 個治療效果

6.1 t 檢定——獨立（無對應時）樣本的 t 檢定

以下的資料是針對「是否已關窗戶一事」一日之中有數次會不自覺地認爲如未確認就覺得不對勁，此種有強迫性人格障礙者 20 人，施與心理療法 A 與心理療法 B 之後的結果。

表 6.1.1

心理療法 A

NO.	治療效果
1	1
2	3
3	1
4	4
5	2
6	3
7	3
8	3
9	2
10	2

心理療法 B

NO.	治療效果
11	4
12	2
13	5
14	3
15	4
16	4
17	3
18	2
19	5
20	3

（注）症狀的程度：

1 比開始心理療法前更為嚴重
2 比開始心理療法前略為嚴重
3 未改變
4 開始心理療法後略為好轉
5 開始心理療法後更有好轉

想分析的事情是？
想調查利用心理療法 A 與心理療法 B，治療效果是否相同？

此時可以考慮如下的統計處理。

➲ 統計處理 1

進行 2 個平均之差的檢定。

➲ 統計處理 2

母體的常態性與等變異性不成立時，進行 Wilcoxon 的等級和檢定（= Mann・Whitney）。

（注）此種檢定稱為無母數檢定。

➲ 統計處理 3

當組間有對應關係時，有對應的 2 個母平均之差的檢定，使用 Wilcoxon 的符號等級檢定。

（注）：Wilcoxon 的等級和檢定是針對 2 組獨立樣本（記法：河（和）豚是有毒（獨）的），而 Wilcoxon 的符號等級檢定是針對 2 組成對樣本之檢定。

撰寫論文時

1. 將 2 個母平均之差的檢定寫成 t 檢定的人因有很多…

   「進行 t 檢定之後，t 值是 –2.4000，顯著機率是 0.027，因之在心理療法 A 與心理療法 B 之間，可知治療效果有差異。另外，此檢定是假定等變異性成立。因此，…」

2. 無母數檢定時

   「進行 Wilcoxon 等級和檢定之後，W 值 = 78.500，漸近顯著機率是 0.038，因之在心理療法 A 與心理療法 B 之間，可知治療效果有差異。因此，…」

3. 無母數檢定時，如使用 SPSS 的精確機率檢定時，可以求出精確顯著機率，而非漸近顯著機率。

   撰寫論文時，建議使用此精確機率檢定（Exact Test）。

【數據輸入類型】

表 6.1.1 的數據，如下輸入。

	心理療法	治療效果	var	var	var	var	var	var
1	1	1						
2	1	3						
3	1	1						
4	1	4						
5	1	2						
6	1	3						
7	1	3						
8	1	3						
9	1	2						
10	1	2						
11	2	4						

	心理療法	治療效果	var	var	var	var	var	var	var	var	var	var
1	心理療法	1										
2	心理療法A	3										
3	心理療法A	1										
4	心理療法A	4										
5	心理療法A	2										
6	心理療法A	3										
7	心理療法A	3										
8	心理療法A	3										
9	心理療法A	2										
10	心理療法A	2										
11	心理療法B	4										
12	心理療法B	2										
13	心理療法B	5										
14	心理療法B	3										
15	心理療法B	4										
16	心理療法B	4										
17	心理療法B	3										
18	心理療法B	2										
19	心理療法B	5										
20	心理療法B	3										

6.2 利用 SPSS 的 t 檢定

步驟 1　表 6.1.1 的數據輸入時，從【分析 (A)】的清單如下操作選擇【比較平均數法 (M)】，再從子清單中選擇【獨立樣本 T 檢定 (T)】。

步驟 2 顯示獨立樣本 T 檢定之頁面時，將治療效果移到【檢定變數 (T)】的方框，心理療法移到【分組變數 (G)】的方框。接著點擊【定義組別 (D)】。

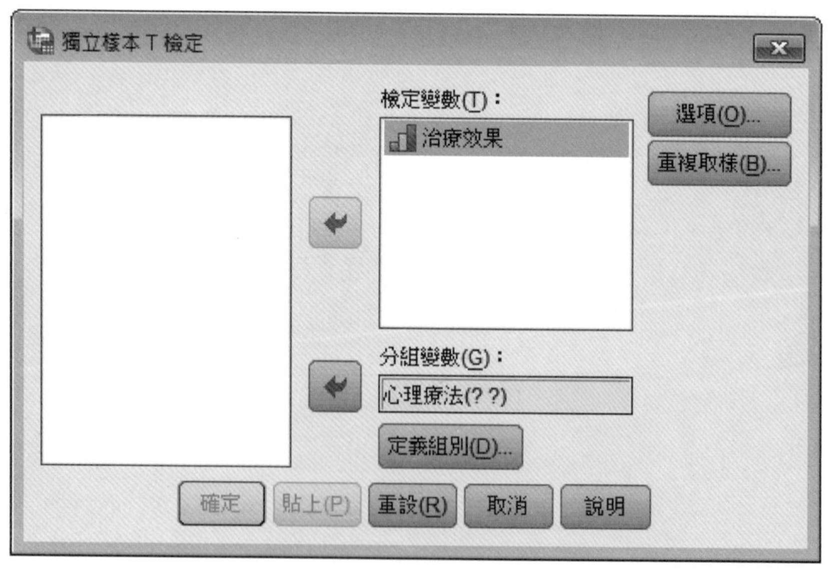

步驟 3 顯示定義組別頁面時，如下輸入，按 繼續 。

定義組別
使用指定的數值(U)
組別 1(1)： 1
群組 2： 2
分割點(C)：
繼續 取消 說明

步驟 4 於是，【分組變數 (G)】的欄位變成心理療法（1 2），按 確定 。

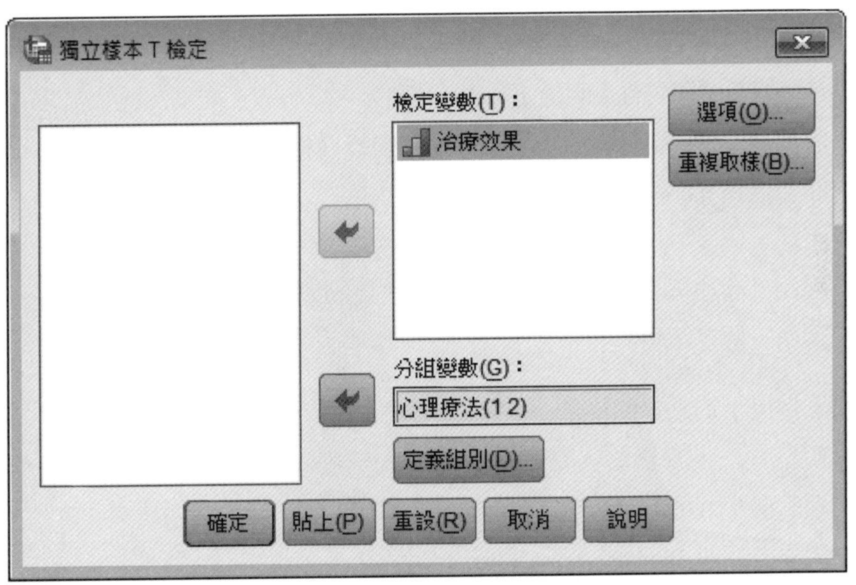

【SPSS 輸出】——獨立樣本的 t 檢定

T 檢定

組別統計量

	心理療法	個數	平均數	標準差	平均數的標準誤
治療效果	心理療法A	10	2.40	.966	.306
	心理療法B	10	3.50	1.080	.342

獨立樣本檢定

		變異數相等的 Levene 檢定		平均數相等的 t 檢定						
									差異的 95% 信賴區間	
		F 檢定	顯著性	t	自由度	顯著性 (雙尾)	平均差異	標準誤差異	下界	上界
治療效果	假設變異數相等	.205	.656	-2.400	18	.027	-1.100	.458	-2.063	-.137
	不假設變異數相等			-2.400	17.780	.028	-1.100	.458	-2.064	-.136

↑ ①　　　↑ ②

【輸出結果的判讀】——獨立樣本的 t 檢定

①等變異性 (同質性) 的檢定

假設 H_0：心理療法 A 與心理療法 B 的變異相等

顯著機率 0.656 > 顯著水準 0.05

因之，假設 H_0 不能否定。

因此，心理療法 A 與心理療法 B 的效果的變異相等。

因而，假定等變異性。

② 2 個母平均之差的檢定

假設 H_0：心理療法 A 與心理療法 B 的治療效果相同

顯著機率 0.027 < 顯著水準 0.05

因之，假設 H_0 不成立。

因此，心理療法 A 與心理療法 B 的治療效果有差異。

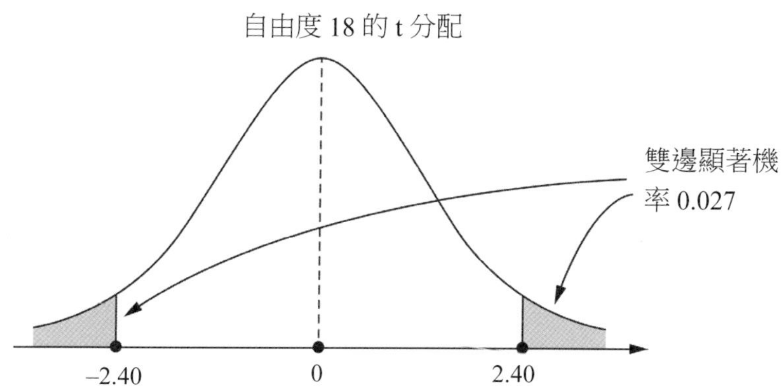

6.3 利用 SPSS 的 Wilcoxon 等級和檢定

步驟 1 表 6.1.1 的數據輸入時，從【分析 (A)】的清單中選擇【無母數檢定 (N)】，從【歷史對話紀錄 (L)】中選擇【二個獨立樣本 (2)】。

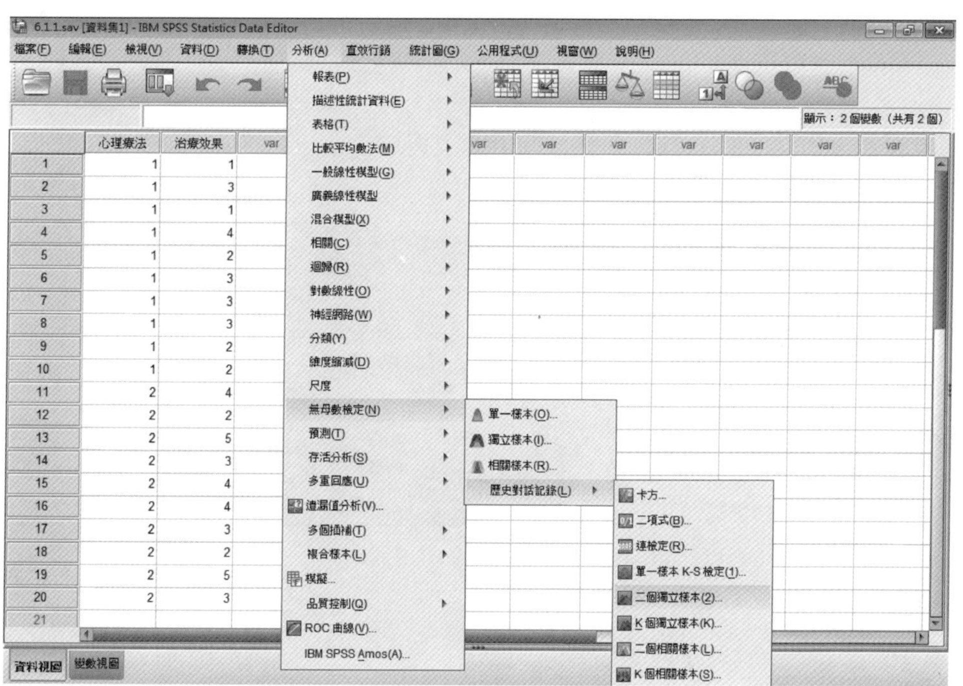

步驟 2 將治療效果移到【檢定變數清單 (T)】的方框中，心理療法移到【分組變數 (G)】的方框中，點擊【定義組別 (D)】。

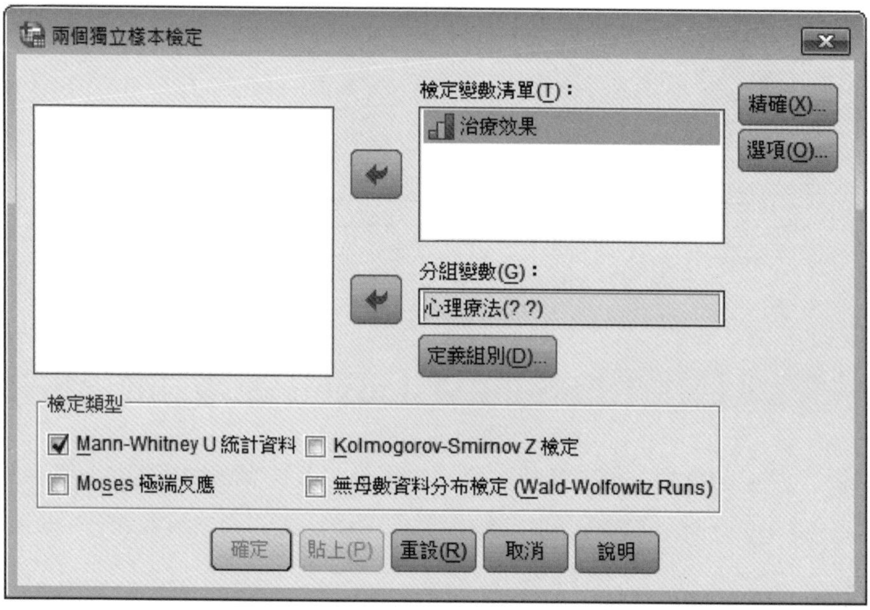

步驟 3 顯示定義組別的頁面時，如下輸入後按 繼續 。

步驟 4 確認【分組變數 (G)】的欄位變成【心理治療法 (1 2)】後，按 確定。

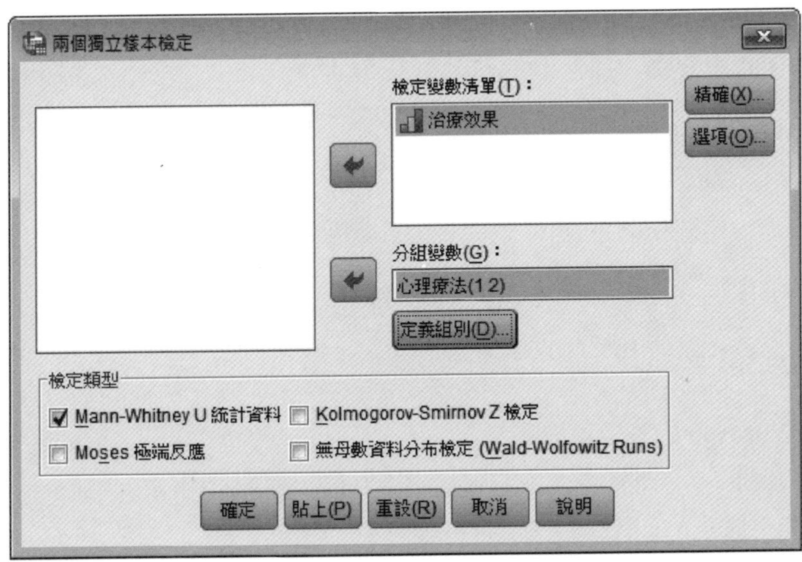

【SPSS 輸出】—— 2 個獨立樣本的檢定

➡ NPar 檢定

Mann-Whitney 檢定

等級

	心理療法	個數	等級平均數	等級總和
治療效果	心理療法A	10	7.85	78.50
	心理療法B	10	13.15	131.50
	總和	20		

檢定統計量[b]

	治療效果	
Mann-Whitney U 統計量	23.500	←①
Wilcoxon W 統計量	78.500	←②
Z 檢定	-2.073	
漸近顯著性 (雙尾)	.038	←③
精確顯著性 [2*(單尾顯著性)]	.043[a]	

a. 未對等值結做修正。

b. 分組變數：心理療法

【輸出結果的判讀】—— 2 個獨立樣本的檢定

① **Mann-whitney 的 U**

Mann-whitney 檢定的檢定統計量 U 是 23.5。

② **Wilcoxon 的 W**

Wilcoxon 的等級和檢定的檢定統計量 W 是 78.5，

2 個檢定統計量 U 與 W 之間有如下關係。

$U = W - \frac{N(N+1)}{2}$，W 表兩組等級和的一方，N 表該組的數據數。

$$23.5 = 78.5 - \frac{10 \times (10+1)}{2}$$

③ **Wilcoxon 的等級和檢定**

假設 H_0：心理療法 A 與心理治療法 B 的治療效果相同

顯著機率 0.038 < 顯著機率 0.05

假設 H_0 不成立。因此，心理療法 A 與心理療法 B 的治療效果有差異。

6.4 t 檢定——相關（有對應）樣本的 t 檢定

以下的資料是針對 10 位受試者，於進行心理療法的前、後，調查強迫性人格障礙的程度所得之結果。

想分析的事情是

「心理療法前與心理療法後，強迫性人格障礙的程度能否看出差異」。

表 6.4.1

NO.	心理療法前	心理療法後
1	1	4
2	3	4
3	3	5
4	4	4
5	2	4
6	3	5
7	3	3

NO.	心理療法前	心理療法後
8	3	2
9	2	5
10	2	2

（注）您出現在人前是否覺得可怕呢？

1 相當可怕
2 可怕
3 稍微可怕
4 不太可怕
5 完全不可怕

【數據輸入類型】

表 6.4.1 的資料如下輸入。

	心療法前	心療法後	var	var	var	var	var	var	var	var	var	var
1	1	4										
2	3	4										
3	3	5										
4	4	4										
5	2	4										
6	3	5										
7	3	3										
8	3	2										
9	2	5										
10	2	2										
11												
12												
13												
14												
15												

	心療法前	心療法後	var	var	var	var	var	var	var	var	var	var
1	相當可怕	不太可怕										
2	略微可怕	不太可怕										
3	略微可怕	完全不可怕										
4	不太可怕	不太可怕										
5	可怕	不太可怕										
6	略微可怕	完全不可怕										
7	略微可怕	略微可怕										
8	略微可怕	可怕										
9	可怕	完全不可怕										
10	可怕	可怕										
11												
12												
13												
14												
15												

（注）有對應的數據時，要注意數據的輸入方式。
相同受試者的測量值要橫向輸入。

【相關樣本的 t 檢定步驟】

步驟 1　表 6.4.1 的資料輸入時，從【分析 (A)】的清單中操作如下選擇。

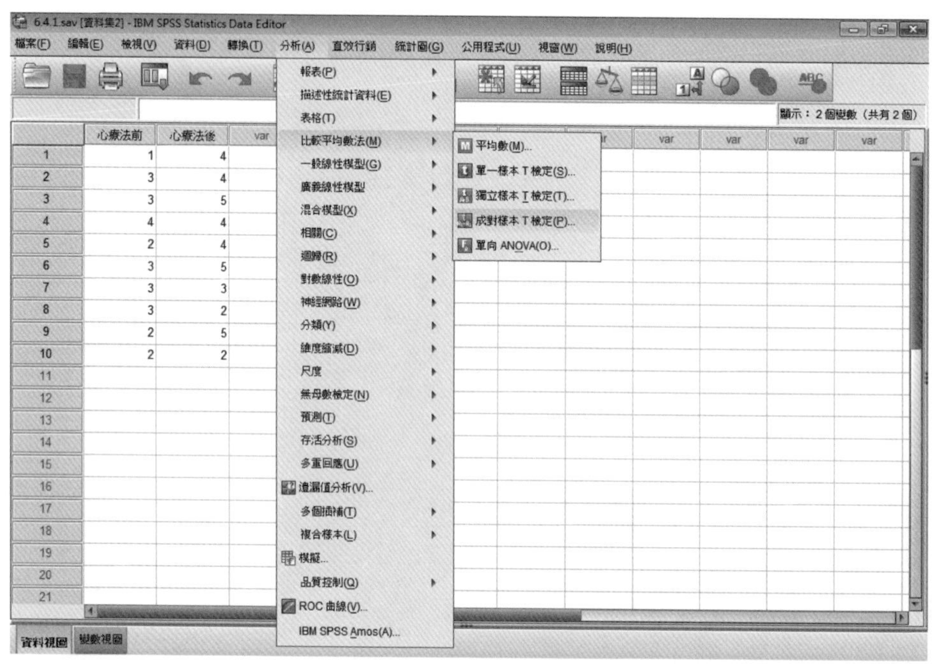

步驟 2　顯示成對樣本 T 檢定頁面時，將心理療法前與心理療法後移到【配對變數 (V)】的方框中。

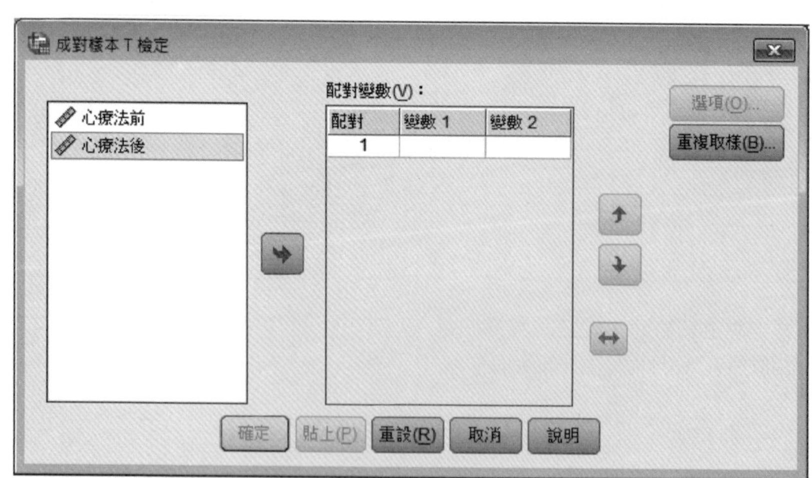

步驟 3【配對變數 (V)】的方框中如下顯示時，按 確定 。

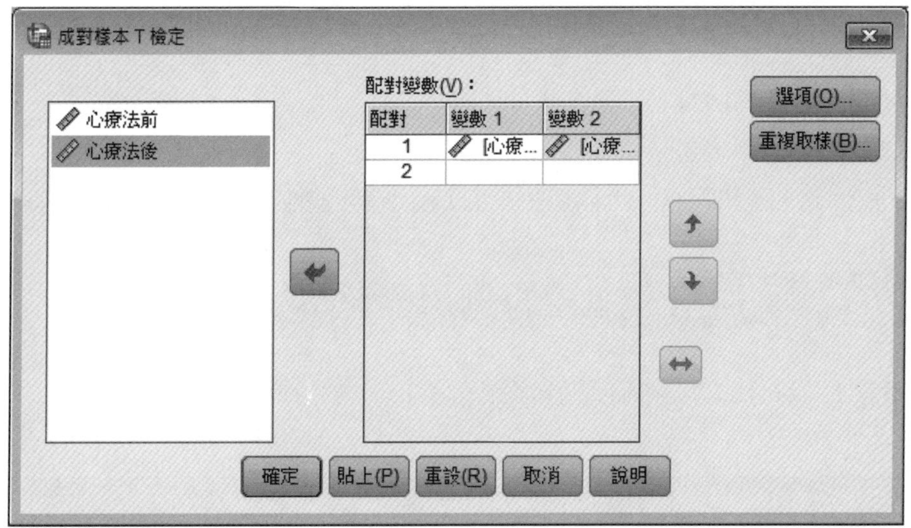

【SPSS 的輸出】——相關樣本的 t 檢定

T 檢定

成對樣本統計量

		平均數	個數	標準差	平均數的標準誤
成對 1	心療法前	2.60	10	.843	.267
	心療法後	3.80	10	1.135	.359

成對樣本相關

	個數	相關	顯著性
成對1 心療法前和心療法後	10	.023	.949

成對樣本檢定

	成對變數差異					t	自由度	顯著性 (雙尾)
	平均數	標準差	平均數的標準誤	差異的 95% 信賴區間				
				下界	上界			
成對1 心療法前 - 心療法後	-1.200	1.398	.442	-2.200	-.200	-2.714	9	.024

①

【輸出結果的判讀】——相關樣本的 t 檢定

①有對應的 **2** 個母平均之差的檢定

假設 H_0：進行心理療法前與後看不出在強迫性人格障礙的症狀上差異

顯著機率 0.024 < 顯著水準 0.05

假設 H_0 不成立。

因此，得知因進行此心理療法可以看出在強迫性人格障礙的症狀上有差異。

6.5 利用 SPSS 的無母數檢定（相關時）

步驟 1 表 6.4.1 的資料輸入時，從【分析 (A)】的清單中如下選擇操作。

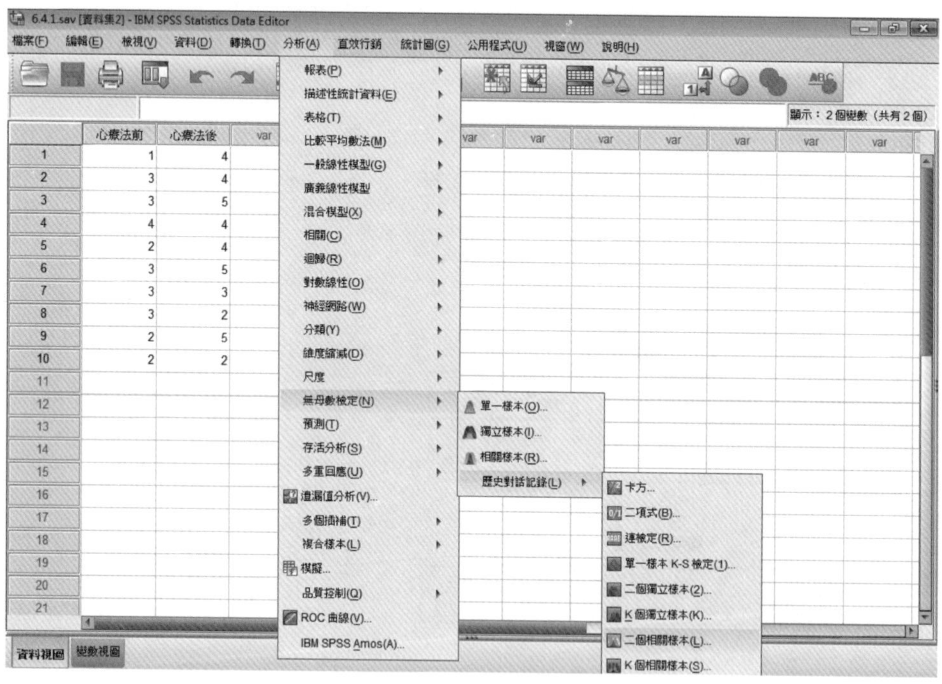

步驟 2 顯示兩個相關樣本檢定頁面時，將心理療法前與心理療法後，移到【成對檢定 (T)】的方框中。

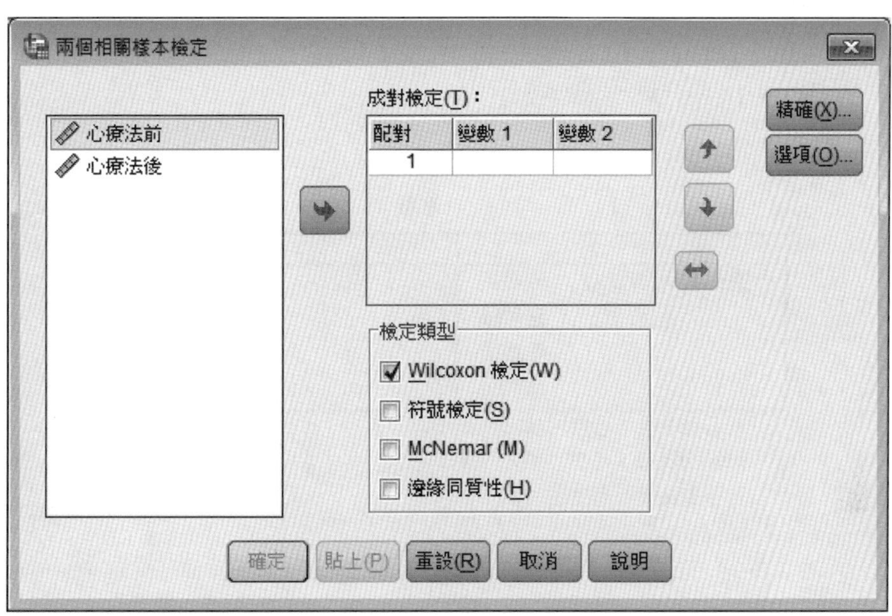

步驟 3【成對檢定 (T)】的方框中顯示如下時，按 確定 。

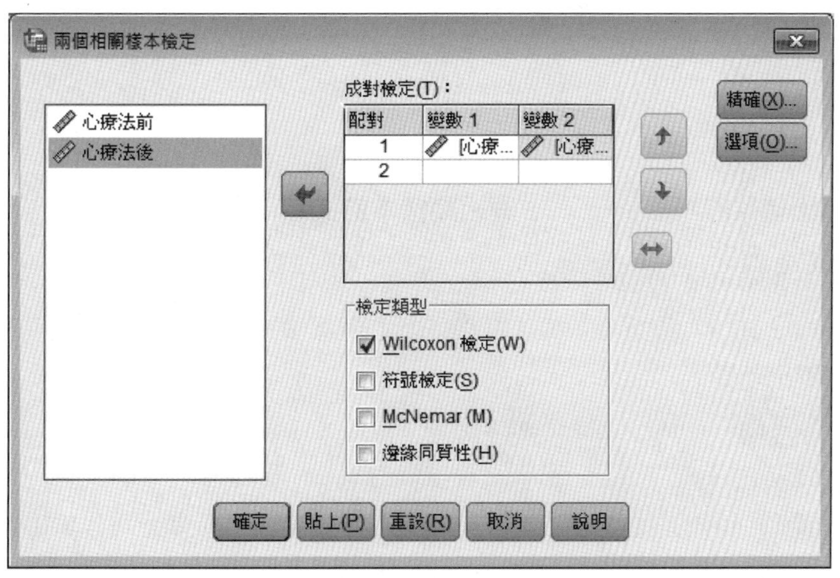

【SPSS 輸出】—— 2 個相關樣本的檢定

NPar 檢定

Wilcoxon 符號等級檢定

等級

		個數	等級平均數	等級總和
心療法後 - 心療法前	負等級	1[a]	1.50	1.50
	正等級	6[b]	4.42	26.50
	等值結	3[c]		
	總和	10		

a. 心療法後 < 心療法前

b. 心療法後 > 心療法前

c. 心療法後 = 心療法前

檢定統計量[b]

	心療法後 - 心療法前
Z 檢定	-2.136[a]
漸近顯著性 (雙尾)	.033 ←①

a. 以負等級為基礎。

b. Wilcoxon 符號等級檢定

【輸出結果的判讀】—— 2 個相關樣本的檢定

① **Wilcoxon** 的符號等級檢定

假設 H_0：在進行心理療法前與進行心理療法後，在強迫性人格障礙的症狀上看不出差異

顯著機率 0.033 < 顯著水準 0.05

假設 H_0 不成立。

因此，得知進行了此心理療法，在強迫人格障礙的症狀上可以看出差異。

不管是無母數檢定或是相關樣本的 t 檢定，均有相同的結論。

第7章 單因子變異數分析與 Kruskal-Wallis 檢定——比較多種治療效果

7.1 單因子變異數分析

以下的資料是針對「是否已關窗戶一事」一日中有數次會不自覺地認爲如未確認就會覺得不對勁的 30 位強迫性人格障礙者，進行心理治療法 A、心理治療法 B、心理治療法 C 所得之結果。

表 7.1.1

NO.	治療效果
1	1
2	3
3	1
4	4
5	2
6	3
7	3
8	3
9	2
10	2

NO.	治療效果
11	4
12	2
13	5
14	3
15	4
16	4
17	3
18	2
19	5
20	3

NO.	治療效果
21	3
22	3
23	4
24	5
25	2
26	4
27	3
28	4
29	5
30	3

（注）有對應時，利用〔重複量數進行變異數分析〕。

症狀的程度：

1 比開始心理治療法前更為嚴重

2 比開始心理治療法前略為嚴重

3 不改變

4 開始心理治療法後略有好轉

5 開始心理治療法後更有好轉

（注）K 組獨立樣本的檢定可使用 Kruskal-Wallis 檢定，K 組成對樣本的檢定可使用第八章介紹的 Friedman 檢定。

想分析的事情是？
1. 想調查 3 種心理治療法 A、B、C 的治療效果是否相同？
2. 治療效果如有差異時，想知道哪種心理療法與哪種心理療法之間有差異？

此時可以考慮如下的統計處理。

➲ 統計處理 1

調查 3 組 A、B、C 之間有無差異，使用單因子變異數分析（Analysis of Variance, ANOVA）。

➲ 統計處理 2

當不知道母體的常態性或等變異性是否成立時，進行無母數的變異數分析時，可使用 Kruskal-Wallis 檢定。

➲ 統計處理 3

若已知組間有差異時，再進行多重比較，調查哪一種與哪一組之間有差異。

撰寫論文時

1. 單因子的變異數分析時

「…首先進行等變異性（同質性）的檢定，確認等變異性成立。

其次，進行單因子的變異數分析後，F 值是 4.385，顯著機率是 0.022，因之得知心理治療法 A、B、C 之間有差異。

接著，利用 Tukey 的方法進行多重比較後，發現心理治療 A 與 C 之間有顯著差異。因此，…。」

2. 無母數的變異數分析時

「…進行 Kruskal-Wallis 檢定後，卡方值是 6.706，漸近顯著機率是 0.035，因之得知心理療法 A、B、C 之間有顯著差異。由此事知…。」

3. 無母數的變異數分析時，針對 2 個組的組合進行 Wilcoxon 等級和檢定，再利用 Bonferroni 的修正進行多重比較。

【數據輸入類型】

表 7.1.1 的資料如下輸入。

	心理療法	治療效果	var	var	var	var	var	var	var	var	var	var
1	1	1										
2	1	3										
3	1	1										
4	1	4										
5	1	2										
6	1	3										
7	1	3										
8	1	3										
9	1	2										
10	1	2										
11	2	4										
12	2	2										
13	2	5										
14	2	3										
15	2	4										
16	2	4										
17	2	3										
18	2	2										

	心理療法	治療效果	var	var	var	var	var	var	var	var	var	var
1	心理療法	1										
2	心理療法A	3										
3	心理療法A	1										
4	心理療法A	4										
5	心理療法A	2										
6	心理療法A	3										
7	心理療法A	3										
8	心理療法A	3										
9	心理療法A	2										
10	心理療法A	2										
11	心理療法B	4										
12	心理療法B	2										
13	心理療法B	5										
14	心理療法B	3										
15	心理療法B	4										
16	心理療法B	4										
17	心理療法B	3										
18	心理療法B	2										

7.2 利用 SPSS 的單因子變異數分析與多重比較

步驟 1 表 7.1.1 的資料輸入後，從【分析 (A)】的清單中選擇【比較平均數法 (M)】再選擇【單向 ANOVA (O)】。

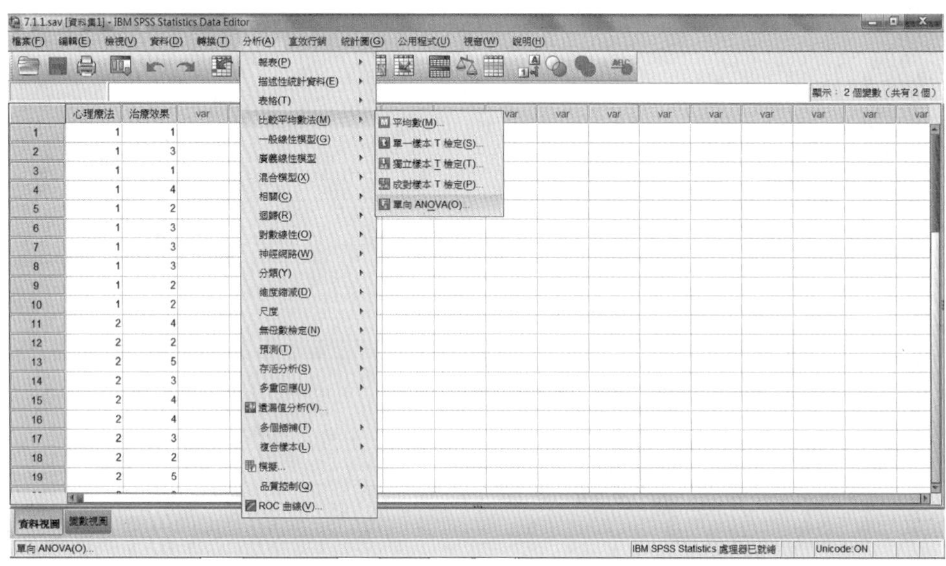

步驟 2 顯示單因子變異數分析的頁面時，將治療效果移到【因變數清單 (E)】的方框中，心理療法移到【因素 (F)】的方框中。

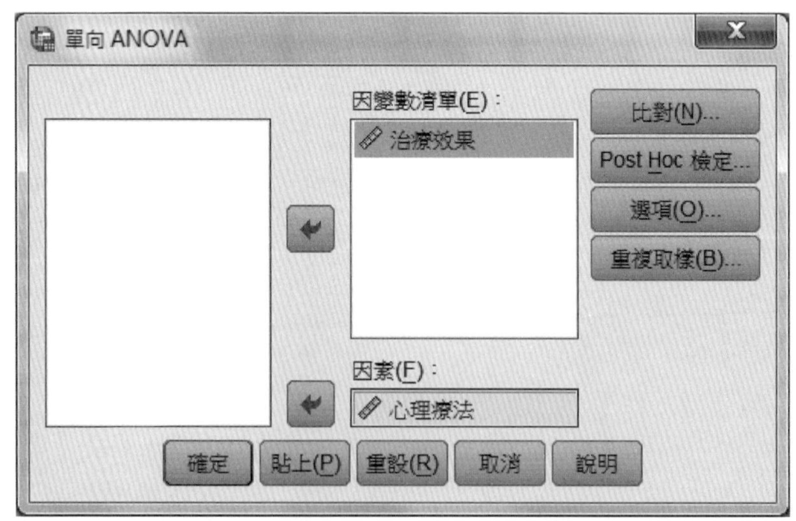

步驟 3 想進行多重比較時，點擊【Post Hoc 檢定 (H)】，如下勾選後按 繼續，回到步驟 2 的頁面時，按 確定。

單向 ANOVA：事後多重比較

假設相同變異數

- ☐ LSD
- ☑ Bonferroni 法
- ☐ Sidak 檢定
- ☐ Scheffe 法
- ☐ R-E-G-W F 值
- ☐ R-E-G-W Q 值
- ☐ S-N-K
- ☑ Tukey 法
- ☐ Tukey's-b
- ☐ Duncan
- ☐ Hochberg's GT2 檢定
- ☐ Gabriel 檢定
- ☐ Waller-Duncan 檢定

型 I/型 II 錯誤比例：100

- ☐ Dunnett 檢定

控制種類(Y)：最後一個

檢定

◉ 雙邊檢定(2) ◎ < 控制(O) ◎ > 控制(N)

未假設相同變異數

- ☐ Tamhane's T2 檢定
- ☐ 杜納 (Dunnett) T3 檢定
- ☐ Games-Howell 檢定
- ☐ Dunnett's C 檢定

顯著性層級(F)：0.05

繼續 取消 說明

步驟 4 想進行等變異性（同質性）的檢定時，點擊【選項 (O)】，如下勾選後，按 繼續，回到步驟 2 的頁面時，按 確定。

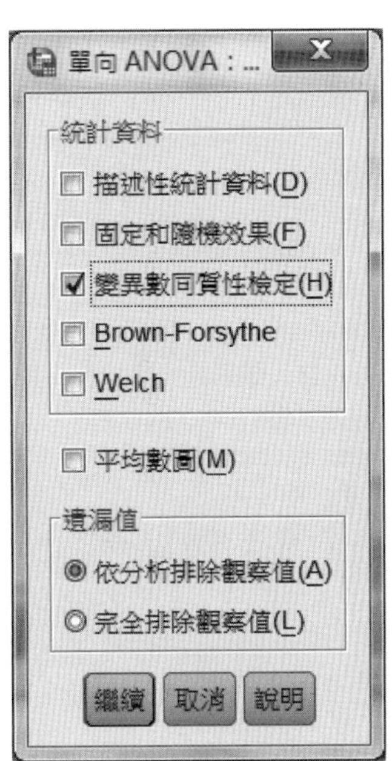

【SPSS 輸出 ・1】——單因子變異數分析

單因子

變異數同質性檢定

治療效果

Levene 統計量	分子自由度	分母自由度	顯著性
.141	2	27	.869

←①

ANOVA

治療效果

	平方和	自由度	平均平方和	F 檢定	顯著性
組間	8.867	2	4.433	4.385	.022
組內	27.300	27	1.011		
總和	36.167	29			

←②

【輸出結果的判讀 ・1】——單因子變異數分析

① **Levene** 的等變異數（同質性）檢定

假設 H_0：3 種心理療法 A、B、C 中治療效果的變異並無差異

顯著水準 0.869 > 顯著水準 0.05

假設 H_0 無法否定。

因此，3 種心理療法 A、B、C 中治療效果的變異數可以想成均相等。

②單因子的變異數分析

假設 H_0：3 種心理療法 A、B、C 中治療效果相同

顯著水準 0.022 < 顯著水準 0.05

假設 H_0 不成立。

因此，得知 3 種心理療法 A、B、C 的治療效果有差異。

【SPSS 輸出 ・2】——單因子變異數分析

多重比較

依變數: 治療效果

	(I) 心理療法	(J) 心理療法	平均差異 (I-J)	標準誤	顯著性	95% 信賴區間 下界	95% 信賴區間 上界
Tukey HSD	心理療法A	心理療法B	-1.100	.450	.054	-2.21	.01
		心理療法C	-1.200*	.450	.033	-2.31	-.09
	心理療法B	心理療法A	1.100	.450	.054	-.01	2.21
		心理療法C	-.100	.450	.973	-1.21	1.01
	心理療法C	心理療法A	1.200*	.450	.033	.09	2.31
		心理療法B	.100	.450	.973	-1.01	1.21
Bonferroni 法	心理療法A	心理療法B	-1.100	.450	.064	-2.25	.05
		心理療法C	-1.200*	.450	.038	-2.35	-.05
	心理療法B	心理療法A	1.100	.450	.064	-.05	2.25
		心理療法C	-.100	.450	1.000	-1.25	1.05
	心理療法C	心理療法A	1.200*	.450	.038	.05	2.35
		心理療法B	.100	.450	1.000	-1.05	1.25

*. 在 .05 水準上的平均差異很顯著。

←③ (Tukey HSD)　←④ (Bonferroni 法)

【輸出結果的判讀 ・2】——單因子變異數分析

③利用 **Tukey** 方法的多重比較

有 * 記號的組合是有顯著差異。

因此，得知

心理療法 A 與心理療法 C 之間有顯著差異。

④利用 **Bonferroni** 方法的多重比較

有 * 記號的組合是有顯著差異。

因此，得知

心理療法 A 與心理療法 C 之間有顯著差異。

但多重比較時，心理療法 A 與心理療法 B 之間雖無差異，但回想「t 檢定時，心理療法 A 與 B 之間有差異」，因之多重比較仍是非常重要的。

7.3 SPSS —— Kruskal-Wallis 檢定

步驟 1 表 7.1.1 的資料輸入後，從【分析 (A)】的清單中按如下操作選擇【K 個獨立樣本 (K)】。

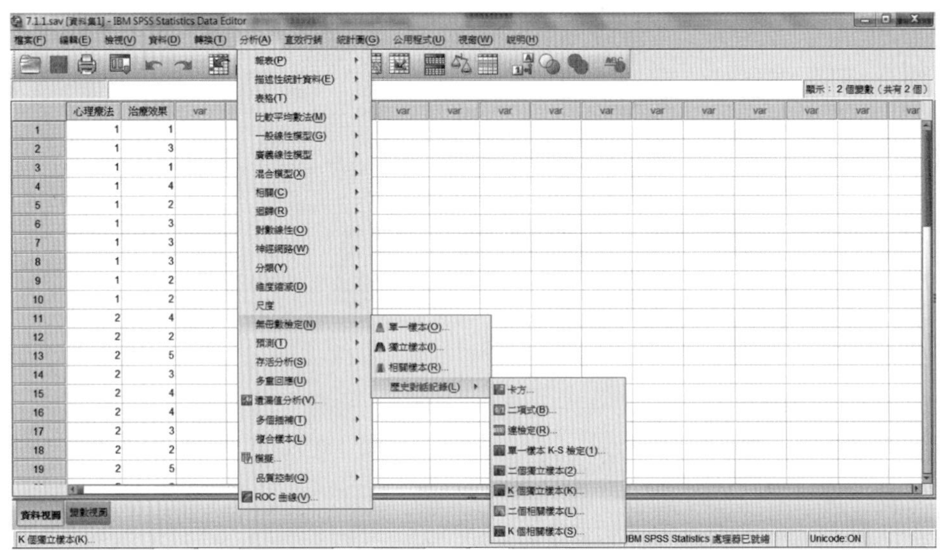

步驟 2 顯示多個獨立樣本的檢定頁面時，將治療效果移到【檢定變數清單 (T)】中，心理療法移到【分組變數 (G)】的方框中，點擊【定義範圍 (D)】。

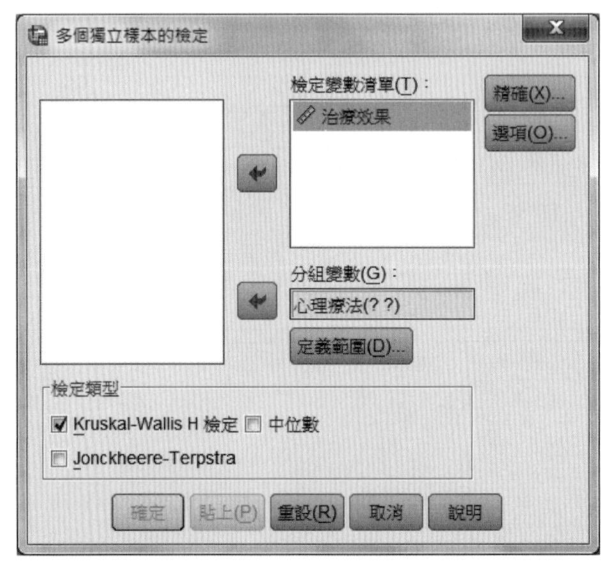

步驟 3 將組別變數的水準範圍如下輸入後，按 繼續 。

多個獨立樣...
分組變數的範圍(R)
最小值(N)： 1
最大值(X)： 3
繼續 取消 說明

步驟 4 確認【分組變數 (G)】的方框中，變成心理療法 (1 3) 時，按 確定 。

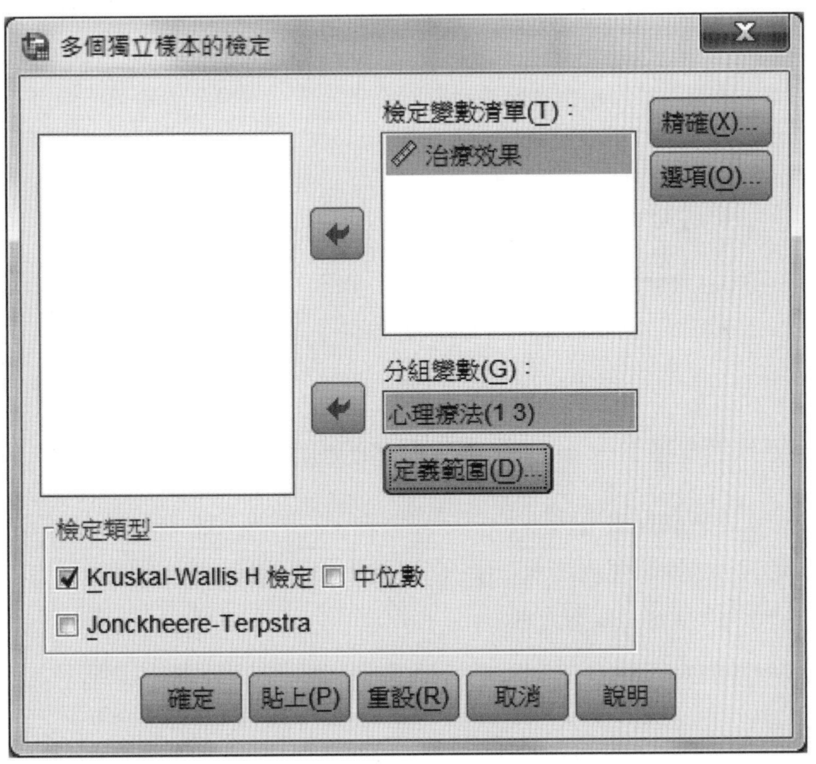

【SPSS 的輸出】—— K 個獨立樣本的檢定

➡ NPar 檢定

Kruskal-Wallis 檢定

等級

	心理療法	個數	等級平均數
治療效果	心理療法A	10	9.85
	心理療法B	10	17.90
	心理療法C	10	18.75
	總和	30	

檢定統計量[a,b]

	治療效果
卡方	6.706
自由度	2
漸近顯著性	.035 ←①

a. Kruskal Wallis 檢定
b. 分組變數：心理療法

【輸出結果的判讀】—— K 個獨立樣本的檢定

① **Kruskal-Wallis** 檢定

假設 H_0：3 種心理療法 A、B、C 的治療效果相同

顯著水準 0.035 < 顯著水準 0.05

假設 H_0 不成立。

因此，3 種心理療法 A、B、C 的治療效果有差異。

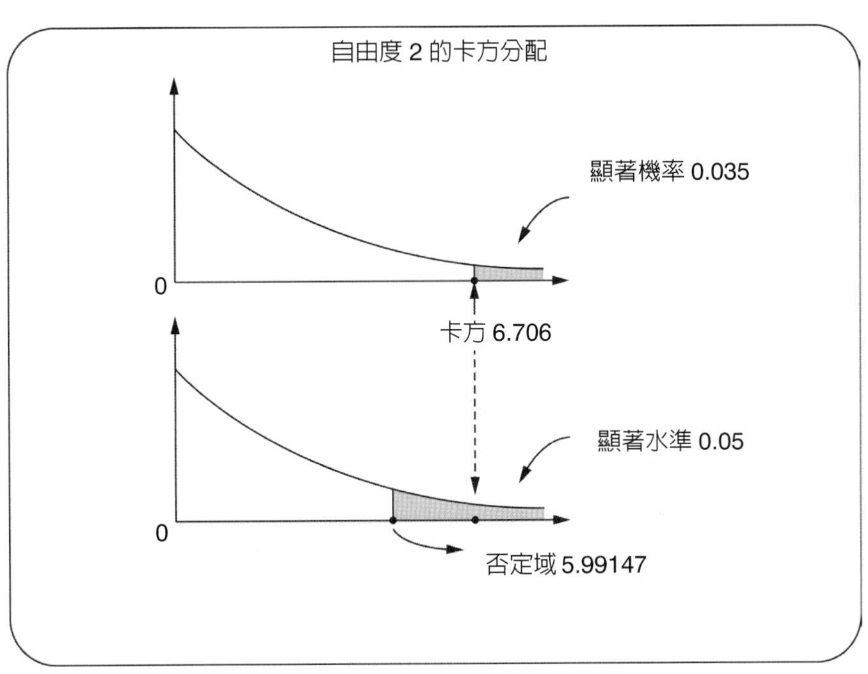

7.4 SPSS——交互作用與下位檢定（重複數相等時）

以下的資料是二元配置的資料。

表 7.4.1

A \ B	B_1	B_2	B_3
A_1	13.2 15.7 11.9	16.1 15.7 15.1	9.1 10.3 8.2
A_2	22.8 25.7 18.5	24.5 21.2 24.2	11.9 14.3 13.7

A \ B	B_1	B_2	B_3
A_3	21.8 26.3 32.1	26.9 31.3 28.3	15.1 13.6 16.2
A_4	25.7 28.8 29.5	30.1 33.8 29.6	15.2 17.3 14.8

* 此數據的重複數相同

取各方格的平均值，將之表現成圖時，即如下圖所示。

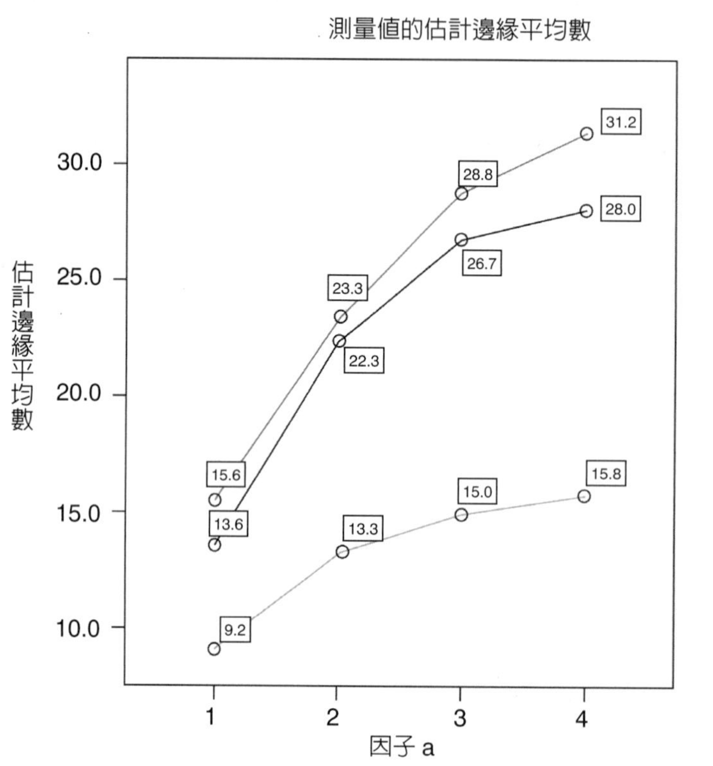

[數據輸入類型]

表 7.4.1 的資料，如下輸入。

	因子a	因子b	測量值	var	var	var	var	var	var	var	var	var
1	1	1	13.2									
2	1	1	15.7									
3	1	1	11.9									
4	1	2	16.1									
5	1	2	15.7									
6	1	2	15.1									
7	1	3	9.1									
8	1	3	10.3									
9	1	3	8.2									
10	2	1	22.8									
11	2	1	25.7									
12	2	1	18.5									
13	2	2	24.5									
14	2	2	21.2									
15	2	2	24.2									
16	2	3	11.9									
17	2	3	14.3									
18	2	3	13.7									
19	3	1	21.8									
20	3	1	26.3									
21	3	1	32.1									
22	3	2	26.9									
23	3	2	31.3									
24	3	2	28.3									
25	3	3	15.1									
26	3	3	13.6									
27	3	3	16.2									
28	4	1	25.7									
29	4	1	28.8									

資料檢視　變數檢視

[交互作用的步驟]

步驟 1　輸入表 7.4.1 的資料後，從【分析 (A)】的清單中選擇【一般線性模型 (G)】再選擇【單變量 (U)】。

步驟 2 顯示單變量的頁面時，將測量值移到【因變數 (D)】的方框中。

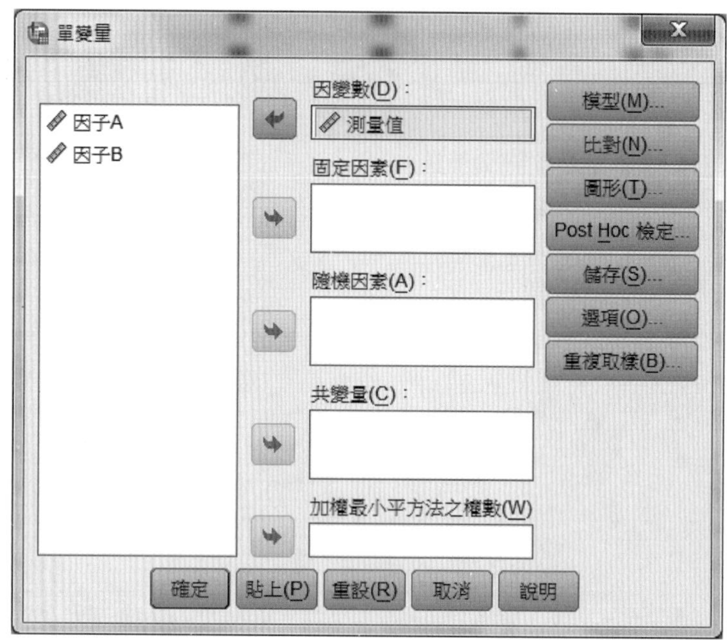

步驟 3 將因子 A、因子 B 移到【固定因素 (F)】的方框後，按 確定 。

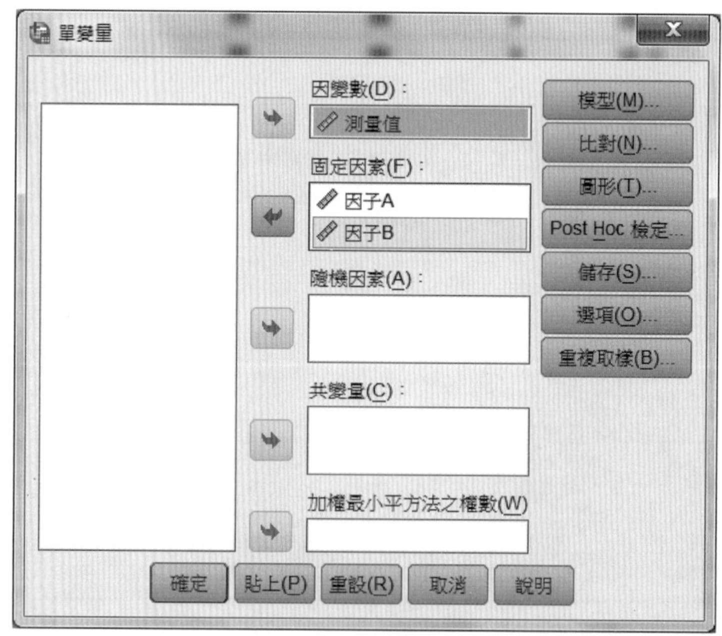

【SPSS 輸出 · 1】——有交互作用的檢定

➡ 單變量的變異數分析

受試者間因子

		個數
因子a	1	9
	2	9
	3	9
	4	9
因子b	1	12
	2	12
	3	12

受試者間效應項的檢定

依變數: 測量值

來源	型 III 平方和	自由度	平均平方和	F 檢定	顯著性	
校正後的模式	1777.616[a]	11	161.601	28.651	.000	
截距	14742.007	1	14742.007	2613.702	.000	
因子a	798.207	3	266.069	47.173	.000	
因子b	889.521	2	444.760	78.854	.000	
因子a * 因子b	89.888	6	14.981	2.656	.040	←①
誤差	135.367	24	5.640			
總和	16654.990	36				
校正後的總數	1912.983	35				

a. R 平方 = .929 (調過後的R 平方 = .897)

【輸出結果判讀 · 1】——有交互作用的檢定

①交互作用的檢定

假設 H_0：2 個因子 A、B 之間不存在交互作用

顯著機率 0.040 < 顯著水準 0.05

假設 H_0 不成立。

因此，2 個因子之間存在有交互作用。

此即爲問題 1 的回答。

其次，進入到下位檢定的問題 2。

（注）交互作用存在時，使用二因子的變異數分析之誤差，按各水準進行單因子的變異數分析，稱為下位檢定。

【下位檢定的步驟】

步驟 4 再一次從【分析 (A)】的清單中按如下操作選擇【單變量 (U)】。

步驟 5 顯示單變量的頁面時，點擊【貼上 (P)】。

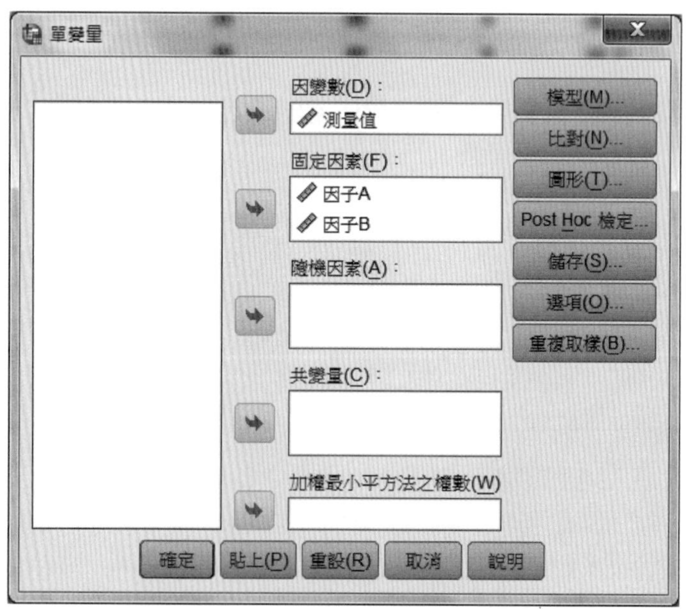

步驟 6　出現如下語法頁面。

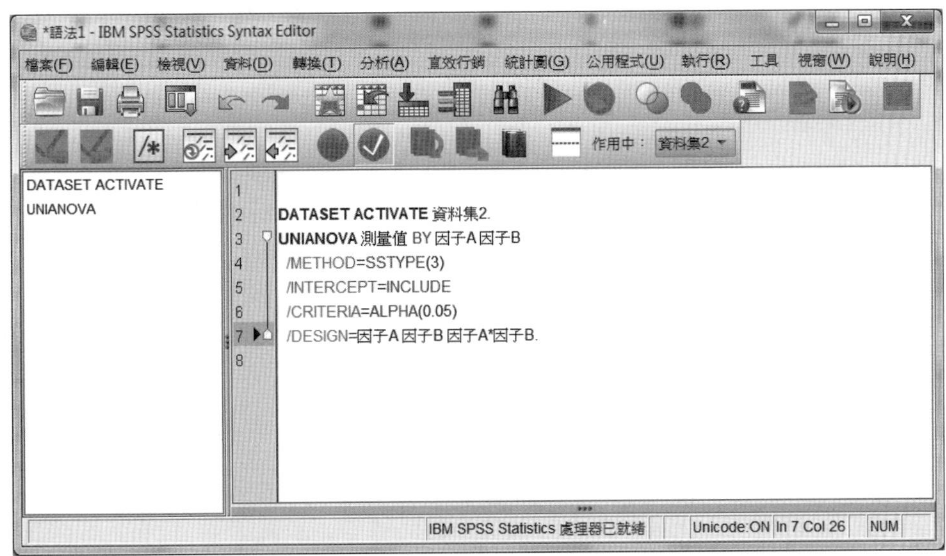

步驟 7　在語法中追加以下語法。

/ EMMEANS=TABLES(因子 A* 因子 B)COMPARE(因子 B) ADJ(BONFERRONI)

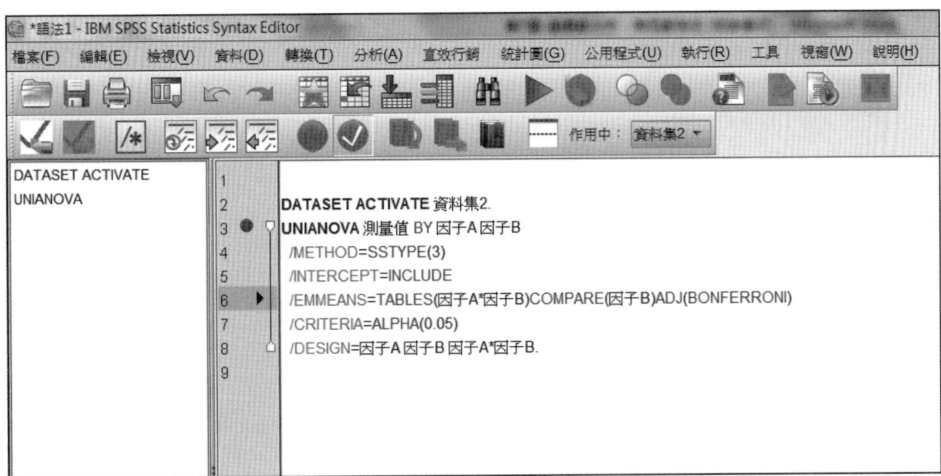

（注）EMMEANS = Estimated Marginal Means.

步驟 8 執行如下的語法，點擊【執行 (R)】。

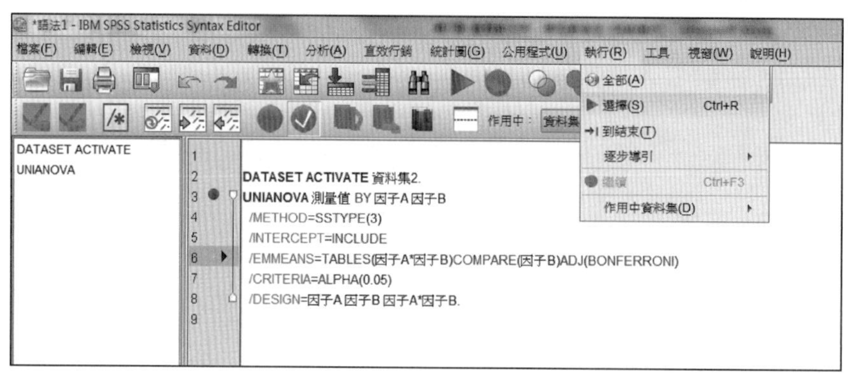

一點靈

請看使用表 7.1.1 的資料進行其他檢定時的語法。

t 檢定的語法如下（比較平均數法→獨立樣本 T 檢定）。

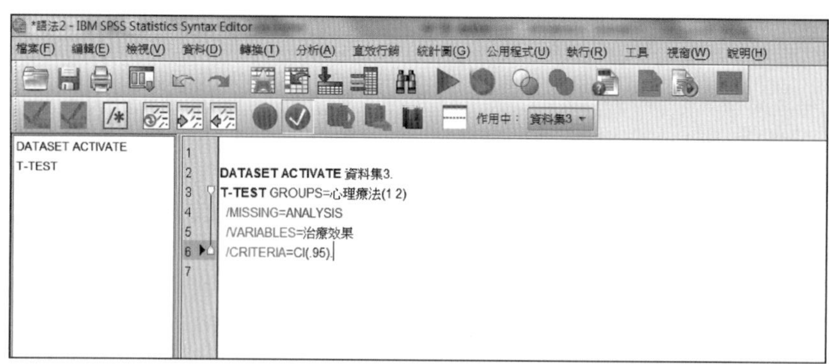

單因子變異數分析的語法如下（比較平均數法→單因子變異數分析）。

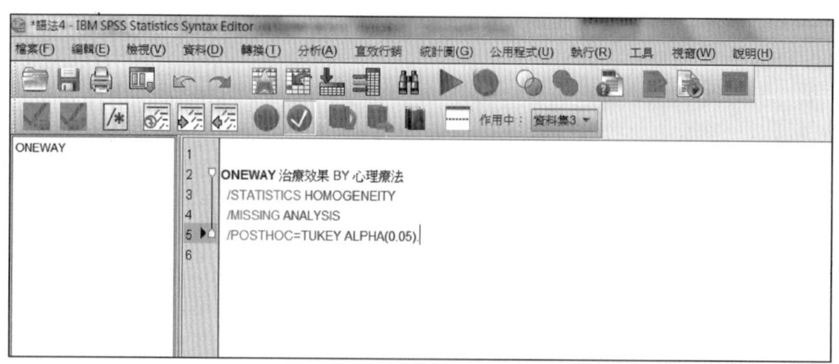

【SPSS 輸出・2】——下位檢定

➜ 單變量的變異數分析

受試者間因子

		個數
因子a	1	9
	2	9
	3	9
	4	9
因子b	1	12
	2	12
	3	12

受試者間效應項的檢定

依變數：測量值

來源	型 III 平方和	自由度	平均平方和	F 檢定	顯著性
校正後的模式	1777.616[a]	11	161.601	28.651	.000
截距	14742.007	1	14742.007	2613.702	.000
因子a	798.207	3	266.069	47.173	.000
因子b	889.521	2	444.760	78.854	.000
因子a * 因子b	89.888	6	14.981	2.656	.040
誤差	135.367	24	5.640		
總和	16654.990	36			
校正後的總數	1912.983	35			

a. R 平方 = .929 (調過後的R 平方 = .897)

單變量檢定

依變數：測量值

因子a		平方和	自由度	平均平方和	F 檢定	顯著性
1	對比	64.882	2	32.441	5.752	.009
	誤差	135.367	24	5.640		
2	對比	182.536	2	91.268	16.181	.000
	誤差	135.367	24	5.640		
3	對比	335.149	2	167.574	29.710	.000 ←③
	誤差	135.367	24	5.640		
4	對比	396.842	2	198.421	35.179	.000
	誤差	135.367	24	5.640		

←②

在顯示其他效應項的各水準組合中，因子b多變量簡單效果的一個F檢定。這些檢定是以估計的邊際平均數中的線性自變數成對比較為基礎。

【輸出結果的判讀・2】——下位檢定

②在因子 A 的各水準 A_1, A_2, A_3, A_4 中進行因子 B 的單因子變異數分析。

③譬如，水準 A_3 變成如下：

假設 H_0：水準 B_1 , B_2 , B_3 之間無差異

顯著水準 0.000 < 顯著水準 0.05

假設 H_0 不成立。

因此，在水準 A_3 的條件下，因子 B 的水準 B_1, B_2, B_3 之間有差異。

（注）請注意誤差之值！
誤差 = 135.367
與二元配置變異數分析的
誤差 = 135.367
相一致。
此即為下位檢定之意。

【SPSS 輸出・3】—— Bonferronic 的多重比較

成對的比較

依變數 測量值

因子a	(I) 因子b	(J) 因子b	平均數差異 (I-J)	標準誤	顯著性[a]	差異的 95% 信賴區間[a] 下限	上限
1	1	2	-2.033	1.939	.914	-7.024	2.957
		3	4.400	1.939	.098	-.591	9.391
	2	1	2.033	1.939	.914	-2.957	7.024
		3	6.433*	1.939	.009	1.443	11.424
	3	1	-4.400	1.939	.098	-9.391	.591
		2	-6.433*	1.939	.009	-11.424	-1.443
2	1	2	-.967	1.939	1.000	-5.957	4.024
		3	9.033*	1.939	.000	4.043	14.024
	2	1	.967	1.939	1.000	-4.024	5.957
		3	10.000*	1.939	.000	5.009	14.991
	3	1	-9.033*	1.939	.000	-14.024	-4.043
		2	-10.000*	1.939	.000	-14.991	-5.009
3	1	2	-2.100	1.939	.869	-7.091	2.891
		3	11.767*	1.939	.000	6.776	16.757 ←⑤
	2	1	2.100	1.939	.869	-2.891	7.091
		3	13.867*	1.939	.000	8.876	18.857
	3	1	-11.767*	1.939	.000	-16.757	-6.776
		2	-13.867*	1.939	.000	-18.857	-8.876
4	1	2	-3.167	1.939	.347	-8.157	1.824
		3	12.233*	1.939	.000	7.243	17.224
	2	1	3.167	1.939	.347	-1.824	8.157
		3	15.400*	1.939	.000	10.409	20.391
	3	1	-12.233*	1.939	.000	-17.224	-7.243
		2	-15.400*	1.939	.000	-20.391	-10.409

←④

以可估計的邊際平均數為基礎
*. 在水準 .05 的平均數差異顯著。
a. 多重比較調整：Bonferroni。

【輸出結果的判讀 ·3】—— Bonferroni 的多重比較

④在因子 A 的各水準 A_1, A_2, A_3, A_4 中進行因子 B 的 3 水準 B_1, B_2, B_3 的多重比較。

⑤譬如，在水準 A_3 的條件下，

水準 B_1 與水準 B_3 之間有差異。

水準 B_2 與水準 B_3 之間有差異。

（注）平方和類型：

型 I：受計算順序影響的方法，不常用。

型 II：只調整主效果，不調整交互作用的方法。

型 III：同時調整主效果和交互作用，是軟體的標準指定方法。

型 IV：用於有遺漏值儲存格（完全沒有資料的組合）時。

第 8 章 Friedman 檢定與多重比較

8.1 前言

使用表 8.1.1 的數據，利用 SPSS 進行 Friedman 檢定。

當母體的常態性有問題時，要進行無母數檢定。

以下的數據是調查因用藥造成的心跳數，想了解時間對心跳數之影響。

此數據摘錄自 D. M. Fisher。

表 8.1.1　因用藥造成的心跳數

時間 / 患者名	用藥前	1 分後	5 分後	10 分後
陳一	67	92	87	68
林二	92	112	94	90
張三	58	71	69	62
李四	61	90	83	66
王五	72	85	72	69

【數據輸入的類型】

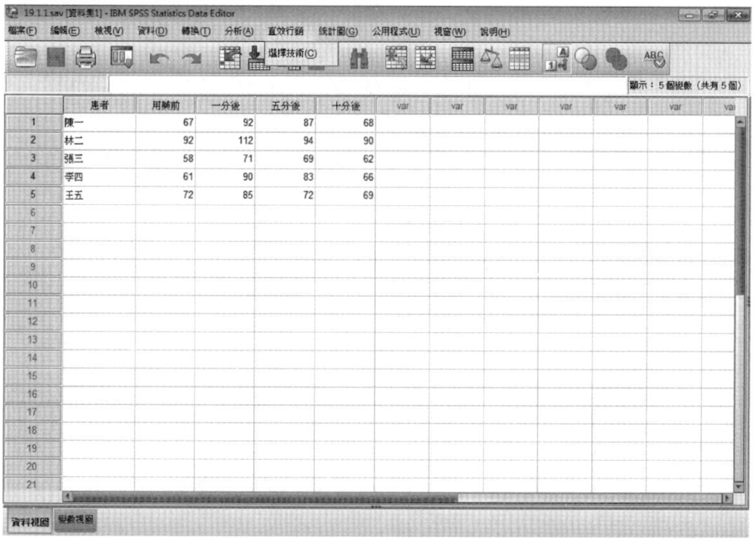

	患者	用藥前	一分後	五分後	十分後
1	陳一	67	92	87	68
2	林二	92	112	94	90
3	張三	58	71	69	62
4	李四	61	90	83	66
5	王五	72	85	72	69

8.2 Friedman 檢定

【統計處理的步驟】

步驟 1 點擊【分析 (A)】，從【無母數檢定 (N)】的清單中，選擇【歷史對話記錄 (L)】→【K 個相關樣本 (S)】的檢定。

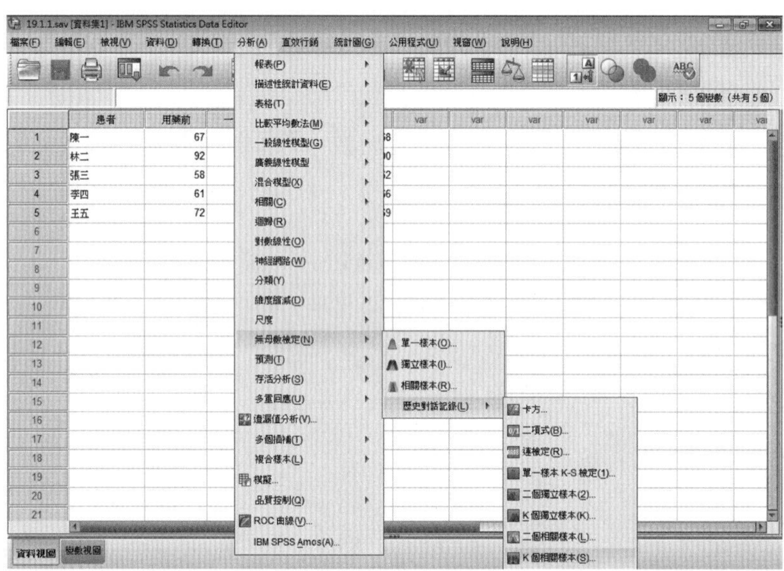

步驟 2 顯示以下的頁面，點選用藥前，然後按一下 ➡ 時，用藥前即移動到【檢定變數 (T)】方框之中。

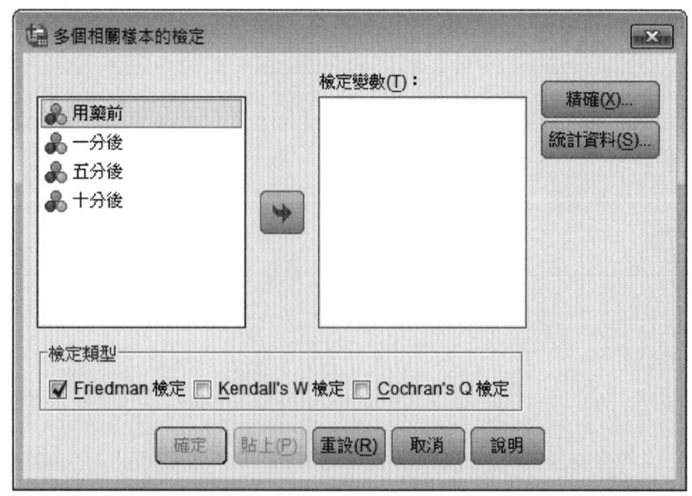

步驟 3 依步驟 2 方式，將所有的變數依序移到【檢定變數 (T)】的方框之中。

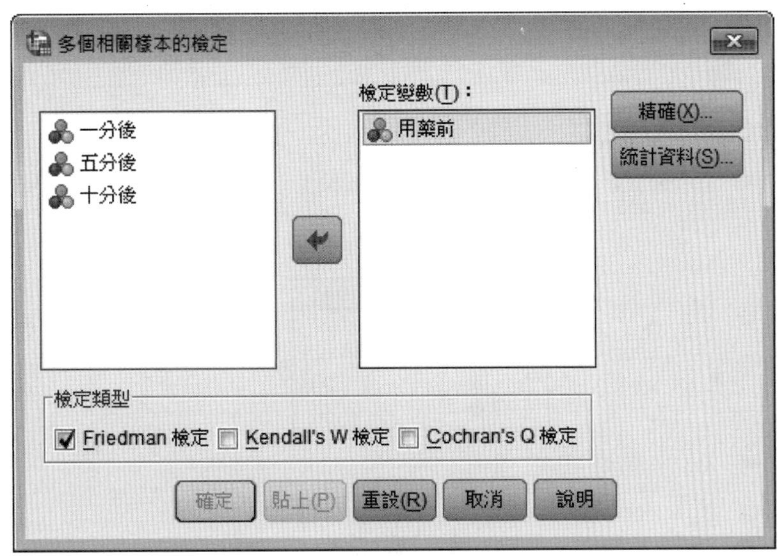

步驟 4 呈現以下頁面後，以滑鼠按 確定 即可。

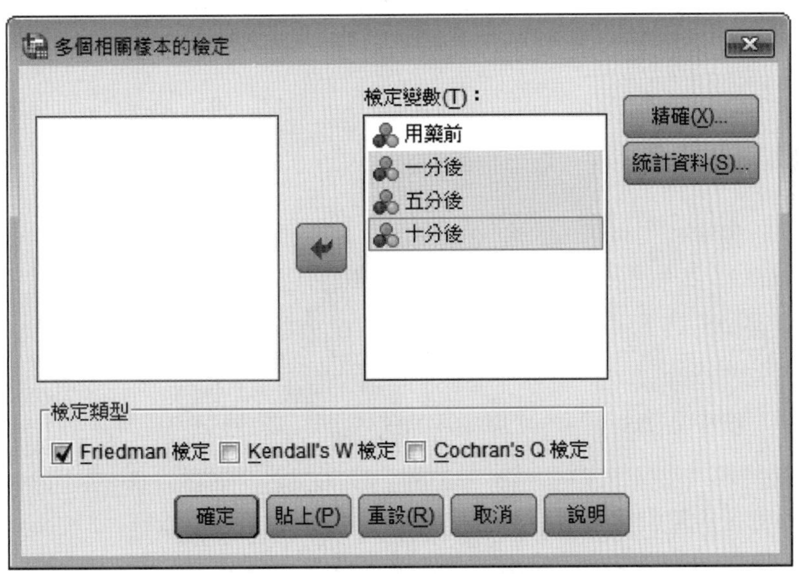

【SPSS 輸出】—— Friedman 檢定

NPar 檢定

Friedman 檢定

等級

	等級平均數
用藥前	1.50
一分後	4.00
五分後	2.90
十分後	1.60

檢定統計量a

個數	5
卡方	12.918
自由度	3
漸近顯著性	.005

←①

a. Friedman 檢定

【輸出結果的判讀】

① **Friedman** 檢定的假設是

假設 H_0：用藥前、1 分後、5 分後、10 分後的心跳數沒有差異

觀察輸出結果，檢定統計量是卡方 = 12.918，此時的顯著機率是 0.005。

因此，依據

顯著機率 0.005 < 顯著水準 $\alpha = 0.05$

假設 H_0 不成立，因之從用藥前到 10 分後的心跳數知有差異。

亦即，心跳數因用藥而有改變！

那麼，與用藥前的心跳數出現差異是幾分後呢？

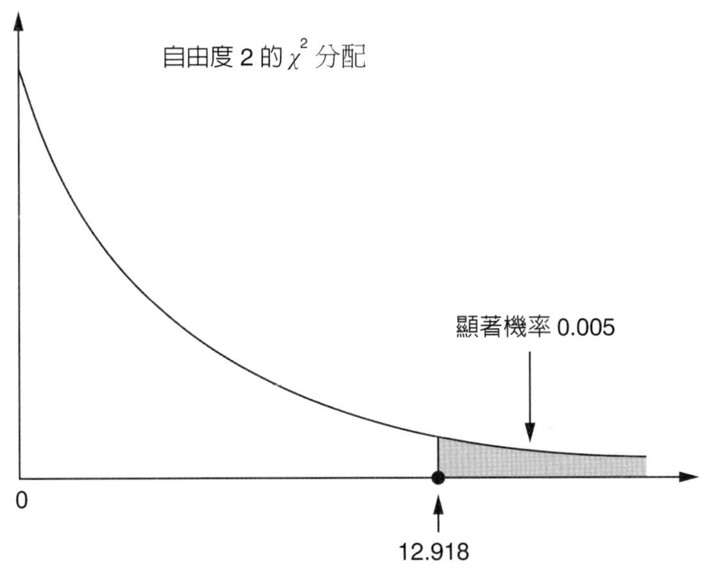

8.3 多重比較

像反覆測量的數據或時間性測量的數據，利用 Turkey 的方法對所有的組合進行多重比較被認爲不太有意義。

將用藥前當作控制組（Control）想進行多重比較時，可利用 Bonferroni 的不等式進行修正。

因此，就以下 3 種組合：

用藥前與 1 分後、用藥前與 5 分後、用藥前與 10 分後

分別進行 Wilcoxon 的符號等級檢定，顯著機率比 $\frac{\alpha}{3}\left(\frac{0.05}{3}\right)$ 小的組合，即可下結論說有顯著差異。

【數據輸入的類型】

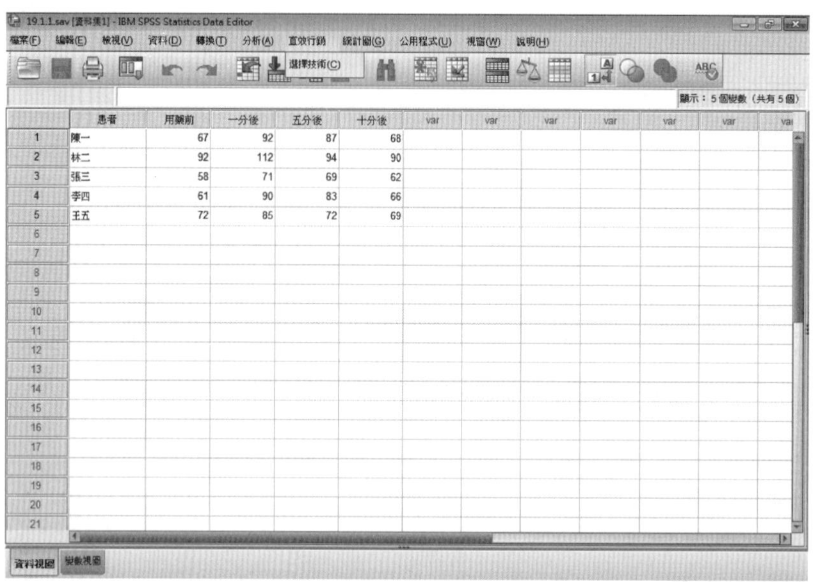

【統計處理的步驟】

步驟 1 按一下【分析 (A)】，從【無母數檢定 (N)】的清單之中，選擇【歷史對話記錄 (L)】→【二個相關樣本 (L)】的檢定。

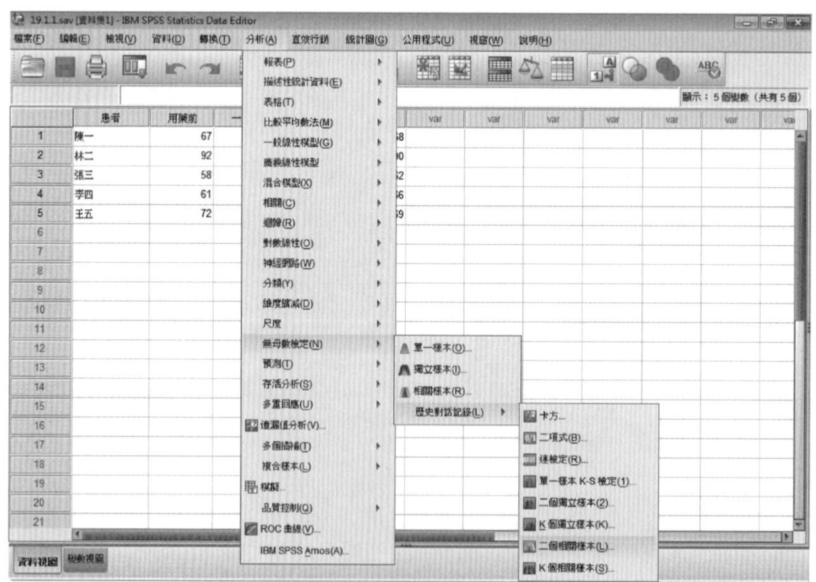

步驟 2 顯示以下的頁面，點選用藥前與 1 分後變成藍色後，再以滑鼠按一下 。

步驟 3【成對檢定 (T)】的方框之中變成用藥前與 1 分後。同樣，

用藥前與 5 分後

用藥前與 10 分後

也移到右方的方框之中。

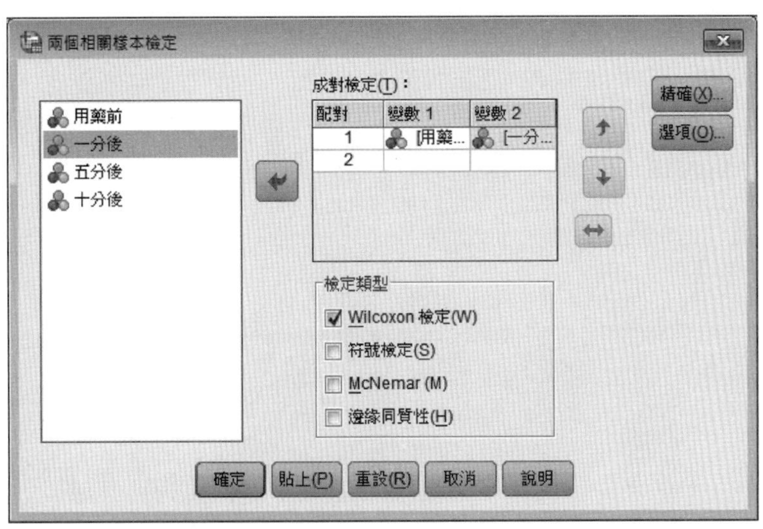

步驟 4【成對檢定 (T)】的方框中顯示如下圖時，準備已就緒。之後以滑鼠按一下 確定 鈕。

【SPSS 輸出】—— Friedman 檢定的多重比較

NPar 檢定

Wilcoxon 符號等級檢定

等級

		個數	等級平均數	等級總和
一分後 - 用藥前	負等級	0[a]	.00	.00
	正等級	5[b]	3.00	15.00
	等值結	0[c]		
	總和	5		
五分後 - 用藥前	負等級	0[d]	.00	.00
	正等級	4[e]	2.50	10.00
	等值結	1[f]		
	總和	5		
十分後 - 用藥前	負等級	2[g]	2.50	5.00
	正等級	3[h]	3.33	10.00
	等值結	0[i]		
	總和	5		

a. 一分後 < 用藥前
b. 一分後 > 用藥前
c. 用藥前 = 一分後
d. 五分後 < 用藥前
e. 五分後 > 用藥前
f. 用藥前 = 五分後
g. 十分後 < 用藥前
h. 十分後 > 用藥前
i. 用藥前 = 十分後

檢定統計資料[a]

	一分後 - 用藥前	五分後 - 用藥前	十分後 - 用藥前
Z	-2.032[b]	-1.826[b]	-.674[b]
漸近顯著性（雙尾）	.042	.068	.500

a. Wilcoxon 符號等級檢定
b. 根據負等級。

【輸出結果的判讀】

②此檢定是 Wilcoxon 的符號等級檢定，假設分別為

假設 H_0：用藥前與 1 分後的心跳數相等

假設 H_0：用藥前與 5 分後的心跳數相等

假設 H_0：用藥前與 10 分後的心跳數相等

因此，想進行多重比較時，利用 Bonferroni 的不等式，顯著機率比 $\frac{\alpha}{3} = \frac{0.05}{3}$ 小的組合視為有差異。

但是，觀察輸出結果時，顯著機率分別為 0.042, 0.068, 0.500，任一者均比 0.05/3 大，因之利用 Bonferroni 的多重比較，對任一組合之間不能說有差異。

前面的 Friedman 檢定，雖然說至少有一組合之間出現差異，但⋯。

一點靈

像這樣，變異數分析的結果與多重比較的結果不一定會一致。但是，利用 Scheffe 法的多重比較可以說與變異數分析的結果是一致的。

第9章 反覆測量的變異數分析與多重比較

9.1 前言

使用表 9.1.1 的數據，利用 SPSS 對反覆測量（有對應的因子）的單因子進行變異數分析。

以下的數據是將用藥時間的心跳數，按用藥前、1 分後、5 分後、10 分後，4 次持續測量所得。

＊受試者內因子……時間……4 水準

表 9.1.1　用藥造成的心跳數

時間 患者名	用藥前	1 分後	5 分後	10 分後
陳一	67	92	87	68
林二	92	112	94	90
張三	58	71	69	62
李四	61	90	83	66
王五	72	85	72	69

心跳數是否因用藥而發生變化呢？

（注）反覆測量（Repeated Measures）雖直接翻譯為重複測量，但與變異數分析的重複數的意義是不同的。此處仍使用反覆測量一詞。

1. 使用狀況

- 如果在不同時間點（different times）或同時間點不同狀況（different conditions），測量同一個事件或物體，且其對應值是連續（continuous），則採用重複測量變異數分析。因兩兩測量間具有非獨立事件（dependent）的特性，會相互影響，故不可使用變異數分析（ANOVA）。例如：在不同方向前伸研究中，對同一受試者而言，有四個不同時點的治療前後時間，或對前伸方向的最大前伸距離，想要分析四個方向的最大前伸距離是否具有差異，則採用重複測量變異數分析。

2. 檢定假說（**Hypothesis testing**）

- 重複測量變異數分析檢測假說在於比較受試者間差異與受試者內差異。
- 受試者間效應（between-subject effects）指的是對同一受試者而言不會改變的變數，如身高、性別等。
- 受試者內效應（within-subject effects）則是指同一受試者的不同測量時間或狀況下所產生的差異，如治療前後時間或不同前伸方向。
- 有時候也會比較二者間的交互作用（within-subject by between-subject-interaction effect），如性別 × 時間。

3. 前提假設

- 檢測受試者內效應的變數須符合 Type H covariance structure (H_0：$\sum = \sigma^2 I$)
- 球面性檢定（Sphericity test）：檢測數據資料是否符合 Type H covariance structure。若是受試者內效應只有二水準，則不需要進行 Sphericity test。
- 若資料不符合 Type H covariance structure 的前提假設，則顯著水準的自由度（degree of freedom）須以 Box's Epsilon 進行調整。Greenhouse and Geisser 最早提出 Box's Epsilon 的最大可能估計值是 Greenhouse-Geisser Epsilon。
- 但 Huynh and Feldt（1976）則認為在小樣本數的研究時，Greenhouse-Geisser Epsilon 較易低估顯著水準，故提出 Huynh-Feldt Epsilon。

4. 統計模型（**Statistical model**）

- 依變數 = 常數 + (受試者間差異的變數) + (受試者內差異的變數) + 交互作用

【數據輸入的類型】

此數據的輸入幾乎與第七章的單因子變異數分析是相同的。完全沒有問題才是。但輸入患者的姓名時，應注意如下。

按一下變數檢視後，於名稱的地方輸入患者，於類型的下一方格按一下，然後在數值的旁邊 [...] 按一下，再點一下【字串 (R)】，並將小數點 2 改成 0，按 [確定] 即可。

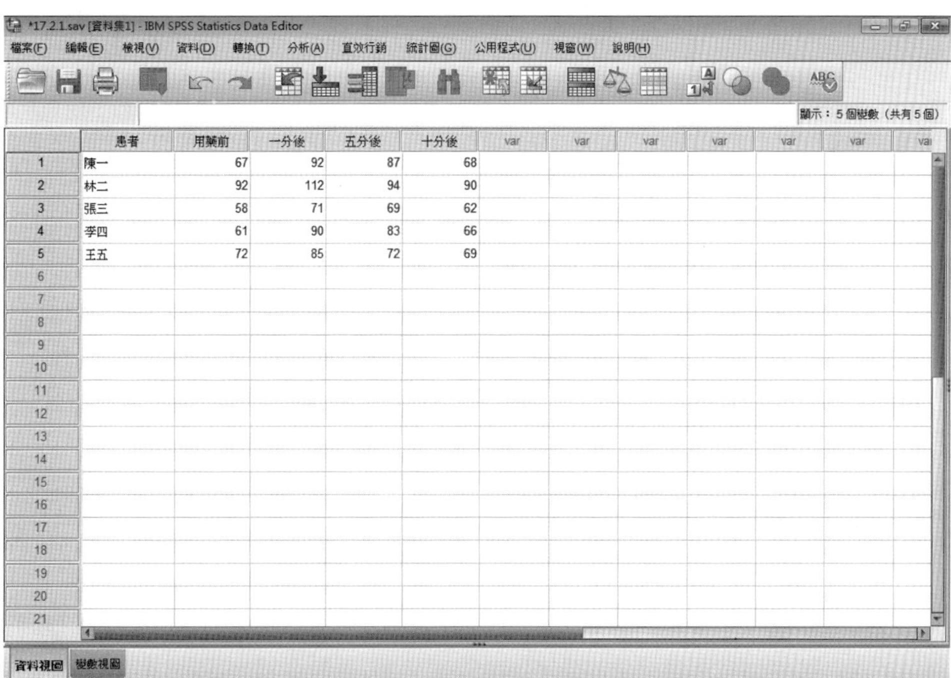

	患者	用藥前	一分後	五分後	十分後
1	陳一	67	92	87	68
2	林二	92	112	94	90
3	張三	58	71	69	62
4	李四	61	90	83	66
5	王五	72	85	72	69

9.2 反覆測量的變異數分析

【統計處理的步驟】

步驟 1 統計處理是從前面的狀態以滑鼠點選【分析 (A)】開始的。

然後利用反覆測量進行單因子的變異數分析時，從子清單之中點選【一般線型模式 (G)】。

步驟 2 接著，從右邊的子清單選擇【重複測量 (R)】，即出現如下的對話框。將【受試者內因素的名稱 (W)】之中的因子 1 先改變成時間。也就是有關於時間的對應關係。

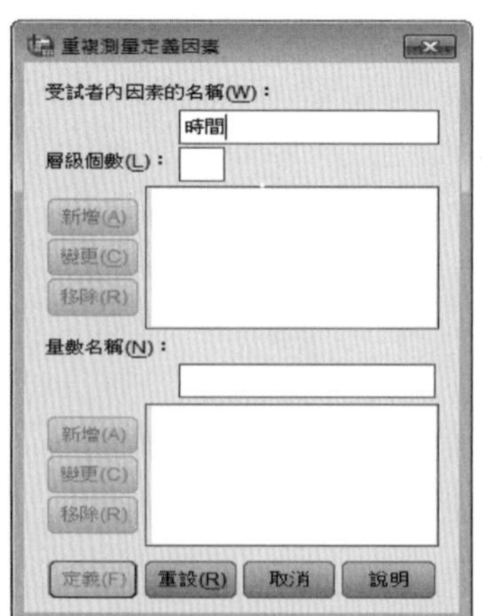

步驟 3　然後，以滑鼠將游標移到【層級個數 (L)】的右方方框之中，以鍵盤輸入 4。此 4 是用藥前、1 分後、5 分後、10 分後之組的個數。

重複測量定義因素
受試者內因素的名稱(W)：
時間
層級個數(L)：4
新增(A)
變更(C)
移除(R)
量數名稱(N)：
新增(A)
變更(C)
移除(R)
定義(F)　重設(R)　取消　說明

步驟 4　接著，以滑鼠點選【新增 (A)】，方框之中即成爲時間 (4)，點選【定義 (F)】。

重複測量定義因素
受試者內因素的名稱(W)：
層級個數(L)：
新增(A)
變更(C)
移除(R)
時間(4)
量數名稱(N)：
新增(A)
變更(C)
移除(R)
定義(F)　重設(R)　取消　說明

步驟 5 不要弄錯反覆測量的順號，將左方框的 4 個變數移到【受試者內變數 (W)】的方框之中。首先，以滑鼠將用藥前改變成藍色後，點選【受試者內變數 (W)】之左側的 。

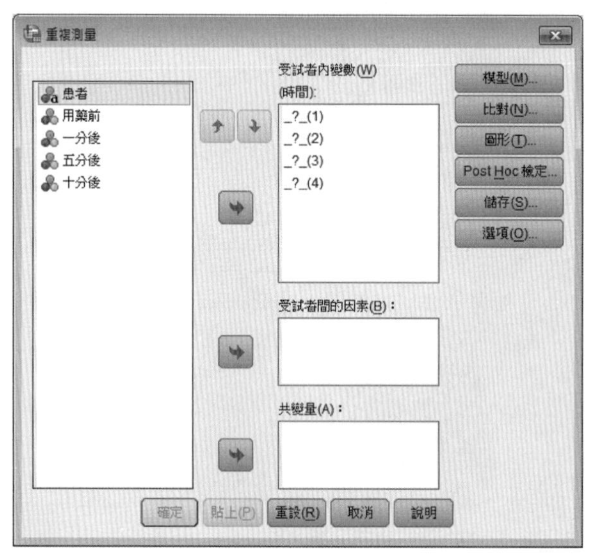

步驟 6 如下圖所示，用藥前進入右方的方框之後，接著以滑鼠將一分後改變成藍色後，以 移到【受試者內變數 (W)】的方框之中。然後，繼續點選五分後。

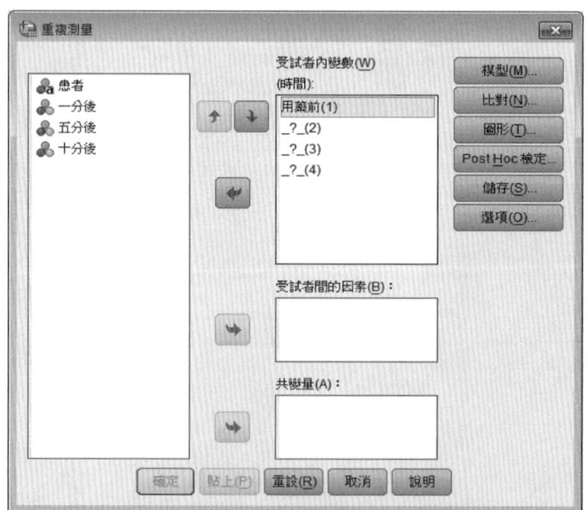

（注）受試者內變數即重複測量變數可視為依變數。

步驟 7 最後，以滑鼠將十分後改變成藍色後，點選 ➡，移到【受試者內變數 (W)】的方框之中。

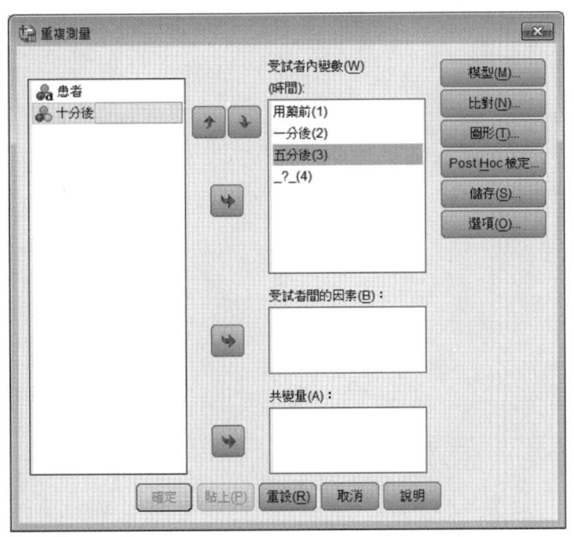

（注）想輸出輪廓圖時，按一下【圖形 (T)】，將時間加入【橫軸 (H)】，按一下【新增 (A)】。

步驟 8 點擊【比對 (N)】欄位下拉式選單，選擇多項式後按【變更 (C)】。

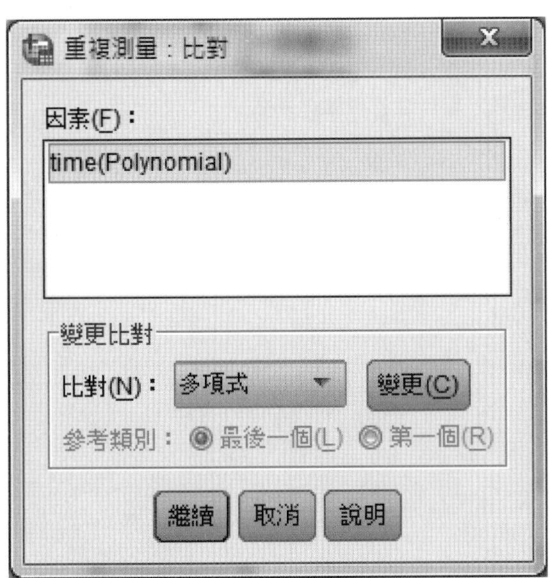

（注）想觀察常態直交變換（orthonormal transformation）時可點選此處。

步驟 9 想進行 Bartlett 的球面性檢定時，按一下【選項 (O)】。再勾選【轉換矩陣 (A)】、【同質性檢定 (H)】、【殘差 SSCP 矩陣】，接著按一下 繼續 。

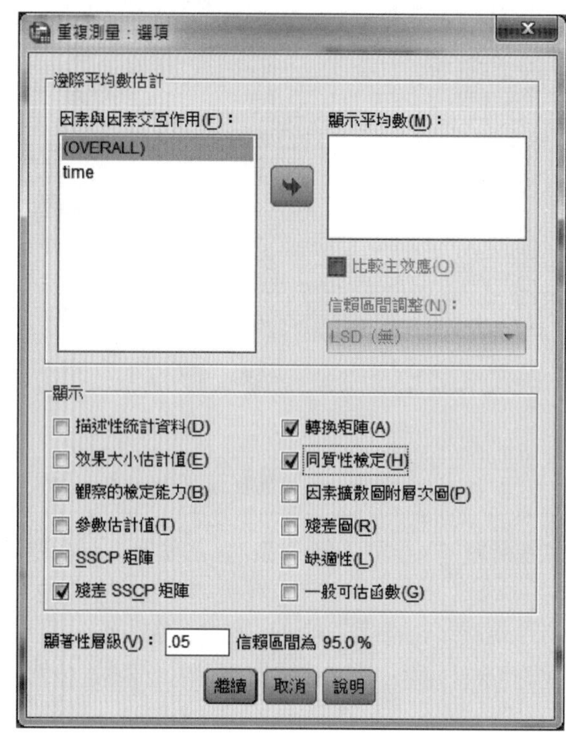

（注）SSCP (Sum of square and cross product)。殘差 SSCP 矩陣（它是殘差的交叉乘積平方和矩陣）、殘差共變量矩陣（它是殘差 SSCP 矩陣除以殘差自由度），以及殘差相關矩陣（它是殘差共變量矩陣的標準化形式）。

【SPSS 輸出．1】──反覆測量的變異數分析

Within-Subjects Factors

Measure: MEASURE_1

時間	Dependent Variable
1	用藥前
2	一分後
3	五分後
4	十分後

Bartlett's Test of Sphericity[a]

Likelihood Ratio	.000
Approx. Chi-Square	19.871
df	9
Sig.	.044

←②

Tests the null hypothesis that the residual covariance matrix is proportional to an identity matrix.

a. Design: Intercept
Within Subjects Design: 時間

Multivariate Tests[a]

Effect		Value	F	Hypothesis df	Error df	Sig.
時間	Pillai's Trace	.933	9.236[b]	3.000	2.000	.099
	Wilks' Lambda	.067	9.236[b]	3.000	2.000	.099
	Hotelling's Trace	13.854	9.236[b]	3.000	2.000	.099
	Roy's Largest Root	13.854	9.236[b]	3.000	2.000	.099

←①

a. Design: Intercept
Within Subjects Design: 時間

b. Exact statistic

【輸出結果的判讀・1】

①有對應的數據時，以分析方法來說，可以考慮以下 2 種。

1. 反覆測量變異數分析
2. 多變量檢定　　　　　　　（→不太有效）

此處第 2 項的多變量檢定是指多變量變異數分析，檢定以下的假設 H_0。

假設 H_0：$(x_2 - x_1, x_3 - x_1, x_4 - x_1) = (0, 0, 0)$

其中，x_1 = 用藥前，x_2 = 1 分後，x_3 = 5 分後，x_4 = 10 分後

因此，假設 H_0 成立時，由於

1 分後 – 用藥前 = 0，5 分後 – 用藥前 = 0，10 分後 – 用藥前 = 0

因之，

用藥前 = 1 分後 = 5 分後 = 10 分後

亦即，得出心跳數沒有差異的結論。

觀察輸出結果時，由於

顯著機率 = 0.099 > 顯著水準 $\alpha = 0.05$

因此，假設 H_0 成立。因之，可以想成心跳數不因用藥而有變化。

此多變量檢定比④的受試者內效應的檢定，難以出現差異。

②Bartlett 的球面性檢定，是檢定以下的假設 H_0。

4 變量——用藥前、1 分後、5 分後、10 分後——的殘差共變異數矩陣設爲 Σ 時，

假設 H_0：$\Sigma = \sigma^2 \cdot I$

此假設與 4 變量的誤差項相互獨立，與等變異數是相同的。

觀察輸出結果時，顯著機率是 0.044，因此，假設 H_0 不成立。因之，此 4 個變量之間有某種的關聯。

（注）在多變量檢定中是不需要 Mauchly 的球面性假設。
進行反覆測量的變異數分析時，首先需要的是 Mauchly 的球面性檢定。

【SPSS 輸出・2】——反覆測量的變異數分析

Mauchly's Test of Sphericity[a] ←③

Measure: MEASURE_1

Within Subjects Effect	Mauchly's W	Approx. Chi-Square	df	Sig.	Epsilon[b]		
					Greenhouse-Geisser	Huynh-Feldt	Lower-bound
時間	.101	6.246	5	.310	.555	.902	.333

Tests the null hypothesis that the error covariance matrix of the orthonormalized transformed dependent variables is proportional to an identity matrix.

a. Design: Intercept
Within Subjects Design: 時間

b. May be used to adjust the degrees of freedom for the averaged tests of significance. Corrected tests are displayed in the Tests of Within-Subjects Effects table.

一點靈

在 Mauchly 的球面性檢定中，當假設被捨棄時，利用 Greenhouse・Geisser 的 ε 或 Huynh-Feldt 的 ε，必須修正顯著機率。此時所修正的顯著機率之值，如利用框紐（Pivot）（P）時，輸出如下。

Tests of Within-Subjects Effects

Measure: MEASURE_1

Source		Type III Sum of Squares	df	Mean Square	F	Sig.
時間	Sphericity Assumed	1330.000	3	443.333	17.500	.000
	Greenhouse-Geisser	1330.000	1.664	799.215	17.500	.003
	Huynh-Feldt	1330.000	2.706	491.515	17.500	.000
	Lower-bound	1330.000	1.000	1330.000	17.500	.014
Error(時間)	Sphericity Assumed	304.000	12	25.333		
	Greenhouse-Geisser	304.000	6.657	45.669		
	Huynh-Feldt	304.000	10.824	28.087		
	Lower-bound	304.000	4.000	76.000		

← 表的上方按兩下時，附有斜線的方框即出現，在畫面的上方發現樞紐（P）

↑ Greenhouse・Geisser 的自由度 1.664=3 ×0.555
Huynh-Feldt 的自由度 2.706=3 ×0.902

點一下【樞紐（P)】，勾選樞紐分析匣，出現如下視窗。將Epsilon移到上方。

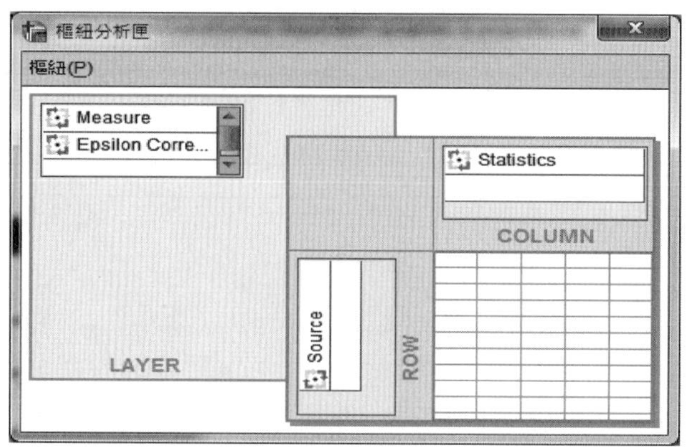

即改變成如下格式。

Tests of Within-Subjects Effects

Measure MEASURE_1

Epsilon Corrections Sphericity Assumed

Source	Type III Sum of Squares	df	Mean Square	F	Sig.
時間	1330.000	3	443.333	17.500	.000
Error(時間)	304.000	12	25.333		

若樞紐分析軸改變成如下時（左右交換）：

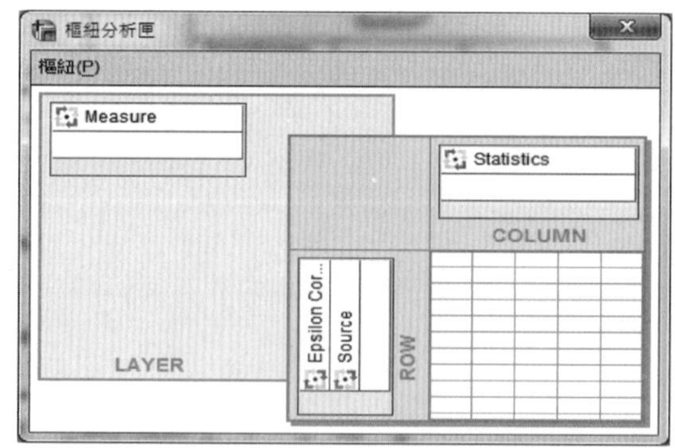

即成爲如下格式。

Tests of Within-Subjects Effects

Measure MEASURE_1

	Source	Type III Sum of Squares	df	Mean Square	F	Sig.
Sphericity Assumed	時間	1330.000	3	443.333	17.500	.000
	Error(時間)	304.000	12	25.333		
Greenhouse-Geisser	時間	1330.000	1.664	799.215	17.500	.003
	Error(時間)	304.000	6.657	45.669		
Huynh-Feldt	時間	1330.000	2.706	491.515	17.500	.000
	Error(時間)	304.000	10.824	28.087		
Lower-bound	時間	1330.000	1.000	1330.000	17.500	.014
	Error(時間)	304.000	4.000	76.000		

（注）4 變量 x_1，x_2，x_3，x_4 利用正規直交變換所作成的 3 變量 z_1，z_2，z_3 的變異共變異矩陣設為∑時，調查假設 H_0：$\Sigma = \sigma^2 I$ 是否成立，稱為 Mauchly's test of sphericity。

【輸出結果的判讀・2】

time[a]

Measure: MEASURE_1

Dependent Variable	time Linear	Quadratic	Cubic
用藥前	-.671	.500	-.224
一分後	-.224	-.500	.671
五分後	.224	-.500	-.671
十分後	.671	.500	.224

a. The contrasts for the within subjects factors are:
time: Polynomial contrast

③Mauchly 的球面性檢定稍為複雜，譬如，以此時間數據來說，從 4 變量 x_1 = 用藥前、x_2 = 1 分後、x_3 = 5 分後、x_4 = 10 分後，利用如上所求出的常態直交變換，將 x_1, x_2, x_3, x_4 變換成 3 變量 z_1, z_2, z_3 數據後，

$$\begin{cases} z_1 = -.671x_1 - .224x_2 + .224x_3 + .671x_4 \\ z_2 = .500x_1 - .500x_2 - .5000x_3 + .500x_4 \\ z_3 = -.224x_1 + .671x_2 - .671x_3 + .224x_4 \end{cases}$$

針對 3 變量的共變異數矩陣設為∑時，檢定

假設 H_0：$\Sigma = \sigma^2 \begin{pmatrix} 1 & 0 & 0 \\ 0 & 1 & 0 \\ 0 & 0 & 1 \end{pmatrix}$　　←球面性的假設

是否成立。觀察輸出結果時，由於

顯著機率 0.310 > 顯著水準 $\alpha = 0.05$

所以假設 H_0 不被否定，亦即，球面性的假定是成立的。

注意

1. 若此假定不成立時，受試者內效應項檢定的顯著機率即變小。此假設也稱為 Huynh · Feldt 的條件，簡言之 Huynh · Feldt 的條件（= 球面性的假定）不成立時，將 Greenhouse · Geisser 的 ε 或 Huynh · Feldt 的 ε 乘上 F 分配的 2 個自由度，減小自由度，必須重新計算顯著機率。以 Greenhouse · Geisser 的情形來說，ε 為 0.555，時間及誤差的 2 個自由度分別為 3 與 12，乘上之後成為 1.664(0.555×3) 與 6.657(0.555×12)，F 檢定值為 17.500，顯著機率為 0.003。因之，若以此情形來看時，可以說時間的類型對心跳數是有影響的。
2. ε 之值接近 0 時，並非是反覆測量的變異數分析，要利用前面結果①的多變量檢定。
3. 當 $\varepsilon > 0.75$ 使用 Huynh · Feldt 來修正，當 $\varepsilon < 0.75$ 使用 Greenhouse · Geisser 來修正。
4. Mauchly 的球面性檢定的檢定力取決於樣本大小。小樣本、球面性的偏離大，可以認為不顯著；大樣本、球面性的偏離小，可以認為顯著。

【SPSS 輸出・3】——反覆測量的變異數分析

Tests of Within-Subjects Effects

Measure: MEASURE_1

Sphericity Assumed

Source	Type III Sum of Squares	df	Mean Square	F	Sig.
時間	1330.000	3	443.333	17.500	.000
Error(時間)	304.000	12	25.333		

←④

Tests of Within-Subjects Contrasts

Measure: MEASURE_1

Source	時間	Type III Sum of Squares	df	Mean Square	F	Sig.
時間	Linear	9.000	1	9.000	.687	.454
	Quadratic	1125.000	1	1125.000	22.959	.009
	Cubic	196.000	1	196.000	14.101	.020
Error(時間)	Linear	52.400	4	13.100		
	Quadratic	196.000	4	49.000		
	Cubic	55.600	4	13.900		

←⑤

剖面圖

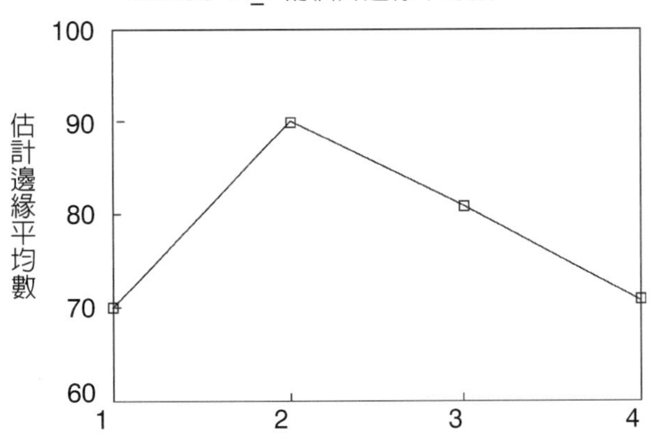

← 要輸出剖面圖時，點選【圖形 (T)】，將時間列入【橫軸 (H)】，按【新增 (A)】時，即出現此圖。

【輸出結果的判讀．3】

④此處是反覆測量的變異數分析的主要部分！

檢定以下的假設：

假設 H_0：在用藥前、1 分後、5 分後、10 分後心跳的變化沒有差異

觀察此輸出結果時，

顯著機率是 0.000，亦即

顯著機率 = 0.000 < 顯著水準 $\alpha = 0.05$

因此，假設 H_0 不成立。因之，可知用藥前、1 分後、5 分後、10 分後心跳數出現變化。用其他的表現方式時，此藥對心跳數有影響。

⑤受試者內對比的檢定準備有以下 6 種。

{ 與總平均之差，與參照之差，逆 Helmert
Helmert，與正後方之差，多項式（這是預設）

但是，此輸出結果，變成了多項式對比。

所謂多項式對比是指

{ 時間 1……利用 1 次式檢定多項式迴歸
時間 2……利用 2 次式檢定多項式迴歸
時間 3……利用 3 次式檢定多項式迴歸

時間 2 的顯著機率是 0.009，比顯著水準 $\alpha = 0.05$ 小。

因此，以此數據來說，利用 2 次式的多項式迴歸是合適的。

（注）組間要因雖然有需要滿足等變異性的假定，但各水準（指重覆測量的變數）並非獨立的重覆測量，在母體中它們之差的變異數要使之滿足相等的假定，稱此為球面性，其程度以 ε 的統計量加以估計，ε 之值在 $\frac{1}{k-1} < \varepsilon < 1$，接近 1，即接近球面性，極查此假定使用 Mauchly 檢定。球面性的假定未滿足時，F 分配的形狀偏倚，真正是不顯著，可是顯著機率卻不正確地變小，其解決方法是乘上 ε 的估計值減小自由度，以補正 F 分配的方法，稱此為 ε 修正。

（注）分析流程

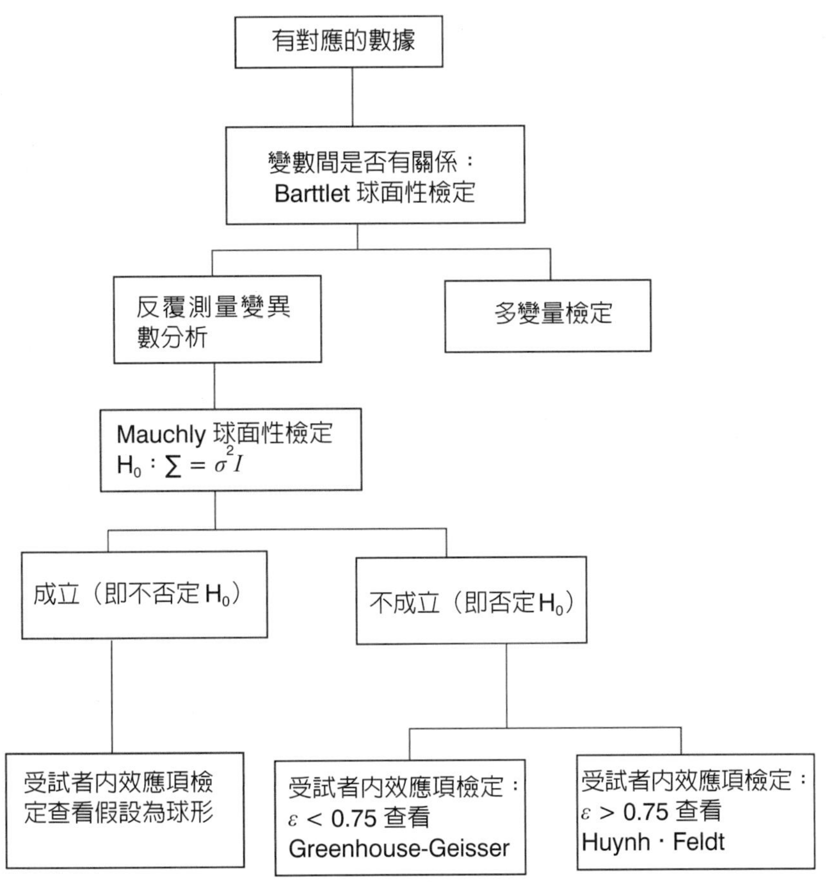

9.3 多重比較

對於反覆測量的數據、時間性測量的數據或者是有對應關係的數據來說，調查用藥前→ 1 分後→ 5 分後→ 10 分後之變化類型是主要目的，因之像 Turkey 的方法利用所有組合的多重比較並不太有意義。

可是，感興趣的是

1. 與用藥前的心跳數出現差異的是幾分後？
2. 哪一個時點心跳數最高？

像此種時候，如下將數據一度重排後再進行多重比較看看。

此與無重複的二元配置的變異數分析是相同的。

【數據輸入的類型】

[資料檢視]

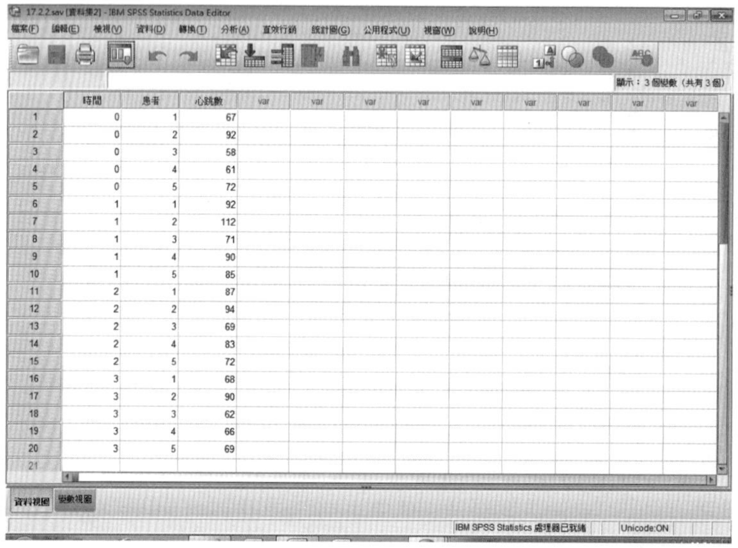

	時間	患者	心跳數
1	0	1	67
2	0	2	92
3	0	3	58
4	0	4	61
5	0	5	72
6	1	1	92
7	1	2	112
8	1	3	71
9	1	4	90
10	1	5	85
11	2	1	87
12	2	2	94
13	2	3	69
14	2	4	83
15	2	5	72
16	3	1	68
17	3	2	90
18	3	3	62
19	3	4	66
20	3	5	69

[變數檢視]

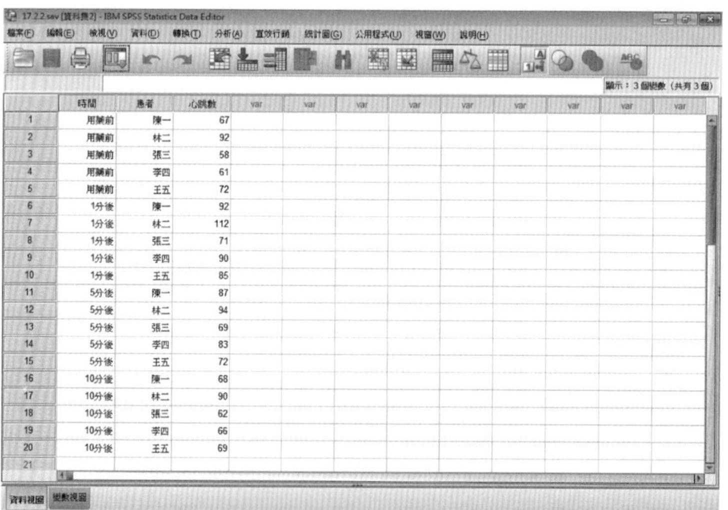

	時間	患者	心跳數
1	用藥前	陳一	67
2	用藥前	林二	92
3	用藥前	張三	58
4	用藥前	李四	61
5	用藥前	王五	72
6	1分後	陳一	92
7	1分後	林二	112
8	1分後	張三	71
9	1分後	李四	90
10	1分後	王五	85
11	5分後	陳一	87
12	5分後	林二	94
13	5分後	張三	69
14	5分後	李四	83
15	5分後	王五	72
16	10分後	陳一	68
17	10分後	林二	90
18	10分後	張三	62
19	10分後	李四	66
20	10分後	王五	69

【統計處理的步驟】

步驟 1　以滑鼠點選【分析 (A)】，從【一般線型模型 (G)】的子清單中選擇【單變量 (U)】。

步驟 2　點選心跳數，使改變成藍色。

步驟 3 以滑鼠點擊【因變數(D)】的 ，心跳數移到【因變數(D)】的方框之中。

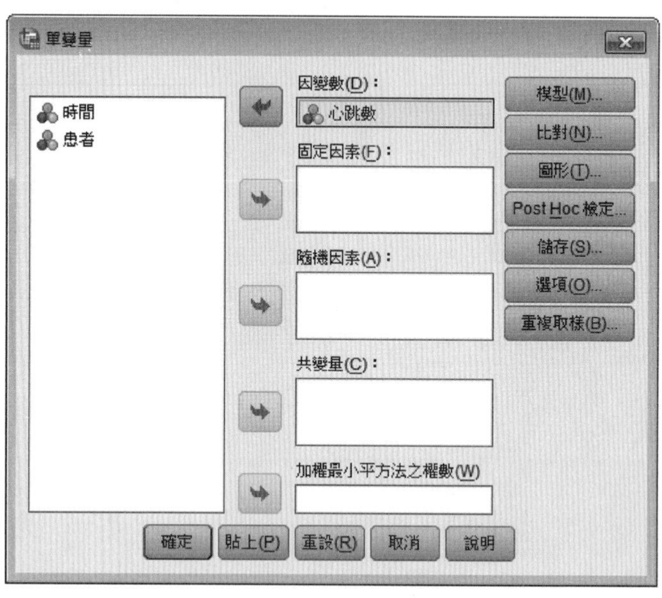

步驟 4 同時點選患者與時間，點擊【固定因素 (F)】左方的 ，
再點選【Post Hoc 檢定 (H)】。

步驟 5　點選【因素 (F)】下方的時間改變成藍色之後，點選【事後檢定 (P)】左側的 ➔。

單變量：觀察值平均數的 Post Hoc 多重比較

因素(F)：時間、患者

事後檢定(P)：

假設相同變異數：LSD(L)　S-N-K　Waller-Duncan 檢定　Bonferroni 法(B)　Tukey 法　型 I/型 II 錯誤比例：100　Sidak 檢定(I)　Tukey's-b　Dunnett 檢定　Scheffe 法(C)　Duncan　控制類別(Y)：最後一個　R-E-G-W-F　Hochberg's GT2 檢定　檢定　R-E-G-W-Q　Gabriel 檢定　雙邊檢定(2)　< 控制(O)　> 控制(N)

未假設相同變異數：Tamhane's T2 檢定(M)　杜納 (Dunnett) T3 檢定(3)　Games-Howell 檢定(A)　Dunnett's C 檢定(U)

繼續　取消　說明

步驟 6　以此數據的情形來說，由於想調查與用藥前有差異的組，因之從許多的多重比較之中勾選【Dunnett 檢定】。

單變量：觀察值平均數的 Post Hoc 多重比較

因素(F)：時間、患者

事後檢定(P)：時間

假設相同變異數：LSD(L)　S-N-K　Waller-Duncan 檢定　Bonferroni 法(B)　Tukey 法　型 I/型 II 錯誤比例：100　Sidak 檢定(I)　Tukey's-b　☑ Dunnett 檢定　Scheffe 法(C)　Duncan　控制類別(Y)：最後一個　R-E-G-W-F　Hochberg's GT2 檢定　檢定　R-E-G-W-Q　Gabriel 檢定　雙邊檢定(2)　< 控制(O)　> 控制(N)

未假設相同變異數：Tamhane's T2 檢定(M)　杜納 (Dunnett) T3 檢定(3)　Games-Howell 檢定(A)　Dunnett's C 檢定(U)

繼續　取消　說明

步驟 7 用藥前由於成爲控制類別，因此不要忘了點擊【控制類別 (Y)】欄位的下拉式選單，選擇第一個。再按 繼續 。

單變量：觀察值平均數的 Post Hoc 多重比較
因素(F)：
時間
患者
事後檢定(P)：
時間
假設相同變異數
LSD(L)
S-N-K
Waller-Duncan 檢定
Bonferroni 法(B)
Tukey 法
型 I/型 II 錯誤比例：100
Sidak 檢定(I)
Tukey's-b
Dunnett 檢定
Scheffe 法(C)
Duncan
控制類別(Y)：第一個
R-E-G-W-F
Hochberg's GT2 檢定
檢定
R-E-G-W-Q
Gabriel 檢定
雙邊檢定(2) < 控制(O) > 控制(N)
未假設相同變異數
Tamhane's T2 檢定(M) 杜納 (Dunnett) T3 檢定(3) Games-Howell 檢定(A) Dunnett's C 檢定(U)
繼續 取消 說明

步驟 8 但是，如此無法進行多重比較。換言之，此數據是無重複的 2 因子，因之，必須當作沒有交互作用項。以滑鼠點擊頁面右上方的【模型(M)】。

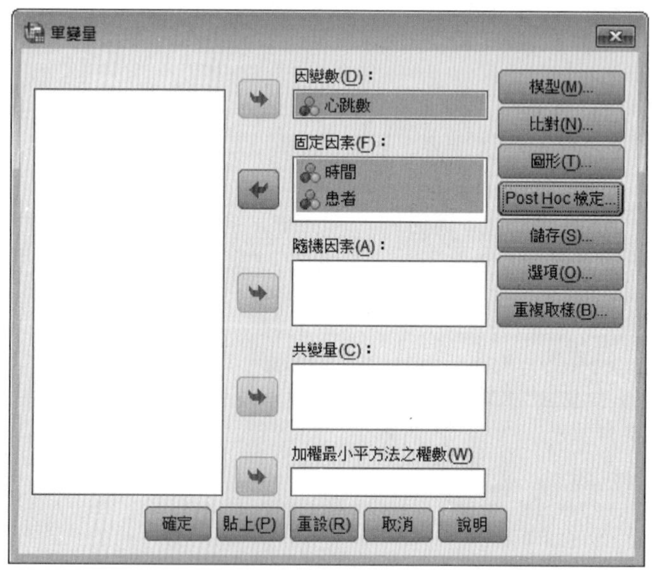

步驟 9 於指定模型欄位點選【自訂 (C)】。

步驟 10 於是畫面的文字變成黑色，點選患者，按一下 ➡。

步驟 11 接著，點選時間之後，按一下 [➡]。再點擊 [繼續]。

（注）亦即，將交互作用患者 × 時間不放入模式之中。

步驟 12 點選 [確定]。

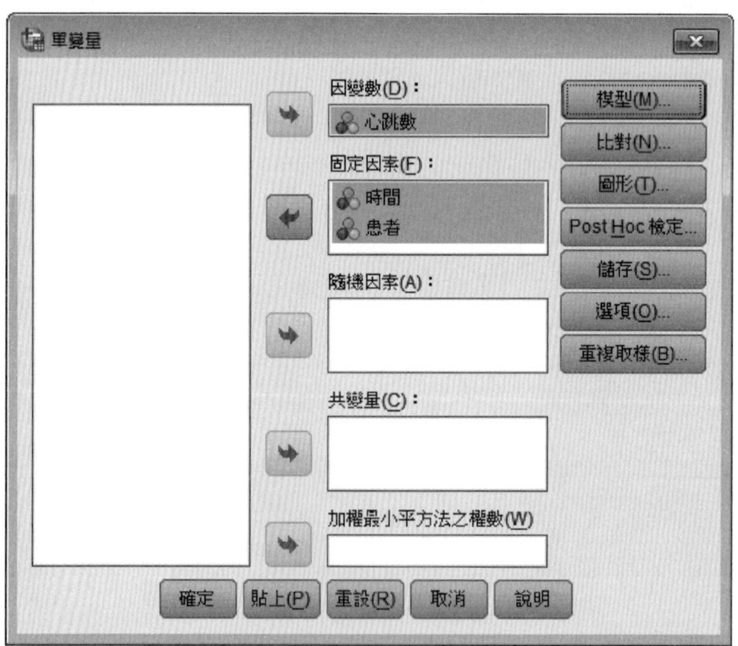

【SPSS 輸出】——反覆測量時的多重比較

受試者間因子

		數值註解	個數
時間	0	用藥前	5
	1	一分後	5
	2	五分後	5
	3	十分後	5
患者	1	陳一	4
	2	林二	4
	3	張三	4
	4	李四	4
	5	王五	4

受試者間效應項的檢定

依變數: 心跳數

來源	型 III 平方和	自由度	平均平方和	F 檢定	顯著性
校正後的模式	3536.000[a]	7	505.143	19.940	.000
截距	121680.000	1	121680.000	4803.158	.000
患者	2206.000	4	551.500	21.770	.000
時間	1330.000	3	443.333	17.500	.000
誤差	304.000	12	25.333		
總和	125520.000	20			
校正後的總數	3840.000	19			

←⑥

a. R 平方 = .921 (調過後的 R 平方 = .875)

Post Hoc 檢定

時間

多重比較

依變數: 心跳數
Dunnett t (2 面)[a]

(I) 時間	(J) 時間	平均數差異 (I-J)	標準誤	顯著性	95% 信賴區間	
					下限	上限
一分後	用藥前	20.00*	3.18	.000	11.46	28.54
五分後	用藥前	11.00*	3.18	.012	2.46	19.54
十分後	用藥前	1.00	3.18	.978	-7.54	9.54

←⑦

以觀察的平均數為基礎。

*. 在水準 .05 上的平均數差異顯著。

a. Dunnett t-檢定將組別視為控制，並比較所有與其對照的其他組別。

【輸出結果的判讀】

⑥此檢定，變成了無重複二元配置的變異數分析。應注意的地方是關於時間的 F 值是 17.500，與前述 9.2 節〔SPSS 輸出 3〕的 F 值是一致的。

⑦此多重比較是利用 Dunnett 方法的多重比較。

表中有＊記號的組合，在多重比較的顯著水準 5% 下是有差異的。因此用藥前與 1 分後，用藥前與 5 分後的心跳數是有差異的。

亦即，因用藥可以看出心跳數有變化的是 1 分後，它的狀態在 5 分後也仍持續，10 分後即回到用藥前的心跳數。即使觀察以下的剖面圖，也可以實際感受此事。

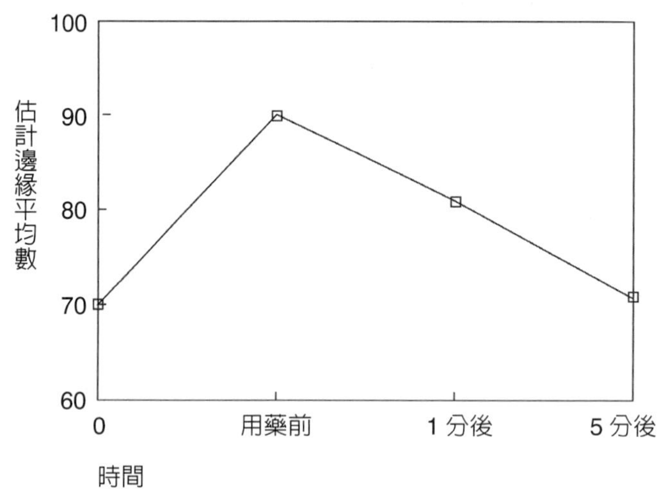

（注）在對照群（control）與實驗群（處理群）之間進行多重比較的方法稱為 Dunnett's test。

有一個對照群，找出對照群與實驗群之間有無差異，但實驗群之間有無差異則不關心。

9.4 例題

在下面的例子中，研究人員感興趣的是患者的 anxiety（焦慮的高與低）和 tension（緊張的無與高）的水準在執行特定任務上如何影響錯誤率。此外，研究人員也感興趣的是錯誤率如何隨著時間在改變。

對 3 位受試者的 4 個組來說，診斷 4 種 anxiety-tension 類別在 4 個不同的時間中，患者執行任務的情形。

Anxiety											
Low						High					
Tension											
None			High			None			High		
subject			subject			subject			subject		
1	2	3	1	2	3	1	2	3	1	2	3
18	19	14	16	12	18	16	18	16	19	16	16
14	12	10	12	8	10	10	8	12	16	14	12
12	8	6	10	6	5	8	4	6	10	10	8
6	4	2	4	2	1	4	1	2	8	9	8

【模式】

y（觀測值）= μ（平均）+ 主效果，交互作用（組因子）+ $\varepsilon^{(1)}$（受試者間誤差）+ 主效果，交互作用（RM因子）+ 交互作用（組&RM因子）+ $\varepsilon^{(2)}$（受試者內誤差）

$$= \mu + \alpha_k + \beta_m + (\alpha\beta)_{km} + \varepsilon_{kmj}^{(1)} + \tau_i + (\alpha\tau)_{ki} + (\beta\tau)_{mi} + (\alpha\beta\tau)_{kmi} + \varepsilon_{kmj}^{(2)}$$

【記號】

y_{kmji} = 當 anxiety 在第 k 水準、tension 在第 m 水準時、第 j 位受試者的第 i 次重複測量（RM）

μ = 平均效果，α_k = Anxiety k 的效果，β_m = Tension m 的效果，τ_j = time j 的效果，$(\alpha\beta)_{km}$ = Anxiety 與 Tension 的交互作用，$\varepsilon_{kmj}^{(1)}$ = 受試者間誤差。

$(\alpha\tau)_{ki}$ = anxiety 與 time 的交互作用

$(\beta\tau)_{mi}$ = tension 與 time 的交互作用

$(\alpha\beta\tau)_{kmi}$ = tension 與 time 與 anxiety 的交互作用

$\varepsilon_{kmj}^{(2)}$ = 受試者內誤差。

【數據輸入形式】

[變數檢視]

repeated measure .sav [資料集1] - IBM SPSS Statistics Data Editor

檔案(F) 編輯(E) 檢視(V) 資料(D) 轉換(T) 分析(A) 直效行銷 統計圖(G) 公用程式(U) 視窗(W) 說明(H)

	名稱	類型	寬度	小數	標籤	數值	遺漏	直欄	對齊	測量
1	subject	數值型	8	0		無	無	8	右	名義(N
2	anxiety	數值型	8	0		無	無	8	右	名義(N
3	tension	數值型	8	0		無	無	8	右	名義(N
4	trial1	數值型	8	0		無	無	8	右	尺度
5	trial2	數值型	8	0		無	無	8	右	尺度
6	trial3	數值型	8	0		無	無	8	右	尺度
7	trial4	數值型	8	0		無	無	8	右	名義(N
8										
9										
10										
11										
12										
13										
14										

資料視圖 變數視圖

IBM SPSS Statistics 處理器已就緒 Unicode:ON

[資料檢視]

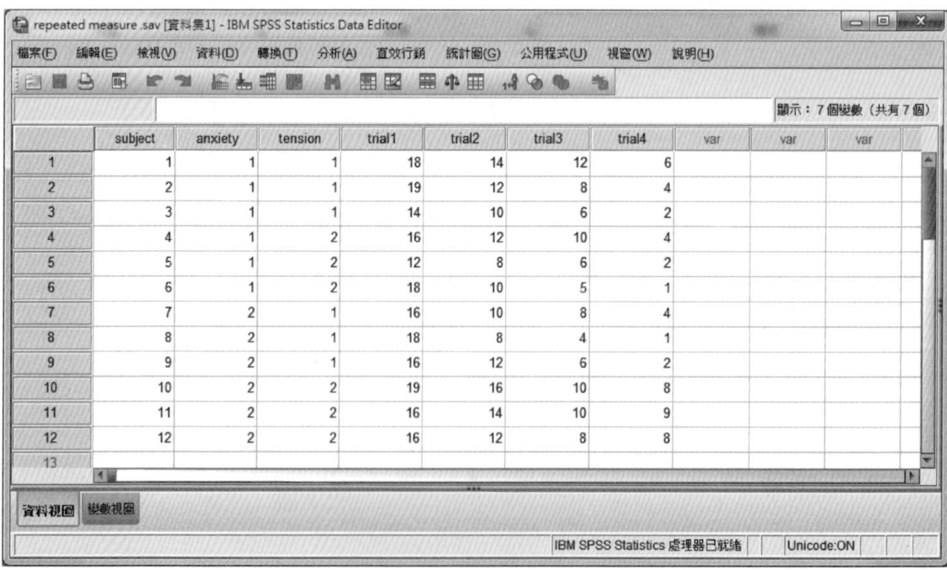

repeated measure .sav [資料集1] - IBM SPSS Statistics Data Editor

檔案(F) 編輯(E) 檢視(V) 資料(D) 轉換(T) 分析(A) 直效行銷 統計圖(G) 公用程式(U) 視窗(W) 說明(H)

顯示：7 個變數（共有 7 個）

	subject	anxiety	tension	trial1	trial2	trial3	trial4	var	var	var
1	1	1	1	18	14	12	6			
2	2	1	1	19	12	8	4			
3	3	1	1	14	10	6	2			
4	4	1	2	16	12	10	4			
5	5	1	2	12	8	6	2			
6	6	1	2	18	10	5	1			
7	7	2	1	16	10	8	4			
8	8	2	1	18	8	4	1			
9	9	2	1	16	12	6	2			
10	10	2	2	19	16	10	8			
11	11	2	2	16	14	10	9			
12	12	2	2	16	12	8	8			
13										

資料視圖 變數視圖

IBM SPSS Statistics 處理器已就緒 Unicode:ON

【統計處理步驟】

步驟 1 統計處理是從前面的狀態以滑鼠點選【分析 (A)】開始的。

然後利用反覆測量進行單因子的變異數分析時，從子清單之中點選【一般線型模式 (G)】，接著，從右邊的子清單選擇【重複測量 (R)】。

步驟 2 將【受試者內因素的名稱 (W)】之中的因子 1 先改變成 trial。也就是有關於 trial 的對應關係。

步驟 3 然後，以滑鼠將游標移到【層級個數 (L)】的右方方框之中，以鍵盤輸入 4。此 4 是 trial 1、trial 2、trial 3、trial 4 之組的個數。接著，以滑鼠點選【新增 (A)】。

步驟 4 方框之中即成為 trial (4)，點選【定義 (F)】。

步驟 5 不要弄錯反覆測量的順序，將左方框的 4 個變數移到【受試者內變數 (W)】的方框之中。首先，以滑鼠將 trial 1 前改變成藍色後，點選【受試者內變數 (W)】左側的 。

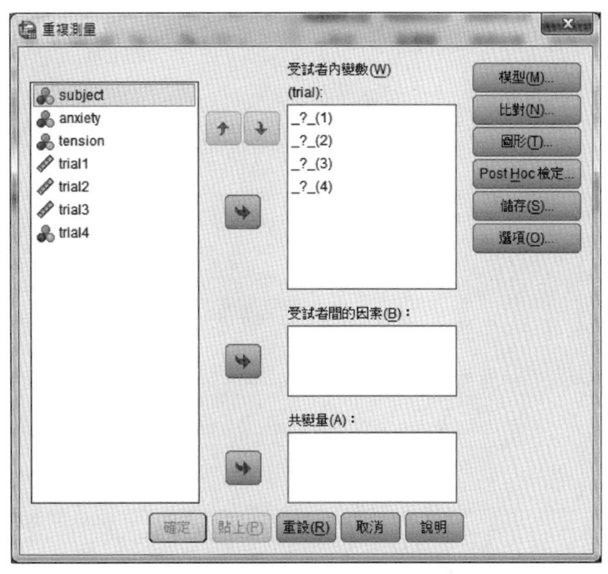

步驟 6 trial 1 進入右方的方框之後，接著以滑鼠將 trial 2 改變成藍色後，以 移到【受試者內變數 (W)】的方框之中。然後是 trial 3。

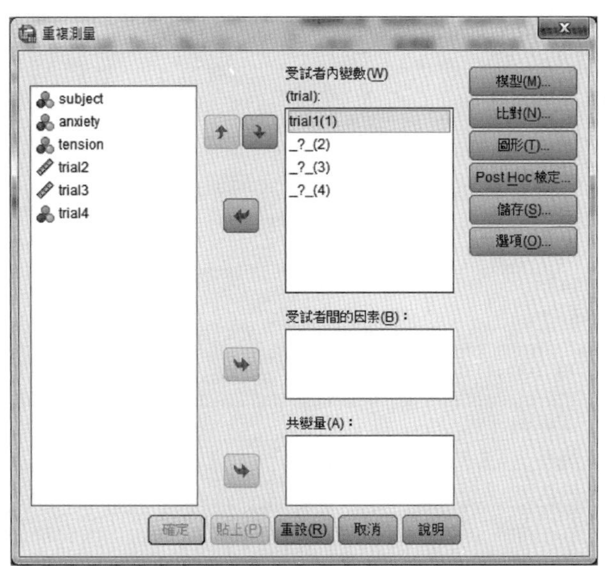

（注）受試者內變數即重複測量變數可視為依變數。

步驟 7 最後，再以滑鼠將 trial 4 移到【受試者內變數 (W)】的方框之中。想輸出輪廓圖時，按一下【圖形 (T)】。

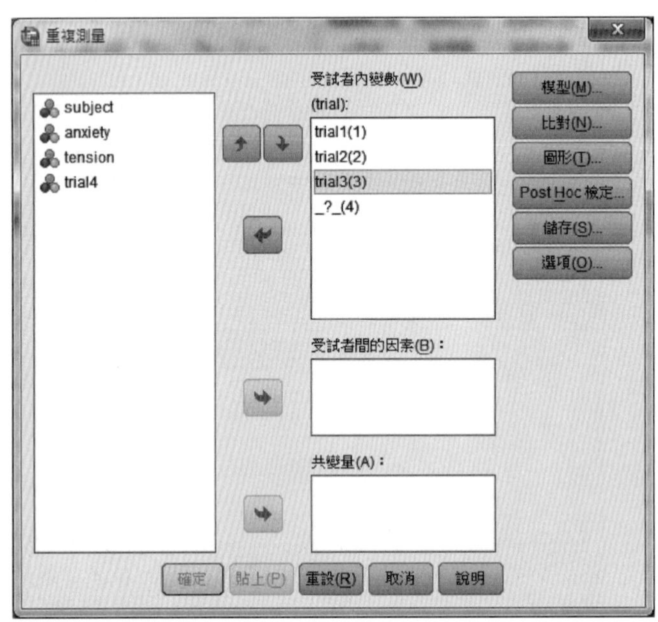

步驟 8 將 trial 加入【水平軸 (H)】，將 tension 加入【個別線 (S)】，按一下【新增 (A)】。

步驟 9 將 anxiety，tension 移入【受試者間的因素 (B)】中。點擊【比對 (N)】。

步驟 10 點擊【比對 (N)】右側下拉式選單，選擇多項式，再按【變更 (C)】。

（注）想觀察常態直交變換（orthonormal transformation）時可點選此處。

步驟 11 回到步驟 9 之頁面後，按一下【選項 (O)】開啓如下對話視窗。勾選【描述性統計資料 (D)】、【同質性檢定 (H)】、【效果大小估計值 (E)】，接著按一下 繼續，再按一下 確定。

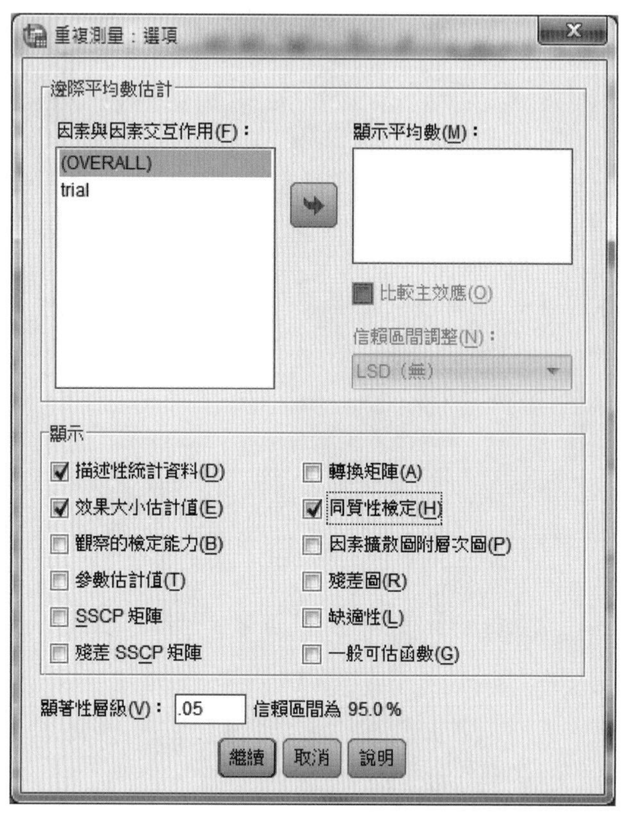

（注）勾選 [效果大小估計值] 時，報表會出現 Partial Eta squared。效果大小值的指標最常用的方法是採用「eta square」(η^2) 來判斷，其公式如下：

$$\eta^2 = \frac{t^2}{t^2 + (n_1 + n_2 - 2)}$$

效果大小指標之範圍介於 0 ～ 1 之間，其意義係指自變項可以解釋依變項有多少變異數的百分比，因而，效果值愈大表示依變異項可以被自變項解釋的百分比愈大；反之，效果值愈小表示依變異項可以被自變項解釋的百分比愈小。

η^2 值在 0.06 以下屬微弱關係、大於 0.06 小於 0.14 屬中度關係、在 0.14 以上屬強度關係。

【SPSS 輸出】

Multivariate Tests[a]

Effect		Value	F	Hypothesis df	Error df	Sig.	Partial Eta Squared
trial	Pillai's Trace	.985	127.686[b]	3.000	6.000	.000	.985
	Wilks' Lambda	.015	127.686[b]	3.000	6.000	.000	.985
	Hotelling's Trace	63.843	127.686[b]	3.000	6.000	.000	.985
	Roy's Largest Root	63.843	127.686[b]	3.000	6.000	.000	.985
trial * anxiety	Pillai's Trace	.756	6.183[b]	3.000	6.000	.029	.756
	Wilks' Lambda	.244	6.183[b]	3.000	6.000	.029	.756
	Hotelling's Trace	3.091	6.183[b]	3.000	6.000	.029	.756
	Roy's Largest Root	3.091	6.183[b]	3.000	6.000	.029	.756
trial * tension	Pillai's Trace	.639	3.546[b]	3.000	6.000	.088	.639
	Wilks' Lambda	.361	3.546[b]	3.000	6.000	.088	.639
	Hotelling's Trace	1.773	3.546[b]	3.000	6.000	.088	.639
	Roy's Largest Root	1.773	3.546[b]	3.000	6.000	.088	.639
trial * anxiety * tension	Pillai's Trace	.672	4.099[b]	3.000	6.000	.067	.672
	Wilks' Lambda	.328	4.099[b]	3.000	6.000	.067	.672
	Hotelling's Trace	2.050	4.099[b]	3.000	6.000	.067	.672
	Roy's Largest Root	2.050	4.099[b]	3.000	6.000	.067	.672

a. Design: Intercept + anxiety + tension + anxiety * tension
Within Subjects Design: trial

b. Exact statistic

顯著性的 p 值顯示時間（trial）對依變量的效果。所有 4 種多變量檢定也顯示 trial 和 anxiety 之間的交互作用顯著，這意味著 anxiety 的水準會促使參與者對他們的工作效能隨著時間的推移有顯著的作用。至於 tension 的作用，與此相反，沒有達到統計的顯著意義。因爲 tension 無顯著的影響，它可能沒有意義再觀察 tension、anxiety 和 trial 之間的相互作用。

Mauchly's Test of Sphericity[b]

Measure: MEASURE_1

Within Subjects Effect	Mauchly's W	Approx. Chi-Square	df	Sig.	Epsilon[a]		
					Greenhouse-Geisser	Huynh-Feldt	Lower-bound
trial	.187	11.254	5	.049	.536	.902	.333

Tests the null hypothesis that the error covariance matrix of the orthonormalized transformed dependent variables is proportional to an identity matrix.

a. May be used to adjust the degrees of freedom for the averaged tests of significance. Corrected tests are displayed in the Tests of Within-Subjects Effects table.

b. Design: Intercept+anxiety+tension+anxiety * tension
Within Subjects Design: trial

在這種情況下，Mauchly 球形的假設沒有被滿足（因爲檢定的 p 值是顯著，表示與假設成立的條件有顯著的差異）。不幸的是，這意味著我們不能依靠多變量檢定。在上表中右側的「Epsilon」的值出現有 3 種不同的方法來計算出一個適當的值，用以調整 F-test 的自由度。

下表顯示了使用 3 種不同的方法更正後的效果。lower-bound 檢定是最保守的，Huynh-Feldt 檢定一般是最不保守的，而 Greenhouse-Geisser 居中。

修改後的檢定：$\varepsilon = 0.536 < 0.75$ 從 Greenhouse-Geisser 來看，時間（trial）有顯著的效果，但與其他變數間沒有交互作用。

Tests of Within-Subjects Effects

Measure: MEASURE_1

Source		Type III Sum of Squares	df	Mean Square	F	Sig.	Partial Eta Squared
trial	Sphericity Assumed	991.500	3	330.500	152.051	.000	.950
	Greenhouse-Geisser	991.500	1.608	616.432	152.051	.000	.950
	Huynh-Feldt	991.500	2.707	366.284	152.051	.000	.950
	Lower-bound	991.500	1.000	991.500	152.051	.000	.950
trial * anxiety	Sphericity Assumed	8.417	3	2.806	1.291	.300	.139
	Greenhouse-Geisser	8.417	1.608	5.233	1.291	.300	.139
	Huynh-Feldt	8.417	2.707	3.109	1.291	.301	.139
	Lower-bound	8.417	1.000	8.417	1.291	.289	.139
trial * tension	Sphericity Assumed	12.167	3	4.056	1.866	.162	.189
	Greenhouse-Geisser	12.167	1.608	7.564	1.866	.197	.189
	Huynh-Feldt	12.167	2.707	4.495	1.866	.169	.189
	Lower-bound	12.167	1.000	12.167	1.866	.209	.189
trial * anxiety * tension	Sphericity Assumed	12.750	3	4.250	1.955	.148	.196
	Greenhouse-Geisser	12.750	1.608	7.927	1.955	.185	.196
	Huynh-Feldt	12.750	2.707	4.710	1.955	.155	.196
	Lower-bound	12.750	1.000	12.750	1.955	.200	.196
Error(trial)	Sphericity Assumed	52.167	24	2.174			
	Greenhouse-Geisser	52.167	12.868	4.054			
	Huynh-Feldt	52.167	21.655	2.409			
	Lower-bound	52.167	8.000	6.521			

Tests of Within-Subjects Contrasts

Measure: MEASURE_1

Source	trial	Type III Sum of Squares	df	Mean Square	F	Sig.
trial	Linear	984.150	1	984.150	247.845	.000
	Quadratic	6.750	1	6.750	3.411	.102
	Cubic	.600	1	.600	1.051	.335
trial * anxiety	Linear	1.667	1	1.667	.420	.535
	Quadratic	3.000	1	3.000	1.516	.253
	Cubic	3.750	1	3.750	6.569	.033
trial * tension	Linear	10.417	1	10.417	2.623	.144
	Quadratic	.083	1	.083	.042	.843
	Cubic	1.667	1	1.667	2.920	.126
trial * anxiety * tension	Linear	9.600	1	9.600	2.418	.159
	Quadratic	.333	1	.333	.168	.692
	Cubic	2.817	1	2.817	4.934	.057
Error(trial)	Linear	31.767	8	3.971		
	Quadratic	15.833	8	1.979		
	Cubic	4.567	8	.571		

SPSS 也自動測試非線性趨勢。該表顯示了 trial 在時間上有顯著的線性效應，如同我們在前述的分析中看到的 DV，加上可能有三次效應的 anxiety 和 trial 之間的交互作用。鑑於整體的 anxiety 效果不顯著，這種效應應該謹慎解釋，事實上，它只是勉強實現 .05 截止的意義。不過，它可能值得進一步研究。

最後，我們觀察在「繪圖」指令中指定的圖形。這些明確顯示隨著時間的推移在依變數（DV）中的變化。它們還表現出 anxiety 的非線性效應，因爲 anxiety 的 2 個組之間在 DV 上看出細微差別，你可以看到兩組在 trial 4 似乎出現分歧。再者，這是不是一個明確的結論（除非這是我們所期望的效果，而且我們是專門爲此檢定），或許值得進一步研究。

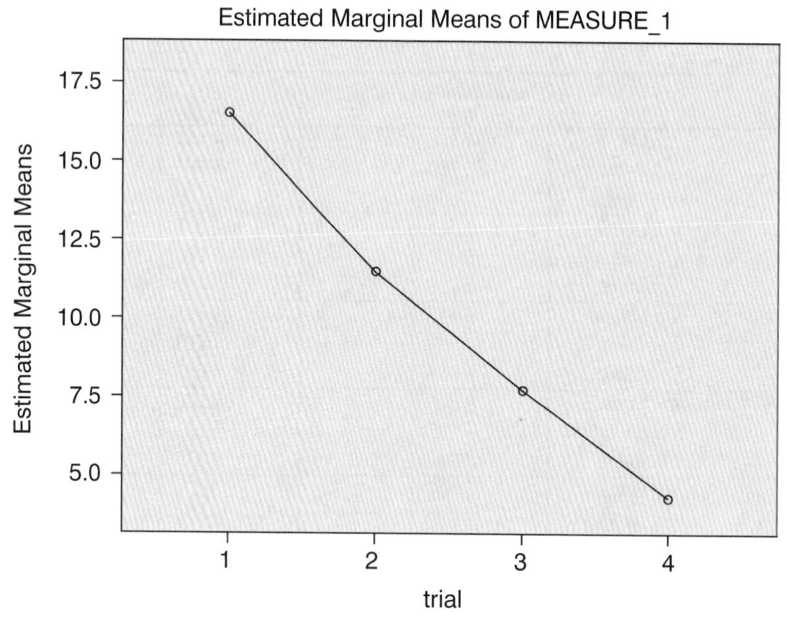
Estimated Marginal Means of MEASURE_1
Estimated Marginal Means
17.5
15.0
12.5
10.0
7.5
5.0
1
2
3
4
trial

Estimated Marginal Means of MEASURE_1

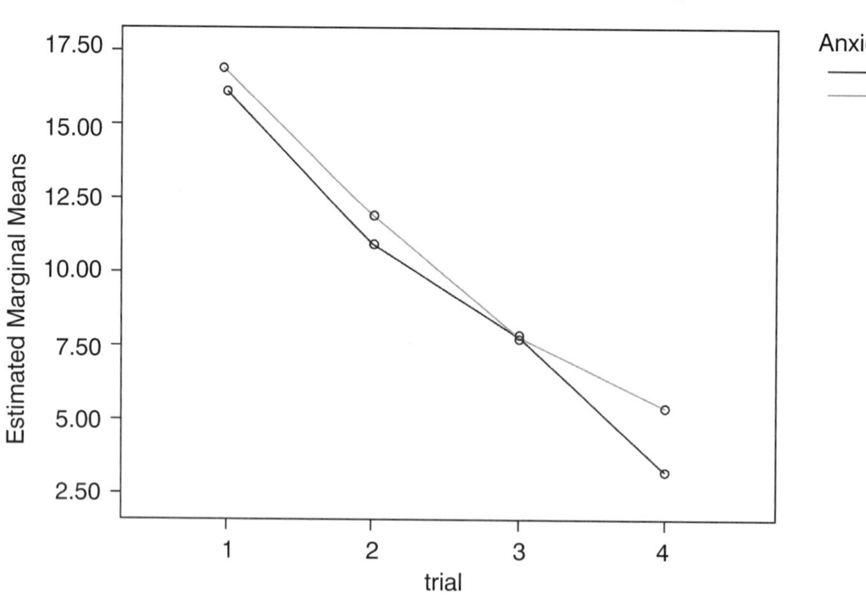
Estimated Marginal Means
17.50
15.00
12.50
10.00
7.50
5.00
2.50
1
2
3
4
trial
Anxiety

第 10 章 多變量變異數分析與多重比較

10.1 前言

使用表 10.1.1 的數據，利用 SPSS 進行多變量變異數分析（MANOVA: Multivariate Analysis of Variance）。

以下的數據是針對非洲爪蛙蝌蚪背鰭寬度的比率、筋肉部分寬度的比率、腹鰭寬度的比率，從 55 期到 63 期，4 個期所調查的結果。

表 10.1.1　蝌蚪的各部分的長度

發生期	背鰭寬度	筋肉部分寬度	腹鰭寬度
55 期	2.6	2.6	1.9
	2.2	2.4	1.4
	2.4	2.8	1.9
	2.7	3.5	2.6
59 期	2.3	2.2	1.3
	2.6	2.8	1.8
	2.5	2.9	2.3
	2.2	2.4	1.9
61 期	2.4	2.6	1.5
	1.8	2.2	1.1
	1.4	2.1	1.3
	1.2	1.8	0.8
63 期	1.2	1.2	0.9
	1.8	2.0	1.4
	1.1	1.7	1.0
	1.8	2.1	1.3

【數據輸入的類型】

[資料檢視]

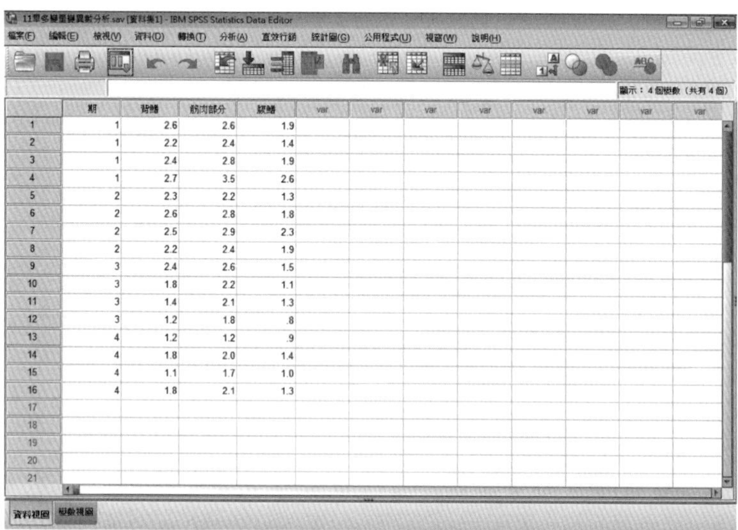

	期	背鰭	筋肉部分	腹鰭
1	1	2.6	2.6	1.9
2	1	2.2	2.4	1.4
3	1	2.4	2.8	1.9
4	1	2.7	3.5	2.6
5	2	2.3	2.2	1.3
6	2	2.6	2.8	1.8
7	2	2.5	2.9	2.3
8	2	2.2	2.4	1.9
9	3	2.4	2.6	1.5
10	3	1.8	2.2	1.1
11	3	1.4	2.1	1.3
12	3	1.2	1.8	.8
13	4	1.2	1.2	.9
14	4	1.8	2.0	1.4
15	4	1.1	1.7	1.0
16	4	1.8	2.1	1.3

[變數檢視]

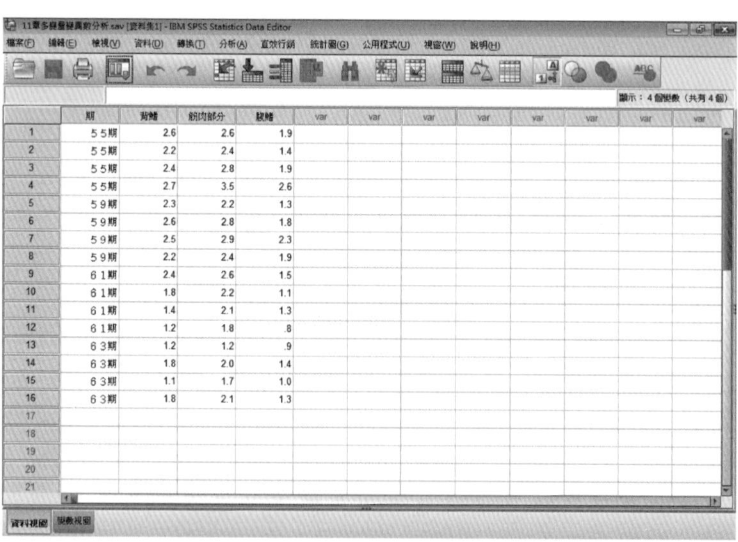

	期	背鰭	筋肉部分	腹鰭
1	55期	2.6	2.6	1.9
2	55期	2.2	2.4	1.4
3	55期	2.4	2.8	1.9
4	55期	2.7	3.5	2.6
5	59期	2.3	2.2	1.3
6	59期	2.6	2.8	1.8
7	59期	2.5	2.9	2.3
8	59期	2.2	2.4	1.9
9	61期	2.4	2.6	1.5
10	61期	1.8	2.2	1.1
11	61期	1.4	2.1	1.3
12	61期	1.2	1.8	.8
13	63期	1.2	1.2	.9
14	63期	1.8	2.0	1.4
15	63期	1.1	1.7	1.0
16	63期	1.8	2.1	1.3

10.2 多變量變異數分析

【統計處理的步驟】

步驟 1　點選【分析 (A)】，從【一般線性模型 (G)】的子清單之中，選擇【多變量 (M)】。

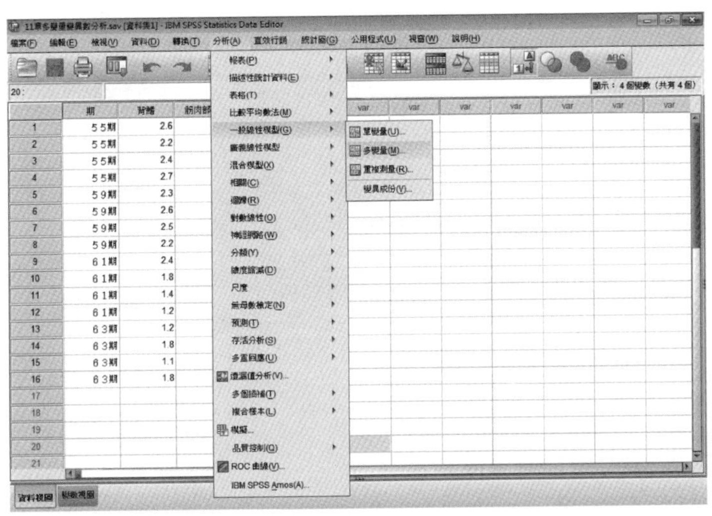

步驟 2　按著腹鰭不放，將滑鼠拉到筋肉部分、背鰭，將此 3 者同時變成藍色，再按一下【因變數 (D)】左側的 ![arrow] 。

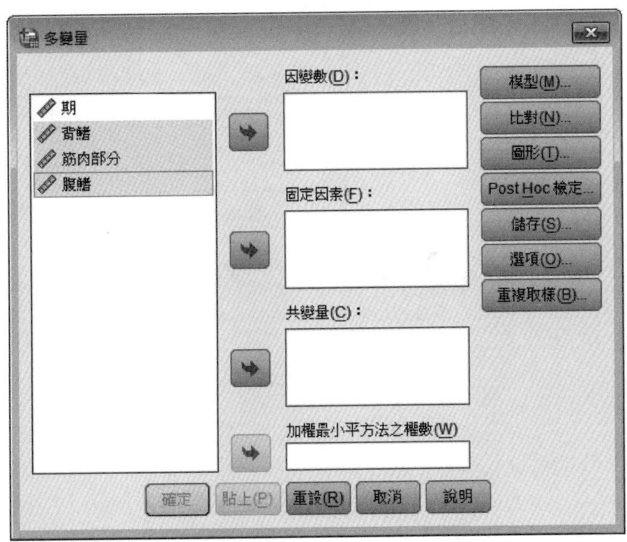

步驟 3 點選期，按一下【固定因素 (F)】左側的 ➡。

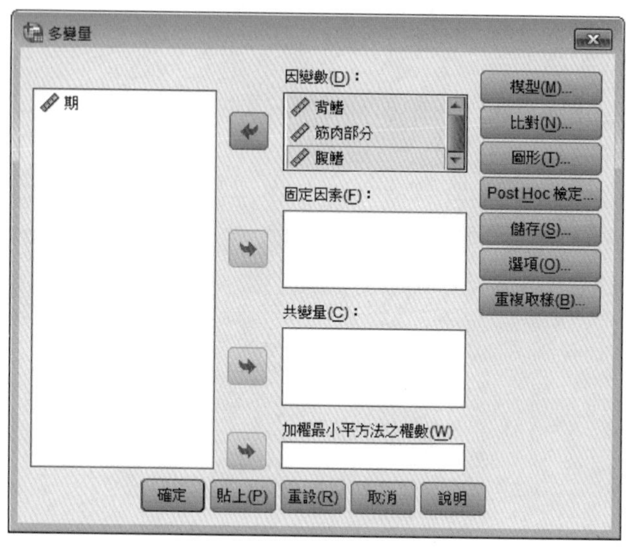

步驟 4 點擊頁面右側【選項 (O)】。

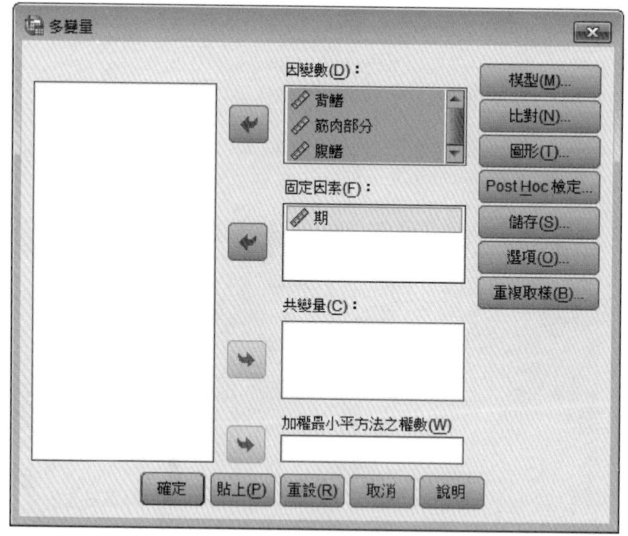

步驟 5 勾選【同質性檢定 (H)】，進行 Box 的 M 檢定。接著按 繼續 。

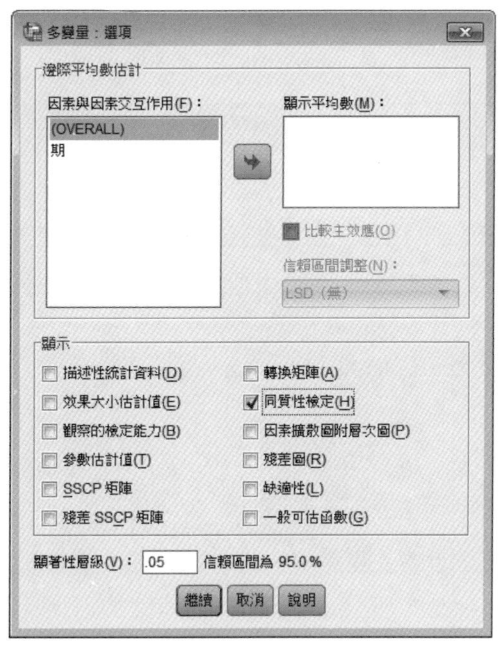

步驟 6 回到以下的頁面，按一下 確定 鈕。

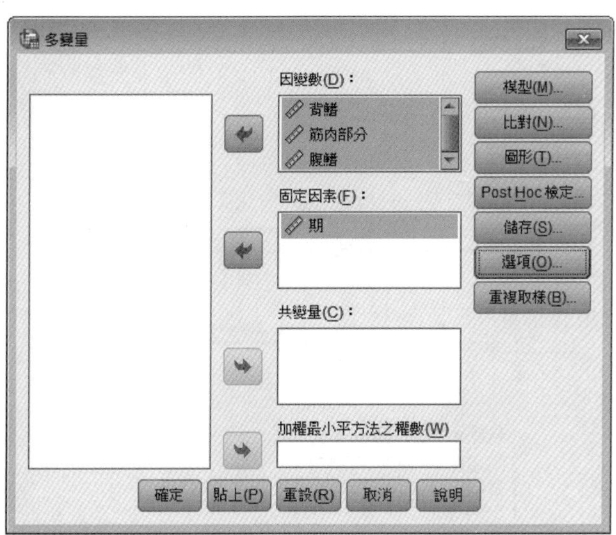

注意

1. 單因子變異數分析或雙因子變異數分析是處理針對 1 變量的數據。相對地，數據如以向量（x, y, z）的方式提供時，稱爲多變量變異數分析。

因子	數據
水準 A_1	$(x_{11}, y_{11}, z_{11})(x_{12}, y_{12}, z_{12})\cdots(x_{1n_1}, y_{1n_1}, z_{1n_1})$
水準 A_2	$(x_{21}, y_{21}, z_{21})(x_{22}, y_{22}, z_{22})\cdots(x_{2n_2}, y_{2n_2}, z_{2n_2})$
水準 A_3	$(x_{31}, y_{31}, z_{31})(x_{32}, y_{32}, z_{32})\cdots(x_{3n_3}, y_{3n_3}, z_{3n_3})$

2. 在 k 個群的常態母體中，t 變量的母平均向量別設爲

$$(\mu_{11}，\mu_{12}，\cdots，\mu_{1t})，(\mu_{21}，\mu_{22}，\cdots，\mu_{2t})，\cdots，(\mu_{k1}，\mu_{k2}，\cdots，\mu_{kt})$$

檢定以下是否成立即爲多變量變異數分析中的差異檢定。

$$H_0：(\mu_{11}，\mu_{12}，\cdots，\mu_{1t}) = (\mu_{21}，\mu_{22}，\cdots，\mu_{2t}) = \cdots$$
$$= (\mu_{k1}，\mu_{k2}，\cdots，\mu_{kt})$$

【SPSS 輸出・1】

一般線性模式

受試者間因子

		數值註解	個數
期	1	55期	4
	2	59期	4
	3	61期	4
	4	63期	4

共變量矩陣等式的 Box 檢定[a] ←①

Box's M	54.113
F 檢定	1.543
分子自由度	18
分母自由度	508.859
顯著性	.071

檢定依變數的觀察共變量矩陣 之虛無假設，等於交叉 組別。

a. 設計: Intercept+期

多變量檢定c

效應項		數值	F 檢定	假設自由度	誤差自由度	顯著性
Intercept	Pillai's Trace	.983	194.628a	3.000	10.000	.000
	Wilks' Lambda 變數選擇法	.017	194.628a	3.000	10.000	.000
	多變量顯著性檢定	58.389	194.628a	3.000	10.000	.000
	Roy 的最大平方根	58.389	194.628a	3.000	10.000	.000
期	Pillai's Trace	1.198	2.660	9.000	36.000	.018
	Wilks' Lambda 變數選擇法	.158	3.083	9.000	24.488	.013
	多變量顯著性檢定	3.123	3.007	9.000	26.000	.013
	Roy 的最大平方根	2.126	8.504b	3.000	12.000	.003

←②

【輸出結果的判讀・1】

① Box 的 M 檢定是就 4 個期檢定依變數間的共變異矩陣，亦即檢定 4 個母共變異矩陣的相等性，亦即檢定

假設 H_0：$\sum^{(1)} = \sum^{(2)} = \sum^{(3)} = \sum^{(4)}$

其中，

$\sum^{(1)}$ = 55 期的母共變異矩陣，…，$\sum^{(4)}$ = 63 期的母共變異矩陣。

觀察輸出結果時，顯著機率 = 0.071 比顯著水準 $\alpha = 0.05$ 大，因之假設 H_0 不成立。亦即，可以假定 4 個母共變異矩陣互爲相等。

②多變量檢定的假設如下：

假設 H_0：

$(\mu_1^{(1)}, \mu_2^{(1)}, \mu_3^{(1)}) = (\mu_1^{(2)}, \mu_2^{(2)}, \mu_3^{(2)}) = (\mu_1^{(3)}, \mu_2^{(3)}, \mu_3^{(3)}) = (\mu_1^{(4)}, \mu_2^{(4)}, \mu_3^{(4)})$

其中，

$(\mu_1^{(i)}, \mu_2^{(i)}, \mu_3^{(i)})$ = 第 i 期（背鰭的母平均，筋肉部分的母平均，腹鰭的母平均）

Pillai, Wilks, Hotelling, Roy 的 4 個顯著機率，分別比顯著水準 $\alpha = 0.05$ 小，因之，不管採用哪一個方法，假設 H_0 不成立。

因此，可知 55 期、59 期、61 期、63 期之間有差異。

【SPSS 輸出・2】——多變量變異數分析

誤差變異量的 Levene 檢定等式a

	F 檢定	分子自由度	分母自由度	顯著性
背鰭	2.875	3	12	.080
筋肉部分	.209	3	12	.888
腹鰭	.251	3	12	.859

←③

檢定各組別中依變數誤差變異量的虛無假設是 相等的。

a. 設計: Intercept+期

受試者間效應項的檢定

來源	依變數	型 III 平方和	自由度	平均平方和	F 檢定	顯著性
校正後的模式	背鰭	3.002[a]	3	1.001	7.927	.004
	筋肉部分	2.662[b]	3	.887	5.810	.011
	腹鰭	2.135[c]	3	.712	5.099	.017
Intercept	背鰭	64.803	1	64.803	513.287	.000
	筋肉部分	86.956	1	86.956	569.423	.000
	腹鰭	37.210	1	37.210	266.579	.000
期	背鰭	3.003	3	1.001	7.927	.004 ←④
	筋肉部分	2.662	3	.887	5.810	.011
	腹鰭	2.135	3	.712	5.099	.017
誤差	背鰭	1.515	12	.126		
	筋肉部分	1.832	12	.153		
	腹鰭	1.675	12	.140		
總和	背鰭	69.320	16			
	筋肉部分	91.450	16			
	腹鰭	41.020	16			
校正後的總數	背鰭	4.517	15			
	筋肉部分	4.494	15			
	腹鰭	3.810	15			

a. R 平方 = .665 (調過後的 R 平方 = .581)
b. R 平方 = .592 (調過後的 R 平方 = .490)
c. R 平方 = .560 (調過後的 R 平方 = .450)

【輸出結果的判讀・2】

③是指各變數 levine 的等變異性的檢定。

④按各變數進行單因子的變異數分析。

譬如，只列舉背鰭，進行單因子變異數分析時，得出如下的輸出結果。

變異數同質性檢定

背鰭

Levene 統計量	分子自由度	分母自由度	顯著性
2.875	3	12	.080

變異數分析

背鰭

	平方和	自由度	平均平方和	F 檢定	顯著性
組間	3.003	3	1.001	7.927	.004
組內	1.515	12	.126		
總和	4.518	15			

此 F 值與顯著機率，與④之中的背鰭的 F 值或顯著機率一致。

（注）同質性檢定也稱為等變異性檢定（Test of homogeneity of variance）。
同等性檢定也稱為一致性檢定（Test of equality）。

一點靈

多變量檢定中，以下的 4 種統計量經常出現。

Pillai 的 trace，Wilks 的 Lambda，Hotelling 的 trace，Roy 的最大限。

此 4 個統計量設

H = 假設平方和積和矩陣，E = 誤差平方和積和矩陣時，將 $E^{-1}H$ 的特徵值（eigen values）

$$\lambda_1 \geq \lambda_2 \geq \cdots \geq \lambda_s$$

代入下式時，即可求得。

$$\begin{cases} Pillai\text{的}\, trace \cdots V = \sum_{i=1}^{s} \dfrac{\lambda_i}{1+\lambda_i} \\ Wilks\text{的}\, Lambda \cdots \Lambda = \sum_{i=1}^{s} \dfrac{1}{1+\lambda_i} \\ Hotelling\text{的}\, trace \cdots U = \sum_{i=1}^{s} \lambda_i \\ Roy\text{的最大限} \cdots \Theta = \lambda_{\max} \end{cases}$$

可是，爲此必須計算特徵值，但以電算機難以求出。

因此，試利用以下的 SPSS Syntax Command。

表 10.1.1 數據的情形…

```
MANOVA
X1 X2 X3 BY Y(1 4)
/METHOD UNIQUE
/ERROR WITHIN+RESIDUAL
/PRINT SIGNIF(MULT AVERF EIGEN)
/NOPRINT PARAM(ESTIM).
```

← X1=背鰭
X2=筋肉部分
X3=腹鰭

執行指令時，得出如下的輸出結果。

```
******Analysis of Variance -- design 1******

EFFECT .. Y
Multivariate Tests of Significance (S = 3, M = -1/2, N = 4 )

Test Name        Value  Approx. F Hypoth. DF   Error DF  Sig. of F

Pillais        1.19828   2.66029       9.00      36.00       .018
Hotellings     3.12251   3.00686       9.00      26.00       .013
Wilks           .15820   3.08348       9.00      24.49       .013
Roys            .68010

- - - - - - - - - - - - - - - - - - - - - - - - - - - - - - - - - -
Eigenvalues and Canonical Correlations

Root No.    Eigenvalue        Pct.    Cum. Pct.   Canon Cor.

     1           2.126      68.086       68.086         .825
     2            .970      31.067       99.153         .702
     3            .026        .847      100.000         .161
```

$$\text{Pillais}\cdots 1.19828=\frac{\lambda_1}{1+\lambda_1}+\frac{\lambda_2}{1+\lambda_2}+\frac{\lambda_3}{1+\lambda_3}$$

$$=\frac{2.126}{1+2.126}+\frac{0.970}{1+0.970}+\frac{0.026}{1+0.026}=1.198$$

$$\text{Hotelling}\cdots 3.12251=\lambda_1+\lambda_2+\lambda_3$$

$$=2.126+0.970+0.026=3.122$$

$$\text{Wilks}\cdots 0.15820=\frac{1}{1+\lambda_1}\times\frac{1}{1+\lambda_2}\times\frac{1}{1+\lambda_3}$$

$$=\frac{1}{1+2.126}\times\frac{1}{1+0.970}\times\frac{1}{1+0.026}=0.158$$

重複測量變異數分析的語法指令

```
MANOVA
X1 X2 X3 BY Y(1 2)|
/WSFACTORS factor1(3)
/METHOD UNIQUE
/ERROR WITHIN+RESIDUAL
/PRINT SIGNIF(MULT AVERF EIGEN)
/NOPRINT PARAM(ESTIM).
```

二因子變異數分析（無對應與有對應因子）語法指令

```
MANOVA
X1 X2 X3 X4
/WSFACTORS factor1(4)|
/METHOD UNIQUE
/ERROR WITHIN+RESIDUAL
/PRINT SIGNIF(MULT AVERF EIGEN)
/NOPRINT PARAM(ESTIM).
```

10.3 多重比較

【統計處理的步驟】

步驟 1 從以下頁面開始。按一下【Post Hoc 檢定 (H)】。

多變量
因變數(D)：
背鰭
筋肉部分
腹鰭
固定因素(F)：
期
共變量(C)：
加權最小平方法之權數(W)
模型(M)...
比對(N)...
圖形(T)...
Post Hoc 檢定...
儲存(S)...
選項(O)...
重複取樣(B)...
確定
貼上(P)
重設(R)
取消
說明

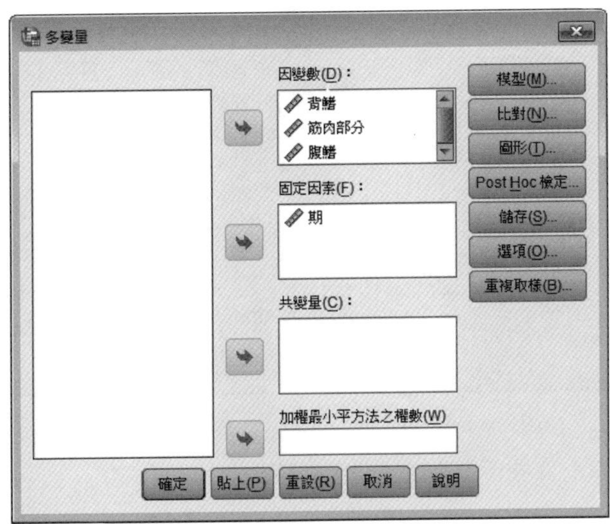

步驟 2 選【因素 (F)】方框之中的期，變成藍色之後，按一下 ，於是頁面的文字變黑。

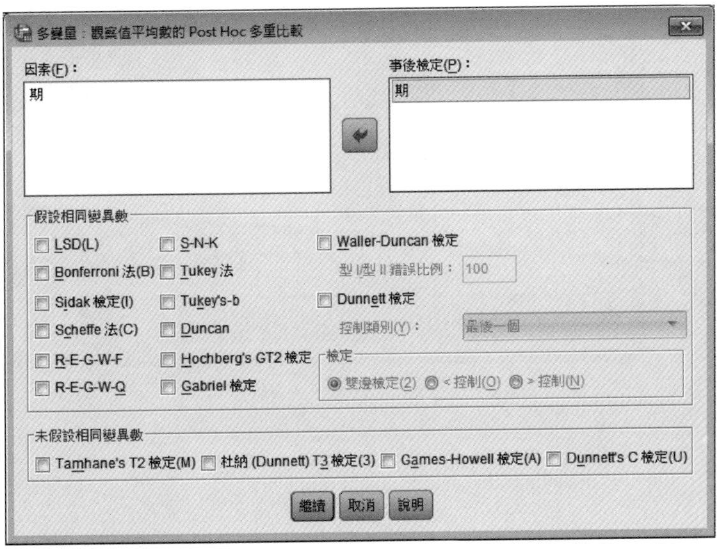

多變量：觀察值平均數的 Post Hoc 多重比較
因素(F)：
期
事後檢定(P)：
期
假設相同變異數
LSD(L)
S-N-K
Waller-Duncan 檢定
Bonferroni 法(B)
Tukey 法
型 I/型 II 錯誤比例：
100
Sidak 檢定(I)
Tukey's-b
Dunnett 檢定
Scheffe 法(C)
Duncan
控制類別(Y)：
最後一個
R-E-G-W-F
Hochberg's GT2 檢定
檢定
R-E-G-W-Q
Gabriel 檢定
雙邊檢定(2)
< 控制(O)
> 控制(N)
未假設相同變異數
Tamhane's T2 檢定(M)
杜納 (Dunnett) T3 檢定(3)
Games-Howell 檢定(A)
Dunnett's C 檢定(U)
繼續
取消
說明

步驟 3 從各種多重比較之中，選擇適於研究的手法。

譬如，以滑鼠勾選【Tukey 法】。接著，按 繼續 。

多變量：觀察值平均數的 Post Hoc 多重比較
因素(F)：
期
事後檢定(P)：
期
假設相同變異數
LSD(L)
S-N-K
Waller-Duncan 檢定
Bonferroni 法(B)
Tukey 法
型 I/型 II 錯誤比例：100
Sidak 檢定(I)
Tukey's-b
Dunnett 檢定
Scheffe 法(C)
Duncan
控制類別(Y)：最後一個
R-E-G-W-F
Hochberg's GT2 檢定
檢定
R-E-G-W-Q
Gabriel 檢定
雙邊檢定(2) < 控制(O) > 控制(N)
未假設相同變異數
Tamhane's T2 檢定(M) 杜納 (Dunnett) T3 檢定(3) Games-Howell 檢定(A) Dunnett's C 檢定(U)
繼續 取消 說明

步驟 4 回到以下頁面，按 確定 即告完成。

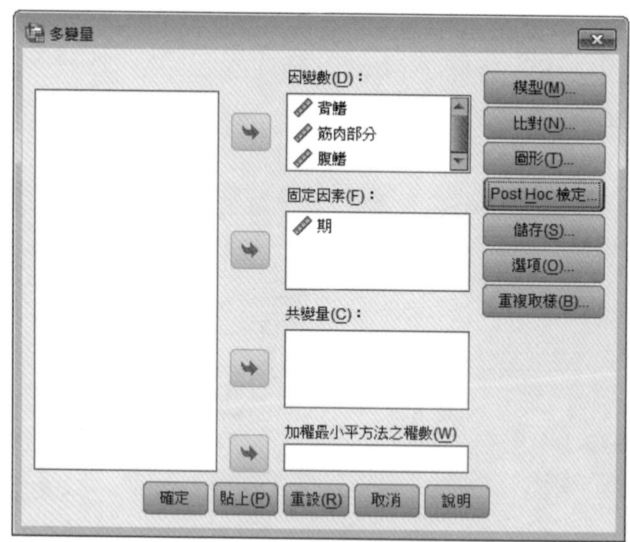

【SPSS 輸出】——多變量變異數分析的多重比較

Post Hoc 檢定

期

多重比較

Tukey HSD

依變數	(I) 期	(J) 期	平均數差異 (I-J)	標準誤	顯著性	95% 信賴區間 下限	95% 信賴區間 上限
背鰭	55期	59期	7.500E-02	.251	.990	-.671	.821
		61期	.775*	.251	.041	2.907E-02	1.521
		63期	1.000*	.251	.009	.254	1.746
	59期	55期	-7.500E-02	.251	.990	-.821	.671
		61期	.700	.251	.068	-4.593E-02	1.446
		63期	.925*	.251	.014	.179	1.671
	61期	55期	-.775*	.251	.041	-1.521	-2.907E-02
		59期	-.700	.251	.068	-1.446	4.593E-02
		63期	.225	.251	.807	-.521	.971
	63期	55期	-1.000*	.251	.009	-1.746	-.254
		59期	-.925*	.251	.014	-1.671	-.179
		61期	-.225	.251	.807	-.971	.521
筋肉部分	55期	59期	.250	.276	.803	-.570	1.070
		61期	.650	.276	.140	-.170	1.470
		63期	1.075*	.276	.010	.255	1.895
	59期	55期	-.250	.276	.803	-1.070	.570
		61期	.400	.276	.496	-.420	1.220
		63期	.825*	.276	.049	4.617E-03	1.645
	61期	55期	-.650	.276	.140	-1.470	.170
		59期	-.400	.276	.496	-1.220	.420
		63期	.425	.276	.447	-.395	1.245
	63期	55期	-1.075*	.276	.010	-1.895	-.255
		59期	-.825*	.276	.049	-1.645	-4.617E-03
		61期	-.425	.276	.447	-1.245	.395
腹鰭	55期	59期	.125	.264	.964	-.659	.909
		61期	.775	.264	.053	-9.336E-03	1.559
		63期	.800*	.264	.045	1.566E-02	1.584
	59期	55期	-.125	.264	.964	-.909	.659
		61期	.650	.264	.118	-.134	1.434
		63期	.675	.264	.101	-.109	1.459
	61期	55期	-.775	.264	.053	-1.559	9.336E-03
		59期	-.650	.264	.118	-1.434	.134
		63期	2.500E-02	.264	1.000	-.759	.809
	63期	55期	-.800*	.264	.045	-1.584	-1.566E-02
		59期	-.675	.264	.101	-1.459	.109
		61期	-2.500E-02	.264	1.000	-.809	.759

←⑤ (背鰭)　←⑥ (筋肉部分)　←⑦ (腹鰭)

【輸出結果的判讀】

⑤就背鰭進行多重比較。

以下的輸出結果只列舉背鰭，如 7.2 節利用 Tukey 的方法進行多重比較。

多重比較

Tukey HSD

因變數	(I) 期	(J) 期	平均差異 (I-J)	標準錯誤	顯著性	95% 信賴區間	
						下限	上限
背鰭	55期	59期	.075	.2512	.990	-.671	.821
		61期	.775*	.2512	.041	.029	1.521
		63期	1.000*	.2512	.009	.254	1.746
	59期	55期	-.075	.2512	.990	-.821	.671
		61期	.700	.2512	.068	-.046	1.446
		63期	.925*	.2512	.014	.179	1.671
	61期	55期	-.775*	.2512	.041	-1.521	-.029
		59期	-.700	.2512	.068	-1.446	.046
		63期	.225	.2512	.807	-.521	.971
	63期	55期	-1.000*	.2512	.009	-1.746	-.254
		59期	-.925*	.2512	.014	-1.671	-.179
		61期	-.225	.2512	.807	-.971	.521

此平均值之差與顯著機率之值，與⑤的平均值之差的顯著機率一致。

⑥就筋肉部分的多重比較。

⑦就腹鰭的多重比較。

第 11 章　多變量共變異數分析與多重比較

11.1 單變量共變異數分析

使用表 11.1.1 的數據，利用 SPSS 進行單變量共變異數分析（Analysis of Covariance, ANCOVA）與多重比較。

以下的數據是針對非洲爪蛙的表皮細胞分裂，測量已分裂的細胞數與表皮細胞的總數。以表皮細胞的總數當作共變量（covariate），調查從 51 期到 61 期之間已分裂的細胞數是否有差異。共變量就是在類別自變數外，在觀察過程中還存在對依變數產生「迴歸影響」的變項。共變量必須是與依變數同爲連續變數。

表 11.1.1　非洲爪蛙的表皮細胞分裂

發生期	已分裂的細胞數	表皮細胞的總數
51 期	3	35
	5	38
	3	39
55 期	3	36
	3	39
	8	54
57 期	2	40
	2	45
	2	39
59 期	3	47
	4	52
	2	48
61 期	1	64
	2	80
	0	71

↑
此為共變量

【數據輸入類型】

[資料檢視]

檔案(F) 編輯(E) 檢視(V) 資料(D) 轉換(T) 分析(A) 直效行銷 統計圖(G) 公用程式

16 :

	期	分裂數	總細胞數	var	var	var
1	1	3	35			
2	1	5	38			
3	1	3	39			
4	2	3	36			
5	2	3	39			
6	2	8	54			
7	3	2	40			
8	3	2	45			
9	3	2	39			
10	4	3	47			
11	4	4	52			
12	4	2	48			
13	5	1	64			
14	5	2	80			
15	5	0	71			

[變數檢視]

檔案(F) 編輯(E) 檢視(V) 資料(D) 轉換(T) 分析(A) 直效行銷 統計圖(G

8 :

	期	分裂數	總細胞數	var	var
1	51期	3	35		
2	51期	5	38		
3	51期	3	39		
4	55期	3	36		
5	55期	3	39		
6	55期	8	54		
7	57期	2	40		
8	57期	2	45		
9	57期	2	39		
10	59期	3	47		
11	59期	4	52		
12	59期	2	48		
13	61期	1	64		
14	61期	2	80		
15	61期	0	71		

一點靈

共變量是 1 個時，如當作

$$\frac{\text{檢定變數}}{\text{共變量}}\left(=\frac{\text{已分裂的細胞數}}{\text{細胞的總數}}\right)$$

時，並非是共變異數分析，以單因子的變異數分析想來是足夠的，但共變量有 2 個以上時…？

（注）於分析時，間接利用的變量稱為共變量（covariate）。利用共變量進行變異數分析時，稱為共變異數分析（宜稱共變量分析）。共變異數分析可以想成是將變異數分析與迴歸分析合在一起的分析方法。

譬如，要測量 3 組麻醉藥的持續時間（X_1）。為了調查 3 組的平均麻醉時間是否有差異，雖然可以進行單因子的變異數分析，但麻醉藥的持續時間似乎與體重（X_2）也有關係。因此將體重也列入，檢定 3 組麻醉藥是否有差異，即為共變異數分析。

實際上比較麻醉藥的平均值時，可利用以下所調整的平均值，也稱為調整平均值，即

調整時間之平均值 = 時間的平均值 − 斜率 ×（體重的平均值 − 總平均）

雖然體重與原本的分析無關，當作輔助分析所使用的變量稱為共變量，共變量可當作如下的迴歸直線的說明變量來使用，即

麻醉時間 = 常數 + 斜率 × 體重　（$X_1 = a + bX_2$）

此時斜率是否為 0 是重點所在，如果斜率為 0 即無考慮共變量（體重）的意義。因之，共變異數分析的進行步驟如下：

Step1 針對各組進行迴歸直線的平行性檢定

Step2 檢定迴歸直線的顯著性

Step3 檢定組間的差異

Step4 進行多重比較

（注）多變量共變異數分析（MONCOVA）其模式如下：

$x_{ij} = \mu + \alpha_i + \beta \cdot z_{ij} + \varepsilon_{ij}$，$i = 1, \cdots, a$；$j = 1, \cdots, b$

其中 μ 為總平均向量，α_i 為因素 A 在 i 水準的主效果，z 為共變量

β 為迴歸係數向量，$\varepsilon_{ij} \sim N(0, \sigma^2)$。

11.2 單變量共變異數分析的平行性檢定

【統計處理的步驟】

步驟 1 點選【分析 (A)】，從【一般線性模型 (G)】清單之子清單中選擇【單變量 (U)】。

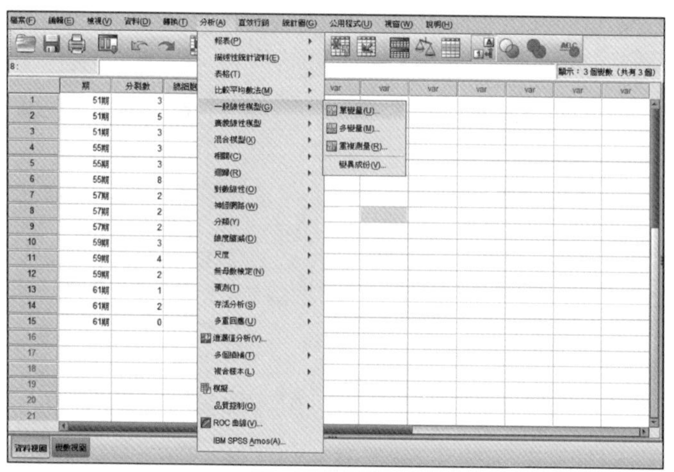

一點靈

共變異數分析首先必須進行平行性的檢定。

步驟 2 顯示以下的頁面，因之要將分裂數移到【因變數 (D)】的方框中、期移到【固定因素 (F)】的方框中、總細胞數移到【共變量 (C)】的方框中。

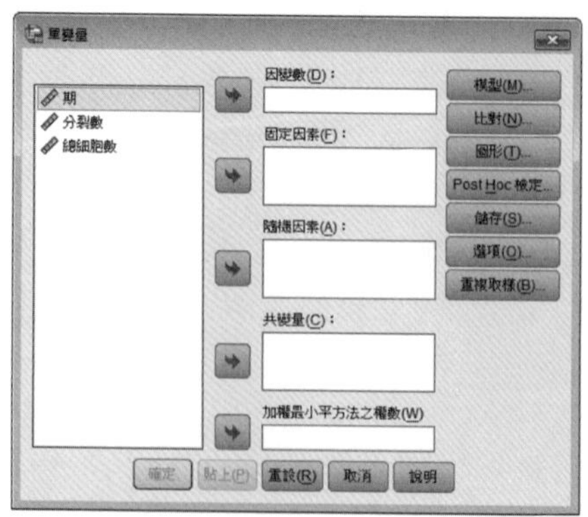

步驟 3 以滑鼠點選分裂數變成藍色之後，按一下【因變數 (D)】左側的 ➡，分裂數即移到【因變數 (D)】的方框中。

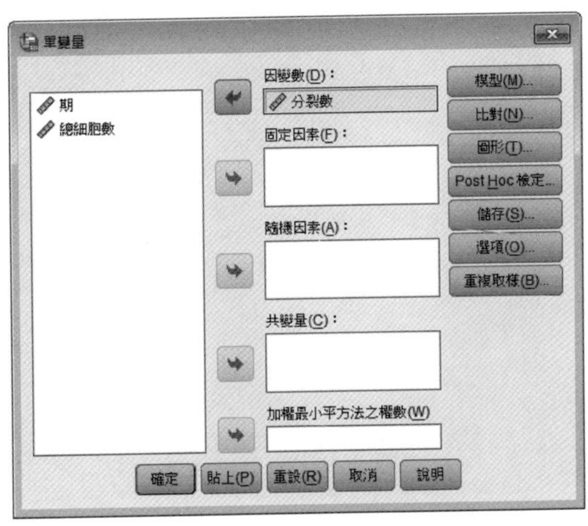

步驟 4 點選期，按一下【固定因素 (F)】左側的 ➡ 時，期即進入方框中。

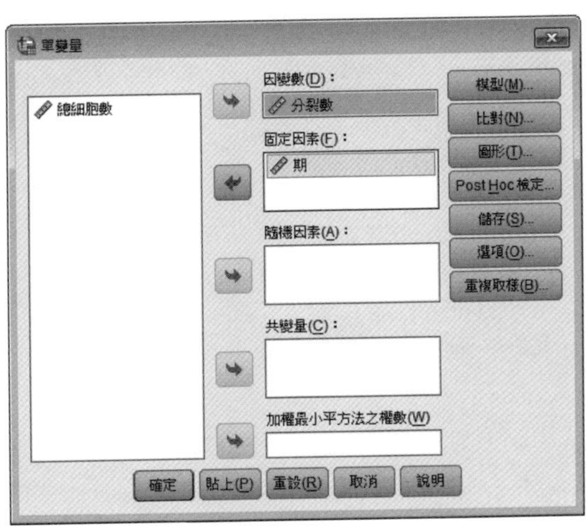

步驟 5 最後點選總細胞數，按一下【共變量 (C)】左側的 。為了進行平行性的檢定，點選頁面右上方的【模型 (M)】。

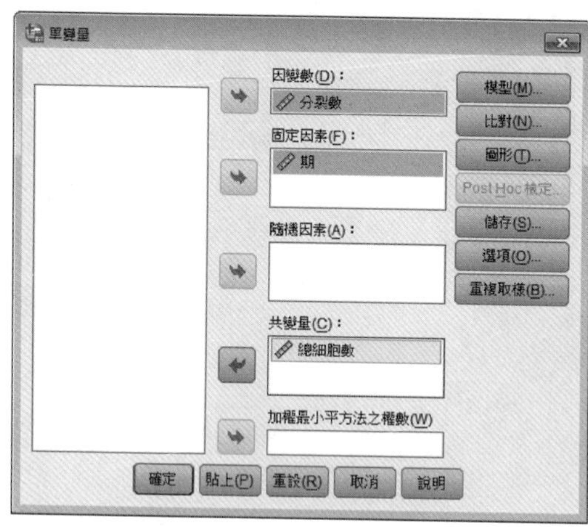

步驟 6 出現以下的頁面後，以滑鼠點選【自訂 (C)】。

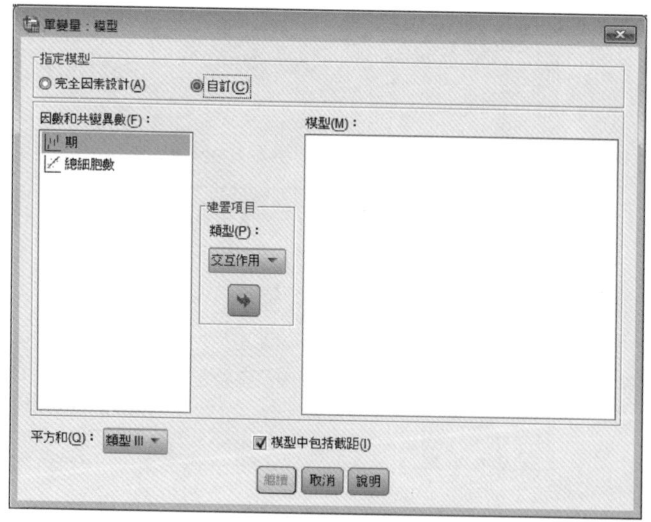

步驟 7 選擇因數和共變異數 (F) 欄位的期，按一下 ，移入【模型 (M)】的方框中。

步驟 8 點選總細胞數，按一下 ，移入【模型 (M)】中。

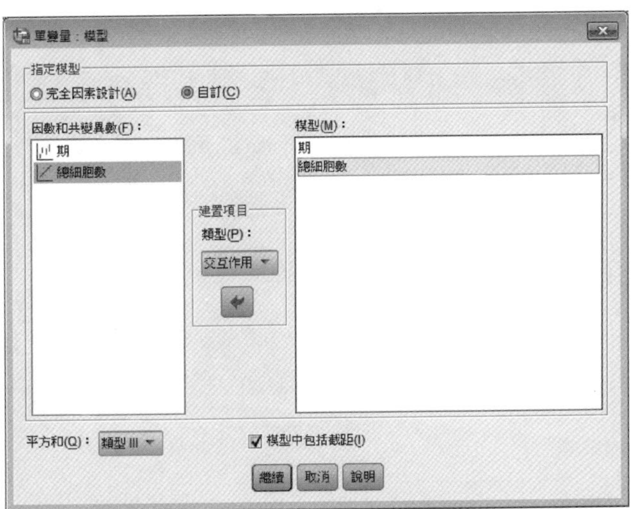

步驟 9　一起點選期與總細胞數，變成藍色後，按一下[➜]，移入【模型 (M)】中。於是，期與總細胞數的交互作用出現在【模式 (M)】的方框中。然後，按[繼續]。

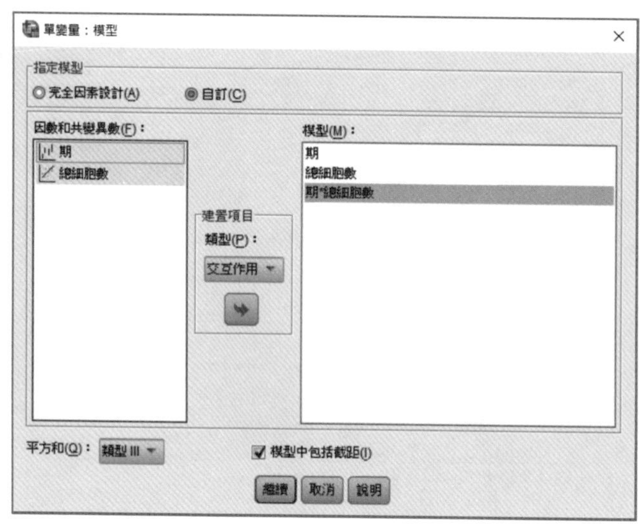

步驟 10　回到以下的頁面時，以滑鼠按一下[確定]鈕。

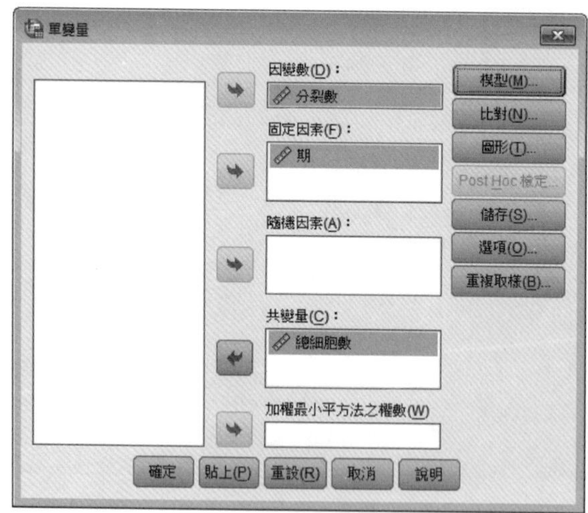

【SPSS 輸出】——共變異數分析的平行性檢定

變異數的單變量分析

受試者間因子

		數值註解	個數
期	1	51期	3
	2	55期	3
	3	57期	3
	4	59期	3
	5	61期	3

受試者間效應項的檢定

依變數: 分裂數

來源	型 III 平方和	自由度	平均平方和	F 檢定	顯著性	
校正後的模式	42.641ª	9	4.738	4.652	.053	
截距	1.148	1	1.148	1.127	.337	
期	1.495	4	.374	.367	.824	
總細胞數	2.611	1	2.611	2.563	.170	←①
期 * 總細胞數	4.813	4	1.203	1.181	.420	
誤差	5.092	5	1.018			
總和	171.000	15				
校正後的總數	47.733	14				

a. R 平方 = .893 (調過後的 R 平方 = .701)

（注）A 與 B 無交互作用 = A 與 B 平行，如利用 A 與 B 之交互作用的檢定時，可以進行 A 與 B 之平行性檢定（Test of Homogeneity of Slopes）。

【輸出結果的判讀】

①共變量變異數分析中的第 1 階段是此處的檢定！

檢定以下的假設：

假設 H_0：期（= 因子）與總細胞數（= 共變量）之間沒有交互作用

此事是說

因子與共變量 之間無交互作用	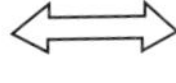	因子在各水準中的斜率 互為相等（= 平行性）

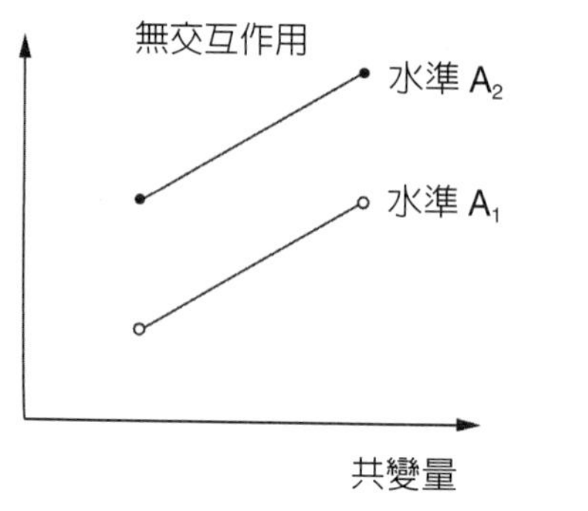

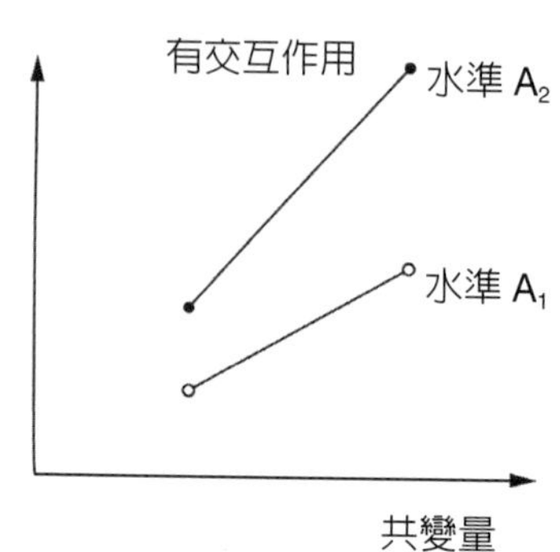

觀察輸出結果時，由於

顯著機率 = 0.420 > 顯著水準 $\alpha = 0.05$

因此，假設 H_0 不能否定。

因之，看不出期（= 因子）與總細胞數（ = 共變量）之間有交互作用。

因此，可以假定平行性。

11.3 單變量共變異數分析與多重比較

【統計處理的步驟】

步驟 1 從以下的頁面開始。但必須先將共變異數分析還原。因此，點選【模型(M)】。

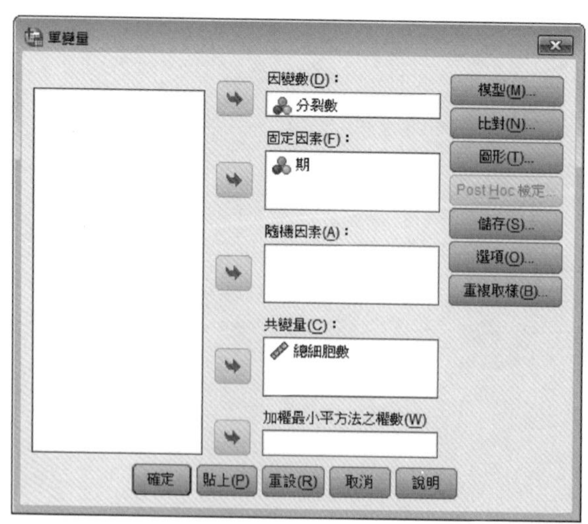

一點靈

先確認平行性檢定（有無交互作用）的結果，假設未被否定。

步驟 2 此時顯示的頁面如下圖，以滑鼠點選【完全因素設計 (A)】。

步驟 3 頁面的文字如以下變淡。接著，按一下 繼續 。

步驟 4 此次，必須進行迴歸的顯著性檢定，因之點選【選項 (O)】。

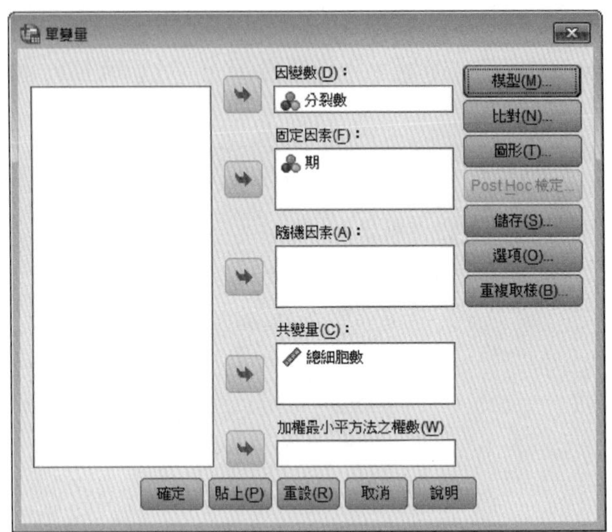

一點靈

迴歸的顯著性檢定，是確認斜率不為 0 的檢定。

步驟 5 勾選顯示欄位下的【參數估計值 (T)】。

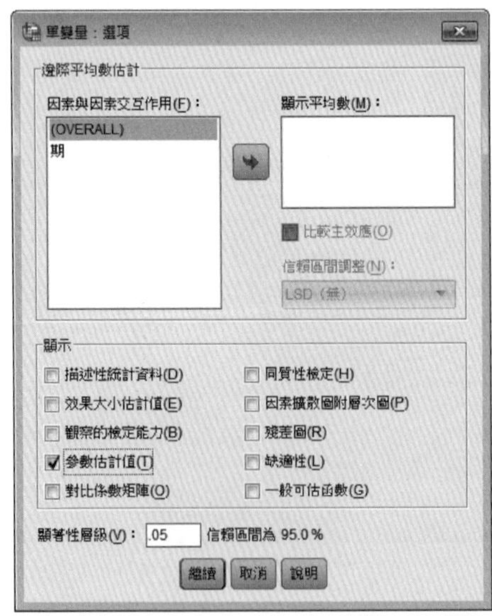

步驟 6 想比較已調整後的平均值時，點選左框之中的期變成藍色之後，按一下 ➡，接著，也不要忘了勾選【比較主效應 (O)】。

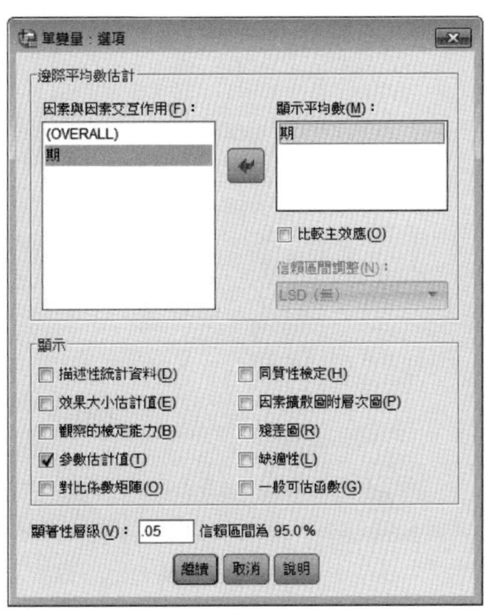

步驟 7 頁面顯示如下時，按一下 繼續 。

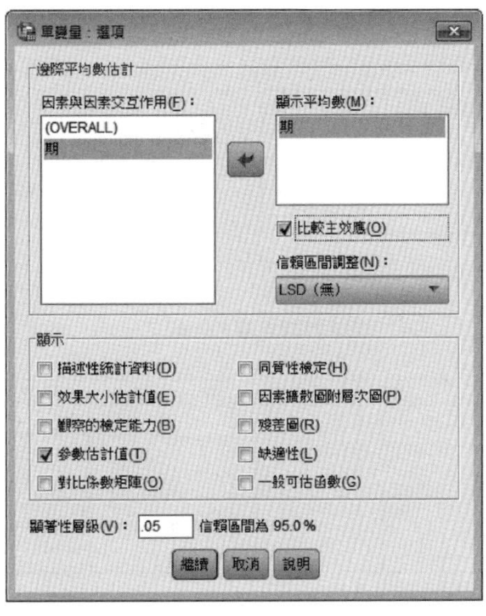

步驟 8　回到以下的頁面後，以滑鼠點選 確定 鈕，即告完成。

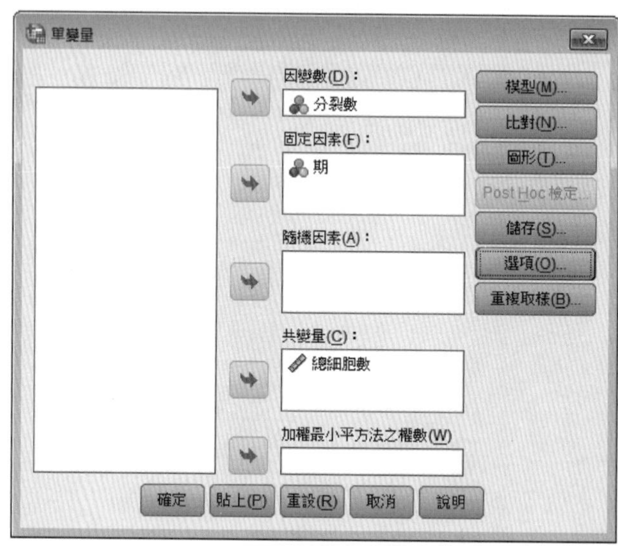

【SPSS 輸出・1】——共變異數分析與多重比較

變異數的單變量分析

受試者間因子

		數值註解	個數
期	1	51期	3
	2	55期	3
	3	57期	3
	4	59期	3
	5	61期	3

受試者間效應項的檢定

依變數: 分裂數

來源	型 III 平方和	自由度	平均平方和	F 檢定	顯著性	
校正後的模式	37.828[a]	5	7.566	6.874	.007	
截距	6.413	1	6.413	5.827	.039	
總細胞數	13.428	1	13.428	12.200	.007	←③
期	34.111	4	8.528	7.748	.005	←④
誤差	9.906	9	1.101			
總和	171.000	15				
校正後的總數	47.733	14				

a. R 平方 = .792 (調過後的 R 平方 = .677)

參數估計值

依變數: 分裂數

參數	迴歸係數 B	標準誤	t	顯著性	95% 信賴區間 下限	95% 信賴區間 上限
截距	-12.880	4.020	-3.204	.011	-21.973	-3.787
總細胞數	.194	.055	3.493	.007	6.824E-02	.319
[期=1]	9.316	2.088	4.463	.002	4.594	14.038
[期=2]	9.218	1.806	5.105	.001	5.134	13.303
[期=3]	6.875	1.887	3.642	.005	2.605	11.144
[期=4]	6.390	1.521	4.201	.002	2.949	9.830
[期=5]	0[a]	.	.	.	.	.

←②

a. 此參數因重疊而設定為零。

【輸出結果的判讀・1】

②此處是迴歸的顯著性檢定，即檢定以下的假設。

假設 H_0：斜率 β 為 0

由於總細胞數的顯著機率 = 0.007 比顯著水準 $\alpha = 0.05$ 小，因之假設 H_0 不成立。因為斜率不是 0，因此，使用共變量（總細胞數）進行共變異數分析才有意義。

此共同的斜率 $\beta = 0.194$。

③取此 F 值的平方根時

$\sqrt{12.200} = 3.49284\cdots\cdots$

與②之 t 值一致。

亦即，③與②是進行相同的檢定。

④此處是共變量變異數分析的主要部分。這是檢定

假設 H_0：5 個水準（期）之間沒有差異

顯著機率 = 0.005，比顯著水準 $\alpha = 0.05$ 小，因之假設 H_0 不成立。因此，5 個期之間有差異。

【SPSS 輸出・2】——共變異數分析與多重比較

估計的邊際平均數

期

估計值

依變數: 分裂數

期	平均數	標準誤	95% 信賴區間	
			下限	上限
51期	5.823[a]	.865	3.866	7.779
55期	5.725[a]	.677	4.193	7.258
57期	3.382[a]	.723	1.745	5.018
59期	2.897[a]	.606	1.525	4.269
61期	-3.493[a]	1.422	-6.710	-.277

←⑤

a. 在模式中所顯示的共變量評估: 總細胞數 = 48.47。

成對比較

依變數: 分裂數

(I) 期	(J) 期	平均數差異 (I-J)	標準誤	顯著性[a]	差異的 95% 信賴區間[a]	
					下限	上限
51期	55期	9.745E-02	.912	.917	-1.967	2.161
	57期	2.441*	.885	.022	.440	4.443
	59期	2.926*	1.073	.023	.498	5.354
	61期	9.316*	2.088	.002	4.594	14.038
55期	51期	-9.745E-02	.912	.917	-2.161	1.967
	57期	2.344*	.862	.024	.395	4.293
	59期	2.829*	.919	.013	.750	4.907
	61期	9.218*	1.806	.001	5.134	13.303
57期	51期	-2.441*	.885	.022	-4.443	-.440
	55期	-2.344*	.862	.024	-4.293	-.395
	59期	.485	.956	.624	-1.678	2.648
	61期	6.875*	1.887	.005	2.605	11.144
59期	51期	-2.926*	1.073	.023	-5.354	-.498
	55期	-2.829*	.919	.013	-4.907	-.750
	57期	-.485	.956	.624	-2.648	1.678
	61期	6.390*	1.521	.002	2.949	9.830
61期	51期	-9.316*	2.088	.002	-14.038	-4.594
	55期	-9.218*	1.806	.001	-13.303	-5.134
	57期	-6.875*	1.887	.005	-11.144	-2.605
	59期	-6.390*	1.521	.002	-9.830	-2.949

←⑥

以可估計的邊際平均數為基礎

*. 在水準 .05 的平均數差異顯著。

a. 多重比較調整：最小顯著差異 (等於沒有調整)。

【輸出結果的判讀・2】

⑤輸出調整後的平均值（Adjustek means）。

此求法是利用②所求出的 $\beta = 0.194$ 及利用⑤所求出的 $\bar{x} = 48.47$ 如下計算：

$$\begin{cases} 5.82 = (-12.880 + 9.318) + 0.199 \times 48.47 \\ \quad = -3.57 + 0.194 \times 48.47 & \leftarrow \bar{x} = 48.47 \\ 5.73 = (-12.880 + 9.218) + 0.194 \times 48.47 \\ \quad = -3.67 + 0.194 \times 48.47 & \beta = 0.194 \\ \quad \vdots \\ -3.49 = (-12.880 + 0) + 0.194 \times 48.47 \\ \quad = -12.880 + 0.194 \times 48.47 \end{cases}$$

（注）當共變量對組間因子產生影響時，應計算「調整後的平均值」，它是去除共變量所解釋的部份後各組的平均值

⑥求出各水準中已加調整之平均值的差，在顯著水準 5% 下有差異的地方加上 * 記號。可是，這並非多重比較。需要注意！因此…

利用 Bonferroni 的不等式進行多重比較。各對的組合如下，有

$${}_5C_2 = 10.$$

種，因之找出顯著機率比 $\frac{\alpha}{10} = \frac{0.05}{10} = 0.005$ 小的組合即可。譬如，

51 期與 61 期（$0.002 < 0.005$）

55 期與 61 期（$0.001 < 0.005$）

59 期與 61 期（$0.02 < 0.005$）

⋮

11.4 多變量共變異數分析

隨機抽出 30 位大一學生，男生與女生分別是 15 位，按 3 種教法分別是傳統法、個案教學法、投影片教學法，就共同科目的大一國文及大一英文分別得出成績如下，此處的研究重點是想了解不同教學法在課業學習的效果上有無差異，也想知道聯考成績是否會影響大一課業學習的成績。

	性別	教法	大一國文成績	大一英文成績	聯考總分
1	1	1	58	62	332
2	1	1	61	66	310
3	1	1	62	58	327
4	1	1	61	56	334
5	1	1	64	65	358
6	2	1	66	65	336
7	2	1	82	65	345
8	2	1	70	62	332
9	2	1	75	65	345
10	2	1	78	68	355
11	1	2	65	63	354
12	1	2	70	72	330
13	1	2	65	62	340
14	1	2	85	65	335
15	1	2	70	71	330
16	2	2	74	76	347
17	2	2	70	54	342
18	2	2	72	65	350
19	2	2	85	64	331
20	2	2	86	60	334
21	1	3	88	65	345
22	1	3	92	70	322
23	1	3	60	84	356
24	1	3	72	81	360
25	1	3	80	79	367
26	2	3	61	77	368
27	2	3	82	91	350
28	2	3	80	89	372
29	2	3	78	90	340
30	2	3	83	95	389

11.5 多變量共變異數分析的平行性檢定

【統計處理步驟】

步驟 1　點選分析 (A)，從【一般線性模式型 (G)】清單的子清單中選擇【多變量 (M)】。

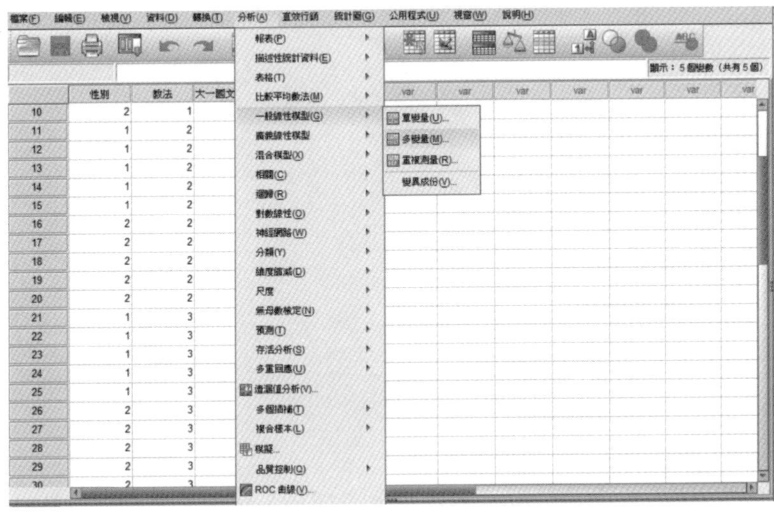

步驟 2　由於出現以下的畫面，因之要將大一國文成績及大一英文成績移到【因變數 (D)】的方框中，將教法移到【固定因素 (F)】的方框中，將聯考總分移到【共變量 (C)】的方框中。

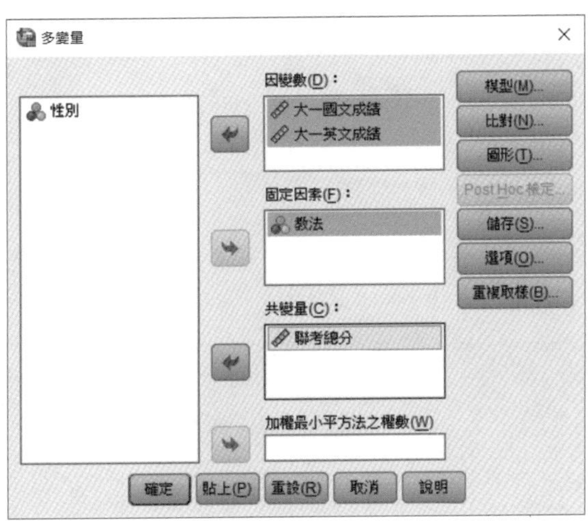

步驟 3 此處，爲了進行平行性的檢定，點選畫面右上的【模式 (M)】時，出現以下的畫面，因之以滑鼠點選【自訂 (C)】。

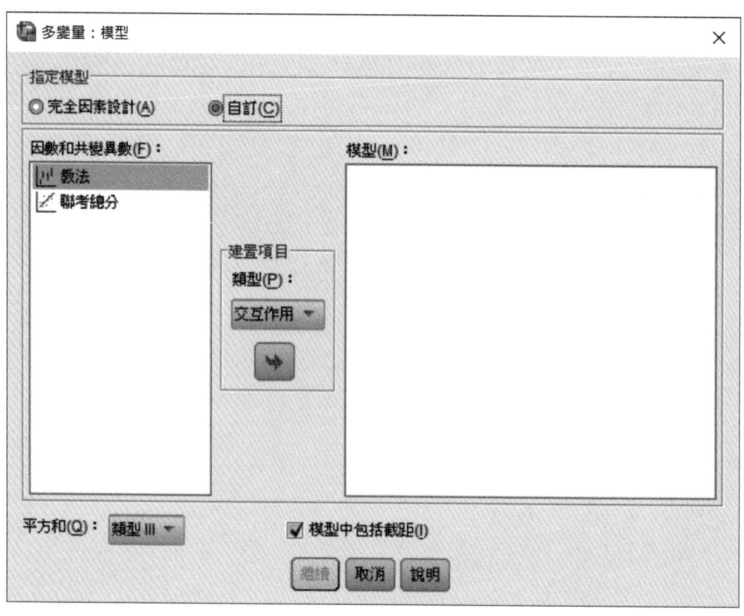

步驟 4 因此，文字變黑，點選教法及聯考總分，移入【模型 (M)】中。

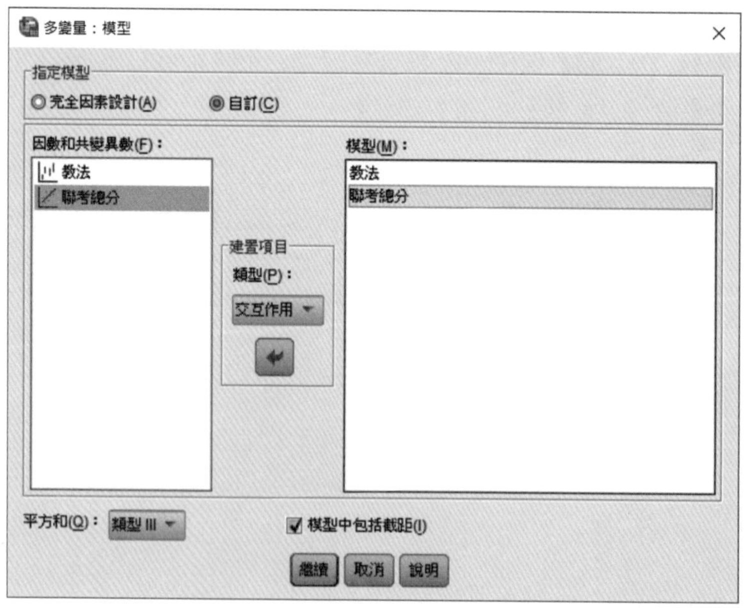

步驟 5 最後，再一起點選因子的教法與共變量的聯考成績，按一下 ，移入【模型 (M)】中。於是，教法與聯考總分的交互作用出現在【模式 (M)】的方框中，然後，按【繼續】。

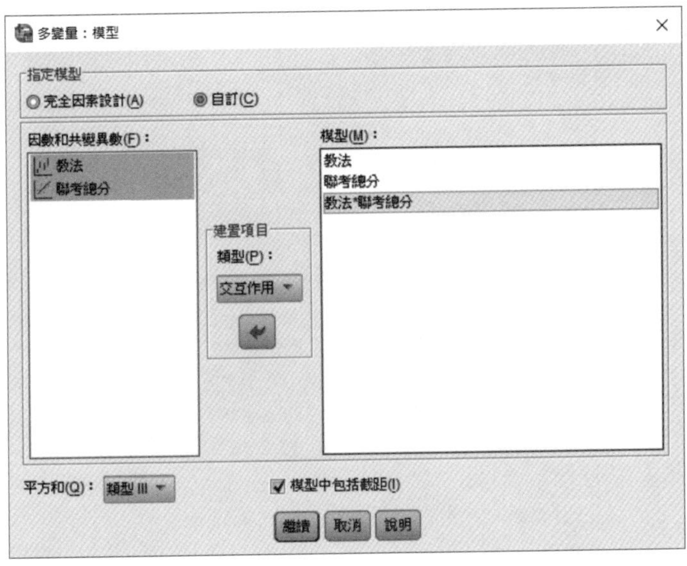

步驟 6 回到以下的畫面時，以滑鼠按一下【選項 (O)】。

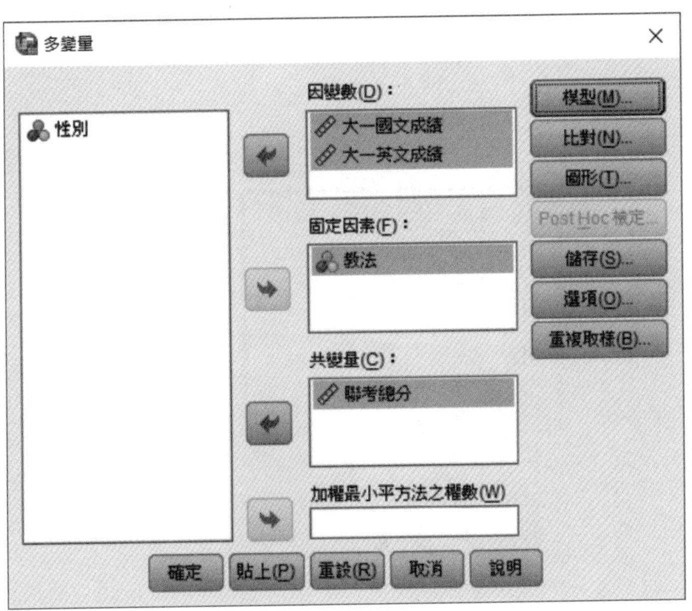

步驟 7 勾選同質性檢定 (H)。按【繼續】，回到原畫面後，按【確定】。

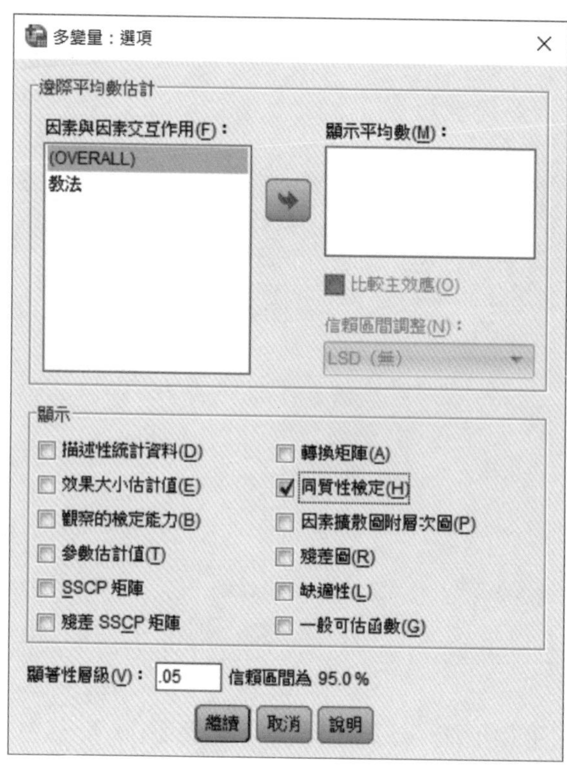

[SPSS 輸出 1]

Box's 共變異數矩陣等式檢定[a]

Box's M 共變異等式檢定	11.457
F	1.705
df1	6
df2	18168.923
顯著性	.115

檢定因變數的觀察到的共變異數矩陣在群組內相等的空假設。

a. 設計：截距 + 教法 + 聯考總分 + 教法 * 聯考總分

【輸出結果的判讀法・1】

Box 的 M 檢定是檢定 3 個母共變異矩陣的相等性，亦即檢定

$$假設\ H_0：\Sigma^{(1)}=\Sigma^{(2)}=\Sigma^{(3)}$$

其中，

$\Sigma^{(1)}$ = 教法 1 的母共變異矩陣，……$\Sigma^{(3)}$ = 教法 3 的母共變異矩陣。

觀察輸出結果時，顯著機率 = 0.115 比顯著水準 $\alpha = 0.05$ 大，因之假設 H_0 無法被捨棄。亦即，可以假定 3 個母共變異矩陣互為相等。

（註）如果顯著機率低於 0.05，那麼研究人員就違反了共變異數同質性的假設，不應該進一步解釋輸出。如果超過 0.05，那麼研究人員可以繼續進行分析，並滿足了共變異數同質性的假設。

【SP 平方和輸出 2】

Levene's 錯誤共變異等式檢定[a]

	F	df1	df2	顯著性
大一國文成績	1.070	2	27	.357
大一英文成績	2.827	2	27	.077

檢定因變數的錯誤共變異在群組內相等的空假設。

a. 設計：截距 + 教法 + 聯考總分 + 教法 * 聯考總分

【輸出結果的判讀法・2】

這是指各變數的 levine 的等變異性的檢定。此即按各變數進行單因子的變異數分析。

（註）如果低於 0.05，那麼研究人員違背了變異數齊一性的假設，不應該進一步解釋輸出。如果它大於 0.05，那麼研究人員可以繼續進行分析，並滿足了變異數齊一性的假設。

【SP 平方和輸出 3】

多變數檢定[a]

效果		數值	F	假設 df	錯誤 df	顯著性
截距	Pillai's 追蹤	.209	3.047[b]	2.000	23.000	.067
	Wilks' Lambda (λ)	.791	3.047[b]	2.000	23.000	.067
	Hotelling's 追蹤	.265	3.047[b]	2.000	23.000	.067
	Roy's 最大根	.265	3.047[b]	2.000	23.000	.067
教法	Pillai's 追蹤	.262	1.809	4.000	48.000	.143
	Wilks' Lambda (λ)	.750	1.783[b]	4.000	46.000	.149
	Hotelling's 追蹤	.319	1.752	4.000	44.000	.156
	Roy's 最大根	.259	3.109[c]	2.000	24.000	.063
聯考總分	Pillai's 追蹤	.049	.599[b]	2.000	23.000	.558
	Wilks' Lambda (λ)	.951	.599[b]	2.000	23.000	.558
	Hotelling's 追蹤	.052	.599[b]	2.000	23.000	.558
	Roy's 最大根	.052	.599[b]	2.000	23.000	.558
教法 * 聯考總分	Pillai's 追蹤	.268	1.854	4.000	48.000	.134
	Wilks' Lambda (λ)	.747	1.809[b]	4.000	46.000	.143
	Hotelling's 追蹤	.320	1.761	4.000	44.000	.154
	Roy's 最大根	.241	2.887[c]	2.000	24.000	.075

a. 設計：截距 + 教法 + 聯考總分 + 教法 * 聯考總分

b. 確切的統計資料

c. 統計資料是 F 的上限，其會產生顯著層次上的下限。

【輸出結果的判讀法 · 3】

此處的檢定是共變量變異數分析中的主軸！！檢定以下的假設：

「假設 H0：教法（＝因子）與聯考總分（＝共變量）之間沒有交互作用」

此事是說

因子與共變量 之間無交互作用	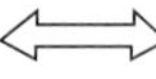	因子在各水準中的斜率 互為相等（= 平行性）

觀察輸出結果時，由於

Pillai, Wilks, Hotelling, Roy 的 4 個顯著機率，分別比顯著水準 $\alpha = 0.05$ 大，

因之，假設 H_0 不能捨棄。

因此，看不出教法（= 因子）與聯考總分（= 共變量）之間有交互作用。因之，可以假定平行性。

11.6 多變量共變異數分析與多重比較

【統計處理的步驟】

步驟 1 從以下的畫面開始。但是，必須先將多變量共變異數分析還原。因此，點選【模型 (M)】。

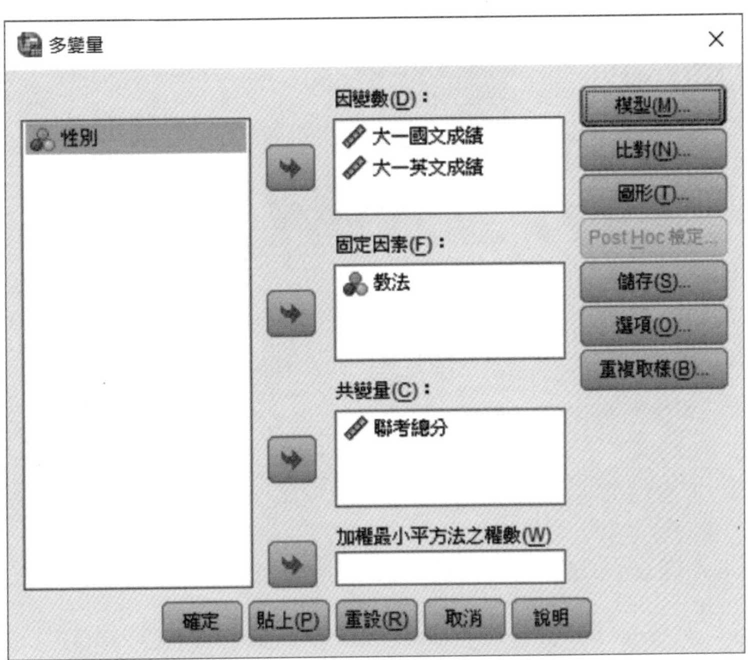

步驟 2 觀察畫面時，模式的指定如下即爲【自訂 (C)】，因之，以滑鼠點選【完全因子設計 (A)】。

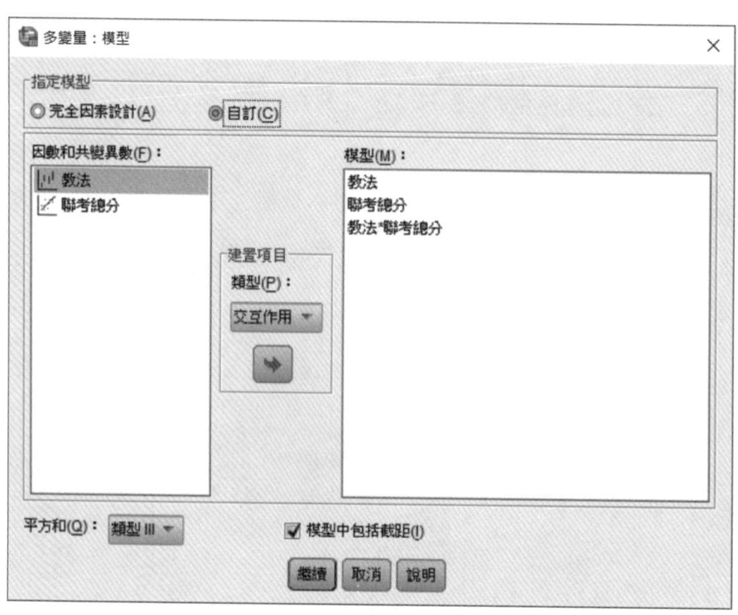

步驟 3 於是，畫面的文字如以下變淡。接著，按一下【繼續】。

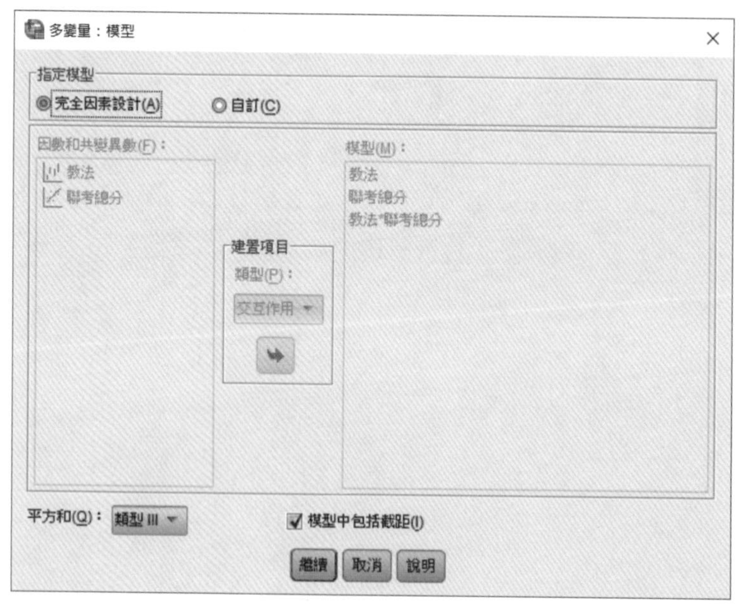

步驟 4 此次，必須進行迴歸的顯著性檢定，因之點選【選項 (O)】。勾選描述性統計資料 (D)、參數估計值 (T)。

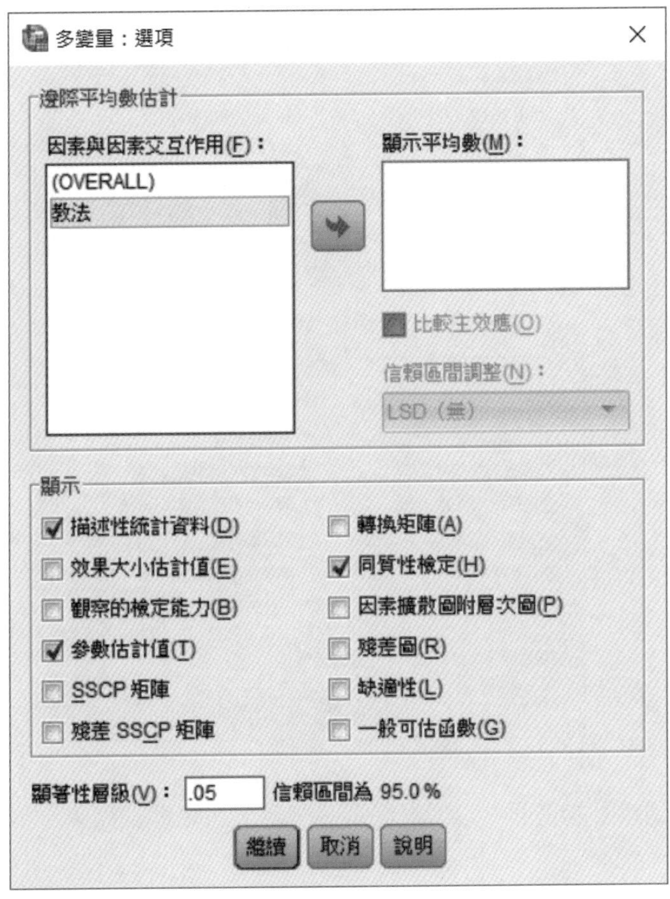

（註）迴歸的顯著性檢定，是確認斜率不為 0 的檢定。

步驟 5 想比較調整後的平均值時，點選左框之中的教法，按一下 ，教法即移入【顯示平均數 (M)】中，勾選【比較主效應 (O)】。按一下【繼續】。

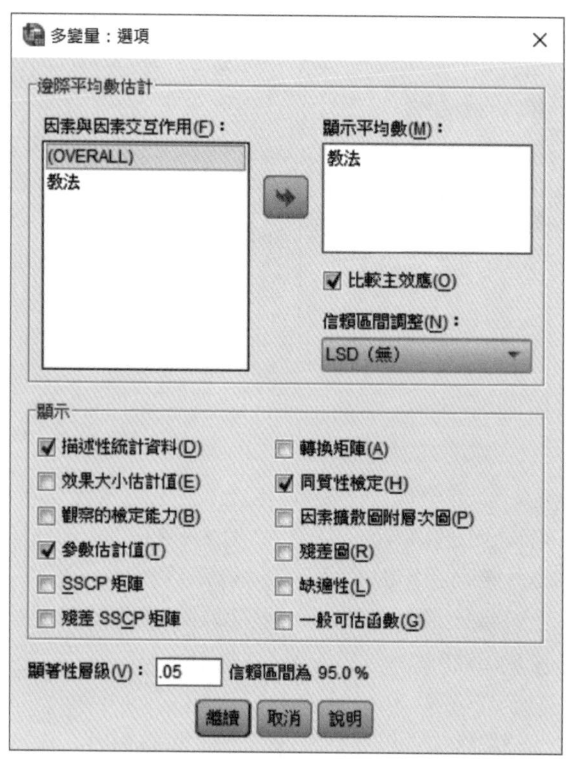

步驟 6 回到以下的畫面，以滑鼠點選【確定】鈕，即告完成。

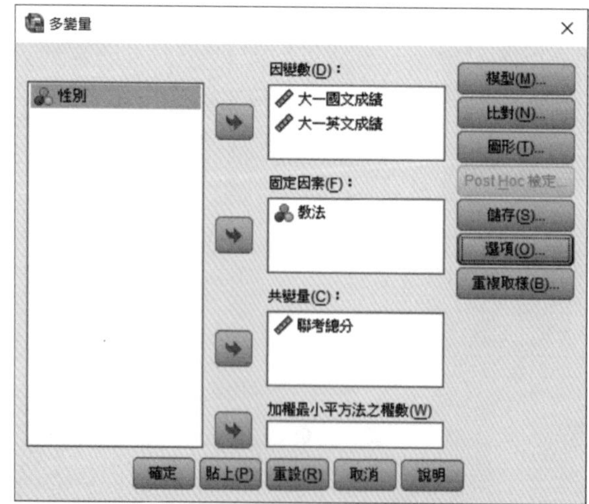

[SP 平方和輸出 1]

多變數檢定[a]

效果		數值	F	假設 df	錯誤 df	顯著性
截距	Pillai's 追蹤	.165	2.476[b]	2.000	25.000	.104
	Wilks' Lambda (λ)	.835	2.476[b]	2.000	25.000	.104
	Hotelling's 追蹤	.198	2.476[b]	2.000	25.000	.104
	Roy's 最大根	.198	2.476[b]	2.000	25.000	.104
聯考總分	Pillai's 追蹤	.128	1.843[b]	2.000	25.000	.179
	Wilks' Lambda (λ)	.872	1.843[b]	2.000	25.000	.179
	Hotelling's 追蹤	.147	1.843[b]	2.000	25.000	.179
	Roy's 最大根	.147	1.843[b]	2.000	25.000	.179
教法	Pillai's 追蹤	.574	5.227	4.000	52.000	.001
	Wilks' Lambda (λ)	.457	5.990[b]	4.000	50.000	.001
	Hotelling's 追蹤	1.121	6.727	4.000	48.000	.000
	Roy's 最大根	1.058	13.754[c]	2.000	26.000	.000

a. 設計：截距 + 聯考總分 + 教法

b. 確切的統計資料

c. 統計資料是 F 的上限，其會產生顯著層次上的下限。

[輸出結果判讀 1]

在聯考總分的顯著性中，Pillai, Wilks, Hotelling, Roy 的 4 個顯著機率均小於 0.05，因之聯考總分的影響並不顯著，但教法卻有顯著影響。

[SPSS 輸出 2]

主旨間效果檢定

來源	因變數	第 III 類平方和	df	平均值平方	F	顯著性
修正的模型	大一國文成績	526.131[a]	3	175.377	2.097	.125
	大一英文成績	2317.289[b]	3	772.430	17.241	.000
截距	大一國文成績	417.412	1	417.412	4.992	.034
	大一英文成績	6.830	1	6.830	.152	.699
聯考總分	大一國文成績	20.065	1	20.065	.240	.628
	大一英文成績	161.222	1	161.222	3.598	.069
教法	大一國文成績	488.522	2	244.261	2.921	.072
	大一英文成績	1041.896	2	520.948	11.628	.000
錯誤	大一國文成績	2174.035	26	83.617		
	大一英文成績	1164.878	26	44.803		
總計	大一國文成績	163301.000	30			
	大一英文成績	151183.000	30			
校正後總數	大一國文成績	2700.167	29			
	大一英文成績	3482.167	29			

a. R 平方 = .195（調整的 R 平方 = .102）

b. R 平方 = .665（調整的 R 平方 = .627）

[輸出結果判讀 2]

從教法的顯著性中可以看出教法的改變對大一英文成績有顯著影響，但是對大一國文成績則無顯著影響。

[SPSS 輸出 3]

邊緣平均數估計

教法

因變數	教法	平均數	標準錯誤	95% 信賴區間 下限	95% 信賴區間 上限
大一國文成績	1	67.275[a]	3.019	61.069	73.481
	2	73.888[a]	2.961	67.802	79.974
	3	78.337[a]	3.259	71.637	85.037
大一英文成績	1	64.405[a]	2.210	59.862	68.947
	2	66.084[a]	2.167	61.629	70.539
	3	80.012[a]	2.386	75.107	84.916

a. 模型中出現的共變量已估計下列值：聯考總分 = 344.53。

[輸出結果判讀 3]

教法的改變對大一英文成績的影響是顯著的，尤其採用教法 3 對大一英文成績出現最佳的成果。

接著，想了解顯著因子即教法間的差異，可如下進行多重比較。

【統計處理的步驟】

步驟 1　從以下畫面開始。按一下 Post Hoc 檢定 (H) 時，……

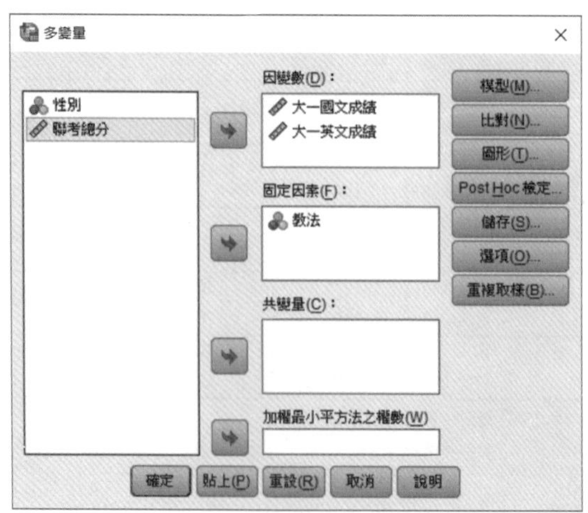

步驟 2　點選【因子 (F)】的方框之中的教法，變成藍色之後，按一下 ▶，於是畫面的文字變黑，從各種多重比較之中，選擇適於研究的手法。

譬如，試以滑鼠點選 Tukey 法。接著，按【繼續】。

步驟 3　回到以下畫面時，按一下【確定】即告完成。

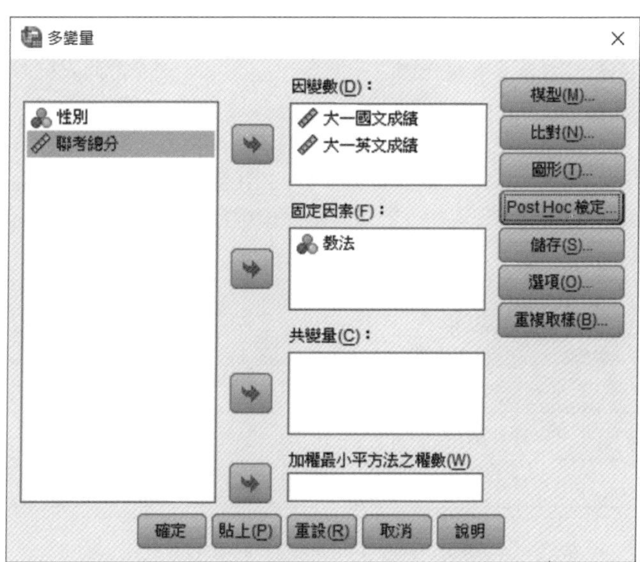

[SPSS 輸出 4]

事後測試

教法

多重比較

因變數: 大一英文成績

Tukey HSD

(I) 教法	(J) 教法	平均差異 (I-J)	標準錯誤	顯著性	95% 信賴區間	
					下限	上限
1	2	-2.00	3.134	.801	-9.77	5.77
	3	-18.90*	3.134	.000	-26.67	-11.13
2	1	2.00	3.134	.801	-5.77	9.77
	3	-16.90*	3.134	.000	-24.67	-9.13
3	1	18.90*	3.134	.000	11.13	26.67
	2	16.90*	3.134	.000	9.13	24.67

根據觀察到的平均數。

錯誤項目是平均值平方和（錯誤）= 49.115。

*. 平均值差異在 0.05 層級顯著。

[輸出結果判讀 4]

教法 3 與教法 1，2 間有顯著差異。

（註）

如在多因子試驗中各處理組合之重複次數均相等時稱為平衡資料。反之，各處理組合之重複次數不相等。

四種不同的平方和 (SS)，如何選擇適當的結果很重要。通常在平衡資料下，四種平方和的報表結果相同，因為各因子效果彼此獨立，但在不平衡下，因子彼此之間影響非獨立，報表結果就會有所差異。

對於平衡資料，四類型的平方和結果均相同。對於不平衡的資料，Type II 適用於因子間無交互作用的常數配合法。對於不平衡的資料，Type III 適用於因子間有交互作用的均值加權平方法，但各處理組合必須都有資料。若有任一處理組合沒有資料，則宜採用 Type IV 平方和。

Effect	平衡設計	不平衡但等比的設計	不平衡設計（無空組）	不平衡且有空組的設計
A	I = II = III = IV	I = II, III = IV	I ≠ II ≠ III = IV	I ≠ II ≠ III ≠ IV
B	I = II = III = IV	I = II, III = IV	I = II, III = IV	I = II, III ≠ IV
AB	I = II = III = IV	I = II, III = IV	I = II = III = IV	I = II = III = IV

以下以二因子試驗爲例來說明：

$$x_{ijk} = \mu + \alpha_i + \beta_i + (\alpha\beta)_{ij} + \varepsilon_{ijk}$$

此處 α 與 β 是兩種因子的主效果，$\alpha\beta$ 爲交互作用項，ε 爲試驗誤差，μ 爲總平均值。

以下分別說明四種平方和。

1. TYPE 1 平方和

又稱 sequential 平方和、順序平方和。

依據各因子效果先後順序進入模式內，先計算 A 的影響 (1)，再計算 A 與 B 同時存在模式內的影響 (2)，將 (2)-(1) 得到純 B 的影響，接著由 A, B, AB 同時存在的三種效果減去 (2) 得到交互作用 AB 的影響，示意如下：

$$\mathrm{R}(\alpha \mid \mu)$$
$$\mathrm{R}(\beta \mid \mu, \alpha)$$
$$\mathrm{R}(\alpha\beta \mid \mu, \alpha, \beta)$$

Type1 可以得到各因子對試驗的影響。

2. TYPE 2 平方和

又稱 reduction 平方和，減平方和。在 type2 內，順序就不是重點了。

主要概念是測量其他因子存在之下，另一個因子對資料的影響，示意如下：

$$\mathrm{R}(\alpha \mid \mu,\beta)$$
$$\mathrm{R}(\beta \mid \mu,\alpha)$$
$$\mathrm{R}(\alpha\beta \mid \mu,\alpha,\beta)$$

3. TYPE 3 平方和與 TYPE 4 平方和

又稱 partial 平方和，淨平方和。

計算的概念是基於其他影響之下得到該主效果的影響，示意如下：

$$R(\alpha \mid \mu,\beta,\alpha\beta)$$
$$R(\beta \mid \mu,\alpha,\alpha\beta)$$
$$R(\alpha\beta \mid \mu,\alpha,\beta)$$

Type3 與 type4 想法上一樣，差別是計算方式不同以及所對應的資料結構也有差異。

整體來說，倘若資料是平衡，四種結果會一樣，就不需要煩惱該用哪種。

若資料是不平衡，type2 是用在沒有交互作用的情況下（該法採用常數配合法）而 type3 適用於有交互作用（採均值加權平方法），如果有一個處理是空的，也就是遺漏值方格，就建議採用 type4 作結果闡述（採均值模式法）。

參考資料：

沈明來，試驗設計學，2007

第 12 章　一般線性模式——以圖形觀察交互作用

12.1　一般線性模式——交互作用

表 12.1.1 的數據是針對 30 位受試者進行 1 位數的加法計算所得的結果。

表 12.1.1

NO.	作業時間	性別	年代	年齡
1	12.1	女性	10 世代	17
2	10.5	女性	10 世代	19
3	18.7	男性	10 世代	18
4	12.0	男性	40 世代	45
5	11.7	女性	20 世代	26
6	18.7	女性	10 世代	18
7	21.3	男性	20 世代	23
8	17.6	男性	30 世代	37
9	17.5	男性	10 世代	19
10	14.4	女性	30 世代	35
11	18.7	男性	50 世代	51
12	17.9	女性	50 世代	58
13	20.6	男性	40 世代	49
14	16.3	女性	30 世代	34
15	15.2	男性	20 世代	24
16	17.2	男性	50 世代	58
17	18.4	女性	30 世代	31
18	20.5	男性	50 世代	56
19	18.5	男性	20 世代	27
20	15.6	女性	40 世代	43
21	21.6	女性	50 世代	52
22	13.7	女性	20 世代	24
23	23.1	男性	40 世代	48
24	19.8	男性	10 世代	16
25	17.2	女性	40 世代	45
26	20.7	男性	30 世代	39

NO.	作業時間	性別	年代	年齡
27	23.6	女性	50 世代	55
28	14.6	男性	30 世代	33
29	17.6	女性	20 世代	25
30	19.0	女性	40 世代	46

（注）性別：1. 女性，2. 男性

年代：1. 10 世代，2. 20 世代，3. 30 世代，4. 40 世代，5. 50 世代

想分析的事情是？

1. 對作業時間來說，性別與年齡之間有何關聯？
2. 女性是否隨著年齡，作業時間變長呢？
3. 男性是否隨著年齡，作業時間變長呢？

此時，可以考慮如下的統計處理。

➲ 統計處理 1

以年代或年齡爲橫軸，作業時間爲縱軸，針對女性與男性分別以圖形表現。

➲ 統計處理 2

觀察圖形表現，如果 2 條折線不平行時，可以想成有交互作用的存在。因之使用一般線性模式，就性別與年齡進行交互作用的檢定。

➲ 統計處理 3

交互作用如存在時，可知性別與年齡之間有關聯。

撰寫論文時

1. 一般線性模式時：

將年代取成橫軸，作業時間取成縱軸，繪製女性與男性的圖形時，即如下圖。

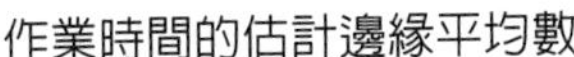

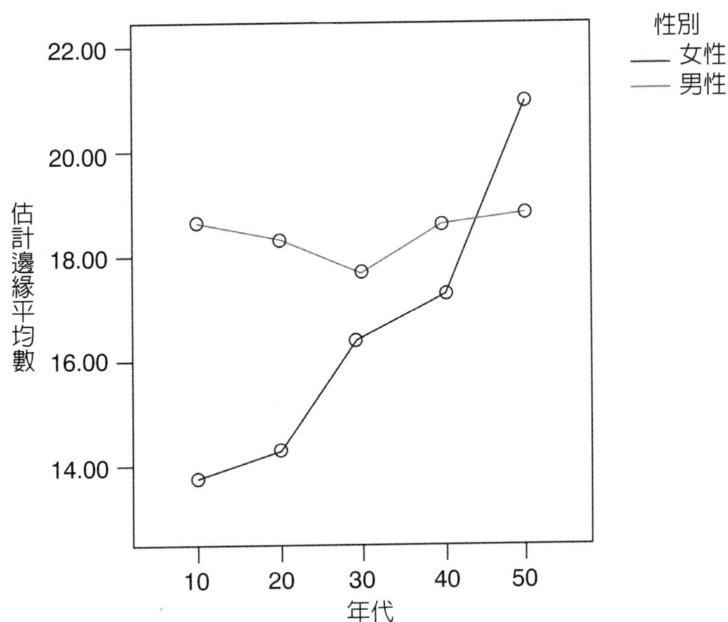

觀此圖形時，男性即使年代增加，作業時間看不出有太大的差異，但女性卻隨年代的增加，作業時間變長。

因此，將性別取成固定因子，年齡取成共變量，利用一般線性模式進行交互作用的檢定之後，F 值是 4.504，顯著機率是 0.044，可知性別與年齡之間存在有相互作用。

此檢定結果，與圖形表現結果一致，因此……

【數據輸入類型】

表 12.1.1 的數據如下輸入。

12.1.1.sav [資料集1] - IBM SPSS Statistics Data Editor

檔案(F) 編輯(E) 檢視(V) 資料(D) 轉換(T) 分析(A) 直效行銷 統計圖(G) 公用程式(U) 視窗(W) 說明(H)

顯示：4 個變數（共有 4 個）

	作業時數	性別	年代	年齡	var	var	var	var	var	var	var	var
1	12.1	女性	10世代	17								
2	10.5	女性	10世代	19								
3	18.7	男性	10世代	18								
4	12.0	男性	40世代	45								
5	11.7	女性	20世代	26								
6	18.7	女性	10世代	18								
7	21.3	男性	20世代	23								
8	17.6	男性	30世代	37								
9	17.5	男性	10世代	19								
10	14.4	女性	30世代	35								
11	18.7	男性	50世代	51								
12	17.9	女性	50世代	58								
13	20.6	男性	40世代	49								
14	16.3	女性	30世代	34								
15	15.2	男性	20世代	24								
16	17.2	男性	50世代	58								
17	18.4	女性	30世代	31								
18	20.5	男性	50世代	56								
19	18.5	男性	20世代	27								
20	15.6	女性	40世代	43								
21	21.6	女性	50世代	52								
22	13.7	女性	20世代	24								

資料視圖 變數視圖

IBM SPSS Statistics 處理器已就緒 Unicode:ON

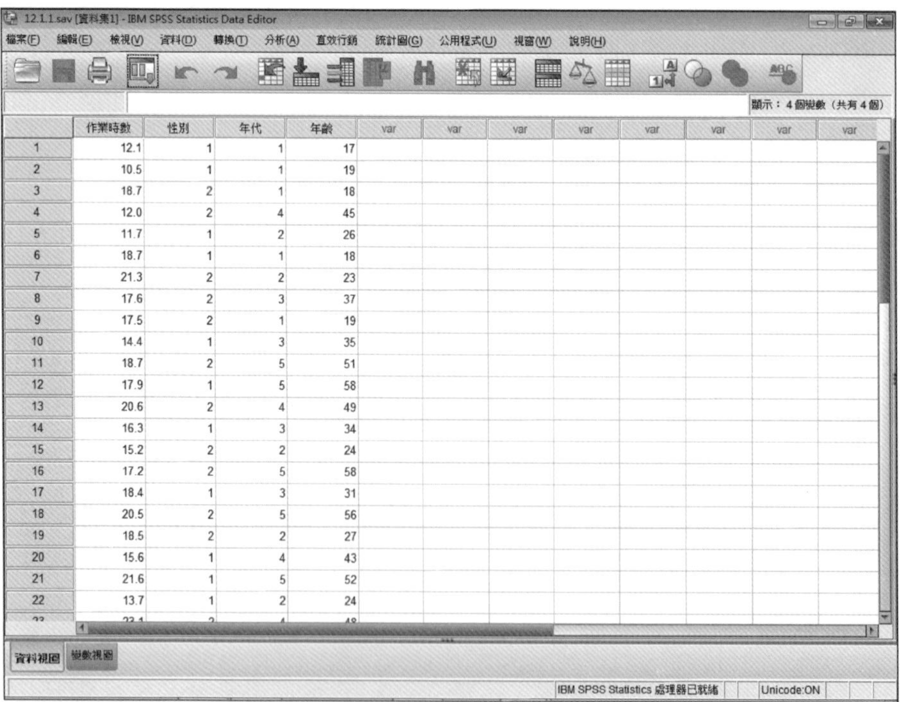

12.1.1.sav [資料集1] - IBM SPSS Statistics Data Editor

檔案(F) 編輯(E) 檢視(V) 資料(D) 轉換(T) 分析(A) 直效行銷 統計圖(G) 公用程式(U) 視窗(W) 說明(H)

顯示：4 個變數（共有 4 個）

	作業時數	性別	年代	年齡	var	var	var	var	var	var	var	var
1	12.1	1	1	17								
2	10.5	1	1	19								
3	18.7	2	1	18								
4	12.0	2	4	45								
5	11.7	1	2	26								
6	18.7	1	1	18								
7	21.3	2	2	23								
8	17.6	2	3	37								
9	17.5	2	1	19								
10	14.4	1	3	35								
11	18.7	2	5	51								
12	17.9	1	5	58								
13	20.6	2	4	49								
14	16.3	1	3	34								
15	15.2	2	2	24								
16	17.2	2	5	58								
17	18.4	1	3	31								
18	20.5	2	5	56								
19	18.5	2	2	27								
20	15.6	1	4	43								
21	21.6	1	5	52								
22	13.7	1	2	24								

資料視圖 變數視圖

IBM SPSS Statistics 處理器已就緒 Unicode:ON

12.2 利用 SPSS 的一般線性模式——交互作用

步驟 1 表 12.1.1 的資料輸入後，從【分析 (A)】的清單中選擇【一般線性模式 (G)】再選擇子清單的【單變量 (U)】。

步驟 2 將作業時數移到【因變數 (D)】方框。

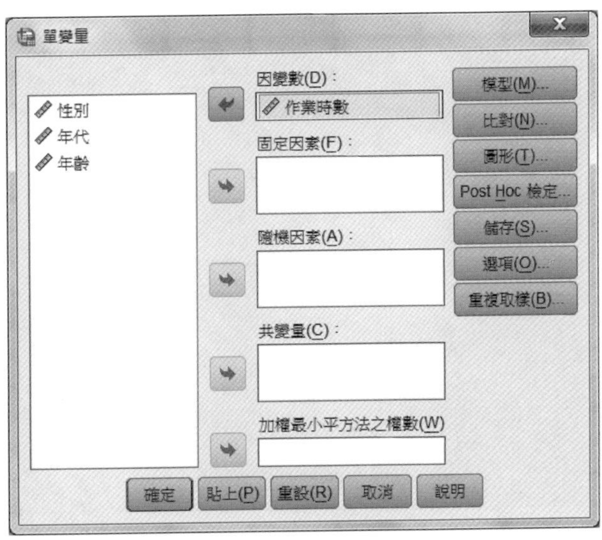

步驟 3 將性別移到【固定因素 (F)】，年齡移到【共變量 (C)】中。按一下【模型 (M)】。

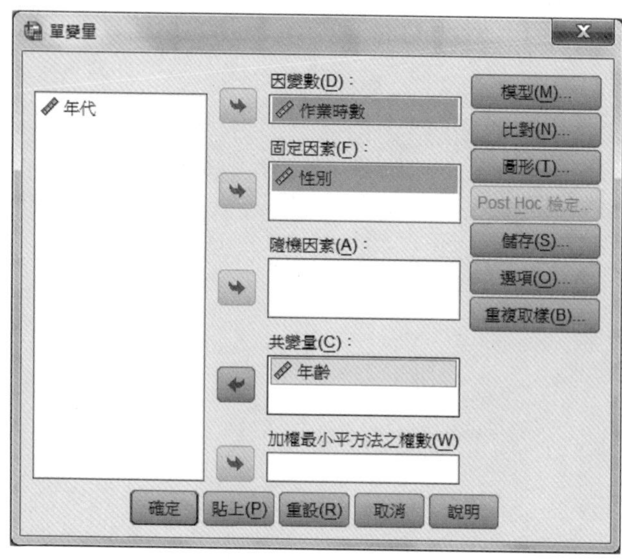

（注）連續變數移至【共變量（C)】的方框中。

步驟 4 顯示模型的頁面後，如下圖之勾選。

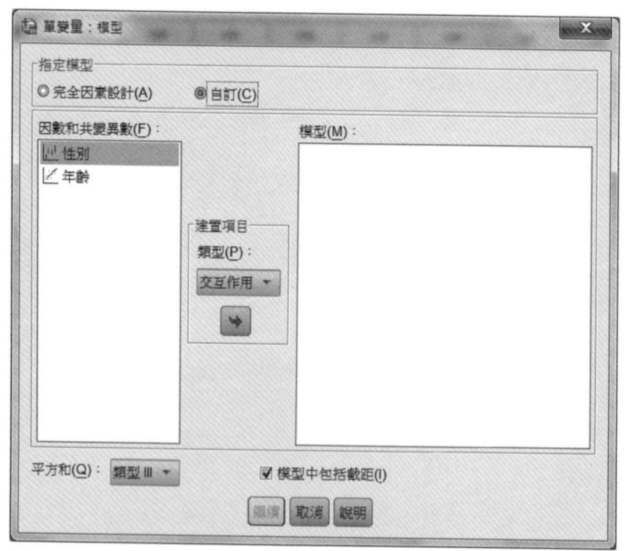

步驟 5　在【模型 (M)】的方框中，建立如下有交互作用的模式。按 繼續 。

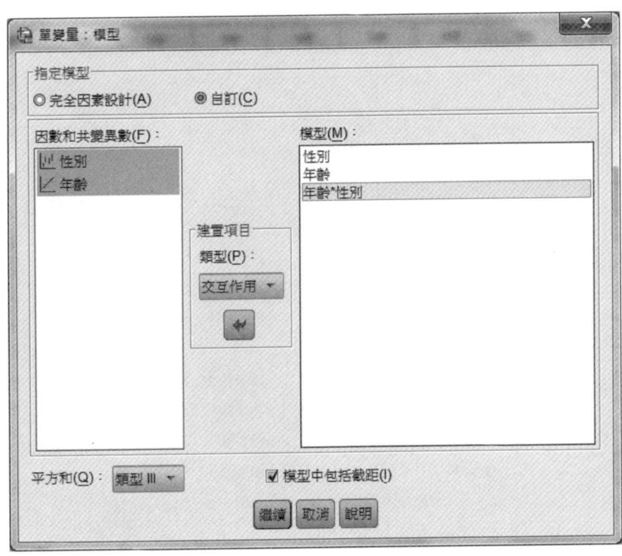

步驟 6　顯示以下頁面後，按一下【選項 (O)】。

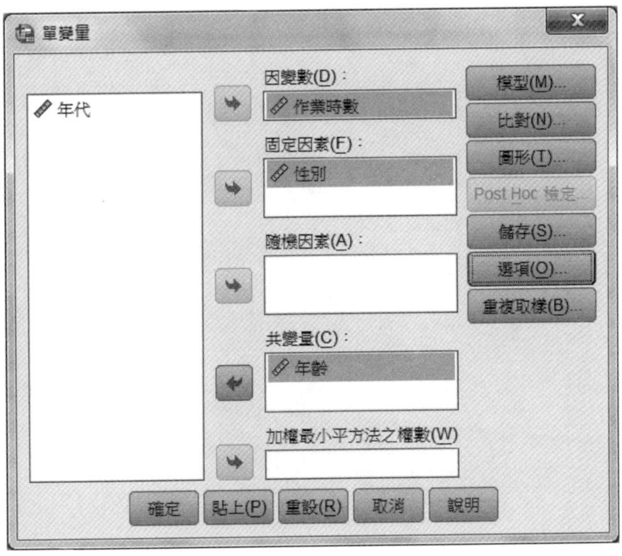

步驟 7 顯示選項的頁面後，如下勾選，按 繼續 。

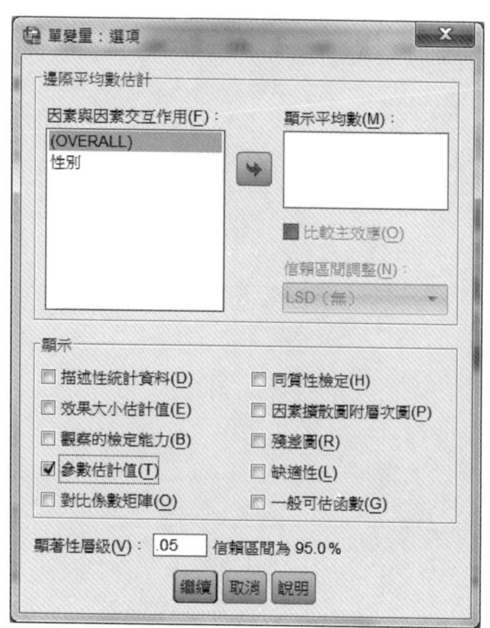

步驟 8 顯示以下的頁面後，按 確定 。

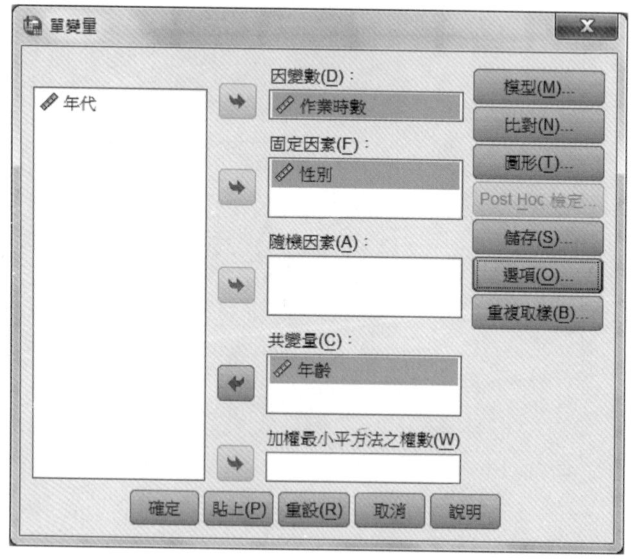

【SPSS 輸出・1】——一般線性模式……交互作用

受試者間效應項的檢定

依變數：作業時數

來源	型 III 平方和	自由度	平均平方和	F 檢定	顯著性
校正後的模式	112.473[a]	3	37.491	4.533	.011
截距	757.007	1	757.007	91.519	.000
性別	55.004	1	55.004	6.650	.016
年齡	53.260	1	53.260	6.439	.018
性別 * 年齡	37.255	1	37.255	4.504	.044
誤差	215.060	26	8.272		
總和	9490.550	30			
校正後的總數	327.534	29			

a. R 平方 = .343 (調過後的 R 平方 = .268)

←①

（注）以各年代計算平均值，即如表 12.2.1 所示：

表 12.2.1

	10 世代	20 世代	30 世代	40 世代	50 世代
女性	12.77	14.33	16.37	17.27	21.03
男性	12.67	12.33	17.63	12.57	12.80

【輸出結果的判讀・1】——一般線性模式……交互作用

①檢定因子與共變量的交互作用

假設 H_0：性別與年齡之間不存在交互作用

顯著機率 0.044 < 顯著水準 0.05

假設 H_0 不成立。

因之，性別與年齡之間存在交互作用。

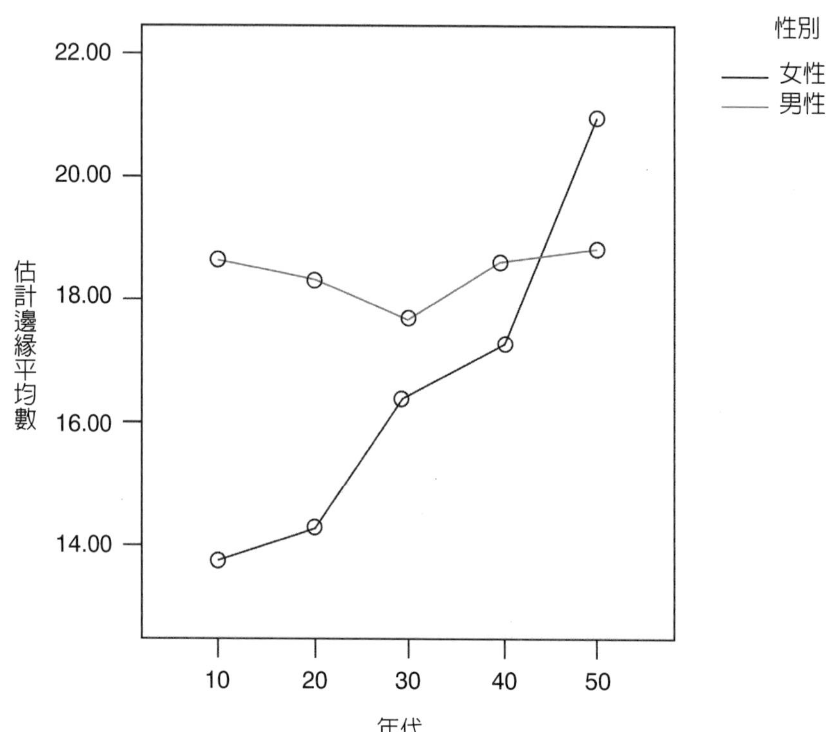

（注）性別與年齡之間無交互作用時→折線圖形平行。
此圖形是使用表 12.2.1 的資料。

【SPSS 輸出・2】——一般線性模式……交互作用

參數估計值

依變數：作業時數

參數	迴歸係數 B	標準誤	t	顯著性	95% 信賴區間 下限	95% 信賴區間 上限	
截距	17.823	2.062	8.642	.000	13.584	22.062	
[性別=1]	-7.568	2.935	-2.579	.016	-13.601	-1.536	←③
[性別=2]	0[a]	.	.	.	.	.	←②
年齡	.016	.053	.300	.767	-.093	.125	
[性別=1] * 年齡	.163	.077	2.122	.044	.005	.321	←③
[性別=2] * 年齡	0[a]	.	.	.	.	.	←②

a. 此參數因重疊而設定為零。

【輸出結果的判讀 ·2】——一般線性模式……交互作用

②男性的迴歸直線

$$\text{作業時間} = \underbrace{(17.823 + 0)}_{\text{截距}} + \underbrace{(0.016 + 0)}_{\text{斜率}} \times \text{年齡}$$

$$\text{作業時間} = 17.823 + 0.016 \times \text{年齡}$$

③女性的迴歸直線

$$\text{作業時間} = \underbrace{(17.823 - 7.568)}_{\text{截距}} + \underbrace{(0.016 + 0.163)}_{\text{斜率}} \times \text{年齡}$$

$$\text{作業時間} = 10.255 + 0.179 \times \text{年齡}$$

因此，①的檢定也成爲 2 條迴歸直線之斜率之差的檢定。

（注）交互作用的概念模型，近年來也被稱為調節模型（Moderation Model），然而中文語意的「交互作用」顯然比「調節作用」清楚。
假設自變項包括：
2 個自變項的主作用為：A, B。
其交互作用為：A×B，
如以上 3 者對應變項的作用均存在且顯著，則稱為「完全 2 因子」調節模型，否則即為「不完全因子」。
同理，3 個以上自變項的主作用為：A, B, C。
其交互作用就包括：A×B, A×C, B×C, A×B×C。
「完全 3 因子」就包括以上 3 主作用 + 4 交互作用＝共 7 個因子。
其他均可類推。
交互作用可以用 2 種方式分析：(1) 如果自變項包括類別資料，使用一般線性模式（GLM）與多因子 ANOVA，(2) 如果自變項全部為連續資料，可利用平減化先消除共線性再進行多元迴歸。

第13章 因素分析與對應分析——尋找背後的共同因素

13.1 因素分析

以下的資料是針對100位受試者就以下7項變數分別為

「壓力、運動量、健康、工作的充實度、地域活動的充實度、興趣的充實度、家庭生活的充實度」所調查的結果。

表 13.1.1

NO.	壓力	運動量	健康	工作	地域活動	興趣	家庭生活
1	3	5	2	3	4	4	4
2	1	5	3	4	3	3	4
3	2	4	4	4	5	3	4
4	2	2	2	5	5	5	4
5	5	1	3	2	3	3	1
6	3	3	3	5	4	5	4
7	2	5	4	5	4	3	3
8	2	2	4	3	2	4	2
9	4	1	4	2	2	2	2
10	3	4	5	4	4	4	5
⋮	⋮	⋮	⋮	⋮	⋮	⋮	⋮
100	2	2	1	3	3	3	2

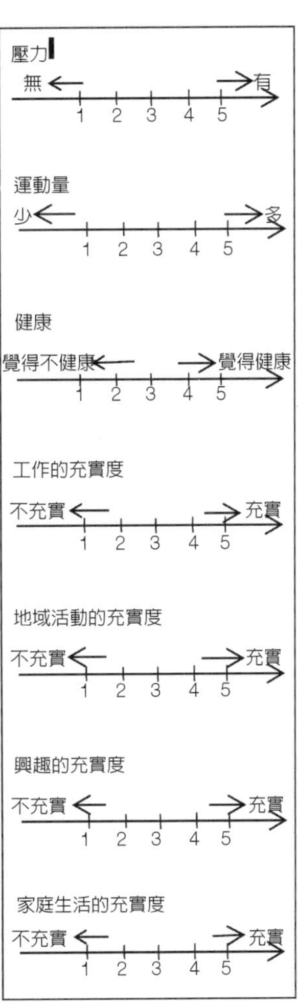

想知道的事情是？

1. 想知道壓力、運動量、健康、工作、地域社會、興趣、家庭生活的背後，潛藏著何種的共同因素。
2. 想使用第 1 因素、第 2 因素將受試者分類。
3. 試分別利用最大概似法與主軸因素法進行分析與比較。

此時，可以考慮如下的統計處理。

➲ 統計處理 1

進行因素分析之中的最大概似法或主軸因素法，萃取因素。

➲ 統計處理 2

將所萃取的因素再進行斜交轉軸（Promax），觀察因素負荷（量），調查共同因素是什麼。

➲ 統計處理 3

以第 1 因素爲橫軸，第 2 因素爲縱軸，編製散佈圖。

撰寫論文時

1. 因素分析時

利用最大概似法進行因素分析之後，第 1 因素的因素負荷其絕對值較大的變數是工作的充實度、地域活動的充實度、家庭生活的充實度，因之，第 1 因素可以想成是「外在的充實度」。

在第 2 因素中，壓力、運動量、健康等變數其因素負荷的絕對值較大，因之，第 2 因素可以想成是「內在的充實度」。

此外，依據 KMO 效度是 0.772，此因素分析可以認爲是妥當的，由此事可以判讀出什麼呢？

（注 1）所謂最大概似法是估計母體的參數與理論值的方法。
所謂 Promax 是指斜交轉軸中之一種。

（注 2）因素分析的變項必須是連續變項，符合線性關係的假設，順序與類別變項使用因素分析簡化結構。

（注 3）變數間須有一定程度的相關，一群相關太高或太低的變項，皆會造成執行因素分析的困難。

【數據輸入類型】

表 13.1.1 的資料如下輸入。

	壓力	運動量	健康	工作	地域活動	興趣	家庭生活	var
1	3	5	2	3	4	4	4	
2	1	5	3	4	3	3	4	
3	2	4	4	4	5	3	4	
4	2	2	2	5	5	5	4	
5	5	1	3	2	3	3	1	
6	3	3	3	5	4	5	4	
7	2	5	4	5	4	3	3	
8	2	2	4	3	2	4	2	
9	4	1	4	2	2	2	2	
10	3	4	5	4	4	4	5	
11	3	3	2	5	5	4	5	
12	3	2	3	2	3	2	2	
13	3	1	1	3	3	2	2	
14	1	5	3	5	4	5	5	
15	4	1	1	2	2	3	3	
16	3	2	4	2	3	2	2	
17	2	3	3	5	4	5	4	
18	5	1	2	2	3	4	3	
19	5	2	2	2	2	2	2	
20	2	2	4	5	5	5	4	
21	3	3	4	2	2	4	2	
22	4	4	2	3	2	4	3	
23	3	5	3	3	1	4	1	
24	3	4	3	5	4	4	5	
25	5	1	1	1	1	1	1	
26	5	1	1	1	1	1	1	
27	2	4	3	5	5	3	4	
28	3	4	5	5	4	5	5	
29	2	4	4	5	4	4	3	
30	2	2	2	3	2	1	2	

13.2 利用 SPSS 的因素分析——最大概似法

步驟 1 表 13.1.1 的資料輸入後，從【分析 (A)】的清單選擇【維度縮減 (D)】再選子清單的【因素 (F)】。

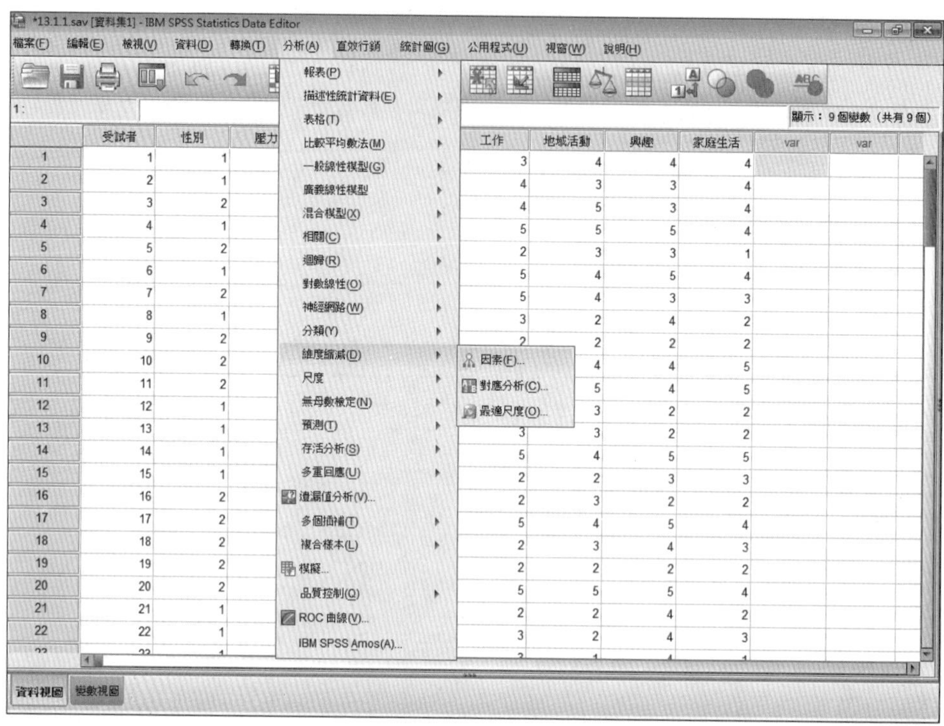

步驟 2 顯示因素分析的頁面後，將左側所有的變數移到【變數 (V)】欄位的方框中。接著按一下【擷取 (E)】。

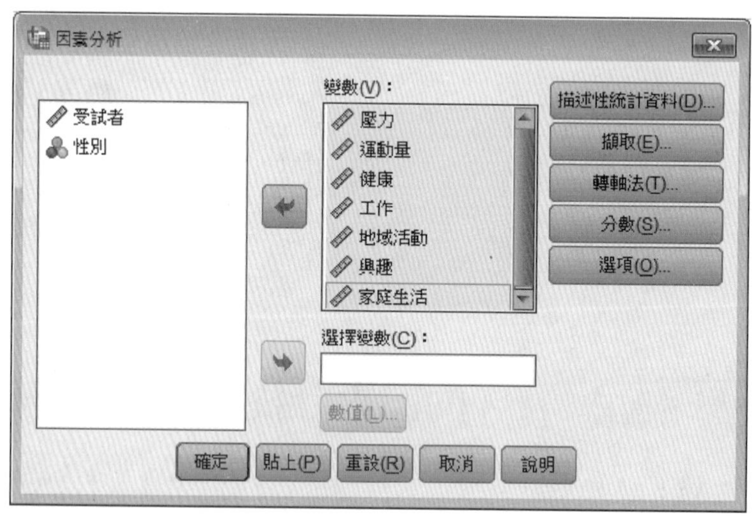

步驟 3 顯示因素分析擷取的頁面後，於【方法 (M)】欄位的下拉式選單中選擇最大概似，按 繼續 。回到步驟 2 的頁面，按一下【轉軸法 (T)】。

因素分析：擷取

方法(M)：最大概似

分析
相關性矩陣(R)
共變異數矩陣(V)

顯示
☑ 未旋轉因素統計資料(F)
☑ 陡坡圖(S)

擷取
根據特徵值(E)
特徵值大於(A)：1
固定因素數目(N)
要擷取的因素(T)：

收斂最大疊代(X)：25

繼續 取消 說明

步驟 4 顯示轉軸法的頁面後，點選 Promax，按 繼續 。回到步驟 2 的頁面，按一下【分數 (S)】。

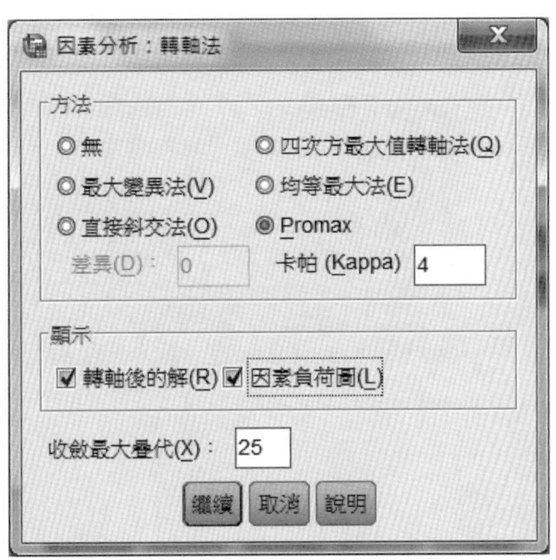

（注）Promax 是斜交轉軸的一種，點選此方法是因素間或許有相關之故。若無相關再選最大變異法的直交轉軸。

步驟 5 顯示產生因素分數的頁面後，勾選【因素儲存成變數 (S)】，再按 繼續，回到步驟 2 的頁面，按一下【描述性統計資料 (D)】。

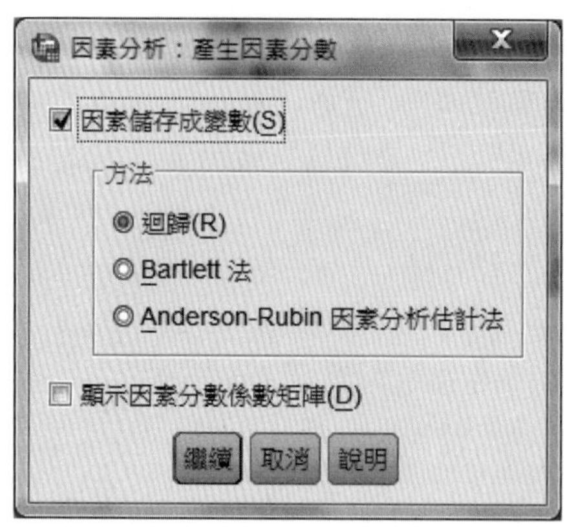

步驟 6 顯示描述性統計資料的頁面後，如下勾選，再按 繼續。

步驟 7 顯示如下頁面後，再按 確定 。

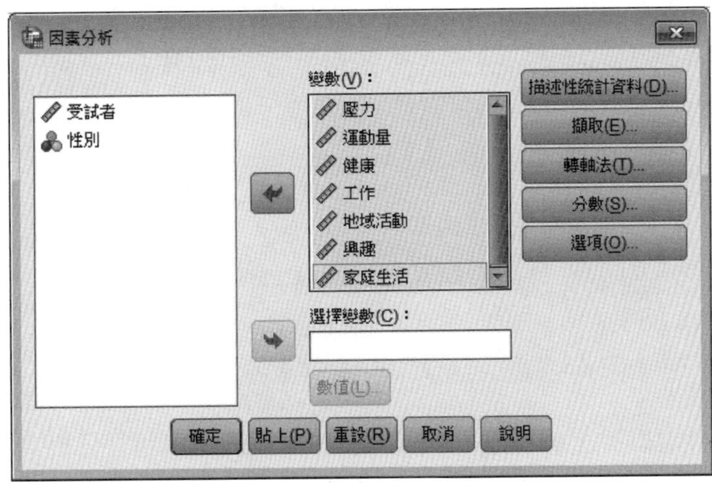

【SPSS 輸出．1】——因素分析（最大概似法）

KMO 與 Bartlett 檢定

Kaiser-Meyer-Olkin 測量取樣適當性。		.772	←①
Bartlett 的球形檢定	大約 卡方	341.488	
	df	21	
	顯著性	.000	←②

Communalities

	起始	擷取	
壓力	.548	.598	
運動量	.441	.711	
健康	.279	.309	
工作	.797	.904	
地域活動	.710	.803	←③
興趣	.448	.406	
家庭生活	.520	.487	

擷取方法：最大概似值。

【輸出結果的判讀 ‧1】——因素分析（最大概似法）

①這是 **Kaiser-Meyer-Olkin** 的效度（**validity**）。

此值未滿 0.5 時，可以認爲欠缺進行因素分析的效度。

此數據是 0.772，因之進行因素分析並無問題。

② **Bartlett** 的球面性檢定

假設 H_0：相關矩陣是單位矩陣

顯著機率 0.000 < 顯著水準 0.05

假設 H_0 不成立。

因此，變數間有相關，考慮共同因素有意義。

③**共同性之值接近 0 之變數與其他變數之相關低或許可從分析中除去。**

（注 1）相關矩陣是單位矩陣時，所有的 $r_{ij}=0$（$i \neq j$）

$$\begin{bmatrix} 1 & r_{12} & \cdots & r_{1n} \\ r_{21} & 1 & \cdots & \vdots \\ \vdots & \vdots & \ddots & \vdots \\ r_{n1} & r_{n2} & \cdots & 1 \end{bmatrix} = \begin{bmatrix} 1 & 0 & \cdots & 0 \\ 0 & 1 & \cdots & 0 \\ \vdots & \vdots & \ddots & \vdots \\ 0 & 0 & \cdots & 1 \end{bmatrix}$$

（注 2）共同性是指各變數對因素整體的說明力之程度，若數值小於 0.16 則認為說明力的程度弱，不利於分析，可將該變數刪除。

（注 3）各變數的因素負荷量若小於 0.4，說明各變數與因素的相關弱，因之可將該變數刪除後，再重新進行因素分析。

（注 4）KMO 效度的定義是

$$\text{KMO}=\frac{\Sigma\Sigma r_{ij}^2}{\Sigma\Sigma r_{ij}^2+\Sigma\Sigma a_{ij}^2} \quad (i \neq j)$$

當相關矩陣是單位矩陣時，因 $r_{ij}=0$，故 KMO = 0。

【SPSS 輸出・2】——因素分析（最大概似法）

說明的變異數總計

因素	起始特徵值			擷取平方和載入			循環平方和載入[a]
	總計	變異的 %	累加 %	總計	變異的 %	累加 %	總計
1	3.575	51.065	51.065	3.150	45.006	45.006	3.037
2	1.404	20.051	71.115	1.067	15.243	60.249	1.972
3	.647	9.238	80.354				
4	.537	7.672	88.025				
5	.402	5.736	93.761				
6	.303	4.329	98.090				
7	.134	1.910	100.000				

←④

擷取方法：最大概似值。

a. 當係數產生關聯時，無法新增平方和載入來取得變異數總計。

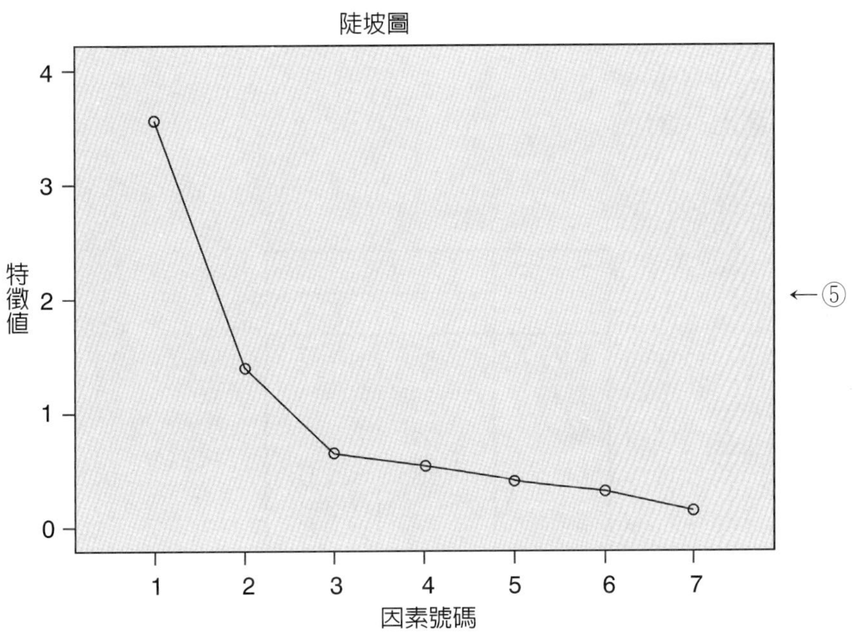

←⑤

【輸出結果的判讀・2】——因素分析（最大概似法）

④將因素的特徵值按大小順序排列。

所謂變異量的百分比是指特徵值的百分比。

$$51.065 \equiv \frac{3.575}{3.575+1.404+0.647+0.537+0.402+0.303+0.134} \times 100$$

$$\equiv \frac{3.575}{7} \times 100$$

（注）變異量是表示因素所具有的資訊量

⑤將因素的特徵值以圖形表現。

觀此圖形，判別要列舉多少個因素。

如折線的斜率減緩，因特徵值不太變化，乃在其前後的地方列舉因子數。

此情形，如因素數比 3 多時，陡坡圖即變減緩，所以列舉的因素數爲 2 或 3 是適當的。

【SPSS 輸出・3】

係數矩陣[a]

	因素	
	1	2
壓力	-.678	-.371
運動量	.382	.752
健康	.261	.490
工作	.950	-.037
地域活動	.833	-.330
興趣	.634	.070
家庭生活	.691	-.094

←⑥

擷取方法：最大概似值。

a. 擷取 2 個係數。需要 5 個疊代。

適合度檢定

卡方	df	顯著性
17.022	8	.030

←⑦

型樣矩陣[a]

	因素	
	1	2
壓力	-.413	-.500
運動量	-.089	.878
健康	-.047	.574
工作	.909	.089
地域活動	.974	-.249
興趣	.550	.163
家庭生活	.702	-.009

←⑧

擷取方法：最大概似值。
轉軸方法：具有 Kaiser 正規化的 Promax 轉軸法。

a. 在 3 疊代中收斂循環。

【輸出結果的判讀 ‧3】

⑥這是 **Promax** 轉軸前的因素負荷（量）

⑦模式的適合度檢定（決定列舉的因素數的方法之一）。

假設 H_0：適合於因素數是 2 個的模式

顯著機率 0.030 < 顯著水準 0.05

假設 H_0 不成立。

因此，因素數當成 3 個也許較好。

（注）因素數當成 3 個時，

適合度檢定

卡方	自由度	顯著性
4.586	3	.205

假設 H_0 不能否定。因此，列舉的因素數，3 個比 2 個為宜。

⑧ **Promax 轉軸後的因素負荷（量）**。

一面觀察此值，對共同因素命名。

第 1 因素由於工作的充實度、地域活動的充實度、家庭生活的充實度之值較大，因之可以想成是「外在充實度」。

第 2 因素由於壓力、運動量、健康之值較大，因之可想成是「內在充實度」。

【SPSS 輸出 ・4】——因素分析（最大概似法）

結構矩陣

	因子	
	1	2
壓力	-.628	-.677
運動量	.287	.839
健康	.199	.554
工作	.947	.479
地域活動	.867	.168
興趣	.620	.399
家庭生活	.698	.292

←⑨

萃取方法：最大概似。
旋轉方法：含 Kaiser 常態化的 Promax 法。

因子相關矩陣

因子	1	2
1	1.000	.429
2	.429	1.000

萃取方法：最大概似。
旋轉方法：含 Kaiser 常態化的 Promax 法。

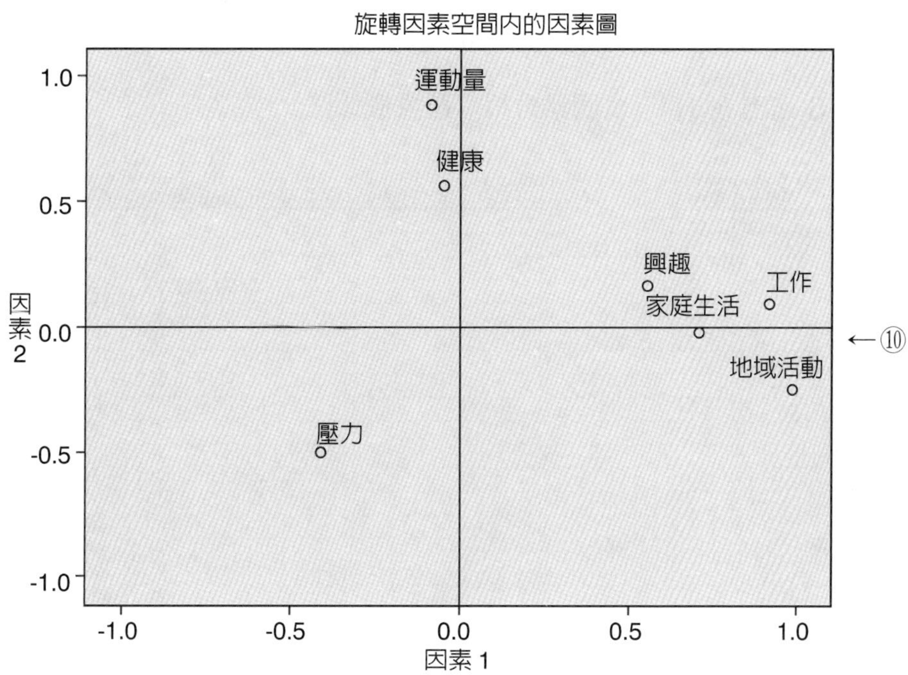

【輸出結果的判讀 ·4】——因素分析（最大概似法）

⑨這是結構矩陣

與樣式矩陣之關係如下。

樣式矩陣 因素 1	樣式矩陣 因素 2		因素相關 矩陣		結構 矩陣	因素 1		因素相關 矩陣	因素 2		結構 矩陣
–0.413	+(–0.500)	×	0.429	=	–0.628	(–0.413)	×	0.429	+(–0.5)	=	–0.628
–0.089	+(0.878)	×	0.429	=	0.287	(–0.089)	×	0.429	+(–0.878)	=	–0.839
–0.047	+(0.574)	×	0.429	=	0.199						
0.909	+(0.089)	×	0.429	=	0.947						
0.947	+(–0.249)	×	0.429	=	0.867						
0.550	+(0.163)	×	0.429	=	0.620						
0.720	+(–0.009)	×	0.429	=	0.698						

（注）結構矩陣成為相關係數的常數倍。

只有樣式矩陣無法看出因素的特徵時，也可利用此結構矩陣。

【SPSS 輸出 ・5】——因素分析（最大概似法）

	壓力	運動量	健康	工作	地域活動	興趣	家庭生活	fac1_1	fac2_1
1	3	5	2	3	4	4	4	.35717	.67490
2	1	5	3	4	3	3	4	.66885	1.50024
3	2	4	4	4	5	3	4	1.07542	.67100
4	2	2	2	5	5	5	4	1.64846	-.15983
5	5	1	3	2	3	3	1	-.72989	-1.42429
6	3	3	3	5	4	5	4	1.35816	.36184
7	2	5	4	5	4	3	3	1.24903	1.45111
8	2	2	4	3	2	4	2	-.18811	.13678
9	4	1	4	2	2	2	2	-.88308	-.98309
10	3	4	5	4	4	4	5	.90459	.81268
11	3	3	2	5	5	4	5	1.60919	.03049
12	3	2	3	2	3	2	2	-.59167	-.63715
13	3	1	1	3	3	2	2	-.11877	-1.13254
14	1	5	3	5	4	5	5	1.54729	1.63196
15	4	1	1	2	2	3	3	-.76595	-1.30640
16	3	2	4	2	3	2	2	-.59070	-.51145
17	2	3	3	5	4	5	4	1.41732	.56078
18	5	1	2	2	3	4	3	-.54114	-1.49156
19	5	2	2	2	2	2	2	-.94362	-.99964
20	2	2	4	5	5	5	4	1.65039	.09158
21	3	3	4	2	2	4	2	-.72210	.18181
22	4	4	2	3	2	4	3	-.23756	.35973
23	3	5	3	3	1	4	1	-.54890	1.27002
24	3	4	3	5	4	4	5	1.37806	.75110
25	5	1	1	1	1	1	1	-1.77324	-1.64169
26	5	1	1	1	1	1	1	-1.77324	-1.64169
27	2	4	3	5	5	3	4	1.54985	.73513
28	3	4	5	5	4	5	5	1.43034	1.05169
29	2	4	4	5	4	4	3	1.29882	1.06648
30	2	2	2	3	2	1	2	-.34109	-.26216

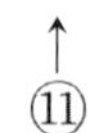

【輸出結果的判讀 ・5】——因素分析（最大概似法）

⑪這是因素分數。

受試者 NO.1 此人的因素分數是 (0.35723, 0.67444)，如畫在散佈圖上時，是屬於不管外在、內在都很充實的群。

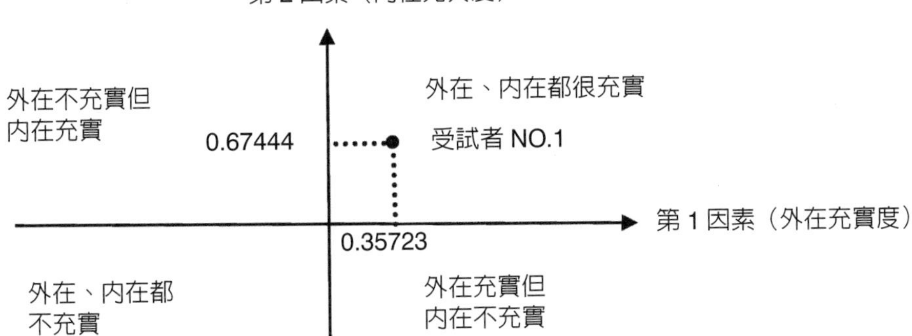

13.3 利用 SPSS 的因素分析——主軸因素法

步驟 1 表 13.1.1 的資料輸入後，從【分析 (A)】的清單中選擇【維度縮減 (D)】再選擇【因素 (F)】。

步驟 2 顯示因素分析的頁面後，將左側所有的變數移到【變數 (V)】的方框，按一下【擷取 (E)】。

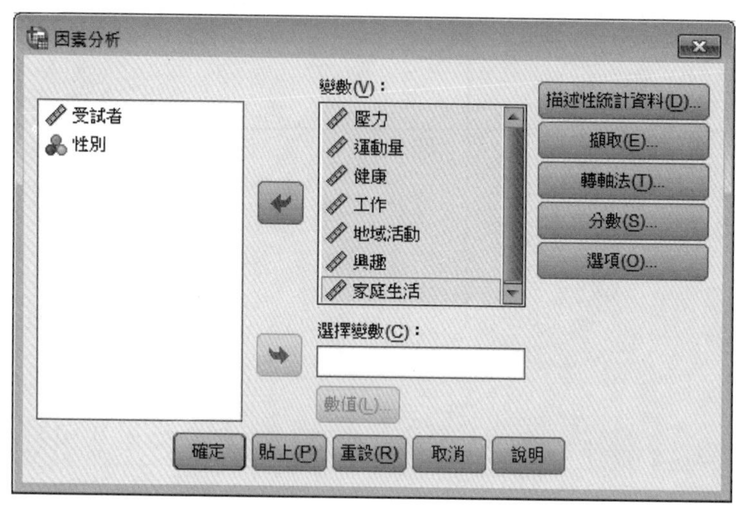

步驟 3 顯示擷取的頁面後，如下選擇，然後按 繼續。回到步驟 2 的頁面後，按一下【轉軸法 (T)】。

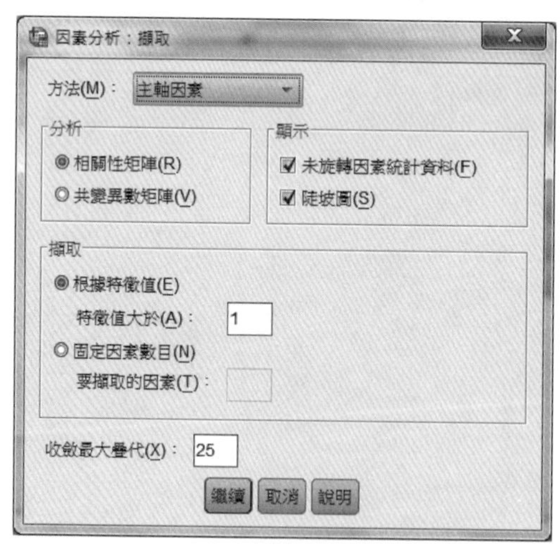

步驟 4 在轉軸法與描述性統計資料的頁面中，選擇【最大變異法 (V)】後，按 繼續 。回到步驟 2 的頁面後，按【分數 (S)】。

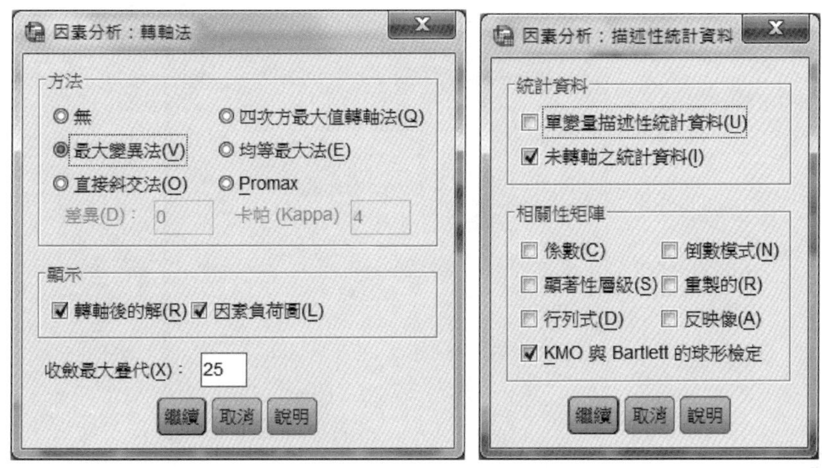

（注）因素之間若是無相關時，可點選最大變異法（Varimax）。

步驟 5 在產生因數分數的頁面中勾選【因素儲存成變數 (S)】後，按 繼續 。

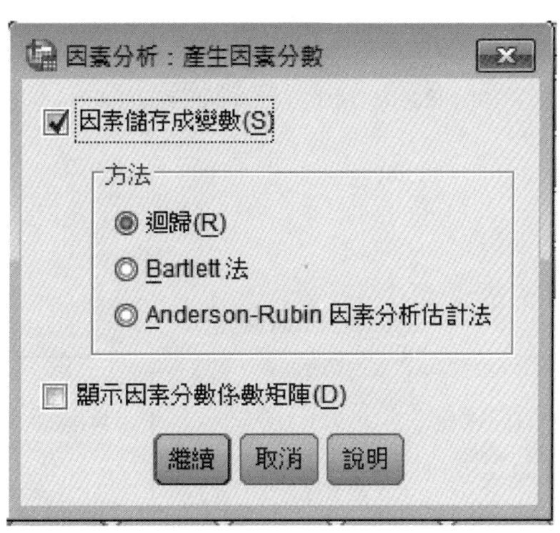

步驟 6 回到步驟 2 的頁面，點一下【選項 (O)】，出現選項的頁面後，勾選【依據因素負荷排序 (S)】及【隱藏較小的係數 (U)】，於【絕對值低於 (A):】欄位中輸入 0.4，然後按 繼續，回到步驟 2 的頁面後按 確定。

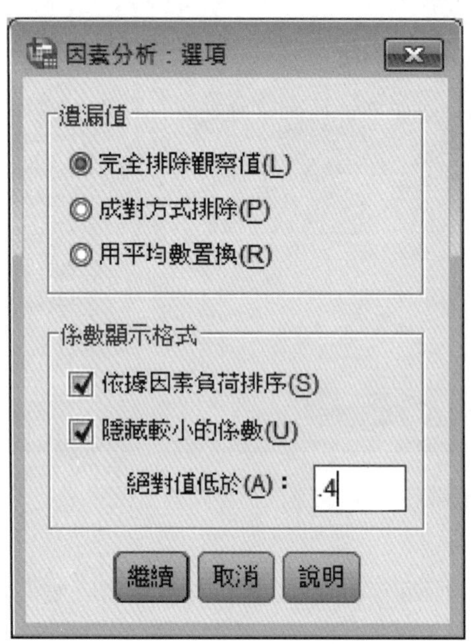

【SPSS 輸出・1】——因素分析（主軸因素法）

➡ 因子分析

KMO與Bartlett檢定

Kaiser-Meyer-Olkin 取樣適切性量數。		.772	
Bartlett 球形檢定	近似卡方分配	341.488	
	自由度	21	←①
	顯著性	.000	

共同性

	初始	萃取
壓力	.548	.602
運動量	.441	.630
健康	.279	.351
工作	.797	.878
地域活動	.710	.754
興趣	.448	.457
家庭生活	.520	.534

萃取法：主軸因子萃取法。

←②

解說總變異量

因子	初始特徵值			平方和負荷量萃取		
	總和	變異數的%	累積%	總和	變異數的%	累積%
1	3.575	51.065	51.065	3.227	46.096	46.096
2	1.404	20.051	71.115	.980	13.997	60.093
3	.647	9.238	80.354			
4	.537	7.672	88.025			
5	.402	5.736	93.761			
6	.303	4.329	98.090			
7	.134	1.910	100.000			

萃取法：主軸因子萃取法。

←③

解說總變異量

因子	轉軸平方和負荷量		
	總和	變異數的%	累積%
1	2.683	38.336	38.336
2	1.523	21.758	60.093
3			
4			
5			
6			
7			

萃取法：主軸因子萃取法。

←③的繼續

【輸出結果的判讀 · 1】——因素分析（主軸因素法）

①與最大概似法之輸出結果相同。

②共同性的初始值雖與最大概似法一致，但此處是使用主軸因素法，因之因素萃取後之值，與最大概似法並不一致。

③初始的特徵值，雖與最大概似法一致，但此處是使用主軸因素法，因之萃取後與轉軸後之值，與最大概似法的值不一致。

【SPSS 輸出 ‧ 2】——因素分析（主軸因素法）

Factor Matrix[a]

	Factor	
	1	2
工作	.917	
地域活動	.754	.430
壓力	-.719	
家庭生活	.697	
興趣	.674	
運動量	.473	-.638
健康	.369	-.464

←④

Extraction Method: Principal Axis Factoring.

a. 2 factors extracted. 15 iterations required.

Rotated Factor Matrix[a]

	Factor	
	1	2
工作	.893	
地域活動	.868	
家庭生活	.715	
興趣	.609	
運動量		.788
壓力	-.482	-.608
健康		.586

←⑤

Extraction Method: Principal Axis Factoring.
Rotation Method: Varimax with Kaiser Normalization.

a. Rotation converged in 3 iterations.

Factor Transformation Matrix

Factor	1	2
1	.871	.492
2	.492	-.871

←⑥

Extraction Method: Principal Axis Factoring.
Rotation Method: Varimax with Kaiser Normalization.

【輸出結果的判讀 ‧2】——因素分析（主軸因素法）

④這是最大變異（Varimax）法轉軸前的因素負荷（量）。

不妨與最大概似法的因素矩陣比較看看。

⑤Varimax 轉軸後的因素負荷（量）。

一面觀察此值，一面對因素命名。

對應最大概似法的樣式矩陣。

觀察此輸出之值後，發現因素 1 的前 4 個項目具有收斂效度與區別效度，因之考慮此 4 個項目的內容後再對因素 1 命名。

壓力雖對因素 2 具有收斂效度，但對因素 1 不具區別效度，因之或許有需要考慮將此項目移除後再進行因素分析。

⑥此因素轉換矩陣形成直交矩陣。

$$\begin{bmatrix} 0.871 & 0.492 \\ 0.492 & -0.871 \end{bmatrix} \cdot \begin{bmatrix} 0.871 & 0.492 \\ 0.492 & -0.871 \end{bmatrix} = \begin{bmatrix} 1 & 0 \\ 0 & 1 \end{bmatrix}$$

（注）常用的建構效度有：收斂效度（convergent validity）和區別效度（discri-minate validity）兩種。

1. 收斂效度：用兩種不同衡量方式去衡量同一構面時，其相關程度很高，代表具有收斂效度。
2. 區別效度：是將不同之兩個概念進行測量，若經測量結果進行相關分析，其相關程度很低，代表兩個研究之概念測量之構面具有區別效度。

【SPSS 輸出 ‧3】

因勾選因素負荷圖，故出現如下負荷圖。

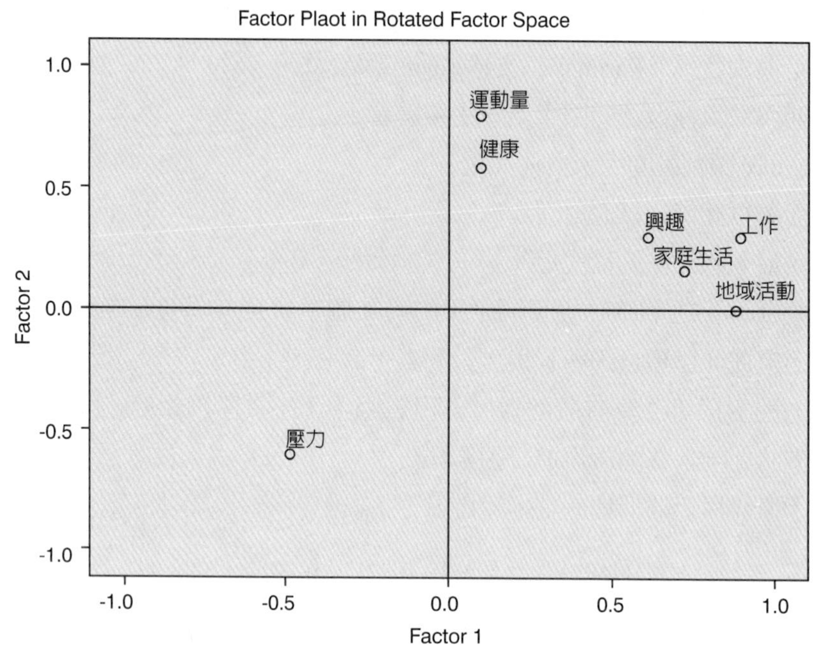

由於轉軸是使用最大變異法進行，可產生如上之圖形，從圖中發現命名不易，因之若選取斜交轉軸（Promax）對命名或許更有助益。

【SPSS 輸出・4】

*13.1.1.sav [資料集1] - IBM SPSS Statistics Data Editor

檔案(F) 編輯(E) 檢視(V) 資料(D) 轉換(T) 分析(A) 直效行銷 統計圖(G) 公用程式(U) 視窗(W) 說明(H)

顯示：9 個變數（共有 9 個）

	壓力	運動量	健康	工作	地域活動	興趣	家庭生活	FAC1_1	FAC2_1	var
1	3	5	2	3	4	4	4	.21143	.49404	
2	1	5	3	4	3	3	4	.29905	1.38536	
3	2	4	4	4	5	3	4	.89572	.51140	
4	2	2	2	5	5	5	4	1.80527	-.50004	
5	5	1	3	2	3	3	1	-.44178	-1.27767	
6	3	3	3	5	4	5	4	1.46764	.00611	
7	2	5	4	5	4	3	3	.90106	1.14659	
8	2	2	4	3	2	4	2	-.19970	.36444	
9	4	1	4	2	2	2	2	-.68393	-.69652	
10	3	4	5	4	4	4	5	.88159	.66482	
11	3	3	2	5	5	4	5	1.74585	-.43732	
12	3	2	3	2	3	2	2	-.57808	-.41716	
13	3	1	1	3	3	2	2	.03882	-1.13997	
14	1	5	3	5	4	5	5	1.30382	1.31146	
15	4	1	1	2	2	3	3	-.43675	-1.19987	
16	3	2	4	2	3	2	2	-.59128	-.23603	
17	2	3	3	5	4	5	4	1.44201	.27205	
18	5	1	2	2	3	4	3	-.10177	-1.43081	
19	5	2	2	2	2	2	2	-.74781	-.93195	
20	2	2	4	5	5	5	4	1.77889	-.13779	
21	3	3	4	2	2	4	2	-.76459	.45907	
22	4	4	2	3	2	4	3	-.23462	.24379	

資料視圖 變數視圖

IBM SPSS Statistics 處理器已就緒 Unicode:ON

利用最右方的因素分數可對受試者的性別進行平均值差異之檢定。

此可從【分析 (A)】中選擇【比較平均數法 (M)】來執行。所得結果如下。

T-Test

Group Statistics

	性別	N	Mean	Std. Deviation	Std. Error Mean
REGR factor score 1 for analysis 1	男性	50	.0262012	.88115162	.12461366
	女性	50	-.0262012	1.02312997	.14469243
REGR factor score 2 for analysis 1	男性	50	-.0217014	.88427722	.12505568
	女性	50	.0217014	.85326434	.12066980

Independent Samples Test

		Levene's Test for Equality of Variances		t-test for Equality of Means						
									95% Confidence Interval of the Difference	
		F	Sig.	t	df	Sig. (2-tailed)	Mean Difference	Std. Error Difference	Lower	Upper
REGR factor score 1 for analysis 1	Equal variances assumed	3.302	.072	.274	98	.784	.05240230	.19095670	-.32654506	.43134966
	Equal variances not assumed			.274	95.891	.784	.05240230	.19095670	-.32664924	.43145384
REGR factor score 2 for analysis 1	Equal variances assumed	.134	.715	-.250	98	.803	-.04340282	.17378183	-.38826721	.30146157
	Equal variances not assumed			-.250	97.875	.803	-.04340282	.17378183	-.38827270	.30146706

不管是因素 1 或 2，性別並未造成差異。

因素 1 中有 4 個項目，若想了解此因素 1 的組合信度時，可如下進行。

步驟 1 從【比例 (A)】子清單中選擇【信度分析 (R)】(一般稱爲信度)。

步驟 2　將因素 1 的相關項目移入【項目 (I)】中。點擊【統計資料 (S)】。

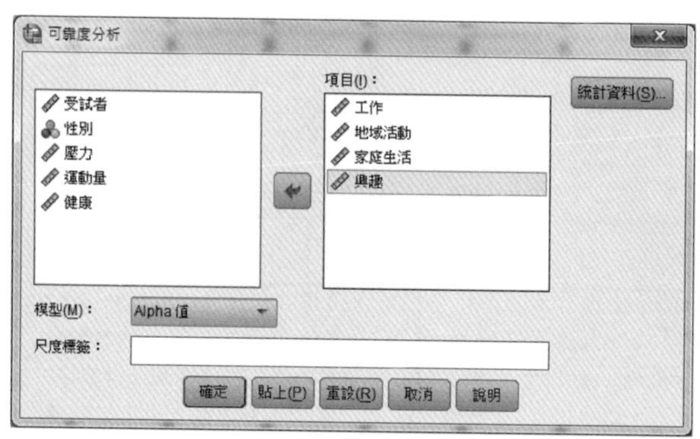

步驟 3　顯示統計資料頁面後，如下點選。按 繼續 ，再按 確定 。

可靠度分析：統計資料
描述性統計資料對象
項目(I)
尺度(S)
刪除項目後之量尺摘要(A)
各分量表內項目之間
相關(L)
共變異數(E)
摘要
平均數(M)
變異數(V)
共變異數(O)
相關(R)
ANOVA 摘要表
無(N)
F 檢定
Friedman 卡方(Q)
Cochran 卡方
Hotelling's T 平方
Tukey 的可加性檢定
組內相關係數(T)
模型(D)：雙向混合
類型(P)：一致性
信賴區間(C)：95 %
測試值(U)：0
繼續
取消
說明

得出如下輸出。

Reliability Statistics

Cronbach's Alpha	N of Items
.868	4

Cronbach's α 係數是 0.868，說明第一因素中的各項目具有甚高的一致性。

Item-Total Statistics

	Scale Mean if Item Deleted	Scale Variance if Item Deleted	Corrected Item-Total Correlation	Squared Multiple Correlation	Cronbach's Alpha if Item Deleted
工作	8.91	9.113	.817	.719	.791
地域活動	9.09	9.416	.731	.657	.827
家庭生活	9.00	9.879	.711	.513	.835
興趣	8.88	10.592	.625	.426	.868

修正之項目總相關（corrected Item-Total correlation）若是低值或是負數時，將該項目包含在內是不理想的。此外，項目刪除後，Cronbach's α 係數（Cronbach's Alpha if ItemDeleted）很明顯上升，也許刪除是比較好的。由本例來看，並無需要刪除的項目。

13.4 對應分析——將質性資料的關聯圖式化

13.4.1 何謂對應分析

所謂對應分析是將沒有外部基準的質性資料進行數量化的一種手法，在尋找顯示相似反應者的時候是一有效的方法。表示 2 個變數間之關聯時，使用對應（Corespondence）分析；表示 2 個以上的關聯時，使用等質性分析（多重對應分析；HOMALS）之手法。

又，爲了以 SPSS 進行對應分析，需要有 SPSS Categories 選項。

13.4.2 對大學生授課的意識調查

對於 4 種授課（A、B、C、D）的興趣來說，使用無興趣、皆可、有興趣，3 種選擇，對 50 名大學生進行調查。數據如下。

授課是 1 表 A，2 表 B，3 表 C，4 表 D，興趣是 1 表示無興趣，2 表示皆可，3 表示有興趣，人數是指針對各授課選擇各個選項的人數。由於與以往資料輸入的方法不同，所以要注意。

授課	興趣	人數
1	1	5
2	1	10
3	1	2
4	1	20
1	2	35
2	2	20
3	2	43
4	2	10
1	3	10
2	3	20
3	3	5
4	3	20

【資料類型的指定與輸入】

步驟 1 打開 SPSS 編輯器的【變數視圖】頁面。

11 1.sav [資料集1] - IBM SPSS Statistics Data Editor

檔案(F) 編輯(E) 檢視(V) 資料(D) 轉換(T) 分析(A) 直效行銷 統計圖(G) 公用程式(U) 視窗(W) 說明(H)

	名稱	類型	寬度	小數	標籤	數值	遺漏	直欄	對齊
1	授課	數值型	8	0		{1, A}...	無	8	右
2	興趣	數值型	8	0		{1, 無興趣}...	無	8	右
3	人數	數值型	8	0		無	無	8	右

資料視圖 變數視圖

IBM SPSS Statistics 處理器已就緒 Unicode:ON 加權於

➢ 第 1 個變數的名稱輸入授課，第 2 個輸入興趣，第 3 個輸入人數。

➢ 受試者的類型當成字串。

➢ 授課的數值標籤，1 指定 A，2 是 B，3 是 C，4 是 D。

➢ 興趣的數值標籤，1 指定無興趣，2 是皆可，3 是有興趣。

步驟 2 打開【資料視圖】頁面，輸入資料。

	授課	興趣	人數
1	1	1	5
2	2	1	10
3	3	1	2
4	4	1	20
5	1	2	35
6	2	2	20
7	3	2	43
8	4	2	10
9	1	3	10
10	2	3	20
11	3	3	5
12	4	3	20

【資料的加權】

步驟 1 選擇【資料（D）】→【加權觀察值（W）】。

步驟 2 點選【觀察值加權依據（W）】，於【次數變數（F）】指定人數。按 確定 。

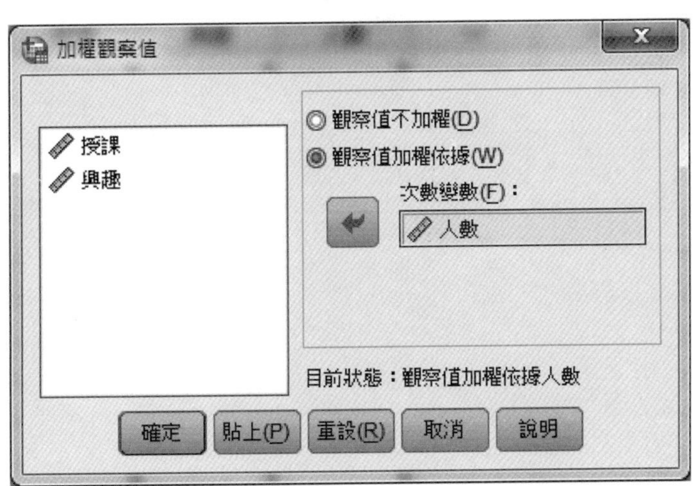

【對應分析的執行】

步驟 1 選擇【分析 (A)】清單→【維度縮減 (D)】→【對應分析 (C)】。

步驟 2 於【列 (W)】指定興趣。按【定義範圍 (D)】。

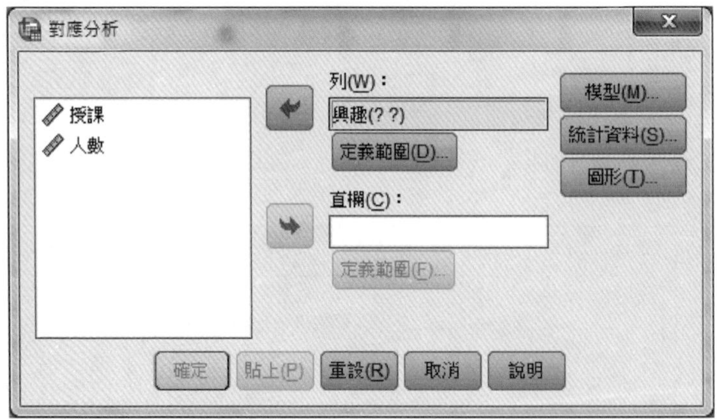

步驟 3 於定義列範圍頁面中，將【最小值 (M)：】指定爲 1，【最大值 (A)：】指定爲 3。按一下【更新 (U)】，按一下 繼續 。

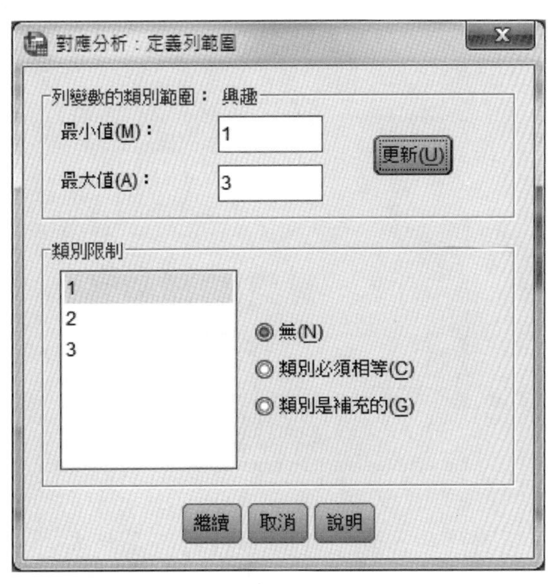

步驟 4 於【直欄 (C)】指定授課。按【定義範圍 (F)】。

步驟 5 於定義行範圍頁面中，將【最小值 (M)：】指定為 1，【最大值 (A)：】指定為 4。按一下【更新 (U)】，按一下 繼續 。

步驟 6 於對應分析頁面中，點擊【圖形 (T)】。顯示如下視窗，勾選【雙序圖 (B)】、【列點數 (O)】、【直欄點數 (M)】。按 繼續 。

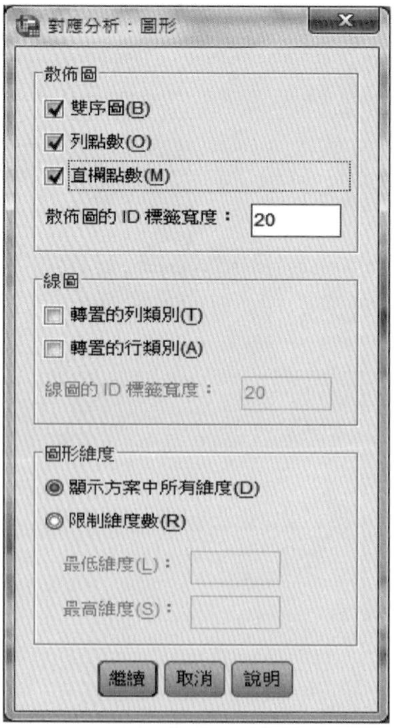

步驟 7 於對應分析頁面中，點擊【統計資料 (S)】。顯示如下視窗，勾選【對應表格(C)】、【列點數綜覽(R)】、【行點數綜覽(L)】。按 繼續。按 確定。

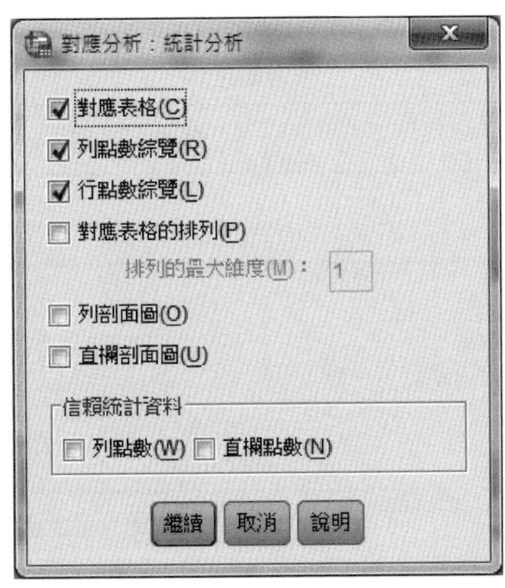

【輸出的看法】

首先，輸出授課與興趣的次數分配表。

對應表

興趣	授課 A	B	C	D	使用中邊緣
無	5	10	2	20	37
皆可	35	20	43	10	108
有	10	20	5	20	55
使用中邊緣	50	50	50	50	200

其次，輸出奇異值等。奇異值的平方即為概化變異數之值。

觀察概化變異數的比例的【說明】部分時，第 1 次元是 0.959 之值，意謂以第 1 次元說明整個數據的 95.9%。

摘要

維度	奇異值	概化變異數	卡方	顯著性	概化變異數的比例 計算	概化變異數的比例 累積	信賴奇異值 標準差	信賴奇異值 相關 2
1	.522	.273			.959	.959	.056	.134
2	.107	.012			.041	1.000	.081	
總和		.284	56.832	.000[a]	1.000	1.000		

a. 6 自由度

輸出橫列點的摘要。【次元的分數】即為各個反應的第 1 次、第 2 次元的位置。

利用此值，可以將各個反應表現在平面上。

概觀橫列點[a]

興趣	量	維度的分數		慨化變異數	貢獻				
					點對維度的慨化變異數		維度對點的慨化變異數		
		1	2		1	2	1	2	總和
無	.185	.995	-.519	.101	.351	.464	.947	.053	1.000
皆可	.540	-.657	-.052	.122	.446	.014	.999	.001	1.000
有	.275	.621	.451	.061	.203	.522	.902	.098	1.000
使用中總和	1.000			.284	1.000	1.000			

a. 對稱常態化

同樣輸入直行點的摘要。可以知道各授課在平面上位於何處。

概觀直行點[a]

授課	量	維度的分數		慨化變異數	貢獻				
					點對維度的慨化變異數		維度對點的慨化變異數		
		1	2		1	2	1	2	總和
A	.250	-.452	.018	.027	.098	.001	1.000	.000	1.000
B	.250	.353	.521	.024	.060	.632	.691	.309	1.000
C	.250	-.887	-.190	.104	.377	.084	.991	.009	1.000
D	.250	.986	-.349	.130	.466	.284	.975	.025	1.000
使用中總和	1.000			.284	1.000	1.000			

a. 對稱常態化

出現橫列點與直行點在各個平面上的圖示。

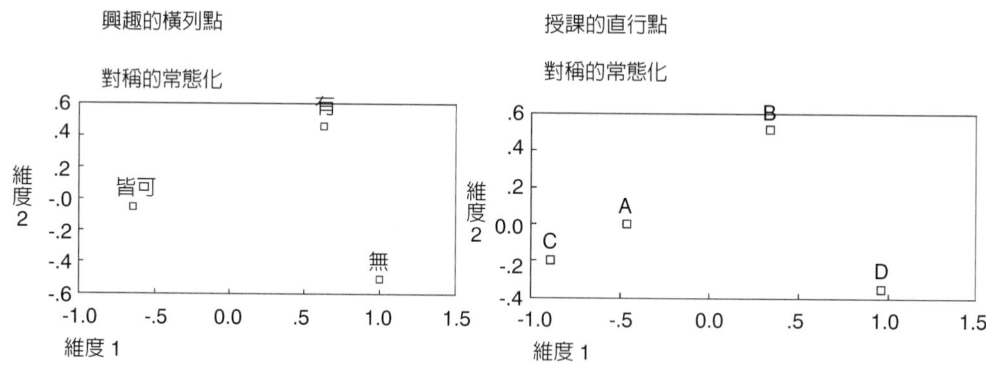

出現橫列點與直行點在一個平面上所表示的圖（稱為行列散佈圖）。可知
授課 B 位於有興趣的附近，
授課 D 位於無興趣的附近，

授課 A 與 C 位於皆可的附近。

因此，調查對象的大學生，可以推測最感興趣的授課是 B，最不感興趣的授課是 D。

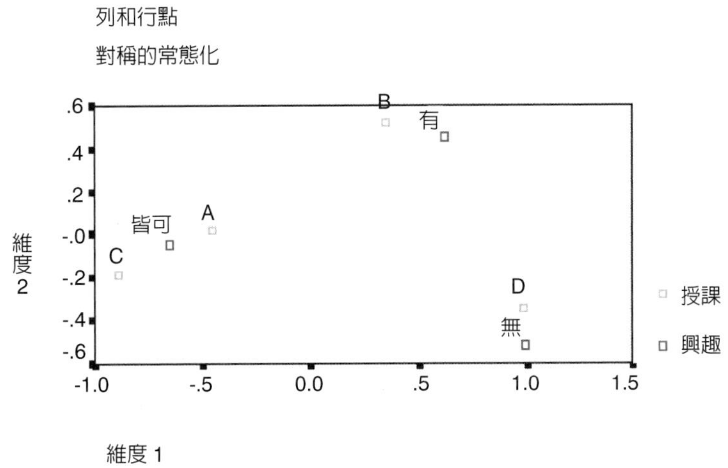

13.5 多重對應分析

13.5.1 大學生的喝酒與抽菸與交通事故的關聯性

想分析 2 個以上的質性資料之關係時，使用等質性分析（多重對應分析）。對 20 名大學生，以「是」、「不是」要求回答「過去一年間有遇到交通事故的經驗嗎？」、「過去一年間有被周遭的人注意嗎？」、「此 1 週內有喝酒嗎？」、「平常有抽菸嗎？」。

數據如下，並將「是」當作 2，「不是」當作 1。進行數值化。

NO.	事故	注意	喝酒	抽菸
1	2	2	1	1
2	2	1	1	1
3	2	2	2	1
4	1	1	1	1
5	1	1	1	1
6	1	2	2	2
7	2	1	2	2
8	2	2	1	1
9	2	2	1	1
10	1	1	2	2
11	1	1	2	1
12	1	1	1	2
13	1	1	1	1
14	1	1	1	1
15	1	1	2	1
16	1	1	1	1
17	2	1	2	2
18	2	2	2	1
19	2	2	1	1
20	1	2	1	1

【資料類型的指定與輸入】

步驟 1 開啓 SPSS 編輯器的【變數視圖】頁面。

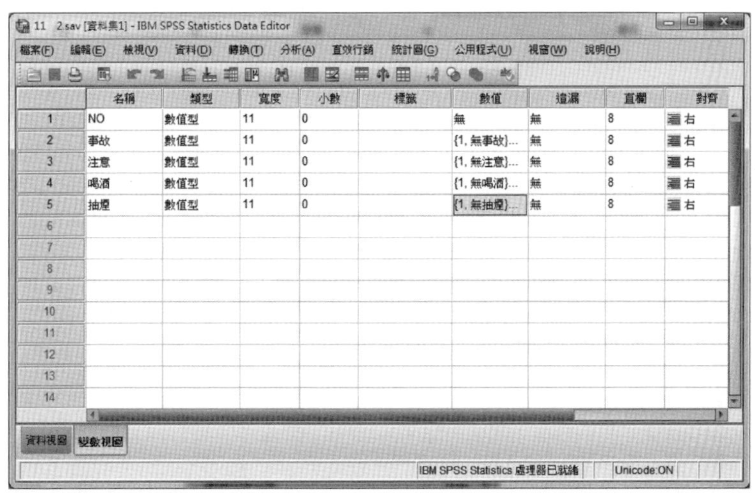

	名稱	類型	寬度	小數	標籤	數值	遺漏	直欄	對齊
1	NO	數值型	11	0		無	無	8	右
2	事故	數值型	11	0		{1, 無事故}...	無	8	右
3	注意	數值型	11	0		{1, 無注意}...	無	8	右
4	喝酒	數值型	11	0		{1, 無喝酒}...	無	8	右
5	抽煙	數值型	11	0		{1, 無抽煙}...	無	8	右

➢ 第 1 個變數的名稱輸入 NO.，第 2 個輸入事故，第 3 個輸入注意，第 4 個輸入喝酒，第 5 個輸入抽菸。

➢ 以事故的註解來說，指定 1 無事故，2 有事故。

➢ 以注意的註解來說，指定 1 無注意，2 有注意。

➢ 以喝酒的註解來說，指定 1 無喝酒，2 有喝酒。

➢ 以抽菸的註解來說，指定 1 無抽菸，2 有抽菸。

步驟 2 打開【資料視圖】頁面，輸入資料。

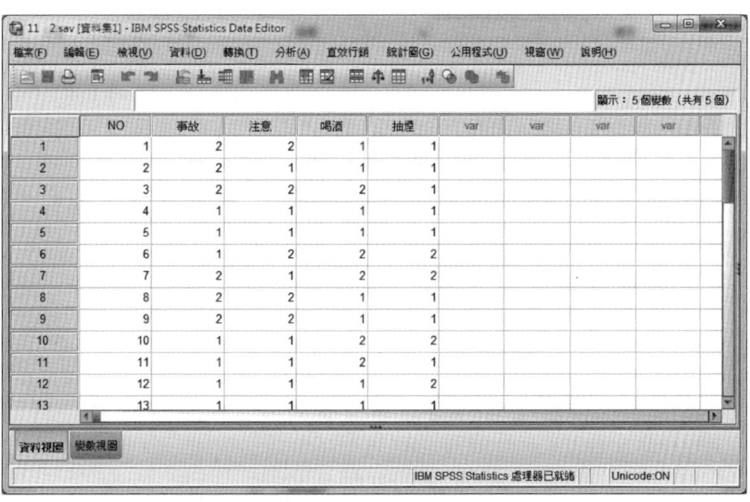

	NO	事故	注意	喝酒	抽煙
1	1	2	2	1	1
2	2	2	1	1	1
3	3	2	2	2	1
4	4	1	1	1	1
5	5	1	1	1	1
6	6	1	2	2	2
7	7	2	1	2	2
8	8	2	2	1	1
9	9	2	2	1	1
10	10	1	1	2	2
11	11	1	1	2	1
12	12	1	1	1	2
13	13	1	1	1	1

【等質性分析的執行】

步驟 1 開啓【分析 (A)】清單→【維度縮減 (D)】→【最適尺度 (O)】。

步驟 2 於最適尺度層級欄位，點選【全部變數均爲多重名義變數 (A)】，於變數集個數欄位點選【單一變數集 (O)】，按一下 定義 。

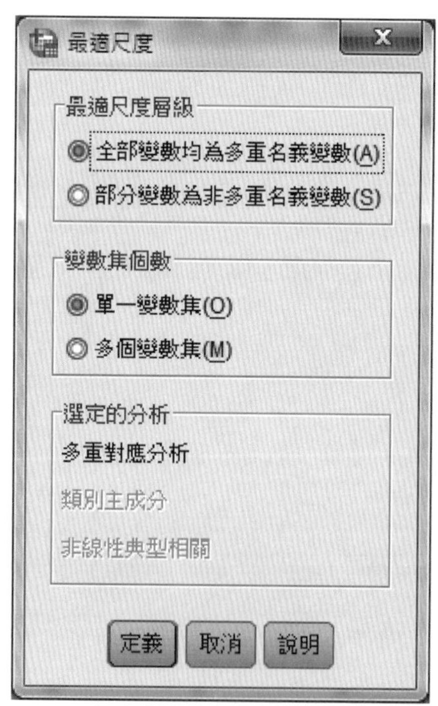

步驟 3 於【分析變數 (A)】的方框內，指定事故、注意、喝酒、抽菸。【解答維度 (D)】輸入 2。按一下【輸出 (U)】。

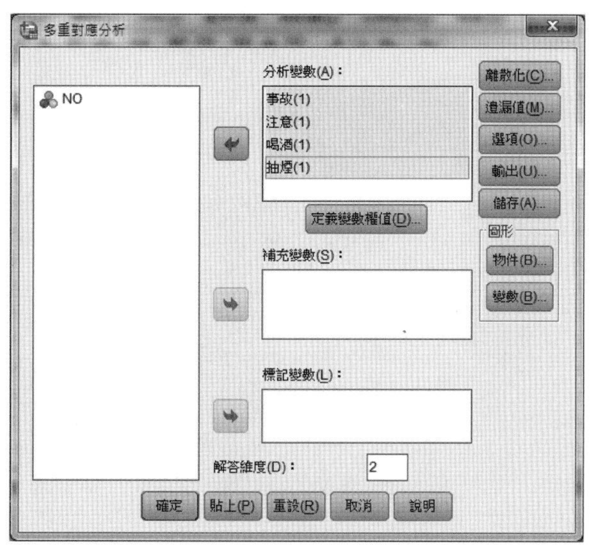

步驟 4 勾選【個體分數 (O)】、【識別測量 (S)】、【轉換後變數的相關性 (E)】。將 4 個量化變數移入【類別量化和貢獻量 (T)】中。按 繼續 。

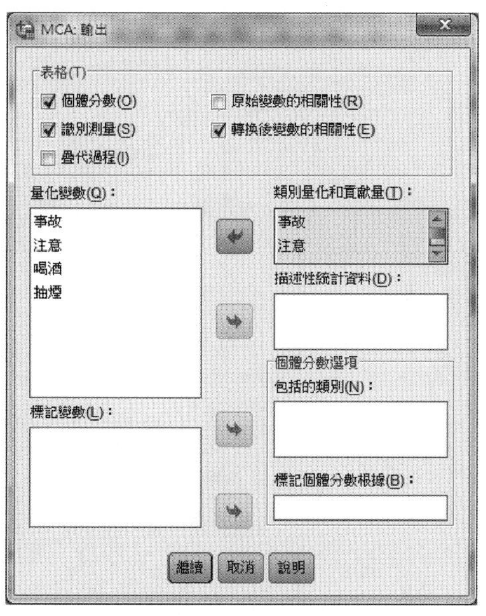

步驟 5 於多重對應分析頁面，按【物件 (B)】。

勾選【個體點數 (O)】及點選【個案編號 (C)】，按 繼續 。

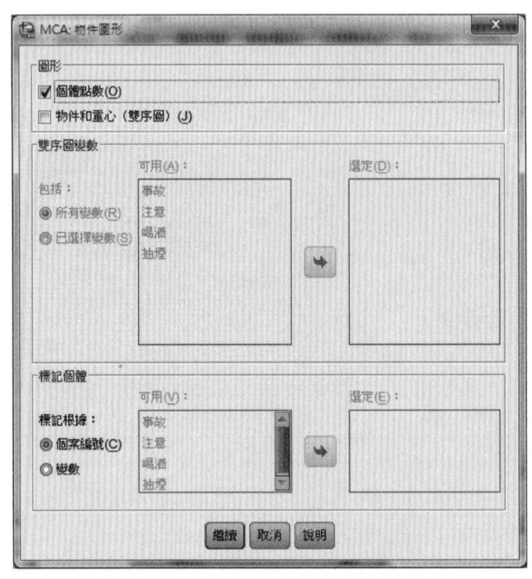

步驟 6 於多重對應分析頁面，按【變數 (B)】。將 4 個量化變數移入【聯合類別圖 (J)】中。於識別測量欄位中勾選【顯示圖形 (P)】，並點選【使用全部變數 (R)】。按一下 繼續 。再按 確定 。

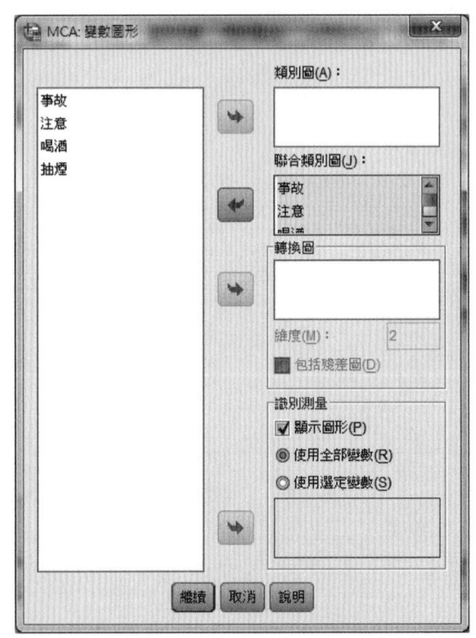

【輸出的看法】

首先，輸出各變數的次數、反覆的記述、特徵值等。其次，輸出各變數的數量化的結果（下圖）。

事故

Points: Coordinates

Category	Frequency	Centroid Coordinates	
		Dimension	
		1	2
無事故	11	.525	-.587
有事故	9	-.642	.717

Variable Principal Normalization.

注意

Points: Coordinates

Category	Frequency	Centroid Coordinates	
		Dimension	
		1	2
無注意	12	.609	-.363
有注意	8	-.914	.545

Variable Principal Normalization.

喝酒

Points: Coordinates

Category	Frequency	Centroid Coordinates	
		Dimension	
		1	2
無喝酒	12	-.406	-.583
有飲酒	8	.608	.874

Variable Principal Normalization.

抽煙

Points: Coordinates

Category	Frequency	Centroid Coordinates	
		Dimension	
		1	2
無抽煙	15	-.405	-.292
有抽煙	5	1.215	.875

Variable Principal Normalization.

利用 2 個次元的數值，可以將各變數圖示在平面上。

輸出有依據 2 個次元的數值將各變數繪製在平面上的圖。有事故的經驗與有受到注意的經驗聚集在左上，有喝酒的經驗與有抽菸的經驗聚集在右上。

【數量化的散佈圖】

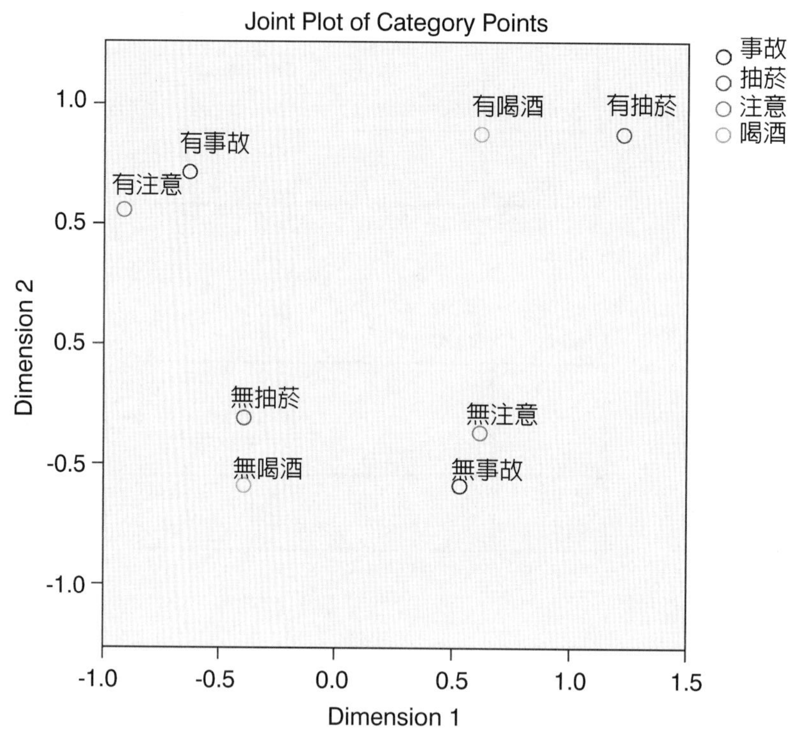

而且，輸出有每個人是位在哪一個位置的圖。

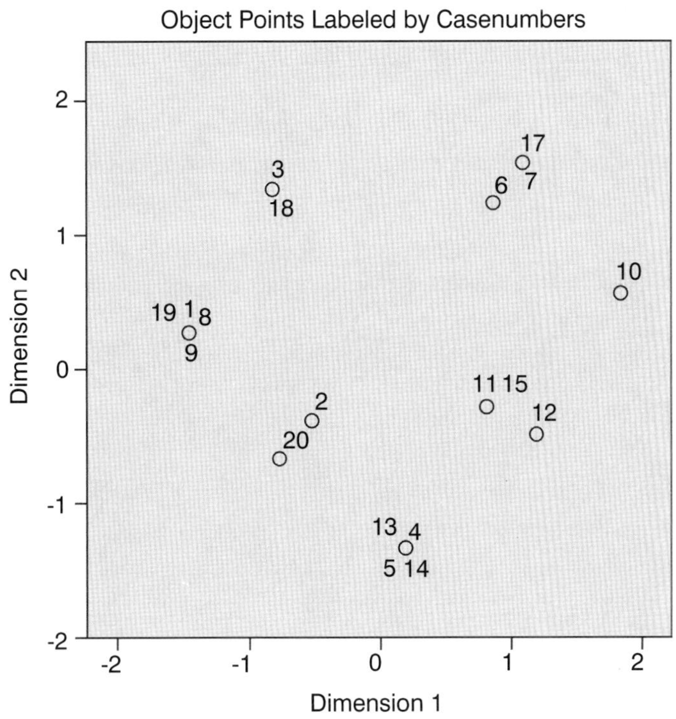

第 14 章 複迴歸分析——尋找測量結果的要因

14.1 單迴歸分析

想了解是否能從出生體重預測胎盤重量？

將出生體重當作自變數，將胎盤重量當作依變數，進行迴歸分析。

想分析的事情是？

1. 對依變數而言，自變數是否有預測作用？
2. 預測精度有多高？
3. 檢視迴歸式是直線或曲線關係？

此時，可以考慮如下的統計處理。

➲ 統計處理 1

進行迴歸分析，求出迴歸式。

➲ 統計處理 2

調查偏迴歸係數或標準迴歸係數的大小。

➲ 統計處理 3

檢定偏迴歸係數，調查自變數對預測有無幫助。

➲ 統計處理 4

檢視迴歸式的精度。

➲ 統計處理 5

檢定迴歸式是線性關係或曲線關係。

數據的 [變數視圖] 顯示如下。

aa.sav [資料集1] - IBM SPSS Statistics Data Editor

檔案(F) 編輯(E) 檢視(V) 資料(D) 轉換(T) 分析(A) 直效行銷 統計圖(G) 公用程式(U) 視窗(W) 說明(H)

顯示：6 個變數（共有 6 個）

	出生體重	在胎週數	胎盤重量	母親年齡	生產經驗	小孩性別	var	var
1	3250	41	680	35	第2胎	女		
2	3326	40	640	39	第1胎	女		
3	3434	40	680	28	第2胎	男		
4	3660	37	670	.	第3胎	男		
5	3452	40	630	28	第1胎	女		
6	2576	36	540	24	第1胎	女		
7	2700	40	480	33	第3胎	女		
8	2664	37	470	34	第3胎	女		
9	3028	40	500	29	第2胎	男		
10	3148	39	600	27	第2胎	男		
11	2972	39	490	37	第3胎	男		
12	3522	40	600	29	第1胎	女		
13	2502	39	600	25	第2胎	女		

資料視圖 變數視圖

IBM SPSS Statistics 處理器已就緒 Unicode:ON

數據的 [資料視圖] 顯示如下。

aa.sav [資料集1] - IBM SPSS Statistics Data Editor

檔案(F) 編輯(E) 檢視(V) 資料(D) 轉換(T) 分析(A) 直效行銷 統計圖(G) 公用程式(U) 視窗(W) 說明(H)

顯示：6 個變數（共有 6 個）

	出生體重	在胎週數	胎盤重量	母親年齡	生產經驗	小孩性別	var	var
1	3250	41	680	35	2	0		
2	3326	40	640	39	1	0		
3	3434	40	680	28	2	1		
4	3660	37	670	.	3	1		
5	3452	40	630	28	1	0		
6	2576	36	540	24	1	0		
7	2700	40	480	33	3	0		
8	2664	37	470	34	3	0		
9	3028	40	500	29	2	1		
10	3148	39	600	27	2	1		
11	2972	39	490	37	3	1		
12	3522	40	600	29	1	0		
13	2502	39	600	25	2	0		

資料視圖 變數視圖

IBM SPSS Statistics 處理器已就緒 Unicode:ON

14.2 分析步驟

步驟 1 點選【分析(A)】，從中選擇【迴歸(R)】，再選擇子清單的【線性(L)】。

步驟 2 將出生體重移入【自變數 (I)】，將胎盤重量移入【因變數 (D)】，點一下【統計資料 (S)】。

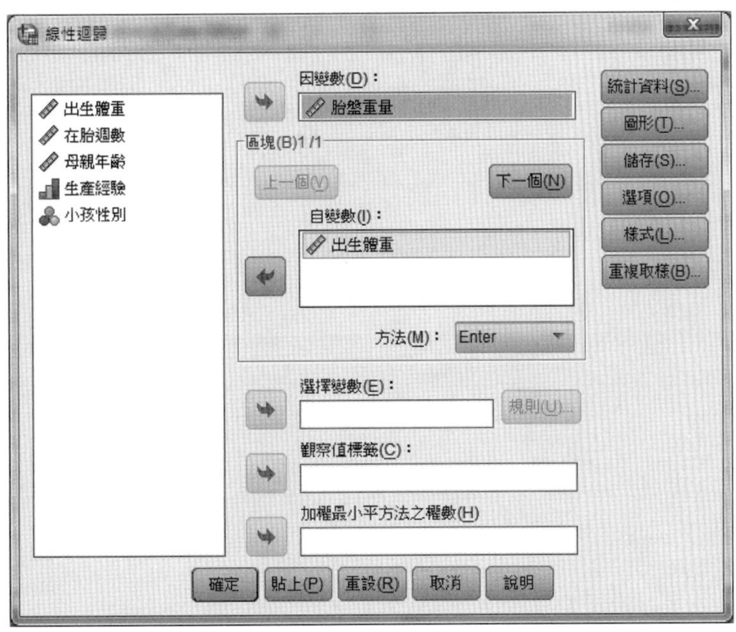

步驟 3 勾選【估計值 (E)】、【信賴區間 (N)】、【模式適合度 (M)】。按 繼續。

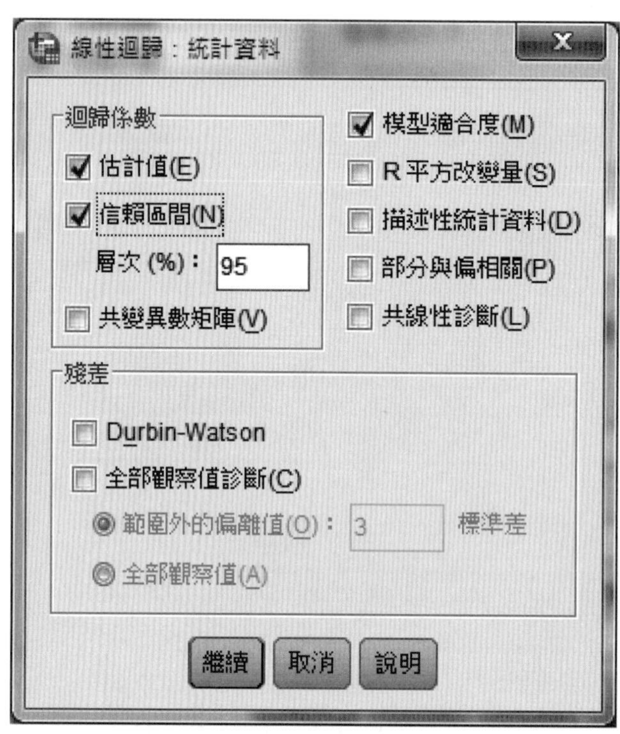

時間數列數據欲檢定有誤差項間無序列相關性，可點選 Durbin-Watson (DW)，DW 統計量的取值範圍為 0 ～ 4。根據經驗，一般情況下，殘差是無相關的 DW 統計量大約是 2 的值，接近 0 表示強烈的正相關關係，而 4 的值表示強烈的負相關關係。

步驟 4 點一下【儲存（S)】，勾選殘差欄位中的【標準化（A)】與【未標準化（N)】，按 繼續 。

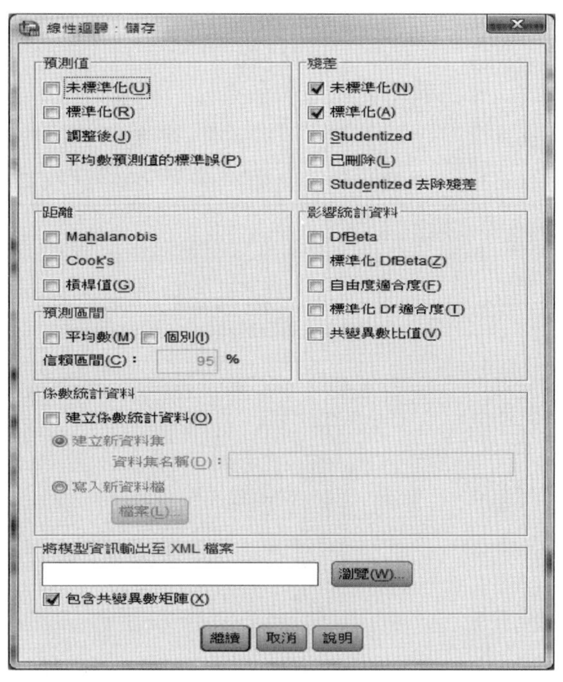

步驟 5 點一下【圖形（T)】，出現如下視窗，將 ZRESID 移入【X：】，將 ZPRED 移入【Y：】。標準化殘差圖欄位中勾選【直方圖 (H)】與【常態機率圖 (R)】，按 繼續 ，再按 繼續 。

得出輸出如下。

【SPSS 輸出 ・1】

Residuals Statistics[a]

	Minimum	Maximum	Mean	Std. Deviation	N
Predicted Value	218.47	766.00	583.44	57.636	1436
Residual	-276.574	401.532	.000	80.490	1436
Std. Predicted Value	-6.332	3.167	.000	1.000	1436
Std. Residual	-3.435	4.987	.000	1.000	1436

a. Dependent Variable: 胎盤重量

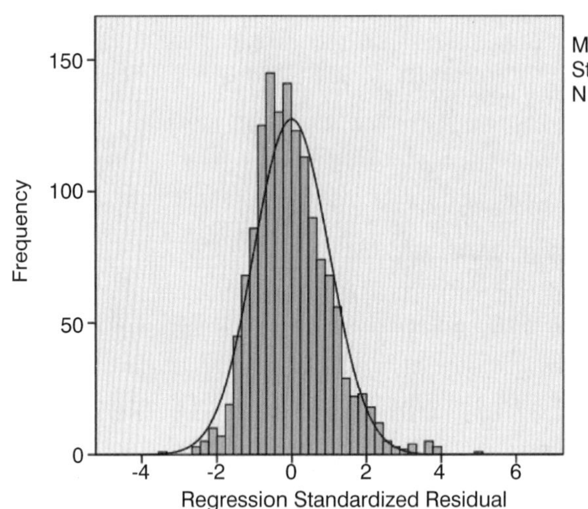

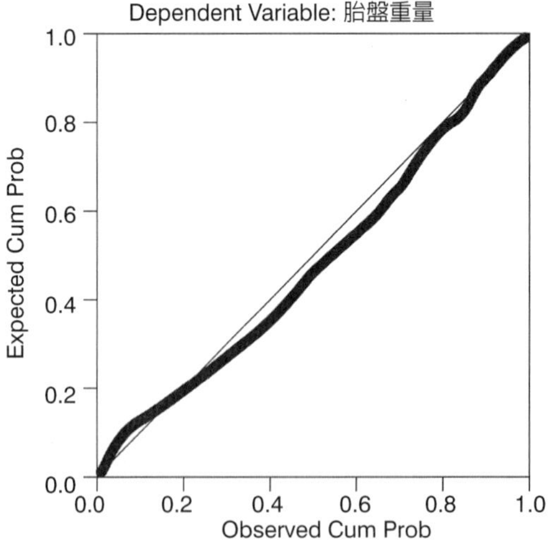

【輸出結果的判讀．1】

1. 欲檢視殘差，可點選【全部觀察值診斷 (C)】，選擇全部觀察值，SPSS 內定的極端值判斷標準值爲 3。殘差（residual）是指依變項的估計值與實際值的差異。殘差標準化之後的整體平均數爲 0、標準差爲 1，標準化殘差大約分佈在 –2 ～ 2 之間。
2. 檢視依變數的「迴歸標準化殘差」直方圖，可判斷樣本觀察值的分佈是否符合常態性分配的基本假設，鐘形曲線爲「完全常態分配曲線」，由於樣本來自抽樣，會有抽樣誤差存在，所以實際觀察值的直方圖與「完全常態分配曲線」之間會有差距，若標準化殘差分佈在平均數三個標準差範圍內，沒有極端值出現，所以可以說樣本觀察值大致符合常態性分配的基本假設。
3. 再檢視依變數的「迴歸標準化殘差的常態 P-P 圖」，呈現左下到右上的 45 度斜直線，因此，也可以說樣本觀察值大致符合常態性分配的基本假設。

【SPSS 輸出．2】

Model Summary

Model	R	R Square	Adjusted R Square	Std. Error of the Estimate
1	.582[a]	.339	.338	80.519

a. Predictors: (Constant), 出生體重

ANOVA[a]

Model		Sum of Squares	df	Mean Square	F	Sig.
1	Regression	4767015.881	1	4767015.881	735.283	.000[b]
	Residual	9296959.603	1434	6483.235		
	Total	14063975.48	1435			

a. Dependent Variable: 胎盤重量

b. Predictors: (Constant), 出生體重

Coefficients[a]

Model		Unstandardized Coefficients		Standardized Coefficients	t	Sig.	95.0% Confidence Interval for B	
		B	Std. Error	Beta			Lower Bound	Upper Bound
1	(Constant)	134.165	16.704		8.032	.000	101.397	166.932
	出生體重	.146	.005	.582	27.116	.000	.135	.156

a. Dependent Variable: 胎盤重量

【輸出結果的判讀 · 2】

由變異數分析表的顯著機率可知，p 是 0.000 < 0.01，可說此迴歸式作爲預測式顯然是有幫助的。

從係數表可知，出生體重的顯著機率是 0.000，可以判斷此斜率不是 0。

標準化係數是不受單位影響，表示影響程度愈接近 ±1 影響愈大。但偶爾超出 ±1 的時候也有。

迴歸式表示如下；

胎盤重量 = 134.165 + 0.146× 出生體重

R 與 R^2 之値是在 0 ～ 1 之間，愈接近 1 預測精度愈佳，一般最好 $R \geq 0.7$，$R^2 \geq 0.5$。本例 R^2 是 0.339，判定係數小，預測精度低。

試畫出散佈圖。

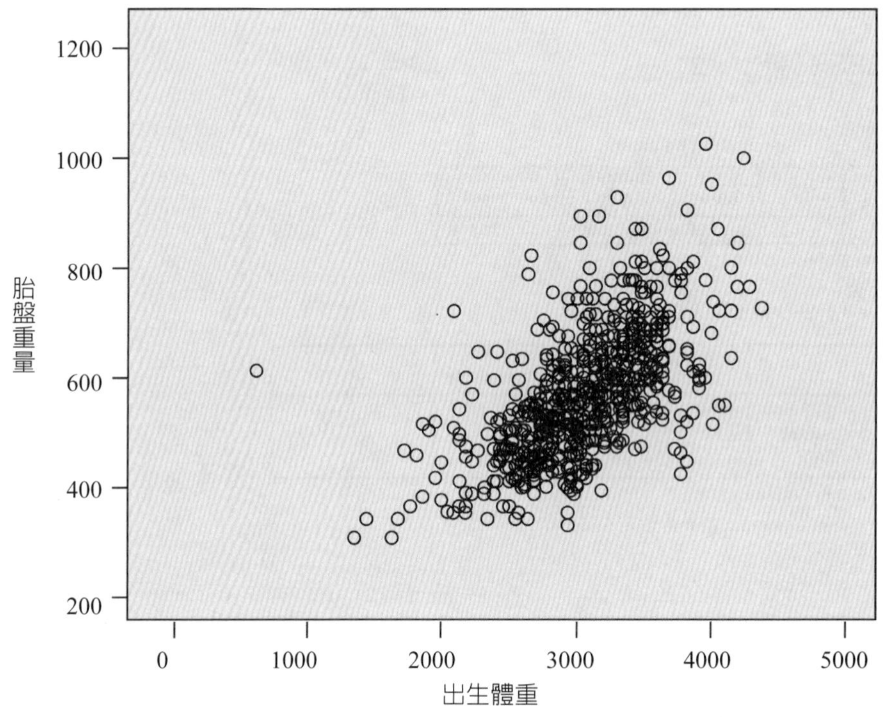

從此圖看不出有線性關係。因之，試進行曲線迴歸分析。

步驟 1 從【分析 (A)】中選擇【迴歸 (R)】，再點選子清單的【曲線估計 (C)】。

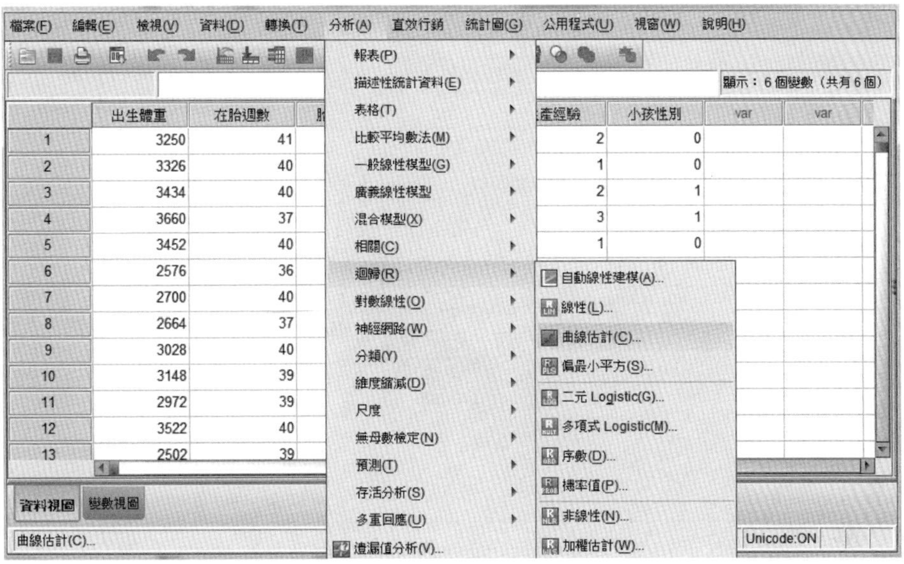

步驟 2 將胎盤重量移入【因變數 (D)】，將出生體重移入自變數欄位中，於模型欄位中勾選【二次曲線模型 (Q)】、【對數 (T)】。按 確定 。

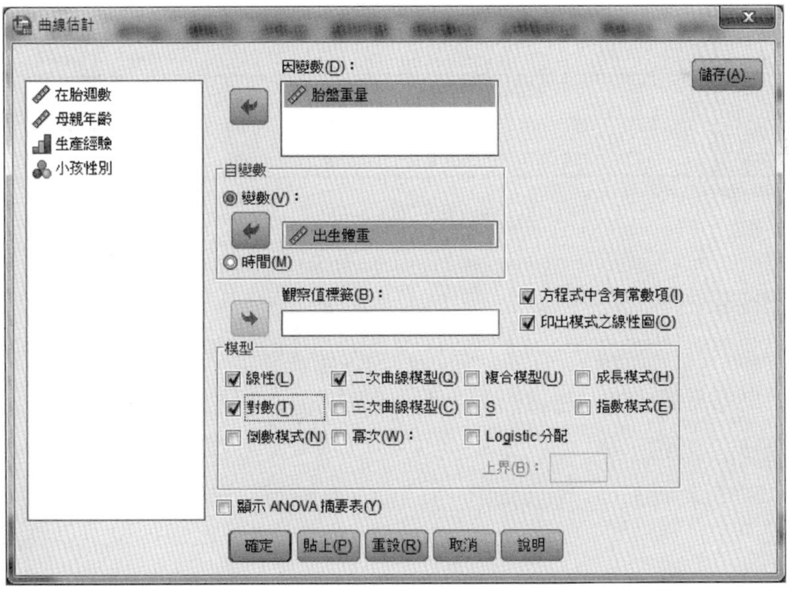

得出輸出如下。

【SPSS 輸出．2】

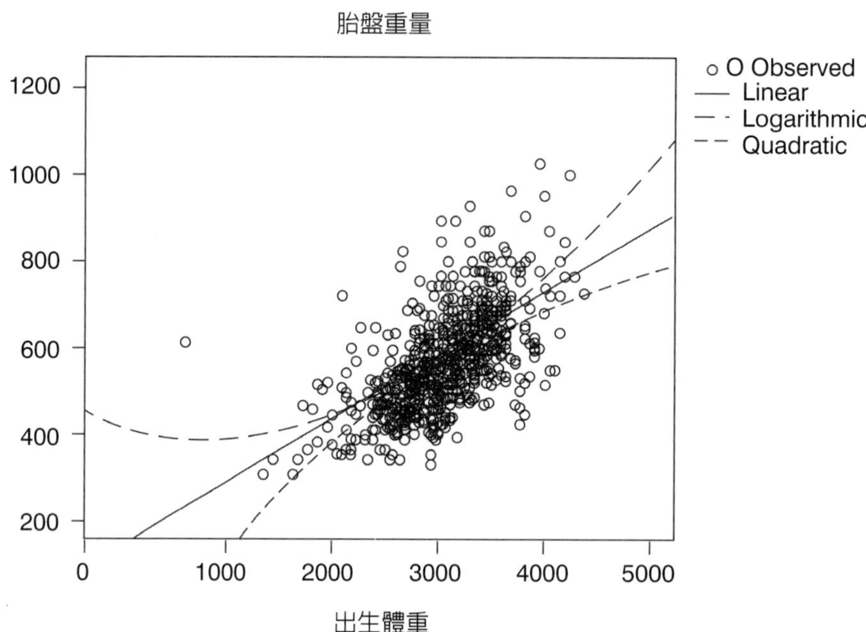

Model Summary and Parameter Estimates

Dependent Variable: 胎盤重量

Equation	Model Summary					Parameter Estimates		
	R Square	F	df1	df2	Sig.	Constant	b1	b2
Linear	.339	735.283	1	1434	.000	134.165	.146	
Logarithmic	.301	617.480	1	1434	.000	-2563.191	392.161	
Quadratic	.350	386.096	2	1433	.000	455.265	-.071	3.588E-5

The independent variable is 出生體重.

【輸出結果的判讀．1】

R^2 是表示各迴歸的精度，線性迴歸是 0.339，2 次迴歸是 0.350，如只以 R^2 的大小來考量時，2 次曲線的適合度是較佳的。可是並非極高，因之即使認為是線性迴歸也無問題。

如選擇線性時，迴歸式即爲 $134.165 + 0.146x$

如選擇 2 次曲線時，迴歸式即為 $455.26 - 0.071x + 0.0000359x^2$

如選擇對數迴歸時，迴歸式即為 $-2563.191 + 392.161\ln(x)$。

14.2.1 複迴歸分析

以下的資料是針對 3 種類型 A、B、C 的受試者 30 人測量「對某刺激的反應時間」所得之結果。

表 14.2.1

NO.	測量值	類型	邏輯性	感情性	行動性
1	14.7	C	3	1	3
2	14.5	C	5	1	1
3	3.0	A	1	4	5
4	7.9	B	4	3	3
5	3.5	B	2	1	5
.	.	.	.	.	.
.	.	.	.	.	.
29	6.8	B	4	2	3
30	6.5	B	3	2	3

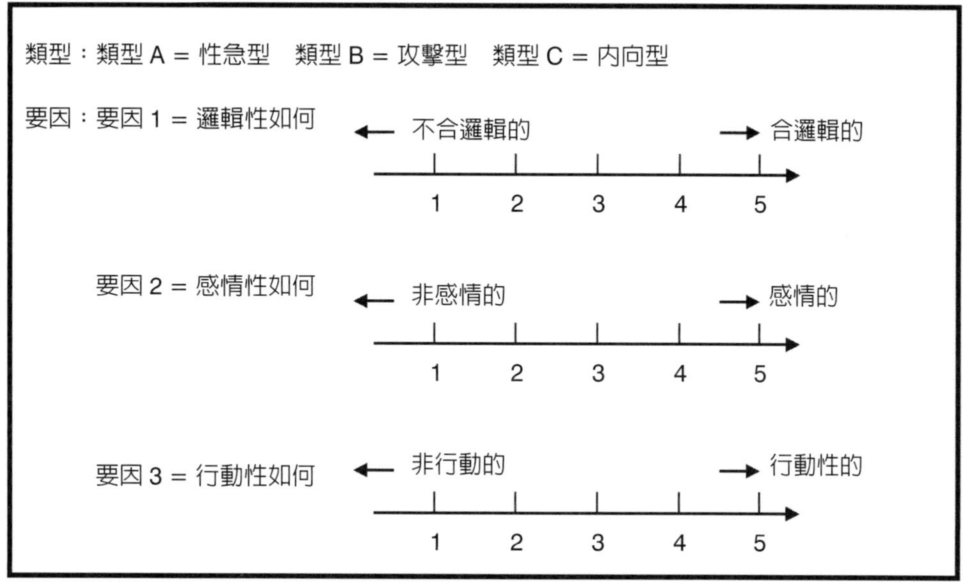

想分析的事情是？
1. 對反應時間有影響的要因，是邏輯性、感情性、行動性之中的何者？
2. 三種類型（性急型、攻擊型、內向型）的反應時間是否有差異？

此時，可以考慮如下的統計處理。

➲ 統計處理 1

進行複迴歸分析，求出迴歸式。

➲ 統計處理 2

調查偏迴歸係數或標準迴歸係數的大小。

➲ 統計處理 3

檢定偏迴歸係數，調查自變數對預測有無幫助。

➲ 統計處理 4

迴歸診斷有以下要項。

(1) 殘差的檢定

主要診斷其常態分配及獨立性。

(2) 偏離值（outlier）的檢出

主要在發現異常的觀察值。

(3) 共線性的檢定

診斷自變項相依程度，避免迴歸係數標準誤、預測值變異數膨脹。

撰寫論文時

進行複迴歸分析時

先將類型 A、類型 B、類型 C 轉換成虛擬變數的形式，為避免共線性，選取類型 A、類型 B、類型 C 中的任意兩類型當成自變數。首先選取類型 A、類型 B 及邏輯性、感情性、行動性，設為自變數，將測量值設為依變數，進行複迴歸分析之後，感情性與行動性的顯著機率是 0.05 以下。因此，感情性與行動性可以認為對反應時間有影響。

另外，此複迴歸分析的判定係數是 0.689，調整後判定係數是 0.624，因之複迴歸式的適配並不太差。

其次，對類型 A、類型 C 仿照進行，最後再對類型 B、類型 C 仿照進行。

➲ 複迴歸分析的要點

1. 決定依變數與自變數

〔事前準備事項〕

- 名義尺度數據的虛擬變數化
- 交互作用的考量
- 多重共線性的考量
- 樣本大小與自變數個數的考量（n ≥ 10p 是適切的；n ≥ 30p 是理想的）

⇓ 分析開始

2. 自變數的選擇

- 逐步迴歸優先

⇓ 複迴歸式的輸出

3. 判定複迴歸式的顯著性

- 變異數分析表的判定
- 偏迴歸係數均比顯著水準小

4. 評估複迴歸式的適合度

- 複相關係數、判定係數優先

⇓ 基準以上之值

5. 殘差的分析

- 偏離值的確認
- 隨機性、常態性的確認

複迴歸式的完成

【數據輸入類型】

表 14.2.1 的資料如下輸入。

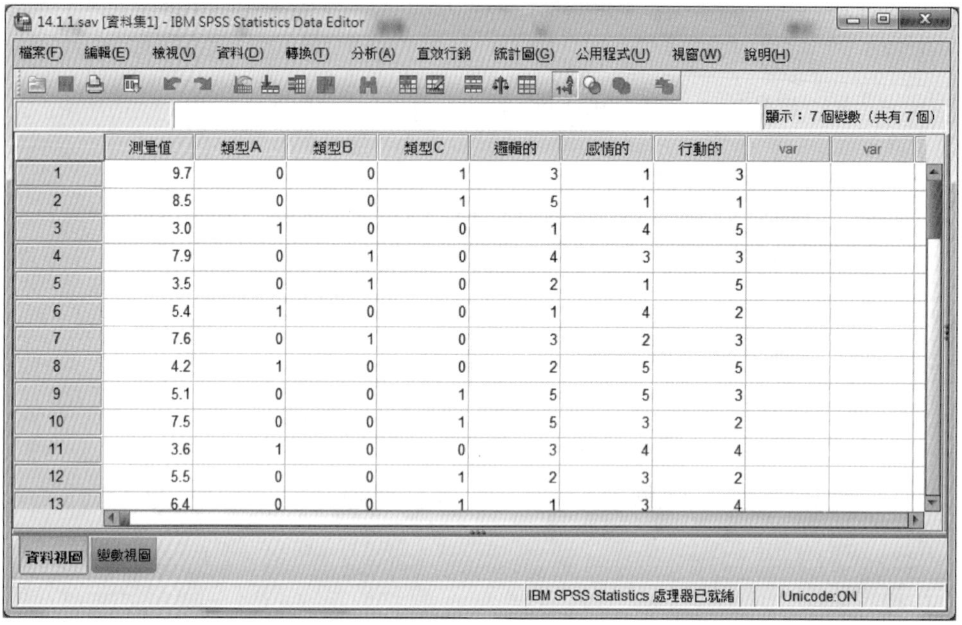

	測量值	類型A	類型B	類型C	邏輯的	感情的	行動的	var	var
1	9.7	0	0	1	3	1	3		
2	8.5	0	0	1	5	1	1		
3	3.0	1	0	0	1	4	5		
4	7.9	0	1	0	4	3	3		
5	3.5	0	1	0	2	1	5		
6	5.4	1	0	0	1	4	2		
7	7.6	0	1	0	3	2	3		
8	4.2	1	0	0	2	5	5		
9	5.1	0	0	1	5	5	3		
10	7.5	0	0	1	5	3	2		
11	3.6	1	0	0	3	4	4		
12	5.5	0	0	1	2	3	2		
13	6.4	0	0	1	1	3	4		

	名稱	類型	寬度	小數	標籤	數值	遺漏	直欄	對齊
1	測量值	數值型	8	1	反應時間	無	無	8	右
2	類型A	數值型	8	0		無	無	8	右
3	類型B	數值型	8	0		無	無	8	右
4	類型C	數值型	8	0		無	無	8	右
5	邏輯的	數值型	8	0		無	無	8	右
6	感情的	數值型	8	0		無	無	8	右
7	行動的	數值型	8	0		無	無	8	右

（注 1）名義變數時要利用虛擬變數，但進行分析時為了避免多重共線性，將其中的一個虛擬變數從分析除去。

（注 2）使用變數檢視的標記時更容易了解變數的意義。

14.2.2 利用 SPSS 的複迴歸分析

步驟 1 將表 14.2.1 的資料輸入後，點一下【分析 (A)】，從中選擇【迴歸 (R)】再點選子清單的【線性 (L)】。

14.1.1.sav [資料集1] - IBM SPSS Statistics Data Editor

檔案(F) 編輯(E) 檢視(V) 資料(D) 轉換(T) 分析(A) 直效行銷 統計圖(G) 公用程式(U) 視窗(W) 說明(H)

顯示：7 個變數（共有 7 個）

	測量值	類型A	類型B	感情的	行動的	var	var
1	9.7	0		1	3		
2	8.5	0		1	1		
3	3.0	1		4	5		
4	7.9	0		3	3		
5	3.5	0		1	5		
6	5.4	1					
7	7.6	0					
8	4.2	1					
9	5.1	0					
10	7.5	0					
11	3.6	1					
12	5.5	0					
13	6.4	0					

分析(A)：報表(P)、描述性統計資料(E)、表格(T)、比較平均數法(M)、一般線性模型(G)、廣義線性模型、混合模型(X)、相關(C)、迴歸(R)、對數線性(O)、神經網路(W)、分類(Y)、維度縮減(D)、尺度、無母數檢定(N)、預測(T)、存活分析(S)、多重回應(U)、遺漏值分析(V)...

迴歸(R)：自動線性建模(A)...、線性(L)...、曲線估計(C)...、偏最小平方(S)...、二元 Logistic(G)...、多項式 Logistic(M)...、序數(D)...、機率值(P)...、非線性(N)...、加權估計(W)...

資料視圖　變數視圖　線性(L)...　Unicode:ON

步驟 2 將反應時間移到【因變數 (D)】，接著將類型 A、類型 B、邏輯的、感情的、行動的移到【自變數 (I)】，然後按 確定 。

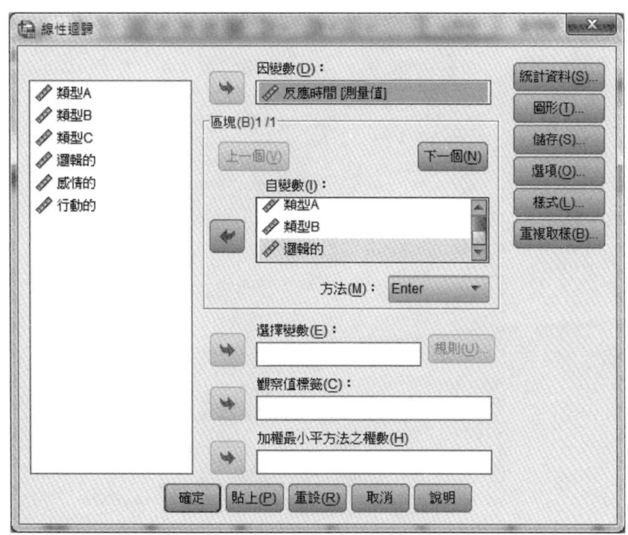

步驟 3 若按一下【統計量 (S)】時，會顯示如下頁面。

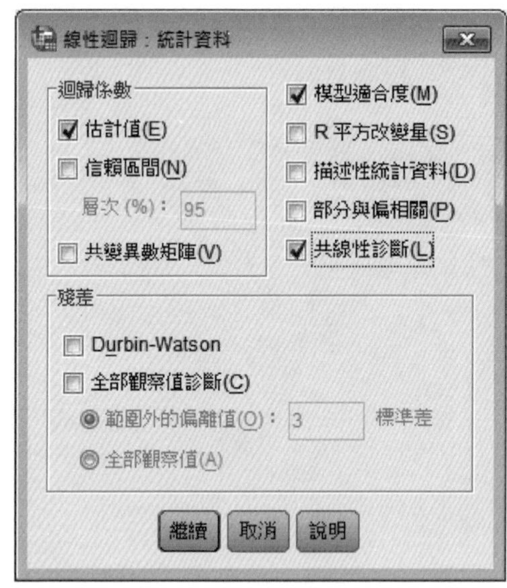

步驟 4 若按一下【儲存 (A)】時，顯示如下頁面。

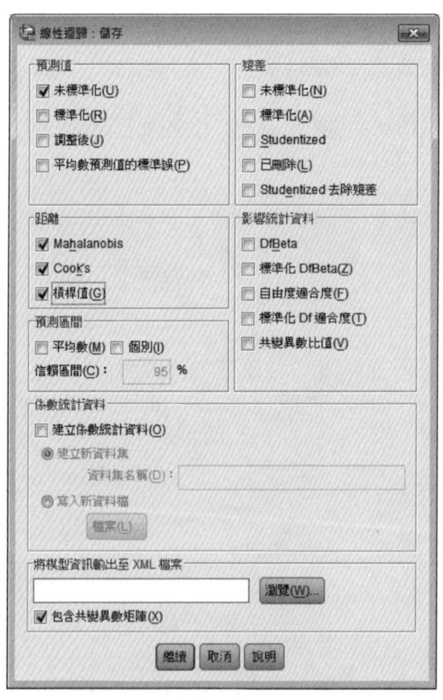

（注）調查預測值時勾選未標準化。調查偏離值時勾選距離欄位中的 3 者。

【SPSS 輸出・1】——複迴歸分析（線性）

模式摘要b

模式	R	R 平方	調過後的 R 平方	估計的標準誤
1	.830a	.689	.624	1.2497

←①

a. 預測變數：(常數), 行動的, 類型b, 邏輯的, 感情的, 類型a

b. 依變數：反應時間

變異數分析b

模式		平方和	自由度	平均平方和	F 檢定	顯著性
1	迴歸	82.866	5	16.573	10.612	.000a
	殘差	37.481	24	1.562		
	總和	120.347	29			

←②

a. 預測變數：(常數), 行動的, 類型b, 邏輯的, 感情的, 類型a

b. 依變數：反應時間

【輸出結果的判讀・1】——複迴歸分析（線性）

① **R** 是複相關係數

$0 \leqq R \leqq 1$

R 之值愈接近 1，複迴歸式對數據愈適配。

R 平方是判定係數。

$0 \leqq R^2 \leqq 1$

R 平方之值愈接近 1，複迴歸式對數據愈適配。

②複迴歸的變異數分析表

假設 H_0：所求出的複迴歸式對預測沒有幫助

顯著水準 0.000 < 顯著水準 0.05。

假設 H_0 不成立。

因此，所求出的複迴歸式對預測有幫助。

【SPSS 輸出 ‧ 2】——複迴歸式（線性）

類型 A 與類型 B

係數[a]

模型		非標準化係數		標準化係數	T	顯著性	共線性統計資料		
		B	標準錯誤	Beta			允差	VIF	
1	（常數）	9.246	1.078		8.579	.000			
	類型A	-1.237	.679	-.291	-1.822	.081	.508	1.969	←③
	類型B	-1.283	.573	-.302	-2.237	.035	.713	1.403	←④
	邏輯的	.312	.187	.207	1.672	.108	.845	1.183	
	感情的	-.565	.213	-.368	-2.647	.014	.673	1.487	
	行動的	-.510	.215	-.320	-2.377	.026	.716	1.396	

類型 A 與類型 C

係數[a]

模型		非標準化係數		標準化係數	T	顯著性	共線性統計資料	
		B	標準錯誤	Beta			允差	VIF
1	（常數）	7.963	1.109		7.183	.000		
	類型A	.045	.639	.011	.071	.944	.573	1.744
	類型C	1.283	.573	.302	2.237	.035	.713	1.403
	邏輯的	.312	.187	.207	1.672	.108	.845	1.183
	感情的	-.565	.213	-.368	-2.647	.014	.673	1.487
	行動的	-.510	.215	-.320	-2.377	.026	.716	1.396

a. 應變數: 反應時間

類型 B 與類型 C

係數[a]

模型		非標準化係數		標準化係數	T	顯著性	共線性統計資料		
		B	標準錯誤	Beta			允差	VIF	
1	（常數）	8.009	1.253		6.391	.000			
	類型B	-.045	.639	-.011	-.071	.944	.573	1.744	
	類型C	1.237	.679	.291	1.822	.081	.508	1.969	
	行動的	-.510	.215	-.320	-2.377	.026	.716	1.396	←⑤
	感情的	-.565	.213	-.368	-2.647	.014	.673	1.487	
	邏輯的	.312	.187	.207	1.672	.108	.845	1.183	

a. 應變數: 反應時間

【輸出結果的判讀 ·2】——複迴歸式（線性）

③偏迴歸係數的檢定

顯著機率之值比 0.05 小的自變數可以認爲對依變數有影響。

因之，感情的、行動的對反應時間可以認爲是有影響的。

（注）虛擬變數之值是 0,1，因之虛擬變數之係數的檢定是就依變數而言的差異性檢定。

④但是，虛擬變數類型 B 的顯著機率也在 0.05 以下，但是在⑤的輸出中，顯著機率卻比 0.05 大。

亦即，有關虛擬變數的顯著機率的解釋上需要注意。

此分析是以類型 C 爲基礎。

因此，類型 B 的顯著機率在 0.05 以下，因之可以解釋爲「類型 B 的反應時間與類型 C 的反應時間相比是有差異的」。

類型 A 的顯著機率因比 0.05 大，因之可解釋爲「類型 A 的反應時間與類型 C 的反應時間相比不能說有差異」。

14.3 複迴歸分析的虛擬變數法

14.3.1 前言

使用表 14.3.1 的數據，利用 SPSS 進行複迴歸分析。

以下的數據是針對在某銀行上班的 265 名銀行員目前的薪資、性別、工作的熟悉度進行調查所得的結果。

表 14.3.1　銀行員薪資的決定方法

NO.	薪資	性別	熟悉度	年齡	就學年數	就業年數	職種
1	10620	女性	88	34.17	15	5.08	事務職
2	6960	女性	72	46.50	12	9.67	事務職
3	41400	男性	73	40.33	16	12.5	管理職
4	28350	男性	83	41.92	19	13	管理職
5	16080	男性	79	28.00	15	3.17	事務職
6	8580	女性	72	45.92	8	16.17	事務職

NO.	薪資	性別	熟悉度	年齡	就學年數	就業年數	職種
7	34500	男性	66	34.25	18	4.17	技術職
8	54000	男性	96	49.58	19	16.58	技術職
9	14100	男性	67	28.75	15	0.50	事務職
10	9900	女性	84	27.50	12	3.42	事務職
.	.	.	.	.	.	.	.
.	.	.	.	.	.	.	.
.	.	.	.	.	.	.	.
265	8340	女性	70	39.00	12	10.58	事務職

想分析的事情是？

想分析的事情是

「目前的薪資與性別、熟悉度、年齡、就學年數、就業年數、職種之間有何種的關係呢？」

因此，把

目前的薪資當作目的變數（依變數）

性別、熟悉度……職種當作說明變數（自變數）。

試建立複迴歸模式，該模式爲

現在薪資 = b_1× 性別 + b_2× 熟悉度 + b_3× 年齡

+ b_4× 就學年數 + b_5× 就業年數 + b_6× 職種

此時，偏迴歸係數 $b_1, b_2, b_3, b_4, b_5, b_6$ 要取何種值呢？

可是，在此之前先了解虛擬變數的製作。

【虛擬變數的製作方法】

表 14.3.1 之數據的職種可分成以下 3 種：

事務職、管理職、技術職

此時，譬如，換成如下數值即

事務職 = 1，管理職 = 2，技術職 =3

並不太有意義。

以此種類別數據的處理來說，可以想到以下稱爲虛擬變數的不錯方式。換言

之，

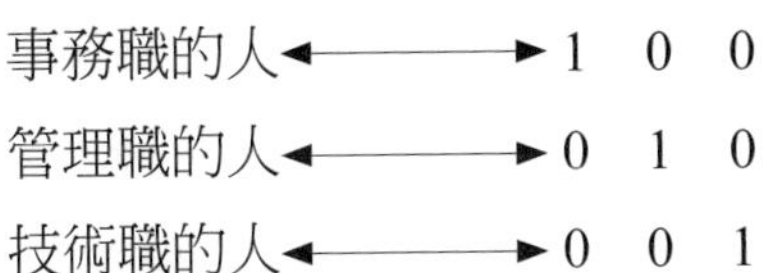

考慮如此之對應時，則可如下將職種數量化。

NO.	職種
1	事務職
2	事務職
3	管理職
4	管理職
5	事務職
6	事務職
7	技術職
.	.
.	.
.	.

原先的變數

⇔

NO.	事務職	管理職	技術職
1	1	0	0
2	1	0	0
3	0	1	0
4	0	1	0
5	1	0	0
6	1	0	0
7	0	.	1
.	.	.	.
.	.	.	.
.	.	.	.

虛擬變數　虛擬變數　虛擬變數

換言之，職種的變數被分成 3 個類別

事務職、管理職、技術職

時，可以將他們當作取成 0 與 1 之值的變數（2 值變數）來想，這是很不錯的想法。

然而，儘管分成 3 個類別，如全部列舉 3 個變數時，以下的關係即

事務職 + 管理職 + 技術職 = 1

是經常成立的，而這樣是不行的。

因爲這會發生共線性的問題，所以將類別數據當作虛擬變數來處理時，必須要將其中的 1 個類別除去才行。

譬如，像表 14.3.1 的數據，除去管理職後形成如下的安排。

···	就學年數	就業年數	事務職	技術職
	15	5.08	1	0
	12	9.67	1	0
	16	12.50	0	0
	.	.	.	.
	.	.	.	.
	.	.	.	.

可是，以下類別數據的時候呢？

問 1　您對自來水加氯的看法呢？
(1) 非常贊成　(2) 贊成　(3) 無意見　(4) 反對　(5) 非常反對

此時應使用 4 個虛擬變數（4 = 5 – 1）呢？或設成

(1) = 5　(2) = 4　(3) = 3　(4) = 2　(5) = 1

而感到苦惱。當分成五級以上時，採用任一者均可的意見也有。

但是，像性別 = ｛男，女｝那樣，2 個類別時，像以下那樣

男 = 1，女 = 0

當然，

男 = 0，女 = 1

也是沒有關係的。

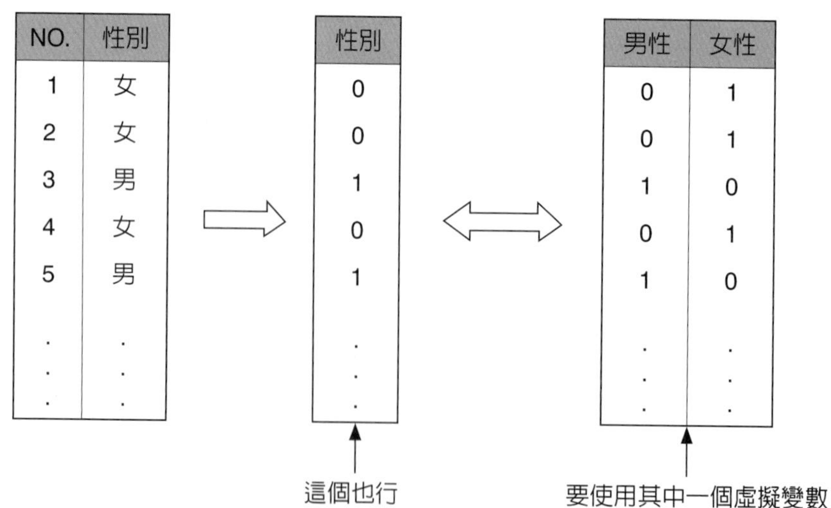

（注）將原本並非變數的類別當作變數來處理時，稱為虛擬變數。此時虛擬變數的個數 = 類別數 – 1
而類別則可以使用 0 或 1 的 2 值變數（binary variable）來表示。

[虛擬變數的製作法]

此處先以職種爲例，說明如何製作虛擬變數。

步驟 1 從清單中選擇【轉換 (T)】，再點選【計算變數 (C)】。

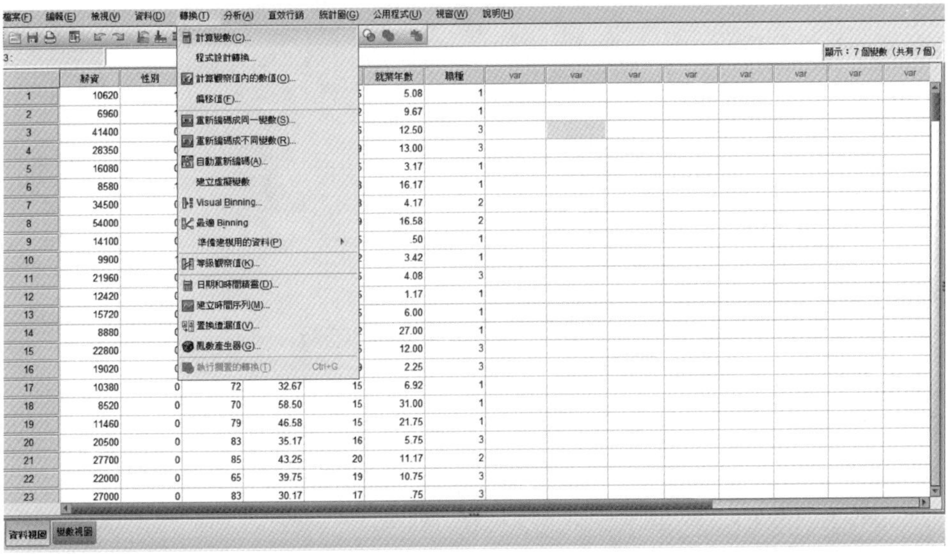

步驟 2 在計算變數對話框的【目標變數 (T)】中，輸入「事務職」的新變數名稱，從變數清單中選擇「職種」，移到【數值表示式 (E)】方框中。輸入「職種 =1」，按一下 確定 。

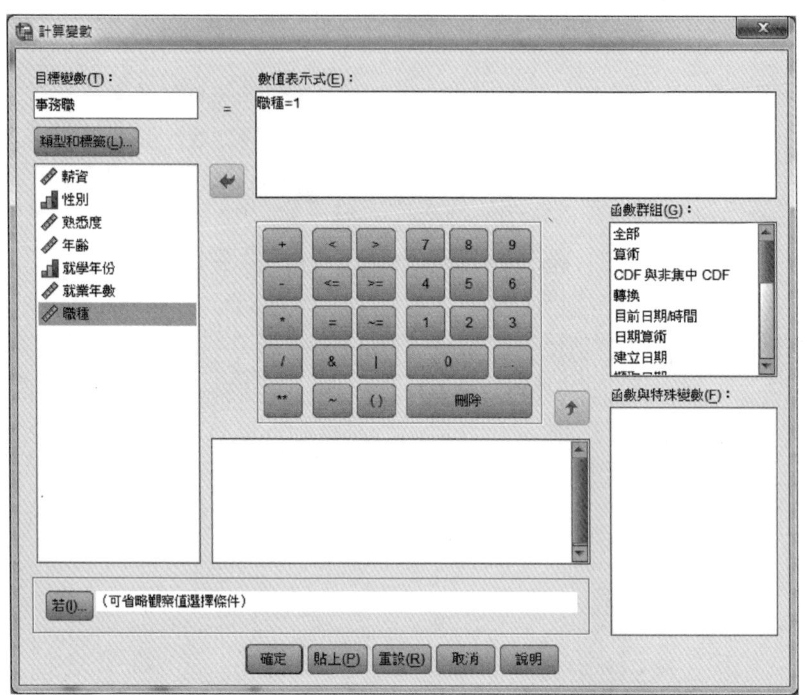

於是，對事務職生成如下虛擬變數。

檔案(F) 編輯(E) 檢視(V) 資料(D) 轉換(T) 分析(A) 直效行銷 統計圖(G) 公用程式(U) 視窗(W) 說明(H)

顯示：8 個變數 (共有 8 個)

	薪資	性別	熟悉度	年齡	就學年份	就業年數	職種	事務職	var	var	var	var	var	var
1	10620	1	88	34.17	15	5.08	1	1						
2	6960	1	72	46.50	12	9.67	1	1						
3	41400	0	73	40.33	16	12.50	3	0						
4	28350	0	83	41.92	19	13.00	3	0						
5	16080	0	79	28.00	15	3.17	1	1						
6	8580	1	72	45.92	8	16.17	1	1						
7	34500	0	66	34.25	18	4.17	2	0						
8	54000	0	96	49.58	19	16.58	2	0						
9	14100	0	67	28.75	15	.50	1	1						
10	9900	1	84	27.50	12	3.42	1	1						
11	21960	0	83	31.08	15	4.08	3	0						
12	12420	0	96	27.42	15	1.17	1	1						
13	15720	0	84	33.50	15	6.00	1	1						
14	8880	0	88	54.33	12	27.00	1	1						
15	22800	0	98	41.17	15	12.00	3	0						
16	19020	0	64	31.92	19	2.25	3	0						
17	10380	0	72	32.67	15	6.92	1	1						
18	8520	0	70	58.50	15	31.00	1	1						
19	11460	0	79	46.58	15	21.75	1	1						
20	20500	0	83	35.17	16	5.75	3	0						
21	27700	0	85	43.25	20	11.17	2	0						
22	22000	0	65	39.75	19	10.75	3	0						
23	27000	0	83	30.17	17	.75	3	0						

步驟 3 在計算變數對話框的【目標變數 (T)】中，輸入「技術職」的新變數名稱，從變數清單中選擇「職種」，移到【數值表示式 (E)】方框中。輸入「職種 = 2」，按一下 確定 。

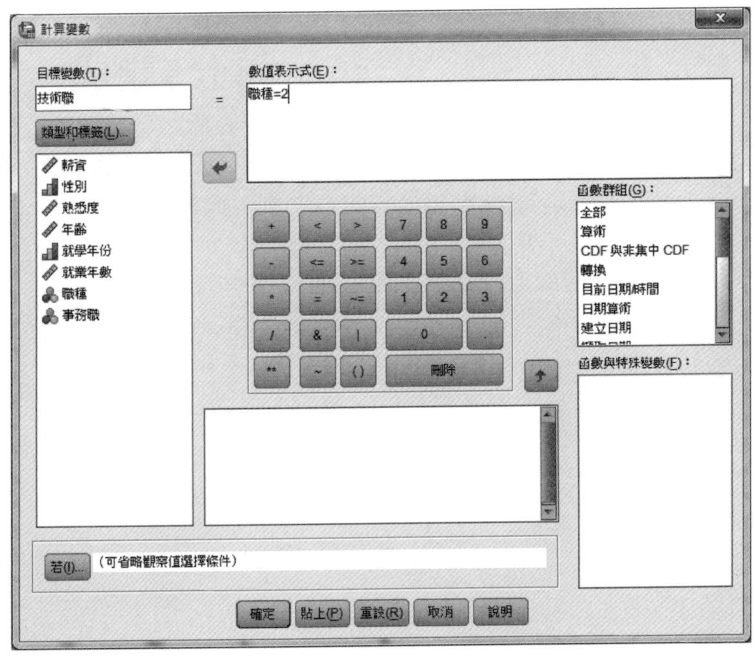

於是，對技術職生成如下虛擬變數。

	薪資	性別	熟悉度	年齡	就學年份	就業年數	職種	事務職	技術職
1	10620	1	88	34.17	15	5.08	1	1	0
2	6960	1	72	46.50	12	9.67	1	1	0
3	41400	0	73	40.33	16	12.50	3	0	0
4	28350	0	83	41.92	19	13.00	3	0	0
5	16080	0	79	28.00	15	3.17	1	1	0
6	8580	1	72	45.92	8	16.17	1	1	0
7	34500	0	66	34.25	18	4.17	2	0	1
8	54000	0	96	49.58	19	16.58	2	0	1
9	14100	0	67	28.75	15	.50	1	1	0
10	9900	1	84	27.50	12	3.42	1	1	0
11	21960	0	83	31.08	15	4.08	3	0	0
12	12420	0	96	27.42	15	1.17	1	1	0
13	15720	0	84	33.50	15	6.00	1	1	0
14	8880	0	88	54.33	12	27.00	1	1	0
15	22800	0	98	41.17	15	12.00	3	0	0
16	19020	0	64	31.92	19	2.25	3	0	0
17	10380	0	72	32.67	15	6.92	1	1	0
18	8520	0	70	58.50	15	31.00	1	1	0
19	11460	0	79	46.58	15	21.75	1	1	0
20	20500	0	83	35.17	16	5.75	3	0	0
21	27700	0	85	43.25	20	11.17	2	0	1
22	22000	0	65	39.75	19	10.75	3	0	0
23	27000	0	83	30.17	17	.75	3	0	0

1. 若性別是數值型如 1,2 的類別數據，則可改成 0,1 的量尺數據，虛擬變數的製作方法與職種的情形完全相同。
2. 若變數是字串型，則數值表示式中需加引號。譬如，
   將原變數是「性」的變數，如下分配：
   男 1（或 0）
   女 0（或 1）
   【目標變數 (T)】　　　　【數值表示式 (E)】方框輸入
   性別　　　　　　　　　　性 = ' 男 '（男當成 1）
   性別　　　　　　　　　　性 = ' 女 '（女當成 1）
   將原變數是「血型」的變數，如下分配：

A	0	0	0
B	1	0	0
O	0	1	0
AB	0	0	1

   【目標變數 (T)】　　　　【數值表示式 (E)】方框
   血型 2　　　　　　　　　血型 = 'B'
   血型 3　　　　　　　　　血型 = 'O'
   血型 4　　　　　　　　　血型 = 'AB'

【數據輸入類型】

表 14.3.1 的數據，如下輸入。

[資料視圖]

	薪資	性別	熟悉度	年齡	就學年數	就業年數	事務職	技術職
1	10620	1	88	34.17	15	5.08	1	0
2	6960	1	72	46.50	12	9.67	1	0
3	41400	0	73	40.33	16	12.50	0	0
4	28350	0	83	41.92	19	13.00	0	0
5	16080	0	79	28.00	15	3.17	1	0
6	8580	1	72	45.92	8	16.17	1	0
7	34500	0	66	34.25	18	4.17	0	1
8	54000	0	96	49.58	19	16.58	0	1
9	14100	0	67	28.75	15	.50	1	0
10	9900	1	84	27.50	12	3.42	1	0
11	21960	0	83	31.08	15	4.08	0	0
12	12420	0	96	27.42	15	1.17	1	0
13	15720	0	84	33.50	15	6.00	1	0
14	8880	0	88	54.33	12	27.00	1	0
15	22800	0	98	41.17	15	12.00	0	0
16	19020	0	64	31.92	19	2.25	0	0
17	10380	0	72	32.67	15	6.92	1	0
18	8520	0	70	58.50	15	31.00	1	0
19	11460	0	79	46.58	15	21.75	1	0

[變數視圖]

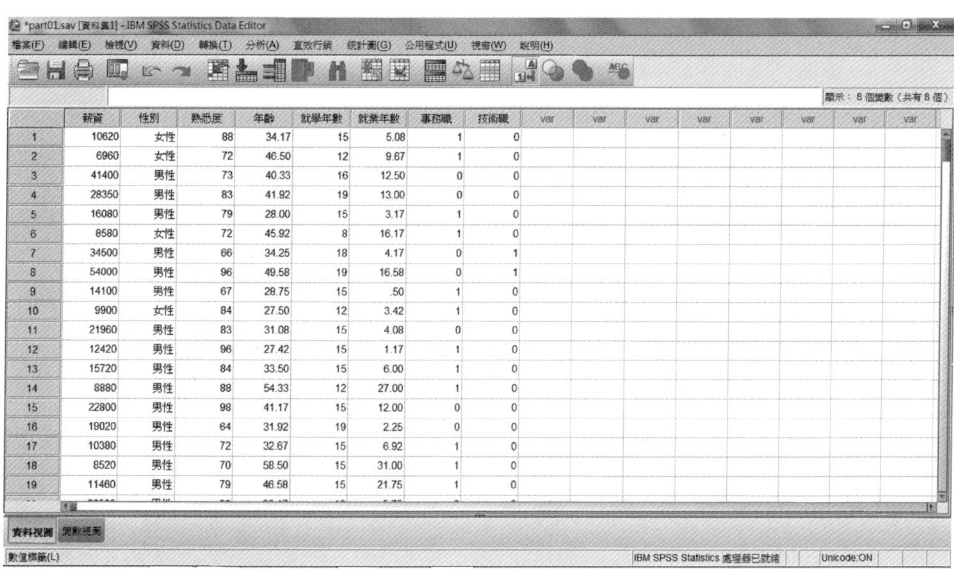

	薪資	性別	熟悉度	年齡	就學年數	就業年數	事務職	技術職
1	10620	女性	88	34.17	15	5.08	1	0
2	6960	女性	72	46.50	12	9.67	1	0
3	41400	男性	73	40.33	16	12.50	0	0
4	28350	男性	83	41.92	19	13.00	0	0
5	16080	男性	79	28.00	15	3.17	1	0
6	8580	女性	72	45.92	8	16.17	1	0
7	34500	男性	66	34.25	18	4.17	0	1
8	54000	男性	96	49.58	19	16.58	0	1
9	14100	男性	67	28.75	15	.50	1	0
10	9900	女性	84	27.50	12	3.42	1	0
11	21960	男性	83	31.08	15	4.08	0	0
12	12420	男性	96	27.42	15	1.17	1	0
13	15720	男性	84	33.50	15	6.00	1	0
14	8880	男性	88	54.33	12	27.00	1	0
15	22800	男性	98	41.17	15	12.00	0	0
16	19020	男性	64	31.92	19	2.25	0	0
17	10380	男性	72	32.67	15	6.92	1	0
18	8520	男性	70	58.50	15	31.00	1	0
19	11460	男性	79	46.58	15	21.75	1	0

14.3.2 複迴歸分析（全部輸入法）

【統計處理的步驟】

步驟 1　以滑鼠點選【分析 (A)】，從清單之中選擇【迴歸 (R)】，再選擇子清單的【線性 (L)】。

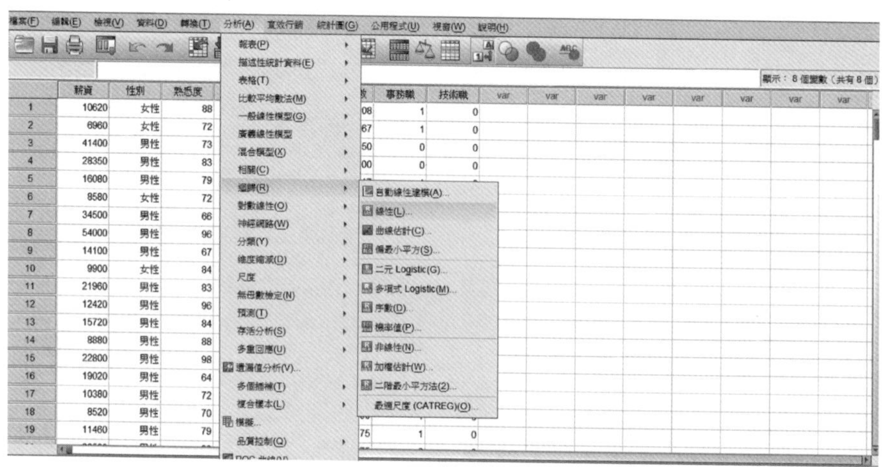

步驟 2　按一下目前的薪資，改變成藍色後，點選【因變數 (D)】左方的 ➡。

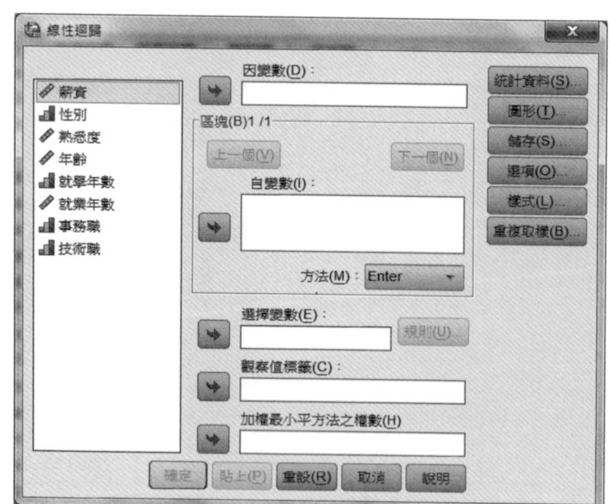

步驟 3 將左方剩餘的變數，依步驟 2 之操作方式全部移入【自變數 (I)】的方框中。再點擊【統計資料 (S)】。

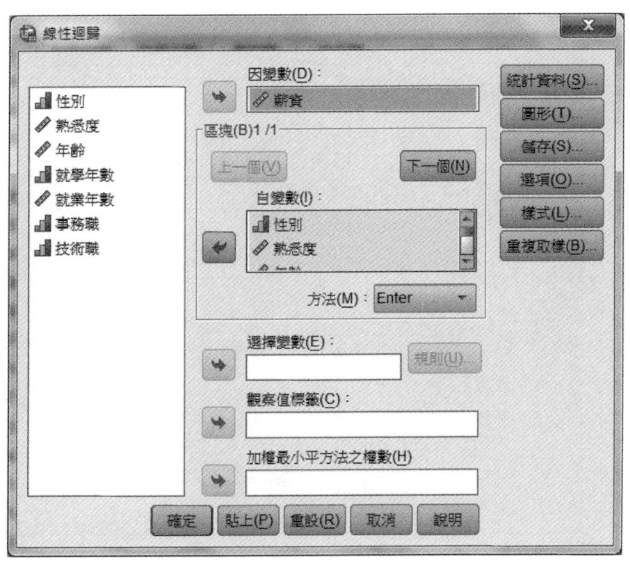

步驟 4 勾選【估計值 (E)】、【模型適合度 (M)】、【R 平方改變量 (S)】、【部分與偏相關 (P)】、【共線性診斷 (L)】，然後按 繼續，頁面回到步驟 3 的線性迴歸對話視窗。

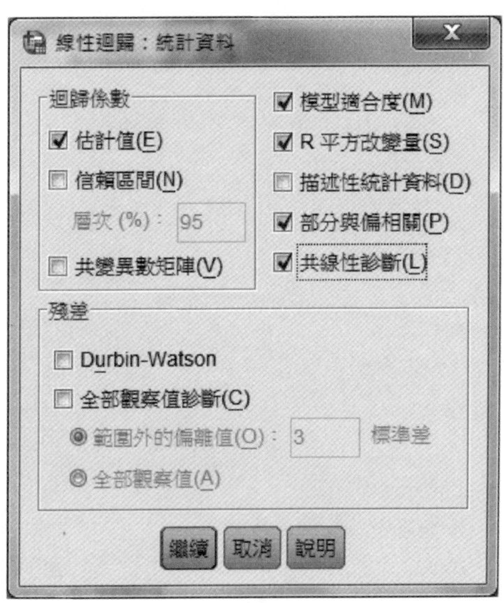

步驟 5 點選【圖形 (T)】，開啓圖形對話視窗，勾選【常態機率圖 (R)】。接著按 繼續 ，頁面回到步驟 3 的線性迴歸對話視窗。

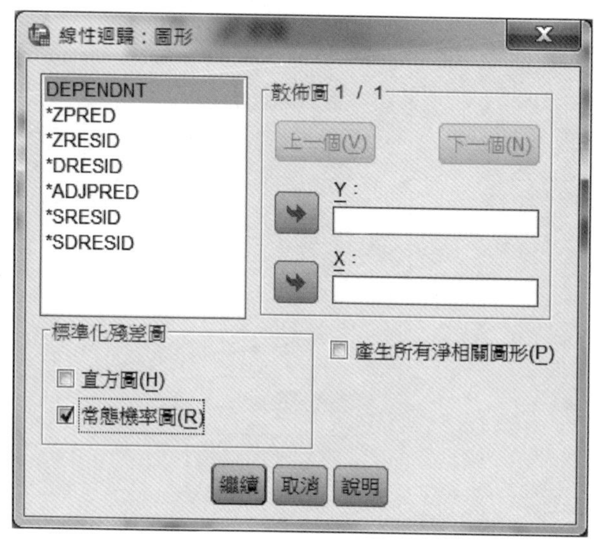

步驟 6 點選【儲存 (S)】，開啓儲存對話視窗，勾選【Cook's (K)】、【槓桿值 (G)】、【共變異數比值 (V)】，接著按 繼續 。

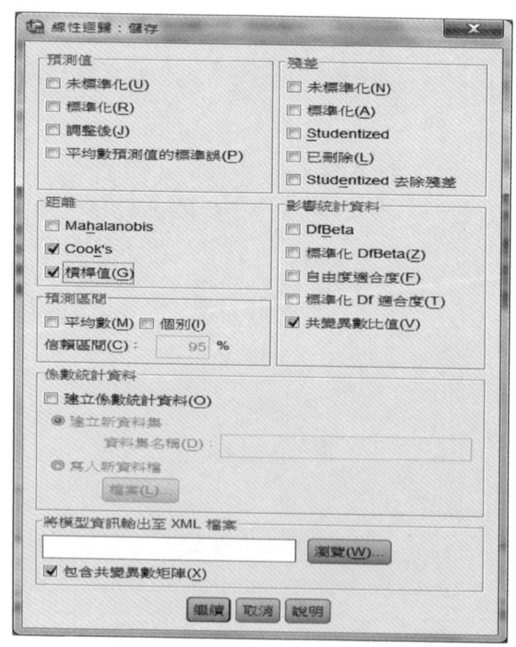

步驟 7 以滑鼠按一下 確定 ，即結束分析。

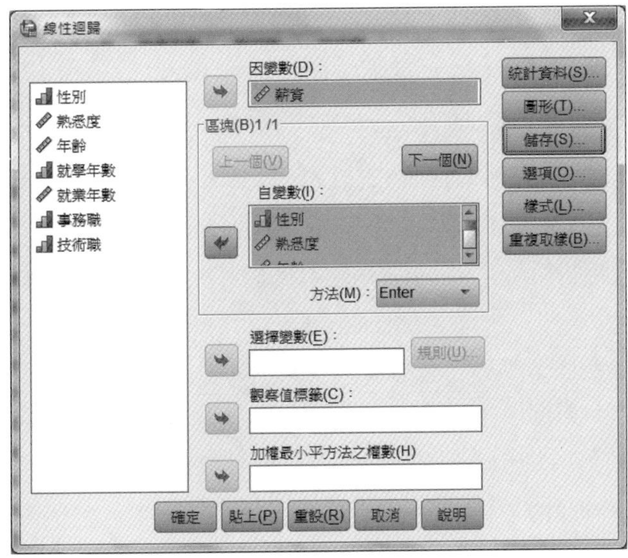

➲ 名詞解釋

1. 偏相關係數

從 y 與 x_1 去除 x_2 之影響後，y 與 x_1 的相關係數稱爲偏相關係數。

2. 部分相關係數

由 x_1 去除 x_2 之後，y 與 x_1 的相關係數稱爲部分相關係數。

3. 零階相關（Zero-order correlation）

對 2 個變數 x 與 y 有影響的變數稱爲控制變數，無控制變數的偏相關係數稱爲零階相關，換言之，即爲一般的相關係數。

4. 多重共線性

$$\hat{Y} = b_0 + b_1 X_1 + b_2 X_2 + \cdots + b_k X_k$$

變數間有線性關係時，稱爲有共線性。有兩個以上線性關係時，稱爲多重共線性。

5. 複相關係數（R）

依變數 Y 與所估計的依變數 $\hat{Y}$ 之間的相關係數。

6. 決定係數（$\mathbf{R}^2$）

表示複迴歸的配適程度。

7. 修正決定係數（$\bar{R}^2$）

修正決定係數受說明變數個數增加之影響。

8. Cook's 距離

數據設為 $\{x_1, x_2, \cdots, x_N\}$，除去第 i 個數據 x_i 後進行迴歸分析時，要評估對其結果產生何種的影響即為影響解析。因此，影響解析可以想成尋找偏離值的方法。此時所用的是 Cook's 距離。此值甚大有可能是異常值。

9. 共變異數比

$$= \frac{\text{除去某數據時的變異共變異矩陣的行列式}}{\text{包含所有數據的變異共變異矩陣的行列式}}$$

如接近 1 時，所除去的數據對變異共變異矩陣無影響

10. 槓桿值（**leverage**）

某數據對預測的影響大小。此值甚大有可能是異常值。

【SPSS 輸出 ・1】

迴歸

模式摘要[b]

模式	R	R 平方	調過後的 R 平方	估計的標準誤
1	.869[a]	.755	.748	3623.70

←①

a. 預測變數：(常數), 技術職, 年齡, 熟悉度, 性別, 事務職, 就學年數, 就業年數

b. 依變數\：薪資

變異數分析[b]

模式		平方和	自由度	平均平方和	F 檢定	顯著性
1	迴歸	1.035E+10	7	1479163372	112.645	.000[a]
	殘差	3.362E+09	256	13131207.8		
	總和	1.372E+10	263			

←②

a. 預測變數：(常數), 技術職, 年齡, 熟悉度, 性別, 事務職, 就學年數, 就業年數

b. 依變數\：薪資

【輸出結果的判讀．1】

①R 是複相關係數。R = 0.869 由於接近 1，因之以③求出的複迴歸式配適佳。

R^2 是決定係數。R^2 = 0.755 由於接近 1，所以以③所求出的複迴歸式的配適佳。

複相關係數 = $\sqrt{決定係數}$

修正決定係數是指調整自由度後的決定係數。此值與 R^2 之差甚大時需要注意。

②複迴歸的變異數分析表

檢定以下假設

假設 H_0：所求出的複迴歸式對預測沒有幫助

顯著機率 = 0.000 比顯著水準 α = 0.05 小，所以此假設 H_0 不成立。

換言之，以③所求出的複迴歸式對預測有幫助。

【SPSS 輸出．2】——複迴歸分析

係數

模式		未標準化係數		標準化係數	t	顯著性
		B 之估計值	標準誤	Beta 分配		
1	(常數)	17588.698	2676.793		6.571	.000
	技術職	10505.256	1632.786	.217	6.434	.000
	事務職	-12135.950	780.865	-.591	-15.542	.000
	就學年數	406.062	97.679	.167	4.157	.000
	就業年數	-28.000	40.919	-.033	-.684	.494
	熟悉度	47.576	22.526	.066	2.112	.036
	性別	-1655.637	565.093	-.114	-2.930	.004
	年齡	-57.516	31.297	-.094	-1.838	.067

←③

模式		相關			共線性統計量	
		零階	偏	部分	允差	VIF
1	(常數)					
	技術職	.492	.373	.199	.840	1.190
	事務職	-.791	-.697	-.481	.662	1.511
	就學年數	.605	.251	.129	.594	1.685
	就業年數	-.092	-.043	-.021	.422	2.368
	熟悉度	.048	.131	.065	.968	1.033
	性別	-.448	-.180	-.091	.629	1.589
	年齡	-.239	-.114	-.057	.367	2.723

←④

【輸出結果的判讀 · 2】

③所求出的複迴歸式如觀察 B（= 偏迴歸係數）的地方時，可知是

Y = 10505.3× 技術職 – 12135.9 × 事務職 + 406.1 × 就學年數 – 28.0 × 就業年數 + 47.6 × 熟悉度 – 1655.6 × 性別 –57.6 × 年齡 + 17588.7

如觀察標準化係數（= 標準偏迴歸係數）時，對目前的薪資（目的變數）有甚大影響的是技術職和事務職之職種、就業年數、性別此 3 個變數。

顯著機率比 0.05 大的說明變數，對目前的薪資並不太有影響。如觀察此輸出結果時，可知就業年數與目前的薪資沒有關係。相反地，顯著機率比 0.05 小的說明變數，對目前的薪資即爲有影響的要因。也就是說，此處應進行偏迴歸係數的檢定。

標準偏迴歸係數：由於數據不受單位取法的影響，可以了解自變數與依變數的關係強度。

④零次相關係數、偏相關係數、部分相關係數。

複迴歸分析經常發生多重共線性的問題，換言之，

「說明變量之間是否存在有線型關係？」

允差（tolerance）和變異數膨脹因素（variance inflation factor, VIF）之間成立以下關係。

$$\text{VIF} = \frac{1}{\text{允差}} \quad 14.2589 = \frac{1}{0.629}$$

允差：設複迴歸分析的自變數爲 $x_1, x_2, \cdots, x_p$。如果對某自變數 x_i 覺得擔心時，將 x_i 當作依變數，其他的所有變數當作自變數進行複迴歸分析，此時的複相關係數設爲 R_i 時，則 $1\text{-}R_i^2$ 稱爲自變數 x_i 的允差。如 x_i 的允差 $1 - R_i^2$ 愈小，複相關係數 R_i 接近 1，因之，x_i 可用其他的自變數 $x_1, x_2, \cdots, x_{i-1}, x_{i+1}, \cdots, x_p$ 的線性組合表現。亦即有多重共線性。

允差小的說明變量或 VIF 大的說明變量，與剩餘的說明變量之間由於具有線性關係的可能性，因之當進行複迴歸分析時，或許除去爲宜。

$$\text{VIF} = \frac{1}{1 - R_{x_j}^2\left(x_1, x_2, \cdots x_{j-1}, x_{j+1} \cdots x_k\right)}$$

當 VIF > 1 時，表示 x_j 幾乎是其他幾個預測變數的線性組合，因此可以考慮將 x_j 從模式中去除。

【SPSS 輸出 · 3】——複迴歸

共線性診斷ª

模式	維度	特徵值	條件指標
1	1	5.914	1.000
	2	1.037	2.389
	3	.494	3.460
	4	.400	3.843
	5	.105	7.495
	6	2.795E-02	14.545
	7	1.630E-02	19.048
	8	5.183E-03	33.781

←⑤ ←⑥-1

模式	維度	變異數比例				
		(常數)	技術職	事務職	就學年數	就業年數
1	1	.00	.00	.00	.00	.00
	2	.00	.72	.00	.00	.00
	3	.00	.12	.00	.00	.05
	4	.00	.00	.01	.01	.31
	5	.00	.16	.66	.05	.00
	6	.00	.00	.04	.17	.58
	7	.01	.00	.18	.48	.04
	8	.99	.01	.10	.29	.02

←⑥-2

模式	維度	熟悉度	性別	年齡
1	1	.00	.01	.00
	2	.00	.02	.00
	3	.00	.52	.00
	4	.00	.05	.00
	5	.00	.11	.00
	6	.00	.29	.71
	7	.52	.01	.12
	8	.48	.00	.16

←⑥-2

【輸出結果的判讀 · 3】

(X'X) 之行列式值，接近 0，此時表示 X 矩陣可能是特異矩陣，也就是有線性相依的情形。

條件指數（conditional index, CI）：

$$\mathrm{CI}=\sqrt{\frac{\lambda_{\max}}{\lambda_i}}$$

λ 是由 (X'X) 所求之特徵值。

CI：30 ～ 100 表中度共線性。

CI：100 以上表高度共線性。

⑤條件指標如以下得出。

$$\sqrt{\frac{5.914}{5.914}}=1.000 \text{，} \sqrt{\frac{5.914}{1.037}}=2.389 \text{，} \sqrt{\frac{5.914}{0.495}}=3.460 \text{，} \cdots\cdots$$

⑥-1，⑥-2，⑥-3 在條件指標大的地方，說明變數之間有可能發生共線性。

譬如，第 6 個特徵值的條件指標是 14.545 突然增大，如橫向觀察此第 6 個地方時，就業年數與年齡的變異數比例均比其他說明變數大。

因此，得知就業年數與年齡之間隱藏有共線性的可能性。此時，試著調查就業年數與年齡的相關係數。

【SPSS 輸出．4】——複迴歸分析

圖表

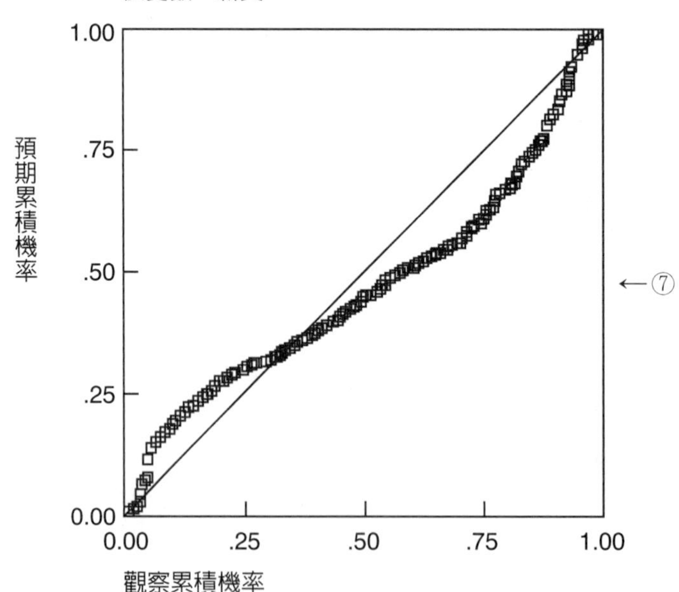

再檢視依變數的「迴歸標準化殘差的常態 P-P 圖」，呈現左下到右上的 45 度斜直線，因此，樣本觀察值大致符合常態性分配的基本假設。

常態 P-P 圖：關於常態分配利用百分比所繪製的機率圖，點在一直線排列時。數據可以想成服從常態分配。

常態 Q-Q 圖：關於常態分配利用百分位數所繪製的機率圖，點在一直線排列時。數據可以想成服從常態分配。

【輸出結果的判讀 · 4】

⑦調查殘差的分配是否服從常態分配。

換言之，複迴歸模式

$$\begin{cases} y_1 = \beta_1 x_{11} + \beta_2 x_{21} + \beta_0 + \varepsilon_1 \\ y_2 = \beta_1 x_{12} + \beta_2 x_{22} + \beta_0 + \varepsilon_2 \\ \quad\cdot \\ \quad\cdot \\ \quad\cdot \\ y_1 = \beta_1 x_{1n} + \beta_2 x_{2n} + \beta_0 + \varepsilon_n \end{cases}$$

是在以下的前提，即

「殘差 ε_1，ε_2，⋯，ε_n 是服從標準常態分配 N(0, 1)」

因之，利用此圖形表現來確認常態性甚為重要。

當實測值與預測值的分配一致時，圖形即與常態直線一致。

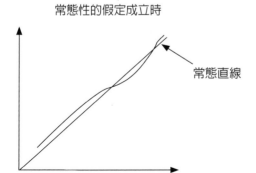

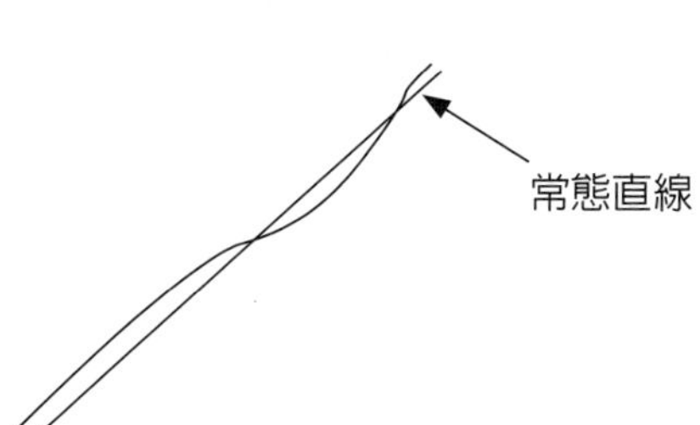

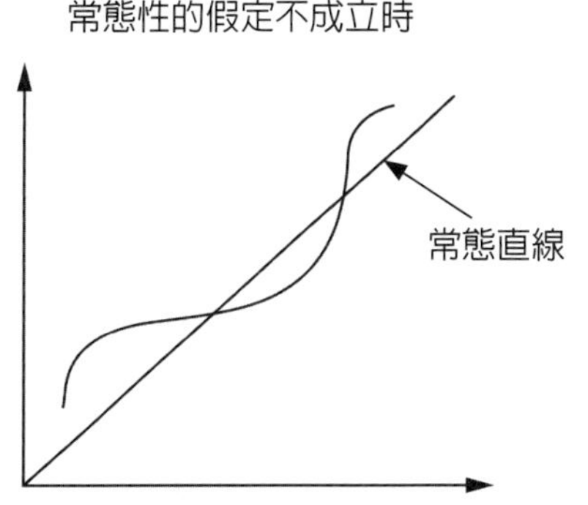

【SPSS 輸出 · 5】——複迴歸分析

	事務職	技術職	coo_1	lev_1	cov_1
1	1	0	.00033	.01438	1.04628
2	1	0	.00061	.00928	1.03344
3	0	0	.09255	.02954	.52954
4	0	0	.00131	.03264	1.06158
5	1	0	.00073	.00840	1.02919
6	1	0	.00037	.02177	1.05513
7	0	1	.01045	.18491	1.25758
8	0	1	.68547	.16824	.52186
9	1	0	.00025	.01912	1.05324
10	1	0	.00024	.01665	1.05031
11	0	0	.00546	.03369	1.03495
12	1	0	.00082	.01544	1.04102
13	1	0	.00051	.00633	1.02946
14	1	0	.00092	.02581	1.05531
15	0	0	.00416	.04523	1.06331
16	0	0	.02726	.04331	.94222
17	1	0	.00089	.01058	1.03095
18	1	0	.00210	.04092	1.06805
19	1	0	.00006	.01724	1.05318
20	0	0	.00986	.02998	.99485
21	0	1	.22300	.16583	.94127
22	0	0	.00661	.03997	1.04067
23	0	0	.00004	.03252	1.07041
24	1	0	.00035	.00715	1.03489
25	0	0	.00501	.03015	1.03052
26	1	0	.00093	.01889	1.04519

←⑧

【輸出結果的判讀 · 5】

⑧ coo_1 是 cook 的距離。此值甚大時，該值的數據有可能是異常值。

lev_1 是影響量數（槓桿值），此值甚大時也許是異常值。

cov_1 是共變異數比值。共變異數比接近 1 時，該數據的影響力被認爲是小的。

14.4 複迴歸分析——逐步迴歸法

某心臟科醫師研究心臟手術後病患的存活時間 Y（天）與病人手術前的身體狀況，如血塊分數 X_1、體能指標 X_2、肝功能分數 X_3、氧氣檢定分數 X_4、體重 X_5 的關係，蒐集 50 位開刀病人資料如下：

表 14.4.1　手術後存活時間資料

序號	血塊分數	體能指標	肝功能分數	氧氣檢定分數	體重	手術後存活時間
1	63	67	95	69	70	2986
2	59	36	55	34	42	950
3	59	46	47	40	47	950
4	54	73	63	48	44	1459
⋮	⋮	⋮	⋮	⋮	⋮	⋮
⋮	⋮	⋮	⋮	⋮	⋮	⋮
⋮	⋮	⋮	⋮	⋮	⋮	⋮
48	60	92	25	32	75	1441
49	60	60	67	45	56	1947
50	65	83	55	55	89	2451

【數據輸入的類型】

表 14.4.1 的數據，如下輸入。

[變數視圖]

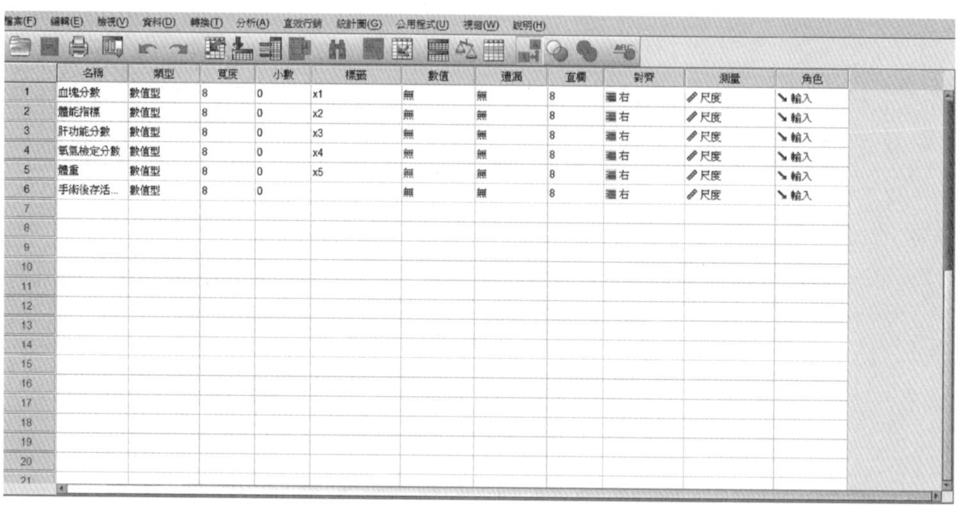

	名稱	類型	寬度	小數	標籤	數值	遺漏	直欄	對齊	測量	角色
1	血塊分數	數值型	8	0	x1	無	無	8	右	尺度	輸入
2	體能指標	數值型	8	0	x2	無	無	8	右	尺度	輸入
3	肝功能分數	數值型	8	0	x3	無	無	8	右	尺度	輸入
4	氧氣檢定分數	數值型	8	0	x4	無	無	8	右	尺度	輸入
5	體重	數值型	8	0	x5	無	無	8	右	尺度	輸入
6	手術後存活...	數值型	8	0		無	無	8	右	尺度	輸入

[資料視圖]

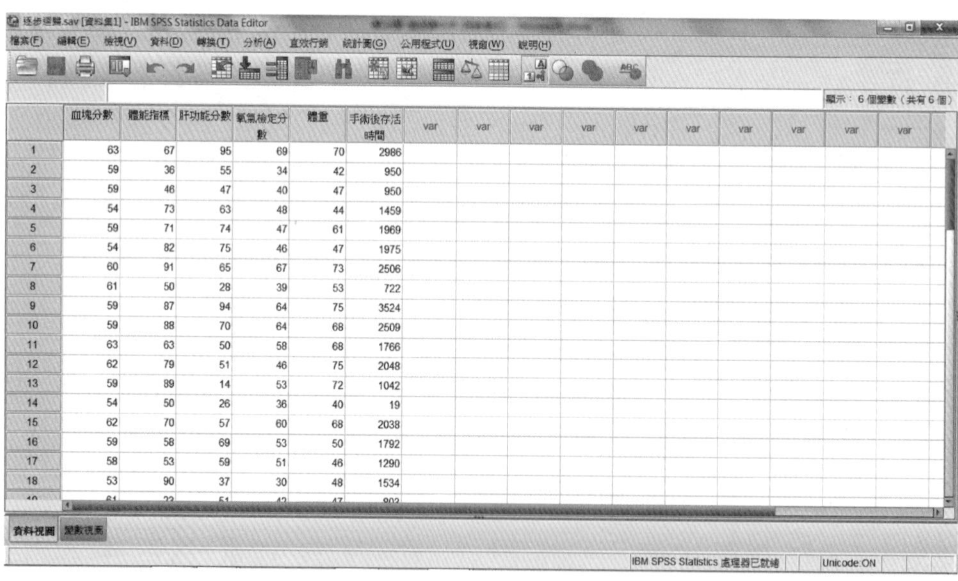

	血塊分數	體能指標	肝功能分數	氧氣檢定分數	體重	手術後存活時間
1	63	67	95	69	70	2986
2	59	36	55	34	42	950
3	59	46	47	40	47	950
4	54	73	63	48	44	1459
5	59	71	74	47	61	1969
6	54	82	75	46	47	1975
7	60	91	65	67	73	2506
8	61	50	28	39	53	722
9	59	87	94	64	75	3524
10	59	88	70	64	68	2509
11	63	63	50	58	68	1766
12	62	79	51	46	75	2048
13	59	89	14	53	72	1042
14	54	50	26	36	40	19
15	62	70	57	60	68	2038
16	59	58	69	53	50	1792
17	58	53	59	51	46	1290
18	53	90	37	30	48	1534

【統計處理的步驟】

步驟 1　從【分析 (A)】清單中的【迴歸 (R)】子清單，選擇【線性 (L)】。

步驟 2　在【因變數 (D)】方框中輸入想預測的手術後存活時間，在【自變數 (I)】方框中輸入全部的變數〔血塊分數〕、〔體能指標〕、〔肝功能分數〕、〔氧氣檢定分數〕、〔體重〕。

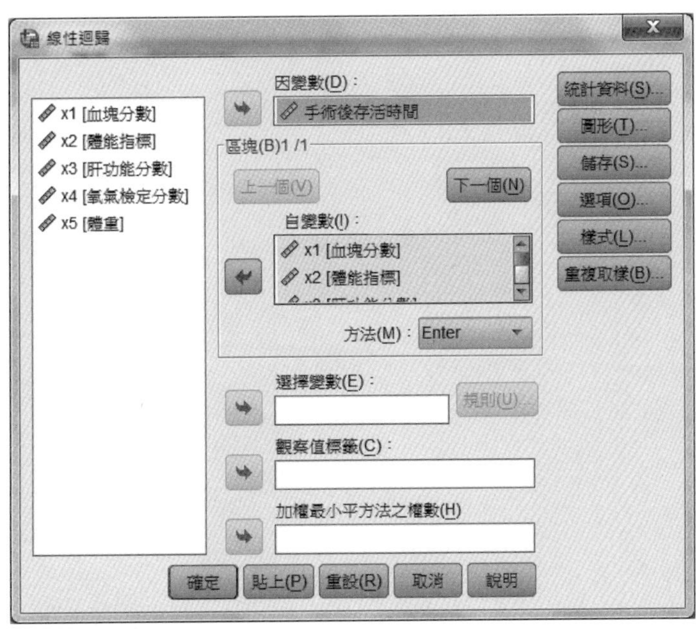

步驟 3　由【方法 (M)】欄位的下拉式選單點選逐步迴歸法，再按 確定 。

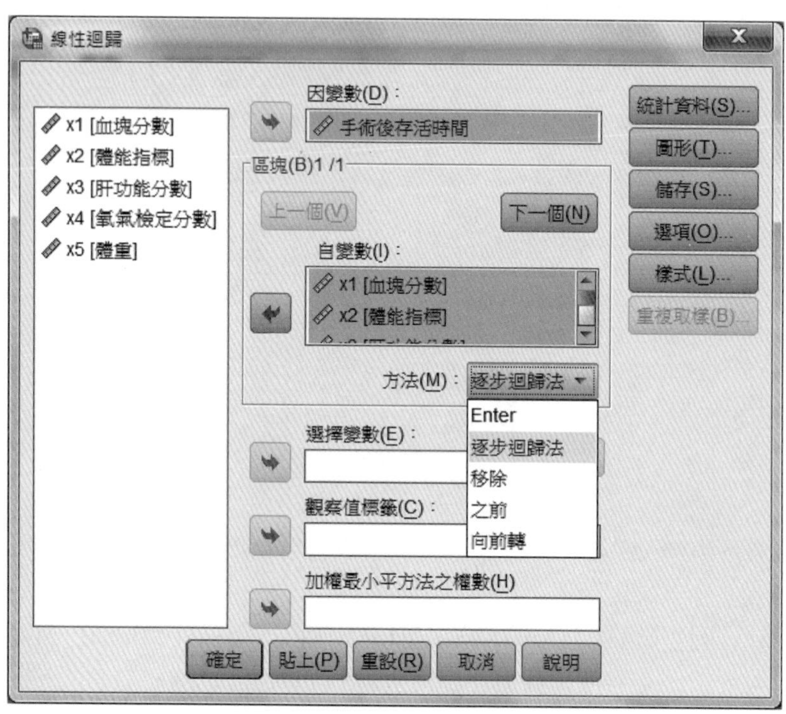

若某變數一定要列入迴歸式中時，此變數可採強迫進入法，其他變數可採逐步法。

【SPSS 輸出 · 1】——逐步迴歸分析

選入/刪除的變數[a]

模式	選入的變數	刪除的變數	方法
1	氧氣檢定分數	.	逐步迴歸分析法 (準則：F-選入的機率 <= .050，F-刪除的機率 >= .100)。
2	肝功能分數	.	逐步迴歸分析法 (準則：F-選入的機率 <= .050，F-刪除的機率 >= .100)。
3	體重	.	逐步迴歸分析法 (準則：F-選入的機率 <= .050，F-刪除的機率 >= .100)。
4	.	氧氣檢定分數	逐步迴歸分析法 (準則：F-選入的機率 <= .050，F-刪除的機率 >= .100)。
5	體能指標	.	逐步迴歸分析法 (準則：F-選入的機率 <= .050，F-刪除的機率 >= .100)。
6	血塊分數	.	逐步迴歸分析法 (準則：F-選入的機率 <= .050，F-刪除的機率 >= .100)。
7		體重	逐步迴歸分析法 (準則：F-選入的機率 <= .050，F-刪除的機率 >= .100)。 ←①

a. 依變數 \：手術後存活時間

【輸出結果的判讀・1】

採取強迫進入法時，模式只有一個，但採取逐步迴歸法時，模式有 7 個，逐步迴歸法是只將統計上顯著的變數當作自變數投入到迴歸式中，模式 1 是將氧氣檢定分數此變數先引進到模式中，模式 2 是將肝功能分數繼之引進到模式中，模式 3 是將體重再引進到模式中，模式 4 是將氧氣檢定分數從模式中去除，模式 5 是將體能指標引進模式中，模式 6 是將血塊分數引進到模式中，模式 7 又將體重從模式中刪除，最後模式所選取的預測變數是血塊分數、體能指標、肝功能分數。

逐步迴歸是採取逐步選取法，這是結合「向前」與「向後」選取法而成。開始時以向前選取法選入一個變數，而後每當選入一個新預測變數後，就利用向後選取法檢視在模式中已存在的預測變數其偏 F 值有無小於 F_{out} 的變數，若有小於 F_{out} 時，則最小的偏 F 值的預測變數就被排除在模式之外，接著再進行向前選取；若無小於 F_{out} 時，則繼續向前選取，如其偏 F 值中爲最大且其值大於 F_{in} 時即選入，像這樣向前與向後選取法輪流使用，直到沒有預測變數可以再引進來，也沒有預測變數會被去除，以此種方式所得的迴歸式稱爲逐步迴歸（stepwise regression）。

（註 1）

F 值：$F_j = \dfrac{MSR(x_j)}{MSE(x_j)}$，

偏 F 值：$F_{j|i} = \dfrac{MSR(x_j|x_i)}{MSE(x_j, x_i)}$，$F_{k|i,j} = \dfrac{MSR(x_k|x_j, x_i)}{MSE(x_k, x_j, x_i)}$……

（註 2）在線性迴歸的選項中，對於向前與向後的條件，提供有 2 種方法。

①使用機率值（P）：選入的條件是 P 值小於 P_{in} ＝ 0.05，刪除的條件是 P 值大於 P_{out} ＝ 0.1。

②使用 F 值：選入的條件是 F 值或偏 F 值大於 F_{in} = 4，刪除的條件是 F 值或偏 F 值小於 F_{out} = 3.99。

【SPSS 輸出 · 2】

模式摘要

模式	R	R 平方	調過後的 R 平方	估計的標準誤
1	.727[a]	.529	.519	493.32
2	.829[b]	.687	.674	406.11
3	.938[c]	.880	.872	254.22
4	.938[d]	.880	.875	251.89
5	.972[e]	.945	.941	172.76
6	.985[f]	.971	.968	126.89
7	.985[g]	.971	.969	125.99 ←①

a. 預測變數：(常數), 氧氣檢定 氧氣
b. 預測變數：(常數), 氧氣檢定, 肝功能分數
c. 預測變數：(常數), 氧氣檢定, 肝功能分數, 體重
d. 預測變數：(常數), 肝功能分數, 體重
e. 預測變數：(常數), 肝功能分數, 體重, 體能指標
f. 預測變數：(常數), 肝功能分數, 體重, 體能指標, 血塊分數
g. 預測變數：(常數), 肝功能分數, 體能指標, 血塊分數

變異數分析[h]

模式		平方和	自由度	平均平方和	F 檢定	顯著性
1	迴歸	13115395	1	13115394.6	53.893	.000[a]
	殘差	11681352	48	243361.505		
	總和	24796747	49			
2	迴歸	17045223	2	8522611.719	51.675	.000[b]
	殘差	7751523.4	47	164926.029		
	總和	24796747	49			
3	迴歸	21823881	3	7274627.077	112.562	.000[c]
	殘差	2972865.6	46	64627.513		
	總和	24796747	49			
4	迴歸	21814555	2	10907277.3	171.901	.000[d]
	殘差	2982192.2	47	63450.899		
	總和	24796747	49			
5	迴歸	23423770	3	7807923.393	261.595	.000[e]
	殘差	1372976.6	46	29847.318		
	總和	24796747	49			
6	迴歸	24072192	4	6018048.120	373.764	.000[f]
	殘差	724554.341	45	16101.208		
	總和	24796747	49			
7	迴歸	24066588	3	8022195.869	505.398	.000[g] ←②
	殘差	730159.213	46	15873.026		
	總和	24796747	49			

a. 預測變數：(常數), 氧氣檢定
b. 預測變數：(常數), 氧氣檢定, 肝功能分數
c. 預測變數：(常數), 氧氣檢定, 肝功能分數, 體重
d. 預測變數：(常數), 肝功能分數, 體重
e. 預測變數：(常數), 肝功能分數, 體重, 體能指標
f. 預測變數：(常數), 肝功能分數, 體重, 體能指標, 血塊分數
g. 預測變數：(常數), 肝功能分數, 體能指標, 血塊分數
h. 依變數\：手術後存活時間

【輸出結果的判讀・2】

①從模式摘要中可知模式 7 調整後的 R 平方高達 0.969，因此模式 7 是可以選擇用來作爲預測的模式。

②複迴歸的變異數分析表。

檢定以下的假設：

假設：所求的迴歸式對預測無幫助

由於模式 7 的顯著機率是 0.000 比顯著水準 0.05 小，故假設不成立。

因之，所求的迴歸式對預測有幫助。

【SPSS 輸出・3】

係數[a]

模式		未標準化係數		標準化係數	t	顯著性
		B 之估計值	標準誤	Beta 分配		
1	(常數)	-263.811	280.155		-.942	.351
	氧氣檢定	39.396	5.366	.727	7.341	.000
2	(常數)	-717.489	248.653		-2.886	.006
	氧氣檢定	29.653	4.848	.547	6.117	.000
	肝功能分數	15.672	3.211	.437	4.881	.000
3	(常數)	-1698.660	192.996		-8.802	.000
	氧氣檢定	1.690	4.448	.031	.380	.706
	肝功能分數	24.154	2.239	.673	10.789	.000
	體重	33.044	3.843	.644	8.599	.000
4	(常數)	-1703.535	190.808		-8.928	.000
	肝功能分數	24.643	1.816	.687	13.569	.000
	體重	34.112	2.598	.665	13.131	.000
5	(常數)	-1908.163	133.802		-14.261	.000
	肝功能分數	24.343	1.246	.679	19.533	.000
	體重	24.185	2.237	.471	10.814	.000
	體能指標	11.941	1.626	.320	7.343	.000
6	(常數)	-6746.596	768.746		-8.776	.000
	肝功能分數	25.877	.947	.721	27.334	.000
	體重	-2.679	4.541	-.052	-.590	.558
	體能指標	22.950	2.106	.615	10.896	.000
	血塊分數	94.640	14.913	.452	6.346	.000
7	(常數)	-6337.610	329.980		-19.206	.000
	肝功能分數	25.754	.917	.718	28.092	.000
	體能指標	21.842	.946	.585	23.092	.000
	血塊分數	86.437	5.357	.413	16.136	.000

a. 依變數\：手術後存活時間

排除的變數[h]

模式		Beta 進	t	顯著性	偏相關	共線性統計量		
						允差	VIF	最小允差
1	血塊分數	-.058[a]	-.498	.621	-.072	.724	1.381	.724
	體能指標	.384[a]	4.142	.000	.517	.853	1.173	.853
	肝功能分數	.437[a]	4.881	.000	.580	.830	1.204	.830
	體重	.288[a]	2.304	.026	.319	.577	1.734	.577
2	血塊分數	.198[b]	1.888	.065	.268	.571	1.750	.484
	體能指標	.480[b]	8.415	.000	.779	.824	1.214	.684
	體重	.644[b]	8.599	.000	.785	.465	2.151	.387
3	血塊分數	-.200[c]	-2.574	.013	-.358	.384	2.606	.312
	體能指標	.321[c]	7.351	.000	.739	.634	1.578	.357
4	血塊分數	-.187[d]	-2.457	.018	-.341	.398	2.512	.398
	體能指標	.320[d]	7.343	.000	.735	.635	1.576	.634
	氧氣檢定	.031[d]	.380	.706	.056	.387	2.587	.387
5	血塊分數	.452[e]	6.346	.000	.687	.128	7.812	8.294E-02
	氧氣檢定	.048[e]	.860	.394	.127	.386	2.591	.357
6	氧氣檢定	-.025[f]	-.588	.559	-.088	.357	2.803	8.260E-02
7	體重	-.052[g]	-.590	.558	-.088	8.294E-02	12.057	8.294E-02
	氧氣檢定	-.027[g]	-.630	.532	-.093	.358	2.791	.358

a. 模式中的預測變數：(常數), 氧氣檢定
b. 模式中的預測變數：(常數), 氧氣檢定, 肝功能分數
c. 模式中的預測變數：(常數), 氧氣檢定, 肝功能分數, 體重
d. 模式中的預測變數：(常數), 肝功能分數，體重
e. 模式中的預測變數：(常數), 肝功能分數，體重, 體能指標
f. 模式中的預測變數：(常數), 肝功能分數，體重, 體能指標, 血塊分數
g. 模式中的預測變數：(常數), 肝功能分數，體能指標, 血塊分數
h. 依變數 \：手術後存活時間

←③

【輸出結果的判讀 · 3】

①所求的迴歸式只要看 B 的地方，可知是

$$\hat{Y} = -6337.610 + 25.754\times \text{肝功能} + 214.2842\times \text{體能指標} + 86.431\times \text{血塊分數}$$

②如觀察標準化係數時，對手術後的存活時間有影響的變數依序是肝功能分數、體能指標、血塊分數。由偏迴歸係數的檢定可知，此 3 變數的顯著機率均比顯著水準 0.05 小，因此 3 變數對手術後的存活時間均有影響。

③允差值愈小，表示模式中所使用的獨立變數與已排除的變數間有強烈的相關。由於體重與氧氣檢定分數的允差值甚小，因之有多重共線性的問題，故不宜列入模式中，而氧氣檢定的允差雖未小於 0.1，但其顯著性較 0.1 大，故仍被排除。

14.5 放入交互作用項時利用中心化迴避共線性的方法

將交互作用項放入複迴歸分析時，原先形成交互作用的項目與交互作用項會

發生多重共線性的問題，以下說明利用中心化迴避共線性的技巧。

假定有以下數據。表中 D1X 的數據是 D1 與 X 相乘所得，D2X 的數據是 D2 與 X 相乘所得。

Y	D1	D2	X	D1X	D2X
1	1	0	1	1	0
2	1	0	2	2	0
3	1	0	7	7	0
4	1	0	4	4	0
5	0	1	6	0	6
6	0	1	7	0	7
7	0	1	9	0	9
8	0	1	6	0	6
9	0	0	3	0	0
10	0	0	5	0	0
11	0	0	8	0	0
12	0	0	8	0	0

中心化（centering）是針對變數減去其平均數（又稱爲平減），中心化後的新變數的和成爲 0。

首先檢視觀察變數間的相關性。

步驟 1 從【分析 (A)】中選擇【相關 (C)】。再點選【雙變數 (B)】。

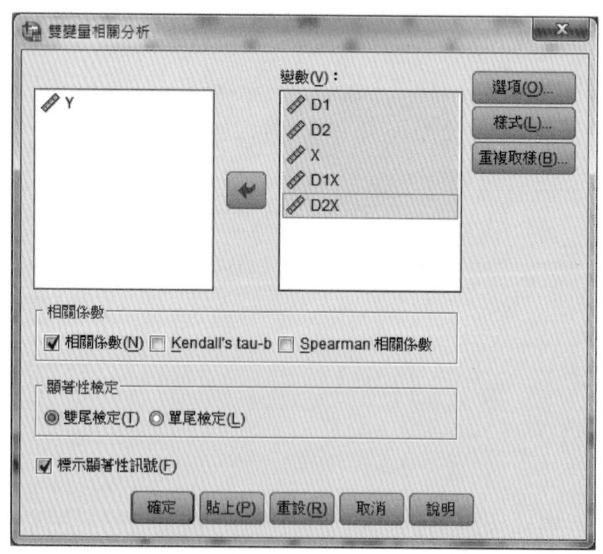

得出輸出如下。

相關

		D1	D2	X	D1X	D2X
D1	皮爾森 (Pearson) 相關	1	-.500	-.581*	.780**	-.489
	顯著性（雙尾）		.098	.047	.003	.107
	N	12	12	12	12	12
D2	皮爾森 (Pearson) 相關	-.500	1	.436	-.390	.978**
	顯著性（雙尾）	.098		.156	.210	.000
	N	12	12	12	12	12
X	皮爾森 (Pearson) 相關	-.581*	.436	1	-.113	.487
	顯著性（雙尾）	.047	.156		.726	.108
	N	12	12	12	12	12
D1X	皮爾森 (Pearson) 相關	.780**	-.390	-.113	1	-.381
	顯著性（雙尾）	.003	.210	.726		.221
	N	12	12	12	12	12
D2X	皮爾森 (Pearson) 相關	-.489	.978**	.487	-.381	1
	顯著性（雙尾）	.107	.000	.108	.221	
	N	12	12	12	12	12

*. 相關性在 0.05 層上顯著（雙尾）。

**. 相關性在 0.01 層上顯著（雙尾）。

發現變數與交互作用間有相當高的相關性。

接著進行迴歸分析。

步驟 2 將 Y 移入【因變數 (D)】的方框中，從 D1 到 D2X 移入【自變數 (I)】中。接著點擊【統計資料 (S)】。

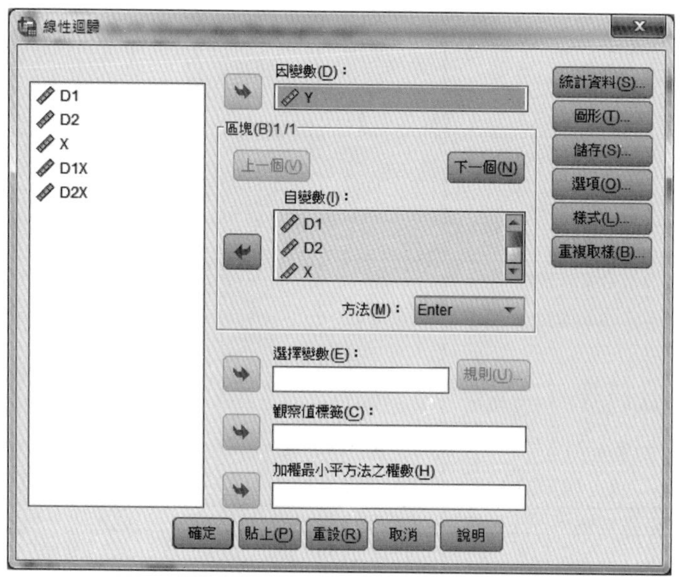

步驟 3 勾選【估計值 (E)】、【模型適合度 (M)】、【共線性診斷 (L)】。按 繼續 再按 確定。

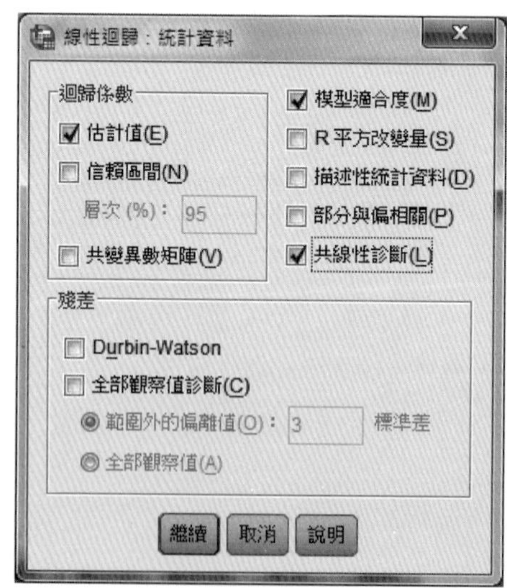

得出如下輸出。

模型摘要

模型	R	R 平方	調整後 R 平方	標準偏斜度錯誤
1	.972[a]	.944	.897	1.155

a. 預測值：（常數），D2X, D1X, X, D1, D2

變異數分析[a]

模型		平方和	df	平均值平方	F	顯著性
1	迴歸	135.000	5	27.000	20.250	.001[b]
	殘差	8.000	6	1.333		
	總計	143.000	11			

a. 應變數: Y

b. 預測值：（常數），D2X, D1X, X, D1, D2

係數[a]

模型		非標準化係數		標準化係數			共線性統計資料	
		B	標準錯誤	Beta	T	顯著性	允差	VIF
1	（常數）	7.500	1.732		4.330	.005		
	D1	-6.167	2.028	-.842	-3.041	.023	.122	8.222
	D2	-2.167	3.771	-.296	-.575	.586	.035	28.444
	X	.500	.272	.352	1.837	.116	.254	3.944
	D1X	-.167	.371	-.102	-.449	.669	.181	5.537
	D2X	-.333	.544	-.326	-.612	.563	.033	30.370

a. 應變數: Y

從中發現 D2、D2X 的 VIF 之值超出 10 以上，有共線性存在。

迴歸式表示如下：

$$Y = 7.500 - 6.167D1 - 2.167D2 + 0.500X - 0.167D1X - 0.333D2X$$

$$D1 = 1, D2 = 0, Y = 1.333 + 0.333X$$

$$D1 = 0, D2 = 1, Y = 5.333 + 0.167X$$

$$D1 = 0, D2 = 0, Y = 7.500 + 0.500X$$

假定原來的迴歸式為

$$Y = \alpha + \beta_1 D + \beta_2 x + \beta_3 D$$

中心化後的迴歸式為

$$Y = \alpha' + \beta_1' D' + \beta_2' X' + \beta_3' D'X'$$

$$= \alpha' + \beta_1' (D - \overline{D}) + \beta_2' (X - \overline{X}) + \beta_3' (D - \overline{D})(X - \overline{X})$$

中心化後的偏迴歸係數可利用原先所得迴歸係數與各獨立變數的平均予以變換。

$$\alpha' = \alpha + \beta_1 \overline{D} + \beta_2 \overline{X} + \beta_3 \overline{D}\,\overline{X}$$

$$\beta_1' = \beta_1 + \beta_3 \overline{X}$$

$$\beta_2' = \beta_2 + \beta_3 \overline{D}$$

$$\beta_3' = \beta_3$$

接著，進行中心化。先求出各變數的平均值。

步驟 4 從【分析 (A)】中點選【描述性統計資料 (E)】，將各變數移入【變數 (V)】欄中。按一下【選項 (O)】。

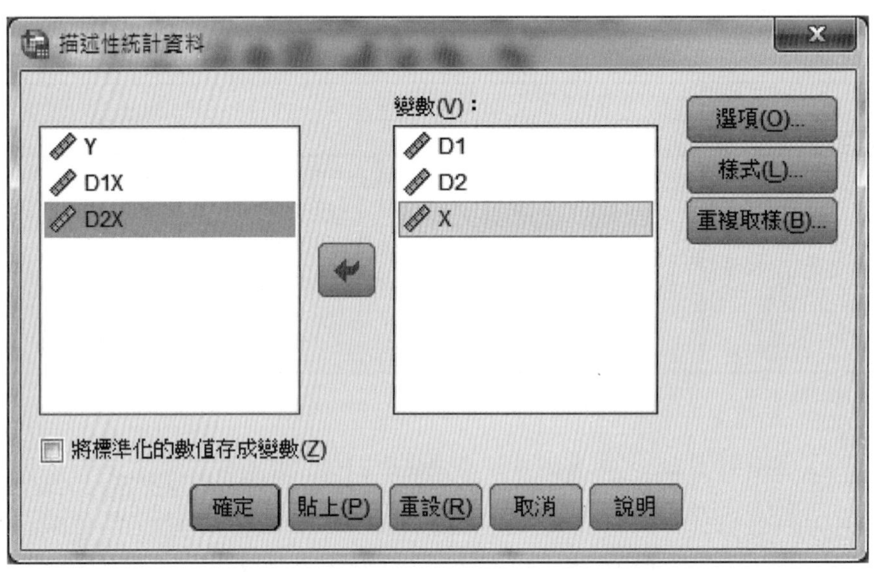

步驟 5 勾選【平均數 (M)】。按 繼續，再按 確定。

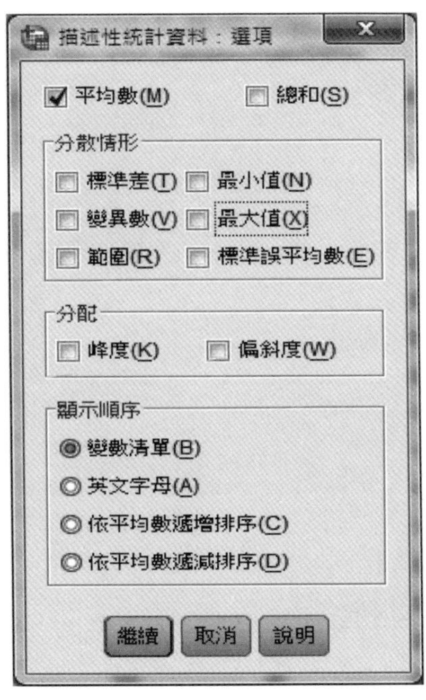

得出各變數的平均值。

敘述統計

	個數	平均數
D1	12	.333
D2	12	.333
X	12	5.500
有效的 N (完全排除)	12	

步驟 6 先對 D1 進行中心化。點選【轉換（T）】，從中選擇【計算變數 (C)】。於【目標變數 (T)】輸入 cD1，【數值表示式 (E)】輸入 D1-0.33。

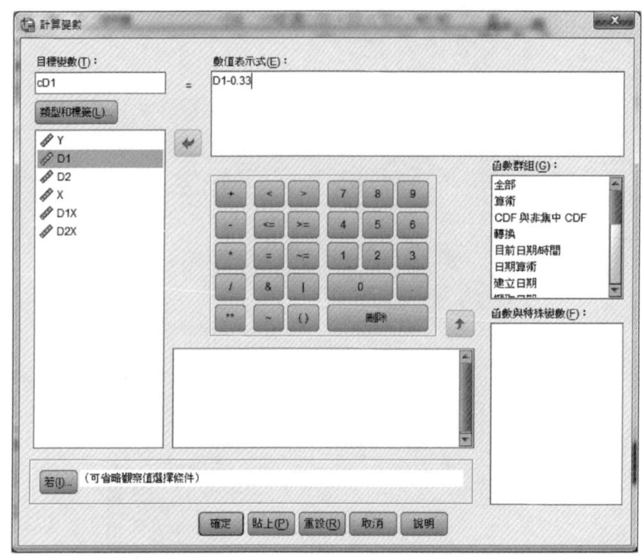

對 D2，X 的做法相同。

接著，對交互作用進行中心化。

步驟 7 首先對交互作用 D1X 進行中心化。【目標變數 (T)】輸入 cD1X，【數值表示式 (E)】輸入 cD1*cX，按 繼續，再按 確定。

對 cD2X 的做法也相同。

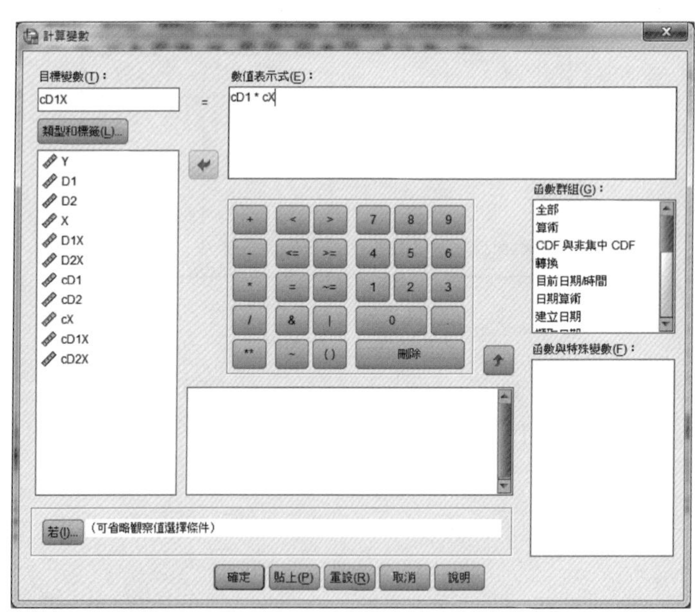

完成中心化後顯示如下。

*14.5.1.sav [資料集1] - IBM SPSS Statistics Data Editor

檔案(F)　編輯(E)　檢視(V)　資料(D)　轉換(T)　分析(A)　直效行銷　統計圖(G)　公用程式(U)　視窗(W)　說明(H)

顯示：11 個變數（共有 11 個）

	D1X	D2X	cD1	cD2	cX	cD1X	cD2X	var
1	1	0	.667	-.333	-4.500	-3.000	1.500	
2	2	0	.667	-.333	-3.500	-2.333	1.167	
3	7	0	.667	-.333	1.500	1.000	-.500	
4	4	0	.667	-.333	-1.500	-1.000	.500	
5	0	6	-.333	.667	.500	-.167	.333	
6	0	7	-.333	.667	1.500	-.500	1.000	
7	0	9	-.333	.667	3.500	-1.167	2.333	
8	0	6	-.333	.667	.500	-.167	.333	
9	0	0	-.333	-.333	-2.500	.833	.833	
10	0	0	-.333	-.333	-.500	.167	.167	
11	0	0	-.333	-.333	2.500	-.833	-.833	
12	0	0	-.333	-.333	2.500	-.833	-.833	

資料視圖　變數視圖

IBM SPSS Statistics 處理器已就緒　Unicode:ON

步驟 8　接著對中心化的變數進行迴歸。將中心化後的各變數移入【自變數 (I)】中。點擊【統計資料 (S)】，勾選【模型適合度 (M)】、【共線性診斷 (L)】。按 繼續 ，再按 確定 。

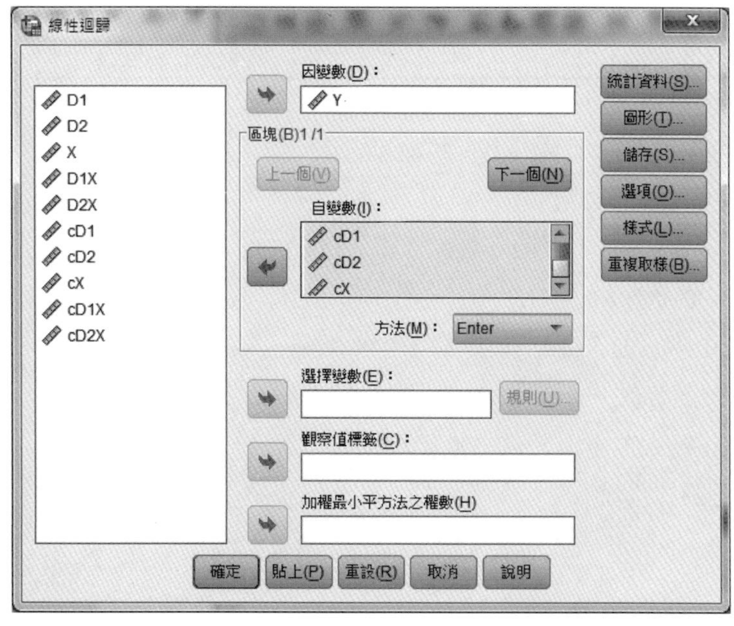

得出如下輸出。

模型摘要

模型	R	R 平方	調整後 R 平方	標準偏斜度錯誤
1	.972[a]	.944	.897	1.155

a. 預測值：（常數），cD2X, cD1, cD1X, cX, cD2

變異數分析[a]

模型		平方和	df	平均值平方	F	顯著性
1	迴歸	135.000	5	27.000	20.250	.001[b]
	殘差	8.000	6	1.333		
	總計	143.000	11			

a. 應變數: Y

b. 預測值：（常數），cD2X, cD1, cD1X, cX, cD2

係數[a]

模型		非標準化係數		標準化係數	T	顯著性	共線性統計資料	
		B	標準錯誤	Beta			允差	VIF
1	（常數）	6.556	.444		14.773	.000		
	cD1	-7.083	.969	-.967	-7.309	.000	.532	1.878
	cD2	-4.000	1.089	-.546	-3.674	.010	.422	2.370
	cX	.333	.200	.235	1.667	.147	.470	2.129
	cD1X	-.167	.371	-.054	-.449	.669	.651	1.536
	cD2X	-.333	.544	-.088	-.612	.563	.455	2.197

從 VIF 來看，看不出有共線性的交互作用項。

迴歸式顯示如下：

$$Y = 6.556 - 7.083(D1 - 0.333) - 4.000(D2 - 0.333) + \{0.333 - 0.167(D1 - 0.333) - 0.333(D2 - 0.333)\}(X - 5.5)$$

$D1 = 1, D2 = 0, Y = 1.333 + 0.333X$

$D1 = 0, D2 = 1, Y = 5.333 + 0.167X$

$D1 = 0, D2 = 0, Y = 7.500 + 0.500X$

迴歸式不變。

步驟 9 檢視相關性時，將中心化後的各變數移入【變數 (V)】中，按 確定 。

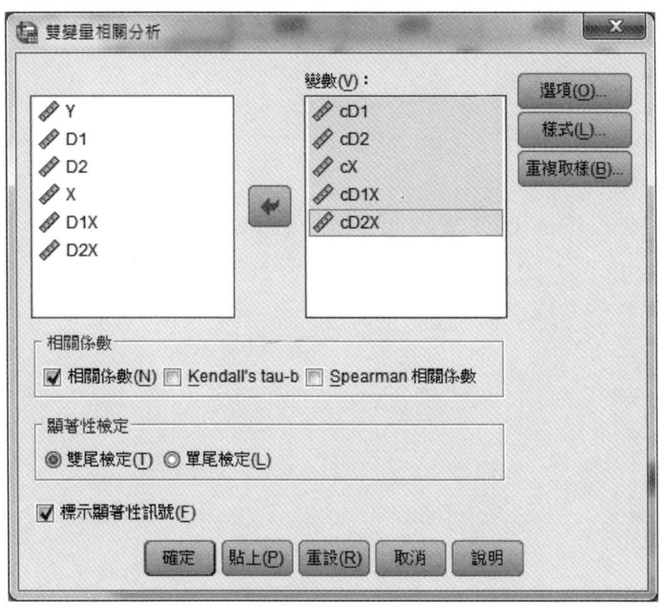

得出如下輸出。

相關

		cD1	cD2	cX	cD1X	cD2X
cD1	皮爾森 (Pearson) 相關	1	-.500	-.581*	-.423	.130
	顯著性（雙尾）		.098	.047	.170	.688
	N	12	12	12	12	12
cD2	皮爾森 (Pearson) 相關	-.500	1	.436	.106	.390
	顯著性（雙尾）	.098		.156	.743	.211
	N	12	12	12	12	12
cX	皮爾森 (Pearson) 相關	-.581*	.436	1	.410	-.327
	顯著性（雙尾）	.047	.156		.185	.300
	N	12	12	12	12	12
cD1X	皮爾森 (Pearson) 相關	-.423	.106	.410	1	-.449
	顯著性（雙尾）	.170	.743	.185		.143
	N	12	12	12	12	12
cD2X	皮爾森 (Pearson) 相關	.130	.390	-.327	-.449	1
	顯著性（雙尾）	.688	.211	.300	.143	
	N	12	12	12	12	12

*. 相關性在 0.05 層上顯著（雙尾）。

從中可看出 $cD1$ 與 $cD1X$ 的相關性有顯著的降低（從 0.78 降至 –0.423）。$cD2$ 與 $cD2X$ 的相關性也有顯著的降低（從 0.978 降至 0.390）。

第 15 章 類別迴歸分析
——調查要因的大小

15.1 類別迴歸分析

以下的數據是針對 30 位受試者，就「就業壓力的程度、性別、一週工作的時數、職場的人際關係、社會支援的結果、壓力應對方式」所調查的結果。

表 15.1.1

NO.	就業壓力	性別	一週工作時數	職場的人際關係	社會支援	壓力應對
1	3	1	2	7	4	1
2	1	2	1	5	3	2
3	4	2	3	4	1	3
4	2	2	2	6	3	2
5	3	1	1	2	2	1
6	4	2	3	4	1	3
⋮	⋮	⋮	⋮	⋮	⋮	⋮
29	1	1	1	4	3	2
30	4	1	1	1	2	2

就業壓力
  1. 完全不覺得　2. 不太覺得　3. 略微覺得　4. 頗有覺得
性別
  1. 女性　2. 男性
一週工作時數
  1.40 小時未滿　2.40 小時以上 50 小時未滿　3.50 小時以上
職場的人際關係
  1. 非常差　2. 差　3. 不太好　4. 不好也不壞　5. 還算好　6. 好　7. 非常好
社會支援
  1. 沒有可以商談的人　2. 不太有可以商談的人
  3. 略有可以商談的人　4. 有可以商談的人
壓力應對
  1. 人都會失敗　2. 聽其自然
  3. 努力使之順利進行

想知道的事情是？

1. 想知道性別、就業時間、人際關係、社會支援、壓力應對，對就業壓力的影響大小。
2. 從自變數的狀況，想求就業壓力的預測值。

此時，可以考慮如下的統計處理。

➲ 統計處理 1

自變數或依變數是類別資料，因之進行類別迴歸分析。

➲ 統計處理 2

觀察各自變數的顯著水準，調查對就業壓力造成影響的要因。

撰寫論文時

類別迴歸分析與複迴歸分析不同的地方是在於所處理的資料是否爲類別而已。因此，撰寫論文時的表現，幾乎與複迴歸分析的情形相同。

「…進行類別迴歸分析之後，顯著機率在 0.05 以下的自變數是，一週工作時數（0.002），職場的人際關係（0.038），社會支援（0.000）。因此，可以認爲對就業壓力特別有影響的要因是，一週工作時數、職場的人際關係、社會支援的狀況。因此，…」

【數據輸入類型】

表 15.1.1 的資料如下輸入。

	壓力	性別	工作時數	人際關係	社會支援	壓力應對	var
1	3	1	2	7	4	1	
2	1	2	1	5	3	2	
3	4	2	3	4	1	3	
4	2	2	2	6	3	2	
5	3	1	1	2	2	1	
6	4	2	3	4	1	3	
7	1	1	1	5	3	2	
8	2	1	2	5	4	3	
9	2	1	3	7	4	2	
10	2	2	1	3	1	2	
11	1	1	2	5	3	2	
12	2	1	1	4	4	1	
13	2	1	2	4	2	3	
14	1	2	1	3	2	1	
15	4	1	2	1	1	3	
16	4	2	3	6	1	2	
17	2	1	1	5	4	3	
18	3	1	2	3	4	3	
19	1	1	1	1	3	3	
20	4	2	2	2	1	2	
21	3	1	3	1	4	3	
22	2	2	1	5	2	1	
23	1	1	2	5	3	1	
24	4	2	2	2	1	3	
25	2	2	2	6	3	3	
26	4	2	3	3	2	3	
27	2	1	1	4	4	2	
28	3	2	3	7	3	3	
29	1	1	1	4	3	2	
30	4	1	1	1	2	2	

	壓力	性別	工作時數	人際關係	社會支援	壓力應對	var
1	略微覺得	女性	40小時以上	非常好	有可以商談	認為人都會	
2	完全不覺得	男性	40小時未滿	還算好	略有可以商	聽其自然	
3	頗有覺得	男性	50小時以上	不太好不太	沒有可以商	努力使之順	
4	不太覺得	男性	40小時以上	好	略有可以商	聽其自然	
5	略微覺得	女性	40小時未滿	差	不太有可以	認為人都會	
6	頗有覺得	男性	50小時以上	不太好不太	沒有可以商	努力使之順	
7	完全不覺得	女性	40小時未滿	還算好	略有可以商	聽其自然	
8	不太覺得	女性	40小時以上	還算好	有可以商談	努力使之順	
9	不太覺得	女性	50小時以上	非常好	有可以商談	聽其自然	
10	不太覺得	男性	40小時未滿	不太好	沒有可以商	聽其自然	
11	完全不覺得	女性	40小時以上	還算好	略有可以商	聽其自然	
12	不太覺得	女性	40小時未滿	不太好不太	有可以商談	認為人都會	
13	不太覺得	女性	40小時以上	不太好不太	不太有可以	努力使之順	
14	完全不覺得	男性	40小時未滿	不太好	不太有可以	認為人都會	
15	頗有覺得	女性	40小時以上	非常差	沒有可以商	努力使之順	
16	頗有覺得	男性	50小時以上	好	沒有可以商	聽其自然	
17	不太覺得	女性	40小時未滿	還算好	有可以商談	努力使之順	
18	略微覺得	女性	40小時以上	不太好	有可以商談	努力使之順	
19	完全不覺得	女性	40小時未滿	非常差	略有可以商	努力使之順	
20	頗有覺得	男性	40小時以上	差	沒有可以商	聽其自然	
21	略微覺得	女性	50小時以上	非常差	有可以商談	努力使之順	
22	不太覺得	男性	40小時未滿	還算好	不太有可以	認為人都會	
23	完全不覺得	女性	40小時以上	還算好	略有可以商	認為人都會	
24	頗有覺得	男性	40小時以上	差	沒有可以商	努力使之順	
25	不太覺得	男性	40小時以上	好	略有可以商	努力使之順	
26	頗有覺得	男性	50小時以上	不太好	不太有可以	努力使之順	
27	不太覺得	女性	40小時未滿	不太好不太	有可以商談	聽其自然	
28	略微覺得	男性	50小時以上	非常好	略有可以商	努力使之順	
29	完全不覺得	女性	40小時未滿	不太好不太	略有可以商	聽其自然	
30	頗有覺得	女性	40小時未滿	非常差	不太有可以	聽其自然	

15.2 利用 SPSS 的類別迴歸分析

步驟 1 表 15.1.1 的資料輸入後，選擇【分析 (A)】→【迴歸 (R)】→【最適尺度（CATREG）(O)】。

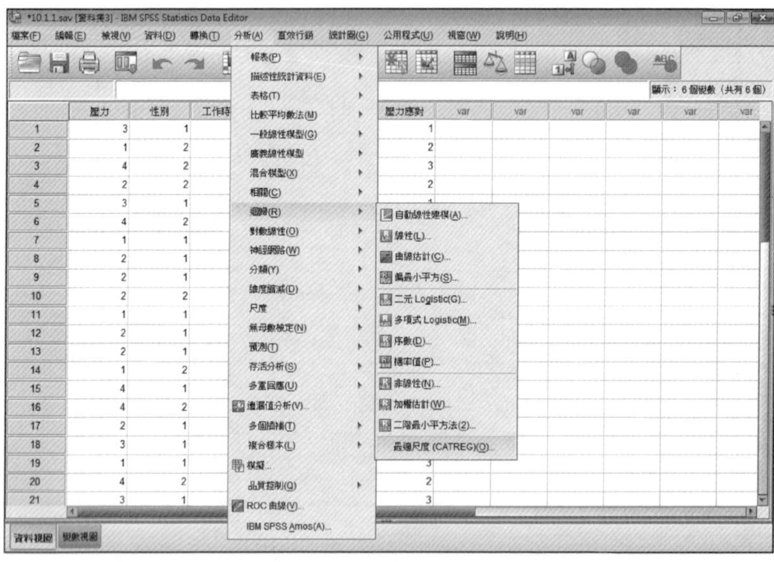

步驟 2 顯示類別迴歸的頁面後，將壓力移到【因變數 (D)】，出現壓力（曲線序數 2 2），接著，按一下【定義尺度 (E)】。

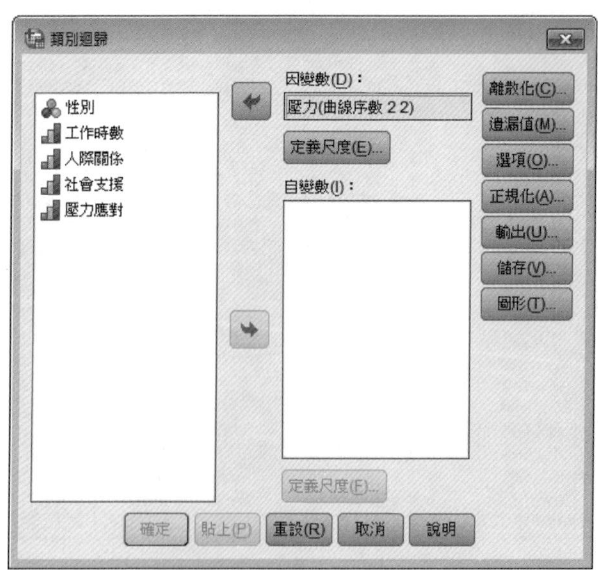

步驟 3 顯示定義尺度的頁面後，點選【序數 (O)】後，按一下 繼續 。

類別迴歸：定義尺度
最適尺度層級
曲線序數(S) 序數(O)
名義尺度平滑曲線(P) 名義(N)
數值型(U)
自由曲線
次數(D)： 2 內部節點(I)： 2
繼續 取消 說明

步驟 4 確認【因變數 (D)】的方框中變成壓力（序數）時，將性別移到【自變數 (I)】的方框中，按一下【定義尺度 (F)】。

步驟 5 顯示定義尺度的頁面後，點選【名義 (N)】，按一下 繼續。

類別迴歸：定義尺度

最適尺度層級

◎ 曲線序數(S) ◎ 序數(O)

◎ 名義尺度平滑曲線(P) ◉ 名義(N)

◎ 數值型(U)

自由曲線

次數(D)： 2 內部節點(I)： 2

繼續 取消 說明

步驟 6【自變數 (I)】的方框中變成性別（名義）。

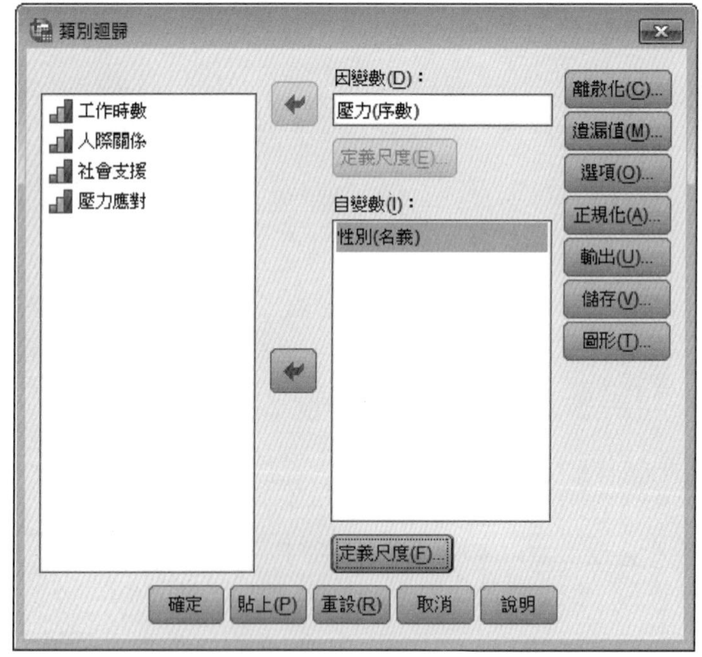

步驟 7 將工作時數、人際關係、社會支援等變數移到【自變數 (I)】的方框中，將各個（曲線次序數 22）修改成（序數）。

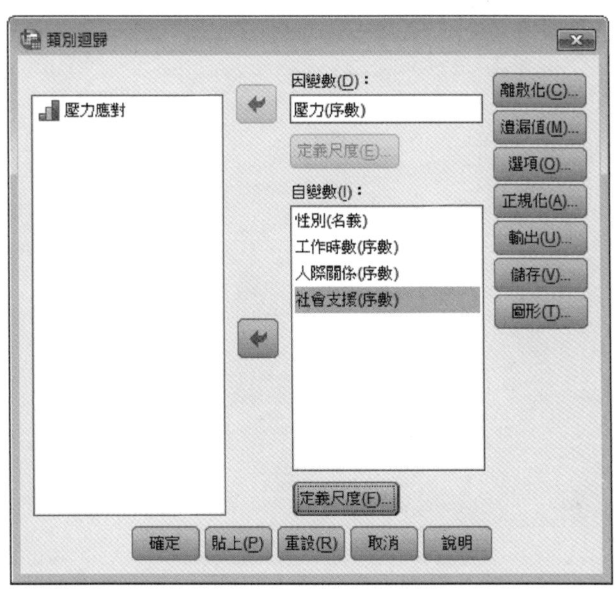

步驟 8 將壓力應對移到【自變數 (I)】的方框中，再修改成壓力應對（名義）。按著，接著，按一下【選項 (O)】。

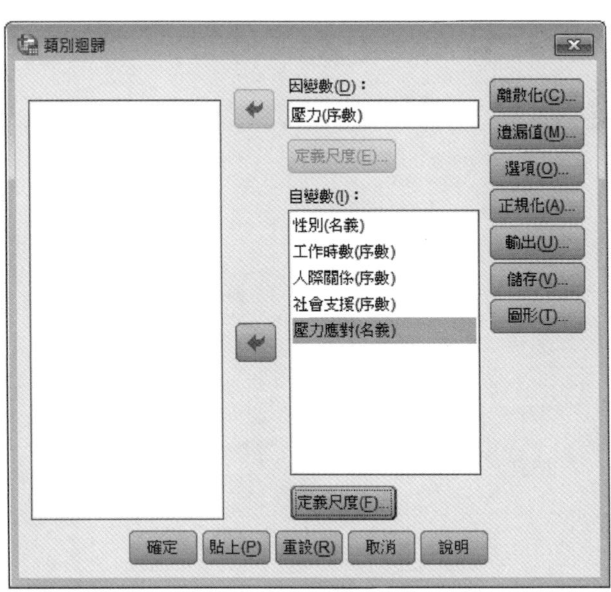

步驟 9 因性別與壓力應對是名義變數，因之，起始構形欄位中勾選【數值 (U)】。然後按 繼續 。

回到步驟 8 的頁面後，按一下【輸出 (U)】。

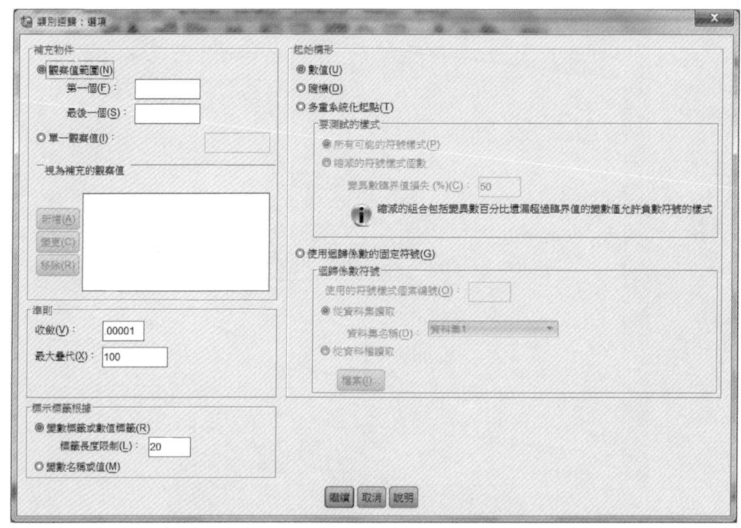

步驟 10 顯示輸出的頁面後，將【分析變數 (A)】的方框之中的所有變數移到【類別量化 (T)】的方框中，按 繼續 。

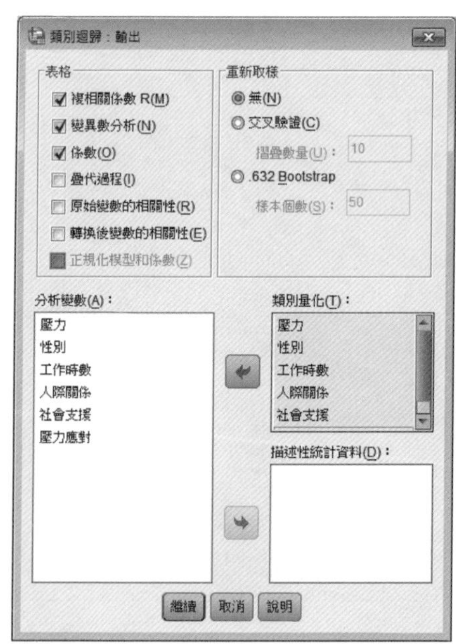

步驟 11 回到步驟 8 的頁面後，按一下【儲存 (V)】，再如下勾選【儲存預測值至作用中資料集 (P)】，然後按 繼續 。

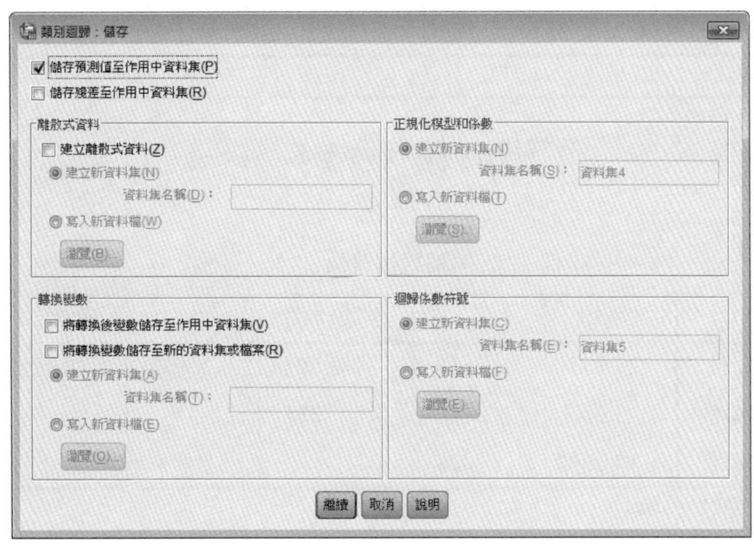

步驟 12 回到以下頁面後，按 確定 。

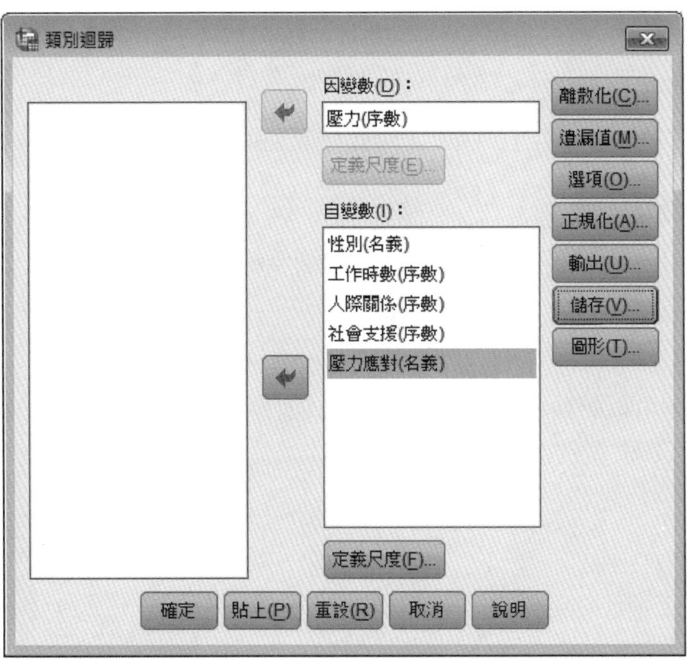

【SPSS 輸出・1】——類別迴歸分析

模型摘要

複相關係數 R	R 平方	調整後 R 平方	明顯預測錯誤
.876	.768	.626	.232

←①

應變數：壓力
預測值：性別 工作時數 人際關係 社會支援 壓力應對

變異數分析

	平方和	df	平均值平方	F	顯著性
迴歸	23.033	11	2.094	5.409	.001
殘差	6.967	18	.387		
總計	30.000	29			

←②

應變數：壓力
預測值：性別 工作時數 人際關係 社會支援 壓力應對

【輸出結果的判讀・1】——類別迴歸分析

① **R** 平方

R 平方是判定係數。

R 平方 0.768 接近 1，因之，可認為類別迴歸式的適配佳。

②變異數分析表

假設 H_0：所求出的類別迴歸式對預測無幫助

顯著機率 0.001 < 顯著水準 0.05

假設 H_0 不成立。

因此，可以認為所求出的類別迴歸式對預測有幫助。

【SPSS 輸出 ·2】——類別迴歸分析

係數

	標準化係數		df	F	顯著性	
	Beta	重複取樣 (1000) 估計標準錯誤				
性別	.020	.154	1	.017	.897	
工作時數	.378	.292	2	1.668	.216	
人際關係	-.245	.322	4	.581	.680	←③
社會支援	-.604	.365	2	2.735	.092	
壓力應對	.088	.145	2	.368	.697	

應變數: 壓力

相關性及容差

	相關性			重要性	允差	
	零階	部分	部分		轉換之後	轉換之前
性別	-.362	.032	.016	-.010	.593	.485
工作時數	.498	.581	.344	.245	.831	.616
人際關係	-.424	-.392	-.206	.135	.703	.529
社會支援	-.763	-.678	-.444	.601	.540	.417
壓力應對	.249	.171	.084	.029	.903	.666

應變數: 壓力

【輸出結果的判讀 ·2】——類別迴歸分析

③顯著機率在 0.05 以下的自變數，可以認爲對依變數有影響。

因此，認爲對就業壓力有影響的要因是

一週工作時數
職場的人際關係
社會支援

一週工作時數的係數是 0.378，因之一週工作時數變多時，就業壓力似乎也會增加。

職場的人際關係的係數是 –0.245，因之人際關係愈好，就業壓力似乎就會減少。

社會支援的係數是 –0.604，因之愈有可以商談的人，就業壓力似乎就會減少。

【SPSS 輸出 · 3】——類別迴歸分析

數量化 ←④

壓力[a]

類別	次數	量化
完全不覺得	7	-.917
不太覺得	10	-.574
略微覺得	5	-.143
頗有覺得	8	1.609

a. 最適尺度層級：序數。

人際關係[a]

類別	次數	量化
非常差	4	-1.846
差	3	-1.753
不太好	4	.449
不太好不太壞	6	.449
還算好	7	.603
好	3	.603
非常好	3	.707

a. 最適尺度層級：序數。

性別[a]

類別	次數	量化
女性	17	.874
男性	13	-1.144

a. 最適尺度層級：名義。

社會支援[a]

類別	次數	量化
沒有可以商談的人	7	-1.545
不太有可以商談的人	6	-.535
略有可以商談的人	9	.825
有可以商談的人	8	.825

a. 最適尺度層級：序數。

工作時數[a]

類別	次數	量化
40小時未滿	12	-1.031
40小時以上50小時未滿	11	.132
50小時以上	7	1.561

a. 最適尺度層級：序數。

壓力應對[a]

類別	次數	量化
認為人都會失敗	6	-1.988
聽其自然	11	.630
努力使之順利進行	13	.384

a. 最適尺度層級：名義。

【輸出結果的判讀 ·3】——類別迴歸分析

④各個類別的數量化。

使用此最適尺度，進行類別迴歸分析。

就業壓力時

		序數		最適尺度
完全不覺得	=	1	→	–0.917
不太覺得	=	2	→	–0.574
略微覺得	=	3	→	–0.143
頗有覺得	=	4	→	1.609

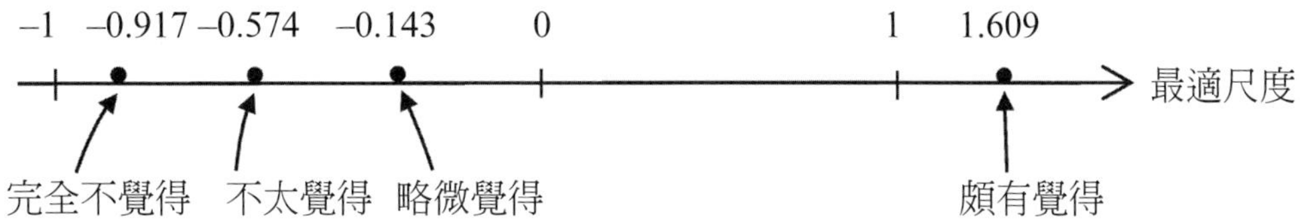

性別時

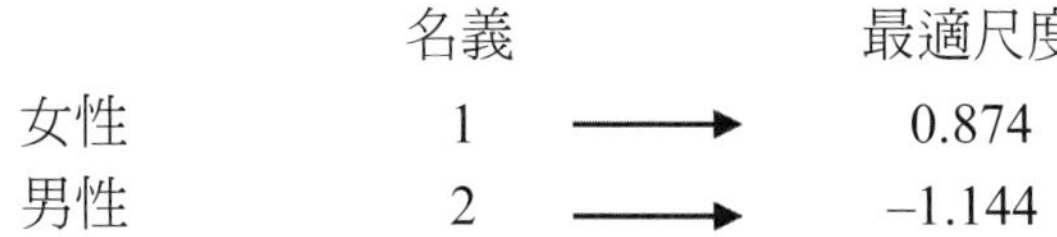

	名義		最適尺度
女性	1	→	0.874
男性	2	→	–1.144

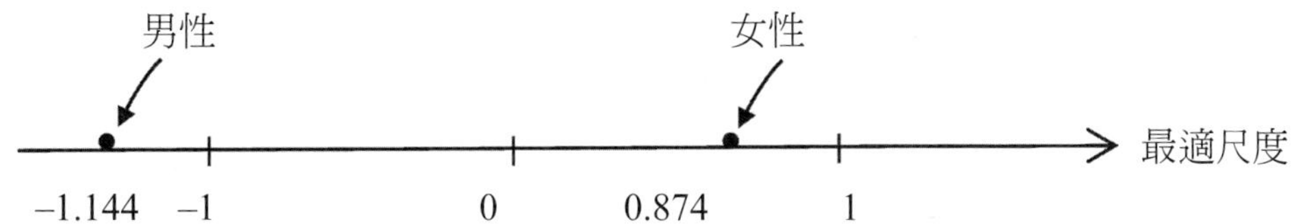

【SPSS 輸出 ・4】——類別迴歸分析

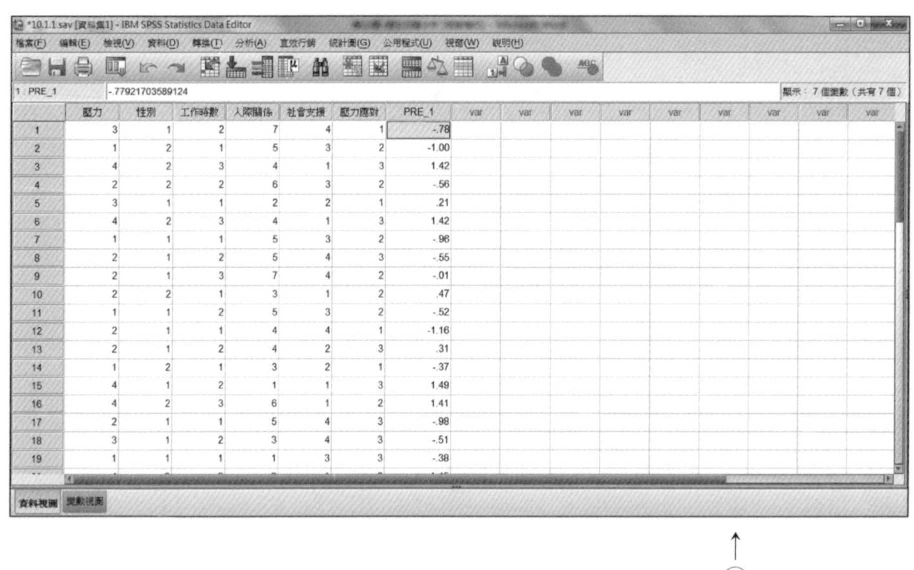

	壓力	性別	工作時數	人際關係	社會支援	壓力應對	PRE_1	var	var	var	var	var	var	var	var	var
1	3	1	2	7	4	1	-.78									
2	1	2	1	5	3	2	-1.00									
3	4	2	3	4	1	3	1.42									
4	2	2	2	6	3	2	-.56									
5	3	1	1	2	2	1	.21									
6	4	2	3	4	1	3	1.42									
7	1	1	1	5	3	2	-.96									
8	2	1	2	5	4	3	-.55									
9	2	1	3	7	4	2	-.01									
10	2	2	1	3	1	2	.47									
11	1	1	2	5	3	2	-.52									
12	2	1	1	4	4	1	-1.16									
13	2	1	2	4	2	3	.31									
14	1	2	1	3	2	1	-.37									
15	4	1	2	1	1	3	1.49									
16	4	2	3	6	1	2	1.41									
17	2	1	1	5	4	3	-.98									
18	3	1	2	3	4	3	-.51									
19	1	1	1	1	3	3	-.38									

↑
⑤

【輸出結果的判讀 ・4】——類別迴歸分析

⑤是預測值。

就業壓力 = 0.020× 性別 + 0.378× 一週工作時數
– 0.245× 職場的人際關係 – 0.604× 社會支援 + 0.088× 壓力應對

■ **NO.1** 的受試者時

性別 = 1 ——→ 0.874
一週工作時數 = 2 ——→ 0.132
職場人際關係 = 7 ——→ 0.707
社會支援 = 4 ——→ 0.825
壓力應對 = 1 ——→ –1.988

就業壓力 = 0.020×0.874 + 0.378×0.132 – 0.245×0.717
– 0.604 × 0.825 + 0.088×(–1.988)
= –0.78

第 16 章　主成分分析與集群分析——利用指標或類似度加以分類

16.1 主成分分析與集群分析

以下的數據是針對老人看護保健中心所調查的結果。

退醫院率是指從醫院退出進入老人保健中心的比率，退家庭率是指從家庭退出進入老人保健中心之比率，入醫院率是指從老人保健中心退回醫院的比率，入家庭率是指從老人保健中心退回家庭的比率，周轉率是 1 個月之間退回的比率。

表 16.1.1　老人看護保健中心的調查

	設施號碼	入醫院率	入家庭率	短期滯留	中期滯留	長期滯留	退醫院率	退家庭率	週轉率
1	1	62	37	8	83	56	75	25	4
2	2	68	32	19	66	25	1	99	68
3	3	61	39	14	75	24	35	62	26
4	4	75	18	26	63	24	28	44	32
5	5	15	81	21	58	17	8	80	25
6	6	54	26	18	72	35	50	25	4
7	7	40	35	52	31	4	10	77	52
8	8	16	71	11	78	45	28	67	12
9	9	75	23	10	88	45	33	67	4
10	10	57	14	17	77	37	67	17	6
11	11	61	37	9	82	49	60	20	3
12	12	61	29	10	80	21	9	3	35
13	13	63	30	29	44	6	33	56	9
14	14	17	83	20	56	8	28	69	29
15	15	18	82	52	28	1	20	80	10
16	16	49	20	38	41	2	41	12	17
17	17	38	50	16	65	13	71	24	17
18	18	46	21	27	54	10	30	20	11
19	19	75	15	21	56	15	40	60	20
20	20	20	76	26	64	38	2	98	75
21	21	52	40	22	69	39	6	93	54
22	22	57	28	13	75	32	89	11	6
23	23	16	73	29	60	5	19	77	43
24	24	72	26	5	91	52	40	20	5
25	25	54	38	23	65	20	67	17	8
26	26	28	64	48	41	9	6	92	74
27	27	42	46	27	61	1	17	80	30
28	28	26	74	45	39	1	50	50	18
29	29	5	95	39	50	50	3	91	112

	設施號碼	入醫院率	入家庭率	短期滯留	中期滯留	長期滯留	退醫院率	退家庭率	週轉率
30	30	50	45	30	47	7	77	23	15
31	31	51	39	11	83	43	25	63	8
32	32	11	89	26	62	9	13	85	39
33	33	53	47	28	61	12	18	73	18
34	34	57	25	12	57	18	38	25	6
35	35	29	40	20	54	10	3	89	80
36	36	80	12	21	58	14	80	20	10
37	37	66	31	25	56	25	71	29	9
38	38	66	29	16	72	26	58	17	12
39	39	76	24	32	51	8	42	50	24
40	40	72	18	20	72	22	50	25	6
41	41	54	46	28	57	13	33	42	17
42	42	30	67	43	30	9	11	84	32
43	43	41	44	34	52	18	17	67	8
44	44	67	26	9	73	33	50	10	10
45	45	77	16	13	75	34	50	50	3
46	46	68	29	31	51	4	80	20	13
47	47	86	12	32	54	15	59	35	28
48	48	55	39	20	68	23	57	29	7
49	49	41	58	20	66	20	33	33	8
50	50	61	32	14	67	27	75	25	4
51	51	40	53	19	71	36	56	38	16
52	52	80	17	14	76	44	19	81	16
53	53	46	39	24	67	36	58	42	12
54	54	61	25	19	64	24	92	8	12
55	55	59	22	35	51	10	12	76	68
56	56	12	88	35	49	10	30	70	25
57	57	39	50	49	39	3	13	69	20
58	58	83	17	19	51	5	20	40	13
59	59	69	27	11	78	29	43	43	14
60	60	89	9	20	66	22	82	9	14
61									

想分析的事情是？

1. 想將入醫院率、入家庭率、短期滯留率、中期滯留率、長期滯留率、退醫院率、退家庭率、周轉率的 8 個要因整理成 2 個綜合特性。
2. 使用此 2 個綜合特性，將 60 處之看護中心分成 4 類型。

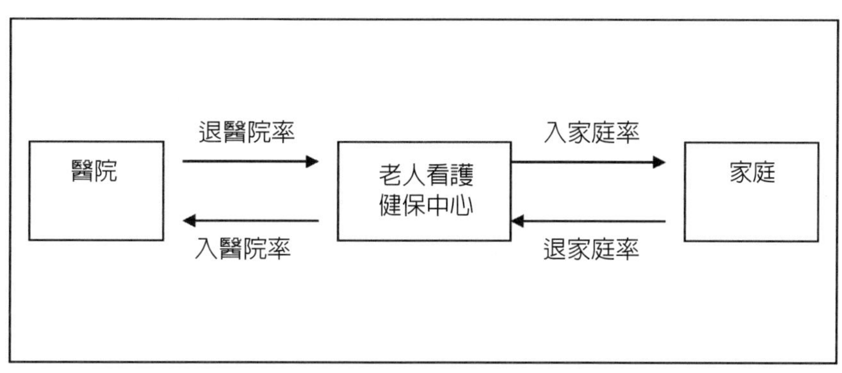

此時，可以考慮如下的統計處理。

➲ 統計處理 1

進行主成分分析，取出 2 個綜合特性。

➲ 統計處理 2

綜合特性無法順利命名時，進行直交轉軸。

➲ 統計處理 3

使用 2 個主成分分數進行集群分析，將 60 處的老人看護中心分成 4 類型。

撰寫論文時

主成分分析時

進行主成分分析之後，可以看出第 1 主成分是進入 ‧ 退回的綜合特性，第 2 主成分是滯留期間的綜合特性。將此 2 個主成分在平面上表現時，老人看護保健中心可以分類成如下 4 種類型。

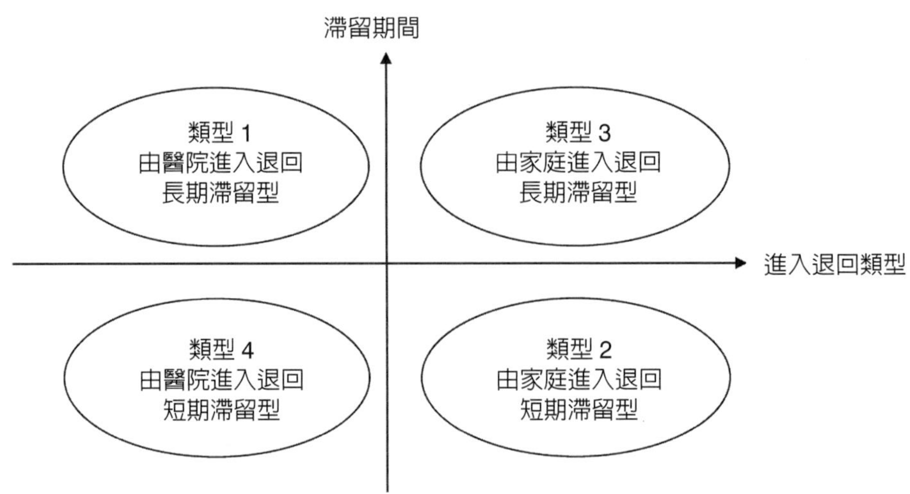

因此，由此可以判讀出什麼呢？

【數據輸入類型】

表 16.1.1 的數據如下輸入。

	設施號碼	入醫院率	入家庭率	短期滯留	中期滯留	長期滯留	退醫院率	退家庭率	週轉率
1	1	62	37	8	83	56	75	25	4
2	2	68	32	19	66	25	1	99	68
3	3	61	39	14	75	24	35	62	26
4	4	75	18	26	63	24	28	44	32
5	5	15	81	21	58	17	8	80	25
6	6	54	26	18	72	35	50	25	4
7	7	40	35	52	31	4	10	77	52
8	8	16	71	11	78	45	28	67	12
9	9	75	23	10	88	45	33	67	4
10	10	57	14	17	77	37	67	17	6
11	11	61	37	9	82	49	60	20	3
12	12	61	29	10	80	21	9	3	35
13	13	63	30	29	44	6	33	56	9
14	14	17	83	20	56	8	28	69	29
15	15	18	82	52	28	1	20	80	10
16	16	49	20	38	41	2	41	12	17
17	17	38	50	16	65	13	71	24	17
18	18	46	21	27	54	10	30	20	11
19	19	75	15	21	56	15	40	60	20
20	20	20	76	26	64	38	2	98	75
21	21	52	40	22	69	39	6	93	54
22	22	57	28	13	75	32	89	11	6
23	23	16	73	29	60	5	19	77	43
24	24	72	26	5	91	52	40	20	5
25	25	54	38	23	65	20	67	17	8
26	26	28	64	48	41	9	6	92	74
27	27	42	46	27	61	1	17	80	30
28	28	26	74	45	39	1	50	50	18
29	29	5	95	39	50	50	3	91	112

	設施號碼	入醫院率	入家庭率	短期滯留	中期滯留	長期滯留	退醫院率	退家庭率	週轉率
30	30	50	45	30	47	7	77	23	15
31	31	51	39	11	83	43	25	63	8
32	32	11	89	26	62	9	13	85	39
33	33	53	47	28	61	12	18	73	18
34	34	57	25	12	57	18	38	25	6
35	35	29	40	20	54	10	3	89	80
36	36	80	12	21	58	14	80	20	10
37	37	66	31	25	56	25	71	29	9
38	38	66	29	16	72	26	58	17	12
39	39	76	24	32	51	8	42	50	24
40	40	72	18	20	72	22	50	25	6
41	41	54	46	28	57	13	33	42	17
42	42	30	67	43	30	9	11	84	32
43	43	41	44	34	52	18	17	67	8
44	44	67	26	9	73	33	50	10	10
45	45	77	16	13	75	34	50	50	3
46	46	68	29	31	51	4	80	20	13
47	47	86	12	32	54	15	59	35	28
48	48	55	39	20	68	23	57	29	7
49	49	41	58	20	66	20	33	33	8
50	50	61	32	14	67	27	75	25	4
51	51	40	53	19	71	36	56	38	16
52	52	80	17	14	76	44	19	81	16
53	53	46	39	24	67	36	58	42	12
54	54	61	25	19	64	24	92	8	12
55	55	59	22	35	51	10	12	76	68
56	56	12	88	35	49	10	30	70	25
57	57	39	50	49	39	3	13	69	20
58	58	83	17	19	51	5	20	40	13
59	59	69	27	11	78	29	43	43	14
60	60	89	9	20	66	22	82	9	14
61									

16.2 利用 SPSS 的主成分分析

步驟 1 表 16.1.1 的資料輸入後，從【分析 (A)】的清單中如下選擇。【維度縮減 (D)】→【因素 (F)】。

步驟 2 顯示因子分析的頁面後，將入醫院率到周轉率的 8 個變數，移到【變數 (V)】的方框中。然後，按一下【擷取 (E)】。

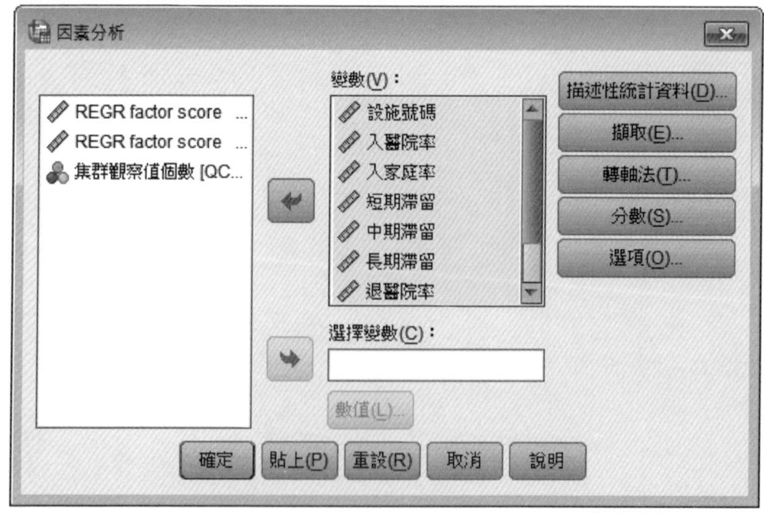

步驟 3 顯示因子擷取的頁面後，擷取方法 (M) 選擇主成分，點選【相關性矩陣 (R)】及【固定因素數目 (N)】，並於【要擷取的因素 (T)】中輸入 2，按 繼續 。

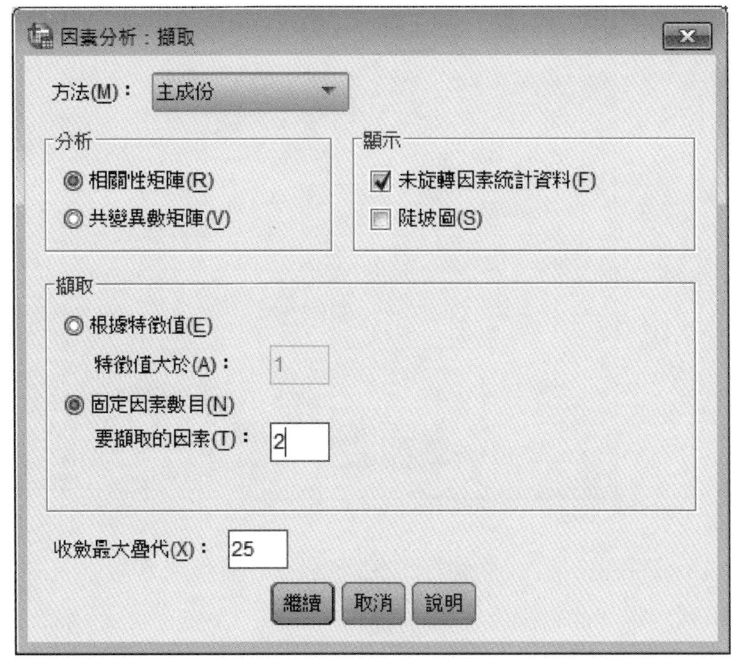

（注）相關矩陣意指數據的標準化。

步驟 4 回到因素分析頁面時，按一下【轉軸法 (T)】。

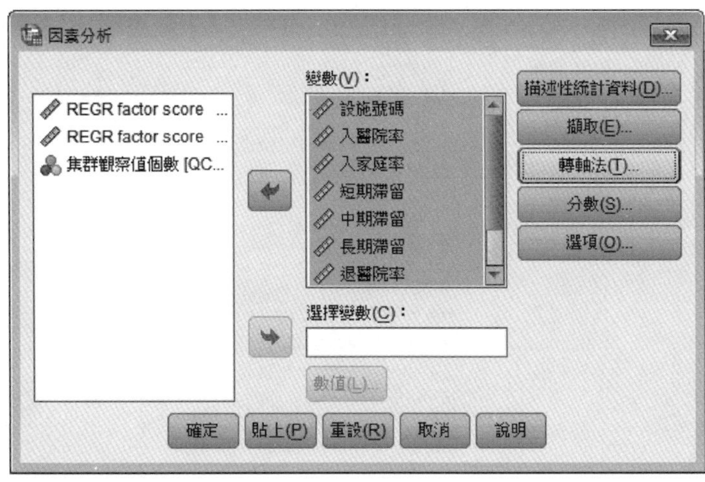

步驟 5 顯示轉軸法的頁面後，點選【最大變異法 (V)】，按 繼續 。接著，回到步驟 4 的頁面，按一下【分數 (S)】。

因素分析：轉軸法
方法
無
四次方最大值轉軸法(Q)
最大變異法(V)
均等最大法(E)
直接斜交法(O)
Promax
差異(D)： 0
卡帕 (Kappa) 4
顯示
轉軸後的解(R)
因素負荷圖(L)
收斂最大疊代(X)： 25
繼續 取消 說明

步驟 6 顯示產生因素分數頁面後，勾選【因素儲存成變數 (S)】後，按 繼續 。回到步驟 4 的頁面後，按 確定 。

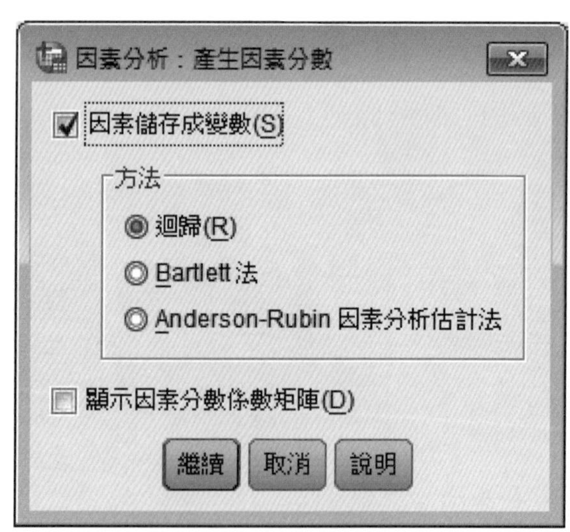

【SPSS 輸出 · 1】——主成分分析

說明的變異數總計

元件	起始特徵值			擷取平方和載入			循環平方和載入		
	總計	變異的 %	累加 %	總計	變異的 %	累加 %	總計	變異的 %	累加 %
1	4.184	52.301	52.301	4.184	52.301	52.301	3.401	42.515	42.515
2	1.798	22.473	74.774	1.798	22.473	74.774	2.581	32.260	74.774
3	.993	12.418	87.193						
4	.435	5.431	92.624						
5	.291	3.640	96.264						
6	.171	2.132	98.396						
7	.067	.837	99.233						
8	.061	.767	100.000						

擷取方法：主體元件分析。

↑
①

元件矩陣[a]

	元件	
	1	2
入醫院率	-.770	-.257
入家庭率	.743	.310
短期滯留	.780	-.509
中期滯留	-.731	.640
長期滯留	-.516	.744
退醫院率	-.726	-.387
退家庭率	.788	.397
週轉率	.694	.327

擷取方法：主體元件分析。

←②

【輸出結果的判讀 · 1】——主成分分析

①這是主成分分析的特徵值與其特徵值的百分比。

第 1 主成分的特徵值 = 4.184

由於進行數據的標準化，因之各變異數均爲 1。

因此，8 個變異數的合計即爲 8。

特徵值 4.184 所占的比率是

$4.184 \div 8 \times 100 = 52.301$

因此，第一主成分在全體的資訊量之中占有 52.3%。

第 2 主成分的特徵值 = 1.798

特徵值 1.798 所占的比率是

1.798÷8×100 = 22.473

因此，第 2 主成分的資訊量是占全體的 22.5%。

第 1 主成分與第 2 主成分具有全體 74.774% 的資訊量。

②這是未轉軸時的第 1 主成分與第 2 主成分。

一面觀察此因子負荷（量）一面判讀第 1 主成分、第 2 主成分的特徵。

當主成分的意義無法順利命名時，進行直交轉軸。

【SPSS 輸出 · 2】——主成分分析

旋轉元件矩陣[a]

	元件	
	1	2
入醫院率	-.778	.231
入家庭率	.787	-.172
短期滯留	.347	-.864
中期滯留	-.233	.943
長期滯留	.003	.906
退醫院率	-.817	.099
退家庭率	.873	-.126
週轉率	.756	-.129

←③

擷取方法：主體元件分析。
轉軸方法：具有 Kaiser 正規化的最大變異法。

a. 在 3 疊代中收斂循環。

【輸出結果的判讀 · 2】——主成分分析

③這是直交轉軸後的因子負荷量。

第 1 主成分是

入醫院率、入家庭率、退醫院率、退家庭率的因子負荷（量）的絕對值較大，因此，可以想成是「與進入退回有關之要因」。

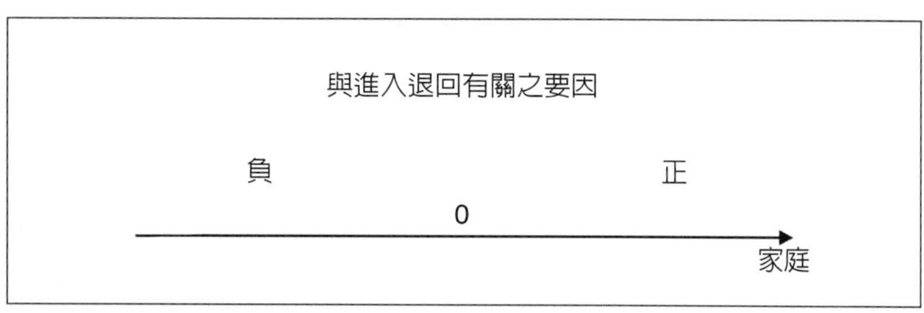

第 2 主成分是

短期滯留率、中期滯留率、長期滯留率的因子負荷（量）的絕對值較大，因此，可以想成是「與滯留期間有關之要因」。

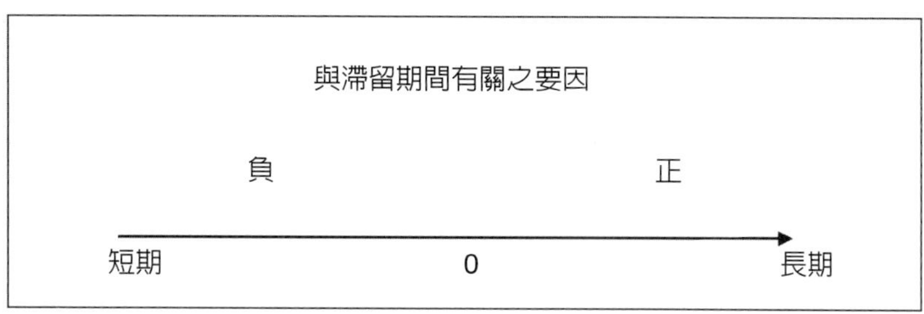

（注）因素分析與主成分分析的比較：

1. 主成分分析是以變異數為導向。因素分析是以共變異數為導向，關心每個變數與其他變數共同享有部分的大小。
2. 主成分分析是選擇一組成份（component），盡可能的解釋原變數的變異數。因素分析是選取少數因素（Factor），解釋原變數的相關情形。
3. 主成分分析是所有變數的變異都考慮在內。因素分析只考慮每一變數與其他變數共同享有的變異。
4. 主成分分析較適合做資料（變數）的簡化。因素分析較適合做偵測資料結構。
5. 主成分分析不需要旋轉。因素分析可能需要旋轉才能對因素命名與解釋。
6. 主成分分析是資料（變數）做變換（線性組合），對資料（變數）不需要任何假設。因素分析是假設資料（變數）滿足某些結構而得到的結果。

【SPSS 輸出 · 3】——主成分分析

1 : FAC1_1　-.54378421025119　顯示：11 個變數（共有 11 個）

		入家庭率	短期滯留	中期滯留	長期滯留	退醫院率	退家庭率	週轉率	FAC1_1	FAC2_1	var
1	62	37	8	83	56	75	25	4	-.54378	1.77205	
2	68	32	19	66	25	1	99	68	1.16095	.68773	
3	61	39	14	75	24	35	62	26	.17807	.77047	
4	75	18	26	63	24	28	44	32	-.30556	.03288	
5	15	81	21	58	17	8	80	25	1.44478	.13248	
6	54	26	18	72	35	50	25	4	-.56070	.66002	
7	40	35	52	31	4	10	77	52	.64951	-1.92156	
8	16	71	11	78	45	28	67	12	1.19692	1.59990	
9	75	23	10	88	45	33	67	4	-.06003	1.75165	
10	57	14	17	77	37	67	17	6	-.92010	.79062	
11	61	37	9	82	49	60	20	3	-.50515	1.55349	
12	61	29	10	80	21	9	3	35	-.15430	.87233	
13	63	30	29	44	6	33	56	9	-.46697	-1.08005	
14	17	83	20	56	8	28	69	29	1.07841	-.21728	
15	18	82	52	28	1	20	80	10	.84119	-2.11388	
16	49	20	38	41	2	41	12	17	-.91759	-1.66720	
17	38	50	16	65	13	71	24	17	-.44685	-.06128	
18	46	21	27	54	10	30	20	11	-.60582	-.72431	
19	75	15	21	56	15	40	60	20	-.53848	-.28643	
20	20	76	26	64	38	2	98	75	2.31880	.89805	
21	52	40	22	69	39	6	93	54	1.29972	1.02450	

資料視圖　變數視圖

↑ ④　↑ ⑤

【輸出結果的判讀 · 3】——主成分分析

④這是第 1 主成分分數。

⑤這是第 2 主成分分數。

（注）1. 主成分分數之間的相關係數是 r = 0，亦即無相關。

2. 主成分分數的平均是 0，變異數是 1。

3. 主成分分數是各觀測變數標準化後之值與主成分分數係數矩陣對應相乘而得。

16.3 利用 SPSS 的集群分析

表 16.3.1 是主成分分析所求出的 2 個主成分分數。使用此第 1 主成分分數與第 2 主成分分數，將 60 處的設施中心分成 4 群。

表 16.3.1 第 1 主成分分數與第 2 主成分分數

設施號碼	第 1 主成分分數	第 2 主成分分數	
1	–0.54378	1.77205	
2	1.16095	0.68773	
3	0.17807	0.77047	
4	–0.30556	0.03288	
5	1.44478	0.13248	
6	–0.5607	0.66002	
7	0.64951	–1.92156	
8	1.19692	1.5999	
9	–0.06003	1.75165	
10	–0.9201	0.79062	
11	–0.50515	1.55349	
12	–0.1543	0.87233	
13	–0.46697	–1.08005	
14	1.07841	–0.21728	
15	0.84119	–2.11388	
16	–0.91759	–1.6672	
17	–0.44685	–0.06128	
18	–0.60582	–0.72431	
19	–0.53848	–0.28643	
20	2.3188	0.89805	
21	1.29972	1.0245	
22	–1.10875	0.65905	
23	1.28448	–0.39234	
24	–0.44526	2.03984	
25	–0.81608	–0.13289	
26	1.60977	–1.23233	
27	0.59133	–0.49452	
28	0.19097	–1.77524	
29	3.0385	0.57026	

設施號碼	第 1 主成分分數	第 2 主成分分數	
30	–0.86765	–1.17181	
31	0.42078	1.5953	
32	1.66034	–0.07889	
33	0.37511	–0.27559	
34	–0.67076	–0.00133	
35	1.48994	–0.04976	
36	–1.54894	–0.51634	
37	–0.92838	–0.29742	
38	–0.81796	0.44441	
39	–0.62384	–0.94764	
40	–0.9424	0.22439	
41	–0.13082	–0.4878	
42	1.00283	–1.51617	
43	0.3299	–0.56847	
44	–0.79479	0.86662	
45	–0.67327	0.89454	
46	–1.33096	–1.23428	
47	–1.07167	–0.78086	
48	–0.55995	0.1804	
49	0.06456	0.16995	
50	–0.924	0.35276	
51	0.08244	0.72973	
52	0.17014	1.37278	
53	–0.17922	0.4398	
54	–1.30702	–0.0483	
55	0.5927	–0.71242	
56	1.11029	–0.79806	
57	0.40146	–1.7213	
58	–0.77821	–0.64726	

設施號碼	第 1 主成分分數	第 2 主成分分數	
59	–0.37838	0.95091	
60	–1.66023	–0.08389	

（注）階層集群時，可以選擇針對觀察值的集群分析，以及針對變數的集群分析。

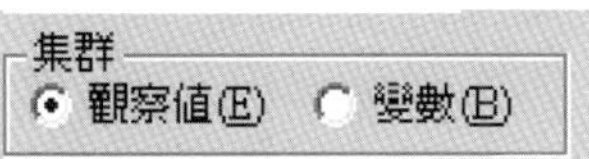

而且，也可以製作樹狀圖。

步驟 7 在〔SPSS 輸出 · 3〕的狀態中，從【分析 (A)】的清單中如下選擇。【分類 (Y)】→【K 平均數叢集】。

（注）觀察值的個數是 60，因之階層集群也行。
觀察值的個數超過 100 時，建議 K 平均數集群（大規模檔案集群分析）。

步驟 8 顯示 K 平均數叢集分析之頁面後，將 FAC1-1 與 FAC2-1 移到【變數 (V)】的方框中。

K 平均數叢集分析
變數(V)：
REGR factor score 1 for analysis 1 [...
REGR factor score 2 for analysis 1 [...
入醫院率
入家庭率
短期滯留
中期滯留
長期滯留
退醫院率
退家庭率
週轉率
疊代(I)...
儲存(S)...
選項(O)...
觀察值標籤依據(B)：
叢集個數(U)： 2
方法
疊代與分類(T) 僅限分類(Y)
叢集中心點
讀取初始值(E)：
開啟資料集
外部資料檔(X) 檔案(F)...
寫入結果(W)：
新增資料集(D)
資料檔(A) 檔案(L)...
確定 貼上(P) 重設(R) 取消 說明

步驟 9 將【叢集個數 (U)】方格中之值由 2 變成 4，點選方法欄位之中的【僅限分類 (Y)】，按一下【選項 (O)】。

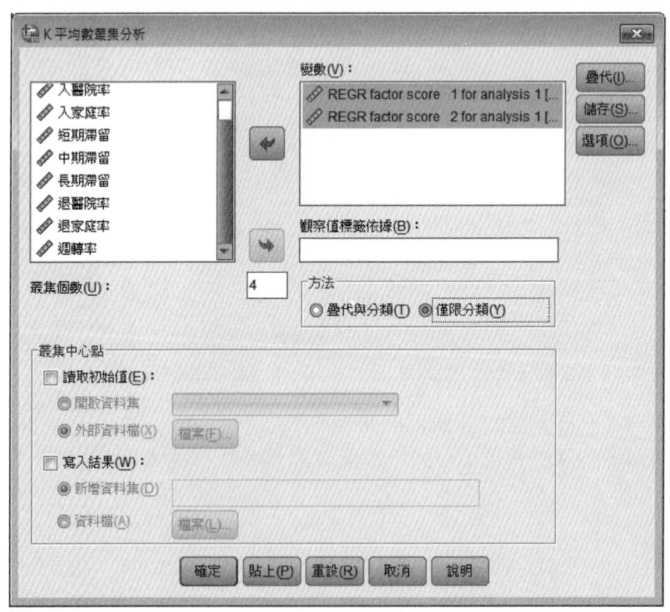

步驟 10 顯示選項頁面後，勾選【各觀察值的叢集資訊 (C)】，按 繼續 。

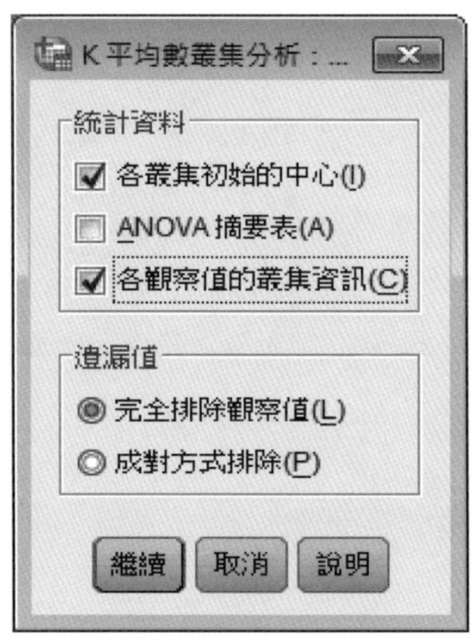

步驟 11 回到以下頁面後，按一下【儲存 (S)】。

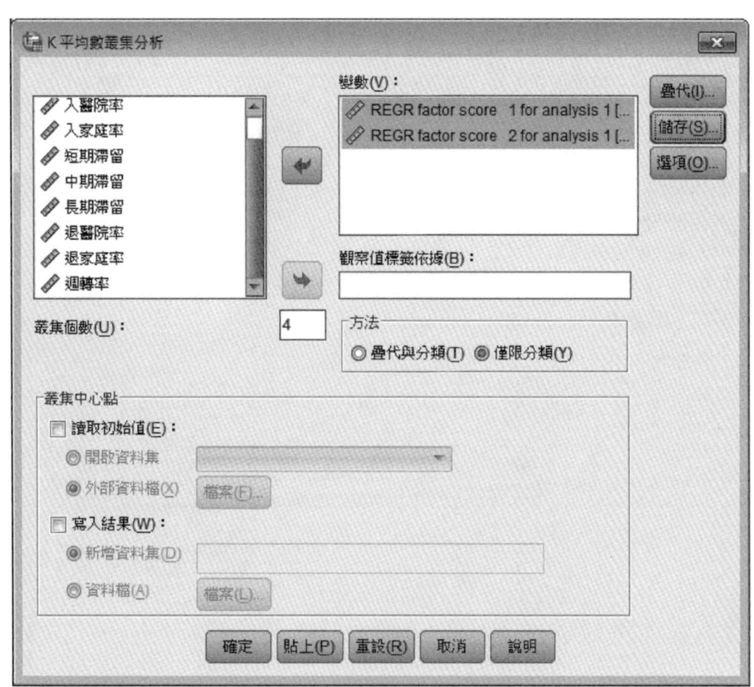

步驟 12 顯示儲存新變數頁面後，勾選【各叢集組員 (C)】後，按 繼續。

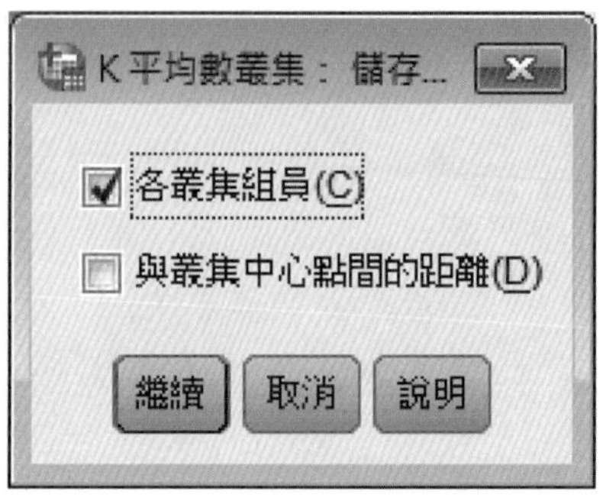

步驟 13 回到以下頁面後，按 確定。

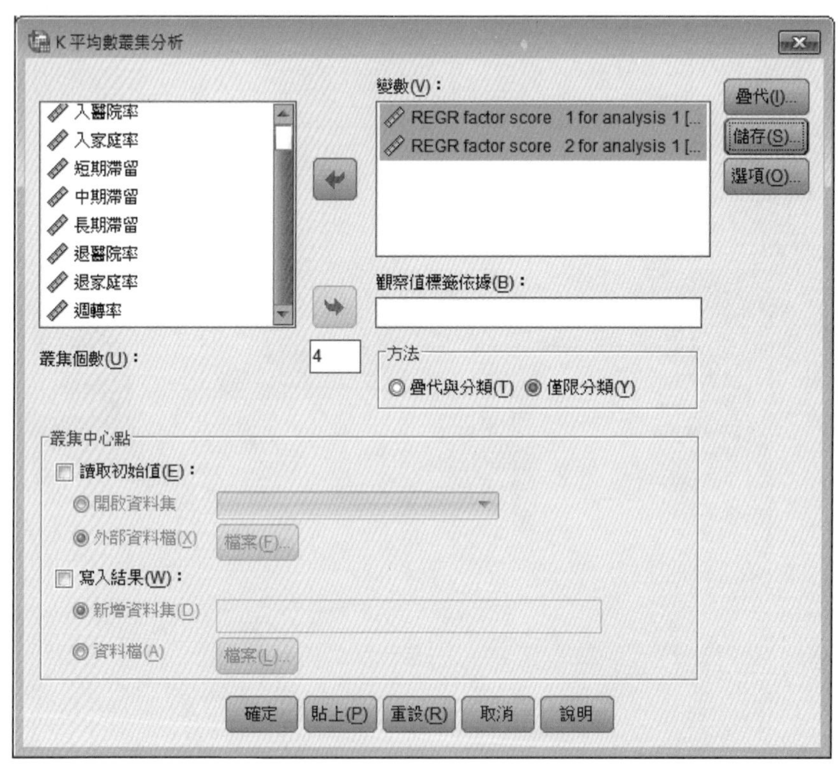

【SPSS 輸出 · 1】——集群分析

快速集群

最後集群中心點

	集群			
	1	2	3	4
REGR factor score 1 for analysis 1	-.64464	.96414	1.19322	-.66026
REGR factor score 2 for analysis 1	.48061	-.79734	1.18752	-1.05164

←①

最後集群中心點間的距離

集群	1	2	3	4
1		2.055	1.969	1.532
2	2.055		1.998	1.644
3	1.969	1.998		2.907
4	1.532	1.644	2.907	

←②

各集群中的觀察值個數

集群	1	27.000
	2	15.000
	3	8.000
	4	10.000
有效的		60.000
遺漏值		.000

←③

【輸出結果的判讀 · 1】——集群分析

①這是 4 個集群的中心座標。

②這是集群與集群之距離。

集群 1 與集群 2 之情形

$$2.005=\sqrt{(-0.64464-0.96414)^2+(0.48061-(-0.79734))^2}$$

③屬於各集群之觀察值的個數。

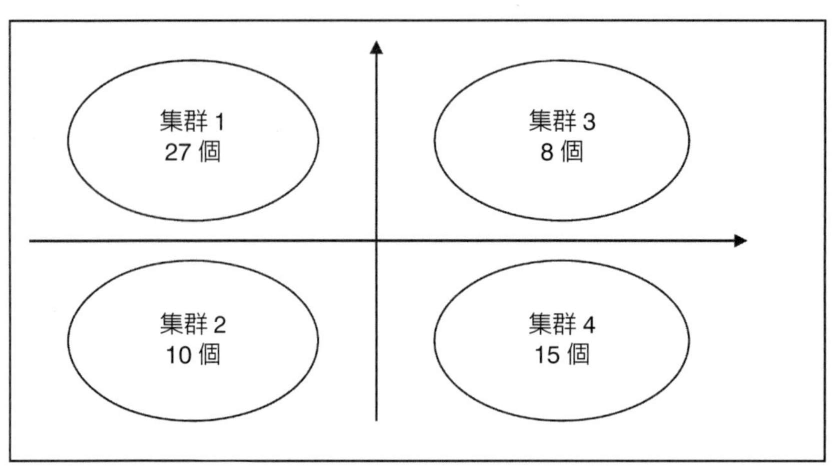

【SPSS 輸出 · 2】——集群分析

④ ↓

	入醫院率	入家庭率	短期滯留	中期滯留	長期滯留	退醫院率	退家庭率	週轉率	fac1_1	fac2_1	QCL_1
1	62	37	8	83	56	75	25	4	-.54378	1.77205	1
2	68	32	19	66	25	1	99	68	1.16095	.68773	3
3	61	39	14	75	24	35	62	26	.17807	.77047	1
4	75	18	26	63	24	28	44	32	-.30556	.03288	1
5	15	81	21	58	17	8	80	25	1.44478	.13248	2
6	54	26	18	72	35	50	25	4	-.56070	.66002	1
7	40	35	52	31	4	10	77	52	.64951	-1.92156	2
8	16	71	11	78	45	28	67	12	1.19692	1.59990	3
9	75	23	10	88	45	33	67	4	-.06003	1.75165	3
10	57	14	17	77	37	67	17	6	-.92010	.79062	1
11	61	37	9	82	49	60	20	3	-.50515	1.55349	1
12	61	29	10	80	21	9	3	35	-.15430	.87233	1
13	63	30	29	44	6	33	56	9	-.46697	-1.08005	4
14	17	83	20	56	8	28	69	29	1.07841	-.21728	2
15	18	82	52	28	1	20	80	10	.84119	-2.11388	2
16	49	20	38	41	2	41	12	17	-.91759	-1.66720	4
17	38	50	16	65	13	71	24	17	-.44685	-.06128	1
18	46	21	27	54	10	30	20	11	-.60582	-.72431	4
19	75	15	21	56	15	40	60	20	-.53848	-.28643	1
20	20	76	26	64	38	2	98	75	2.31880	.89805	3
21	52	40	22	69	39	6	93	54	1.29972	1.02450	3
22	57	28	13	75	32	89	11	6	-1.10875	.65905	1
23	16	73	29	60	5	19	77	43	1.28448	-.39234	2
24	72	26	5	91	52	40	20	5	-.44526	2.03984	1
25	54	38	23	65	20	67	17	8	-.81608	-.13289	1
26	28	64	48	41	9	6	92	74	1.60977	-1.23233	2
27	42	46	27	61	1	17	80	30	.59133	-.49452	2
28	26	74	45	39	1	50	50	18	.19097	-1.77524	4
29	5	95	39	50	50	3	91	112	3.03850	.57026	3

【輸出結果的判讀 · 2】——集群分析

④這是屬於各群的集群號碼。

16.4 以散佈圖表現 4 個類型

步驟 14 從【統計圖 (G)】的清單中如下選擇。【歷史對話記錄 (L)】→【散佈圖點狀圖 (S)】。

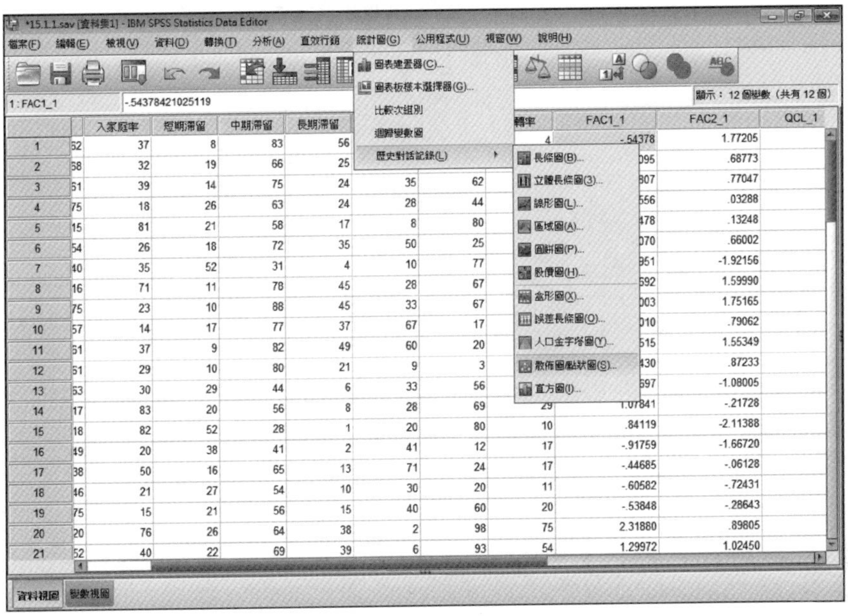

*15.1.1.sav [資料集1] - IBM SPSS Statistics Data Editor

檔案(F)　編輯(E)　檢視(V)　資料(D)　轉換(T)　分析(A)　直效行銷　統計圖(G)　公用程式(U)　視窗(W)　說明(H)

圖表建置器(C)...
圖表板樣本選擇器(G)...
比較次組別
迴歸變數圖
歷史對話記錄(L) ▸

長條圖(B)...
立體長條圖(3)...
線形圖(L)...
區域圖(A)...
圓餅圖(P)...
股價圖(H)...
盒形圖(X)...
誤差長條圖(O)...
人口金字塔圖(Y)...
散佈圖/點狀圖(S)...
直方圖(I)...

1 : FAC1_1　-.54378421025119　　顯示：12 個變數（共有 12 個）

		入家庭率	短期滯留	中期滯留	長期滯留			轉率	FAC1_1	FAC2_1	QCL_1
1	62	37	8	83	56			4	-.54378	1.77205	
2	58	32	19	66	25				095	.68773	
3	61	39	14	75	24	35	62		807	.77047	
4	75	18	26	63	24	28	44		556	.03288	
5	15	81	21	58	17	8	80		478	.13248	
6	54	26	18	72	35	50	25		070	.66002	
7	40	35	52	31	4	10	77		951	-1.92156	
8	16	71	11	78	45	28	67		592	1.59990	
9	75	23	10	88	45	33	67		003	1.75165	
10	57	14	17	77	37	67	17		010	.79062	
11	61	37	9	82	49	60	20		515	1.55349	
12	61	29	10	80	21	9	3		430	.87233	
13	63	30	29	44	6	33	56		697	-1.08005	
14	17	83	20	56	8	28	69	29	1.07841	-.21728	
15	18	82	52	28	1	20	80	10	.84119	-2.11388	
16	49	20	38	41	2	41	12	17	-.91759	-1.66720	
17	38	50	16	65	13	71	24	17	-.44685	-.06128	
18	46	21	27	54	10	30	20	11	-.60582	-.72431	
19	75	15	21	56	15	40	60	20	-.53848	-.28643	
20	20	76	26	64	38	2	98	75	2.31880	.89805	
21	52	40	22	69	39	6	93	54	1.29972	1.02450	

資料視圖　變數視圖

步驟 15 顯示散佈圖 / 點形圖的頁面後，點擊簡單散佈圖，按 定義 。

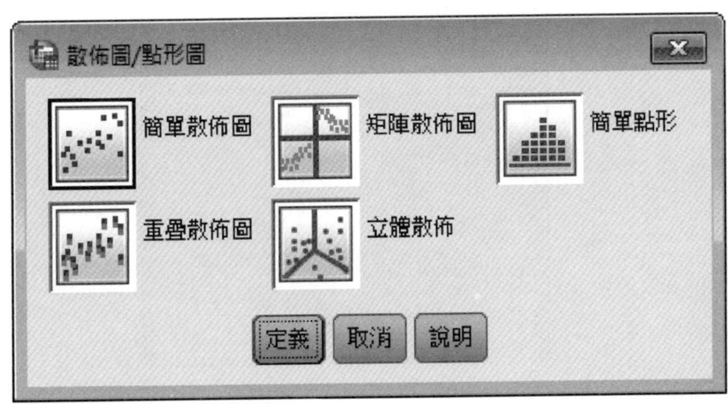

步驟 16 顯示簡單散佈圖頁面後，將第 1 主成分分數 FAC1-1 移到【X 軸：】，第 2 主成分分數 FAC2-1 移到【Y 軸：】，集群觀察值個數移到【觀察值標籤依據 (C)】，按一下【選項 (O)】。

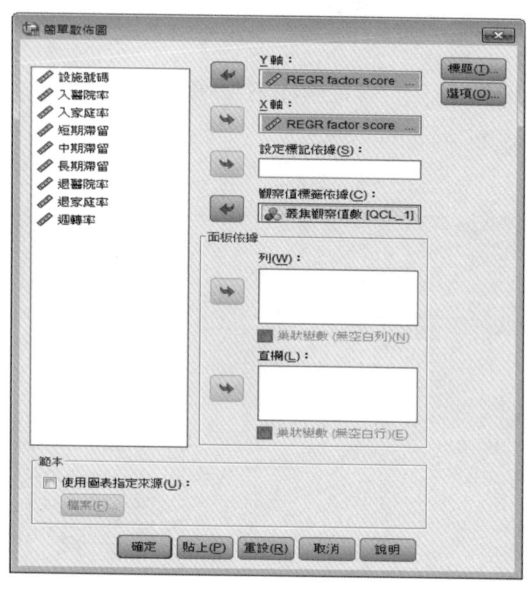

步驟 17 顯示選項頁面後，勾選【顯示有數值標籤的圖表 (S)】，按 繼續。回到步驟 16 的頁面後，按 確定。

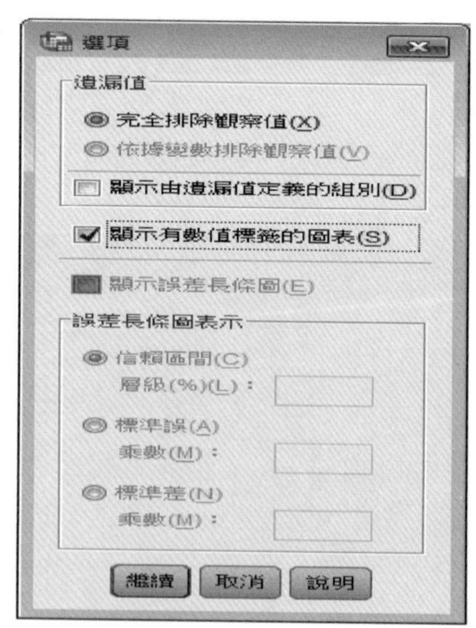

【SPSS 輸出】——散佈圖

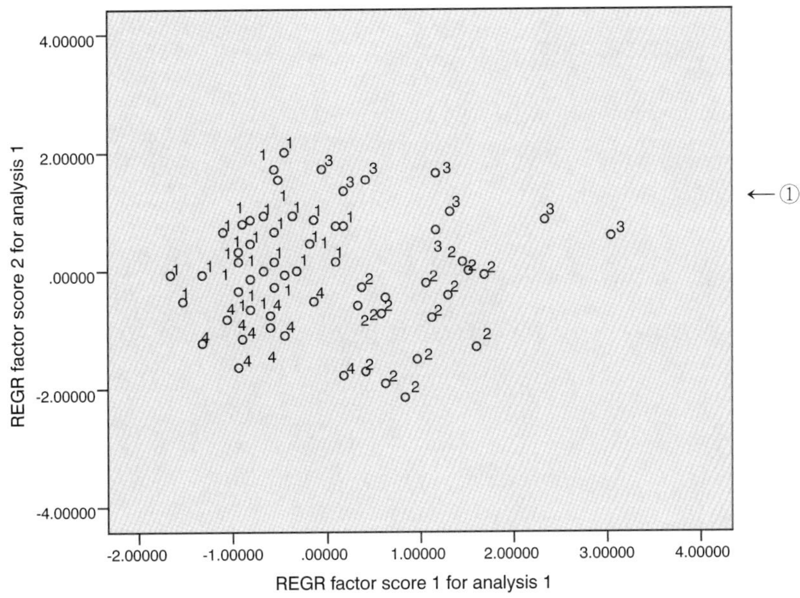

【輸出結果的判讀】——散佈圖

分成 4 個區塊顯示如下。

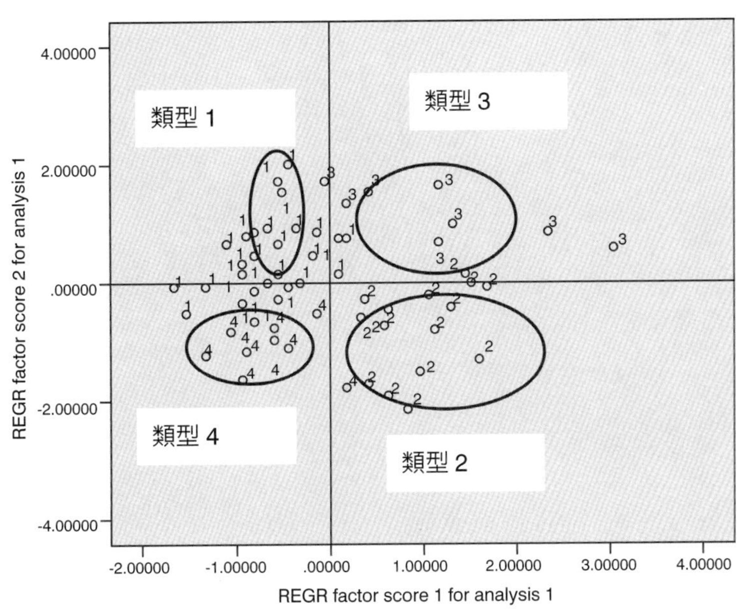

第 17 章 類別主成分分析
——建立綜合性的指標進行分類

17.1 類別主成分分析

以下的資料是針對 46 位的受試者，就「工作的困難度、裁員的可能性、輪調的可能性、職場的人際關係、家人的經濟上期待、家中的休息、年老後的經濟上不安」所調查的結果。

表 17.1.1

NO.	工作的困難度	裁員的可能性	輪調的可能性	職場的人際關係	家人的經濟上期待	家中的休息	年老後的經濟上不安
1	1	1	1	1	4	3	2
2	3	3	2	2	3	3	3
3	2	2	1	1	3	4	2
4	3	2	2	2	2	2	2
5	2	1	1	1	4	3	1
:	:	:	:	:	:	:	:
:	:	:	:	:	:	:	:
:	:	:	:	:	:	:	:
46	2	2	2	2	2	2	3

- 工作的困難度
  1. 幾乎沒有 2. 不太有 3. 略有 4. 頗有
- 裁員的可能性
  1. 幾乎沒有 2. 不太有 3. 略有 4. 頗有
- 輪調的可能性
  1. 幾乎沒有 2. 不太有 3. 略有 4. 頗有
- 職場的人際關係
  1. 不介意 2. 不太介意 3. 略為介意 4. 相當介意
- 家人的經濟上期待
  1. 不介意 2. 不太介意 3. 略為介意 4. 相當介意
- 家中的休息
  1. 完全不能休息 2. 不太能休息 3. 可以休息 4. 頗能休息
- 年老後的經濟上不安
  1. 幾乎沒有 2. 不太有 3. 略有 4. 頗有

想分析的事情是？

1. 整合 7 個變數（工作、裁員、輪調、人際關係、期待、休息、不安），建立綜合的指標（第 1 主成分、第 2 主成分）。
2. 使用綜合的指標，將受試者分類。

此時，可以考慮如下的統計處理。

➲ 統計處理 1

變數是順序資料，所以進行類別主成分分析。

➲ 統計處理 2

設定第 1 主成分與第 2 主成分之意義。

➲ 統計處理 3

以第 1 主成分爲橫軸，第 2 主成分爲縱軸，繪製散佈圖。

撰寫論文時

類別主成分分析時

進行類別主成分分析之後，至第 2 主成分爲止的累積貢獻率是 74.014%，因之，此分析決定列舉出第 1 主成分與第 2 主成分兩者。

觀察第 1 主成分的係數時，工作的困難度、裁員的可能性、輪調的可能性、職場的人際關係等變數的絕對值較大，因之第 1 主成分可以想成是

「完成職務上的壓力」

第 2 主成分中，因家人的經濟上期待、家中的休息、年老後的經濟上不安等變數得絕對值較大，因之第 2 主成分可以想成是

「家庭生活中的壓力」

【數據輸入類型】

表 17.1.1 的資料如下輸入。

[資料檢視]

	受試者	工作	裁員	輪調	人際關係	期待	休息	不安	var	var	var	var
1	1	1	1	1	1	4	3	2				
2	2	3	3	2	2	3	3	3				
3	3	2	2	1	1	3	4	2				
4	4	3	2	2	2	2	2	2				
5	5	2	1	1	1	4	3	1				
6	6	3	3	3	3	3	2	3				
7	7	2	1	1	1	4	3	1				
8	8	2	2	2	2	4	2	2				
9	9	3	3	3	3	3	3	4				
10	10	1	1	1	1	4	4	1				
11	11	1	1	1	1	2	3	2				
12	12	1	1	1	2	3	3	2				
13	13	3	4	3	3	3	3	2				
14	14	2	2	2	2	2	4	1				
15	15	2	1	1	1	3	4	1				
16	16	1	1	1	1	4	3	2				
17	17	2	2	2	3	4	3	2				
18	18	2	2	1	1	4	2	3				
19	19	1	1	1	2	3	4	2				
20	20	2	1	1	1	4	2	2				
21	21	3	4	3	4	3	1	3				
22	22	1	1	1	1	3	4	1				

	受試者	工作	裁員	輪調	人際關係	期待	休息	不安	var	var	var	var
1	1	幾乎沒有	幾乎沒有	幾乎沒有	不介意	相當介意	可以休息	不太有				
2	2	略有	略有	不太有	不太介意	略微介意	可以休息	略有				
3	3	不太有	不太有	幾乎沒有	不介意	略微介意	頗能休息	不太有				
4	4	略有	不太有	不太有	不太介意	不太介意	不太能休息	不太有				
5	5	不太有	幾乎沒有	幾乎沒有	不介意	相當介意	可以休息	幾乎沒有				
6	6	略有	略有	略有	略微介意	略微介意	不太能休息	略有				
7	7	不太有	幾乎沒有	幾乎沒有	不介意	相當介意	可以休息	幾乎沒有				
8	8	不太有	不太有	不太有	不太介意	相當介意	不太能休息	不太有				
9	9	略有	略有	略有	略微介意	略微介意	可以休息	頗有				
10	10	幾乎沒有	幾乎沒有	幾乎沒有	不介意	相當介意	頗能休息	幾乎沒有				
11	11	幾乎沒有	幾乎沒有	幾乎沒有	不介意	不太介意	可以休息	不太有				
12	12	幾乎沒有	幾乎沒有	幾乎沒有	不太介意	略微介意	可以休息	不太有				
13	13	略有	頗有	略有	略微介意	略微介意	可以休息	不太有				
14	14	不太有	不太有	不太有	不太介意	不太介意	頗能休息	幾乎沒有				
15	15	不太有	幾乎沒有	幾乎沒有	不介意	略微介意	頗能休息	幾乎沒有				
16	16	幾乎沒有	幾乎沒有	幾乎沒有	不介意	相當介意	可以休息	不太有				
17	17	不太有	不太有	不太有	略微介意	相當介意	可以休息	不太有				
18	18	不太有	不太有	幾乎沒有	不介意	相當介意	不太能休息	略有				

[變數檢視]

	名稱	類型	寬度	小數	標記	數值	遺漏	欄	對齊	測量
1	受試者	數字的	8	0		無	無	8	右	尺度
2	工作	數字的	8	0		{1, 幾乎沒有}...	無	8	右	尺度
3	裁員	數字的	8	0		{1, 幾乎沒有}...	無	8	右	尺度
4	輪調	數字的	8	0		{1, 幾乎沒有}...	無	8	右	尺度
5	人際關係	數字的	8	0		{1, 不介意}...	無	8	右	尺度
6	期待	數字的	8	0		{1, 不介意}...	無	8	右	尺度
7	休息	數字的	8	0		{1, 完全不能休息	無	8	右	尺度
8	不安	數字的	8	0		{1, 幾乎沒有}...	無	8	右	尺度
9										
10										
11										
12										
13										
14										

17.2 利用 SPSS 的類別主成分分析

步驟 1 從【分析 (A)】的清單如下選擇。【維度縮減 (D)】→【最適尺度 (O)】

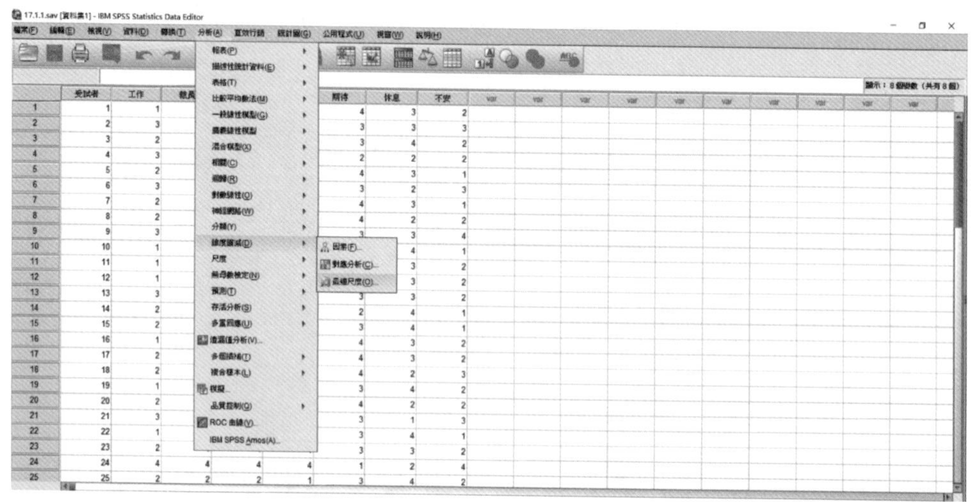

步驟 2 顯示最適尺度的頁面後，如下勾選，於是變成了類別主成分（CatPCA）。接著，按一下 定義 。

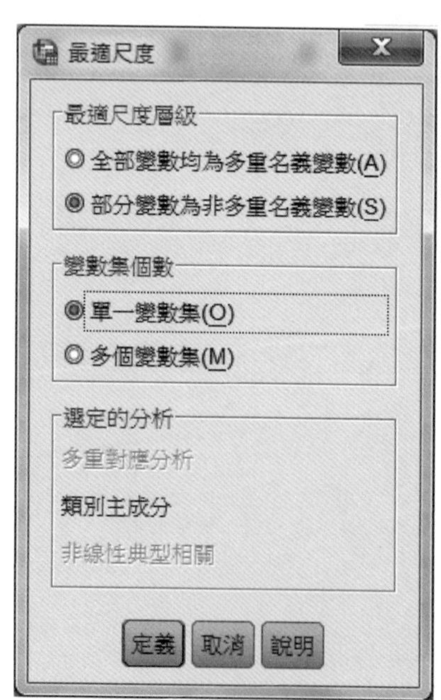

步驟 3 顯示類別主成分頁面後，將工作移到【分析變數 (A)】的方框中。

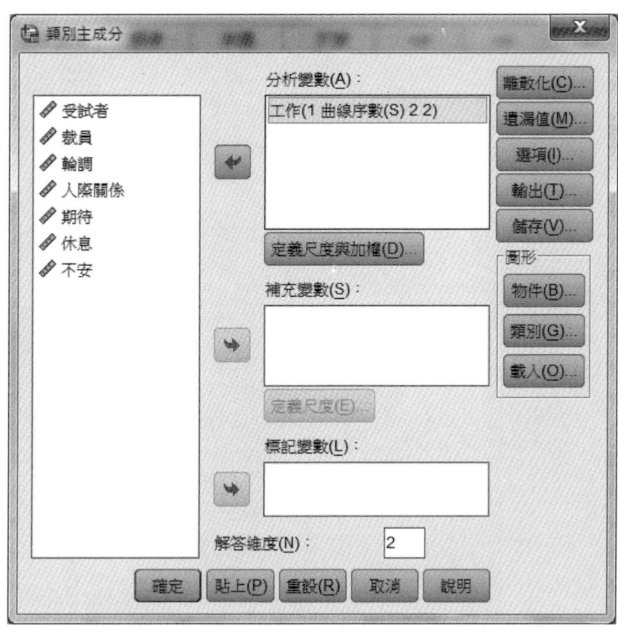

步驟 4 同樣，將受試者以外的其他變數移到【分析變數 (A)】的方框中。

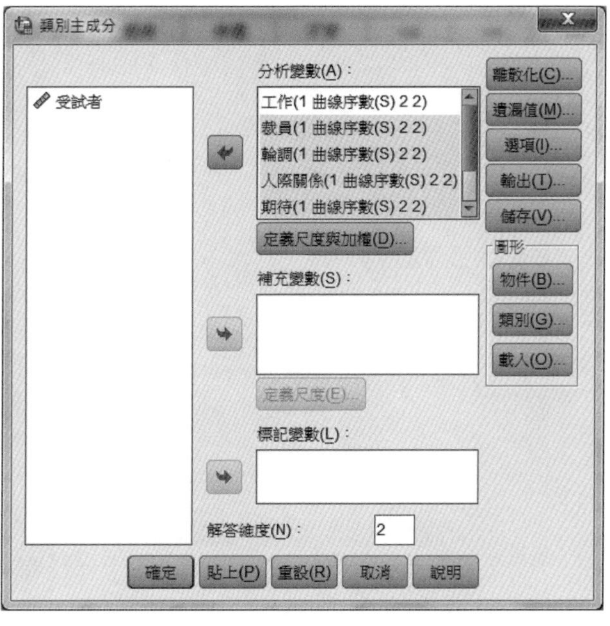

變更最適尺度水準

步驟 3 中雖然是照著曲線序數（spline）進行，但想將尺度更換成「順序」時，以如下步驟變更：

1. 按一下【定義尺度與加權 (D)】

2. 開啓頁面後，點選【序數 (O)】，再按 繼續 。

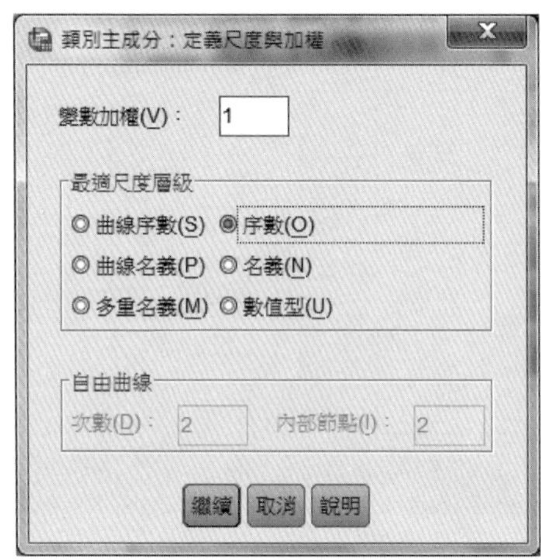

3.【分析變數 (A)】的方框中，顯示如下。

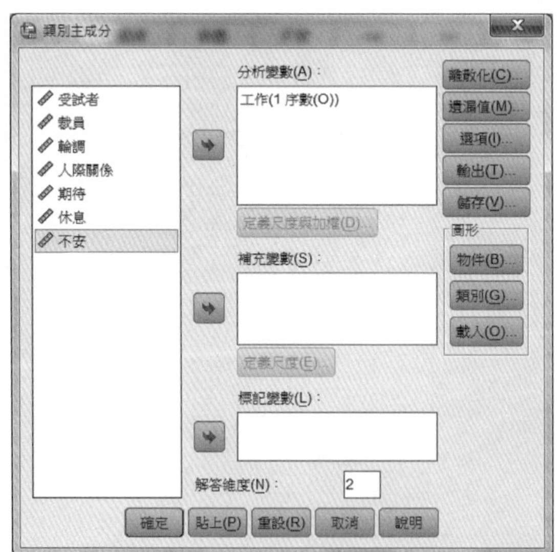

步驟 5 將受試者移到【標記變數 (L)】的方框中，按一下【輸出 (T)】。

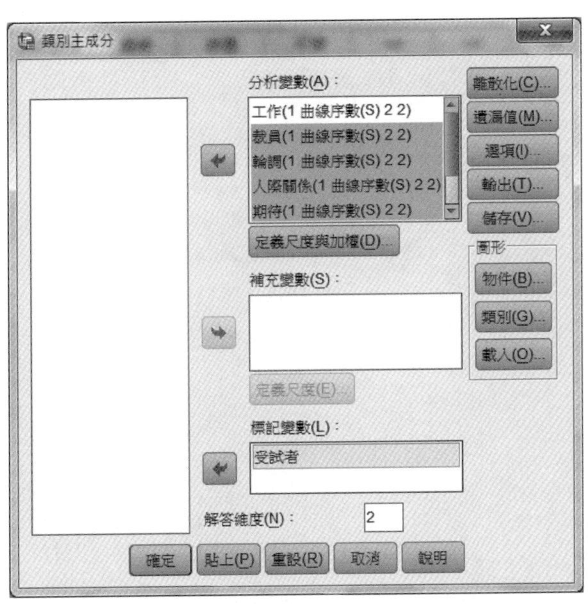

步驟 6 顯示輸出的頁面後，如下勾選……

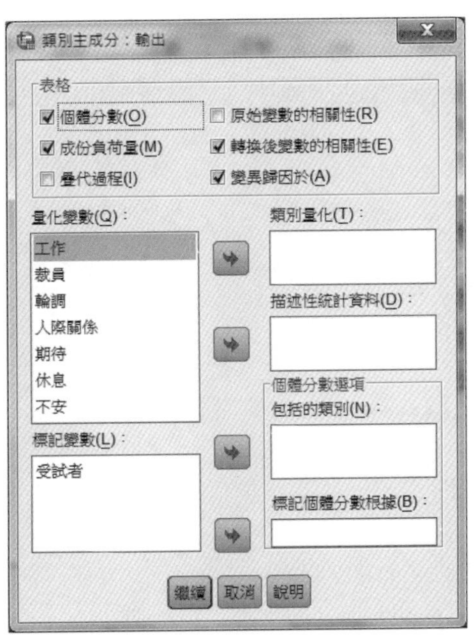

步驟 7 再將【標記變數 (L)】之中的受試者移到【標記個體分數根據 (B)】，按 繼續 。

步驟 8 回到步驟 5 的頁面後，按一下【儲存 (V)】。顯示儲存的頁面後，如下勾選，再按 繼續 。再次回到步驟 5 的頁面後，按 確定 。

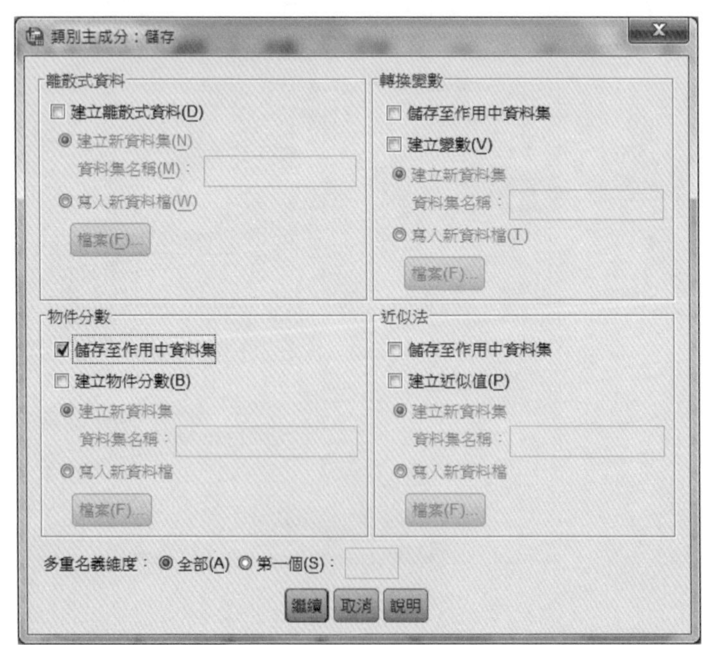

作圖時……

當按圖形時，從步驟 5 的頁面開始。

1. 按一下圖形欄位項下的【物件 (B)】，顯示如下的頁面。

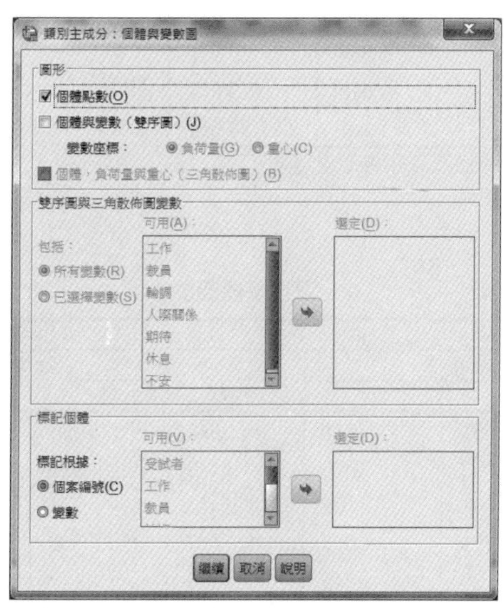

2. 按一下圖形欄位項下的【類別 (G)】時，顯示如下的頁面。

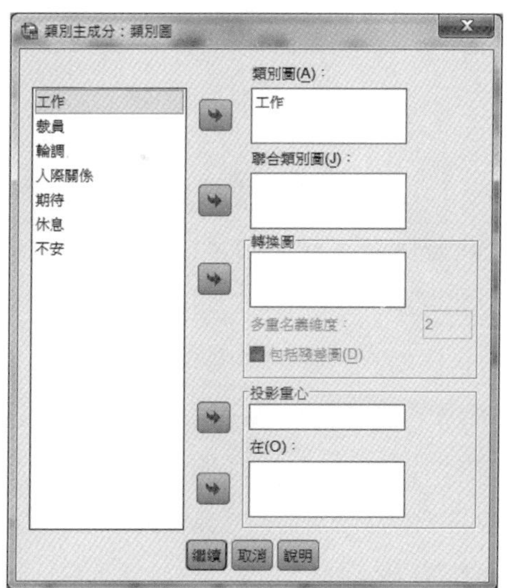

【SPSS 輸出 ・1】——類別主成分分析

模式摘要

維度	Cronbach's Alpha	變異數歸因於	
		總和 (特徵值)	變異數的 %
1	.839	3.564	50.921
2	.445	1.616	23.092
總計	.941[a]	5.181	74.014

a. Cronbach's Alpha 總值是以總特徵值爲準。

←①

②

變異數歸因於

	重心座標			總和 (向量座標)		
	維度		平均數	維度		總計
	1	2		1	2	
工作	.661	.031	.346	.636	.015	.651
裁員	.823	.076	.449	.821	.029	.850
輪調	.781	.106	.443	.774	.075	.849
人際關係	.799	.015	.407	.788	.001	.789
期待	.129	.345	.237	.117	.290	.408
休息	.274	.722	.498	.174	.697	.871
不安	.379	.604	.492	.255	.509	.763
使用中總和	3.845	1.899	2.872	3.564	1.616	5.181
變異數的 %	54.934	27.130	41.032	50.921	23.092	74.014

③

【輸出結果的判讀 ・1】——類別主成分分析

①第 1 主成分是具有 50.921% = 3.564÷7×100 的資訊量

第 2 主成分是具有 23.092% = 1.616÷7×100 的資訊量

合計具有 74.014% = 5.181÷7×100 的資訊量

列舉至第 2 主成分爲止進行分析。以合計大約 80% 當作一個指標。

②Cronbach 的 α 愈接近 1，表示可能性愈高。

因此，如何使用第 2 主成分分析時，可靠性可以想成是足夠的。

③第 1 主成分各變數的資訊量

第 1 主成分中，工作的困難度、裁員的可能性、輪調的可能性、職場的人際關係的資訊量較多。

【SPSS 輸出・2】——類別主成分分析

元件載入

元件載入

	維度	
	1	2
工作	.797	-.122
裁員	.906	-.171
輪調	.880	-.274
人際關係	.888	-.034
期待	-.342	.539
休息	-.417	-.835
不安	.505	.713

變數主要常態化。

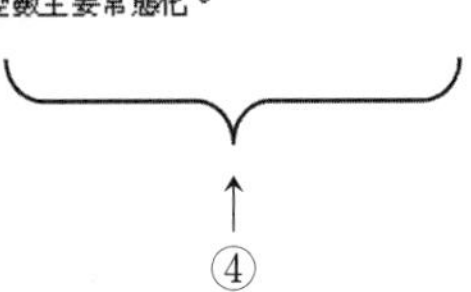

④

個體分數

	維度	
受試者	1	2
1	-.881	1.277
2	.945	.246
3	-.484	-.465
4	.630	.369
5	-.939	.320
6	1.630	.145
7	-.939	.320
8	.163	1.049
9	1.598	-.002
10	-1.388	-.594
11	-.714	.697
12	-.437	.674
13	1.739	-.254
14	-.212	-1.559
15	-.996	-1.250
16	-.881	1.277
17	.439	.865
18	-.340	1.422
19	-.661	-.316
20	-.621	1.359
21	1.982	.133
22	-1.221	-1.174
23	-.489	.622
24	2.500	-.758
25	-.207	-.655
26	-.846	1.435
27	1.888	-.587
28	-1.221	-1.174
29	-.212	-1.559
30	-.212	-1.559
31	.317	.609
32	1.551	-1.735
33	.185	1.115
34	1.573	.229
35	-1.036	-1.817
36	.620	-.715
37	.295	.312
38	.294	.700
39	-1.221	-1.174
40	-.240	1.380
41	-.212	-1.559
42	-.604	1.254
43	-.117	.906
44	-.172	.736
45	-1.221	-1.174
46	.381	.629

變數主要常態化。

⑤

【輸出結果的判讀 ・2】——類別主成分分析

④第 1 主成分，由於工作的困難度、裁員的可能性、輪調的可能性、職場的人際關係的絕對值較大，因之可以解釋爲「完成職務上的壓力」

第 2 主成分，由於家人的經濟上期待、家中的休息、年老後的經濟上不安的絕對值較大，因之可以解釋爲「家庭生活中的壓力」

⑤這是第 1 主成分分數，第 2 主成分分數。

受試者 NO.1 的主成分分數即爲

（第 1 主成分分數，第 2 主成分分數）=（–0.881, 1.277）

【SPSS 輸出 ・3】——類別主成分分析

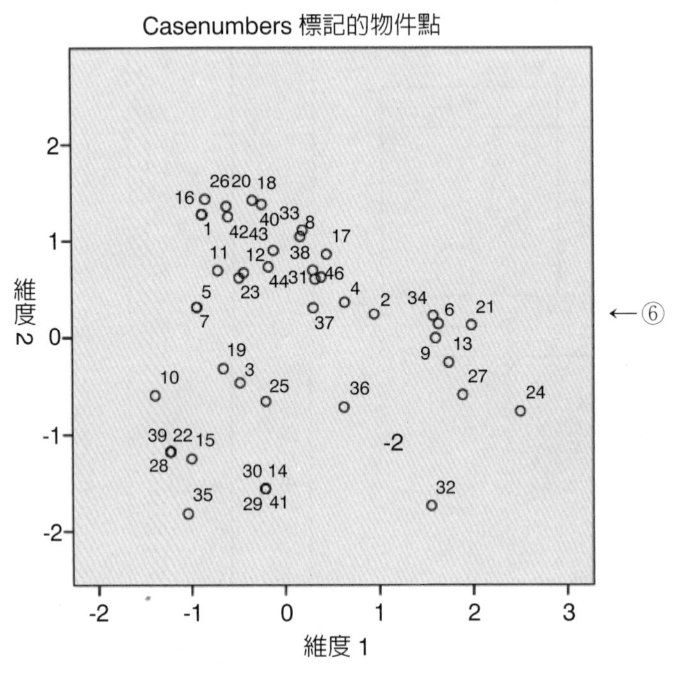

變數主體正規化。

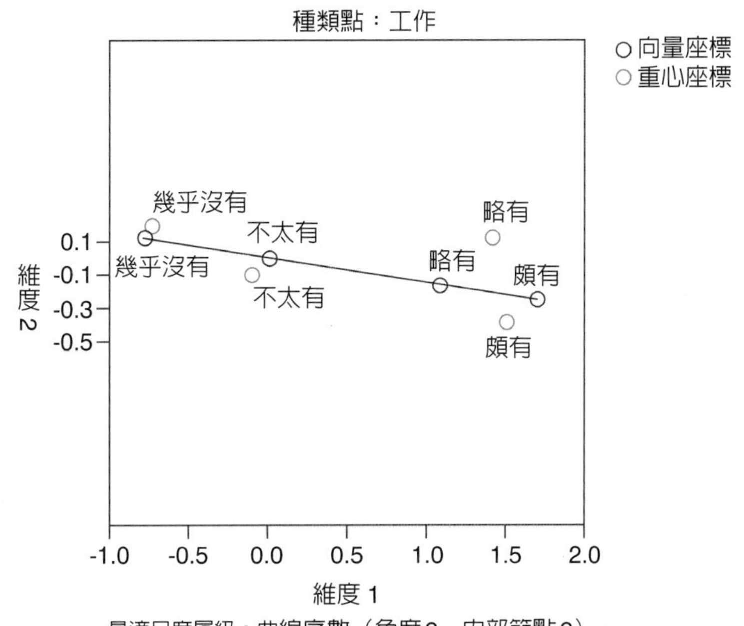

（注）此圖示在步驟5的頁面上，點擊【類別(G)】後，將工作移到【類別圖(A)】之後的結果。

【輸出結果的判讀 ·3】——類別主成分分析

⑥第 1 主成分分數取代橫軸，第 2 主成分分數取代縱軸，以散佈圖表現 46 位受試者。

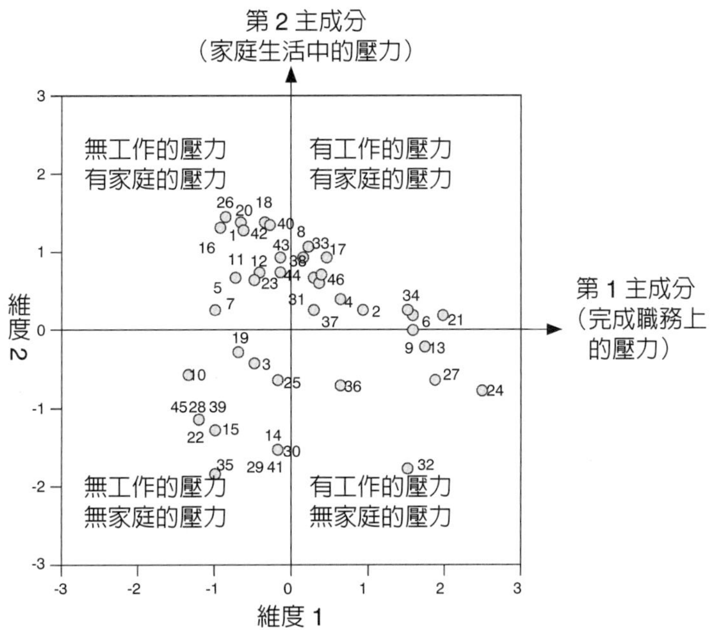

【SPSS 輸出 ‧4】——類別主成分分析

	受試者	工作	裁員	輪調	人際關係	期待	休息	不安	OBSCO1_1	OBSCO2_1	var	var
1	1	1	1	1	1	4	3	2	-.88	1.28		
2	2	3	3	2	2	3	3	3	.95	.25		
3	3	2	2	1	1	3	4	2	-.48	-.46		
4	4	3	2	2	2	2	2	2	.63	.37		
5	5	2	1	1	1	4	3	1	-.94	.32		
6	6	3	3	3	3	3	2	3	1.63	.15		
7	7	2	1	1	1	4	3	1	-.94	.32		
8	8	2	2	2	2	4	2	2	.16	1.05		
9	9	3	3	3	3	3	3	4	1.60	.00		
10	10	1	1	1	1	4	4	1	-1.39	-.59		
11	11	1	1	1	1	2	3	2	-.71	.70		
12	12	1	1	1	2	3	3	2	-.44	.67		
13	13	3	4	3	3	3	3	2	1.74	-.25		
14	14	2	2	2	2	2	4	1	-.21	-1.56		
15	15	2	1	1	1	3	4	1	-1.00	-1.25		
16	16	1	1	1	1	4	3	2	-.88	1.28		
17	17	2	2	2	3	4	3	2	.44	.87		
18	18	2	2	1	1	4	2	3	-.34	1.42		
19	19	1	1	1	2	3	4	2	-.66	-.32		
20	20	2	1	1	1	4	2	2	-.62	1.36		
21	21	3	4	3	4	3	1	3	1.98	.13		
22	22	1	1	1	1	3	4	1	-1.22	-1.17		
23	23	2	1	1	1	3	3	2	-.49	.62		
24	24	4	4	4	4	1	2	4	2.50	-.76		
25	25	2	2	2	1	3	4	2	-.21	-.66		
26	26	1	1	1	1	4	2	2	-.85	1.43		
27	27	2	4	4	3	1	2	4	1.89	-.59		
28	28	1	1	1	1	3	4	1	-1.22	-1.17		
29	29	2	2	2	2	3	4	1	-.21	-1.56		

資料檢視 / 變數檢視

↑ ⑦ ↑ ⑧

【輸出結果之判讀 ‧4】——類別主成分分析

⑦第 1 主成分分數

⑧第 2 主成分分數

第 18 章 聯合分析
——調查什麼是受到重視的

18.1 聯合分析

表 18.1.1 是由醫療專家評估有關城市醫院的應有姿態所進行的意見調查問項。

表 18.1.1 有關城市醫院的意見調查問項

關於城市醫院，您是重視哪些？
請回答以下項目。
項目 1　住宿費……………………1. 重視　2. 不重視
項目 2　接近車站………………1. 重視　2. 不重視
項目 3　病房內部的氣氛……1. 重視　2. 不重視
項目 4　服務………………………1. 重視　2. 不重視
項目 5　院內設施………………1. 重視　2. 不重視
項目 6　醫院外觀………………1. 重視　2. 不重視

想分析的事情是？

1. 6 個項目之中，想調查由醫療專家評估有關城市醫院的重要項目是什麼。
2. 想透過此 6 個項目調查韓國與日本的醫療專家對「城市醫院的想法有何差異」。

此時，可以考慮如下的統計處理。

➲ 統計處理 1

準備聯合卡，送給日本與韓國的醫療專家填答。

➲ 統計處理 2

以日本的聯合卡及韓國的聯合卡進行聯合分析，比較兩國專家看法的差異。

➲ 統計處理 3

將日本與韓國的聯合卡合在一起進行聯合分析。

撰寫論文時

1. 利用聯合分析比較時
   利用聯合分析比較日本與韓國時，
   韓國依序認爲重要的是「醫院內設施」，「病房內氣氛」；
   日本依序認爲重要的是「接近車站」、「醫院的外觀」。由此事可以判斷出什麼呢？
2. 聯合分析時
   將韓國與日本合在一起進行聯合分析之後，整體而言，「院內設施」、「接近車站」被認爲是重要的項目。

➲ 一般的意見調查不行嗎？

對評估醫院的專家進行表 18.1.1 的意見調查時：

專家 A

項目 1	住宿費…………………	重視	不重視
項目 2	接近車站……………	重視	不重視
項目 3	病房內部的氣氛……	重視	不重視
項目 4	服務……………………	重視	不重視
項目 5	院內設施……………	重視	不重視
項目 6	醫院外觀……………	重視	不重視

專家 B
項目 1　住宿費……………… 重視　不重視
項目 2　接近車站…………… 重視　不重視
項目 3　病房內部的氣氛…… 重視　不重視
項目 4　服務………………… 重視　不重視
項目 5　院內設施…………… 重視　不重視
項目 6　醫院外觀…………… 重視　不重視

↓

專家 Z
項目 1　住宿費……………… 重視　不重視
項目 2　接近車站…………… 重視　不重視
項目 3　病房內部的氣氛…… 重視　不重視
項目 4　服務………………… 重視　不重視
項目 5　院內設施…………… 重視　不重視
項目 6　醫院外觀…………… 重視　不重視

如果是聯合分析時：

聯合分析與一般的意見調查法是略有不同的。

聯合分析是要準備「聯合卡」(conjoint card），讓受試者加上「順位」或「評價」。

根據此順位或評價的資料，調查「項目的重要性」。

因此，聯合分析的步驟如下。

➲ 聯合分析的步驟

步驟 1　製作聯合卡的語法。
步驟 2　儲存聯合卡的語法。
步驟 3　執行聯合卡的語法，
　　　　製作聯合卡。
步驟 4　將聯合卡分發給受試者，讓他們設定順位或評價。
步驟 5　將該順位或評價輸入到 SPSS 的資料檔案中。
步驟 6　最後，製作聯合分析的語法，
　　　　執行聯合分析。
步驟 7　判讀其輸出結果。

18.2 利用 SPSS 製作聯合卡

步驟 1 爲了製作聯合卡，如下從【檔案 (F)】的清單選擇【新增 (E)】的子清單【語法 (S)】。

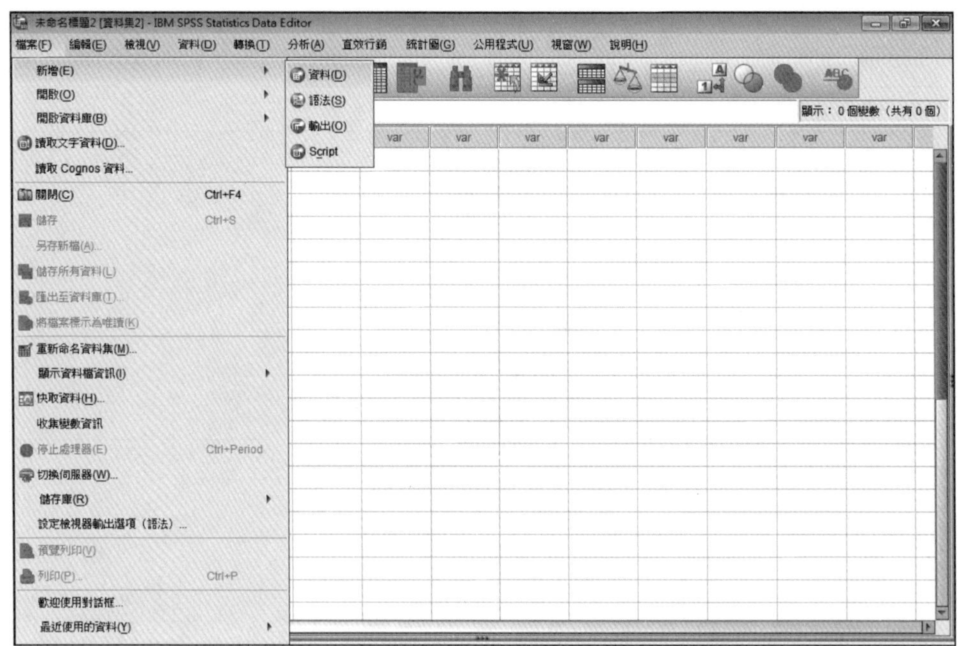

步驟 2 顯示語法的編輯頁面後……。

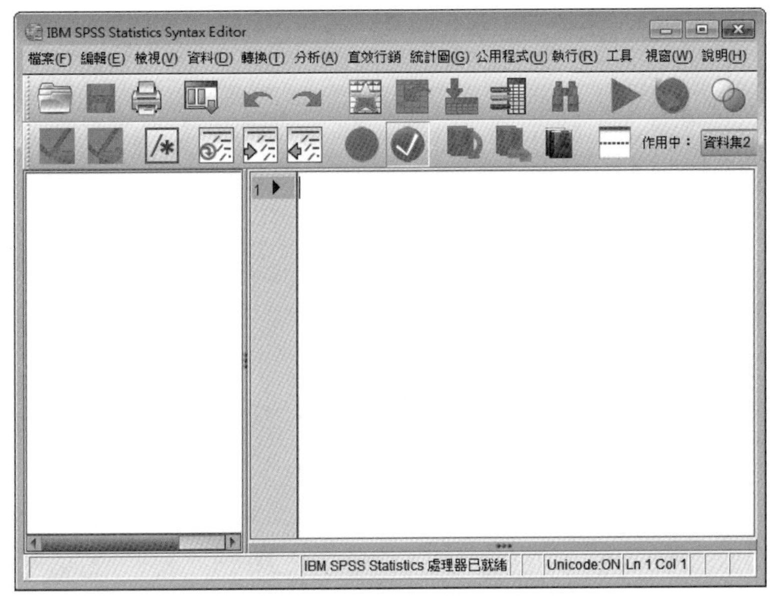

步驟 3 首先輸入變數名。

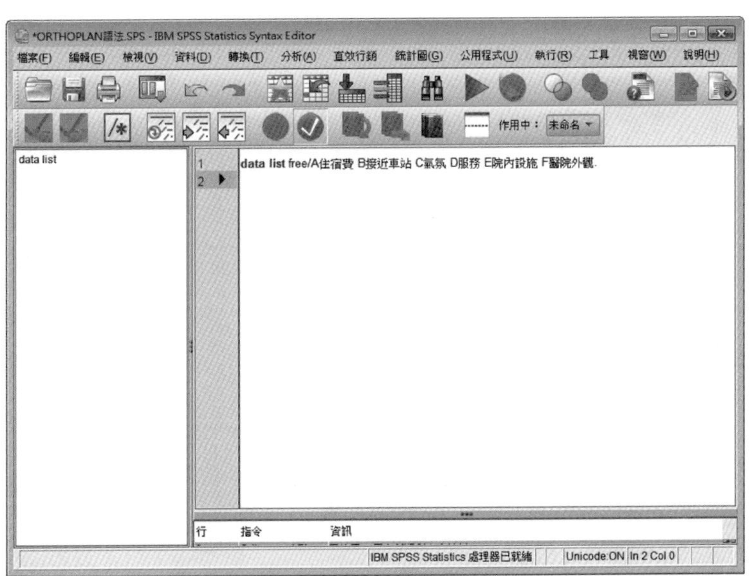

（注）所謂 data list free 是指「資料以空格加以區別」之意。
data list free 的地方以大寫字母或小寫字母輸入均可，單字間的空格以 1 位元或 2 位元均可。

步驟 4 其次，輸入模擬用的資料。

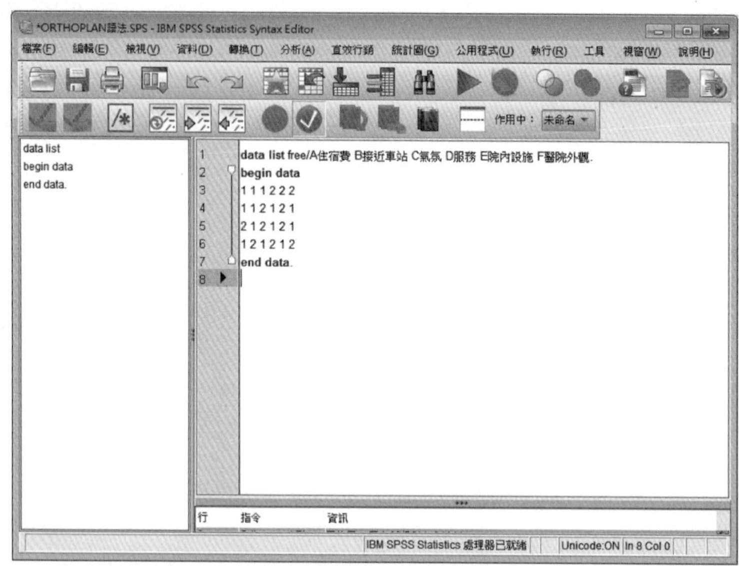

（注）譬如，第一列是依意見調查的項目 1 到項目 6 的順序，回答重視，重視，重視，不重視，不重視，不重視之情形。此處鎖定感興趣的四個組合。

步驟 5 爲了製作直交表的指令，輸入變數名與其水準。

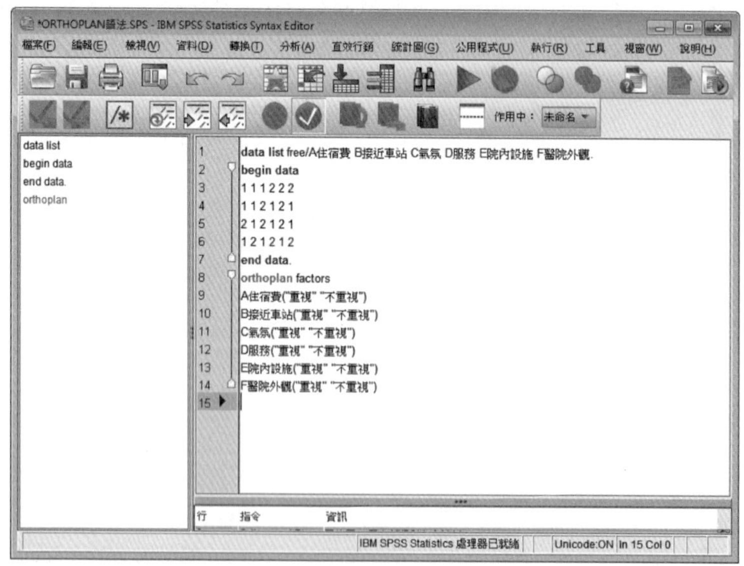

步驟 6 輸入保留卡的個數。

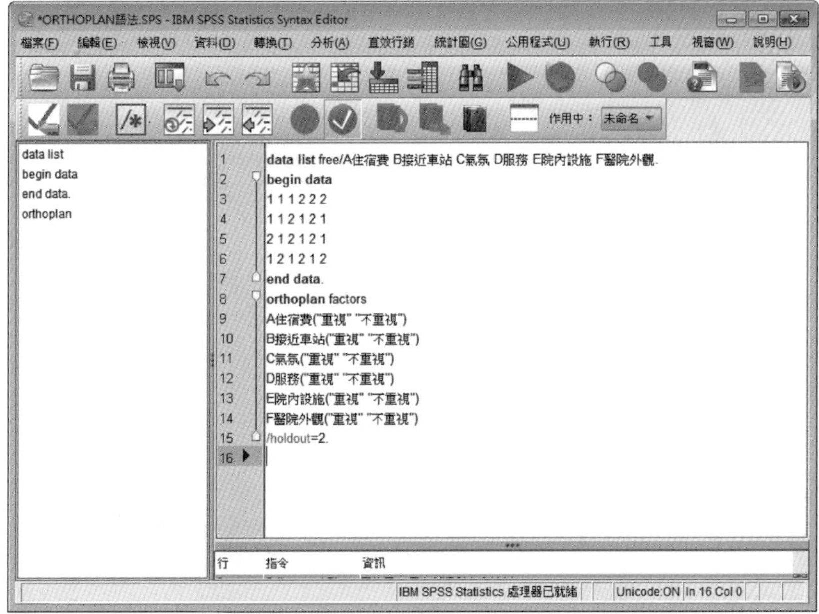

（注）保留卡是為了驗證可靠性而被加到調查項目中。通常當作是 2~4。

步驟 7 如下輸入儲存與輸出的指令。

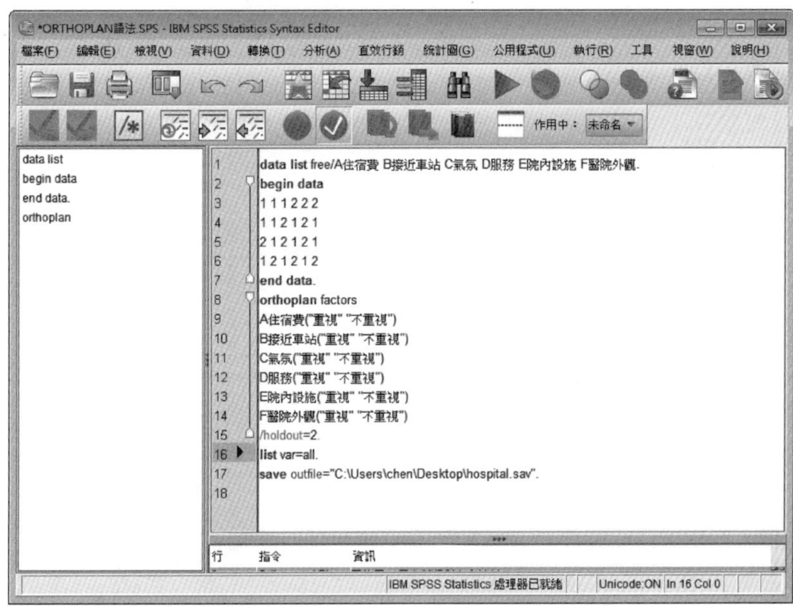

（注）點選桌面任一圖像按右鍵點選的內容即可得知路徑。

步驟 8　最後，執行此語法。點擊【執行 (R)】→【全部 (A)】。

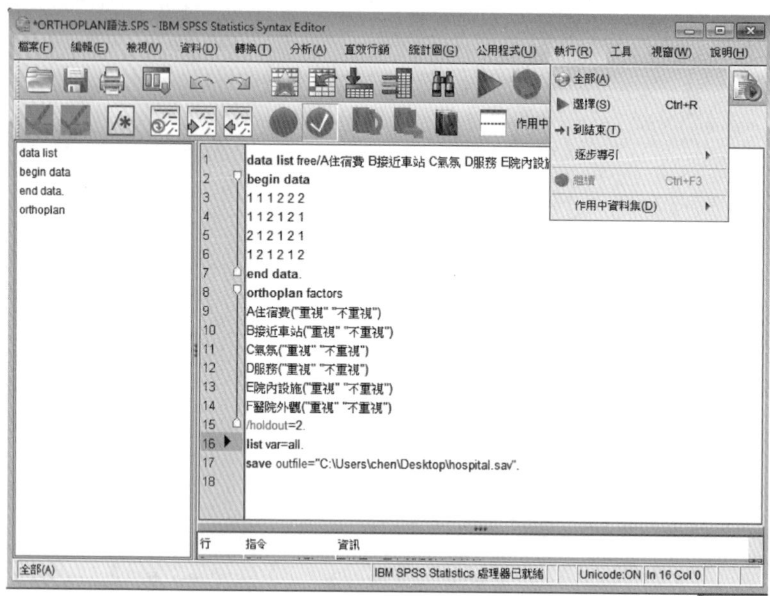

【SPSS 輸出】——聯合卡

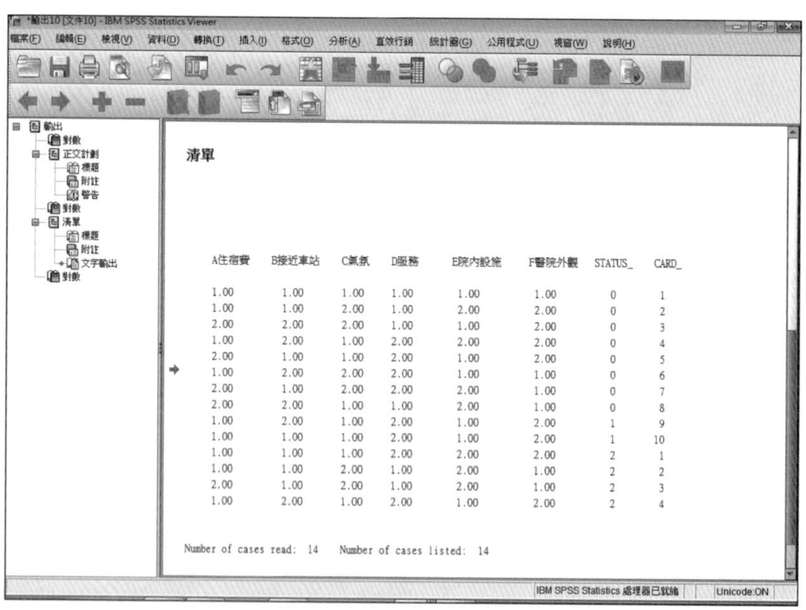

清單

A住宿費	B接近車站	C氣氛	D服務	E院內設施	F醫院外觀	STATUS_	CARD_
1.00	1.00	1.00	1.00	1.00	1.00	0	1
1.00	1.00	2.00	1.00	2.00	2.00	0	2
2.00	2.00	2.00	1.00	1.00	2.00	0	3
1.00	2.00	1.00	2.00	2.00	2.00	0	4
2.00	1.00	1.00	2.00	1.00	2.00	0	5
1.00	2.00	2.00	2.00	1.00	1.00	0	6
2.00	1.00	2.00	2.00	2.00	1.00	0	7
2.00	2.00	1.00	1.00	2.00	1.00	0	8
1.00	2.00	1.00	2.00	1.00	2.00	1	9
1.00	1.00	1.00	2.00	1.00	2.00	1	10
1.00	1.00	1.00	2.00	2.00	2.00	2	1
1.00	1.00	2.00	1.00	2.00	1.00	2	2
2.00	1.00	2.00	1.00	2.00	1.00	2	3
1.00	2.00	1.00	2.00	1.00	2.00	2	4

Number of cases read: 14　Number of cases listed: 14

（注）在 STATUS 的地方的 0 是指利用直交表的組合，1 是保留卡，2 是在步驟 4 中所輸入的模擬。

在 SPSS 的資料檔案中，可以製作出如下聯合卡。

	A住宿費	B接近車站	C氣氛	D服務	E院內設施	F醫院外觀	STATUS_	CARD_
1	1.00	1.00	1.00	1.00	1.00	1.00	0	1
2	1.00	1.00	2.00	1.00	2.00	2.00	0	2
3	2.00	2.00	2.00	1.00	1.00	2.00	0	3
4	1.00	2.00	1.00	2.00	2.00	2.00	0	4
5	2.00	1.00	1.00	2.00	1.00	2.00	0	5
6	1.00	2.00	2.00	2.00	1.00	1.00	0	6
7	2.00	1.00	2.00	2.00	2.00	1.00	0	7
8	2.00	2.00	1.00	1.00	2.00	1.00	0	8
9	1.00	2.00	1.00	2.00	1.00	2.00	1	9
10	1.00	1.00	1.00	2.00	1.00	2.00	1	10
11	1.00	1.00	1.00	2.00	2.00	2.00	2	1
12	1.00	1.00	2.00	1.00	2.00	1.00	2	2
13	2.00	1.00	2.00	1.00	2.00	1.00	2	3
14	1.00	2.00	1.00	2.00	1.00	2.00	2	4

此時，如顯示數值註解時，即成為如下。

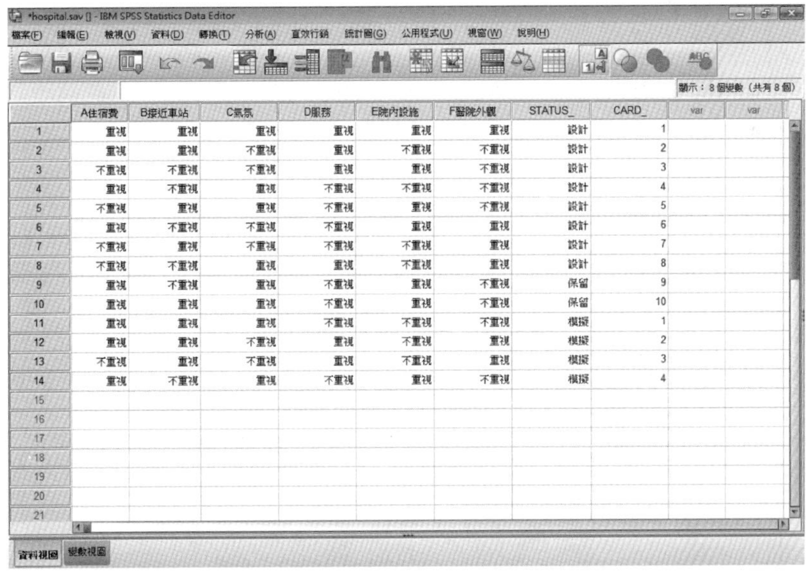

	A住宿費	B接近車站	C氣氛	D服務	E院內設施	F醫院外觀	STATUS_	CARD_
1	重視	重視	重視	重視	重視	重視	設計	1
2	重視	重視	不重視	重視	不重視	不重視	設計	2
3	不重視	不重視	不重視	重視	重視	不重視	設計	3
4	重視	不重視	重視	不重視	不重視	不重視	設計	4
5	不重視	重視	重視	不重視	重視	不重視	設計	5
6	重視	不重視	不重視	不重視	重視	重視	設計	6
7	不重視	重視	不重視	不重視	不重視	重視	設計	7
8	不重視	不重視	重視	重視	不重視	重視	設計	8
9	重視	不重視	重視	不重視	重視	不重視	保留	9
10	重視	重視	重視	不重視	重視	不重視	保留	10
11	重視	重視	重視	不重視	不重視	不重視	模擬	1
12	重視	重視	不重視	重視	不重視	重視	模擬	2
13	不重視	重視	不重視	重視	不重視	重視	模擬	3
14	重視	不重視	重視	不重視	重視	不重視	模擬	4

（注）由上算起的 10 張是用於實際的調查。
一面觀察此輸出，一面製作下節的聯合卡。
模擬卡雖未分發給回答者，但執行分析時會被讀取，評價結果會被輸出。

【聯合卡的製作】——5 級評價時 (SCORE)

將各個聯合卡的內容以 5 級讓受試者評價。

1. 一覽表形式

```
Title:  此卡片的號碼是)card

        以城市旅館來說以下內容能評價到何種程度
Card 1
  住宿費  重視
  接近車站  不重視
  氣氛  不重視
  服務  不重視
  館內設施  不重視
  旅館外觀  重視
Card 2
  住宿費  不重視
  接近車站  不重視
  氣氛  不重視
  服務  重視
  館內設施  重視
  旅館外觀  不重視
Card 3
  住宿費  不重視
  接近車站  不重視
  氣氛  重視
  服務  重視
  館內設施  不重視
  旅館外觀  重視
Card 4
  住宿費  重視
  接近車站  重視
  氣氛  重視
  服務  重視
  館內設施  重視
  旅館外觀  重視
Card 5
  住宿費  不重視
  接近車站  重視
  氣氛  重視
  服務  不重視
  館內設施  不重視
  旅館外觀  不重視
```

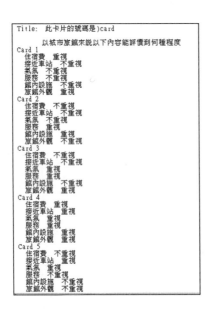

```
Card 6
  住宿費  重視
  接近車站  不重視
  氣氛  重視
  服務  不重視
  館內設施  重視
  旅館外觀  不重視
Card 7
  住宿費  重視
  接近車站  重視
  氣氛  不重視
  服務  重視
  館內設施  不重視
  旅館外觀  不重視
Card 8
  住宿費  不重視
  接近車站  重視
  氣氛  不重視
  服務  不重視
  館內設施  重視
  旅館外觀  重視
Card 9
  住宿費  不重視
  接近車站  重視
  氣氛  重視
  服務  不重視
  館內設施  不重視
  旅館外觀  重視
Card 10
  住宿費  重視
  接近車站  重視
  氣氛  不重視
  服務  重視
  館內設施  重視
  旅館外觀  重視

Footer:  以5級評價
         5:能最高評價
         1:只能最低評價

         此卡片的評價是:-----------
```

2. 卡片形式

```
此卡片的號碼是 1 '
以城市旅館來說以下內容能評價到何種程度?

住宿費  重視
接近車站  不重視
氣氛  不重視
服務  不重視
館內設施  不重視
旅館外觀  重視

以 5 級評價
5:能最高評價
1:只能最低評價

此卡片的評價是:-----------
```

```
此卡片的號碼是 2 '
以城市旅館來說以下內容能評價到何種程度?

住宿費  不重視
接近車站  不重視
氣氛  不重視
服務  重視
館內設施  重視
旅館外觀  不重視

以 5 級評價
5:能最高評價
1:只能最低評價

此卡片的評價是:-----------
```

....

此卡片的號碼是 10 '
以城市旅館來說以下內容能評價到何種程度?

住宿費　重視
接近車站　重視
氣氛　不重視
服務　重視
館內設施　重視
旅館外觀　重視

以 5 級評價
5:能最高評價
1:只能最低評價

此卡片的評價是:-----------

以上的卡片是在 SPSS 的語法中利用 PLANCARDS 指令所輸出者。

（注 1）屬性數儘可能 5 ～ 6 個（避免 10 個以上），水準數儘可能 4 個以下。

【數據輸入類型】——5 級評價（SCORE）時

輸入讓受試者評價的值。

	國名	受試者	card1	card2	card3	card4	card5	card6	card7	card8	card9	card10
1	韓國	k1	2	1	3	5	5	5	1	3	5	1
2	韓國	k2	2	1	1	1	2	1	2	2	3	2
3	韓國	k3	2	2	5	3	3	2	5	5	5	2
4	韓國	k4	5	1	4	5	5	3	2	4	2	4
5	韓國	k5	1	1	1	2	3	3	2	5	1	2
6	日本	j1	5	3	1	2	2	3	3	1	2	3
7	日本	j2	2	3	4	5	1	3	5	4	4	1
8	日本	j3	2	3	5	4	5	2	3	4	4	1
9	日本	j4	5	5	3	5	2	4	4	2	3	3
10	日本	j5	2	5	2	4	3	3	3	4	5	4
11												
12												

【數據輸入類型】——順位時

讓受試者將 10 張聯合卡從第 1 位到第 10 位排序，將此卡片的號碼依序輸入。輸入讓受試者評價的值。

（注 2）聯合卡的評價方式有 3 種，Score 是每張卡片設定評分，Rank 是每張卡設定順位，Sequence 是依然順位記錄卡片號碼。

	國別	受試者	順位1	順位2	順位3	順位4	順位5	順位6	順位7	順位8	順位9	順位10
1	韓國	k1	2	1	7	3	8	10	4	5	9	6
2	韓國	k2	4	3	6	7	8	1	10	5	9	2
3	韓國	k3	3	1	5	2	9	8	10	4	6	7
4	韓國	k4	1	7	10	3	5	4	2	9	8	6
5	韓國	k5	3	2	1	4	5	6	9	10	7	8
6	日本	j1	8	7	9	5	10	1	3	2	6	4
7	日本	j2	10	2	6	9	8	4	1	5	7	3
8	日本	j3	6	7	10	5	8	4	2	9	1	3
9	日本	j4	10	7	4	9	8	5	1	3	2	6
10	日本	j5	7	2	9	10	5	6	4	8	1	3
11												

18.3 利用 SPSS 執行聯合分析——SCORE 之情形

步驟 1 首先，如頁面所示準備好想分析的資料。

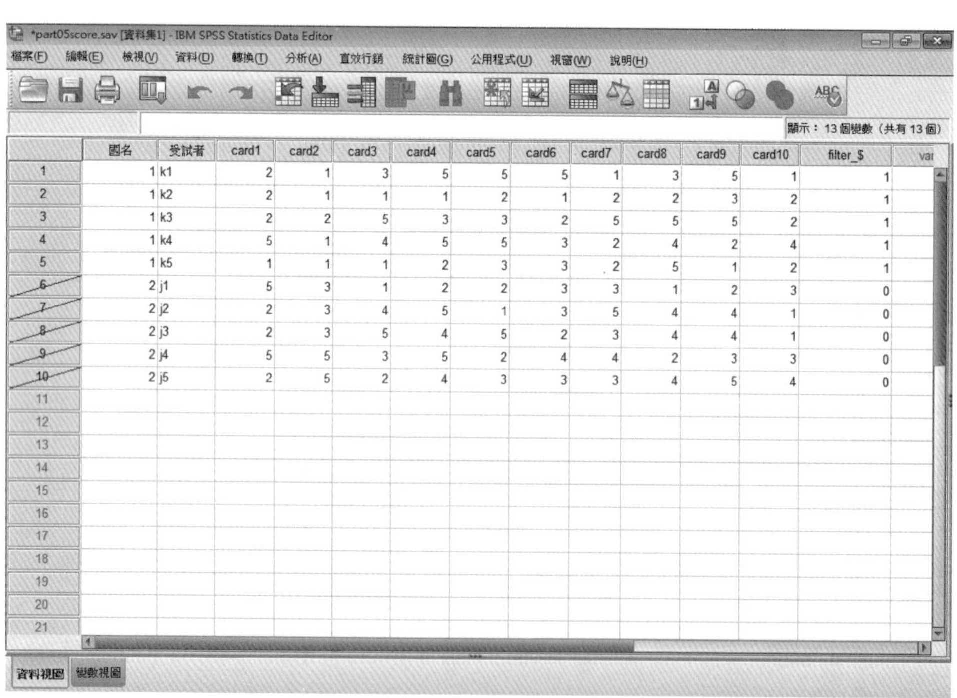

	國名	受試者	card1	card2	card3	card4	card5	card6	card7	card8	card9	card10	filter_$
1	1	k1	2	1	3	5	5	5	1	3	5	1	1
2	1	k2	2	1	1	1	2	1	2	2	3	2	1
3	1	k3	2	2	5	3	3	2	5	5	5	2	1
4	1	k4	5	1	4	5	5	3	2	4	2	4	1
5	1	k5	1	1	1	2	3	3	2	5	1	2	1
6	2	j1	5	3	1	2	2	3	3	1	2	3	0
7	2	j2	2	3	4	5	1	3	5	4	4	1	0
8	2	j3	2	3	5	4	5	2	3	4	4	1	0
9	2	j4	5	5	3	5	2	4	4	2	3	3	0
10	2	j5	2	5	2	4	3	3	3	4	5	4	0

（注）號碼加入斜線者是未被選擇。

此處將韓國的資料，以【資料 (D)】→【選擇觀察值 (C)】進行選擇。

步驟 2 其次，製作執行聯合分析的語法。點選【檔案 (F)】→【新增 (E)】→【語法 (S)】。

	3	card4	card5	card6	card7	card8	card9	card10	filter_$
	3	5	5	5	1	3	5	1	1
1	1	1	2	1	2	2	3	2	1
2	5	3	3	2	5	5	5	2	1
1	4	5	5	3	2	4	2	4	1
1	1	2	3	3	2	5	1	2	1
3	1	2	2	3	3	1	2	3	0
3	4	5	1	3	5	4	4	1	0
3	5	4	5	2	3	4	4	1	0
5	3	5	2	4	4	2	3	3	0
5	2	4	3	3	3	4	5	4	0

步驟 3 顯示語法的編輯頁面後，如下輸入聯合卡的位置與檔名。

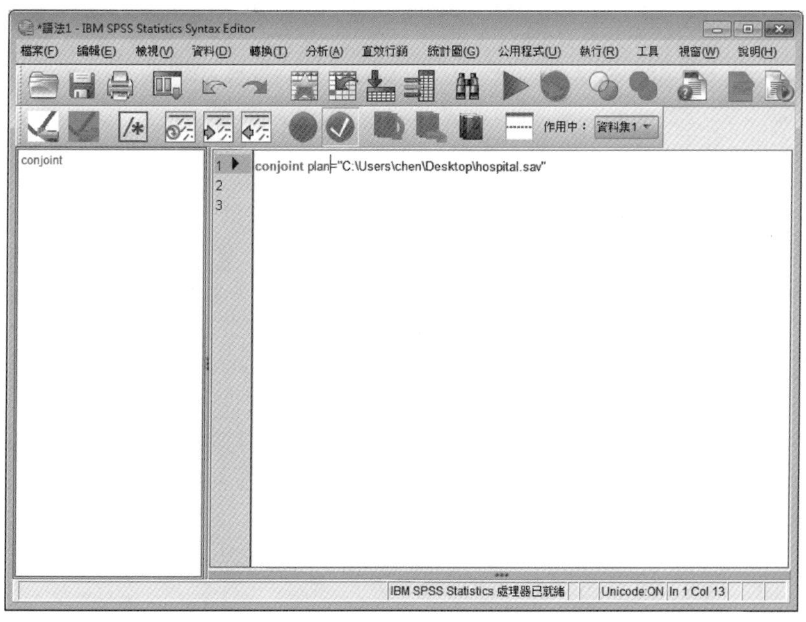

步驟 4 由於想分析的資料已在編輯視窗中開啓，因之輸入 /data= ＊。

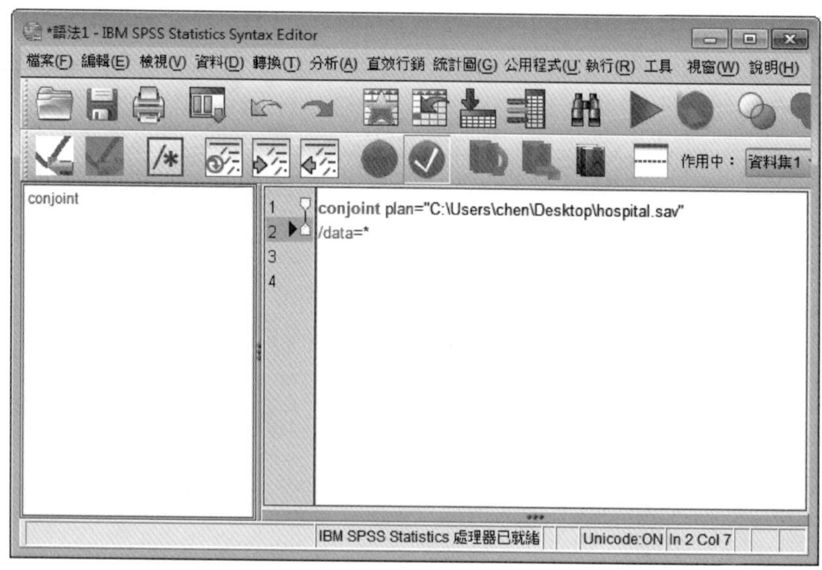

（注）/data= ＊是指用目前已開啓的資料之意。

步驟 5 資料由於是利用 5 級評價，因之輸入 /SORE=card1 to card 10

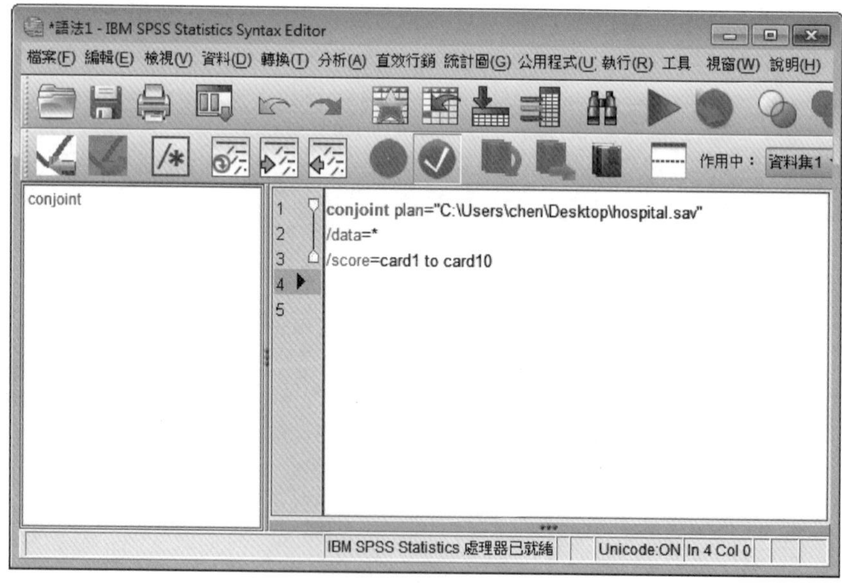

（注）5 級評價時，要用 SCORE 指令。

步驟 6 接著，將受試者與變數名如下輸入。

/subject= 受試者

/factors=A 住宿費 B 接近車站…………F 醫院外觀（discrete）

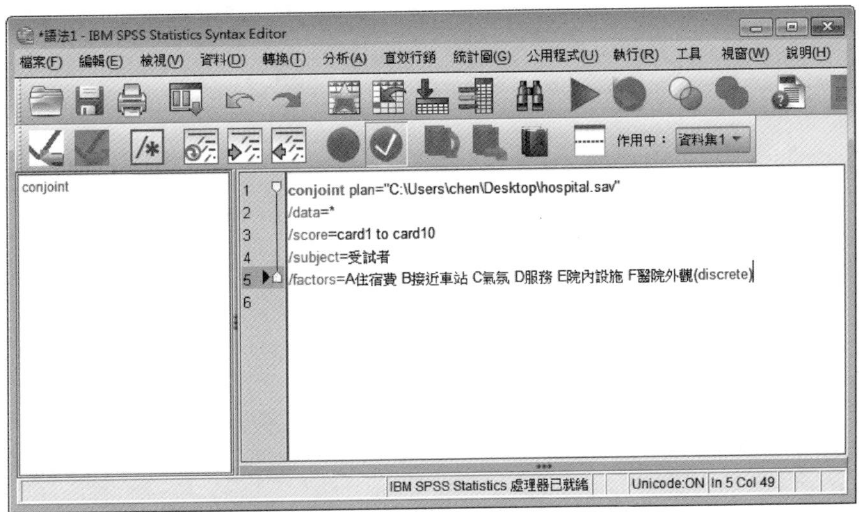
*語法1 - IBM SPSS Statistics Syntax Editor
檔案(F) 編輯(E) 檢視(V) 資料(D) 轉換(T) 分析(A) 直效行銷 統計圖(G) 公用程式(U) 執行(R) 工具 視窗(W) 說明(H)
作用中： 資料集1
conjoint
conjoint plan="C:\Users\chen\Desktop\hospital.sav"
/data=*
/score=card1 to card10
/subject=受試者
/factors=A住宿費 B接近車站 C氣氛 D服務 E院內設施 F醫院外觀(discrete)
IBM SPSS Statistics 處理器已就緒
Unicode:ON In 5 Col 49

（注）此 6 個變數的水準均是名義資料，因之成為 discrete。若是數值的水準，使用 Linear。以 subject 指定為了識別回答者的變數，以 factors 指定 orthoplan 製作檔案的各要因，以及與回答者的評價有關聯的模式。

步驟 7 輸入 /print=all。

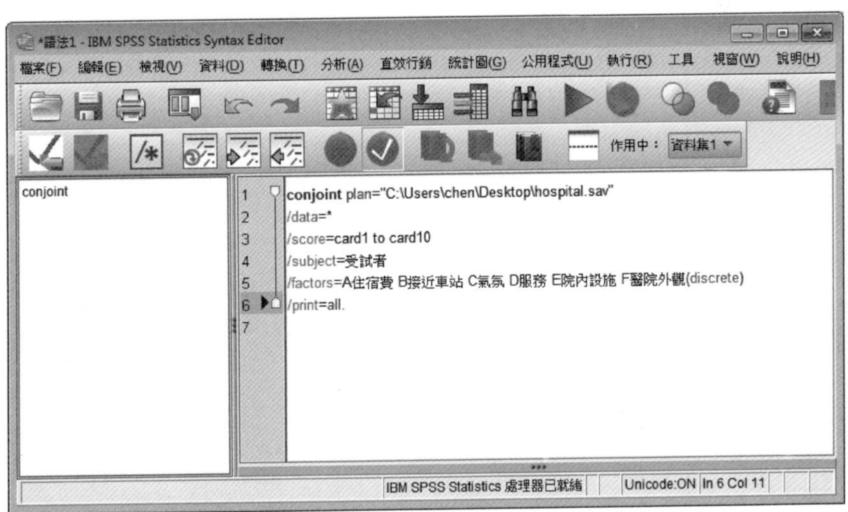
*語法1 - IBM SPSS Statistics Syntax Editor
檔案(F) 編輯(E) 檢視(V) 資料(D) 轉換(T) 分析(A) 直效行銷 統計圖(G) 公用程式(U) 執行(R) 工具 視窗(W) 說明(H)
作用中： 資料集1
conjoint
conjoint plan="C:\Users\chen\Desktop\hospital.sav"
/data=*
/score=card1 to card10
/subject=受試者
/factors=A住宿費 B接近車站 C氣氛 D服務 E院內設施 F醫院外觀(discrete)
/print=all.
IBM SPSS Statistics 處理器已就緒
Unicode:ON In 6 Col 11

（注）print 是列印的指令。

步驟 8　最後，執行此指令。點擊【執行 (R)】→【全部 (A)】。

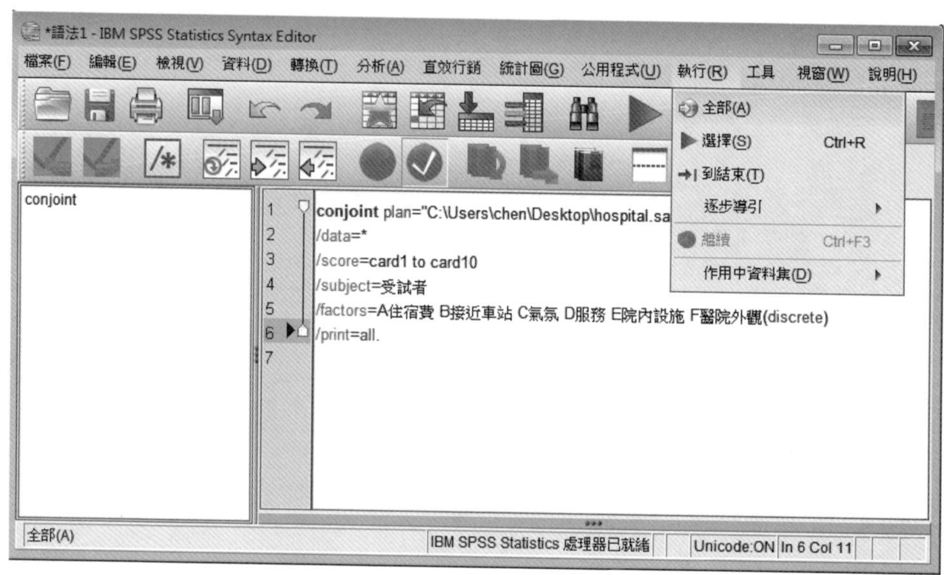

【SPSS 輸出．1】——利用 SCORE

受試者 1: k1 ←①

公用程式

		公用程式估計	標準錯誤
A住宿費	重視	.125	.125
	不重視	-.125	.125
B接近車站	重視	.375	.125
	不重視	-.375	.125
C氣氛	重視	1.375	.125
	不重視	-1.375	.125
D服務	重視	-.625	.125
	不重視	.625	.125
E院內設施	重視	.375	.125
	不重視	-.375	.125
F醫院外觀	重視	.125	.125
	不重視	-.125	.125
（常數）		3.125	.125

←②

重要性值

A住宿費	4.167
B接近車站	12.500
C氣氛	45.833
D服務	20.833
E院內設施	12.500
F醫院外觀	4.167

←③

④

相關[a]

	數值	顯著性
皮爾森 R	.997	.000
Kendall's tau	.941	.001
保留的 Kendall's tau	1.000	.

a. 觀察的偏好與估計的偏好之間的相關性

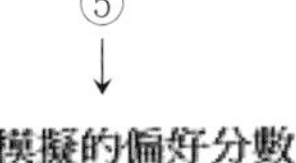

模擬的偏好分數

卡號	ID	分數
1	1	5.125
2	2	1.375
3	3	1.125
4	4	5.125

【輸出結果的判讀 ・1】——利用 SCORE

①這是韓國的受試者 K1 此人聯合分析的結果。

②、③ Importance 是表示 6 個 Factor（要因）的重要程度。因此，韓國的受試者 K1 此人對於城市醫院認爲「氣氛」、「服務」是重要的。

氣氛：importance　45.83=(1.375-(-1.375))÷6×100

服務：importance　20.83=(0.625-(-0.625)÷6×100

④受試者的評定與利用聯合模式的預測之相關係數是 0.997。

此值愈接近 1，受試者的評定與利用聯合模式之預測愈一致。

Kendalltau 的相關係數 0.941 是表示 Utility 估計的可能性，因之此值接近 1 是最理想的。

⑤模擬卡的分析結果。從中得知 K1 此人對 card1, card4 的評價較高。

Card:　1　重視　重視　重視　不重視　不重視　不重視　常數

Score: 5.1 = 0.125　+ 0.375 +1.375　+0.625 – 0.375 – 0.125 + 3.125

【SPSS 輸出 · 2】——利用 SCORE

整體統計資料 ←⑥

公用程式

		公用程式估計	標準錯誤
A住宿費	重視	-.075	.175
	不重視	.075	.175
B接近車站	重視	.475	.175
	不重視	-.475	.175
C氣氛	重視	.325	.175
	不重視	-.325	.175
D服務	重視	-.375	.175
	不重視	.375	.175
E院內設施	重視	-.025	.175
	不重視	.025	.175
F醫院外觀	重視	.275	.175
	不重視	-.275	.175
(常數)		2.775	.175

重要性值

A住宿費	7.222
B接近車站	22.222
C氣氛	19.444
D服務	23.333
E院內設施	17.778
F醫院外觀	10.000

平均重要性分數 ←⑦

模擬的偏好機率[b]

卡號	ID	最大效用[a]	Bradley-Terry-Luce	Logit
1	1	56.7%	30.7%	35.6%
2	2	6.7%	22.9%	18.8%
3	3	26.7%	24.3%	25.8%
4	4	10.0%	22.1%	19.8%

←⑧

a. 包括連結的模擬

b. Bradley-Terry-Luce 及 Logit 方法中使用了 5 個受試者（共 5 個），因為這些受試者具有所有非負分數。

【輸出結果的判讀 · 2】——利用 SCROE

⑥這是整個韓國專家小組（5 人）聯合分析的結果。

⑦Importance 大的 factor 是重要的要因。

韓國的專家對於城市醫院似乎認為「服務」、「接近車站」是重要的。

⑧card　　Max Utility

1　　56.67%………Max Utility 之情形

從 4 張卡片中選出卡片 1 的機率

card　　BTL…………BTL 之情形

1　　30.66%　　　從 4 張卡片中選出卡片 1 的機率

card　　Logit…………Logit 之情形

1　　35.58%　　　從 4 張卡片中選出卡片 1 的機率

18.4 利用 SPSS 執行聯合分析——SEQUENCE 之情形

步驟 1 首先，準備好想分析的資料。

（注）選擇韓國的資料。

步驟 2 其次，製作執行聯合分析的語法。點選【檔案 (F)】→【新增 (E)】→【語法 (S)】。

*part05sequence.sav [資料集2] - IBM SPSS Statistics Data Editor

檔案(F) 編輯(E) 檢視(V) 資料(D) 轉換(T) 分析(A) 直效行銷 統計圖(G) 公用程式(U) 視窗(W) 說明(H)

顯示：13 個變數（共有 13 個）

	國別	受試者	順位1	順位2	順位3	順位4	順位5	順位6	順位7	順位8	順位9	順位10	filter_$
1	1	k1	2	1	7	3	8	10	4	5	9	6	1
2	1	k2	4	3	6	7	8	1	10	5	9	2	1
3	1	k3	3	1	5	2	9	8	10	4	6	7	1
4	1	k4	1	7	10	3	5	4	2	9	8	6	1
5	1	k5	3	2	1	4	5	6	9	10	7	8	1
6	2	j1	8	7	9	5	10	1	3	2	6	4	0
7	2	j2	10	2	6	9	8	4	1	5	7	3	0
8	2	j3	6	7	10	5	8	4	2	9	1	3	0
9	2	j4	10	7	4	9	8	5	1	3	2	6	0
10	2	j5	7	2	9	10	5	6	4	8	1	3	0

步驟 3 顯示語法的編輯頁面後，如下輸入聯合卡的位置與檔名。

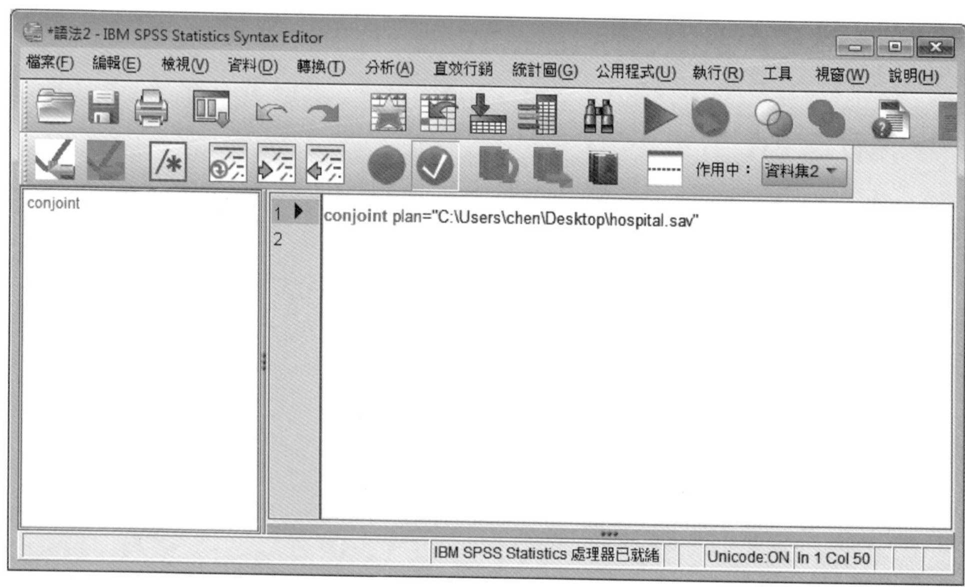

步驟 4 由於想分析的資料已在編輯視窗中開啓，因之輸入 /data= *

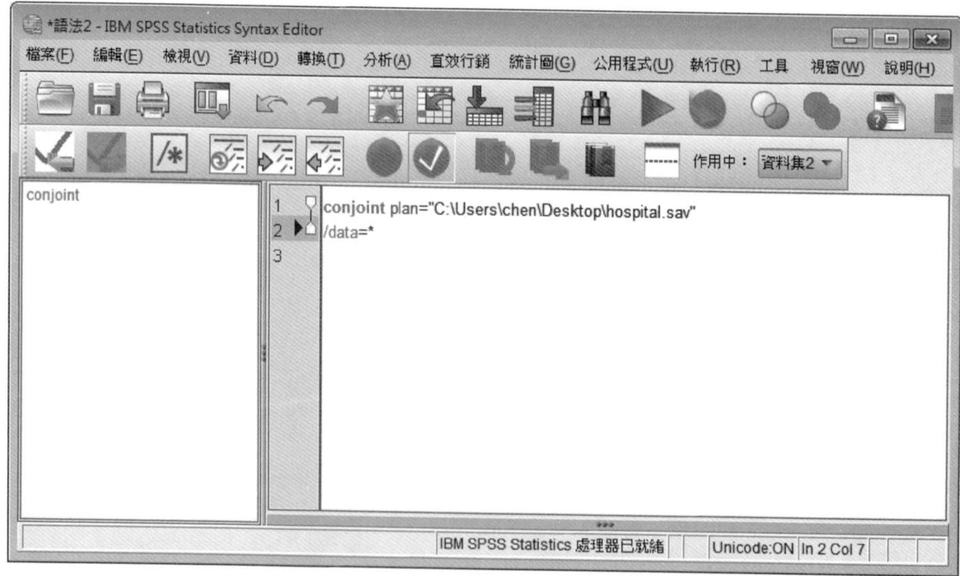

步驟 5 資料是利用順位來評價，因之輸入 /sequence= 順位 1 to 順位 10

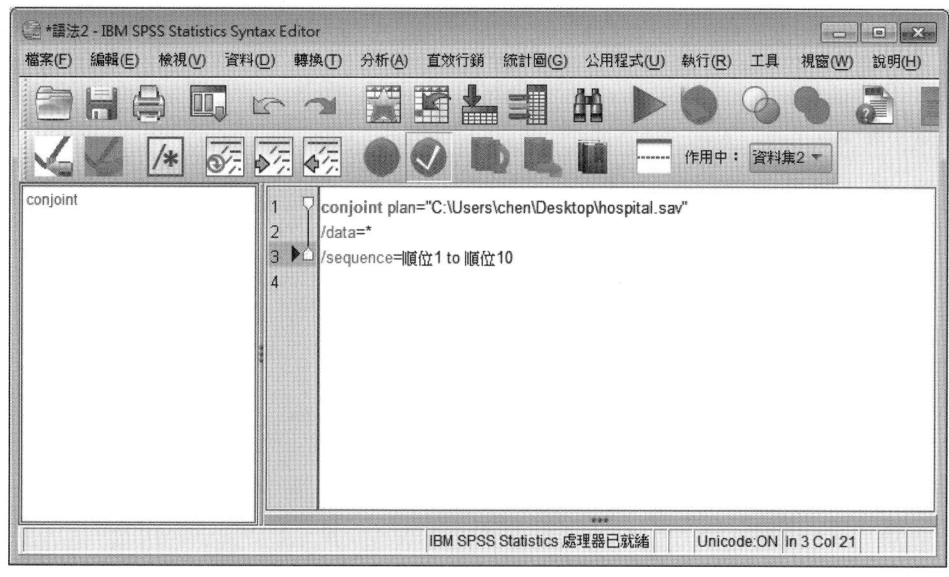

步驟 6 接著，將受試者與變數名如下輸入

/sequence= 受試者

/factor=A 住宿費 B 接近車站 C 氣氛 D 服務 E 院內設施 F 醫院外觀（discrete）

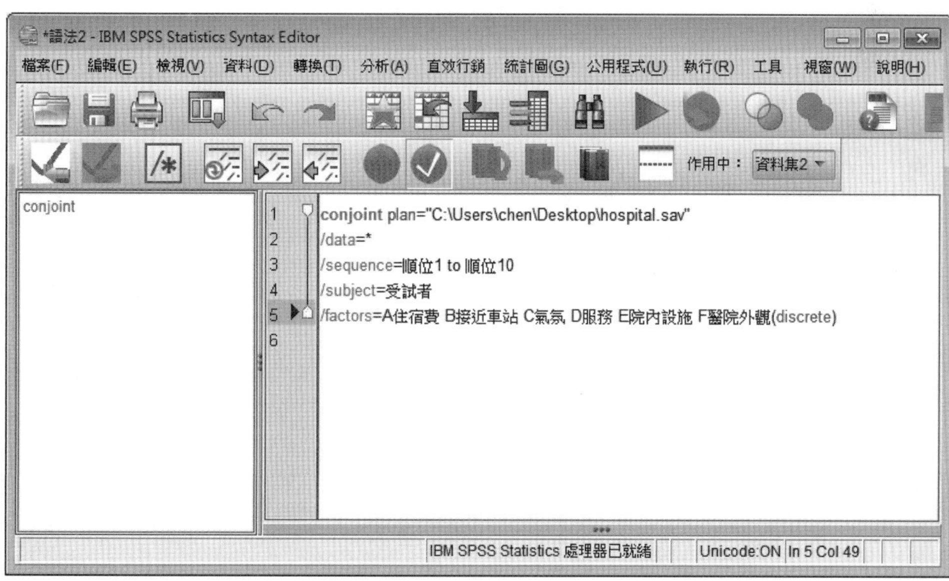

步驟 7　輸入 /print=all.

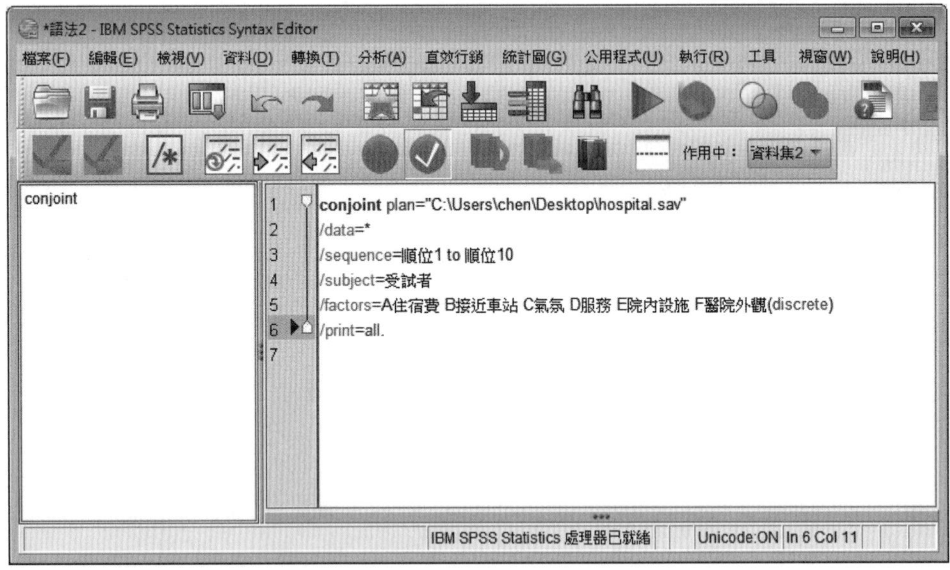

步驟 8　最後，執行此語法。點擊【執行 (R)】→【全部 (A)】。

【SPSS 輸出・1】——利用 SEQUENCE

受試者 1: k1 ←①

公用程式

		公用程式估計	標準錯誤
A住宿費	重視	-.250	.500
	不重視	.250	.500
B接近車站	重視	-.750	.500
	不重視	.750	.500
C氣氛	重視	-1.750	.500
	不重視	1.750	.500
D服務	重視	1.000	.500
	不重視	-1.000	.500
E院內設施	重視	-.500	.500
	不重視	.500	.500
F醫院外觀	重視	.250	.500
	不重視	-.250	.500
(常數)		4.500	.500

重要性值

A住宿費	5.556
B接近車站	16.667
C氣氛	38.889
D服務	22.222
E院內設施	11.111
F醫院外觀	5.556

相關[a]

	數值	顯著性
皮爾森 R	.976	.000
Kendall's tau	.964	.001
保留的 Kendall's tau	1.000	.

←②

a. 觀察的偏好與估計的偏好之間的相關性

【輸出結果的判讀・1】——利用 SEQUENCE

①這是韓國受試者 K1 此人的輸出結果。

②importance 大的 Factor（要因）是重要變大的變數。

因此，韓國的受試者 K1 此人對要因的重要程度之順位似乎是

氣氛	服務	接近車站	院內設施	住宿費	醫院的外觀
38.89	> 22.22	> 18.67	> 11.11	> 18.56 =	18.56

氣氛：importance　38.89 = 1.7500 − (−1.7500) ÷ 9 × 100

服務：importance　22.22 = 1.0000 − (− 1.0000) ÷ 9 × 100

（注）$9 = |-0.25 - 0.25| + |-0.75 - 0.75| + |-1.75 - 1.75|$
$+ |1 - (-1)| + |-0.5 - 0.5| + |0.25 - (-0.25)|$

【SPSS 輸出・2】——利用 SEQUENCE

整體統計資料

公用程式

		公用程式估計	標準錯誤
A住宿費	重視	-.100	.350
	不重視	.100	.350
B接近車站	重視	-.600	.350
	不重視	.600	.350
C氣氛	重視	-.050	.350
	不重視	.050	.350
D服務	重視	.600	.350
	不重視	-.600	.350
E院內設施	重視	-.750	.350
	不重視	.750	.350
F醫院外觀	重視	.650	.350
	不重視	-.650	.350
（常數）		4.500	.350

重要性值 ←③

A住宿費	15.541
B接近車站	15.322
C氣氛	19.108
D服務	15.775
E院內設施	19.766
F醫院外觀	14.488

平均重要性分數

相關[a]

	數值	顯著性
皮爾森 R	.966	.000
Kendall's tau	.857	.001
保留的 Kendall's tau	-1.000	.

←④

a. 觀察的偏好與估計的偏好之間的相關性

【輸出結果的判讀・2】——利用 SEQUENCE

③這是韓國全體專家（5 人）的聯合分析。

④Averaged importance 大的 Factor 是重要的要因。

韓國的專家對城市醫院似乎認爲「院內設施」、「病房的氣氛」是重要的。

其次，試選擇日本的資料。

步驟 9 首先，準備好想分析的資料。

	國別	受試者	順位1	順位2	順位3	順位4	順位5	順位6	順位7	順位8	順位9	順位10	filter_$
1	1	k1	2	1	7	3	8	10	4	5	9	6	0
2	1	k2	4	3	6	7	8	1	10	5	9	2	0
3	1	k3	3	1	5	2	9	8	10	4	6	7	0
4	1	k4	1	7	10	3	5	4	2	9	8	6	0
5	1	k5	3	2	1	4	5	6	9	10	7	8	0
6	2	j1	8	7	9	5	10	1	3	2	6	4	1
7	2	j2	10	2	6	9	8	4	1	5	7	3	1
8	2	j3	6	7	10	5	8	4	2	9	1	3	1
9	2	j4	10	7	4	9	8	5	1	3	2	6	1
10	2	j5	7	2	9	10	5	6	4	8	1	3	1

步驟 10 其次，以所儲存的語法執行聯合分析。點選【檔案 (F)】→【開啓 (O)】→【語法 (S)】。

步驟 11 從所儲存的位置選擇想執行的語法。

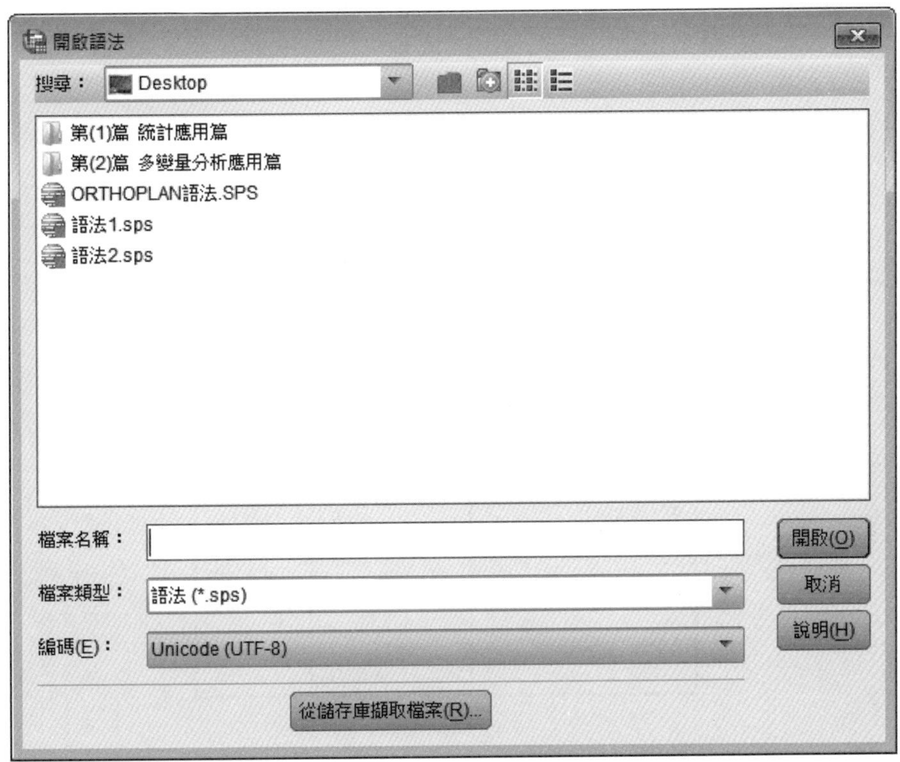

步驟 12 語法開啓後，按【執行 (R)】→【全部 (A)】。

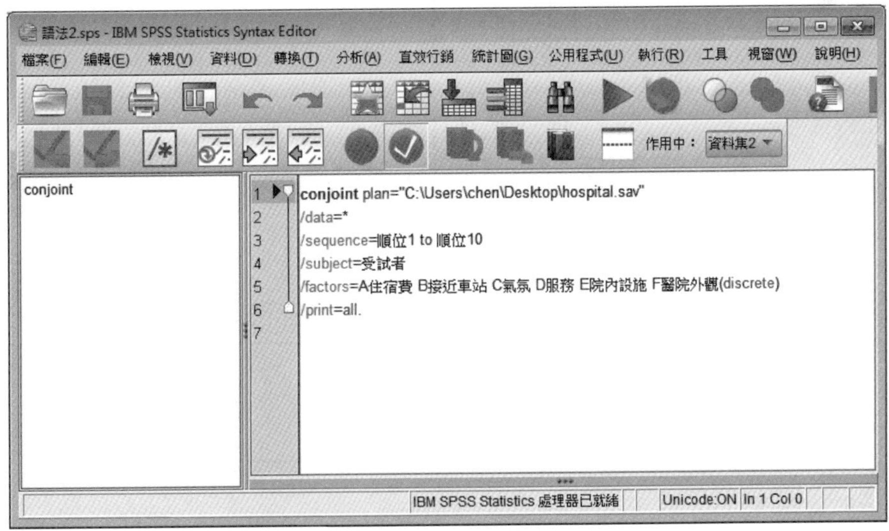

【SPSS 輸出 ・3】——利用 SEQUENCE

整體統計資料

公用程式

		公用程式估計	標準錯誤
A住宿費	重視	.150	.150
	不重視	-.150	.150
B接近車站	重視	.850	.150
	不重視	-.850	.150
C氣氛	重視	-.500	.150
	不重視	.500	.150
D服務	重視	-.200	.150
	不重視	.200	.150
E院內設施	重視	.250	.150
	不重視	-.250	.150
F醫院外觀	重視	-.700	.150
	不重視	.700	.150
(常數)		4.500	.150

←⑤

重要性值

A住宿費	9.714
B接近車站	23.339
C氣氛	13.391
D服務	13.391
E院內設施	19.714
F醫院外觀	20.450

←⑥

平均重要性分數

相關[a]

	數值	顯著性
皮爾森 R	.993	.000
Kendall's tau	.982	.000
保留的 Kendall's tau	1.000	.

a. 觀察的偏好與估計的偏好之間的相關性

【輸出結果的判讀 ·3】——利用 SEQUENCE

⑤這是日本全體專家（5 人）的聯合分析。

⑥ Averaged importance 大的 Factor 是重要的要因。

日本的專家對於城市醫院似乎認爲「接近車站」、「醫院外觀」是重要的。

最後，將韓國與日本的資料一同分析。

步驟 13 首先，準備好想分析的資料。

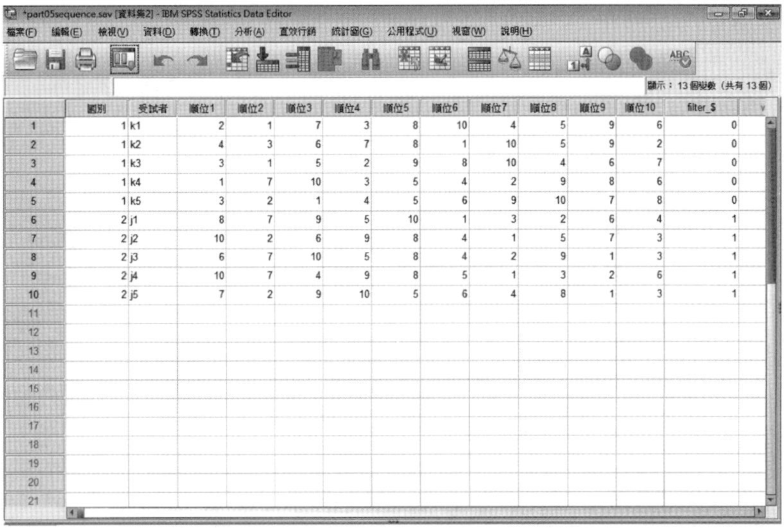

	國別	受試者	順位1	順位2	順位3	順位4	順位5	順位6	順位7	順位8	順位9	順位10	filter_$
1	1	k1	2	1	7	3	8	10	4	5	9	6	0
2	1	k2	4	3	6	7	8	1	10	5	9	2	0
3	1	k3	3	1	5	2	9	8	10	4	6	7	0
4	1	k4	1	7	10	3	5	4	2	9	8	6	0
5	1	k5	3	2	1	4	5	6	9	10	7	8	0
6	2	j1	8	7	9	5	10	1	3	2	6	4	1
7	2	j2	10	2	6	9	8	4	1	5	7	3	1
8	2	j3	6	7	10	5	8	4	2	9	1	3	1
9	2	j4	10	7	4	9	8	5	1	3	2	6	1
10	2	j5	7	2	9	10	5	6	4	8	1	3	1

步驟 14 其次，以所儲存的語法執行聯合分析。點選【檔案 (F)】→【開啓 (O)】→【語法 (S)】。

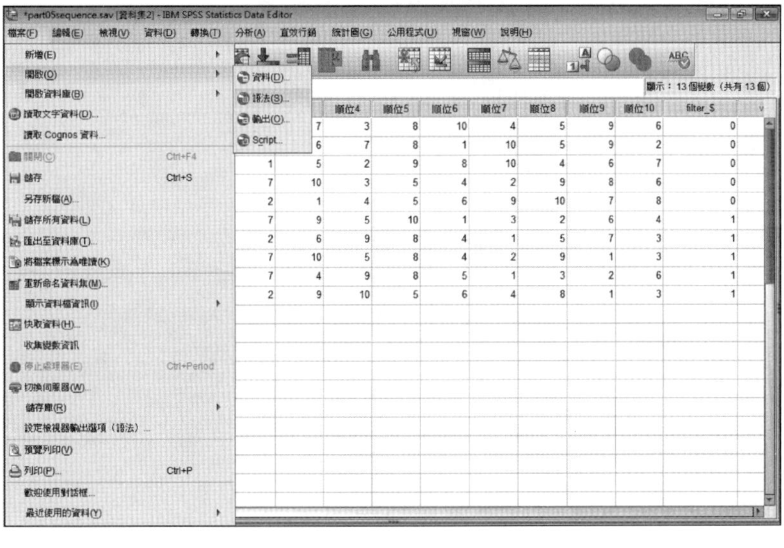

步驟 15　從所儲存的位置選擇想執行的語法。

步驟 16　語法開啓後，按【執行 (R)】→【全部 (A)】。

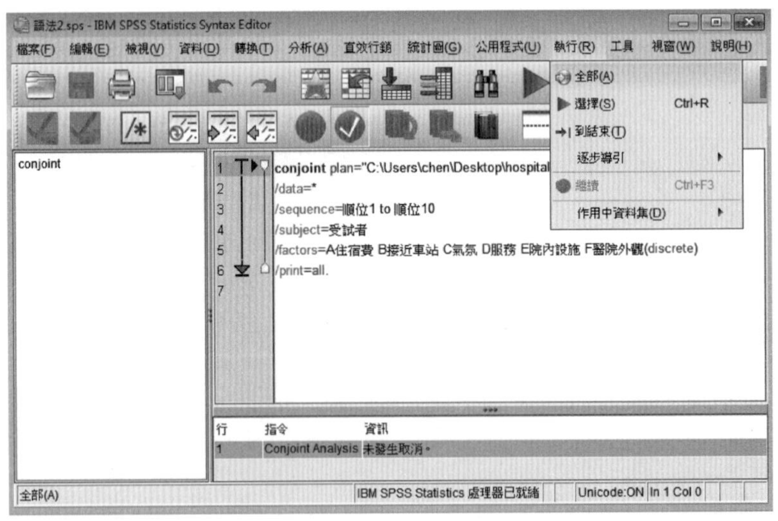

【SPSS 輸出 · 4】——利用 SEQUENCE

整體統計資料 ←⑦

公用程式

		公用程式估計	標準錯誤
A住宿費	重視	.025	.100
	不重視	-.025	.100
B接近車站	重視	.125	.100
	不重視	-.125	.100
C氣氛	重視	-.275	.100
	不重視	.275	.100
D服務	重視	.200	.100
	不重視	-.200	.100
E院內設施	重視	-.250	.100
	不重視	.250	.100
F醫院外觀	重視	-.025	.100
	不重視	.025	.100
（常數）		4.500	.100

重要性值

A住宿費	12.628
B接近車站	19.330
C氣氛	16.250
D服務	14.583
E院內設施	19.740
F醫院外觀	17.469

←⑧

平均重要性分數

相關[a]

	數值	顯著性
皮爾森 R	.975	.000
Kendall's tau	.815	.003
保留的 Kendall's tau	1.000	.

a. 觀察的偏好與估計的偏好之間的相關性

【輸出結果的判讀・4】——利用 SEQUENCE

⑦這是韓國與日本的所有專家（10 人）的聯合分析。

⑧Averaged importance 大的 Factor 是重要的要因。

韓國與日本的專家，對於城市醫院似乎認為「院內設施」、「接近車站」是重要的要因。

（注）直交表

		列數							
	名稱	2 水準	3 水準	4 水準	5 水準	6 水準	8 水準	16 水準	合計
2 水準系	L4	3							3
	L8	7							7
		4		1					5
	L16	8					1		9
				5					5
	L32			8			1		9
		1		9					10
	L64						9		9
				21					21
	L128	12		10			10	1	33
	L256	11		21			13	6	51
3 水準系	L9		4						4
	L27		13						13
	L81		40						40
	L249		121						121
混合系	L18	1	7						8
			6			1			7
	L36	11	12						23
		3	13						16
			13						13
	L54	1	25						26
	L108		49						49
5 水準系	L25				6				6
	L50	1			11				19
近似直交表	L18	1	8						9
	L27		22						22

第 19 章　單一受試體分析——從測量值分析

19.1　單一受試體（single case）

以下的資料是針對 1 位受試者，在心理治療法前與心理治療法後，分別進行 10 次包姆（Baum）試驗的結果。

測量值是包姆試驗中樹木葉子的數目。

表 19.1.1

心理治療法前

次數	測量值
第 1 次	13
第 2 次	17
第 3 次	15
第 4 次	19
第 5 次	17
第 6 次	21
第 7 次	19
第 8 次	23
第 9 次	20
第 10 次	24

心理治療法後

次數	測量值
第 1 次	27
第 2 次	29
第 3 次	28
第 4 次	30
第 5 次	29
第 6 次	31
第 7 次	30
第 8 次	32
第 9 次	31
第 10 次	32

（注）所謂包姆試驗是讓人畫出樹木葉子的試驗。

想分析的事情是？

1. 在心理療法前與心理療法後，測量值有無差異。
2. 心理療法後比心理療法前，測量值是否提高。
3. 在心理療法前與心理療法後，測量值的變化比率是否相同。

此時，可以考慮如下的統計處理。

➲ 統計處理 1

以折線圖表現觀測值，調查心理療法前與心理療法後之變化。

➲ 統計處理 2

進行連（run）檢定，調查測量值有無趨勢。

➲ 統計處理 3

測量值的變化大時，將測量值進行對數變換，以折線圖表現。

➲ 統計處理 4

分別以心理療法前與心理療法後進行簡單迴歸，觀察直線的斜率是否相同。

撰寫論文時

1. 單一觀察值時

   測量值的圖形表現如下。

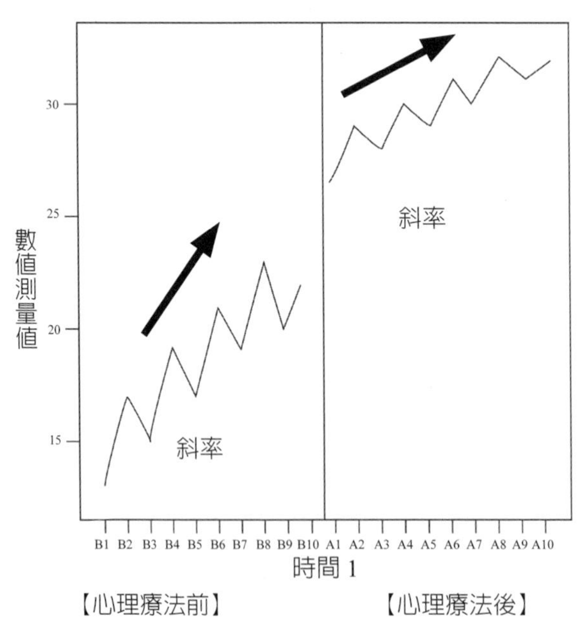

觀此圖形時，在心理療法前與心理療法後，可看出測量值變化的斜率有差異。因此，將區間取成固定因子，時間取成共變量，利用一般線性模式進行迴歸直線之斜率差的檢定後，F 值是 5.736，顯著機率是 0.029，可知兩條直線的斜率有差異。

從心理療法前到心理療法後，進行連的檢定後，漸近顯著水準機率是 0.000，可知有趨勢。

2. 測量值的變動大時，單邊對數圖形也是有效的。

【數據輸出類型】

表 19.1.1 的資料如下輸入。

檔案(F) 編輯(E) 檢視(V) 資料(D) 轉換(T) 分析(A) 統計圖(G) 公用程式(U) 視窗(W) 輔助說明(H)

1 : 組　1

	組	時間1	時間2	測量值	var	var	var	var	var	var	var	var
1	1	B1	1	13								
2	1	B2	2	17								
3	1	B3	3	15								
4	1	B4	4	19								
5	1	B5	5	17								
6	1	B6	6	21								
7	1	B7	7	19								
8	1	B8	8	23								
9	1	B9	9	20								
10	1	B10	10	24								
11	2	A1	1	27								
12	2	A2	2	29								
13	2	A3	3	28								
14	2	A4	4	30								
15	2	A5	5	29								
16	2	A6	6	31								
17	2	A7	7	30								
18	2	A8	8	32								
19	2	A9	9	31								
20	2	A10	10	32								
21												

	組	時間1	時間2	測量值	var	var	var	var	var	var	var	var
1	心理療法前	B1	1	13								
2	心理療法前	B2	2	17								
3	心理療法前	B3	3	15								
4	心理療法前	B4	4	19								
5	心理療法前	B5	5	17								
6	心理療法前	B6	6	21								
7	心理療法前	B7	7	19								
8	心理療法前	B8	8	23								
9	心理療法前	B9	9	20								
10	心理療法前	B10	10	24								
11	心理療法後	A1	1	27								
12	心理療法後	A2	2	29								
13	心理療法後	A3	3	28								
14	心理療法後	A4	4	30								
15	心理療法後	A5	5	29								
16	心理療法後	A6	6	31								
17	心理療法後	A7	7	30								
18	心理療法後	A8	8	32								
19	心理療法後	A9	9	31								
20	心理療法後	A10	10	32								
21												

19.2 利用 SPSS 的線形圖

步驟 1 表 19.1.1 的資料輸入後，從【統計圖 (G)】的清單中選擇【歷史對話紀錄 (L)】子清單的【線形圖 (L)】。

檔案(F) 編輯(E) 檢視(V) 資料(D) 轉換(T) 分析(A) 直效行銷 統計圖(G) 公用程式(U) 視窗(W) 說明(H)

圖表建置器(C)...
圖表板樣本選擇器(G)...
比較次組別
迴歸變數圖
歷史對話紀錄(L)

長條圖(B)...
立體長條圖(3)...
線形圖(L)...
區域圖(A)...
圓餅圖(P)...
股價圖(H)...
盒形圖(X)...
誤差長條圖(O)...
人口金字塔圖(Y)...
散佈圖/點狀圖(S)...
直方圖(I)...

顯示：4 個變數（共有 4 個）

	組	時間1	時間2	測量值
1	1	B1	1	13
2	1	B2	2	17
3	1	B3	3	15
4	1	B4	4	19
5	1	B5	5	17
6	1	B6	6	21
7	1	B7	7	19
8	1	B8	8	23
9	1	B9	9	20
10	1	B10	10	24
11	2	A1	1	27
12	2	A2	2	29
13	2	A3	3	28
14	2	A4	4	30
15	2	A5	5	29
16	2	A6	6	31
17	2	A7	7	30
18	2	A8	8	32
19	2	A9	9	31

資料視圖 變數視圖

步驟 2 顯示線形圖的頁面後，如下選擇後，按一下 定義 。

步驟 3 顯示採個別觀察值數值的頁面後，將測量值移到【線形圖表示 (L)】的方框中。

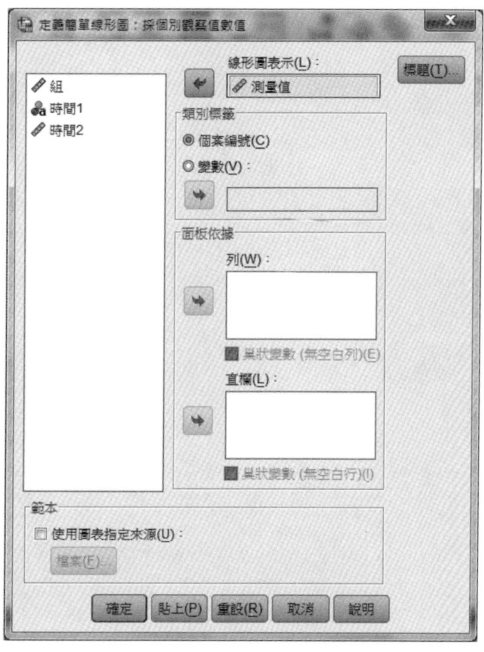

步驟 4 將時間 1 移到類別標籤欄位的【變數 (V)】的方框，按 確定 。

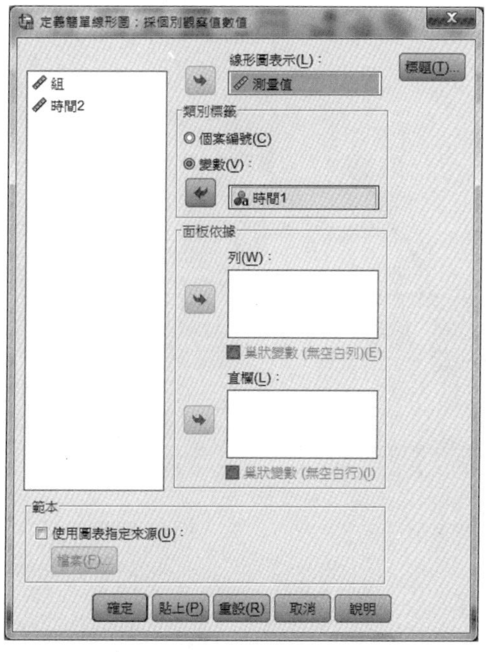

【SPSS 輸出】——折線圖

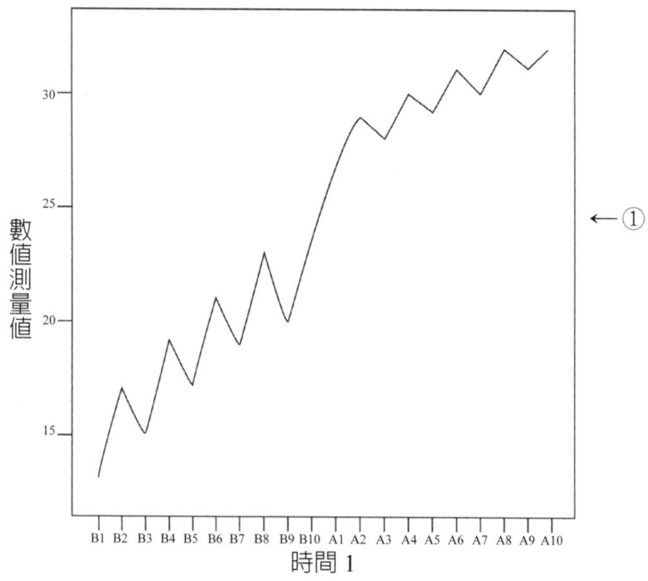

【輸出結果的判讀】——線形圖

①線形圖

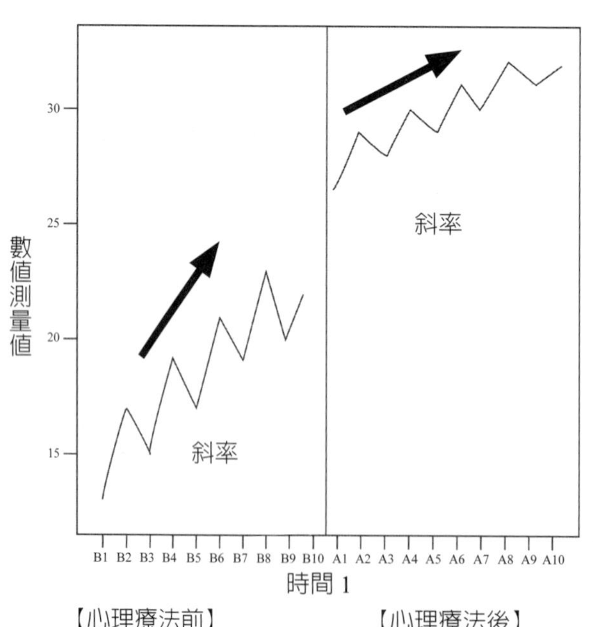

觀此圖形時，心理療法前與心理療法後，樹葉的數目似乎有差異。

在心理療法前與心理療法後，斜率似乎不同。

19.3 利用 SPSS 的連檢定（Run Test）

步驟 1 表 19.1.1 的資料輸入後，從【分析 (A)】的清單中如下選擇。

步驟 2 顯示連檢定的頁面。

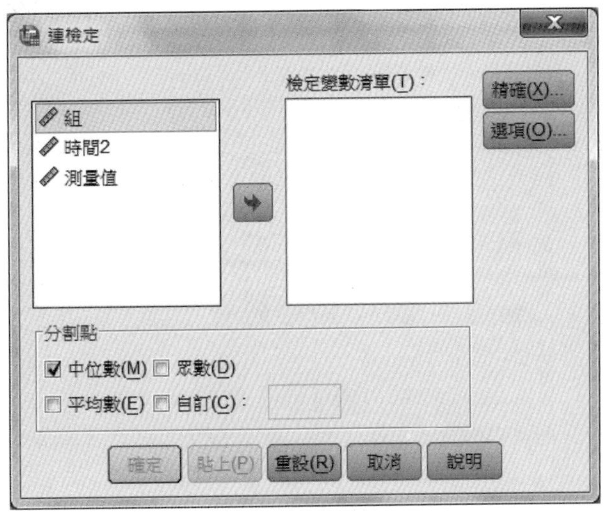

步驟 3 將測量值移到【檢定變數清單 (T)】中，按 確定 。

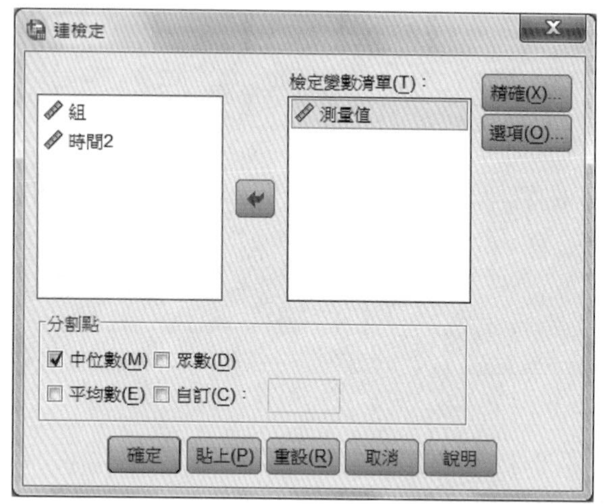

精確機率檢定時

進行精準檢定（Exact test）時，從步驟 3 的頁面開始。

1. 按一下【精確 (X)】。
2. 顯示精確檢定頁面後，點選【精確 (E)】，按 繼續 。

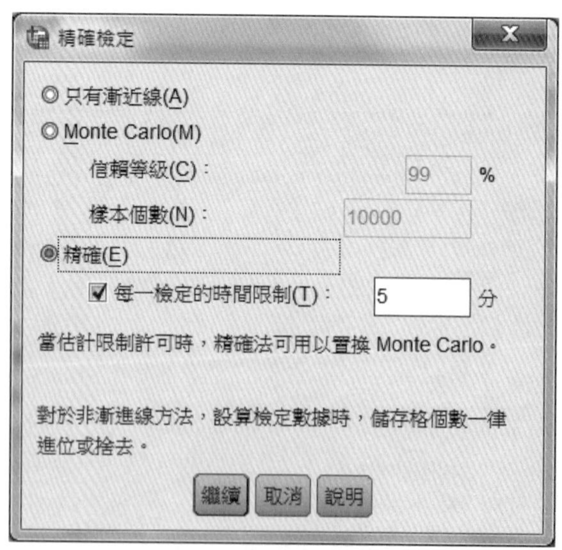

【SPSS 輸出】——連檢定

➡ NPar 檢定

連檢定

	測量值
檢定值[a]	26
觀察值 < 檢定值	10
觀察值 >= 檢定值	10
總觀察值	20
連數	2
Z 檢定	-3.905
漸近顯著性 (雙尾)	.000

a. 中位數

←①

進行精確機率檢定的結果即如下。

➡ NPar 檢定

連檢定

	測量值
檢定值[a]	26
觀察值 < 檢定值	10
觀察值 >= 檢定值	10
總觀察值	20
連數	2
Z 檢定	-3.905
漸近顯著性 (雙尾)	.000

a. 中位數

←②

【輸出結果的判讀】——連檢定

①連檢定

假設 H_0：沒有趨勢

漸近顯著機率 0.000 < 顯著水準 0.05

假設 H_0 不成立。

由於有趨勢，因之心理療法後比心理療法前，樹葉的數目可以認爲較多。

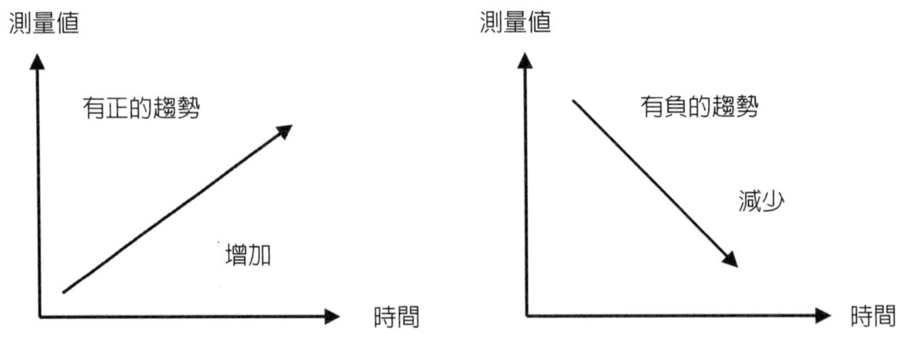

②精準檢定

①與②的不同在於檢定統計量是否近似服從常態分配。

19.4 SPSS 的時間數列圖形——單邊對數

步驟 1 表 19.1.1 的資料輸入後，如下選擇【分析 (A)】→【預測 (T)】，再點選【序列圖 (N)】。

步驟 2 顯示序列圖的頁面後，將測量值移到【變數 (V)】的方框中。

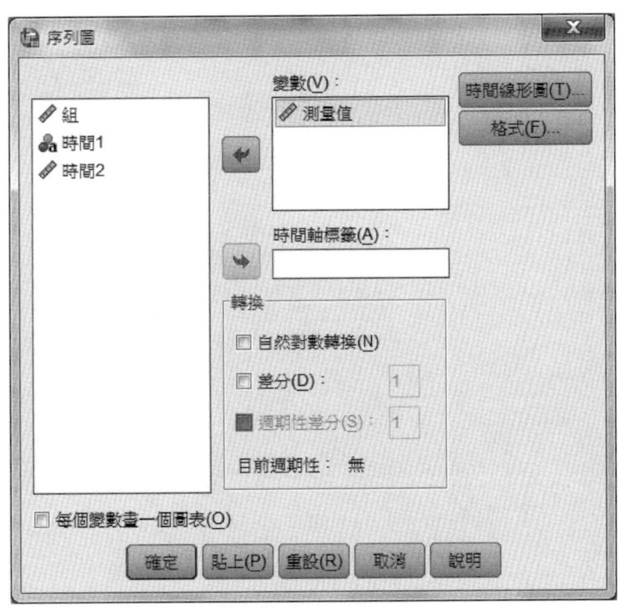

步驟 3 將時間 1 移到【時間軸標籤 (A)】的方框中。

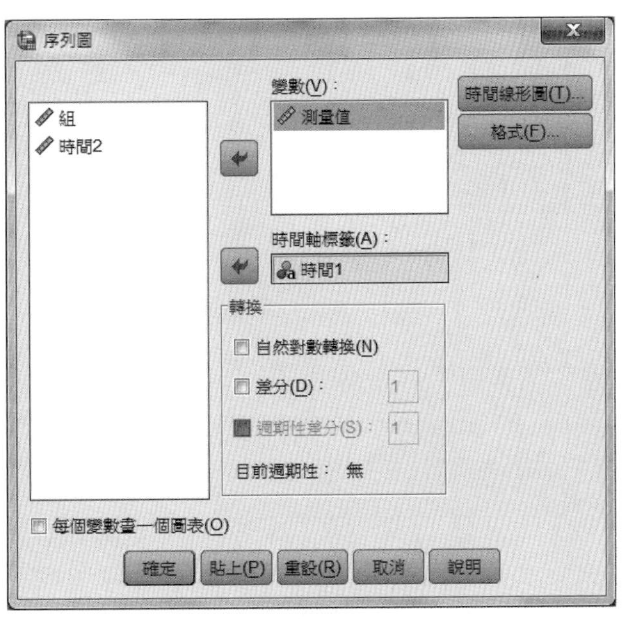

步驟 4　在轉換的欄位如下勾選後，按 確定 。

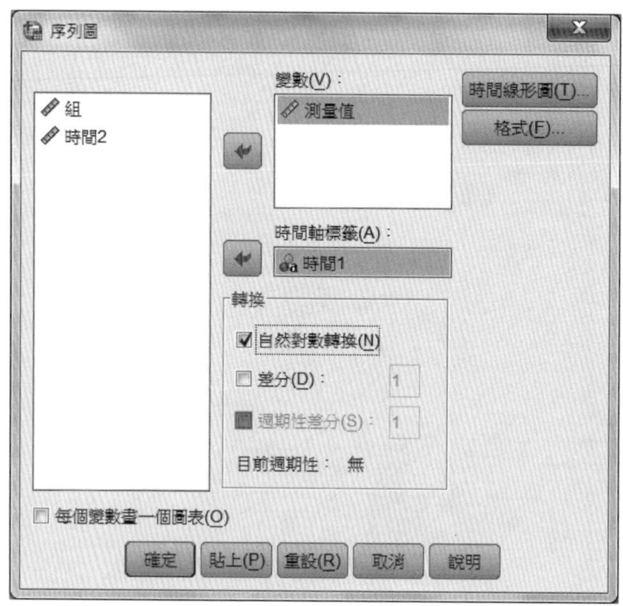

【SPSS 輸出】——時間數列圖形

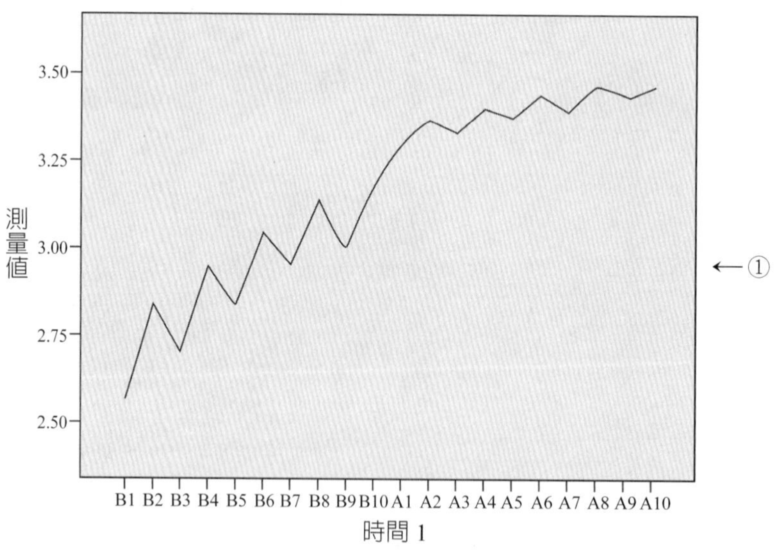

【輸出結果的判讀】——時間數列圖形

①這是單邊對數圖形。

Y 軸變成了 loge（測量值）。

19.5 SPSS 的一般線性模型

步驟 1 表 19.1.1 的資料輸入後，如下從【分析 (A)】→【一般線性模型 (G)】的子清單選擇【單變量 (U)】。

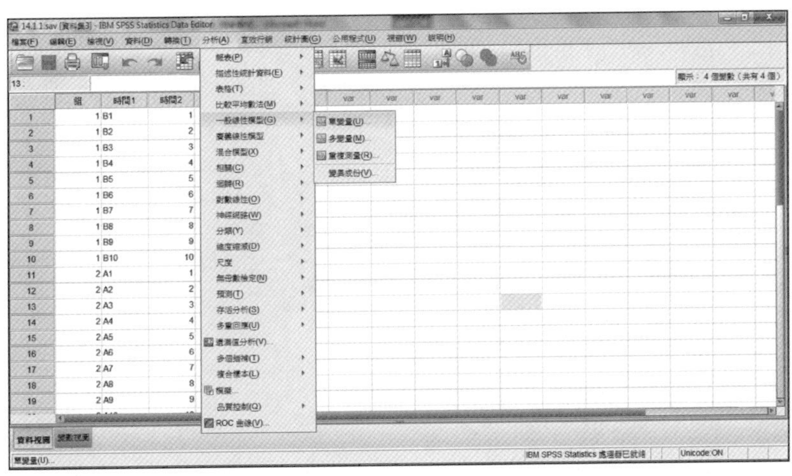

步驟 2 將各變數如下移動，按一下【模型 (M)】。

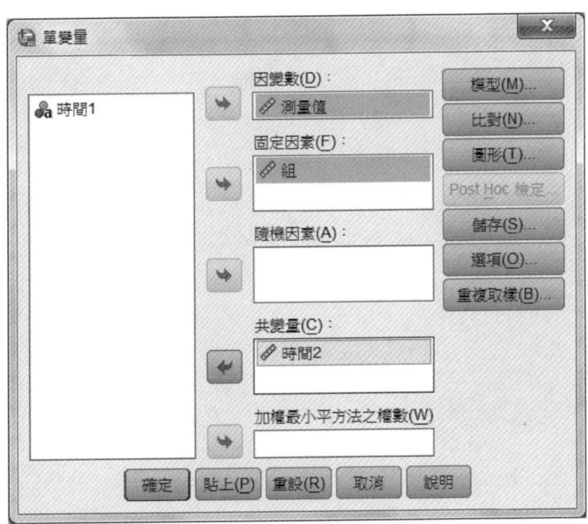

步驟 3 顯示模型的頁面後。

想建構模型時，按一下【自訂 (C)】。

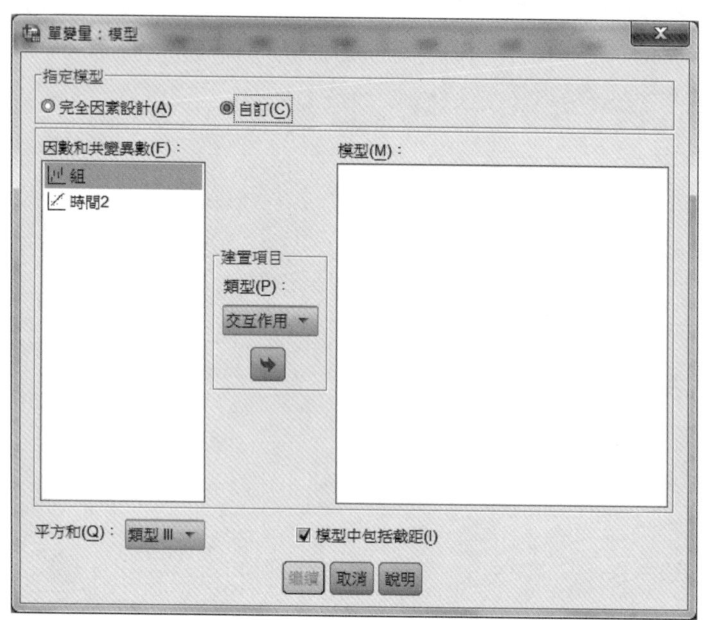

步驟 4 如下建構模型後，按 繼續 。

步驟 5　回到單變量頁面後，按一下【選項 (O)】。

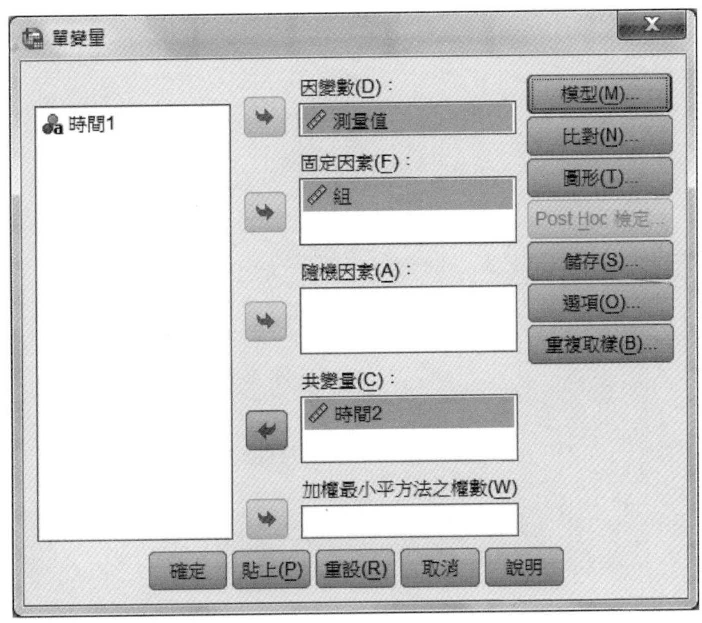

步驟 6　顯示選項頁面後，如下勾選，按 繼續 。

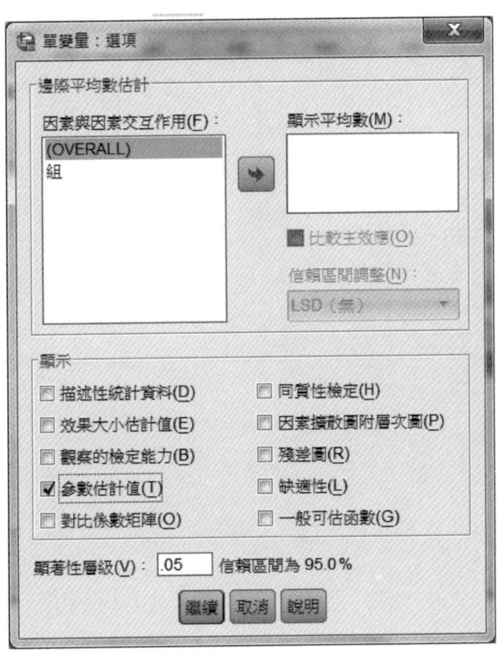

步驟 7 回到單變量頁面後，按 確定 。

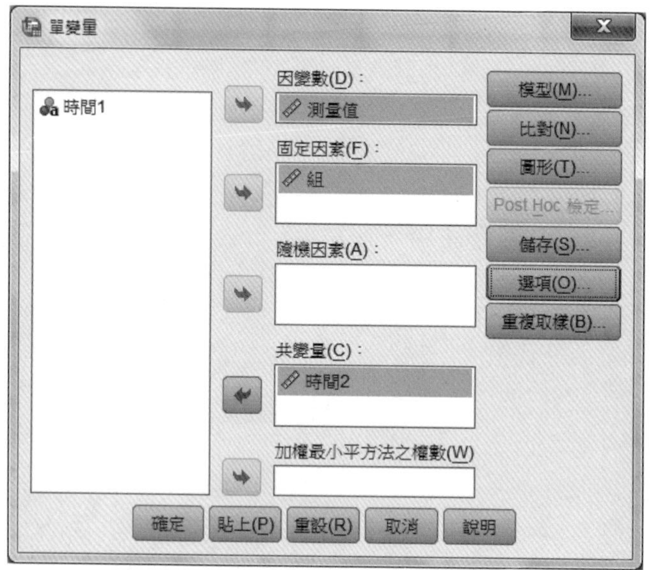

【SPSS 輸出・1】——一般線性模型

受試者間效應項的檢定

依變數：測量值

來源	型 III 平方和	自由度	平均平方和	F 檢定	顯著性
校正後的模式	717.435[a]	3	239.145	131.420	.000
截距	1760.305	1	1760.305	967.361	.000
組	206.019	1	206.019	113.216	.000
時間2	90.947	1	90.947	49.979	.000
組 * 時間2	10.438	1	10.438	5.736	.029
誤差	29.115	16	1.820		
總和	12605.000	20			
校正後的總數	746.550	19			

a. R 平方 = .961（調過後的 R 平方 = .954）

←①

【輸出結果的判讀 ‧1】——一般線性模型

①平行性檢定

假設 H_0：2 條迴歸直線的斜率相等

顯著機率 0.029 < 顯著水準 0.05

假設 H_0 不成立。

因此，心理療法前的迴歸直線的斜率，與心理療法後的迴歸直線的斜率是不同的。

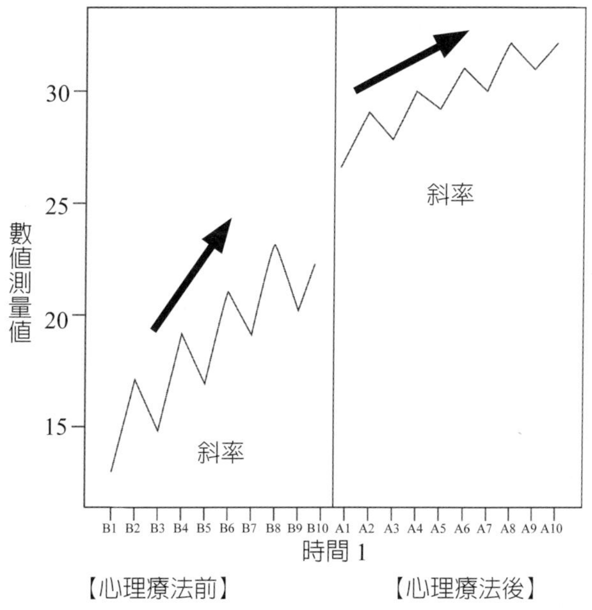

【SPSS 輸出 ‧2】——一般線性模型

參數估計值

依變數：測量值

參數	迴歸係數 B	標準誤	t	顯著性	95% 信賴區間 下限	95% 信賴區間 上限	
截距	27.200	.922	29.517	.000	25.246	29.154	←②
[組=1]	-13.867	1.303	-10.640	.000	-16.629	-11.104	←③
[組=2]	0[a]	.	.	.	.	.	
時間2	.491	.149	3.305	.004	.176	.806	
[組=1] * 時間2	.503	.210	2.395	.029	.058	.948	←②
[組=2] * 時間2	0[a]	.	.	.	.	.	←③

a. 此參數因重疊而設定為零。

係數[a]

模式		未標準化係數 B 之估計值	未標準化係數 標準誤	標準化係數 Beta 分配	t	顯著性
1	(常數)	13.333	1.186		11.246	.000
	時間2	.994	.191	.879	5.202	.001

a. 依變數：測量值

←④

係數[a]

模式		未標準化係數 B 之估計值	未標準化係數 標準誤	標準化係數 Beta 分配	t	顯著性
1	(常數)	27.200	.541		50.273	.000
	時間2	.491	.087	.894	5.630	.000

a. 依變數：測量值

←⑤

【輸出結果的判讀・2】——一般線性模型

②區間 1 的迴歸直線

區間 1 的迴歸直線式如下：

Y = (27.200 – 13.867) + (0.491 + 0.503)× 時間

= 13.333 + 0.994× 時間

③區間 2 的迴歸直線

區間 2 的迴歸直線如下：

Y = (27.200 + 0) + (0.491 + 0)× 時間

= 27.200 + 0.491× 時間

④指在心理療法前進行單迴歸分析之結果。

⑤指在心理療法後進行單迴歸分析之結果。

第 20 章　典型相關分析

20.1 概要

典型相關分析是想分析兩個變量群之間的相關係數。並可了解各個變量群與各個變量之間的關係。特別是一方的變量群的變量是一個時，即成爲複迴歸分析，典型相關係數即成爲複相關係數。

使用表 20.1.1 的數據，利用 SPSS 進行典型相關分析。

以下的數據是針對 38 位醫學院醫學系學生的體力，調查從反覆橫跳到持久賽的資料。

➲ 解析例

【數據形式】

以下的數據是爲了了解醫學院醫學系學生的體力（Set 1）與運動能力（Set 2），針對 38 位醫學院醫學系的學生進行測試，在體力方面選擇反覆橫跳（X_1）、垂直跳（X_2）、背筋力（X_3）、握力（X_4）、踏台升降（X_5）、立位體前屈（X_6）、仰臥起坐（X_7），在運動能力方面選擇 50 米賽跑（Y_1）、跳遠（Y_2）、投球（Y_3）、拉桿懸垂（Y_4）、持久賽（Y_5），所蒐集的數據顯示如下：

表 20.1.1　醫學系學生 38 人的體力與運動能力測試

NO.	體力測試							運動能力測試				
	反覆橫跳（次）	垂直跳（cm）	背筋力（kg）	握力（kg）	踏台升降（指數）	立位體前屈（cm）	仰臥起坐（cm）	50 米賽跑（秒）	跳遠（cm）	投球（m）	拉桿懸垂（次）	持久賽（秒）
1	46	55	126	51	75.0	25	72	6.8	489	27	8	360
2	52	55	95	42	81.2	18	50	7.2	464	30	5	348
3	46	60	107	38	98.0	18	74	6.8	430	32	9	386
4	49	50	105	48	97.6	16	60	6.8	362	26	6	331

NO.	體力測試							運動能力測試				
	反覆橫跳（次）	垂直跳 (cm)	背筋力 (kg)	握力 (kg)	踏台升降（指數）	立位體前屈 (cm)	仰臥起坐 (cm)	50 米賽跑（秒）	跳遠 (cm)	投球 (m)	拉桿懸垂（次）	持久賽（秒）
⋮	⋮	⋮	⋮	⋮	⋮	⋮	⋮	⋮	⋮	⋮	⋮	⋮
⋮	⋮	⋮	⋮	⋮	⋮	⋮	⋮	⋮	⋮	⋮	⋮	⋮
36	44	52	110	37	54.9	14	57	7.5	400	29	2	421
37	52	66	130	47	45.9	14	45	6.8	505	28	11	355
38	48	68	100	45	53.6	23	70	7.2	522	28	9	352

【數據輸入形式】

表 20.1.1 的數據如下輸入。輸入後儲存檔名爲 20.1.1.sav。

[輸入數據之資料檢視]

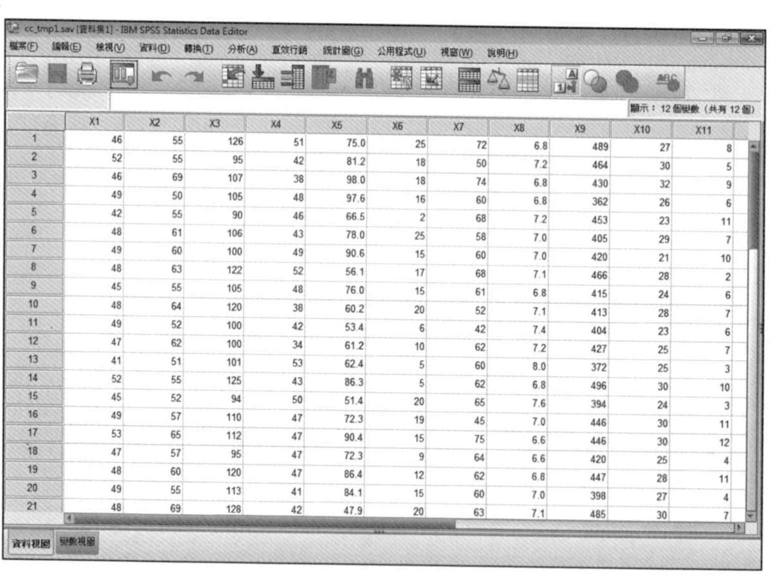

	X1	X2	X3	X4	X5	X6	X7	X8	X9	X10	X11
1	46	55	126	51	75.0	25	72	6.8	489	27	8
2	52	55	95	42	81.2	18	50	7.2	464	30	5
3	46	69	107	38	98.0	18	74	6.8	430	32	9
4	49	50	105	48	97.6	16	60	6.8	362	26	6
5	42	55	90	46	66.5	2	68	7.2	453	23	11
6	48	61	106	43	78.0	25	58	7.0	405	29	7
7	49	60	100	49	90.6	15	60	7.0	420	21	10
8	48	63	122	52	56.1	17	68	7.1	466	28	2
9	45	55	105	48	76.0	15	61	6.8	415	24	6
10	48	64	120	38	60.2	20	52	7.1	413	28	7
11	49	52	100	42	53.4	6	42	7.4	404	23	6
12	47	62	100	34	61.2	10	62	7.2	427	25	7
13	41	51	101	53	62.4	5	60	8.0	372	25	3
14	52	55	125	43	86.3	5	62	6.8	496	30	10
15	45	52	94	50	51.4	20	65	7.6	394	24	3
16	49	57	110	47	72.3	19	45	7.0	446	30	11
17	53	65	112	47	90.4	15	75	6.6	446	30	12
18	47	57	95	47	72.3	9	64	6.6	420	25	4
19	48	60	120	47	86.4	12	62	6.8	447	28	11
20	49	55	113	41	84.1	15	60	7.0	398	27	4
21	48	69	128	42	47.9	20	63	7.1	485	30	7

[輸入數據之變數檢視]

cc_tmp1.sav [資料集1] - IBM SPSS Statistics Data Editor

	名稱	類型	寬度	小數	標籤	數值	遺漏	直欄	對齊	測量	角色
1	X1	數值型	8	0	反覆橫跳(次)	無	無	8	右	尺度	輸入
2	X2	數值型	8	0	垂直跳(cm)	無	無	8	右	尺度	輸入
3	X3	數值型	8	0	背筋力(kg)	無	無	8	右	尺度	輸入
4	X4	數值型	8	0	握力(kg)	無	無	8	右	尺度	輸入
5	X5	數值型	8	1	踏台升降(指數)	無	無	8	右	尺度	輸入
6	X6	數值型	8	0	立位體前曲(cm)	無	無	8	右	尺度	輸入
7	X7	數值型	8	0	仰臥起坐(cm)	無	無	8	右	尺度	輸入
8	X8	數值型	8	1	50米賽(秒)	無	無	8	右	尺度	輸入
9	X9	數值型	8	0	跳遠(cm)	無	無	8	右	尺度	輸入
10	X10	數值型	8	0	投球(m)	無	無	8	右	尺度	輸入
11	X11	數值型	8	0	拉桿懸垂(次)	無	無	8	右	尺度	輸入
12	X12	數值型	8	0	持久賽(秒)	無	無	8	右	尺度	輸入

資料視圖　變數視圖

【分析的步驟】

步驟 1　先從【檔案 (F)】點選【開啓 (O)】選擇【語法 (S)】。

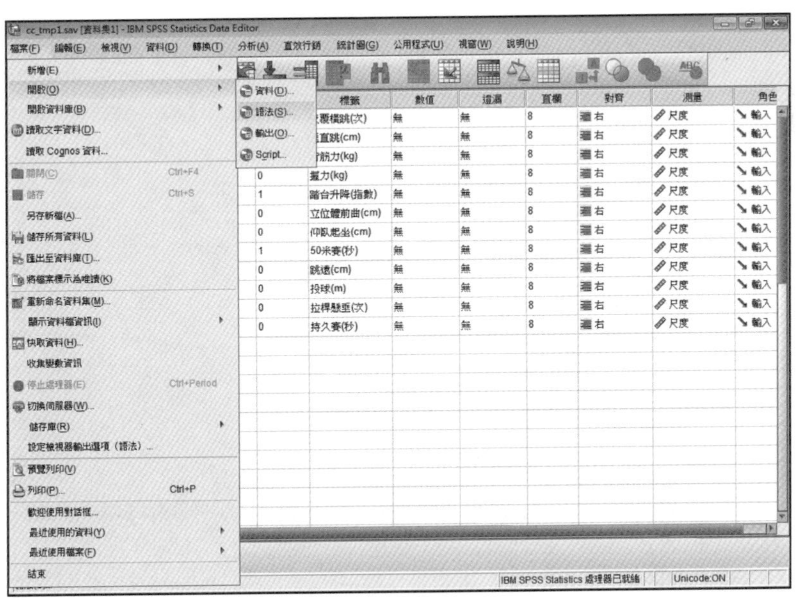

步驟 2 於 C:\program files\IBM\SPSS\statistics\22\samples\English 的路徑中點選 Canonical correlation.sps，按【開啓 (O)】。

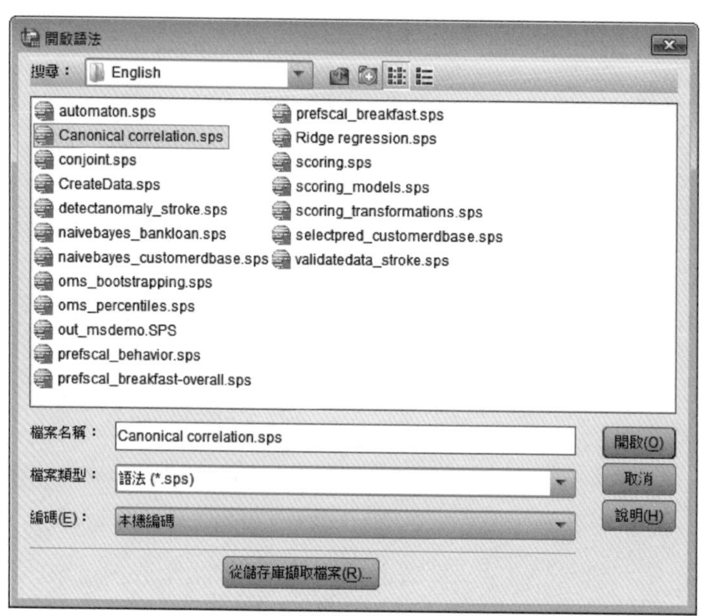

步驟 3 從【檔案 (F)】清單中選擇【新增 (E)】，再點選【語法 (S)】

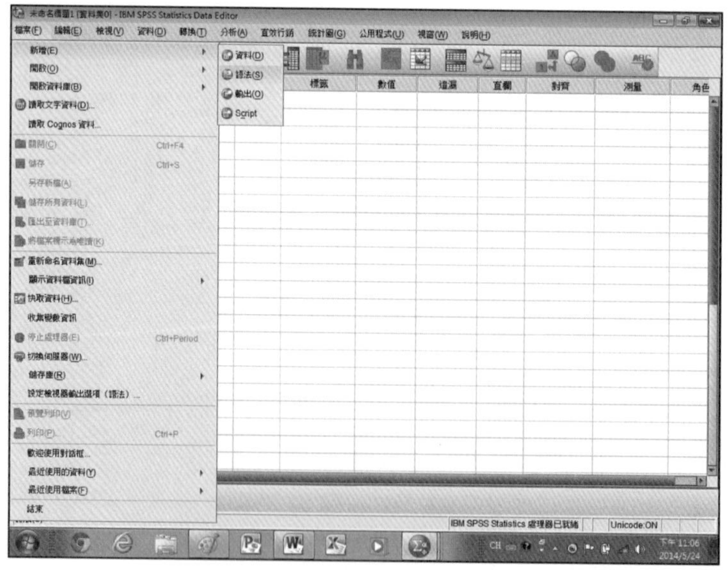

步驟 4 輸入以下指令。從【檔案 (F)】清單中點選【開啓 (O)】選擇【資料 (A)】。

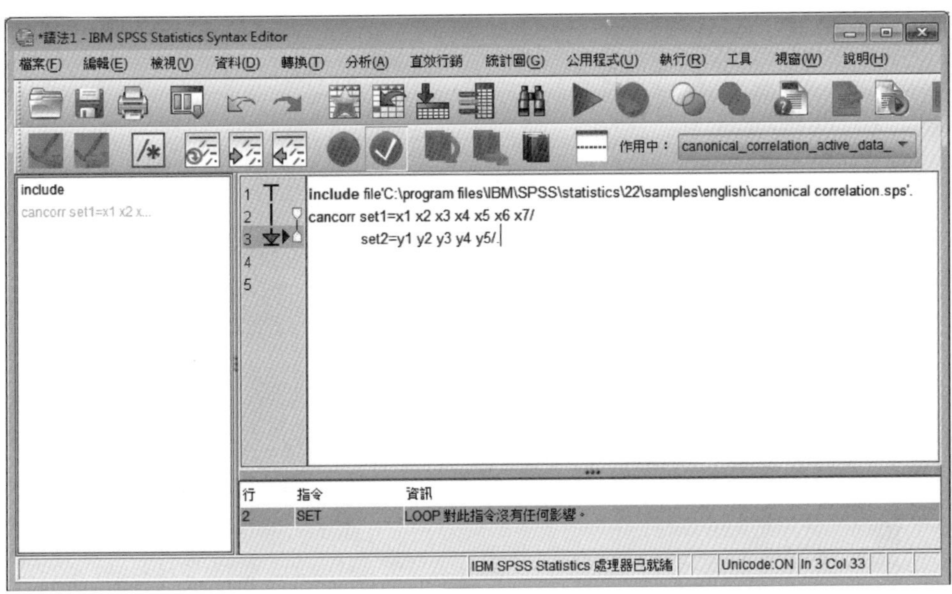

步驟 5 顯示開啓資料的頁面後。從路徑桌面中尋找所儲存的檔案 20.1.1.sav，按【開啓 (O)】。

步驟 6 顯示檔案 20.1.1.sav 的數據頁面。

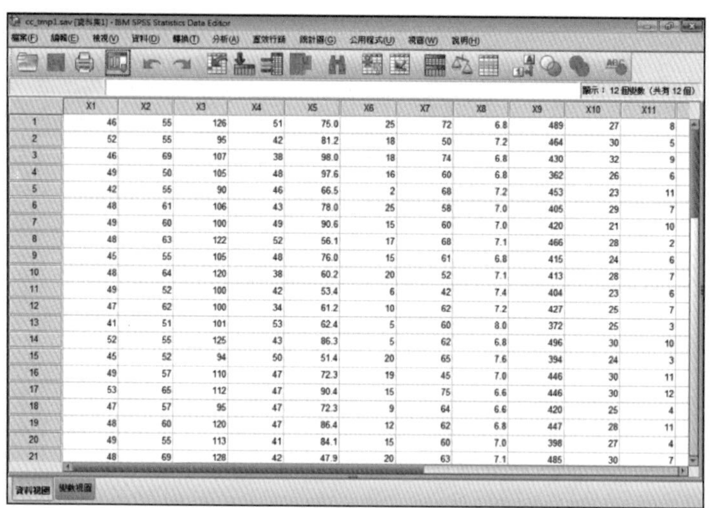

	X1	X2	X3	X4	X5	X6	X7	X8	X9	X10	X11
1	46	55	126	51	75.0	25	72	6.8	489	27	8
2	52	55	95	42	81.2	18	50	7.2	464	30	5
3	46	69	107	38	98.0	18	74	6.8	430	32	9
4	49	50	105	48	97.6	16	60	6.8	362	26	6
5	42	55	90	46	66.5	2	68	7.2	453	23	11
6	48	61	106	43	78.0	25	58	7.0	405	29	7
7	49	60	100	49	90.6	15	60	7.0	420	21	10
8	48	63	122	52	56.1	17	68	7.1	466	28	2
9	45	55	105	48	76.0	15	61	6.8	415	24	6
10	48	64	120	38	60.2	20	52	7.1	413	28	7
11	49	52	100	42	53.4	6	42	7.4	404	23	6
12	47	62	100	34	61.2	10	62	7.2	427	25	7
13	41	51	101	53	62.4	5	60	8.0	372	25	3
14	52	55	125	43	86.3	5	62	6.8	496	30	10
15	45	52	94	50	51.4	20	65	7.6	394	24	3
16	49	57	110	47	72.3	19	45	7.0	446	30	11
17	53	65	112	47	90.4	15	75	6.6	446	30	12
18	47	57	95	47	72.3	9	64	6.6	420	25	4
19	48	60	120	47	86.4	12	62	6.8	447	28	11
20	49	55	113	41	84.1	15	60	7.0	398	27	4
21	48	69	128	42	47.9	20	63	7.1	485	30	7

步驟 7 從所出現畫面【Canonical correlation】的語法中先點選【執行 (R)】，從子清單中再按【全部 (A)】，接著於所出現頁面「新語法」中選擇【執行 (R)】，從子清單中再按【全部 (A)】，即開始執行。

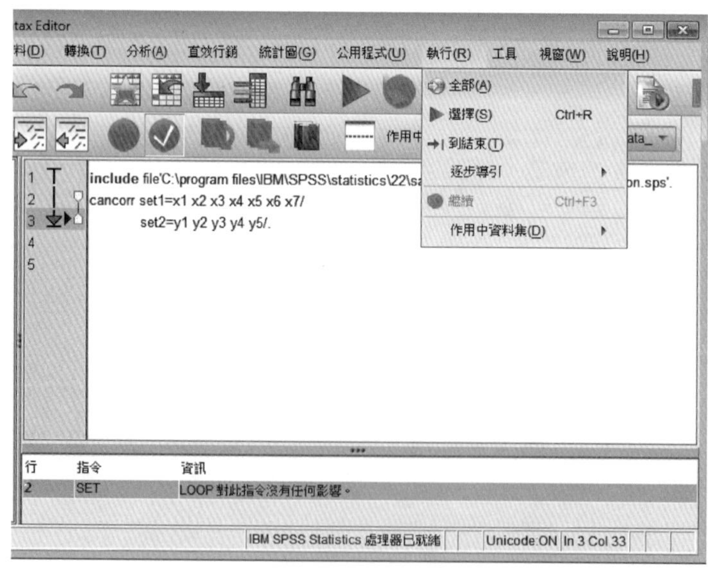

[輸出結果]

資料輸出結果如下。

表 20.1.1 的輸出結果 1

Correlations for Set-1

	X1	X2	X3	X4	X5	X6	X7
X1	1.0000	.3005	.1643	–.0286	.2463	.0722	–.1703
X2	.3005	1.0000	.3872	.0092	–.1012	.4561	.2276
X3	.1643	.3872	1.0000	.3190	–.2427	.1931	–.0291
X4	–.0286	.0092	.3190	1.0000	–.0370	.0524	.2421
X5	.2463	–.1012	–.2427	–.0370	1.0000	.0517	.3350
X6	.0722	.4561	.1931	.0524	.0517	1.0000	.2527
X7	–1.703	.2276	–.0291	.2421	.3350	.2527	1.000

←①

Correlations for Set-2

	y1	y2	y3	y4	y5
y1	1.000	–.4429	–.2647	–.4629	.0662
y2	–.4429	1.0000	.4989	.6067	–.4653
y3	–.2647	.4989	1.0000	.3562	–.5194
y4	–.4629	.6067	.3562	1.0000	–.4177
y5	.0662	–.4653	–.5194	–.4177	1.0000

Correlations Between Set-1 and Set-2

	y1	y2	y3	y4	y5
X1	–.4005	.3609	.4116	.2797	–.4657
X2	–.3003	.6400	.5082	.5596	–.2400
X3	–.3026	.5590	.5538	.3215	–.4793
X4	–.2834	.2711	–.0414	.2470	–0.988
X5	–.4295	–.1843	–.0116	.1415	–.0167
X6	–.0800	.2596	.3310	.2359	–.2844
X7	–.2507	.1702	.0362	.0882	.1581

Canonial Correlations

1	.853
2	.733
3	.617
4	.390
5	.309

←②

由表 20.1.1 的輸出結果 1 可以判讀如下。

①表示已標準化的變量的變異共變異矩陣。

②爲了解釋所得到的典型變量，可以利用已標準化變量的係數或典型負荷量。所謂典型負荷量是由典型變量與構成它的變量之間的相關係數所定義，表示各變量可由它的典型變量來代表多少。各準變量的解釋與因子分析的情形相同，只要注視標準化係數或典型負荷量的符號與大小即可。

特徵值（典型相關係數的平方）$\lambda_1^2 = 0.7250(\lambda_1 = 0.853)$，$\lambda_2^2 = 0.53058(\lambda_2 = 0.733)$，$\lambda_3^2 = 0.37321$，$\lambda_4^2 = 0.15461$，$\lambda_5^2 = 0.10540$，由於第 3 以下較小，因之列舉第 1 ～第 2 典型變量。

由體力（Set 1）與運動能力（Set 2）的變量之間分別所合成的典型變量間的相關係數（典型相關係數）在第 1 典型變量之間是 0.853〔$r(z_1, z_2)$〕，在第 2 典型變量之間是 0.733〔$r(w_1, w_2)$〕，呈現相當高的值。

表 20.1.1 的輸出結果 2

Standardized Canonical Coefficients for Set-1

	1	2	3	4	5
X1	.462	–.173	.528	.525	.145
X2	.251	.618	–1.015	–.479	–.014
X3	.594	–.188	.490	–.002	–.384
X4	.047	–.049	–.588	.359	.866
X5	.179	–.793	–.716	–.452	–.239
X6	.081	–.141	.411	–.448	.317
X7	.076	.284	.299	.878	–.709

←③

Standardized Canonical Coefficients for Set-2

	1	2	3	4	5
y1	–.419	.862	.259	–.616	.300
y2	.272	1.057	.222	.837	.275
y3	.373	.204	.255	–.664	–.945
y4	–.020	.151	–.969	–.878	.311
y5	–.339	.775	–.571	.000	–.785

Canonical Loadings for Set-1					
	1	2	3	4	5
X1	.671	-.271	.123	.077	.138
X2	.656	.573	-.343	-.277	-.104
X3	.752	.164	.241	.011	.051
X4	.241	-.008	-.336	.545	.593
X5	.151	-.763	-.459	-.016	-.362
X6	.375	.120	.089	-.411	.101
X7	.128	.146	-.314	.502	-.516
Cross Loadings for Set-1					
X1	.572	-.199	.076	.030	.042
X2	.560	.420	-.212	-.108	-.032
X3	.642	.120	.149	.004	.016
X4	.206	-.006	-.207	.212	.183
X5	.128	-.559	-.283	-.006	-.112
X6	.319	.088	.055	-.160	.031
X7	.109	.107	-.194	.195	-.159
Canonical Loadings for Set-2					
y1	-.652	.321	.504	-.405	.233
y2	.789	.508	-.088	.246	.224
y3	.789	.154	.248	-.396	-.369
y4	.614	.142	-.625	-.321	.330
y5	-.679	.171	-.384	.281	-.532
Cross Loadings for Set-2					
y1	-.556	.236	.311	-.158	.072
y2	.673	.372	-.054	.096	.069
y3	.672	.113	.153	-.154	-.114
y4	.523	.104	-.386	-.125	.102
y5	-.579	.126	-.237	.109	-.164

←④

由表 20.1.1 的輸出結果 2 可以判讀如下。

③在體力測試方面，第 1 ～第 2 典型變量的關係式為

$Z_1 = 0.6761X_1 + 0.656X_2 + \cdots + 0.128X_7$

$Z_2 = -0.271X_1 + 0.573X_2 + \cdots + 0.146X_7$

在運動能力測試方面，第 1 ～第 2 典型變量的關係式為

$W_1 = -0.6562Y_1 + 0.789Y_2 + \cdots -0.679Y_5$

$W_2 = 0.321Y_1 + 0.508Y_2 + \cdots + 0.171Y_5$

④對於第 1 典型變量來說，第 1 變量群（set 1）之中，反覆橫跳、背筋力的係數（負荷量）大，第 2 變量群（set 2）之中，50 米賽跑、投球、持久賽的係數（負荷量）大，因之這些可以解釋為代表這些能力的高低。

對於第2典型變量來說，在第1變量群（set 1）中，x_1與x_5，在第2變量群（set 2）中，x_9 與 x_8、x_{12} 形成對比的形式，大致來說，整體的能力是同屬於中等，跳的能力高呢？或跑的能力高呢？詳細來說，在體力測試方面，垂直跳 vs. 跳台升降，在運動能力測試方面，跳遠 vs. 50 米賽跑、持久賽可以解釋為表示對比的典型變量。

表 20.1.1 的輸出結果 3

Redundancy Analysis:

Proportion of Variance of Set-1 Explained by Its Own Can. Var.

	Prop Var
CV1-1	.214
CV1-2	.150
CV1-3	.089
CV1-4	.114
CV1-5	.113

←⑤

Proportion of Variance of Set-1 Explained by Opposite Can. Var. ←⑥

	Prop Var
CV2-1	.175
CV2-2	.080
CV2-3	.034

CV2-4	.017
CV2-5	.011
Proportion of Variance of Set-2 Explained by Its Own Can. Var	
	Prop Var
CV2-1	.501
CV2-2	.087
CV2-3	.173
CV2-4	.113
CV2-5	.126
Proportion of Variance of Set-2 Explained by Opposite Can. Var.	
	Prop Var
CV1-1	.365
CV1-2	.047
CV1-3	.066
CV1-4	.017
CV1-5	.012

由表 20.1.1 的輸出結果 3 可以判讀如下。

⑤所謂典型負荷量（canonical loading）是指利用典型變量與構成它的原來的變量之間的相關係數來定義，典型負荷量愈大，代表變數對因素的貢獻度愈高。求出某一變量群的變量與另一變量群的變量所合成的典型變量之間的相關係數（因爲已標準化，所以等於共變異數），稱此爲交叉負荷量（cross loading）。典型負荷量也稱爲群內負荷量，交叉負荷量也稱爲群內負荷量。

第 1 ～第 2 典型變量的累積貢獻率，在體力與運動能力測試上，分別是 39.0%、59.4%。

在體力測試（Set 1）方面，

貢獻率對第 1 典型變量而言是 0.241

貢獻率對第 2 典型變量而言是 0.150

第 1 與第 2 的典型變量的累積貢獻率是 0.391

在運動能力測試（Set 2）方面，

貢獻率對第 1 典型變量而言是 0.501

貢獻率對第 2 典型變量而言是 0.087

第 1 與第 2 的典型變量的累積貢獻率是 0.588

⑥重疊係數（redundancy index）如同複迴歸中的判定係數是衡量典型相關中被解釋的變異量，它計算預測變數之變量可被準則變數之變異所解釋的程度。累積重疊係數對體力測試來說是 25.3%，對運動能力測試而言是 41.3%，此意謂由體力測試說明（預測）運動能力測試的比例是 41.3%，是屬於較高的，相對地，由運動能力測試說明（預測）體力測試的比例是 25.3%，是屬於較低的。

在體力測試（Set 1）方面，

重疊係數對第 1 典型變量而言是 0.175

重疊係數對第 2 典型變量而言是 0.08

第 1 與第 2 的典型變量的累積重疊係數是 0.254

在運動能力測試（Set 2）方面，

重疊係數對第 1 典型變量而言是 0.365

重疊係數對第 2 典型變量而言是 0.047

第 1 與第 2 的典型變量的累積重疊係數是 0.413。

第21章 類別典型相關分析

21.1 前言

身爲醫護人員的您，目前是否喜氣洋洋地生活在此一瞬間？心中的某處有無不滿的事情？此時，可以心靈解放的是戶外活動？音樂？或者嚮往的生活空間？

因此，向 15 位受試者進行如下的意見調查。

表 21.1.1　意見調查問卷

問 1.　您滿意目前的工作嗎？
1. 滿意　2. 略為滿意　3. 略為不滿意　4. 不滿意
【工作】

問 2.　您結婚了嗎？
1. 獨身　2. 結婚
【結婚】

問 3.　您最喜愛的戶外活動是
1. 慢跑　2. 騎自行車　3. 游泳　4. 爬山
【戶外活動】

問 4.　您喜歡的音樂是
1. 古典　2. 搖滾　3. 鄉村
【音樂】

問 5.　您喜歡的生活空間是
1. 都市　2. 鄉村
【生活空間】

➲ 想知道的事情是

從此意見調查想知道的事情是以下 2 組的關係。

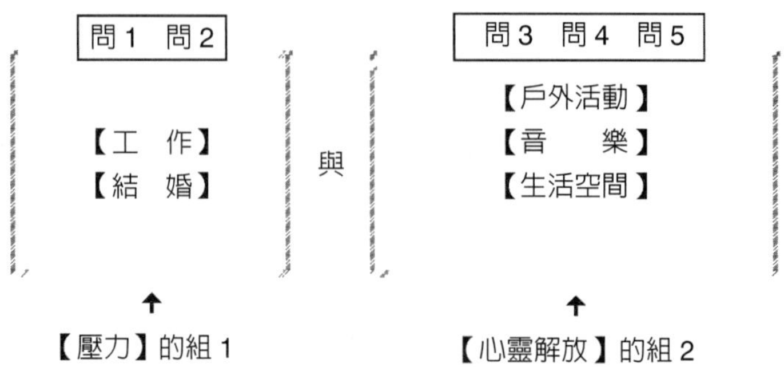

因此，將

問 1　問 2　　當作有關〈壓力〉的組

問 3　問 4　問 5　　當作有關〈心靈解放〉的組

時，譬如，想調查

1. 與〈心靈解放〉有關的是

【工作】呢？或者是【結婚】呢 ？

2. 與〈壓力〉有關的是

【戶外活動】？【音樂】？【生活空間】？

之中的何者呢？

（注）何謂典型相關分析（canonical correlation analysis）

對於 2 個合成變數

$$a_1x_1+\cdots+a_px_p \text{ 與 } b_1y_1+\cdots+b_qy_q$$

之相關係數，使之成為最大下決定係數，此時最大的相關係數稱為典型相關係數，使用這些係數進行分析的方法稱為典型相關分析。

➲ 類別典型相關分析了解的事項

類別典型相關分析最重要的事情是以下的「類別的數量化」，

表 21.1.2 類別的數量化

詢問 1 的類別	順序
滿意	1
略為滿意	2
略為不滿意	3
不滿意	4

數量化
-1.971
0.359
0.359
0.761

以及，利用此數量化所得到的 2 個組之關係。

類別典型相關分析是求

組 1 與組 2 的相關係數爲最大時的係數

(a_1, a_2) 與 (b_1, b_2, b_3)

觀察此係數可以了解

哪一個詢問對哪一個組有何種的影響 。

如圖示，類別正準相關分析的輪廓，即爲如下。

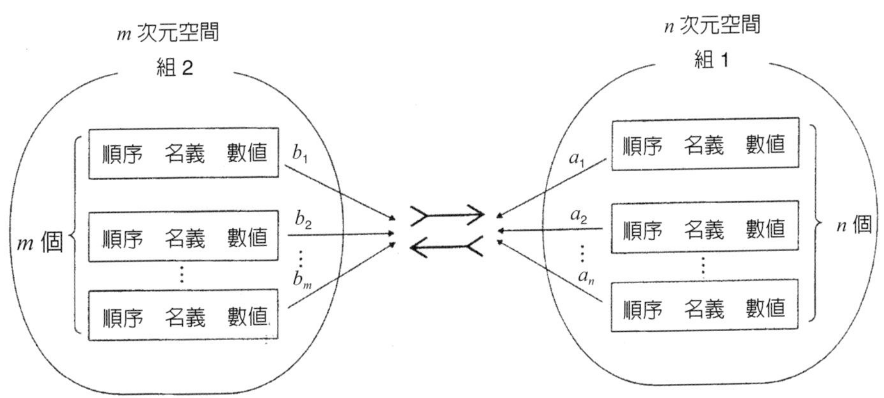

【表 21.1.1 的意見調查情形】

將意見調查所列舉的 5 個詢問，分成 2 組，雖然是求組間的相關係數爲最大時的係數，但詢問 3 是多重名義，因之變得略爲複雜。

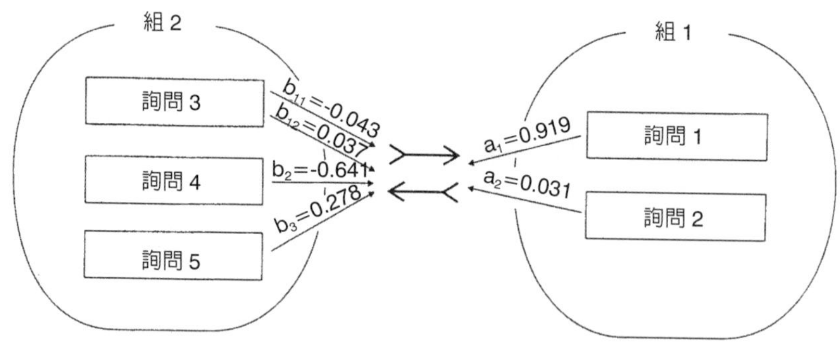

但是，意見調查的結果，如表 21.1.3 所示。

表 21.1.3　意見調查的結果

受試者	詢問 1	詢問 2	詢問 3	詢問 4	詢問 5
1	滿意	未婚	慢跑	搖滾	都市
2	略為不滿意	未婚	騎自行車	古典	都市
3	不滿意	已婚	游泳	鄉村	田園
4	略為滿意	已婚	慢跑	古典	都市
5	略為滿意	未婚	游泳	古典	都市
6	不滿意	已婚	爬山	鄉村	田園
7	略為不滿意	已婚	爬山	古典	都市
8	略為滿意	已婚	游泳	搖滾	田園
9	滿意	未婚	騎自行車	搖滾	都市
10	略為不滿意	已婚	慢跑	搖滾	都市
11	略為滿意	已婚	游泳	鄉村	田園
12	略為不滿意	未婚	慢跑	古典	都市
13	滿意	已婚	游泳	搖滾	都市
14	不滿意	已婚	爬山	鄉村	田園
15	不滿意	未婚	騎自行車	古典	都市
	↑ 【工作】	↑ 【結婚】	↑ 【活動】	↑ 【音樂】	↑ 【生活空間】

【數據輸入的類型】

表 21.1.3 的數據，輸入如下。

檔案(F) 編輯(E) 檢視(V) 資料(D) 轉換(T) 分析(A) 直效行銷(M) 統計圖(G) 效用值(U) 視窗(W) 說明(H)

	受試者	詢問1	詢問2	詢問3	詢問4	詢問5	var
1	1	1	1	1	2	1	
2	2	3	1	2	1	1	
3	3	4	2	3	3	2	
4	4	2	2	1	1	1	
5	5	2	1	3	1	1	
6	6	4	2	4	3	2	
7	7	3	2	4	1	1	
8	8	2	2	3	2	2	
9	9	1	1	2	2	1	
10	10	3	2	1	2	1	
11	11	2	2	3	3	2	
12	12	3	1	1	1	1	
13	13	1	2	3	2	1	
14	14	4	2	4	3	2	
15	15	4	1	2	1	1	
16							

↑【工作】 ↑【結婚】 ↑【活動】 ↑【音樂】 ↑【生活空間】

21.2 類別典型相關分析

【統計處理的步驟】

步驟 1 數據輸入結束後，從【分析 (A)】的清單中選擇【維度縮減 (D)】。接著，從子清單選擇【最適尺度 (O)】。

步驟 2　點選

最適尺度水準欄位的【部分變數爲非多重名義變數】及變數集個數欄位的【多個變數集 (M)】，選定的分析欄位就變成非線型典型相關。接著，按一下 定義 。

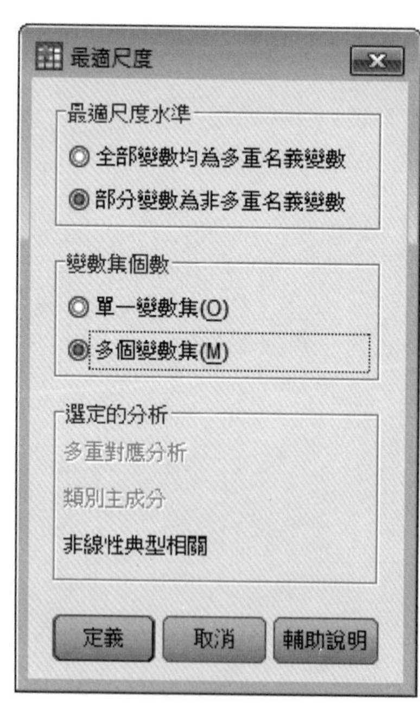

步驟 3 顯示以下的頁面後，將詢問 1 移到【變數 (B)】的方框中。接著，按一下【定義變數範圍與測量尺度 (D)】。

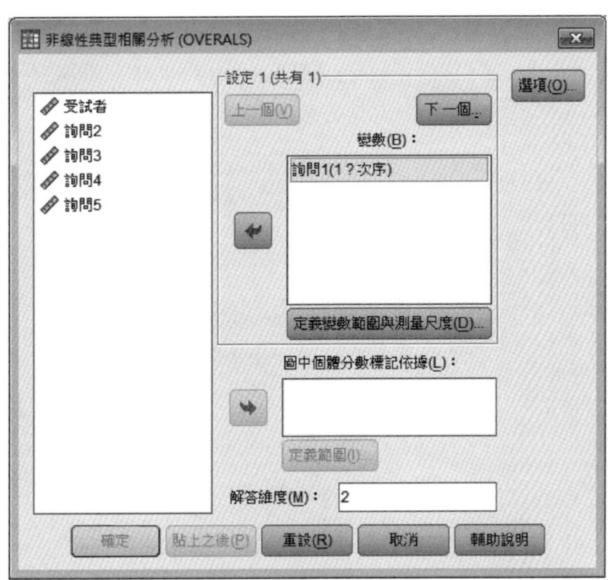

步驟 4 將 4 輸入到【最大值 (A)】的方框中。點選測量尺度欄位的【次序的 (O)】。然後按 繼續 。

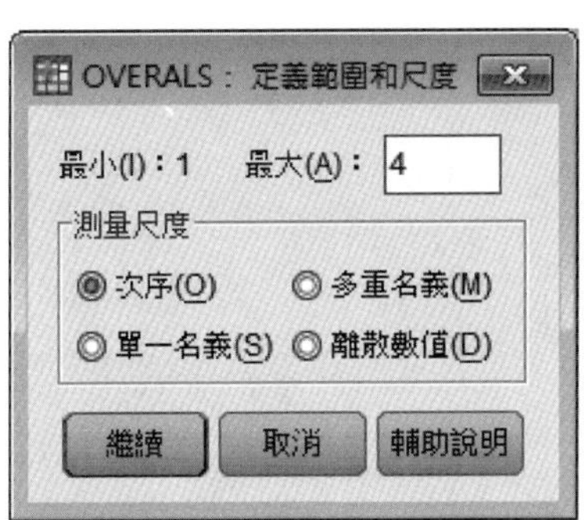

步驟 5　回到步驟 3 的頁面後，同樣將詢問 2 移到【變數 (B)】的方框中，按一下【定義變數範圍與測量尺度 (D)】。

步驟 6　將 2 輸入到【最大值 (A)】的方框中。測量尺度欄位點選【單一名義 (S)】。然後按 繼續 。

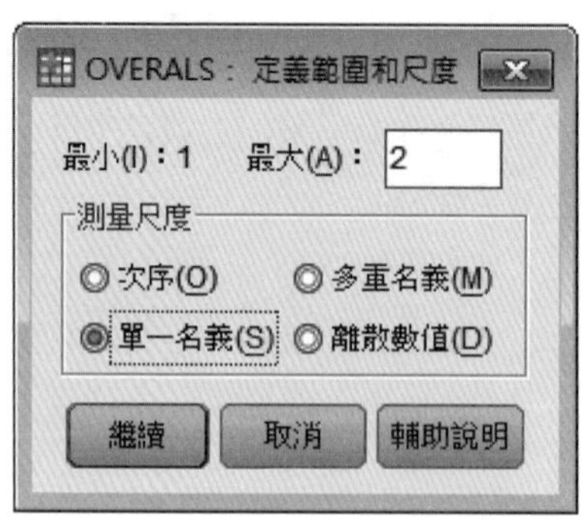

步驟 7 顯示如下頁面後，按一下【下一個 (N)】。

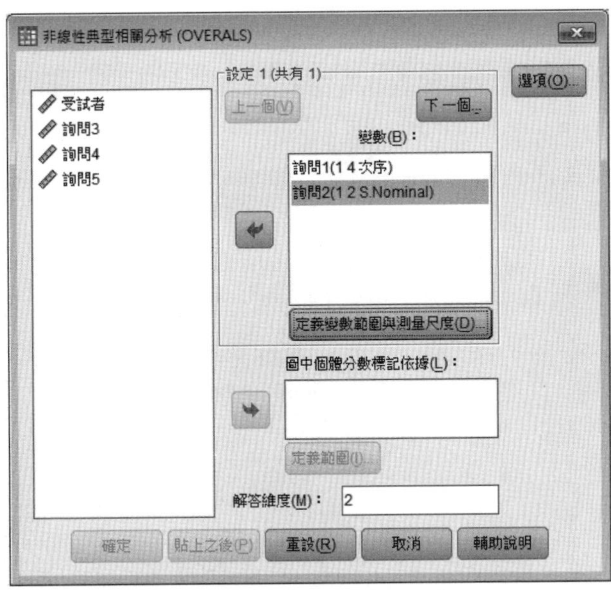

步驟 8【變數 (B)】方框之中的詢問 1 與詢問 2 消失。

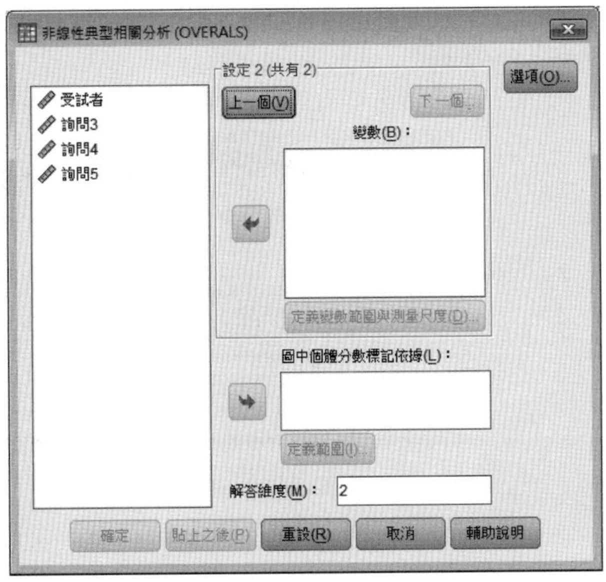

步驟 9　將詢問 3 移到【變數 (B)】的方框中，再按一下【定義變數範圍與測量尺度 (D)】。

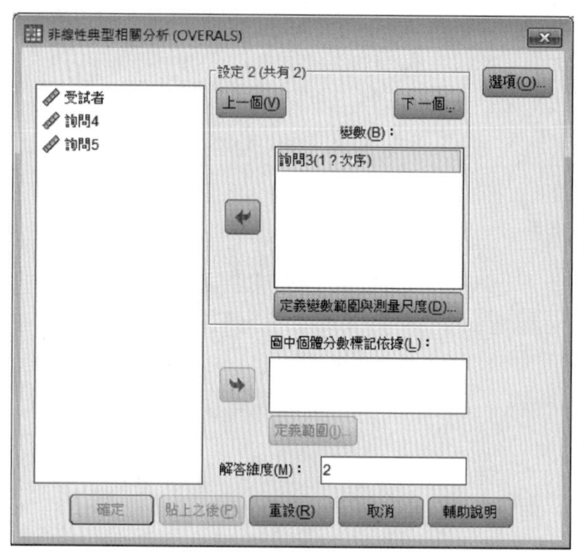

步驟 10　詢問 3 是被分成 4 類的多重名義。

將 4 輸入到【最大值 (A)】的方框中，並點選【多重名義 (M)】。

然後，按一下 繼續 。

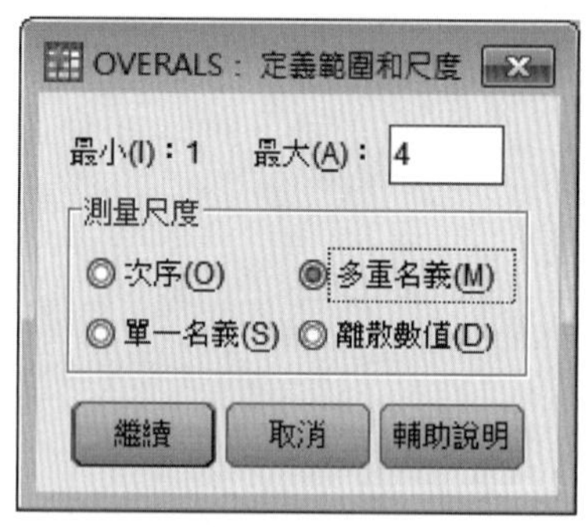

步驟 11　確認【變數 (B)】的方框之中顯示如下。

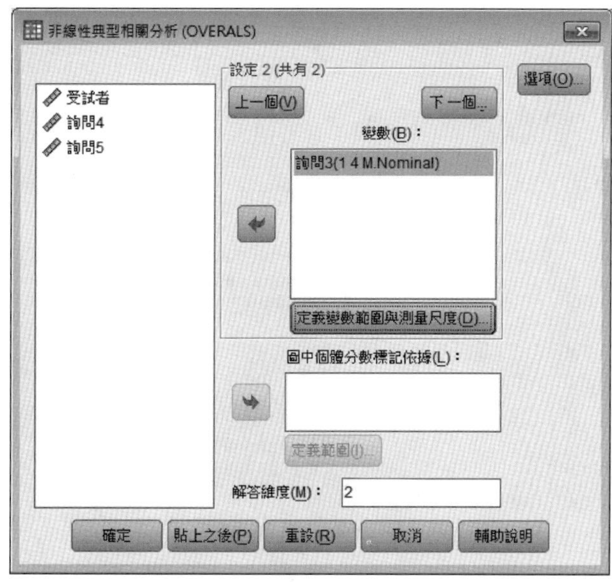

步驟 12　詢問 4 與詢問 5 是單一名義。移動詢問 4 與詢問 5 至【變數 (B)】的方框中。

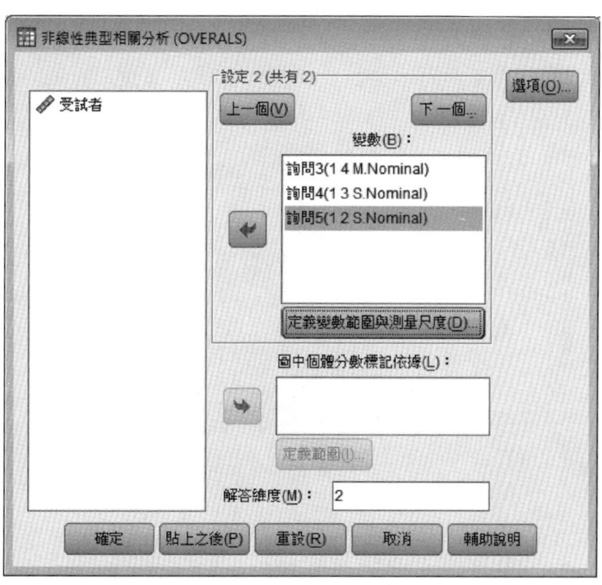

步驟 13　將受試者移到【圖中個體分數標記依據 (L)】的方框中，按一下【定義範圍 (T)】，將 15 輸入到【最大值 (A)】的方框中。

按 繼續 。

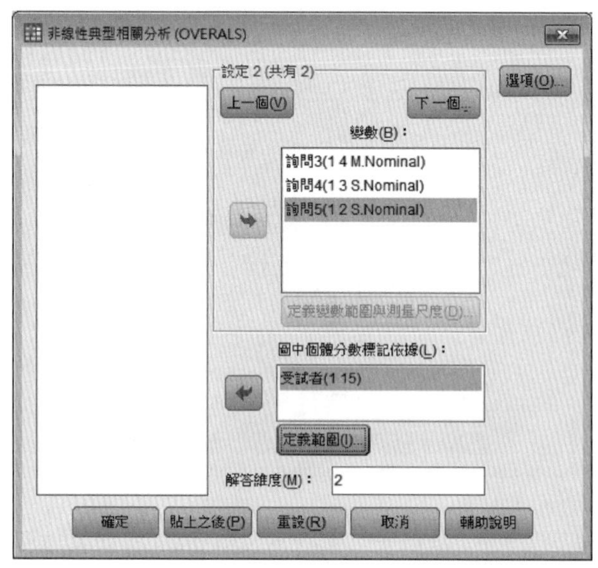

步驟 14　按一下【下一個 (N)】，顯示如下頁面後，按一下 選項(O) 。

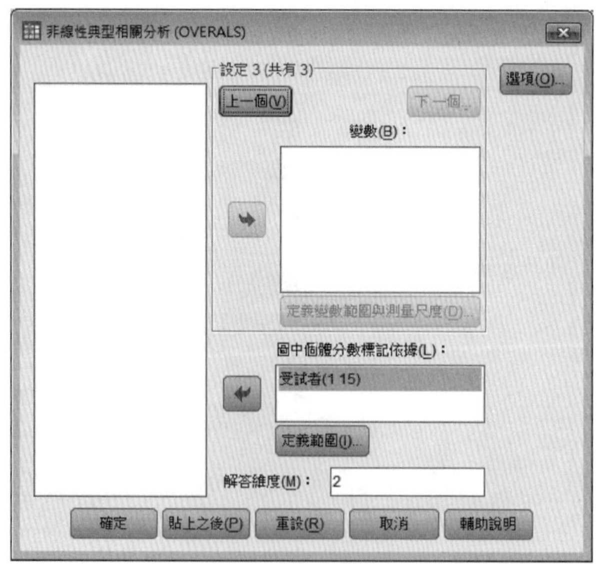

步驟 15 顯示選項頁面後，勾選

顯示欄位的【加權值及成份負荷圖（W)】、【類別變數的量化（Q)】、【個體分數（O)】，

統計圖欄位的【類別座標（S)】、【個體分數（B)】、【成分負荷量（M)】。

以及，【使用隨機起始構形（U)】，再按 繼續 。

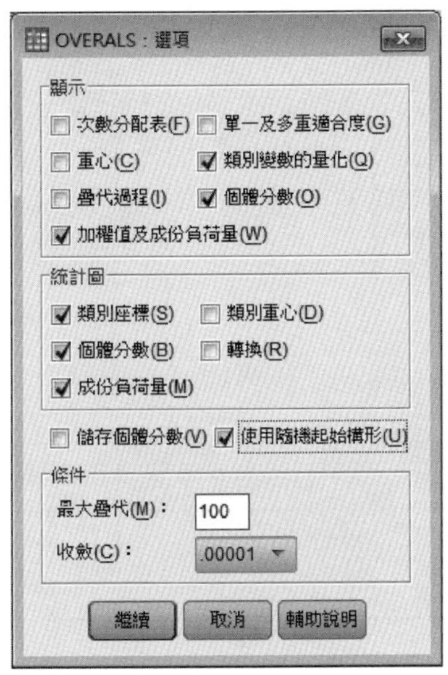

步驟 16 顯示以下頁面後，按 確定 。

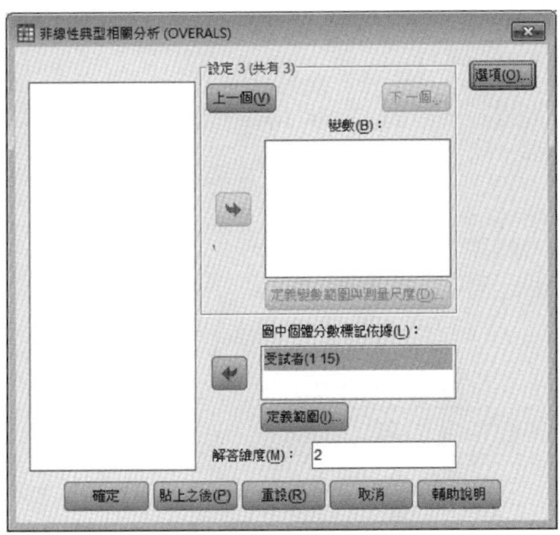

【SPSS 輸出・1】

非線型正準相關分析

分析摘要

		維度		
		1	2	總和
損失	集合 1	.062	.121	.183
	集合 2	.062	.121	.183
	平均數	.062	.121	.183
特徵值		.938	.879	
配適				1.817

←①

加權值 a

集合		維度	
		1	2
1	詢問1	1.010	.032
	詢問2	-.321	.928
2	詢問4	-1.046	.169
	詢問5	1.015	.302

←②

a. 該表格中不包括複名義量數。

配適

集合		多重適合度			單一適合度			單一損失		
		維度			維度			維度		
		1	2	總和	1	2	總和	1	2	總和
1	詢問1a	1.026	.014	1.040	1.021	.001	1.022	.005	.013	.018
	詢問2b	.103	.861	.964	.103	.861	.964	.000	.000	.000
2	詢問3c	.120	.451	.571						
	詢問4b	1.094	.029	1.122	1.094	.029	1.122	.000	.000	.000
	詢問5b	1.031	.091	1.122	1.031	.091	1.122	.000	.000	.000

←③

a. 最適尺度水準：次序量數
b. 最適尺度水準：單一名義量數
c. 最適尺度水準：複名義量數

【輸出結果的判讀・1】

①求特徵值與損失。

$0.938 + 0.879 = 1.817$ ←特徵值與特徵值的合計

$1.817 + 0.183 = 2$ ←特徵值的合計與損失的合計與原來的資訊量 2 一致

特徵值是指資訊量之意。損失是指資訊量的損失。

②加權值是單一類別座標的標準差。

以詢問 1 來說， ←由下頁的詢問 1

$$1.010 = \sqrt{\frac{3\times(-1.992-0)^2 + 4\times(0.363-0)^2 + 4\times(0.363-0)^2 + 4\times(0.769-0)^2}{15}}$$

③單一損失之値大的變數，被認爲當作多重名義（也稱爲複名義）較爲合適。亦即，「當作單一名義的數量化因有不合理之處，所以當作多重名義進行數量化」，多重適合度是多重類別座標的變異數。此値大的變數被認爲可以清楚地被判別。

單一適合度是加權值的平方。

$$(1.010)^2 = 1.021$$

可以用此値較大的次元來判別。

【SPSS 輸出・2】

量化

集合 1

詢問1ᵃ

	邊際次數	量化	單一類別座標		多重類別座標	
			維度		維度	
			1	2	1	2
1	3	-1.971	-1.992	-.062	-1.993	-.033
2	4	.359	.363	.011	.463	.033
3	4	.359	.363	.011	.267	-.163
4	4	.761	.769	.024	.765	.154
遺漏值	0					

a. 最適尺度水準：次序量數

←④⑤⑥

詢問2ᵃ

	邊際次數	量化	單一類別座標		多重類別座標	
			維度		維度	
			1	2	1	2
1	6	-1.225	.393	-1.136	.393	-1.136
2	9	.816	-.262	.758	-.262	.758
遺漏值	0					

a. 最適尺度水準：單一名義量數

集合 2

詢問3ᵃ

	邊際次數	類別變數的量化	
		維度	
		1	2
1	4	.401	-.024
2	3	.326	-1.216
3	5	-.347	.262
4	3	-.282	.811
遺漏值	0		

a. 最適尺度水準：複名義量數

←⑦

詢問4ª

	邊際次數	量化	單一類別座標		多重類別座標	
			維度		維度	
			1	2	1	2
1	6	-1.215	1.270	-.206	1.270	-.204
2	5	.958	-1.002	.162	-1.000	.174
3	4	.624	-.652	.106	-.655	.088
遺漏值	0					

a. 最適尺度水準：單一名義量數

詢問5ª

	邊際次數	量化	單一類別座標		多重類別座標	
			維度		維度	
			1	2	1	2
1	10	-.707	-.718	-.213	-.718	-.213
2	5	1.414	1.436	.427	1.436	.427
遺漏值	0					

a. 最適尺度水準：單一名義量數

【輸出結果的判讀 · 2】

④將類別數量化成為平均 0，變異數 1。

$$3 \times (-1.971) + 4 \times (0.359) + 4 \times (0.359) + 4 \times (0.761) = 0 \quad \leftarrow \text{平均}$$

$$\frac{3\times(-1.971-0)^2 + 4 \times (0.359-0)^2 + 4\times (0.359-0)^2 + 4 \times (0.761-0)^2}{15} = 1 \quad \leftarrow \text{變異數}$$

⑤單一類別座標，是對數量化加權。

詢問 1 的類別	次元 1	次元 2
滿意	-1.971 × 1.010 = -1.992	-1.971 × 0.032 = -0.062
略為滿意	0.359 × 1.010 = 0.363	0.359 × 0.032 = 0.011
略為不滿意	0.359 × 1.010 = 0.363	0.359 × 0.032 = 0.011
不滿意	0.761 × 1.010 = 0.769	0.761 × 0.032 = 0.024

⑥多重類別座標並沒有資訊損失最小化的限制。

相對地，單一類別座標是因為將類別排列在直線上出現資訊的損失。

也就是說，單一名義是指可以將各個類別在直線上進行數量化之變數。

⑦與單一名義相反，多重名義由於無法只用 1 次元（直線）將各個類別適切地進行數量化，因之，乃在 2 次元（次元 1，次元 2）上進行數量化。

【SPSS 輸出 · 3】

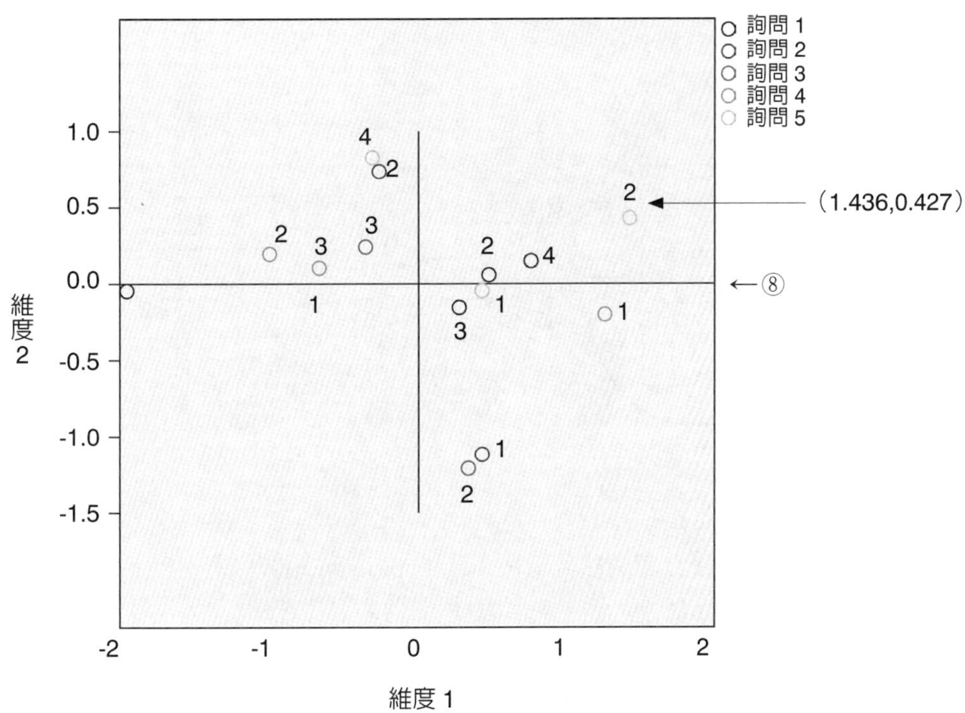

元件載入 ←⑨

集合				維度 1	維度 2
1	詢問1[a,b]			.919	.297
	詢問2[c,b]			-.031	.937
2	詢問3[d,e]	維度	1	-.043	-.699
			2	.037	.864
	詢問4[c,b]			-.641	.473
	詢問5[c,b]			.278	.725

a. 最適尺度水準：次序量數
b. 分析標的空間中單一量化變數的投影圖
c. 最適尺度水準：單一名義量數
d. 最適尺度水準：複名義量數
e. 分析標的空間中多重量化變數的投影圖

【輸出結果的判讀．3】

⑧是多重類別的座標。

在 5 個詢問中，各個類別的關係非常清楚。

譬如……

- 獨身的人與騎自行車，位在相同的位置。
  這是意謂什麼呢？

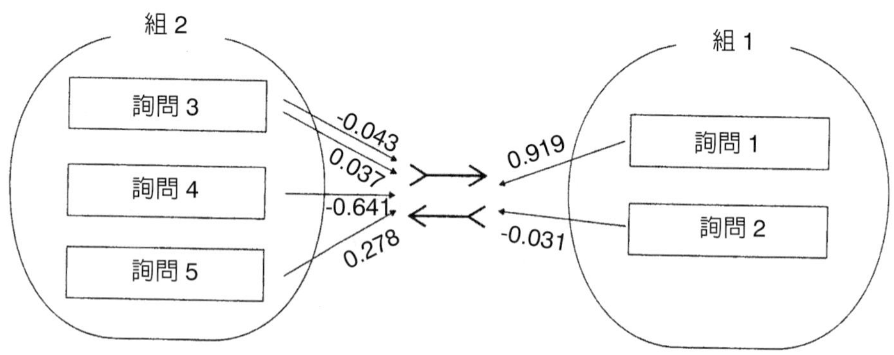

⑨成分負荷（量）是指

利用已數量化的變數與個體分數所求出的 pearson 相關係數。

元件載入是說明該變數的重要性。因此，

組 1〈壓力〉中，詢問 1【工作】似乎是重要的。

組 2〈心靈解放〉中，詢問 4【音樂】似乎是重要的。

（注）成分負荷在 SPSS 中稱為元件載入。

【SPSS 輸出・4】

個體分數

	維度	
	1	2
1	-1.556	-.725
2	.871	-1.571
3	.503	.897
4	.561	.185
5	.512	-.729
6	.537	1.209
7	.197	.661
8	.100	.922
9	-1.595	-1.403
10	-.650	.395
11	.286	.890
12	.910	-.892
13	-2.303	.516
14	.537	1.209
15	1.088	-1.563

←⑩

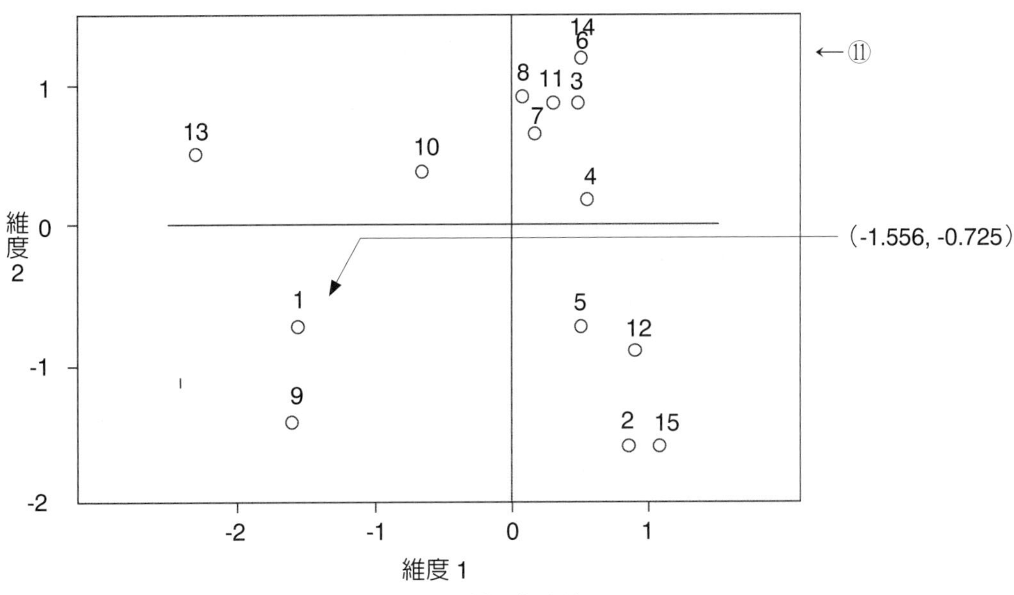

【輸出結果的判讀 · 4】

⑩個體分數是將單一類別座標之合計進行標準化之後的分數。

	詢問 1	詢問 2	詢問 3	詢問 4	詢問 5	合計	個體分數
受試者 1	-1.992	+ 0.393	+ 0.401	- 1.002	- 0.718	= -2.918	$\Rightarrow \frac{-2.918-0}{1.875}=-1.556$
受試者 2	0.363	+ 0.393	+ 0.326	+ 1.270	- 0.718	= 1.634	$\Rightarrow \frac{1.634-0}{1.875}=0.871$
受試者 3	0.769	- 0.262	- 0.347	- 0.652	+ 1.436	= 0.994	$\Rightarrow \frac{0.994-0}{1.875}=0.503$
⋮						⋮	⋮
受試者 15	0.769	+ 0.393	+ 0.326	+ 1.270	- 0.718	= 2.040	$\Rightarrow \frac{2.040-0}{1.875}=1.088$

⑪是將個體分數圖示在平面（次元 1，次元 2）上。

由此圖去尋找呈現相似反應的受試者。

但是，受試者 1 是（-1.556，-0.725），所以變成如下。

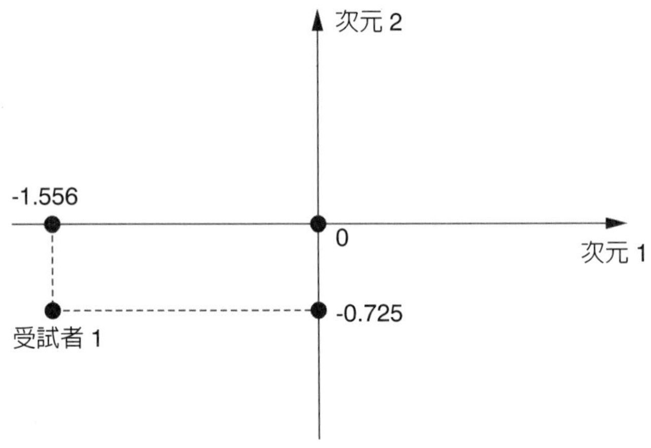

第22章 階層迴歸分析

階層迴歸分析（MLR）與階層線性模式（HLM），雖然使用階層的用語，但意義完全不同。

前者基於步驟是依序進行之意而有階層的概念，首先投入要因A、要因B，其次投入交互作用AB，按此順序進行。畢竟是順序，不認爲是有形成階層之意。實際上以英語來說，即爲 Multiple Linear Regression，此即只是被表示成「複迴歸分析」而已。複迴歸分析是基於有二個以上要因所使用。將交互作用項特別稱爲「調整變數」，透過中心化（centering）等適切的處置後，再投入爲其特徵之處。

或許將它當作「依序進行迴歸分析」、「逐步進行複迴歸」之名稱或許更好。

但是 HLM 卻是眞正具有階層之意。數據具有層次（level）。譬如，個人的數據是由群組的性質、個人的性質、誤差所構成。有時後也有考慮群組與個人的交互作用。組內的類似性高，大多具有群組層次的資訊。

此處 HLM 與 MLR 發生混亂的另一個原因。那就是，HLM 也有步驟 1、步驟 2 的用語。正確來說，使用層次 1、層次 2 才是正確的用法。層次 1 是個人的數據，個人層次的資訊，也稱爲 Within（群內）。層次 2 是群組的數據，群組層次的資訊，也稱爲 Between（組間）。變數是在哪一層次中蒐集的？若不能適切掌握就會搞混。HLM 層次 2 的變數也可以預測層次 1 的係數（迴歸的路徑插在下位層次的係數中），因此將其稱爲「交互作用」，故而容易與MLR發生混同。

階層迴歸分析是先投入數個變數確認其效果，其次是投入說明變數之間的交互作用項，再確認其效果的方法。因之，階層迴歸分析的階層是指步驟形成階層之意，並非處理數據（形成鑲套）的階層性模式，此點是要注意的地方。將鑲套或稱巢形（nested）的數據分成下位類別的變異數、上位類別的變異數，如此所建立的模式稱爲階層線性模式。另外，依序投入的模式中，確認 A → Y 之後，將確認 A → B 與 B → Y 之效果的方法稱爲媒介分析。所以是以變數 B 爲媒介，驗證 A → B → Y 之關係。

一般而言，進行複迴歸分析時，獨立變數之間要獨立，換言之，獨立變數之間無相關是條件所在。譬如使用 A、B 說明 Y 時，雖發現 A 到 Y 的影響及 B 到 Y 的影響，但 A 與 B 有相關關係時，在 A → Y 的影響力之中，含有

A → B → Y 的影響力，無法只取出 A → Y 的影響力，此問題稱為多重共線性。此時可計算 VIF，如超出 10 可判斷發生此問題，可利用中心化來處理。

22.1 資料形式

在大學的授課評鑑中，有時會針對授課的難易度、學生上課私語程度、課程的理解程度、整體的評價程度進行調查，以下是針對 20 位學生所得到的結果。試利用「授課的難易程度」、「學生上課私語程度」、「課程理解程度」對「整體的評價程度」可以說明到何種程度，以及變數間有無交互作用進行檢討？

表 22.1.1

號碼	難易度	私語	理解度	評價
1.00	4.00	7.00	5.00	4.00
2.00	7.00	8.00	4.00	1.00
3.00	5.00	7.00	5.00	4.00
4.00	2.00	6.00	6.00	9.00
5.00	3.00	7.00	6.00	6.00
6.00	5.00	8.00	5.00	6.00
7.00	8.00	2.00	6.00	8.00
8.00	1.00	5.00	7.00	9.00
9.00	8.00	4.00	5.00	4.00
10.00	2.00	3.00	4.00	5.00
11.00	2.00	5.00	3.00	6.00
12.00	4.00	5.00	2.00	4.00
13.00	5.00	2.00	2.00	8.00
14.00	5.00	3.00	1.00	4.00
15.00	2.00	2.00	3.00	8.00
16.00	9.00	4.00	4.00	4.00
17.00	3.00	7.00	5.00	7.00
18.00	2.00	3.00	6.00	9.00
19.00	3.00	4.00	3.00	5.00
20.00	2.00	2.00	2.00	8.00

22.2 資料輸入

參考表 22.1.1。資料檢視顯示如下。

	號碼	難易度	私語度	理解度	評價
1	1.00	4.00	7.00	5.00	4.00
2	2.00	7.00	8.00	4.00	1.00
3	3.00	5.00	7.00	5.00	4.00
4	4.00	2.00	6.00	6.00	9.00
5	5.00	3.00	7.00	6.00	6.00
6	6.00	5.00	8.00	5.00	6.00
7	7.00	8.00	2.00	6.00	8.00
8	8.00	1.00	5.00	7.00	9.00
9	9.00	8.00	4.00	5.00	4.00
10	10.00	2.00	3.00	4.00	5.00
11	11.00	2.00	5.00	3.00	6.00
12	12.00	4.00	5.00	2.00	4.00
13	13.00	5.00	2.00	2.00	8.00
14	14.00	5.00	3.00	1.00	4.00
15	15.00	2.00	2.00	3.00	8.00
16	16.00	9.00	4.00	4.00	4.00
17	17.00	3.00	7.00	5.00	7.00
18	18.00	2.00	3.00	6.00	9.00
19	19.00	3.00	4.00	3.00	5.00
20	20.00	2.00	2.00	2.00	8.00

22.3 SPSS 分析步驟

步驟 1 從【分析 (A)】中點選【迴歸 (R)】再選擇【線性 (L)】。

步驟 2 將評價移入【因變數 (D)】，將難易度、私語度、理解度移入【自變數 (I)】方框中。點一下【統計資料 (S)】。

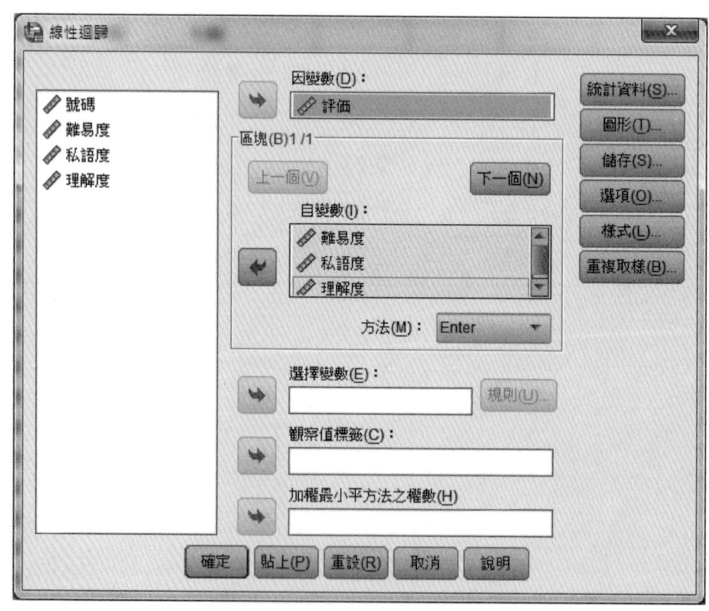

步驟 3 勾選【描述性統計資料 (D)】。按 繼續，再按 確定。

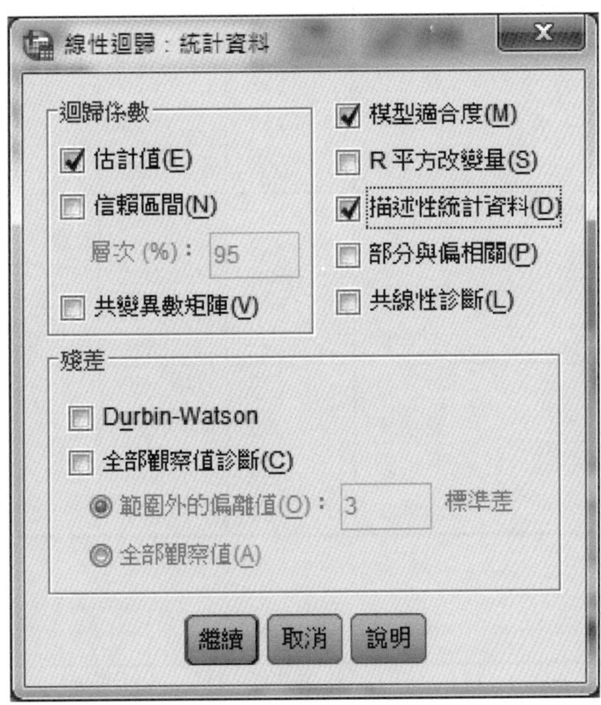

22.4 SPSS 輸出

得出輸出如下。

Descriptive Statistics

	Mean	Std. Deviation	N
評価	5.9500	2.23548	20
難易度	4.1000	2.35975	20
私語度	4.7000	2.10513	20
理解度	4.2000	1.67332	20

Correlations

		評価	難易度	私語度	理解度
Pearson Correlation	評価	1.000	-.538	-.417	.298
	難易度	-.538	1.000	.038	-.032
	私語度	-.417	.038	1.000	.406
	理解度	.298	-.032	.406	1.000
Sig. (1-tailed)	評価	.	.007	.034	.101
	難易度	.007	.	.437	.447
	私語度	.034	.437	.	.038
	理解度	.101	.447	.038	.
N	評価	20	20	20	20
	難易度	20	20	20	20
	私語度	20	20	20	20
	理解度	20	20	20	20

Model Summary

Model	R	R Square	Adjusted R Square	Std. Error of the Estimate
1	.826[a]	.682	.623	1.37270

a. Predictors: (Constant), 理解度, 難易度, 私語度

ANOVA[a]

Model		Sum of Squares	df	Mean Square	F	Sig.
1	Regression	64.801	3	21.600	11.463	.000[b]
	Residual	30.149	16	1.884		
	Total	94.950	19			

a. Dependent Variable: 評価

b. Predictors: (Constant), 理解度, 難易度, 私語度

Coefficients[a]

Model		Unstandardized Coefficients		Standardized Coefficients	t	Sig.
		B	Std. Error	Beta		
1	(Constant)	7.963	1.094		7.280	.000
	難易度	-.471	.134	-.497	-3.523	.003
	私語度	-.652	.164	-.614	-3.979	.001
	理解度	.711	.206	.532	3.446	.003

a. Dependent Variable: 評価

22.5 輸出結果判讀

1. 輸出各變數間的記述統計量與相互相關。相關係數的表從上起顯示出 Pearson 相關係數，顯著機率，數據數。
   - 顯示出評價與難易度、私語度有負的顯著相關，私語度與理解度有正的顯著相關。
2. 輸出有複相關係數（R），決定係數（R^2），自由度調整 R^2。
   - R^2 是表示評價從難易度、私語度、理解度來看整體受到何種程度的影響。
   - 本例，$R^2 = .682$。
3. 迴歸式整體的顯著性檢定。在 0.01% 水準下呈現顯著。
   - 此顯著機率即為決定係數（R^2）的顯著機率。
   - 此次的結果是，$p < .001$（0.1% 水準）呈現顯著。
4. 接著，輸出未標準化迴歸係數（B）與標準偏迴歸係數（β）及顯著機率。
   - 「難易度」與「私語度」對「評價」具有負的顯著影響力，「理解度」對「評價」有正的影響力。

從結果來看，

1.「難易度」、「私語度」、「理解度」均對授課整體的評價有顯著的影響。
2. 此結果，也可以表示成以下的圖示。此圖稱為「路徑圖」。

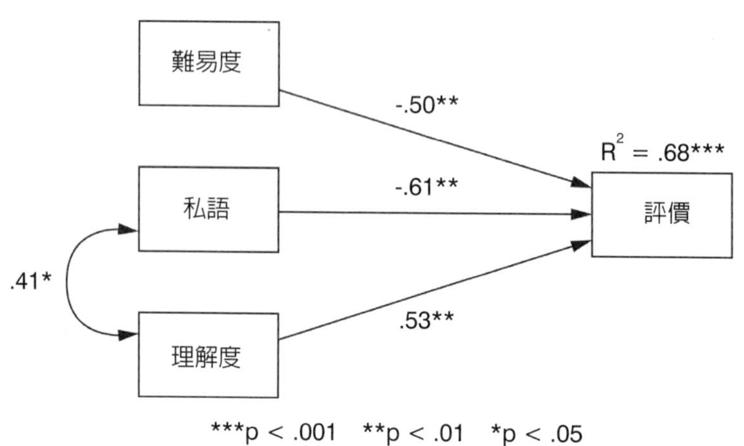

***p < .001 **p < .01 *p < .05

3. 一般從複迴歸分析所作成的路徑圖，記入有標準偏迴歸係數與決定係數，顯著水準以星號（*）記述。也有省略不顯著的標準偏迴歸係數的箭頭。
4. 影響關係是單方向的箭頭，共變關係（相關）是以雙箭頭表示。

階層迴歸分析是將迴歸分析分成數個步驟執行，以檢討在追加的步驟中說明力增加的情形如何。以先前的授課評價數據進行階層迴歸分析。

【資料輸入】

參考表 22.1.1。

【SPSS 分析步驟】

步驟 1 從【分析 (A)】清單中點選【迴歸 (R)】，再選擇【線性 (L)】。

步驟 2【因變數 (D)】指定評價，【自變數 (I)】先指定難易度後，按【下一個 (N)】出現空白方框。

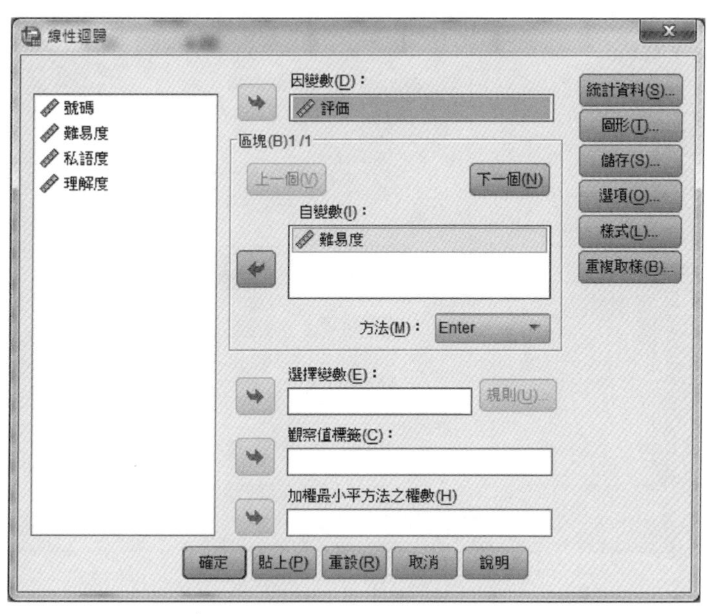

步驟 3 接著，將私語度移入【自變數 (I)】之後，再按【下一個 (N)】即出現空白方框。

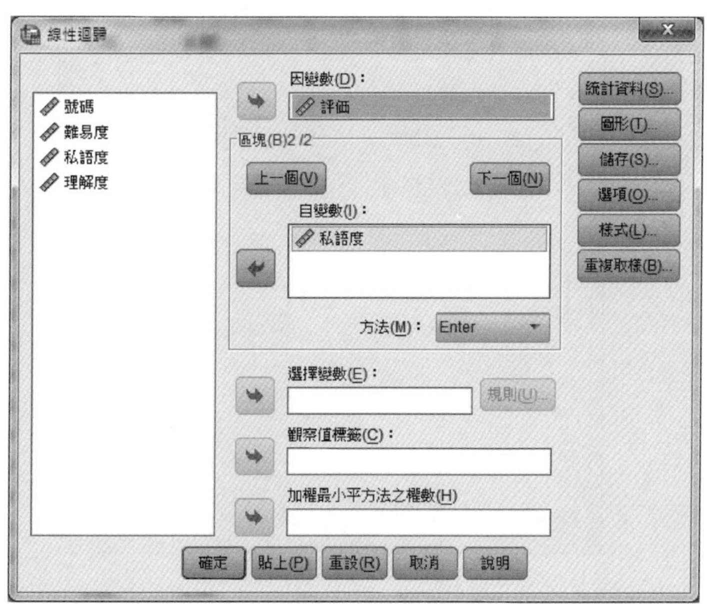

步驟 4 將理解度移入【自變數 (I)】中，之後按一下【統計資料 (S)】。

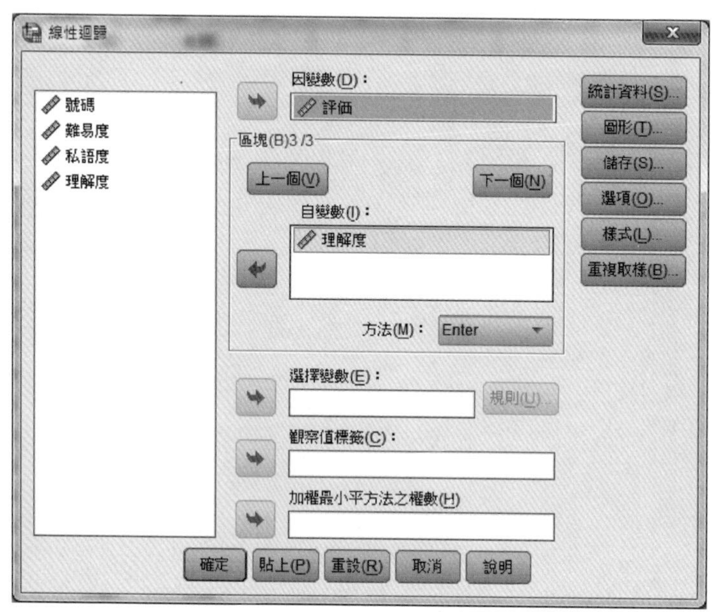

步驟 5 勾選【R 平方改變量 (S)】，之後按 繼續，再按 確定。

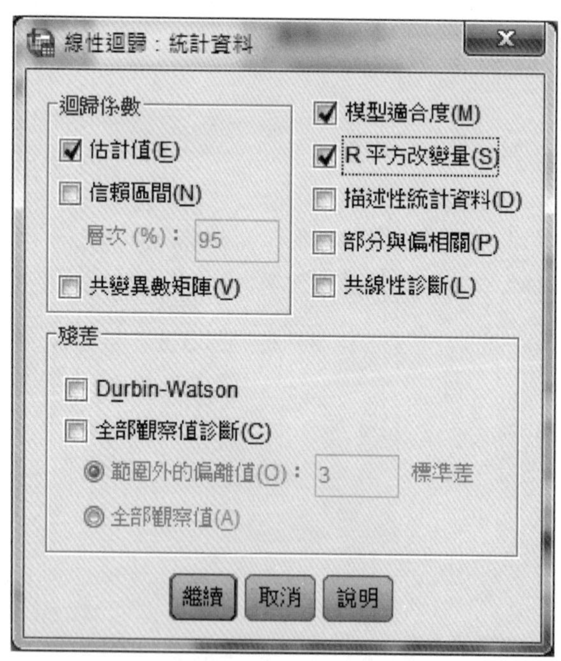

【SPSS 輸出】

Model Summary

Model	R	R Square	Adjusted R Square	Std. Error of the Estimate	Change Statistics				
					R Square Change	F Change	df1	df2	Sig. F Change
1	.538[a]	.289	.250	1.93636	.289	7.324	1	18	.014
2	.668[b]	.447	.382	1.75784	.158	4.842	1	17	.042
3	.826[c]	.682	.623	1.37270	.236	11.878	1	16	.003

a. Predictors: (Constant), 難易度

b. Predictors: (Constant), 難易度, 私語度

c. Predictors: (Constant), 難易度, 私語度, 理解度

ANOVA[a]

Model		Sum of Squares	df	Mean Square	F	Sig.
1	Regression	27.459	1	27.459	7.324	.014[b]
	Residual	67.491	18	3.749		
	Total	94.950	19			
2	Regression	42.420	2	21.210	6.864	.007[c]
	Residual	52.530	17	3.090		
	Total	94.950	19			
3	Regression	64.801	3	21.600	11.463	.000[d]
	Residual	30.149	16	1.884		
	Total	94.950	19			

a. Dependent Variable: 評価

b. Predictors: (Constant), 難易度

c. Predictors: (Constant), 難易度, 私語度

d. Predictors: (Constant), 難易度, 私語度, 理解度

【分析結果】

1. 在模式累計的變化統計量中，顯示有移入各變數時的說明力的變化（R 平方改變量）與其顯著機率。
   - 模式 1（自變數投入難易度）
     $R^2 = .29, p < .05$（因只投入一個自變數，全體的說明力（R^2）與改變量是相等的）
   - 模式 2（自變數中除難易度外，再投入私語度）
     $R^2 = .45, p < .01; \Delta R^2 = .16, p < .05$
     （R 平方改變量部分是相當於 ΔR^2。自變數加入私語度後說明力的改變量在 5% 水準下顯著）
   - 模式 3（自變數除難易度、私語度外，再投入理解度）$R^2 = .68, p < .001;$

$\Delta R^2 = .24, p < .01$

（R 平方改變量的部分相當於 ΔR^2。將理解度加入自變數後說明力的改變量在 1% 水準下顯著）

- 變異數分析表是相當於 R^2 的顯著機率。

2. 每一個模式顯示有迴歸係數（B）、標準偏迴歸係數（β）、顯著機率。可以了解各步驟增加自變數的情形。

Coefficients[a]

Model		Unstandardized Coefficients		Standardized Coefficients	t	Sig.
		B	Std. Error	Beta		
1	(Constant)	8.039	.885		9.083	.000
	難易度	-.509	.188	-.538	-2.706	.014
2	(Constant)	9.962	1.187		8.390	.000
	難易度	-.495	.171	-.523	-2.895	.010
	私語度	-.422	.192	-.397	-2.200	.042
3	(Constant)	7.963	1.094		7.280	.000
	難易度	-.471	.134	-.497	-3.523	.003
	私語度	-.652	.164	-.614	-3.979	.001
	理解度	.711	.206	.532	3.446	.003

a. Dependent Variable: 評価

3. 此外，使用此分析方法可以進行交互作用之分析。
4. 爲此，準備將「交互作用項」當作變數，計算變數 X 與變數 Y 的交互作用項（Z），有以下兩種方法。

(1) 利用標準化分數

- 將變數 X 與變數 Y 標準化
- Z = X（標準化後）× Y（標準化後）

(2) 利用中心化（centering）

- 將變數 X 的各數據減去變數 X 的平均值。變數 Y 的各數據減去變數 Y 的平均值。←此即爲中心化
- Z = X（中心化後）× Y（中心化後）
- 中心化可以避免變數間發生多重共線性

5. 執行階層複迴歸分析時，
   - 指定依變數。
   - 首先，於自變數中投入「X」、「Y」。
   - 其次，於自變數中投入「Z」（交互作用項）。

3. 投入 Z 後，ΔR^2（R 平方改變量）如顯著，「交互作用即顯著」。

   以下按兩種方法進行說明。

   就 (1) 標準化的方法而言：

步驟 1 從【分析 (A)】中點選【描述性統計資料 (E)】，再從中選擇【描述性統計資料 (D)】。

步驟 2 將自變數移入【變數 (V)】方框中，並勾選【將標準化的數值存成變數 (Z)】，按 確定 。

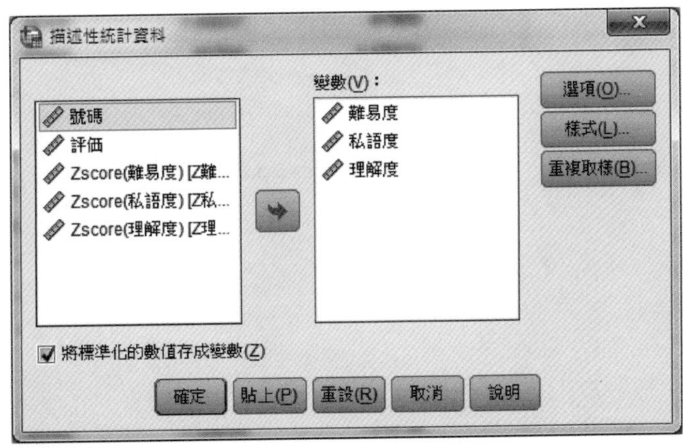

在資料檢視中出現各自變數標準化之結果。

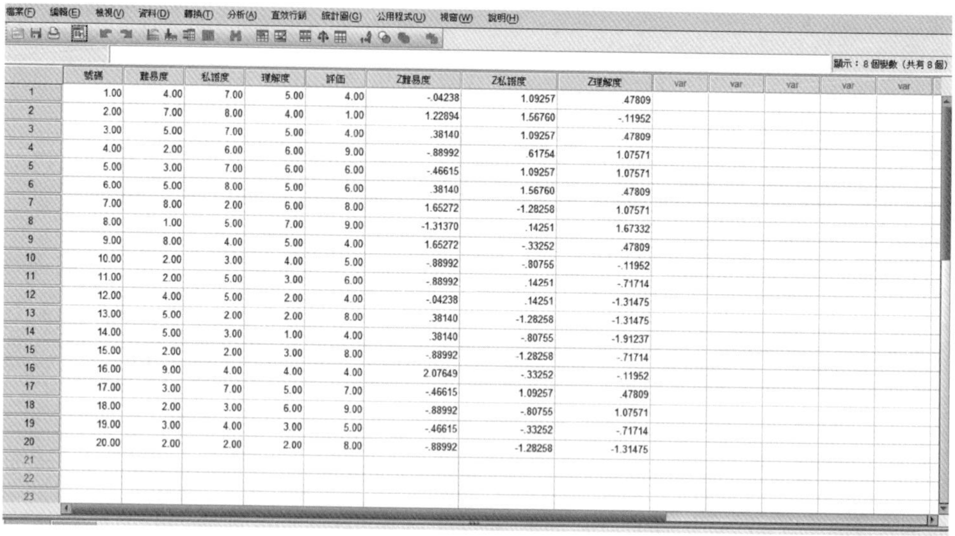

	號碼	難易度	私語度	理解度	評価	Z難易度	Z私語度	Z理解度
1	1.00	4.00	7.00	5.00	4.00	-.04238	1.09257	.47809
2	2.00	7.00	8.00	4.00	1.00	1.22894	1.56760	-.11952
3	3.00	5.00	7.00	5.00	4.00	.38140	1.09257	.47809
4	4.00	2.00	6.00	6.00	9.00	-.88992	.61754	1.07571
5	5.00	3.00	7.00	6.00	6.00	-.46615	1.09257	1.07571
6	6.00	5.00	8.00	5.00	6.00	.38140	1.56760	.47809
7	7.00	8.00	2.00	6.00	8.00	1.65272	-1.28258	1.07571
8	8.00	1.00	5.00	7.00	9.00	-1.31370	.14251	1.67332
9	9.00	8.00	4.00	5.00	4.00	1.65272	-.33252	.47809
10	10.00	2.00	3.00	4.00	5.00	-.88992	-.80755	-.11952
11	11.00	2.00	5.00	3.00	6.00	-.88992	.14251	-.71714
12	12.00	4.00	5.00	2.00	4.00	-.04238	.14251	-1.31475
13	13.00	5.00	2.00	2.00	8.00	.38140	-1.28258	-1.31475
14	14.00	5.00	3.00	1.00	4.00	.38140	-.80755	-1.91237
15	15.00	2.00	2.00	3.00	8.00	-.88992	-1.28258	-.71714
16	16.00	9.00	4.00	4.00	4.00	2.07649	-.33252	-.11952
17	17.00	3.00	7.00	5.00	7.00	-.46615	1.09257	.47809
18	18.00	2.00	3.00	6.00	9.00	-.88992	-.80755	1.07571
19	19.00	3.00	4.00	3.00	5.00	-.46615	-.33252	-.71714
20	20.00	2.00	2.00	2.00	8.00	-.88992	-1.28258	-1.31475

步驟 3　從【轉換 (T)】中點選【計算變數 (C)】。

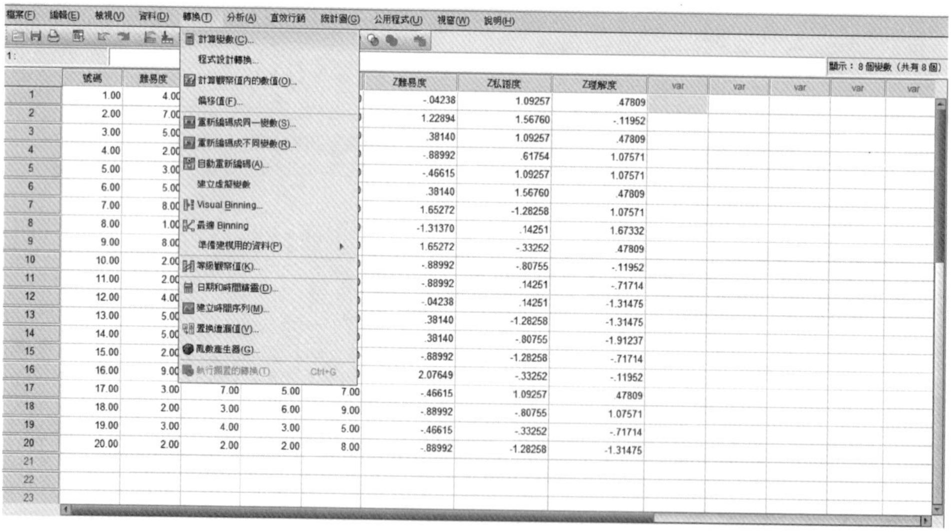
檔案(F) 編輯(E) 檢視(V) 資料(D) 轉換(T) 分析(A) 直效行銷 統計圖(G) 公用程式(U) 視窗(W) 說明(H)
計算變數(C)...
程式設計轉換...
計算觀察值內的數值(O)...
偏移值(F)...
重新編碼成同一變數(S)...
重新編碼成不同變數(R)...
自動重新編碼(A)...
建立虛擬變數
Visual Binning...
最適 Binning
準備建模用的資料(P)
等級觀察值(K)...
日期和時間精靈(D)...
建立時間序列(M)...
置換遺漏值(V)...
亂數產生器(G)...
執行擱置的轉換(T) Ctrl+G

步驟 4 於【目標變數 (T)】中輸入交互作用，於【數值表示式 (E)】中輸入 Z 難易度 *Z 私語度。之後按 確定 。

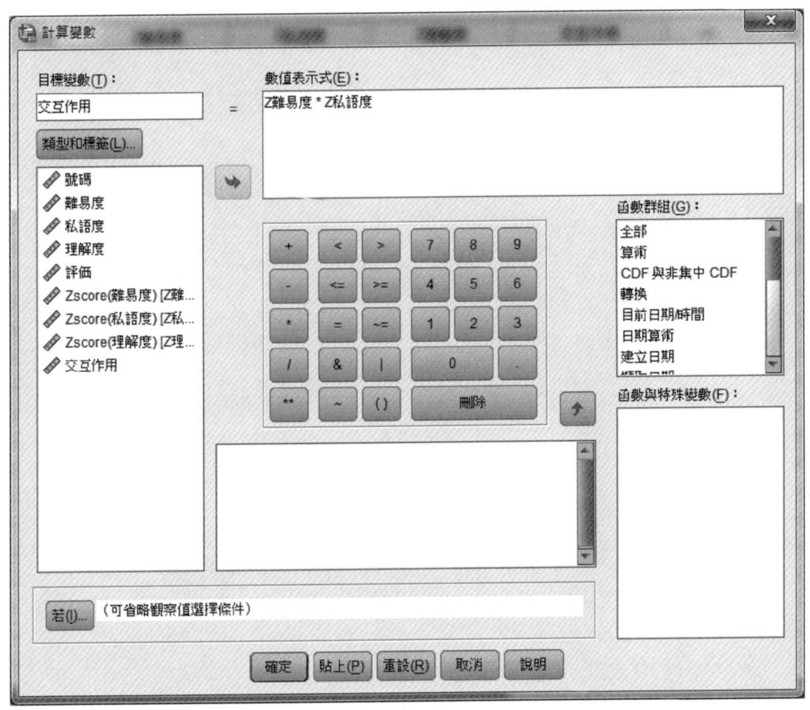

步驟 5 從【分析 (A)】中點選【迴歸 (R)】，再從中選擇【線性 (L)】。

檔案(F) 編輯(E) 檢視(V) 資料(D) 轉換(T) 分析(A) 直效行銷 統計圖(G) 公用程式(U) 視窗(W) 說明(H)

1 : 交互作用 -.04630016698871 顯示：10 個變數（共有 10 個）

分析(A)：報表(P)、描述性統計資料(E)、表格(T)、比較平均數法(M)、一般線性模型(G)、廣義線性模型、混合模型(X)、相關(C)、迴歸(R)、對數線性(O)、神經網路(W)、分類(Y)、維度縮減(D)、尺度、無母數檢定(N)、預測(T)、存活分析(S)、多重回應(U)、遺漏值分析(V)...、多個插補(T)、複合樣本(L)、模擬...、品質控制(Q)、ROC 曲線(V)...、IBM SPSS Amos(A)...

迴歸(R)：自動線性建模(A)...、線性(L)...、曲線估計(C)...、偏最小平方(S)...、二元 Logistic(G)...、多項式 Logistic(M)...、序數(D)...、機率值(P)...、非線性(N)...、加權估計(W)...、二階最小平方法(2)...、最適尺度 (CATREG)(O)...

	號碼	難易度	Z難易度	Z私語度	Z理解度	Z評価	交互作用
1	1.00	4.00	-.04238	1.09257	.47809	-.87230	-.05
2	2.00	7.00	1.22894	1.56760	-.11952	-2.21429	1.93
3	3.00	5.00	.38140	1.09257	.47809	-.87230	.42
4	4.00	2.00	-.88992	.61754	1.07571	1.36436	-.55
5	5.00	3.00	-.46615	1.09257	1.07571	.02237	-.51
6	6.00	5.00		1.56760	.47809	.02237	.60
7	7.00	8.00		-1.28258	1.07571	.91703	-2.12
8	8.00	1.00		.14251	1.67332	1.36436	-.19
9	9.00	8.00		-.33252	.47809	-.87230	-.55
10	10.00	2.00		-.80755	-.11952	-.42496	.72
11	11.00	2.00		.14251	-.71714	.02237	-.13
12	12.00	4.00		.14251	-1.31475	-.87230	-.01
13	13.00	5.00		-1.28258	-1.31475	.91703	-.49
14	14.00	5.00		-.80755	-1.91237	-.87230	-.31
15	15.00	2.00		-1.28258	-.71714	.91703	1.14
16	16.00	9.00		-.33252	-.11952	-.87230	-.69
17	17.00	3.00		1.09257	.47809	.46970	-.51
18	18.00	2.00		-.80755	1.07571	1.36436	.72
19	19.00	3.00		-.33252	-.71714	-.42496	.16
20	20.00	2.00	-.88992	-1.28258	-1.31475	.91703	1.14

資料視圖 變數視圖

步驟 6 將評價移入【因變數 (D)】，將 Z 難易度、Z 私語度移入【自變數 (I)】中，之後按【下一個 (N)】。

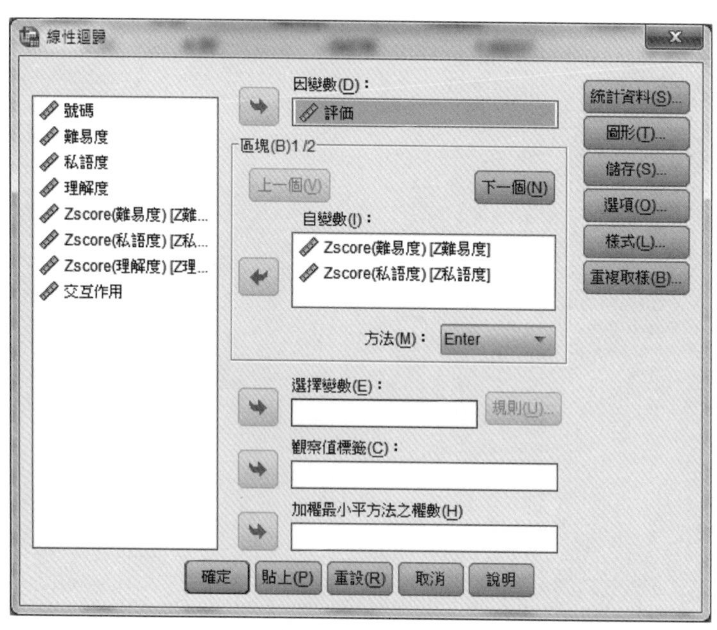

步驟 7 將交互作用移入【自變數 (I)】中。點一下【統計資料 (S)】。

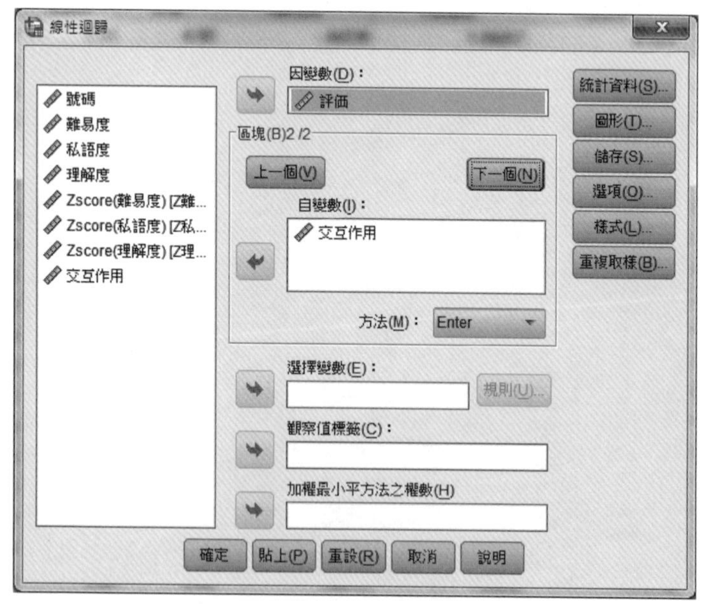

步驟 8 勾選【R 平方改變量 (S)】。按 繼續 ，再按 確定 。

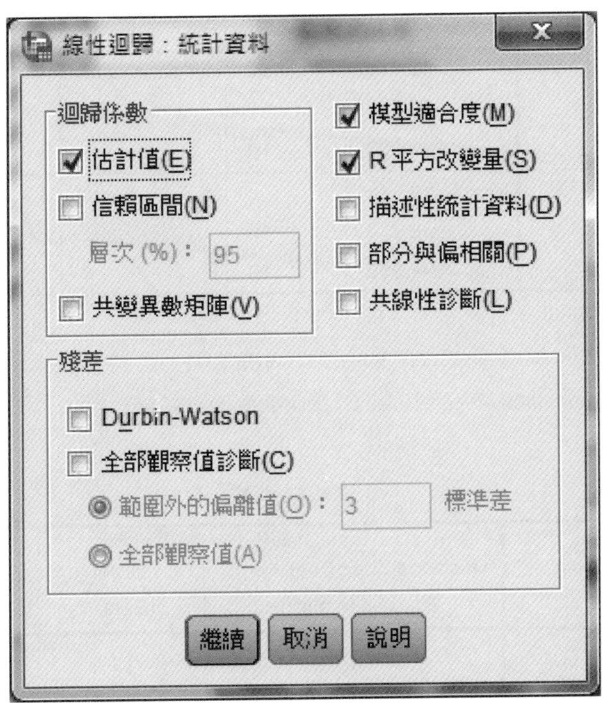

【SPSS 輸出】

得出如下輸出結果。

Model Summary

Model	R	R Square	Adjusted R Square	Std. Error of the Estimate	Change Statistics				
					R Square Change	F Change	df1	df2	Sig. F Change
1	.668[a]	.447	.382	1.75784	.447	6.864	2	17	.007
2	.773[b]	.597	.521	1.54661	.150	5.961	1	16	.027

a. Predictors: (Constant), Zscore(私語度), Zscore(難易度)

b. Predictors: (Constant), Zscore(私語度), Zscore(難易度), 交互作用

ANOVA[a]

Model		Sum of Squares	df	Mean Square	F	Sig.
1	Regression	42.420	2	21.210	6.864	.007[b]
	Residual	52.530	17	3.090		
	Total	94.950	19			
2	Regression	56.678	3	18.893	7.898	.002[c]
	Residual	38.272	16	2.392		
	Total	94.950	19			

a. Dependent Variable: 評価

b. Predictors: (Constant), Zscore(私語度), Zscore(難易度)

c. Predictors: (Constant), Zscore(私語度), Zscore(難易度), 交互作用

Coefficients[a]

Model		Unstandardized Coefficients		Standardized Coefficients	t	Sig.
		B	Std. Error	Beta		
1	(Constant)	5.950	.393		15.137	.000
	Zscore(難易度)	-1.168	.404	-.523	-2.895	.010
	Zscore(私語度)	-.888	.404	-.397	-2.200	.042
2	(Constant)	5.989	.346		17.299	.000
	Zscore(難易度)	-1.483	.378	-.663	-3.926	.001
	Zscore(私語度)	-.721	.362	-.323	-1.995	.063
	交互作用	-1.075	.440	-.418	-2.441	.027

a. Dependent Variable: 評価

【結果判讀】

1. 投入交互作用項時，ΔR^2（R 平方變化量）如爲顯著時，「交互作用即爲顯著」。本例投入交互作用項後 ΔR^2 的顯著機率爲 0.027 < 0.05，因之交互作用顯著。

   其他情形的交互作用仿照此方式檢定即可。

   此外，此方法能作爲變異數分析替代之用。

就 (2) 中心化的方法而言：

步驟 1 從【分析 (A)】中點選【描述性統計資料 (E)】，再從中選擇【描述性統計資料 (D)】。

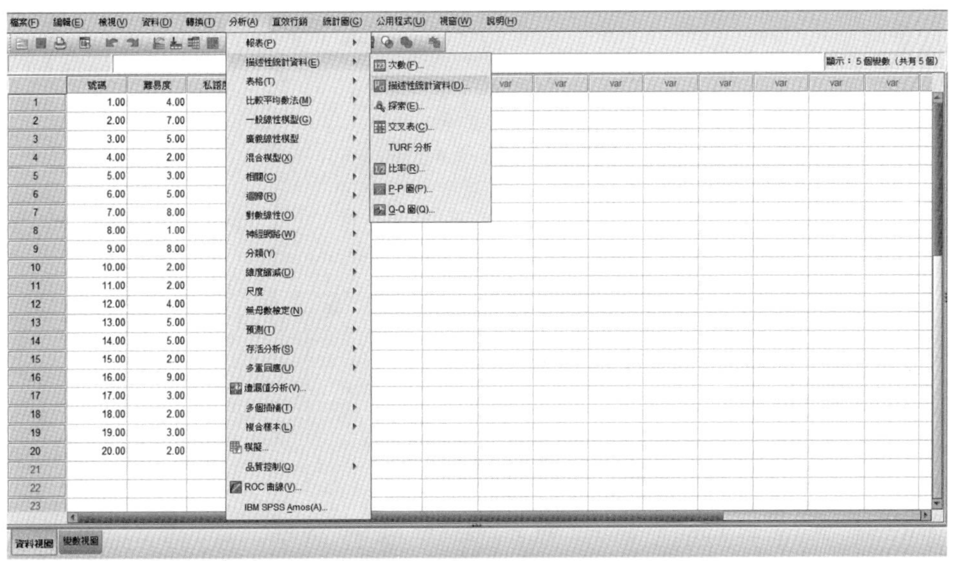

步驟 2 將各變數移入【變數 (V)】的方框中。按一下【選項 (O)】。

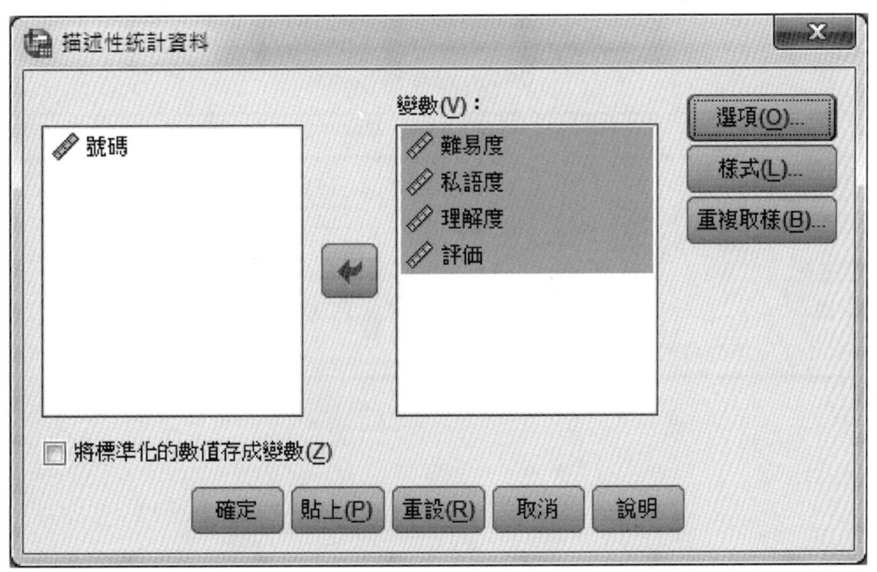

步驟 3 為計算各變數的平均值，勾選【平均數(M)】。之後按 繼續，再按 確定。

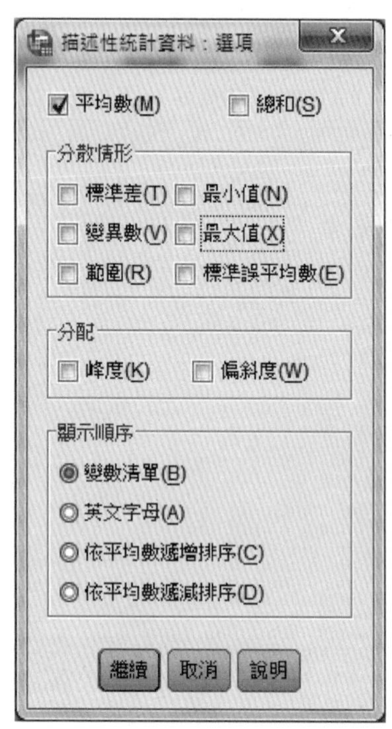

得出各變數的平均值如下。

Descriptive Statistics

	N	Minimum	Maximum	Mean	Std. Deviation
難易度	20	1.00	9.00	4.1000	2.35975
私語度	20	2.00	8.00	4.7000	2.10513
理解度	20	1.00	7.00	4.2000	1.67332
評価	20	1.00	9.00	5.9500	2.23548
Valid N (listwise)	20				

步驟 4 點選【轉換 (T)】，從中選擇【計算變數 (C)】。

步驟 5【目標變數 (T)】輸入 c 難易度，【數值表示式 (E)】輸入難易度 -4.1，之後按 確定 。

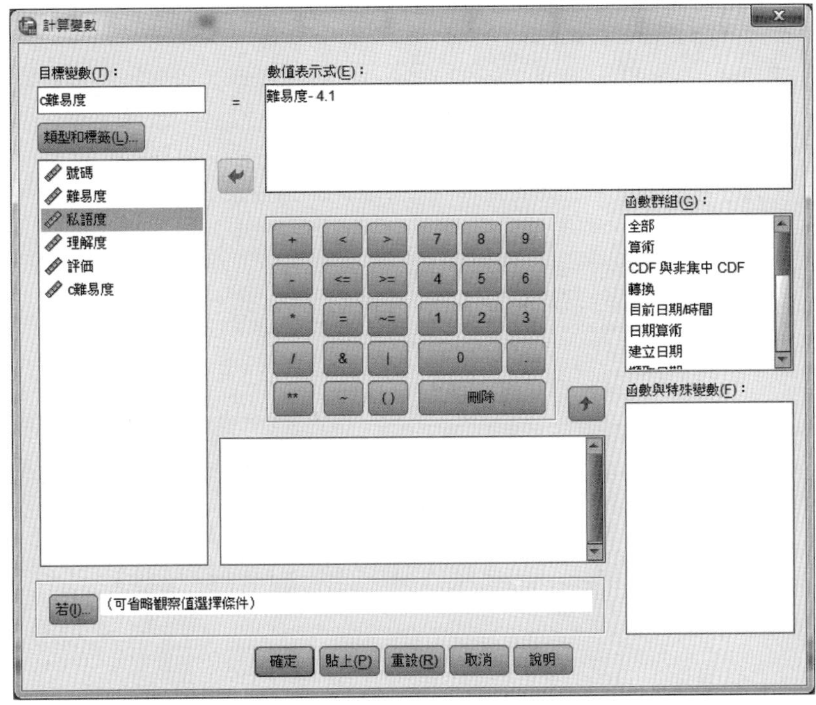

得出資料檢視如下。

檔案(F) 編輯(E) 檢視(V) 資料(D) 轉換(T) 分析(A) 直效行銷 統計圖(G) 公用程式(U) 視窗(W) 說明(H)

顯示：6 個變數（共有 6 個）

	號碼	難易度	私語度	理解度	評価	c難易度	var	var	var	var	var	var	var	var	var
1	1.00	4.00	7.00	5.00	4.00	-.10									
2	2.00	7.00	8.00	4.00	1.00	2.90									
3	3.00	5.00	7.00	5.00	4.00	.90									
4	4.00	2.00	6.00	6.00	9.00	-2.10									
5	5.00	3.00	7.00	6.00	6.00	-1.10									
6	6.00	5.00	8.00	5.00	6.00	.90									
7	7.00	8.00	2.00	6.00	8.00	3.90									
8	8.00	1.00	5.00	7.00	9.00	-3.10									
9	9.00	8.00	4.00	5.00	4.00	3.90									
10	10.00	2.00	3.00	4.00	5.00	-2.10									
11	11.00	2.00	5.00	3.00	6.00	-2.10									
12	12.00	4.00	5.00	2.00	4.00	-.10									
13	13.00	5.00	2.00	2.00	8.00	.90									
14	14.00	5.00	3.00	1.00	4.00	.90									
15	15.00	2.00	2.00	3.00	8.00	-2.10									
16	16.00	9.00	4.00	4.00	4.00	4.90									
17	17.00	3.00	7.00	5.00	7.00	-1.10									
18	18.00	2.00	3.00	6.00	9.00	-2.10									
19	19.00	3.00	4.00	3.00	5.00	-1.10									
20	20.00	2.00	2.00	2.00	8.00	-2.10									
21															
22															
23															

資料視圖 變數視圖

其他變數仿此方式進行中心化，得出如下結果。

檔案(F) 編輯(E) 檢視(V) 資料(D) 轉換(T) 分析(A) 直效行銷 統計圖(G) 公用程式(U) 視窗(W) 說明(H)

顯示：9 個變數（共有 9 個）

	號碼	難易度	私語度	理解度	評価	c難易度	c私語度	c理解度	c評價	var	var	var	var
1	1.00	4.00	7.00	5.00	4.00	-.10	2.30	.80	-1.95				
2	2.00	7.00	8.00	4.00	1.00	2.90	3.30	-.20	-4.95				
3	3.00	5.00	7.00	5.00	4.00	.90	2.30	.80	-1.95				
4	4.00	2.00	6.00	6.00	9.00	-2.10	1.30	1.80	3.05				
5	5.00	3.00	7.00	6.00	6.00	-1.10	2.30	1.80	.05				
6	6.00	5.00	8.00	5.00	6.00	.90	3.30	.80	.05				
7	7.00	8.00	2.00	6.00	8.00	3.90	-2.70	1.80	2.05				
8	8.00	1.00	5.00	7.00	9.00	-3.10	.30	2.80	3.05				
9	9.00	8.00	4.00	5.00	4.00	3.90	-.70	.80	-1.95				
10	10.00	2.00	3.00	4.00	5.00	-2.10	-1.70	-.20	-.95				
11	11.00	2.00	5.00	3.00	6.00	-2.10	.30	-1.20	.05				
12	12.00	4.00	5.00	2.00	4.00	-.10	.30	-2.20	-1.95				
13	13.00	5.00	2.00	2.00	8.00	.90	-2.70	-2.20	2.05				
14	14.00	5.00	3.00	1.00	4.00	.90	-1.70	-3.20	-1.95				
15	15.00	2.00	2.00	3.00	8.00	-2.10	-2.70	-1.20	2.05				
16	16.00	9.00	4.00	4.00	4.00	4.90	-.70	-.20	-1.95				
17	17.00	3.00	7.00	5.00	7.00	-1.10	2.30	.80	1.05				
18	18.00	2.00	3.00	6.00	9.00	-2.10	-1.70	1.80	3.05				
19	19.00	3.00	4.00	3.00	5.00	-1.10	-.70	-1.20	-.95				
20	20.00	2.00	2.00	2.00	8.00	-2.10	-2.70	-2.20	2.05				
21													
22													
23													

資料視圖 變數視圖

以下交互作用的檢定方式與標準化的作法相同。

第 23 章　非線性迴歸分析

23.1　前言

使用表 23.1 的數據，利用 SPSS 進行非線性迴歸看看。

以下的數據是從 1790 年到 1960 年爲止調查美國的耕作面積（單位 100 萬畝）與人口調查（單位 100 萬人）所得者。

想知道的事情是？
人口與耕作面積隨著年度是如何變化呢？

表 23.1.1　美國的人口與耕作面積之變化

No.	年	十年單位	耕作面積	人口調查
0	1790	0	1.5	3.895
1	1800	1	3.6	5.267
2	1810	2	5.8	7.182
3	1820	3	9.4	9.566
4	1830	4	13.1	12.834
5	1840	5	20.5	16.985
6	1850	6	423.7	23.069
7	1860	7	60.2	31.278
8	1870	8	823.5	38.416
9	1880	9	1023.5	49.924
10	1890	10	133.6	62.692
.	.	.	.	.
.	.	.	.	.
.	.	.	.	.
.	.	.	.	.
.	.	.	.	.
.	.	.	.	.
18	1960	17	327.1	178.464

迴歸模式可分成以下 3 種。

1. 線性迴歸模式

$Y = b_0 + b_1x_1 + b_2x_2$

2. 可以變換成線性迴歸模式之非線性迴歸模式

$Y = e^{b_0+b_1x_1+b_2x_2}$ $\Longrightarrow$ $\log Y = b_0 + b_1x_1 + b_2x_2$

$Y = b_0 + b_1x_1 + b_2x_2^2$ $\Longrightarrow$ $Y = b_0 + b_1x_1 + b_2x_3$（設 $x_3 = x_2^2$）

3. 不能變換成線性迴歸模式之非線性迴歸模式

$Y = b_0 + e^{b_1x_1} + e^{b_2x_2}$

對表 23.1 的數據而言，哪一個模式是最適的呢？姑且先描畫散佈圖……。

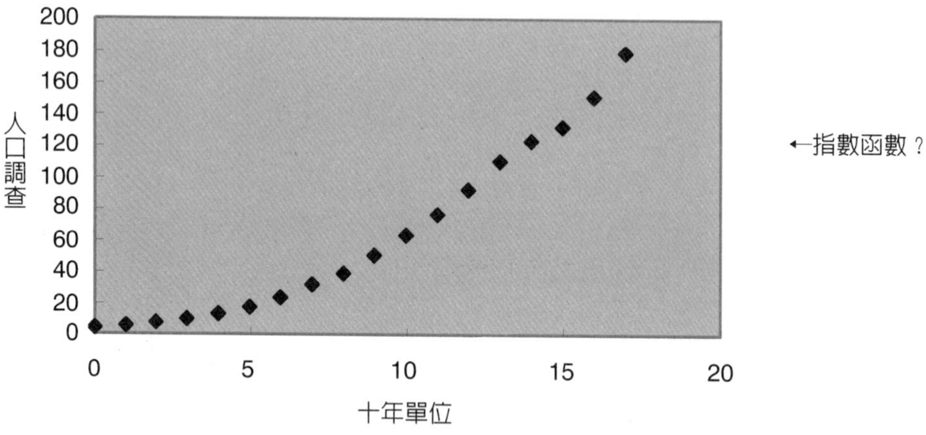

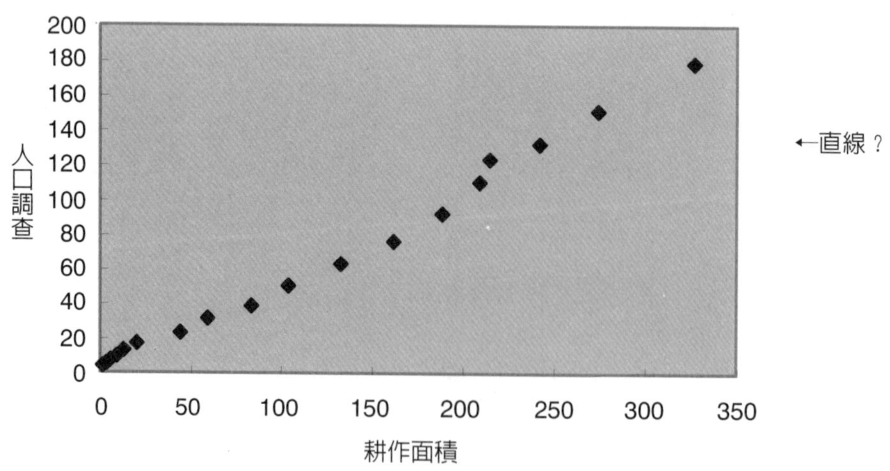

配適此曲線的模式是？

如觀察十年單位與人口調查的散佈圖時，增加的狀態像是指數函數，因此讓人聯想如下式子，即

$$人口調查 = e^{常數 \times 十年單位} \qquad \leftarrow Y = e^{cT}$$

另外，耕作面積與人口調查的散佈圖，看起來幾乎是直線，因此當作

$$人口調查 = 常數 + 常數 \times 耕作面積 \qquad \leftarrow Y = a + bx$$

基於以上，決定列舉如下的非線性迴歸模式，即

$$人口調查 = a + b \times 耕作面積 + e^{c \times 十年單位}$$

此 a、b、c 稱爲參數。

但是，當進行非線性迴歸分析時，必須先決定此參數 a、b、c 的初始值。

一點靈

話說，以表 23.1 的數據而言，

$$人口調查 = a + b \times 耕作面積 + c \times e^{d} \times 十年單位$$

或許是比較好的模式也說不定。

有時間的人不妨嘗試看看。

【參數的初始值的決定方法】

譬如，雖說麻煩但初始值如設爲

a = 0，b = 0，c = 0

大致上會失敗的。

此非線性迴歸模式

$Y = a + bx + e^{cT}$

是由以下 2 個部分所構成的。

$$\begin{cases} 部分\ 1 \cdots\cdots Y = e^{cT} \\ 部分\ 2 \cdots\cdots Y = a + bx \end{cases}$$

因此，利用 SPSS 的曲線估計，試著決定 3 個參數的初始值看看。

步驟 1 點選【分析 (A)】 ⟹ 【迴歸 (R)】 ⟹ 【曲線估計 (C)】

如出現對話框時，如下輸入，按 確定 。

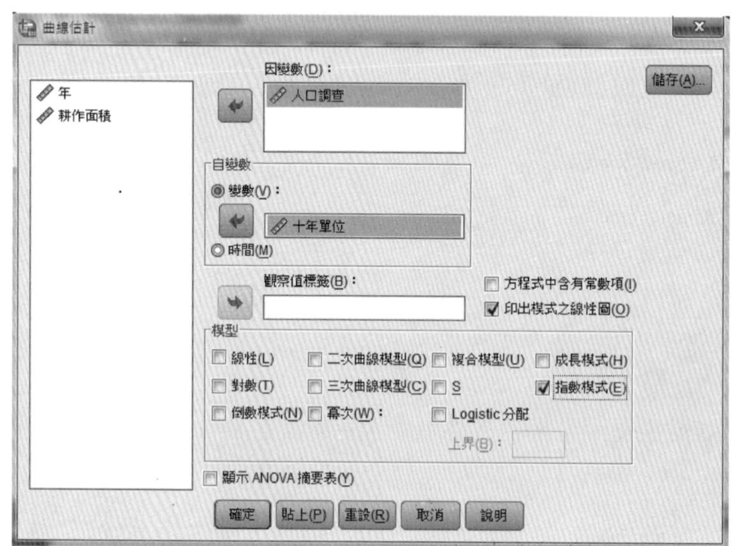

注意不含常數項目

輸出結果為

模型總計及參數評估

因變數: 人口調查

方程式	模型摘要					參數評估	
	R 平方	F	df1	df2	顯著性	常數	b1
指數模式	.976	657.051	1	16	.000	5.153	.228

自變數為 十年單位。

因之，c 的初始值設為 $c = 0.228$。

步驟 2 點選【分析 (A)】 ⟹ 【迴歸 (R)】 ⟹ 【曲線估計 (C)】

如出現對話框時，如下輸入，按 確定 。

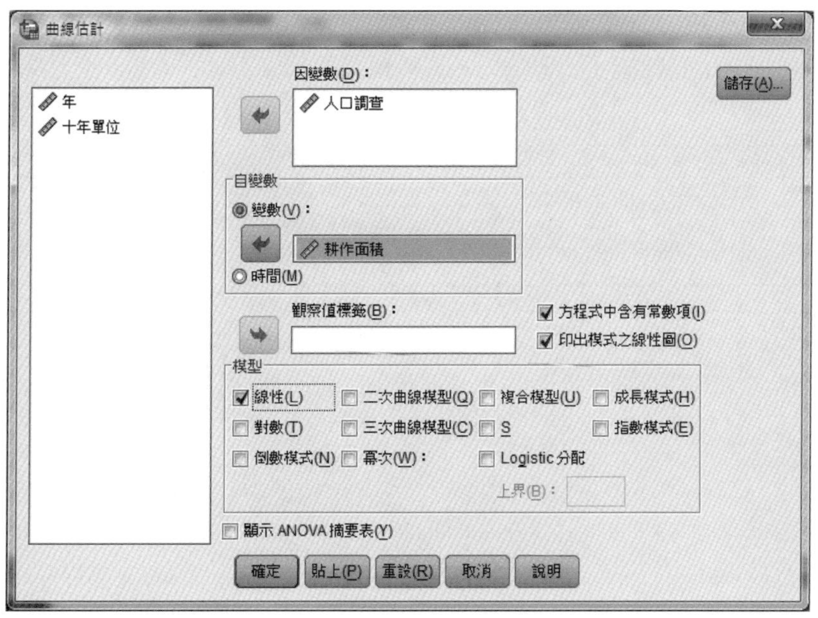

輸出結果爲

模型總計及參數評估

因變數: 人口調查

方程式	模型摘要					參數評估	
	R 平方	F	df1	df2	顯著性	常數	b1
線性	.989	1457.016	1	16	.000	.901	.526

自變數為 耕作面積。

因之，a 與 b 的初始值設爲

a = 0.901，b = 0.526

【數據輸入類型】

表 23.1.1 的數據，如下輸入。資料視圖顯示如下：

23-1.sav [資料集1] - IBM SPSS Statistics Data Editor

檔案(F) 編輯(E) 檢視(V) 資料(D) 轉換(T) 分析(A) 直效行銷 統計圖(G) 公用程式(U) 視窗(W) 說明(H)

顯示：4 個變數（共有 4 個）

	年	十年單位	耕作面積	人口調查	var	var	var	var	var
1	1790	0	1.5	3.895					
2	1800	1	3.6	5.267					
3	1810	2	5.8	7.182					
4	1820	3	9.4	9.566					
5	1830	4	13.1	12.834					
6	1840	5	20.5	16.985					
7	1850	6	44.7	23.069					
8	1860	7	60.2	31.278					
9	1870	8	84.5	38.416					
10	1880	9	104.5	49.924					
11	1890	10	133.6	62.692					
12	1900	11	162.4	75.734					

資料視圖 變數視圖

IBM SPSS Statistics 處理器已就緒 Unicode:ON

變數視圖顯示如下：

23.1.sav [資料集1] - IBM SPSS Statistics Data Editor

檔案(F) 編輯(E) 檢視(V) 資料(D) 轉換(T) 分析(A) 直效行銷 統計圖(G) 公用程式(U) 視窗(W) 說明(H)

	名稱	類型	寬度	小數	標籤	數值	遺漏	直欄	對齊
1	年	數值型	4	0		無	無	8	右
2	十年單位	數值型	3	0		無	無	8	右
3	耕作面積	數值型	8	1		無	無	8	右
4	人口調查	數值型	7	3		無	無	8	右
5									
6									
7									
8									
9									
10									
11									
12									
13									

資料視圖 變數視圖

IBM SPSS Statistics 處理器已就緒 Unicode:ON

23.2 非線性迴歸分析

【統計處理步驟】

步驟 1 統計處理是從前面的狀態，以滑鼠點選【分析 (A)】開始。

從清單之中選擇【迴歸方法 (R)】時，……。

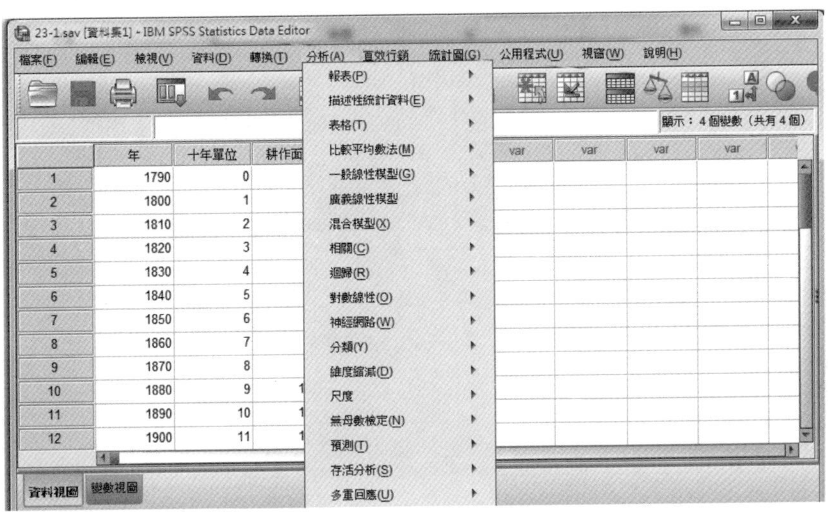

步驟 2 在子清單之中有【非線性（N）】，按一下此處。

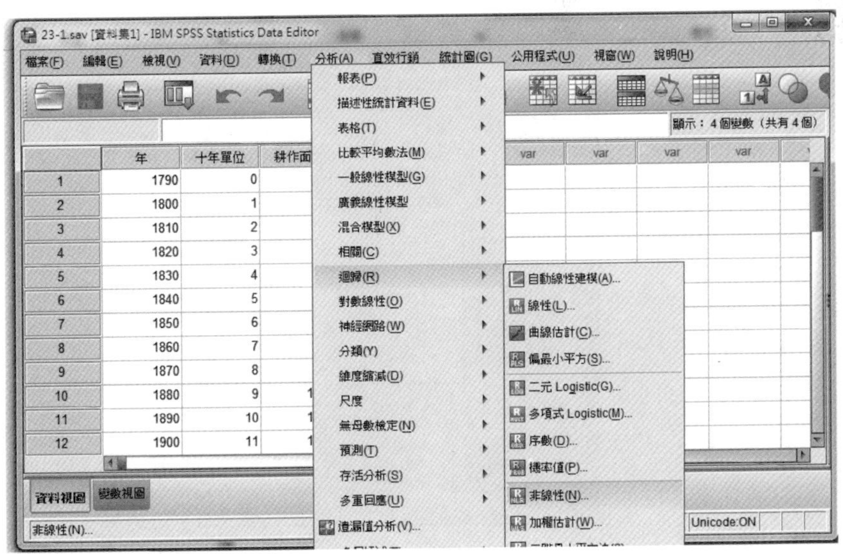

步驟 3　如出現以下畫面時，將人口調查移到依【變數 (D)】的方框中，試著按一下【參數 (A)】。

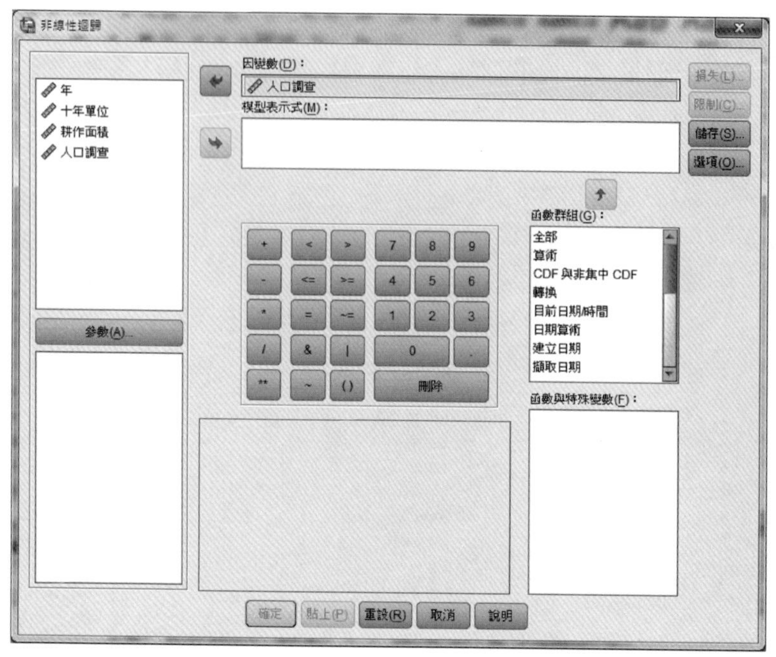

步驟 4　此模式因使用 3 個參數 a、b、c，因此首先將 a 輸入到【名稱 (N)】的方框中。接著，將 0.901 輸入到【初始值 (S)】的方框中。

步驟 5 按一下【新增 (A)】時，成爲如下圖所示，因此對剩餘的參數 a、b、c 也同樣輸入並按【新增 (A)】。

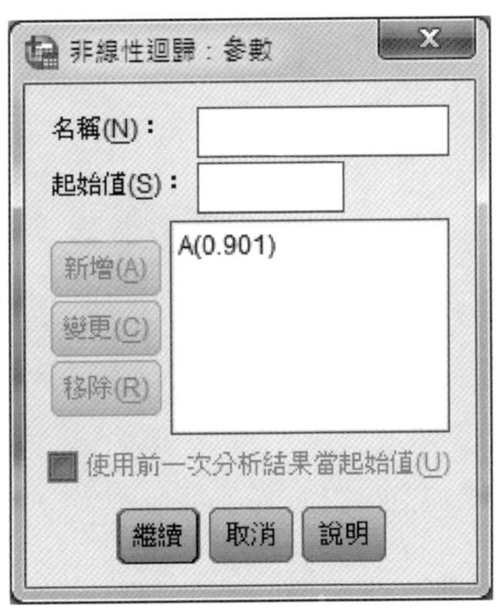

步驟 6 方框之中如變成如下圖時，按一下 繼續。

非線性迴歸：參數
名稱(N)：
起始值(S)：
新增(A)
變更(C)
移除(R)
A(0.901)
B(526)
C(0.228)
使用前一次分析結果當起始值(U)
繼續
取消
說明

步驟 7 於是，回到之前的對話框（= 步驟 3）。此處必須輸入模式運算式。

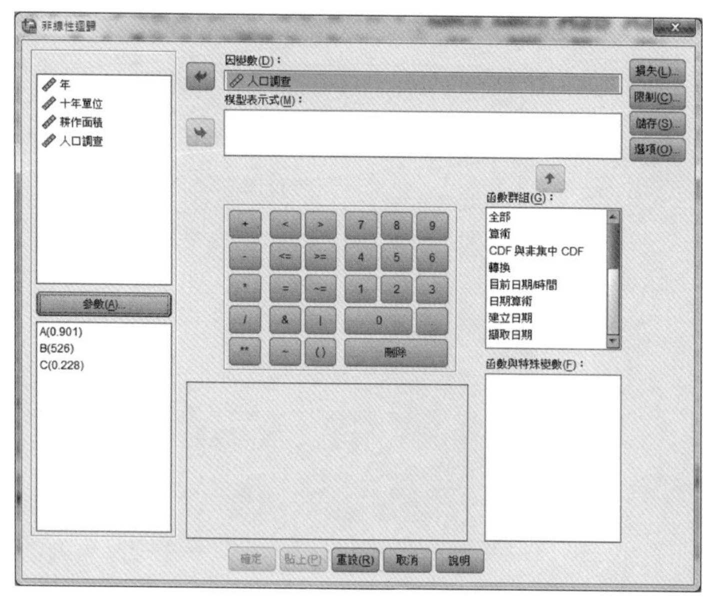

步驟 8 A+Bx 的部分，是使用畫面中央計算器部分與【模式運算式 (M)】左邊的 ▶ 如下輸入，不要忘了乘法的 * 記號！

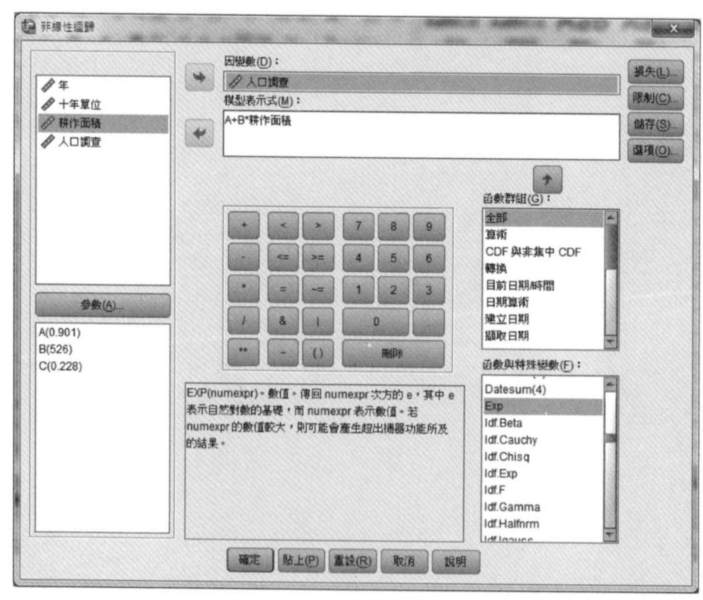

步驟 9　其次，指數函數在【函數 (F)】之中應該有 EXP（數值表示式），因此點選它之後，按一下【函數 (F)】的 ▲ 時，即成爲 EXP(？)。

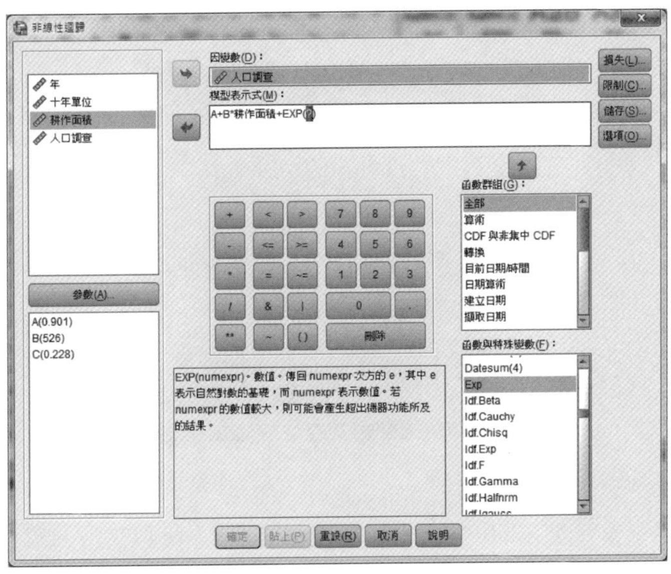

步驟 10　緊接著，按一下參數 C(0.3682)，

按一下【模式運算式 (M)】左方的 ▶，再按一下 *。

最後按一下十年單位，按一下【模式運算式 (M)】左方的 ▶。

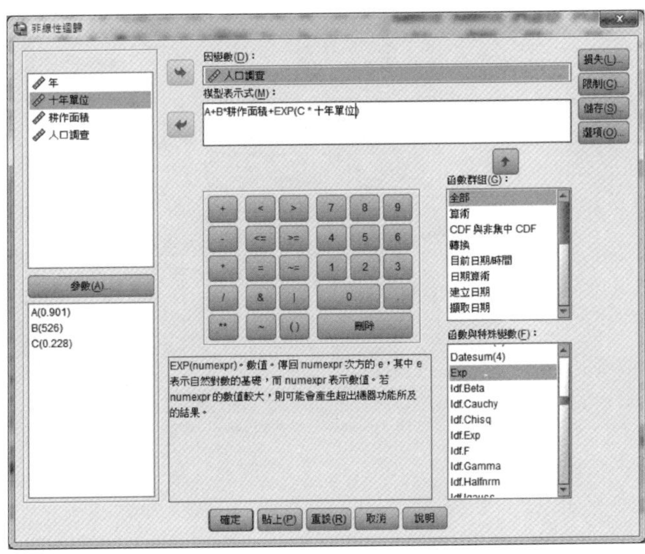

步驟 11　畫面下應該有【適配不佳度 (L)】、【限制 (C)】、【選項 (O)】，然而最初進行非線性迴歸分析時，先全部忽略。

想知道預測值時，按一下【儲存 (S)】，然後點選【預測值 (P)】。

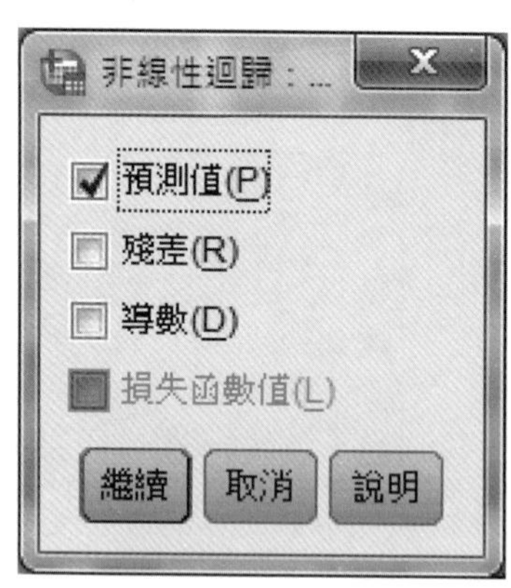

步驟 12　按一下 繼續，即可回到以下的對話框，之後只需按 確定 鈕。

【SPSS 輸出・1】

非線性迴歸

疊代歷程[b]

疊代號碼[a]	殘差平方和	參數		
		A	B	C
1.0	6239.826	.901	.526	.228
1.1	194.669	2.910	.394	.231
2.0	194.669	2.910	.394	.231
2.1	194.657	2.902	.394	.231
3.0	194.657	2.902	.394	.231
3.1	194.657	2.902	.394	.231
4.0	194.657	2.902	.394	.231
4.1	194.657	2.902	.394	.231

←④ ←⑤

透過數值計算導數。

a. 主要疊代數顯示在小數的左側，次要疊代數顯示在小數的右側。

b. 執行在 8 個模型估計和 4 個導數估計之後停止，因為連續的殘差平方和之間的相對縮減最多為 SSCON = 1.000E-8。

變異數分析[a]

來源	平方和	df	均方
迴歸	123045.371	3	41015.124
殘差	194.657	15	12.977
未校正總數	123240.028	18	
校正後總數	53293.925	17	

←③

應變數：人口調查

a. R 平方 = 1 - (殘差平方和) / (校正平方和) = .996。 ←②

參數評估

參數	估計	標準錯誤	95% 信賴區間	
			下限	上限
A	2.902	1.437	-.161	5.965
B	.394	.021	.350	.438
C	.231	.009	.212	.250

←①

參數相關性估計值

	A	B	C
A	1.000	-.678	.448
B	-.678	1.000	-.918
C	.448	-.918	1.000

←⑥

【輸出結果的判讀法 ‧ 1】

①所求的非線性迴歸形式是

人口調查 = 2.9020 + 0.3939× 耕作面積 + $e^{0.2307\times \text{十年單位}}$

② + ③ R squared = 決定係數 R^2

$$R\ squared = 1 - \frac{194.65}{53293.92} = 0.99635$$

R squared = 0.99635 接近 1，知此非線性迴歸式配適佳。

④參數 a、b、c 的初始值，事實上，從此處開始反覆計算。

⑤參數 a,b,c 的最終估計值，與 1 的估計值相同。如反覆的殘差在基準以下時，計算中止，此時的值即爲所求的參數的估計值。

⑥求參數間的相關係數。

譬如，B 與 C 的相關係數是 −0.9180。此值的絕對值接近 1，有相當強的關係。因此，去除 B 與 C 之中的任一個也許比較好。

【SPSS 輸出 ・2】

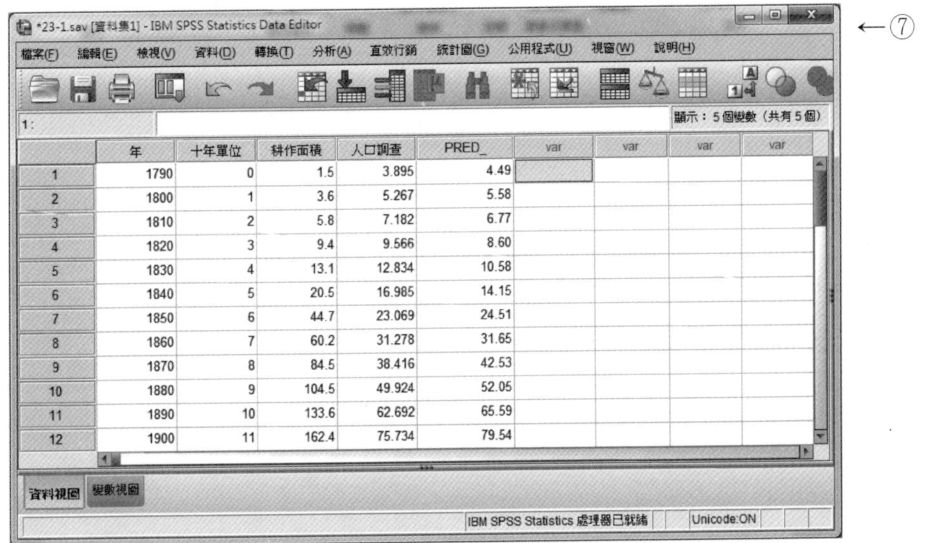

	年	十年單位	耕作面積	人口調查	PRED_	var	var	var	var
1	1790	0	1.5	3.895	4.49				
2	1800	1	3.6	5.267	5.58				
3	1810	2	5.8	7.182	6.77				
4	1820	3	9.4	9.566	8.60				
5	1830	4	13.1	12.834	10.58				
6	1840	5	20.5	16.985	14.15				
7	1850	6	44.7	23.069	24.51				
8	1860	7	60.2	31.278	31.65				
9	1870	8	84.5	38.416	42.53				
10	1880	9	104.5	49.924	52.05				
11	1890	10	133.6	62.692	65.59				
12	1900	11	162.4	75.734	79.54				

←⑦

【輸出結果的判讀法 ・2】

⑦ pred 是指預測值。

各觀察值的預測值，被輸出在資料檔案的最右方。

下　篇

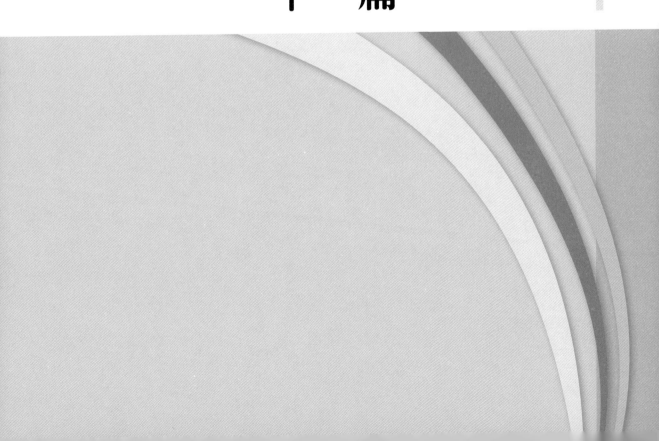

第1章 統計處理須知

1.1 實驗計畫法（Design of Experiment）與統計解析

談到統計處理，腦海中就會浮現以電腦去計算所蒐集來的數據的平均與變異數。

可是，數據並非自然匯集而來。是經各種準備及實驗或觀測之後好不容易才得到的。

因此，要在何種計畫之下進行實驗才好呢？此計畫的訂定方式即爲重點所在。

從此種事情來看，建立統計學之基礎的費雪（R. A. Fisher, 1890-1962）想出了實驗的 3 原則。

➲ 費雪的 3 原則

1. 反覆（replication）
2. 隨機（randomization）
3. 局部控制（local control）

簡單的說，得到最好的實驗數據的手法正是實驗計畫法，廣義的來說，

有關實驗的計畫方法	+	基於實驗所得數據的解析方法

稱爲實驗計畫法。

當然，其中有關數據偏誤的對策也包含在內。

數據偏誤的對策有

- 隨機取樣，隨機配置，
- 共變量（伴隨因子）的調整

等等。

（注）

1. 開始你的研究之前，你應該清楚你正在檢定何種假設，並決定適當的統計方法（Before starting your research you should be clear about what hypothesis you are testing and decide on the appropriate statistical methods）。
2. 假設在一個實驗中除了反應變數 y，還有一個變數如 x，而 y 是線性關係於 x。另外，假設 x 是實驗人員無法控制但仍可與 y 一起被觀測到。變數 x 被稱為共變量 (covariate) 或伴隨變數 (concomitant variable)。

1.2 估計

➲ 區間估計的架構

母平均的區間估計，即爲如下。

母平均的區間估計架構

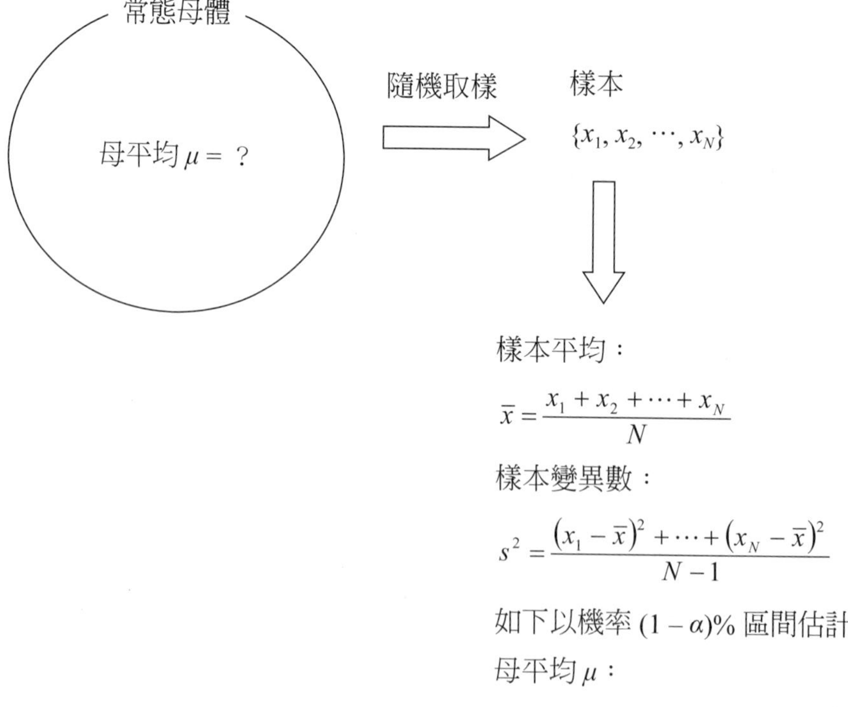

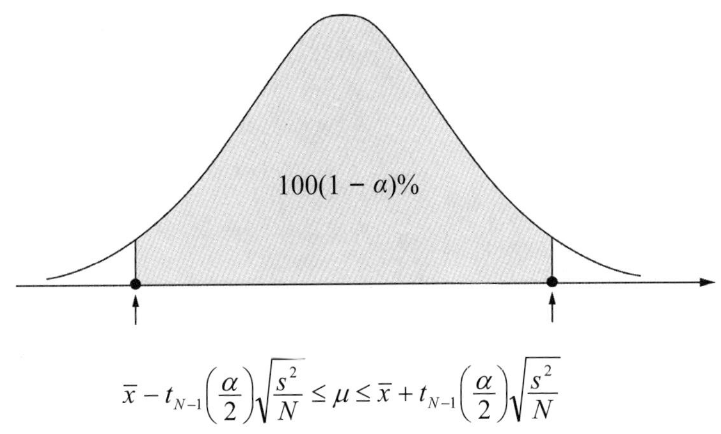

100(1 − α)%
$\bar{x} - t_{N-1}\left(\frac{\alpha}{2}\right)\sqrt{\frac{s^2}{N}} \le \mu \le \bar{x} + t_{N-1}\left(\frac{\alpha}{2}\right)\sqrt{\frac{s^2}{N}}$

➲ 母體比率的區間估計

母體比率的區間估計架構

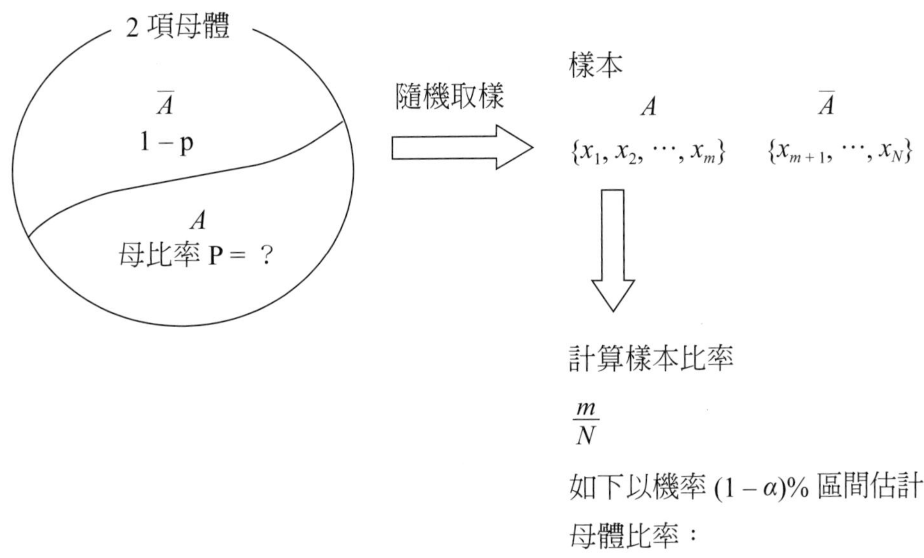

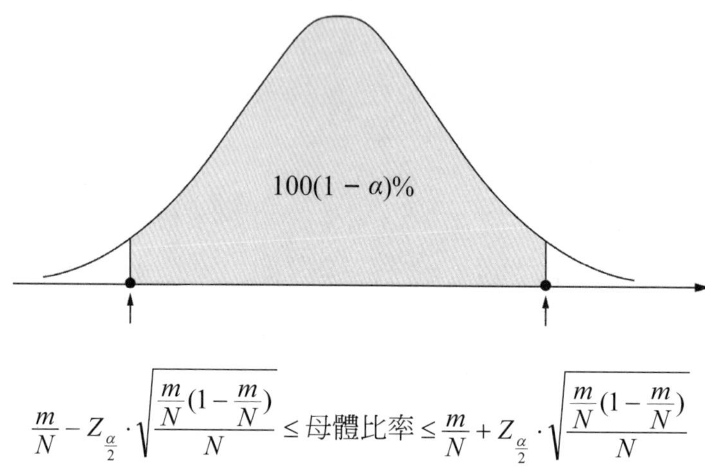

$$\frac{m}{N} - Z_{\frac{\alpha}{2}} \cdot \sqrt{\frac{\frac{m}{N}(1-\frac{m}{N})}{N}} \leq \text{母體比率} \leq \frac{m}{N} + Z_{\frac{\alpha}{2}} \cdot \sqrt{\frac{\frac{m}{N}(1-\frac{m}{N})}{N}}$$

1.3 檢定的 3 個步驟

假設的檢定是指從數據的資訊去檢定有關母體的假設。檢定的架構如下：

檢定的架構

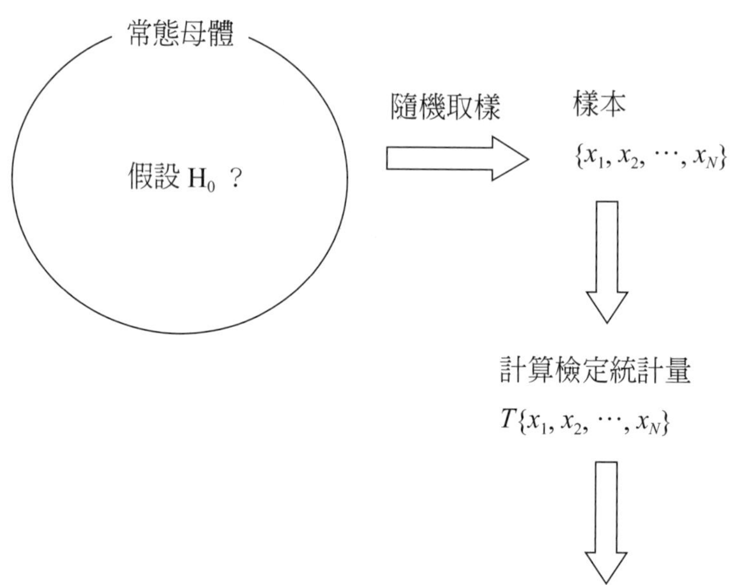

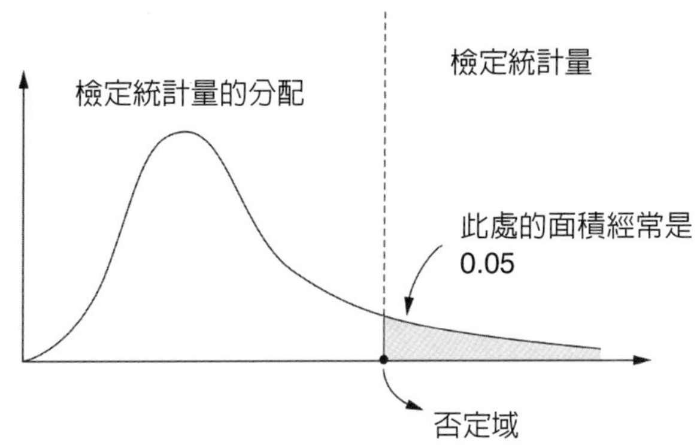

檢定統計量如包含在否定域時，否定虛無假設。

因此檢定的 3 步驟即爲：

1. 建立假設 H_0。

2. 計算檢定統計量。

3. 如包含在否定域時，即否定假設 H_0。

當顯著機率 < 顯著水準 0.05 時，檢定統計量包含在否定域中，因之否定假設 H_0。

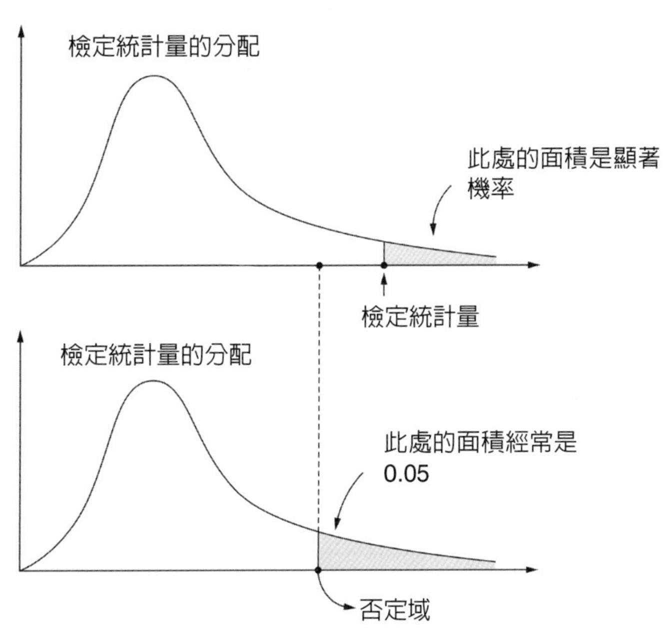

1.4 多重比較簡介

所謂多重比較是在 3 個以上的組中進行差異的檢定。

譬如，3 組時⋯。

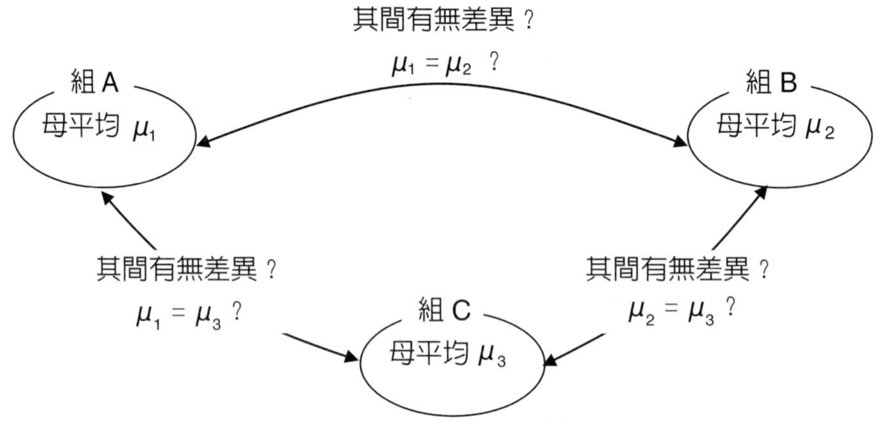

因此，進行多重比較，即可「發現有差異之組合」。

例 1 進行多重比較時：

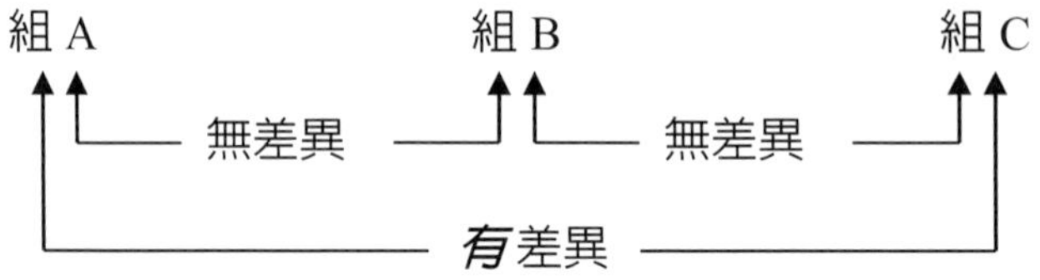

例 2 進行多重比較時：

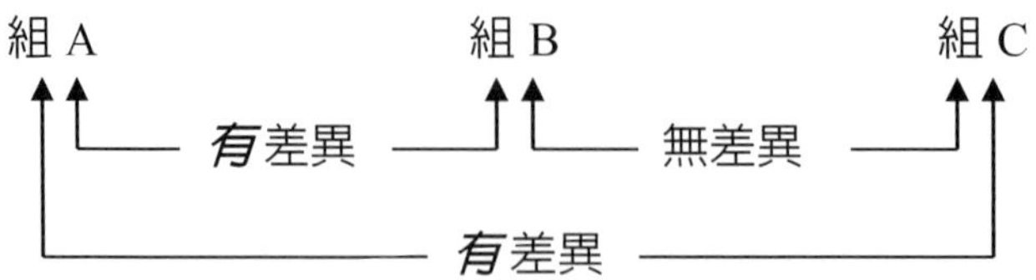

➲ 多重比較與單因子變異數分析有何不同？

單因子的變異數分析是指 3 個以上之組中的差異檢定。

假設即爲如下：

假設 H_0： 組 A 的母平均 μ_1 = 組 B 的母平均 μ_2 = 組 C 的母平均 μ_3

如否定此假設時，可知

至少有一個組合其組間是有差異的。

可是，哪一組與哪一組之間有差異，單因子的變異數分析並未具體告知有差異的部分。

➲ 多重比較與 t 檢定有何不同？

試使用相同的資料，比較 t 檢定與利用 Tukey 法的多重比較。以下的數據是測量非洲爪蛙的細胞分裂的結果。

表 1.4.1

發生期	細胞分裂比率（%）
51 期	12.1 18.8 18.2
55 期	22.2 21.5 14.6
57 期	21.8 19.5 26.3
59 期	26.4 32.6 31.3

發生期	細胞分裂比率（%）
61 期	24.5 21.2 22.4

使用統計軟體 SPSS，

- 利用 t 檢定重複進行檢定
- 利用 Tukey 法的多重比較

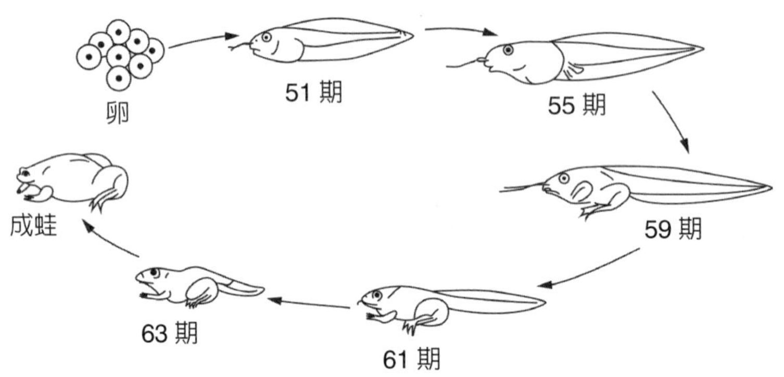

➲t 檢定（2 個母平均之差的檢定）的重複

表 1.4.2　t 檢定

	平均值之差	顯著機率
51 期　55 期	–2.700	1.439
57 期	–5.800	1.122
59 期	–13.700*	1.008
61 期	–6.300	1.053
55 期　57 期	–3.100	1.375
59 期	–11.000*	0.021
61 期	–3.600	1.223
57 期　59 期	–7.900*	1.048
61 期	–1.500	1.838
59 期　61 期	7.400*	1.025

＊表平均之差在 0.05 之下是顯著的。有差異的組合是以下 4 組：

51 期與 59 期
55 期與 59 期
57 期與 59 期
59 期與 61 期

➲ 利用 Tukey 法的多重比較

表 1.4.3

		平均值之差	顯著機率
51 期	55 期	–2.700	1.854
	57 期	–5.800	1.281
	59 期	–13.700*	1.004
	61 期	–6.300	1.218
55 期	57 期	–3.100	1.784
	59 期	–11.000*	1.016
	61 期	–3.600	1.686
57 期	59 期	–7.900*	1.092
	61 期	–1.500	1.000
59 期	61 期	7.400*	1.121

＊表平均之差在 0.05 之下是顯著的。有差異的組合是以下 2 組：

51 期與 59 期
55 期與 59 期

2 個輸出結果出現十足的不同，其理由是：
可以認為「表 1.4.3 是重複利用 t 檢定，被否定的基準變得寬鬆之緣故。」

➲ 各種多重比較法

多重比較的重要性應該清楚明白了吧。

那麼，多重比較難道只有 Tukey 的方法嗎？

事實上：

【等變異性成立時】

- Tukey 的 HSD 檢定

  這是依據標準距分配的多重比較法。

  多重比較經常使用此 Tukey 的 HSD 檢定與 Bonferroni 檢定。

- Bonferroni 檢定

  利用 Bonferroni 的不等式進行修正。

- Scheffè 的方法

  進行線性對比的多重比較。

- Sidak's t 檢定

  這是修正顯著水準，比 Bonferroni 檢定更適切地計算否定界限。

- Hochberg's GT2

  一般來說，Tukey 的 HSD 檢定力比此方法更強。

- Gabriel's 成對比較檢定（Gabriel's pairwise comparison test）

  當 2 個樣本大小不同時，似乎比 Hochberg 的 GT2 有較強的檢定。

- Dunnett 的各對的 t 檢定（Dunnett's pairwise multiple comparison t test）

  此檢定是比較控制組與實驗組時所利用。

- R.E.G.W 法

是由 Ryran, Einot, Gabriel, Welsch 所開發的 Stepdown 法，有 R.E.G.W 的 F 與 R.E.G.W 的 Q 兩種方法。

【等變異性不成立時】

此種時候，也準備有幾種的多重比較。

- Tamhane's T2
- Dunnett's T3
- Games- Howell 成對比較檢定
- Dunett's C

【無母數多重比較】

也準備有無母數時的多重比較。

- Steel · Dwass 檢定
- Steel 檢定

➲ 利用 Tukey 法的多重比較

Tukey 法是針對所有組的組合，尋找有差異的組合。

譬如，有 5 個實驗組 A, B, C, D, E，所有組的組合如下。

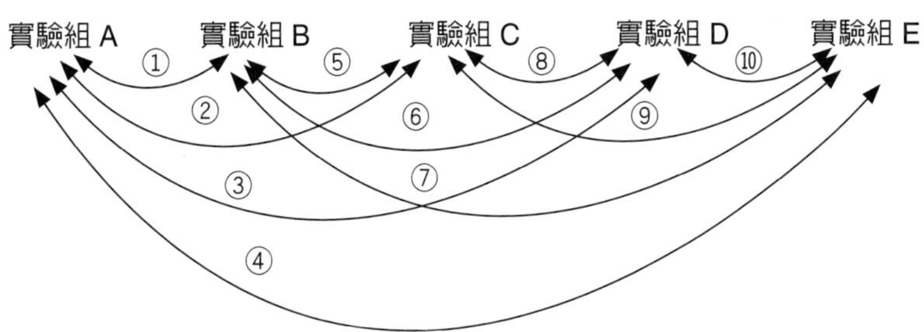

5 組中取 2 組的組合數是

$${}_5C_2 = \frac{5 \times 4}{2 \times 1} = 10$$

➲ 利用 Dunnett 法的多重比較

Dunnett 法是以參照組為中心，就以下的所有組合調查有無差異。

參照組也稱為控制類或參照類。

譬如，參照組 A 與實驗組 B, C, D, E 的組合如下。

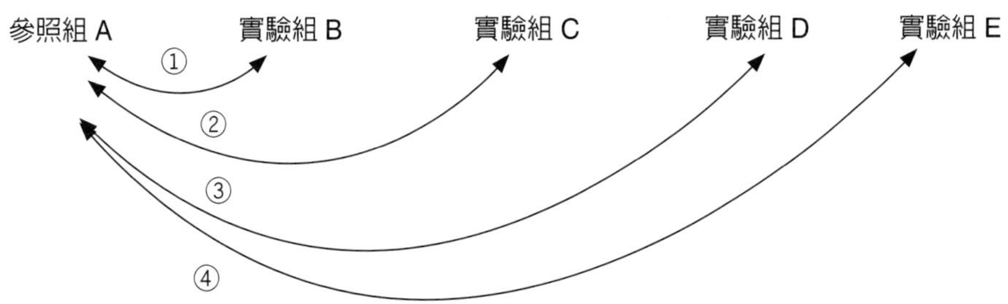

組合數是組數減 1，即 5 − 1 = 4。

1.5 Tukey 的多重比較

以下的數據是就糖尿病的治療所使用的 3 種新藥 A, B, C，調查用藥前與用藥後 30 分鐘，其血糖值之差異結果。

表 1.5.1

藥 A

NO.	血糖值之差
1	110
2	65
3	78
4	83
5	27
6	132
7	141
8	109
9	86
10	87
11	66
12	78
13	81
14	95
15	92

藥 B

NO.	血糖值之差
1	124
2	89
3	81
4	103
5	139
6	155
7	87
8	154
9	116
10	94
11	137
12	81
13	76
14	89
15	114

藥 C

NO.	血糖值之差
1	84
2	59
3	62
4	41
5	129
6	124
7	87
8	99
9	59
10	56
11	134
12	82
13	67
14	68
15	77

想知道的事情是
「在治療效果上有差異之組合是何者？」

【數據輸入類型】

表 1.5.1 的數據如下輸入。

	藥種類	血糖值差	var
1	1	110	
2	1	65	
3	1	78	
4	1	83	
5	1	27	
6	1	132	
7	1	141	
8	1	109	
9	1	86	
10	1	87	
11	1	66	
12	1	78	
13	1	81	
14	1	95	
15	1	92	
16	2	124	
17	2	89	
18	2	81	
19	2	103	
20	2	139	
21	2	155	
22	2	87	
23	2	154	
24	2	116	
25	2	94	
26	2	137	
27	2	81	
28	2	76	
29	2	89	
30	2	114	
31	3	84	
32	3	59	
33	3	62	
34	3	41	
35	3	129	
36	3	124	
37	3	87	
38	3	99	
39	3	59	
40	3	56	
41	3	134	
42	3	82	
43	3	67	
44	3	68	
45	3	77	
46			

1.6 Tukey 的多重比較步驟

【統計處理的步驟】

步驟 1 數據輸入結束後，按一下【分析 (A)】，接著選擇【比較平均數法 (M)】，再選擇【單向 ANOVA (O)】。

步驟 2 顯示以下的頁面後，將血糖值差移到【因變數清單 (E)】的方框；將藥種類移到【因素 (F)】的方框中，按一下【Post Hoc 檢定 (H)】。

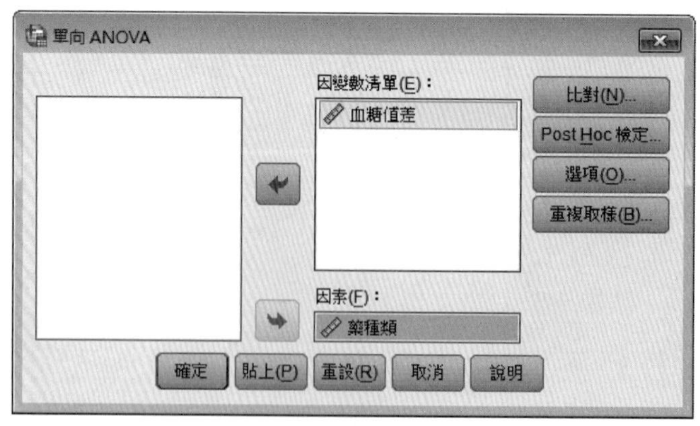

步驟 3 顯示以下頁面後，勾選【Tukey 法】，再按 繼續 。

單向 ANOVA：事後多重比較

假設相同變異數

LSD　S-N-K　Waller-Duncan 檢定

Bonferroni 法　Tukey 法　型 I/型 II 錯誤比例：100

Sidak 檢定　Tukey's-b　Dunnett 檢定

Scheffe 法　Duncan　控制種類(Y)：最後一個

R-E-G-W F 值　Hochberg's GT2 檢定　檢定

R-E-G-W Q 值　Gabriel 檢定　雙邊檢定(2)　< 控制(O)　> 控制(N)

未假設相同變異數

Tamhane's T2 檢定　杜納 (Dunnett) T3 檢定　Games-Howell 檢定　Dunnett's C 檢定

顯著性層級(F)：0.05

繼續　取消　說明

步驟 4 返回單向 ANOVA 頁面後，按一下 確定 。

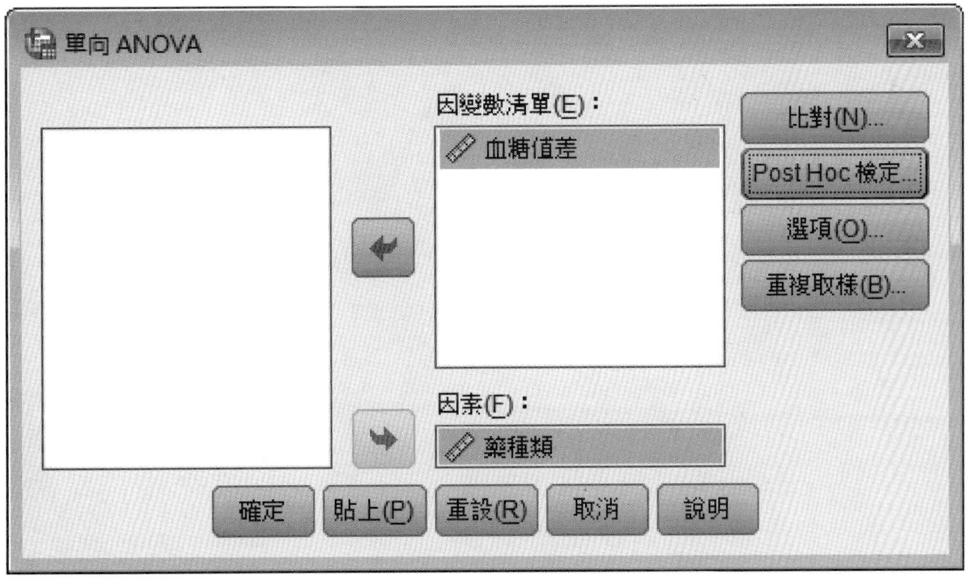

【SPSS 輸出】——Tukey 的多重比較

➡ 單因子

變異數分析

血糖值差

	平方和	自由度	平均平方和	F 檢定	顯著性
組間	6106.800	2	3053.400	3.968	.026
組內	32322.000	42	769.571		
總和	38428.800	44			

←①

Post Hoc 檢定

多重比較

依變數: 血糖值差
Tukey HSD

(I) 藥種類	(J) 藥種類	平均差異 (I-J)	標準誤	顯著性	95% 信賴區間	
					下界	上界
1	2	-20.60	10.13	.117	-45.21	4.01
	3	6.80	10.13	.781	-17.81	31.41
2	1	20.60	10.13	.117	-4.01	45.21
	3	27.40*	10.13	.026	2.79	52.01
3	1	-6.80	10.13	.781	-31.41	17.81
	2	-27.40*	10.13	.026	-52.01	-2.79

←②

*. 在 .05 水準上的平均差異很顯著。

【輸出結果的判讀】

①這是單因子的變異數分析表。檢定以下的假設。

假設 H_0：3 種藥的效果沒有差異

F 值（= 檢定統計量）是 3. 968，顯著機率是 0.026，以圖形表現此關係時，即如下圖。

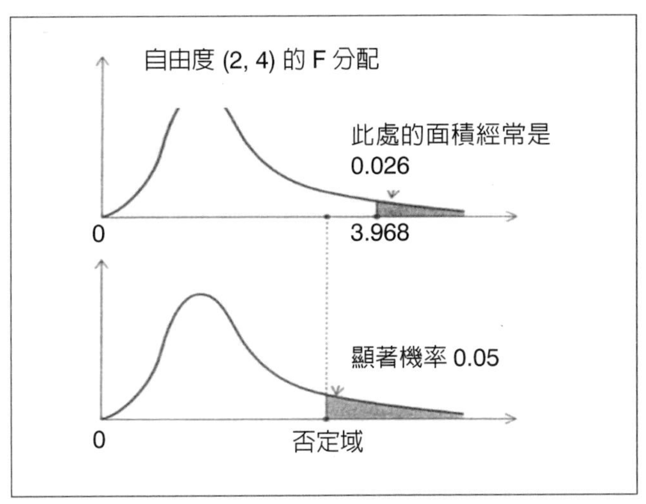

由於

顯著機率 0.026 < 顯著水準 0.05

因之，假設 H_0 不成立。

因此，得知 3 種藥的效果是有差異的。

②這是 Tukey 方法的多重比較。以顯著水準 5% 在有差異之組合處加上 * 記號。

因此，可知 B 藥與 C 藥之間有差異。

1.7 Dunnett 的多重比較

以下的數據是針對治療糖尿病所使用的 3 種藥 A, B, C 調查用藥前與用藥後 30 分鐘，其血糖值之差的結果。

表 1.7.1

藥 A

NO.	血糖值之差
1	110
2	65
3	78
4	83
5	27
6	132
7	141
8	109
9	86
10	87
11	66
12	78
13	81
14	95
15	92

藥 B

NO.	血糖值之差
1	124
2	89
3	81
4	103
5	139
6	155
7	87
8	154
9	116
10	94
11	137
12	81
13	76
14	89
15	114

藥 C

NO.	血糖值之差
1	84
2	59
3	62
4	41
5	129
6	124
7	87
8	99
9	59
10	56
11	134
12	82
13	67
14	68
15	77

想知道的事情是……？

此處將藥 A 當作參照組，與藥 B、藥 C 比較看看。

藥 A 當作參照組時的組合是？

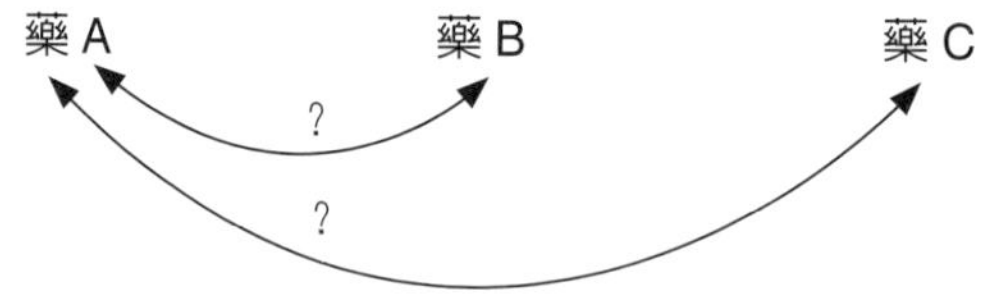

【數據輸入類型】

表 1.7.1 的數據如下輸入。

	藥種類	血糖值差	var	var	var	var	var	var	var	var	var	var
1	1	110										
2	1	65										
3	1	78										
4	1	83										
5	1	27										
6	1	132										
7	1	141										
8	1	109										
9	1	86										
10	1	87										
11	1	66										
12	1	78										
13	1	81										
14	1	95										
15	1	92										
16	2	124										
17	2	89										
18	2	81										
19	2	103										
20	2	139										
21	2	155										
22	2	87										
23	2	154										
24	2	116										
25	2	94										
26	2	137										
27	2	81										
28	2	76										
29	2	89										
30	2	114										
31	3	84										
32	3	59										
33	3	62										
34	3	41										
35	3	129										
36	3	124										
37	3	87										
38	3	99										
39	3	59										
40	3	56										
41	3	134										
42	3	82										
43	3	67										
44	3	68										
45	3	77										
46												

（注）藥的種類是組變數。

藥 A 對應 1

藥 B 對應 2

藥 C 對應 3

1.8 Dunnett 的多重比較步驟

【統計處理的步驟】

步驟 1 數據輸入結束後，點選【分析 (A)】，選擇【比較平均數法 (M)】，接著，選擇【單向 ANOVA (O)】。

步驟 2 顯示以下頁面後，將血糖值差移到【因變數清單 (E)】，藥種類移到【因素 (F)】的方框中，按一下【Post Hoc 檢定 (H)】。

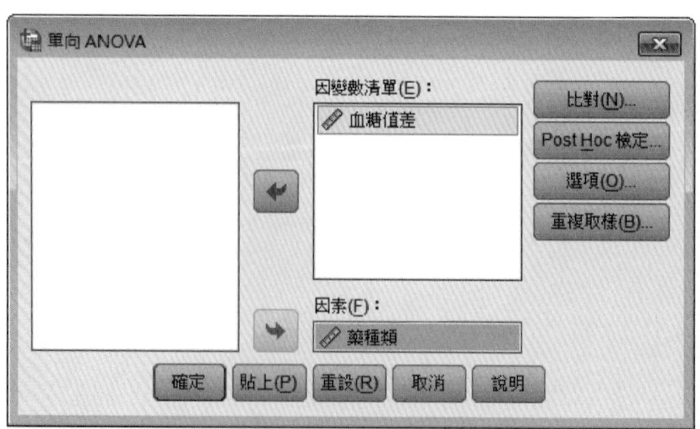

步驟 3 顯示以下頁面後，勾選 Dunnett 檢定，點選【控制種類 (Y)】爲第一個。接著，按 繼續 。

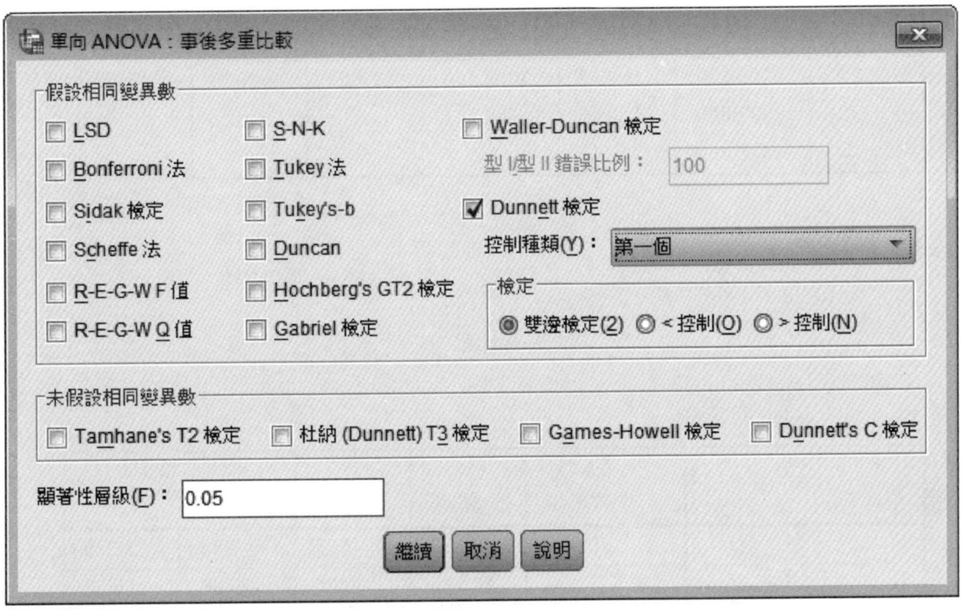

步驟 4 顯示以下頁面後，按 確定 。

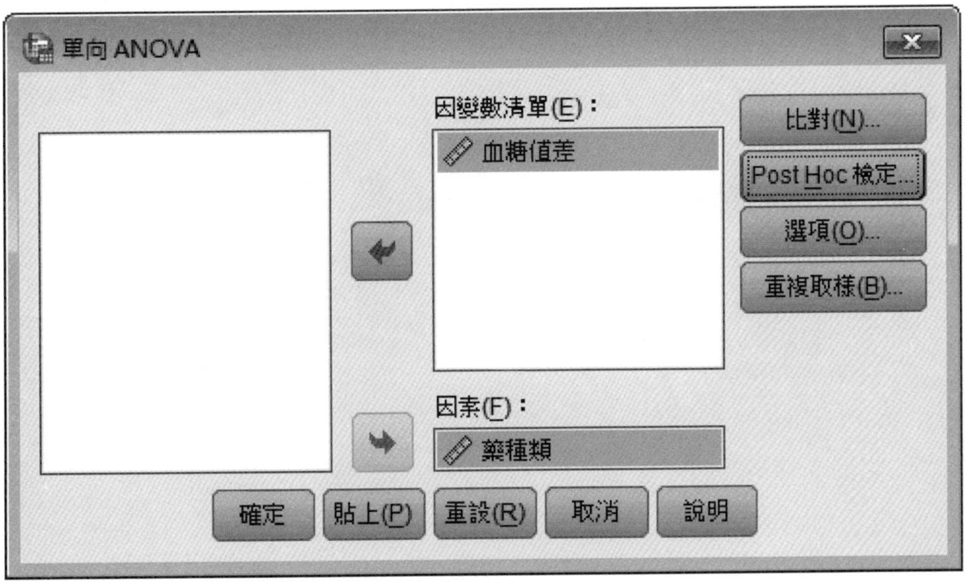

【SPSS 輸出 ·1】——Dunnett 的多重比較

變異數分析

血糖值差

	平方和	df	平均值平方	F	顯著性
群組之間	6106.800	2	3053.400	3.968	.026
在群組內	32322.000	42	769.571		
總計	38428.800	44			

事後測試

多重比較

因變數: 血糖值差

Dunnett t（雙邊）[a]

(I) 藥種類	(J) 藥種類	平均差異 (I-J)	標準錯誤	顯著性	95% 信賴區間		
					下限	上限	
2	1	20.600	10.130	.087	-2.58	43.78	←①
3	1	-6.800	10.130	.727	-29.98	16.38	←②

a. Dunnett t 測試將一個群組視為一個控制項，並將所有其他群組與其進行比較。

【輸出結果的判讀 ·1】

①關於藥 B（= 實驗組）與藥 A（= 參照組），

顯著機率 0.087 > 顯著水準 0.05

因之，沒有顯著差異。

②關於藥 C（= 實驗組）與藥 A（= 參照組），

顯著機率 0.727 > 顯著水準 0.05

因之，沒有顯著差異。

【SPSS 輸出 ・2】——Dunnett 的多重比較

以藥 C 當作參照組，進行 Dunnett 的多重比較。

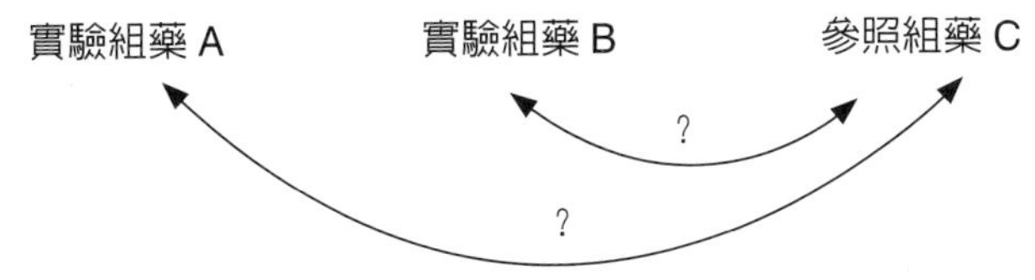

得出如下的輸出結果（點選【控制種類 (Y)】爲最後）。

多重比較

依變數: 血糖值差
Dunnett t 檢定(雙邊檢定)a

(I) 藥種類	(J) 藥種類	平均差異 (I-J)	標準誤	顯著性	95% 信賴區間 下界	95% 信賴區間 上界	
1	3	6.80	10.13	.727	-16.38	29.98	←③
2	3	27.40*	10.13	.019	4.22	50.58	←④

*. 在 .05 水準上的平均差異很顯著。

a. Dunnett t 檢定將某一組別當成控制，並用來與所有其他組別做比較。

【輸出結果的判讀 ・2】

③關於藥 A（= 實驗組）與藥 C（= 參照組），

顯著機率 0.727 > 顯著水準 0.05

因之，沒有顯著差異。

④關於藥 B（= 實驗組）與藥 C（= 參照組），

顯著機率 0.019 < 顯著水準 0.05

因此，有差異之組合是藥 B 與藥 C。

第2章 無母數檢定

2.1 簡介無母數檢定

所謂無母數檢定（nonparametric test）是不使用

「有關母體分配之前提（= 常態分配）」

或

「母平均 μ 或母變異數 σ^2 之母數」

之假設檢定。
因爲不使用母數所以取名爲

「無母數檢定」。

因爲不需要有關母體分配之前提，所以也稱爲無分配之檢定。
“distribution-free test”。

與無母數檢定相對，利用母體的常態性之檢定，稱爲「有母數檢定」。
有母數檢定之代表，也可以說是 t 檢定。
譬如，母平均之檢定（= t 檢定）即爲如下：

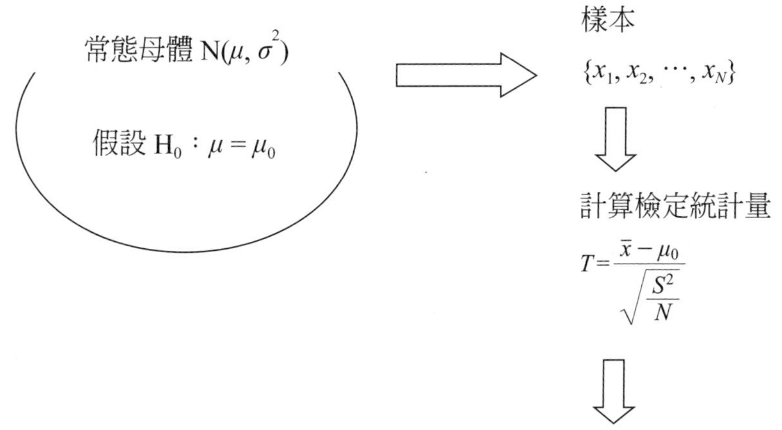

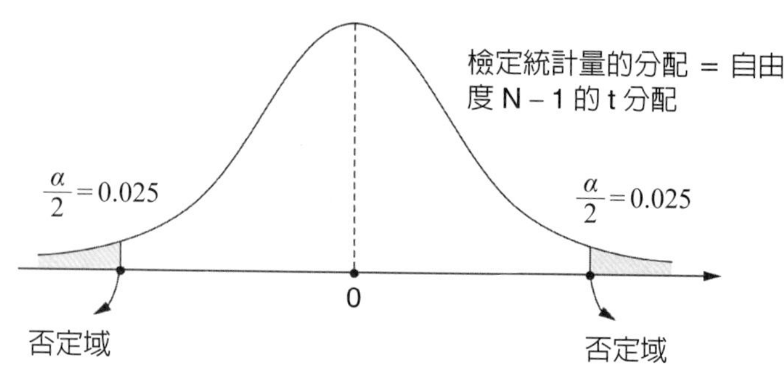

➲ 無母數檢定與有母數檢定的對應

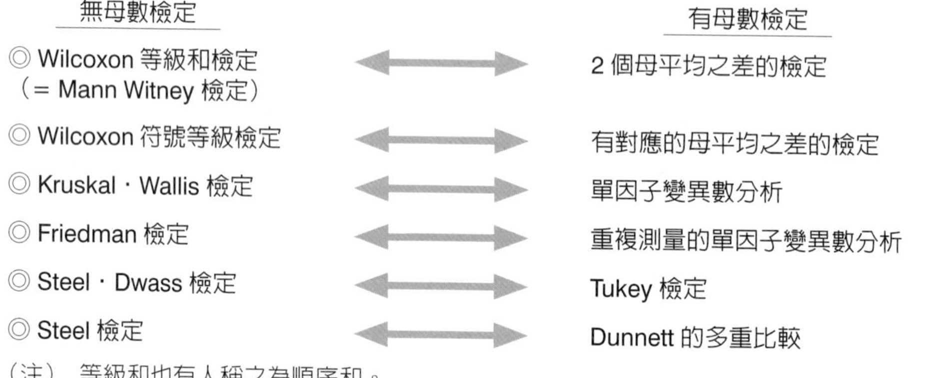

無母數檢定	有母數檢定
◎ Wilcoxon 等級和檢定（= Mann Witney 檢定）	2 個母平均之差的檢定
◎ Wilcoxon 符號等級檢定	有對應的母平均之差的檢定
◎ Kruskal · Wallis 檢定	單因子變異數分析
◎ Friedman 檢定	重複測量的單因子變異數分析
◎ Steel · Dwass 檢定	Tukey 檢定
◎ Steel 檢定	Dunnett 的多重比較

（注） 等級和也有人稱之為順序和。

➲ 無母數檢定的重點

進行檢定時需要有

「否定域」。

此否定域可從

「檢定統計量」

求出。

並且，此檢定統計量的分配是從

「母體服從常態分配」

之前提所導出。

可是，無母數檢定對母體的分配並未設定任何前提。

那麼，無母數檢定的情形

「檢定統計量的分配是來自於何處呢？」

2.2 Wilcoxon 的等級和檢定

假設的檢定中最重要的事項是

「檢定統計量的分配與否定域」。

當母體服從常態分配時，檢定統計量的分配可成爲 t 分配或 F 分配，所以可以求出此否定域。

可是，當母體的分配不知道時，要如何才可以求出檢定統計量的分配與它的否定域呢？

事實上，利用等級（順位）的組合，即可求出檢定統計量的分配。

譬如，等級假定是從 1 位到 7 位。因此，從 1 位到 7 位之中，

{1 位，2 位，3 位，4 位，5 位，6 位，7 位}

取出 3 個等級，試求其等級和。

於是，求出如下的等級和的分配。

表 2.2.1　等級和的分配

等級和	6	7	8	9	10	11	12	13	14	15	16	17	18	計
組數	1	1	2	3	4	4	5	4	4	3	2	1	1	35
機率	$\frac{1}{35}$	$\frac{1}{35}$	$\frac{2}{35}$	$\frac{3}{35}$	$\frac{4}{35}$	$\frac{4}{35}$	$\frac{5}{35}$	$\frac{4}{35}$	$\frac{4}{35}$	$\frac{3}{35}$	$\frac{2}{35}$	$\frac{1}{35}$	$\frac{1}{35}$	1

此分配的圖形如下。

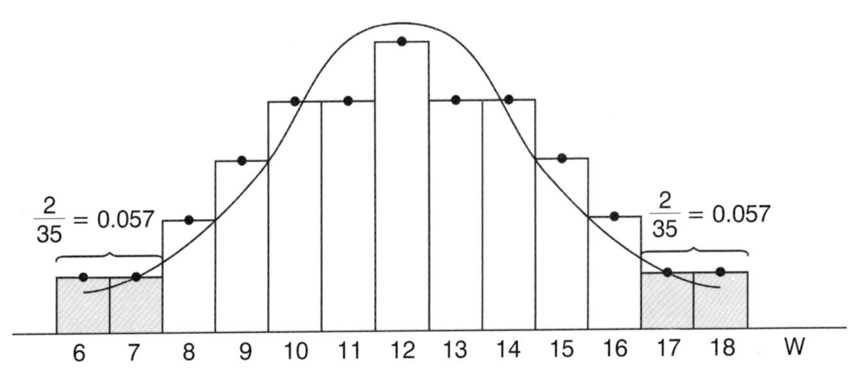

譬如，像以下的數據，

表 2.2.2　數據給予時

組 A	3840	3300	2930	3540
組 B	3280	2550	2840	

將此 2 組的數據合在一起設定等級時，

表 2.2.3　對數據設定等級

順位	1 位	2 位	3 位	4 位	5 位	6 位	7 位
組 A			**2930**		**3300**	**3540**	**3840**
組 B	**2550**	**2840**		**3280**			

如求組 B 的等級和 W 時，

$$W = 1 + 2 + 4 = 7$$

此等級和 W = 7 即爲 Wilcoxon 的等級和檢定的檢定統計量。

【數據輸入類型】

表 2.2.2 的數據如下輸入。

	組	測量值	var
1	1	3840	
2	1	3300	
3	1	2930	
4	1	3540	
5	2	3280	
6	2	2550	
7	2	2840	
8			
9			
10			
11			
12			
13			

2.3 Wilcoxon 等級和檢定的步驟

【統計處理的步驟】

步驟 1 數據輸入結束後，點選【分析 (A)】，選擇【無母數檢定 (N)】，再選擇【歷史對話記錄 (L)】的子清單【二個獨立樣本 (2)】。

步驟 2 顯示如下頁面後，將測量值移到【檢定變數清單 (T)】，組移到【分組變數 (G)】的方框中，點擊【定義組別 (D)】，將組 (??) 改變成組 (12)，然後按 確定 。

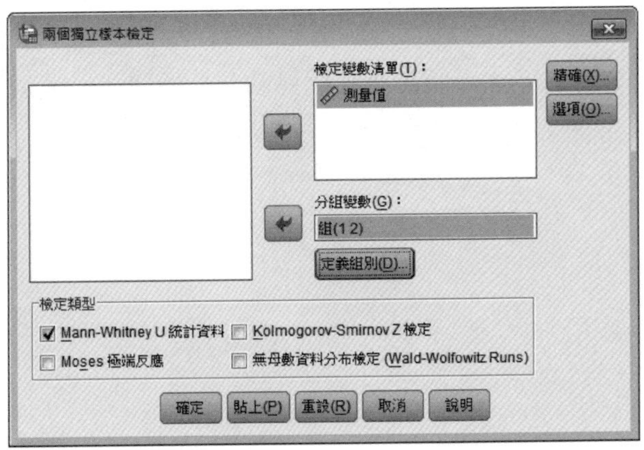

（注）Wilcoxon 的等級和檢定 = Mann-Whitney 的 U(M)。

【SPSS 輸出】——Wilcoxon 等級和檢定

NPar 檢定

檢定統計量[b]

	測量值
Mann-Whitney U 統計量	1.000
Wilcoxon W 統計量	7.000
Z 檢定	-1.768
漸近顯著性 (雙尾)	.077
精確顯著性 [2*(單尾顯著性)]	.114[a]

a. 未對等值結做修正。

b. 分組變數：組

【輸出結果的判讀】

如比較顯著機率與顯著水準時，

（精確）顯著機率 0.114 > 顯著水準 0.05

因之，無法否定假設。

因此，2 個組間不能說有差異。

2.4 Kruskal-Wallis 檢定

Kruskal-Wallis 檢定，是將單因子變異數分析換成無母數之情形的方法。

與 Wilcoxon 的等級和檢定一樣，將資料換成等級，即可進行差的檢定。譬如，像以作法⋯。

表 2.4.1　數據已知時

	數據									
組 A	12.2		18.2	18.8						
組 B		14.6				20.5		22.2		
組 C					19.5		20.8		26.3	26.4

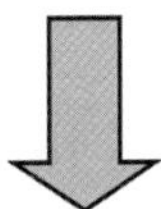

表 2.4.2　數據設定等級

	數據										等級和
組 A	12.2		18.2	18.8							8
組 B		14.6				20.5		22.2			16
組 C					19.5		20.8		26.3	26.4	31

此時，檢定統計量 T 爲

$$T=\frac{12}{10(10+1)}\left\{3\cdot\left(\frac{8}{3}-\frac{10+1}{2}\right)^2+3\left(\frac{16}{3}-\frac{10+1}{2}\right)^2+4\left(\frac{31}{4}-\frac{10+1}{2}\right)^2\right\}$$

$$=4.845$$

Kruskal-Wallis 檢定統計量的否定域，由下表提供。

(3,　3,　4)

KW_0	P
4.700	0.101
4.709	0.092
4.818	0.085
4.846	0.081
5.000	0.074
5.064	0.070
5.109	0.068
5.254	0.064
5.436	0.062

KW_0	P
5.500	0.056
5.573	0.053
5.727	0.050
5.741	0.046

當資料數甚多時，此檢定統計量近似卡方分配，但仍然利用統計解析 SPSS 較爲安全。

（注） SPSS 中有 Exact Test 的強力模組，在數據數少的醫學、齒學、藥學領域中使用。

【數據輸入類型】

表 2.4.1 的數據如下輸入。

	組	測量值	var	var
2	1	18.2		
3	1	18.8		
4	2	14.6		
5	2	20.5		
6	2	22.2		
7	3	19.5		
8	3	20.8		
9	3	26.3		
10	3	26.4		
11				
12				
13				
14				
15				
16				

（注）組 A…1
組 B…2
組 C…3

2.5 Kruskal-Wallis 檢定的步驟

【統計處理的步驟】

步驟 1　數據輸入結束後，點選【分析 (A)】，接著選擇【無母數檢定 (N)】，再選擇【歷史對話記錄 (L)】的子清單【K 個獨立樣本 (K)】。

步驟 2　顯示以下頁面後，將測量值移到【檢定變數清單 (T)】，組移到【分組變數 (G)】的方框中，點擊【定義組別 (D)】，改成組 (13)。按著，按 確定 。

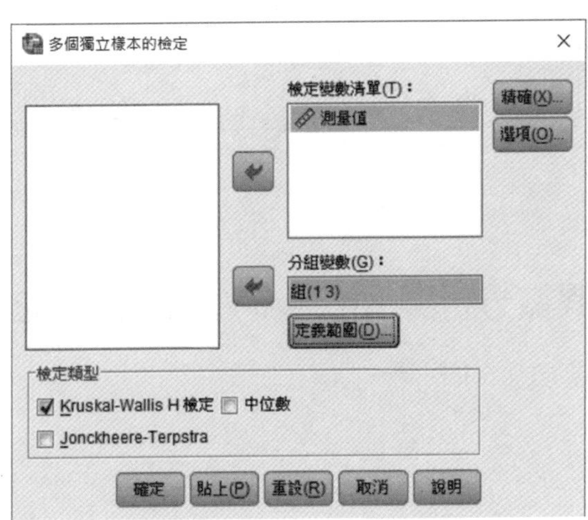

【SPSS 輸出】——Kruskal-Wallis 的檢定

Kruskal-Wallis 檢定

檢定統計量a,b

	測量值
卡方	4.845
自由度	2
漸近顯著性	.089

a. Kruskal Wallis 檢定

b. 分組變數：組

【輸出結果的判讀】

如比較顯著機率與顯著水準時，

（漸近）顯著機率 0.089 > 顯著水準 0.05

因之，無法否定假設 H_0。

因此，3 個組間不能說有差異。

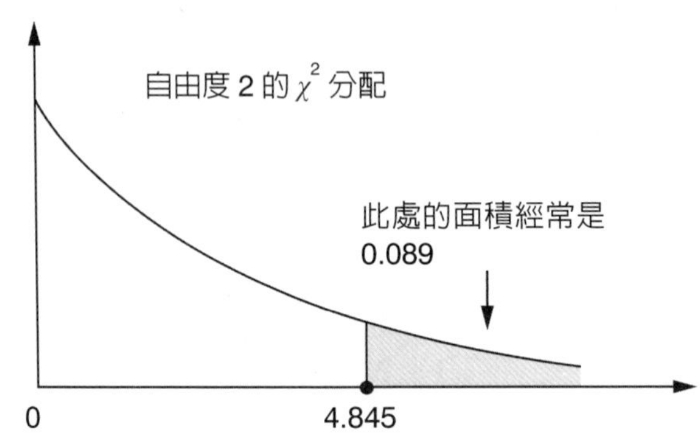

➲ 單因子變異數分析與 Kruskal-Wallis 檢定之比較

以下的數據與表 1.5.1 相同。

藥 A

NO.	血糖值之差
1	110
2	65
3	78
4	83
5	27
6	132
7	141
8	109
9	86
10	87
11	66
12	78
13	81
14	95
15	92

藥 B

NO.	血糖值之差
1	124
2	89
3	81
4	103
5	139
6	155
7	87
8	154
9	116
10	94
11	137
12	81
13	76
14	89
15	114

藥 C

NO.	血糖值之差
1	84
2	59
3	62
4	41
5	129
6	124
7	87
8	99
9	59
10	56
11	134
12	82
13	67
14	68
15	77

首先，進行單因子變異數分析。

單因子

變異數分析

血糖值差

	平方和	自由度	平均平方和	F 檢定	顯著性
組間	6106.800	2	3053.400	3.968	.026
組內	32322.000	42	769.571		
總和	38428.800	44			

顯著機率 0.026 < 顯著水準 0.05

因之，假設 H_0 不成立。

因此，可知 3 種藥效是有差異的。

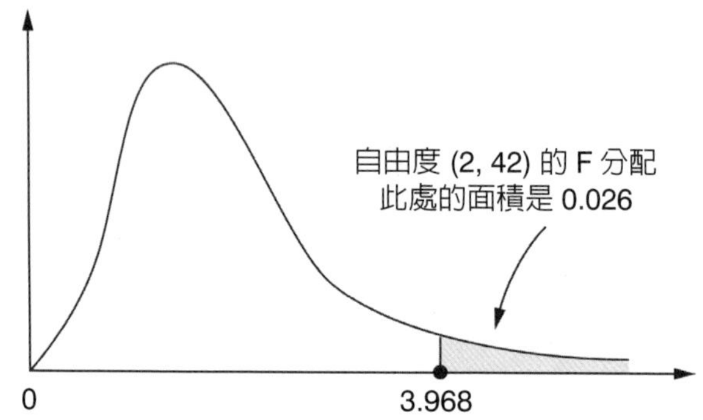

其次，進行 Kruskal-Wallis 檢定。

NPar 檢定

Kruskal-Wallis 檢定

等級

	藥種類	個數	等級平均數
血糖值差	1	15	21.67
	2	15	30.23
	3	15	17.10
	總和	45	

檢定統計量[a,b]

	血糖值差
卡方	7.737
自由度	2
漸近顯著性	.021

a. Kruskal Wallis 檢定

b. 分組變數：藥種類

觀其輸出結果時，

（漸近）顯著機率 0.021 < 顯著水準 0.05

因之，假設不成立。

因此，可知 3 種藥的藥效有所不同。

此顯著機率（0.021）與單因子變異數分析的顯著機率（0.026）

非常接近。

換言之，即使未假定常態母體之前提，無母數檢定與有母數檢定仍可得出近乎相同的檢定結果。

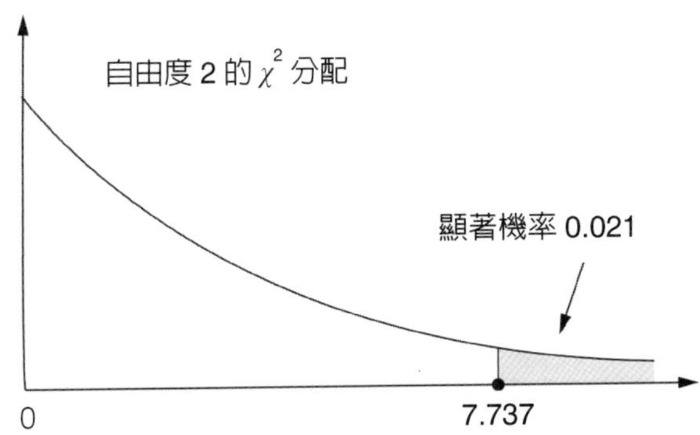

2.6 Steel–Dwass 的多重比較

對應 Tukey 多重比較的無母數多重比較是否有呢？

有的 !!

那就是 Steel–Dwass 的檢定。步驟如下。

➲ Steel–Dwass 的檢定步驟

步驟 1 數據假定得出如下。

表 2.6.1

組 A	組 B	組 C
48	102	84
65	98	106
87	83	72
62	117	99
55	126	100

步驟 2 將組 A 與組 B 合在一起設定等級，求出組 A 的等級和 RAB。

組 A	組 B
48	102
65	98
87	83
62	117
55	126

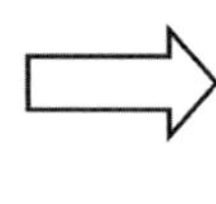

組 A	組 B
1	8
4	7
6	5
3	9
2	10
16	

等級和 RAB

其次，將組 A 與組 C 合在一起，設定等級，求出組 A 的等級和 RAC。

組 A	組 C
48	84
65	106
87	72
62	99
55	100

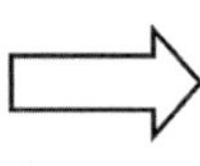

組 A	組 C
1	6
4	10
7	5
3	8
2	9
17	

等級和 RAC

最後，將組 B 與組 C 合在一起設定等級，求出組 B 的等級和 RBC。

組 B	組 C
102	84
98	106
83	72
117	99
126	100

⇨

組 B	組 C
7	3
4	8
2	1
9	5
10	6
32	← 等級和 RBC

步驟 3 計算以下的統計量。

$$E=\frac{5(2\times5+1)}{2}\leftarrow\frac{n(2n+1)}{2}$$
$$=27.5$$

$$V=\frac{5^2\times(2\times5+1)}{12}\leftarrow\frac{n^2(2n+1)}{12}$$ ↖ 等級和 RBC
$$=22.91667$$

（注）數據數依組而有不同，或有同等級時，此統計量也會改變。

步驟 4 計算各組合中的檢定統計量。

● 組 A 與組 B 的檢定統計量 TAB

$$TAB=\frac{RAB-E}{\sqrt{V}}=\frac{16-27.5}{\sqrt{22.91667}}=-2.40227$$

● 組 A 與組 C 的檢定統計量 TAC

$$TAC=\frac{RAC-E}{\sqrt{V}}=\frac{17-27.5}{\sqrt{22.91667}}=-2.19338$$

● 組 B 與組 C 的檢定統計量 TBC

$$TBC=\frac{RBC-E}{\sqrt{V}}=\frac{32-27.5}{\sqrt{22.91667}}=-0.940019$$

步驟 5 比較檢定統計量與否定界限。

●組 A 與組 B 的比較

當 $|TAB| \geq \dfrac{q(a,\infty;0.05)}{\sqrt{2}}$ 時，A 與 B 之間有差異。

因 $|-2.40227| \geq \dfrac{q(3,\infty;0.05)}{\sqrt{2}} = \dfrac{3.314}{\sqrt{2}} = 2.3437$，所以有差異。

●組 A 與組 C 之比較

當 $|TAC| \geq \dfrac{q(a,\infty;0.05)}{\sqrt{2}}$ 時，A 與 C 之間有差異。

因 $|-2.19338| < \dfrac{q(3,\infty;0.05)}{\sqrt{2}} = 2.3437$，不能說有差異。

●組 B 與組 C 之比較

當 $|TBB| \geq \dfrac{q(a,\infty;0.05)}{\sqrt{2}}$ 時，B 與 C 之間有差異。

因 $|0.940019| < \dfrac{q(3,\infty;0.05)}{\sqrt{2}} = 2.3437$，不能說有差異。

其中，$q(a, \infty\ ; 0.05)$ 可由下頁數表中求出。

標準距的分配的上側 5% 點

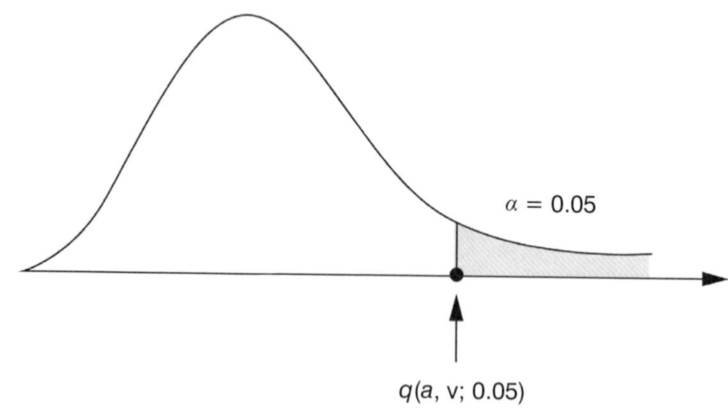

v \ a	2	3	4	5	6	7	8	9
2	6.085	8.331	9.798	10.881	11.784	12.434	13.027	13.538
3	4.501	5.910	6.825	7.502	8.037	8.478	8.852	9.177
4	3.927	5.040	5.757	6.287	6.706	7.053	7.347	7.602
5	3.635	4.602	5.218	5.673	6.033	6.330	6.528	6.801
6	3.460	4.339	4.896	5.305	5.629	5.895	6.122	6.319
7	3.344	4.165	4.681	5.060	5.369	5.605	5.814	5.996
8	3.261	4.041	4.529	4.886	5.167	5.399	5.596	5.766
9	3.199	3.948	4.415	4.755	5.023	5.244	5.432	5.594
10	3.151	3.877	4.327	4.654	4.912	5.124	5.304	5.460
11	3.113	3.820	4.256	4.574	4.823	5.028	5.202	5.353
12	3.081	3.773	4.199	4.508	4.750	4.949	5.118	5.265
13	3.055	3.734	4.151	4.453	4.690	4.884	5.046	5.192
14	3.033	3.701	4.111	4.407	4.639	4.829	4.990	5.130
15	3.014	3.673	4.076	4.367	4.595	4.782	4.940	5.077
16	2.998	3.649	4.046	4.333	4.557	4.741	4.896	5.031
17	2.984	3.628	4.020	4.303	4.524	4.705	4.858	4.991
18	2.971	3.609	3.997	4.276	4.494	4.673	4.824	4.955
19	2.960	3.593	3.977	4.253	4.468	4.645	4.794	4.924
20	2.950	3.578	3.958	4.232	4.445	4.620	4.768	4.895
60	2.829	3.399	3.737	3.977	4.163	4.314	4.441	4.550
80	2.814	3.377	3.711	3.947	4.129	4.278	4.402	4.509
100	2.806	3.365	3.695	3.929	4.109	4.256	4.379	4.484
120	2.800	3.356	3.685	3.917	4.096	4.241	4.363	4.468
240	2.786	3.335	3.659	3.887	4.063	4.205	4.324	4.427
360	2.781	3.328	3.650	3.877	4.052	4.193	4.312	4.413
∞	2.772	3.314	3.633	3.858	4.030	4.170	4.286	4.387

【數據輸入類型】

SPSS 並未提供有 Steel-Dwass 檢定的選項，試使用 EXCEL 進行檢定。

將表 2.6.1 的數據如下輸入。

	A	B	C	D	E
1	A	B	C		
2	48	102	84		
3	65	98	106		
4	87	83	72		
5	62	117	99		
6	55	126	100		
7					
8					
9					

2.7 Steel-Dwass 檢定的步驟

【統計處理的步驟】

步驟 1 將數據如下複製、貼上。

	A	B	C	D	E	F	G
1	A	B	C				
2	48	102	84				
3	65	98	106				
4	87	83	72				
5	62	117	99				
6	55	126	100				
7							
8	A	B	A	C	B	C	
9	48	102	48	84	102	84	
10	65	98	65	106	98	106	
11	87	83	87	72	83	72	
12	62	117	62	99	117	99	
13	55	126	55	100	126	100	
14							

步驟 2 從 A14 拖曳到 B18，輸入

= RANK(A9: B13, A9: B13, 1)

同時按住 Ctrl+Shift+Enter。

接著，從 C14 拖曳到 D18，輸入

= RANK(C9: D13, C9: D13, 1)

同時按住 Ctrl+Shift+Enter。

最後，從 E14 拖曳到 F18，輸入

= RANK(E9: F13, E9: F13, 1)

同時按住 Ctrl+Shift+Enter。

	A	B	C	D	E	F	G	H
7								
8	A	B	A	C	B	C		
9	48	102	48	84	102	84		
10	65	98	65	106	98	106		
11	87	83	87	72	83	72		
12	62	117	62	99	117	99		
13	55	126	55	100	126	100		
14	1	8	1	6	7	3		
15	4	7	4	10	4	8		
16	6	5	7	5	2	1		
17	3	9	3	8	9	5		
18	2	10	2	9	10	6		
19								
20								

步驟 3 為了求等級和，

於 A19 方格中輸入 = SUM(A14 : A18)

於 C19 方格中輸入 = SUM(C14 : C18)

於 E19 方格中輸入 = SUM(E14 : E18)

	A	B	C	D	E	F	G	H
7								
8	A	B	A	C	B	C		
9	48	102	48	84	102	84		
10	65	98	65	106	98	106		
11	87	83	87	72	83	72		
12	62	117	62	99	117	99		
13	55	126	55	100	126	100		
14	1	8	1	6	7	3		
15	4	7	4	10	4	8		
16	6	5	7	5	2	1		
17	3	9	3	8	9	5		
18	2	10	2	9	10	6		
19	16		17		32			
20								
21								

步驟 4 於 B21 的方格輸入

= 5*(2*5+1)/2

於 D21 的方格輸入

= 5^2*(2*5+1)/12

	A	B	C	D	E	F	G	H
7								
8	A	B	A	C	B	C		
9	48	102	48	84	102	84		
10	65	98	65	106	98	106		
11	87	83	87	72	83	72		
12	62	117	62	99	117	99		
13	55	126	55	100	126	100		
14	1	8	1	6	7	3		
15	4	7	4	10	4	8		
16	6	5	7	5	2	1		
17	3	9	3	8	9	5		
18	2	10	2	9	10	6		
19	16		17		32			
20								
21	E	27.5	V	22.91667				
22								

步驟 5 爲了求檢定統計量於

B23 的方格中輸入 = (A19–B21)/D21^0.5

D23 的方格中輸入 = (C19–B21)/D21^0.5

F23 的方格中輸入 = (E19–B21)/D21^0.5

	A	B	C	D	E	F	G	H
7								
8	A	B	A	C	B	C		
9	48	102	48	84	102	84		
10	65	98	65	106	98	106		
11	87	83	87	72	83	72		
12	62	117	62	99	117	99		
13	55	126	55	100	126	100		
14	1	8	1	6	7	3		
15	4	7	4	10	4	8		
16	6	5	7	5	2	1		
17	3	9	3	8	9	5		
18	2	10	2	9	10	6		
19	16		17		32			
20								
21	E	27.5	V	22.91667				
22								
23	TAB	-2.40227	TAC	-2.19338	TBC	0.940019		
24								
25								

步驟 6 爲了求檢定統計量的絕對值，於

B24 的方格中輸入 = ABS(B23)

D24 的方格中輸入 = ABS(D23)

F24 的方格中輸入＝ ABS(F23)

	A	B	C	D	E	F	G	H
7								
8	A	B	A	C	B	C		
9	48	102	48	84	102	84		
10	65	98	65	106	98	106		
11	87	83	87	72	83	72		
12	62	117	62	99	117	99		
13	55	126	55	100	126	100		
14	1	8	1	6	7	3		
15	4	7	4	10	4	8		
16	6	5	7	5	2	1		
17	3	9	3	8	9	5		
18	2	10	2	9	10	6		
19	16		17		32			
20								
21	E	27.5	V	22.91667				
22								
23	TAB	-2.40227	TAC	-2.19338	TBC	0.940019		
24		2.402272		2.193378		0.940019		
25								
26								

步驟 7 與否定界限比較。

$$否定界限 = \frac{q(3,\infty;0.05)}{\sqrt{2}} = \frac{3.3145}{\sqrt{2}} = 2.3437$$

	組 A	**組 B**	**組 C**
組 A		2.402272 *	2.193378
組 B			0.940019
組 C			

因此，可知組 A 與組 B 之間有差異。

➲ 練習 Steel-Dwass 的檢定

使用以下數據，進行 Steel-Dwass 檢定。

表 2.7.1

藥 A

NO.	X
1	48
2	65
3	87
4	62
5	55
6	40

藥 B

NO.	X
1	102
2	98
3	83
4	117
5	126
6	110

藥 C

NO.	X
1	84
2	106
3	72
4	99
5	100
6	103

解答　EXCEL 的輸出如下。

	A	B	C	D	E	F	G
1	A	B	C				
2	48	102	84				
3	65	98	106				
4	87	83	72				
5	62	117	99				
6	55	126	100				
7	40	110	103				
8							
9	A	B	A	C	B	C	
10	48	102	48	84	102	84	
11	65	98	65	106	98	106	
12	87	83	87	72	83	72	
13	62	117	62	99	117	99	
14	55	126	55	100	126	100	
15	40	110	40	103	110	103	
16							
17	2	9	2	7	7	3	
18	5	8	5	12	4	9	
19	7	6	8	6	2	1	
20	4	11	4	9	11	5	
21	3	12	3	10	12	6	
22	1	10	1	11	10	8	
23	22		23		46		
24							
25	E	39	V	39			
26							
27	TAB	-2.72218	TAC	-2.56205	TBC	1.120897	
28		2.722179		2.56205		1.120897	
29							

組數是 3，因之否定界限是

$$\frac{q(3,\infty;0.05)}{\sqrt{2}} = 2.3437$$

	藥 B	藥 C
藥 A	2.722179 *	2.56205 *
藥 B		1.120897

因此，藥 A 與藥 B，藥 A 與藥 C 之間有差異。

2.8 Steel 的多重比較

對應 Dunnett 的多重比較的無母數檢定即爲 Steel 檢定。

➲ Steel 檢定的步驟

步驟 1 數據如下。

表 2.8.1

參照組 組 A	實驗組 組 B	實驗組 組 C
48	102	84
65	98	106
87	83	72
62	117	99
55	126	100

步驟 2 將組 A 與組 B 合在一起設定等級，求出組 A 的等級和 RAB。

組 A	組 B
48	102
65	98
87	83
62	117
55	126

組 A	組 B
1	8
4	7
6	5
3	9
2	10
16	← 等級和 RAB

將組 A 與組 C 合在一起設定等級，求出組 A 的等級和 RAC。

組 A	組 C
48	84
65	106
87	72
62	99
55	100

組 A	組 C
1	6
4	10
7	5
3	8
2	9
17	← 等級和 RAC

步驟 3 計算以下的統計量。

$$E=\frac{5(2\times 5+1)}{2} \leftarrow \frac{n(2n+1)}{2}$$

$$=27.5$$

$$V=\frac{5^2\times(2\times 5+1)}{12} \leftarrow \frac{n^2(2n+1)}{12}$$

$$=22.91667$$

步驟 4 計算檢定統計量。

- 組 A 與組 B 的檢定統計量 TAB

$$TAB=\frac{RAB-E}{\sqrt{V}}=\frac{16-27.5}{\sqrt{22.91667}}=-2.40227$$

- 組 A 與組 C 的檢定統計量 TAC

$$TAC=\frac{RAC-E}{\sqrt{V}}=\frac{17-27.5}{\sqrt{22.91667}}=-2.19338$$

步驟 5 比較檢定統計量與否定界限。

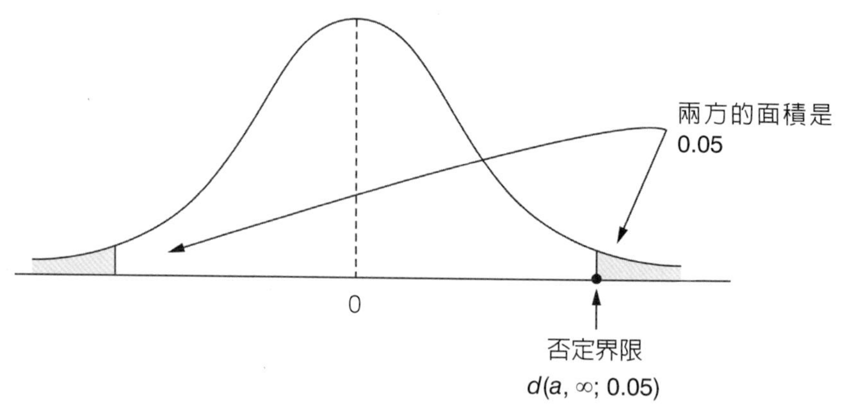

● 組 A 與組 B 的比較

當 $|TAB| \geq d(a, \infty; 0.05)$ 時，A 與 B 之間有差異。

步驟 4 的檢定統計量是 –2.40227，因爲

$|TAB| = |-2.40227| \geq d(3, \infty; 0.05) = 2.212$

所以，A 與 B 之間有差異。

● 組 A 與組 C 之比較

當 $|TAC| \geq d(a, \infty; 0.05)$ 時，A 與 C 之間有差異。

步驟 4 的檢定統計量是 –2.19338，

因 $|TAC| = |-2.19338| < d(3, \infty; 0.05) = 2.212$

所以，A 與 C 之間不能說有差異。

其中，$d(a, \infty; 0.05)$ 可由以下數表中求出。

Dunnett 法的雙邊 5% 點

v \ a	2	3	4	5	6	7	8	9
2	4.303	5.418	6.065	6.513	6.852	7.123	7.349	7.540
3	3.182	3.866	4.263	4.538	4.748	4.916	5.056	5.176
4	2.776	3.310	3.618	3.832	3.994	4.125	4.235	4.328
5	2.571	3.030	3.293	3.476	3.615	3.727	3.821	3.900

v \ a	2	3	4	5	6	7	8	9
6	2.447	2.863	3.099	3.263	3.388	3.489	3.573	3.644
7	2.365	2.752	2.971	3.123	3.239	3.332	3.409	3.476
8	2.306	2.673	2.880	3.023	3.132	3.219	3.292	3.354
9	2.262	2.614	2.812	2.948	3.052	3.135	3.205	3.264
10	2.228	2.568	2.759	2.891	2.990	3.070	3.137	3.194
11	2.201	2.532	2.717	2.845	2.941	2.019	3.084	3.139
12	2.179	2.502	2.683	2.807	2.901	2.977	3.040	3.094
13	2.160	2.478	2.655	2.776	2.868	2.942	3.004	3.056
14	2.145	2.457	2.631	2.750	2.840	2.913	2.973	3.024
15	2.131	2.439	2.610	2.727	2.816	2.887	2.947	2.997
16	2.120	2.424	2.592	2.708	2.796	2.866	2.924	2.974
17	2.110	2.410	2.577	2.691	2.777	2.847	2.904	2.953
18	2.101	2.399	2.563	2.676	2.762	2.830	2.887	2.935
19	2.093	2.388	2.551	2.663	2.747	2.815	2.871	2.919
20	2.086	2.379	2.540	2.651	2.735	2.802	2.857	2.905
60	2.000	2.265	2.410	2.508	2.582	2.642	2.691	2.733
80	1.990	2.252	2.394	2.491	2.564	2.623	2.671	2.712
100	1.984	2.244	2.385	2.481	2.554	2.611	2.659	2.700
120	1.980	2.238	2.379	2.475	2.547	2.604	2.651	2.692
240	1.970	2.235	2.364	2.458	2.529	2.585	2.632	2.672
360	1.967	2.221	2.359	2.453	2.523	2.579	2.626	2.665
∞	1.960	2.212	2.349	2.442	2.511	2.567	2.613	2.652

【數據輸入類型】

SPSS 並未提供有 Steel 檢定的選項，因之使用 EXCEL 進行檢定。

將表 2.8.1 的數據如下輸入。

	A	B	C	D	E
1	A	B	C		
2	48	102	84		
3	65	98	106		
4	87	83	72		
5	62	117	99		
6	55	126	100		
7					

2.9 Steel 檢定步驟

【統計處理的步驟】

步驟 1 將數據如下複製、貼上。

	A	B	C	D	E
1	A	B	C		
2	48	102	84		
3	65	98	106		
4	87	83	72		
5	62	117	99		
6	55	126	100		
7					
8	A	B	A	C	
9	48	102	48	84	
10	65	98	65	106	
11	87	83	87	72	
12	62	117	62	99	
13	55	126	55	100	
14					
15					

步驟 2 從 A14 拖曳到 B18，輸入

= RANK(A9 : B13 , A9 : B13 , 1)

再同時按住 Ctrl+Shift+Enter。

接著，從 C14 拖曳到 D18，輸入
= RANK(C9 : D13 , C9 : D13 , 1)
再同時按住 Ctrl+Shift+Enter。

	A	B	C	D	E
1	A	B	C		
2	48	102	84		
3	65	98	106		
4	87	83	72		
5	62	117	99		
6	55	126	100		
7					
8	A	B	A	C	
9	48	102	48	84	
10	65	98	65	106	
11	87	83	87	72	
12	62	117	62	99	
13	55	126	55	100	
14	1	8	1	6	
15	4	7	4	10	
16	6	5	7	5	
17	3	9	3	8	
18	2	10	2	9	
19					
20					

步驟 3 為了求等級和，
於 A19 的方格中輸入 = SUM(A14 : A18)
於 C19 的方格中輸入 = SUM(C14 : C18)

14	1	8	1	6	
15	4	7	4	10	
16	6	5	7	5	
17	3	9	3	8	
18	2	10	2	9	
19	16		17		
20					
21					

步驟 4 於 B21 的方格中，輸入

= 5*(2*5+1)/2

於 D21 的方格中，輸入

= 5^2*(2*5+1)/12

14	1	8	1	6	
15	4	7	4	10	
16	6	5	7	5	
17	3	9	3	8	
18	2	10	2	9	
19	16		17		
20					
21	E	27.5	V	22.91667	
22					
23					

步驟 5 為了求檢定統計量，於

B23 的方格中輸入 = (A19–B21)/D21^0.5

D23 的方格中輸入 = (C19–B21)/D21^0.5

14	1	8	1	6	
15	4	7	4	10	
16	6	5	7	5	
17	3	9	3	8	
18	2	10	2	9	
19	16		17		
20					
21	E	27.5	V	22.91667	
22					
23	TAB	-2.40227	TAC	-2.19338	
24					
25					

步驟 6 爲了求檢定統計量的絕對值，於

B24 的方格中輸入 = ABS(B23)

D24 的方格中輸入 = ABS(D23)

8	A	B	A	C	
9	48	102	48	84	
10	65	98	65	106	
11	87	83	87	72	
12	62	117	62	99	
13	55	126	55	100	
14	1	8	1	6	
15	4	7	4	10	
16	6	5	7	5	
17	3	9	3	8	
18	2	10	2	9	
19	16		17		
20					
21	E	27.5	V	22.91667	
22					
23	TAB	-2.40227	TAC	-2.19338	
24		2.402272		2.193378	
25					
26					

步驟 7 與否定界限比較。

否定界限 = $d(3, \infty; 0.05) = 2.212$

	組 B	**組 C**
組 A	2.402272*	2.193378

因此，可知組 A 與組 B 之間有差異。

➲ 練習 Steel-Dwass 的檢定

使用以下數據，進行 Steel 檢定。

表 2.9.1

藥 A

NO.	X
1	48
2	65
3	87
4	62
5	55
6	40

藥 B

NO.	X
1	102
2	98
3	83
4	117
5	126
6	110

藥 C

NO.	X
1	84
2	106
3	72
4	99
5	100
6	103

解答　EXCEL 的輸出如下。

	A	B	C	D	E
1	A	B	C		
2	48	102	84		
3	65	98	106		
4	87	83	72		
5	62	117	99		
6	55	126	100		
7	40	110	103		
8					
9	A	B	A	C	
10	48	102	48	84	
11	65	98	65	106	
12	87	83	87	72	
13	62	117	62	99	
14	55	126	55	100	
15	40	110	40	103	
16	2	9	2	7	
17	5	8	5	12	
18	7	6	8	6	
19	4	11	4	9	
20	3	12	3	10	
21	1	10	1	11	
22	22		23		
23					
24	E	39	V	39	
25					
26	TAB	-2.72218	TAC	-2.56026	
27		2.72219		2.56026	
28					

組數是 3，因之否定界限爲

$q(3, \infty; 0.05) = 2.212$

	藥 B	藥 C
藥 A	2.722179 *	2.56205 *

因此，可知

藥 A 與藥 B，藥 A 與藥 C

之間有差異。

（注）

均數差檢定

無母數			有母數
	獨立	成對	
2 組	Mann-Whitney	Wilcoxn 符號等級	*t* 檢定
2 組以上	Wilcoxn 等級和 Kruskal-Wallis	Friedman	單因子變異數分析

比率的檢定

	獨立	成立
2 組	卡方	McNemar
2 組以上	卡方	Cochran Q

交叉表

	關聯係數	檢定
2×2	中係數	卡方
$k \times l$	Cramer	卡方

第3章 二因子變異數分析與多重比較

3.1 二因子（無對應因子與無對應因子）

3.1.1 前言

使用表 3.1.1 的數據，利用 SPSS 進行二因子（無對應因子與無對應因子）的變異數分析與多重比較。

以下的數據是就表皮細胞分裂的比率進行調查而得。就上藥的時間與藥劑的量之 12 組測量 3 次。各水準間是否有差異呢？而且，2 個因子之間存在交互作用嗎？

表 3.1.1　調查藥劑的效果

上藥時間 ＼ 藥劑量			因子 B		
			水準 B_1	水準 B_2	水準 B_3
			100μg	600μg	2400μg
因子 A	水準 A_1	3 小時	13.2 15.7 11.9	16.1 15.7 15.1	9.1 10.3 8.2
	水準 A_2	6 小時	22.8 25.7 18.5	24.5 21.2 24.2	11.9 14.3 13.7
	水準 A_3	12 小時	21.8 26.3 32.1	26.9 31.3 28.3	15.1 13.6 16.2
	水準 A_4	24 小時	25.7 28.8 29.5	30.1 33.8 29.6	15.2 17.3 14.8

重複數是 3

【數據輸入的類型】

此數據的輸入乍見似乎覺得有些複雜，卻也不過是單因子變異數分析的重複而已。因此，與單因子變異數分析一樣，一面檢視一面輸入，就完全不用擔心。應該可以簡單地做到。

	藥劑時間	藥劑量	細胞分裂
1	3小時	100μg	13.2
2	3小時	100μg	15.7
3	3小時	100μg	11.9
4	3小時	600μg	16.1
5	3小時	600μg	15.7
6	3小時	600μg	15.1
7	3小時	2400μg	9.1
8	3小時	2400μg	10.3
9	3小時	2400μg	8.2
10	6小時	100μg	22.8
11	6小時	100μg	25.7
12	6小時	100μg	18.5
13	6小時	600μg	24.5

	藥劑時間	藥劑量	細胞分裂
1	1	1	13.2
2	1	1	15.7
3	1	1	11.9
4	1	2	16.1
5	1	2	15.7
6	1	2	15.1
7	1	3	9.1
8	1	3	10.3
9	1	3	8.2
10	2	1	22.8
11	2	1	25.7
12	2	1	18.5
13	2	2	24.5

3.1.2 二因子（無對應因子與無對應因子）變異數分析

【統計處理的步驟】

步驟 1 資料輸入完成後，以滑鼠點選【分析 (A)】。接著，進行二因子變異數分析，按一下清單之中的【一般線型模型 (G)】再點選【單變量 (U)】。

步驟 2 此處以滑鼠點擊細胞分裂，使其成爲橘色的選取狀態。

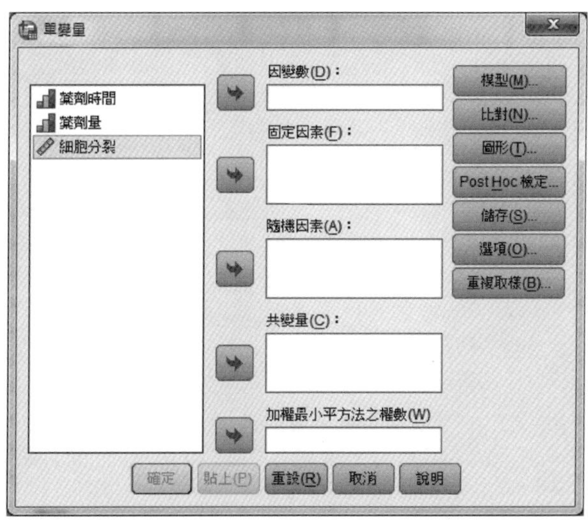

步驟 3 以滑鼠點擊【因變數 (D)】左側的 ➡ 符號，將細胞分裂移到【因變數 (D)】的方框中。

步驟 4 同步驟 3 之操作方式，將藥劑時間移到【固定因素 (F)】的方框之中。

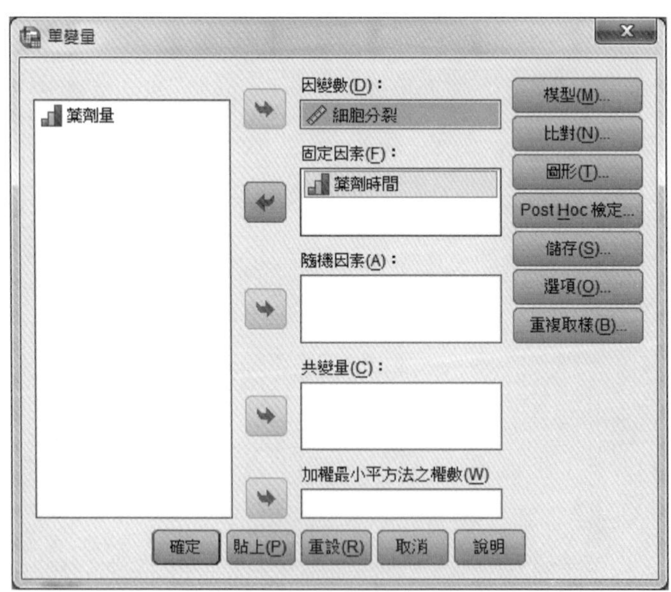

步驟 5 同步驟 4 之操作方式，將藥劑量移到【固定因素 (F)】的方框之中。再點擊【模型 (M)】。

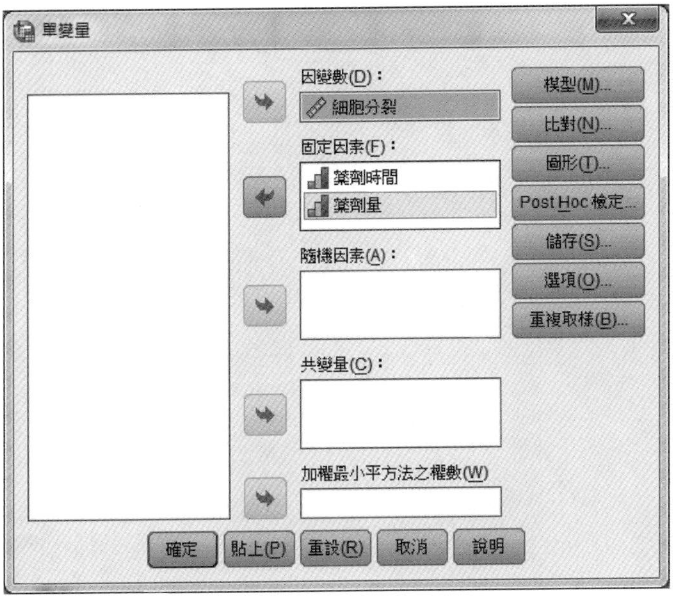

步驟 6 開啓模型對話視窗後，點選【自訂 (C)】。將因數及交互作用移入模型中。再按 繼續 。

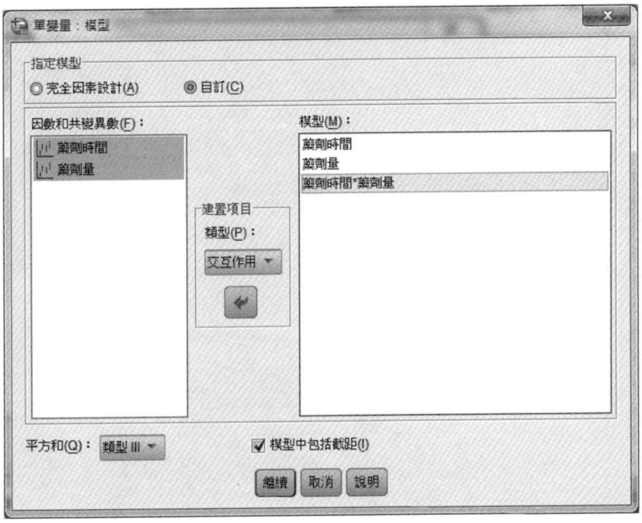

步驟 7 返回單變量對話視窗後，點擊【選項 (O)】，於顯示的欄位勾選【有同質性檢定 (H)】，再按 繼續 。

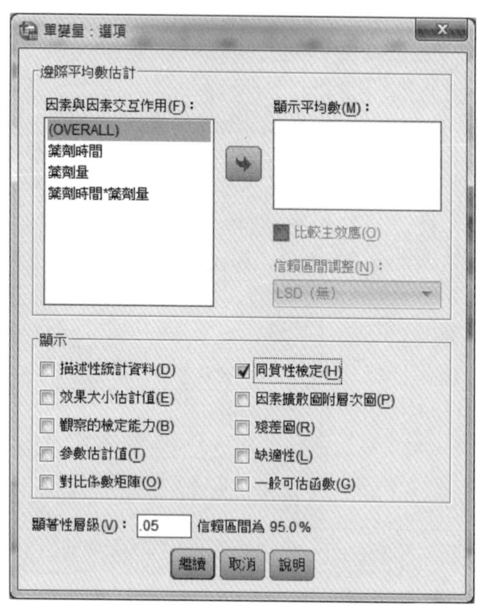

步驟 8 此步驟為製作剖面圖，以滑鼠點選【圖形 (T)】。

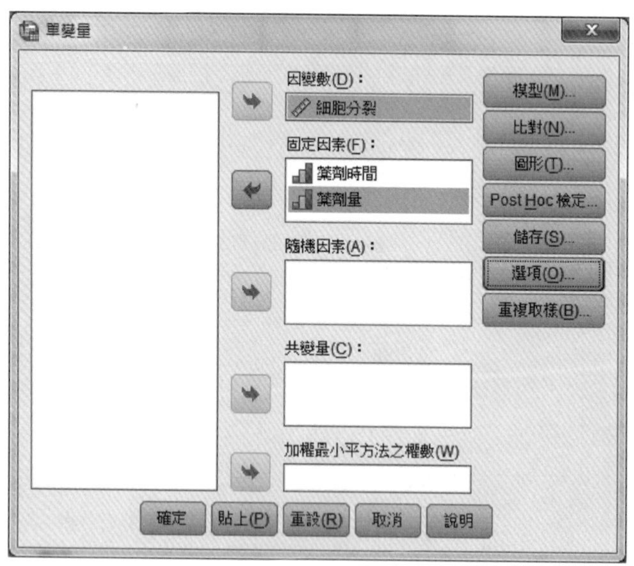

步驟 9　顯示如下的頁面後，按一下藥劑時間，使其成爲橘色的選取狀態。

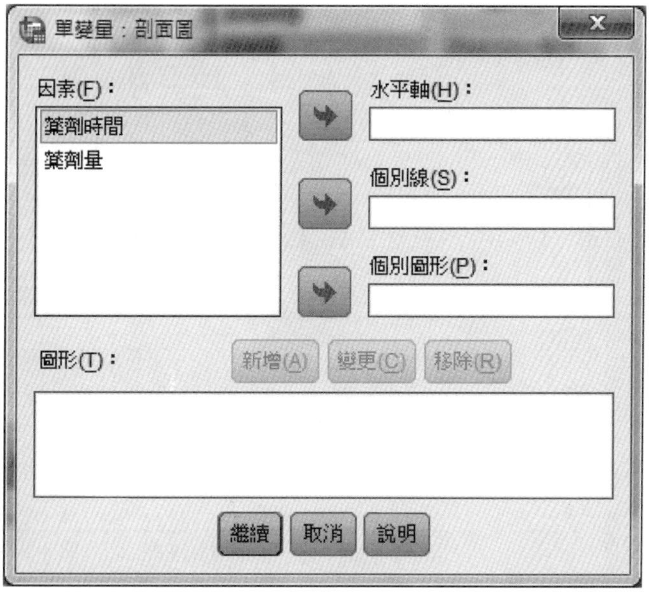

步驟 10　以滑鼠按一下【水平軸 (H)】左側的 符號，將藥劑時間移到【水平軸 (H)】的方框之中。

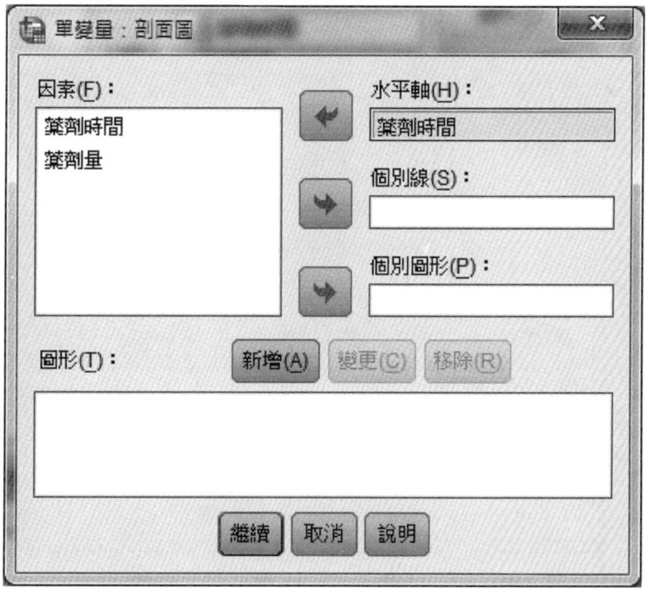

步驟 11　接著，點選藥劑量，按一下【個別線 (S)】左側的 ，將藥劑量移到方框中。最後按一下【新增 (A)】。

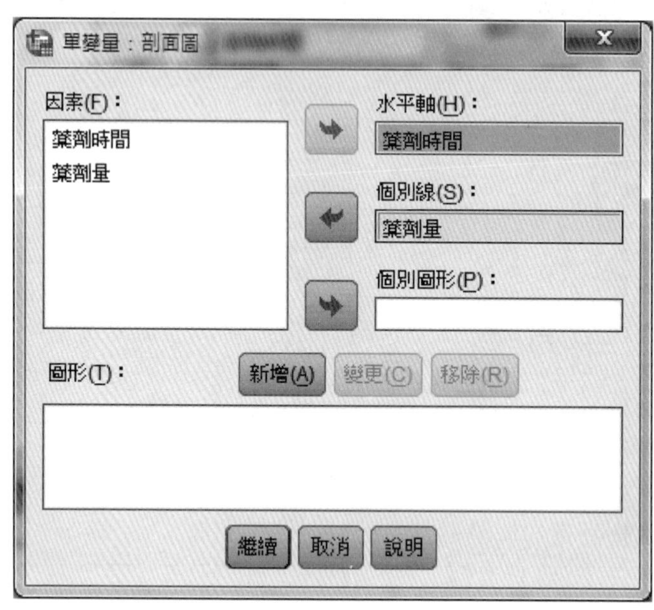

步驟 12　如此即完成剖面圖。接著，按 繼續 。

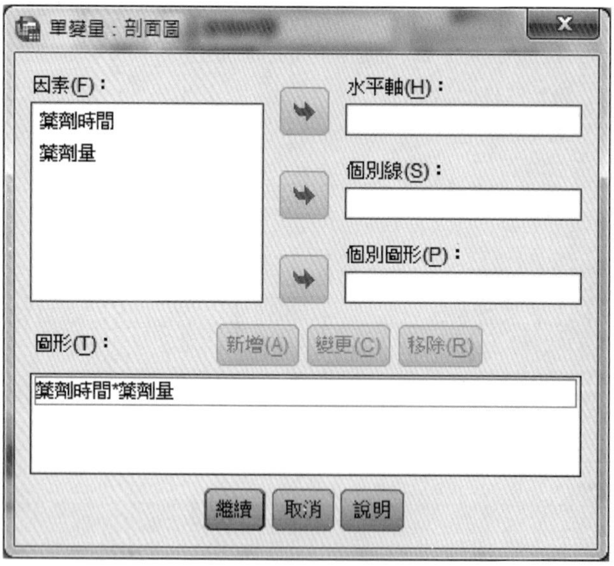

步驟 13 回到單變量的頁面後，以滑鼠按一下 確定 。

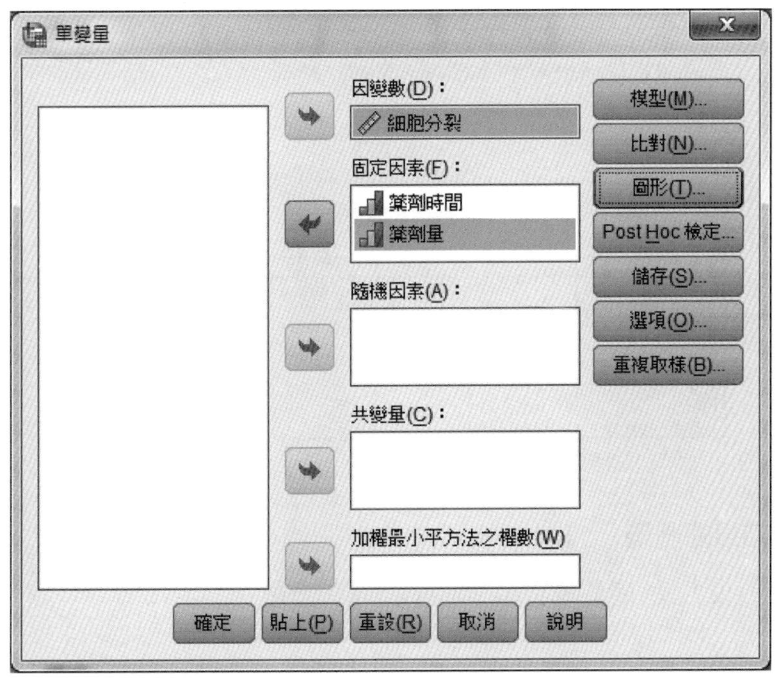

【SPSS 輸出・1】

二因子（無對應因子與無對應因子）的變異數分析

變異數的單變量分析

受試者間因子

		數值註解	個數
藥劑時間	1	3小時	9
	2	6小時	9
	3	12小時	9
	4	24小時	9
藥劑量	1	100mg	12
	2	600mg	12
	3	2400mg	12

誤差變異量的 Levene 檢定等式[a]

依變數: 細胞分裂

F 檢定	分子自由度	分母自由度	顯著性
1.760	11	24	.119

←④

檢定各組別中依變數誤差變異量的虛無假設是 相等的。

a. 設計: Intercept+藥劑時間+藥劑量+藥劑時間 * 藥劑量

受試者間效應項的檢定

依變數: 細胞分裂

來源	型 III 平方和	自由度	平均平方和	F 檢定	顯著性
校正後的模式	1777.616[a]	11	161.601	28.651	.000
Intercept	14742.007	1	14742.007	2613.702	.000
藥劑時間	798.208	3	266.069	47.173	.000 ←①
藥劑量	889.521	2	444.760	78.854	.000 ←②
藥劑時間 * 藥劑量	89.888	6	14.981	2.656	.040 ←③
誤差	135.367	24	5.640		
總和	16654.990	36			
校正後的總數	1912.983	35			

a. R 平方 = .929 (調過後的 R 平方 = .897)

【輸出結果的判讀．1】

①藥劑時間的假設是

假設 H_0：4 個水準間沒有差異

觀察輸出結果時，基於

顯著機率 = 0.000 < 顯著水準 $\alpha = 0.05$

假設 H_0 不成立。因此，可知 4 個水準間有差異。

②藥劑量的假設是

假設 H_0：3 個水準間沒有差異

由此表可知

顯著機率 = 0.000 < 顯著水準 $\alpha = 0.05$

假設 H_0 不成立。亦即，3 個水準間有差異。

③此處是交互作用的檢定，調查

假設 H_0：藥劑時間與藥劑量之間無交互作用

由於

顯著機率 = 0.040 < 顯著水準 $\alpha = 0.05$

因之，假設 H_0 不成立。

因此，藥劑時間與藥劑量之間可以認爲存在交互作用。

像這樣，2 個因子間有交互作用時，按各因子檢定水準間之差異並不太有意義。

④Levine 的等變異性檢定。就所有水準的組合（3×4 = 12）確認等變異性是否成立。由於

顯著機率 = 0.119 > 顯著水準 $\alpha = 0.05$

故假設 H_0 無法否定，因之可視爲等變異性是成立的。

【SPSS 輸出・2】

剖面圖

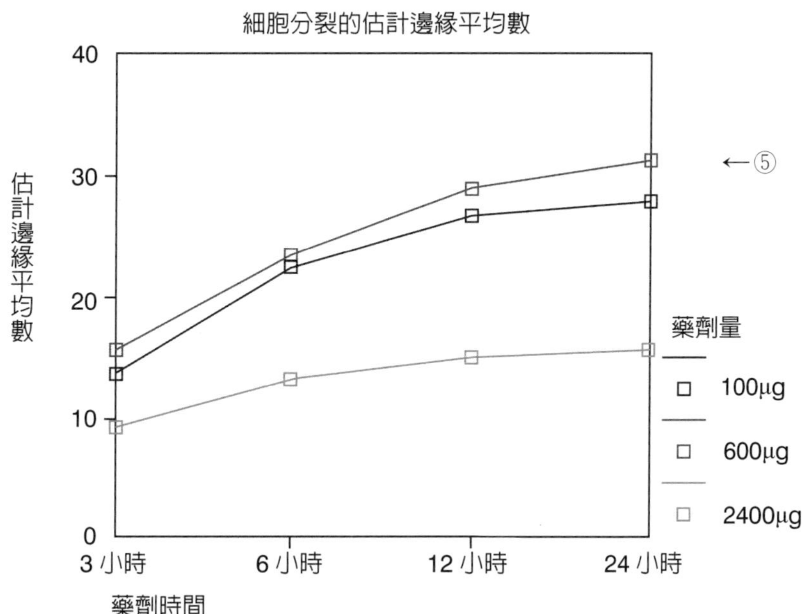

【輸出結果的判讀・2】

⑤觀察圖形時，100μg 與 600μg 之線條幾乎平行。因此，對於此 2 水準來說，與時間之間似乎沒有交互作用。

但是，2400μg 的折線與其他的 2 條並不平行。因此，此處或許隱藏有交互作用。

一點靈

各種交互作用的例子。

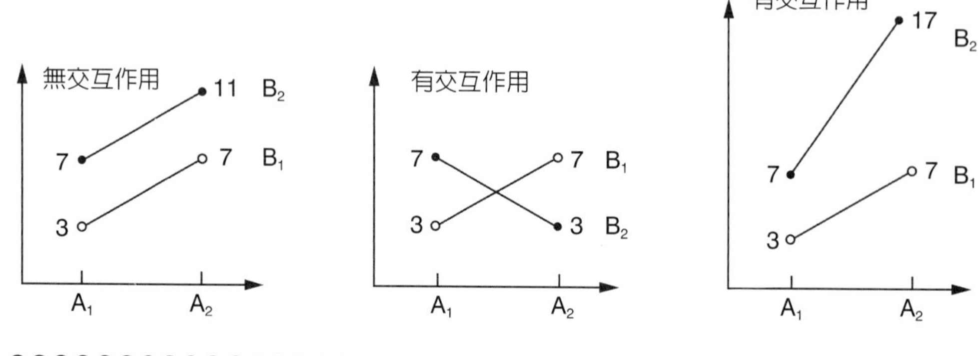

3.1.3 多重比較

【統計處理的步驟】

步驟 1 進行多重比較時，是從以下頁面開始。

由於【Post Hoc 檢定 (H)】在右側，因之點選此處。

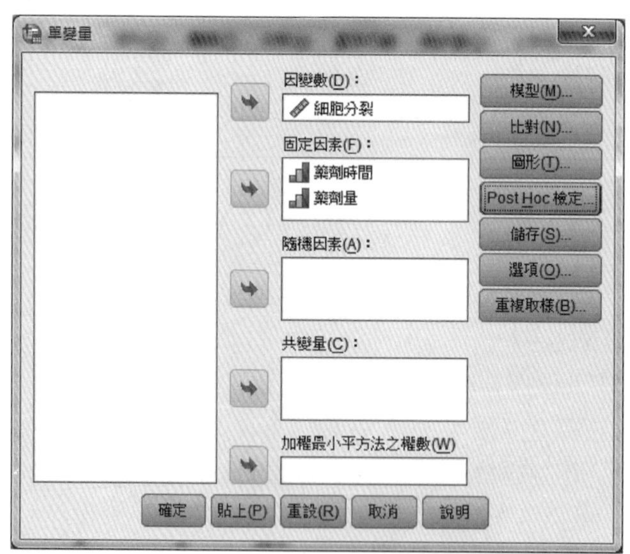

（注） 交互作用存在時，即使進行多重比較也不太有意義。

步驟 2　從【因素 (F)】的方框之中，按一下想多重比較的因素，按一下 時，該因子即移到【事後檢定 (P)】的方框之中。

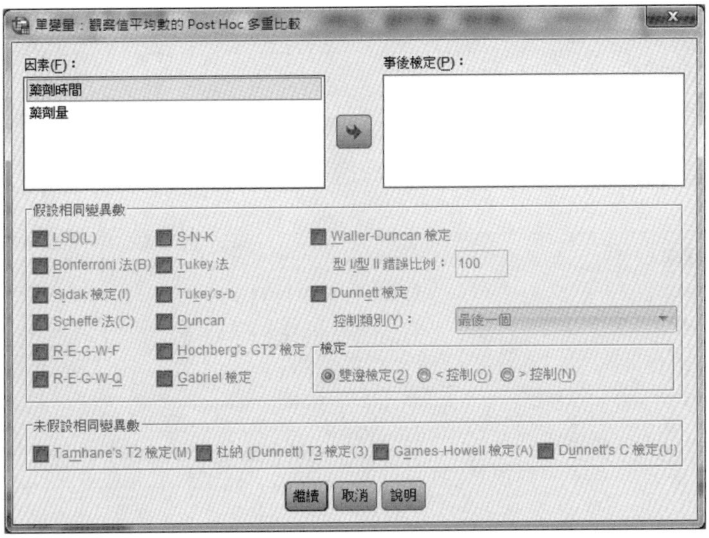

步驟 3　從以下頁面來看似乎可以了解，事實上準備有許多的多重比較，從其中選擇適合研究的方法。

但是，是否可以假定等變異性呢？先看前述【輸出結果的判讀 · 1】中的等變異性的檢定結果。

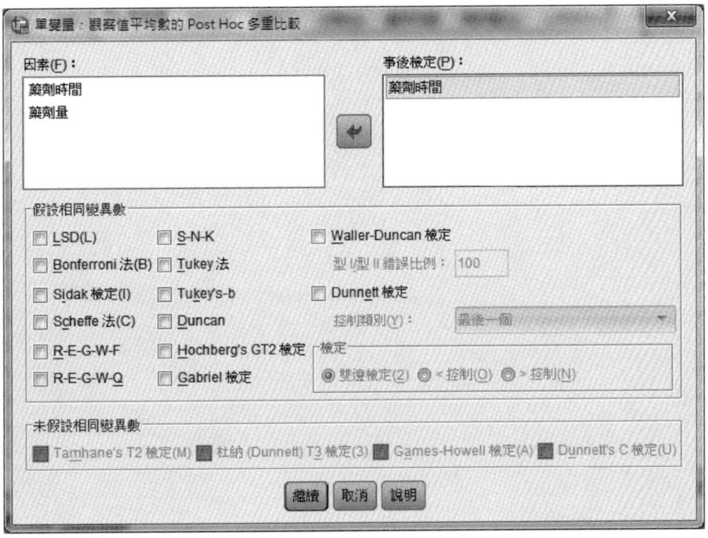

步驟 4 譬如，勾選 Turkey 法。

接著，按 繼續，頁面即回到步驟 1，之後只要用滑鼠按一下 確定。

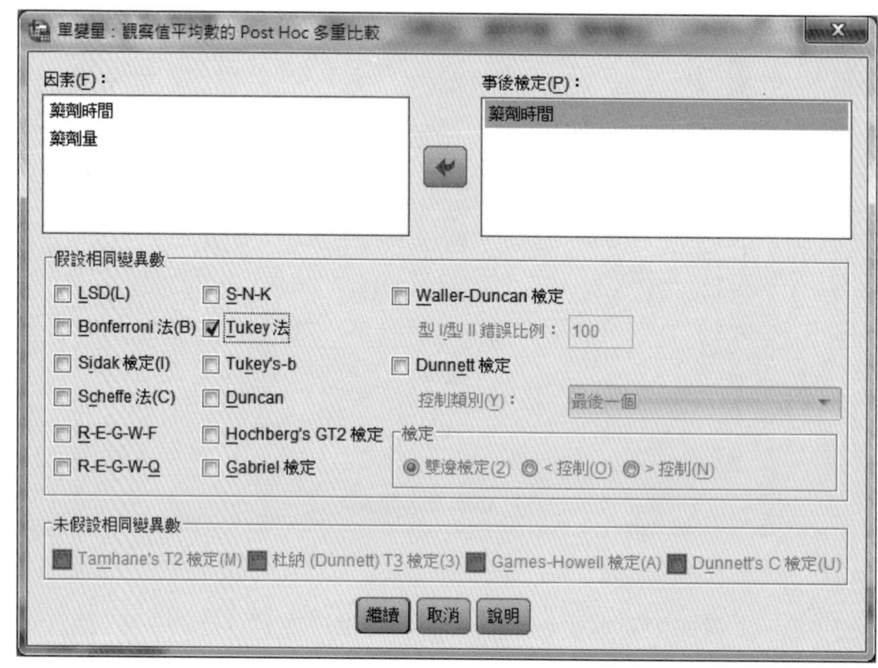

【SPSS 輸出】

二因子（無對應因子與無對應因子）的多重比較

藥劑時間

多重比較 ←⑥

依變數: 細胞分裂
Tukey HSD

(I) 藥劑時間	(J) 藥劑時間	平均數差異 (I-J)	標準誤	顯著性	95% 信賴區間	
					下限	上限
3小時	6小時	-6.833*	1.120	.000	-9.922	-3.745
	12小時	-10.700*	1.120	.000	-13.788	-7.612
	24小時	-12.167*	1.120	.000	-15.255	-9.078
6小時	3小時	6.833*	1.120	.000	3.745	9.922
	12小時	-3.867*	1.120	.010	-6.955	-.778
	24小時	-5.333*	1.120	.000	-8.422	-2.245
12小時	3小時	10.700*	1.120	.000	7.612	13.788
	6小時	3.867*	1.120	.010	.778	6.955
	24小時	-1.467	1.120	.566	-4.555	1.622
24小時	3小時	12.167*	1.120	.000	9.078	15.255
	6小時	5.333*	1.120	.000	2.245	8.422
	12小時	1.467	1.120	.566	-1.622	4.555

以觀察的平均數爲基礎。

*. 在水準 .05 上的平均數差異顯著。

同質子集

細胞分裂 ←⑦

Tukey HSD[a,b]

藥劑時間	個數	子集		
		1	2	3
3小時	9	12.811		
6小時	9		19.644	
12小時	9			23.511
24小時	9			24.978
顯著性		1.000	1.000	.566

同質子集中組別的平均數已顯示。
以型 III平方和爲基礎
平均平方和 (誤差) = 5.640 中的誤差項。

a. 使用調和平均數樣本大小 = 9.000

b. Alpha = .05

【輸出結果的判讀】

⑥利用 Turkey's HSD 法的多重比較

有 * 記號的組合在顯著水準 5% 下有顯著差。

譬如，3 小時與 6 小時，3 小時與 12 小時，……。

但是，如回顧③時，由於藥劑時間與藥劑量之間存在交互作用，因之，事實上進行

藥劑時間的多重比較

藥劑量的多重比較

並不太有意義。

⑦將 4 水準（3 小時、6 小時、12 小時、24 小時）分成沒有差異的組。譬如，

同質子集 1……只 3 小時

同質子集 2……只 6 小時

同質子集 3……只 12 小時與 24 小時

（注）5 個組的母平均為 $\mu_1, \mu_2, \mu_3, \mu_4, \mu_5$ 時，所謂利用 Tukey's HSD 的多重比較，是指同時檢定以下組合之差的方法，即

$$
\begin{array}{llll}
\mu_1=\mu_2 & \mu_1=\mu_3 & \mu_1=\mu_4 & \mu_1=\mu_5 \\
 & \mu_2=\mu_3 & \mu_2=\mu_4 & \mu_2=\mu_5 \\
 & & \mu_3=\mu_4 & \mu_3=\mu_5 \\
 & & & \mu_4=\mu_5
\end{array}
$$

（注）Tukey's honestly significant difference test 簡記為 Tukey's HSD test，稱為 Tukey 真實顯著差異多重比較法。

3.2 二因子（無對應因子與有對應因子）

3.2.1 前言

使用表 3.2.1 的數據，利用 SPSS 進行二因子（無對應因子與有對應因子）之變異數分析與多重比較。

以下的數據是調查在運動負荷開始後攝取 2 種飲料水（A 飲料水與 D 飲料水）時的心跳數的變化。心跳數的變化類型是否因飲料水而有差異呢？

表 3.2.1　2 種飲料水攝取後的心跳數

受試者	A 飲料水心跳數的變化		
	運動前	90 分後	180 分後
陳一	44	120	153
林二	61	119	148
張三	67	157	167
李四	60	153	175
王五	61	139	162

受試者	D 飲料水心跳數的變化		
	運動前	90 分後	180 分後
胡六	51	100	110
柯七	62	109	117
劉八	56	134	139
廖九	57	140	161
周十	59	126	137

* 受試者間因子…飲料水…2 水準
* 受試者內因子…時間…3 水準

【數據輸入的類型】

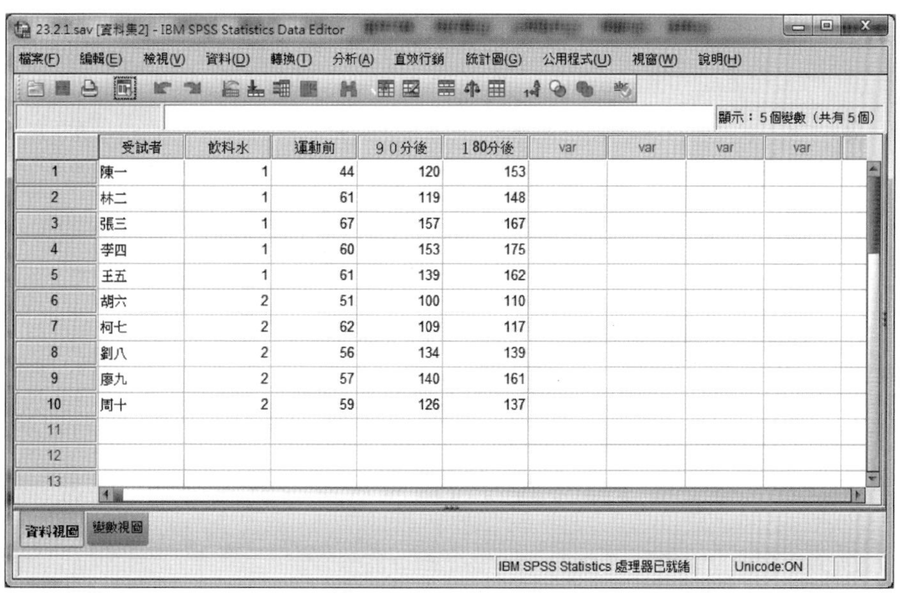

23.2.1.sav [資料集2] - IBM SPSS Statistics Data Editor

檔案(F) 編輯(E) 檢視(V) 資料(D) 轉換(T) 分析(A) 直效行銷 統計圖(G) 公用程式(U) 視窗(W) 說明(H)

顯示：5 個變數（共有 5 個）

	受試者	飲料水	運動前	90分後	180分後	var	var	var	var
1	陳一	A飲料水	44	120	153				
2	林二	A飲料水	61	119	148				
3	張三	A飲料水	67	157	167				
4	李四	A飲料水	60	153	175				
5	王五	A飲料水	61	139	162				
6	胡六	D飲料水	51	100	110				
7	柯七	D飲料水	62	109	117				
8	劉八	D飲料水	56	134	139				
9	廖九	D飲料水	57	140	161				
10	周十	D飲料水	59	126	137				
11									
12									
13									

資料視圖 變數視圖

IBM SPSS Statistics 處理器已就緒 Unicode:ON

3.2.2 二因子（無對應因子與有對應因子）變異數分析

【統計處理的步驟】

步驟 1 按一下【分析 (A)】，從【一般線型模型 (G)】的子清單中選擇【重複測量 (R)】。

步驟 2 對時間來說，由於有對應關係，因此，刪除【受試者內因素的名稱 (W)】的 factor1，並輸入「時間」兩字。

重複測量定義因素
受試者內因素的名稱(W)：
factor1
層級個數(L)：
新增(A)
變更(C)
移除(R)
量數名稱(N)：
新增(A)
變更(C)
移除(R)
定義(F) 重設(R) 取消 說明

步驟 3 將 3 輸入到【層級個數 (L)】的方框之中。於是，【新增 (A)】的文字變黑，所以按一下【新增 (A)】。

重複測量定義因素
受試者內因素的名稱(W)：
時間
層級個數(L)： 3
新增(A)
變更(C)
移除(R)
量數名稱(N)：
新增(A)
變更(C)
移除(R)
定義(F) 重設(R) 取消 說明

（注）運動前→ 90 分後→ 180 分後，所以層級個數是 3 個。

步驟 4 接著，以滑鼠點選【定義 (F)】。

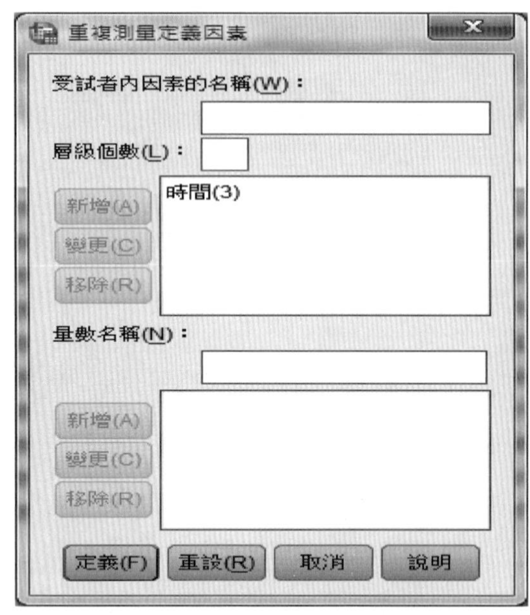

（注）受試者內因素有 2 個以上時，接著，將第 2 個因素名輸入到【受試者內因素的名稱 (W)】的方框中。

步驟 5 點選運動前，按一下【受試者內變數 (W)】的 ，再點選 90 分後及 180 分後按 。

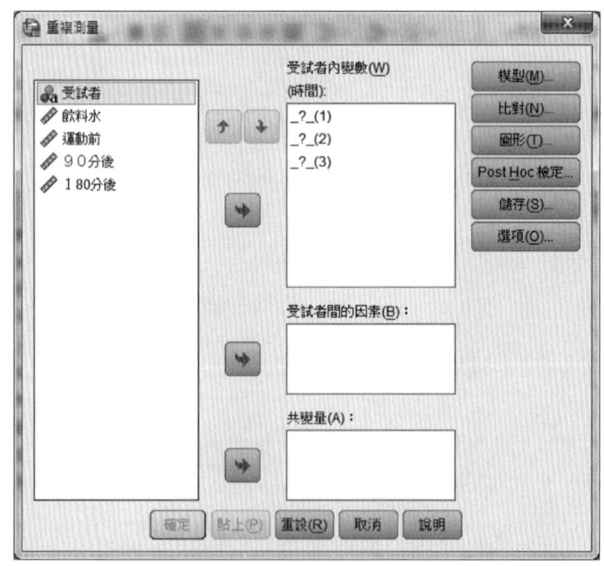

步驟 6 接著，點選飲料水，按一下【受試者間的因素 (B)】的 ➡。

步驟 7 其次，製作剖面圖。首先，點選【圖形 (T)】。

步驟 8 點選時間，按一下【水平軸 (H)】左側的 。

步驟 9 將時間移到【水平軸 (H)】的方框後，點選飲料水。

步驟 10 按一下【個別線 (S)】左側的 ➡，將飲料水移到方框中。

步驟 11 最後按一下【新增 (A)】，【圖形 (T)】的方框之中變成時間 * 飲料水，如此即完成剖面圖。之後，按 繼續 。

步驟 12 返回重複測量頁面後，按一下 確定 鈕，即告完成。

但若欲進行 Box 的 M 檢定與 Bartlet 的球面性檢定時，先按一下【選項 (O)】，再勾選【變換矩陣 (A)】、【同質性檢定 (H)】與【殘差 SSCP 矩陣 (C)】。

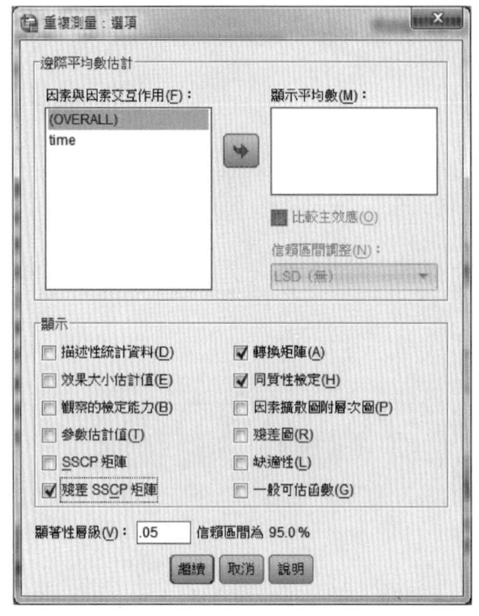

（注）SSCP(Sum of square and cross product)。殘差 SSCP 矩陣（它是殘差的交叉乘積平方和矩陣）、殘差共變量矩陣（它是殘差 SSCP 矩陣除以殘差自由度），以及殘差相關矩陣（它是殘差共變量矩陣的標準化形式）。

【SPSS 輸出・1】

二因子（無對應因子與有對應因子）的變異數分析

Measure: MEASURE_1

時間	Dependent Variable
1	運動前
2	90分後
3	180分後

Between-Subjects Factors

		Value Label	N
飲料水	1	A飲料水	5
	2	D飲料水	5

Multivariate Tests[a]

Effect		Value	F	Hypothesis df	Error df	Sig.	
時間	Pillai's Trace	.975	139.012[b]	2.000	7.000	.000	←①
	Wilks' Lambda	.025	139.012[b]	2.000	7.000	.000	
	Hotelling's Trace	39.718	139.012[b]	2.000	7.000	.000	
	Roy's Largest Root	39.718	139.012[b]	2.000	7.000	.000	
時間 * 飲料水	Pillai's Trace	.566	4.569[b]	2.000	7.000	.054	←②
	Wilks' Lambda	.434	4.569[b]	2.000	7.000	.054	
	Hotelling's Trace	1.306	4.569[b]	2.000	7.000	.054	
	Roy's Largest Root	1.306	4.569[b]	2.000	7.000	.054	

a. Design: Intercept + 飲料水
Within Subjects Design: 時間

b. Exact statistic

【輸出結果的判讀・1】

①此多變量檢定是進行如下意義的受試者內因子——時間——之水準之差的檢定。亦即，設

$(x_1, x_2, x_3) =$（運動前、90 分後、180 分後）

時，檢定受試者內因子——時間——之水準之差的假設是

假設 H_0：$(x_3 - x_2 - x_1) = (0, 0)$

此假設 H_0 是

$x_3 - x_1 = 0$，$x_2 - x_1 = 0$

亦即，$x_1 = x_2 = x_3$，因之主張 3 變量——運動前、90 分後、120 分後——的心跳數沒有差異。

觀察輸出結果時，由於

顯著機率 $= 0.000 <$ 顯著水準 $\alpha = 0.05$

所以假設 H_0 不成立。因此，知 3 變量的心跳數有差異。但是，與其多變量檢定，不如⑥的受試者內效應項的檢定更容易出現差異。

②此多變量檢定，事實上是將飲料水當作因子的 1 元配置的多變量變異數分析。當然，所謂多變量並非是 (x_1, x_2, x_3) ，而是將 $(x_2 - x_1, x_3 - x_1)$ 看成 2 變量。接著，假設是

假設 H_0：A 飲料水與 D 飲料水的心跳數相同

顯著機率 0.054，顯著水準 $\alpha = 0.05$，假設 H_0 成立。因此，此多變量檢定不能說 2 個飲料水之間有差異。

【SPSS 輸出・2】

共變量矩陣等式的 Box 檢定[a] ←③

Box's M	8.422
F 檢定	.815
分子自由度	6
分母自由度	463.698
顯著性	.558

檢定依變數的觀察共變量矩陣之虛無假設，等於交叉組別。

a. 設計：Intercept+飲料水
受試者內設計：時間

Bartlett 的球形檢定[a] ←④

概似比	.000
近似卡方分配	21.006
自由度	5
顯著性	.001

檢定殘差共變量矩陣的虛無假設，是識別矩陣的一部份。

a. 設計：Intercept+飲料水
受試者內設計：時間

Mauchly 球形檢定[b] ←⑤

測量：MEASURE_1

受試者內效應項	Mauchly's W	近似卡方分配	自由度	顯著性	Epsilon[a]		
					Greenhouse-Geisser	Huynh-Feldt 值	下限
時間	.525	4.512	2	.103	.678	.870	.500

檢定正交化變數轉換之依變數的誤差共變量矩陣的虛無假設，是識別矩陣的一部份。

a. 可用來調整顯著性平均檢定的自由度。改過的檢定會顯示在 "Within-Subjects Effects" 表檢定中。

b. 設計：Intercept+飲料水
受試者內設計：時間

（注 1）Box's M test 是變異共變異矩陣的相等性檢定的一種，當 a 個常態母體的組的母變異共變異矩陣設為$\sum_1, \sum_2, \cdots, \sum_a$時，調查以下是否成立，即

假設 $H_0 : \sum_1 = \sum_2 = \cdots = \sum_a$

（注 2）Bartlett's test of sphericity（Bartlett 球面性檢定）

$$\text{假設}：H_0 = \begin{bmatrix} \sigma_1^2 & \sigma_{12} & \sigma_{13} \\ \sigma_{12} & \sigma_2^2 & \sigma_{23} \\ \sigma_{13} & \sigma_{23} & \sigma_3^2 \end{bmatrix} = \sigma^2 \begin{bmatrix} 1 & 0 & 0 \\ 0 & 1 & 0 \\ 0 & 0 & 1 \end{bmatrix}$$

機率變數 X_1, X_2, X_3 相互獨立，服從相同變異數的常態分配稱為球面性地服從常態分配。假設 H_0 不成立時，變數間有關聯。

【輸出結果的判讀・2】

③Box 的 M 檢定是調查以下的假設。

假設 H_0：A 飲料水與 D 飲料水的 3 變量的共變異矩陣互為相等

觀察輸出結果時，由於顯著機率 0.558 比顯著水準 $\alpha = 0.05$ 大，因之，假設 H_0 成立。因此，2 個飲料水的變異共變異矩陣似乎可以說是互為相等的。

④Bartlet 的球面性檢定（Test of sphericity）是調查以下的假設。

假設 H_0：3 變量 x_1, x_2, x_3 的變異共變異矩陣是單位矩陣的常數倍

觀察輸出結果時，顯著機率 = 0.001 比顯著水準 $\alpha = 0.05$ 小，因之，假設 H_0 不成立。因此，共變異不是 0，所以知 3 變量之間有某種的關聯。

如 3 變量之間毫無關聯時，與進行 3 次單變量的變異數分析是相同的。

⑤Mauchly 的球面性檢定，是從 3 變量 x_1, x_2, x_3 利用常態直交變換所作成的 2 個變量 z_1, z_2

$$\begin{cases} z_1 = -0.707x_1 + 0.000x_2 + 0.707x_3 \\ z_2 = 0.408x_1 - 0.816x_2 + 0.408x_3 \end{cases}$$

它的變異共變異矩陣為 Σ 時，檢定以下的假設

假設 H_0：$\Sigma = \sigma^2 \begin{pmatrix} 1 & 0 \\ 0 & 1 \end{pmatrix}$

→球面性的檢定

time[a]

Measure: MEASURE_1

Dependent Variable	time	
	Linear	Quadratic
運動前	-.707	.408
9 0分後	.000	-.816
1 80分後	.707	.408

a. The contrasts for the within subjects factors are:
time: Polynomial contrast

此假設 H_0 如不成立時，使用 Greenhouse・Geisser 或 Huynh・Feldt 將受試者內效果檢定的顯著機率進行修正。

觀此輸出結果時，顯著機率 0.105 比顯著水準 $\alpha = 0.05$ 大，因之無法否定假設 H_0。因此，球面性的假定是成立的，進入⑥。

【SPSS 輸出 · 3】

受試者內效應項的檢定

測量: MEASURE_1

來源		型 III 平方和	自由度	平均平方和	F 檢定	顯著性
時間	假設為球形	44680.867	2	22340.433	248.803	.000
	Greenhouse-Geisser	44680.867	1.356	32955.193	248.803	.000
	Huynh-Feldt 值	44680.867	1.740	25684.949	248.803	.000
	下限	44680.867	1.000	44680.867	248.803	.000
時間 * 飲料水	假設為球形	885.800	2	442.900	4.933	.021
	Greenhouse-Geisser	885.800	1.356	653.338	4.933	.040
	Huynh-Feldt 值	885.800	1.740	509.205	4.933	.028
	下限	885.800	1.000	885.800	4.933	.057
誤差 (時間)	假設為球形	1436.667	16	89.792		
	Greenhouse-Geisser	1436.667	10.846	132.455		
	Huynh-Feldt 值	1436.667	13.917	103.234		
	下限	1436.667	8.000	179.583		

←⑥

a. 使用 $\alpha = 0.05$ 加以計算

↑

Greenhouse-Geisser 的自由度 1.356=2x0.678

Huynh-Feldt 的自由度 1.740=2x0.870

受試者間效應項的檢定

測量: MEASURE_1

轉換的變數: 均數

來源	型 III 平方和	自由度	平均平方和	F 檢定	顯著性
Intercept	372744.533	1	372744.533	871.577	.000
飲料水	1732.800	1	1732.800	4.052	.079
誤差	3421.333	8	427.667		

←⑦

a. 使用 $\alpha = 0.05$ 加以計算

【輸出結果的判讀 · 3】

⑥此輸出是主要部分。在利用反覆測量的變異數分析中，此處的交互作用的檢定特別重要，可以換成如下的說法。

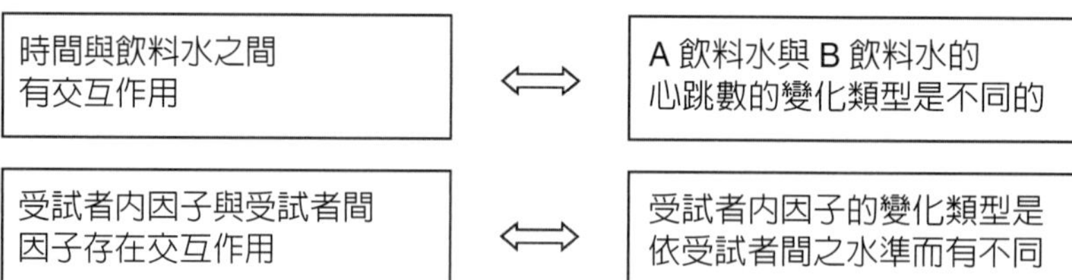

觀察輸出結果時，由於

顯著機率 = 0.021 < 顯著水準 $\alpha = 0.05$

因之，時間與飲料水之間有交互作用。因此，A 飲料水與 D 飲料水的心跳數的變化類型似乎可以說是不同的。

但是，此處如果交互作用不存在時，2 種飲料水的變化類型如右圖形成平行，因之進入⑦。

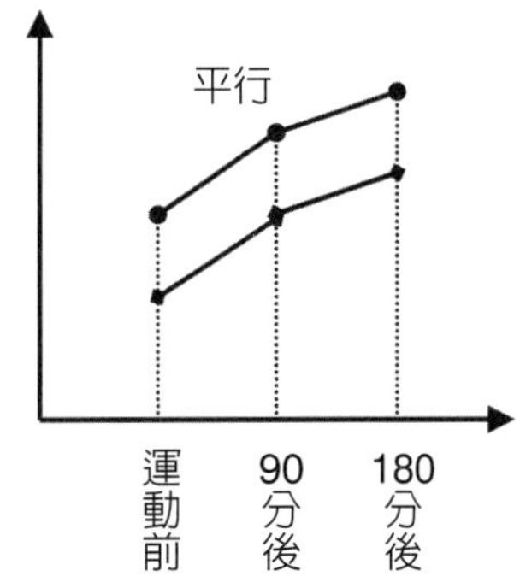

⑦此處的輸出是檢定以下的假設：

假設 H_0：A 飲料水與 D 飲料水的心跳數之間沒有差異

觀察表時，由於

顯著機率 = 0.079 > 顯著水準 $\alpha = 0.05$

因之心跳數不因 2 種飲料水而有差異。可是，⑥由於交互作用存在，所以⑦的檢定不太有意義。

【SPSS 輸出 · 4】

剖面圖

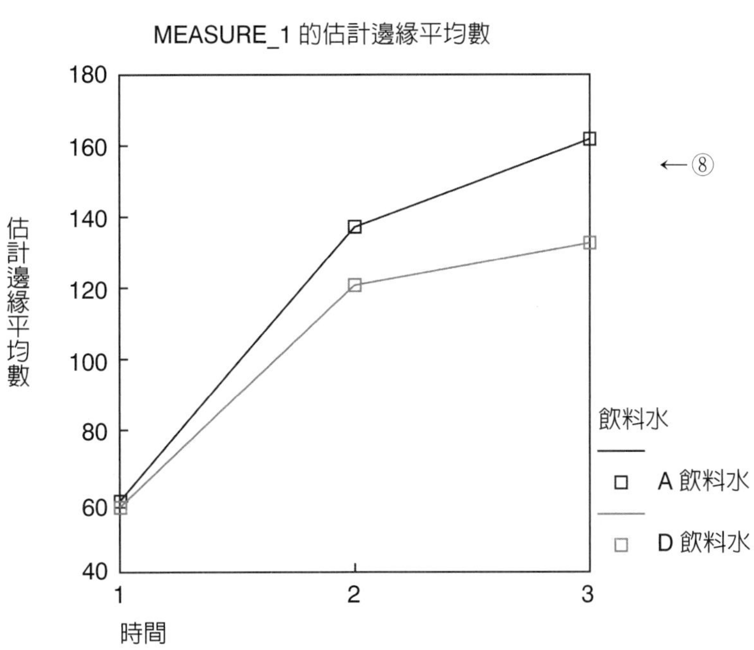

【輸出結果的判讀 · 4】

⑧圖形表現特別重要。

觀察此剖面圖似乎也可了解。在 2 種飲料水之間，心跳數的變化類型是有差異的。

一點靈

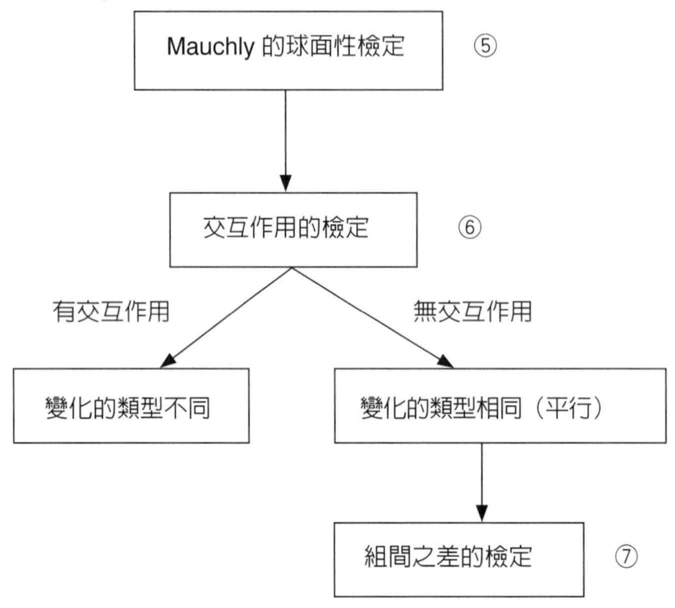

3.2.3 多重比較

【統計處理的步驟】

表 3.2.1 的數據，是由受試者間因子——飲料水——與受試者內因子——時間——所構成。對於受試者間因子的多重比較來說，在 SPSS 的對話框中，由於包含有【Post Hoc 檢定 (H)】，因之按一下此處即可。

但是，對於受試者內因子來說，SPSS 不受理【Post Hoc 檢定 (H)】。換言之，像受試者內因子有對應關係時，有興趣的對象是在於它的變化類型。因此，像 Turkey 的方法或 Scheffe 的方法，對所有的組合進行多重比較可以認爲不太有意義。

儘管如此，想進行多重比較時，要如何進行才好呢？可以考慮以下的方法。

按各組如單因子變異數分析那樣進行受試者內因子的多重比較。譬如…，

只列舉 A 飲料水的數據，將受試者內因子的 1 個水準——運動前——當作控制組（Control），利用 Dunnett 的方法進行多重比較。

表 3.2.2　A 飲料水攝取後的心跳數

受試者	A 飲料水心跳數的變化		
	運動前	90 分後	180 分後
陳一	44	120	153
林二	61	119	148
張三	67	157	167
李四	60	153	175
王五	61	139	162

因此，將表 3.2.1 的數據如下重排時……

統計處理步驟如與重複測量變異數分析相同時，得出如下的多重比較。

多重比較

依變數: 心跳數
Dunnett t (2 面)[a]

(I) 時間	(J) 時間	平均數差異 (I-J)	標準誤	顯著性	95% 信賴區間 下限	95% 信賴區間 上限
90分後	運動前	79.00*	5.03	.000	65.54	92.46
180分後	運動前	102.40*	5.03	.000	88.94	115.86

以觀察的平均數為基礎。
*. 在水準 .05 上的平均數差異顯著。
a. Dunnett t-檢定將組別視為控制，並比較所有與其對照的其他組別。

然而，受試者間因子的多重比較是……。

步驟 1 多重比較（受試者間因子）是從以下頁面開始。如按一下頁面的【Post Hoc 檢定 (H)】時……。

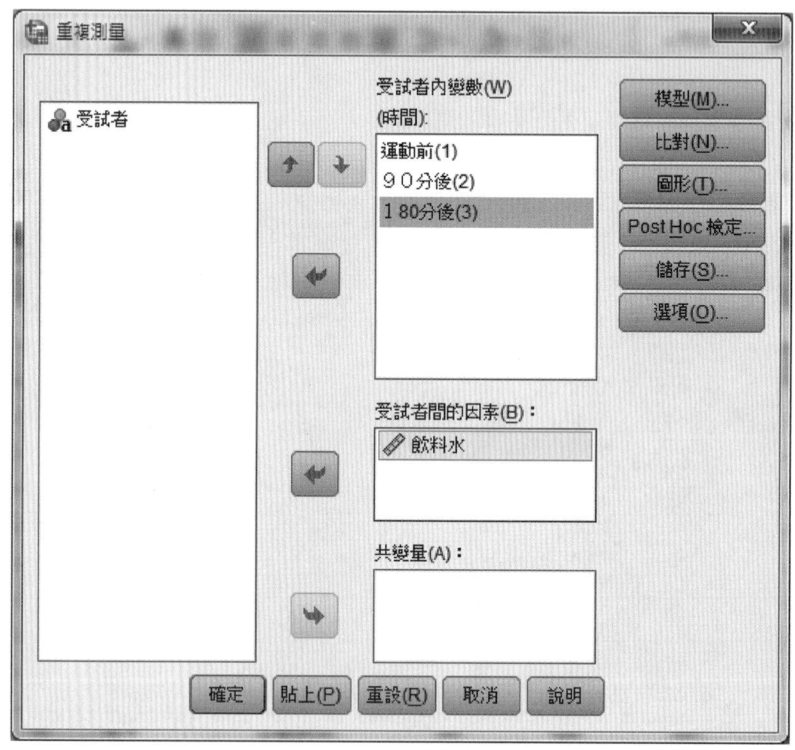

步驟 2 點選【因素 (F)】方框之中的飲料水，按一下 ➜ 時，飲料水即移到【事後檢定 (P)】的方框之中，因之有關飲料水的因子，即可進行多重比較。但是，另一個因子，時間呢？事實上，時間是受試者內因子，因之無法進行多重比較。

步驟 3 飲料水進入【事後檢定 (P)】的方框後，選擇適合研究的多重比較。譬如，像是 Turkey 法，接著，按一下 繼續，頁面回到步驟 1 時，按 確定。

【SPSS 輸出】一二元配置（無對應因子與有對應因子）的變異數分析

警告

飲料水未執行 Post hoc 檢定，因為組別少於三組。

↑
受試者間因子的多重比較

一點靈

當想進行運動前、90 分後、120 分後的受試者內因子中的多重比較時，按受試者間因子的各水準，

1) 就 A 飲料水進行如反覆測量變異數分析的多重比較

2) 就 D 飲料水進行如反覆測量變異數分析的多重比較

【輸出結果的判讀】

←⋯⋯？

⋯⋯！

各位不妨想想看。

3.3 二因子（有對應因子與有對應因子）

3.3.1 前言

使用表 3.3.1 的數據，利用 SPSS 進行二因子（有對應因子與有對應因子）變異數分析。

以下的數據是在運動負荷開始後，攝取 A 飲料水測量心跳數的變化，在一定期間之後，對相同的受試者讓其進行相同的運動，此次攝取 D 飲料水時測量心跳數的變化。

* 受試者內因子⋯⋯飲料水⋯⋯2 水準

受試者內因子⋯⋯時間 ⋯⋯3 水準

表 3.3.1　2 種飲料水攝取後的心跳數

受試者	A 飲料水			D 飲料水		
	運動前	90 分後	180 分後	運動前	90 分後	180 分後
陳一	44	120	153	51	100	110
林二	61	119	148	62	109	117
張三	67	157	167	56	134	139
李四	60	153	175	57	140	161
王五	61	139	162	59	126	137

【數據輸入類型】

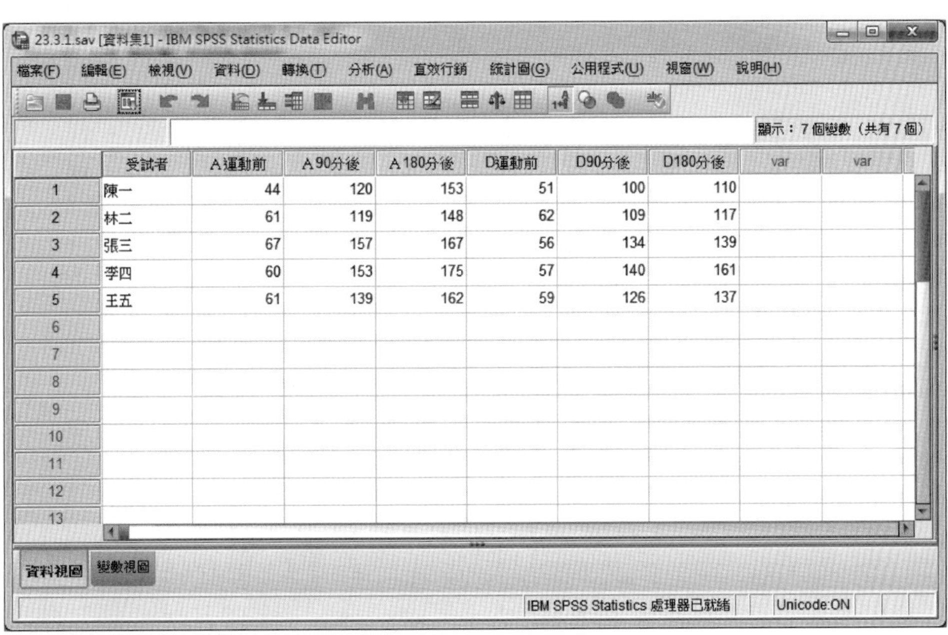

3.3.2 二因子（有對應因子與有對應因子）變異數分析

【統計處理的步驟】

步驟 1 按一下【分析 (A)】，從【一般線型模型 (G)】的子清單之中選擇【重複測量 (R)】。

步驟 2 受試者內因子是飲料水與時間，因之刪除【受試者內因素的名稱 (W)】中的 factor1 後，再輸入飲料水。

並於【層級個數 (L)】的方框中輸入 2。

重複測量定義因素

受試者內因素的名稱(W)：

factor1

層級個數(L)：

新增(A) 變更(C) 移除(R)

量數名稱(N)：

新增(A) 變更(C) 移除(R)

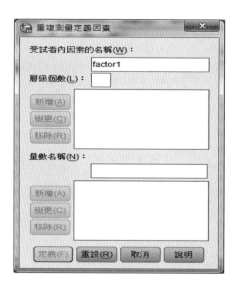

定義(F) 重設(R) 取消 說明

（注）飲料水與時間的順序不要弄反！

步驟 3 按一下【新增 (A)】。

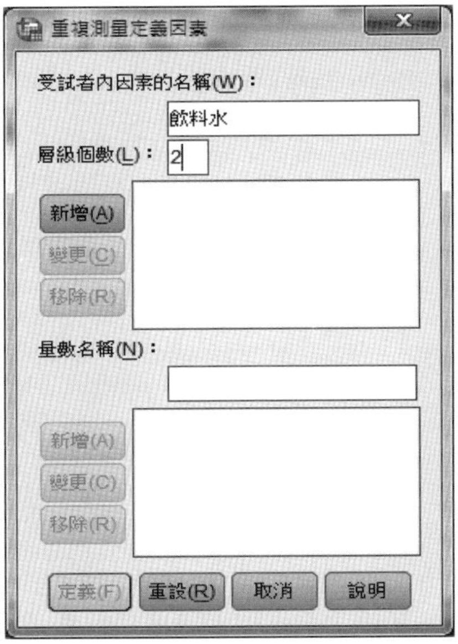

步驟 4 顯示如下頁面後，將時間輸入到【受試者內因素的名稱 (W)】的方框之中，將 3 輸入到【層級個數 (L)】的方框之中。
接著，按一下【新增 (A)】。

步驟 5 以滑鼠點選【定義 (F)】。

重複測量定義因素

受試者內因素的名稱(W)：

層級個數(L)：

新增(A)
變更(C)
移除(R)

飲料水(2)
時間(3)

量數名稱(N)：

新增(A)
變更(C)
移除(R)

定義(F) 重設(R) 取消 說明

步驟 6 顯示如下的頁面。

步驟 7 分別依 A 運動前⇨ A90 分後⇨ A180 分後⇨ D 運動前⇨ D90 分後⇨ D180 分後的順序，按一下【受試者內變數 (W)】左側的 [➡]，將所有變數移到方框中。

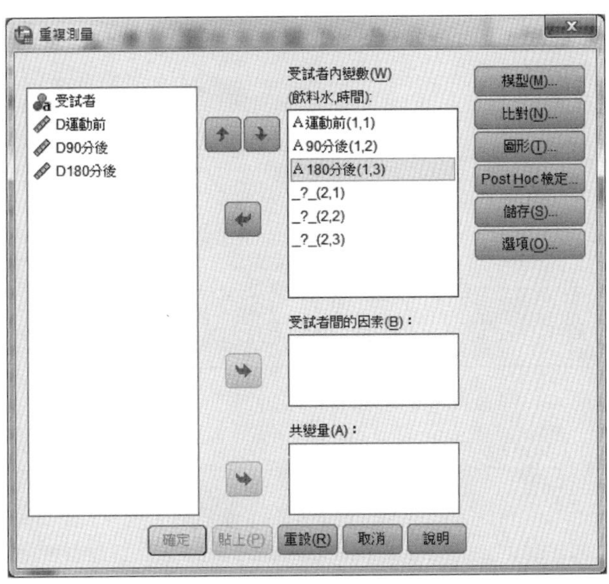

步驟 8 變數移完之後，以滑鼠按一下 [確定]。

步驟 9　當想輸出剖面圖時，按一下重複測量對話視窗的【圖形 (T)】，將時間移入【水平軸(H)】，飲料水移入【個別線(S)】的方框中。按一下【新增(A)】。

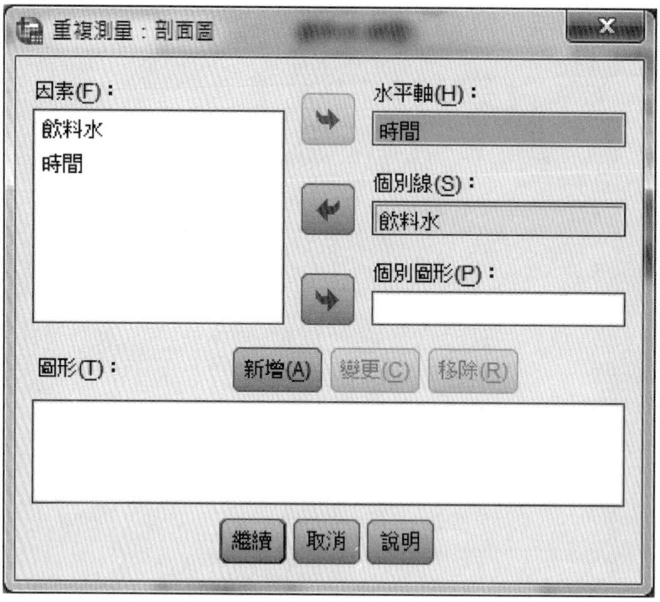

步驟 10　按 繼續，再按 確定。

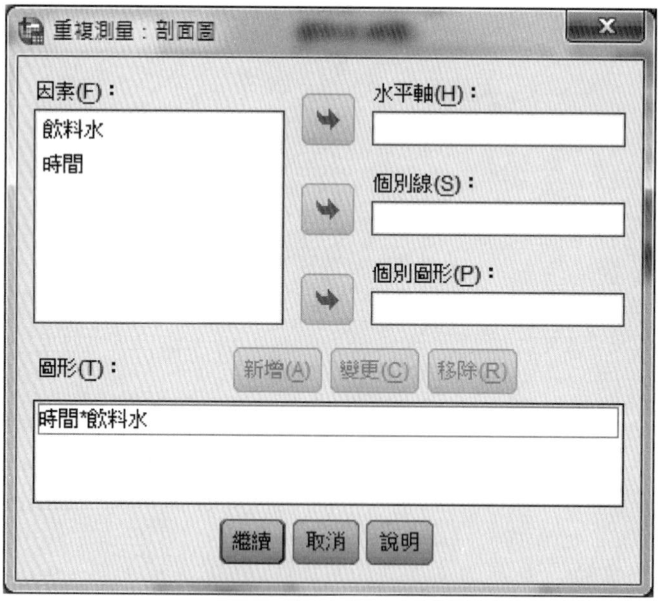

【SPSS 輸出・1】

一般線性模型

受試者內因子

測量: MEASURE_1

飲料水	時間	依變數
1	1	A運動前
	2	A90分後
	3	A180分後
2	1	D運動前
	2	D90分後
	3	D180分後

Mauchly 球形檢定b

測量: MEASURE_1

受試者內效應項	Mauchly's W	近似卡方分配	自由度	顯著性	Epsilona Greenhouse-Geisser	Epsilona Huynh-Feldt 值	Epsilona 下限
飲料水	1.000	.000	0	.	1.000	1.000	1.000
時間	.389	2.831	2	.240	.621	.763	.500
飲料水 * 時間	.248	4.188	2	.121	.571	.648	.500

←①

檢定正交化變數轉換之依變數的誤差 共變量矩陣的虛無假設，是識別矩陣 的一部份。

a. 可用來調整顯著性平均檢定的自由度。改過的檢定會顯示在 "Within-Subjects Effects" 表檢定中。

b.

設計: Intercept
受試者內設計: 飲料水+時間+飲料水*時間

剖面圖

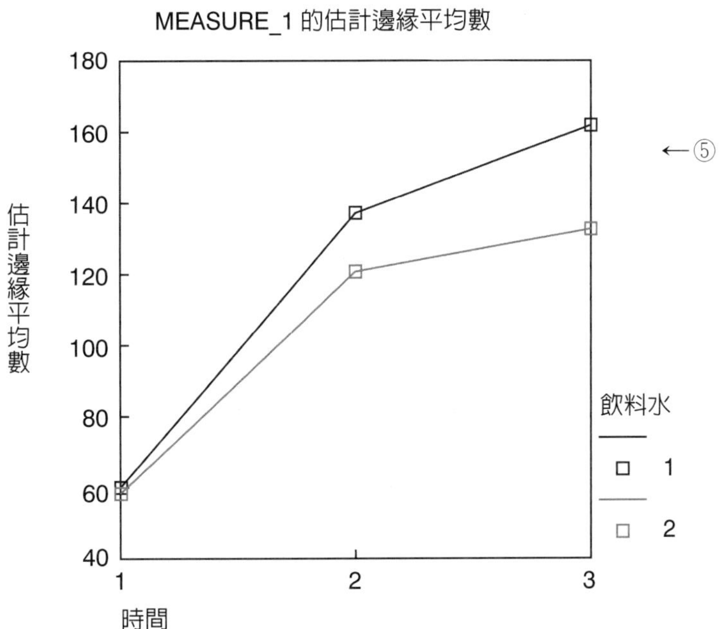

【輸出結果的判讀・1】

①Mauchly 的球面性檢定，如將利用正規直交變換所製作的變異共變異矩陣設爲 $\sum$時，即檢定

假設 H_0：$\sum = \sigma^2 I$

此假設不成立時，進行②的受試者內效應項的檢定時，必須利用 Greenhouse・Geisser 或 Huynh・Feldt 的 ε 來修正。

觀察輸出結果時，不管是時間的顯著機率 0.240 或是飲料水 × 時間的顯著機率 0.121，均大於顯著水準 $\alpha = 0.05$，因之假設 H_0 成立。

因此，似乎可以假定球面性。

⑤圖形的表現對任何數據也都是有效的。

依時間的變化類型是一目了然的。

【SPSS 輸出・2】

受試者內效應項的檢定

測量	來源		型 III 平方和	自由度	平均平方和	F 檢定	顯著性	
MEASURE_1	飲料水	假設爲球形	1732.800	1	1732.800	60.871	.001	
		Greenhouse-Geisser	1732.800	1.000	1732.800	60.871	.001	
		Huynh-Feldt 値	1732.800	1.000	1732.800	60.871	.001	
		下限	1732.800	1.000	1732.800	60.871	.001	←②
	誤差 (飲料水)	假設爲球形	113.867	4	28.467			
		Greenhouse-Geisser	113.867	4.000	28.467			
		Huynh-Feldt 値	113.867	4.000	28.467			
		下限	113.867	4.000	28.467			
	時間	假設爲球形	44680.867	2	22340.433	150.677	.000	
		Greenhouse-Geisser	44680.867	1.242	35987.128	150.677	.000	
		Huynh-Feldt 値	44680.867	1.525	29289.851	150.677	.000	
		下限	44680.867	1.000	44680.867	150.677	.000	←③
	誤差 (時間)	假設爲球形	1186.133	8	148.267			
		Greenhouse-Geisser	1186.133	4.966	238.836			
		Huynh-Feldt 値	1186.133	6.102	194.388			
		下限	1186.133	4.000	296.533			
	飲料水 * 時間	假設爲球形	885.800	2	442.900	14.143	.002	
		Greenhouse-Geisser	885.800	1.141	776.129	14.143	.015	
		Huynh-Feldt 値	885.800	1.297	683.182	14.143	.010	
		下限	885.800	1.000	885.800	14.143	.020	
	誤差 (飲料水*時間)	假設爲球形	250.533	8	31.317			←④
		Greenhouse-Geisser	250.533	4.565	54.879			
		Huynh-Feldt 値	250.533	5.186	48.307			
		下限	250.533	4.000	62.633			

a. 使用 $\alpha = 0.05$ 加以計算

↑

Greenhouse-Geisser 的自由度 1.242=2×0.622

Huynh-Feldt 的自由度 1.525=2×0.763

（注）表的出現方式可以更動。首先將表按兩下，如出現點線的方框時，按一下【樞紐(P)】，再按一下樞紐分析匣時，出現如下頁面，將 Source 與 Epsilon 對調。

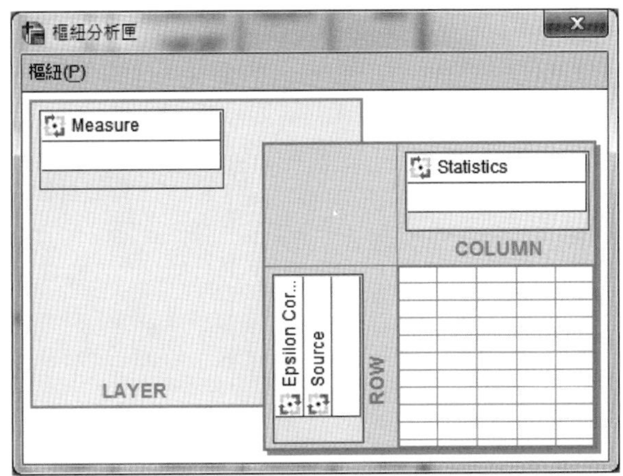

位置即更改成如下。

Tests of Within-Subjects Effects

Measure: MEASURE_1

	Source	Type III Sum of Squares	df	Mean Square	F	Sig.
Sphericity Assumed	飲料水	1732.800	1	1732.800	60.871	.001
	Error(飲料水)	113.867	4	28.467		
	時間	44680.867	2	22340.433	150.677	.000
	Error(時間)	1186.133	8	148.267		
	飲料水 * 時間	885.800	2	442.900	14.143	.002
	Error(飲料水*時間)	250.533	8	31.317		
Greenhouse-Geisser	飲料水	1732.800	1.000	1732.800	60.871	.001
	Error(飲料水)	113.867	4.000	28.467		
	時間	44680.867	1.242	35987.128	150.677	.000
	Error(時間)	1186.133	4.966	238.836		
→	飲料水 * 時間	885.800	1.141	776.129	14.143	.015
	Error(飲料水*時間)	250.533	4.565	54.879		
Huynh-Feldt	飲料水	1732.800	1.000	1732.800	60.871	.001
	Error(飲料水)	113.867	4.000	28.467		
	時間	44680.867	1.525	29289.851	150.677	.000
	Error(時間)	1186.133	6.102	194.388		
	飲料水 * 時間	885.800	1.297	683.182	14.143	.010
	Error(飲料水*時間)	250.533	5.186	48.307		
Lower-bound	飲料水	1732.800	1.000	1732.800	60.871	.001
	Error(飲料水)	113.867	4.000	28.467		
	時間	44680.867	1.000	44680.867	150.677	.000
	Error(時間)	1186.133	4.000	296.533		
	飲料水 * 時間	885.800	1.000	885.800	14.143	.020
	Error(飲料水*時間)	250.533	4.000	62.633		

【輸出結果的判讀・2】

④ ①的球面性的假設未被否定時，即看此處。此檢定首先注意交互作用的地方。如看飲料水 × 時間的地方時，顯著機率是 0.002，因之

假設 H_0：飲料水與時間沒有交互作用

是不成立的。此事說明時間的變化類型依飲料水而有不同。

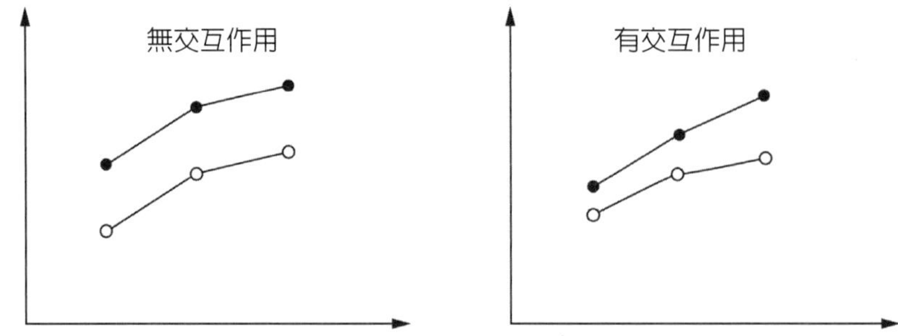

②③　①的球面性的假設如不成立時，即看此處。調查時間的變化類型是否有差異。可利用 Greenhouse・Geisser 的 ε 來修正，或利用 Huynh・Feldt 的 ε 來修正。

3.3.3 多重比較

【統計處理的步驟】

表 3.3.1 的數據是由 2 個受試者內因子所構成，與前一節（3.2）一樣，一般是不進行受試者內因子的多重比較。

譬如，以此數據的情形來說，即使按一下 SPSS 的【Post Hoc 檢定 (H)】，SPSS 也不受理。換言之，像受試者內因子——時間——有對應關係時，有興趣的對象是在於該變化的類型。亦即，各對的比較並不太關心。

可是，無論如何想進行多重比較時，可以考慮以下 2 個方法。

1. 按各飲料水，如單因子變異數分析那樣進行受試者內因子——時間——的多重比較。

   譬如，只列舉 A 飲料水的數據，將受試者內因子——時間——的 1 個水準——運動前——當作對照（Control），利用 Dunnett 方法進行多重比較。

表 3.3.2　A 飲料水攝取後的心跳數

受試者	A 飲料水心跳數的變化		
	運動前	90 分後	180 分後
陳一	44	120	153
林二	61	119	148
張三	67	157	167
李四	60	153	175
王五	61	139	162

2. 按各時間，如反覆測量變異數分析節那樣，進行受試者內因子 —— 飲料水 —— 的多重比較。

譬如，觀察 90 分後。從表 3.3.1 刪除運動前與 180 分後。（事實上，表 3.3.1 並未列入 B90 分後與 C90 分後，但只有 A90 分後與 D90 分後的 2 水準即不成爲多重比較，因之，以下的數據是新增 B 飲料水的 90 分後與 C 飲料水的 90 分後）。

*未命名標題1 [資料集0] - IBM SPSS Statistics Data Editor

檔案(F)　編輯(E)　檢視(V)　資料(D)　轉換(T)　分析(A)　直效行銷　統計圖(G)　公用程式(U)　視窗(W)　說明(H)

6 : D90分後　　顯示：5 個變數（共有 5 個）

	受試者	A90分後	B90分後	C90分後	D90分後
1	陳一	120	124	111	100
2	林二	119	124	120	109
3	張三	157	137	135	134
4	李四	153	151	153	140
5	王五	139	138	139	126

資料視圖　變數視圖

IBM SPSS Statistics 處理器已就緒　Unicode:ON

將此數據如以下那樣重排成無重複二因子變異數分析的形式。

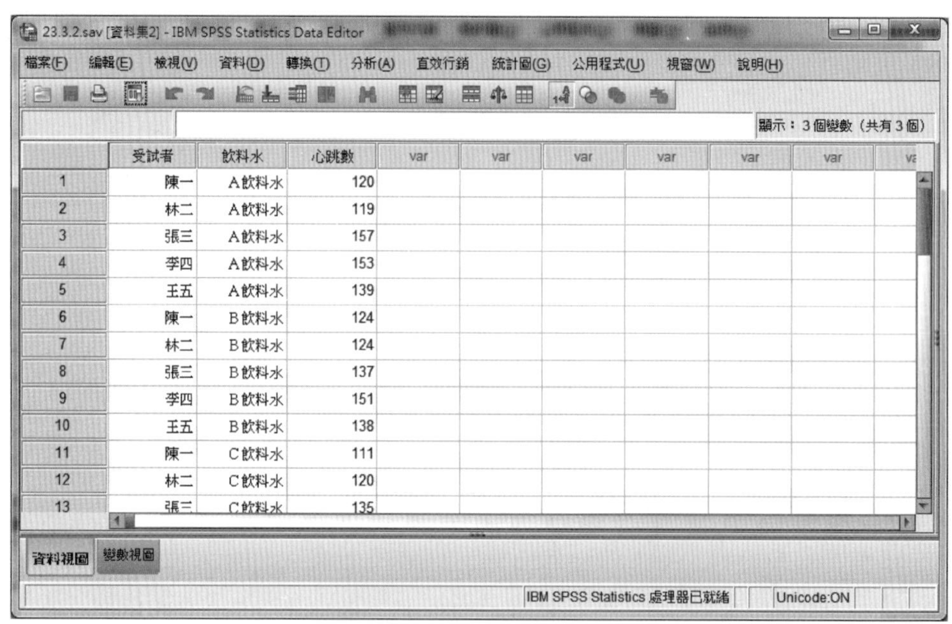

	受試者	飲料水	心跳數	var	var	var	var	var	var
1	陳一	A飲料水	120						
2	林二	A飲料水	119						
3	張三	A飲料水	157						
4	李四	A飲料水	153						
5	王五	A飲料水	139						
6	陳一	B飲料水	124						
7	林二	B飲料水	124						
8	張三	B飲料水	137						
9	李四	B飲料水	151						
10	王五	B飲料水	138						
11	陳一	C飲料水	111						
12	林二	C飲料水	120						
13	張三	C飲料水	135						

↑
此多重比較利用 Tukey 的方法與 Bonferroni 的方法做做看

將數據重排時，與重複測量變異數分析的多重比較一樣，按其中的統計處理步驟做做看。

（注）在對照群（control）與實驗群（處理群）之間進行多重比較的方法稱為 Dunnett's test。有一個對照群，找出對照群與實驗群之間有無差異，但實驗群之間有無差異則不關心。

【SPSS 輸出】

這是在 90 分後對 A 飲料水．B 飲料水．C 飲料水．D 飲料水的多重比較！

Post Hoc 檢定

Dependent Variable: 心跳數

	(I) 飲料水	(J) 飲料水	Mean Difference (I-J)	Std. Error	Sig.	95% Confidence Interval	
						Lower Bound	Upper Bound
Tukey HSD	A飲料水	B飲料水	2.80	3.398	.842	-7.29	12.89
		C飲料水	6.00	3.398	.335	-4.09	16.09
		D飲料水	15.80*	3.398	.003	5.71	25.89
	B飲料水	A飲料水	-2.80	3.398	.842	-12.89	7.29
		C飲料水	3.20	3.398	.784	-6.89	13.29
		D飲料水	13.00*	3.398	.011	2.91	23.09
	C飲料水	A飲料水	-6.00	3.398	.335	-16.09	4.09
		B飲料水	-3.20	3.398	.784	-13.29	6.89
		D飲料水	9.80	3.398	.058	-.29	19.89
	D飲料水	A飲料水	-15.80*	3.398	.003	-25.89	-5.71
		B飲料水	-13.00*	3.398	.011	-23.09	-2.91
		C飲料水	-9.80	3.398	.058	-19.89	.29
Bonferroni	A飲料水	B飲料水	2.80	3.398	1.000	-7.91	13.51
		C飲料水	6.00	3.398	.617	-4.71	16.71
		D飲料水	15.80*	3.398	.003	5.09	26.51
	B飲料水	A飲料水	-2.80	3.398	1.000	-13.51	7.91
		C飲料水	3.20	3.398	1.000	-7.51	13.91
		D飲料水	13.00*	3.398	.014	2.29	23.71
	C飲料水	A飲料水	-6.00	3.398	.617	-16.71	4.71
		B飲料水	-3.20	3.398	1.000	-13.91	7.51
		D飲料水	9.80	3.398	.082	-.91	20.51
	D飲料水	A飲料水	-15.80*	3.398	.003	-26.51	-5.09
		B飲料水	-13.00*	3.398	.014	-23.71	-2.29
		C飲料水	-9.80	3.398	.082	-20.51	.91

Based on observed means.
The error term is Mean Square(Error) = 28.858.

第4章 Logistic 迴歸分析

4.1 Logistic 迴歸分析簡介

所謂的 Logistic 迴歸分析是指在說明變量 $x_1, x_2, \cdots, x_p$ 與目的變量 y 之間建立

$$log\frac{y}{1-y} = \beta_1 x_1 + \beta_2 x_2 + \ldots + \beta_p x_p + \beta_0$$

或者

$$\frac{y}{1-y} = Exp(\beta_1 x_1 + \beta_2 x_2 + \ldots + \beta_p x_p + \beta_0)$$

之關係式的手法。

以下的變數變換，稱爲 Logistic 變換。

$$y \to \log\frac{y}{1-y}$$

但是，迴歸分析的模式是像以下的 1 次式，即

$$y = \beta_1 x_1 + \beta_2 x_2 + \cdots + \beta_p x_p + \beta_0$$

因此，Logistic 迴歸分析感覺上是以下兩種方法的合成，即

Logistic 變換 + 迴歸分析

表 4.1.1

y	$\log(y/(1-y))$
0.001	–6.9067548
0.005	–5.2933048
0.01	–4.5951199
0.05	–2.944439
0.1	–2.1972246
0.15	–1.7346011
0.2	–1.3862944
0.25	–1.0986123
0.3	–0.8472979
0.35	–0.6190392
0.4	–0.4054651
0.45	–0.2006707
0.5	0
0.55	0.2006707
0.6	0.40546511
0.65	0.61903921
0.7	0.84729786
0.75	1.09861229
0.8	1.38629436
0.85	1.73460106
0.9	2.19722458
0.95	2.94443898
0.99	4.59511985
0.995	5.29330482
0.999	6.90675478

⇨

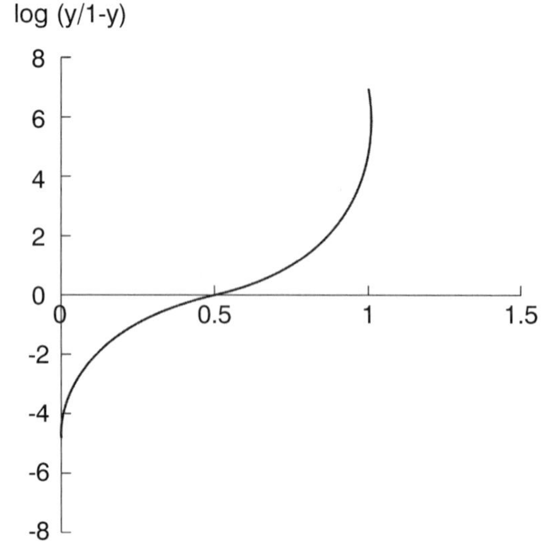

➲ Logistic 迴歸係數 β 的意義

Logistic 迴歸係數 β 是意謂什麼？

因此，在 Logistic 迴歸式，

$$log\frac{y}{1-y}=\beta_1x_1+\beta_2x_2+\beta_3x_3+\beta_0$$

的 (x_1, x_2, x_3) 中分別代入 (1, 1, 1) 與 (1, 2, 1) 看看。

1. (x_1, x_2, x_3) 中代入 (1, 1, 1) 時

$$log\frac{y_1}{1-y_1}=\beta_1\cdot1+\beta_2\cdot1+\beta_3\cdot1+\beta_0$$
$$=\beta_1+\beta_2+\beta_3+\beta_0$$

2. (x_1, x_2, x_3) 中代入 (1, 2, 1) 時

$$log\frac{y_2}{1-y_2}=\beta_1\cdot1+\beta_2\cdot2+\beta_3\cdot1+\beta_0$$
$$=\beta_1+2\beta_2+\beta_3+\beta_0$$

將此 2 式相減時，

$$\log\frac{y_2}{1-y_2}-\log\frac{y_1}{1-y_1}=(\beta_1+2\beta_2+\beta_3+\beta_0)-(\beta_1+\beta_2+\beta_3+\beta_0)$$

$$\log\frac{y_2}{1-y_2}-\log\frac{y_1}{1-y_1}=\beta_2$$

$$\log\frac{\frac{y_2}{1-y_2}}{\frac{y_1}{1-y_1}}=\beta_2$$

其中，$\frac{y_1}{1-y_1}$ 稱爲 odds，$\frac{\frac{y_2}{1-y_2}}{\frac{y_1}{1-y_1}}$ 稱爲 odds 比，$\log\frac{\frac{y_2}{1-y_2}}{\frac{y_1}{1-y_1}}$ 稱爲對數 odds 比。

換言之，β_2 是表示

β_2 = 說明變量 x_2 只變化 1 單位時的對數 odds 比。

將對數 odds 比變換成 odds 比時，即為，

$$\frac{\frac{y_2}{1-y_2}}{\frac{y_1}{1-y_1}} = \exp(\beta_2)$$

將分母移項後，

$$\frac{y_2}{1-y_2} = \exp(\beta_2) \times \frac{y_1}{1-y_1}$$

亦即，

(1, 2, 1) 的 odds = Exp(β_2)×(1, 1, 1) 的 odds。

(1, 2, 1) 的勝算 = (1, 1, 1) 的勝算的 Exp(β_2) 倍。

因此，將 odds 想成生病的風險時，譬如，

說明變數 x_2	性別
$x_1 = 1$	女性
$x_2 = 2$	男性

則似乎可以表現為

「男性生病的風險，是女性生病風險的 Exp(β_2) 倍」。

（注）Odds 是指勝算、優勢或可能性。

以下的數據是針對腦中風與飲酒量・血液 GGT・抽菸・收縮期血壓之關係所調查的結果。

試根據此數據，調查腦中風的危險因子是什麼？

表 4.1.2

腦中風	性別	飲酒量	GGT	抽菸	血壓
無	女	.8	8.5	略微	129.1
無	女	1.5	8.3	略微	129.1
有	女	.7	40.9	多	143.1
有	女	1.0	31.4	多	131.6

腦中風	性別	飲酒量	GGT	抽菸	血壓
有	女	1.7	28.5	多	140.6
無	女	1.6	18.4	多	139.6
有	女	1.8	23.1	多	147.2
有	女	1.0	24.1	普通	147.2
有	男	3.1	59.1	略微	153.8
有	男	3.2	57.1	略微	153.8
有	男	7.7	63.1	略微	160.1
有	男	7.4	60.1	略微	160.1
有	男	2.5	56.7	無	149.6
有	男	6.0	57.6	無	149.6
無	女	1.6	21.7	多	143.3
有	女	1.7	36.2	普通	143.3
有	男	3.4	54.7	略微	135.3
有	男	2.6	44.6	略微	135.3
有	女	1.3	30.0	普通	133.1
有	女	1.3	21.2	略微	133.1
無	男	3.8	19.5	略微	145.2
無	男	3.7	19.2	略微	145.2
無	女	1.0	9.5	無	126.8
無	女	.7	9.3	略微	131.0
無	女	.9	8.9	無	124.0
有	女	1.1	10.0	略微	131.0
無	男	3.8	19.5	無	142.1
無	男	2.9	19.3	無	142.1
無	男	7.2	47.3	無	139.6
有	男	7.4	42.3	無	139.6
無	女	.9	9.5	無	129.8
無	女	1.1	9.2	無	122.5
無	女	.8	8.3	無	126.0

腦中風	性別	飲酒量	GGT	抽菸	血壓
無	女	1.5	8.8	無	126.0
無	男	4.0	17.4	無	135.7
無	男	2.5	17.7	無	135.7
無	男	4.7	12.5	略微	147.9
無	男	4.9	13.5	略微	147.9
無	男	3.9	27.4	略微	125.3
無	男	3.1	27.0	略微	125.3

【數據輸入類型】

表 4.1.2 的數據如下輸入。

4-1-2.sav [資料集1] - IBM SPSS Statistics Data Editor

檔案(F) 編輯(E) 檢視(V) 資料(D) 轉換(T) 分析(A) 直效行銷 統計圖(G) 公用程式(U) 視窗(W) 說明(H)

顯示：6 個變數（共有 6 個）

	腦中風	性別	飲酒量	ggt	抽煙	血壓	var	var	var	var	var	var
1	0	0	.8	8.5	1	129.1						
2	0	0	1.5	8.3	1	129.1						
3	1	0	.7	40.9	3	143.1						
4	1	0	1.0	31.4	3	131.6						
5	1	0	1.7	28.5	3	140.6						
6	0	0	1.6	18.4	3	139.6						
7	1	0	1.8	23.1	3	147.2						
8	1	0	1.0	24.1	2	147.2						
9	1	1	3.1	59.1	1	153.8						
10	1	1	3.2	57.1	1	153.8						
11	1	1	7.7	63.1	1	160.1						
12	1	1	7.4	60.1	1	160.1						
13	1	1	2.5	56.7	0	149.6						
14	1	1	6.0	57.6	0	149.6						
15	0	0	1.6	21.7	3	143.3						
16	1	0	1.7	36.2	2	143.3						
17	1	1	3.4	54.7	1	135.3						
18	1	1	2.6	44.6	1	135.3						
19	1	0	1.3	30.0	2	133.1						
20	1	0	1.3	21.2	1	133.1						
21	0	1	3.8	19.5	1	145.2						
22	0	1	3.7	19.2	1	145.2						

資料視圖 變數視圖

IBM SPSS Statistics 處理器已就緒 Unicode:ON

（注）腦中風	性別	抽菸
無…0	女性…0	無…0
有…1	男性…1	少…1
		普通…2
		多…3

4.2 二元 Logistic 迴歸分析的步驟

【統計處理的步驟】

步驟 1 數據輸入結束後，從【分析 (A)】的清單中，選擇【迴歸 (R)】的子清單【二元 Logistic(G)】。

步驟 2 將腦中風移到【因變數 (D)】的方框中，性別、飲酒量、GGT、抽菸、血壓，移到【共變量 (C)】的方框中，因性別是類別數據，所以按一下【類別 (G)】。

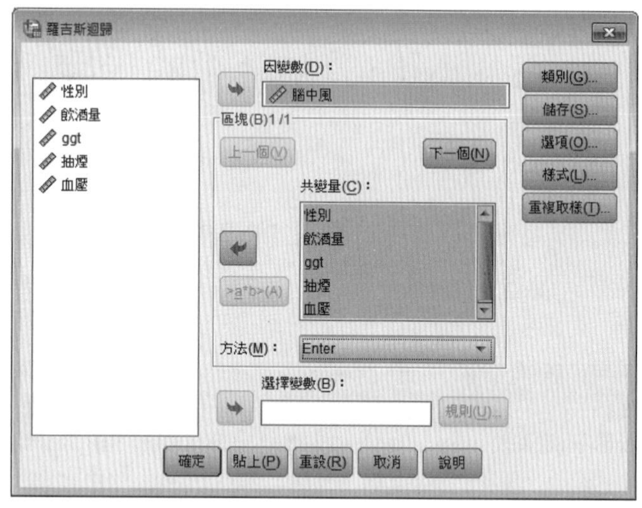

步驟 3 將性別移到【類別共變量 (T)】的方框中。接著，點選變更比對欄位的參考類別：【第 1 個 (F)】，再按【變更 (C)】。【類別共變量 (T)】方框變成性別（指示燈（第一個））後，再按 繼續 。

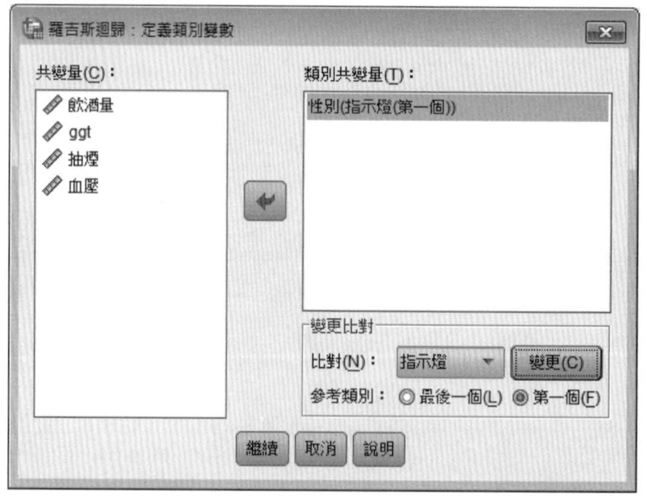

（注）0 是第 1 個，1 是最後 1 個，所以女性成為參考類別。
抽菸是類別數據，應分成 4 級，此處當作數值數據。

步驟 4 回到步驟 2 的頁面後，按一下【儲存 (S)】。在預測值欄位勾選【機率 (P)】。接著，按 繼續。再度回到步驟 2 的頁面，按 確定。

【SPSS 輸出 · 1】— Logistic 迴歸分析

方程式中的變數

		B	S.E.	Wald	df	顯著性	Exp(B)
步驟 1[a]	性別(1)	-5.618	4.915	1.306	1	.253	.004
	飲酒量	-.905	.880	1.058	1	.304	.404
	ggt	.333	.138	5.805	1	.016	1.395
	抽煙	-1.093	1.301	.705	1	.401	.335
	血壓	.120	.198	.370	1	.543	1.128
	常數	-19.407	24.842	.610	1	.435	.000

a. 步驟 1 上輸入的變數：[%1:, 1:

↑ ②

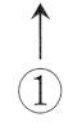

↑ ①

模型摘要

步驟	-2 對數概似	Cox & Snell R 平方	Nagelkerke R 平方
1	15.803[a]	.625	.836

←③

a. 估計在疊代號 8 處終止，因為參數估計的變更小於 .001。

Hosmer 與 Lemeshow 測試

步驟	卡方	df	顯著性
1	4.061	8	.852

←④

【輸出結果的判讀 ・1】

①如觀察 B（= 係數）的地方，知迴歸式成為

$$log\frac{y}{1-y} = -5.618\times \text{性別} - 0.905\ \text{飲酒量} + 0.333\times GGT - 1.093\times \text{抽菸} + 0.12 \times \text{血壓} - 19.407$$

②重要的是顯著機率。

如觀察飲酒量，因顯著機率是 0.304，所以以下假設成立。

假設 H_0：飲酒量不是腦中風的危險因子

如觀察 GGT，因顯著機率是 0.016，所以以下假設不成立。

假設 H_0：GGT 不是腦中風的危險因子

因此，血液中的 GGT 增加時，可知有腦中風的危險。

Exp(β) 之値是 1.395，可以想成 GGT 如增加 1 時，腦中風的風險即變成 1.395 倍。

③Cox & Snell R 平方與 Nagelkerke R 平方都叫做類 R2 指標，代表預測變項（自變項）與效標變項（依變項）的關聯強度決定結果（不是依變項的變異量可以被自變項解釋百分比）。從關聯強度而言，Cox & Snell 關聯強度為 0.625，Nagelkerke 關聯強度為 0.836，表示自變項與依變項間關聯強度的關係佳（因達 0.5 以上）。在迴歸模式的檢定中，-2 Log Likelihood 愈小且 Cox & Snell R 平方越大表示模式配適度越高，而上表中之 Cox & Snell R 平方與 Nagelkerke R 平方超過 0.15 之門檻設定值，顯示此一 Logistic 模式具有顯著的解釋能力。

④Hosmer-Lemeshow 適配度檢定，$\chi^2 = 4.061$，p = 0.852（p > 0.05）未達顯著水準，表示上述自變項所建立的迴歸模式適配度非常理想。

【SPSS 輸出 ・2】— Logistic 迴歸分析

【輸出結果的判讀 ・2】

	腦中風	性別	飲酒量	ggt	抽煙	血壓	pre_1	var
1	0	0	.8	8.5	1	129.1	.05370	
2	0	0	1.5	8.3	1	129.1	.02740	
3	1	0	.7	40.9	3	143.1	.99945	
4	1	0	1.0	31.4	3	131.6	.93615	
5	1	0	1.7	28.5	3	140.6	.89737	
6	0	0	1.6	18.4	3	139.6	.22765	
7	1	0	1.8	23.1	3	147.2	.74545	
8	1	0	1.0	24.1	2	147.2	.96171	
9	1	1	3.1	59.1	1	153.8	.99990	
10	1	1	3.2	57.1	1	153.8	.99979	
11	1	1	7.7	63.1	1	160.1	.99922	
12	1	1	7.4	60.1	1	160.1	.99840	
13	1	1	2.5	56.7	0	149.6	.99993	
14	1	1	6.0	57.6	0	149.6	.99877	
15	0	0	1.6	21.7	3	143.3	.57957	
16	1	0	1.7	36.2	2	143.3	.99786	
17	1	1	3.4	54.7	1	135.3	.99492	
18	1	1	2.6	44.6	1	135.3	.93349	
19	1	0	1.3	30.0	2	133.1	.96158	
20	1	0	1.3	21.2	1	133.1	.79968	
21	0	1	3.8	19.5	1	145.2	.00366	
22	0	1	3.7	19.2	1	145.2	.00363	
23	0	0	1.0	9.5	0	126.8	.12988	
24	0	0	.7	9.3	1	131.0	.09245	
25	0	0	.9	8.9	0	124.0	.08725	
26	1	0	1.1	10.0	1	131.0	.08216	
27	0	1	3.8	19.5	0	142.1	.00749	
28	0	1	2.9	19.3	0	142.1	.01570	

③輸出結果的 pre-1 是計算預測機率。

譬如，觀察 NO.6 的人時，pre-1 是 0.22765。

亦即，此人的腦中風的預測機率是 22.765%。

（注）$\log \frac{y}{1-y} = -5.618 \times 0 - 0.905 \times 1.6 + 0.333 \times 18.4 - 1.093 \times 3 + 0.12 \times 139.6 - 19.407$

$= -1.2596$

$\frac{y}{1-y} = 0.28377$

$$y = \frac{0.28377}{1 + 0.28377} = 0.22104$$

似乎略有偏差（數字因爲四捨五入之關係）。

4.3 多元 Logistic 迴歸

4.3.1 概要

前節對反應變數（依變數）爲 2 值變數時的 Logistic 迴歸有過說明，但類別數也有 3 個以上的情形。3 個以上的 Logistic 迴歸模式，稱爲多元 Logistic 迴歸模式，此主要有多重名義羅吉斯迴歸（multinomial logistic regression model) 以及次序羅吉斯迴歸 (Ordinal logistic regression）。

多元 Logistic 迴歸模式中，反應變數的類別數設爲 k，說明變數的個數設爲 q，對第 i 個類別來說，說明變數的 1 次組合設爲 Y_i，反應變數的觀測值是第 i 類的機率，可表示爲 $p_i = \exp(Y_i)/\exp(Y_1 + \cdots + Y_k)$。多元 Logistic 迴歸分析，估計 Y_i 的一次組合模式 $Y_i = \beta_{i0} + \beta_{i1}X_1 + \cdots + \beta_{iq}X_q$ 的參數 $\beta_{i0}, \beta_{i1}, \cdots, \beta_{iq}$ 是目的所在。參數可利用最大概似法求出。此分析可調查參照群體中的個體屬於反應變數的特定類的傾向是受哪一說明變數所影響。

【數據形式】

以 50 名成人爲對象，就年齡、性別（男 1，女 2）、興趣（讀書 1，電影 2，音樂 3，運動 4，無所屬 5）的 3 項目進行意見調查。其結果如表 4.3.1 所示。另外，關於興趣是從 5 者之中選擇最喜歡的一項來回答。

表 4.3.1　有關興趣的意見調查

年齡	性別	興趣	年齡	性別	興趣
70	1	2	68	1	2
28	2	4	27	2	1
47	1	3	46	1	3
48	1	5	50	1	2
23	1	3	24	1	3
69	2	1	68	2	1
31	2	4	32	2	4

年齡	性別	興趣	年齡	性別	興趣
70	2	3	71	2	3
80	2	1	79	2	1
37	2	2	38	2	5
65	2	2	64	2	2
71	2	2	70	2	2
41	2	3	40	2	3
61	1	5	60	1	1
56	2	1	55	2	1
34	2	1	33	2	4
48	2	2	47	2	2
43	2	5	43	2	5
50	2	2	49	2	2
24	2	4	25	2	3
23	1	4	22	1	3
47	2	3	48	2	3
63	1	1	64	1	1
31	2	2	32	2	2
21	2	2	23	2	4

【資料輸入形式】

如下圖所示。

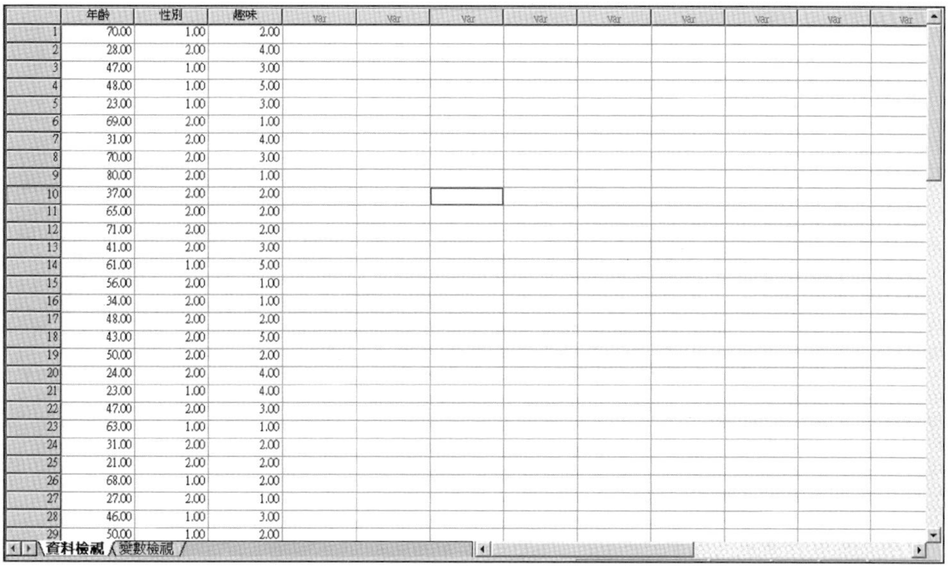

	年齡	性別	趣味	var	var	var	var	var	var	var	var	var
1	70.00	1.00	2.00									
2	28.00	2.00	4.00									
3	47.00	1.00	3.00									
4	48.00	1.00	5.00									
5	23.00	1.00	3.00									
6	69.00	2.00	1.00									
7	31.00	2.00	4.00									
8	70.00	2.00	3.00									
9	80.00	2.00	1.00									
10	37.00	2.00	2.00									
11	65.00	2.00	2.00									
12	71.00	2.00	2.00									
13	41.00	2.00	3.00									
14	61.00	1.00	5.00									
15	56.00	2.00	1.00									
16	34.00	2.00	1.00									
17	48.00	2.00	2.00									
18	43.00	2.00	5.00									
19	50.00	2.00	2.00									
20	24.00	2.00	4.00									
21	23.00	1.00	4.00									
22	47.00	2.00	3.00									
23	63.00	1.00	1.00									
24	31.00	2.00	2.00									
25	21.00	2.00	2.00									
26	68.00	1.00	2.00									
27	27.00	2.00	1.00									
28	46.00	1.00	3.00									
29	50.00	1.00	2.00									

資料檢視 變數檢視

【分析的步驟】

【分析 (A)】→【迴歸 (R)】→【多項式 Logistic (M)】。【依變數 (D)】指定「興趣」，【因子 (F)】指定「性別」，【共變量 (C)】指定「年齡」。於統計量對話視窗中勾選【儲存格機率 (B)】。於儲存對話視窗中勾選【估計反應機率 (E)】與【預測機率 (P)】。

【輸出結果】

表 4.3.2 顯示參數的估計值，譬如，關於興趣 4（運動）來說，年齡的參數是 –0.173，顯著機率 $p = 0.039$，說明此參數並不為 0。亦即，顯示愈年輕有愈喜歡運動的傾向。對於年齡與運動以外來說，任一參數均看不出顯著差異。表 4.3.3 說明預測次數的一部分。譬如，就年齡 21 歲的女性來說，興趣是讀書、電影、音樂、運動的預測比率，分別是 1.5%, 7.6%, 13.0%, 74.4%。

表 4.3.2　多元 Logistic 迴歸分析的結果

參數估計值									
趣味[a]		B 之估計值	標準誤差	Wald	df	顯著性	Exp(B) 下界	EXP(B) 的 95% 信賴區間	
								上界	下界
讀書	截距	–2.099	2.040	1.059	1	.304			
	年齡	.058	.038	2.386	1	.122	1.060	.984	1.142
	[性別＝ 1]	–.672	1.177	.326	1	.568	.511	.051	5.125
	[性別＝ 2]	0[b]			0				

參數估計值									
趣味[a]		B 之估計值	標準誤差	Wald	df	顯著性	Exp(B) 下界	EXP(B) 的 95% 信賴區間	
								上界	下界
電影	截距	.282	1.733	.026	1	.871			
	年齡	.023	.034	.445	1	.505	1.023	.957	1.094
	[性別＝ 1]	–1.038	1.130	.844	1	.358	.354	.039	3.243
	[性別＝ 2]	0[b]			0				
音樂	截距	1.711	1.700	1.014	1	.314			
	年齡	–.020	.035	.321	1	.571	.980	.915	1.050
	[性別＝ 1]	.100	1.093	.008	1	.927	1.105	.130	9.418
	[性別＝ 2]	0[b]			0				
運動	截距	6.680	2.851	5.489	1	.019			
	年齡	–.173	.084	4.246	1	.039	.841	.713	.992
	[性別＝ 1]	–2.045	1.643	1.550	1	.213	.129	.005	3.236
	[性別＝ 2]	0b			0				

a. 參考類別為：無所屬。

b. 由於這個參數重複，所以把它設成零。

表 4.3.3　預測次數的一部分

觀察和預測次數							
年齡	性別	趣味	次數			百分比	
			觀察次數	預測次數	Pearson 殘差	觀察次數	預測次數
21.00	女性	讀書	0	.015	–.123	.0%	1.5%
		電影	1	.076	3.483	100.0%	7.6%
		音樂	0	.130	–.386	.0%	13.0%
		運動	0	.744	–1.703	.0%	74.4%
		無所屬	0	.036	–.192	.0%	3.6%
22.00	男性	讀書	0	.028	–.168	.0%	2.8%
		電影	0	.094	–.323	.0%	9.4%
		音樂	1	.481	1.039	100.0%	48.1%
		運動	0	.276	–.618	.0%	27.6%
		無所屬	0	.121	–.372	.0%	12.1%

觀察和預測次數							
年齡	性別	趣味	次數			百分比	
			觀察次數	預測次數	Pearson 殘差	觀察次數	預測次數
23.00	男性	讀書	0	.061	–.252	.0%	3.1%
		電影	0	.203	–.475	.0%	10.1%
		音樂	1	.992	.012	50.0%	49.6%
		運動	1	.489	.841	50.0%	24.4%
		無所屬	0	.256	–.541	.0%	12.8%
	女性	讀書	0	.021	–.148	.0%	2.1%
		電影	0	.102	–.337	.0%	10.2%
		音樂	0	.160	–.436	.0%	16.0%
		運動	1	.672	.699	100.0%	67.2%
		無所屬	0	.045	–.218	.0%	4.5%
24.00	男性	讀書	0	.034	–.188	.0%	3.4%
		電影	0	.109	–.349	.0%	10.9%
		音樂	1	.509	.983	100.0%	50.9%
		運動	0	.215	–.523	.0%	21.5%
		無所屬	0	.134	–.393	.0%	13.4%

百分比是以每個次母群體中的總觀察次數為準。

表 4.3.4　預測機率與預測類別

	年齡	性別	趣味	EST1_1	EST2_1	EST3_1	EST4_1	EST5_1	PRE_1
1	70	1	2	.44	.27	.18	.00	.12	1
2	28	2	4	.05	.19	.23	.46	.07	4
3	47	1	3	.17	.24	.42	.01	.17	3
4	48	1	5	.18	.24	.41	.00	.17	3
5	23	1	3	.03	.10	.50	.24	.13	3
6	69	2	1	.44	.41	.09	.00	.06	1
7	31	2	4	.07	.24	.27	.33	.09	4
8	70	2	3	.45	.40	.08	.00	.06	1
9	80	2	1	.56	.35	.05	.00	.04	1
10	37	2	2	.12	.34	.29	.14	.11	2
11	65	2	2	.40	.42	.11	.00	.07	2
12	71	2	2	.46	.40	.08	.00	.06	1
13	41	2	3	.15	.38	.28	.07	.11	2
14	61	1	5	.32	.27	.26	.00	.14	1
15	56	2	1	.30	.44	.17	.00	.09	2
16	34	2	1	.09	.29	.29	.22	.10	2
17	48	2	2	.22	.43	.23	.02	.11	2
18	43	2	5	.17	.40	.27	.05	.11	2
19	50	2	2	.24	.43	.21	.01	.10	2
20	24	2	4	.03	.12	.18	.63	.05	4

就第 1 位受訪者來說，讀書的預測機率 EST1_1 是 0.44，電影的預測機率 EST2_1 是 0.27，音樂的預測機率 EST3_1 是 0.18，運動的預測機率 EST4_1 是 0.00，無所屬的機率 EST5_1 是 0.12，以讀書的預測機率最大，故預測類別 PRE_1 即爲讀書 (1)。

表 4.3.5　各類的正答率

分類						
觀察次數	預測分數					
	讀書	電影	音樂	運動	無所屬	百分比修正
讀書	7	3	0	1	0	63.6%
電影	4	7	1	3	0	46.7%
音樂	2	4	5	1	0	41.7%
運動	0	0	2	5	0	71.4%
無所屬	1	3	1	0	0	.0%
概要百分比	28.0%	34.0%	18.0%	20.0%	.0%	48.0%

讀書的正答率是 63.6%(7/11)。

整體的正答率是 48.0%((7 + 7 + 5 + 5 + 0)/50)。

（注）多元 logistic 迴歸的反應變數的類別數設為 k，則其中的任一類別 s 的機率為

$$P(G_S)=\frac{\exp(\beta_{k0}+\beta_{k1}x_1+\beta_s x_2+\cdots+\beta_{5k}x_q)}{\sum_{i=1}^{k}\exp(\beta_{i0}+\beta_{i1}x_1+\beta_{i2}x_2+\cdots+\beta_{iq}x_q)}$$

第5章 Probit 分析

5.1 Probit 分析簡介

所謂 probit 分析是在共變量 $x_1, x_2, \cdots, x_p$ 與目的變數 y 之間建立如下關係式之方法，即

$$\text{probit(y)} = \beta_1 x_1 + \beta_2 x_2 + \cdots + \beta_p x_p + \beta_0$$

以 probit 分析的目的變數來說，大多列舉比率，因之模式變成，

$$\text{probit（比率）} = \beta_1 x_1 + \beta_2 x_2 + \cdots + \beta_p x_p + \beta_0$$

以下的數據是就牙膏中所含的氟化物之濃度與刷牙時間、蛀牙之關係所做調查的結果。

（注）共變量雖與分析無直接關係，但它是作為分析的輔助所使用的變量（covariate），亦即間接利用的變量或稱為伴隨變量。

表 5.1.1　氟素配方的牙膏與蛀牙

NO.	公司名	濃度	時間	總齒數	蛀牙數
1	L	950	1	26	3
2	L	970	3	27	0
3	L	970	5	22	0
4	L	955	4	24	1
5	L	960	1	24	2
6	S	900	5	25	0
7	S	920	5	26	2
8	S	950	1	21	2
9	S	950	2	22	3
10	S	925	1	23	2
11	K	850	2	20	4
12	K	850	4	21	1

NO.	公司名	濃度	時間	總齒數	蛀牙數
13	K	880	5	24	2
14	K	880	2	23	4
15	K	850	4	22	1

因此，此資料的情形，模式是

$$\text{probit}\left(\frac{蛀牙數}{總齒數}\right) = \beta_1 \times 氟化物濃度 + \beta_2 \times 刷牙時間 + \beta_0$$

由此式即可調查

「要將氟化物濃度變成多少時，蛀牙率會減少多少？」

或者

「將蛀牙率控制在 5% 時，要將刷牙時間設定成多少才好？」

【數據輸入類型】

表 5.1.1 的數據如下輸入。

	公司名	濃度	時間	總齒數	蛀牙數	var
1	1	950	1	26	3	
2	1	970	3	27	0	
3	1	970	5	22	0	
4	1	955	4	24	1	
5	1	960	1	24	2	
6	2	900	5	25	0	
7	2	920	5	26	2	
8	2	950	1	21	2	
9	2	950	2	22	3	
10	2	925	1	23	2	
11	3	850	2	20	4	
12	3	850	4	21	1	
13	3	880	5	24	2	
14	3	880	2	23	4	
15	3	850	4	22	1	

	公司名	濃度	時間	總齒數	蛀牙數	var
1	L公司	950	1	26	3	
2	L公司	970	3	27	0	
3	L公司	970	5	22	0	
4	L公司	955	4	24	1	
5	L公司	960	1	24	2	
6	S公司	900	5	25	0	
7	S公司	920	5	26	2	
8	S公司	950	1	21	2	
9	S公司	950	2	22	3	
10	S公司	925	1	23	2	
11	K公司	850	2	20	4	
12	K公司	850	4	21	1	
13	K公司	880	5	24	2	
14	K公司	880	2	23	4	
15	K公司	850	4	22	1	

5.2 Probit 分析的步驟

【統計處理之步驟】

步驟 1 數據輸入結束後，點選【分析 (A)】，選擇【迴歸 (R)】子清單的【機率值 (P)】。

步驟 2 將蛀牙數移到【回應次數 (S)】的方框中，將總齒數移到【觀測值總和 (T)】的方框中。

其次，將公司名移到【因素 (F)】的方框中，形成公司名（??），按一下【定義範圍 (E)】。

步驟 3 顯示定義範圍的對話框後，在【最小值 (N)】的地方輸入 1，在【最大值 (X)】的地方數入 3。接著，按 繼續 。

機率值分析：定義範圍

最小值(N)： 1

最大值(X)： 3

繼續 取消 說明

步驟 4 將濃度與時間移到【共變量 (C)】的方框中，並按一下【選項 (O)】。

步驟 5 勾選【平行假設檢定 (P)】。按 繼續 。

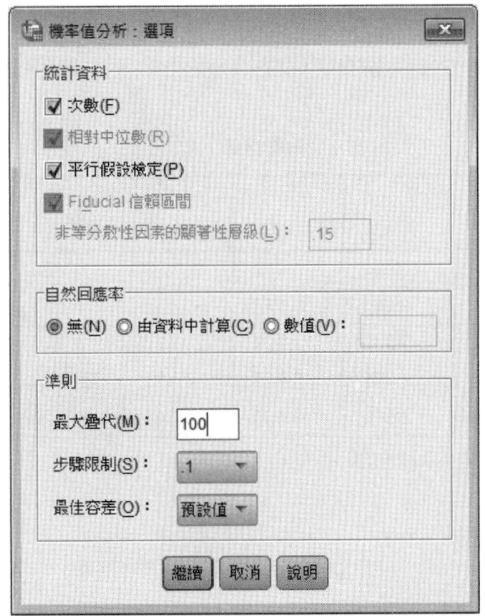

（注）此數據是將最大疊代（反層級數）設為 100。

步驟 6 按 確定 。

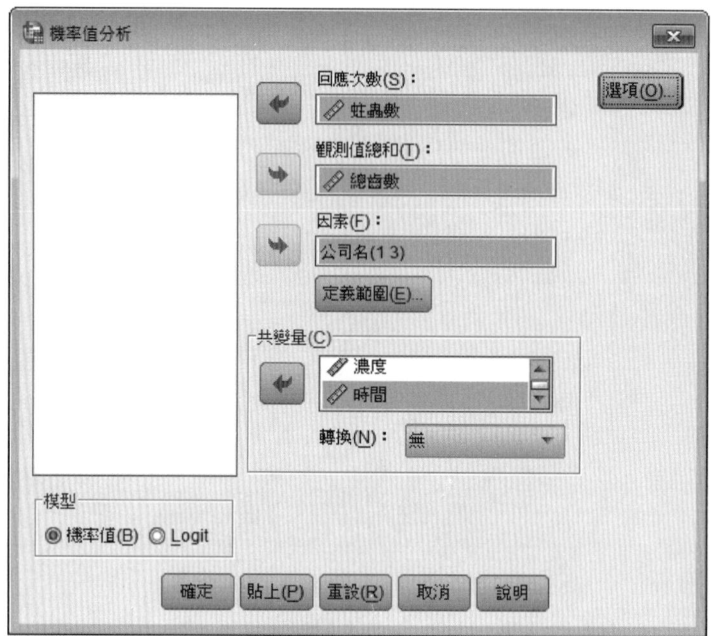

【SPSS 輸出 · 1】—— probit 分析

參數評估

參數			估計	標準錯誤	Z	顯著性	95% 信賴區間 下限	95% 信賴區間 上限	
PROBIT[a]	濃度		.002	.007	.298	.766	-.012	.017	←①
	時間		-.190	.073	-2.585	.010	-.334	-.046	
	截距[b]	L公司	-3.330	7.124	-.467	.640	-10.454	3.794	
		S公司	-3.001	6.947	-.432	.666	-9.948	3.946	←②
		K公司	-2.516	6.439	-.391	.696	-8.955	3.922	

a. PROBIT 模型：PROBIT(p) = 截距 + BX

b. 對應於分組變數 公司名。

參數估計值的共變異數及相關性

		濃度	時間
PROBIT	濃度	.000	.212
	時間	.000	.005

共變異數（下方）及相關性（上方）。

卡方測試

		卡方	df[a]	顯著性
PROBIT	皮爾森 (Pearson) 適合度測試	7.526	10	.675
	平行化測試	4.331	2	.115

a. 基於個別觀察值的統計資料不同於基於聚集觀察值的統計資料。

←④
←③

【輸出結果的判讀 ・1】

①＋②針對 3 組的 probit 模式是

L 公司　probit(蛀牙率) = 0.0022× 氟化物濃度 – 0.1899× 刷牙時間 – 3.33022

S 公司　probit(蛀牙率) = 0.0022× 氟化物濃度 – 0.1899× 刷牙時間 – 3.00114

K 公司　probit(蛀牙率) = 0.0022× 氟化物濃度 – 0.1899× 刷牙時間 – 2.51641

Coeff./S.E. 是以下假設的檢定統計量，當此值的絕對值比 1.96(= Z(0.025)) 大時，

假設 H_0：probit 模式的係數為 0

即可否定。譬如，觀察刷牙時間由於是 –2.58466，所以刷牙時間的係數不是 0。亦即，刷牙時間對蛀牙是有意義的。

③平行性檢定

如觀察①＋②的 probit 模式時，3 個組的係數均相同，其理由是依據此處的平行性檢定。

假設 H_0：3 個組的模式係數相等

亦即，平行性的檢定統計量 4.331 的顯著機率 0.115 比顯著水準 $\alpha = 0.05$ 大，因之，假設 H_0 成立。

因此，3 個組的係數即可視為相同。

④模式的適合度檢定

此乃檢定

假設 H_0：所求出的 probit 模式非常適配

因顯著機率 $p = 0.675$ 比顯著水準 $\alpha = 0.05$ 大，因之，假設 H_0 成立。因此，可以想成所求出的模式之配適性佳。

【SPSS 輸出 ・2】—— probit 分析

儲存格個數及殘差

	數字	公司名	濃度	時間	受試者數	觀察的回應	預期的回應	殘差	機率
PROBIT	1	1	950.000	1.000	26	3	1.994	1.006	.077
	2	1	970.000	3.000	27	0	1.051	-1.051	.039
	3	1	970.000	5.000	22	0	.353	-.353	.016
	4	1	955.000	4.000	24	1	.564	.436	.023
	5	1	960.000	1.000	24	2	1.918	.082	.080
	6	2	900.000	5.000	25	0	.613	-.613	.025
	7	2	920.000	5.000	26	2	.706	1.294	.027
	8	2	950.000	1.000	21	2	2.856	-.856	.136
	9	2	950.000	2.000	22	3	2.173	.827	.099
	10	2	925.000	1.000	23	2	2.860	-.860	.124
	11	3	850.000	2.000	20	4	3.058	.942	.153
	12	3	850.000	4.000	21	1	1.684	-.684	.080
	13	3	880.000	5.000	24	2	1.519	.481	.063
	14	3	880.000	2.000	23	4	3.888	.112	.169
	15	3	850.000	4.000	22	1	1.764	-.764	.080

←⑤

【輸出結果的判讀 ・2】

⑤probit= 是求預測機率，譬如

$$0.0767 = \frac{1.994}{26}$$

$$0.03892 = \frac{1.051}{27}$$

➲ Probit 分析最重要的事情

Probit 分析也可以考慮如下的問題。

問題

蛀牙率想控制在 5%，此時的刷牙時間是？

此問題的答案如下。

答

想調查蛀牙率是 5% 時的刷牙時間，此時要如何求解呢？

事實上，由於有 probit 變換

$\text{probit}(0.05) = -1.64$

因之，求解如下的方程式即可，

$-1.64 = 0.0022\times$ 氟化物濃度 $- 0.1899\times$ 刷牙時間 $- 2.51641$

譬如，以 K 公司的氟化物濃度是 880 來說，

$-1.64 = 0.0022\times 880 - 0.1899\times$ 刷牙時間 $- 2.51641$

$$\text{刷牙時間} = \frac{0.0022\times 880 - 2.51641 + 1.64}{0.1899}$$

$$= 5.58$$

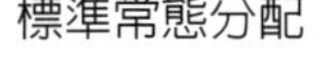

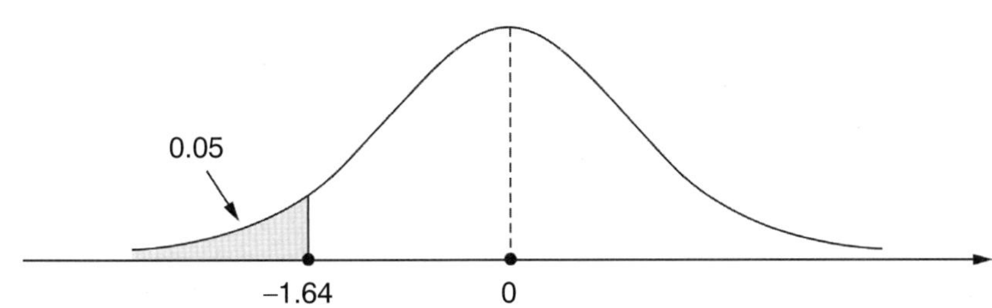

（注）(1) probit 變換

$p \rightarrow \text{probit}(p)$

$\text{probit}(p) = y = b_0 + b_1x_1 + \cdots + b_kx_k$，$0 < p < 1$，$-\infty < y < \infty$

$$p = \int_{-\infty}^{y} \frac{1}{\sqrt{2\pi}} e^{-\frac{1}{2}z^2} dz$$

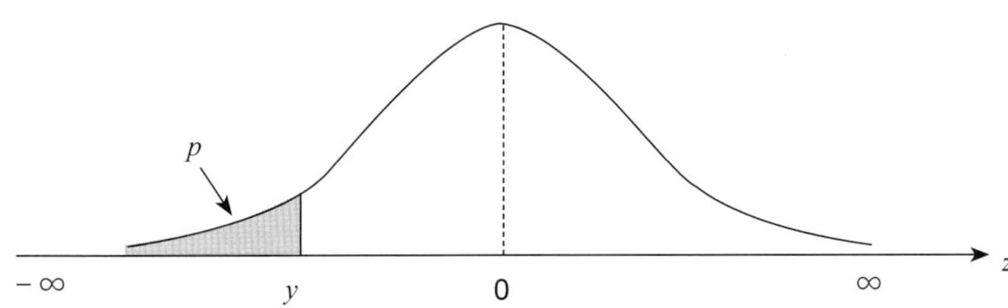

(2)logit 變換

$p \rightarrow \text{logit}(p)$

$$\text{logit}\ (p) = \log\frac{p}{1-p} = b_0 + b_1x_1 + \cdots + b_kx_k$$

第6章 卜瓦松迴歸

6.1 卜瓦松迴歸簡介

在醫學、公共衛生及流行病學研究領域中，除了常用羅吉斯（Logistic regression）及線性迴歸（Linear regression）模型外，卜瓦松迴歸（Poisson regression）模型也常應用在各類計數資料（count data）的模型建立上，例如估計疾病死亡率或發生率、細菌或病毒的菌落數及了解與其他相關危險因子之間的關係等，然而這些模型都是廣義線性模式（generalized linear models）的特殊情形。

本章將介紹如何使用卜瓦松迴歸模型來建立危險因子與疾病發生率的關係。

假設隨機變數 Y 表特定區間發生的案例數，其機率分配服從參數爲 μ 的卜瓦松分配，其中 μ 爲特定區間內平均發生案例數，且同時爲卜瓦松分配的平均數和變異數，今我們想針對此平均發生案例數利用解釋變數 X 來建立以下迴歸模型：

$$g(\mu) = \alpha + \beta x$$

此處 g 爲連結（link）函數，一般使用自然對數，可寫爲以下模型

$$\log(\mu) = \alpha + \beta x$$

不過，經常在實際模型使用上，發生案例數是指在某段時間〔天數、年或人 - 年（person-year）〕，因此我們想針對發生率 p 來建立與解釋變數 X 的模型。舉例來說，假設台灣女性乳癌年發生率（incidencerate, p）爲每十萬人有 50 人 [0.50/1000]，現有一追蹤研究調查 5000 位女性，4 年間總共觀察人 - 年（N）爲 20,000，研究期間發現有 6 位乳癌案例，則期望發生乳癌案例（μ）爲

$$\mu = N \times p = 20,000 \times [0.50/1000] = 10.0$$

假設今有 k 個危險因子（$x_1, x_2, \cdots, x_k$），利用卜瓦松迴歸模型可建立與發生率（$p_i = \frac{n_i}{N_i}$）的關係如下：

$$\log(n_i) = \log(N_i) + \log(p_i)$$

通常我們稱 $\log(N_i)$ 為平移調整項（offset）。又，發生率的對數函數為危險因子的線性迴歸模型，表示為

$$\log(p_i) = \beta_0 + \beta_1 x_{i1} + \beta_2 x_{i2} + \cdots + \beta_k x_{ik}$$

取指數函數後可得

$$p_i = \exp(\beta_0 + \beta_1 x_{i1} + \beta_2 x_{i2} + \cdots + \beta_k x_{ik})$$

假設 x_1 為二元變數代表抽菸情形（0 和 1），當其他因子維持相同情形下，在卜瓦松迴歸模型下可得發生率比值（Incidence Rate Ratio, IRR）為

$$\text{IRR (1vs0)} = \frac{\exp(\beta_0 + \beta_1 1 + \beta_2 x_2 + \cdots + \beta_k x_k)}{\exp(\beta_0 + \beta_1 0 + \beta_2 x_2 + \cdots + \beta_k x_k} = \exp(\beta_1)$$

以上的迴歸模型中平移調整項為一固定常數，不隨著其他因子變動，換句話說，在各暴露因子下的觀察，人 - 年是相同的，但在實際觀察資料可能是會根據某些組別（如年齡）計算人 - 年資料（N_i），假設 s 個彼此獨立的年齡群，每個年齡群的暴露因子為 $X_i = (x_{i1}, x_{i2}, \cdots, x_{ik})$，假設每組觀察的案例數為 n_i，總觀察人時為 N_i，則可以廣義線性模式來配適此資料，通常寫為

$$\log(n_i) = \log(N_i) + \beta_0 + \beta_1 x_{i1} + \beta_2 x_{i2} + \cdots + \beta_k x_{ik}，i = 1, 2, ..., s$$

以下我們用一筆實際資料和 SPSS 分析結果來進行卜瓦松迴歸分析。

下表為一筆有關 1969-1971 年美國男性皮膚癌（melanoma）資料，研究中調查二個地區（Northern and Southern）及六個年齡層的男性新發生的皮膚癌案例

（n_{hi}），其中 Total（N_{hi}）爲各分群中的危害（hazard）人數（或人 - 年），研究目的想知道是否不同的年齡層及地區會影響皮膚癌的發生率（n_{hi} / N_{hi}），$h = 1, 2$，$i = 1, 2, \cdots, 6$。

表 6.1.1　New Melanoma cases among white males:1969-1971

地區	年齡組	案例數	總觀察人時數	發生率
Northern	< 35	61	2880262	0.00002118
Northern	35-44	76	564535	0.00013462
Northern	45-54	98	592983	0.00016527
Northern	55-64	104	450740	0.00023073
Northern	65-74	63	270908	0.00023255
Northern	> 75	80	161850	0.00049428
Southern	< 35	64	1074246	0.00005958
Southern	35-44	75	220407	0.00034028
Southern	45-54	68	198119	0.00034323
Southern	55-64	63	134084	0.00046985
Southern	65-74	45	70708	0.00063642
Southern	> 75	27	34233	0.00078871

資料來源：Stokes, M. E., Davis, C. S., & Koch, G. G. (1995). Categorical data analysis using the SAS System. Cary, NC: SAS Institute, Inc.

我們利用 SPSS 統計分析軟體來進行卜瓦松迴歸模型分析，首先將以上資料輸入並計算各分群平移調整項，因爲卜瓦松迴歸模型爲廣義線性模型的一種，我們可以廣義線性模型來進行分析。

（註）SPSS 將平移調整項稱為偏移變數。

【資料輸入型式】

資料視圖顯示如下：

*poisson regression.sav [資料集0] - IBM SPSS Statistics Data Editor

檔案(F) 編輯(E) 檢視(V) 資料(D) 轉換(T) 分析(A) 直效行銷 統計圖(G) 公用程式(U) 視窗(W) 說明(H)

1 : 顯示： 4 個變數（共有 4 個）

	region	age	case	total	var	var	var	var	var
1	north	75~	80	161850					
2	north	65-74	63	270908					
3	north	55-64	104	450740					
4	north	45-54	98	592983					
5	north	35-44	76	564535					
6	north	~35	61	2880262					
7	south	75~	27	34233					
8	south	65-74	45	70708					
9	south	55-64	63	134084					

資料視圖 變數視圖

變數視圖顯示如下：

poisson regression.sav [資料集1] - IBM SPSS Statistics Data Editor

檔案(F) 編輯(E) 檢視(V) 資料(D) 轉換(T) 分析(A) 直效行銷 統計圖(G) 公用程式(U) 視窗(W) 說明(H)

	名稱	類型	寬度	小數	標籤	數值	遺漏	直欄
1	region	數值型	8	0		{1, south}...	無	8
2	age	數值型	8	0		{1, 75~}...	無	8
3	case	數值型	8	0		無	無	8
4	total	數值型	8	0		無	無	8
5	lntotal	數值型	8	2		無	無	10
6								
7								
8								
9								
10								

資料視圖 變數視圖

IBM SPSS Statistics 處理器已就緒 Unicode:ON

6.2 卜瓦松迴歸分析的步驟

【統計處理的步驟】

步驟 1 先對地區與組變數設定標籤如下：

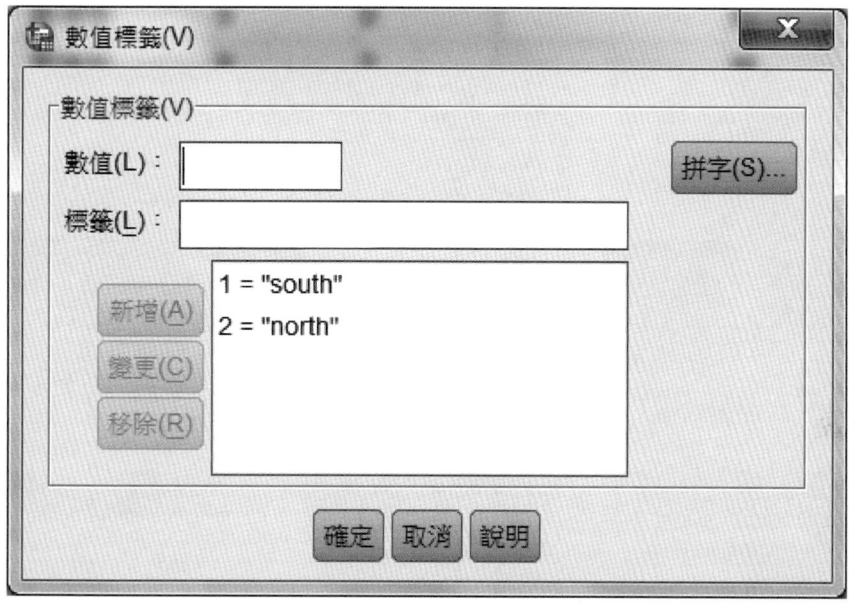

數值標籤(V)

數值標籤(V)

數值(L)：

標籤(L)：

拼字(S)...

新增(A)

變更(C)

移除(R)

1 = "75~"
2 = "65-74"
3 = "55-64"
4 = "45-54"
5 = "35-44"

確定 取消 說明

步驟 2　從轉換選擇計算變數。

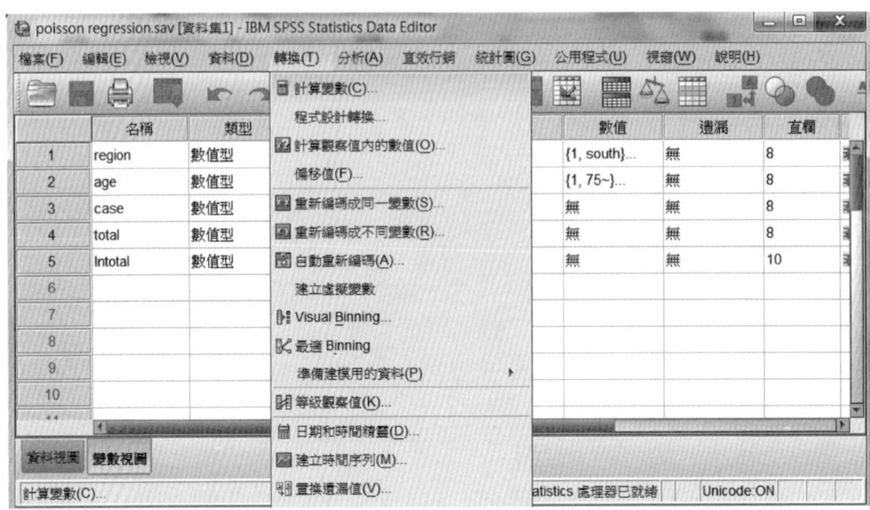

步驟 3　目標變數輸入 lntotal，數值表示式為 LN（total）後按 確定 。

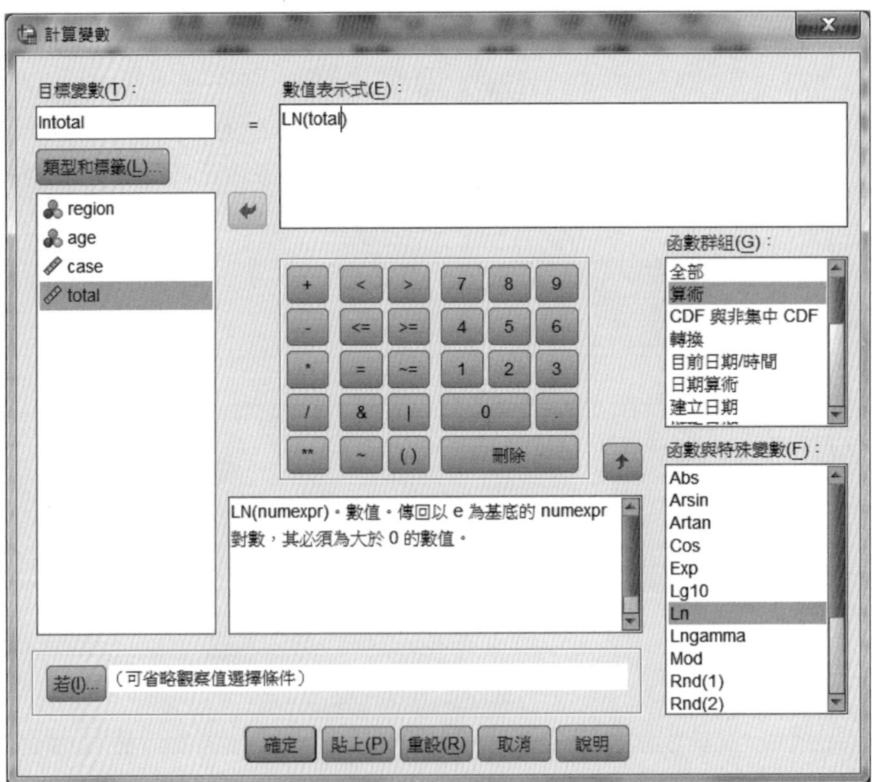

步驟 3　得出輸出如下。

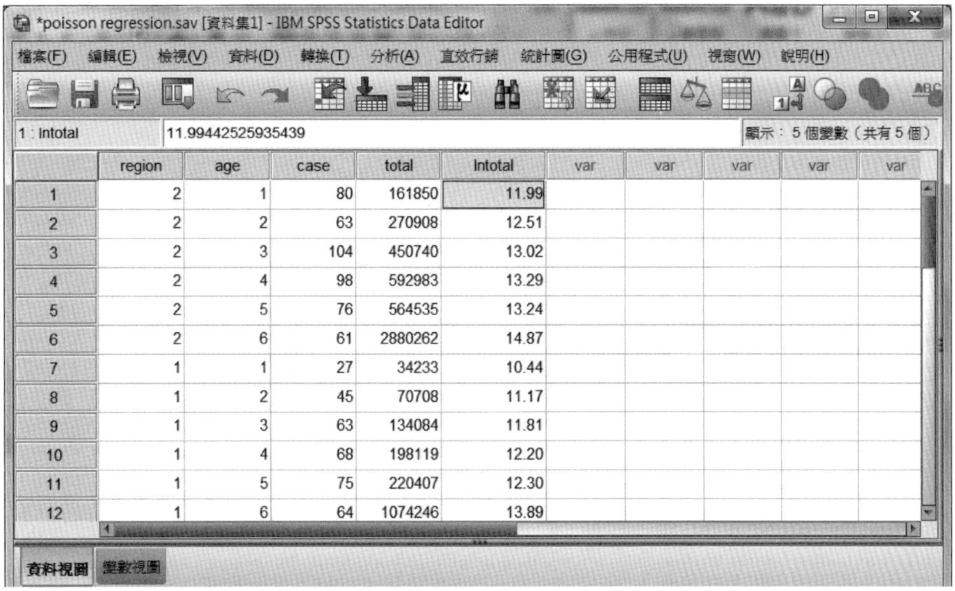

*poisson regression.sav [資料集1] - IBM SPSS Statistics Data Editor

檔案(F)　編輯(E)　檢視(V)　資料(D)　轉換(T)　分析(A)　直效行銷　統計圖(G)　公用程式(U)　視窗(W)　說明(H)

1 : lntotal　11.99442525935439　顯示：5 個變數（共有 5 個）

	region	age	case	total	lntotal	var	var	var	var	var
1	2	1	80	161850	11.99					
2	2	2	63	270908	12.51					
3	2	3	104	450740	13.02					
4	2	4	98	592983	13.29					
5	2	5	76	564535	13.24					
6	2	6	61	2880262	14.87					
7	1	1	27	34233	10.44					
8	1	2	45	70708	11.17					
9	1	3	63	134084	11.81					
10	1	4	68	198119	12.20					
11	1	5	75	220407	12.30					
12	1	6	64	1074246	13.89					

資料視圖　變數視圖

步驟 4　從分析中選擇【廣義線性模型 (G)】。

*poisson regression.sav [資料集1] - IBM SPSS Sta

檔案(F)　編輯(E)　檢視(V)　資料(D)　轉換(T)　公用程式(U)　視窗(W)　說明(H)

1 : lntotal　11.99442525935439　顯示：5 個變數（共有 5 個）

報表(P)
描述性統計資料(E)
表格(T)
比較平均數法(M)
一般線性模型(G)
廣義線性模型
混合模型(X)
相關(C)
迴歸(R)
對數線性(O)
神經網路(W)
分類(Y)
維度縮減(D)
尺度
無母數檢定(N)
預測(T)
存活分析(S)
多重回應(U)
遺漏值分析(V)...

廣義線性模型(G)
廣義估計方程式(E)...

	region	age	case
1	2	1	80
2	2	2	63
3	2	3	104
4	2	4	98
5	2	5	76
6	2	6	61
7	1	1	27
8	1	2	45
9	1	3	63
10	1	4	68
11	1	5	75
12	1	6	64

步驟 5 模型類型選擇卜瓦松對數線性。

廣義線性模型

模型類型 | 回應 | 預測 | 模型 | 估計 | 統計資料 | EM 平均數 | 儲存 | 匯出

選擇下列其中一個模型類型，或指定自訂的分配和連結函數組合。

尺度回應
- 線性
- 含有對數連結的伽瑪(G)

序數回應
- 序數 Logistic(O)
- 序數機率值(D)

個數
- Poisson 對數線性(S)
- 含有對數連結的負值二項式(N)

事件/試驗資料的二元回應
- 二元 Logistic(B)
- 二元機率值(A)
- 區間受限存活(I)

組合
- 含有對數連結的Tweedie(T)
- 含有識別連結的Tweedie(W)

自訂(C)
- 自訂(C)

分配：常態　連結函數(F)：單位

參數
- 指定值(Y)
- 數值(V)：1
- 估計值(M)

冪次(E)：

確定 | 貼上(P) | 重設(R) | 取消 | 說明

步驟 6 於回應中將 case 移入因變數中。

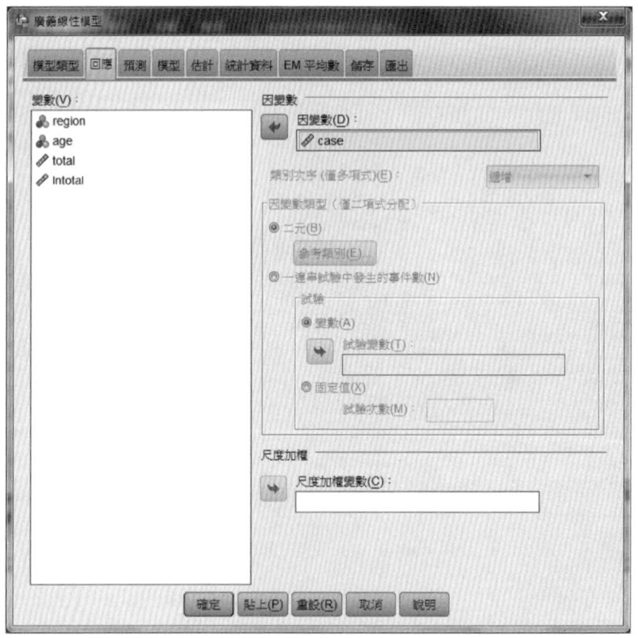

步驟 7 將 region 與 age 移入因素中，將 lntotal 移入偏移變數中。

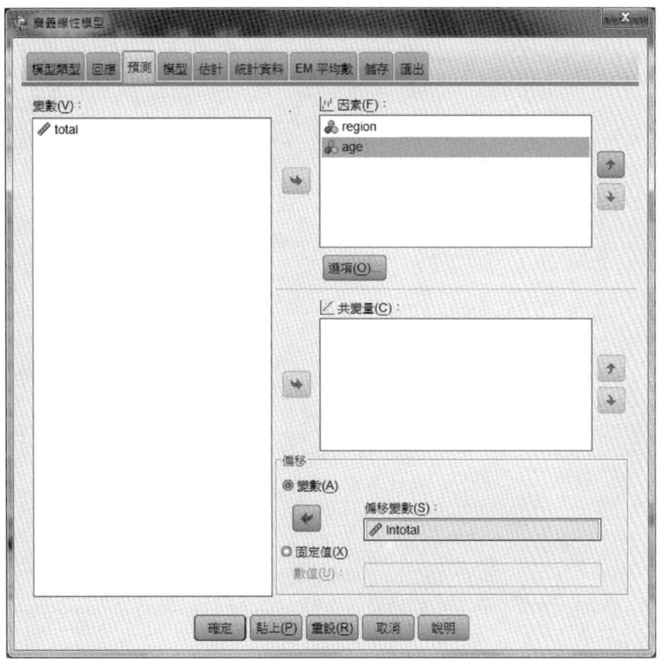

步驟 8 將 region 與 age 移入模型中。

步驟 8 於估計中，參數估計方法選擇 Fisher，尺度參數方法選擇皮爾森卡方。

步驟 9 統計資料如預設。

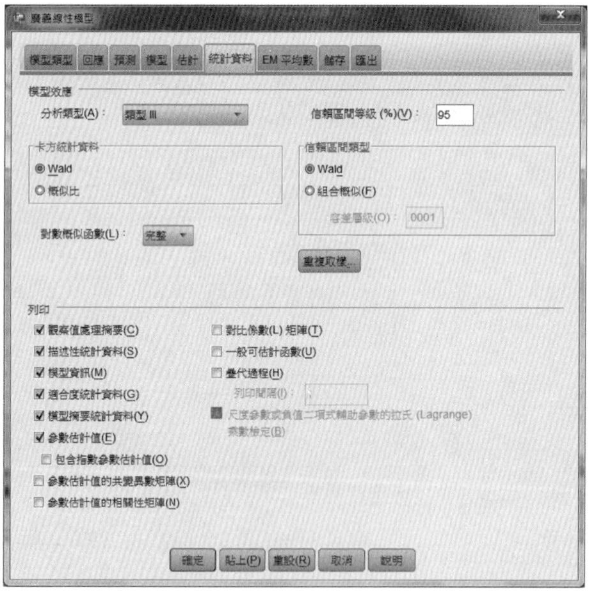

步驟 10 於 EM 平均數中將 region 與 age 移入顯示平均數中。

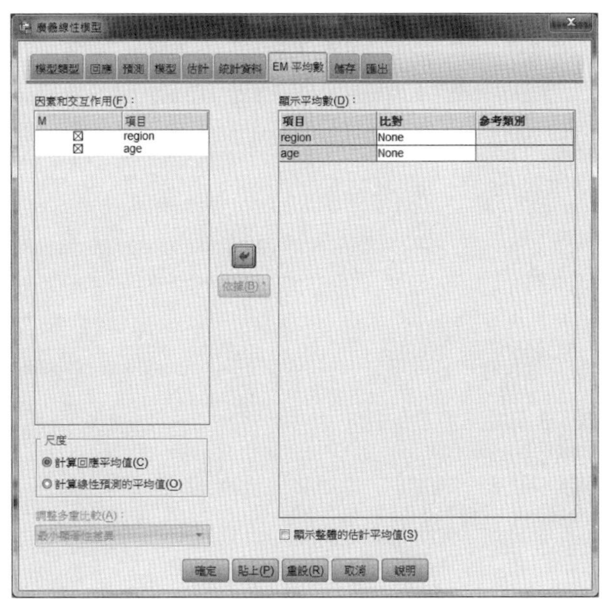

步驟 11 於儲存中如下勾選。

步驟 12 於匯出中視需要勾選，此處不勾選。最後按確定。

【SPSS 輸出．1】

模型資訊

因變數	case
機率分佈	Poisson 機率分配
連結函數	對數
偏移變數	lntotal

觀察值處理摘要

	N	百分比
已併入	12	100.0%
已排除	0	0.0%
總計	12	100.0%

此表顯示機率分配爲卜瓦松，連結函數爲對數。偏移變數（offset）爲 lntotal。在模型中我們考慮以 LOG 爲連結函數及 LOG（N_{hi}）爲平移調整項的卜瓦松迴歸模型。

適合度[a]

	數值	df	值/df
離差	6.215	5	1.243
比例離差	5.082	5	
皮爾森 (Pearson) 卡方	6.115	5	1.223
比例皮爾森 (Pearson) 卡方	5.000	5	
對數概似[b,c]	-39.220		
調整的對數概似[d]	-32.068		
Akaike 資訊準則 (AIC)	92.440		
最終樣本修正 AIC (AICC)	120.440		
Bayesian 資訊準則 (BIC)	95.834		
一致 AIC (CAIC)	102.834		

因變數：case
模型：（截距）, region, age，偏移 = lntotal

a. 資訊準則為越小越好格式。

b. 即會顯示完整對數概似函數，並用於計算資訊準則中。

c. 對數概似是根據固定為 1 的尺度參數。

d. 調整的對數概似是根據預估尺度參數，並在模型固定 Omnibus 檢定中使用。

在表中首先針對模型適合度檢定，由於 Deviance 及 Pearson Chi-Square 的 Value/DF 值皆很靠近 1.00，所以可得知模型對於此筆資料有很高的配適度。

Omnibus 檢定[a]

概似比卡方	df	顯著性
727.384	6	.000

因變數：case
模型：（截距）, region, age，偏移 = lntotal

a. 根據僅含截距模型比較適用的模型。

模式係數的「Omnibus 檢定」裡，模式的卡方值為 727.384，顯著性 p < .05，表示本模式所選取的自變項能有效的聯合影響依變項。

參數評估

參數	B	平均數的錯誤	95% Wald 信賴區間		假設檢定		
			下限	上限	Wald 方卡	df	顯著性
（截距）	-10.658	.1053	-10.865	-10.452	10252.032	1	.000
[region=1]	.819	.0785	.666	.973	108.840	1	.000
[region=2]	0[a]	.	.	.	.	.	.
[age=1]	2.945	.1460	2.658	3.231	406.615	1	.000
[age=2]	2.366	.1454	2.081	2.651	264.561	1	.000
[age=3]	2.242	.1309	1.985	2.498	293.444	1	.000
[age=4]	1.913	.1310	1.656	2.170	213.327	1	.000
[age=5]	1.797	.1337	1.535	2.059	180.635	1	.000
[age=6]	0[a]	.	.	.	.	.	.
（尺度）	1.223[b]						

因變數：^1
模型：[%1:, case:

a. 設為零，因為此參數是冗餘的。

b. 根據皮爾森 (Pearson) 卡方計算。

上表為模型參數的估計及檢定，由表中可知年齡層及地區對於皮膚癌的發生率皆有顯著影響，而且隨著年齡增加發生率也隨之遞增，45-54〔age = 4〕歲相對於 35 歲以下〔age = 6〕男性的 IRR 為

$$\text{IRR} = e^{1.9131} = 6.744$$

南部地區〔region = 1〕比北部地區〔region = 2〕有較高發生率，其中

$$\text{IRR} = e^{0.8195} = 2.269$$

從地區的成對比較中知，兩地區間有顯著差異。

成對比較

(I) region	(J) region	平均差異 (I-J)	平均數的錯誤	df	顯著性	95% Wald 差異的信賴區間	
						下限	上限
south	north	.00[a]	.000	1	.000	.00	.00
north	south	.00[a]	.000	1	.000	.00	.00

預估邊緣平均數的配對比較根據因變數 case 的原始尺度

a. 平均值差異在 .05 層級顯著。

從年齡的成對比較中知，65-74 歲與 55-64 歲之間無顯著差異外，其餘均有顯著差異。

成對比較

(I) age	(J) age	平均差異 (I-J)	平均數的錯誤	df	顯著性	95% Wald 差異的信賴區間	
						下限	上限
75~	65-74	.00[a]	.000	1	.000	.00	.00
	55-64	.00[a]	.000	1	.000	.00	.00
	45-54	.00[a]	.000	1	.000	.00	.00
	35-44	.00[a]	.000	1	.000	.00	.00
	~35	.00[a]	.000	1	.000	.00	.00
65-74	75~	.00[a]	.000	1	.000	.00	.00
	55-64	.00	.000	1	.372	.00	.00
	45-54	.00[a]	.000	1	.002	.00	.00
	35-44	.00[a]	.000	1	.000	.00	.00
	~35	.00[a]	.000	1	.000	.00	.00
55-64	75~	.00[a]	.000	1	.000	.00	.00
	65-74	.00	.000	1	.372	.00	.00
	45-54	.00[a]	.000	1	.008	.00	.00
	35-44	.00[a]	.000	1	.001	.00	.00
	~35	.00[a]	.000	1	.000	.00	.00

(I) age	(J) age	平均差異 (I-J)	平均數的錯誤	df	顯著性	95% Wald 差異的信賴區間	
						下限	上限
45-54	75~	.00[a]	.000	1	.000	.00	.00
	65-74	.00[a]	.000	1	.002	.00	.00
	55-64	.00[a]	.000	1	.008	.00	.00
	35-44	.00	.000	1	.352	.00	.00
	~35	.00[a]	.000	1	.000	.00	.00
35-44	75~	.00[a]	.000	1	.000	.00	.00
	65-74	.00[a]	.000	1	.000	.00	.00
	55-64	.00[a]	.000	1	.001	.00	.00
	45-54	.00	.000	1	.352	.00	.00
	~35	.00[a]	.000	1	.000	.00	.00
~35	75~	.00[a]	.000	1	.000	.00	.00
	65-74	.00[a]	.000	1	.000	.00	.00
	55-64	.00[a]	.000	1	.000	.00	.00
	45-54	.00[a]	.000	1	.000	.00	.00
	35-44	.00[a]	.000	1	.000	.00	.00

預估邊緣平均數的配對比較根據因變數 case 的原始尺度

a. 平均值差異在 .05 層級顯著。

參考文獻

蔡政安，中國醫藥大學生物統計中心，2010

第7章 次序迴歸分析

7.1 次序迴歸分析簡介

次序迴歸分析的模式，依反應變數（= 目的變數）的類別狀態準備有數種：

1. Logit

類別 1　類別 2　類別 3

$$\log\frac{\gamma_j}{1-\gamma_j} = \theta_j - (\beta_1 x_1 + \beta_2 x_2 + \cdots + \beta_k x_k)$$

2. Complementary log-log

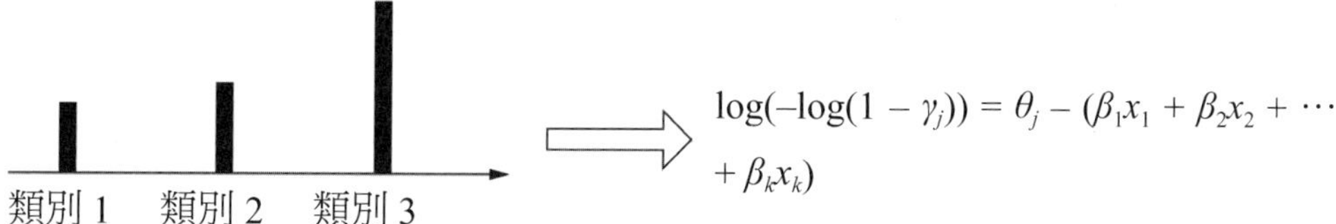

$$\log(-\log(1-\gamma_j)) = \theta_j - (\beta_1 x_1 + \beta_2 x_2 + \cdots + \beta_k x_k)$$

3. Negative log-log

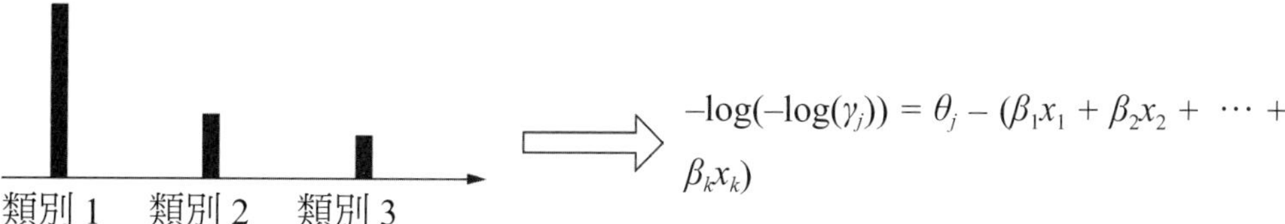

$$-\log(-\log(\gamma_j)) = \theta_j - (\beta_1 x_1 + \beta_2 x_2 + \cdots + \beta_k x_k)$$

4. Probit

類別　類別　類別　類別　類別

$$\Phi^{-1}(\gamma_j) = \theta_j - (\beta_1 x_1 + \beta_2 x_2 + \cdots + \beta_k x_k)$$

5. Cauchit = inverse Cauchy

類別　類別　類別　類別　類別

$$\tan(\pi(\gamma_j - 0.5) = \theta_j - (\beta_1 x_1 + \beta_2 x_2 + \cdots + \beta_k x_k)$$

進行次序迴歸分析時，可以知道什麼呢？

此分析是將說明變量與目的變量（= 反應變數）之關係以 1. ～ 5. 的模式表現，因之，如可求出模式時，即可檢定說明變量的貢獻。

如圖示次序迴歸分析的架構時，即爲如下，

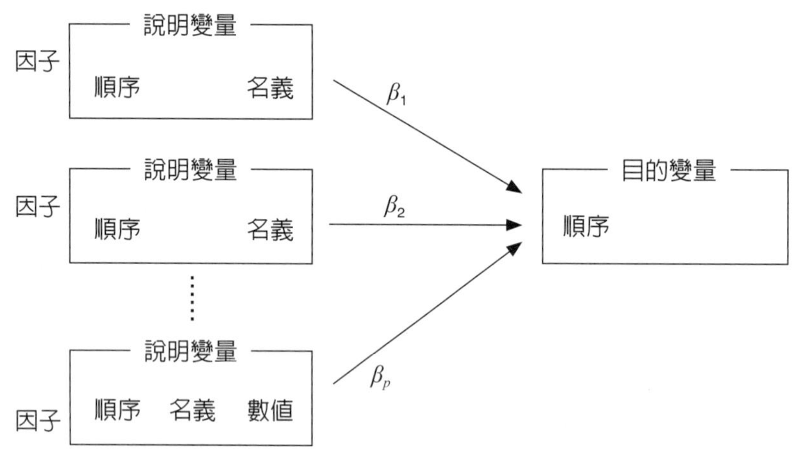

以下的數據是在偏遠的某小學中調查
牙斑、蛀牙數、齒石、齒肉炎與糖果、牙刷之關係
的所得結果。

表 7.1.1　問卷

問 1　牙齒的總數與蛀牙數是？

□　□

問 2　牙斑的附著是？

0. 無　1. 略為　2. 相當

問 3　齒石的附著是？

0. 無　1. 略為　2. 相當

問 4　齒肉炎的狀態是

0. 無　1. 輕度　2. 重度

問 5　喜歡糖果嗎？

1. 喜歡　2. 不喜歡

問 6　有牙刷嗎？

1. 有　2. 無

表 7.1.2

總齒數	蛀牙數	牙斑	齒石	齒肉炎	糖果	牙刷
25	3	無	相當	無	不喜歡	有
27	1	略微	無	輕度	不喜歡	無
28	2	略微	無	輕度	不喜歡	無
28	0	無	無	無	不喜歡	有
23	0	略微	無	無	喜歡	無
25	1	無	無	無	喜歡	有
26	5	相當	相當	重度	不喜歡	有
27	0	相當	相當	輕度	不喜歡	無
22	1	相當	略微	重度	喜歡	無
24	1	略微	略微	無	不喜歡	無
24	4	相當	略微	重度	喜歡	無
20	5	略微	略微	重度	不喜歡	有
21	2	略微	略微	無	不喜歡	有
22	1	略微	略微	無	喜歡	有
23	2	相當	略微	輕度	不喜歡	無
21	1	略微	略微	輕度	不喜歡	有
26	2	略微	略微	輕度	不喜歡	有
27	1	相當	相當	重度	喜歡	無
28	0	相當	略微	輕度	喜歡	無
28	2	相當	略微	輕度	不喜歡	有
28	0	略微	略微	無	喜歡	無
28	3	略微	無	無	不喜歡	有
28	0	略微	無	無	不喜歡	無
28	1	略微	無	無	不喜歡	有
28	1	無	無	無	不喜歡	有
28	5	無	無	無	喜歡	有
28	5	略微	略微	輕度	不喜歡	有
28	0	略微	無	無	喜歡	無
28	3	相當	略微	輕度	喜歡	有
27	6	相當	略微	重度	不喜歡	有
27	1	略微	略微	無	喜歡	無
22	0	略微	相當	輕度	不喜歡	無
25	4	無	無	無	不喜歡	有
28	0	略微	略微	重度	不喜歡	有
28	1	相當	無	無	不喜歡	有
21	1	相當	略微	輕度	不喜歡	無

總齒數	蛀牙數	牙斑	齒石	齒肉炎	糖果	牙刷
21	0	無	無	無	不喜歡	有
25	0	略微	略微	無	不喜歡	有
21	0	略微	略微	輕度	不喜歡	有
22	0	相當	相當	輕度	不喜歡	有

本數據的情形，不妨使用 Logit 的模式進行如下的次序迴歸分析。

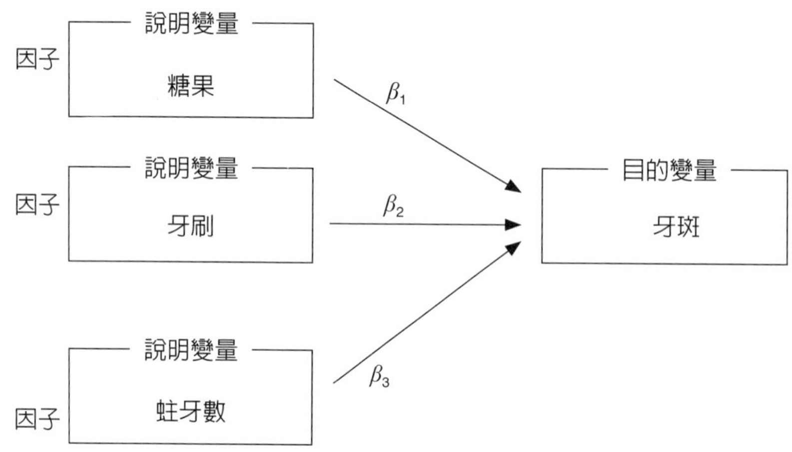

【數據輸入類型】

表 7.1.2 的數據如下輸入。

	總齒數	蛀牙數	牙斑	齒石	齒肉炎	糖果	牙刷	var
1	25	3	0	2	0	2	1	
2	27	1	1	0	1	2	2	
3	28	2	1	0	1	2	2	
4	28	0	0	0	0	2	1	
5	23	0	1	0	0	1	2	
6	25	1	0	0	0	1	1	
7	26	5	2	2	2	2	1	
8	27	0	2	2	1	2	2	
9	22	1	2	1	2	1	2	
10	24	1	1	1	0	2	2	
11	24	4	2	1	2	1	2	
12	20	5	1	1	2	2	1	
13	21	2	1	1	0	2	1	
14	22	1	1	1	0	1	1	
15	23	2	2	1	1	2	2	
16	21	1	1	1	1	2	1	
17	26	2	1	1	1	2	1	
18	27	1	2	2	2	1	2	
19	28	0	2	1	1	1	2	
20	28	2	2	1	1	2	1	
21	28	0	1	1	0	1	2	
22	28	3	1	0	0	2	1	
23	28	0	1	0	0	2	2	
24	28	1	1	0	0	2	1	
25	28	1	0	0	0	2	1	
26	28	5	0	0	0	1	1	
27	28	5	1	1	1	2	1	
28	28	0	1	0	0	1	2	
29	28	3	2	1	1	1	1	
30	27	6	2	1	2	2	1	
31	27	1	1	1	0	1	2	
32	22	0	1	2	1	2	2	
33	25	4	0	0	0	2	1	
34	28	0	1	1	2	2	1	
35	28	1	2	0	0	2	1	
36	21	1	2	1	1	2	2	
37	21	0	0	0	0	2	1	
38	25	0	1	1	0	2	1	
39	21	0	1	1	1	2	1	
40	22	0	2	2	1	2	1	
41								
42								

（注）牙斑：無…0　　齒石：無…0　　齒肉炎：無…0
略微…1　　略微…1　　輕度…1
相當…2　　相當…2　　重度…2

糖果：喜歡…1　　牙刷：有…1
不喜歡…2　　無…2

7.2 次序迴歸分析的步驟

【統計處理的步驟】

步驟 1 數據輸入結束後，從【分析 (A)】的清單中選擇【迴歸 (R)】。接著，從子清單中選擇【序數 (D)】。

步驟 2 將牙斑移到【因變數 (D)】的方框中，糖果與牙刷移到【因素 (F)】的方框中，將蛀牙數移到【共變量 (C)】的方框中，再按【輸出 (T)】。

步驟 3 勾選顯示欄位的

【適合度統計資料 (F)】、【摘要統計資料 (S)】、【參數估計值 (P)】，

以及已儲存變數欄位的

【估計回應機率 (E)】、【預測類別 (D)】、【預測的類別機率 (B)】及

【實際類別機率 (A)】。

接著，按 繼續 。

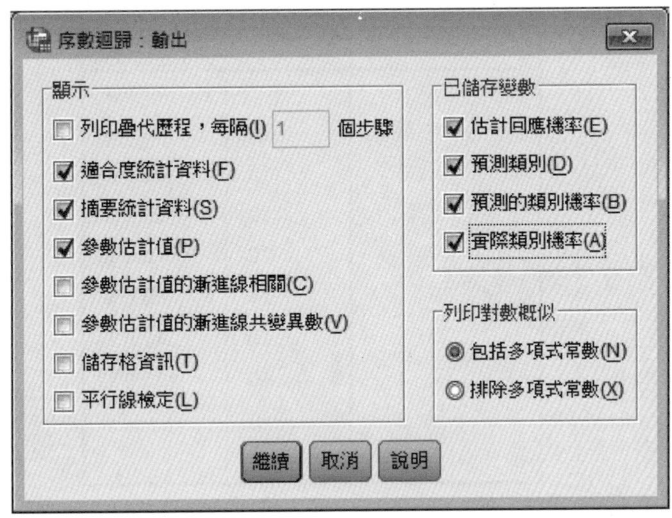

步驟 4 回到以下頁面後，按 確定 。

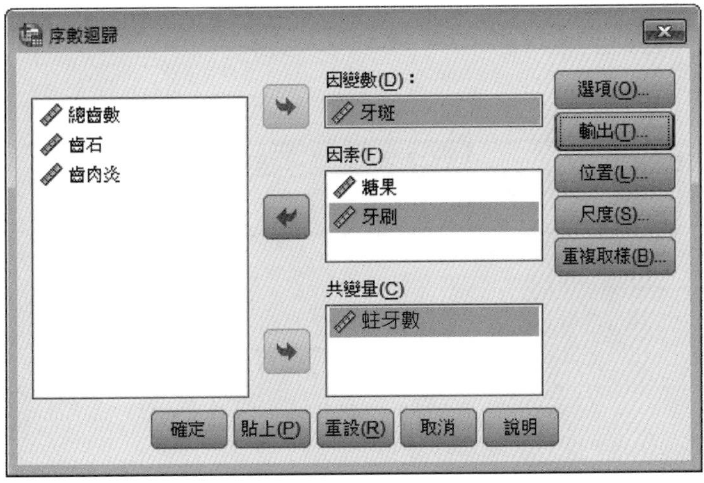

【SPSS 輸出・1】

➡ PLUM - 序數迴歸

警告

有 19 (39.6%) 個次數為零的儲存格（即依據觀察到之預測值變數值組合的因變數層級）。 ←①

觀察值處理摘要

		N	邊際百分比
牙斑	無	7	17.5%
	略微	20	50.0%
	相當	13	32.5%
糖果	喜歡	12	30.0%
	不喜歡	28	70.0%
牙刷	有	24	60.0%
	無	16	40.0%
有效		40	100.0%
遺漏		0	
總計		40	

模式適合度資訊

模型	-2 對數概似值	卡方	df	顯著性
僅限截距	50.274			
Final	44.302	5.971	3	.113

連結函數：Logit。

適合度

	卡方	自由度	顯著性。
Pearson 相關係數	24.137	27	.623
離差	23.012	27	.684

←②

連結函數：Logit。

假 R 平方

Cox和 Snell	.139
Nagelkerke	.160
McFadden	.073

←③

連結函數：Logit。

【輸出結果的判讀 ・1】

①此處不需要在意。

②這是進行模式的適合度檢定。

假設 H_0：模式是合適的

檢定統計量的卡方與顯著機率之關係，如下。

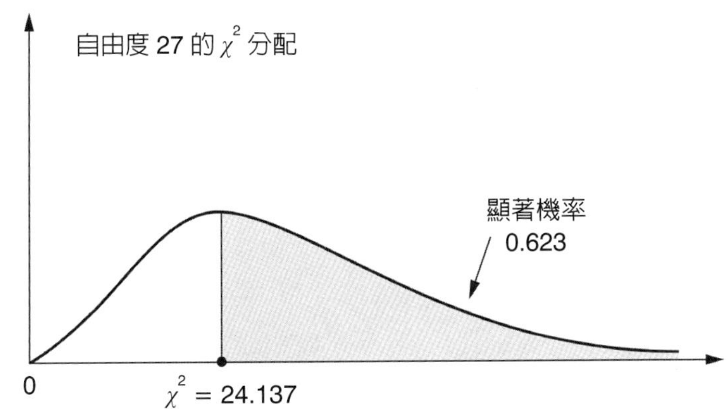

③說明次序迴歸分析模式的適配佳。

此值愈接近 1，表示模式的適配愈佳，因之，此值與複迴歸分析的判定係數 R 平方有相同的意義。

【SPSS 輸出 ・2】——次序迴歸分析

參數估計值

		估計	標準誤差	Wald	自由度	顯著性。	95% 信賴區間	
							下界	上界
起始值	[牙斑 = 0]	-2.341	.747	9.826	1	.002	-3.804	-.877
	[牙斑 = 1]	.232	.629	.136	1	.712	-1.000	1.464
位置	蛀蟲數	.251	.193	1.691	1	.193	-.127	.630
	[糖果=1]	-.106	.717	.022	1	.882	-1.512	1.299
	[糖果=2]	0ª	.	.	0	.	.	.
	[牙刷=1]	-1.682	.765	4.835	1	.028	-3.181	-.183
	[牙刷=2]	0ª	.	.	0	.	.	.

連結函數：Logit。

a. 由於這個參數重複，所以把它設成零。

↑ ④

（注）Logit 的模式

〔牙斑＝0，糖果＝1，牙刷＝1 時〕

$$\log\frac{\gamma_1}{1-\gamma_1} = -2.341-\left(-0.106x_1-1.682x_2+0.251x_3\right)$$

【輸出結果的判讀 ·2】

④此處的部分是檢定以下假設，

假設 H_0：$\beta=0$

此檢定統計量是 Wald。

檢定統計量 Wald 4.835 與顯著機率 0.028 之關係如下。

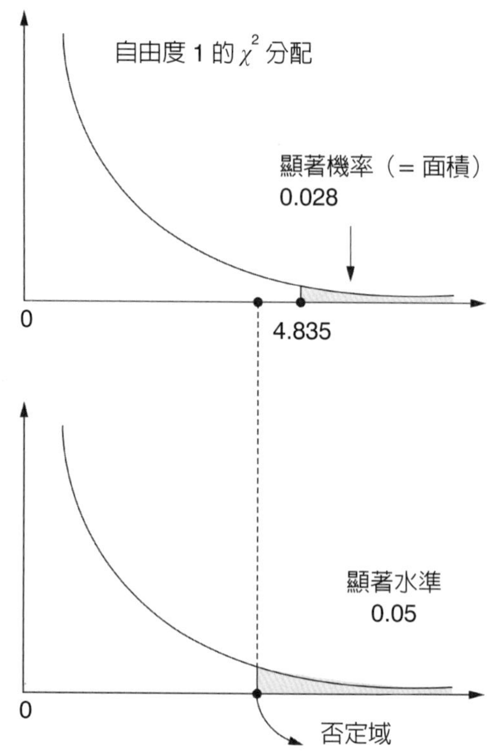

由此圖知，檢定統計量 4.835 落在否定域中，因此，假設 H_0 成立，因之 $\beta\neq 0$，亦即，可知牙刷對預防牙斑似乎有效。

【SPSS 輸出 · 3】——次序迴歸分析

牙斑=0 ↓ 牙斑=1 ↓ 牙斑=2 ↓ (est1_1, est2_1, est3_1)

	糖果	牙刷	est1_1	est2_1	est3_1	pre_1	pcp_1	acp_1	var
1	2	1	.20	.57	.24	1	.57	.20	
2	2	2	.07	.43	.50	2	.50	.43	
3	2	2	.06	.38	.57	2	.57	.38	
4	2	1	.34	.53	.13	1	.53	.34	
5	1	2	.10	.49	.42	1	.49	.49	
6	1	1	.31	.55	.15	1	.55	.31	
7	2	1	.13	.53	.34	1	.53	.34	
8	2	2	.09	.47	.44	1	.47	.44	
9	1	2	.08	.44	.48	2	.48	.48	
10	2	2	.07	.43	.50	2	.50	.43	
11	1	2	.04	.30	.66	2	.66	.66	
12	2	1	.13	.53	.34	1	.53	.53	
13	2	1	.24	.57	.20	1	.57	.57	
14	1	1	.31	.55	.15	1	.55	.55	
15	2	2	.06	.38	.57	2	.57	.57	
16	2	1	.29	.55	.16	1	.55	.55	
17	2	1	.24	.57	.20	1	.57	.57	
18	1	2	.08	.44	.48	2	.48	.48	
19	1	2	.10	.49	.42	1	.49	.42	
20	2	1	.24	.57	.20	1	.57	.20	
21	1	2	.10	.49	.42	1	.49	.49	
22	2	1	.20	.57	.24	1	.57	.57	
23	2	2	.09	.47	.44	1	.47	.47	
24	2	1	.29	.55	.16	1	.55	.55	
25	2	1	.29	.55	.16	1	.55	.29	
26	1	1	.14	.54	.32	1	.54	.14	
27	2	1	.13	.53	.34	1	.53	.53	
28	1	2	.10	.49	.42	1	.49	.49	
29	1	1	.21	.57	.22	1	.57	.22	

←⑤（第 1 列）

est1_1～est3_1：估計 ↑ 預測類別機率

pre_1：↑ 預測類別

pcp_1：↑ 最大預測類別機率

acp_1：↑ 實際類別機率

【輸出結果的判讀 · 3】

⑤3 個預測機率 est 1_1，est 2_1，est 3_1 之中，機率最高的類別是預測類別。

譬如，受試者 4 此人最高機率是 est 2_1 的 0.53，因之受試者 4 此人被判定是 pre_1 = 1。

觀察預測類別時，似乎發現牙斑多的小孩，都是沒有牙刷的小孩。

（注）〔牙斑 = 0〕

$$\log\frac{r_1}{1-r_1}=-2.341-(-0.106x_1-1.682x_2+0.251x_3)$$

$$\log\frac{r_1}{1-r_1}=-2.341-(-0.176x_1+0x_2+0.251x_3)$$

$$\log\frac{r_1}{1-r_1}=-2.341-(0x_1-1.682x_2+0.251x_3)$$

〔牙斑 = 1〕

$$\log\frac{r_2}{1-r_2}=0.232-(-0.106x_1-1.682x_2+0.251x_3)$$

$$\log\frac{r_2}{1-r_2}=0.232-(-0.106x_1+0x_2+0.251x_3)$$

$$\log\frac{r_2}{1-r_2}=0.232-(0x_1-1.682x_2+0.251x_3)$$

以受試者 1 的情形來說，糖果 = 2，牙刷 = 1

$$\log\frac{r_1}{1-r_1}=-2.341-(0-1.682+0.251x_3)$$

r_1 = est1_1 = 0.1959

$$\log\frac{r_2}{1-r_2}=0.232-(0-1.682+0.251x_3)$$

$r_2=0.761514$

est2_1 = $r_2-r_1=0.565614$

est3_1 = 1 − est1_1 − est2_1 = 0.238486

第8章　Ridit 分析

8.1　Ridit 分析的簡介

Ridit 分析亦稱參照單位分析，Ridit 一詞為 Relative to an Identified Distribution 的縮寫 Rid 與 Unit 的詞尾 it 組成，意指「與特定分配相對應的單位」。在 1985 年由 Bross 所提出，利用累積機率分數（cumulative probability score）表示順序尺度中各順序等級（很不滿意、不太滿意、還算滿意、很滿意）之強弱，代替任意選擇順序等級中之百分數。Ridit 分析適用於名目尺度（nominal scale）和順序尺度（ordinal scale）變數之間的關係，從分析中可得到 Ridit 值，能夠從 Ridit 值的信賴區間交疊情況，判斷項目之間的順序尺度分配的相似度。並且藉由 Ridit 值進行 Kruskal-Wallis 假設檢定，得知不同項目之間的 Ridit 值是否有所差異。

步驟 1　對於如下的順序類別 $C_1 < C_2 < C_3 < C_4$，當數據已知時，對組 A 進行 Ridit 變換，將它當作 Ridit R_1。

步驟 2　其次，從 Ridit R_1 求組 B 的平均 $\overline{R}_b$，比較組 A 的平均 Ridit 0.5 與組 B 的平均 Ridit $\overline{R}_b$。

表 8.1.1　Ridit 分析的數據類型

（分成4類時→）	順序類別	組 A	組 B
	C_1	a_1 個	b_1 個
	C_2	a_2 個	b_2 個
	C_3	a_3 個	b_3 個
	C_4	a_4 個	b_4 個

↑
各類中所含的數據數

順序類別有各種表現。

C_1……顯（著有）效
C_2……有效
C_3……不變
C_4……惡化

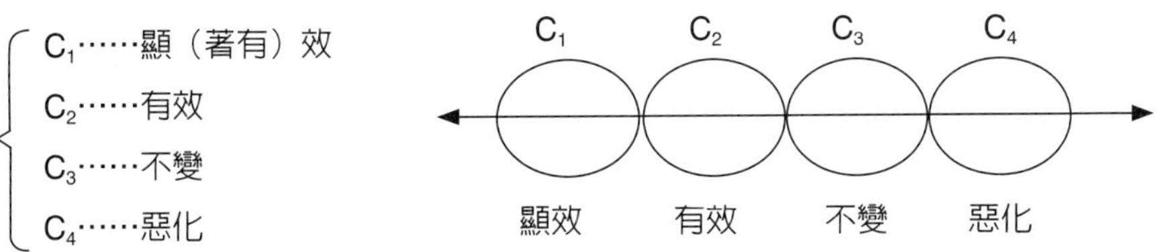

或者

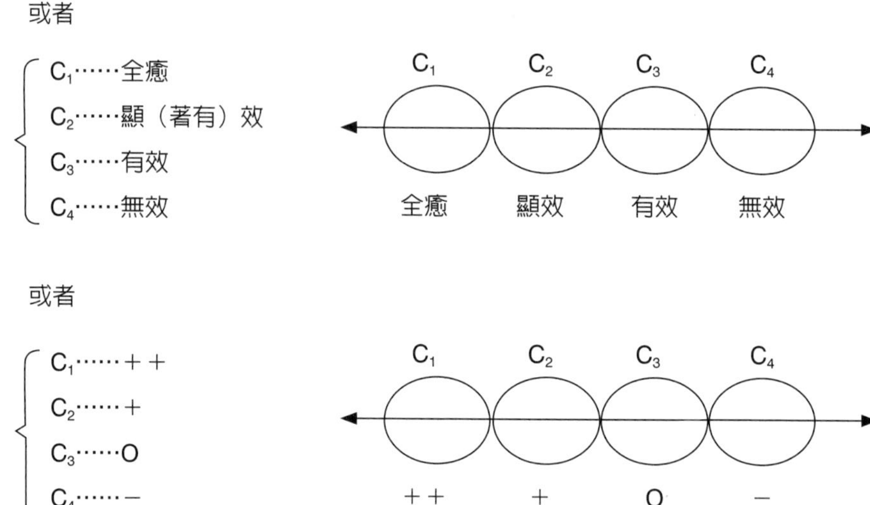

（注）Ridit 分析即使是順序類別也能進行差異的檢定。

➲ Ridit 變換

以下的變換稱爲 Ridit 變換。

表 8.1.2 次數分配

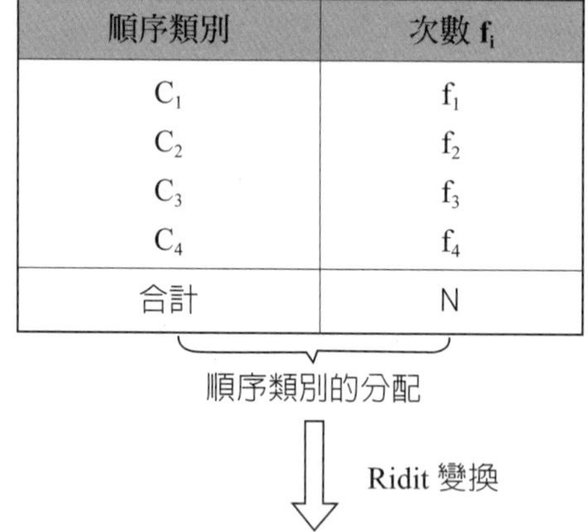

順序類別	次數 f_i
C_1 C_2 C_3 C_4	f_1 f_2 f_3 f_4
合計	N

表 8.1.3 利用 Ridit 變換所得出的機率分配

Ridit（= 機率變數）	機率
$R_1 = \frac{f_1}{2N}$	$\frac{f_1}{N}$
$R_2 = \frac{f_2 + 2f_1}{2N}$	$\frac{f_2}{N}$
$R_3 = \frac{f_3 + 2(f_1 + f_2)}{2N}$	$\frac{f_3}{N}$
$R_4 = \frac{f_4 + 2(f_1 + f_2 + f_3)}{2N}$	$\frac{f_4}{N}$

此機率分配的平均是 $\frac{1}{2}$ 。

以圖表現此 Ridit 變換時，即爲如下。

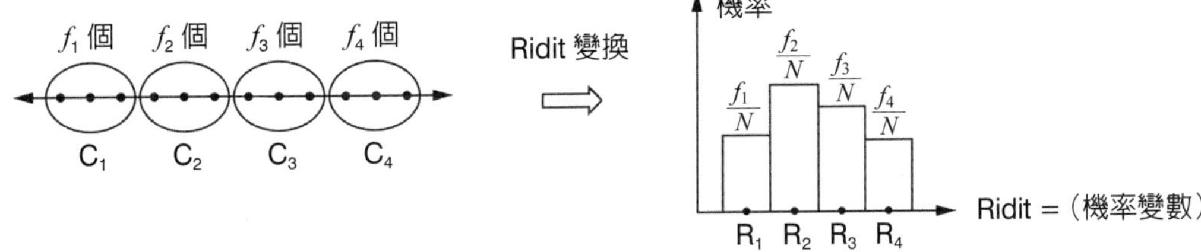

試計算由 Ridit 變換所得出之機率分配的平均。

此平均稱爲「平均 Ridit」$\overline{R}$。

因爲是機率分配的平均（= 期待值），因之將機率變數與機率相乘，再如下合計即可。

$$平均\ \text{Ridit}\ \overline{R} = R_1 \frac{f_1}{N} + R_2 \frac{f_2}{N} + R_3 \frac{f_3}{N} + R_4 \frac{f_4}{N}$$

$$= \frac{f_1}{2N}\frac{f_1}{N} + \frac{f_2 + 2f_1}{2N}\frac{f_2}{N} + \frac{f_3 + 2(f_1 + f_2)}{2N}\frac{f_3}{N} + \frac{f_4 + 2(f_1 + f_2 + f_3)}{2N}\frac{f_4}{N}$$

$$= \frac{f_1^2 + (f_2 + 2f_1)f_2 + (f_3 + 2f_1 + 2f_2)f_3 + (f_4 + 2f_1 + 2f_2 + 2f_3)f_4}{2N^2}$$

$$= \frac{f_1^2 + f_2^2 + 2f_1f_2 + f_3^2 + 2f_1f_3 + 2f_2f_3 + f_4^2 + 2f_1f_4 + 2f_2f_4 + 2f_3f_4}{2N^2}$$

$$= \frac{f_1^2 + f_2^2 + f_3^2 + f_4^2 + 2(f_1 f_2 + f_1 f_3 + f_1 f_4 + f_2 f_3 + f_2 f_4 + f_3 f_4)}{2N^2}$$

$$= \frac{(f_1 + f_2 + f_3 + f_4)^2}{2N^2}$$

$$= \frac{1}{2}$$

➲ Ridit 變換的關鍵

順序類別的數據，譬如像下表分成 4 類：

順序類別	數據
C_1	3 個
C_2	5 個
C_3	4 個
C_4	3 個

但仔細觀察時，可以想成如下按每一類，依序排列著。

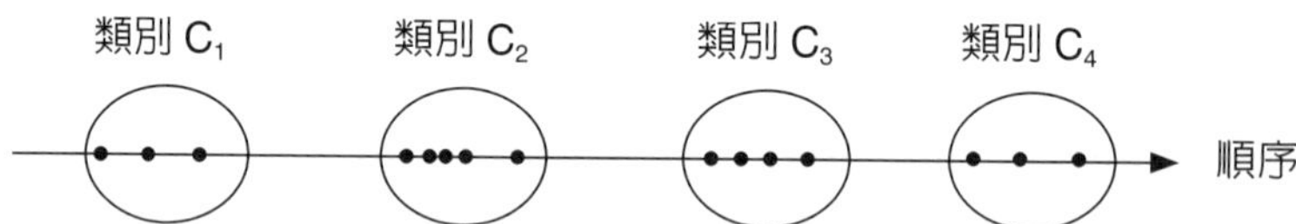

因此，將此 4 個順序類別細分來看時，像以下那樣

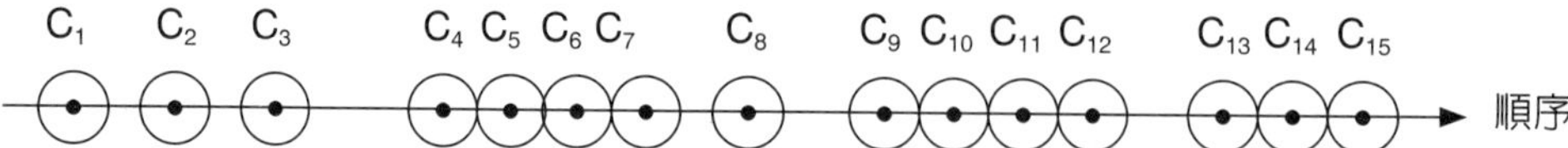

可以作成每一類的小類。

亦即，如有 N 個資料時，被細分化的類別，可以想成如下 N 個，即 C_1 類，C_2 類……，C_N 類。

此時，如進行 Ridit 變換時，細分化的類別如下形成平均$\frac{1}{2}$的均一分配。此即爲 Ridit 變換的「要點」。

表 8.1.5

被細分化的類別	次數
C_1 類	1 個
C_2 類	1 個
C_3 類	2 個
.	.
.	.
.	.
.	.
.	.
C_N 類	1 個

表 8.1.6

Ridit（= 機率分配）	機率
$\frac{1}{2N}=\frac{1}{2N}$	$\frac{1}{N}$
$\frac{1+2\times1}{2N}=\frac{3}{2N}$	$\frac{1}{N}$
$\frac{1+2\times(1+1)}{2N}=\frac{5}{2N}$	$\frac{1}{N}$
………	……
$\frac{1+2\times(1+1+...+1)}{2N}=\frac{2N-1}{2N}$	$\frac{1}{N}$

（注）

使 N 無限大，被細分化的類別即成為【0, 1】範圍的均一分配。

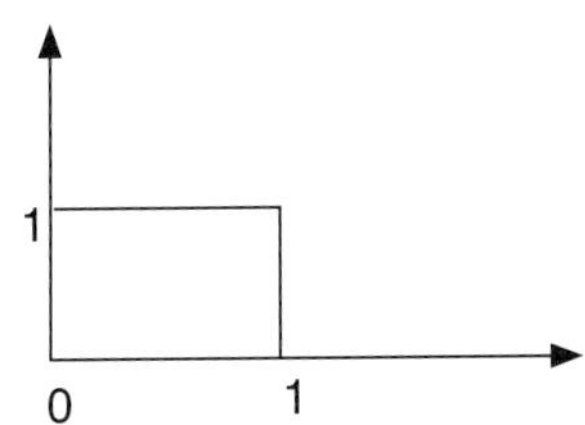

平均$\frac{1}{2}$，變異數$\frac{1}{12}$

但是，【a, b】範圍内的均一分配，即為如下的分配。

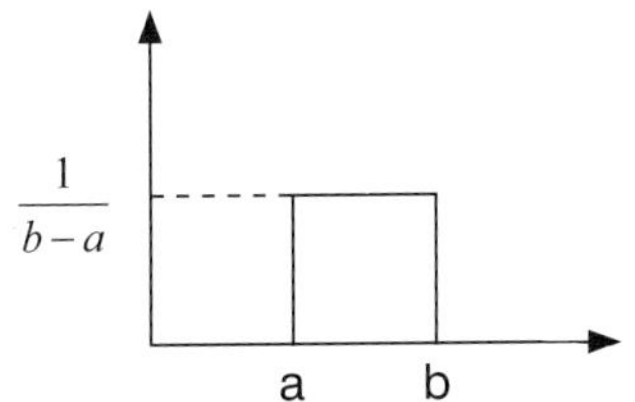

均一分配的平均$\frac{a+b}{2}$

均一分配的變異數$\frac{(a-b)^2}{12}$

➲ Ridit 的求法有下列 2 種方法

1. 以組 A 爲基準，求 Ridit R 的方法

表 8.1.4

順序類別	組 A	Ridit R
C_1	a_1	$\frac{a_1}{2N}$
C_2	a_2	$\frac{a_2+2a_1}{2N}$
C_3	a_3	$\frac{a_3+2(a_1+a_2)}{2N}$
C_4	a_4	$\frac{a_4+2(a_1+a_2+a_3)}{2N}$

例 1

表 8.1.5　黃疸肝炎的治療效果

	中藥	西藥
全癒	15 人	4 人
顯效	45 人	66 人
有效	132 人	185 人
無效	58 人	74 人
合計	250 人	329 人

以中藥爲基準，調查西藥對黃疸肝炎之效果，是否與中藥有差異。本例將中藥取成基準，所以中藥的平均 Ridit 是 0.5。

2. 以兩個組 A、B 的合計爲基準，求 Ridit R 的方法

表 8.1.6

順序類別	A	B	A+B	Ridit R
C_1	a_1	b_1	a_1+b_1	$\dfrac{a_1+b_1}{2N}$
C_2	a_2	b_2	a_2+b_2	$\dfrac{a_2+b_2+2(a_1+b_1)}{2N}$
C_3	a_3	b_3	a_3+b_3	$\dfrac{a_3+b_3+2(a_1+b_1+a_2+b_2)}{2N}$
C_4	a_4	b_4	a_4+b_4	$\dfrac{a_4+b_4+2(a_1+b_1+a_2+b_2+a_3+b_3)}{2N}$

例 2

表 8.1.7　慢性支氣管炎的治療效果

	中藥 1 號	中藥 2 號
全癒	10 人	12 人
顯效	43 人	25 人
有效	122 人	53 人
無效	66 人	15 人
合計	241 人	105 人

中藥 1 號與中藥 2 號對慢性支氣管炎的治療效果是否有差異呢？

本例，將中藥 1 號與 2 號合在一起製作 Ridit R。

其次，根據此 Ridit R，進行中藥 1 號的平均 Ridit $\overline{R_A}$，與中藥 2 號的平均 Ridit $\overline{R_B}$ 之差異。

8.2 Ridit 分析的步驟——以組 A 爲基準時

SPSS 分析並未提供 Ridit 分析，因之，以如下的步驟進行統計處理。

步驟 1 以組 A 為基準，求 Ridit R。

順序類別	組 A	Ridit R
C_1	a_1	$\frac{a_1}{2N_A}$
C_2	a_2	$\frac{a_2+2a_1}{2N_A}$
C_3	a_3	$\frac{a_3+2(a_1+a_2)}{2N_A}$
C_4	a_4	$\frac{a_4+2(a_1+a_2+a_3)}{2N_A}$
合計	N_A	

步驟 2 求組 B 的平均 Ridit $\overline{R_B}$。

順序類別	組 B	$R\times\frac{B}{N_B}$
C_1	b_1	$\frac{a_1}{2N_A}\frac{b_1}{N_B}$
C_2	b_2	$\frac{a_2+2a_1}{2N_A}\frac{b_2}{N_B}$
C_3	b_3	$\frac{a_3+2(a_1+a_2)}{2N_A}\frac{b_3}{N_B}$
C_4	b_4	$\frac{a_4+2(a_1+a_2+a_3)}{2N_A}\frac{b_4}{N_B}$
合計	N_B	$\overline{R_B}$

步驟 1 以組 A 為基準，求 Ridit R。

黃疸肝炎	中藥 A	Ridit R
全癒	15 人	0.03
顯效	45 人	0.15
有效	132 人	0.504
無效	58 人	0.884
合計	250 人	

步驟 2 求組 B 的平均 Ridit $\overline{R_B}$。

黃疸肝炎	西藥 B	$R\times\frac{B}{N_B}$
全癒	4 人	0.000365
顯效	66 人	0.030091
有效	185 人	0.283404
無效	74 人	0.198833
合計	329 人	0.512693

➲ 公式

步驟 3 求檢定統計量 T。

$$T=\frac{\overline{R_B}-\frac{1}{2}}{\sqrt{\frac{1}{12N_B}}}$$

步驟 4 檢定統計量如落在否定域時，則否定假設 H_0。

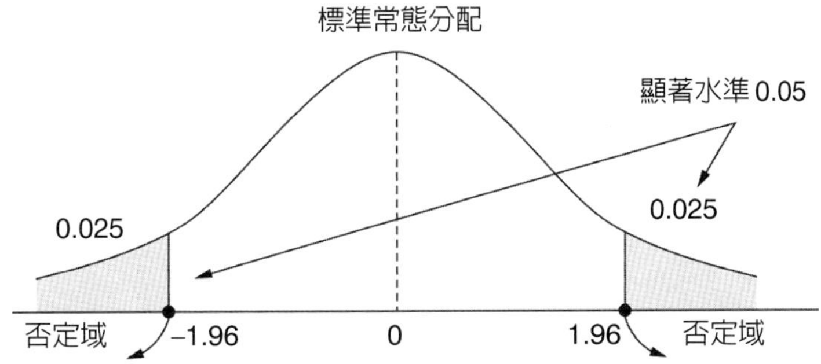

亦即，如 | 檢定統計量 | > 否定界限 1.96 時，則否定假設 H_0。

（注）

假設 H_0：組 B 的平均 Ridit $\overline{R_B}$ = 組 A 的平均 Ridit $\frac{1}{2}$

如否定此假設時，可知組 A 與組 B 有差異。

步驟 3 求檢定統計量

$$T=\frac{0.5127-\frac{1}{2}}{\frac{1}{\sqrt{12\times 329}}}$$

$$=0.798$$

步驟 4 檢定統計量如落在否定域時，則否定假設 H_0。

因為

| 檢定統計量 | = 0.798 < 否定界限 1.96

所以假設 H_0 不能否定。

因此，西藥對黃疸肝炎的治療效果，不能說與中藥有差異。

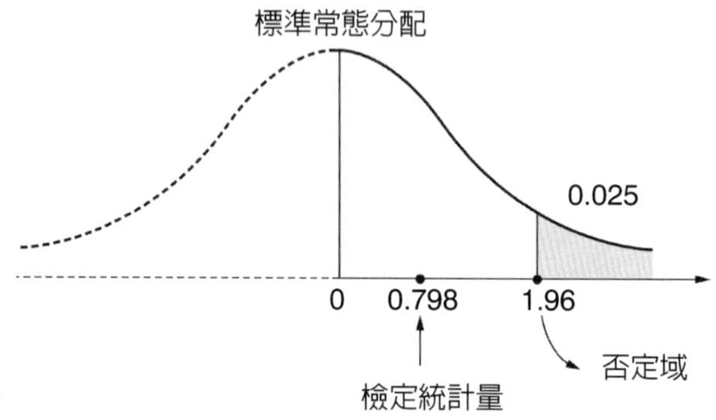

8.3 Ridit 分析的步驟——將組 A 與 B 的合計取成基準時

步驟 1 將組 A 與組 B 合計，求 Ridit R。

順序類別	組 A	組 B	A + B	Ridit R
C_1	a_1	b_1	$f_1 = a_1 + b_1$	$\frac{f_1}{2N}$
C_2	a_2	b_2	$f_2 = a_2 + b_2$	$\frac{f_2 + 2f_1}{2N}$
C_3	a_3	b_3	$f_3 = a_3 + b_3$	$\frac{f_3 + 2(f_1 + f_2)}{2N}$
C_4	a_4	b_4	$f_4 = a_4 + b_4$	$\frac{f_4 + 2(f_1 + f_2 + f_3)}{2N}$
合計	N_A	N_B	$N = N_A + N_B$	

步驟 2 求平均 Ridit $\overline{R_A}$，$\overline{R_B}$。

Ridit R	組 A	組 B	$R \times \frac{A}{N_A}$	$R \times \frac{B}{N_A}$
$\frac{f_1}{2N}$	a_1	b_1	$\frac{10}{10}$	$\frac{f_1}{2N}\frac{b_1}{N_B}$
$\frac{f_2 + 2f_1}{2N}$	a_2	b_2		$\frac{f_2 + 2f_1}{2N}\frac{b_2}{N_B}$
$\frac{f_3 + 2(f_1 + f_2)}{2N}$	a_3	b_3		$\frac{f_3 + 2(f_1 + f_2)}{2N}\frac{b_3}{N_B}$
$\frac{f_4 + 2(f_1 + f_2 + f_3)}{2N}$	a_4	b_4		$\frac{f_4 + 2(f_1 + f_2 + f_3)}{2N}\frac{b_4}{N_B}$
		合計	$\overline{R_A}$	$\overline{R_B}$

步驟 1 將組 A 與組 B 合計，求 Ridit R。

慢性支氣管炎	中藥 1 號 A	中藥 2 號 B	A + B	Ridit R
全癒	10 人	12 人	22	0.03179191
顯效	43 人	25 人	68	0.16184971
有效	122 人	53 人	175	0.51300578
無效	66 人	15 人	81	0.88294798
合計	241 人	105 人	346	

步驟 2 求平均 Ridit $\overline{R_A}$，$\overline{R_B}$。

Ridit R	中藥 1 號 A	中藥 2 號 B	$R\times\frac{A}{N_A}$	$R\times\frac{B}{N_A}$
0.03179191	10 人	12 人	0.001319	0.003633
0.16184971	43 人	25 人	0.028878	0.038536
0.51300578	122 人	53 人	0.259696	0.258946
0.88294798	66 人	15 人	0.241803	0.126135
		合計	0.531696	0.42725

➲ 公式

步驟 3 求檢定統計量 T。

$$T=\frac{\overline{R_A}-\overline{R_B}}{\sqrt{\frac{1}{12}\left(\frac{N_A+N_B}{N_A\times N_B}\right)}}$$

步驟 4 檢定統計量 T 如落在否定域時，在顯著水準 0.05 下否定假設。

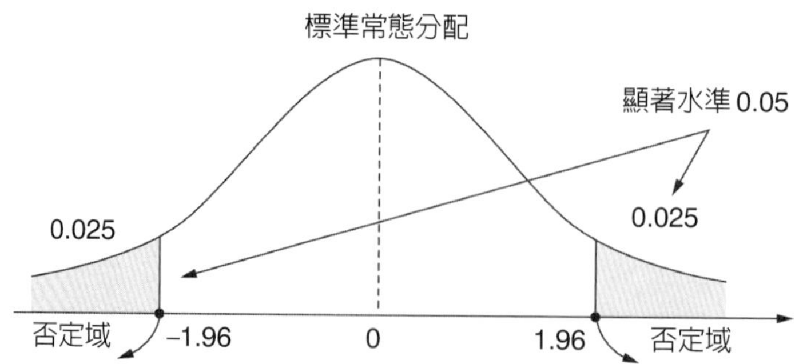

步驟 3 求檢定統計量。

$$T=\frac{0.5317-0.4273}{\sqrt{\frac{1}{12}(\frac{241+105}{241\times105})}}$$
$$=3.0942$$

步驟 4 檢定統計量如落在否定域時，否定假設。

因檢定統計量 3.0942 > 1.96

故否定假設。

因此，中藥 1 號與中藥 2 號，對慢性支氣管炎來說，可知在治療效果上是有差異的。

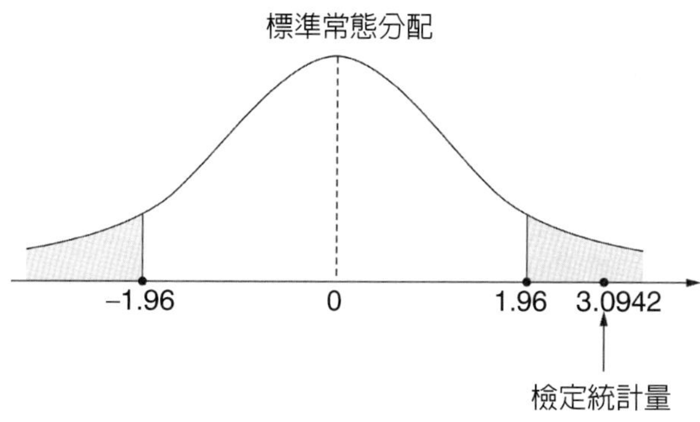

第 9 章　Kolmogorov-Smirmov 檢定

9.1　Kolmogorov-Smirmov 檢定簡介

Kolmogorov-Smirmov（以下簡稱爲 K-S）檢定，有幾種類型。

此處，先就 2 組 A，B 之差來考察吧。

K-S 檢定是從「調查兩個經驗分配函數」開始的。

➲ 經驗分配函數的定義

對大小爲 N 的數據 $\{X_1, X_2, \cdots\cdots X_N\}$ 來說，設

$$F_N(x) = \frac{x\text{以下的數據個數}}{N}$$

將此 $F_N(x)$ 稱爲 $\{X_1, X_2, \cdots\cdots X_N\}$ 的經驗分配函數。

亦即，所謂經驗分配函數是對各個數據 X_i，設定機率$\frac{1}{N}$之後的機率分配的分配函數。可是，如此仍然不得其門而入嗎？

請看以下的具體例。

➲ 經驗分配函數例

已知 A 組大小 N = 10 的數據如下。

表 9.1.1　A 組的數據

NO.	1	2	3	4	5	6	7	8	9	10
X	22	24	20	35	41	38	30	24	35	24

將此 10 個數據如下重排後，製作經驗分配函數。

$$20 < 22 < 24 \leq 24 < 30 < 35 \leq 35 < 38 < 41$$

表 9.1.2　經驗分配函數

數據	次數	累積次數	機率	經驗分配函數 $F_N(X)$
20	1	1	$\frac{1}{10}$	$\frac{1}{10}$
22	1	2	$\frac{1}{10}$	$\frac{2}{10}$
24	3	5	$\frac{3}{10}$	$\frac{5}{10}$
30	1	6	$\frac{1}{10}$	$\frac{6}{10}$
35	2	8	$\frac{2}{10}$	$\frac{8}{10}$
38	1	9	$\frac{1}{10}$	$\frac{9}{10}$
41	1	10	$\frac{1}{10}$	$\frac{10}{10}$

因此，當已知有 2 個組 A，B 之數據時，分別求出各自的經驗分配函數，其次，調查兩個經驗分配函數之差 $F_N(X)-G_N(X)$，即可進行組間之差的檢定，將此檢定稱為 K-S 檢定。

步驟 1　求 A 組的經驗分配函數 $F_N(X)$。

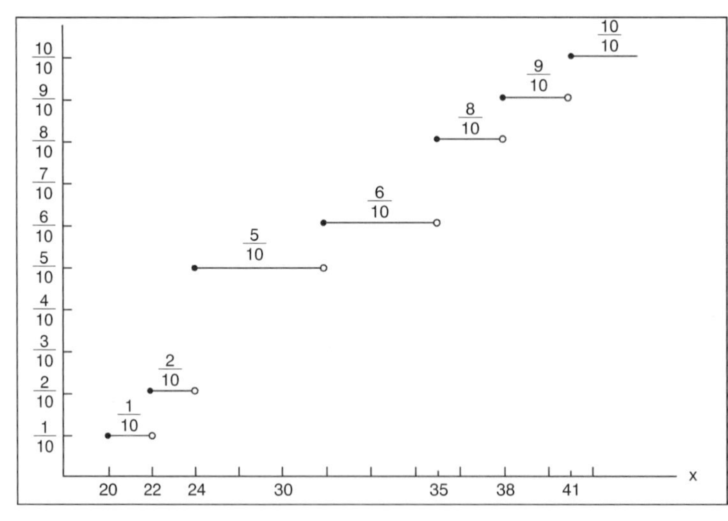

表 9.1.3 B 組的數據

NO.	1	2	3	4	5	6	7	8	9	10
X	40	32	43	23	43	36	40	36	40	40

（注）兩個組的數據個數不同也行。

步驟 1 求 B 組的經驗分配函數 $G_N(X)$。

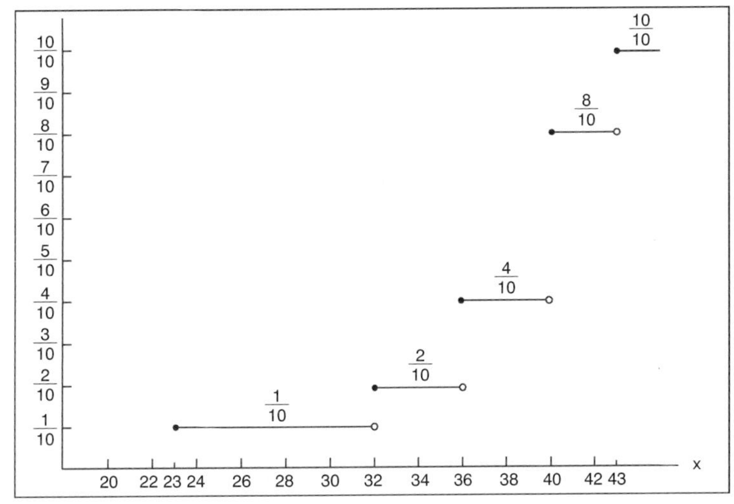

步驟 2 將兩個經驗分配函數之圖形重疊。

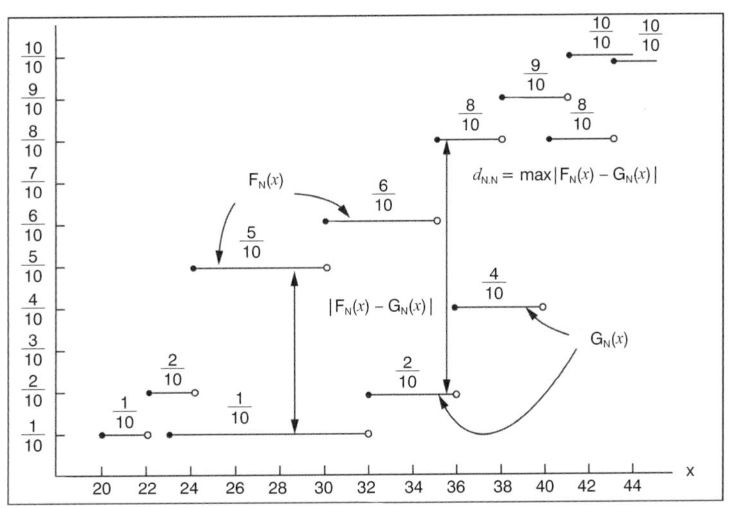

（注）調查兩個經驗分配函數之差，取絕對值。

調查兩個經驗分配函數 $F_N(X)$，$G_N(X)$ 之差 $|F_N(X) - G_N(X)|$ 時……。

表 9.1.4　兩個經驗分配函數之差 $|F_N(X) - G_N(X)|$

數據 X	$F_N(X)$	$G_N(X)$	$\|F_N(X) - G_N(X)\|$
20	$\frac{1}{10}$		$\left\|\frac{1}{10} - 0\right\| = \frac{1}{10}$
22	$\frac{2}{10}$		$\left\|\frac{2}{10} - 0\right\| = \frac{2}{10}$
23		$\frac{1}{10}$	$\left\|\frac{2}{10} - \frac{1}{10}\right\| = \frac{1}{10}$
24	$\frac{5}{10}$		$\left\|\frac{5}{10} - \frac{1}{10}\right\| = \frac{4}{10}$
30	$\frac{6}{10}$		$\left\|\frac{6}{10} - \frac{1}{10}\right\| = \frac{5}{10}$
32		$\frac{2}{10}$	$\left\|\frac{6}{10} - \frac{2}{10}\right\| = \frac{4}{10}$
35	$\frac{8}{10}$		$\left\|\frac{8}{10} - \frac{2}{10}\right\| = \frac{6}{10}$ ← $\max\|F_N(X) - G_N(X)\|$
36		$\frac{4}{10}$	$\left\|\frac{8}{10} - \frac{4}{10}\right\| = \frac{4}{10}$
38	$\frac{9}{10}$		$\left\|\frac{9}{10} - \frac{4}{10}\right\| = \frac{5}{10}$
40		$\frac{8}{10}$	$\left\|\frac{9}{10} - \frac{8}{10}\right\| = \frac{1}{10}$
41	$\frac{10}{10}$		$\left\|\frac{10}{10} - \frac{8}{10}\right\| = \frac{2}{10}$
43		$\frac{10}{10}$	$\left\|\frac{10}{10} - \frac{10}{10}\right\| = 0$

此時，對兩個經驗分配函數之差的最大值

$$d_{N,N} = \max|F_n(x) - G_n(x)| = \frac{6}{10}$$

而言的顯著比率，可由以下的數表求出。

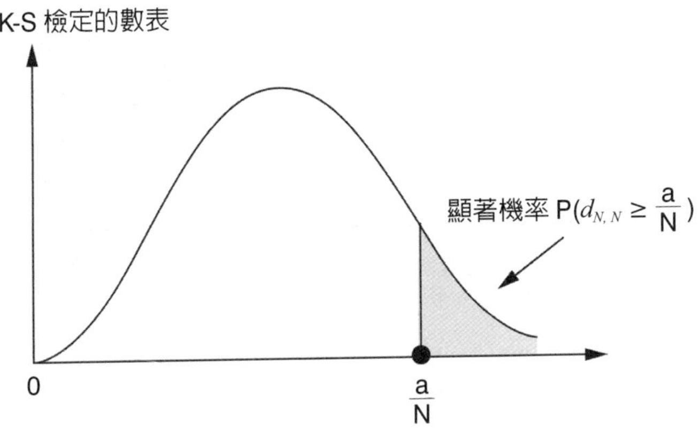

a \ N	7	8	9	10	11	12
1	1	1	1	1	1	1
2	0.9627	0.9801	0.9895	0.9945	0.9971	1.9985
3	0.5752	0.6601	0.7301	0.7869	0.8326	0.8690
4	0.2121	0.2827	0.3517	0.4175	0.4792	0.5361
5	0.0530	0.0870	0.1259	0.1678	0.2115	0.2558
6	0.0082	0.0186	0.0336	0.0524	0.0747	0.0995
7	0.0006	0.0025	0.0063	0.0123	0.0207	0.0314
8		0.0002	0.0007	0.0021	0.0044	0.0079

因此，由此數表知雙邊顯著機率 $P(d_{N,N} \geq \frac{6}{10}) = 0.0524$

因為，雙邊顯著機率 0.0524 > 顯著水準 0.05

所以，無法否定假設。

話說，此檢定的假設是？

當然，此假設是 H_0：2 個組之間並無差異。

將顯著機率 $P(d_{N,N} \geq \frac{6}{10})$ 的不等號的地方改成
$P(d_{N,N} > \frac{6}{10})$ 時，………。
實際上變成如下：
$P(d_{N,N} > \frac{6}{10}) = 0.012341$

【數據輸入類型】

將表 9.1.1 與 9.1.3 的數據如下輸入。

	組	測量值	var	var
1	1	22		
2	1	24		
3	1	20		
4	1	35		
5	1	41		
6	1	38		
7	1	30		
8	1	24		
9	1	35		
10	1	24		
11	2	40		
12	2	32		
13	2	43		
14	2	23		
15	2	43		
16	2	36		
17	2	40		
18	2	36		
19	2	40		
20	2	40		
21				
22				

（注）組 A……1
組 B……2

9.2 K-S 檢定的步驟

【統計處理之步驟】

步驟 1 數據輸入結束後，點選【分析 (A)】，從中選擇【無母數檢定 (N)】，再選擇【歷史對話記錄 (L)】的子清單【二個獨立樣本 (2)】之檢定。

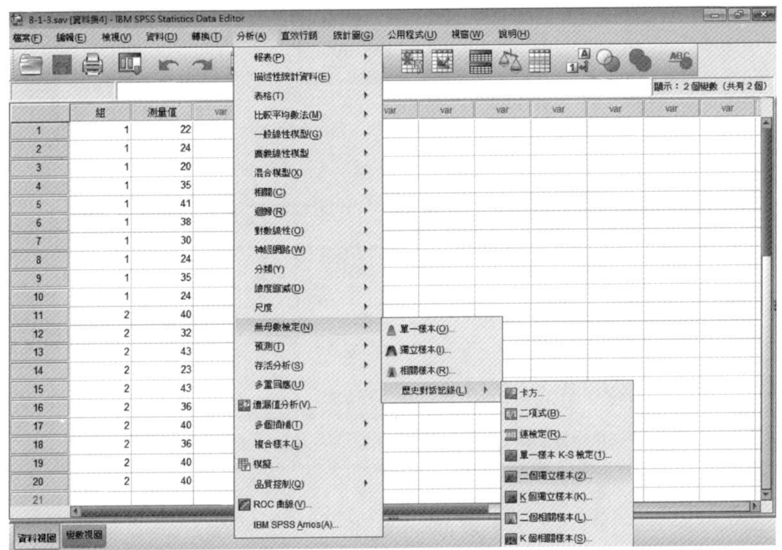

步驟 2 將測量值移到【檢定變數清單 (T)】的方框中，將組移到【分組變數 (G)】的方框中。點擊【定義組別 (D)】，將方框中之組改成組 (1，2)，再勾選【Kolmogorov-Smirmov Z 檢定 (K)】，再按 確定 。

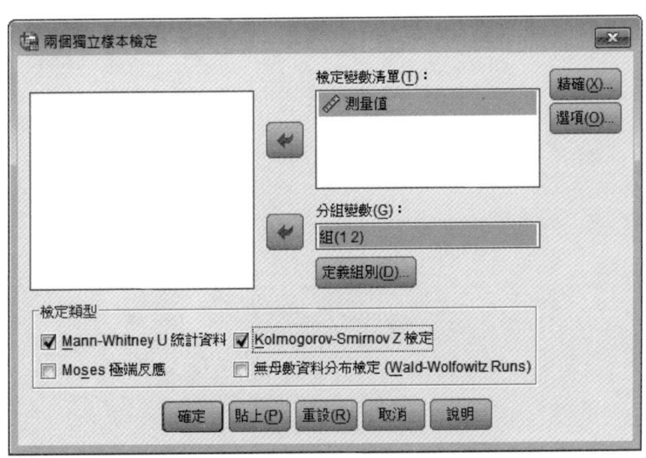

【SPSS 輸出】— K-S 檢定

二樣本 **Kolmogorov-Smirnov** 檢定

次數

	組	N
測量值	組A	10
	組B	10
	總計	20

檢定統計資料[a]

		測量值
最極端差異	絕對	.600
	正	.600
	負	.000
Kolmogorov-Smirnov Z 檢定		1.342
漸近顯著性（雙尾）		.055

←①

a. 變數分組：組

【輸出結果的判讀】

①如比較顯著機率與顯著水準時，因爲 0.055 > 0.05

因之，無法否定假設 H_0。

因此，A 組與 B 組之間不能說有差異。

第 10 章 Mantel-Haenszel 檢定

10.1 Mantel-Haenszel 檢定簡介

所謂 Mantel-Haenszel 檢定是指「兩個組的有效比率之差異檢定」。

請看以下數據。

表 10.1.1 藥 A 與藥 B 的有效比率

組	有效	無效	有效比率
藥 A	130	70	0.65
藥 B	70	130	0.35

此種數據的情形，

藥 A 的有效比率…… $\frac{130}{130+70}=0.65$

藥 B 的有效比率…… $\frac{70}{70+130}=0.35$

所以藥 A 可以認爲比藥 B 有效。

但是，此種數據稱爲 Simpson 的詭論（paradox），將以下的層別數據合併後再加以製作。

表 10.1.2　年輕層

		有效	無效	有效比率
層 1（年輕）	藥 A	120	40	0.75
	藥 B	30	10	0.75

表 10.1.3　老年層

		有效	無效	有效比率
層 2（老年）	藥 A	10	30	0.25
	藥 B	40	120	0.25

如觀察有效比率時，不管是老年層或是年輕層，藥 A 與藥 B 的有效比率並無差異。

如與表 10.1.1 相比較，的確有些差異！

表 10.1.1　藥 A 與藥 B 的有效比率

組	有效	無效	有效比率
藥 A	130	70	0.65
藥 B	70	130	0.35

當有層別數據的情形，將兩個層想像成 1 個層，有時會發生如此困擾的問題。

當有此種層別的不平衡時，將它調整後再進行差異之檢定，此方法即爲「Mantel-Haenszel 檢定」。

以下的數據是針對腦中風後的痴呆症患者，調查抗憂劑 A、B 之後，對癡呆改善覺得有效與無效的人，其情形分別如下。

表 10.1.4

	抗憂劑	效果	
		有效	無效
阿茲海默症型癡呆……層 1	抗憂劑 A	29 人	11 人
	抗憂劑 B	42 人	18 人
血管性癡呆……層 2	抗憂劑 A	53 人	24 人
	抗憂劑 B	27 人	32 人

試調查 2 種抗憂劑 A、B 的有效性是否有差異。

➲ Mantel-Haenszel 檢定的步驟

Mantel-Haenszel 檢定是由以下檢定所構成。

步驟 1　首先，檢定以下的假設

假設 H_0：阿茲海默型的 odds 比與血管性的 odds 比相同。

此檢定稱爲 Breslow-Day 檢定。

如否定此步驟 1 的假設時，各層進行

{ 就阿茲海默型癡呆，比較抗憂劑 A，B。
就血管性癡呆，比較抗憂劑 A，B。

此步驟 1 的假設如未能否定時，假定共同的 odds 比，進入到以下的步驟 2。

步驟 2 檢定以下的假設。

假設 H_0：抗憂劑 A，B 的有效性相同

此檢定稱爲 Mantel-Haenszel 檢定。

（注）此檢定可以想成是調整偏差的檢定。

【數據輸入類型】

表 10.1.4 的數據如下輸入。

但是，患者需要加權。

	層	抗憂劑	效果	患者數	var
1	1	1	1	29	
2	1	1	0	11	
3	1	2	1	42	
4	1	2	0	18	
5	2	1	1	53	
6	2	1	0	24	
7	2	2	1	27	
8	2	2	0	32	
9					

（注）層：阿茲海默型……1
血管性…………2
抗憂劑 A……1
抗憂劑 B……2
效果：有效……1
無效……0

➲ 加權的步驟

步驟 1 點選【資料 (D)】，選擇【加權觀察值 (W)】。

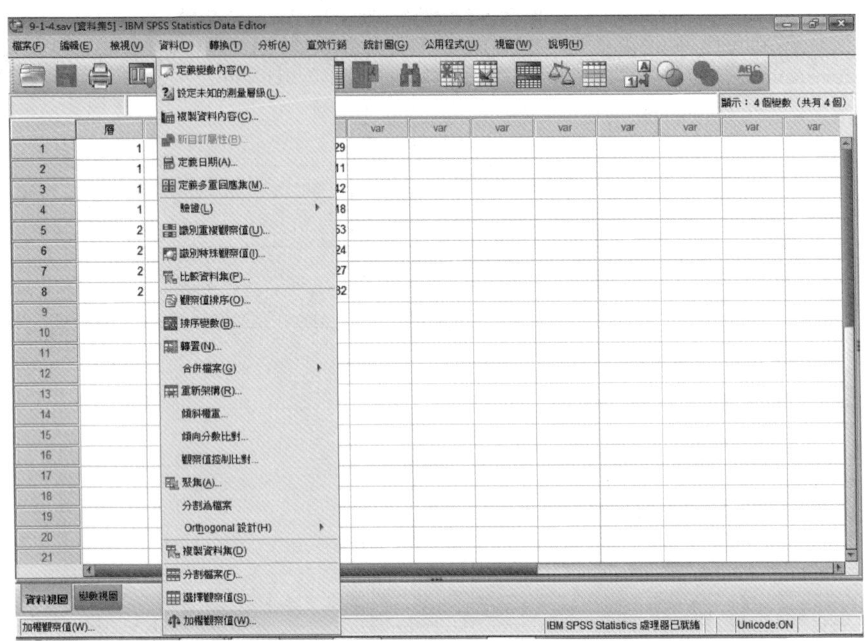

步驟 2 點選【觀察值加權依據(W)】，將患者數移到【次數變數(F)】，按 確定 。

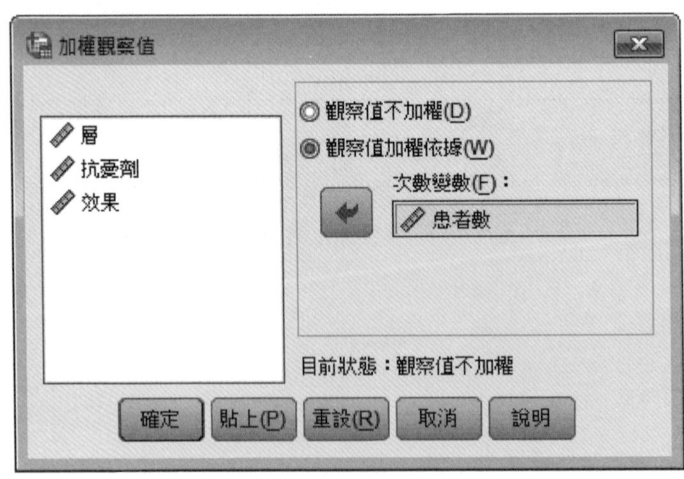

10.2 Mantel-Haenszel 檢定的步驟

【統計處理的步驟】

步驟 1 數據輸入結束後，點選【分析 (A)】，選擇【描述性統計資料 (E)】，再選擇【交叉表 (C)】。

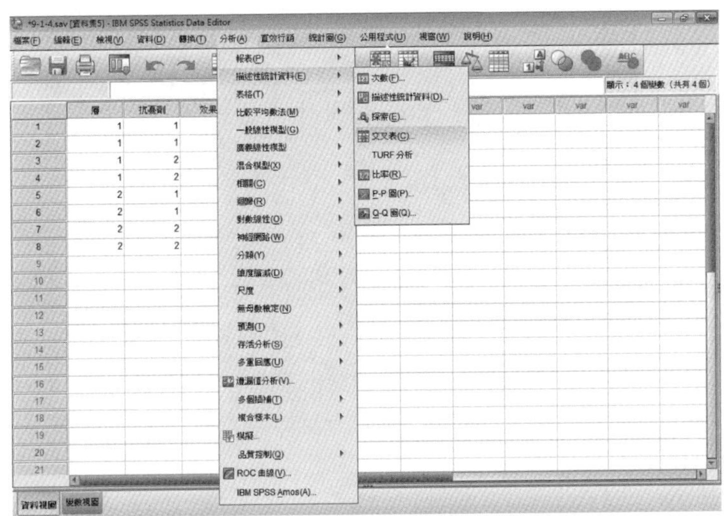

步驟 2 將抗憂劑移到【列 (O)】的方框中，將效果移到【行 (C)】的方框中，將層移到圖層欄位的方框中，然後按【統計資料 (S)】。

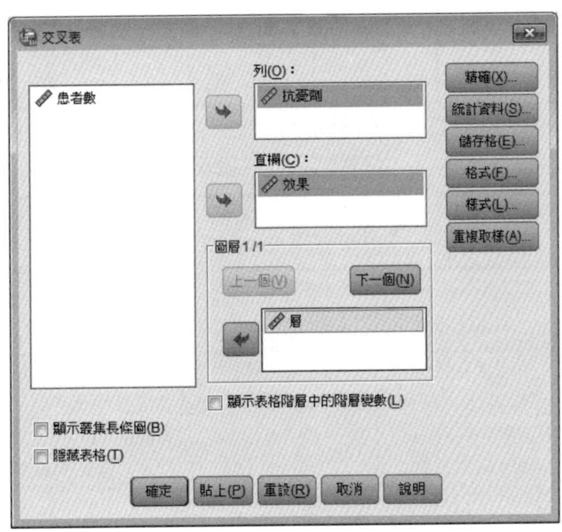

步驟 3 如下勾選後，按 繼續，即回到步驟 2 的頁面，再按 確定。

交叉表：統計資料

- [ ] 卡方(H)
- [ ] 相關(R)

名義
- [ ] 列聯係數(O)
- [ ] Phi (φ) 值與克瑞瑪 V (Cramer's V)
- [ ] Lambda (λ)
- [ ] 不確定性係數(U)

序數
- [ ] 伽瑪(G)
- [ ] Somers' D
- [ ] Kendall's tau-b
- [ ] Kendall's tau-c

名義變數對等距變數
- [ ] Eta 值

- [ ] 卡帕 (Kappa)
- [ ] 風險(I)
- [ ] McNemar

- [x] Cochran's 與 Mantel-Haenszel 統計資料

檢定共同勝算比等於(T)： 1

繼續 取消 說明

【spss 輸出 · 1】

勝算比的同質性檢定

	卡方	df	漸近顯著性（2 端）	
Breslow-Day	2.130	1	.144	←①
Tarone's	2.128	1	.145	

條件式獨立性檢定

	卡方	df	漸近顯著性（2 端）	
Cochran's	5.293	1	.021	←②
Mantel-Haenszel	4.636	1	.031	←③

在條件式獨立性假設下，僅當階層數目是固定值，而 Mantel-Haenszel 統計資料一律作為 1 df 卡方進行漸近分配時，Cochran's 統計資料才會作為 1 df 卡方進行漸近分配。請注意，當所觀察值與預期值之間差異總和為 0 時，會從 Mantel-Haenszel 統計資料中移除持續更正。

Mantel-Haenszel 一般勝算比預估

估計			.530
ln(Estimate)			-.634
ln(Estimate) 的標準誤			.280
漸近顯著性（2 端）			.024
漸近95% 信賴區間	一般勝算比	下限	.307
		上限	.918
	ln(Common Odds Ratio)	下限	-1.183
		上限	-.085

←④

Mantel-Haenszel 一般勝算比預估正常漸近分配在 1.000 假設的一般勝算比之下。因此是預估的自然對數。

【輸出結果的判讀 ・1】

①這是 Breslow-Day 的檢定。

假設 H_0：阿茲海默型的 odds 比與血管性的 odds 比相等

檢定統計量是 2.130。

顯著機率 0.144 > 顯著水準 0.05

因之，假設 H_0 無法否定。

因此，假定共同的 odds 比似乎可行 。

②這是 Cochran 的檢定。

此檢定也稱為 Mantel-Haenszel 檢定。

假設 H_0：抗憂劑 A 與 B 的有效性相同

此假設 H_0 說成

假設 H_0：共同的 odds 比 = 1

也是相同的。

檢定統計量是 5.293。

顯著機率 0.021 < 顯著水準 0.05

因之，假設 H_0 不成立。

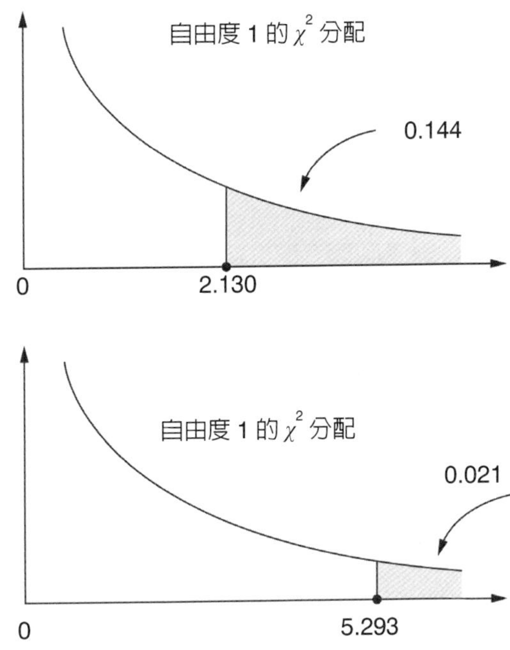

因此，抗憂劑 A 與 B 的有效性有差異。

③的 Mantel-Haenszel 檢定，是連續修正②的檢定。

假設 H_0 是與②相同。

④共同的 odds 比是 0.530。

對數 odds 比是 log(0.530) = –0.634。

【SPSS 輸出・2】

抗憂劑*效果*層 交叉列表

計數

層			效果 無效	效果 有效	總計
阿茲海默症	抗憂劑	A	11	29	40
		B	18	42	60
	總計		29	71	100
血管性	抗憂劑	A	24	53	77
		B	32	27	59
	總計		56	80	136
總計	抗憂劑	A	35	82	117
		B	50	69	119
	總計		85	151	236

←⑤

（注）連續修正時只挪移 0.5

【輸出結果的判讀・2】

⑤從此交叉表試求出經連續修正後之 Mantel-Haenszel 的檢定統計量。

$$\text{檢定統計量} = \frac{\left\{\left|(11+24)-\left(\frac{29\times 40}{100}+\frac{56\times 77}{136}\right)\right|-0.5\right\}}{\frac{29\times 71\times 40\times 60}{100^2(100-1)}+\frac{56\times 80\times 77\times 59}{136^2(136-1)}}$$

$$= 60.932 \div 13.142$$

$$= 4.636$$

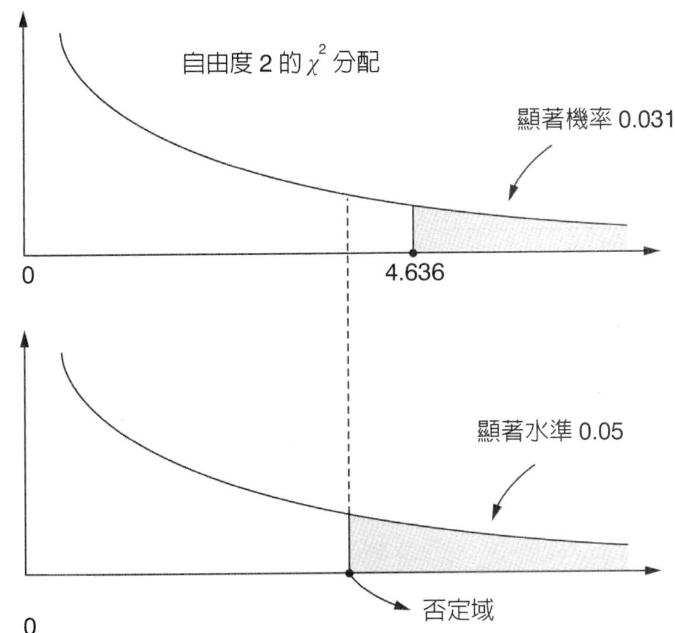

檢定統計量 4.636 落在否定域中，因之假設 H_0 不成立。

（注）Mantel-Haenszel 檢定統計量公式如下：

$$M=\frac{\left\{\left|\Sigma_{i=1}^{k} a_i-\Sigma_{i=1}^{k}\left(\frac{m_{1i}n_{1i}}{N_i}\right)\right|-\frac{1}{2}\right\}^2}{\Sigma_{i=1}^{k}\left(\frac{m_{1i}m_{2i}n_{1i}n_{2i}}{N_i^2(N_i-1)}\right)}$$

公式對照表

	治療群	對照群	計
生存	a_k	b_k	n_{1k}
死亡	c_k	d_k	n_{2k}
計	m_{1k}	m_{2k}	N_k

第 11 章　存活分析——壽命表

有關生物、機械或系統的一個二值反應（binary response；發生或不發生）來說，將觀察開始的經過時間想成是非負的機率變數時，就該反應發生爲止的時間而言，此觀察數據稱爲存活時間（survival time）。雖然存活時間意指生物至死亡爲止的時間，但基於發生了不理想「反應」的時間之意也有稱之爲失效時間（failure time）。存活時間的分析有「無母數（non-parametric）」、「有母數（parametric）」以及「半母數（semi-parametric）」之方法。此處以使用 SPSS（Advanced Models）的分析機能介紹無母數統計之手法，亦即「壽命表」與「Kaplan-Meier 法」，以及半母數統計手法的「比例風險模式」。這些方法不只是生物的存活時間，即使相當於機械與其他壽命時間的數據也能廣爲應用。

11.1 壽命表

11.1.1 概要

壽命表（life table method/actuarial method）是由 Halley（1693）所提出。在壽命表中出生群體（cohort）的假想規模，稱之爲基數（radix），通常是 10 萬人。

表 11.1.1　壽命表的基本構成要素

區間	中央値	寬度	區間開始的存活人數	區間死亡人數	區間中止數	估計値		
						區間死亡機率	區間存活機率	存活函數
$[t_1=0, t_2]$	t_{m1}	b_1	n_1	d_1	c_1	$\hat{q}_1$	$\hat{p}_1$	$\hat{s}_1=1$
$[t_2, t_3]$	t_{m2}	b_2	n_2	d_2	c_2	$\hat{q}_2$	$\hat{p}_2$	$\hat{s}_2$
:	:	:	:	:	:	:	:	:
$[t_{k-1}, t_k]$	t_{mk-1}	b_{k-1}	n_{k-1}	d_{k-1}	c_{k-1}	$\hat{q}_{k-1}$	$\hat{p}_{k-1}$	$\hat{s}_{k-1}$
$[t_k, t_\infty]$	—	—	n_k	d_k	c_k	$\hat{q}_k=1$	$\hat{p}_k=0$	$\hat{s}_k$

表 11.1.1 中顯示 Radix 爲 n_1 的壽命表的基本構成要素。關於區間 i，(t_i, t_{i+1})（$i = 1, 2, \cdots, k-1$ 但 $t_1 = 0$）、區間中央値 t_{mi}、以及區間寬度 b_i 來說，區間開始的存活人數設爲 n_i，區間中的死亡人數爲 d_i 以及區間中的中止數設爲 c_i。因此，$n_{i+1} = n_i - d_i - c_i$。區間存活機率是連續性地加上順序的一個二値反應的機率，累積存活函數閩風估計值$\hat{S}_i = \hat{S}(t_i)$可用$\hat{S}_{i+1} = \hat{S}_i p_i$（$i = 1, \cdots, k-1$; $\hat{S}_1 = 1$）來表示。區間中的（附有條件）存活機率 $\hat{p}_i$ 可利用$\hat{p}_i = 1 - \hat{q}_i$ 來表示。此處 $\hat{q}_i$ 是區間中的（附有條件）死亡機率，以$\hat{q}_i = \frac{d_i}{r_i}$ 來表示。r_i 是風險人口數（population at risk），以 $r_i = n_i - c_i/2$（中止是假定在區間內形成均一分配）。

➲ 範例

1. 資料

將此稱壽命表的想法應用在癌症患者的臨床數據上正是 T 年存活率（Berkson and Gage, 1950）。治療結果的指標大多是評估治療後的存活時間。可是與單年度的人口動態統計及基於國勢調查的壽命表數據不同，在臨床研究上對象人數不僅少，在追蹤患者至少 T 年以上之期間中，出現出院治療中止或患者轉院等不能追蹤的情形。如前述，作爲研究對象之「反應」在發生以前因其他事件觀察被中止時的時間稱爲中止（censoring）。譬如，「至 x 年爲止雖確認存活，但其後不明」時，存活時間不是「x 年」而是「x 年以上」。

表 11.1.2 是說明包含「中止」之腎臟癌男性患者的存活時間數據（Cutler and Ederer (1958)）。區間 [4, 5) 的部分患者，存活時間是視爲具有 [5, ∞) 之資訊是有需要注意的。又區間 [0, 1) 是意指 0 年以上一年未滿。

表 11.1.2　Cutler and Ederer（1958）的 5 年存活數據

區間（年）	區間開始的存活數	區間中發生的死亡數	區間中發生之不能追蹤人數	在區間中發生之追蹤中止人數
[0, 1)	126	47	4	15
[1, 2)	60	5	6	11
[2, 3)	38	2	-	15
[3, 4)	21	2	2	7
[4, 5)	10	-	-	6

2. 資料輸入形式

就表 11.1.2 的數據製作壽命表時，有需要輸入各患者的存活時間與死亡或不能追蹤的狀態。以存活時間來說，譬如，就 [0, 1] 爲止的死亡或不能追蹤的患者而言輸入 0.5。以下同樣輸入 1.5，2.5 等。以狀態來說，就區間中已死亡的患者來說，輸入 1；就區間中發生不能追蹤者或區間中發生追蹤中止者來說，當作中途不能追蹤的患者，輸入 2。這些數據的設定可以任意，圖 11.1.1 是顯示一部分所輸入的數據。

	存活時間	狀態
1	.50	1.00
2	.50	1.00
3	.50	1.00
4	.50	1.00
5	.50	1.00
6	.50	1.00
7	.50	1.00
8	.50	1.00
9	.50	1.00
10	.50	1.00
11	.50	1.00
12	.50	1.00

圖 11.1.1　一部分輸入之數據

3. 分析的步驟

製作壽命表時，可選擇【分析 (A)】→【存活分析 (S)】→【壽命表 (L)】。圖 11.1.2 是顯示變數的設定，此處，以定義狀態變數的事件來說，死亡的狀態所分配的數據是 1。狀態變數的數值除 1 以外的情形（此情形是 2），當作中途不能追蹤的觀察值來處理。

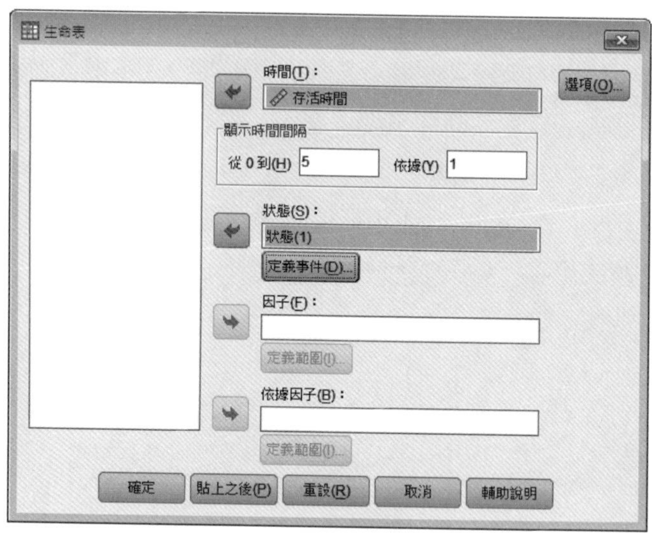

圖 11.1.2　變數的設定

4. 分析結果

本事例取自康乃狄克州癌症的登錄數據，從 1946 年至 1951 年爲止追蹤被診斷爲局限性腎臟癌患者，從診斷日算起的存活時間，除了 1946 年被診斷的患者之外，雖是追蹤期間未滿 5 年，但要強調的是此存活時間數據仍可得出有信賴性的 5 年存活率。

將累積存活分配函數 $S(t)$、密度函數 $\rho(t)$、風險函數 $\lambda(t)$ 的三個函數的估計値與其標準差表示在表 11.1.3 中。追蹤開始後，利用此數據估計 5 年存活率是 0.1896（標準誤差 0.0867）。又，存活分配時間的中央值可以估計是 3.0545。

① $N_i = N'_{i-1} - d_i - w_i$ ：$N'_1 = 126 - 47 - 19 = 60, \cdots\cdots$

② $N_i = N'_i - \dfrac{W_2}{2}$ ：$126 - \dfrac{19}{2} = 116.5\,,\ 60 - \dfrac{17}{2} = 51.5\,,\ \cdots\cdots$

③ $H(t)$ ：$H(0) = \dfrac{47}{116.5} = 0.4034,\ H(1) = \dfrac{5}{51.5} = 0.0971,\ \cdots\cdots$

④ $1 - H(t)$：$1 - H(0) = 1 - 0.4034 = 0.5966,\ 1 - H(1) = 1 - 0.0971 = 0.9029,\ \cdots\cdots$

⑤ $S(t) = S(t-1)*(1 - H(t))$：$S(0) = 1,\ S(1) = S(0)*(1 - H(1)) = 1*0.5966 = 0.5966,$
$S(2) = S(1)*(1 - H(2)) = 0.5966*0.9029 = 0.5386,\ \cdots\cdots$

⑥ $D(t) = S(t-1) - S(t)$ ：$D(0) = S(0) - S(1) = 1 - 0.5966 = 0.4034,$
$D(1) = S(1) - S(2) = 0.5966 - 0.5386 = 0.0579,\ \cdots\cdots$

⑦ $\lambda(t_i, t_{i+1}) = \dfrac{d_i}{N_i - \dfrac{W_i}{2} - \dfrac{d_i}{2}}$ ：$\lambda(0, 1) = \dfrac{47}{126 - \dfrac{19}{2} - \dfrac{47}{2}} = 0.5054$，

$\lambda(1, 2) = \dfrac{5}{60 - \dfrac{17}{2} - \dfrac{5}{2}} = 0.1020$，……

⑧ $SE(S(t_i)) = S(t_i) * \sqrt{\Sigma k_i}$，$k_i = \dfrac{d_i}{N_i(N_i - d_i)}$

$k_0 = \dfrac{d_0}{N_0(N_0 - d_0)} = 5.805 \times 10^{-3}$, $k_1 = \dfrac{d_1}{N_1(N_1 - d_1)} = 2.088 \times 10^{-3}$, ……

$SE(S(0)) = 0.5966 \times \sqrt{5.805 \times 10^{-3}} = 0.0455$,

$\Sigma k_i = k_0 + k_1 = 7.893 \times 10^{-3}$

$SE(S(1)) = 0.5386 \times \sqrt{7.893 \times 10^{-3}} = 0.0479$, ……

表 11.1.3　壽命表

存活變數：存活時間

間隔開始時間 t_i	進入間隔的數目 N'_i	間隔期間撤銷的數目 W_i	暴露於風險的數目 N_i	終端事件數目 d_i	比例終止中 $H(t_i)$	比例存活中 $1-H(t_i)$
0	126	19	116.500	47	.4034	.5966
1	60	17	51.500	5	.0971	.9029
2	38	15	30.500	2	.0666	.9344
3	21	9	16.500	2	.1212	.8788
4	10	6	7.000	4	.5714	.4286

a. 中型存活時間 3.0545212

↑ ①（進入間隔的數目）　↑ ②（暴露於風險的數目）　↑ ③（比例終止中）　↑ ④（比例存活中）

$S(t_i)$ 在間隔結束時存活的累積比例	標準在間隔結束時存活的累積比例錯誤	$D(t_i)$ 機率密度	$SE(S(t_i))$ 標準可能性密度錯誤	$\lambda(t_i, t_{i+1})$ 風險率	標準風險率錯誤
.5966	.0455	.4034	.0455	.5054	.0713
.5386	.0479	.0579	.0250	.1020	.0456
.5033	.0508	.0353	.0243	.0678	.0479
.4423	.0602	.0610	.0409	.1290	.0910
.1896	.0867	.2528	.0896	.8000	.3666
↑ ⑤		↑ ⑥	↑ ⑧	↑ ⑦	

➲ 有關壽命表的 Q&A

Q1：壽命表中有些什麼？

A1：一般的壽命表有每年發表的簡易壽命表以及以確定人口做爲基礎資料（完全）的壽命表。從出生起的經過時間 T 年想成機率變數，存活函數設爲 $S(t)$，已達 t 年數並期待其後仍能存活的年數亦即平均餘命（life expectancy）$LE(t)$ 爲

$$LE(t)=E(T-t|T\geq t)=\frac{\int_t^{\infty}(x-t)f(x)\,dx}{S(t)}=\frac{\int_t^{\infty}S(x)\,dx}{S(t)}$$

特別是出生時 t = 0 的平均餘命 $LE(0) = E(T) = \int_0^{\infty} xf(x)dx = \int_0^{\infty} S(t)dx$ 稱爲平均壽命（Life expectancy at birth）。通常，壽命表的區間的單位是年齡，乳兒時期與最高齡區間另當別論，區間寬度 h 當作 1 年或 5 年，中止數是 0。表 11.1.1 的區間 i, $[t_i, t_{i+1}](t_{i+1} = t_i + b_i)$ 的中央值的定常人口當作 ${}_{bi}L_{ti}$（$b_i = 1$ 時，表示爲 L_{ti}）時，以如下來計算：

$$LE(t_i)=\frac{\sum_{j=i}^{k+1}{}_{bj}L_{ij}}{n_i}\ (\text{或}=\frac{\sum_{j=i}^{k+1}L_{tj}}{n_i})$$

表 11.1.4 壽命表（2000 年）的平均餘命（年）

	年齡							
	0	20	40	60	80	100	112	116
男	77.72	58.33	39.13	10.54	7.96	2.18	1.07	—
女	84.60	65.08	45.52	22.42	10.60	2.74	1.40	1.05

表 11.1.4 是依據行政院衛服部統計處處所編制的人口生命統計所顯示的國人較具代表的平均餘命。這是以 2000 年 1 月 1 日到同年 12 月 31 日的死亡狀況與同年的國勢調查中的確定人口作爲基礎資料所製作而成者。

在此生壽命表中顯示男至 112 歲，女至 116 歲的各歲別的基本數值。在 $t_1 = 0$（1 歲未滿）的情況下，大約 85% 是在最初的半年內死亡，幾乎是是 $L_{t1} = n_1 - (4/5)d_1$。在 $t_i = 1\sim99$ 歲的情況下，若粗估計是 $L_{ti} = n_i - (1/2)d_i$ 的話，那麼 100 歲以上則是 $\sum_{j=100} L_{tj} = LE(100)n_{101}$。

附　錄

1. 累積存活分配函數、密度函數、風險函數

表示存活時間的連續性機率變數 T，當 T ≥ t（t 是規定的時間，t > 0）的機率 P（T ≥ t）（至 t 爲止不發生反應的機率）稱爲累積存活分配函數 S(t)，與機率變數 T 的機率分配函數（distribution function）F(t) = P(T ≤ t) 之關係是 F(t) = 1 − S(t)。又，使用在時間區間 (t, t + Δ t) 內有反應的機率 P(t < T < t + Δ t) 所定義的機率密度函數（density function）f(t) 是 $f(t) = \lim_{\Delta t \to 0+} \frac{P(t<T<t+\Delta t)}{\Delta t}$。於是，$F(t) = \int_0^t f(t)dt$, f(t) = F'(t) = −S'(t)，並且 S(0) = 1，F(0) = 0，S(∞) = 0 及 F(∞) = 1。

存活時間數據的分析中最重要的是在 $T \geq t$ 的條件下利用時間區間 [t, t + Δ t] 內有反應的機率 P(t < T < t + Δ t I T ≥ t) 所定義的風險函數（hazard function）$\lambda(t)$，亦即

$$\lambda(t) = \lim_{\Delta t \to 0+} \frac{P(t<T<t+\Delta t \mid T \geq t)}{\Delta t}$$
$$= \frac{f(t)}{S(t)} = \frac{-S(t)'}{S(t)} = -\frac{d\ln S(t)}{dt}$$

因此，$S(t) = \exp[-\int_0^t \lambda(t)dt]$

$f(t) = \lambda(t)S(t) = \lambda(t)\exp[-\int_0^t \lambda(t)dt]$

像這樣，三個函數 S(t), f(t), λ(t) 均可解讀爲同義地決定一個特定的存活時間分配。另一方面，這些函數可以從不同的觀點提供觀察數據的解釋。$\lambda(t)$ 是以時間的函數表示反應發生瞬間的風險形狀，譬如，免疫學研究中癌的發生風險可以想成是從觀察開始的經過時間當作機率變數的風險函數，利用每個觀察人年（person-years）的癌發生數所表現的罹患率或死亡率予以表示，f(t) 是用於評估反應的期間別次數的形狀，S(t) 是在所關心的存活機率下推估時間甚爲有用。

2. 累積風險函數

將 $\int_0^t \lambda(t)dt$ 稱爲累積風險函數，將此當作 $H(t)$ 時，從 $S(t) = \exp[-H(t)]$ 得出 $H(t) = -\ln S(t)$。又，$F(t) = 1 - S(t) = 1 - \exp[H(t)]$。H(t) 如十分小時，$F(t) \fallingdotseq H(t)$，譬如，在某觀察期間內年齡別癌罹患率假定是 $\hat{\lambda}(a)$（按 $n = 0, 1, \cdots\cdots, 84$，以各歲數估計）時，以各國的 65 歲或 75 歲未滿的累積癌罹患率的近似值來說，有時可以用累積風險值 $\Sigma_{a=0}^{64}\hat{\lambda}(a)$ 或 $\Sigma_{a=0}^{74}\hat{\lambda}(a)$。

3. 壽命與時間

只要是生物、機械或系統都有壽命。譬如，決定人類壽命的主要風險之一的癌症發生風險似乎是年齡 (a) 的冪函數（ca^n，c 是常數），但是與固形癌（除了淋巴造血組織之外的惡性腫瘤）中的急速增加（$n = 4\sim6$）相比，白血病增加緩慢。爲了說明此年齡別發生風險，可以考慮多階段癌症發生模式（Armitage & Doll, 1950）。因此如果是歷經長期的觀察期間時，癌症發生風險利用從觀察開始起算的經過時間 t 所表現的風險 λ(t)，將觀察開始的年齡當作 x 及 $a = x + t$，以年齡別發生風險 $\lambda^*(a)$ 來表示是較容易理解的。

4. 風險因子與量、反應關係

作爲研究對象的反應期發生原因稱爲風險因子，在免疫學研究中，因風險因子發生的風險差異，因爲是長期的潛伏期，所以大多列入死亡率或罹患率也就是風險函數中加以評估。風險因子與反應的因果關係，不光是風險因子在時間上比反應先行，而且風險因子的量與反應的發生風險之間能看出量、反應關係是很重要的。

5. 中止與競爭風險

觀察開始時點與觀察結束時點可視研究目的加以決定。作爲研究對象的反應發生前是否發生其他的事件，因某種理由而中止觀察時，此稱爲中止（censoring）（通常，此種研究對象的反應是比被中止的時間延後〔右〕，右側中止）。並且，許多時候，存活時間數據包含直到觀察期間的最後並未發生反應的數據。方便上，作爲研究對象的反應的存活時間設爲 T_r，觀察期間內中止的存活期間內設爲 C，以及解析的觀察期間設爲 t_p 時，觀察的存活時間 T 想成 $T = \min(T_r, C, t_p)$ 是容易理解的。並且，有關中止的存活時間也可想成是 $C = \min(C_1, C_2)$，風險因子不僅是對存活時間 T_r，對存活時間 C_1 也會有影響。與風險因子的有無無關，除研究對象的反應之外將特定事件的發生風險稱爲競爭風險。

未考慮競爭風險時，作爲研究對象的反應其發生的生涯風險（上述機率分配 $F(\infty)$）經常是 1。前述之累積風險函數 H(t)，在未假定競爭風險的情形下，如此值十分小時，作爲機率分配 F(t) 的近似值是有意義的。譬如，日本的白血病的 75 歲未滿的累積罹患率是在 0.42~0.98% 的範圍。此指標不需要調整人口構成。另一方面，考慮競爭構成時，譬如，某人的死亡生涯風險，因事故等的外因而死亡的機率約 9%，癌死亡的機率約 29%，以及癌以外的疾病死亡的機率約 62%。

6. 存活時間數據的解析與風險評估

即使是在風險評估的領域中，也利用風險函數（譬如癌症罹患率）的迴歸模式進行解析，此核心的數據可以從人類群體爲對象的免疫學研究（epidemiologic study）特別是長期追蹤固定群體的世代研究（cohort study）中得到（註：具有同性質的群體稱爲 cohort）。世代研究的古典解析方法之一是分割表的 Mantel-Haengel 法的應用。目前，不僅是 Cox 比例風險模式，使用觀察人年的卜瓦松（Poisson）迴歸模式，也當作世代研究的解析方法予以使用。卜瓦松迴歸模式是有關指數分配族（expontial family of distributions）的一般化線性模式中的一種，也可用於半母數手法中。總觀察人年在健康影響已發生之個體與中止已發生的個體方面是從觀察開始到那之前的經過年數，未發生個體方面即爲加上觀察間的年數。譬如，從觀察開始的第 t 年的一年間，以男女與年齡所層別的階層 j，說明變數 x 的群體中健康影響已發生的個體數設爲 $O(t|x, j)$，對應的觀察人年設爲 $PY(t|x, j)$，則卜瓦松迴歸模式可以表現爲

$O(t|x, j)$~Poisson $(E(t|x, j))$，$E(t|x, j) = PY(t|x, j)\lambda(t|\beta'x, j)$

另外，可以使用 $\lambda(t|\beta'x, j) = \lambda_{0j}((t))RR(\beta'x)$ 或 $\lambda(t|\beta'x, j) = \lambda_{0j}(t) + EAR(\beta'x)$ 的模型。$RR(\beta'x)$ 是表示相對風險。$E(t|x, j)$ 因爲只能取正值，因之 $RR(\beta'x)$ 與 Cox 風險模式一樣當作 $\exp(\beta'x)$，但當作 $1 + \beta'x$ 的時候也有。後者的優點是，當說明變數 x 是一個風險因子被暴露量時，對應的迴歸係數係數 β 可以的解釋成每單位被暴露量的過剩相對風險（excess relatire risk）。$EAR(\beta'x)$ 表示過剩絕對風險（excess absolute risk）。並且，與 Cox 比例風險模式一樣，即使卜瓦松迴歸模式也有使用時間依存的說明變數 $x(t)$。

應用壽命表想法的健康指標將整個生涯中發生之機率稱爲生涯風險（*time risk），也有將此當作一個風險指標予以應用。譬如，65 歲或 75 歲爲止的累積癌症罹患率被當作各國癌症罹患的生涯風險的近似值。此情形因不考慮競爭風險，所以在所有的部位中理論的生涯風險是 1（$= F(\infty)$，$F(t)$ 是累積分配函數）。另一方面，將因死亡的生涯風險分割成幾個死因的競爭風險（k 個風險函數 $\lambda_i(t)$，$i = 1, \cdots, k$）之方法也有，此時的一個方法是將 t 歲的所有死亡的風險函數視爲 $\lambda(t)$，累積存活分配函數視爲 $S(t)$，死因的風險函數視爲 $\lambda_i(t)$，以及死因的生涯風險視爲 LR_i，則

$$\lambda(t) = \Sigma_{i=1}^{k} \lambda_i(t)，S(t) = \exp(-\int_0^t \lambda(t)dt)$$

$$LR_i = \int_0^{10} \lambda_i(t)S(t)dt，\sum_{i=1}^{k} LR_i = 1$$

特定的風險因子造成影響的死因也許不是一個。特定的風險因子的被暴露量視爲 x，被暴露時年齡視爲 e，被暴露後的死因的生涯風險是

$$LR_i(x, e) = \int_e^{\infty} \lambda_i(t)(t|x, e)S(t|x, e)dt，\Sigma_{i=1}^{k} LR_i(x, e) = 1$$

另外，死因 i 被暴露誘發死亡（生涯）風險（lifetime risk of exposure–induced death）RFI $D_i(x, e)$ 有人提出當作

$$RFID_i(x, e) = \int_e^{\infty} EAR_i(t|x, e)S(t|x, e)dt$$

$$EAR_i(t|x, e) = \lambda_i(t|x, e) - \lambda_i(t|x = 0, e)$$

因此，因死亡的自然發生（不因特定的風險）的生涯風險當作 $LR_i(x, e)$ – $RFID_i(x, e)$ 在概念上即可區別。特定的風險因子對風險函數造成的影響，與對平均餘命影響相比，後者較少。因此，作爲特定的風險因子造成壽命損失的指標來說，可以考慮每一死因 i 的風險因子誘發死亡的平均餘命的損失，此壽命損失雖依存於死因的種類 i，被曝時年齡 e，但幾乎未依存被曝露量 x。此想法不僅是死亡，就是罹患也能應用。

7. 部分概度

Cox 比例風險模式一直是將基準線（baseline）$\lambda_0(t)$ 當作未知，進行有關 β 的推測。區間 $k[t_k, t_{k+1}]$（區間寬度 b_k，$k = 1, \cdots, m$）中，$\lambda_0(t)$ 在時間上是一定的，當作 $\lambda_0(t) = \lambda_k$。縮小區間寬度，區間內的存活時間雖可將所觀察的個體數當作 1 個體，但 λ_k（及 $\lambda_0(t|\lambda_1, \cdots, \lambda_m)$）的估計值的精度或許會減少。此時 β 的最大概似估計量 $\hat{\beta}$ 是使以下的概似函數成爲最大：

$$L(\hat{\beta}) = \frac{1}{e^n \Pi_{j=1}^n h_j} \Pi_{j=1}^n = \frac{\exp(\hat{\beta}' x_{i(j)})}{\Sigma_{1 \in R_j} \exp(\hat{\beta}' x_I)} = \frac{1}{e^n \Pi_{j=1}^n h_j} PL(\hat{\beta})$$

此處，n 是觀察存活時間的個數，R_j 是第 j 個存活時間當被觀察時的風險群組（risk set），i(j) 是第 j 個存活時間被觀察的個體，h_j 是第 j – 1 個與第 j 個被觀察的存活時間的區間寬度，可以理解 $PL(\hat{\beta})$ 是不依存 $\lambda_0(t)$，只依存說明變數。因此，將 $PL(\hat{\beta})$ 稱爲部分概似或偏概似，想出使部分概似成爲最大的推估 β 的方法。像基準線 $\lambda_0(t)$ 那樣，利用附帶有某種條件的統計推測，從概似函數除去眼前不關心的母數（稱爲局外母數（nuisance parameter）），此稱爲半母數方法。又，同時點存活時間數據存在數個時，稱爲有同數（tie）。以現實問題來說，存活時間數據存在有同數時，其計算處理方法可以想出幾種。此外，Cox 把比例風險模式擴張到說明變數向量依存時間的情形。

參考文獻

1. 柳井晴夫，緒方裕光：利用 SPSS 的統計數據解析，現代數學社，2006
2. 柳井晴夫，緒方裕光：統計學基礎與應用，現代數學社，1999

第12章 存活分析——Kaplan-Meier法

12.1 Kaplan-Meier 法簡介

所謂 Kaplan-Meier 法是求

「存活率曲線」

的方法。

因此，判定治療效果時，這是不可或缺的方法。

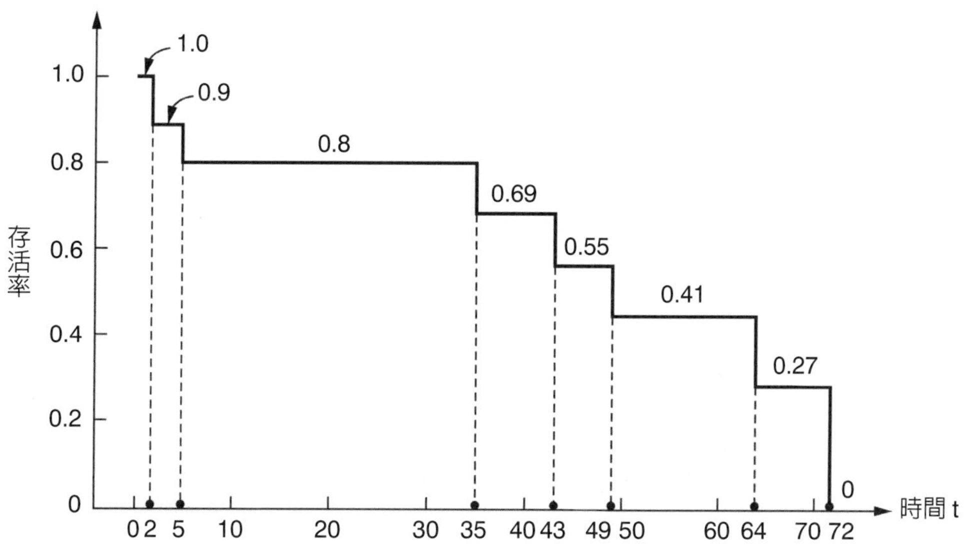

譬如，針對 2 種治療法 A，B，以 Kaplan-Meier 法求存活率曲線時，形成如下曲線：

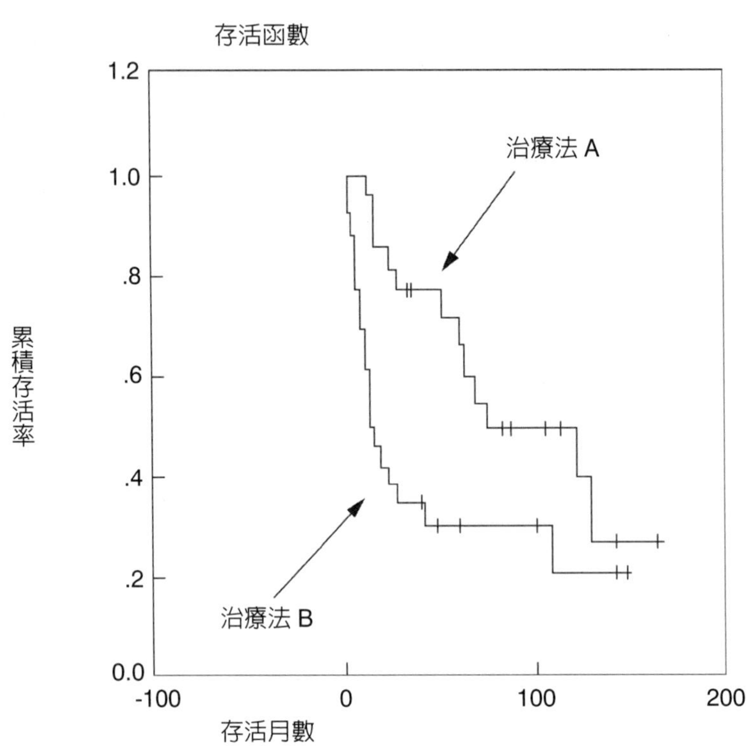

因之，比較此 2 條存活率時，似乎即可調查

「哪一種治療法較優」。

（注）差的檢定有 log-rank 檢定
虛無假設 H_0：2 條存活率曲線一致
對立假設 H_1：2 條存活率曲線不一致

➲ 存活率與中途中止數據（censored data）的處理方式

存活率的定義甚爲簡單。

$$存活率 = 1 - \frac{死亡人數}{存活人數}$$

因此，10 位患者之中，在時點 t 之前如有 3 位患者死亡時，

$$在時點\ t\ 之前的存活率 = 1 - \frac{3}{10} = \frac{7}{10}$$

患者之中也有出院者。形成此種中途中止的觀察值，要如何處理才好呢？

此處，引進時間的變數 t。

「將 10 位患者之中有 3 人死亡」的狀況，依時間 t 調查時，可繪製如下圖。

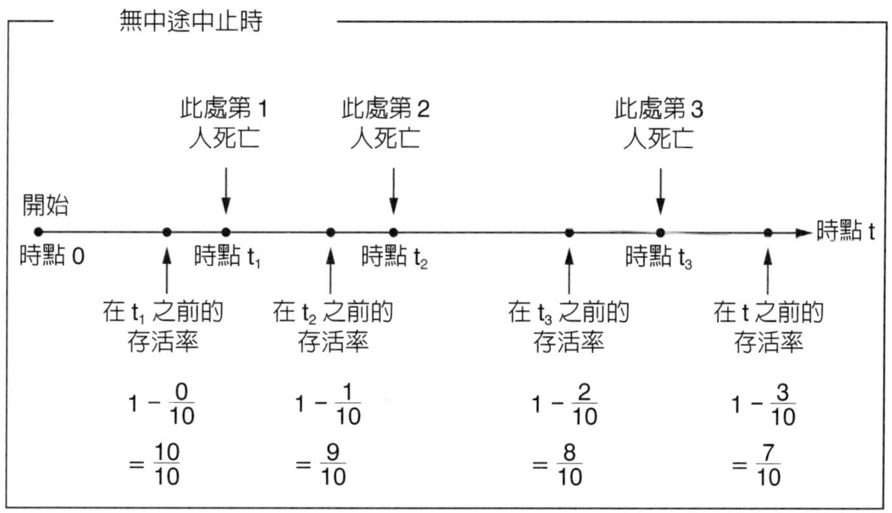

因之，在時點 t 的存活率以如下來定義：

$$\text{在時點 t 的存活率} = 1 - \frac{\text{死亡人數}}{\text{在此之前的存活人數}} = 1 - \text{瞬間死亡率}$$

如此使用定義，計算在時點 t 之前的存活率即爲：

$$\text{在時點 } t_1 \text{ 之前的存活率} = \frac{10}{10} = (1 - \frac{0}{10})$$

$$\begin{aligned}\text{在時點 } t_2 \text{ 之前的存活率} &= \frac{9}{10} \\ &= \frac{10}{10} \times \frac{9}{10} \\ &= (\text{在時點 } t_1 \text{ 之前的存活率}) \times (\text{在時點 } t_1 \text{ 的存活率}) \\ &= (\text{在時點 } t_1 \text{ 的存活率}) \\ &= (1 - \text{在時點 } t_1 \text{ 的瞬間死亡率}) = (1 - \frac{1}{10})\end{aligned}$$

至時點 t_3 的存活率 $= \frac{8}{10}$

$= \frac{10}{10} \times \frac{9}{10} \times \frac{8}{9}$

=（在時點 t_1 之前的存活率）×（在時點 t_1 的存活率）×（在時點 t_2 的存活率）

=（在時點 t_1 的存活率）×（在時點 t_2 的存活率）

=（1－在時點 t_1 的瞬間死亡率）×（1－在時點 t_2 的瞬間死亡率）

$= (1 - \frac{1}{10}) \times (1 - \frac{1}{9})$

像這樣，將存活率以（1－瞬間死亡率）來考慮時，即使有中途中止的觀察值，存活率的計算似乎也是相同的。

將前頁中的圖形利用在時點 t 的存活率（=1 －在時點 t 的瞬間死亡率）來改寫時，可繪製如下圖所示。

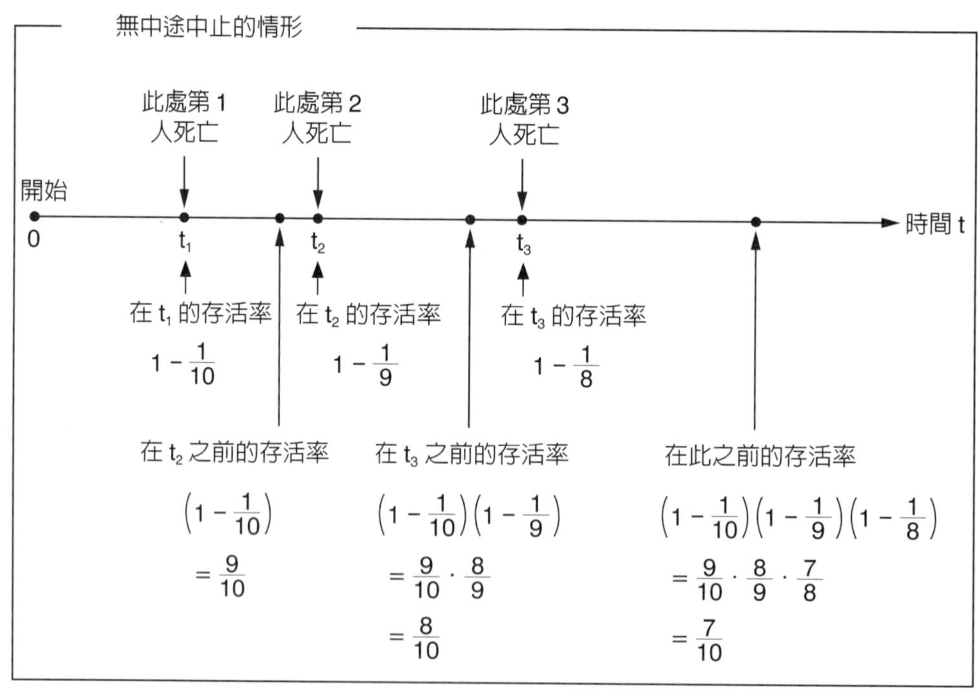

在時點 t_n 之前的存活率 = (1 – 在時點 t_1 的瞬間死亡率) × (1 – 在時點 t_2 的瞬間死亡率) × ……
× (1 – 在時點 t_{n-1} 的瞬間死亡率)
($n \geqq 2$)

因此，即使有中止的數據，如以下，相繼地相乘即可計算在時點 t 的存活率（1 – 在時點 t 的瞬間死亡率）。

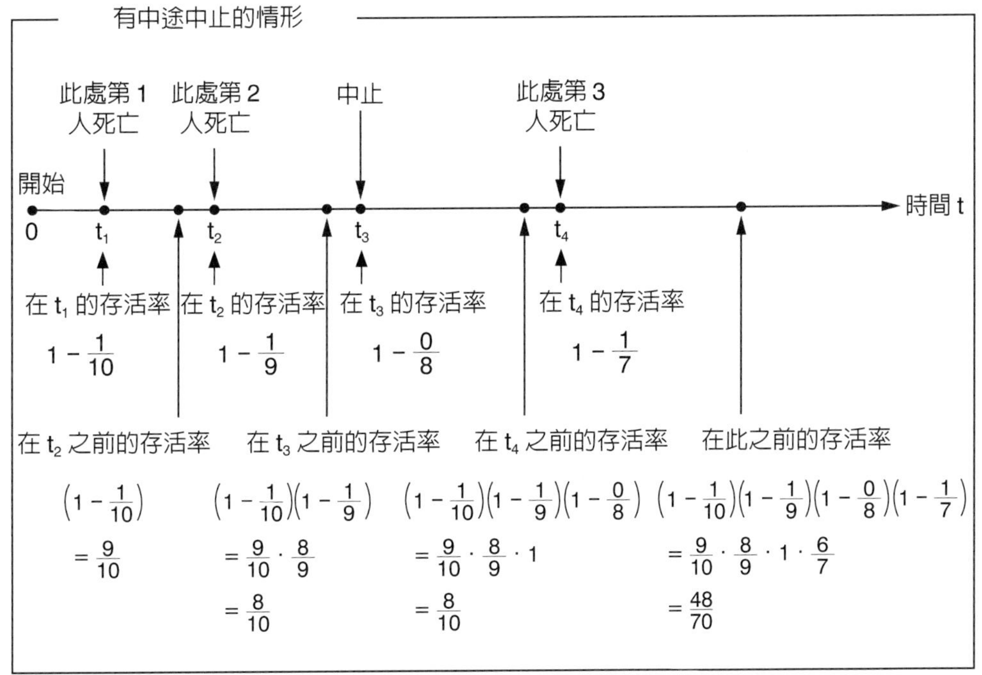

在時點 t_n 之前的存活率 $S(t_n) = (1 - h(t_1)) \times (1 - h(t_2)) \times \cdots\cdots \times (1 - h(t_{n-1}))$
($n \geqq 2$)

（注）有中止的觀察值時，患者人數減少 1 位，但因為是活著，所以分子是 0。

12.2 利用 Kaplan-Meier 法求存活率的方法

以下的數據是以月為單位，調查 10 位患者的存活時間。

表 12.2.1

處方 NO.	存活月數	狀態
1	12	中止
2	35	死亡
3	69	中止
4	72	死亡
5	43	死亡
6	5	死亡
7	40	中止
8	49	死亡
9	64	死亡
10	2	死亡

步驟 1 數據是從存活月數由小而大重排。

處方 NO.	存活月數	狀態
10	2	死亡
6	5	死亡
1	12	中止
2	35	死亡
7	40	中止
5	43	死亡
8	49	死亡
9	64	死亡
3	69	中止
4	72	死亡

步驟 2 相繼地相乘（1 – 瞬間死亡率），計算存活率 S(t)。

存活月數 t	狀態	1 – 瞬間死亡率	存活率 S(t)
2	死亡	$1-\frac{1}{10}=\frac{9}{10}$	$\frac{9}{10}=0.9$
5	死亡	$1-\frac{1}{9}=\frac{8}{9}$	$\frac{9}{10}\times\frac{8}{9}=0.8$
12	中止	$1-\frac{0}{8}=1$	$\frac{9}{10}\times\frac{8}{9}\times 1=0.8$
35	死亡	$1-\frac{1}{7}=\frac{6}{7}$	$\frac{9}{10}\times\frac{8}{9}\times 1\times\frac{6}{7}=0.686$
40	中止	$1-\frac{0}{6}=1$	$\frac{9}{10}\times\frac{8}{9}\times 1\times\frac{6}{7}\times 1=0.686$
43	死亡	$1-\frac{1}{5}=\frac{4}{5}$	$\frac{9}{10}\times\frac{8}{9}\times 1\times\frac{6}{7}\times 1\times\frac{4}{5}=0.549$
49	死亡	$1-\frac{1}{4}=\frac{3}{4}$	$\frac{9}{10}\times\frac{8}{9}\times 1\times\frac{6}{7}\times 1\times\frac{4}{5}\times\frac{3}{4}=0.411$
64	死亡	$1-\frac{1}{3}=\frac{2}{3}$	$\frac{9}{10}\times\frac{8}{9}\times 1\times\frac{6}{7}\times 1\times\frac{4}{5}\times\frac{3}{4}\times\frac{2}{3}=0.274$
69	中止	$1-\frac{0}{2}=1$	$\frac{9}{10}\times\frac{8}{9}\times 1\times\frac{6}{7}\times 1\times\frac{4}{5}\times\frac{3}{4}\times\frac{2}{3}\times 1=0.274$
72	死亡	$1-\frac{1}{1}=0$	$\frac{9}{10}\times\frac{8}{9}\times 1\times\frac{6}{7}\times 1\times\frac{4}{5}\times\frac{3}{4}\times\frac{2}{3}\times 1\times 0=0$

步驟 3 以存活月數爲橫軸，存活率爲縱軸，描繪存活率曲線。

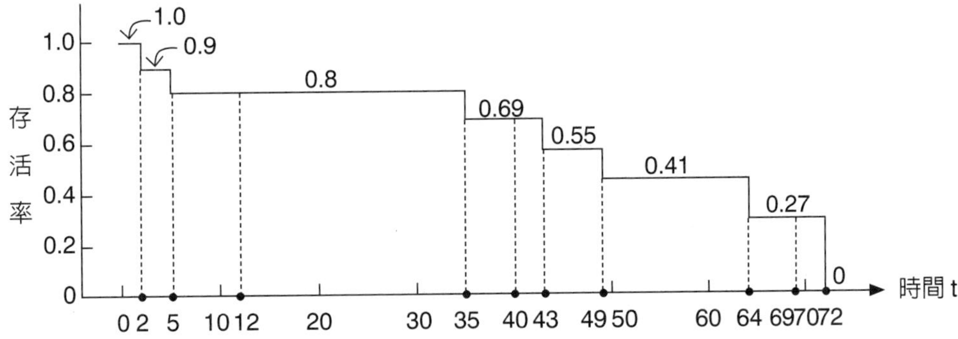

12.3 2 條存活率曲線之差的檢定

表 12.3.1 是針對惡性腦腫瘤患者，進行全部摘除與部分摘除的手術後，調查存活率的結果。

表 12.3.1

	性別	摘除方法	結果	存活月數	var
1	男	全部摘除	死亡	53	
2	女	部份摘除	死亡	12	
3	男	全部摘除	存活	143	
4	男	全部摘除	死亡	63	
5	男	部份摘除	死亡	2	
6	女	部份摘除	死亡	6	
7	女	全部摘除	存活	129	
8	男	部份摘除	死亡	2	
9	女	部份摘除	死亡	12	
10	男	全部摘除	存活	165	
11	女	部份摘除	死亡	23	
12	男	全部摘除	死亡	62	
13	男	全部摘除	死亡	124	
14	男	部份摘除	死亡	6	
15	男	全部摘除	死亡	13	
16	女	部份摘除	存活	150	
17	男	部份摘除	存活	143	
18	女	部份摘除	死亡	7	
19	女	部份摘除	死亡	4	
20	男	全部摘除	死亡	18	
21	女	全部摘除	死亡	16	
22	女	部份摘除	死亡	108	
23	男	全部摘除	存活	114	
24	女	全部摘除	存活	87	
25	男	部份摘除	死亡	27	
26	男	全部摘除	存活	106	
27	男	部份摘除	存活	101	
28	男	全部摘除	存活	83	
29	男	全部摘除	死亡	69	
30	男	部份摘除	死亡	19	
31	男	部份摘除	死亡	14	
32	女	部份摘除	死亡	6	
33	女	全部摘除	死亡	75	
34	男	部份摘除	死亡	10	
35	男	全部摘除	死亡	23	
36	女	全部摘除	死亡	131	
37	女	部份摘除	死亡	10	
38	女	部份摘除	死亡	43	
39	女	部份摘除	存活	61	
40	男	部份摘除	存活	61	
41	男	部份摘除	死亡	12	
42	女	全部摘除	存活	36	
43	女	部份摘除	存活	50	
44	男	部份摘除	死亡	7	
45	男	部份摘除	存活	41	
46	男	全部摘除	存活	16	
47	男	全部摘除	死亡	27	
48	男	全部摘除	存活	34	
49					

【數據輸入類型】

表 12.3.1 的數據如下輸入。

	性別	摘除方法	結果	存活月數	var
1	1	1	0	53	
2	0	0	0	12	
3	1	1	1	143	
4	1	1	0	63	
5	1	0	0	2	
6	0	0	0	6	
7	0	1	1	129	
8	1	0	0	2	
9	0	0	0	12	
10	1	1	1	165	
11	0	0	0	23	
12	1	1	0	62	
13	1	1	0	124	
14	1	0	0	6	
15	1	1	0	13	
16	0	0	1	150	
17	1	0	1	143	
18	0	0	0	7	
19	0	0	0	4	
20	1	1	0	18	
21	0	1	0	16	
22	0	0	0	108	
23	1	1	1	114	
24	0	1	1	87	
25	1	0	0	27	
26	1	1	1	106	
27	1	0	1	101	
28	1	1	1	83	
29	1	1	0	69	
30	1	0	0	19	
31	1	0	0	14	
32	0	0	0	6	
33	0	1	0	75	
34	1	0	0	10	
35	1	1	0	23	
36	0	1	0	131	
37	0	0	0	10	
38	0	0	0	43	
39	0	0	1	61	
40	1	0	1	61	
41	1	0	0	12	
42	0	1	1	36	
43	0	0	1	50	
44	1	0	0	7	
45	1	0	1	41	
46	1	1	1	16	
47	1	1	0	27	
48	1	1	1	34	
49					

12.4 檢定 2 條存活率曲線之差的步驟

【統計處理的步驟】

步驟 1 數據輸入結束後，點選【分析 (A)】，選擇【存活分析 (S)】，接著選擇【Kaplan-Meier 統計 (K)】。

步驟 2 將存活月數移到【時間 (T)】，摘除方法移到【因素 (F)】，結果移到【狀態 (U)】，按一下【定義事件 (D)】。

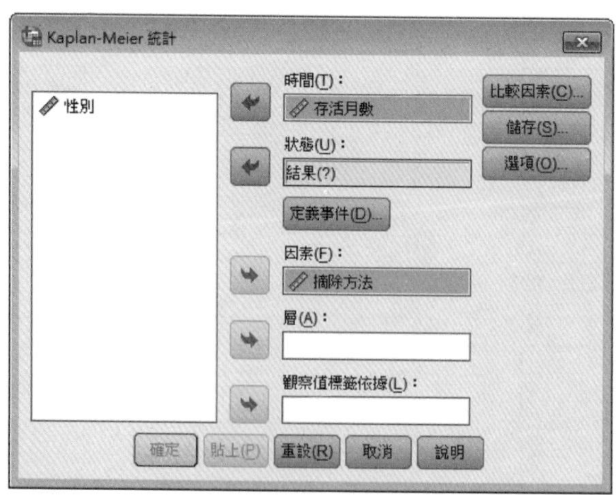

步驟 3 將 0 輸入到【單一數值 (S)】的方框中，按 繼續 。

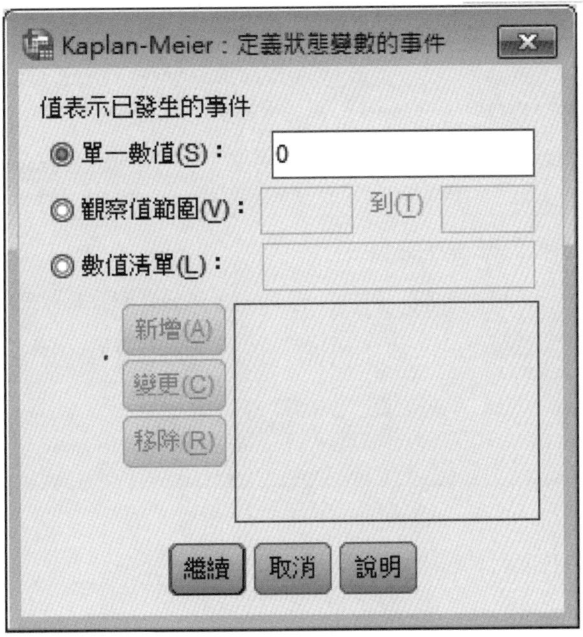

步驟 4 回到步驟2的頁面後，結果(?)會變成結果(0)，按一下【比較因素(C)】。

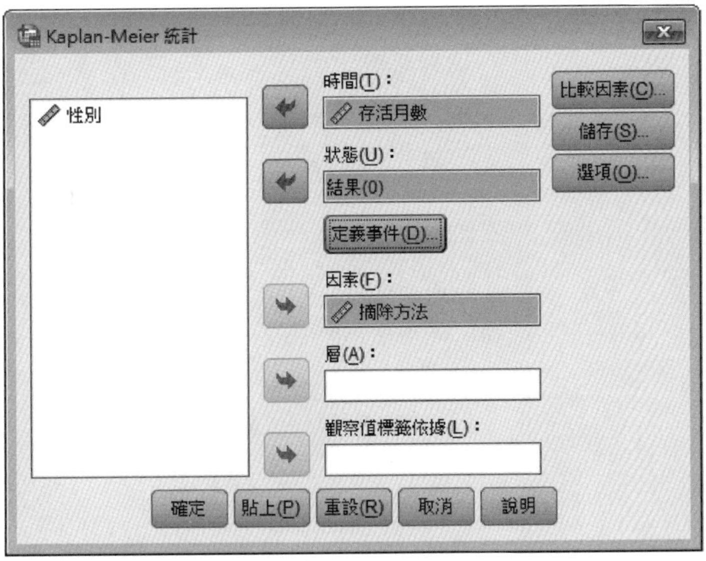

步驟 5 勾選【對數等級檢定 (L)】後，按 繼續 。

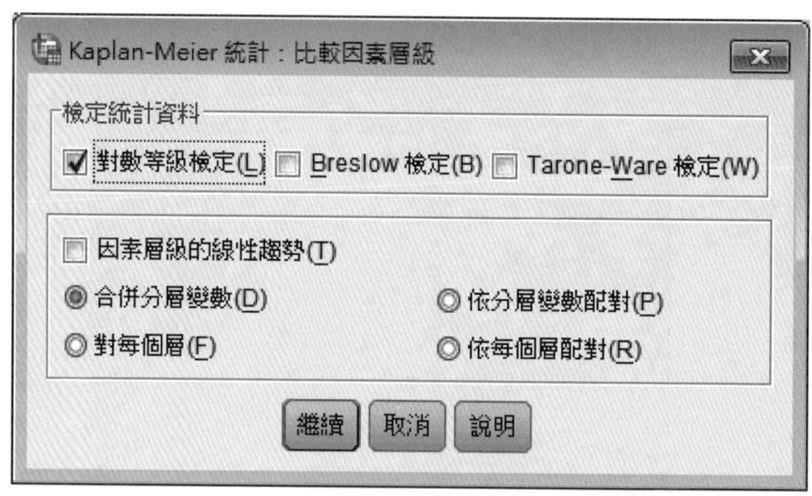

步驟 6 回到步驟 4 的頁面後，按一下【選項 (0)】，勾選【存活分析 (V)】，按 繼續 ，回到步驟 4 的頁面後，按 確定 。

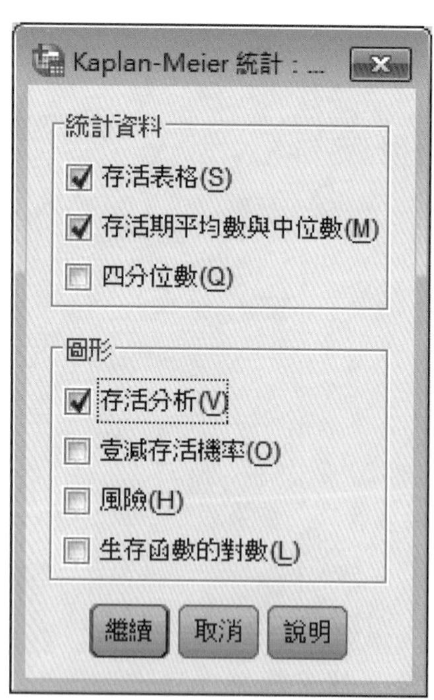

【SPSS 輸出 · 1】——檢定 2 條存活率曲線之差

存活表格

摘除方法		時間	狀態	時間上存活的累加部分		累加事件的 N	保留觀察值的 N
				估計	標準錯誤		
全部摘除	1	13.000	死亡	.955	.044	1	21
	2	16.000	死亡	.909	.061	2	20
	3	16.000	存活	.	.	2	19
	4	18.000	死亡	.861	.074	3	18
	5	23.000	死亡	.813	.084	4	17
	6	27.000	死亡	.766	.092	5	16
	7	34.000	存活	.	.	5	15
	8	36.000	存活	.	.	5	14
	9	53.000	死亡	.711	.100	6	13
	10	62.000	死亡	.656	.106	7	12
	11	63.000	死亡	.602	.111	8	11
	12	69.000	死亡	.547	.113	9	10
	13	75.000	死亡	.492	.114	10	9
	14	83.000	存活	.	.	10	8
	15	87.000	存活	.	.	10	7
	16	106.000	存活	.	.	10	6
	17	114.000	存活	.	.	10	5
	18	124.000	死亡	.394	.127	11	4
	19	129.000	存活	.	.	11	3
	20	131.000	死亡	.262	.137	12	2
	21	143.000	存活	.	.	12	1
	22	165.000	存活	.	.	12	0

①

【輸出結果的判讀 · 1】

①這是全部摘除組中的存活率 S(t)。也稱爲累積存活函數。

【SPSS 輸出 ·2】——檢定 2 條存活率曲線之差

存活表格

摘除方法		時間	狀態	時間上存活的累加部分		累加事件的 N	保留觀察值的 N
				估計	標準錯誤		
部分摘除	1	2.000	死亡	.	.	1	25
	2	2.000	死亡	.923	.052	2	24
	3	4.000	死亡	.885	.063	3	23
	4	6.000	死亡	.	.	4	22
	5	6.000	死亡	.	.	5	21
	6	6.000	死亡	.769	.083	6	20
	7	7.000	死亡	.	.	7	19
	8	7.000	死亡	.692	.091	8	18
	9	11.000	死亡	.	.	9	17
	10	11.000	死亡	.615	.095	10	16
	11	12.000	死亡	.	.	11	15
	12	12.000	死亡	.	.	12	14
	13	12.000	死亡	.500	.098	13	13
	14	14.000	死亡	.462	.098	14	12
	15	19.000	死亡	.423	.097	15	11
	16	23.000	死亡	.385	.095	16	10
	17	27.000	死亡	.346	.093	17	9
	18	41.000	存活	.	.	17	8
	19	43.000	死亡	.303	.091	18	7
	20	50.000	存活	.	.	18	6
	21	61.000	存活	.	.	18	5
	22	61.000	存活	.	.	18	4
	23	101.000	存活	.	.	18	3
	24	108.000	死亡	.202	.102	19	2
	25	143.000	存活	.	.	19	1
	26	150.000	存活	.	.	19	0

↑
②

【輸出結果的判讀．2】

②這是部分摘除組中的存活率 S(t)。也稱爲累積存活函數。

【SPSS 輸出．3】

Kaplan-Meier 統計

觀察值處理摘要

摘除方法	總數 N	事件數目	已檢查	
			N	百分比
部份摘除	26	19	7	26.9%
全部摘除	22	12	10	45.5%
概要	48	31	17	35.4%

已檢查是指中止（censored），事件是指死亡。

整體比較

	卡方	df	顯著性
Log Rank (Mantel-Cox)	6.204	1	.013

←③

摘除方法 不同層次的存活分配相等檢定。

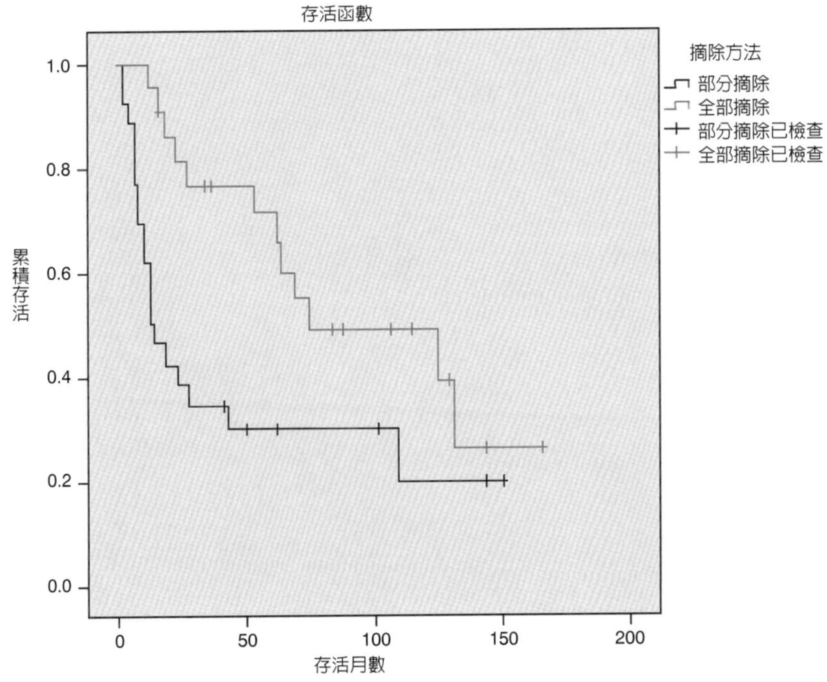

【輸出結果的判讀 · 3】

③這是 Log-rank 檢定

假設如下：

假設 H_0：2 種摘除方法在存活率上沒有差異

檢定統計量 6.20 與顯著機率之關係如下：

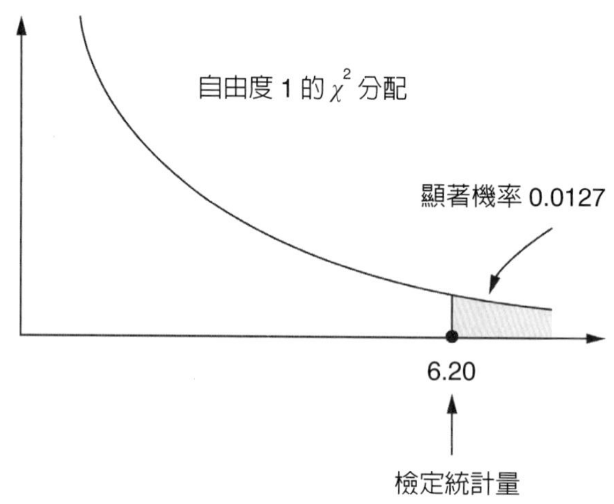

此時，因顯著機率 0.0127 < 顯著水準 0.05

因之，假設 H_0 不成立。

因此，全部摘除與部分摘除法在存活率上有差異。

第 13 章 存活分析——Cox 迴歸分析

13.1 Cox 迴歸分析簡介

所謂 Cox 迴歸分析是利用比例風險（risk）模式（或稱 Cox 模式）研究存活率的方法。此比例風險模式是設

$h_0(t)$……作爲基準的瞬間死亡率

$h(t)$……研究對象的瞬間死亡率

$h_0(t)$ 與 $h(t)$ 是使用共變量 $x_1, x_2, \cdots, x_p$ 表示爲如下的模式，即

$$h(t) = h_0(t) \cdot \text{Exp}(\beta_1 x_1 + \beta_2 x_2 + \cdots + \beta_p x_p)$$

研究對象的瞬間死亡率 = 作爲基準之瞬間死亡率 × 比例常數

共變量也稱爲伴隨因子。

由於共變量的部分是像比例常數，所以也稱爲比例風險。

共變量 $x_1, x_2, \cdots, x_p$ 有兩種：

1. 不依存時間的共變量（像是男女之類的變數）
2. 時間依存性的共變量

Cox 迴歸分析是處理不依存時間的共變量的情形。

（注）$h(t)$ 也稱為風險（risk）函數。

➲ 進行 Cox 迴歸分析可以知道什麼？

進行 Cox 迴歸分析時，可以知道以下事項。

1. 可以檢定以下的各個假設

假設 H_0：$\beta_1 = 0$ —— 共變量 x_1 之係數

H_0：$\beta_2 = 0$ —— 共變量 x_2 之係數

⋮

H_0：$\beta_p = 0$ —— 共變量 x_p 之係數

如否定此假設 H_0 時，譬如否定假設 H_0：$\beta_1 = 0$ 時，

亦即 $\beta_1 \neq 0$ 時，可知

「共變量 x_1 影響死亡率」。

2. 可以繪製存活函數 S(t) 的圖形。
3. 可以求存活率。

需要注意

進行 Cox 迴歸時有一個前提是需要的，就是

「比例風險性之成立」。

本章，爲了確認比例風險性，將使用了不少篇幅。

以下的數據是有關腦中風死亡的觀察結果。

以腦中風的危險因子來說經常出現的是

飲酒　HDL（膽固醇）

因此，將人種、年齡、飲酒、HDL

當作共變量，進行 Cox 迴歸分析。

表 13.1.1

人種	年齡	飲酒	HDL	腦中風	觀測月數
黑人	42	略微	.92	死亡	12.0
黑人	71	不喝	1.64	中止	12.0
白人	37	經常	1.10	死亡	12.4
白人	60	略微	1.57	中止	13.0
黑人	58	經常	.96	死亡	13.1
黑人	74	不喝	1.36	中止	14.7
黑人	47	經常	.99	死亡	18.8
黑人	38	不喝	1.54	中止	19.8
黑人	71	略微	1.10	死亡	21.3
黑人	32	不喝	1.01	死亡	21.8
白人	58	不喝	1.20	死亡	22.2
黑人	24	略微	.84	死亡	23.6
黑人	40	不喝	1.26	中止	24.3
黑人	31	經常	1.34	中止	25.4

人種	年齡	飲酒	HDL	腦中風	觀測月數
黑人	72	略微	1.10	死亡	26.6
黑人	40	經常	.92	死亡	28.3
白人	44	略微	1.55	中止	29.5
白人	46	不喝	1.45	中止	31.5
白人	51	略微	1.14	死亡	33.5
黑人	49	略微	.94	死亡	37.7
白人	51	經常	1.10	死亡	40.8
黑人	44	略微	1.14	中止	41.3
黑人	43	經常	1.03	死亡	41.4
白人	41	略微	1.25	中止	41.5
白人	79	不喝	1.49	中止	42.4
白人	46	略微	.94	死亡	43.0
黑人	38	不喝	.81	死亡	43.5
白人	58	略微	1.26	中止	44.4
黑人	51	略微	.88	死亡	45.1
黑人	30	不喝	.95	死亡	45.3
白人	48	略微	1.18	死亡	46.5
白人	55	經常	1.20	中止	56.2
白人	46	經常	1.18	死亡	56.6
白人	44	不喝	1.50	中止	59.0
白人	48	略微	1.04	中止	62.5
黑人	46	略微	.92	死亡	64.3
白人	53	不喝	1.57	中止	66.0
黑人	72	不喝	1.04	死亡	66.8
白人	31	不喝	1.41	中止	76.1
黑人	51	經常	1.17	中止	80.5

【數據輸入類型】

表 12.1.1 的數據如下輸入。

	人種	年齡	飲酒	hdl	腦中風	觀測月數	var
1	0	42	1	.92	1	11.0	
2	0	71	0	1.64	0	12.0	
3	1	37	2	1.10	1	12.4	
4	1	60	1	1.57	0	13.0	
5	0	58	2	.96	1	13.1	
6	0	74	0	1.36	0	14.7	
7	0	47	2	.99	1	18.8	
8	0	38	0	1.54	0	19.8	
9	0	71	1	1.10	1	21.3	
10	0	32	0	1.01	1	21.8	
11	1	58	0	1.20	1	22.2	
12	0	24	1	.84	1	23.6	
13	0	40	0	1.26	0	24.3	
14	0	31	2	1.34	0	25.4	
15	0	72	1	1.10	1	26.6	
16	0	40	2	.92	1	28.3	
17	1	44	1	1.55	0	29.5	
18	1	46	0	1.45	0	31.5	
19	1	51	1	1.14	1	33.5	
20	0	49	1	.94	1	37.7	
21	1	51	2	1.10	1	40.8	
22	0	44	1	1.14	0	41.3	
23	0	43	2	1.03	1	41.4	
24	1	41	1	1.25	0	41.5	
25	1	79	0	1.49	0	42.4	
26	1	46	1	.94	1	43.0	
27	0	38	0	.81	1	43.5	
28	1	58	1	1.26	0	44.4	
29	0	51	1	.88	1	45.1	
30	0	30	0	.95	1	45.3	
31	1	48	1	1.18	1	46.5	
32	1	55	2	1.20	0	56.2	
33	1	46	2	1.18	1	56.6	
34	1	44	0	1.50	0	59.0	
35	1	48	1	1.04	0	62.5	
36	0	46	1	.92	1	64.3	
37	1	53	0	1.57	0	66.0	
38	0	72	0	1.04	1	66.8	
39	1	31	0	1.41	0	76.1	
40	0	51	2	1.17	0	80.5	
41							

(注)人種　　飲酒　　腦中風

人種		飲酒		腦中風	
黑人	0	不喝	0	中止	0
白人	1	略為	1	死亡	1
		經常	2		

13.2 Cox 迴歸分析的步驟

【統計處理的步驟】

步驟 1 數據輸入結束後，點選【分析 (A)】，選擇【存活分析 (S)】，從子清單中選擇【Cox 迴歸分析 (C)】。

步驟 2 將觀測月數移到【時間 (I)】的方框中，腦中風移到【狀態 (U)】的方框中，再按【定義事件 (F)】。

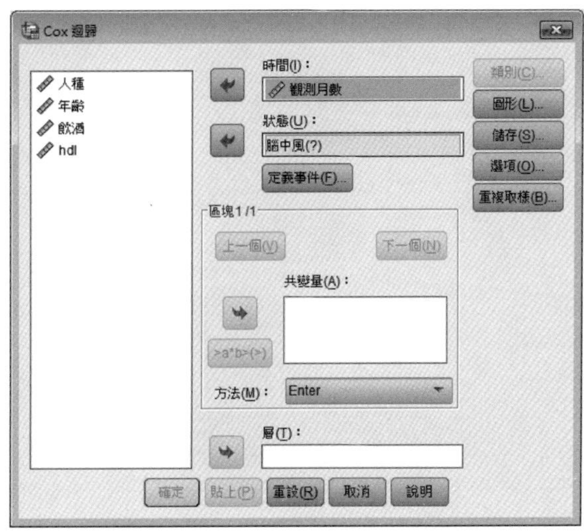

步驟 3 在【單一數值 (S)】的方格中輸入 1，按 繼續 。

Cox 迴歸分析：定義狀態變數事件
指示事件已發生的數值
單一數值(S)： 1
觀察值範圍(V)： 到(T)
數值清單(L)：
新增(A)
變更(C)
移除(R)
繼續 取消 說明

步驟 4 回到步驟 2 的頁面後，確認【狀態 (U)】方格中成爲腦中風 (1)，將飲酒移到【共變量 (A)】的方框中，接著按【類別 (C)】。

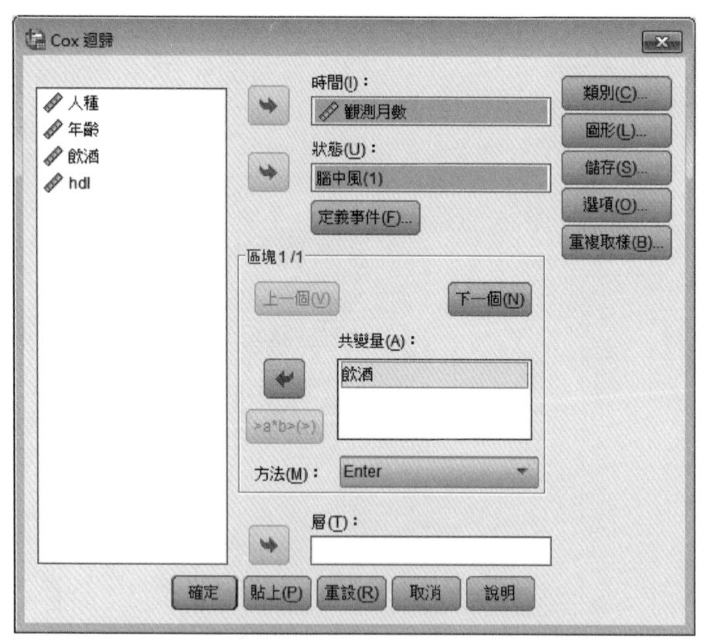

步驟 5 將飲酒移到【類別共變量 (T)】的方框中。

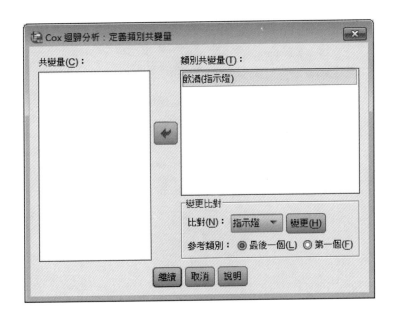

Cox 迴歸分析：定義類別共變量

共變量(C)：

類別共變量(T)：

飲酒(指示燈)

變更比對

比對(N)： 指示燈 變更(H)

參考類別： 最後一個(L) 第一個(F)

繼續 取消 說明

步驟 6 於參考類別欄位，點選【第一個 (F)】，接著按一下【變更 (H)】，再按 繼續 。

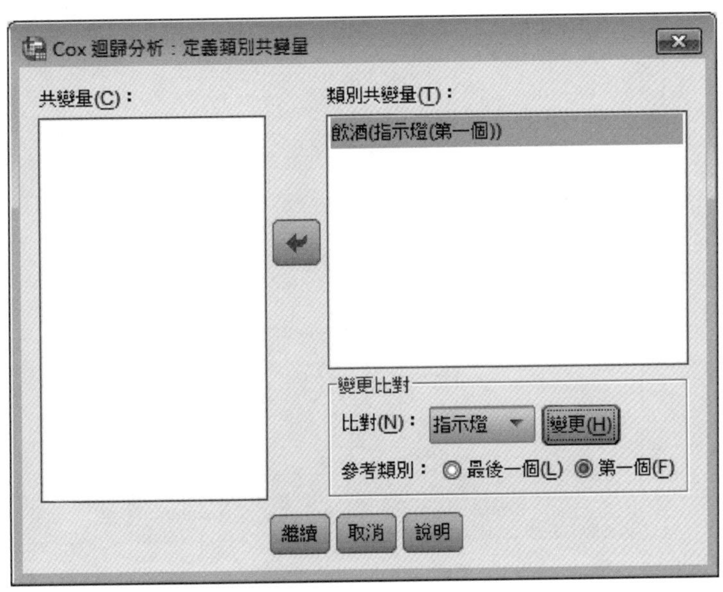

步驟 7 回到步驟 4 的頁面後，將年齡、HDL 移到【共變量 (A)】的方框中。

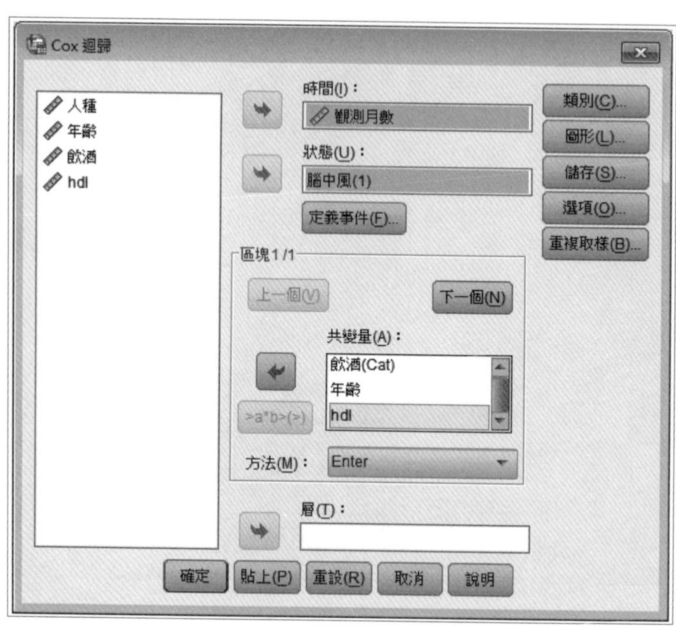

步驟 8 將人種移到【層 (T)】的方框中，接著按【儲存 (S)】。

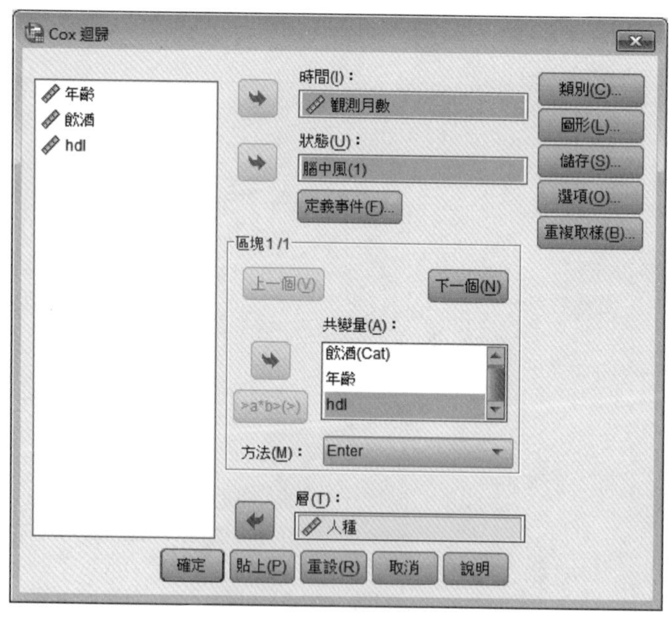

步驟 9 勾選【生存函數 (F)】，按 繼續 。

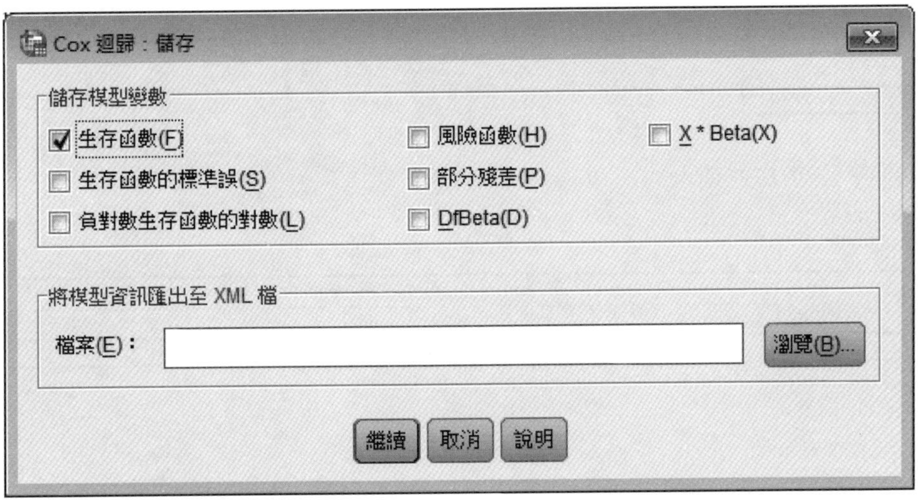

步驟 10 回到步驟 8 的頁面後，按一下【圖形 (L)】，開啓如下頁面後，勾選【存活分析 (S)】與【負對數存活函數的對數 (L)】，按 繼續 ，回到步驟 8 的頁面後，按 確定 。

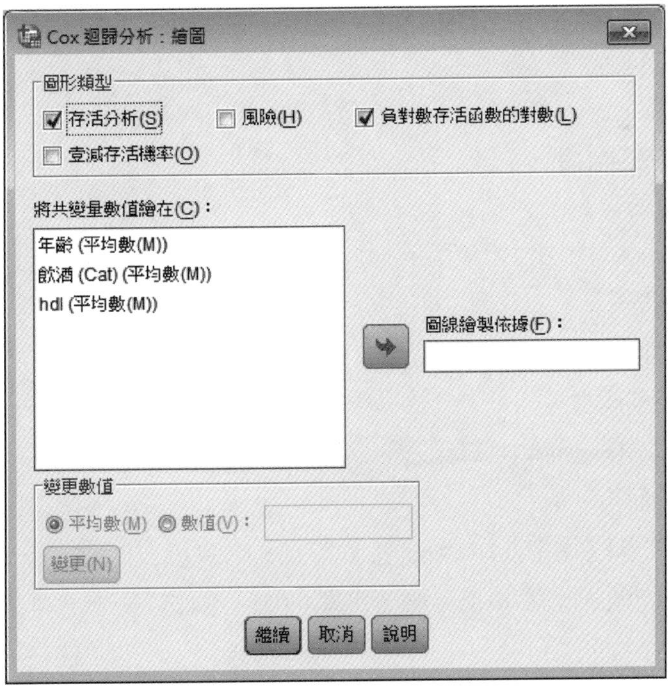

【SPSS 輸出 · 1】—— Cox 迴歸分析

模型係數的
Omnibus 測試

-2 對數概似值
97.970

區塊 1：方法 = 輸入

模型係數的 Omnibus 測試[a]

-2 對數概似值	整體（分數）			來自前一個步驟的變更			來自前一個區塊的變更		
	卡方	df	顯著性	卡方	df	顯著性	卡方	df	顯著性
86.836	8.890	4	.064	11.134	4	.025	11.134	4	.025

a. 開始區塊編號 1。方法 = 輸入

方程式中的變數

	B	SE	Wald	df	顯著性	Exp(B)
飲酒			1.971	2	.373	
飲酒(1)	.221	.588	.142	1	.707	1.248
飲酒(2)	.857	.646	1.760	1	.185	2.356
年齡	.012	.023	.246	1	.620	1.012
hdl	-5.965	2.369	6.338	1	.012	.003
	↑ ①				↑ ②	↑ ③

【輸出結果的判讀 · 1】

①比例風險函數 h(t) 是

$h(t) = h_0(t) \cdot EXP(0.012\times$ 年齡 $+ 0.221\times$ 飲酒 $(1) + 0.857\times$ 飲酒 $(2) - 5.965\times HDL)$

②觀察顯著機率

HDL 的顯著機率 0.012 < 顯著水準 0.05

所以假設不成立。

因此，知 HDL 對腦中風有影響。

在飲酒方面，

飲酒 (1) 的顯著機率 0.707 > 顯著水準 0.05

飲酒 (2) 的顯著機率 0.185 > 顯著水準 0.05

因此，不能說飲酒時對腦中風有影響。

③觀察 EXP(B)

飲酒 (1)…1.248

飲酒 (2)…2.356

略微飲酒的人比不飲酒的人，腦中風的風險是 1.248 倍

經常飲酒的人比不飲酒的人，腦中風的風險是 2.356 倍。

【SPSS 輸出 ・2】——Cox 迴歸分析

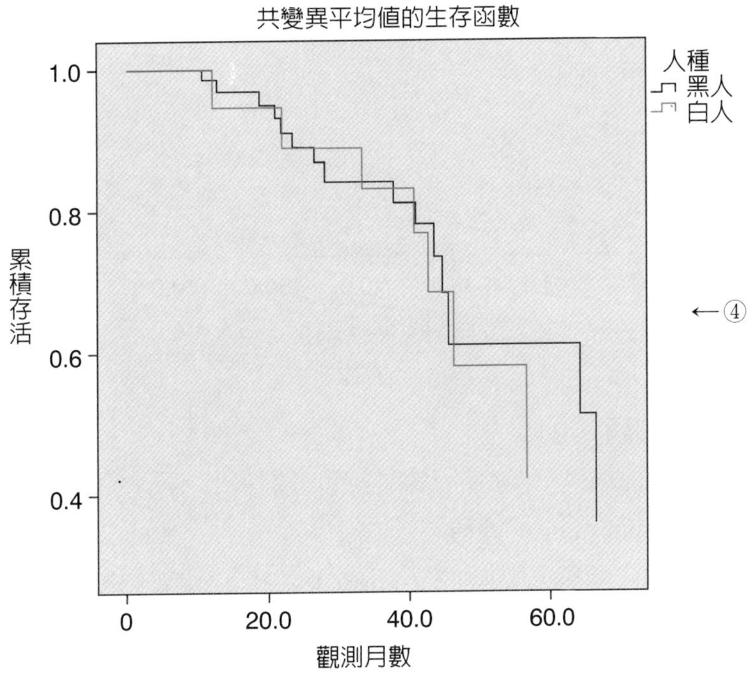

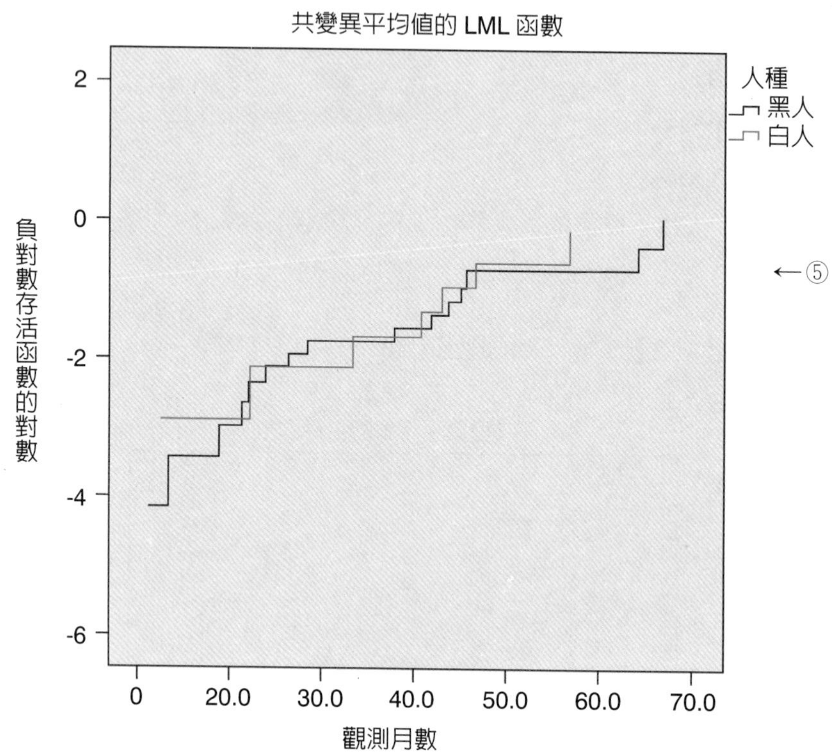

【輸出結果的判讀 ・2】

④白人的存活率曲線與黑人的存活率曲線可分別畫出。

⑤LML 是 Log Minus Log 的簡稱。

分成白人與黑人兩層，製作 Log(-LogS(t)) 之後，兩條線幾乎平行。因此，可以認爲比例風險性是成立的。

【SPSS 輸出 · 3】—— Cox 迴歸分析

	人種	年齡	飲酒	hdl	腦中風	觀測月數	sur_1	var
1	0	42	1	.92	1	11.0	.94036	
2	0	71	0	1.64	0	12.0	.99906	
3	1	37	2	1.10	1	12.4	.87374	
4	1	60	1	1.57	0	13.0	.99436	
5	0	58	2	.96	1	13.1	.79396	
6	0	74	0	1.36	0	14.7	.98922	
7	0	47	2	.99	1	18.8	.76365	
8	0	38	0	1.54	0	19.8	.99613	
9	0	71	1	1.10	1	21.3	.87225	
10	0	32	0	1.01	1	21.8	.85683	
11	1	58	0	1.20	1	22.2	.91895	
12	0	24	1	.84	1	23.6	.54682	
13	0	40	0	1.26	0	24.3	.95357	
14	0	31	2	1.34	0	25.4	.93928	
15	0	72	1	1.10	1	26.6	.76169	
16	0	40	2	.92	1	28.3	.28605	
17	1	44	1	1.55	0	29.5	.98894	
18	1	46	0	1.45	0	31.5	.98358	
19	1	51	1	1.14	1	33.5	.80429	
20	0	49	1	.94	1	37.7	.45608	
21	1	51	2	1.10	1	40.8	.47685	
22	0	44	1	1.14	0	41.3	.79872	
23	0	43	2	1.03	1	41.4	.37789	
24	1	41	1	1.25	0	41.5	.86696	
25	1	79	0	1.49	0	42.4	.95844	
26	1	46	1	.94	1	43.0	.25338	
27	0	38	0	.81	1	43.5	.17251	
28	1	58	1	1.26	0	44.4	.79145	
29	0	51	1	.88	1	45.1	.12194	

（注）死亡 1，中止 2

↑⑥ ↑⑦

【輸出結果的判讀 · 3】

⑥腦中風是狀態變數

⑦這是累積存活函數的存活率

13.3 比例風險性是否成立？

Cox 迴歸分析的重點是可以假定

「**比例風險性**」嗎？

如仔細觀察比例風險模式時，可分以下兩個部分

$$\underbrace{h(t) = h_0(t)}_{\text{與時間有關的部分}} \cdot \underbrace{Exp(\beta_1 x_1 + \beta_2 x_2 + \cdots + \beta_p x_p)}_{\text{與時間無關的部分}}$$

因此

患者 A 的風險函數 $= h_0(t) \cdot Exp(\beta_1 a_1 + \beta_2 a_2 + \cdots + \beta_p a_p)$

患者 B 的風險函數 $=h_0(t) \cdot Exp(\beta_1 b_1 + \beta_2 b_2 + \cdots + \beta_p b_p)$

取兩者之比時，兩個風險函數之比

$$\text{風險函數之比} = \frac{Exp\left(\beta_1 a_1 + \beta_2 a_2 + \cdots + \beta_p a_p\right)}{Exp\left(\beta_1 b_1 + \beta_2 b_2 + \cdots + \beta_p b_p\right)}$$

不取決於時間，經常成爲常數，此稱爲

「**比例風險性**」。

也就是說，爲了應用 Cox 迴歸分析

「**比例風險性**」的確認

是非常重要的。

確認比例風險性的方法有以下兩種：

1. 利用 log(-log) 的圖形表現
2. 檢定時間 t 與共變量 x 之交互作用

在此之前，先學習

「瞬間死亡率 h(t) 與存活函數 S(t) 之關係」。

➲ 瞬間死亡率 h(t) 與存活函數 S(t) 之關係

存活函數 S(t) 當作

S(t) = 在時點 t 以前的存活機率

此時，從時點 t 到時點 t + Δ t 爲止的存活人數即如下。

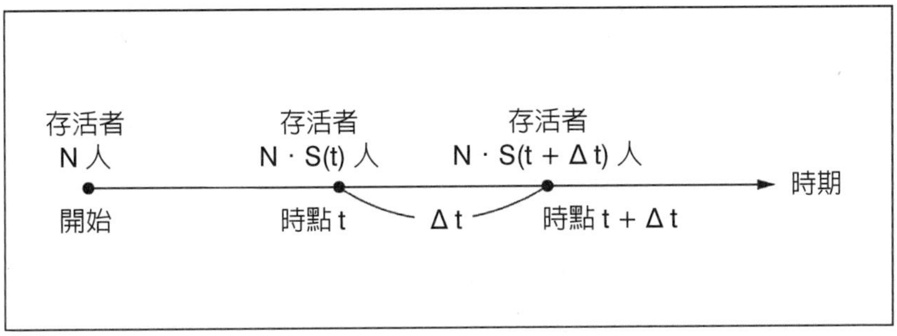

存活者
N 人
存活者
N · S(t) 人
存活者
N · S(t + Δ t) 人
時期
開始
時點 t
Δ t
時點 t + Δ t

因此，從時點 t 到時點 t + Δ t 為止的每單位時間的死亡人數即為

$$\frac{N \cdot S(t) - N \cdot S(t+\Delta t)}{\Delta t}$$

其中，在時點 t 中的瞬間死亡率 h(t)，

如Δ t → 0 時，則

$$\text{瞬間死亡率 } h(t) = \lim_{\Delta t \to 0} \frac{\dfrac{N \cdot S(t) - N \cdot S(t+\Delta t)}{\Delta t}}{N \cdot S(t)}$$

$$= \lim_{\Delta t \to 0} \frac{S(t) - S(t+\Delta t)}{\Delta t \cdot S(t)}$$

（注）瞬間死亡率 = $\frac{\text{死亡人數}}{\text{在此之前的存活人數}}$

如略為詳細調查瞬間死亡率 h(t) 與存活函數 S(t) 時

$$h(t) = \lim_{\Delta t \to 0} \frac{S(t) - S(t+\Delta t)}{\Delta t \cdot S(t)}$$

$$-\frac{1}{S(t)} \cdot \lim_{\Delta t \to 0} \frac{S(t+\Delta t) - S(t)}{\Delta(t)}$$

$$= -\frac{1}{S(t)} \cdot \frac{dS(t)}{dt}$$

$$= -\frac{d}{dt}(\log S(t))$$

試將此兩邊從 0 積分到 t 時，

$$\int_0^t h(u)du = \int_0^t \left\{ -\frac{d}{dt}(\log S(u)) \right\} du$$
$$= [-\log S(u)]_0^t$$
$$= -\log S(t) + \log S(0) \qquad (\log S(0) = 0)$$
$$= -\log S(t)$$

將此積分的式子稱爲累積風險函數。

$$H(t) = \int_0^t h(u)du$$
$$= -\log S(t)$$

（注）如果像以下表示時

$$\int_0^t h(t)dt = \int_0^t \left\{ -\frac{d}{dt}(\log S(t)) \right\} dt$$

記號 t 會混亂，因之當作如下再積分為宜。

$$h(u) = -\frac{d}{dt}(\log S(u))$$

➲比例風險性的驗證 ・1

1. 利用 **log(–log)** 的圖形表現

風險函數 h(t) 與存活函數 s(t) 之關係是

$$h(t) = -\frac{d(\log s(t))}{dt}$$

將兩邊從 0 積分到 t 時

$$\int_0^t h(u)du = -\log s(t) + \log s(o)$$

譬如，將共變量 x 當作性別（女性 = 0，男性 = 1）時的風險函數之情形，

$$h(t) = h_0(t) \cdot Exp(\beta x)$$

$$\rightarrow \int_0^t h_0(t)Exp(\beta x)dx = -\log s(t)$$

$$\rightarrow Exp(\beta x) \int_0^t h_0(u)du = -\log s(t)$$ （$Exp(\beta x)$ 與 t 無關可提出）

因此，兩邊取對數時，

$$\log\left\{Exp(\beta x).\int_o^t h_0(u)du\right\} = \log(-\log s(t))$$

$$\beta x + \log\left\{\int_o^t h_0(u)du\right\} = \log(-\log s(t))$$

此時，左邊的

$$\log\left\{\int_o^t h_0(u)du\right\}$$

僅僅是由時間決定的值，它是與共變量 x 無關之值。

因此，共變量 x 就男性與女性分別調查 log(–log $s(t)$) 時……。

共變量 x 是女性時……x = 0

$$\log(-\log s(t)) = \log\left\{\int_o^t h_0(t)dt\right\} + \beta.0$$

共變量 x 是男性時……x = 1

$$\log(-\log s(t)) = \log\left\{\int_o^t h_0(t)dt\right\} + \beta.1$$

因此，將

橫軸取成時間 t，縱軸取成 log(–log $s(t)$) 時

男性與女性的圖形應成爲如下：

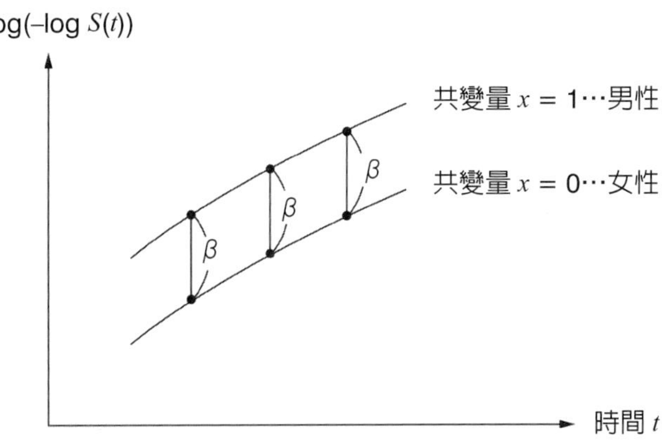

也就是說，

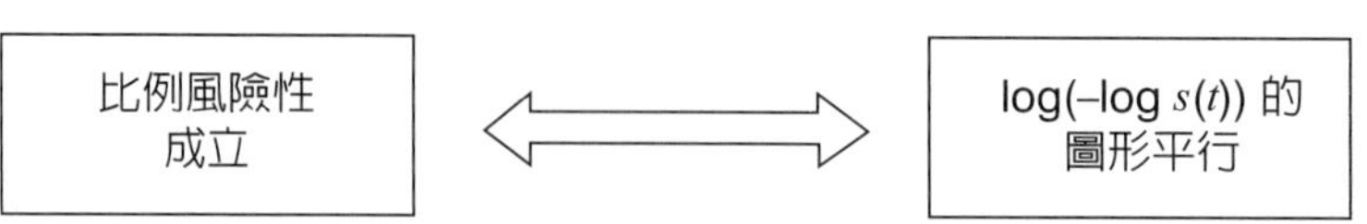

作圖後如平行時，可以想成是比例風險性成立。

➲ 比例風險性的驗證 ·2

2. 時間 t 與共變量 x 的交互作用

回想二元配置的變異數分析。

當 2 個因子 A、B 之間有交互作用時，

表 12.3.1　二元配置的數據

因子 B / 因子 A	水準 B_1	水準 B_2
水準 A_1		
水準 A_2		

以圖形表示此交互作用時，形成如下之狀態。

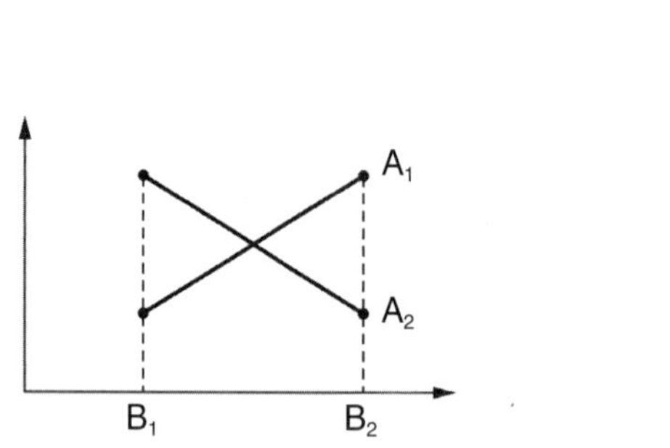

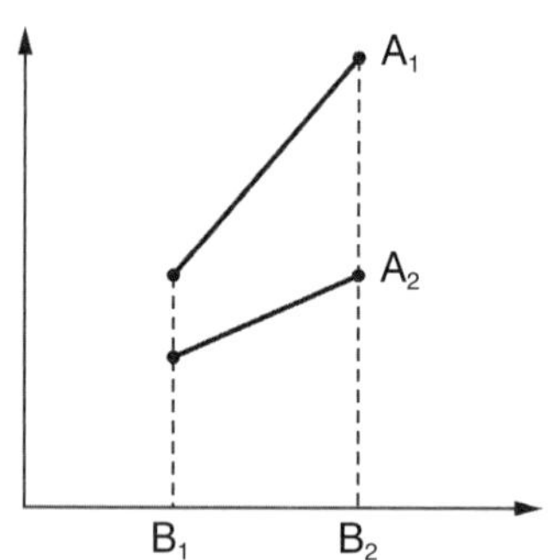

相反的，2 個因子 A、B 之間無交互作用時，以圖形表示如下：

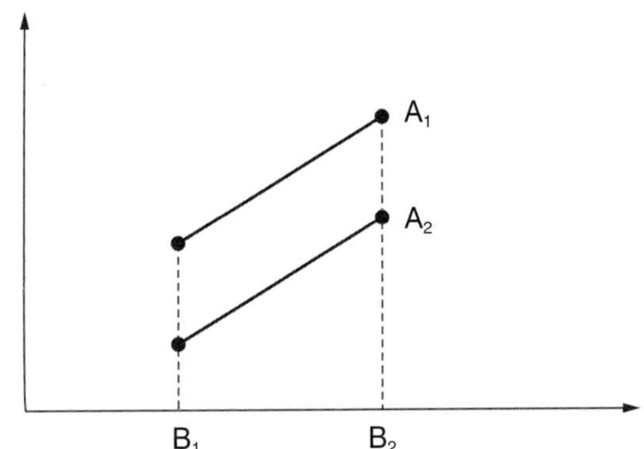

形成平行。

換言之，爲了確認比例風險性（不取決時間 t 經常一定），只要進行時間 t 與共變量 x 之交互作用的檢定即可。

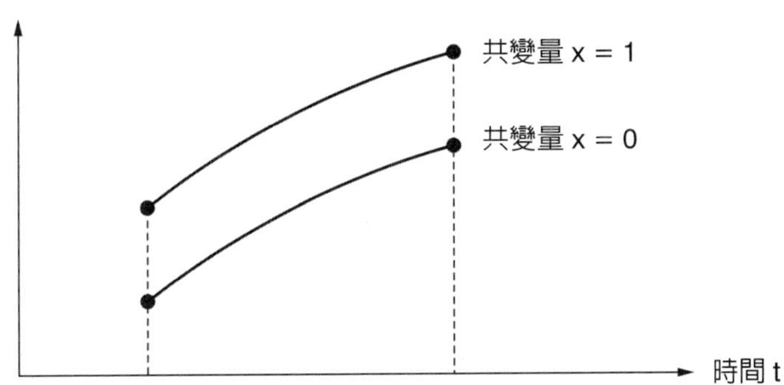

此時的假設 H_0 即爲

假設 H_0：時間 t 與共變量 x 之間無交互作用

SPSS 爲了檢定此假設可以利用

「依存時間的 Cox 迴歸分析」。

13.4 比例風險性的驗證

比例風險性的驗證，有以下 2 種方法。

1. 利用 **log(–log)** 的作圖方法

關於利用此作圖的方法，請參照前述。

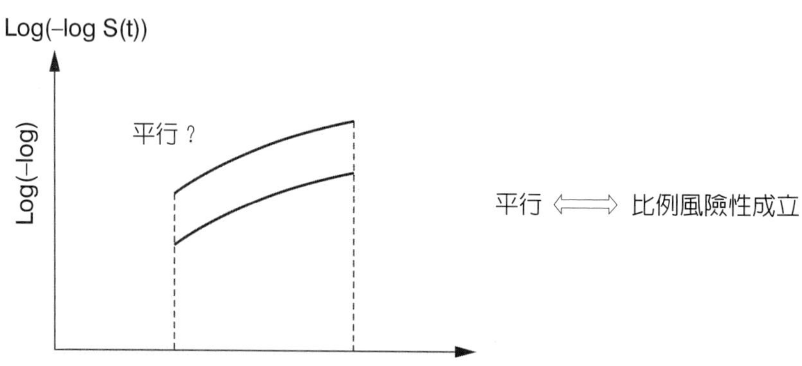

2. 利用時間 **t** 與共變量 **x** 之交互作用的方法

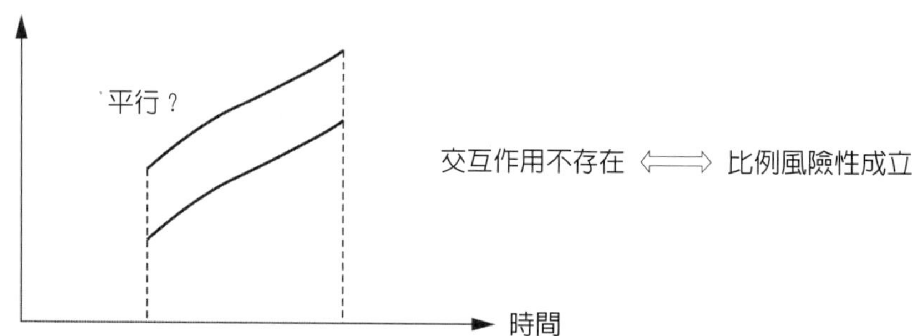

交互作用不存在 ⟺ 比例風險性成立

以下，使用 SPSS 調查時間 t 與共變量 x 之交互作用。

【數據輸入類型】

將表 12.1.1 的數據，如下輸入。

	人種	年齡	飲酒	hdl	腦中風	觀測月數	var
1	0	42	1	.92	1	11.0	
2	0	71	0	1.64	0	12.0	
3	1	37	2	1.10	1	12.4	
4	1	60	1	1.57	0	13.0	
5	0	58	2	.96	1	13.1	
6	0	74	0	1.36	0	14.7	
7	0	47	2	.99	1	18.8	
8	0	38	0	1.54	0	19.8	
9	0	71	1	1.10	1	21.3	
10	0	32	0	1.01	1	21.8	
11	1	58	0	1.20	1	22.2	
12	0	24	1	.84	1	23.6	
13	0	40	0	1.26	0	24.3	
14	0	31	2	1.34	0	25.4	
15	0	72	1	1.10	1	26.6	
16	0	40	2	.92	1	28.3	
17	1	44	1	1.55	0	29.5	
18	1	46	0	1.45	0	31.5	
19	1	51	1	1.14	1	33.5	
20	0	49	1	.94	1	37.7	
21	1	51	2	1.10	1	40.8	
22	0	44	1	1.14	0	41.3	
23	0	43	2	1.03	1	41.4	
24	1	41	1	1.25	0	41.5	
25	1	79	0	1.49	0	42.4	
26	1	46	1	.94	1	43.0	
27	0	38	0	.81	1	43.5	
28	1	58	1	1.26	0	44.4	
29	0	51	1	.88	1	45.1	
30	0	30	0	.95	1	45.3	
31	1	48	1	1.18	1	46.5	
32	1	55	2	1.20	0	56.2	
33	1	46	2	1.18	1	56.6	
34	1	44	0	1.50	0	59.0	
35	1	48	1	1.04	0	62.5	
36	0	46	1	.92	1	64.3	
37	1	53	0	1.57	0	66.0	
38	0	72	0	1.04	1	66.8	
39	1	31	0	1.41	0	76.1	
40	0	51	2	1.17	0	80.5	
41							

13.5 比例風險性驗證的步驟

【統計處理的步驟】

步驟 1　數據輸入結束後，點選【分析 (A)】，選擇【存活分析 (S)】。

接著，再從子清單中選擇【Cox/ 含與時間相依共變量 (O)】。

步驟 2　將 T- 移到【T-COV- 的表示式 (E)】的方框中。

接著，按一下 模型 ……。

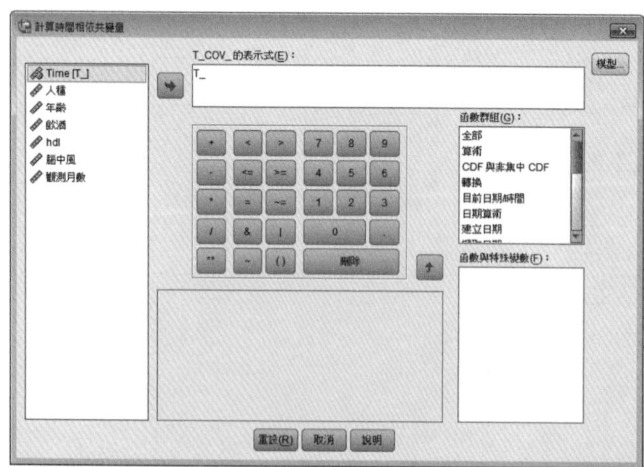

步驟 3 左邊的方框中會出現 T_COV_。

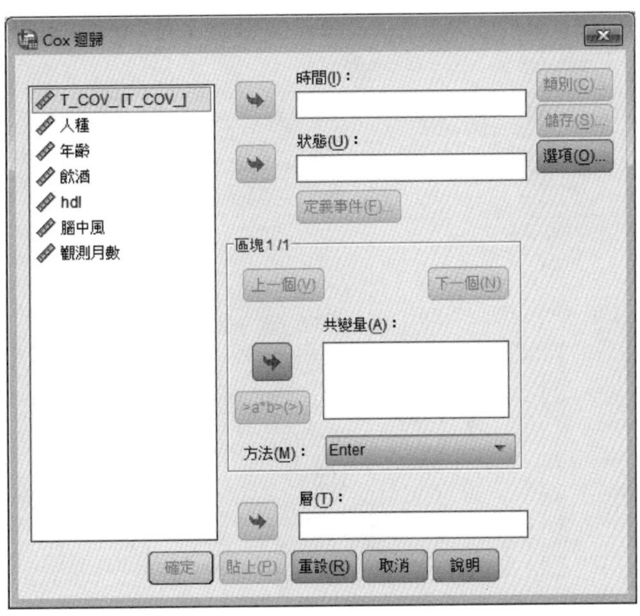

步驟 4 將觀測月數移到【時間 (I)】的方框中，腦中風移到【狀態 (U)】的方框中，點擊【定義事件 (F)】於【單一數值 (S)】的方框中輸入 1 後，按 繼續，【狀態 (U)】的方框中即顯示腦中風 (1)。

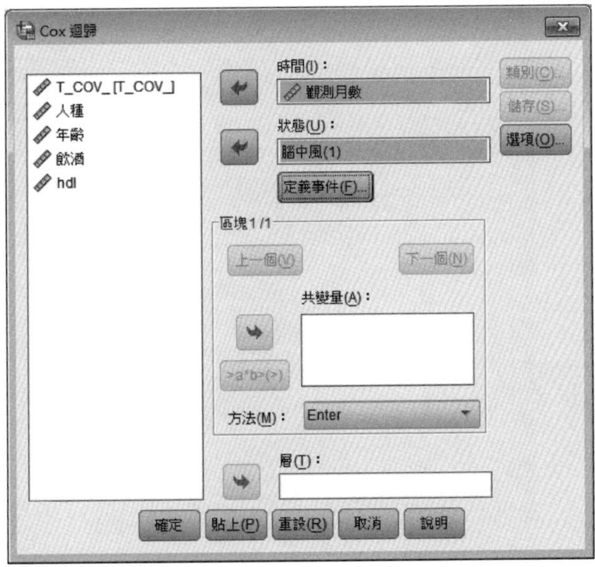

步驟 5 其次是時間 t 與共變量的交互作用。此處甚爲重要。

首先，相繼按一下 T_COV 與人種。此時，在【共變量 (A)】的左下方會浮現 >a*b>。按一下 >a*b>。

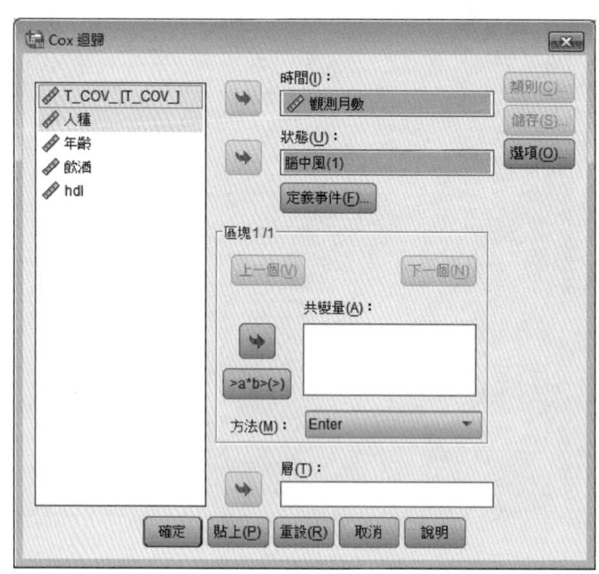

步驟 6【共變量 (A)】的方框中，會顯示 T_COV_* 人種。

於是出現了時間 t 與共變量的交互作用項。

步驟 7 接著，將飲酒移到【共變量 (A)】的方框中。
然後，按一下【類別 (C)】。

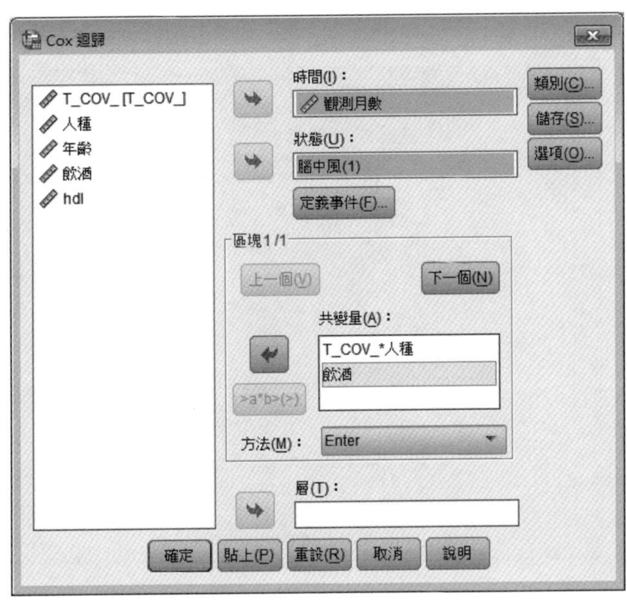

步驟 8 顯示定義類別共變量的頁面後，如下將飲酒移到【類別共變量 (T)】的方框中。

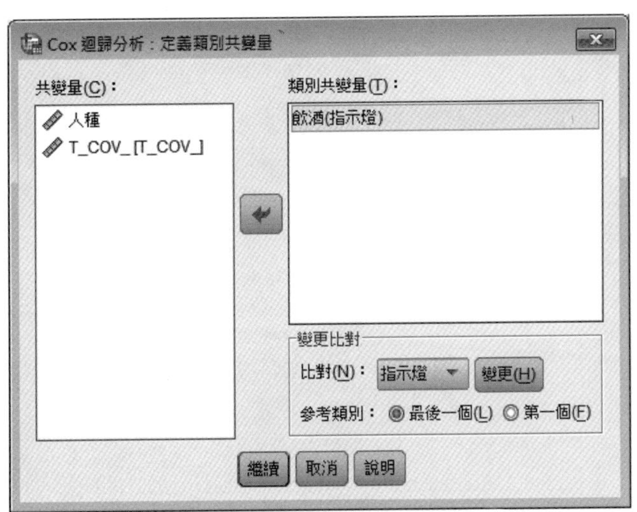

步驟 9 點選參考類別欄位的【第一個 (F)】。

接著，按一下【變更 (H)】。

然後，按 繼續 。

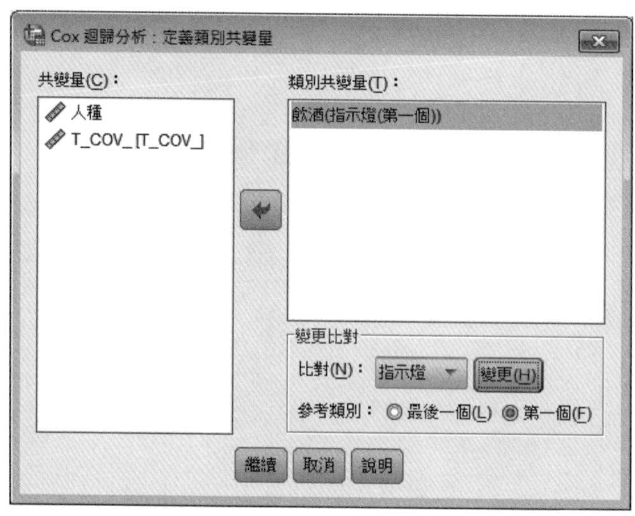

步驟 10 回到步驟 7 的頁面後，將年齡與 hdl 移到【共變量 (A)】的方框中，再按 確定 。

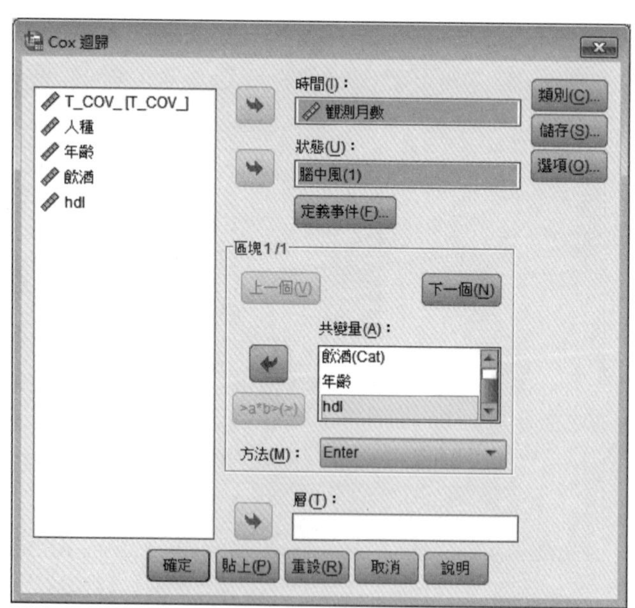

【SPSS 輸出】——比例風險性的驗證

方程式中的變數

	B	SE	Wald	自由度	顯著性 ^a^	Exp(B)
飲酒			2.319	2	.314	
飲酒(1)	.195	.581	.112	1	.737	1.215
飲酒(2)	.907	.645	1.980	1	.159	2.478
年齡	.011	.023	.221	1	.638	1.011
HDL	-6.607	2.345	7.938	1	.005	.001
T_COV_*人種	.012	.017	.549	1	.459	1.012

①

【輸出結果的判讀】

①觀察顯著機率的 T-COV* 人種時，

顯著機率 0.459 > 顯著水準 0.05

因此，以下的假設成立，

H_0：時間 t 與人種之間無交互作用

此事說明

「比例風險性成立」。

➲ Cox 迴歸與 Kaplan － Meier 法的不同

此差異明顯出現在能處理的數據上。

➲ Cox 迴歸分析的數據

表 13.5.1　Cox 迴歸分析的數據類型

處方 NO.	存活月數	狀態	性別	年齡	

（性別、年齡：共變量）

➲ Kaplan － Meier 法的數據

表 13.5.2　Kaplan － Meier 法的數據類型

處方 NO.	存活月數	狀態	?	?	

換言之，Cox 迴歸分析是可以處理共變量，而 Kaplan － Meier 法是無法處理共變量。

➲ 比例風險模式與複迴歸分析、羅吉斯迴歸分析之不同

試觀察各分析中所處理的模式。

➲ Cox 迴歸分析模式

$$\log\frac{h(t)}{h_0(t)}=\beta_1\chi_1+\beta_2\chi_2+\cdots\cdots+\beta_p\chi_p$$

➲ 複迴歸分析模式

$$y=\beta_1\chi_1+\beta_2\chi_2+\cdots\cdots+\beta_p\chi_p+\beta_0$$

➲ Logistic 迴歸分析模式

$$\log\frac{y}{1-y}=\beta_1\chi_1+\beta_2\chi_2+\cdots\cdots+\beta_p\chi_p+\beta_0$$

像這樣，模式是略有不同的。但是，最大的不同卻是「中途中止」。

Cox 迴歸分析是可以處理有中途中止的數據，但複迴歸分析與羅吉斯迴歸分析是無法處理有中途中止的數據。

➲ 比例風險模式與信用風險

原本是存活率分析所開發的比例風險模式，但是卻意外地可被運用。

以下的 2 個事件可以看成是雷同的。

「死亡」=「倒閉」

像這樣，將「死亡」想成是「倒閉」，在金融證券的領域中，比例風險模式當作

「測量信用風險」

可加以利用。

表 13.5.3

處方 NO.	存活月數	年齡	性別	狀態	
				死亡 死亡 中止	

「死亡」想成倒閉時，比例風險模式對銀行或證券的信用風險是有效的。

表 13.5.4

顧客 NO.	借貸月數	年齡	性別	狀態	
				倒閉 償還 倒閉	

第 14 章 對數線性分析

14.1 對數線性分析的簡介

以下的數據是針對痴呆患者調查抗憂劑之效果。針對阿茲海默型痴呆與血管性痴呆的 2 組，投入 2 種抗憂劑 A、B 之後，改善痴呆認爲有效的人數與無效的人數，表示如下。

表 14.1.1

層	抗憂劑	效果	
		有效	無效
層 1 阿茲海默型痴呆	抗憂劑 A	29 人	11 人
	抗憂劑 B	42 人	18 人
層 2 血管性痴呆	抗憂劑 A	53 人	24 人
	抗憂劑 B	27 人	32 人

想知道的事情是
「抗憂劑 A 與抗憂劑 B 的有效性有無差異」？

此時，有效的統計處理即爲對數線性分析。
對數線性分析的重點是
「交互作用的處理」。
因此，此數據的重點是針對
「層與抗憂劑與效果的交互作用」。
如忽略此交互作用的存在，如下整理數據時，有時會下錯誤的結論。

表 14.1.2　這是危險的！

抗憂劑	有效	無效
A	29 + 53	11 + 24
B	42 + 27	18 + 32

但是，表 14.1.1 的數據也可以如下表現。

表 14.1.3　另外的表現

層	抗憂劑	效果	患者人數
層 1	A	有效	29 人
		無效	11 人
	B	有效	42 人
		無效	18 人
層 2	A	有效	53 人
		無效	24 人
	B	有效	27 人
		無效	32 人

14.2 對數線性分析的交互作用——此處是重點！

在對數線性分析的模式中，

$\log(m_{ijk}) = \mu + \alpha_i + \beta_j + \gamma_k + (\alpha\beta)_{ij} + (\alpha\gamma)_{ik} + (\beta\gamma)_{jk} + (\alpha\beta\gamma)_{ijk}$

其中

$(\alpha\beta)_{ij}$、$(\alpha\gamma)_{ik}$、$(\beta\gamma)_{jk}$……2 次的交互作用

$(\alpha\beta\gamma)_{ijk}$…… 3 次的交互作用

即為交互作用的部分。

首先，試著關注 2 次交互作用，即

$(\beta\gamma)_{11}$。

表 14.2.1

層	抗憂劑	效果	
		有效	無效
阿茲海默型痴呆	A	m_{111}	m_{112}
	B	m_{121}	m_{122}
血管性痴呆	A	m_{211}	m_{212}
	B	m_{221}	m_{222}

參數 $\alpha_1, \alpha_2, \beta_1, \beta_2, \gamma_1, \gamma_2$ 與表 14.2.1 的數據如下形成對應。

α_1……阿茲海默症　β_1……抗憂劑 A　γ_1……有效
α_2……血管性　β_2……抗憂劑 B　γ_2……無效

因此，使用所有的參數表示對數線性分析的模式時，即爲

$$\log(m_{111}) = \mu + \alpha_1 + \beta_1 + \gamma_1 + (\alpha\beta)_{11} + (\alpha\gamma)_{11} + (\beta\gamma)_{11} + (\alpha\beta\gamma)_{111}$$
$$\log(m_{112}) = \mu + \alpha_1 + \beta_1 + \gamma_2 + (\alpha\beta)_{11} + (\alpha\gamma)_{12} + (\beta\gamma)_{12} + (\alpha\beta\gamma)_{112}$$
$$\log(m_{121}) = \mu + \alpha_1 + \beta_2 + \gamma_1 + (\alpha\beta)_{12} + (\alpha\gamma)_{11} + (\beta\gamma)_{21} + (\alpha\beta\gamma)_{121}$$
$$\log(m_{122}) = \mu + \alpha_1 + \beta_2 + \gamma_2 + (\alpha\beta)_{12} + (\alpha\gamma)_{12} + (\beta\gamma)_{22} + (\alpha\beta\gamma)_{122}$$
$$\log(m_{211}) = \mu + \alpha_2 + \beta_1 + \gamma_1 + (\alpha\beta)_{21} + (\alpha\gamma)_{21} + (\beta\gamma)_{11} + (\alpha\beta\gamma)_{211}$$
$$\log(m_{212}) = \mu + \alpha_2 + \beta_1 + \gamma_2 + (\alpha\beta)_{21} + (\alpha\gamma)_{22} + (\beta\gamma)_{12} + (\alpha\beta\gamma)_{212}$$
$$\log(m_{221}) = \mu + \alpha_2 + \beta_2 + \gamma_1 + (\alpha\beta)_{22} + (\alpha\gamma)_{21} + (\beta\gamma)_{21} + (\alpha\beta\gamma)_{221}$$
$$\log(m_{222}) = \mu + \alpha_2 + \beta_2 + \gamma_2 + (\alpha\beta)_{22} + (\alpha\gamma)_{22} + (\beta\gamma)_{22} + (\alpha\beta\gamma)_{222}$$

但是，實際用於分析時，

「在此許多的參數中，幾乎是設定成 0」。

實際上是像以下這樣，

$$\log(m_{111}) = \mu + \alpha_1 + \beta_1 + \gamma_1 + (\alpha\beta)_{11} + (\alpha\gamma)_{11} + (\beta\gamma)_{11} + (\alpha\beta\gamma)_{111} \quad (1)$$
$$\log(m_{112}) = \mu + \alpha_1 + \beta_1 + (\alpha\beta)_{11} \quad (2)$$
$$\log(m_{121}) = \mu + \alpha_1 + \gamma_1 + (\alpha\gamma)_{11} \quad (3)$$

$$\log(m_{122}) = \mu + \alpha_1 \quad (4)$$

$$\log(m_{211}) = \mu + \beta_1 + \gamma_1 + (\beta\gamma)_{11} \quad (5)$$

$$\log(m_{212}) = \mu + \beta_1 \quad (6)$$

$$\log(m_{221}) = \mu + \gamma_1 \quad (7)$$

$$\log(m_{222}) = \mu \quad (8)$$

爲了觀察 $(\beta\gamma)_{11}$，如下進行減算時

$(5) - (6) \quad \log(m_{211}) - \log(m_{212}) = \gamma_1 + (\beta\gamma)_{11}$

$(7) - (8) \quad \log(m_{221}) - \log(m_{222}) = \gamma_1$

如再進行加算（(5) – (6)）–（(7) – (8)）時，

$$\{\log(m_{211}) - \log(m_{212})\} - \{\log(m_{221}) - \log(m_{222})\} = (\beta\gamma)_{11}$$

右邊只出現 $(\beta\gamma)_{11}$ 了。

因此，利用對數的性質，

$$\log X - \log Y = \log \frac{X}{Y}$$

即可如下變形。

於是，2 次交互作用 $(\beta\gamma)_{11}$ 即成爲

$$(\beta\gamma)_{11} = \log \frac{\left(\dfrac{m_{211}}{m_{212}}\right)}{\left(\dfrac{m_{221}}{m_{222}}\right)}$$

$$= \log \frac{（抗憂劑 A 的相對有效率）}{（抗憂劑 B 的相對有效率）}$$

此處，如將交互作用 $(\beta\gamma)_{11}$ 設成 0 時，

$$0 = \log \frac{（抗憂劑 A 的相對有效率）}{（抗憂劑 B 的相對有效率）}$$

$$1 = \frac{（抗憂劑 A 的相對有效率）}{（抗憂劑 B 的相對有效率）}$$

因此，變成了抗憂劑 A 的相對有效比率＝抗憂劑 B 的相對有效比率。

亦即，想比較抗憂劑 A 與抗憂劑 B 之有效性時，只要注意交互作用 $(\beta\gamma)_{11}$ 此項即可。

基於以上，以下的假設

假設 H_0：$(\beta\gamma)_{11}=0$

如假設不成立，即可得出如下結論，即

「抗憂劑 A 的相對有效比率與抗憂劑 B 的相對有效比率是不同的」。

那麼，3 次的交互作用意指什麼呢？

如利用前述 (1) 到 (8) 式時，

$$(\alpha\beta\gamma)_{111}=\log\frac{\left(\dfrac{\dfrac{m_{111}}{m_{112}}}{\dfrac{m_{121}}{m_{122}}}\right)\quad((1)-(2))-((3)-(4))}{\left(\dfrac{\dfrac{m_{211}}{m_{212}}}{\dfrac{m_{221}}{m_{222}}}\right)\quad((5)-(6))-((7)-(8))}$$

試將此 3 次交互作用 $(\alpha\beta\gamma)_{111}$ 設為 0。

$$\log\frac{\left(\dfrac{\dfrac{m_{111}}{m_{112}}}{\dfrac{m_{121}}{m_{122}}}\right)}{\left(\dfrac{\dfrac{m_{211}}{m_{212}}}{\dfrac{m_{221}}{m_{222}}}\right)}=0$$

因為 $\log 1=0$，所以

$$\frac{\left(\dfrac{\dfrac{m_{111}}{m_{112}}}{\dfrac{m_{121}}{m_{122}}}\right)}{\left(\dfrac{\dfrac{m_{211}}{m_{212}}}{\dfrac{m_{221}}{m_{222}}}\right)}=1$$

將分母移項時，

$$\frac{\dfrac{m_{111}}{m_{112}}}{\dfrac{m_{121}}{m_{122}}} = \frac{\dfrac{m_{211}}{m_{212}}}{\dfrac{m_{221}}{m_{222}}}$$

左邊是層一中抗憂劑 A 與抗憂劑 B 的相對有效比率之比。

右邊是層二中抗憂劑 A 與抗憂劑 B 的相對有效比率之比。

因此，

$(\alpha\beta\gamma)_{111} = 0$

是指

(層 1 中抗憂劑 A 與抗憂劑 B 之相對有效比) = (層 2 中抗憂劑 A 與抗憂劑 B 之相對有效比)

亦即，意謂

層 1 的 odds 比 = 層 2 的 odds 比

也就是說……。

如果 3 次交互作用存在時，由於

$(\alpha\beta\gamma)_{111} \neq 0$

所以

(層 1 中抗憂劑 A 與抗憂劑 B 之相對有效比率之比) ≠ (層 2 中抗憂劑 A 與抗憂劑 B 之相對有效比率之比)

此時，有效比率之比依圖層而有不同，所以變成

「按各層比較抗憂劑 A 與抗憂劑 B 之有效性」。

如果 3 次的交互作用不存在時，由於

$(\alpha\beta\gamma)_{111} = 0$

所以

「層 1 中抗憂劑 A 與抗憂劑 B 的相對有效比率之比」與

「層 2 中抗憂劑 A 與抗憂劑 B 的相對有效比率之比」

即變成了

「具有相同的相對有效比率」。

也就是說
比較層 2 中之抗憂劑 A 與抗憂劑 B 的相對有效比率
即可比較
抗憂劑 A 與抗憂劑 B 的有效性。

➲ 對數線性分析之步驟

步驟 1 進行 3 次交互作用的檢定，
假設 H_0：$(\alpha\beta\gamma)_{111} = 0$
如否定此假設 H_0 時，3 次的交互作用即存在，因之要按各層進行，
就層 1 比較抗憂劑 A、B
就層 2 比較抗憂劑 A、B。
此假設 H_0 未被否定時，稱為
「3 次的交互作用不存在」。
亦即，當作
「各層的相對有效比率之比相同」
再進入到步驟 2。

步驟 2 檢定 2 次的交互作用。
假設 H_0：$(\beta\gamma)_{11} = 0$
如此假設 H_0 被否定時，結論即為
「抗憂劑 A、B 之間有差異」。

【數據輸入類型】

表 13.1.1 的數據如下輸入，
患者人數需要加權。

	層	抗憂劑	效果	患者數	var	var
1	1	1	1	29		
2	1	1	2	11		
3	1	2	1	42		
4	1	2	2	18		
5	2	1	1	53		
6	2	1	2	24		
7	2	2	1	27		
8	2	2	2	32		
9						
10						
11						
12						

（注）層：阿茲海默型……1
血管型…………2
抗憂劑：A……………1
B……………2
效果：有效……………1
無效……………2

➲ 加權的步驟

步驟 1 點選【資料 (D)】，選擇【加權觀察值 (W)】。

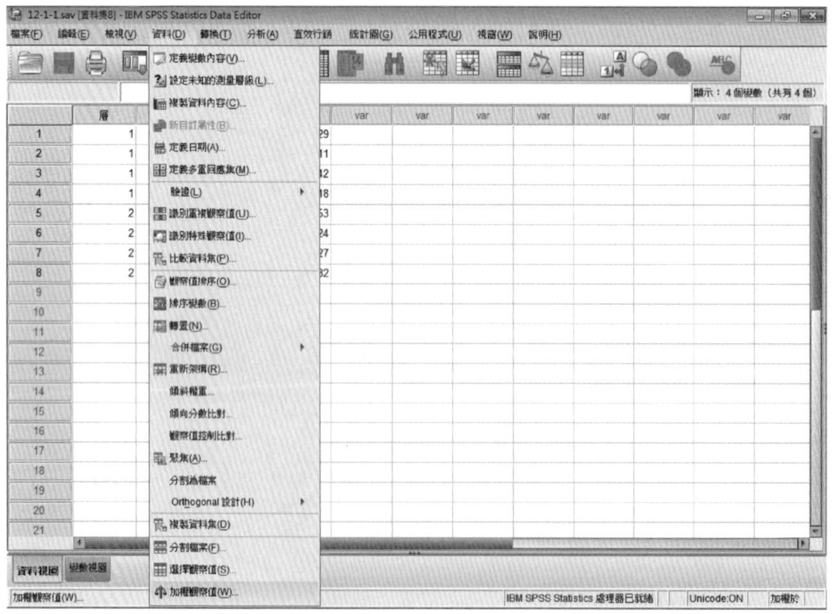

步驟 2 點選【觀察值加權依據 (W)】，將患者數移到【次數變數 (F)】中，按 確定 。

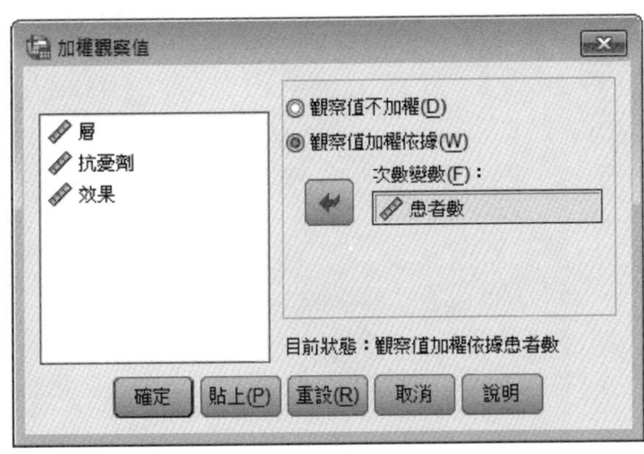

14.3 對數線性分析的步驟

【統計處理的步驟】

步驟 1 數據輸入結束後，點選【分析 (A)】，選擇【對數線性 (O)】。再從子清單選擇【一般化 (G)】。

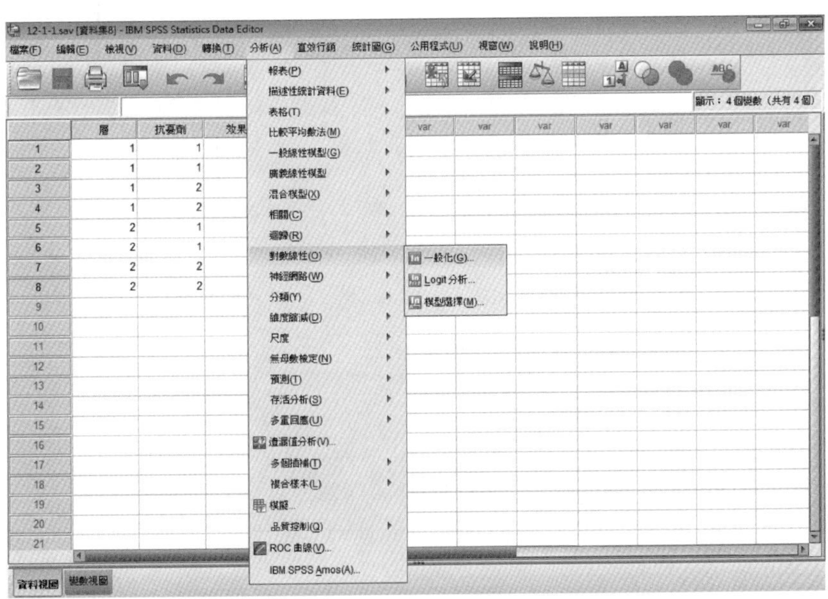

步驟 2 將層、抗憂劑、效果移到【因素 (F)】的方框中。接著，按一下【選項 (O)】。

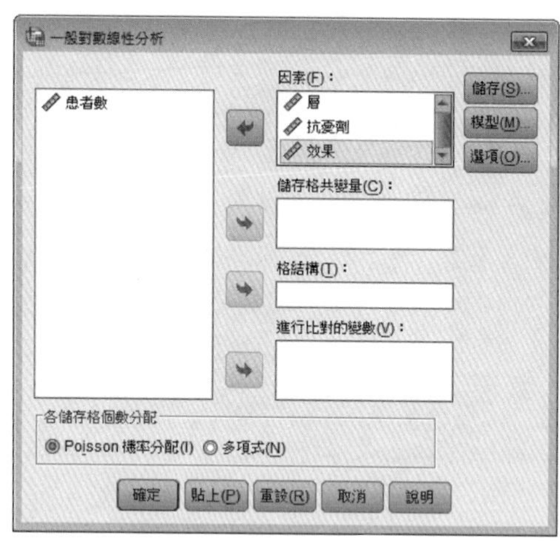

步驟 3 勾選【估計值 (E)】。接著，按 繼續。回到步驟 2 的頁面後，按 確定。

一般對數線性分析：選項
顯示
次數(F)
殘差(R)
設計矩陣(G)
估計值(E)
疊代過程(H)
統計圖
調整後殘差(S)
調整後常態機率(N)
偏誤殘差(D)
離差的常態機率(P)
信賴區間(I)： 95 %
準則
最大疊代(M)： 20
收斂(C)： 0.001
差異(T)： .5
繼續 取消 說明

【SPSS 輸出・1】——線性分析

參數	
常數	←①
[層 = 1]	
[層 = 2]	
[抗憂劑 = 1]	←②
[抗憂劑 = 2]	
[效果 = 1]	←③
[效果 = 2]	
[層 = 1] * [抗憂劑 = 1]	←④
[層 = 1] * [抗憂劑 = 2]	
[層 = 2] * [抗憂劑 = 1]	
[層 = 2] * [抗憂劑 = 2]	
[層 = 1] * [效果 = 1]	←⑤
[層 = 1] * [效果 = 2]	
[層 = 2] * [效果 = 1]	
[層 = 2] * [效果 = 2]	
[抗憂劑 = 1] * [效果 = 1]	←⑥
[抗憂劑 = 1] * [效果 = 2]	
[抗憂劑 = 2] * [效果 = 1]	
[抗憂劑 = 2] * [效果 = 2]	
[層 = 1] * [抗憂劑 = 1] * [效果 = 1]	←⑦
[層 = 1] * [抗憂劑 = 1] * [效果 = 2]	
[層 = 1] * [抗憂劑 = 2] * [效果 = 1]	
[層 = 1] * [抗憂劑 = 2] * [效果 = 2]	
[層 = 2] * [抗憂劑 = 1] * [效果 = 1]	
[層 = 2] * [抗憂劑 = 1] * [效果 = 2]	
[層 = 2] * [抗憂劑 = 2] * [效果 = 1]	
[層 = 2] * [抗憂劑 = 2] * [效果 = 2]	

【輸出結果的判讀・1】

調查對數線性分析模式

$\log(m_{ijk}) = \mu + \alpha_i + \beta_j + \gamma_\alpha + (\alpha\beta)_{ij} + (\alpha\gamma)_{ik} + (\beta\gamma)_{jk} + (\alpha\beta\gamma)_{ijk}$ 的參數。

①【層 = 1】……α_i

②【抗憂劑 = 1】……β_1

③【效果 = 1】……γ_1

④【層 = 1】×【抗憂劑 = 1】……$(\alpha\beta)_{11}$

⑤【層 = 1】×【效果 = 1】……$(\beta\gamma)_{11}$

⑥【抗憂劑 = 1】×【效果 = 1】……$(\beta\gamma)_{11}$

⑦【層 = 1】×【抗憂劑 = 1】×【效果 = 1】……$(\alpha\beta\gamma)_{111}$

【SPSS 輸出 ・2】

參數估計值[b,c]

參數	估計	標準 誤差	Z	Sig。	95% 信賴區間		
					下界	上界	
常數	3.481	.175	19.846	.000	3.137	3.825	
[層 = 1]	-.563	.291	-1.935	.053	-1.134	.007	←⑭
[層 = 2]	0[a]	.	.	.	.	.	
[抗憂劑 = 1]	-.283	.268	-1.056	.291	-.807	.242	←⑬
[抗憂劑 = 2]	0[a]	.	.	.	.	.	
[效果 = 1]	-.167	.259	-.645	.519	-.675	.341	
[效果 = 2]	0[a]	.	.	.	.	.	
[層 = 1] * [抗憂劑 = 1]	-.193	.461	-.418	.676	-1.097	.711	←⑫
[層 = 1] * [抗憂劑 = 2]	0[a]	.	.	.	.	.	
[層 = 2] * [抗憂劑 = 1]	0[a]	.	.	.	.	.	←⑪
[層 = 2] * [抗憂劑 = 2]	0[a]	.	.	.	.	.	
[層 = 1] * [效果 = 1]	.999	.380	2.626	.009	.253	1.744	
[層 = 1] * [效果 = 2]	0[a]	.	.	.	.	.	
[層 = 2] * [效果 = 1]	0[a]	.	.	.	.	.	←⑩
[層 = 2] * [效果 = 2]	0[a]	.	.	.	.	.	
[抗憂劑 = 1] * [效果 = 1]	.948	.356	2.664	.008	.251	1.646	
[抗憂劑 = 1] * [效果 = 2]	0[a]	.	.	.	.	.	
[抗憂劑 = 2] * [效果 = 1]	0[a]	.	.	.	.	.	←⑨
[抗憂劑 = 2] * [效果 = 2]	0[a]	.	.	.	.	.	
[層 = 1] * [抗憂劑 = 1] * [效果 = 1]	-.838	.570	-1.469	.142	-1.955	.280	←⑧
[層 = 1] * [抗憂劑 = 1] * [效果 = 2]	0[a]	.	.	.	.	.	
[層 = 1] * [抗憂劑 = 2] * [效果 = 1]	0[a]	.	.	.	.	.	
[層 = 1] * [抗憂劑 = 2] * [效果 = 2]	0[a]	.	.	.	.	.	
[層 = 2] * [抗憂劑 = 1] * [效果 = 1]	0[a]	.	.	.	.	.	
[層 = 2] * [抗憂劑 = 1] * [效果 = 2]	0[a]	.	.	.	.	.	
[層 = 2] * [抗憂劑 = 2] * [效果 = 1]	0[a]	.	.	.	.	.	
[層 = 2] * [抗憂劑 = 2] * [效果 = 2]	0[a]	.	.	.	.	.	

a. 這個參數多餘，因此設爲零。

b. 模式：Poisson

c. 設計：常數 + 層 + 抗憂劑 + 效果 + 層 *抗憂劑 + 層 *效果 + 抗憂劑 *效果 + 層 *抗憂劑 *效果

【輸出結果的判讀 ·2】

⑧檢定以下的 3 次交互作用。

假設 H_0：$(\alpha\beta\gamma)_{111} = 0$

如觀察 Asymptotic 95% CI（= 95% 信賴區間）時

$-1.96 \leq (\alpha\beta\gamma)_{111} \leq 0.28$

此信賴區間中包含 0，所以假設 H_0 成立。

因此，似乎可以想成

「阿茲海默型癡呆中抗憂劑 A、B 的相對有效比率之比，與血管性癡呆中抗憂劑 A、B 的相對有效比率之比相等」。

此事也可以說成

「阿茲海默型癡呆的 odds 比與血管性癡呆的 odds 比相等」。

⑨進行以下的 2 次交互作用的檢定

假設 H_0：$(\beta\gamma)_{11} = 0$

如觀察 95% 信賴區間時，

$0.25 \leq (\beta\gamma)_{11} \leq 1.65$

此 95% 信賴區間不含 0，因之，並非是 $(\beta\gamma)_{11} = 0$，因此，假設 H_0 不成立。

亦即，知

抗憂劑 A、B 的有效比率有差異。

➲ 對數線性分析之模式與變異數分析模式的差異

對數線性分析是針對以下數據類型，

表 14.3.1 對數線性分析的數據

	有效	無效
藥 A	m_{11}	m_{12}
藥 B	m_{21}	m_{22}

處理以下的模式：

$\log(m_{ij}) = \mu + \alpha_i + \beta_j + (\alpha\beta)_{ij}$。

此時，可以變形成如下：

$m_{ij} = \text{Exp}\ (\mu + \alpha_i + \beta_j + \alpha\beta_{ij})$

$= \text{Exp}\ (\mu) \times \text{Exp}\ (\alpha_i) \times \text{Exp}\ (\beta_j) \times \text{Exp}\ (\alpha\beta_{ij})$

所以對數線性模式即為「乘法模式」。

變異數分析的數據類型，即如下：

因子 A	因子 B	數據
A_1	B_1	X_{111} X_{112}
	B_2	X_{121} X_{122}
A_2	B_1	X_{211} X_{212}
	B_2	X_{221} X_{222}

此時，變異數分析的模式是

$x_{ijk} = \mu + \alpha_i + \beta_j + (\alpha\beta)_{ij} + \varepsilon_{ijk}$

↓

因子 A 與因子 B 的交互作用

因之，變異數分析是「加法模式」

（注）對數線性分析之交互作用的解釋，與變異數分析的交互作用之解釋略為不同。

第 15 章　Logit 對數線性分析

15.1　前言

使用表 15.1.1 的數據，利用 SPSS 進行對數線性分析。

以下數據是佛州汽車事故的報告。此數據與對數線性分析中所使用者相同。在進行 Logit 對數線性分析之前，請參閱第 14 章的對數線性分析。

想知道的事情是？
未使用安全帶時的致命傷比例，與使用安全帶時相比，有多少的差異呢？
但是，Logit 對數線性模式是形成如下的形式：

$$\log\left(\frac{m_{ij}}{m_{ik}}\right) = \lambda + \delta_i$$

表 15.1.1　汽車事故與安全帶

損傷程度 ＼ 安全帶使用	致命傷	輕傷
未使用	1601	162527
使用	510	412368

【數據輸入的類型】

此數據的輸入，需要多加注意！！

死傷數的地方不要忘了【數據 (D)】→【加權觀察值 (W)】。

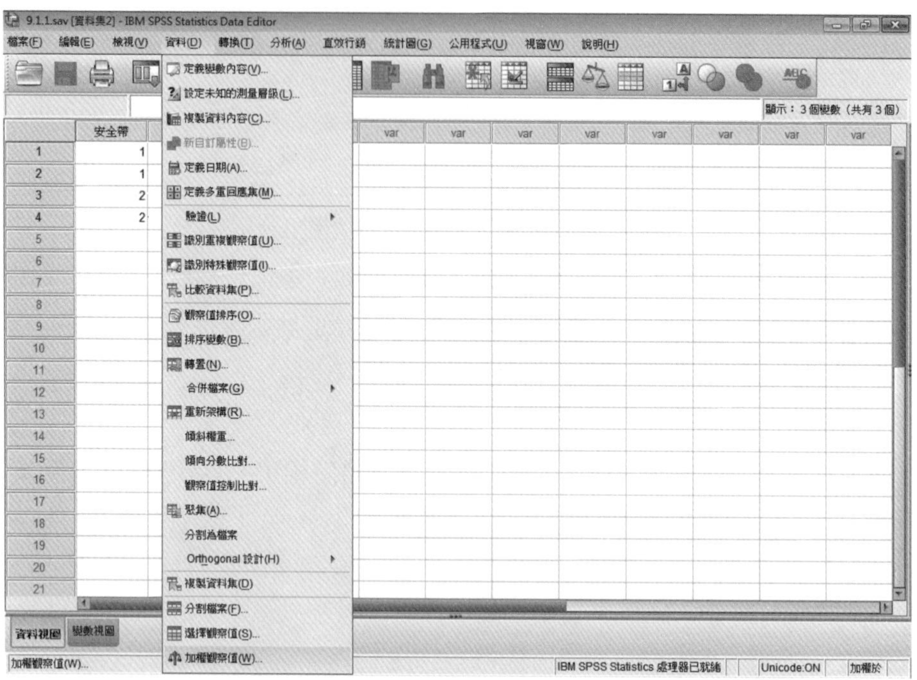
9.1.1.sav [資料集2] - IBM SPSS Statistics Data Editor
檔案(F) 編輯(E) 檢視(V) 資料(D) 轉換(T) 分析(A) 直效行銷 統計圖(G) 公用程式(U) 視窗(W) 說明(H)
定義變數內容(V)...
設定未知的測量層級(L)...
複製資料內容(C)...
新自訂屬性(B)...
定義日期(A)...
定義多重回應集(M)...
驗證(L)
識別重複觀察值(U)...
識別特殊觀察值(I)...
比較資料集(P)...
觀察值排序(O)...
排序變數(B)...
轉置(N)...
合併檔案(G)
重新架構(R)...
傾斜權重...
傾向分數比對...
觀察值控制比對...
聚集(A)...
分割為檔案
Orthogonal 設計(H)
複製資料集(D)
分割檔案(F)...
選擇觀察值(S)...
加權觀察值(W)...
顯示：3 個變數（共有 3 個）
安全帶
資料視圖
變數視圖
IBM SPSS Statistics 處理器已就緒
Unicode:ON

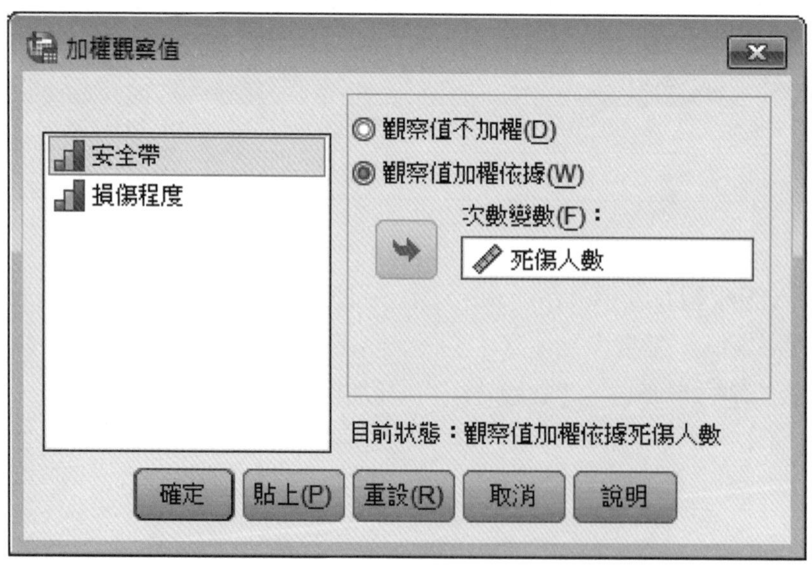
加權觀察值
安全帶
損傷程度
觀察值不加權(D)
觀察值加權依據(W)
次數變數(F)：
死傷人數
目前狀態：觀察值加權依據死傷人數
確定
貼上(P)
重設(R)
取消
說明

15.2 Logit 對數線性分析

【統計處理的步驟】

步驟 1 以滑鼠點選【分析 (A)】，按一下清單中的【對數線性 (O)】，再按一下子清單中的【Logit 分析 (L)】。

步驟 2 將損傷程度移到【因變數 (D)】的方框之中，接著將安全帶移到【因素 (F)】的方框之中。點選【選項 (O)】。

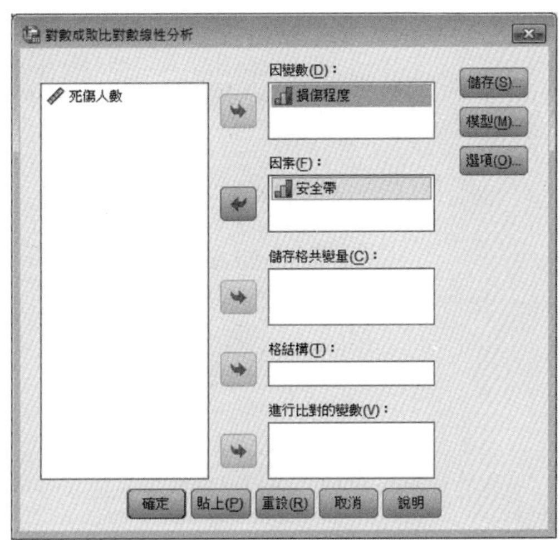

步驟 3 勾選【估計值 (E)】，接著按 繼續 。

對數成敗比對數線性分析：選項

顯示
次數(F)
殘差(R)
設計矩陣(G)
估計值(E)
疊代過程(H)

統計圖
調整後殘差(S)
調整後常態機率(N)
偏誤殘差(D)
離差的常態機率(P)

信賴區間(I)： 95 %

準則
最大疊代(M)： 20
收斂(C)： 0.001
差異(T)： .5

繼續 取消 說明

步驟 4 回到步驟 2 的頁面後，按 確定 鈕。

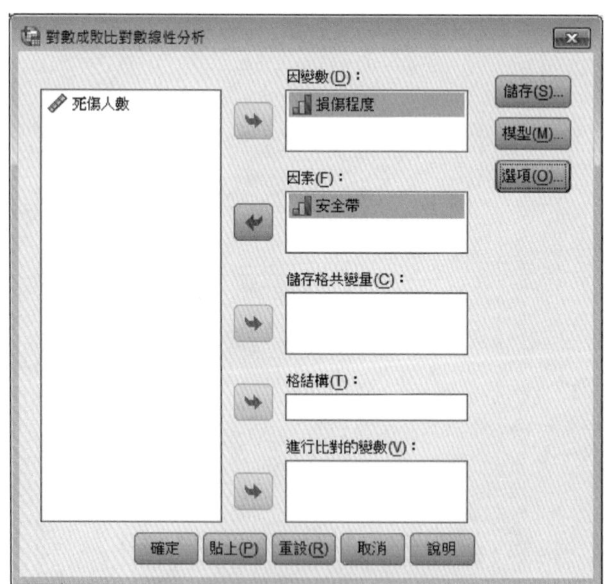

【SPSS 輸出・1】——Logit 對數線性分析

```
Correspondence Between Parameters and Terms of the Design

Parameter   Aliased  Term

        1            Constant for [安全帶 = 1]
        2            Constant for [安全帶 = 2]        ←①
        3            [損傷程度 = 1]
        4       x    [損傷程度 = 2]
        5            [損傷程度 = 1]*[安全帶 = 1]
        6       x    [損傷程度 = 1]*[安全帶 = 2]
        7       x    [損傷程度 = 2]*[安全帶 = 1]
        8       x    [損傷程度 = 2]*[安全帶 = 2]

Note: 'x' indicates an aliased (or a redundant) parameter.
      These parameters are set to zero.
```

【輸出結果的判讀・1】

① Logit 對數模式如下。

$$\begin{cases} \log(\frac{m_{11}}{m_{12}}) = \lambda + \delta_1 \\ \log(\frac{m_{21}}{m_{22}}) = \lambda + \delta_2 \end{cases}$$

事實上，Logit 對數線性模式，與以下的對數線性模式相同。

$$\begin{cases} \text{Log}(m_{11}) = \alpha_1 + \beta_1 + \gamma_{11} \\ \text{Log}(m_{12}) = \alpha_1 + \beta_2 + \gamma_{12} \\ \text{Log}(m_{21}) = \alpha_2 + \beta_1 + \gamma_{21} \\ \text{Log}(m_{22}) = \alpha_2 + \beta_2 + \gamma_{22} \end{cases}$$

亦即，變成

$$\begin{cases} \log(\frac{m_{11}}{m_{12}}) = \log(m_{11}) - \log(m_{12}) = (\beta_1 - \beta_2) + (\gamma_{11} - \gamma_{12}) \\ \log(\frac{m_{21}}{m_{22}}) = \log(m_{21}) - \log(m_{22}) = (\beta_1 - \beta_2) + (\gamma_{21} - \gamma_{22}) \end{cases}$$

因之形成如下的對應，

$\lambda = \beta_1 - \beta_2$，$\delta_1 = \gamma_{11} - \gamma_{12}$　$\delta_2 = \gamma_{21} - \gamma_{22}$

因此，Logit 對數線性分析對應第十三章的【輸出結果的判讀 · 1】的 μ 的對數線性模式

$\mu + \alpha_1 \rightarrow \alpha_1$

$\mu + \alpha_2 \rightarrow \alpha_2$

相對應，因之只要估計以下 4 個參數就夠了。

1	2	3	4	5	6	7	8
α_1	α_2	β_1	β_2	γ_{11}	γ_{12}	γ_{21}	γ_{22}

【SPSS 輸出 · 2】——Logit 對數線性分析

參數評估[c,d]

參數		估計	標準錯誤	Z	顯著性	95% 信賴區間	
						下限	上限
常數	[安全帶 = 1]	11.999[a]					
	[安全帶 = 2]	12.930[a]					
[損傷程度 = 1]		-6.694	.044	-151.194	.000	-6.781	-6.608
[損傷程度 = 2]		0[b]	.	.	.	.	.
[損傷程度 = 1] * [安全帶 = 1]		2.074	.051	40.753	.000	1.975	2.174
[損傷程度 = 1] * [安全帶 = 2]		0[b]	.	.	.	.	.
[損傷程度 = 2] * [安全帶 = 1]		0[b]	.	.	.	.	.
[損傷程度 = 2] * [安全帶 = 2]		0[b]	.	.	.	.	.

←② (常數列)；←③ (末列)

a. 在多項式使用時，常數不是參數。因此，沒有計算它們的標準誤。

b. 此參數設為零，因為這是冗餘的。

c. 模型：多項式對數

d. 設計：Constant + 損傷程度 + 損傷程度 * 安全帶

【輸出結果的判讀 · 2】

②＋③求 4 個參數的估計值與 95% 信賴區間。

$\alpha_1 = 11.999$

$\alpha_2 = 12.930$

$\beta_1 = -6.694$　　　　$-6.78 \leq \beta_1 \leq -6.61$

$\beta_2 = 0$

$\gamma_{11} = 2.074$　　　　$1.97 \leq \gamma_{11} \leq 2.17$

$\gamma_{12} = 0$

$\gamma_{21} = 0$

$\gamma_{22} = 0$

因此，Logit 對數線性模式為

$\lambda = \beta_1 - \beta_2 = -6.694 - 0 = -6.694$

$\delta_1 = \gamma_{11} - \gamma_{12} = 2.074 - 0 = 2.074$

$\delta_2 = \gamma_{21} - \gamma_{22} = 0 - 0 = 0$

想知道的地方是使用安全帶與未使用安全帶時之致命傷的資訊，因之注意 δ_1 與 δ_2 之值。

$\delta_1 = 2.074 \quad \delta_2 = 0$

未使用安全帶時的致命傷的對數 odds 是使用安全帶時的 2.074 倍。

如換成 odds 來說，未使用安全帶時的 odds，是使用安全帶時 odds 的 7.9649 倍。

$\log(\text{odds}) = 2.074 \rightarrow \text{odds} = e^{2.074} = 7.9649$

（注）odds 比是表示 2 個事件的關聯強度。

0 < odds 比 < 1，當 odds 比 = 1 時，2 個事件無關聯。

$$odds = \frac{p}{1-p} \text{，} odds\text{比} = \frac{p_1}{1-p_1} \bigg/ \frac{p_2}{1-p_2}$$

	發生	不發生
A	p_1	$1 - p_1$
B	p_2	$1 - p_2$

【SPSS 輸出 · 3】——Logit 對數線性分析

分散情形的分析[a,b]

	熵	濃度	df
模型	1020.525	17.055	1
殘差	12936.392	4191.484	577006
總計	13956.917	4208.539	577007

a. 模型：多項式對數

b. 設計：Constant + 損傷程度 + 損傷程度 * 安全帶

關聯的測量[a,b]

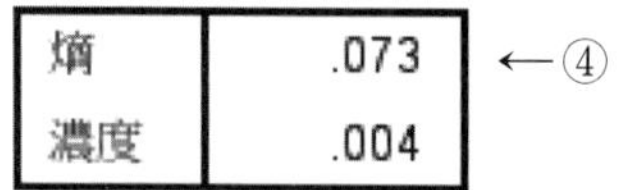

熵	.073
濃度	.004

←④

a. 模型：多項式對數

b. 設計：Constant + 損傷程度 + 損傷程度 * 安全帶

【輸出結果的判讀 · 3】

④ Entropy 與集中係數（= concentration）

$$0.0731 = \frac{1020.5246}{13956.9163}$$

$$0.0041 = \frac{17.0550}{4208.5391}$$

均是求出在依變數的總變動（total）之中，可利用模式加以說明的部分比率。此值愈接近 1，模式的配適可以認爲愈好。像本例不一定能如此斷言。

第16章 判別分析

16.1 目視的判別分析

試使用以下數據進行判別分析。

以下數據是調查生存在某地區而患有水俣病的病貓（組 1）與健康貓（組 2）中腦與肝臟中的水銀量（ppm）。

今想調查有無判別兩組的判別式？在腦與肝臟的水銀量中，何者影響水俣病？

假若有一隻貓，牠的腦與肝臟的水銀量分別為 21 與 45，試判別是屬於病貓組或是健康組？

表 16.1.1 判別水俣病（組 1）

	腦 $x1$	肝臟 $x1$
1	9.1	54.5
2	10.4	68.0
3	8.27	53.5
4	7.5	47.6
5	15.7	52.5
6	4.9	45.3

正常組（組 2）

	腦 $x2$	肝臟 $x2$
1	2.3	31.8
2	0.7	15.5
3	2.5	33.3
4	1.1	33.4
5	3.9	61.2
6	1.0	12.3

判別分析是清楚判別 2 個組的方法。

首先，觀察組與組之間的關係。最好的方法就是畫散佈圖。

➲2 個組的散佈圖的畫法

步驟 1 如下輸入數據。

（注：判別分析時，要用另外的輸入方法。）

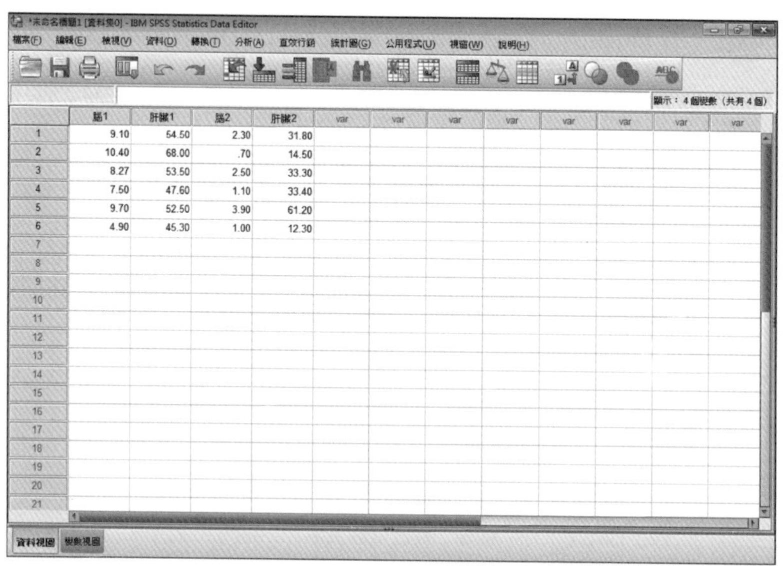

步驟 2 選擇【統計圖 (G)】→【歷史對話記錄 (L)】→【散佈圖 / 點狀圖 (S)】。

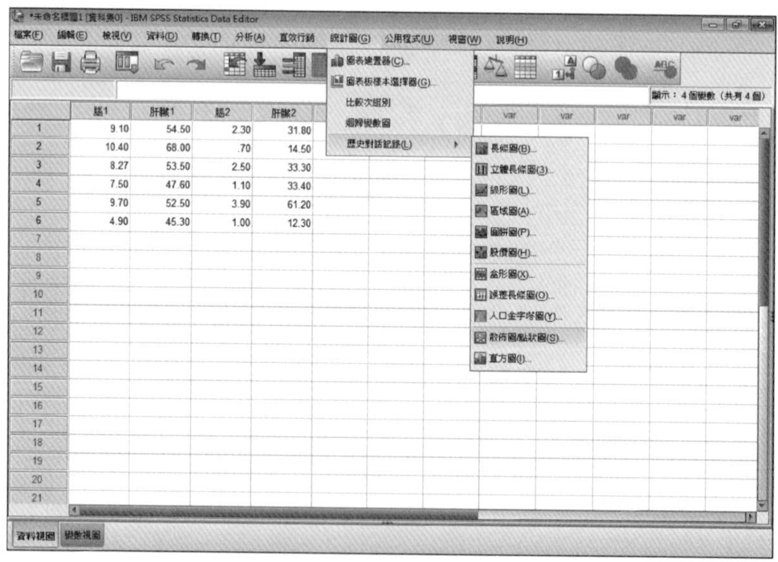

步驟 3 點選重疊散佈圖，按一下 定義 。

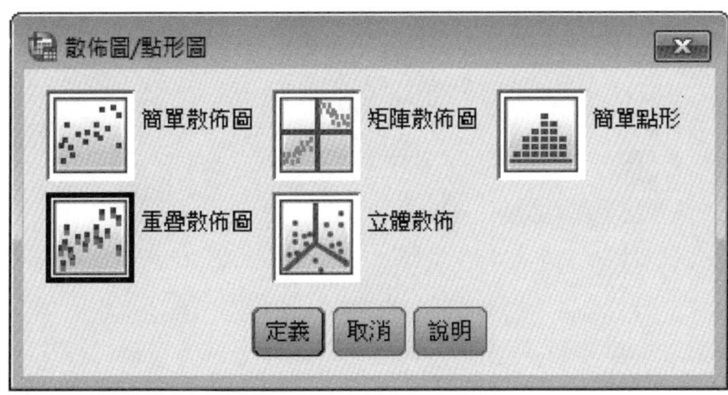

步驟 4 將腦 1 與肝臟 1 移到 Y-X 配對組的方框中。按一下 ↔ 左右交換，即變成肝臟 1 與腦 1。

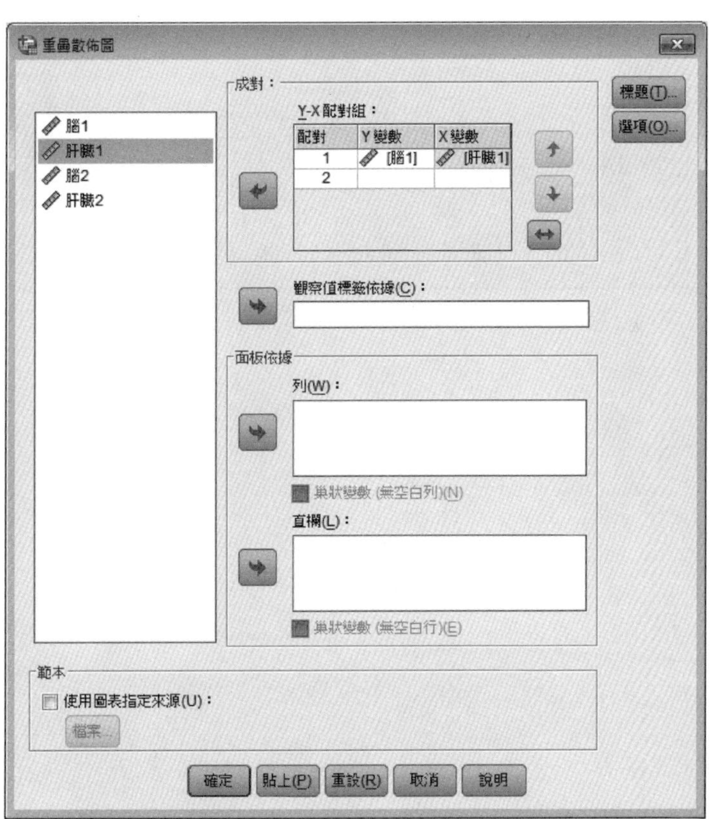

步驟 5 腦 2 與肝臟 2 也移入 Y-X 配對組的方框中，再將兩者交換。然後按 確定 。

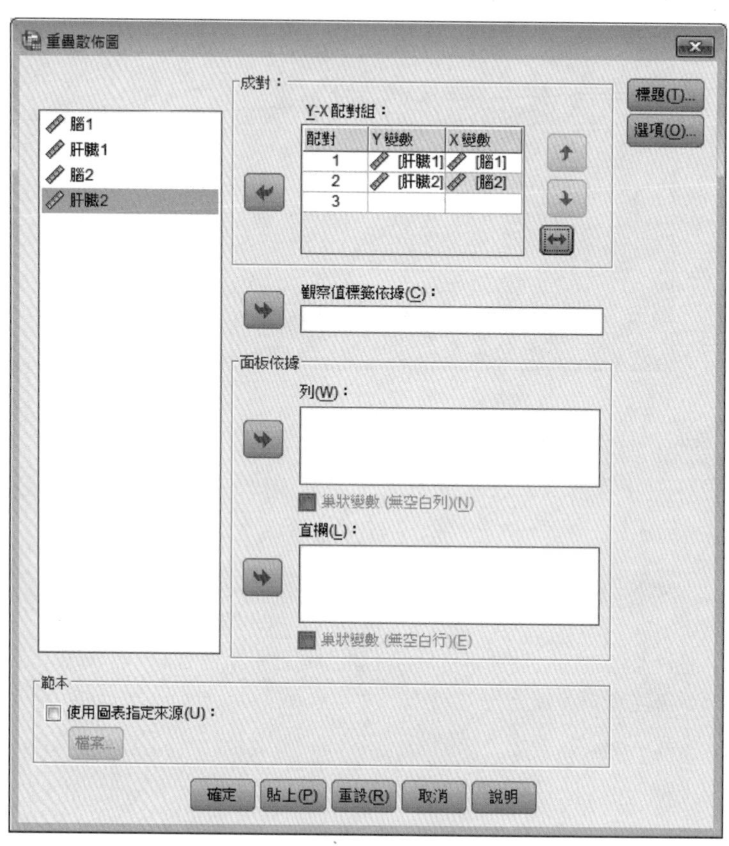

【SPSS 輸出】

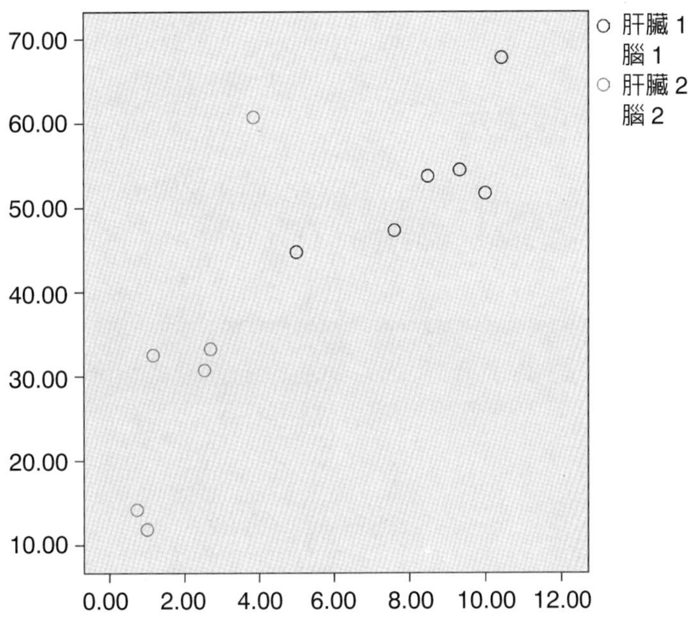

觀此圖時，是否有想要畫出如下的直線呢？

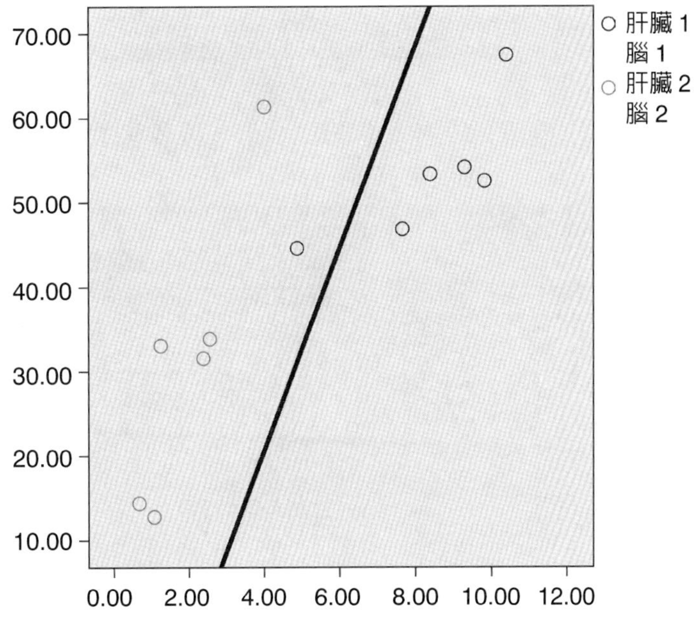

那麼此境界線要如何畫才好？

16.2 使用線性判別函數求境界線

試求出境界線以判別 2 個組。

➲ 線性判別函數的求法

步驟 1 如下輸入數據。（注意輸入方式與表 15.1.1 不同。）
準備好可區分組 1 與組 2 的變數。

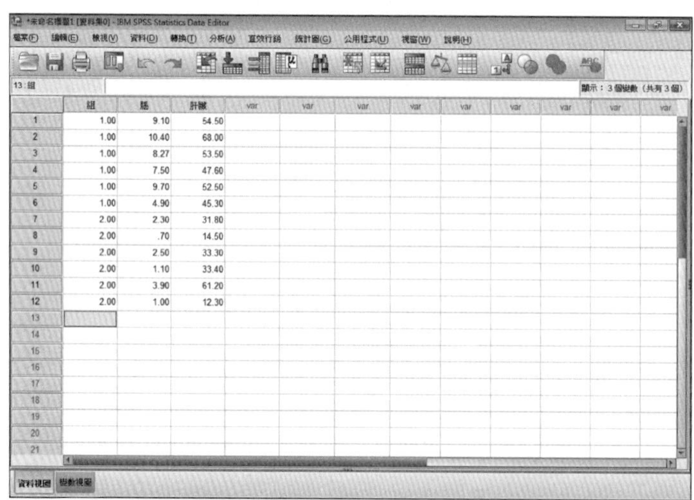

	組	腦	肝臟
1	1.00	9.10	54.50
2	1.00	10.40	68.00
3	1.00	8.27	53.50
4	1.00	7.50	47.60
5	1.00	9.70	52.50
6	1.00	4.90	45.30
7	2.00	2.30	31.80
8	2.00	.70	14.50
9	2.00	2.50	33.30
10	2.00	1.10	33.40
11	2.00	3.90	61.20
12	2.00	1.00	12.30

步驟 2 從【分析 (A)】的清單中選擇【分類 (Y)】，接著選擇【區別 (D)】。

步驟 3 將組移入【分組變數 (G)】中。按一下【定義範圍 (D)】。

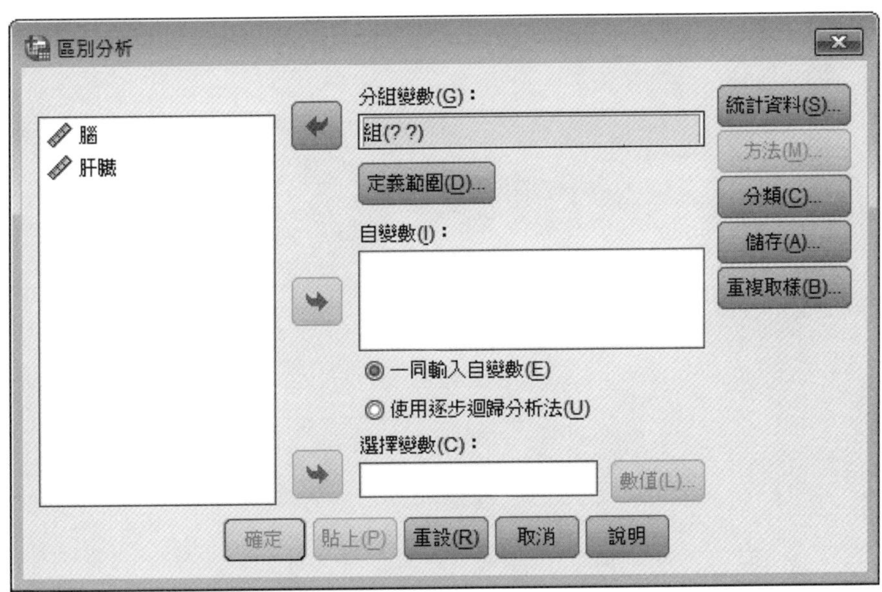

步驟 4 於【最小值 (N)】方框中輸入 1，於【最大值 (X)】方框中輸入 2。按 繼續

區別分析：定義...
最小值(N)：1
最大值(X)：2
繼續　取消　說明

步驟 5【分組變數 (G)】的方框中是否變成組 (1 2) 了呢？

若是，將腦與肝臟移入【自變數 (I)】的方框中。接著按一下【統計資料 (S)】。

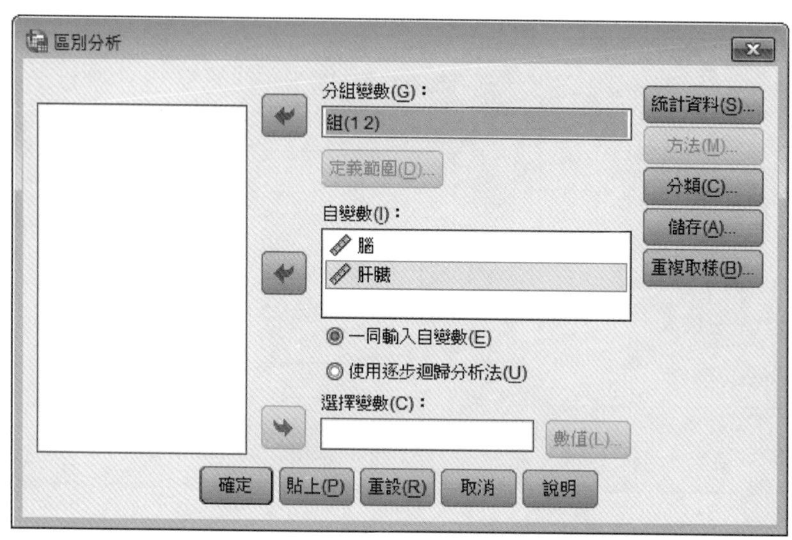

步驟 6 於函數係數欄位勾選【未標準化 (U)】與【Fisher's 線性區別函數係數 (F)】，然後按 繼續，回到步驟 5 的頁面，按 確定。

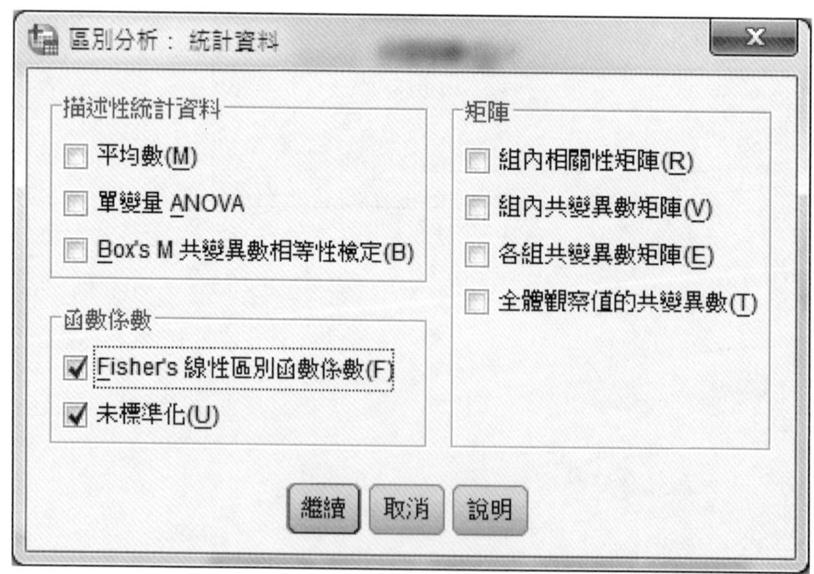

【SPSS 輸出】

典型區別函數係數

	函數
	1
腦	.809
肝臟	-.041
（常數）	-2.408

非標準化係數

在SPSS輸出中有稱之爲未標準化典型區別函數係數。此即爲線性判別函數。

亦即線性判別函數 z 爲

Z = 0.808× 腦 – 0.041× 肝臟 – 2.405

那麼，區分 2 組的境界線是在何處？事實上，

0 = 0.808× 腦 – 0.041× 肝臟 – 2.405

即爲所求的境界線。

將此式轉換成，

0.041× 肝臟 = 0.808× 腦 – 2.405

$$肝臟 = \frac{0.808}{0.041} \times 腦 - \frac{2.405}{0.041}$$

因此，成爲

肝臟 =115.71× 腦 – 58.66

因之，在散佈圖上畫此直線時，115.71 是斜率，–58.66 是截距。

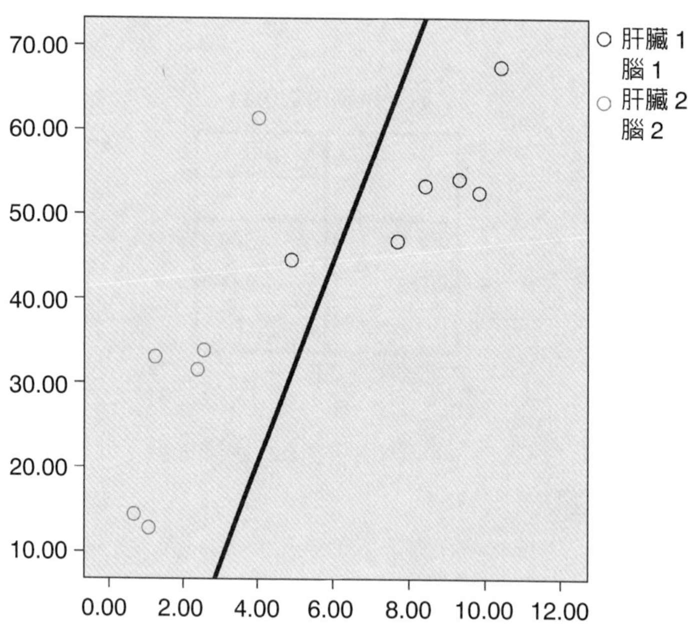

此境界線是在線性判別函數 Z = 0.808× 腦 – 0.041× 肝臟 – 2.405 中 Z 值剛好等於 0，因之，平面分成三部分，Z=0 的部分即為境界線，

Z > 0 的部分，即為組 1，

Z < 0 的部分，即為組 2。

16.3 判別分數的求法

如求出線性判別函數 Z 時，試求判別分數。判別分數是將數據代入線性判別函數

Z = 0.808× 腦 – 0.041× 肝臟 – 2.405

譬如，數據 (15.1, 54.5) 時，判別分數為

$Z = 0.808 \times 15.1 - 0.041 \times 54.5 - 2.405$

$= 2.7133$

有 2 種方法求判別分數。

16.3.1 方法一

步驟 1 從【轉換 (T)】中選擇【計算變數 (C)】。

步驟 2 於【目標變數 (T)】中輸入 Z，於【數值表示式 (E)】中輸入 0.808* 腦 – 0.041* 肝臟 – 2.405，然後按 確定 。

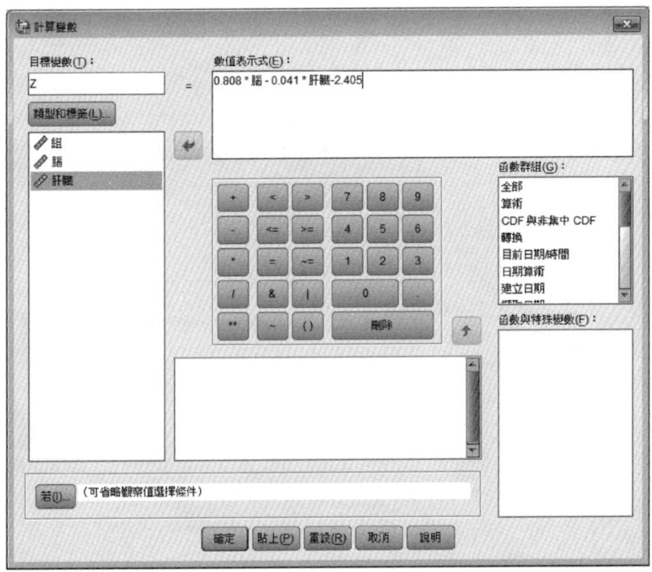

【SPSS 輸出】

	組	腦	肝臟	Z
1	1.00	9.10	54.50	2.71
2	1.00	10.40	68.00	3.21
3	1.00	8.27	53.50	2.08
4	1.00	7.50	47.60	1.70
5	1.00	9.70	52.50	3.28
6	1.00	4.90	45.30	-.30
7	2.00	2.30	31.80	-1.85
8	2.00	.70	14.50	-2.43
9	2.00	2.50	33.30	-1.75
10	2.00	1.10	33.40	-2.89
11	2.00	3.90	61.20	-1.76
12	2.00	1.00	12.30	-2.10

16.3.2 方法二

步驟 1 至步驟 4：

與 16.2 節的步驟 2 至步驟 5 相同。

步驟 5 按一下【儲存 (A)】，勾選【區別評分 (D)】按 繼續，回到步驟 4，按 確定。

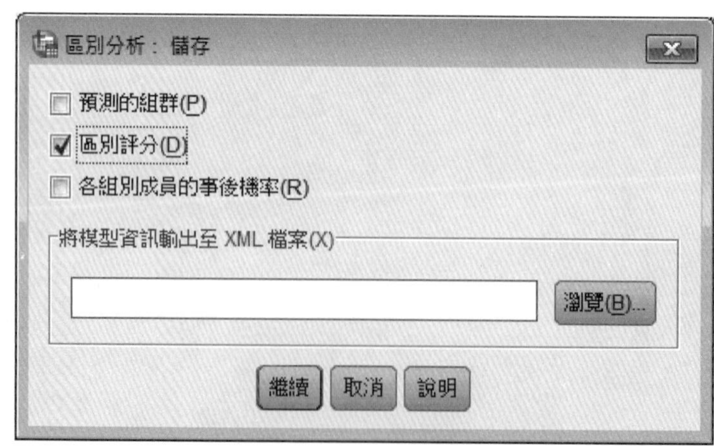

【SPSS 輸出】

數據檔是否顯示為如下呢？

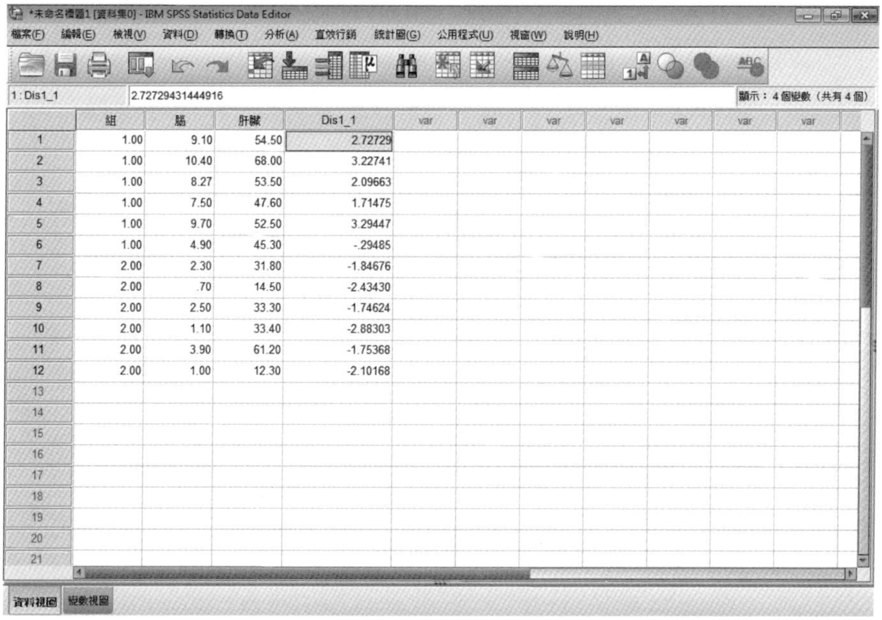

*未命名標題1 [資料集0] - IBM SPSS Statistics Data Editor

檔案(F) 編輯(E) 檢視(V) 資料(D) 轉換(T) 分析(A) 直效行銷 統計圖(G) 公用程式(U) 視窗(W) 說明(H)

1 : Dis1_1 2.72729431444916 顯示：4 個變數（共有 4 個）

	組	腦	肝臟	Dis1_1	var	var	var	var	var	var	var
1	1.00	9.10	54.50	2.72729							
2	1.00	10.40	68.00	3.22741							
3	1.00	8.27	53.50	2.09663							
4	1.00	7.50	47.60	1.71475							
5	1.00	9.70	52.50	3.29447							
6	1.00	4.90	45.30	-.29485							
7	2.00	2.30	31.80	-1.84676							
8	2.00	.70	14.50	-2.43430							
9	2.00	2.50	33.30	-1.74624							
10	2.00	1.10	33.40	-2.88303							
11	2.00	3.90	61.20	-1.75368							
12	2.00	1.00	12.30	-2.10168							
13											
14											
15											
16											
17											
18											
19											
20											
21											

資料視圖 變數視圖

16.4 以正答率與誤判率確認判別結果

雖然是利用線性判別函數在 2 組間加入境界線，但此境界線可以正確判斷 2 組到何種程度呢？再度觀察判別分數吧。調查此判別分數的正、負時，

判別分數	正、負
2.73096	正
3.23192	正
2.04412	正
1.71858	正
3.29750	正
–0.28962	負

判別分數	正、負
–1.84154	負
–2.43022	負
–1.74097	負
–2.87684	負
–1.74582	負
–2.09806	負

因此，組 1 中 6 個數據中有 5 個是正確判斷，有 1 個誤判。組 2 中 6 個數據全部是正確判斷。

由此來看，正答率與誤判率似乎可以如下定義：

組 1 的正答率 $= \frac{5}{6} = 83.3\%$

組 1 的誤判率 $= \frac{1}{6} = 16.7\%$

組 2 的正答率 $= \frac{6}{6} = 100\%$

組 2 的誤判率 $= \frac{0}{6} = 0\%$

➲ 正答率與誤判率的求法

步驟 1 步驟 1 至步驟 4 與 16.2 節的步驟 2 至步驟 5 相同。按一下【分類 (C)】。

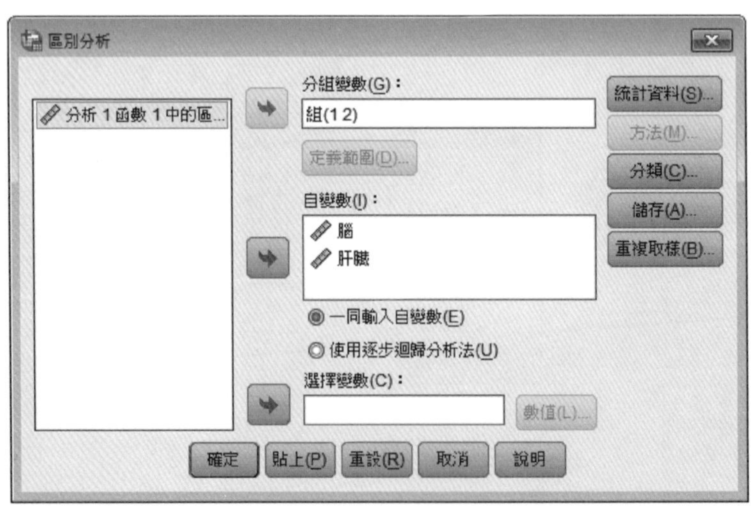

步驟 5 於顯示欄位勾選【摘要表(U)】，按 繼續，回到步驟4的頁面，按 確定。

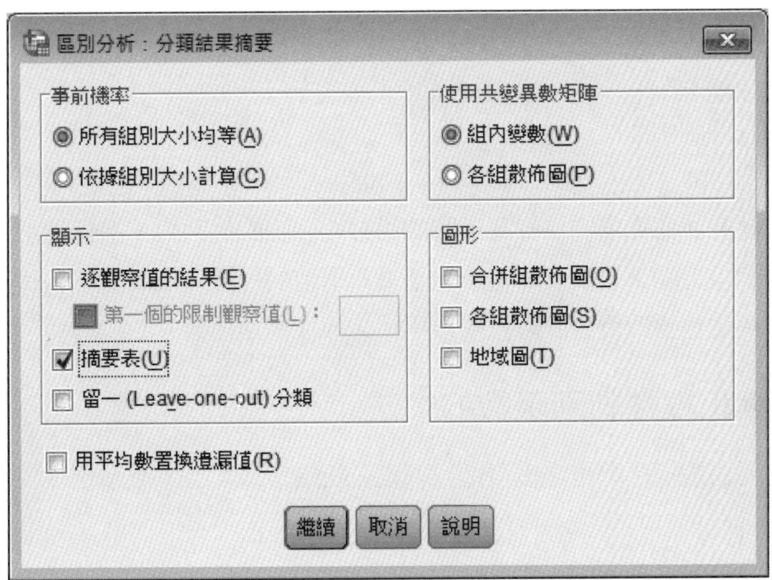

【SPSS 輸出】

分類結果[a]

		組	預測的群組成員資格 1.00	預測的群組成員資格 2.00	總計
原始	計數	1.00	5	1	6
		2.00	0	6	6
	%	1.00	83.3	16.7	100.0
		2.00	.0	100.0	100.0

a. 91.7% 個原始分組觀察值已正確地分類。

觀察 SPSS 輸出時，組 1 的誤判率並非 0%，亦即，即使使用 SPSS 也無法完全區分。此外，進行判別的方法也有羅吉斯（Logistic）回歸。

16.5 何謂標準化線性判別函數

雖然使用 2 個變量進行判別分析，但 2 個變量中何者是判別分析較為重要的變量呢？

線性判別函數為

Z = 0.808× 腦 – 0.041× 肝臟 – 2.405

如比較 2 個變量的係數時，腦的係數比肝臟的係數大，進行判別分析時是否腦比肝臟重要呢？要注意的是，變量具有單位的影響，如改變單位時，線性判別函數的係數也會改變，此時可求出標準化線性判別函數。

➲ 標準化線性判別函數的求法

此是將數據標準化之後再進行判別分析嗎？事實上，標準化線性判別函數已有求出。

標準化典型區別函數係數

	函數
	1
腦	1.320
肝臟	-.557

此即為標準化線性判別函數，如比較此 2 個標準化的係數時，腦的係數比肝臟大，因之進行判別分析時，重要的說明變量是腦中所積存的水銀量。

第 17 章　ROC 曲線

17.1　ROC 曲線的主要作用

ROC 曲線的主要作用有以下幾點：

1. ROC 曲線能很容易地查出任意界限值時，對疾病的識別能力。
2. 選擇最佳的診斷界限值。ROC 曲線愈靠近左上角，試驗的準確性就愈高。最靠近左上角的 ROC 曲線的點是錯誤最少的最好閾值，其假陽性和假陰性的總數最少。
3. 兩種或兩種以上不同診斷試驗對疾病識別能力的比較 。在對同一種疾病的兩種或兩種以上診斷方法進行比較時，可將各試驗的 ROC 曲線繪製到同一座標中，以直觀地鑑別優劣，靠近左上角的 ROC 曲線所代表的接受者操作最準確。亦可通過分別計算各個試驗的 ROC 曲線下的面積（AUC）進行比較，哪一種試驗的 AUC 最大，哪一種試驗的診斷價值最佳。

以下的資料，不僅是調查申請者的年齡（Age），也同時調查教育水準（Education）、工作年數（Year_emp）、家庭收入（Income）、負債對收入之比率（Debt_income）、信用卡負債（Cred_debt）、其他類型之負債（Other_debt）與貸款（Loan）之關係。結果如表 16.1.1 所示。針對此資料進行判別分析與二元 Logistic 迴歸分析，調查上述各要因與貸款核准與否之關係，再以 ROC 曲線判斷兩者預測之準確率。

➲ 資料類型

表 17.1.1　貸款之核准與獨立變數之相關資料

年齡	教育水準	工作年數	家庭收入	負債	信用卡負債	其他負債	貸款
47	1	22	81.00	5.50	1.51	2.95	0
40	1	22	95.00	3.60	.63	2.79	0
35	1	16	36.00	3.40	.18	1.05	0
43	1	16	89.00	.40	.16	.20	0
47	1	26	100.00	12.80	4.58	8.22	0
52	1	24	64.00	10.00	3.93	2.47	0

年齡	教育水準	工作年數	家庭收入	負債	信用卡負債	其他負債	貸款
35	1	13	35.00	4.50	.43	1.14	0
36	1	16	32.00	10.90	.54	2.94	.
49	2	14	63.00	16.80	.94	9.02	.
35	2	14	82.00	.80	.47	.19	0
45	2	9	69.00	6.70	.71	3.92	0
41	4	14	44.00	1.70	.35	.39	0
34	1	16	79.00	4.00	1.73	1.43	0
48	3	17	113.00	12.00	3.38	10.18	0
33	1	14	37.00	2.60	.20	.76	0
41	1	15	120.00	2.90	2.66	.82	0
41	1	19	96.00	7.80	2.25	5.23	0
36	1	14	81.00	7.20	1.78	4.05	0
41	4	9	47.00	5.00	.44	1.91	0
32	1	11	53.00	3.30	.09	1.66	0
38	1	21	58.00	16.50	4.58	4.99	0
35	1	15	40.00	18.50	1.21	6.19	0
43	2	6	54.00	9.60	.62	4.56	0
44	3	8	88.00	6.10	.28	5.08	1
35	3	10	39.00	10.40	1.60	2.45	0
34	4	7	40.00	6.40	.95	1.61	0
44	1	18	61.00	10.80	2.81	3.78	.
41	1	24	83.00	16.00	6.59	5.03	0
29	2	10	61.00	6.20	.80	2.98	.
31	3	6	54.00	2.80	.40	1.11	0
38	1	6	18.00	13.00	.13	2.21	0
29	1	9	33.00	4.80	.69	.89	0
41	3	0	26.00	1.70	.10	.34	0
39	3	11	39.00	12.90	2.56	2.47	0
27	1	5	26.00	1.20	.13	.18	.
34	1	6	20.00	1.20	.04	.20	0
27	2	8	18.00	11.90	.40	1.74	0
27	1	11	21.00	11.40	.91	1.48	.
45	3	0	22.00	4.20	.03	.89	0
32	1	7	23.00	9.80	.86	1.39	.
31	1	11	47.00	10.90	2.86	2.26	0
41	1	1	19.00	4.40	.24	.59	0
42	2	5	41.00	3.40	.36	1.04	0

年齡	教育水準	工作年數	家庭收入	負債	信用卡負債	其他負債	貸款
30	2	4	16.00	6.50	.35	.62	0
42	2	11	73.00	6.80	2.87	2.09	0
26	2	8	40.00	11.80	.44	4.28	0
34	2	8	78.00	5.40	2.16	2.06	0
46	1	6	30.00	17.60	1.42	3.86	.
42	1	12	51.00	21.40	2.41	8.50	0
24	1	2	21.00	.60	.03	.10	0
41	2	5	25.00	10.20	.39	2.16	0
37	2	15	108.00	11.80	5.25	7.49	.
35	3	5	30.00	10.60	1.53	1.65	.
39	1	4	38.00	6.50	1.18	1.29	0
31	1	1	21.00	2.50	.28	.25	1
21	1	5	25.00	9.00	.37	1.88	0
29	1	3	23.00	9.30	1.10	1.04	
24	1	2	18.00	6.00	.53	.55	0
50	1	1	26.00	16.30	1.85	1.87	0
20	1	4	16.00	9.70	.20	1.16	1
40	1	2	28.00	7.10	.18	1.80	0
42	3	0	64.00	6.60	.28	3.95	0
20	3	0	17.00	2.30	.04	.35	0
37	2	4	20.00	21.70	.17	4.17	1
29	1	6	21.00	18.10	1.11	2.69	0
29	1	4	24.00	7.80	.87	1.01	.
29	1	3	17.00	9.00	.47	1.06	0
24	1	1	20.00	4.10	.32	.50	.
31	3	9	59.00	16.60	3.11	5.50	1
31	1	5	25.00	16.10	1.18	2.35	0
27	1	9	45.00	17.80	2.85	5.16	1
24	1	1	16.00	7.20	.88	.27	.
27	2	4	22.00	13.20	1.09	1.82	1
21	1	4	26.00	8.90	1.42	.89	0
24	2	2	26.00	9.70	.89	1.63	1
38	3	12	63.00	16.00	5.72	4.36	1
24	1	4	19.00	11.00	1.19	.90	.
34	1	15	39.00	24.70	4.37	5.26	1
27	1	0	18.00	12.80	.58	1.72	0
41	2	7	63.00	16.40	4.64	5.06	0

年齡	教育水準	工作年數	家庭收入	負債	信用卡負債	其他負債	貸款
22	3	0	23.00	8.40	.37	1.56	1
26	2	0	28.00	9.30	1.27	1.33	0
21	3	0	24.00	7.70	.83	1.01	0
41	2	22	75.00	23.60	9.88	7.82	0
27	3	3	35.00	13.30	1.60	3.05	0
26	1	0	16.00	10.50	.26	1.21	0
29	2	5	28.00	18.70	2.13	3.11	0
43	4	1	26.00	10.60	1.52	1.24	0
23	2	0	21.00	11.40	.78	1.62	1
35	1	0	34.00	11.10	1.37	2.40	1
28	2	1	24.00	17.10	1.34	2.77	1
34	2	3	21.00	23.10	1.40	3.45	0
28	1	4	16.00	23.80	1.09	2.72	0
53	4	5	78.00	17.30	6.94	6.56	1
41	3	17	176.00	9.30	11.36	5.01	1
28	3	6	47.00	19.80	5.57	3.73	1
34	1	12	68.00	25.10	7.82	9.25	1
23	2	0	17.00	27.70	2.04	2.67	1
35	2	11	62.00	32.40	9.70	10.39	.
33	1	14	72.00	41.30	16.02	16.72	1

➲ 資料輸入形式

資料輸入形式的一部分顯示如下圖。就結果變數來說，設未核准貸款 = 0，核准貸款 = 1，黑點表遺漏值。就原因變數的教育水準來說，此爲類別變數，教育水準的1表示高中肄業（Did not complete high school），2表示高中畢業（High school degree），3 表示大學肄業（Some college），4 表示大學畢業（College degree），5 表示研究所畢業（Post-undergraduate degree）。

	age	education	year_emp	income	debt_income	cred_debt	other_debt	Loan
1	47	1	22	81.00	5.50	1.51	2.95	0
2	40	1	22	95.00	3.60	.63	2.79	0
3	35	1	16	36.00	3.40	.18	1.05	0
4	43	1	16	89.00	.40	.16	.20	0
5	47	1	26	100.00	12.80	4.58	8.22	0
6	52	1	24	64.00	10.00	3.93	2.47	0
7	35	1	13	35.00	4.50	.43	1.14	0
8	36	1	16	32.00	10.90	.54	2.94	.
9	49	2	14	63.00	15.80	.94	9.02	.
10	35	2	14	82.00	.80	.47	.19	0
11	45	2	9	69.00	6.70	.71	3.92	0
12	41	4	14	44.00	1.70	.35	.39	0
13	34	1	16	79.00	4.00	1.73	1.43	0
14	48	3	17	113.00	12.00	3.38	10.18	0
15	33	1	14	37.00	2.60	.20	.76	0
16	41	1	15	120.00	2.90	2.66	.82	0
17	41	1	19	96.00	7.80	2.25	5.23	0
18	36	1	14	81.00	7.20	1.78	4.05	0
19	41	4	9	47.00	5.00	.44	1.91	0

➲ 分析的步驟

首先進行二元 Logistic 迴歸分析。

步驟 1 選擇【分析 (A)】→【迴歸 (R)】→【二元 Logistic (G)】。以【依變數 (D)】而言，選擇「貸款」，【共變量 (C)】選擇「年齡」、「教育水準」、「工作年數」、「收入（千美元）」、「負債比率（×100）」、「信用卡負債（千美元）」、「其他負債（千美元）」。【方法 (M)】選擇「輸入（強制投入法）」。而且，「教育水準」是類別變數。按一下【類別 (C)】。

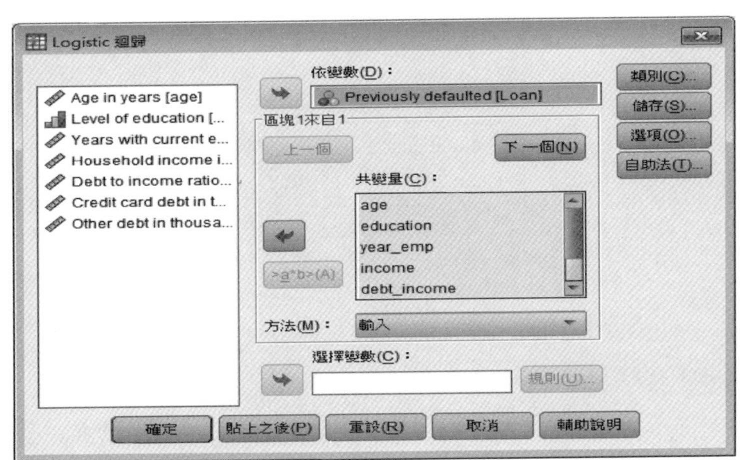

步驟 2 將「教育水準」移入【類別共變量 (T)】後，按 繼續

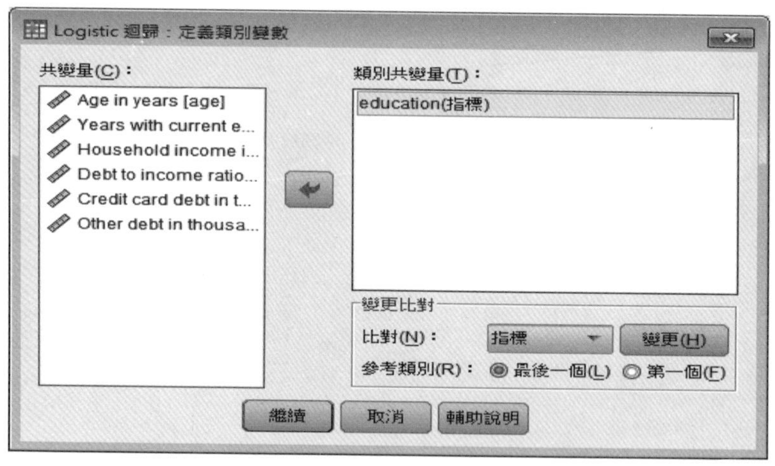

步驟 3 接著按【儲存 (S)】，勾選【機率 (D)】、【各組成員 (G)】後，按 繼續，再按 確定。

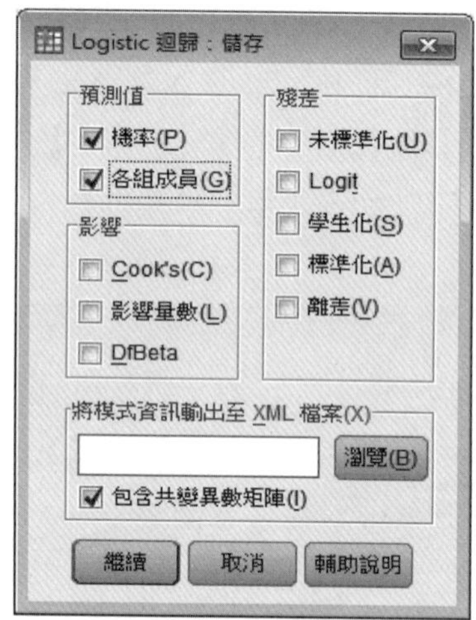

【SPSS 輸出結果】

得出預測機率（PRE_1），此值小於 0.5 即判斷屬於未核准貸款（= 0），若大於或等於 0.5 即判斷屬於核准貸款（= 1）。

	age	education	year_emp	income	debt_income	cred_debt	other_debt	Loan	PRE_1	PGR_1
1	47	1	22	81.00	5.50	1.51	2.95	0	.00063	0
2	40	1	22	95.00	3.60	.63	2.79	0	.00163	0
3	35	1	16	36.00	3.40	.18	1.05	0	.00097	0
4	43	1	16	89.00	.40	.16	.20	0	.00139	0
5	47	1	26	100.00	12.80	4.58	8.22	0	.01235	0
6	52	1	24	64.00	10.00	3.93	2.47	0	.00028	0
7	35	1	13	35.00	4.50	.43	1.14	0	.00293	0
8	36	1	16	32.00	10.90	.54	2.94	.	.00362	0
9	49	2	14	63.00	15.80	.94	9.02	.	.04299	0
10	35	2	14	82.00	.80	.47	.19	0	.00605	0
11	45	2	9	69.00	6.70	.71	3.92	0	.02798	0
12	41	4	14	44.00	1.70	.35	.39	0	.00114	0
13	34	1	16	79.00	4.00	1.73	1.43	0	.01176	0

➲ 接著進行判別分析

步驟 1 選擇【分析 (A)】→【分類 (Y)】→【判別 (D)】。【分組變數 (G)】選擇「貸款」，按一下【定義範圍 (D)】，於【最小值 (N)】中輸入 0，於【最大值 (X)】中輸入 1，然後按 繼續 。【自變數 (I)】選擇「年齡」、「教育水準」、「工作年數」、「收入」、「負債」、「信用卡負債」、「其他負債」。再按一下【儲存 (A)】。

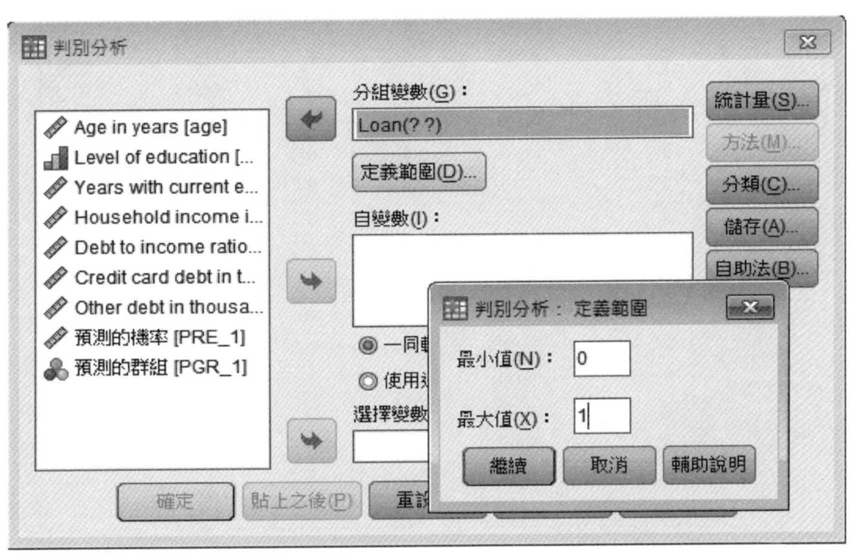

步驟 2 勾選【預測的組群 (P)】、【各組成員的事後機率 (R)】。按 繼續 再按 確定 。

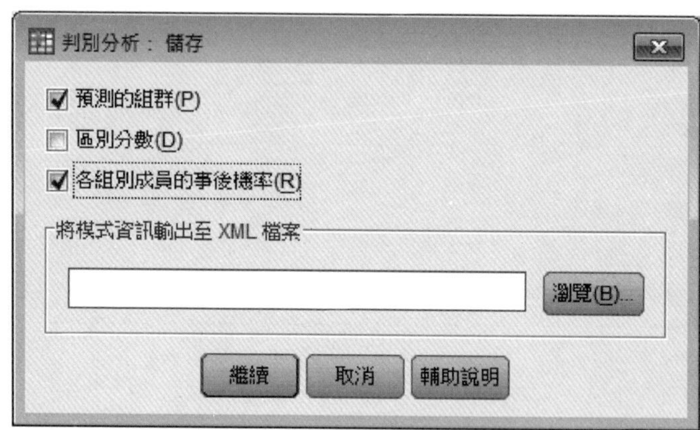

於資料檢視的視窗中出現 Dis_1(Predicted Group for Analysis)、Dis1_1(Probabilities of membership in group 0 for analysis1) 、Dis2_1(Probabilities of membership in group 1 for analysis1)。

Loan	Pre_1	PGR_1	Dis_1	Dis1_1	Dis2_1
0	.00063	0	0	.98844	.01156
0	.00163	0	0	.97333	.02667
0	.00097	0	0	.98886	.01114
0	.00139	0	0	.97410	.02590
0	.01235	0	0	.93197	.06803
0	.00028	0	0	.99161	.00839
0	.00293	0	0	.97649	.02351
.	.00362	0	0	.97030	.02970
.	.04299	0	0	.90002	.09998
0	.00605	0	0	.90113	.09887
0	.02798	0	0	.87980	.12020
0	.00114	0	0	.97664	.02336
0	.01176	0	0	.89279	.10721
0	.28927	0	0	.58305	.41695
0	.00202	0	0	.98143	.01857
0	.02925	0	0	.71881	.28119

➲ 繪製 ROC 曲線

爲了方便比較 PRE_1 與 Dis2_1 之機率，於變數檢視中將名稱及標記分別更名，將 PRE_1 更名爲 Logistic，於標記中也更名爲 Logistic Pred Prob，將 Dis2_1 更名爲 Discrim，於標記中也更名爲 Discrimant Pred Prob。

	名稱	類型	寬度	小數	標記	值	遺漏
1	age	數字的	4	0	Age in years	無	無
2	education	數字的	4	0	Level of education	{1, Did not c...	無
3	year_emp	數字的	4	0	Years with curr...	無	無
4	income	數字的	8	2	Household inco...	無	無
5	debt_income	數字的	8	2	Debt to income...	無	無
6	cred_debt	數字的	8	2	Credit card deb...	無	無
7	other_debt	數字的	8	2	Other debt in th...	無	無
8	Loan	數字的	4	0	Previously defa...	{0, No}...	無
9	Logistc	數字的	11	5	Logistic Pred P...	無	無
10	PGR_1	數字的	4	0	Predicted group	{0, No}...	無
11	Dis_1	數字的	4	0	Predicted Grou...	{0, No}...	無
12	Dis1_1	數字的	8	5	Probabilities of ...	無	無
13	Discrim	數字的	8	5	Discriminant Pr...	無	無

➲ 進行 ROC 分析

步驟 1 選擇【分析 (A)】→【ROC 曲線 (V)】。於【檢定變數 (T)】中移入 Logistic Pred Prob 及 Discrimant Pred Prob，於【狀態變數 (S)】中移入 Previously Defaulted (loan)，【狀態變數的值 (V)】中輸入 1，並將顯示欄下之選項全部勾選。按一下【選項 (O)】。

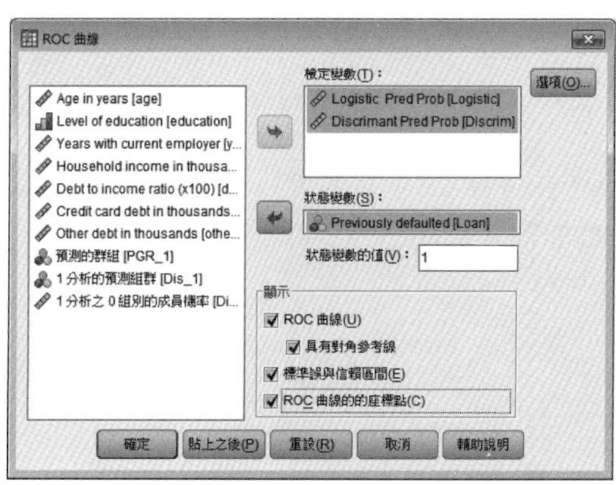

步驟 2 就顯示的對話視窗。按如下勾選。按 繼續 再按 確定。

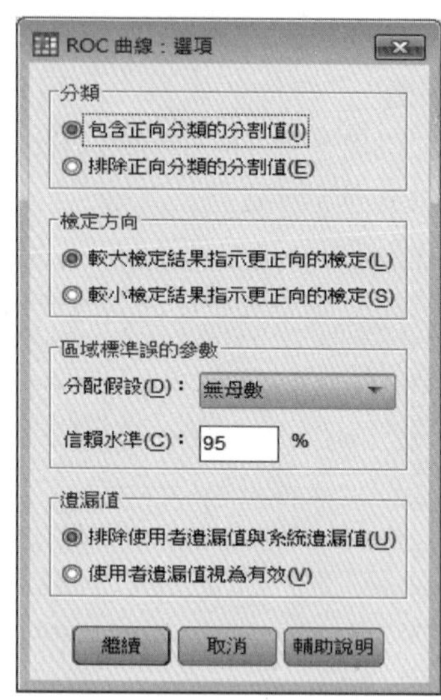

【SPSS 的輸出與結果的判讀】

觀察值處理摘要

Previously defaulted	有效的觀察個數(去除遺漏值)
正[a]	20
負	64
遺漏	16

檢定結果變數的數值越大表示正實際狀態的跡象越明顯。

a. 正實際狀態為 Yes。

於上表中知有 20 人核准貸款，有 64 人未核准貸款。

接著顯示 ROC 曲線。可知兩條曲線非常接近。

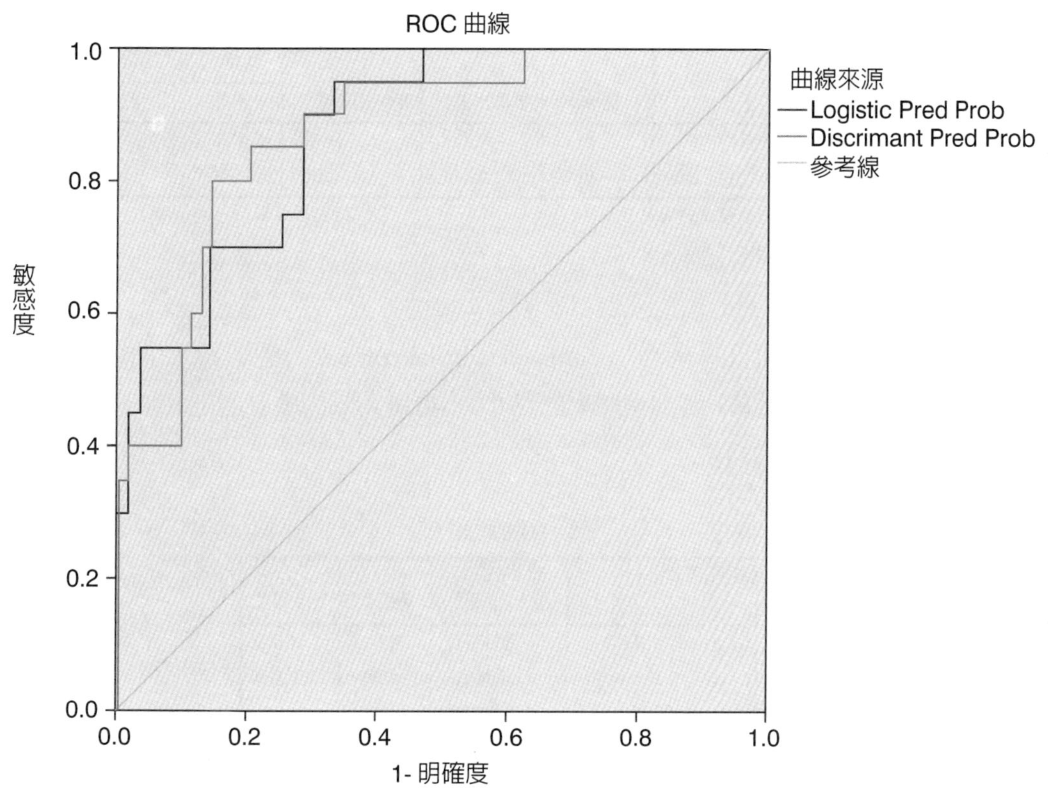

ROC 曲線位於斜點線的上方，某種程度與結果似乎有關。評價此程度的指標是 ROC 曲線下的面積（AUC: area the curve），値在 0.5 ～ 1.0 之間。一般而言，基於 AUC 之値如下判斷預測能力或診斷能力。AUC 愈高，可以判斷診斷能力高。比較數個獨立變數的 AUC，評價與結果之關聯性的強度是可能的。

AUC 0.9 ～ 1.0　High accuracy

AUC 0.9 ～ 0.7　Moderate accuracy

AUC 0.5 ～ 0.7　Low accuracy

接著顯示在曲線下的面積。兩條曲線的面積分別爲 0.879 與 0.880，可知兩種方法能有效地判斷顯示兩種模式的預測能力佳。

在曲線下的區域

檢定結果變數	區域	標準誤差[a]	漸近顯著性[b]	漸近 95% 信賴區間	
				下界	上界
Logistic Pred Prob	.879	.039	.000	.802	.956
Discrimant Pred Prob	.880	.041	.000	.800	.961

a. 在無母數假設的情況下

b. 虛無假設：真實區域 = 0.5

接著顯示曲線的座標（coordinates of the curve）。這是 ROC 曲線各點對應的靈敏度和誤判率。譬如曲線上的點 0.0004536 此點的敏感度是 1.00，誤判率（1 – 特異度）是 0.984。

曲線的座標

檢定結果變數	若大於或等於，則為正[a]	敏感度	1 - 明確度
Logistic Pred Prob	.0000000	1.000	1.000
	.0004536	1.000	.984
	.0007956	1.000	.969
	.0010547	1.000	.953
	.0012650	1.000	.938
	.0015098	1.000	.922
	.0018277	1.000	.906
	.0024753	1.000	.891
	1.0000000	.000	.000
Discriminant Pred Prob	.0000000	1.000	1.000
	.0097652	1.000	.984
	.0113487	1.000	.969
	.0150650	1.000	.953
	.0209647	1.000	.938
	.0234349	1.000	.922
	.0247043	1.000	.906
	.0262830	1.000	.891
	.0273782	1.000	.875
	.0412120	1.000	.859
	.0606109	1.000	.844
	.0674611	1.000	.828
	.0700824	1.000	.813
	.0755837	1.000	.797
	.0860473	1.000	.781

a. 最小的分割值是觀察檢定最小值減 1，最大的分割值是觀察檢定最大值加 1。所有其它分割值是兩個連續排序觀察檢定值的平均數。

在 ROC 中決定切斷點（Cut-off）值的方法，有以下兩種方法。

1. 利用與左上角之距離的方法

敏感度與特異度佳的獨立變數的 ROC 曲線是接近左上角，因之與左上角之距離最小的點，作爲切點值是第一種方法。考慮選擇物理上最接近的點，作爲最佳點是可以理解的。

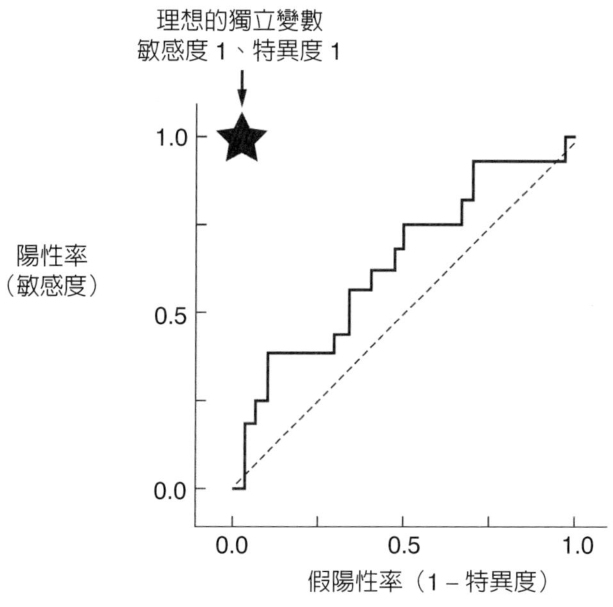

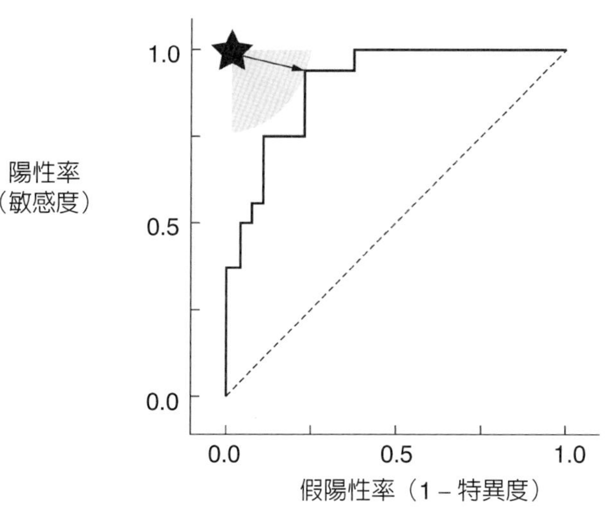

2. 使用 Youden index 的方法

使用 Youden index 的方法是基於與上一個方法完全相反的想法。預測能力或診斷能力低的獨立變數的 ROC 曲線，亦即離 AUC = 0.5 的斜點線最遠的點，作爲切斷點值的方法。亦即計算（敏感度 + 特異度 – 1）後成爲最大值的點稱爲 Youden index。

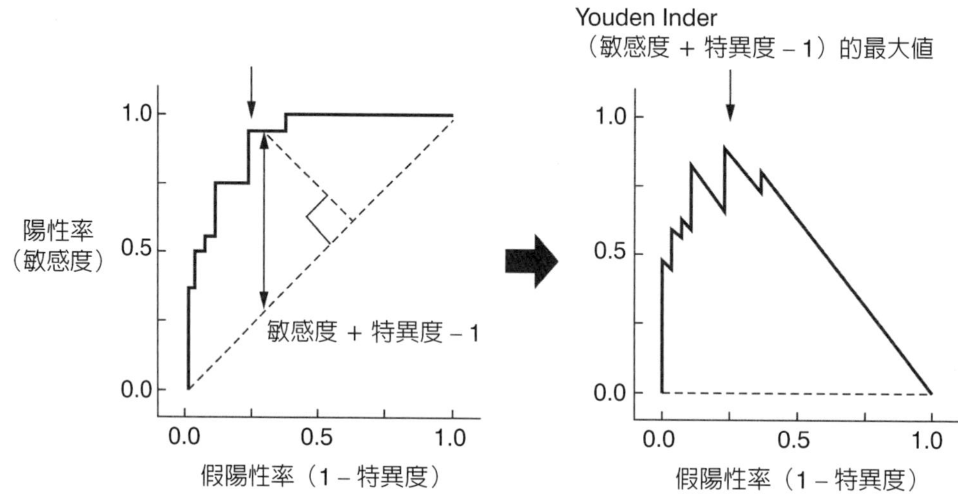

第18章 傾向分數

18.1 簡介

傾向分數配對（Propensity Score Matching, PSM）的概念最早是由 Paul R. Rosenbaum 和 Donald B. Rubin 於 1983 年在一篇題爲「The Central Role of the Propensity Score in Observational Studies for Casual Effects」中出現。在隨機對照臨床試驗中，參加者被隨機分派到實驗組或對照組，可以有效地消除兩組之間的差異，但是在非隨機的觀察性研究，如世代或病例對照研究，如何處理干擾因子（confounder）一向是很重要的問題。像病人是否會得到降血脂藥物治療，可能受到很多因子的影響（如中風嚴重程度、中風類型、有無其他血管性危險因子，甚至是年齡、性別、社經地位等），當這些因子也同時會影響預後（所謂預後，指病人罹病後的預期結果及其可能發生的機率。也就是說預後指在某些危險因子下，病患罹病後之後遺症、復原率、死亡率）時，它們就是潛在的干擾因子（potential confounder）。如果有治療和沒有治療的病人，其基本特性是不同的，兩組就無法直接比較預後（疾病預後是指疾病發生後，對疾病未來發展的病程和結局，如痊癒、複發、惡化、致殘、併發症和死亡等的預測）。

要解決這個問題，多變量分析（multivariate analysis）和傾向分數（propensity score）是其中的兩種方法。我們所熟知的多變量分析，即是在分析藥物治療是否影響結果時，同時調整其他的干擾因子。傾向分數則是一個機率（0~1），代表一個病人在其既有的基本特性（或干擾因子）下，得到藥物治療的機會。計算傾向分數的方法，其實就來自羅吉斯迴歸模型（logistic reagession model），將得到治療與否當作是依變數，把基本特性的各個因子當作是自變數。所以，兩種方法的基本差異在於，多變量分析注意的是基本特性和結果的關係，而傾向分數則是聚焦在基本特性和有無藥物治療的關係上。換句話說，傾向分數企圖再造一個類似隨機分配的情境。在隨機試驗中，每一位受試者得到治療的傾向分數應該是 0.5。在非隨機的觀察性研究，傾向分數就會因病人的基本特性而異。

因傾向分數是將複數的共變量濃縮成傾向分數的一個數值，作爲除去交絡因子影響的方法而被使用。一旦計算出傾向分數，就可以應用在各種分析方法：

1. 配對（matching）：將接受藥物的病人與沒有接受藥物的病人依照傾向分數配對。與傳統配對方式比較，這樣做最大的優點是，不會因爲配對因子過多而找不到適當的對象。以下介紹兩種常用的配對法。

   (1) 最近鄰配對法（Nearest neighbor matching）

   在此方法中，控制組和治療組之間其估計的傾向分數之間的差異的絕對值爲最小化。 控制和治療受試者被隨機排序。然後選出一個治療對象 i 與一個控制對象在傾向分數上最爲接近者。

   $C(p_i) = |p_i - p_j|$

   其中：

   p_i 表治療組的對象 i 所估計的傾向分數

   p_j 表控制組的對象 j 所估計的傾向分數

   (2) 卡尺配對法（Caliper matching）

   在此方法中，預先確定的值的範圍通常被定義爲所估計的傾向分數的標準差（0.25）的四分之一內。落在該範圍之外的任何值將被刪除。

   $|p_i - p_j| < e$

   其中：

   p_i 表治療組的對象 i 所估計的傾向分數

   p_j 表控制組的對象 j 所估計的傾向分數

   e 是預定決定的範圍值

2. 分層分析（stratification）：因爲傾向分數用一個數字來總結所觀察到的基本特性，根據傾向分數來分層，可以平衡兩組干擾因子分布的差異。它的好處在於當基本特性因子很多時，可以避免分太多層。

3. 迴歸調整（reagession adjustment）：上述兩種應用的主要目的是在使兩組可以有效地比較。而在迴歸分析探討治療組與對照組對結果的影響時，傾向分數也可以被當作是「唯一」的干擾因子。

4. 傾向分數補正法：以傾向分數的倒數來設定權重。譬如，藥物使用群當作 $\frac{1}{傾向分數}$，藥物未使用群當作 $\frac{1}{1-傾向分數}$，於進行迴歸分析時，藥物使用的有無即可以傾向分數的倒數來設定權重，此法與配對不同，因可將所有的資料加入分析中，因之容易使結果一般化。

使用傾向分數的好處，其一是減少非隨機觀察性研究的偏差（bias）。再者，一般選用某種多變量分析法來控制干擾因子是否適當，需視這些資料群是否符合這種方法背後的許多假設（例如，線性相關）。傾向分數比較不會受到這種影響，因而能做出較準確的估計。第三，當要比較的結果不只一項時（例如，再中風、死亡、副作用等），通常需依情況選用不同的模式，如 logistic 或 proportional hazard reagession。傾向分數則沒有這種限制，同樣的分數可以使用於個別的結果分析。第四，當結果發生得很少（rare outcome），而要探討的暴露或干擾因子很多時，迴歸分析就有很多限制。因之，傾向分數被認爲是處理這種情形較好的分析方法。但其限制是與所有非隨機研究的分析方法一樣，傾向分數只能控制已知的干擾因子，對未測量到的與未知的因子則束手無策（這正是隨機試驗最大的強項）。另外，傾向分數在樣本數太小時，也無法完全發揮平衡干擾因子的功能。最後，當結果發生夠多時（平均每一個干擾因子至少有 8 ～ 10 個結果），一個理想的迴歸分析可能比傾向分數更能控制干擾因子所產生的偏差。

沒有一種方法被認爲是最合適的或有效的，雖然各方法在給予一定的情況下均能有效地發揮作用。

當控制數據組較小，置換配對（matching with replacement）是較爲有效的。當有一個較大的控制數據組，2 比 1 的配對是比較合適的。

18.2 分析例

此處所提供的假想數據集是有關結核病的實施成效，共有 400 筆，其中 127 筆爲已處理組，273 筆爲控制組。有一個二元反應變數，此即爲治療成效（cure），如果病患已成功治療者，設爲 1（當作已處理組），未成功治療者，設爲 0（當作控制組）。有三個預測變數：醫院層級（hospital）、就醫期間（period）、年齡（age）。我們將年齡、就醫期間視爲連續的變數，醫院層級（中心醫院、區域醫院、地區醫院、診所）取值爲 1 到 4，視爲類別變數。

研究者感興趣的是兩組在實施成效上的表現有何差異，何種的變數，如年齡、醫院層級和就醫期間，是否會影響實施成效。反應變數爲治療成效是一個二元變數。羅吉斯迴歸也稱爲 Logit 模型，用來模擬二元變數之結果。在 Logit 模型中，結果的 log odd 是視爲預測變數的線性組合。

傾向分數配對目前並不處理遺漏數據，因之共變量不允許有遺漏值。通常配對前（before matching）兩組樣本的特性的差異較爲顯著，而配對後（after matching）樣本特性的差異已不顯著，亦即，配對後傾向分數的標準差比配對前的差異小，因而可建立具有可比較性的研究樣本，使研究估計結果更具說服力。

[資料輸入形式]

	cure	age	hospital	period
1	0	38	3	3.6
2	1	66	3	3.7
3	1	80	1	4.0
4	1	64	4	3.2
5	0	52	4	2.9
6	1	76	2	3.0
7	1	56	1	3.0
8	0	40	2	3.1
9	1	54	3	3.4
10	0	70	2	3.9
11	0	80	4	4.0
12	0	44	1	3.2
13	1	76	1	4.0
14	0	70	2	3.1
15	1	70	1	4.0
16	0	48	3	3.4
17	0	78	4	3.9

【分析步驟】

步驟 1 從【分析 (A)】中選擇【迴歸 (R)】，再選擇【二元 Logistic(G)】。

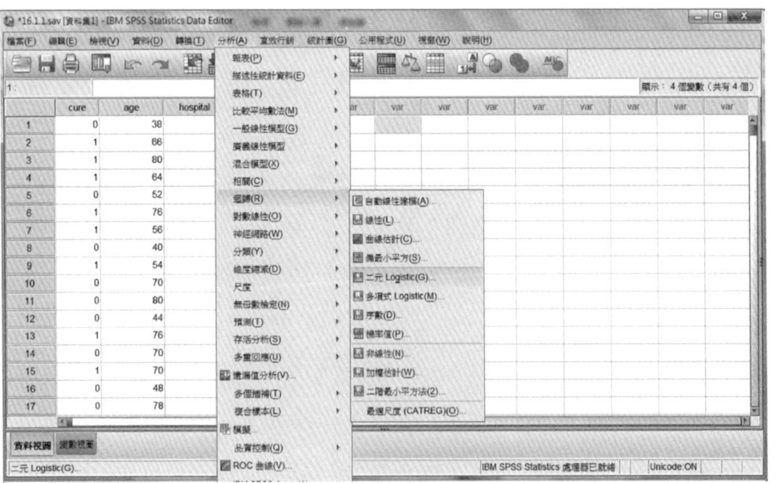

步驟 2 將 cure 移入【依變數 (D)】中，將 age、period 及 hospital 移入【共變量 (C)】中，點一下【類別 (C)】。將 hospital 移入【類別共變量 (T)】，按 繼續 。最後按 確定 。

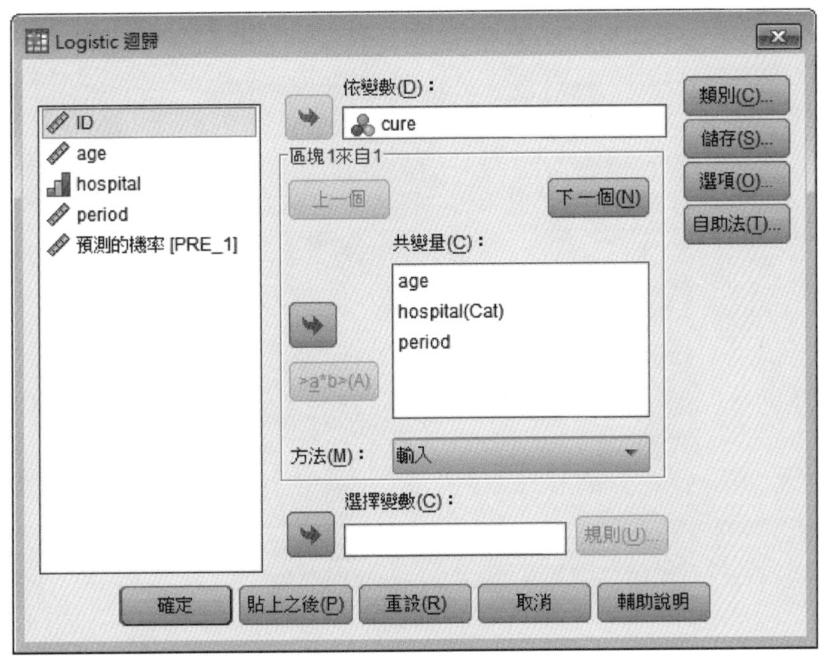

執行二元羅吉斯迴歸的結果顯示如下。

變數在方程式中

		B 之估計值	S.E,	Wals	df	顯著性	Exp(B)
步驟 1[a]	age	.023	.011	4.284	1	.038	1.023
	hospital			20.895	3	.000	
	hospital(1)	1.551	.418	13.787	1	.000	4.718
	hospital(2)	.876	.367	5.706	1	.017	2.401
	hospital(3)	.211	.393	.289	1	.591	1.235
	period	.804	.332	5.872	1	.015	2.235
	常數	-5.541	1.138	23.709	1	.000	.004

a. 在步驟 1 中選入的變數: age, hospital, period.

對於 age 每一個單位的變化，實施成效的 odd 比增加了 1.023 倍 。對於 period 增加一個單位，實施成效的 odd 比增加了 2.235 倍。對於 hospital 的指標變量有一個稍微不同的解釋。例如，曾就診中心醫院 odd 比增加了 4.718 倍，就診診所 odd 比增加了 1.235 倍，中心醫院的就診成效優於診所。

接著，於步驟 2 開啓之 Logistic 迴歸頁面按一下【儲存 (S)】，勾選【機率 (P)】，按 繼續 ，再按 確定 後，即可得出各觀察值的機率。

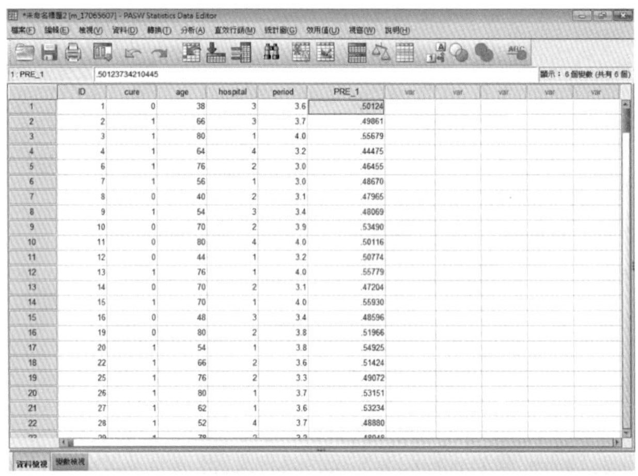

	ID	cure	age	hospital	period	PRE_1
1	1	0	38	3	3.6	.50124
2	2	1	66	3	3.7	.49861
3	3	1	80	1	4.0	.55679
4	4	1	64	4	3.2	.44475
5	6	1	76	2	3.0	.46455
6	7	1	56	1	3.0	.48670
7	8	0	40	2	3.1	.47965
8	9	1	54	3	3.4	.48069
9	10	0	70	2	3.9	.53490
10	11	0	80	4	4.0	.50116
11	12	0	44	1	3.2	.50774
12	13	1	76	1	4.0	.55779
13	14	0	70	2	3.1	.47204
14	15	1	70	1	4.0	.55930
15	16	0	48	3	3.4	.48596
16	19	0	80	2	3.8	.51966
17	20	1	54	1	3.8	.54925
18	22	1	66	2	3.6	.51424
19	25	1	76	2	3.3	.49072
20	26	1	80	1	3.7	.53151
21	27	1	62	1	3.6	.53234
22	28	1	52	4	3.7	.48880

此 PRE_1 即爲傾向分數，將此分數改成小數點 2 位，此時使用【轉換 (T)】，點選【計算變數 (C)】，於【目標變數 (T)】輸入 Propensity，於【數値運算式 (E)】中如下輸入之後按 確定 。

得出變數為 Propensity 的兩位數值。

接著將 Propensity 移入步驟 2 開啓之羅吉斯迴歸頁的【共變量 (C)】方框中，再執行二元羅吉斯迴歸得出結果如下。

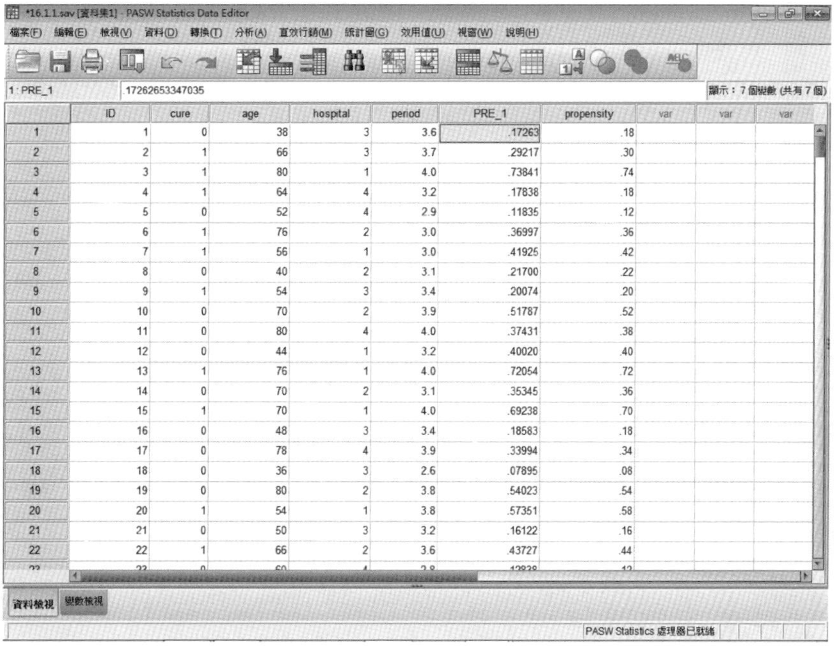

*16.1.1.sav [資料集1] - PASW Statistics Data Editor

檔案(F)　編輯(E)　檢視(V)　資料(D)　轉換(T)　分析(A)　直效行銷(M)　統計圖(G)　效用值(U)　視窗(W)　說明(H)

1 : PRE_1　.17262653347035　　顯示：7 個變數 (共有 7 個)

	ID	cure	age	hospital	period	PRE_1	propensity	var	var	var
1	1	0	38	3	3.6	.17263	.18			
2	2	1	66	3	3.7	.29217	.30			
3	3	1	80	1	4.0	.73841	.74			
4	4	1	64	4	3.2	.17838	.18			
5	5	0	52	4	2.9	.11835	.12			
6	6	1	76	2	3.0	.36997	.36			
7	7	1	56	1	3.0	.41925	.42			
8	8	0	40	2	3.1	.21700	.22			
9	9	1	54	3	3.4	.20074	.20			
10	10	0	70	2	3.9	.51787	.52			
11	11	0	80	4	4.0	.37431	.38			
12	12	0	44	1	3.2	.40020	.40			
13	13	1	76	1	4.0	.72054	.72			
14	14	0	70	2	3.1	.35345	.36			
15	15	1	70	1	4.0	.69238	.70			
16	16	0	48	3	3.4	.18583	.18			
17	17	0	78	4	3.9	.33994	.34			
18	18	0	36	3	2.6	.07895	.08			
19	19	0	80	2	3.8	.54023	.54			
20	20	1	54	1	3.8	.57351	.58			
21	21	0	50	3	3.2	.16122	.16			
22	22	1	66	2	3.6	.43727	.44			

資料檢視　變數檢視

PASW Statistics 處理器已就緒

從輸出得知，引進 Propensity 後呈現高度顯著。

變數在方程式中

		B 之估計值	S.E,	Wals	df	顯著性	Exp(B)
步驟 1[a]	propensity	4.673	.780	35.918	1	.000	107.067
	常數	-2.324	.292	63.463	1	.000	.098

a. 在步驟 1 中選入的變數: propensity.

接著進行 logit 的運算，於【轉換 (T)】→【計算變數 (C)】的【目標變數 (T)】中選擇 logit，於【數值運算式 (E)】中如下輸入 $\ln\frac{pre_1}{1-pre_1}$，再按 確定 。

接著，移除 Propensity 後改成將 logit 移入【共變量 (C)】方框中再執行二元羅吉斯迴歸。得出如下輸出結果。

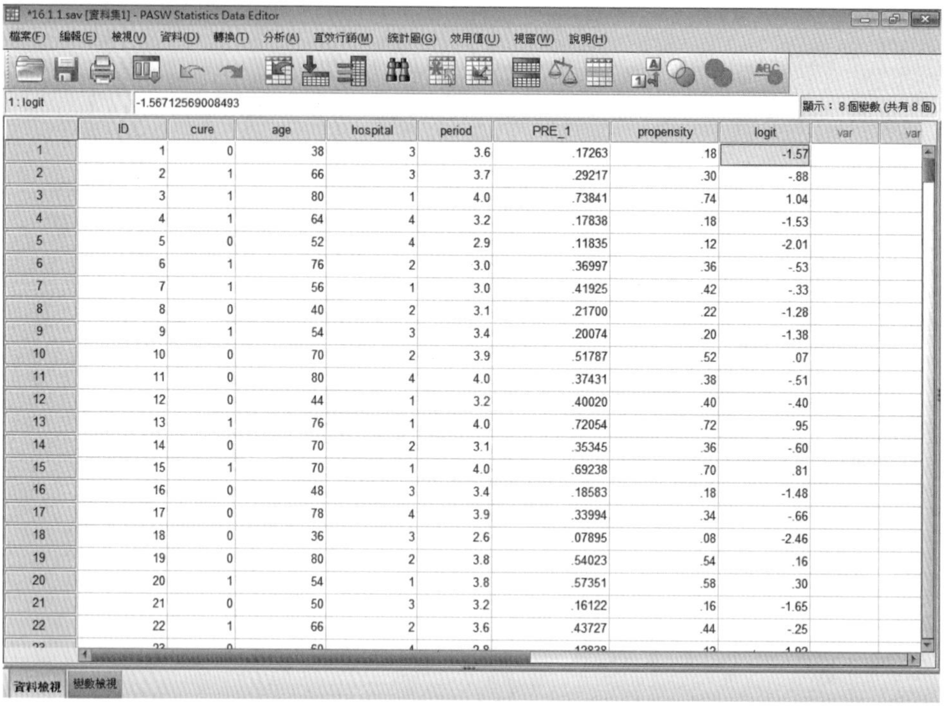

*16.1.1.sav [資料集1] - PASW Statistics Data Editor

檔案(F) 編輯(E) 檢視(V) 資料(D) 轉換(T) 分析(A) 直效行銷(M) 統計圖(G) 效用值(U) 視窗(W) 說明(H)

1 : logit　-1.56712569008493　　顯示：8 個變數 (共有 8 個)

	ID	cure	age	hospital	period	PRE_1	propensity	logit	var	var
1	1	0	38	3	3.6	.17263	.18	-1.57		
2	2	1	66	3	3.7	.29217	.30	-.88		
3	3	1	80	1	4.0	.73841	.74	1.04		
4	4	1	64	4	3.2	.17838	.18	-1.53		
5	5	0	52	4	2.9	.11835	.12	-2.01		
6	6	1	76	2	3.0	.36997	.36	-.53		
7	7	1	56	1	3.0	.41925	.42	-.33		
8	8	0	40	2	3.1	.21700	.22	-1.28		
9	9	1	54	3	3.4	.20074	.20	-1.38		
10	10	0	70	2	3.9	.51787	.52	.07		
11	11	0	80	4	4.0	.37431	.38	-.51		
12	12	0	44	1	3.2	.40020	.40	-.40		
13	13	1	76	1	4.0	.72054	.72	.95		
14	14	0	70	2	3.1	.35345	.36	-.60		
15	15	1	70	1	4.0	.69238	.70	.81		
16	16	0	48	3	3.4	.18583	.18	-1.48		
17	17	0	78	4	3.9	.33994	.34	-.66		
18	18	0	36	3	2.6	.07895	.08	-2.46		
19	19	0	80	2	3.8	.54023	.54	.16		
20	20	1	54	1	3.8	.57351	.58	.30		
21	21	0	50	3	3.2	.16122	.16	-1.65		
22	22	1	66	2	3.6	.43727	.44	-.25		

資料檢視　變數檢視

從輸出得知，引進 logit 之後也呈現高度顯著。因之，可看出引進 Propensity 及 logit 均可消除判斷上的偏差。

變數在方程式中

		B 之估計值	S.E,	Wals	df	顯著性	Exp(B)
步驟 1[a]	logit	1.000	.166	36.140	1	.000	2.718
	常數	.000	.162	.000	1	1.000	1.000

a. 在步驟 1 中選入的變數: logit.

以下使用 PSM 說明實驗觀測值與控制觀測值之配對。

步驟 1 首先開啓資料檔。選擇【轉換 (T)】→【計算變數 (C)】。

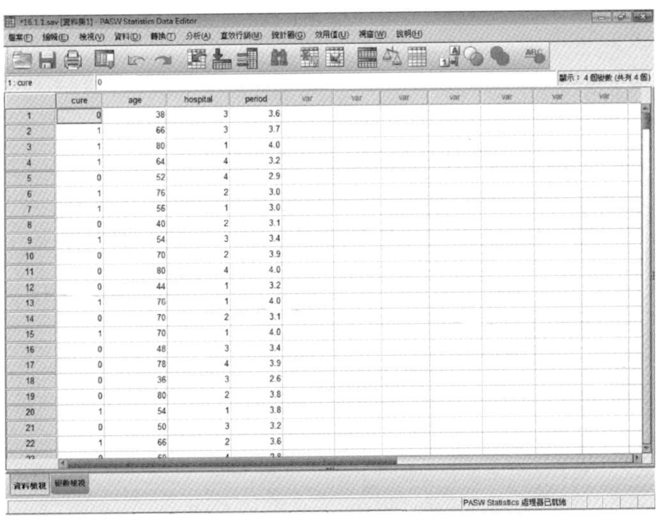

步驟 2 於【目標變數 (T)】輸入 ID，【數値運算式 (E)】輸入 $casenum 後按 確定 。

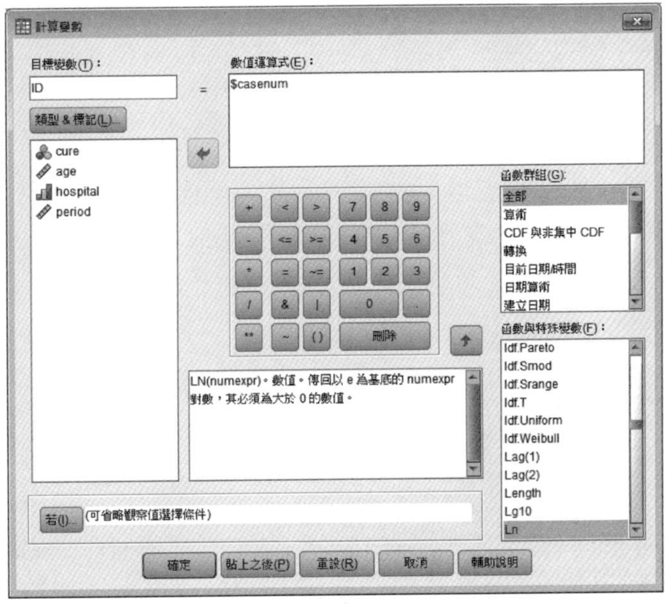

得出如下表後，再將 ID 挪移至第一行即可。

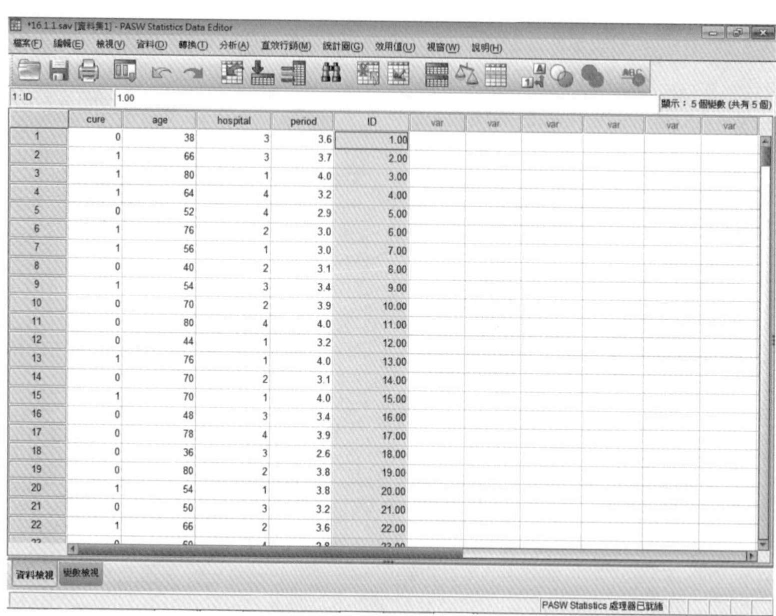

步驟 3　從【分析 (A)】中點選【PS matching】(已安裝此軟體，安裝法參 Q&A)。

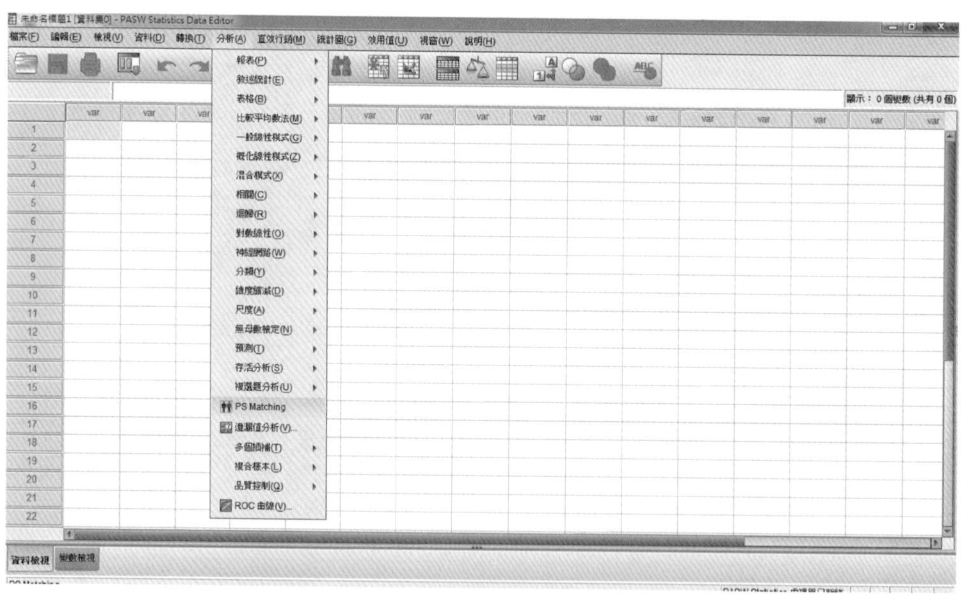

步驟 4 開啓 PS 對話框，如下圖所示。將 ID 移入 ID 變數方框，將 cure 移入二元變數方框，將 age、period、hospital 移入共變量方框中。配對方法選擇一對一（1：1）最鄰近法，如果處理和未處理的參與者樣本大小差別很大，可執行一對多配對。爲了確保良好的配對，可以定義卡尺（Caliper），通常設爲 0.15，此處選擇無。卡尺是一種兩個單位可以彼此分開的最大距離（在其估計傾向分數上），並在單元中定義估計傾向分數的 logit 的標準差。定義一個小卡尺通常會導致在較少的單位中發現較好的平衡，可以成功地配對。相反地，大卡尺保留更多的配對數，但他們中有一些會稍微不平衡，並可能產生較大的偏差。

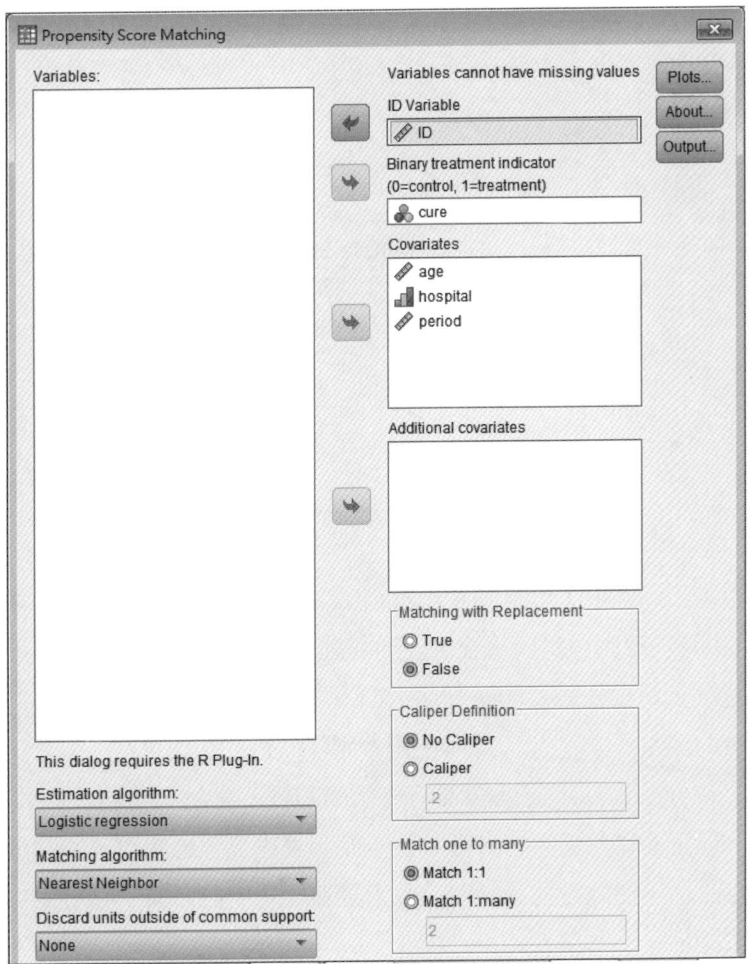

步驟 5 繪圖（Plot）欄位之項目全部勾選，點選後按 繼續，再按 確定。

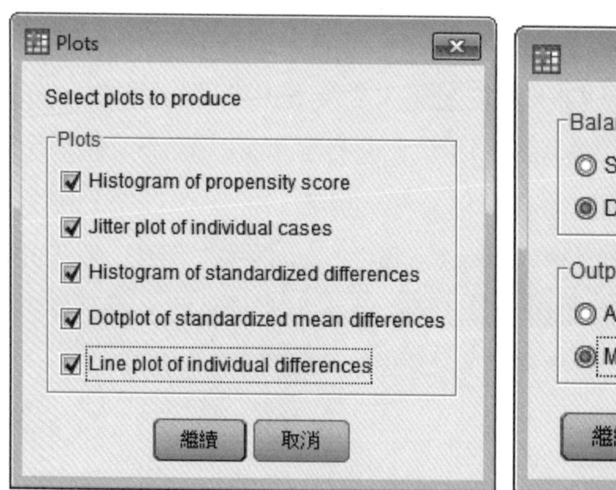

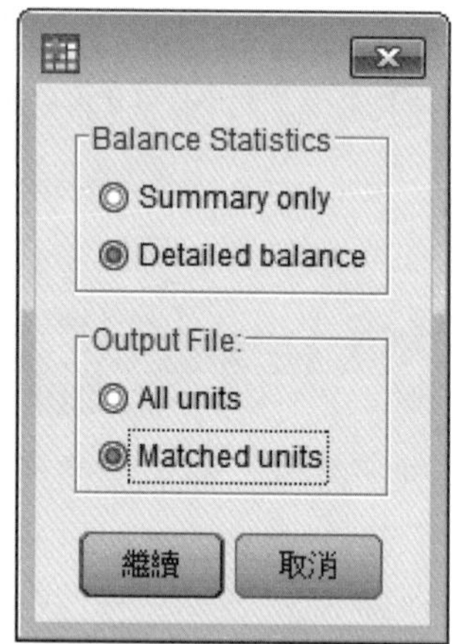

【輸出結果】

由下表知，已配對者共有 127 組。

Sample Sizes

	Control	Treated
All	273	127
Matched	127	127
Unmatched	146	0
Discarded	0	0

配對後我們檢視了所有的共變量和所有共變量的二次項之間的相互作用。由整體的平衡檢定表中發現，配對後各項目之平均差異縮小，已呈現不顯著。

通過單變量和多變量測試評估，L1 測量值在未配對前之樣本中（0.6）大於已配對後的樣本（0.567），顯示配對改進了整體的平衡。

下表也介紹了甚大失衡的唯一一個簡明表，當所有項目標準化的平均差比 0.25 大，即定義爲有甚大的失衡。由本簡明表也很容易發現各共變量或交互作用需要附加平衡，而此可通過傾向分數來重新規範，但由表中發現並無共變量呈現甚大的失衡。

Overall balance test (Hansen & Bowers, 2010)

	chisquare	df	p.value
Overall	.989	3.000	.804

Relative multivariate imbalance L1 (Iacus, King, & Porro, 2010)

	Before matching	After matching
Multivariate imbalance measure L1	.600	.567

Summary of unbalanced covariates (|d| > .25)

No covariate exhibits a large imbalance (|d| > .25).

Detailed balance before matching

	Means Treated	Means Control	SD Control	Std. Mean Diff.
propensity	.385	.286	.134	.666
age	61.890	57.319	11.583	.420
hospital	2.150	2.641	.917	-.535
period	3.489	3.344	.377	.393
propensityxpropensity	.170	.100	.091	.583
propensityxage	24.659	17.320	10.438	.606
propensityxhospital	.722	.664	.234	.261
propensityxperiod	1.372	.985	.531	.635
agexage	3947.969	3419.106	1325.060	.396
agexhospital	132.236	150.498	59.810	-.303
agexperiod	216.877	193.481	51.740	.484
hospitalxhospital	5.457	7.813	4.899	-.534
hospitalxperiod	7.487	8.829	3.218	-.408
periodxperiod	12.311	11.322	2.518	.393

Detailed balance after matching

	Means Treated	Means Control	SD Control	Std. Mean Diff.
propensity	.385	.368	.133	.112
age	61.890	61.591	10.418	.027
hospital	2.150	2.205	.867	-.060
period	3.489	3.450	.381	.107
propensityxpropensity	.170	.153	.103	.140
propensityxage	24.659	23.438	10.931	.101
propensityxhospital	.722	.734	.245	-.059
propensityxperiod	1.372	1.298	.551	.121
agexage	3947.969	3901.071	1261.540	.035
agexhospital	132.236	136.441	60.223	-.070
agexperiod	216.877	214.249	50.707	.054
hospitalxhospital	5.457	5.606	4.217	-.034
hospitalxperiod	7.487	7.643	3.194	-.047
periodxperiod	12.311	12.043	2.593	.106

下圖是個別值在配對組與未配對組所呈現的點圖，從傾向分數的點的分布上可以發現極尾端的區域有無出現沒有正確的配對，但由本圖知，配對後點呈現均勻地分布。

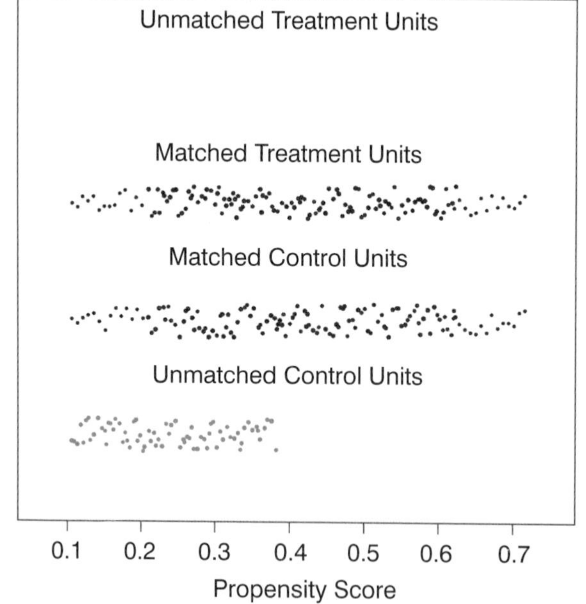

下圖是配對前及配對後標準化差異的線圖（Line plot）。配對數據對所有數據來說，平均值中的標準化差異，有明顯地變小。

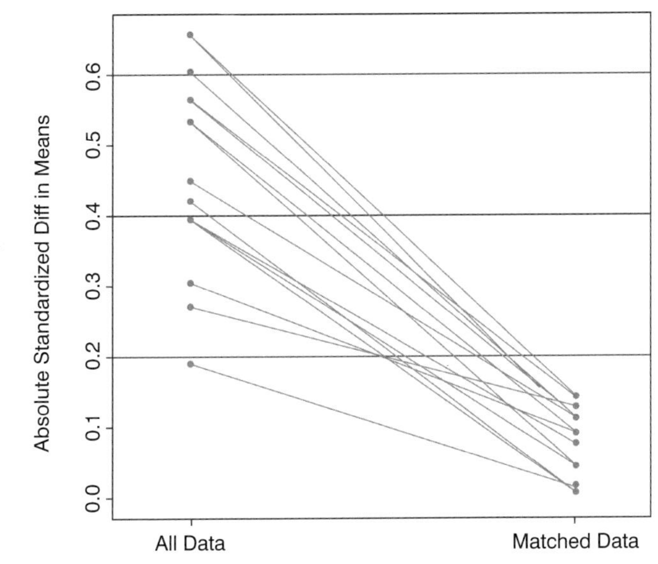

在相同的尺度下，直方圖可以很容易地辨別標準化差異於配對後是否集中於零，並且在配對後仍然沒有系統上的分歧存在。下圖顯示在已配對的樣本中，共變量之平衡已有大幅地改進。

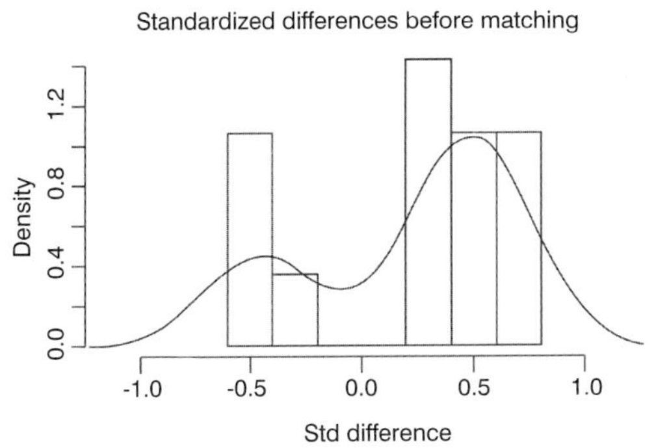

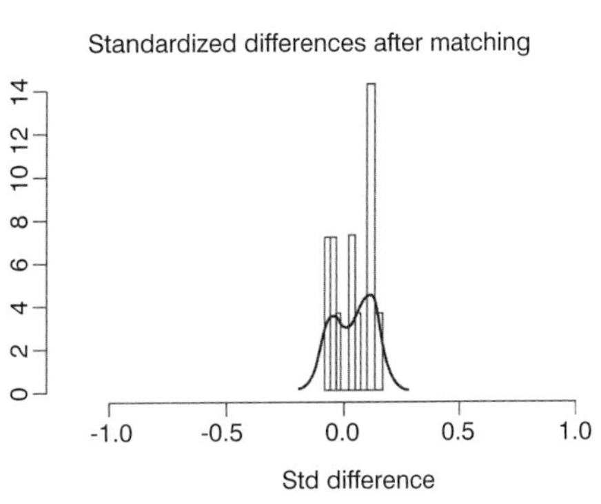

下圖是利用 kernel density estimate 來比較配對前與配對後實驗組與控制組的傾向分數的分配。此圖提供對配對後傾向分數分配的相似性進行目視檢查與評估。直方圖的尾部區域或 kernel density estimate 在傾向分數的分配中未重疊，均爲顯示處理組和控制組未充分重疊的一種指標。由比較發現，配對後實驗組與控制組的分配更接近常態。

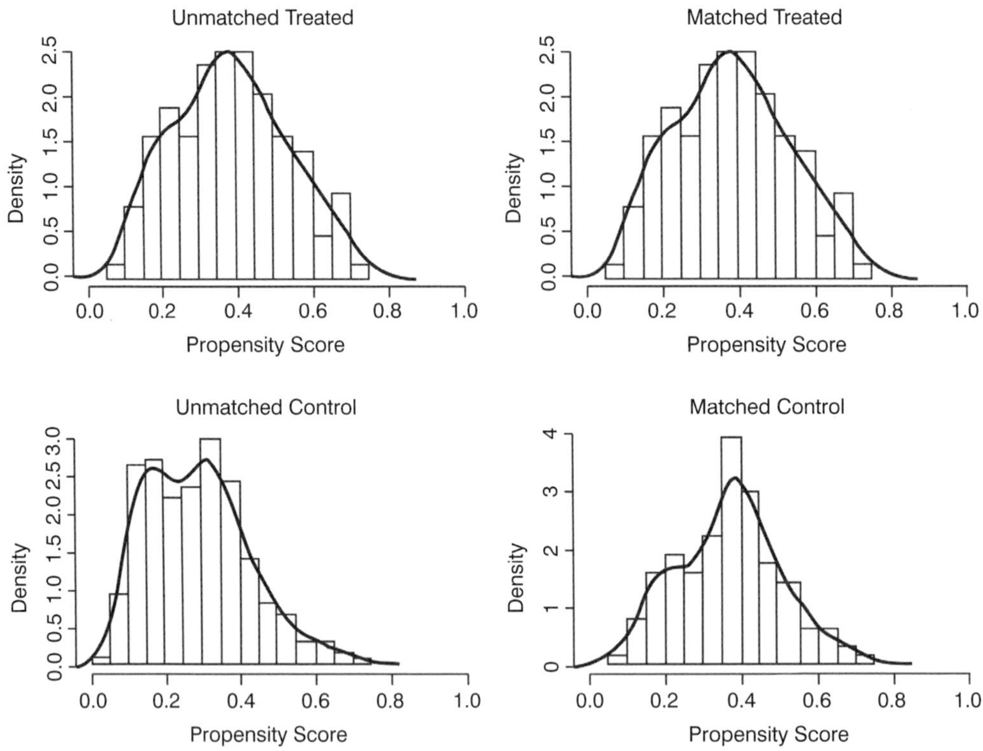

下圖是就所有共變量於配對前後的標準化平均差（Cohen 的 d）的點圖。標準化平均差被定義爲組間的平均差除以控制組的標準偏差。由圖中發現配對後各共變量的 d 值均小於 0.1，比未配對前有明顯的縮小。

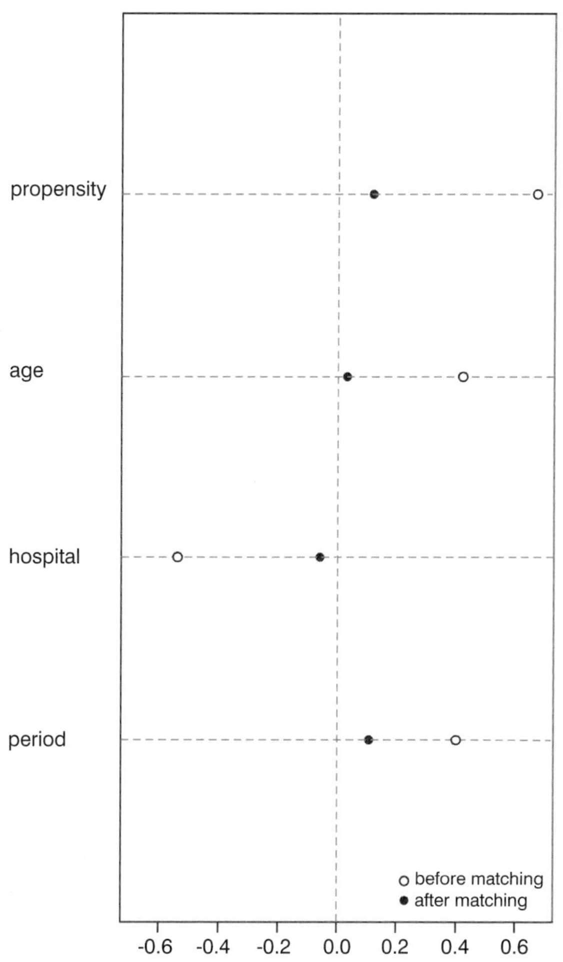

另外，出現未命名的資料檔，最右邊出現 PSweight。所有接受處理的配對單元的權值爲 1，所有未接受處理的單元收到 0 的權值，此處出現均接受處理的配對單元。控制單元在 1：1 最近鄰配對下也得到權值爲 1，但此輸出卻不易發現 ID 的配對關係，只能得知有 254 組、配對共 127 組。

*未命名標題3 [m_17073034] - PASW Statistics Data Editor

檔案(F) 編輯(E) 檢視(V) 資料(D) 轉換(T) 分析(A) 直效行銷(M) 統計圖(G) 效用值(U) 視窗(W) 說明(H)

顯示：7 個變數 (共有 7 個)

	ID	cure	age	hospital	period	ps	psweight	var	var	var	var	var
1	1.00	0	38	3	3.6	.190	1.000					
2	2.00	1	66	3	3.7	.318	1.000					
3	3.00	1	80	1	4.0	.718	1.000					
4	4.00	1	64	4	3.2	.149	1.000					
5	6.00	1	76	2	3.0	.379	1.000					
6	7.00	1	56	1	3.0	.399	1.000					
7	8.00	0	40	2	3.1	.221	1.000					
8	9.00	1	54	3	3.4	.222	1.000					
9	10.00	0	70	2	3.9	.521	1.000					
10	11.00	0	80	4	4.0	.322	1.000					
11	12.00	0	44	1	3.2	.378	1.000					
12	13.00	1	76	1	4.0	.699	1.000					
13	14.00	0	70	2	3.1	.361	1.000					
14	15.00	1	70	1	4.0	.669	1.000					
15	16.00	0	48	3	3.4	.205	1.000					
16	19.00	0	80	2	3.8	.545	1.000					
17	20.00	1	54	1	3.8	.547	1.000					
18	22.00	1	66	2	3.6	.442	1.000					
19	25.00	1	76	2	3.3	.444	1.000					
20	26.00	1	80	1	3.7	.661	1.000					
21	27.00	1	62	1	3.6	.554	1.000					
22	28.00	1	52	4	3.7	.169	1.000					

資料檢視 變數檢視

PASW Statistics 處理器已就緒

在 SPSS V22 版中，可於【檔案 (F)】中選擇開啓數據檔 17.1.1.sav，於【資料 (D)】中提供有 [傾向分數比對] 之模組。

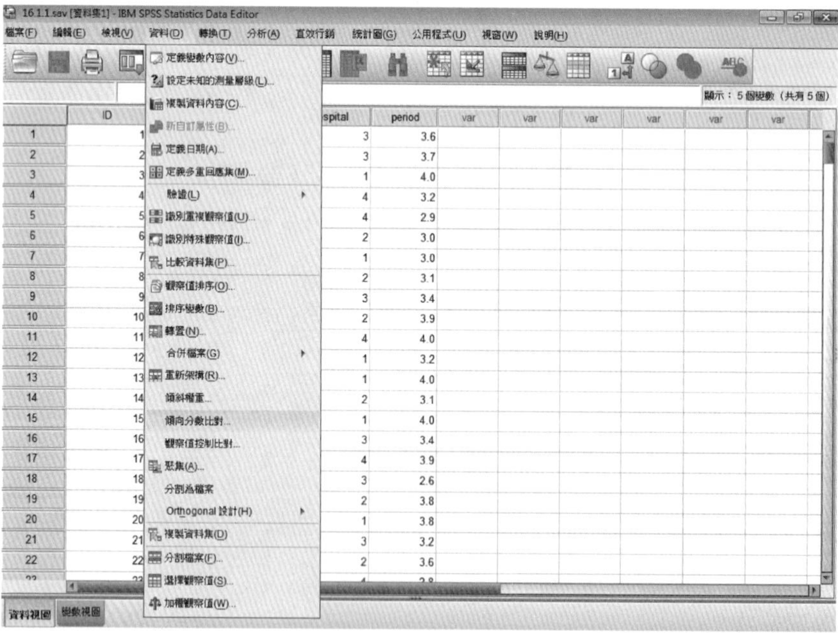

步驟 1 點選此模組後，即顯示如下頁面，【群組指示字元 (G)】（group indicator）輸入二元變數 cure，【預測值 (D)】（predicators）輸入 3 個變數，【傾向變數的名稱 (N)】（name for propensity variable）輸入 propensity，【相符容許值 (M)】（match tplerance）輸入 0.15，【符合 ID 變數名稱 (T)】（match ID variable name）輸入 CID，【輸出資料集名稱 (O)】輸入 g。接著，點一下【選項 (O)】。

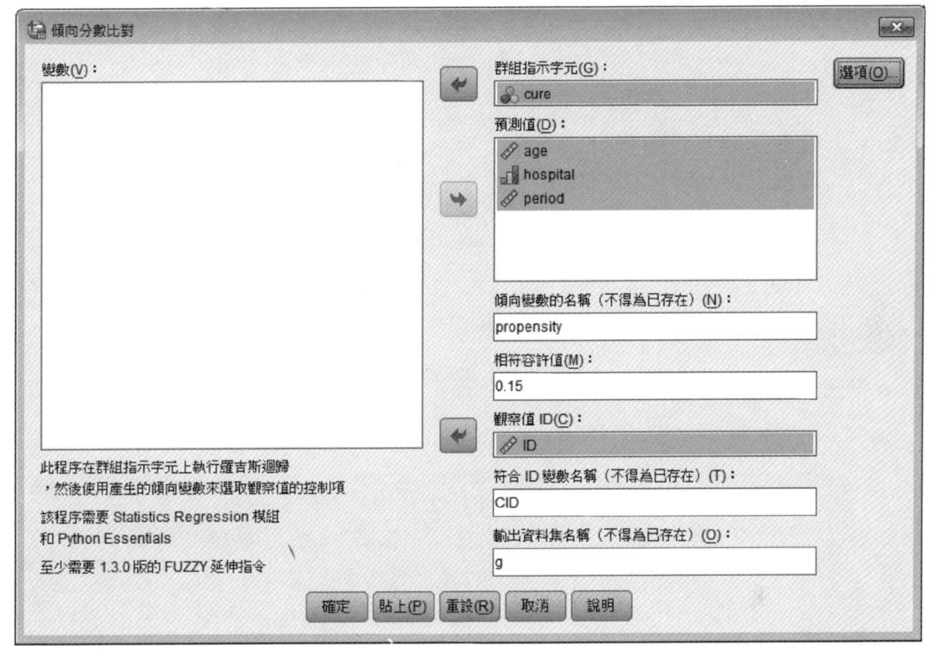

步驟 2 於【合格觀察值數目的變數 (V)】輸入 matched，取樣欄位點選【有置換 (R)】。按 繼續，再按 確定。

當取樣使用無配對置換（matching without replacement），未處理（untreated）的對象一旦被選定要配對一個已指定處理（treated）的對象時，則未處理的對象不再考慮將後續的處理對象作爲潛在的配對對象。結果，每個未處理的對象是包含在至多一個配對組。相反地，使用配對置換（matching with replacement）允許一個已知的未處理的對象，可以包括在一個以上的配對組中。

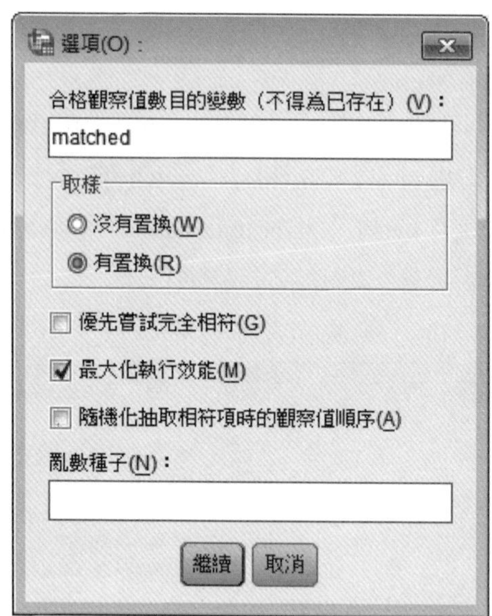

【輸出結果】

顯示如下的輸出頁面。

*16.1.1.sav [資料集1] - IBM SPSS Statistics Data Editor

檔案(F) 編輯(E) 檢視(V) 資料(D) 轉換(T) 分析(A) 直效行銷 統計圖(G) 公用程式(U) 視窗(W) 說明(H)

顯示：8 個變數（共有 8 個）

	ID	cure	age	hospital	period	propensity	matched	cid	var	var
1	1	0	38	3	3.6	.18955	.	.		
2	2	1	66	3	3.7	.31778	1.00	21.00		
3	3	1	80	1	4.0	.71781	1.00	294.00		
4	4	1	64	4	3.2	.14895	1.00	58.00		
5	5	0	52	4	2.9	.09795	.	.		
6	6	1	76	2	3.0	.37868	1.00	136.00		
7	7	1	56	1	3.0	.39904	1.00	55.00		
8	8	0	40	2	3.1	.22118	.	.		
9	9	1	54	3	3.4	.22152	1.00	109.00		
10	10	0	70	2	3.9	.52050	.	.		
11	11	0	80	4	4.0	.32159	.	.		
12	12	0	44	1	3.2	.37795	.	.		
13	13	1	76	1	4.0	.69886	1.00	207.00		
14	14	0	70	2	3.1	.36109	.	.		
15	15	1	70	1	4.0	.66913	2.00	10.00		
16	16	0	48	3	3.4	.20495	.	.		
17	17	0	78	4	3.9	.29042	.	.		
18	18	0	36	3	2.6	.08992	.	.		
19	19	0	80	2	3.8	.54472	.	.		
20	20	1	54	1	3.8	.54725	1.00	138.00		
21	21	0	50	3	3.2	.17953	.	.		
22	22	1	66	2	3.6	.44151	1.00	32.00		

資料視圖 變數視圖

IBM SPSS Statistics 處理器已就緒 Unicode:ON

由輸出結果可得知配對之結果，共有 127 組相配對，從治療成功與否之相符情形（CD）中得知，ID2 (cure = 1) 與 ID21 (cure = 0) 是相配對的，此外，ID15 (cure = 1) 與 ID19 (cure = 0) 是相配對的，餘類推。

*未命名標題3 [g] - IBM SPSS Statistics Data Editor

檔案(F) 編輯(E) 檢視(V) 資料(D) 轉換(T) 分析(A) 直效行銷 統計圖(G) 公用程式(U) 視窗(W) 說明(H)

顯示：8 個變數（共有 8 個）

	ID	cure	age	hospital	period	propensity	matched	cid	var	var
1	2	1	66	3	3.7	.31778	1.00	21.00		
2	3	1	80	1	4.0	.71781	1.00	294.00		
3	4	1	64	4	3.2	.14895	1.00	58.00		
4	6	1	76	2	3.0	.37868	1.00	136.00		
5	7	1	56	1	3.0	.39904	1.00	55.00		
6	9	1	54	3	3.4	.22152	1.00	109.00		
7	13	1	76	1	4.0	.69886	1.00	207.00		
8	15	1	70	1	4.0	.66913	2.00	10.00		
9	20	1	54	1	3.8	.54725	1.00	138.00		
10	22	1	66	2	3.6	.44151	1.00	32.00		
11	25	1	76	2	3.3	.44443	1.00	51.00		
12	26	1	80	1	3.7	.66138	1.00	183.00		
13	27	1	62	1	3.6	.55421	1.00	91.00		
14	28	1	52	4	3.7	.16927	1.00	101.00		
15	29	1	78	2	3.2	.43086	1.00	173.00		
16	34	1	80	3	4.0	.45353	2.00	147.00		
17	39	1	50	2	3.1	.27080	1.00	137.00		
18	40	1	52	3	2.7	.13536	1.00	18.00		
19	42	1	58	2	3.3	.34087	1.00	14.00		
20	43	1	60	2	3.2	.32177	1.00	53.00		
21	46	1	46	3	3.5	.19881	1.00	103.00		
22	47	1	58	2	3.5	.36571	1.00	86.00		

資料視圖 變數視圖

IBM SPSS Statistics 處理器已就緒 Unicode:ON

配對情形亦可由下表得知，即 Cure = 1 的第一個 CD = 2 與 Cure = 0 的第一個 CD = 21 相配對，Cure = 1 的第二個 CD = 3 與 Cure = 0 的第二個 CD = 294 相配對，餘類推。

*未命名標題3 [g] - IBM SPSS Statistics Data Editor

檔案(F) 編輯(E) 檢視(V) 資料(D) 轉換(T) 分析(A) 直效行銷 統計圖(G) 公用程式(U) 視窗(W) 說明(H)

11 :　　　　顯示：8 個變數（共有 8 個）

	admit	gre	gpa	rank	ID	pp	mat	cd	var	var	var	var
128	0	500	3.17	3	21.00	.17953	.	2.00				
129	0	800	3.97	1	294.00	.71307	.	3.00				
130	0	380	2.94	3	58.00	.12201	.	4.00				
131	0	500	3.57	3	136.00	.22993	.	6.00				
132	0	360	3.14	1	35.00	.32214	.	7.00				
133	0	400	2.93	3	109.00	.12615	.	9.00				
134	0	740	3.54	1	207.00	.60792	.	13.00				
135	0	800	3.75	2	19.00	.54472	.	15.00				
136	0	700	4.00	3	138.00	.39752	.	20.00				
137	0	760	3.35	3	32.00	.31362	.	22.00				
138	0	640	3.86	3	51.00	.34024	.	25.00				
139	0	700	4.00	2	183.00	.53599	.	26.00				
140	0	800	3.90	2	93.00	.57344	.	27.00				
141	0	340	3.15	3	101.00	.12987	.	28.00				
142	0	500	4.00	3	169.00	.29430	.	29.00				
143	0	440	3.22	1	12.00	.37795	.	34.00				
144	0	580	3.40	4	145.00	.15222	.	39.00				
145	0	360	2.56	3	18.00	.08992	.	40.00				
146	0	480	3.44	3	16.00	.20495	.	42.00				
147	0	740	3.37	4	53.00	.20204	.	43.00				
148	0	380	3.33	4	103.00	.09704	.	46.00				
149	0	520	2.98	2	86.00	.25707	.	47.00				

資料視圖　變數視圖

步驟 3 接著，於配對後再進行兩組的獨立性檢定。從【分析 (A)】中點選【比較平均分數法 (M)】的子清單【獨立樣本 T 檢定 (T)】。將傾向分數及 3 個變數移入【檢定變數 (T)】中，將 cure 移入【分組變數 (G)】中，按一下【定義組別 (D)】，分別於組別 1、組別 2 中輸入 0, 1 後，按 繼續 ，再按 確定 。

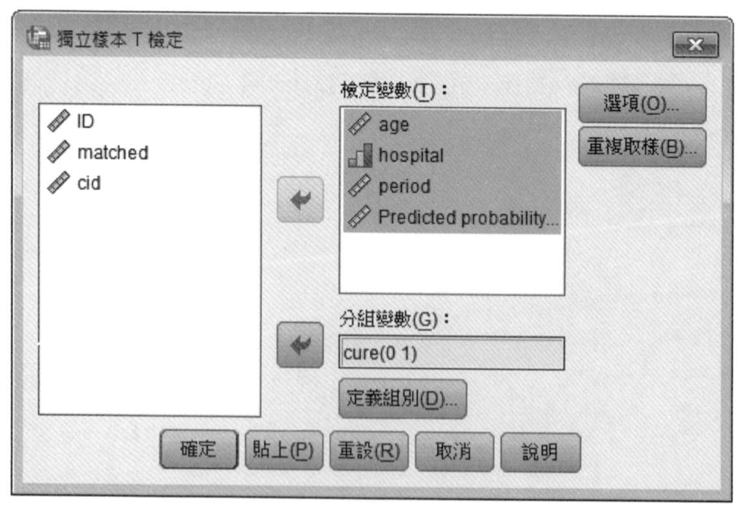

比對後各變數在 2 組的平均值上頗為接近，發現 2 組的背景資訊近乎相似。控制組（成功治療）的平均偏誤與實驗組（未成功治療）的平均偏誤均甚小，但控制組的平均機率 0.3845 比實驗組的機率 0.2955 高，亦即，配對後控制組的勝算比實驗組的勝算大，勝算比是 1.4849 倍（$\dfrac{0.3845/(1-0.3845)}{0.2955/(1-0.2955)}$）。此處 3 個變數 period、age、hospital 在兩組的比較上有明顯的差異，此乃比對時，相符容許值設為 0.15 所致，若背景資訊要一致時，可再設更小些，使之更為均衡。

【輸出結果】

下表是配對後的樣本的特性。此利用獨立樣本的平均數比較法進行即可得出（此樣本數雖然相同但並非成對）。

Group Statistics

	cure	N	Mean	Std. Deviation	Std. Error Mean
age	疾病未成功治療	127	58.22	12.445	1.104
	疾病成功治療	127	61.89	10.888	.966
hospital	疾病未成功治療	127	2.67	.952	.084
	疾病成功治療	127	2.15	.918	.081
period	疾病未成功治療	127	3.384	.3823	.0339
	疾病成功治療	127	3.489	.3702	.0328
Predicted probability	疾病未成功治療	127	.2955527	.14593805	.01294991
	疾病成功治療	127	.3849962	.14853842	.01318065

Independent Samples Test

		Levene's Test for Equality of Variances		t-test for Equality of Means						
									95% Confidence Interval of the Difference	
		F	Sig.	t	df	Sig. (2-tailed)	Mean Difference	Std. Error Difference	Lower	Upper
age	Equal variances assumed	2.411	.122	-2.501	252	.013	-3.669	1.467	-6.559	-.780
	Equal variances not assumed			-2.501	247.633	.013	-3.669	1.467	-6.559	-.779
hospital	Equal variances assumed	1.931	.166	4.429	252	.000	.520	.117	.289	.751
	Equal variances not assumed			4.429	251.672	.000	.520	.117	.289	.751
period	Equal variances assumed	.130	.719	-2.234	252	.026	-.1055	.0472	-.1985	-.0125
	Equal variances not assumed			-2.234	251.737	.026	-.1055	.0472	-.1985	-.0125
Predicted probability	Equal variances assumed	.066	.797	-4.841	252	.000	-.08944351	.01847782	-.12583414	-.05305289
	Equal variances not assumed			-4.841	251.921	.000	-.08944351	.01847782	-.12583419	-.05305283

Q&A

Q1：下載 PS matching 軟體前須先下載 SPSS Plug-in for R，關於此應如何下載？

A1：目前 SPSS 提供有爲 SPSS 18、19 和 20 針對 R 的必備工具。如果您有安裝 SPSS 19，您有需要安裝 R 2.8.1 ，如果你有安裝 SPSS 20，您有需要安裝 R 2.12.0。其他版本的 R 將無法正常工作，即使是新的（例如，R 2.13）。您可以找到有關 R 的舊版本網站 http://cran.r-project.org/，然後點擊「Download R for Windows」（或你選擇的操作系統），其次是對「Base」點擊「以前的版本」。安裝 R 後，也要得到 SPSS plug-in for R，目前可以從以下網址下載。

http://www.ibm.com/developerworks/spssdevcentral

或直接從 IBM

https://www14.software.ibm.com/webapp/iwm/web/preLogin.do?source=swg-tspssp

您可能需要註冊一個免費帳戶 IBM.com 下載在 R Plug-in。每個版本 SPSS 和每一個操作系統（Windows 32 位，64 位等）都有其自己版本的插件（plug-in）。自定義對話框的文件（psmatching.spd），其中包含實際的代碼來執行，可以從以下網址下載傾向分數配對 SPSS。

（最近的 SPSS 22 已提供有傾向分數配對之模組可供使用。）

- 有關 SPSS Plug-in for R 的安裝請參考下列網站。
  https://www14.software.ibm.com/webapp/iwm/web/preLogin.do?source=swg-tspssp
- 有關 R 軟體請參考下列網站。
  http://cran.r-project.org/
- 有關 PROPENSITY SCORE MATCHING IN SPSS 請參考下列網站。
  http://sourceforge.net/projects/psmspss/files/.

Q2：請說明配對的常用方法。

A2：有以下 4 種。

1. 最鄰近配對法（nearest neighbor matching）：對每一個實驗觀測值 i 選出一個最接近的控制觀測值 j，其公式表示如下：

$$\min|p_i - p_j|$$

2. 直徑配對法（radius matching）：對每一個實驗觀測值配對一個控制觀測值 j，其差距在某特定的直徑內，

$$||p_i - p_j|| < r$$

3. Kernel matching：每一個實驗觀測值與數個控制觀測值配對，其權重是取實驗觀測值與控制觀測值之距離的反比。其公式表示如下：

$$w(i, j) = \frac{k\left(\frac{p_i - p_j}{h}\right)}{\sum_{j=1}^{n_0}\left(\frac{p_i - p_j}{h}\right)}$$

4. 分層配對（stratification matching）：以傾向分數的間隔區間來比較結果。在 SPSS 的清單中，選擇「轉換」「進行分類變量」，然後選擇剛才儲存下的二元回歸（傾向分數，標有「pre_1」）的變量。也改變組別的數目爲 5。新的分類變量（自動地）被稱爲「npre_1」，「npre_2」等。
您現在可以在同一個類別比較組別，例如由「分析」→「描述統計」→「交叉表」或「OLAP 多維數據集」下的「分析」→「報告」，然後選擇「npre_1」作爲層 / 分類變量。通過這樣做，你會得到接受實驗者與未接受實驗者（這裡定義爲小於 0.2 的差異）的平均結果。

Q3：在差異分數的比較上，有常用的 ATE 與 ATET，請說明其內容。

A3：在差異分數的比較上，有 ATE 與 ATET 兩種方法。

ATE（average treatment effect）是指實驗組與控制組在實驗處理結果上的差異，以式子表示時即爲如下：

以下各式中 y_1（D = 1）表實驗組的實驗處理結果，y_0（D = 0）表控制組的實驗處理結果，D 表依變數，x 表自變數，$p(x) = prob(D = 1|x) = E(D|x)$，$\Delta = y_1 - y_0$。

$ATE = E(\Delta) = E(y_1|x, D = 1) - E(y_0|x, D = 0)$

對實驗組與控制組的實驗處理結果間，可以進行簡單的 t 檢定，另外 ATE

較適合隨機實驗而非觀察研究。

ATET（Average treatment effect on the treated）是指接受實驗處理的組別若不接受實驗處理時的整體平均差異，此常被用來估計處理成效的效果值。公式表示如下：

$ATET = E(\Delta|x, D = 1) = E(y_1|x, D = 1) - E(y_0|x, D = 1)$

傾向分數在配對後，我們可以計算實驗組與控制組的結果。公式表示如下：

$ATET = E(\Delta|p(x), D = 1) = E(y_1|p(x), D = 1) - E(y_0|p(x), D = 0)$

第19章 廣義線性模型與廣義估計方程式

19.1 簡介

一般我們在進行統計分析的時候，常常需要假設資料服從某一機率分配（probability distribution）的要求，其中最常見的假設就是要求資料服從常態分配（normal distribution），這是由於絕大部分的分析方法都是建立在常態分配的前提下。多半的統計方法只能著眼於平均值與解釋變數之間關係的探討，這些假設條件是一般所謂的線性模型（general linear model, GLM）的基本要求。

線性模型在統計上是一項相當重要的分析方法，然而，它所需要的這些條件多半會造成資料分析的不便，是否能放寬這些假設以便我們能夠有更大的彈性來分析資料即成爲一種新的研究思考方向，也因此發展出所謂的廣義線性模型（generalized linear model, GedLM）。

在一般線性模型的建立過程中，常常需要滿足某些假設的條件，其中最重要的假設就是要求反應變數必須服從常態分配，這對我們在處理類別資料上造成極大的不便，因此在類別資料上，經常所觀察到的反應變數不是服從二項分配（binomial distribution）就是服從波瓦松分配（Poisson distribution），在理論上我們無法利用一般線性迴歸模型來分析這類別的資料，於是必須發展出條件更爲寬鬆的統計方法，以便可以處理非常態類型的資料，廣義線性模型也就因此應運而生。

然而，廣義線性模型仍然有一些不盡合理的假設，其中較受爭議的就是它也需要假設資料間具有相互獨立的關係，這對許多資料結構可能不盡合理。基於此，統計學家又思考是不是可以透過加入某種變項的方法，使得整個模型可以描述出資料間的相關性，因而發展出廣義線性混合模型。所謂廣義線性混合模型就是在一般的廣義線性模型中加入隨機效應項，藉著這個隨機效應項，模型就可以描述資料間的相關性，這是近年來廣受討論的主題。

廣義線性模型的結構可以分成三個部分。

1. 隨機成分
2. 系統成分
3. 連結函數（Link function）

隨機成分所指的就是反應變數，我們經常假設所觀察到的反應變數值為一組從某一機率分配中所觀察到的數據，而且彼此之間互相獨立。

系統成分則是解釋變數之間的一個函數結構。對於一個模型我們所感興趣的是反應變數的平均值與解釋變數之間所存在的關係，因而需要一個函數來描述兩者的關係，這個函數就是連結函數（將機率或平均變形為參數的線性組合之函數稱為連結函數）。

依據需求的連結函數之不同，我們可以得到不同的模型，對於二項分配的資料，我們常會考慮 logit、probit 等連結函數，因而有所謂的 logit、probit 模型。對於服從波瓦松分配的資料，我們常會考慮 log 連結函數，因而衍生出 loglinear 模型。廣義線性模型比一般的線性模型多了兩個優點。

1. 反應變數不需要服從常態分配。
2. 有了連結函數，不再是只能探討平均數本身和解釋變數之間的關係，藉由連結函數我們可以進一步建立平均數的函數與解釋變數之間的關係模型。

通常一般線性模型的依變數（反應變數）是連續變數，但 McCullagn 與 Nelder 於 1989 年在其著作中提出以廣義線性模型來擴充一般線性模型對於依變數的限制。在 GedLM 中是透過「機率分配」與「連結函數」將依變數尺度擴充至連續、類別、順序、計數（count）等尺度型態。以連續依變數來說，則可選擇「常態分配」與「對等連結函數」（Identity Link function）（假設依變數的期望值為 μ，則對等連結函數為 $g(\mu) = \mu$，也就是連結前與後的值並無改變），以二元依變數來說，則可選擇「二項分配」與「羅吉斯連結函數」（Log/Logit Link function），以計數依變數來說，則可選擇「波瓦松分配」與「對數連結函數」（Log Link function）等等。因此，可知 GedLM 是將 GLM 依變數擴充至各種尺度上的應用。

（注 1）一般線性模型與廣義線性模型之比較

一般線性模型（General linear model）	廣義線性模型（generalized linear model）
1. 基於常態分配的估計 依變數 Y 服從常態分配 2. 變異數分析、t 檢定、迴歸分析都在此範疇 3. 全部能以 E(Y) = Xβ 表示 Y 的平均可將參數以線性組合表示	1. 包含常態分配在內，假定各種分配都行 各種分配 = 其他像是 Gamma 或二項或波瓦松→稱為指數分配族 3. 與連結函數結合 為了模式估計、為了變換依變數而使用 經函數變形時即可將參數以線性組合表示 4. 上述的分配與連結函數的組合可任意改變為其優點 5. 大致上組合是固定的 常態分配時可用對等（Identity）連結 Gamma 分配時可用 log 連結 Poisson 分配時也可用 log 連結 二項 logistic 時分配為二項連結函數為 logit 二項 probit 時分配為二項連結函數為 probit

（注 2）數據種類

數據種類	範圍	分配
連續型	−∞~∞	常態，t 分配
	0~∞（不含 0）	對數常態、gamma 分配
	0~1	Beta 分配
離散型	0 or 1	二項分配
	0, 1, 2, …, ∞	波瓦松分配、負二項分配

（注 3）連結函數

分配	連結函數
常態	Identity 函數：$\mu = a_0 + a_1x_1 + a_2x_2 + \cdots +$
二項	logit 函數：$\text{logit}(p) = \log\left(\frac{p}{1-p}\right) = a_0 + a_1x_1 + a_2x_2 + \cdots +$
波瓦松、負二項	log 函數：$\log(\lambda) = a_0 + a_1x_1 + a_2x_2 + \cdots +$

➲ 解析例

【資料】

表 19.1.1 的資料是觀察某新藥有無服用，以及患者發病後在 1 年之內的生存或死亡。就此資料，擬使用 Logistic 迴歸分析調查新藥服用的有無，以及在 1 年以內生存 · 死亡的關係，想知道此藥有無延長壽命的效果。

表 19.1.1　資料

		1 年以內的生死		計
		生存（0）	死亡（1）	
新藥服用	無（0）	7	13	20
	有（1）	13	6	19
計		20	19	39

【資料輸入形式】

[變數視圖]

*18-1-1.sav [資料集1] - IBM SPSS Statistics Data Editor

檔案(F) 編輯(E) 檢視(V) 資料(D) 轉換(T) 分析(A) 直效行銷 統計圖(G) 公用程式(U) 視窗(W) 說明(H)

	名稱	類型	寬度	小數	標籤	數值	遺漏	直欄	對齊
1	性別	數值型	8	0		{1, 男}...	無	8	右
2	年齡	數值型	8	0		無	無	8	右
3	Hb	數值型	8	2		無	無	8	右
4	WBC	數值型	8	2		無	無	8	右
5	新藥服用	數值型	8	0		無	無	8	右
6	生死	數值型	8	0		無	無	8	右
7									
8									
9									
10									
11									
12									
13									
14									

資料視圖　變數視圖

[資料視圖]

12-1-2.sav [資料集1] - PASW Statistics Data Editor

	性別	年齡	Hb	WBC	新藥服用	生死
1	1	42	14.30	7.70	0	1
2	1	45	15.30	8.60	1	0
3	1	46	16.70	7.00	0	1
4	1	48	11.30	7.00	0	1
5	1	52	11.70	14.20	1	0
6	1	52	12.20	12.50	0	0
7	1	53	13.20	8.90	0	1
8	1	54	13.60	7.60	0	1
9	1	57	13.10	5.20	1	0
10	1	60	13.90	8.00	0	1
11	1	61	13.70	5.90	1	0
12	1	63	8.50	7.00	1	1
13	1	63	9.80	6.10	0	1
14	1	64	12.00	10.90	1	0
15	1	72	11.80	5.40	0	0
16	1	72	11.90	5.80	1	0
17	1	73	15.60	6.10	0	1
18	1	73	14.10	6.80	1	0
19	1	73	7.70	9.10	1	0
20	2	34	13.60	3.50	1	0
21	2	39	12.70	5.90	0	1
22	2	41	11.00	7.50	1	1

資料檢視　變數檢視

【SPSS 分析的步驟】

步驟 1　從【分析 (A)】中選擇【廣義線性模型】的子清單【廣義線性模型 (G)】。（22 版已將概化改成廣義線性模型之名稱）。

步驟 2 依變數爲二値型，爲二項分配，於【模型類型】選單視窗中，勾選【二元 logistic (B)】。

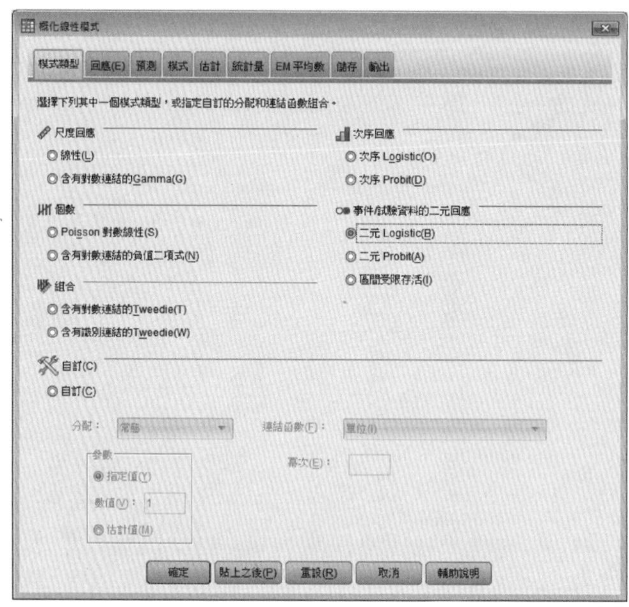

（注 1）1. 模型類型的選擇參考本章 Q&A 的 Q1。
2. 尺度回應選擇【線性 (L)】，即為常態分配、連結函數為 Identity。此時在估計的選單中，參數估計法即可選擇最大概似法。

步驟 3 於【回應(E)】選單視窗中，將生死的二項變項移到【依變數(D)】的方框中。

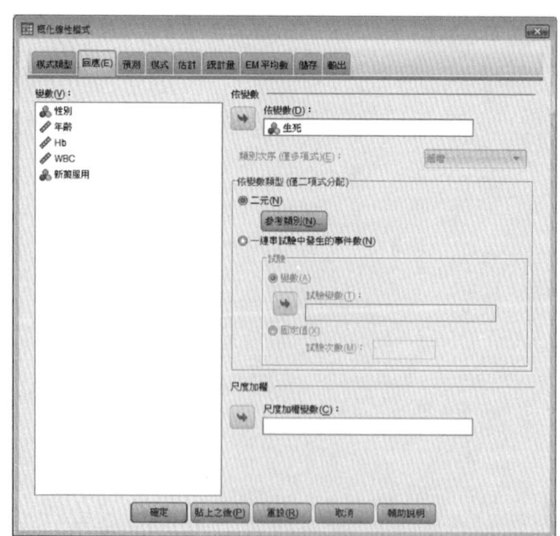

步驟 4 於【預測】選單的視窗中，將性別、新藥服用移到【因子 (F)】方框中，將年齡、Hb、Wbc 當作共變量移到【共變量 (C)】的方框中。

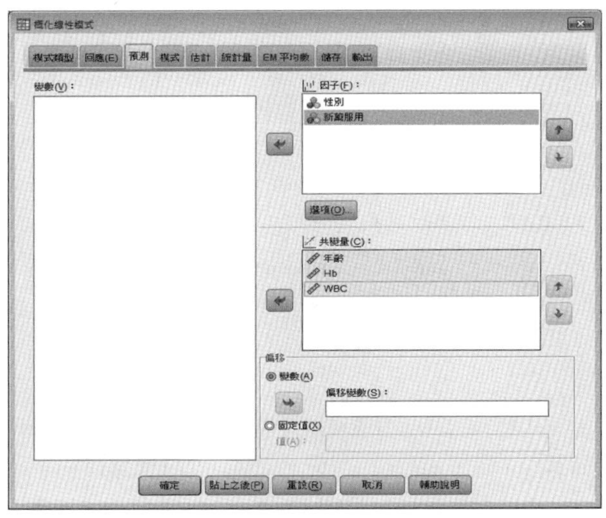

步驟 5 於【模式】選單的視窗中，將所有因子移到【模式 (M)】中。

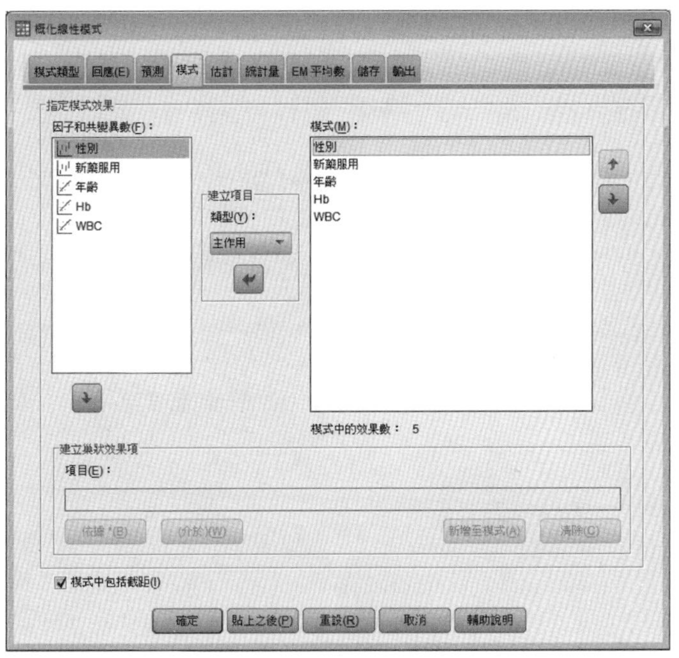

- **參數估計**。您可以選取參數預估方法。在 Newton-Raphson、Fisher 分數或混合方法（會在切換至 Newton-Raphson 方法前，先執行 Fisher 分數疊代）之間選擇。如果在混合方法的 Fisher 評分階段期間，尚未到達 Fisher 疊代的最大數量就已達到收斂，則演算法會繼續進行 Newton-Raphson 方法。
- **尺度參數方法**。您可以選取尺度參數估計方法。最大概似會以模型效果共同預估尺度參數；請注意，如果回應具有負二項式、卜瓦松、二項式或多項式分配，則此選項無效。離差和 Pearson 卡方選項會從那些統計量的值預估尺度參數。或者，您可以為尺度參數指定固定值。
- **初始值**。此程序會自動計算參數的初始值。或者，您可以為參數預估指定起始值。
- **共變異數矩陣**。以模式為基礎的估計值是赫氏（Hessian）矩陣廣義反向的負數。穩健（也稱為 Huber/White/sandwich）估計值是「修正」過後以模式為基礎的估計值，可提供一致的共變異數估計值，即使變異數規格和連結函數不正確時也是如此。

（注）您可以建立巢狀或非巢狀的項目。

【指定非巢狀項目】

1. 在功能表上，選擇：【分析】→【一般性線性模型】→【一般性線性模型】。
2. 在「預測值」標籤中，選取因素和共變量，並按一下【模型】。
3. 選取一個或多個因素或共變量，或因素和共變量的組合。
4. 從「類型」下拉清單選擇建立項目的方法，並將其加入模式中。
5. 請重複這些程序，直到模式中有您想要的所有效應項為止。

【指定巢狀項目】

通常巢狀項目在建立因素或共變量效果項的模式時非常有用，但因素或共變量的值不可以與其他因素層級交互作用。例如，連鎖雜貨店可能會追蹤他們客戶在數個商店位置的消費習慣。因為每個客戶通常只在其中一個地點消費，因此您可以說客戶效果項是巢狀於商店位置效果項內。

1. 在功能表上，選擇：【分析】→【一般性線性模型】→【一般性線性模型】。
2. 在「預測值」標籤中，選取因素和共變量，並按一下【模型】。
3. 選取巢狀於其他因素中的因素或共變量，並按一下移動按鈕。
4. 按一下「巢狀」。
5. 選取前一個因素或共變量巢狀於其中的因素，並按一下移動按鈕。
6. 按一下【新增至模型】。
7. 您可以隨意包含交互作用項，或新增多層巢狀結構至巢狀項目。

步驟 6 於【估計】選單的視窗中，如預設（即參數估計方法選擇【混和】（Hybrid），【尺度參數方法 (C)】選擇固定值，共變異數矩陣勾選【模式估計式 (O)】）。

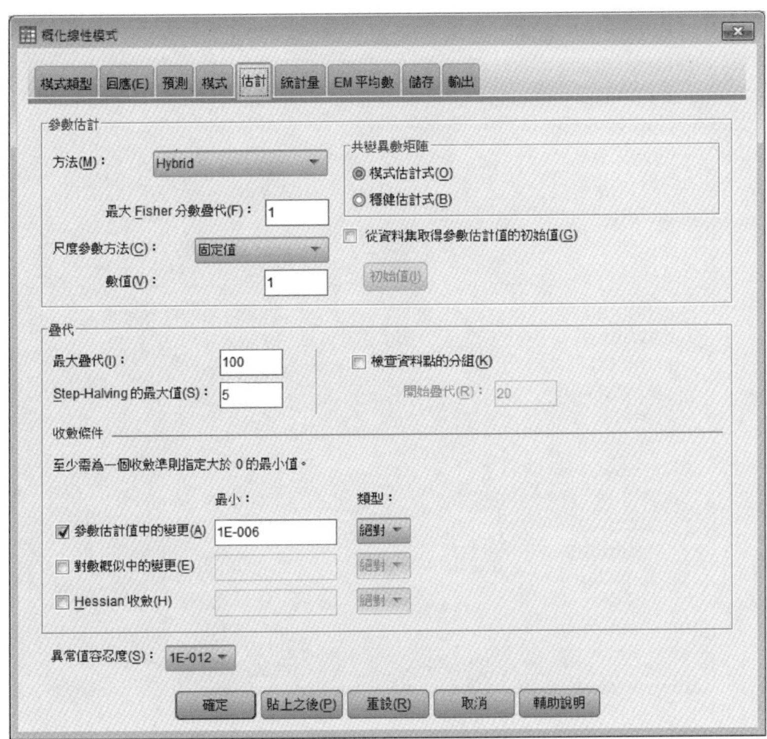

（注）這個群組中的控制項可用來指定估計方法，並為參數估計提供初始值。

步驟 7 於【統計量】選單的視窗中，點選卡方統計量的【Wald】，【分析類型(A)】選型Ⅲ。

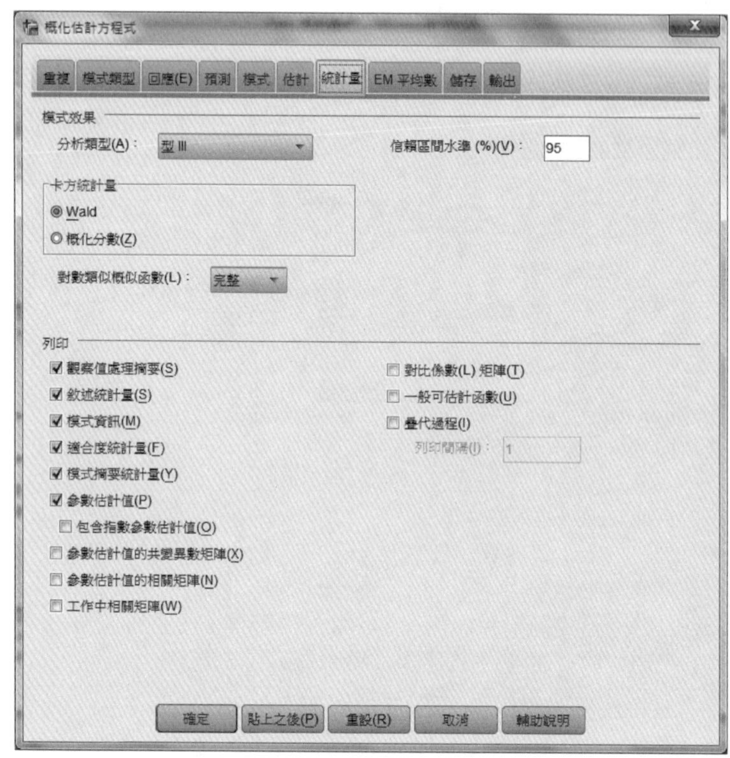

（注）可以使用的選項如下：

1. 分析類型。指定要產生的分析類型。當模式中的訂購預測值是您的首要原因時，通常適用類型 I 分析，而類型 III 則是較普遍適用的。Wald 或概似比統計量是依據在「卡方統計量」群組中的選擇來計算。
2. 信賴區間。指定大於 50 或小於 100 的信賴等級。Wald 區間的基礎是假設參數有標準常態分配；組合概似區間更為精確，但需要進行大量計算。組合概似區間的容差層級是一項準則，用來停止用於計算區間的疊代演算法。
3. 對數概似函數。這會控制對數概似函數的顯示格式。完整函數包含一個額外的項目，是與參數估計值有關的常數；其對參數估計沒有影響，因而在某些軟體產品中不會顯示。

步驟 8 於【EM 平均數】選單中將所有變數移入【顯示平均數 (M)】中。

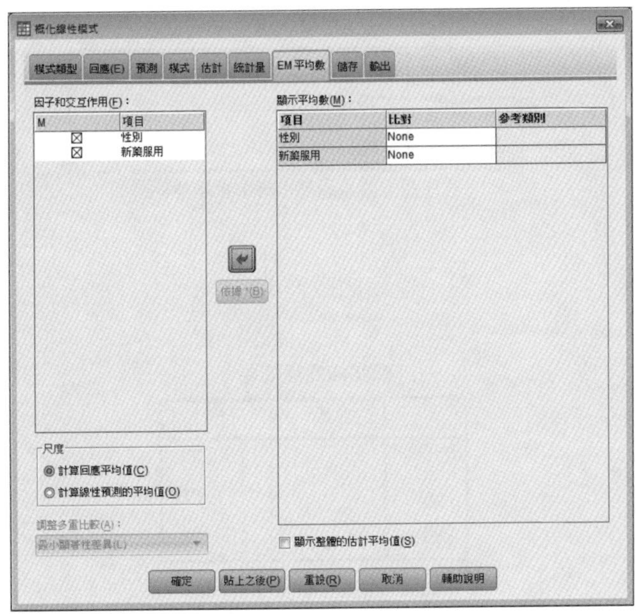

步驟 9 於【儲存】選單視窗中，視需要勾選儲存項目。此處勾選【預測類別(P)】。

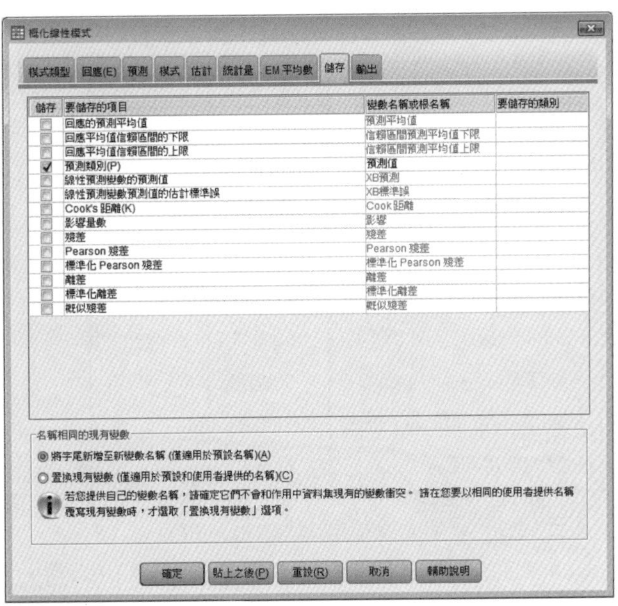

最後按 確定 。得出如下之輸出結果。

【SPSS 輸出結果】

模型資訊

依變數	生死[a]
機率分配	二項式
連結函數	Logit

a. 程序將 0 視為回應，將 1 視為參考類別。

此說明機率分配爲二項，連結函數爲 logit。

觀察值處理摘要

	個數	百分比
包含	39	100.0%
排除	0	.0%
總數	39	100.0%

依變數：生死生死
模式: (截距), 性別, 新藥服用, 年齡, Hb, WBC

a. 比較合適模式與僅含截距模式。

適合度[b]

	數值	df	值/自由度
離差	43.641	33	1.322
尺度偏差	43.641	33	
Pearson 卡方	38.152	33	1.156
尺度 Pearson 卡方	38.152	33	
對數概似值[a]	-21.821		
Akaike 的資訊準則 (AIC)	55.641		
有限樣本修正 AIC (AICC)	58.266		
Bayesian 資訊準則 (BIC)	65.623		
一致 AIC (CAIC)	71.623		

依變數：生死生死
模式: (截距), 性別, 新藥服用, 年齡, Hb, WBC

a. 完整的對數概似函數是在計算資訊條件中顯示和使用。

b. 以越小越好的形式顯示資訊條件。

AIC 是統計學上常用判斷準則，評估模式的配適度作爲判斷的依據。利用 AIC 最小值方式來選擇最優條件，做更有效及偏誤較小的評估，改善預測值。

Omnibus 檢定[a]

概似比率卡方	df	顯著性
10.399	5	.065

依變數：生死生死
模式: (截距), 性別, 新藥服用, 年齡, Hb, WBC

a. 比較合適模式與僅含截距模式。

Omnibus 檢定是對「虛無假設 H_0 ：所求出的羅吉斯迴歸式對預測無幫助」進行檢定，顯著機率 0.065 小於 0.1（一般設爲 0.05，本例爲解釋方便），否定此假設；換言之迴歸式對預測是有幫助的。

模式效應的檢定

來源	類型 III		
	Wald 卡方	df	顯著性
(截距)	4.652	1	.031
性別	.767	1	.381
新藥服用	4.390	1	.036
年齡	2.716	1	.099
Hb	3.093	1	.079
WBC	1.437	1	.231

依變數：生死生死
模式: (截距), 性別, 新藥服用, 年齡, Hb, WBC

以上分別爲連續變數與類別變數的資訊。

參數估計值

參數	B 之估計值	標準誤差	95% Wald 信賴區間		假設檢定		
			下界	上界	Wald 卡方	df	顯著性
(截距)	-8.545	4.2045	-16.786	-.305	4.131	1	.042
[性別=1]	-.787	.8989	-2.549	.975	.767	1	.381
[性別=2]	0[a]	.	.	.	.	.	.
[新藥服用=0]	-1.672	.7979	-3.236	-.108	4.390	1	.036
[新藥服用=1]	0[a]	.	.	.	.	.	.
年齡	.064	.0387	-.012	.140	2.716	1	.099
Hb	.363	.2066	-.042	.768	3.093	1	.079
WBC	.251	.2098	-.160	.663	1.437	1	.231
(尺度)	1[b]						

依變數：生死生死
模式: (截距), 性別, 新藥服用, 年齡, Hb, WBC

a. 設定為零，因為這個參數是冗餘的。

b. 固定為顯示值。

除了新藥服用有顯著的影響外，其他變數均不顯著。此說明新藥服用有控制死亡的效果，亦即有延長壽命的效果。

邊際平均數估計 1: 性別

估計值

性別	平均數	標準誤差	95% Wald 信賴區間	
			下界	上界
男	.44	.139	.16	.71
女	.63	.141	.35	.90

出現在這個模式中的共變量固定為以下值: 年齡=58.28; Hb=12.1103; WBC=7.1385

邊際平均數估計 2: 新藥服用

估計值

新藥服用	平均數	標準誤差	95% Wald 信賴區間	
			下界	上界
0	.33	.112	.11	.55
1	.73	.116	.50	.95

出現在這個模式中的共變量固定為以下值: 年齡=58.28; Hb=12.1103; WBC=7.1385

於資料檢視中最後一欄出現預測值，與生死之數值幾乎雷同。

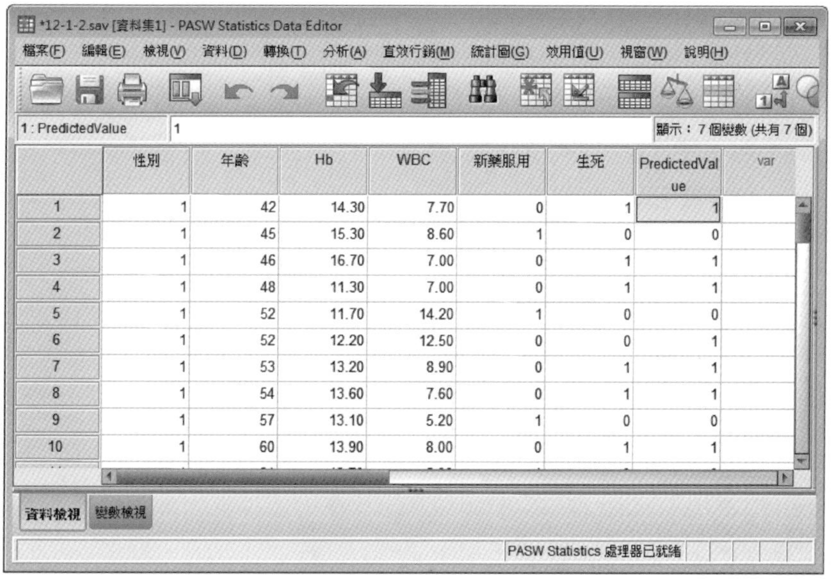

	性別	年齡	Hb	WBC	新藥服用	生死	PredictedValue	var
1	1	42	14.30	7.70	0	1	1	
2	1	45	15.30	8.60	1	0	0	
3	1	46	16.70	7.00	0	1	1	
4	1	48	11.30	7.00	0	1	1	
5	1	52	11.70	14.20	1	0	0	
6	1	52	12.20	12.50	0	0	1	
7	1	53	13.20	8.90	0	1	1	
8	1	54	13.60	7.60	0	1	1	
9	1	57	13.10	5.20	1	0	0	
10	1	60	13.90	8.00	0	1	1	

步驟 10 接著，按【分析 (A)】選擇【敘述統計 (E)】中的【交叉表 (C)】進行正答率分析。將生死當作【列 (O)】，預測機率當作【欄 (C)】製作交叉表。完成後按 確定 。

交叉表

觀察值處理摘要

	觀察值					
	有效的		遺漏值		總和	
	個數	百分比	個數	百分比	個數	百分比
生死 * 預測的類別值	39	100.0%	0	.0%	39	100.0%

生死 * 預測的類別值 交叉表

個數

		預測的類別值		總和
		0	1	
生死	0	14	6	20
	1	4	15	19
總和		18	21	39

[生存]的正答率大約是 0.8(14/18)，[死亡]的正答率大約是 0.7(15/21)。

Q&A

Q1：試以具體例說明一般線性模型與廣義線性模型是什麼？

A1：以具體例來說，一般線性模型可以想到反應變數服從常態分配的 t 檢定、迴歸分析、變異數分析、共變異數分析。

此特徵有以下兩者。

(1) 反應變數 y 服從常態分配。

(2)Y 的平均是以參數的線性組合加以表示。

將此更爲一般化者即爲廣義線性模型。具有以下特徵：

(1) 反應變數 y 服從常態分配、二項分配、波瓦松（poisson）分配等（嚴格說來包含在指數分配族的分配）。

(2)將y的平均（或機率）利用某種函數變換時，參數即可以線性組合表示。

兩者之比較如下表所示：

模型	反應變數	平均（機率）的構造
一般線性模型	常態分配	參數的線性組合
廣義線性模型	常態分配、二項分配、波瓦松分配等（指數型分配族）	利用函數變換，變成參數的線性組合

分別就一般線性模型與廣義線性模型列舉一些具體例來說明。

以下，共變量 x_i 當作連續值的數據（已知），$\alpha, \beta, \mu, \mu_i$ 當作參數（未知）。

1. 一般線性模型

以下所有的模型均滿足「反應變數 y 服從常態」、「平均是參數的線性組合」之特徵。

(1) 無對應 t 檢定、變異數分析模型

t 檢定與變異數分析兩者只差在組數是 2 組與 3 組以上之不同而已，因之可以同樣處理。i 當作用藥組，j 當作各用藥組中的病歷號碼，模型爲

$$y_{ij} \sim N(0, \sigma^2)$$

改寫爲

$$y_{ij} = \mu_i + \varepsilon_{ij}\ (\varepsilon_{ij} \sim N(0, \sigma^2))$$

考察 y_{ij} 的平均時，即爲

$$\mathrm{E}(y_{ij}) = \mu_i = 1 \cdot \mu_i$$

由於「平均是參數 μ_i 的線性組合」、「反應變數 y_{ij} 服從常態」，因之即爲一般線性模型。

兩因子變異數分析的情形也一樣成立，此處提出「兩因子、固定效果模型、有交互作用」的模式。設模式爲

$$y_{ij} = \mu + \alpha_i + \beta_j + \gamma_{ij} + \varepsilon_{ij}\ (\varepsilon_{ij} \sim N(0, \sigma^2))$$

平均爲

$$\mathrm{E}(y_{ij}) = \mu + \alpha_i + \beta_j + \gamma_{ij}$$

由於「平均是 $\mu, \alpha_i, \beta_j, \gamma_{ij}$ 的線性組合」、「反應變數 y_{ij} 服從常態」，所以這也是一般線性模型。

(2) 迴歸模型

接著，考察迴歸分析的模式。模式表示爲

$$y_i = \alpha + \beta x_i + \varepsilon_i\ (\varepsilon_i \sim N(0, \sigma^2))$$

如注視平均時

$$\mathrm{E}(y_i) = \alpha + \beta x_i$$

由於「平均是參數 α, β 的線性組合」、「反應變數 y_i 服從常態」，所以這也是一般線性模型。

另外，共變量增加爲 2 個以上時

$$E(y_i) = \alpha + \beta_1 x_{1i} + \beta_2 x_{2i} + \cdots + \beta_k x_{ki}$$

也仍然是一般線性模型。

像共變量的乘冪形式

$$E(y_i) = \alpha + \beta_1 x_1 + \beta_2 x_i^2 + \cdots + \beta_k x_i^k$$

如先前所述，由於 $\alpha, \beta_1, \cdots, \beta_k$ 形成線性組合，所以它也是一般線性模型。

(3) 共變異數分析模型

共變異數分析模型是變異數分析與迴歸分析的合成，此兩個是一般線性模型，所以共變異數分析也是一般線性模型，這是可以想像的。假定第 i 組的第 j 位受試者的共變量設爲 x_{ij} 時，則

$$y_{ij} = \mu + \alpha_i + \beta x_{ij} + \varepsilon_{ij} \ (\varepsilon_{ij} \sim N(0, \sigma^2))$$

此處藥劑的影響設爲 α_i，共變量的影響以 β 表示，此時平均成爲

$$E(y_{ij}) = \mu + \alpha_i + \beta x_{ij}$$

由於「平均是參數 α, β 線性組合」、「反應變數 y_i 服從常態」，所以這也是一般線性模型。

2. 廣義線性模型

這是將反應變數「從常態分配擴張成一般指數分配族的分配」，以及平均（機率）的構造「從參數的線性組合擴張到利用函數變換成爲參數的線性組合」。

(1)logistic 迴歸

反應變數 y_i 是表示受試者 i 有無發生疾病的 0, 1 的二値函數（發生疾病是 $y_i = 1$），發生機率設爲 p_i（因人而異），此時 y_i 服從 Bernoulli 分配 Be(p_i)。

此時如設 $h(x) = \dfrac{1}{1+\exp(-x)}$ 時，即可表示成如下：

$$y_i \sim Be(p_i)$$
$$p_i = h(\alpha + \beta x)$$

也就是，函數 h(x) 的裡面是一次函數的形式。

由於 $h(x) = \dfrac{1}{1+\exp(-x)}$ 的反函數爲 $h^{-1}(x) = \log\left(\dfrac{x}{1-x}\right)$

因之，$h^{-1}(p) = \log\left(\dfrac{p_i}{1-p_i}\right) = \alpha + \beta x_i$

像 $h^{-1}(x) = \log\left(\dfrac{x}{1-x}\right)$ 那樣，將機率（或平均）變形成參數的線性組合的函數稱爲連結函數，因之此模式即爲廣義線性模型。它是

- 反應變數 y_i 服從 Bernoulli 分配 Be(p_i)
- 連結函數是 logit 函數（$\text{logit}\,(p_i) = \text{logit}\left(\dfrac{p_i}{1-p_i}\right) = \alpha + \beta x_i$）。

(2)probit 迴歸

將 logistic 函數轉變爲具有標準常態分配的累積分配函數

$\Phi\,(x) = \int_{-\infty}^{\infty} \dfrac{1}{\sqrt{2\pi}} \exp\left(\dfrac{t^2}{2}\right) dt$

也就是反應變數的分配爲

$$y_i \sim Be(p_i)$$
$$p_i = \Phi(\alpha + \beta x)$$

稱爲 probit 迴歸。Φ(x) 的反函數 $\Phi^{-1}(x)$ 可寫成

$$\Phi^{-1}(p_i) = \alpha + \beta x_i$$

所以是參數 α, β 的線性組合，因之 $\Phi^{-1}(x)$ 即爲連結函數，這也是廣義線性模型。它是

- 反應變數 y_i 服從 Bernoulli 分配 $Be(p_i)$
- 連結函數爲 $\Phi^{-1}(x)$

(3) 卜瓦松迴歸

上述兩者反應變數均爲發生有無的二值型，而目前是從 0 開始的計數數據的情形。第 i 個設施中發生特定事件的受試者人數 y_i 假定服從平均 λ_i 的卜瓦松分配 $p_o(\lambda_i)$，此 λ_i 假定使用某個共變量 x_i 可以表示成 $\lambda_i = e^{\alpha + \beta x_i}$，兩邊取 log 時，成爲 $\log \lambda_i = \alpha + \beta x_i$，形成參數 α, β 的線性組合，所以

$$y_i \sim p_o(\lambda_i)$$
$$\log \lambda_i = \alpha + \beta x_i$$

也是廣義線性模型，它是

- 反應變數 y_i 服從卜瓦松分配
- 連結函數是 $\log x$。

19.2 廣義估計方程式

➲ 概要

廣義估計方程式（Gendralized Estimating Equation, GEE）是由中研院院士梁賡義（Professor Liang）與約翰霍普金斯大學（The Johns Hopkins University）公共衛生學院生物統計系教授 Scott Zeger 於 1986 年在兩個頂尖生物統計期刊 Biometrika 及 Biometrics 陸續發表的理論與應用文章，之後廣泛地被應用在反覆測量的研究上。它克服資料需獨立性的限制，無論觀察值爲連續型或是類別型，廣義估計方程式皆可用來進行參數的估計。

廣義估計方程式爲一種類概似（quasi-likelihood）的估計，對於相關性資料，不需要假定觀察值的聯合分配，只需要給定工作相關矩陣以調整在同一群集內觀測值間相關性之結構即可。由於廣義估計方程式爲一邊際效應模型，因

此第一步是將觀測值的邊際期望值與解釋變數的一個線性組合透過一個連結函數（link function）來結合。第二步是敘述觀察值之變異數與期望值間的函數關係。第三步是針對每個對象選擇工作相關矩陣的形式。第四步是估計參數與共變異數矩陣。

廣義線性模型（GedLM）與廣義估計方程式是現今研究過程中最常使用的統計方法。GedLM 整合了傳統的一般線性模型，並利用連結函數簡化了轉換尺度時所遭遇的問題，但它僅適用於獨立性樣本，對相依樣本並不能提供有效的分析，因此，Zeger 和 Liang 延伸了 GedLM，進一步地發表廣義估計方程式以提升相依樣本分析的準確性，生物醫學領域多用以追蹤評估藥物對人體的長期療效。

當研究設計是「反覆測量」或是階層線性分析中的「巢狀」（nested）時（前者像是一位受訪者有 3 次以上的時間點，而後者像是每位醫生負責 10~30 位病患），此時 GedLM 雖然仍提供正確的係數估計（estimated coefficient），但卻會提供了錯誤的標準誤（standard error），因此會導致錯誤的統計推論。

爲何不直接使用傳統的反覆測量單因子變異數分析（rm ANOVA: Repeated measure ANOVA）來估計呢？傳統的反覆測量單因子變異數分析無法解決的主要問題有二點：

第一點是無法容納遺漏值的存在，當有遺漏值數據時，傳統的反覆測量單因子變異數分析只能完全將此受試者的資料刪除（list-wise delete），此時使用 GEE 不會把遺漏值數據刪除，因此，儘管受試者 k 少了某 1 次資料，GEE 還是可以分析受試者 k 的其他次資料。

第二點是傳統的反覆測量單因子變異數分析假設各個測量時間點依變數的「相關係數」相同（例如每個人都有 3 次資料），此種統計用語稱爲「複合對稱工作相關矩陣」（compound symmetry working correlation matrix），然而，在一般套裝統計軟體稱爲「可交換（Exchangeable）工作相關矩陣」（參章末 Q&A），也就是說，研究者假設受試者的每一對（pair）時間的依變數相關係數是一樣的，這個假設在某些情形顯然是不適用的，譬如說一共蒐集三次資料且每一次都間隔一年之久，這時候若再假設第一年與第二年的依變數相關係數（ρ_{12}）和第一年與第三年的依變數相關係數（ρ_{13}）相同，很明顯這是不適當的，因爲隨著時間變化應該 $\rho_{12} > \rho_{13}$，此時可考慮設定 First-order autoregressive（AR1）工作相關矩陣會比較適當，AR1 是假設若第一次與第二次的依變數相關係數爲 ρ（譬如

0.7），則此時第一次與第三次的依變數相關係數則爲 ρ^2（0.7×0.7 = 0.49）。這樣的工作相關矩陣（working correlation matrix）共有數十種，研究者可適時地先將自己的資料執行各個時間點的相關矩陣圖，再根據資料型態自行指定合適的工作相關矩陣代入 GEE。

GEE 另一個優勢之處爲穩健標準誤（robust standard error），簡單來說就是在建立迴歸方程式的時候，由於代入「工作相關矩陣」（視爲自變項）來估計參數，因此會有殘差（residual），此時受試者內殘差（within-subject residual）拿來估計標準誤，因此推論效果不限於工作相關矩陣，儘管選擇了不適當的工作相關矩陣仍然能得到有效的統計推論。

其實，以上所提到的 GEE 應用，也都是以階層線性模型（HLM: hierarchical linear modeling）或條件式羅吉斯迴歸（Conditional logistic Regression, CLR）作爲替代，但近來研究開始在比較此三種方式（GEE, HLM, CLR）的優劣，目前在國內比較少見到 CLR 的研究，但已有一些模擬研究指出，在小樣本研究以 CLR 的模型表現比較理想。

⊃範例

爲了了解 3 種紅火蟻防治用藥劑處理，分別爲芬普尼（Fipronil）、百利普芬（Pyriproxyfen）、賜諾殺（Spinosyns）的防治效果，以桃園區農業改良場及台南區農業改良場進行實驗，時間按 0 週、1 週、2 週、4 週、6 週、8 週分別進行，所得結果如下表所示，本資料來源取自施錫彬等人於 2010 年所發表的期刊論文《作物、環境與生物資訊》（卷期：7：3：頁 167-176）（以廣義估計方程式與廣義線性模型評估三種藥劑對紅火蟻防治率之研究）。表中 Check 是表示沒有任何藥劑處理。

地區	週數	Fipronil			Pyriproxyfen			Spinosyns			Check		
		R1	R2	R3	R1	R2	R3	R1	R2	R3	R1	R2	R3
桃園	0	57	51	73	26	50	51	31	58	31	40	29	32
	1	39	43	68	22	46	49	26	56	29	40	29	32
	2	28	39	66	22	42	46	17	53	27	40	29	32
	4	14	26	61	19	35	36	8	50	20	40	29	32
	6	10	18	52	18	29	30	5	42	18	44	32	38
	8	10	17	50	18	26	27	5	40	17	44	35	41
台南	0	13	8	10	6	7	14	12	13	10	12	12	9
	1	12	5	9	6	7	13	10	13	9	12	12	10
	2	12	7	7	6	7	13	8	13	9	12	12	10
	4	10	7	6	6	6	12	7	11	9	14	12	11
	6	9	5	6	6	5	10	6	8	6	14	12	13
	8	7	5	4	5	5	7	6	6	6	16	14	13

【資料輸入形式】

資料檢視如下。

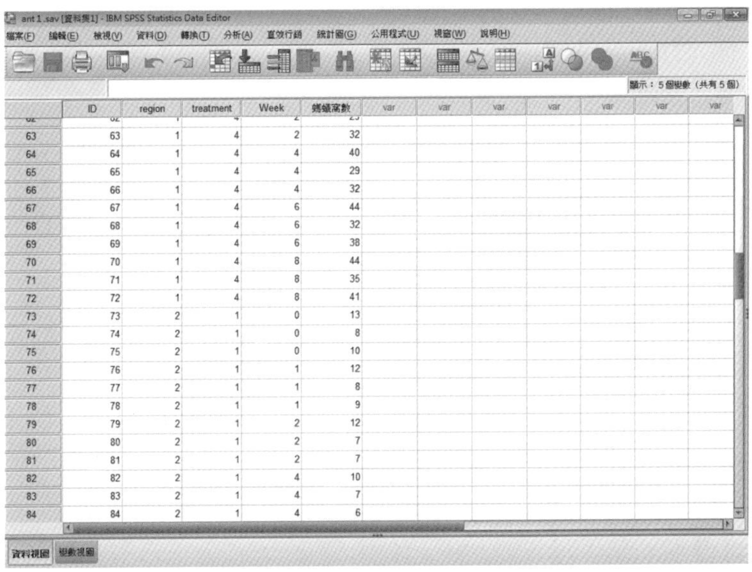

	ID	region	treatment	Week	螞蟻窩數
63	63	1	4	2	32
64	64	1	4	4	40
65	65	1	4	4	29
66	66	1	4	4	32
67	67	1	4	6	44
68	68	1	4	6	32
69	69	1	4	6	38
70	70	1	4	8	44
71	71	1	4	8	35
72	72	1	4	8	41
73	73	2	1	0	13
74	74	2	1	0	8
75	75	2	1	0	10
76	76	2	1	1	12
77	77	2	1	1	8
78	78	2	1	1	9
79	79	2	1	2	12
80	80	2	1	2	7
81	81	2	1	2	7
82	82	2	1	4	10
83	83	2	1	4	7
84	84	2	1	4	6

變數檢視如下。

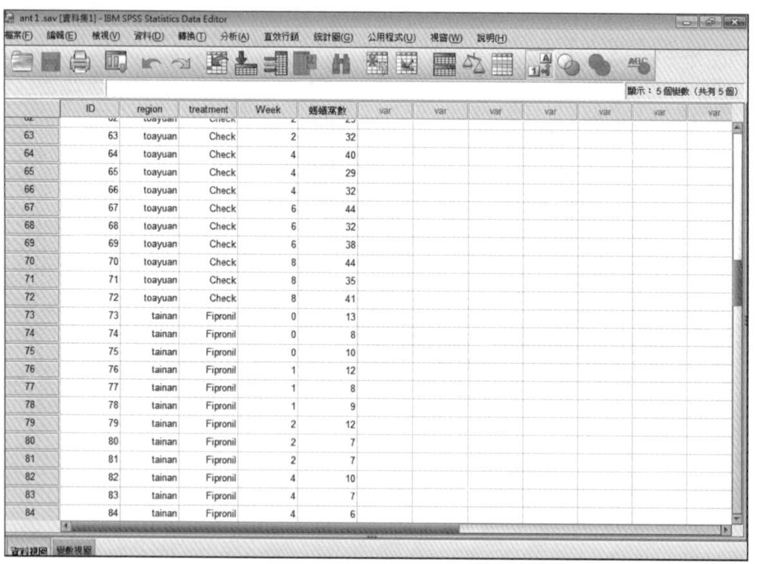

【分析的步驟】

步驟 1 從【分析(A)】中選擇【廣義線性模型】子清單的【廣義估計方程式(E)】。

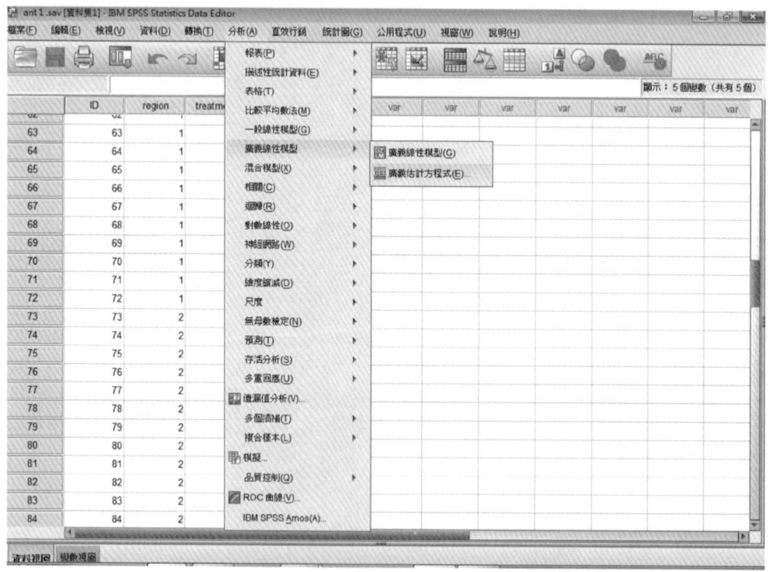

由於資料形式是計數資料（count data），將其視爲卜瓦松分配的變數，以廣義線性模型來配適模型：

$$\log(\mu_{it}) = \beta_{i0} + \beta_{i1}t$$

上式中 i = 1, 2, 3; c 分別表示處理 1, 2, 3, 4; t = 0, 1, 2, 4, 6, 8 表示觀測的時間。而實際在應用上，計數資料不一定會服從卜氏分配中平均等於變異數的性質，所以此處將變數視爲類似卜氏分配，令其變異數爲：

$$\text{Var(y)} = \phi^2 \text{V}(\mu) = \phi^2 \mu$$

式中，Φ 爲尺度參數，當其值愈偏離 1，表示變數愈偏離卜氏分配，由於蟻窩數是針對同一試區重複觀測 6 次所得的數據，因此我們假設重複觀測之數據之間有高度相關，而相關之結構爲複對稱（compound symmetry）之形式，SPSS 稱爲可交換（exchangeable），以參數 ρ 表示其相關程序，對於此種重複觀測的縱向資料，我們以 Zeager 等人於 1989 年所提出的廣義估計方程式來求出模型之係數。

首先，針對桃園地區（region = 1）進行估計（ID = 1~72），至於台南地區（region = 2）的作法則參照進行（ID = 73~144）。

步驟 2 先從【資料 (D)】中點選【選擇觀察值 (S)】。

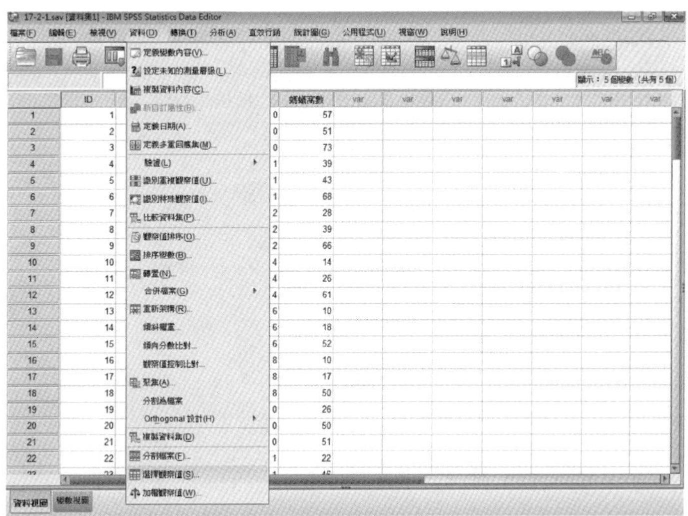

步驟 3 點選【如果滿足設定條件 (C)】後，點一下【若 (I)】。

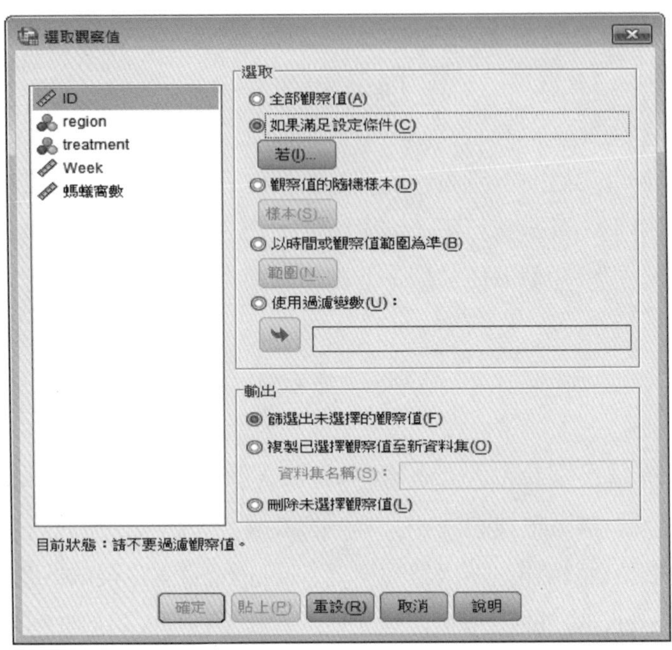

步驟 4 如下輸入後按 繼續 。

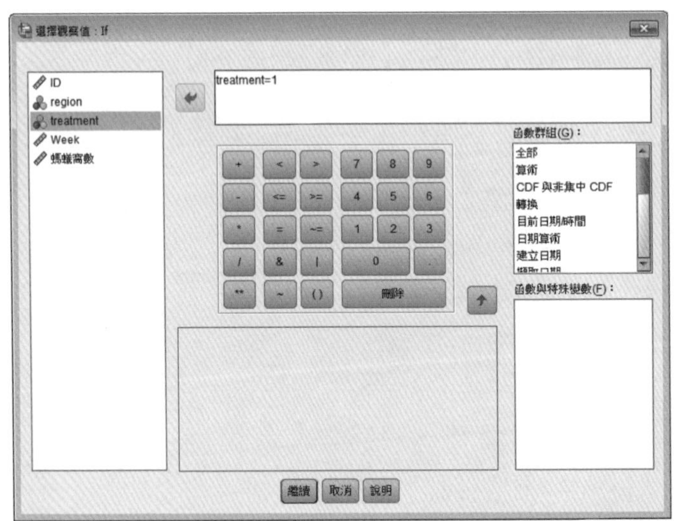

步驟 5 Treatment = 1(Fipronil)的數據已被選出，接著，從【分析(A)】中選擇【廣義線性模型】，再選擇【廣義估計方程式 (E)】。

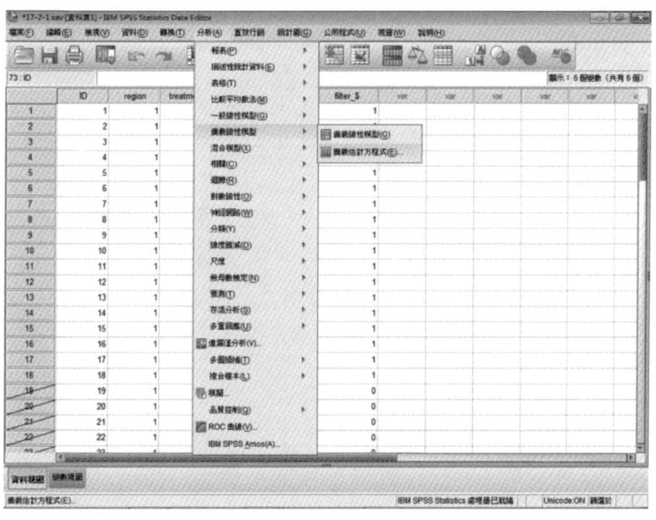

步驟 6 於【重複】選單中，將 ID 移入【受試者變數 (S)】，treatment = 1(Fipronil)移入【受試者內變數 (W)】中，共變異矩陣點選【穩健估計值 (O)】，工作中相關性矩陣點選可交換。

步驟 7 於【模型類型】選單視窗中，點選個數欄位的【Poisson 對數線性 (S)】。

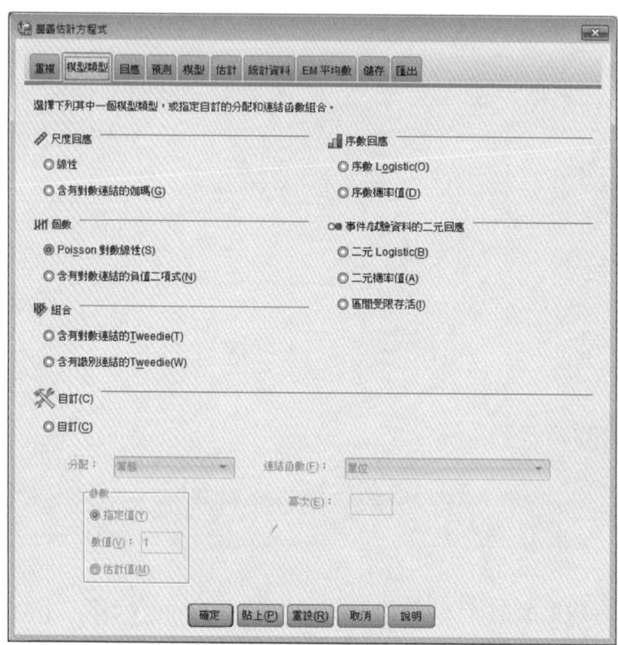

步驟 8 於【回應】選單視窗中，將螞蟻窩數移到【因變數 (D)】中。

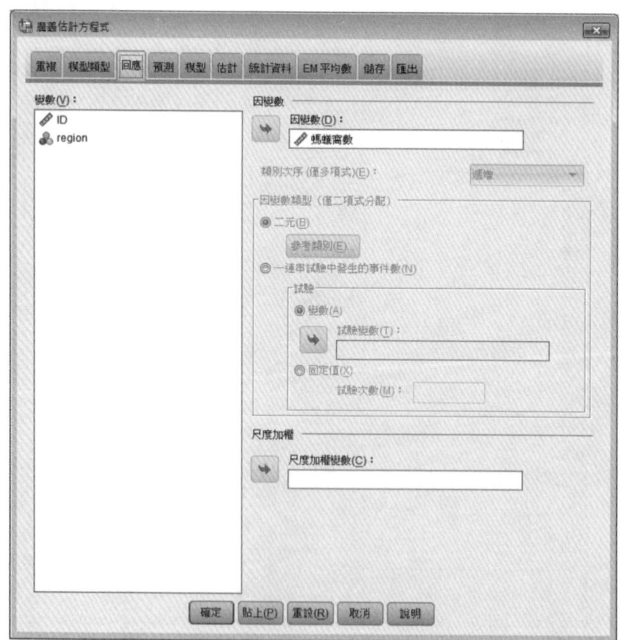

步驟 9 於【預測】選單的視窗中，將 treatment = 1(filter) 當作因子移到【因素 (F)】方框中，將 week 當作共變量移到【共變量 (C)】的方框中。

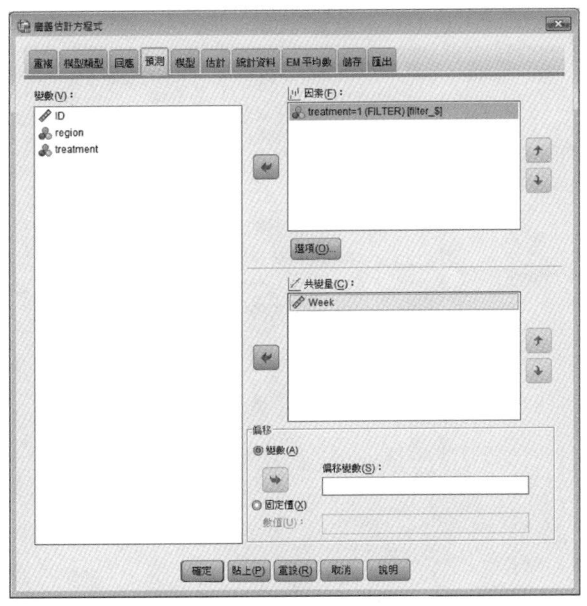

步驟 10 於【模型】選單的視窗中，將 week 移到【模型 (M)】中。

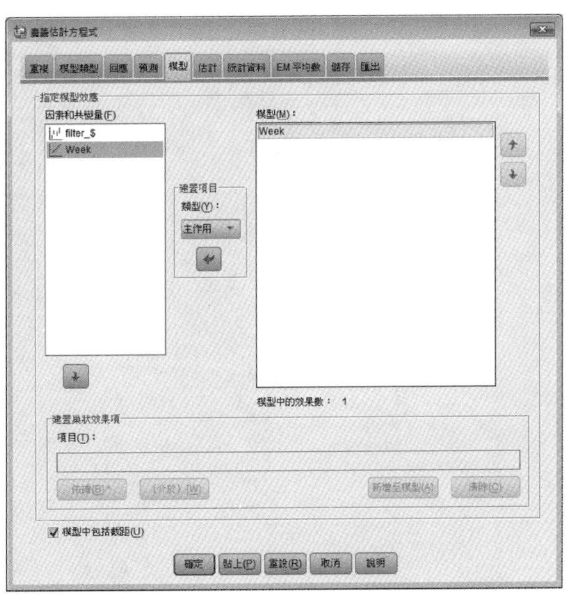

步驟 11 於【估計】選單的視窗中，參數估計欄位之【方法 (M)】點選 Fisher，【尺度參數方法 (C)】點選 Pearson 卡方（若選擇固定值，則尺度參數會當成固定）。

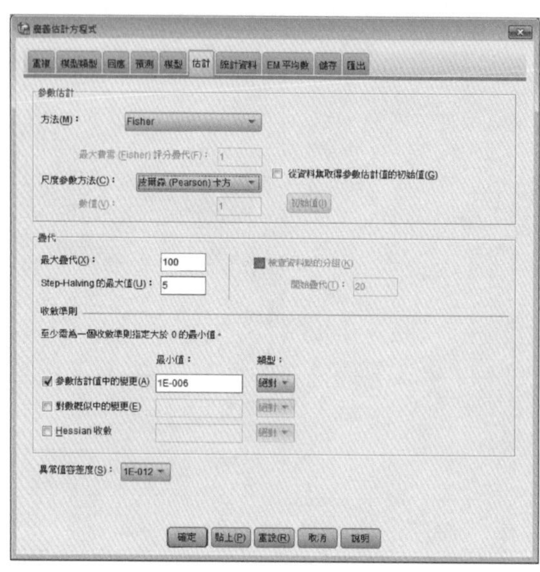

步驟 12 於【統計量】選單的視窗中，卡方統計量點選 Wald，【分析類型 (A)】選型Ⅲ。

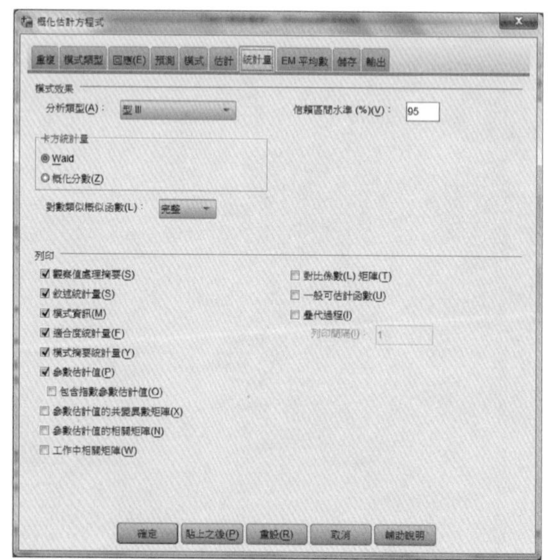

步驟 13 於【EM 平均數】選單視窗中，將所有變數移入【顯示平均數 (D)】中，比對選擇【成對】，尺度點選【計算回應平均值 (C)】，【調整多重比較 (A)】選擇最小顯著性差異，並勾選【顯示整體的估計平均值 (S)】。

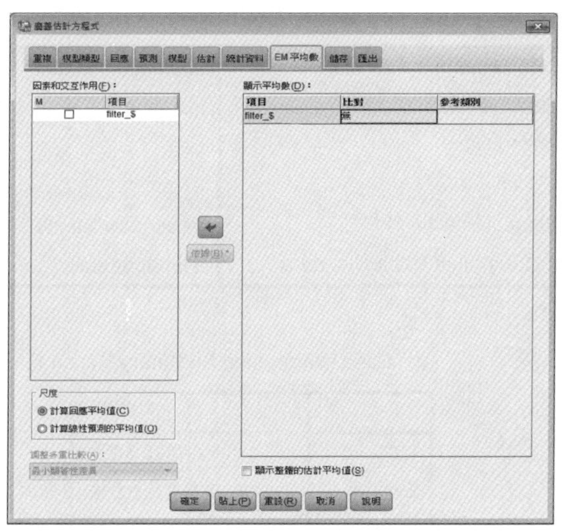

步驟 14 於【儲存】選單視窗中，視需要勾選儲存項目。此處勾選【回應的預測平均值】。最後按 確定 。得出如下的輸出結果。

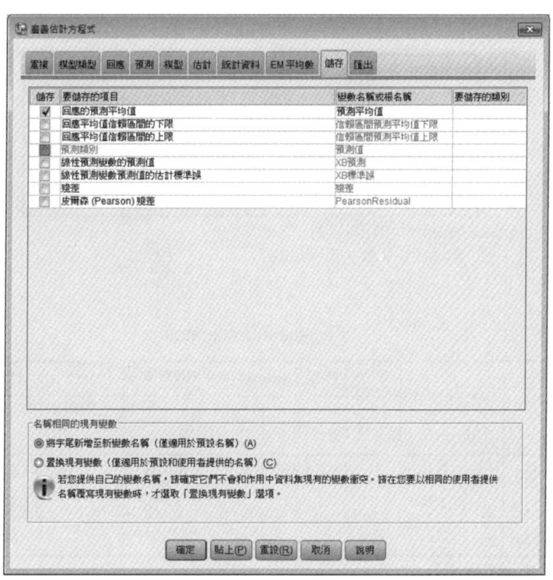

【輸出結果】

➜ Generalized Linear Models

Model Information

Dependent Variable		螞蟻窩數
Probability Distribution		Poisson
Link Function		Log
Subject Effect	1	ID
Within-Subject Effect	1	treatment=1 (FILTER)
Working Correlation Matrix Structure		Exchangeable

Case Processing Summary

	N	Percent
Included	18	100.0%
Excluded	0	0.0%
Total	18	100.0%

上表顯示的機率分配是選擇 Poisson 分配，連結函數是 Log。

Tests of Model Effects

	Type III		
Source	Wald Chi-Square	df	Sig.
(Intercept)	1573.481	1	.000
Week	6.927	1	.008

Dependent Variable: 螞蟻窩數
Model: (Intercept), Week

Parameter Estimates

			95% Wald Confidence Interval		Hypothesis Test		
Parameter	B	Std. Error	Lower	Upper	Wald Chi-Square	df	Sig.
(Intercept)	4.045	.1020	3.845	4.245	1573.481	1	.000
Week	-.115	.0439	-.201	-.029	6.927	1	.008
(Scale)	8.869						

Dependent Variable: 螞蟻窩數
Model: (Intercept), Week

Estimated Marginal Means: treatment=1 (FILTER)

Estimates

treatment=1 (FILTER)	Mean	Std. Error	95% Wald Confidence Interval Lower	Upper
Selected	38.14	20.585	13.25	109.85

Covariates appearing in the model are fixed at the following values: Week=3.50

從模型效果的檢定來看，week 對模型有顯著影響（p = .008 < .05），因係數爲負，顯示隨著週數的增加，螞蟻窩數有減少的現象。

從參數估計值中可得出桃園區使用 treatment = 1(Fipronil) 的估計方程式。

$$\text{Log}(\mu) = 4.045 - 0.115 \times \text{週數}$$

尺度參數估計值是 8.869，此 treatment = 1 的個數配適 poisson 分配並不盡理想。

同樣的作法可得出桃園區使用 treatment = 2(Pyriproxyfen) 的輸出。

Tests of Model Effects

Source	Type III Wald Chi-Square	df	Sig.
(Intercept)	280.202	1	.000
Week	3.079	1	.079

Dependent Variable: 螞蟻窩數
Model: (Intercept), Week

Parameter Estimates

Parameter	B	Std. Error	95% Wald Confidence Interval Lower	Upper	Hypothesis Test Wald Chi-Square	df	Sig.
(Intercept)	3.247	.1940	2.867	3.627	280.202	1	.000
Week	-.072	.0413	-.153	.008	3.079	1	.079
(Scale)	10.340						

Dependent Variable: 螞蟻窩數
Model: (Intercept), Week

Estimated Marginal Means: treatment=2 (FILTER)

Estimates

treatment=2 (FILTER)	Mean	Std. Error	95% Wald Confidence Interval	
			Lower	Upper
Selected	32.15	6.465	21.67	47.68

Covariates appearing in the model are fixed at the following values: Week=3.50

從參數估計值中可得出桃園區使用 treatment = 2(Pyriproxyfen) 的估計方程式。

$$\text{Log}(\mu) = 3.247 - 0.072 \times \text{週數}$$

尺度參數估計值是 10.340，此 treatment = 2 的個數配適 poisson 分配並不盡理想。

同樣的作法可得出桃園區 treatment = 3(Spinosyns) 的輸出。

Tests of Model Effects

Source	Type III		
	Wald Chi-Square	df	Sig.
(Intercept)	608.532	1	.000
Week	3.689	1	.055

Dependent Variable: 螞蟻窩數
Model: (Intercept), Week

Parameter Estimates

Parameter	B	Std. Error	95% Wald Confidence Interval		Hypothesis Test		
			Lower	Upper	Wald Chi-Square	df	Sig.
(Intercept)	3.681	.1492	3.388	3.973	608.532	1	.000
Week	-.100	.0519	-.202	.002	3.689	1	.055
(Scale)	10.075						

Dependent Variable: 螞蟻窩數
Model: (Intercept), Week

Estimated Marginal Means: treatment=3 (FILTER)

Estimates

treatment=3 (FILTER)	Mean	Std. Error	95% Wald Confidence Interval Lower	Upper
Selected	27.98	17.431	8.25	94.88

從參數估計值中可得出桃園區使用 treatment = 3(Spinosyns) 的估計方程式。

$$\text{Log}(\mu) = 3.681 - 0.100 \times \text{週數}$$

同樣的作法可得出桃園區 treatment = 4(check) 的輸出。

尺度參數估計值是 10.075，此 treatment = 3 的個數配適 poisson 分配並不盡理想。

Tests of Model Effects

Source	Type III Wald Chi-Square	df	Sig.
(Intercept)	4435.587	1	.000
Week	5.084	1	.024

Dependent Variable: 螞蟻窩數
Model: (Intercept), Week

Parameter Estimates

Parameter	B	Std. Error	95% Wald Confidence Interval Lower	Upper	Hypothesis Test Wald Chi-Square	df	Sig.
(Intercept)	3.485	.0523	3.382	3.587	4435.587	1	.000
Week	.023	.0103	.003	.043	5.084	1	.024
(Scale)	.699						

Dependent Variable: 螞蟻窩數
Model: (Intercept), Week

Estimated Marginal Means: treatment=4 (FILTER)

Estimates

treatment=4 (FILTER)	Mean	Std. Error	95% Wald Confidence Interval	
			Lower	Upper
Selected	35.37	3.616	28.95	43.22

Covariates appearing in the model are fixed at the following values: Week=3.50

從參數估計值中可得出桃園區未使用藥劑處理即 treatment = 4(check) 的估計方程式。

$$\text{Log}(\mu) = 3.485 + 0.023 \times \text{週數}$$

尺度參數估計值是 0.699 接近 1，此 treatment = 4 的個數配適 poisson 分配較爲理想。

從參數估計值中發現在 Fipronil、Pyriproxyfen、Spinosyns 三種防治藥劑的處理下，模型的斜率係數皆爲負值，表示施藥後螞蟻窩數隨時間增加而遞減，而在沒有任何藥劑處理下（即 check），模型係數爲正值，表示在自然狀態下火蟻會繁衍，因之螞蟻窩數會隨時間之增加而增加。

步驟 15 想觀察 3 種藥劑斜率的變化情形，可從【分析 (A)】中點選【一般線性模型 (G)】後，選擇【單變量 (U)】。

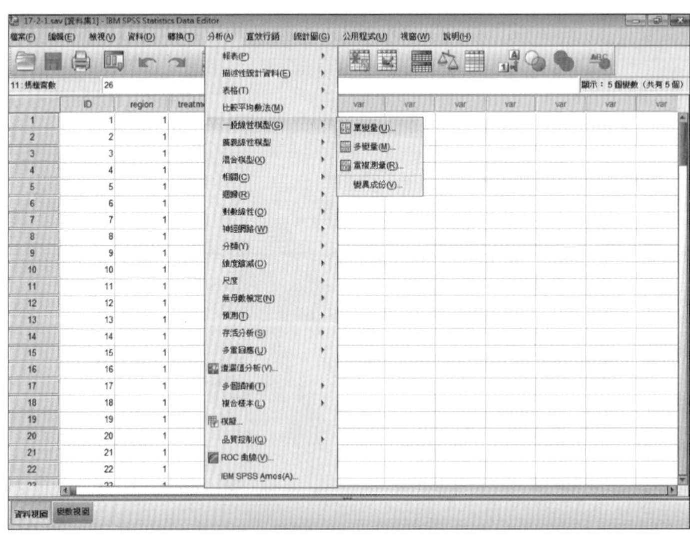

步驟 16 顯示單變量視窗後，將 treatment、week 移到【固定因素 (F)】後，點一下【模型 (M)】。

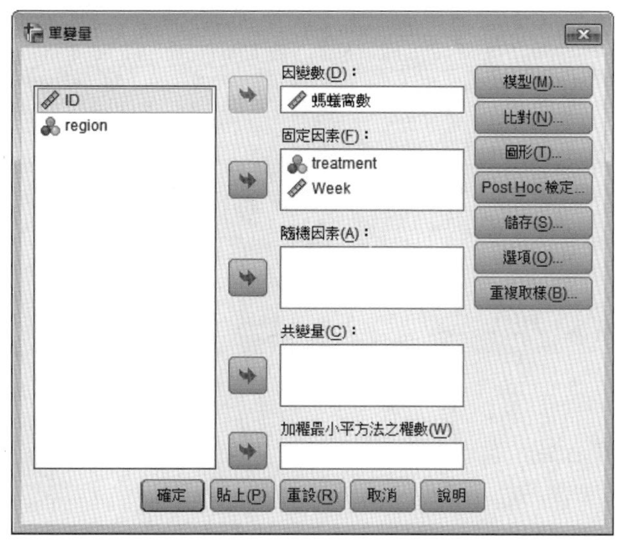

步驟 17 點選【自訂 (C)】，分別如下輸入。按 繼續 。

步驟 18 回到步驟 16 的頁面後，點一下【圖形 (T)】。出現剖面圖視窗，如下輸入後按【新增 (A)】。點一下 繼續 後，按 確定。

【SPSS 輸出結果】

得出 4 條隨週數而變化的 EM 平均數之線形圖。

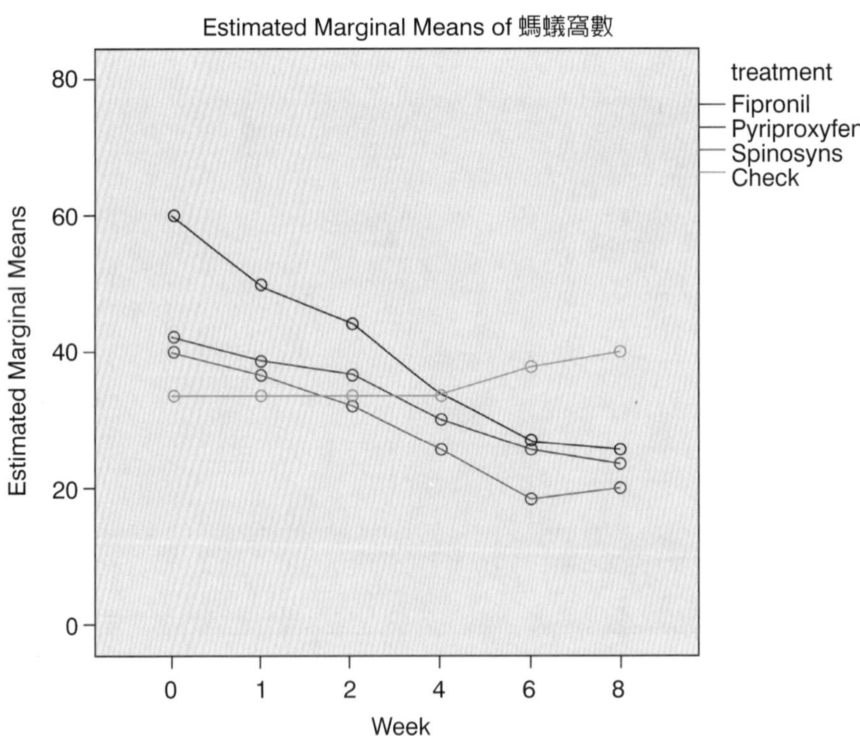

上圖是桃園區的斜率圖，從中發現 3 條藥劑處理的斜率非常接近平行且呈現漸減之現象，但未藥劑處理（check）的斜率則相反呈現向上。

以下對台南區的作法是仿照桃園區的作法進行。

針對台南區，將結果整理如下。

Tests of Model Effects

Source	Type III Wald Chi-Square	df	Sig.
(Intercept)	896.581	1	.000
Week	17.917	1	.000

Dependent Variable: 螞蟻窩數
Model: (Intercept), Week

Parameter Estimates

Parameter	B	Std. Error	95% Wald Confidence Interval Lower	95% Wald Confidence Interval Upper	Hypothesis Test Wald Chi-Square	Hypothesis Test df	Hypothesis Test Sig.
(Intercept)	2.339	.0781	2.186	2.492	896.581	1	.000
Week	-.079	.0187	-.116	-.042	17.917	1	.000
(Scale)	.463						

Dependent Variable: 螞蟻窩數
Model: (Intercept), Week

Estimated Marginal Means: treatment=1 (FILTER)

Estimates

treatment=1 (FILTER)	Mean	Std. Error	95% Wald Confidence Interval Lower	95% Wald Confidence Interval Upper
Selected	7.86	1.611	5.26	11.75

從參數估計值中可得出台南區使用 treatment = 1(Fipronil) 的估計方程式。

$$\text{Log}(\mu) = 2.339 - 0.079 \times \text{週數}$$

尺度參數估計值是 0.463，此 treatment = 1 的個數配適 poisson 分配尚稱理想。

Tests of Model Effects

Source	Type III		
	Wald Chi-Square	df	Sig.
(Intercept)	263.244	1	.000
Week	4.137	1	.042

Dependent Variable: 螞蟻窩數
Model: (Intercept), Week

Parameter Estimates

Parameter	B	Std. Error	95% Wald Confidence Interval		Hypothesis Test		
			Lower	Upper	Wald Chi-Square	df	Sig.
(Intercept)	2.233	.1376	1.963	2.503	263.244	1	.000
Week	-.053	.0261	-.104	-.002	4.137	1	.042
(Scale)	1.042						

Dependent Variable: 螞蟻窩數
Model: (Intercept), Week

Estimated Marginal Means: treatment=2 (FILTER)

Estimates

treatment=2 (FILTER)	Mean	Std. Error	95% Wald Confidence Interval	
			Lower	Upper
Selected	7.75	1.959	4.72	12.72

Covariates appearing in the model are fixed at the following values: Week=3.50

從參數估計值中可得出台南區使用 treatment =2 (Pyriproxyfen)的估計方程式。

$$\text{Log}(\mu) = 2.233 - 0.053 \times \text{週數}$$

尺度參數估計值是 1.042，此 treatment = 2 的個數配適卜瓦松分配甚爲理想。

Tests of Model Effects

Source	Type III Wald Chi-Square	df	Sig.
(Intercept)	2057.585	1	.000
Week	75.894	1	.000

Dependent Variable: 螞蟻窩數
Model: (Intercept), Week

Parameter Estimates

Parameter	B	Std. Error	95% Wald Confidence Interval		Hypothesis Test		
			Lower	Upper	Wald Chi-Square	df	Sig.
(Intercept)	2.466	.0544	2.359	2.573	2057.585	1	.000
Week	-.085	.0097	-.104	-.066	75.894	1	.000
(Scale)	.259						

Dependent Variable: 螞蟻窩數
Model: (Intercept), Week

Estimated Marginal Means: treatment=3 (FILTER)

Estimates

treatment=3 (FILTER)	Mean	Std. Error	95% Wald Confidence Interval	
			Lower	Upper
Selected	8.76	.873	7.20	10.65

Covariates appearing in the model are fixed at the following values: Week=3.50

從參數估計值中可得出台南區使用 treatment = 3(Spinosyns) 的估計方程式。

$$\text{Log}(\mu) = 2.466 - 0.085 \times \text{週數}$$

尺度參數估計值是0.259，此treatment = 3的個數配適卜瓦松分配尚稱理想。

Tests of Model Effects

Source	Type III Wald Chi-Square	df	Sig.
(Intercept)	3550.575	1	.000
Week	16.162	1	.000

Dependent Variable: 螞蟻窩數
Model: (Intercept), Week

Parameter Estimates

Parameter	B	Std. Error	95% Wald Confidence Interval		Hypothesis Test		
			Lower	Upper	Wald Chi-Square	df	Sig.
(Intercept)	2.384	.0400	2.306	2.462	3550.575	1	.000
Week	.033	.0082	.017	.049	16.162	1	.000
(Scale)	.121						

Dependent Variable: 螞蟻窩數
Model: (Intercept), Week

Estimated Marginal Means: treatment=4 (FILTER)

Estimates

treatment=4 (FILTER)	Mean	Std. Error	95% Wald Confidence Interval	
			Lower	Upper
Selected	12.17	.983	10.39	14.26

Covariates appearing in the model are fixed at the following values: Week=3.50

從參數估計值中可得出台南區未使用藥劑處理，即 treatment = 4(check) 的估計方程式。

$$\text{Log}(\mu) = 2.384 + 0.033 \times \text{週數}$$

尺度參數估計值是0.121，此treatment = 4的個數配適卜瓦松分配尚稱理想。

下圖是台南區的斜率圖，從中也發現 3 條藥劑處理線非常接近平行且呈現漸減，但未藥劑處理線（check）則相反呈現向上。

分析顯示未經藥劑處理之斜率與三種經藥劑處理之斜率有顯著差異。

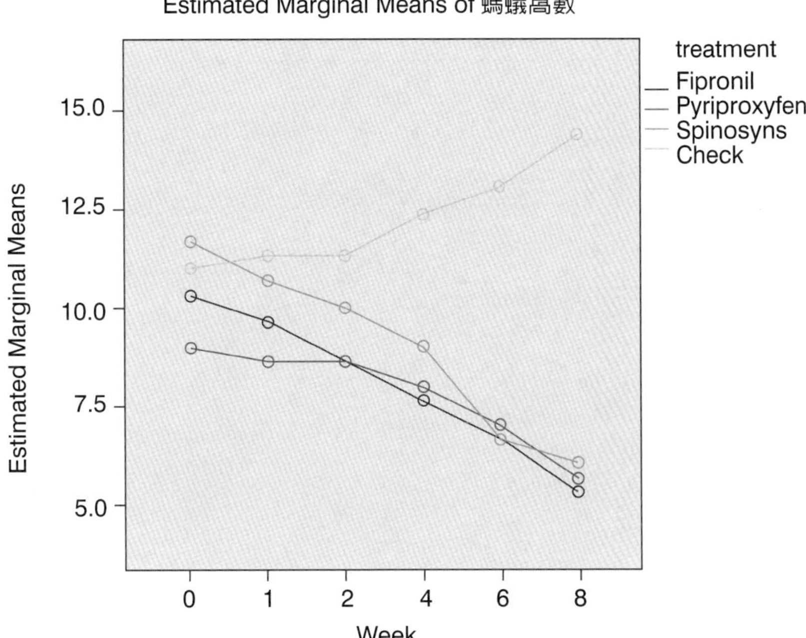

從以下的 3 個圖形發現，同一種藥劑在兩個不同地區均有滅蟻效果，但桃園區的效果較爲顯著。

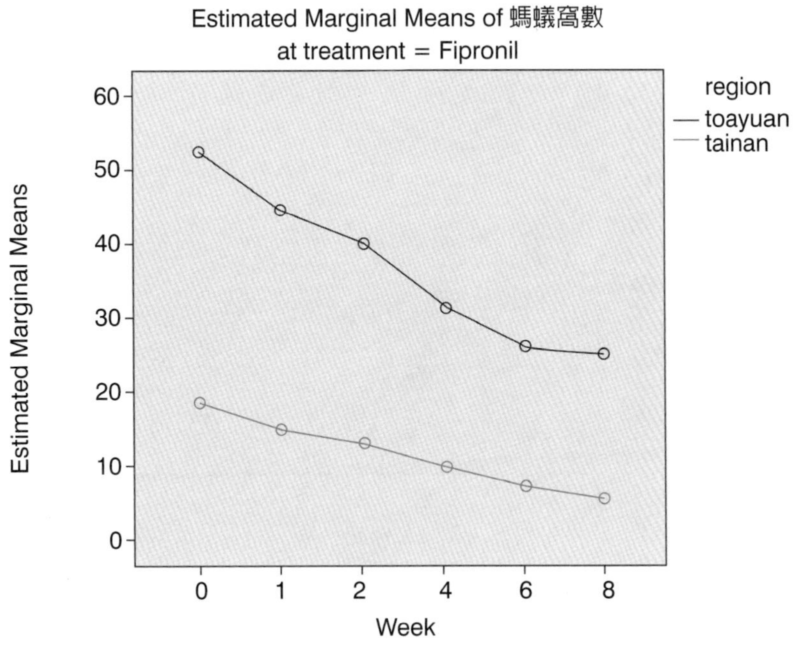

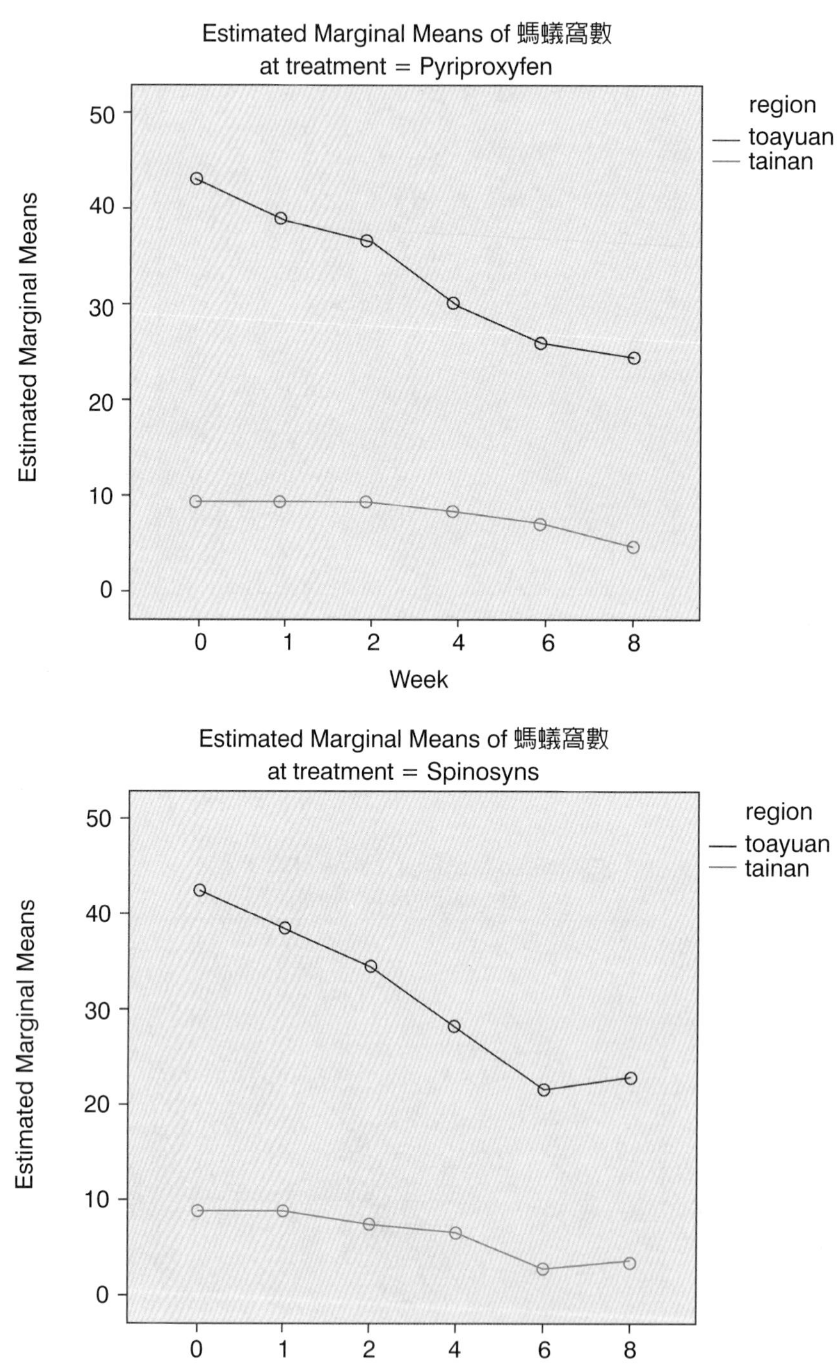
Estimated Marginal Means of 螞蟻窩數
at treatment = Pyriproxyfen
Estimated Marginal Means
50
40
30
20
10
0
0
1
2
4
6
8
Week
region
toayuan
tainan
Estimated Marginal Means of 螞蟻窩數
at treatment = Spinosyns
Estimated Marginal Means
50
40
30
20
10
0
0
1
2
4
6
8
Week
region
toayuan
tainan

下圖說明未經藥劑處理兩區的螞蟻窩均有增加的現象。

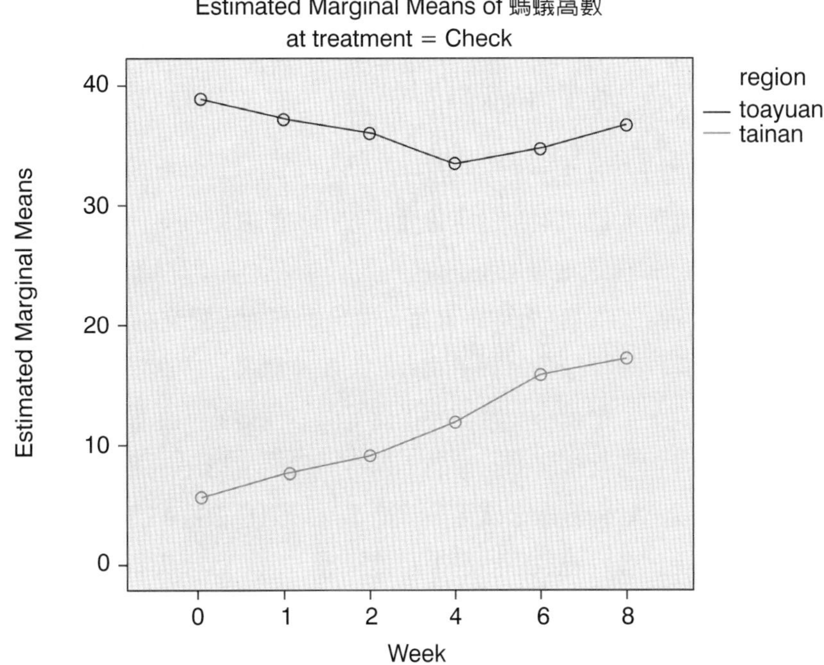

本章 Q&A

Q1：首先說明使用廣義估計方程式時的用法及注意事項。

A1：使用廣義估計方程式的說明在 [IBM SPSS Advanced Statistics 22] 中有詳細的描述，以下就主要部分分別按各項表述。

【廣義估計方程式的取得】

1. 從功能表選擇【分析 (A)】→【廣義線性模型】→【廣義估計方程式 (E)】。
2. 選取一個或多個受試者變數（請參閱以下的其他選項）。

   特定變數的數值組合必須唯一定義資料集內的受試者。例如，單一的「病患 ID」變數必須足以定義單一醫院中的受試者，但如果病患的識別碼不是所有醫院中的唯一識別碼，就可能會需要「醫院 ID」和「病患 ID」的組合。在重複量數設定中，會為每個受試者記錄多重觀察值，因此，每個受試者可能會位於資料集內的多個觀察值。
3. 在「模型類型」索引標籤上，指定分配和連結函數。
4. 在「回應」索引標籤中，選取一個依變數。

5. 在「預測值」索引標籤中，選取用於預測依變數的因子和共變量。
6. 在「模型」索引標籤中，指定使用所選因子和共變量的模型效應。或者，您可以在「重複的」索引標籤上指定。

【受試者內變數】

受試者內變數的數值組合會定義受試者內的測量順序，因此，受試者內和受試者變數的組合會專門定義每個測量。例如，每一個觀察值中，「期間」、「醫院 ID」及「患者 ID」的組合會定義每一個患者在特定醫院中指定的門診。

如果資料集已經排序，每個受試者的反覆測量發生在觀察值的相鄰區塊中並以適當順序排列，那麼就不一定需要指定受試者內變數，而您可以取消選取「依受試者和受試者內變數排序」，並省下執行（暫時）排序所需要的處理時間。一般而言，使用受試者內變數來確定測量能適當排列是很好的作法。

受試者和受試者內變數不能用來定義回應，但可執行模型中的其他函數。例如，「醫院 ID」可在模型中當作因子使用。

【共變異數矩陣】

以模型為基礎的估計式是 Hessian 矩陣廣義反向的負數。穩健估計式（也稱為 Huber/White/sandwich 估計式）是「修正」過後以模型為基礎的估計式，可提供一致的共變異數估計值，即使工作中的相關矩陣指定錯誤也是如此。此規格會套用至廣義估計方程式中線性模型部分的參數，而「估計」索引標籤上的規格只會套用至初始的廣義線性模型。

【工作中的相關矩陣】

此相關矩陣代表受試者內相依性。其大小是由測量的數量決定，因此產生受試者內變數的數值結合。您可以指定下列其中一個結構：

1. 獨立。反覆測量不具相關性。
2. AR(1)。反覆測量具有第一階自身迴歸關係。任何兩個元素若彼此相鄰，其相關等於 ρ，若為被第三個元素分隔的元素則等於 ρ^2，依此類推。受限制而成為 $-1 < \rho < 1$。
3. 可交換。此結構在元素間具有同質相關，也稱為複合對稱結構。
4. M 相依。連續測量具有共同的相關係數，由第三個測量分隔的測量配對具有共同的相關係數，依此類推，直到由 m – 1 其他測量分隔的測量配對。分隔較大的測量則假設為不相關。選擇這個結構時，請指定小於工作中相關矩陣之順序的 m 值。

5. 未結構化。此為非常普遍的相關矩陣。

依預設，此程序會以非冗餘參數的數量來調整相關估計值。若您要使估計值不因資料中受試者層級回答的變更而改變，可以移除此調整。

【模型類型】

1. 尺度反應值

(1) 線性。將分配指定為「常態」，並將連結函數指定為「對等」（identity）。

(2) 含對數連結的 Gamma。將分配指定為「Gamma」，並將連結函數指定為「對數」。

2. 次序反應值

(1) 次序 Logistic。將分配指定為「多項式（次序）」，並將連結函數指定為「累積 Logit」。

(2) 次序 Probit。將分配指定為「多項式（次序）」，並將連結函數指定為「累積 Probit」。

3. 個數

(1)Poisson 對數線性。將分配指定為「Poisson」，並將連結函數指定為「對數」。

(2) 含對數連結的負二項式。將分配指定為「負二項式」（輔助參數的值為 1），並將連結函數指定為「對數」。若要使程序估計輔助參數的值，請指定含有「負二項式分配」的自訂模型，並在「參數」組別中選擇估計值。

4. 二元反應值或事件 / 試驗資料

(1) 二元 Logistic。將分配指定為「二項式」，並將連結函數指定為「Logit」。

(2) 二元 Probit。將分配指定為「二項式」，並將連結函數指定為「Probit」。

(3) 區間受限存活。將分配指定為「二項式」，並將連結函數指定為「互補對數存活函數的對數」。

5. 混合

(1) 含有對數連結的 Tweedie。將分配指定爲「Tweedie」，並將連結函數指定爲「對數」。

(2) 含有恆等連結的 Tweedie。將分配指定爲「Tweedie」，並將連結函數指定爲「恆等」。

6. 自訂

指定您自己的分配與連結函數組合。

【機率分配】

此處說明依變數的分配。指定非常態分配與非識別連結函數的能力，對於在一般線性模型改善廣義線性模型而言是必備的。可能的分配連結函數組合有很多，且其中有好幾個都適用於指定的任何資料集，因此，您的選擇可遵循先期提出的理論考量，或看起來最適合的組合。

(1) 二項式。此分配唯有變數代表二元反應或事件個數時才合適。

(2)Gamma 參數。此分配適用於具有正值尺度的變數且偏向較大正數值的變數。若資料值小於或等於零或者遺漏，則不會在分析中使用對應觀察值。

(3) 逆 Gaussian。此分配適用於具有正值尺度的變數且偏向較大正數值的變數。若資料值小於或等於零或者遺漏，則不會在分析中使用對應觀察值。

(4) 負二項式。此分配可視爲觀察 k 成功所需的試驗次數，且適用於具有非負整數值的變數。若資料值非整數、小於零或者遺漏，則不會在分析中使用對應觀察值。負二項分配輔助參數的值可以是大於或等於 0 的任何數字；您可將其設定爲固定值，或讓程序估計此值。輔助參數設爲 0 時，使用此分配等同於使用卜瓦松分配。

(5) 常態。此分配適用於值呈對稱、約於中央（平均數）值呈吊鐘型分配的尺度變數。依變數必須爲數值。

(6) 卜瓦松。此分配可視爲在固定時間內所需事件的發生次數，且適用於具有非負整數值的變數。若資料值非整數、小於零或遺漏，則不會在分析中使用對應觀察值。

(7)Tweedie。此分配適用於可以 Gamma 分配的 Poisson 混合表示的變數；此分配「混合」的意思是說，其結合了連續（如非負實值）與離散分配（單一值上的正機率量，0）的特性。依變數必須爲數值，且資料值大於或等於零。若資料值小於零或遺漏，則不會在分析中使用對應觀察值。Tweedie 分配的固定值可以是任何大於 1 且小於 2 的數字。

(8) 多項式。此分配適用於表示次序反應值的變數。依變數可以是數值或字串，且必須至少具備兩個相異的有效資料值。

【連結函數】

連結函數是允許模型估計的依變數轉換。可以使用的函數如下：

(1) 單位。$f(x) = x$。依變數不會進行轉換。此連結可以和任何分配一起使用。

(2) 互補對數存活函數的對數。$f(x) = \log(-\log(1 - x))$。僅適用於二項分配。

(3) 累積 Cauchit。$f(x) = \tan(\pi (x - 0.5))$，套用至每種反應類別的累積機率。僅適用於多項分配。

(4) 累積互補對數存活函數的對數。$f(x) = \ln(\ln(1 - x))$，套用至每種反應類別的累積機率。僅適用於多項分配。

(5) 累積 Logit。$f(x) = \ln(x/(1 - x))$，套用至每種反應類別的累積機率。僅適用於多項分配。

(6) 累積負對數存活函數的對數。$f(x) = \ln(\ln(x))$，套用至每種反應類別的累積機率。僅適用於多項分配。

(7) 累積 Probit。 $(x) = \phi^{-1}(x)$，套用至每種反應類別的累積機率，其中 ϕ^{-1} 是逆標準常態累積分配函數。僅適用於多項分配。

(8) 對數。$f(x) = \log(x)$。此連結可以和任何分配一起使用。

(9) 互補對數。$f(x) = \log(1 - x)$。僅適用於二項分配。

(10)Logit 分析。$f(x) = \log(x/(1 - x))$。僅適用於二項分配。

(11) 負二項式。$f(x) = \log(x/(x + k^{-1}))$，其中 k 是負值二項分配的輔助參數。僅適用於負二項式分配。

(12) 負對數存活函數的對數。$f(x) = -\log(-\log(x))$。僅適用於二項分配。

(13)Odds 冪次。$f(x) = [(x/(1 - x))^{\alpha} - 1]/\alpha$，若 $\alpha \neq 0$。$f(x) = \log(x)$，若 $\alpha = 0$。α 是必要的數字規格，且必須是實數。僅適用於二項分配。

(14)Probit。$f(x) = \Phi^{-1}(x)$，其中 Φ^{-1} 是逆標準常態累積分配函數。僅適用於二項分配。

(15) 冪次。$f(x) = x^{\alpha}$，若 $\alpha \neq 0$。$f(x) = \log(x)$，若 $\alpha = 0$。α 是必要的數字規格，且必須是實數。此連結可以和任何分配一起使用。

Q2：GEE 只能用在反覆測量（Repeated measure）的研究嗎？

A2：GEE 是用在處理叢集資料（Clustered data）或是多階層資料（Multilevel data）的一種估計方法，而反覆測量只是一種叢集資料的特殊型態，若是以反覆測量來說，反覆測量的多次時間點是巢狀（Nested）在人之下的。倘若我們現在是橫斷面資料（Cross-sectional data：針對發生在同一時點或期間所做的分析）。通常問卷量化分析都是針對某一期間所進行的分析。所謂縱斷面分析（Longitudinal analysis：針對發生在不同時點或不同期間所進行的分析。通常係針對實驗設計在不同的時間點進行成效評估分析），研究病人的預後（所謂預後，指病人罹病後的預期結果及其可能發生的機率。也就是說預後指在某些危險因子下，病患罹病後之後遺症、復原率、死亡率），而每位病人各自有不同的主治醫師，每位主治醫師的治療方針多多少少略有差別，我們必須將主治醫師所造成的差異也納入考量，此時病人是巢狀在醫師之下。此外，許多人都有刻板印象，以爲 GEE 是用在 3 個時間點以上的統計分析。但事實上，GEE 是一種估計叢集資料的方法，不管是 2 個時間點或 200 個時間點都是屬於叢集資料，因此都可以使用 GEE。

Q3：工作相關矩陣要如何選擇？選擇獨立（Independent）矩陣可以嗎？

A3：很多人都以爲預設的獨立矩陣就是最好的，最好不要更動它。然而，獨立相關矩陣的意思是說叢集資料之間是無相關的，以反覆測量的例子來說，就是每個人底下的多次時間點之間的相關係數爲零，也就是說某人若有 3 次時間點會被當成是獨立的 3 個人，這是完全不合理的假設。因此，建議還是盡量選擇可交換（Exchangeable）或者是 AR1（First-order auto-regressive）的工作相關矩陣。

工作相關矩陣（Working correlation matrix）簡言之，就是 GEE 如何「看待」反覆測量，允許同一受試者的不同時間點之間的依變項是具有相關的（正相關），例如，前測分數愈高者其後測分數通常也會高（反之亦然）。不僅如此，GEE 的工作相關矩陣還可以選擇不同的相關類型。

以下簡介幾種較常見的類型，包括獨立矩陣、未結構化（Unstructured）矩陣、可交換矩陣，以及 AR(1) 矩陣。

獨立矩陣

	t_1	t_2	t_3	t_4	t_5
t_1	_				
t_2	0	_			
t_3	0	0	_		
t_4	0	0	0	_	
t_5	0	0	0	0	_-

AR(1) 矩陣

	t_1	t_2	t_3	t_4	t_5
t_1	_				
t_2	ρ	_			
t_3	ρ^2	ρ	_		
t_4	ρ^3	ρ^2	ρ	_	
t_5	ρ^4	ρ^3	ρ^2	ρ	_

可交換矩陣

	t_1	t_2	t_3	t_4	t_5
t_1	_				
t_2	ρ	_			
t_3	ρ	ρ	_		
t_4	ρ	ρ	ρ	_	
t_5	ρ	ρ	ρ	ρ	_

未結構化

	t_1	t_2	t_3	t_4	t_5
t_1	_				
t_2	ρ_1	_			
t_3	ρ_2	ρ_5	_		
t_4	ρ_3	ρ_6	ρ_8	_	
t_5	ρ_4	ρ_7	ρ_9	ρ_{10}	_

假設每個樣本都有 5 個時間點的資料（假設前測 1 次，然後連續蒐集 4 次後測）。以下，說明各種矩陣的意義。

1. 獨立矩陣

此矩陣中的非對角線（off-diagonal）的相關係數全部都被規定是 0，這表示同一個受試者在不同時間點的依變項分數是完全沒有關係的，很明顯的，如果是反覆測量（縱貫型）的研究，獨立矩陣是絕對不合理的。其實，除非樣本數非常的小，否則獨立矩陣皆不適合在任何情況之下採用。

2. AR(1) 矩陣

從此矩陣中可以看到 t_1 與 t_2 的相關是「ρ」，這個相關係數會自動由實際的觀察資料中計算出來（透過 GEE 的平均數與共變異數矩陣來計算），不過可發現 t_1 與 t_3 的相關是「ρ^2」，也就是說，如果 ρ 等於 0.70，那麼 ρ^2 就等於 0.49。如果 t_1 指的是前測，t_2 是介入後 1 個月，t_3 是介入後 2 個月，此時使用 AR(1) 是非常合理的選擇，因爲如果前測與介入後 1 個月的相關是 0.7，那麼可以預期前測與介入後 2 個月的相關應該會比較低，因爲 t_1 跟 t_2 只間隔了 1 個月，而 t_1 跟 t_3 卻間隔了 2 個月，AR(1) 矩陣假設間隔愈久的時間點其間的相關愈低，而且此相關係數會等於 ρ^k（k 爲間隔長度的時間點）。

通常 AR(1) 適用於反覆測量的間隔是相同長度的研究，例如，不同時間點之間的時間間隔是相同的，例如 t_1 與 t_2 間隔 1 個月，t_2 與 t_3 也是間隔 1 個月，依此類推。反之，如果 t_3 是介入後 6 個月，那麼此時選擇 AR(1) 或許就不是這麼適合，t_1 與 t_2 的相關是 ρ(例如 0.70），雖然 t_1 與 t_3 的相關是 ρ^2(0.49）非常合理，但是此時 t_2 與 t_3 由於只間隔一個時間點而相關係數也是 ρ（0.70）就變得不合理了，因爲 t_2 與 t_3 之間間隔了 5 個月之久。

3. 可交換矩陣

可交換矩陣比較容易理解，因爲可以觀察到 5 個時間點（一共 10 個相關係數）全部都被設定一樣（全部都是 ρ），也就是說假設不同時間點之間的相關係數是相同的。通常在縱貫型研究中（Longitudinal studies：是針對長時間不同階段觀察的一種方法，主要是對同一主題觀察其研究變項在不同時期的演變，普遍用於測量變化及解釋因果等研究），這也是極爲常用的矩陣之一，特別是反覆測量的間隔不是相同長度的時候。然而，在非縱貫型研究的資料中，一般稱之爲叢集資料，例如，同一所學校之內的學生比較容易有相關、同一個主治醫師有偏好的治療方針也導致底下病人的預後比較容易有相關，此時可交換是最適合的工作相關矩陣。

在多因子變異數分析中（例如反覆測量變異數分析、混合設計變異數分析），所使用的就是可交換矩陣，不過在 ANOVA 中稱之爲複合對稱（Compound symmetry）矩陣。

4. 未結構化

未結構化工作相關矩陣不假設各時間點之間的相關係數爲多少，而是以實際觀察資料進行估計，因此 10 個相關係數可能都不一樣，聽起來好像很「正確」，是否如此呢？

確實如此，但是必須了解到一個事實，在 GEE 的方程式中，除了迴歸係數需要估計之外（$\beta_0, \beta_1, \beta_2, \beta_3$），工作相關矩陣也需要被「估計」，如果採用獨立矩陣，那麼不需要再額外估計（因為是 0），若是可交換或 AR(1) 都只需要額外估計一個相關係數（就是 ρ），但是在未結構化矩陣中，竟有「10 個」相關係數需要被估計，也就是說，雖然從方程式中看起來只有 4 個參數，但是其實是 14 個參數（加上 10 個需要估計的相關係數），這在統計術語來說是很沒有效率（efficient）的模型。

因此，除非樣本數非常的大（例如上千筆、上萬筆），否則一般是不考慮使用未結構化矩陣的。還有一種狀況，即使樣本數非常大，但時間點如果有很多個，那麼也不會考慮使用未結構化，例如 10 個時間點就有 45 個相關係數要被估計（${}_{10}C_2$ 的組合數），等於方程式中竟然有 45 個參數需要被估計，這會使得整個模型其他變項很可能都不顯著。

直至目前為止，我們已經可以理解到 GEE 是如何「看待及處理」同一個個案的反覆測量資料，也就是透過工作相關矩陣來正視「不同時間點之間的依變項有正相關」這個事實，而後將此工作相關矩陣加到方程式之中再進行估計。

第 20 章 混合模式經時測量數據之分析

20.1 單因子

表 20.1.1 是 5 位受試者的經時測量數據（age-based data）。

針對受試者 A、B、C、D、E 分別就用藥前、1 小時後、2 小時後、3 小時後，重複測量心跳數。

表 20.1.1 經時測量數據

受試者	用藥前	1 小時後	2 小時後	3 小時後
A	67	92	87	68
B	92	112	94	90
C	58	71	69	62
D	61	90	83	66
E	72	85	72	69

（注）此數據也稱為反複測量數據。經時測量數據是指隨時間的經過而變化的數據。

【數據輸入類型】

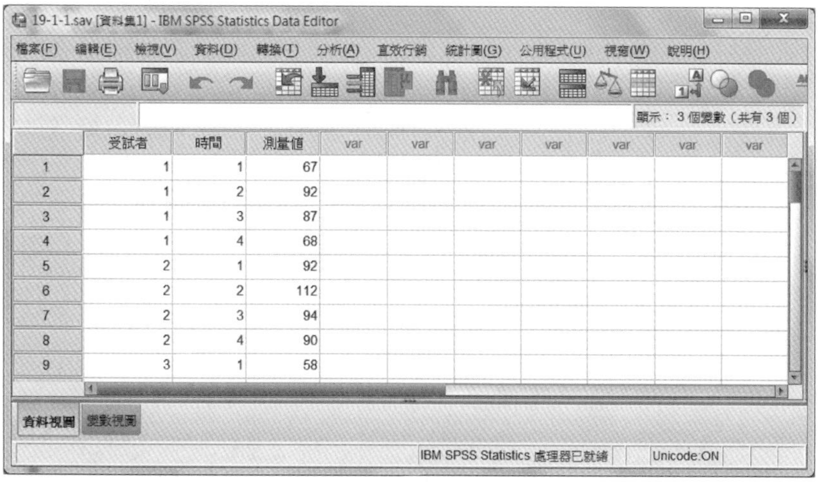

19-1-1.sav [資料集1] - IBM SPSS Statistics Data Editor

檔案(F) 編輯(E) 檢視(V) 資料(D) 轉換(T) 分析(A) 直效行銷 統計圖(G) 公用程式(U) 視窗(W) 說明(H)

顯示：3 個變數（共有 3 個）

	受試者	時間	測量值	var	var	var	var	var	var	var
1	1	1	67							
2	1	2	92							
3	1	3	87							
4	1	4	68							
5	2	1	92							
6	2	2	112							
7	2	3	94							
8	2	4	90							
9	3	1	58							

資料視圖 變數視圖

IBM SPSS Statistics 處理器已就緒 Unicode:ON

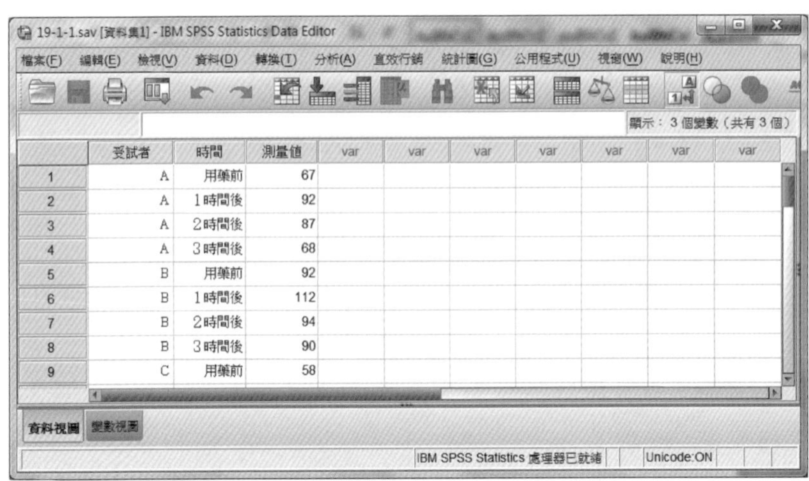

1. 混合數據時，測量值縱向排成一行。
2. 對各受試者 4 次重複測量。

（注）反覆與重複的意義是不同的，像本例以 4 個時間對受試者測量稱為反覆（replications），而對受試者任意測量 4 次稱為重複（repetitions），但 SPSS 將反覆稱為重複，為了配合 SPSS 軟體的使用此處照樣稱為重複。

20.1.1 混合模式經時測量數據的步驟

【統計處理的步驟】

步驟 1　從【分析 (A)】的清單中選擇【混合模型 (X)】，接著選擇子清單的【線性 (L)】。

步驟 2 將受試者移到【受試者 (S)】中。

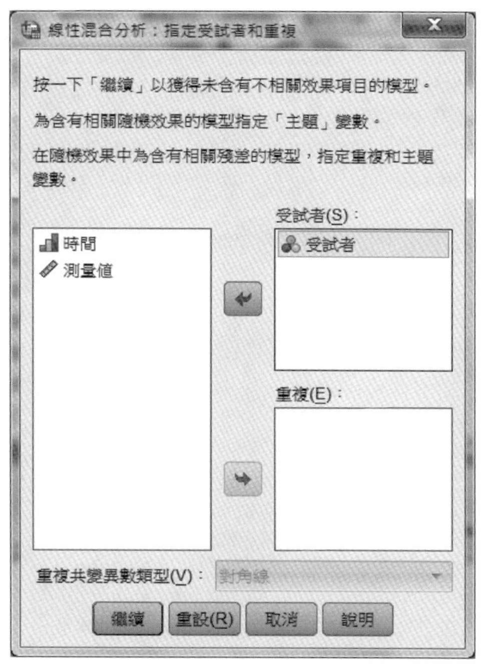

步驟 3 將時間移到【重複 (E)】中。

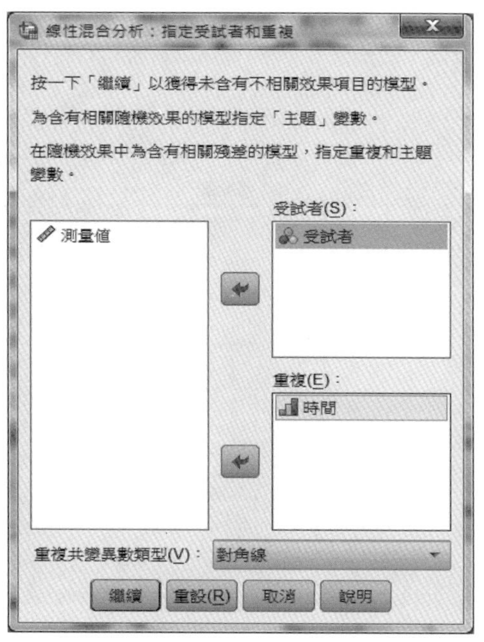

步驟 4 從【重複共變異數類型 (V)】之中，選擇複合對稱，再按 繼續 。

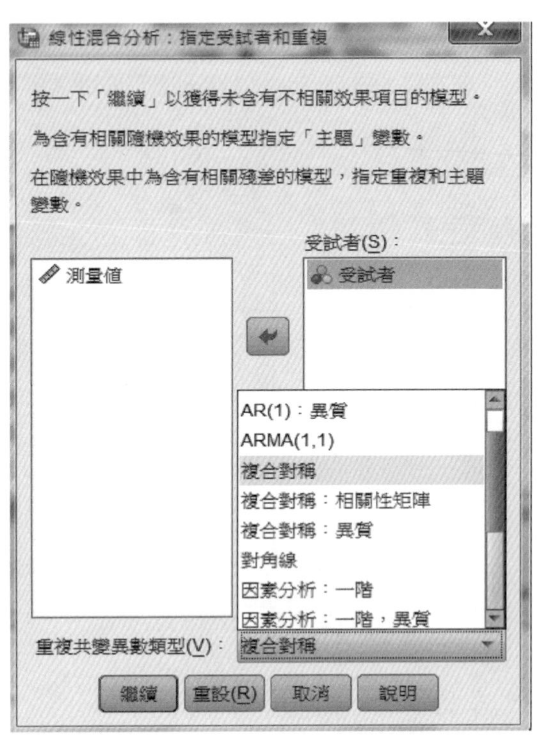

步驟 5 將測量值移到【因變數 (D)】中。

線性混合模型
受試者
時間
因變數(D)：
測量值
因素(F)：
共變量(C)：
殘差加權(W)：
固定(X)...
隨機(N)...
估計(E)...
統計資料(S)...
EM 平均數(M)...
儲存(V)...
重複取樣(B)...
確定
貼上(P)
重設(R)
取消
說明

步驟 6 接著將時間移到【因素 (F)】之中，按一下【固定 (X)】。

步驟 7 顯示固定效果的頁面後，按一下時間。接著，按【新增 (A)】，再移到【模型 (O)】之中，再按 繼續 。

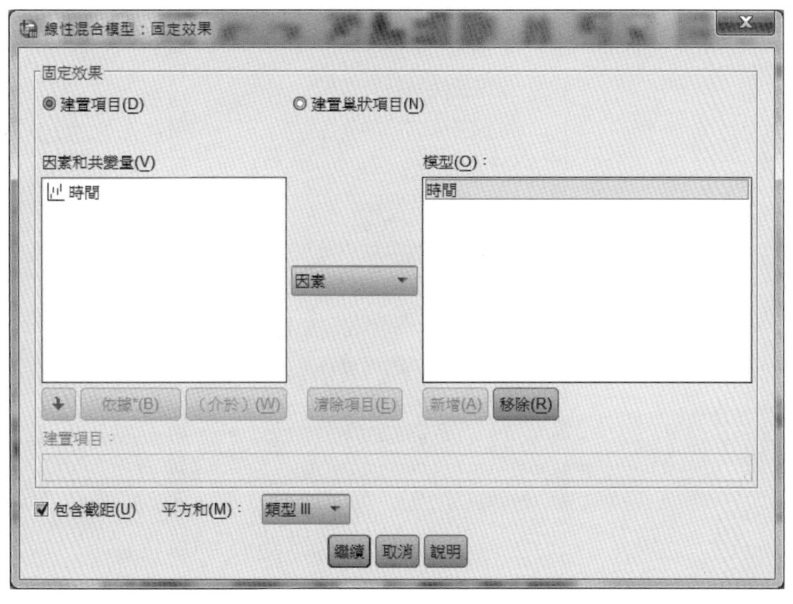

步驟 8 回到以下頁面後，點擊【統計資料 (S)】。

步驟 9 顯示統計資料的頁面後，如下勾選，再按 繼續 。

步驟 10 回到以下頁面後，按一下【EM 平均數 (M)】。

線性混合模型

受試者

因變數(D)：

測量值

因素(F)：

時間

共變量(C)：

殘差加權(W)：

固定(X)...

隨機(N)...

估計(E)...

統計資料(S)...

EM 平均數(M)...

儲存(V)...

重複取樣(B)...

確定 貼上(P) 重設(R) 取消 說明

步驟 11 顯示以下的 EM 平均數頁面後，按一下時間，再移到【顯示平均數 (M)】之中。

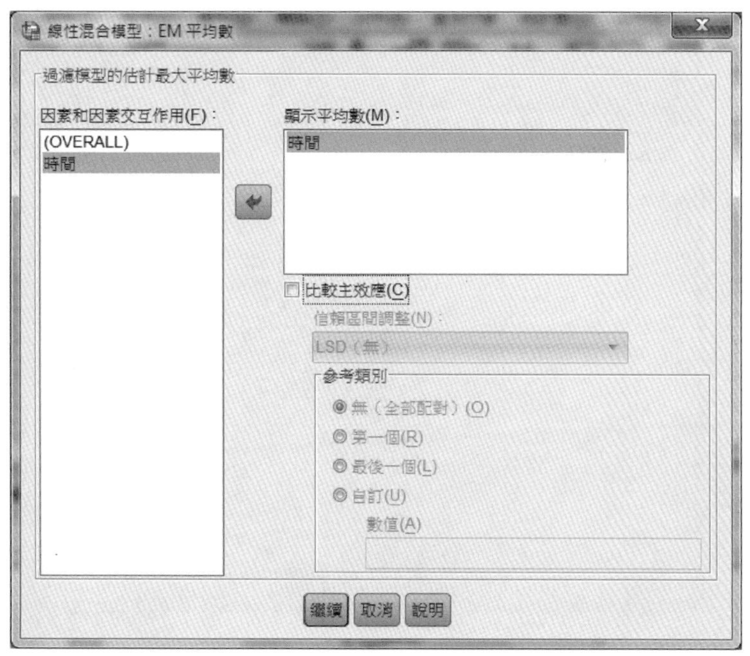

步驟 12 接著，勾選【比較主效應 (C)】，再於【信賴區間調整 (N)】的下拉選單，選擇 Bonferroni 法。

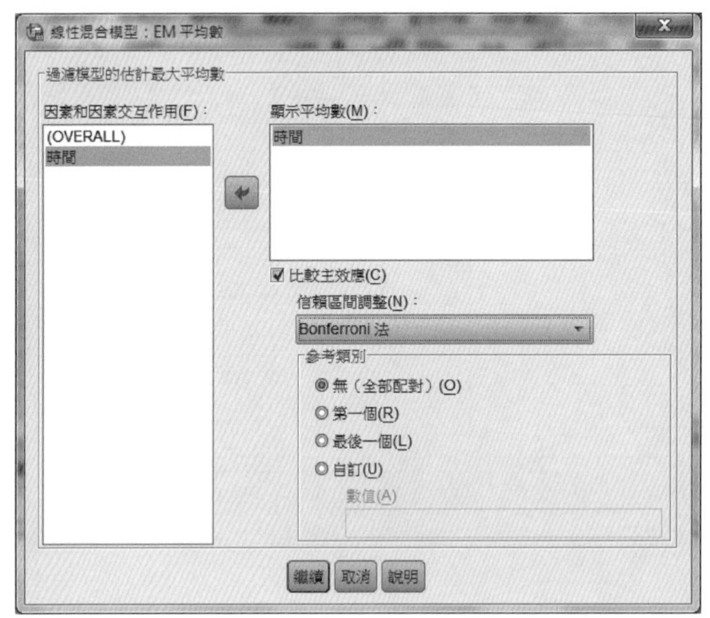

步驟 13 點選參考類別欄位之中的【第一個 (R)】後，按 繼續 。

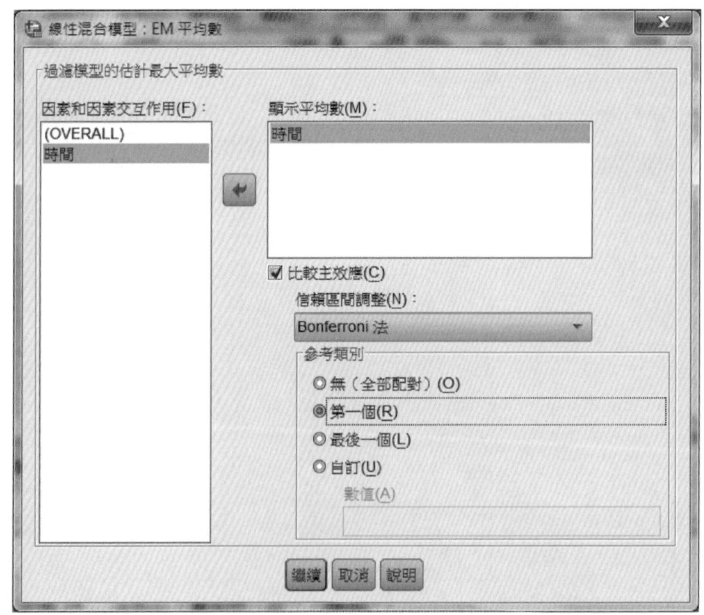

步驟 14 回到以下頁面後，按一下 確定 。

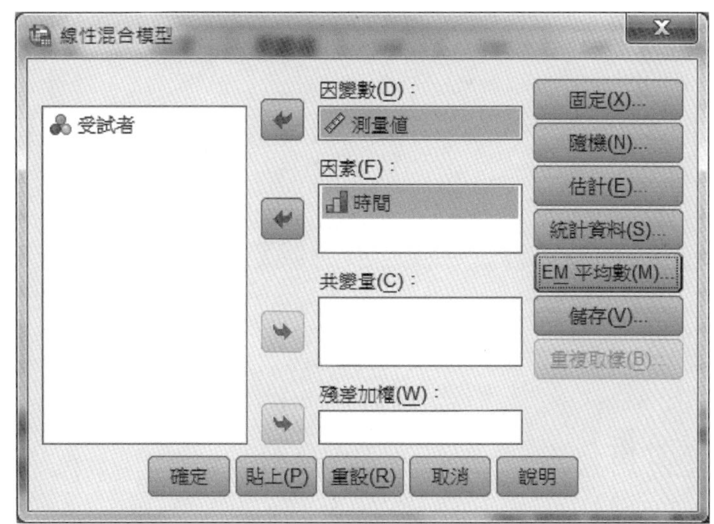

一點靈

EM 平均數的參考類別之處是……

• 無（全部配對）(O)

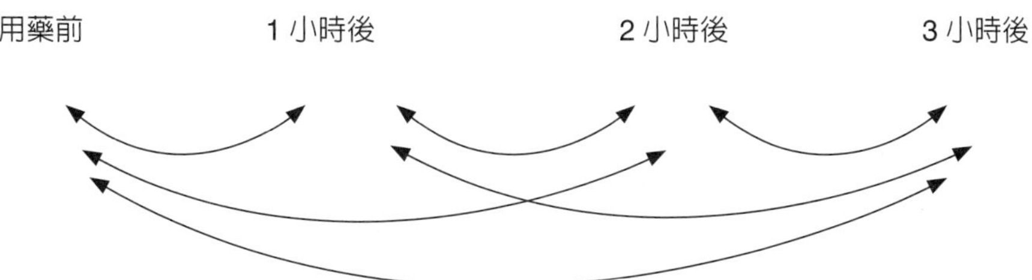

• 第一個 (R)

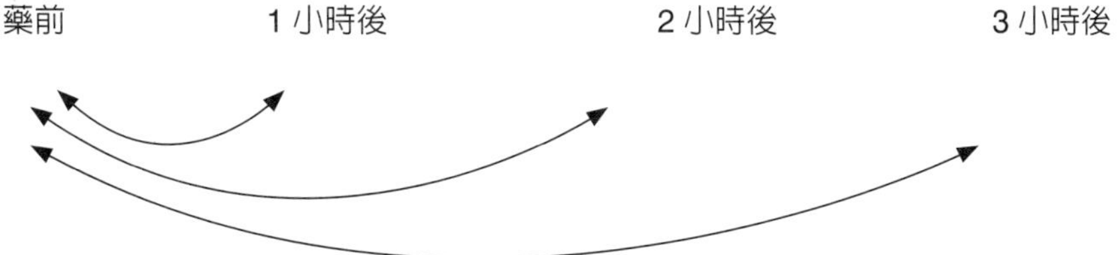

• 最後一個 (L)

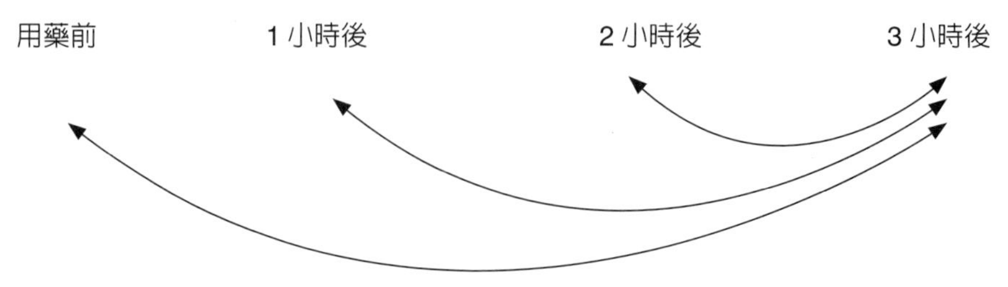

【SPSS 輸出 · 1】

混合模式分析

模式維度ª

		N 層；層數	共變異數結構	N 參數；參數數目	主題變數	N 主題；主題數目
固定效果	截距	1		1		
	時間	4		3		
重複效果	時間	4	複合對稱	2	受驗者	5
總計		9		6		

a. 依變數：測量值.

←①

資訊條件ª

-2 限制對數概似值	115.880
Akaike 的訊息條件 (AIC)	119.880
Hurvich 和 Tsai 的條件 (AICC)	120.803
Bozdogan的條件 (CAIC)	123.425
Schwarz 的貝葉斯條件 (BIC)	121.425

以越小越好的形式顯示資訊條件。
a. 依變數：測量值.

←②

【輸出結果判讀・1】

①有關模式構造之輸出

在固定效果的模式中引進時間。

重複測量變成

時間 ← 用藥前，1 小時後，2 小時後，3 小時後

重複測量數的變異共變異矩陣（共變異數構造）是指定

複合對稱 ← $\begin{bmatrix} \sigma^2 & \sigma_1 & \sigma_1 \\ \sigma_1 & \sigma^2 & \sigma_1 \\ \sigma_1 & \sigma_1 & \sigma^2 \end{bmatrix}$ 或 $\begin{bmatrix} \sigma^2+\sigma_1 & \sigma_1 & \sigma_1 \\ \sigma_1 & \sigma^2+\sigma_1 & \sigma_1 \\ \sigma_1 & \sigma_1 & \sigma^2+\sigma_1 \end{bmatrix}$

受試者的人數是

5 ← 受試者 A、B、C、D、E

②有關模式適配的資訊量基準

赤池資訊量基準 AIC 是

AIC = 119.880

此資訊量基準無法單獨使用。

對此數據適配幾個模式，它的資訊量基準最小的模式即是最適模式。

【SPSS 輸出・2】

固定效果

固定效果的類型 III 檢定[a]

來源	分子自由度	分母自由度	F	Sig.
截距	1	4.000	220.635	.000
時間	3	12.000	17.500	.000

a. 依變數：測量值.

←③

一點靈

以下的輸出是將表 19.1.1 的數據以

一般線型模式 (G) ⟹ 重複測量數 (R)

所分析的結果。試比較③與③'看看。

受試者內效應項的檢定

測量: MEASURE_1

來源		型 III 平方和	自由度	平均平方和	F 檢定	顯著性
時間	假設爲球形	1330.000	3	443.333	17.500	.000
	Greenhouse-Geisser	1330.000	1.664	799.215	17.500	.003
	Huynh-Feldt值	1330.000	2.706	491.515	17.500	.000
	下限	1330.000	1.000	1330.000	17.500	.014
誤差 (時間)	假設爲球形	304.000	12	25.333		
	Greenhouse-Geisser	304.000	6.657	45.669		
	Huynh-Feldt值	304.000	10.824	28.087		
	下限	304.000	4.000	76.000		

←③'

【輸出結果的判讀 ·2】

③有關固定因子之差的檢定（變異數分析）

假設 H_0：按用藥前，1 小時，2 小時，3 小時後之間隔，測量值並無變化

顯著機率 0.000 < 顯著水準 0.05，因之假設不成立。

因此，可以想成測量值是受到時間的不同而有變化。

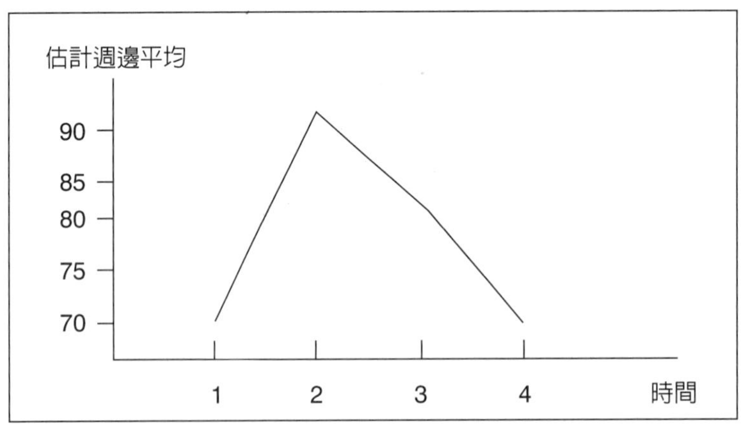

之後，再進入到多重比較。

【SPSS 輸出・3】

④ ↓

固定效果估計[b]

參數	估計	標準錯誤	自由度	t	Sig。	95% 信賴區間 下限	95% 信賴區間 上限	
截距	71.0000000	5.6013391	5.146	12.676	.000	56.7231753	85.2768247	
[時間=1]	-1.0000000	3.1832897	12.000	-.314	.759	-7.9357924	5.9357924	←⑤
[時間=2]	19.0000000	3.1832897	12.000	5.969	.000	12.0642076	25.9357924	←⑥
[時間=3]	10.0000000	3.1832897	12.000	3.141	.009	3.0642076	16.9357924	←⑦
[時間=4]	0[a]	0	.	.	.	.	.	

a. 這個參數多餘，因此設為零。

b. 依變數：測量值.

共變異數參數

估計共變異數參數[a]

參數		估計	標準錯誤	Wald Z	Sig。	95% 信賴區間 下限	95% 信賴區間 上限
重複測量	CS 對角線偏移量	25.3333333	10.3422900	2.449	.014	11.3812710	56.3889376
	CS 共變異數	131.54167	97.5266271	1.349	.177	-59.607010	322.69034

a. 依變數：測量值.

【輸出結果的判讀・3】

④主效果 α_1，α_2，α_3，α_4 方面的估計值

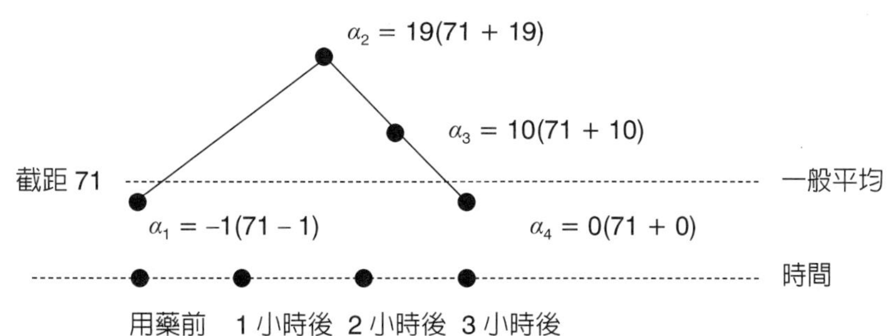

⑤主效果 α_1 的檢定

假設 H_0：$\alpha_1 = 0$（但設定 $\alpha_4 = 0$）

顯著機率 0.759 > 顯著水準 0.05，因之假設 H_0 成立。

因此，用藥前與 3 小時後的測量值不能說有顯著差異。

⑥主效果 α_2 的檢定

假設 H_0：$\alpha_2 = 0$（但假定 $\alpha_4 = 0$）

顯著機率 0.000 < 顯著水準 0.05，因之假設 H_0 不成立。

因此，1 小時後與 3 小時後的測量值有顯著差異。

⑦主效果 α_3 的檢定

假設 H_0：$\alpha_3 = 0$（但設定 $\alpha_4 = 0$）

顯著機率 0.009 < 顯著水準 0.05，因之假設 H_0 不成立。

因此，2 小時後與 3 小時後的測量值有顯著差異。

【SPSS 輸出・4】

估計的邊緣平均數

時間

估計值[a]

時間	平均數	標準錯誤	自由度	95% 信賴區間 下限	95% 信賴區間 上限	
用藥前	70.000	5.601	5.146	55.723	84.277	
一小時後	90.000	5.601	5.146	75.723	104.277	←⑧
二小時後	81.000	5.601	5.146	66.723	95.277	
三小時後	71.000	5.601	5.146	56.723	85.277	

a. 依變數：測量值.

成對比較[b]

(I) 時間	(J) 時間	平均數差異 (I-J)	標準錯誤	自由度	Sig。[a]	差異的 95% 信賴區間[a] 下限	差異的 95% 信賴區間[a] 上限	
一小時後	用藥前	20.000*	3.183	12.000	.000	11.152	28.848	
二小時後	用藥前	11.000*	3.183	12.000	.014	2.152	19.848	←⑨
三小時後	用藥前	1.000	3.183	12.000	1.000	-7.848	9.848	

根據估計的邊緣平均數而定

*. 平均數差異的顯著水準爲 .05。

a. 調整多重比較：Bonferroni。

b. 依變數：測量值.

簡單效果的檢定ᵃ

分子自由度	分母自由度	F	Sig.
3	12.000	17.500	.000

← ⑩

F 檢定時間的效果。這個檢定是根據所估計邊緣平均數的線性獨立成對比較而定。

a. 依變數：測量值.

【輸出結果之判讀 · 4】

⑧ **4** 個時間中測量值的平均估計值與區間估計

	用藥前	1 小時後	2 小時後	3 小時後
	67	92	87	68
	92	112	94	90
	58	71	69	62
	61	90	83	66
	72	85	72	69
周邊平均	70.00	90.00	81.00	71.00

$$70 = \frac{67 + 92 + 58 + 61 + 72}{5}$$

在用藥前測量值平均的區間估計

55.723 ≤ 測量值平均 ≤ 84.277

⑨利用 **Bonferroni** 的修正的多重比較，有 * 記號之組合，有顯著差。

- 用藥前與 1 小時後
- 用藥前與 2 小時後

⑩固定效果的變異數分析

與【SPSS 輸出 · 2】的③有相同的結果。

一點靈

在 EM 平均之處（步驟 13），如選擇【無（全部配對）(O)】時，就變成以下那樣對所有的組合進行多重比較。

成對比較b

(I) 時間	(J) 時間	平均數差異 (I-J)	標準錯誤	自由度	Sig。a	差異的 95% 信賴區間a 下限	上限
用藥前	一小時後	-20.000*	3.183	12.000	.000	-30.036	-9.964
	二小時後	-11.000*	3.183	12.000	.029	-21.036	-.964
	三小時後	-1.000	3.183	12.000	1.000	-11.036	9.036
一小時後	用藥前	20.000*	3.183	12.000	.000	9.964	30.036
	二小時後	9.000	3.183	12.000	.092	-1.036	19.036
	三小時後	19.000*	3.183	12.000	.000	8.964	29.036
二小時後	用藥前	11.000*	3.183	12.000	.029	.964	21.036
	一小時後	-9.000	3.183	12.000	.092	-19.036	1.036
	三小時後	10.000	3.183	12.000	.051	-.036	20.036
三小時後	用藥前	1.000	3.183	12.000	1.000	-9.036	11.036
	一小時後	-19.000*	3.183	12.000	.000	-29.036	-8.964
	二小時後	-10.000	3.183	12.000	.051	-20.036	.036

← ⑪

根據估計的邊緣平均數而定

*. 平均數差異的顯著水準為 .05。

a. 調整多重比較：Bonferroni。

b. 依變數：測量值.

⑪經時測量數據時

將最初的水準（= 用藥前）取成基準進行差的檢定似乎不少，但是像這樣也有對所有的組合進行多重比較。

有 * 記號的水準組合，即有顯著差。

用藥前與 1 小時後
用藥前與 2 小時後
用藥前與 3 小時後 ← 此多重比較類似 Tukey 的多重比較

20.1.2 將受試者當作隨機效果列入模式時

將表 19.1.1 的數據的受試者，當作隨機效果列入模式。步驟如下略有改變。

【統計處理的步驟】

步驟 1 與 19.1.1 節的步驟 1 相同。

19.1.1 節中從步驟 2 到步驟 4 的操作不進行。

步驟 2 顯示以下頁面後，按 繼續 。

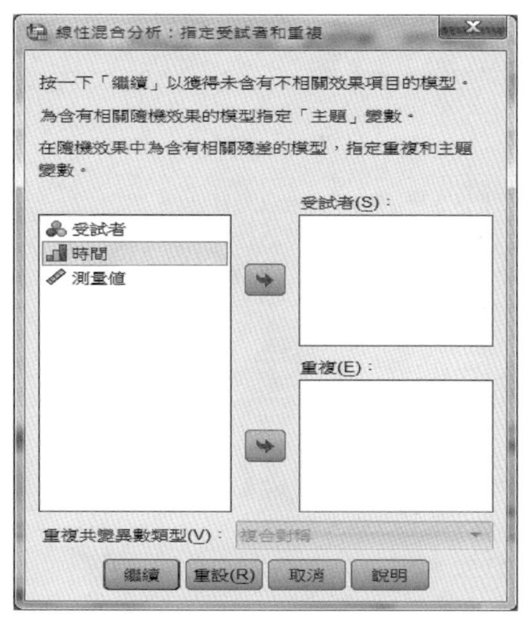

步驟 3 將測量值移到【因變數 (D)】中，受試者與時間移到【因素 (F)】中，再按【固定 (X)】。

步驟 4 顯示固定效果頁面後，將時間移到【模型 (O)】中，接著按 繼續 。回到步驟 3 的頁面後，按一下【隨機 (N)】。

步驟 5 顯示隨機效果的頁面後，將受試者移到【模式 (M)】中，接著按 繼續 。

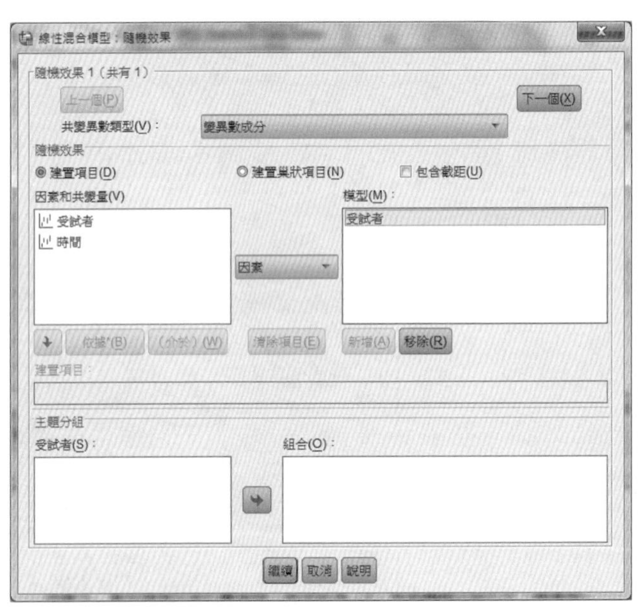

回到 19.1.1 節的步驟 8 的頁面，之後的步驟，與步驟 8 到步驟 14 相同。

【SPSS 輸出 ・1】

混合模式分析

模式維度b

		N 層；層數	共變異數結構	N 參數；參數數目
固定效果	截距	1		1
	時間	4		3
隨機效果	受試者[a]	5	變異數成分	1
殘差				1
總計		10		6

←①

a. 在 11.5 版中，已變更 RANDOM 副命令的語法規則。您的命令語法所產生的結果可能與先前版本產生的結果不同。如果使用的是 SPSS 11 語法，請查看現有語法參考指南以取得詳細資訊。

b. 依變數：測量值.

資訊條件a

-2 限制對數概似值	115.880
Akaike 的訊息條件 (AIC)	119.880
Hurvich 和 Tsai 的條件 (AICC)	120.803
Bozdogan 的條件 (CAIC)	123.425
Schwarz 的貝葉斯條件 (BIC)	121.425

←②

以越小越好的形式顯示資訊條件。

a. 依變數：測量值.

【輸出結果的判讀・1】

① 與 19.1.1 節【SPSS 輸出 ・1】的輸出結果相比時，並無重複效果—時間—的部分。且隨機效果的地方，加入受試者。

② 資訊量基準是與 19.1.1 節【SPSS 輸出 ・1】的輸出結果一致。

【SPSS 輸出 ・2】

固定效果的類型 III 檢定[a]

來源	分子自由度	分母自由度	F	Sig。
截距	1	4	220.635	.000
時間	3	12.000	17.500	.000

a. 依變數：測量值.

←③

固定效果估計[b]

參數	估計	標準錯誤	自由度	t	Sig。	95% 信賴區間	
						下限	上限
截距	71.0000000	5.6013391	5.146	12.676	.000	56.7231753	85.2768247
[時間=1]	-1.0000000	3.1832897	12.000	-.314	.759	-7.9357924	5.9357924
[時間=2]	19.0000000	3.1832897	12.000	5.969	.000	12.0642076	25.9357924
[時間=3]	10.0000000	3.1832897	12.000	3.141	.009	3.0642076	16.9357924
[時間=4]	0[a]	0	.	.	.	.	.

a. 這個參數多餘，因此設爲零。

b. 依變數：測量值.

←④

共變異數參數

估計共變異數參數[a]

參數		估計	標準錯誤	Wald Z	Sig。	95% 信賴區間	
						下限	上限
殘差		25.3333333	10.3422900	2.449	.014	11.3812710	56.3889376
受試者	變異數	131.54167	97.5266271	1.349	.177	30.7589802	562.54173

a. 依變數：測量值.

←⑤

【輸出結果的判讀 ・2】

③ 有關固定效果的變異數分析表與 19.1.1 節的【SPSS 輸出 ・2】的輸出結果一致。

④ 固定效果的參數的估計與 19.1.1 節的【SPSS 輸出 ・3】的輸出結果一致。

⑤ 共變異數參數的估計值，除信賴區間的地方，幾乎與 19.1.1 節的【SPSS 輸出 ・3】的輸出結果一致。

20.2 二因子（無對應）

表 20.2.1 是 10 位受試者的經時測量數據。組 1 是對受試者 A、B、C、D、E 給予藥物 1 的結果。組 2 是對受試者 F、G、H、I、J 給予藥物 2 的結果。

表 20.2.1 經時測量數據

組 1

受試者	用藥前	**1** 小時後	**2** 小時後
A	44	120	153
B	61	119	148
C	67	157	167
D	60	153	175
E	61	139	162

組 2

受試者	用藥前	**1** 小時後	**2** 小時後
F	51	100	110
G	62	109	117
H	56	134	139
I	57	140	161
J	59	126	137

此處組 1 與組 2 的受試者是不同的。

【數據輸入類型】

表 20.2.1 的數據如下輸入。

資料視圖

	組	受試者	時間	測量值
1	1	1	1	44
2	1	1	2	120
3	1	1	3	153
4	1	2	1	61
5	1	2	2	119
6	1	2	3	148
7	1	3	1	67
8	1	3	2	157
9	1	3	3	167

變數視圖

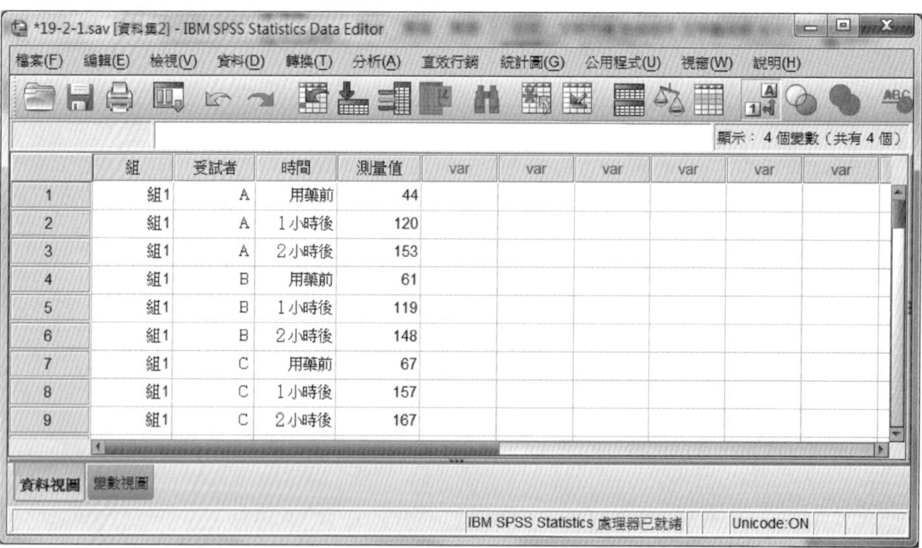

	組	受試者	時間	測量值
1	組1	A	用藥前	44
2	組1	A	1小時後	120
3	組1	A	2小時後	153
4	組1	B	用藥前	61
5	組1	B	1小時後	119
6	組1	B	2小時後	148
7	組1	C	用藥前	67
8	組1	C	1小時後	157
9	組1	C	2小時後	167

20.2.1 混合模式經時測量數據的步驟

【統計處理的步驟】

步驟 1 從【分析(A)】的清單中選擇【混合模型(X)】，接著，點選子清單的【線性(L)】。

步驟 2 分別將組與受試者移到【受試者(S)】之中。

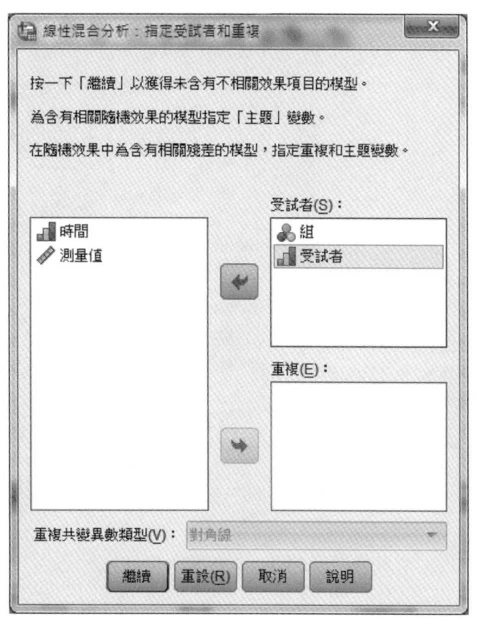

步驟 3 接著點選時間，再移到【重複 (E)】之中。

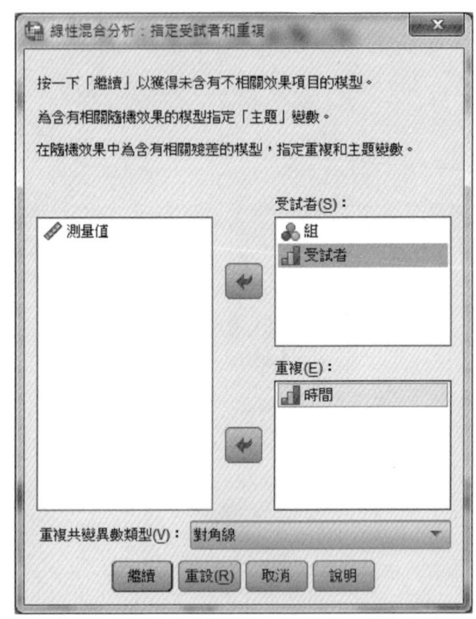

步驟 4 點選【重複共變異數類型 (V)】下拉選單的複合對稱。

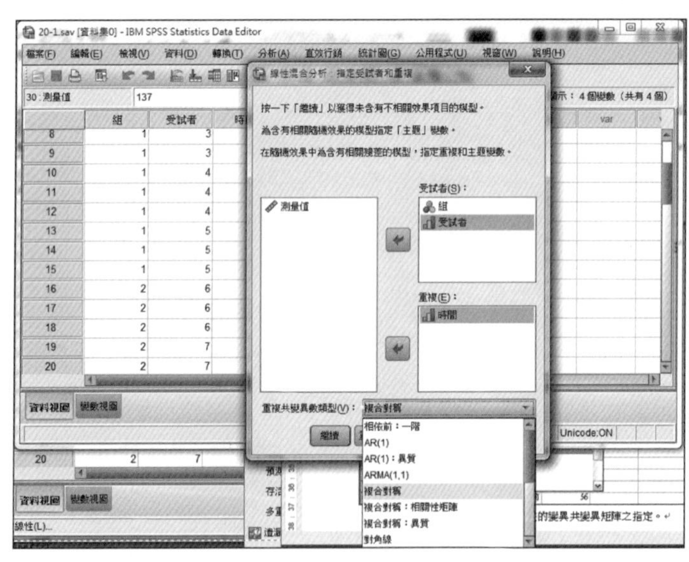

此處的【重複共變異數類型 (V)】是有關誤差的變異共變異矩陣之指定。

步驟 5 接著按 繼續 。

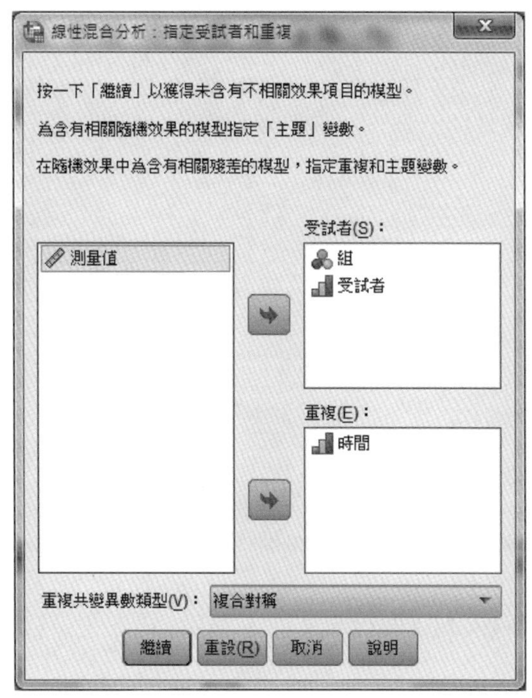

步驟 6 將測量值移到【因變數 (D)】之中。

步驟 7 將組與時間移到【因素 (F)】之中，按一下【固定 (X)】。

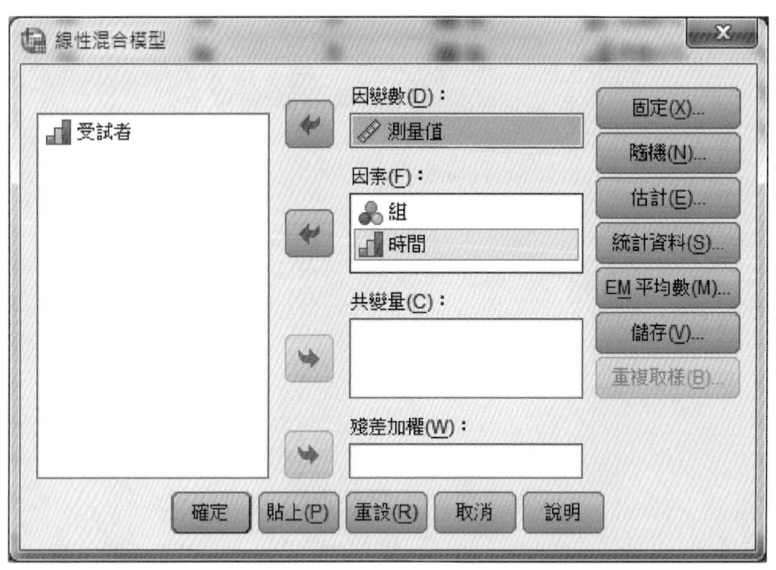

步驟 8 顯示固定效果的頁面後，按住 CTRL，再點選組與時間，再按一下【新增 (A)】。

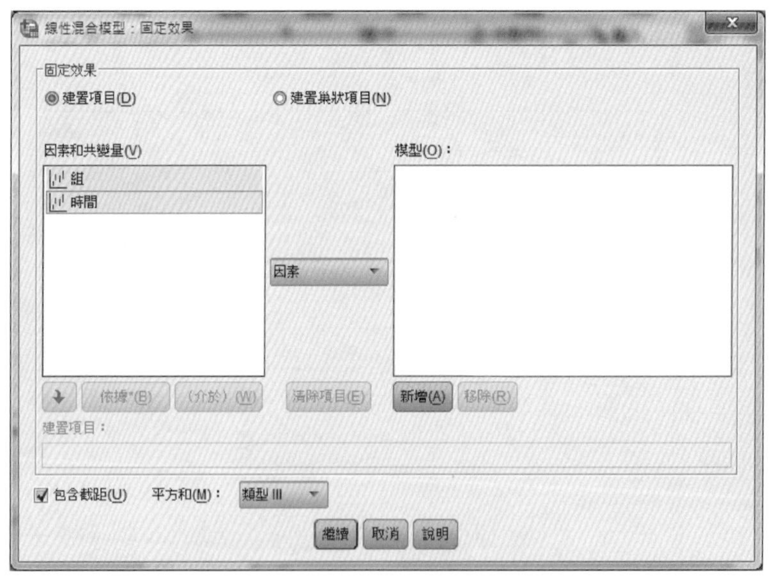

將組與時間拖移也是一樣。

步驟 9 於是，【模型 (O)】之中，顯示如下。接著按一下 繼續 。

步驟 10 回到以下的頁面後，按一下【統計資料 (S)】。

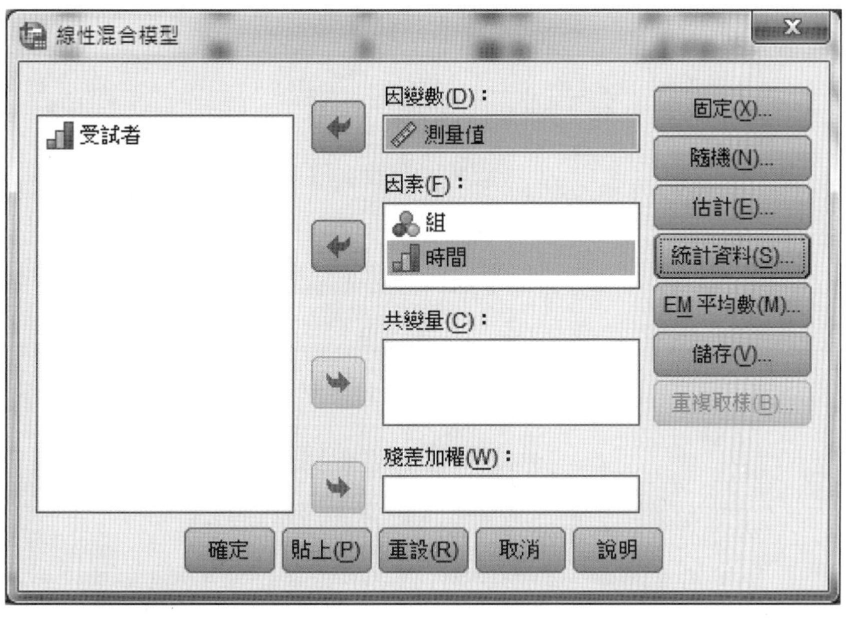

步驟 11 顯示統計量的頁面後，如下勾選，再按一下 繼續 。

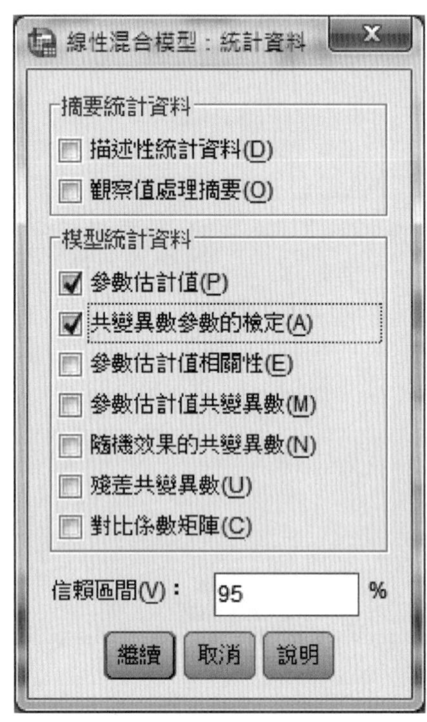

步驟 12 回到以下頁面後，按一下【EM 平均數 (M)】。

步驟 13　顯示EM平均數的頁面後，將組與時間分別移到【顯示平均數(M)】之中。

步驟 14　接著勾選【比較主效應 (C)】，然後按一下【信賴區間調整 (N)】的下拉選單。

步驟 15　選擇 Bonferroni 及按一下 繼續 。

線性混合模型：EM 平均數
過濾模型的估計最大平均數
因素和因素交互作用(F)：
(OVERALL)
組
時間
組*時間
顯示平均數(M)：
組
時間
比較主效應(C)
信賴區間調整(N)：
Bonferroni 法
參考類別
無（全部配對）(O)
第一個(R)
最後一個(L)
自訂(U)
數值(A)
繼續　取消　說明

（注）時效數據時，關於時間參照類別選擇第一個是一般情形。

步驟 16　回到以下頁面後，按一下 確定 。

【SPSS 輸出・1】

Model Dimension[a]

		Number of Levels	Covariance Structure	Number of Parameters	Subject Variables	Number of Subjects
Fixed Effects	Intercept	1		1		
	組	2		1		
	時間	3		2		
	組 * 時間	6		2		
Repeated Effects	時間	3	Compound Symmetry	2	組 * 受試者	10
Total		15		8		

a. Dependent Variable: 測量值.

←①

Information Criteria[a]

-2 Restricted Log Likelihood	198.192
Akaike's Information Criterion (AIC)	202.192
Hurvich and Tsai's Criterion (AICC)	202.764
Bozdogan's Criterion (CAIC)	206.548
Schwarz's Bayesian Criterion (BIC)	204.548

The information criteria are displayed in smaller-is-better form.

a. Dependent Variable: 測量值.

←②

（注）組間有對應亦即假定組 1 與組 2 的受試者分別相同時，即得出 19.3.1 節【SPSS 輸出・1】的 ①。

組間有無對應，分析結果是大不同的，試比較 19.2.1 節【SPSS 輸出・2】的④與 19.3.1 節【SPSS 輸出・2】的 ④。

【輸出結果的判讀・1】

①有關模式構成的輸出，在固定效果的模式中引進

- 組
- 時間
- 組 × 時間

重複測量變成
時間
重複測量的變異共變異矩陣（共變異表構造）是
複合對稱。
受試者人數是
10。

②有關模式之適配的資訊量基準
赤池資訊量基準 AIC 是 202.192。
此資訊量基準無法單獨使用。
對數據是配幾個模式，其資訊量基準最小的模式即爲最適模式。

【SPSS 輸出・2】

Fixed Effects

Type III Tests of Fixed Effects[a]

Source	Numerator df	Denominator df	F	Sig.	
Intercept	1	8.000	871.577	.000	←③
組	1	8.000	4.052	.079	←④
時間	2	16.000	248.803	.000	←⑤
組 * 時間	2	16.000	4.933	.021	

a. Dependent Variable: 測量值.

一點靈

以下的輸出是將表 19.2.1 的數據以
一般線性模式 (G)→重複量數 (R)
所分析的結果。試與③與④比較看看。

受試者內效應項的檢定

測量: MEASURE_1

來源		型 III 平方和	自由度	平均平方和	F 檢定	顯著性
時間	假設為球形	44680.867	2	22340.433	248.803	.000
	Greenhouse-Geisser	44680.867	1.356	32955.193	248.803	.000
	Huynh-Feldt值	44680.867	1.740	25684.949	248.803	.000
	下限	44680.867	1.000	44680.867	248.803	.000
時間 * 組	假設為球形	885.800	2	442.900	4.933	.021
	Greenhouse-Geisser	885.800	1.356	653.338	4.933	.040
	Huynh-Feldt值	885.800	1.740	509.205	4.933	.028
	下限	885.800	1.000	885.800	4.933	.057
誤差 (時間)	假設為球形	1436.667	16	89.792		
	Greenhouse-Geisser	1436.667	10.846	132.455		
	Huynh-Feldt值	1436.667	13.917	103.234		
	下限	1436.667	8.000	179.583		

←③'

受試者間效應項的檢定

測量: MEASURE_1

轉換的變數: 均數

來源	型 III 平方和	自由度	平均平方和	F 檢定	顯著性
截距	372744.533	1	372744.533	871.577	.000
組	1732.800	1	1732.800	4.052	.079
誤差	3421.333	8	427.667		

←④'

【輸出結果的判讀・2】

③交互作用的檢定

假設 H_0：組與時間之間未存在交互作用

顯著機率 0.021 < 顯著水準 0.05，因此假設 H_0 不成立。

因之，組與時間之間可以認為存在交互作用。

觀察以下圖形即可清楚明白。

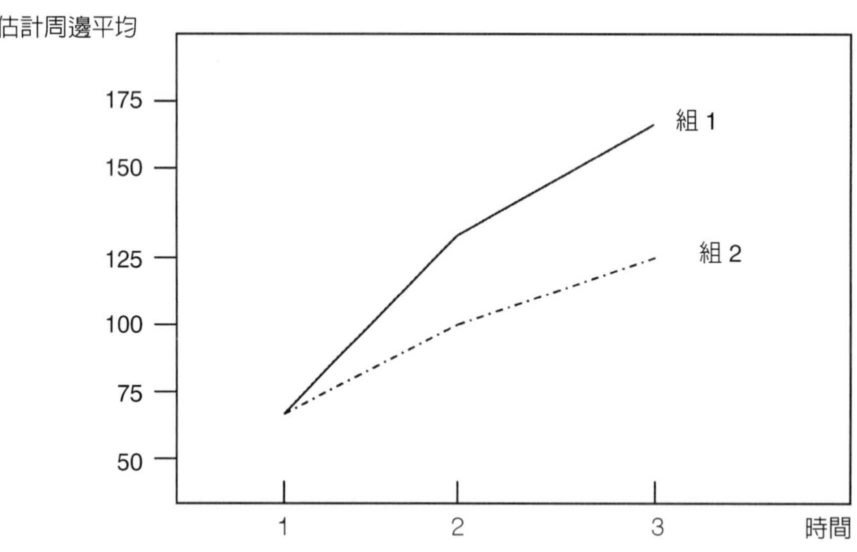

像這樣，交互作用存在一事說明在 2 個組中，側量值的變化類型是不同的。

④，⑤組間之差的檢定，時間之差的檢定

交互作用存在時，變化的類型因各組不同，所以這些之差的檢定不太有意義。

此時就要按各組進行分析。

【SPSS 輸出・3】

共變異數參數

估計共變異數參數[a]

參數		估計	標準錯誤	Wald Z	Sig。	95% 信賴區間	
						下限	上限
重複測量	CS 對角線偏移量	89.7916667	31.7461482	2.828	.005	44.9046009	179.54827
	CS 共變異數	112.62500	72.0590131	1.563	.118	-28.608071	253.85807

a. 依變數：測量值.

估計的邊緣平均數

1. 組

估計值[a]

組	平均數	標準錯誤	自由度	95% 信賴區間	
				下限	上限
組1	119.067	5.340	8.000	106.754	131.380
組2	103.867	5.340	8.000	91.554	116.180

←⑥

a. 依變數：測量值.

成對比較[b]

(I) 組	(J) 組	平均數差異 (I-J)	標準錯誤	自由度	Sig.[a]	差異的 95% 信賴區間[a]	
						下限	上限
組1	組2	15.200	7.551	8.000	.079	-2.213	32.613
組2	組1	-15.200	7.551	8.000	.079	-32.613	2.213

←⑦

根據估計的邊緣平均數而定

a. 調整多重比較：Bonferroni。

b. 依變數：測量值.

簡單效果的檢定[a]

分子自由度	分母自由度	F	Sig.
1	8.000	4.052	.079

F 檢定組的效果。這個檢定是根據所估計邊緣平均數的線性獨立成對比較而定。

a. 依變數：測量值.

【輸出結果的判讀．3】

⑥ 2 個組中測量值平均的估計值與區間估計

組 1 之測量值平均的估計值

$$119.067 = \frac{44+120+153+61+......+61+139+162}{15}$$

組 1 之測量值平均的區間估計

$106.754 \leq$ 測量值平均 ≤ 131.380

⑦ 利用 Bonferroni 的多重比較，有 * 記號之組合，是有顯著差。可是，並無 * 記號。

【SPSS 輸出．4】

2. 時間

估計值[a]

時間	平均數	標準錯誤	自由度	95% 信賴區間	
				下限	上限
用藥前	57.800	4.499	14.822	48.200	67.400
一小時後	129.700	4.499	14.822	120.100	139.300
二小時後	146.900	4.499	14.822	137.300	156.500

a. 依變數：測量值.

←⑧

成對比較[b]

(I) 時間	(J) 時間	平均數差異 (I-J)	標準錯誤	自由度	Sig。[a]	差異的 95% 信賴區間[a]	
						下限	上限
用藥前	一小時後	-71.900*	4.238	16.000	.000	-83.228	-60.572
	二小時後	-89.100*	4.238	16.000	.000	-100.428	-77.772
一小時後	用藥前	71.900*	4.238	16.000	.000	60.572	83.228
	二小時後	-17.200*	4.238	16.000	.003	-28.528	-5.872
二小時後	用藥前	89.100*	4.238	16.000	.000	77.772	100.428
	一小時後	17.200*	4.238	16.000	.003	5.872	28.528

根據估計的邊緣平均數而定

*. 平均數差異的顯著水準為 .05。

a. 調整多重比較：Bonferroni。

b. 依變數：測量值.

←⑨

簡單效果的檢定[a]

分子自由度	分母自由度	F	Sig。
2	16.000	248.803	.000

F 檢定時間的效果。這個檢定是根據所估計邊緣平均數的線性獨立成對比較而定。

a. 依變數：測量值.

【輸出結果的判讀．4】

⑧ **3** 個時間中測量值平均的估計值與區間估計

在用藥前之測量值平均的估計值

$$57.800 = \frac{44 + 61 + 67 + \ldots\ldots + 56 + 57 + 59}{10}$$

用藥前之測量值平均的區間估計

48.200 ≤ 測量值平均 ≤ 67.400

⑨利用 **Bonferroni** 的修正的多重比較

有 * 記號之組合，是有顯著差

用藥前與 1 小時後
用藥前與 2 小時後
1 小時後與 2 小時後

20.2.2 交互作用不存在時

表 19.2.2 的數據，是 18 位受試者的經時測量數據。

組 1 是對受試者 A、B、C、D、E、F 給予治療藥 1 的結果，

組 2 是對受試者 G、H、I、J、K、L 給予治療藥 2 的結果，

組 3 是對受試者 M、N、O、P、Q、R 給予治療藥 3 的結果。

表 20.2.2 交互作用不存在時的經時測量數據

組 1

受試者	用藥前	1 小時後	2 小時後	3 小時後
A	4.24	4.71	4.74	3.58
B	3.78	4.15	4.41	5.45
C	5.10	4.83	4.20	3.92
D	2.72	3.72	2.80	2.50
E	3.44	4.29	4.19	2.97
F	4.31	4.37	3.30	2.83

組 2

受試者	用藥前	1 小時後	2 小時後	3 小時後
G	5.68	6.88	4.29	4.13
H	19.64	8.97	11.80	5.45
I	4.54	6.42	19.62	8.06
J	19.80	8.07	5.58	5.57
K	2.82	4.59	4.12	3.16
L	5.51	5.09	5.92	3.56

組 3

受試者	用藥前	1 小時後	2 小時後	3 小時後
M	4.39	4.93	4.22	3.83
N	5.16	5.59	6.51	3.33
O	3.94	5.09	6.18	6.02
P	4.92	5.83	4.91	4.40
Q	2.30	3.01	2.09	1.73
R	3.50	3.08	5.02	3.07

【數據輸入類型】

表 20.2.2 的數據如下輸入。

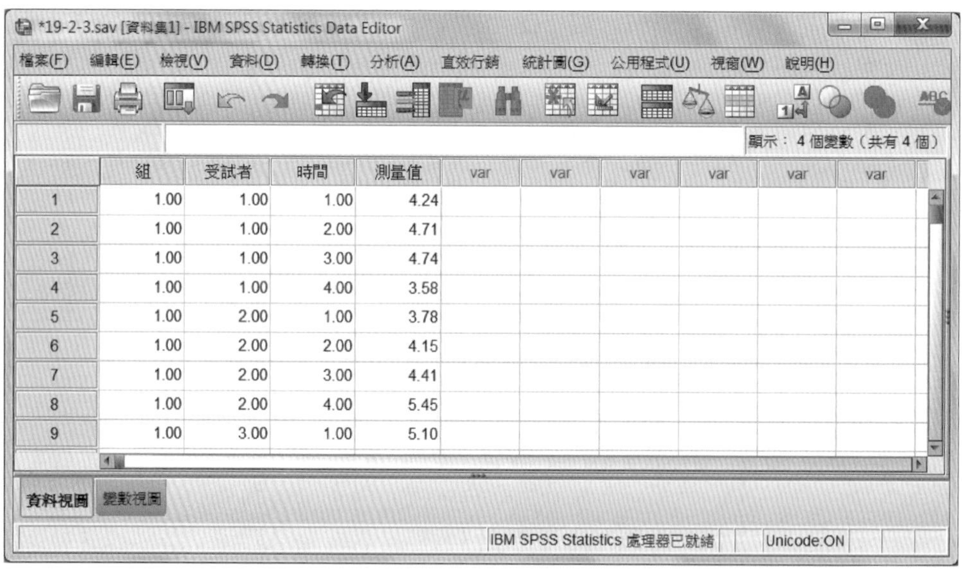

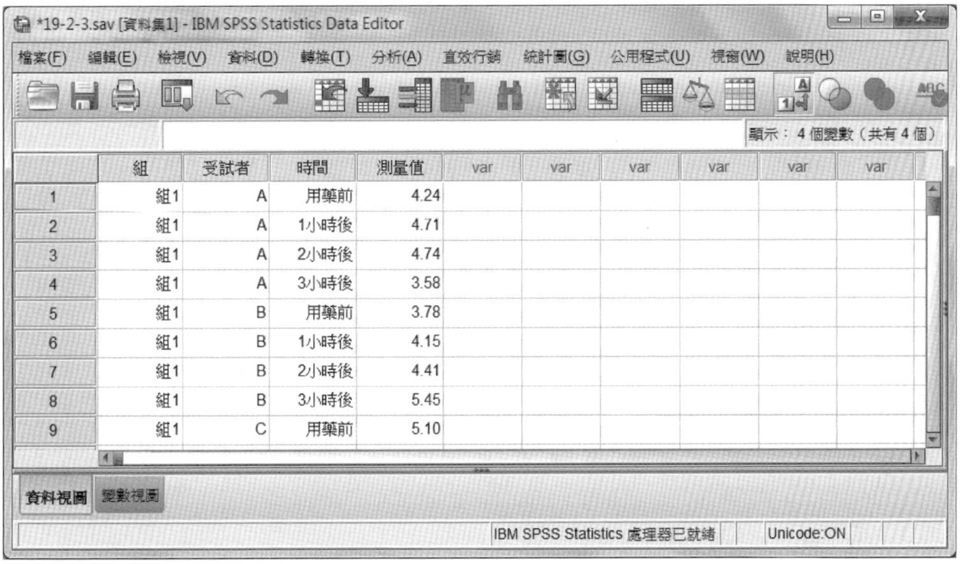
*19-2-3.sav [資料集1] - IBM SPSS Statistics Data Editor
檔案(F) 編輯(E) 檢視(V) 資料(D) 轉換(T) 分析(A) 直效行銷 統計圖(G) 公用程式(U) 視窗(W) 說明(H)
顯示：4 個變數（共有 4 個）
組 受試者 時間 測量值 var var var var var var
1 組1 A 用藥前 4.24
2 組1 A 1小時後 4.71
3 組1 A 2小時後 4.74
4 組1 A 3小時後 3.58
5 組1 B 用藥前 3.78
6 組1 B 1小時後 4.15
7 組1 B 2小時後 4.41
8 組1 B 3小時後 5.45
9 組1 C 用藥前 5.10
資料視圖 變數視圖
IBM SPSS Statistics 處理器已就緒
Unicode:ON

4 次重複測量 A 先生

4 次重複測量 B 先生

【統計處理的步驟】

與 20.2.1 節步驟 1 到步驟 16 相同。

【SPSS 輸出・1】

混合模式分析

模式維度[a]

		N 層；層數	共變異數結構	N 參數；參數數目	主題變數	N 主題；主題數目
固定效果	截距	1		1		
	時間	4		3		
	組	3		2		
	時間 * 組	12		6		
重複效果	時間	4	複合對稱	2	受驗者 * 組	18
總計		24		14		

a. 依變數：測量值.

固定效果

固定效果的類型 III 檢定a

來源	分子自由度	分母自由度	F	Sig。	
截距	1	15.000	277.952	.000	
時間	3	45	5.197	.004	←②
組	2	15.000	4.705	.026	←③
時間*組	6	45	.504	.802	←①

a. 依變數：測量值.

【輸出結果的判讀 ・1】

①交互作用的檢定

假設 H_0：組與時間之間不存在交互作用

顯著機率 0.802 > 顯著水準 0.05，所以假設 H_0 無法否定。

因此，組與時間之間可以認爲交互作用不存在。

此事意謂

「3 個組中測量值的變化類型相同」，

之後，再進入到②與③。

②有關組之差檢定

假設 H_0：3 個組之測量值沒有差異

顯著機率 0.026 < 顯著水準 0.05，因此假設 H_0 不成立。

因此，得知 3 個組之間有顯著差異。

之後，再進入到多重比較。

③有關時間之差的檢定

假設 H_0：於用藥前、1 小時後、2 小時後、3 小時後的測量值無差異

顯著機率 0.004 < 顯著水準 0.05，因之假設 H_0 不成立。

因此，用藥前、1 小時後、2 小時後、3 小時後之間有顯著差異。

之後，再進入多重比較。

【SPSS 輸出・2】

估計的邊緣平均數

1. 組

估計值[a]

組	平均數	標準錯誤	自由度	95% 信賴區間	
				下限	上限
組1	3.940	.494	15	2.886	4.993
組2	5.970	.494	15	4.916	7.023
組3	4.359	.494	15.000	3.306	5.412

a. 依變數：測量值.

←④

成對比較[b]

(I) 組	(J) 組	平均數差異 (I-J)	標準錯誤	自由度	Sig。[a]	差異的 95% 信賴區間[a]	
						下限	上限
組1	組2	-2.030*	.699	15	.033	-3.912	-.148
	組3	-.419	.699	15.000	1.000	-2.301	1.463
組2	組1	2.030*	.699	15	.033	.148	3.912
	組3	1.611	.699	15.000	.108	-.271	3.493
組3	組1	.419	.699	15.000	1.000	-1.463	2.301
	組2	-1.611	.699	15.000	.108	-3.493	.271

根據估計的邊緣平均數而定

*. 平均數差異的顯著水準為 .05。

a. 調整多重比較：Bonferroni。

b. 依變數：測量值.

←⑤

【輸出結果的判讀・2】

④ 3 個組的測量值平均的估計值與區間估計

組 1 的測量值平均的估計值 3.940

組 1 的測量值平均的區間估計

2.886 ≤ 測量值平均 ≤ 4.993

⑤利用 Bonferroni 之修正的多重比較

有 * 記號的組合有顯著差異。

組 1 與組 2

【SPSS 輸出 ・3】

2. 時間

估計值[a]

時間	平均數	標準錯誤	自由度	95% 信賴區間 下限	95% 信賴區間 上限
用藥前	4.544	.352	31.946	3.826	5.261
一小時後	5.254	.352	31.946	4.537	5.972
二小時後	5.139	.352	31.946	4.421	5.856
三小時後	4.087	.352	31.946	3.369	4.804

a. 依變數：測量值.

←⑥

成對比較[b]

(I) 時間	(J) 時間	平均數差異 (I-J)	標準錯誤	自由度	Sig。[a]	差異的 95% 信賴區間[a] 下限	差異的 95% 信賴區間[a] 上限
用藥前	一小時後	-.711	.338	45.000	.245	-1.642	.221
	二小時後	-.595	.338	45.000	.508	-1.526	.336
	三小時後	.457	.338	45.000	1.000	-.474	1.389
一小時後	用藥前	.711	.338	45.000	.245	-.221	1.642
	二小時後	.116	.338	45.000	1.000	-.816	1.047
	三小時後	1.168*	.338	45.000	.007	.236	2.099
二小時後	用藥前	.595	.338	45.000	.508	-.336	1.526
	一小時後	-.116	.338	45.000	1.000	-1.047	.816
	三小時後	1.052*	.338	45.000	.019	.121	1.984
三小時後	用藥前	-.457	.338	45.000	1.000	-1.389	.474
	一小時後	-1.168*	.338	45.000	.007	-2.099	-.236
	二小時後	-1.052*	.338	45.000	.019	-1.984	-.121

根據估計的邊緣平均數而定

*. 平均數差異的顯著水準為 .05。

←⑦

【輸出結果的判讀 ・3】

⑥ **4** 個時間中測量值平均的估計值與區間估計

用藥前之測量值平均的估計值 4.544

用藥前之測量值平均的估計區間

3.826 ≤ 測量值平均 ≤ 5.261

⑦ 利用 **Bonferroni** 之修正的多重比較

有 * 記號的組合有顯著差異

{ 1 小時後與 3 小時後
  2 小時後與 3 小時後

經時測量數據時，一般將最初（用藥前）取成基準（參照類別）。

【圖形表現】

欲輸出剖面圖時，點選【圖形 (T)】，橫軸加入時間，再按【新增 (A)】，即可得出。

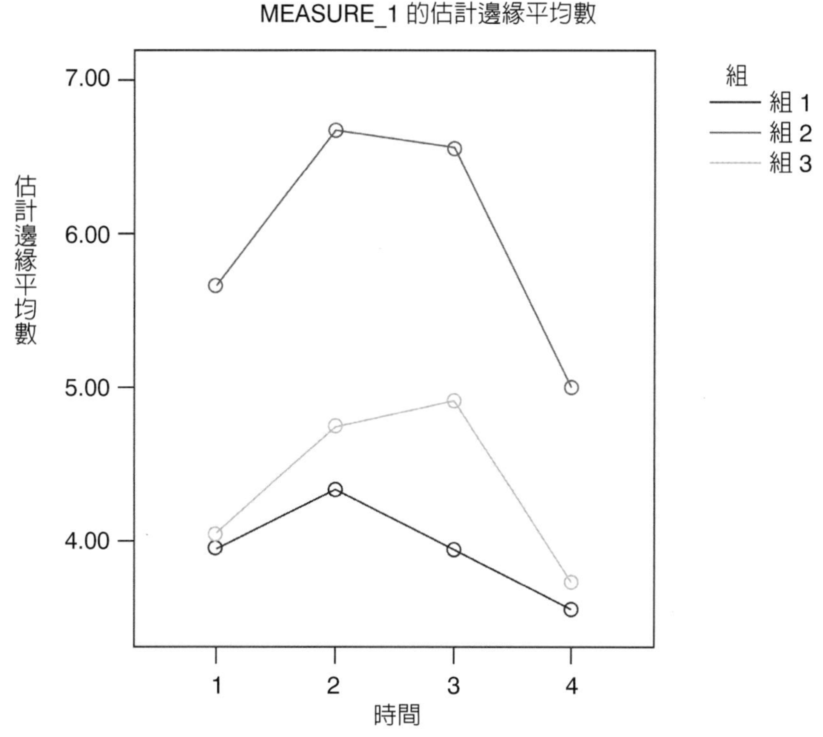

1. 觀上圖時，3 個組的變化類型看起來似乎相同。

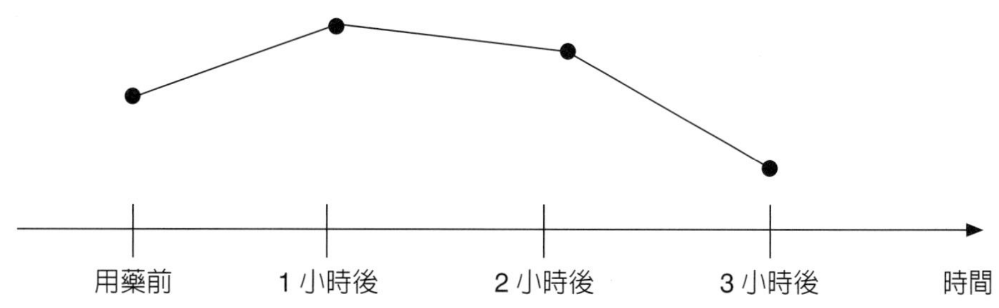

2. 變化的類型相同是表示組與時間之間不存在交互作用。
3. 如比較 3 個組時，可知組 1 與組 3 不太有差異，但組 2 有甚高的測量值。
   此表示組間有差異。　←　此處是變異數分析
4. 2 個組的比較………　　←　此處是多重比較
   組 1 與組 2 似乎有差異
   組 1 與組 3 似乎無差異
   組 2 與組 3 似乎有差異
   如進行多重比較時，可知有顯著差異者是組 1 與組 2。

20.2.3 受試者當作隨機效果列入混合模式時

將表 20.2.1 的數據的受試者當作隨機效果列入模式。

步驟如下略有不同。

【統計處理的步驟】

步驟 1　與 20.2.1 節的步驟 1 相同。

20.2.1 節中從步驟 2 到步驟 4 的操作不進行。

步驟 2　顯示以下頁面後，按一下 繼續 。

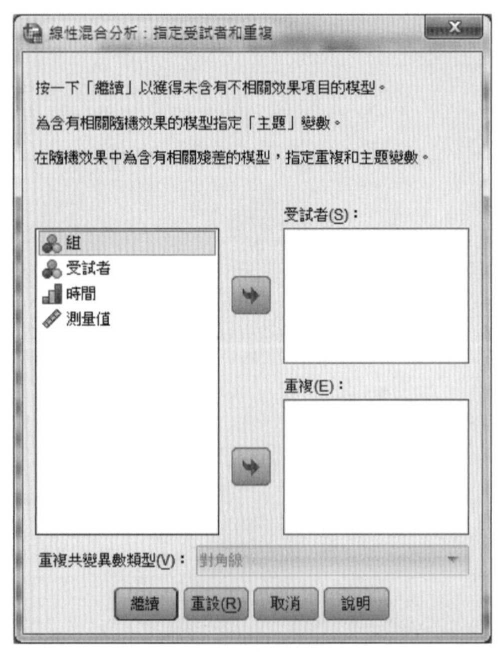

步驟 3 將測量值移到【因變數 (D)】之中，組、受試者、時間移到【因素 (F)】之中。再按 確定 。

步驟 4 顯示固定效果之頁面後，將【模型 (O)】之中如下構成。接著，按一下 繼續 。

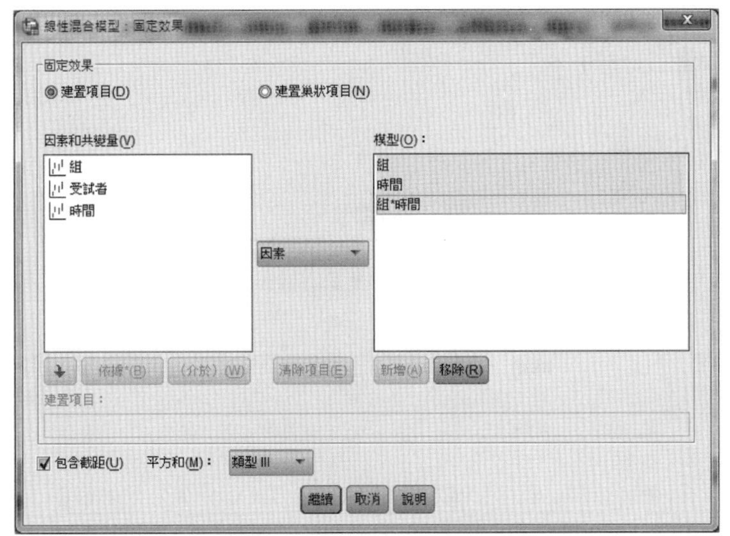

因為回到步驟 3 的頁面，所以按一下【隨機 (N)】。

步驟 5 顯示隨機效果的頁面後，將受試者移到【模式 (M)】之中。接著，按 繼續。

回到 20.2.1 節的步驟 10 的頁面。之後的步驟與步驟 10 到步驟 16 相同。

【SPSS 輸出 ・1】

混合模式分析

模式維度[b]

		N 層；層數	共變異數結構	N 參數；參數數目
固定效果	截距	1		1
	組	2		1
	時間	3		2
	組 * 時間	6		2
隨機效果	受驗者[a]	10	變異數成分	1
殘差				1
總計		22		8

←①

a. 在 11.5 版中，已變更 RANDOM 副命令的語法規則。您的命令語法所產生的結果可能與先前版本產生的結果不同。如果使用的是 SPSS 11 語法，請查看現有語法參考指南以取得詳細資訊。

b. 依變數：測量值.

資訊條件a

-2 限制對數概似值	198.192
Akaike 的訊息條件 (AIC)	202.192
Hurvich 和 Tsai 的條件 (AICC)	202.764
Bozdogan 的條件 (CAIC)	206.548
Schwarz 的貝葉斯條件 (BIC)	204.548

←②

以越小越好的形式顯示資訊條件。

a. 依變數：測量值.

固定效果

固定效果的類型 III 檢定a

來源	分子自由度	分母自由度	F	Sig。
截距	1	8	871.577	.000
組	1	8	4.052	.079
時間	2	16	248.803	.000
組 *時間	2	16	4.933	.021

←③

a. 依變數：測量值.

【輸出結果的判讀 ·1】

① 與 20.2.1 節之【SPSS 輸出 ·1】的輸出結果相比時…

並無反覆效果—時間—的部分。

在隨機效果的地方有受試者。

② 資訊量基準與 20.2.1 節【SPSS 輸出 ·1】的輸出結果一致。

③ 有關固定效果的變異數分析表與 20.2.1 節的【SPSS 輸出 ·2】的輸出結果一致。

【SPSS 輸出・2】

固定效果估計[b]

參數	估計	標準錯誤	自由度	t	Sig。	95% 信賴區間 下限	95% 信賴區間 上限
截距	132.80000	6.3626514	14.822	20.872	.000	119.22417	146.37583
[組=1]	28.2000000	8.9981480	14.822	3.134	.007	9.0008725	47.3991275
[組=2]	0[a]	0	.	.	.	.	.
[時間=1]	-75.800000	5.9930515	16	-12.648	.000	-88.504702	-63.095298
[時間=2]	-11.000000	5.9930515	16	-1.835	.085	-23.704702	1.7047017
[時間=3]	0[a]	0	.	.	.	.	.
[組=1] * [時間=1]	-26.600000	8.4754548	16	-3.138	.006	-44.567161	-8.6328385
[組=1] * [時間=2]	-12.400000	8.4754548	16	-1.463	.163	-30.367161	5.5671615
[組=1] * [時間=3]	0[a]	0	.	.	.	.	.
[組=2] * [時間=1]	0[a]	0	.	.	.	.	.
[組=2] * [時間=2]	0[a]	0	.	.	.	.	.
[組=2] * [時間=3]	0[a]	0	.	.	.	.	.

←④

a. 這個參數多餘，因此設為零。

b. 依變數：測量值.

共變異數參數

估計共變異數參數[a]

參數	估計	標準錯誤	Wald Z	Sig。	95% 信賴區間 下限	95% 信賴區間 上限
殘差	89.7916667	31.7461482	2.828	.005	44.9046009	179.54827
受驗者 變異數	112.62500	72.0590131	1.563	.118	32.1384133	394.68005

←⑤

a. 依變數：測量值

【輸出結果的判讀 ·2】

④ 固定效果的參數的估計是？

固定效果估計[b]

參數	估計	標準錯誤	自由度	t	Sig。	95% 信賴區間 下限	95% 信賴區間 上限
截距	132.80000	6.3626514	14.822	20.872	.000	119.22417	146.37583
[組=1]	28.2000000	8.9981480	14.822	3.134	.007	9.0008725	47.3991275
[組=2]	0[a]	0	.	.	.	.	.
[時間=1]	-75.800000	5.9930515	16	-12.648	.000	-88.504702	-63.095298
[時間=2]	-11.000000	5.9930515	16	-1.835	.085	-23.704702	1.7047017
[時間=3]	0[a]	0	.	.	.	.	.
[組=1] * [時間=1]	-26.600000	8.4754548	16	-3.138	.006	-44.567161	-8.6328385
[組=1] * [時間=2]	-12.400000	8.4754548	16	-1.463	.163	-30.367161	5.5671615
[組=1] * [時間=3]	0[a]	0	.	.	.	.	.
[組=2] * [時間=1]	0[a]	0	.	.	.	.	.
[組=2] * [時間=2]	0[a]	0	.	.	.	.	.
[組=2] * [時間=3]	0[a]	0	.	.	.	.	.

a. 這個參數多餘，因此設為零。

b. 依變數 ： 測量值.

（注）這是在 20.2.1 節的步驟 11 的頁面中所勾選之參數估計值的輸出結果。
像這樣，20.2.1 節的【SPSS 輸出 ·1】之模式與 20.2.3 節的【SPSS 輸出 ·1】之模式的輸出結果相同。

⑤ 共變異數的參數的估計值，除了信賴區間的地方外，幾乎與 20.2.1 節的【SPSS 輸出 ·3】的輸出結果一致。

20.3 二因子（有對應）

表 20.3.1 是 5 位受試者的經時測量數據。

組 1 是在受試者 A、B、C、D、E 的測量部位 1 之結果。

組 2 是在受試者 A、B、C、D、E 的測量部位 2 之結果。

表 20.3.1　經時測量數據

組 1

受試者	用藥前	**1** 小時後	**2** 小時後
A	44	120	153
B	61	119	148
C	67	157	167
D	60	153	175
E	61	139	162

組 2

受試者	用藥前	**1** 小時後	**2** 小時後
A	51	100	110
B	62	109	117
C	56	134	139
D	57	140	161
E	59	126	137

【數據輸入類型】

表 20.3.1 的數據如下輸入。

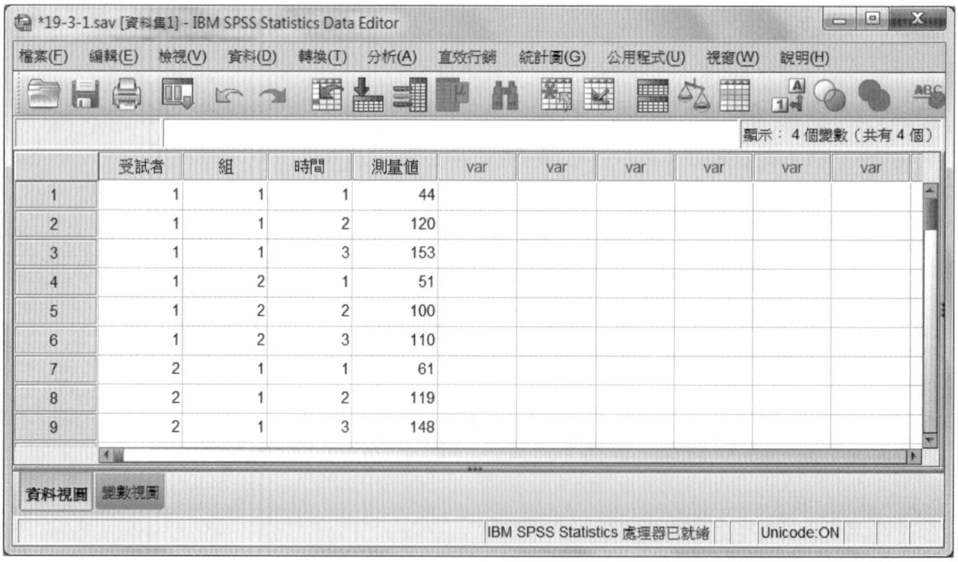

*19-3-1.sav [資料集1] - IBM SPSS Statistics Data Editor

檔案(F)　編輯(E)　檢視(V)　資料(D)　轉換(T)　分析(A)　直效行銷　統計圖(G)　公用程式(U)　視窗(W)　說明(H)

顯示：4 個變數（共有 4 個）

	受試者	組	時間	測量值	var	var	var	var	var	var
1	1	1	1	44						
2	1	1	2	120						
3	1	1	3	153						
4	1	2	1	51						
5	1	2	2	100						
6	1	2	3	110						
7	2	1	1	61						
8	2	1	2	119						
9	2	1	3	148						

資料視圖　變數視圖

IBM SPSS Statistics 處理器已就緒　Unicode:ON

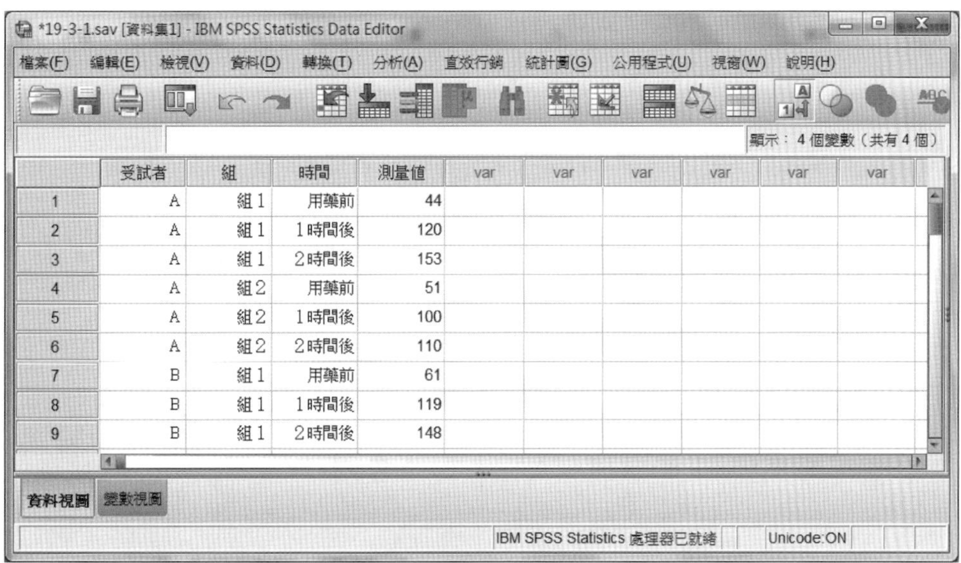

在 A 先生的測量部位 1 重複測量 3 次。

在 A 先生的測量部位 2 重複測量 3 次。

20.3.1 混合模式經時測量數據的步驟

【統計處理的步驟】

步驟 1 從【分析 (A)】的清單中選擇【混合模型 (X)】，接著，點選子清單的【線性 (L)】。

步驟 2 將受試者移到【受試者 (S)】之中。

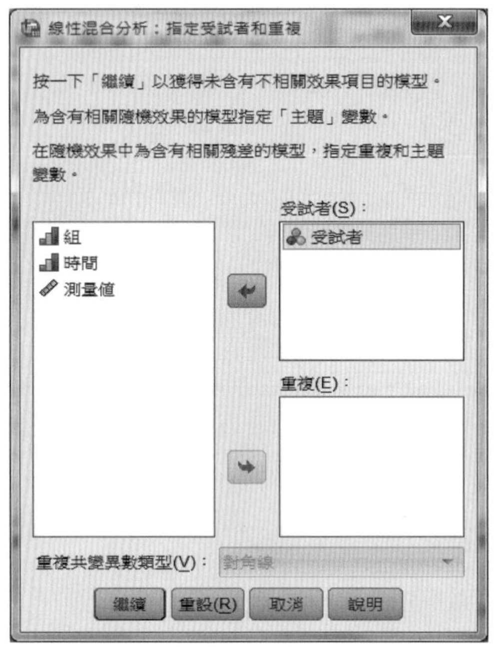

步驟 3 接著，分別將組與時間移到【重複 (E)】之中。

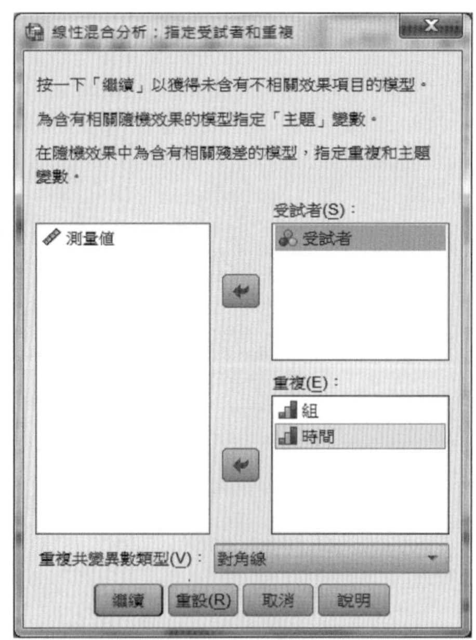

步驟 4　從【重複共變異數類型 (V)】的下拉式清單中，選擇複合對稱，再按 繼續 。

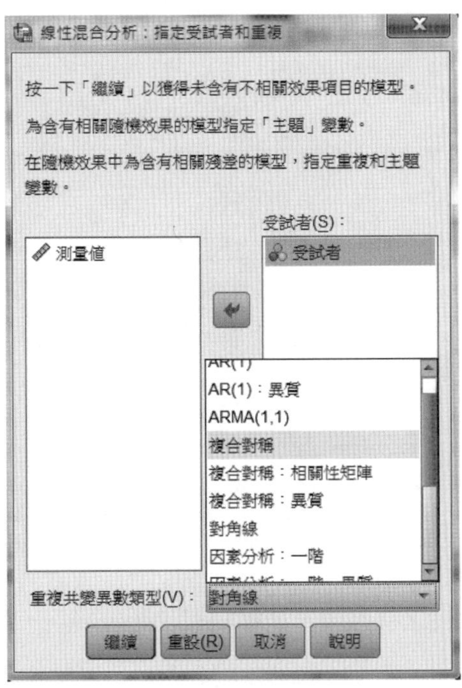

步驟 5　將測量值移到【因變數 (D)】之中。

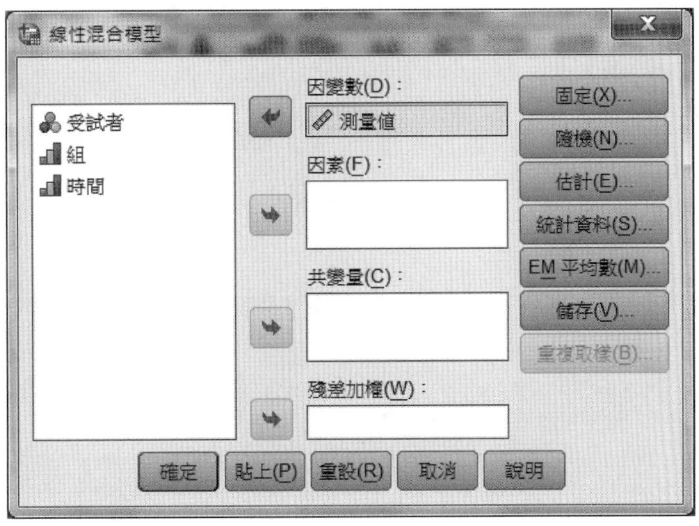

步驟 6　接著，將組、時間移到【因素 (F)】之中，接著，按一下【固定 (X)】。

步驟 7　顯示固定效果之頁面後，拖移組與時間，接著，按一下【新增 (A)】，再按 繼續 。

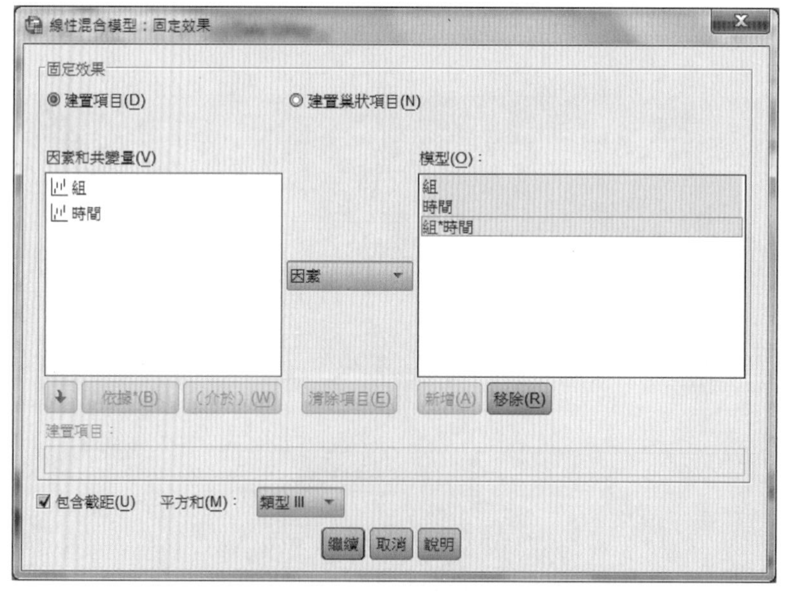

步驟 8 回到以下頁面後，點選【統計資料 (S)】。

步驟 9 顯示統計資料的頁面後，如下勾選，再按 繼續 。

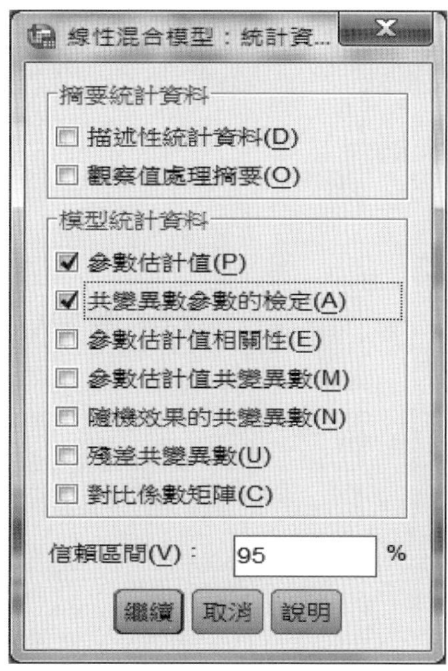

步驟 10 回到以下頁面後，按一下【EM 平均數 (M)】。

步驟 11 顯示 EM 平均數的頁面後，將組與時間移到【顯示平均數 (M)】之中。

步驟 12 勾選【比較主效應 (C)】，從【信賴區間調整 (N)】的下拉式選單，選擇 Bonferroni，再按一下 繼續 。

步驟 13 回到以下頁面後，按一下 確定 。

經時測量數據之情形

對時間而言，將第一個（用藥前）取成基準（參照類別）是一般的作法。

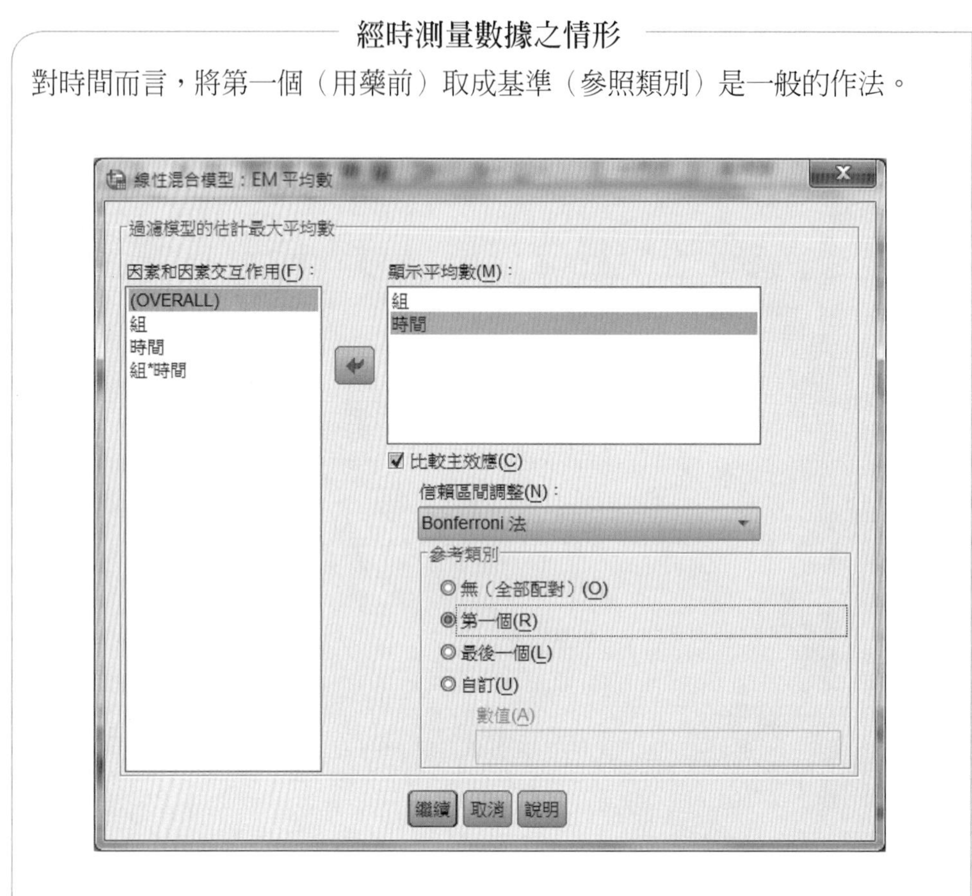

【SPSS 輸出・1】

混合模式分析

模式維度[a]

		N層；層數	共變異數結構	N參數；參數數目	主題變數	N主題；主題數目
固定效果	截距	1		1		
	組	2		1		
	時間	3		2		
	組 * 時間	6		2		
重複效果	組 * 時間	6	複合對稱	2	受驗者	5
總計		18		8		

←①

a. 依變數：測量值.

資訊條件[a]

-2 限制對數概似值	191.649
Akaike 的訊息條件 (AIC)	195.649
Hurvich 和 Tsai 的條件 (AICC)	196.220
Bozdogan的條件 (CAIC)	200.005
Schwarz 的貝葉斯條件 (BIC)	198.005

以越小越好的形式顯示資訊條件。
a. 依變數：測量值.

←②

（注）組間無對應亦即假定組 1 與組 2 的受試者不同時，即得出 20.2.1 節【SPSS 輸出・1】的①。

組間有無對應，分析結果是大不相同的，試比較 20.2.1 節【SPSS 輸出・2】的④與 20.3.1 節【SPSS 輸出・2】的④。

【輸出結果的判讀・1】

①有關模式構造的輸出

在固定效果的模式中引進

- 組
- 時間
- 組 × 時間

重複測量變成

組 × 時間

重複測量的變異共變異數矩陣（共變異數構造）是複合對稱。

$$\begin{bmatrix} \sigma^2 & \sigma_1 & \sigma_1 \\ \sigma_1 & \sigma^2 & \sigma_1 \\ \sigma_1 & \sigma_1 & \sigma^2 \end{bmatrix} \text{或} \begin{bmatrix} \sigma^2+\sigma_1 & \sigma_1 & \sigma_1 \\ \sigma_1 & \sigma^2+\sigma_1 & \sigma_1 \\ \sigma_1 & \sigma_1 & \sigma^2+\sigma_1 \end{bmatrix}$$

受試者人數是 5 人。←——　組 1：受試者 A、B、C、D、E
組 2：受試者 A、B、C、D、E

②有關模式適配的資訊量基準

赤池資訊量基準 AIC 是 195.649

此資訊量基準無法單獨使用。

對數據適配幾個模式，其中具有最小資訊量基準之模式即爲最適模式。

【SPSS 輸出 · 2】

固定效果

固定效果的類型 III 檢定[a]

來源	分子自由度	分母自由度	F	Sig。	
截距	1	4.000	450.792	.000	←④
組	1	20.000	22.351	.000	←⑤
時間	2	20.000	288.165	.000	
組 *時間	2	20.000	5.713	.011	←③

a. 依變數：測量值.

固定效果估計[b]

參數	估計	標準錯誤	自由度	t	Sig。	95% 信賴區間	
						下限	上限
截距	132.80000	6.3626514	8.266	20.872	.000	118.20952	147.39048
[組=1]	28.2000000	5.5687222	20.000	5.064	.000	16.5838491	39.8161509
[組=2]	0[a]	0	.	.	.	.	.
[時間=1]	-75.800000	5.5687222	20.000	-13.612	.000	-87.416151	-64.183849
[時間=2]	-11.000000	5.5687222	20.000	-1.975	.062	-22.616151	.6161509
[時間=3]	0[a]	0	.	.	.	.	.
[組=1] * [時間=1]	-26.600000	7.8753624	20.000	-3.378	.003	-43.027718	-10.172282
[組=1] * [時間=2]	-12.400000	7.8753624	20.000	-1.575	.131	-28.827718	4.0277182
[組=1] * [時間=3]	0[a]	0	.	.	.	.	.
[組=2] * [時間=1]	0[a]	0	.	.	.	.	.
[組=2] * [時間=2]	0[a]	0	.	.	.	.	.
[組=2] * [時間=3]	0[a]	0	.	.	.	.	.

a. 這個參數多餘，因此設為零。

b. 依變數：測量值.

共變異數參數

估計共變異數參數[a]

參數		估計	標準錯誤	Wald Z	Sig。	95% 信賴區間	
						下限	上限
重複測量	CS 對角線偏移量	77.5266667	24.5160846	3.162	.002	41.7135882	144.08696
	CS 共變異數	124.89000	97.5327980	1.280	.200	-66.270771	316.05077

a. 依變數：測量值.

【輸出結果的判讀 ‧2】

③交互作用的檢定

假設 H_0：組與時間之間不存在交互作用

顯著機率 0.011 < 顯著水準 0.05，因之假設 H_0 不成立。

因此，組與時間之間可以認爲存在交互作用。

此事，觀察以下圖形就可清楚明白。

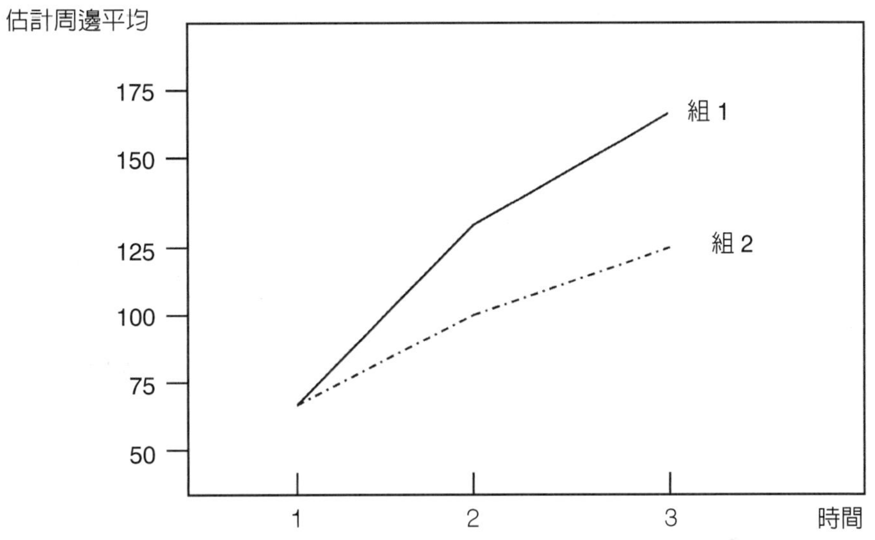

像這樣，交互作用存在一事表示「2 個組測量值的變化類型是不同的」。

④，⑤組之間之差的檢定，時間之間之差的檢定

交互作用存在時，變化的類型因各組不同，因此，這些之差的檢定是不太有意義的。

此時就要按各組進行分析。

【SPSS 輸出・3】

估計的邊緣平均數

1. 組

估計值[a]

組	平均數	標準錯誤	自由度	95% 信賴區間	
				下限	上限
組1	119.067	5.491	4.777	104.752	133.381
組2	103.867	5.491	4.777	89.552	118.181

←⑥

a. 依變數：測量值.

成對比較[b]

(I) 組	(J) 組	平均數差異 (I-J)	標準錯誤	自由度	Sig。[a]	差異的 95% 信賴區間[a]	
						下限	上限
組1	組2	15.200*	3.215	20.000	.000	8.493	21.907
組2	組1	-15.200*	3.215	20.000	.000	-21.907	-8.493

←⑦

根據估計的邊緣平均數而定

*. 平均數差異的顯著水準為 .05。

a. 調整多重比較：Bonferroni。

b. 依變數：測量值.

簡單效果的檢定[a]

分子自由度	分母自由度	F	Sig。
1	20.000	22.351	.000

F 檢定組的效果。這個檢定是根據所估計邊緣平均數的線性獨立成對比較而定。

a. 依變數：測量值.

【輸出結果的判讀・3】

⑥在 **2** 個組之測量值平均的估計值與區間估計

組 1 之測量值平均的估計值

$$119.067 = \frac{44+120+153+\text{..........}+61+139+162}{15}$$

組 1 之測量值平均的區間估計

$104.752 \leq$ 測量值平均 ≤ 133.381

⑦利用 **Bonferronri** 修正的多重比較

有＊記號的組合是有顯著差。

組 1 與組 2。

【SPSS 輸出・4】

2. 時間

估計值[a]

時間	平均數	標準錯誤	自由度	95% 信賴區間	
				下限	上限
用藥前	57.800	5.721	5.601	43.556	72.044
一小時後	129.700	5.721	5.601	115.456	143.944
二小時後	146.900	5.721	5.601	132.656	161.144

a. 依變數：測量值.

←⑧

成對比較[b]

(I) 時間	(J) 時間	平均數差異 (I-J)	標準錯誤	自由度	Sig。[a]	差異的 95% 信賴區間[a]	
						下限	上限
用藥前	一小時後	-71.900*	3.938	20.000	.000	-82.188	-61.612
	二小時後	-89.100*	3.938	20.000	.000	-99.388	-78.812
一小時後	用藥前	71.900*	3.938	20.000	.000	61.612	82.188
	二小時後	-17.200*	3.938	20.000	.001	-27.488	-6.912
二小時後	用藥前	89.100*	3.938	20.000	.000	78.812	99.388
	一小時後	17.200*	3.938	20.000	.001	6.912	27.488

根據估計的邊緣平均數而定

＊. 平均數差異的顯著水準為 .05。

a. 調整多重比較：Bonferroni。

b. 依變數：測量值.

←⑨

簡單效果的檢定[a]

分子自由度	分母自由度	F	Sig。
2	20.000	288.165	.000

F 檢定時間的效果。這個檢定是根據所估計邊緣平均數的線性獨立成對比較而定。

a. 依變數：測量值.

【輸出結果的判讀 ‧4】

⑧在 3 個時間之中測量值平均的估計值與區間估計

用藥前的測量值平均的估計值

$$57.800 = \frac{44+61+67+......+56+57+59}{10}$$

用藥前的測量值平均的區間估計

$43.556 \le$ 側量值平均 ≤ 72.044

⑨利用 **Bonferronri** 修正的多重比較

有 * 記號的組合，是有顯著差異。

- 用藥前與 1 小時後
- 用藥前與 2 小時後
- 1 小時後與 2 小時後

20.3.2 交互作用不存在時

表 19.3.2 是 6 位受試者的經時測量數據。

組 1 是受試者 A、B、C、D、E、F 在測量部位 1 的結果。

組 2 是受試者 A、B、C、D、E、F 在測量部位 2 的結果。

組 3 是受試者 A、B、C、D、E、F 在測量部位 3 的結果。

表 20.3.2　交互作用不存在的經時測量數據

組 1

受試者	用藥前	1 小時後	2 小時後	3 小時後
A	4.24	4.71	4.74	3.58
B	6.10	7.18	8.65	4.71
C	3.78	4.15	4.41	5.45
D	5.10	4.83	4.20	3.92
E	2.27	3.72	2.80	2.50
F	3.44	4.29	4.19	2.97

組 2

受試者	用藥前	1 小時後	2 小時後	3 小時後
A	5.68	6.88	4.29	4.13
B	7.64	8.97	11.80	5.45
C	4.54	6.42	7.62	8.06
D	7.80	8.07	5.58	5.57
E	2.82	4.59	4.12	3.16
F	5.51	5.09	5.92	3.56

組 3

受試者	用藥前	1 小時後	2 小時後	3 小時後
A	4.17	4.85	3.77	2.99
B	6.30	4.42	7.48	4.14
C	4.51	3.87	4.46	6.70
D	6.88	3.37	5.20	5.13
E	2.27	2.99	3.20	1.99
F	3.01	3.80	4.79	3.22

【數據輸入類型】

表 20.3.2 的數據如下輸入。

19.3.3.sav [資料集3] - IBM SPSS Statistics Data Editor

檔案(F) 編輯(E) 檢視(V) 資料(D) 轉換(T) 分析(A) 直效行銷 統計圖(G) 公用程式(U) 視窗(W) 說明(H)

61 : 組　　顯示：4 個變數（共有 4 個）

	受試者	組	時間	測量值	var	var	var	var	var	var
1	A	組 1	用藥前	4.24						
2	A	組 1	1 小時後	4.71						
3	A	組 1	2 小時後	4.74						
4	A	組 1	3 小時後	3.58						
5	A	組 2	用藥前	6.10						
6	A	組 2	1 小時後	7.18						
7	A	組 2	2 小時後	8.65						
8	A	組 2	3 小時後	4.71						
9	A	組 3	用藥前	3.78						

資料視圖　變數視圖

IBM SPSS Statistics 處理器已就緒　Unicode:ON

4 次反覆測量 A 受試者

加上數值註解時

【統計處理步驟】與 20.3.1 節的步驟相同。

【SPSS 輸出・1】

混合模式分析

模式維度ª

		N 層；層數	共變異數結構	N 參數；參數數目	主題變數	N 主題；主題數目
固定效果	截距	1		1		
	組	3		2		
	時間	4		3		
	組 * 時間	12		6		
重複效果	組 * 時間	12	複合對稱	2	受驗者	6
總計		32		14		

a. 依變數：測量值.

固定效果

固定效果的類型 III 檢定[a]

來源	分子自由度	分母自由度	F	Sig.	
截距	1	5.000	81.561	.000	
組	2	55.000	13.601	.000	←②
時間	3	55.000	3.623	.019	←③
組 *時間	6	55.000	.334	.916	←①

a. 依變數：測量值.

【輸出結果的判讀 ・1】

①交互作用的檢定

假設 H_0：組與時間之間不存在交互作用

顯著機率 0.916 > 顯著水準 0.05，因之，假設 H_0 不能否定。

因此，組與時間之間可以認爲沒有交互作用。

此事意謂「3 個組之中測量值的變化相同」。

之後再進入②③。

②有關組差的檢定

假設 H_0：3 個組的測量值並無差異

顯著機率 0.000 < 顯著水準 0.05，因之，假設 H_0 不成立。

因此，知道 3 個組之間有顯著差異，之後再進行多重比較。

③有關時間之差的檢定

假設 H_0：用藥前、1 小時後、2 小時後、3 小時後的測量值並無差異

顯著機率 0.019 < 顯著水準 0.05，因之，假設 H_0 不成立。

因此，用藥前、1 小時後、2 小時後、3 小時後之間有顯著差異。

之後，再進行多重比較。

【SPSS 輸出 ‧2】

估計的邊緣平均數

1. 組

估計值[a]

組	平均數	標準錯誤	自由度	95% 信賴區間	
				下限	上限
組1	4.433	.582	6.309	3.024	5.841
組2	5.970	.582	6.309	4.561	7.378
組3	4.480	.582	6.309	3.072	5.888

a. 依變數：測量值.

←④

成對比較[b]

(I) 組	(J) 組	平均數差異 (I-J)	標準錯誤	自由度	Sig。[a]	差異的 95% 信賴區間[a]	
						下限	上限
組1	組2	-1.537*	.335	55.000	.000	-2.365	-.709
	組3	-.048	.335	55.000	1.000	-.875	.780
組2	組1	1.537*	.335	55.000	.000	.709	2.365
	組3	1.490*	.335	55.000	.000	.662	2.317
組3	組1	.048	.335	55.000	1.000	-.780	.875
	組2	-1.490*	.335	55.000	.000	-2.317	-.662

根據估計的邊緣平均數而定

*. 平均數差異的顯著水準爲 .05。

a. 調整多重比較：Bonferroni。

b. 依變數：測量值.

←⑤

【輸出結果的判讀 ‧2】

④ **3** 個組的測量值平均的估計值與區間估計

組 1 的測量值平均的估計值 4.433

組 1 的測量值平均的區間估計

3.024 ≤ 側量值平均 ≤ 5.841

⑤利用 **Bonferroni** 修正多重比較

有 * 記號的組合有顯著差異。

組 1 與組 2
組 2 與組 3

【SPSS 輸出・3】

2. 時間

估計值[a]

時間	平均數	標準錯誤	自由度	95% 信賴區間 下限	95% 信賴區間 上限
用藥前	4.807	.598	7.013	3.393	6.221
1小時後	5.344	.598	7.013	3.930	6.759
2小時後	5.401	.598	7.013	3.987	6.815
3小時後	4.291	.598	7.013	2.876	5.705

a. 依變數：測量值.

←⑥

成對比較[b]

(I) 時間	(J) 時間	平均數差異 (I-J)	標準錯誤	自由度	Sig.[a]	差異的 95% 信賴區間[a] 下限	差異的 95% 信賴區間[a] 上限
用藥前	1小時後	-.538	.387	55.000	1.000	-1.597	.522
	2小時後	-.594	.387	55.000	.782	-1.654	.465
	3小時後	.516	.387	55.000	1.000	-.543	1.575
1小時後	用藥前	.538	.387	55.000	1.000	-.522	1.597
	2小時後	-.057	.387	55.000	1.000	-1.116	1.003
	3小時後	1.054	.387	55.000	.052	-.005	2.113
2小時後	用藥前	.594	.387	55.000	.782	-.465	1.654
	1小時後	.057	.387	55.000	1.000	-1.003	1.116
	3小時後	1.111*	.387	55.000	.035	.051	2.170
3小時後	用藥前	-.516	.387	55.000	1.000	-1.575	.543
	1小時後	-1.054	.387	55.000	.052	-2.113	.005
	2小時後	-1.111*	.387	55.000	.035	-2.170	-.051

根據估計的邊緣平均數而定

←⑦

【輸出結果的判讀・3】

⑥ **4 個時間的測量值平均的估計值與區間估計**

用藥前之測量值平均的估計量 4.807

用藥前之測量值平均的區間估計

$3.393 \le$ 測量值平均 ≤ 6.221

⑦利用 **Bonferroni** 的修正的多重比較

有 * 記號的組合有顯著差異。

2 小時後與 3 小時後。

【圖形表現】

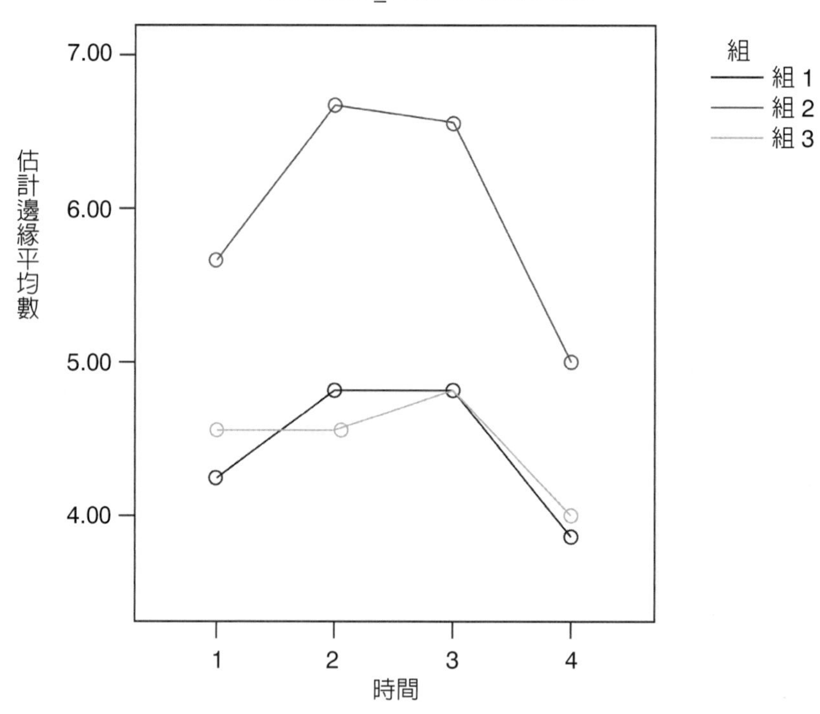

其一：觀察上圖時，3 個組的變化類型看起來似乎相同。

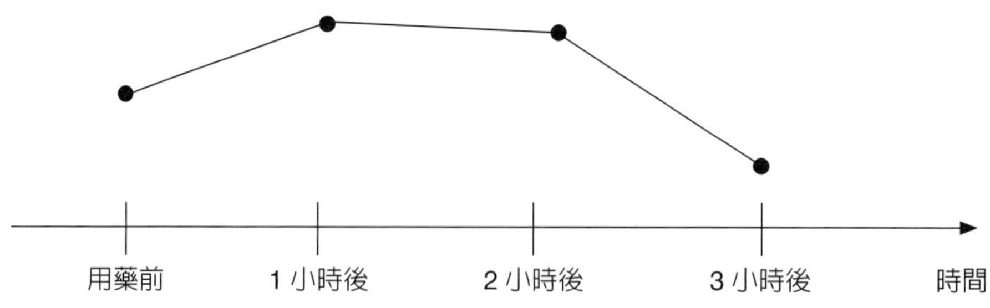

其二：變化的類型相同一事表示「組與時間之間不存在交互作用」。

其三：比較 3 個組時，組 1 與組 3 雖無差異，但是組 2 有較高的測量值。此表示組間有差異。

其四：2 個組的比較

組 1 與組 2 似乎有差異。

組 1 與組 3 似乎有差異。

組 2 與組 3 似乎有差異。

多重比較的結果有顯著差異的是

組 1 與組 2

組 2 與組 3。

20.3.3 將受試者當做隨機效果列入混合模式時

試將表 20.3.1 的數據受試者當作隨機效果列入模式。

步驟變成如下。

【統計處理的步驟】

步驟 1　與 20.3.1 節步驟 1 相同。

20.3.1 節步驟 2 到步驟 3 不進行。

步驟 2　顯示如下頁面後，按一下 繼續 。

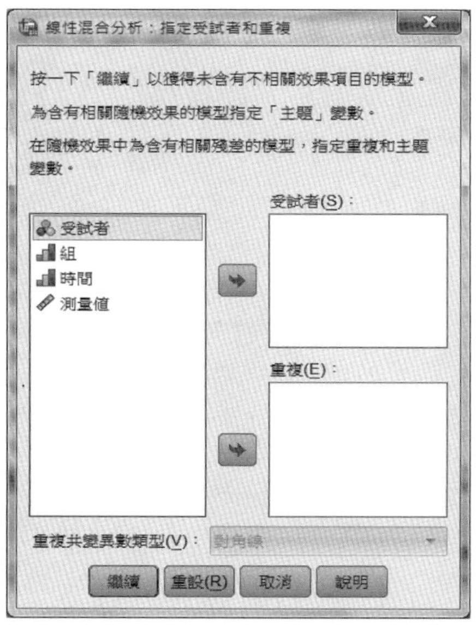

步驟 3 將測量值移到【因變數 (D)】的方框中，將受試者、組、時間移到【因素 (F)】的方框中，按一下【固定 (X)】。

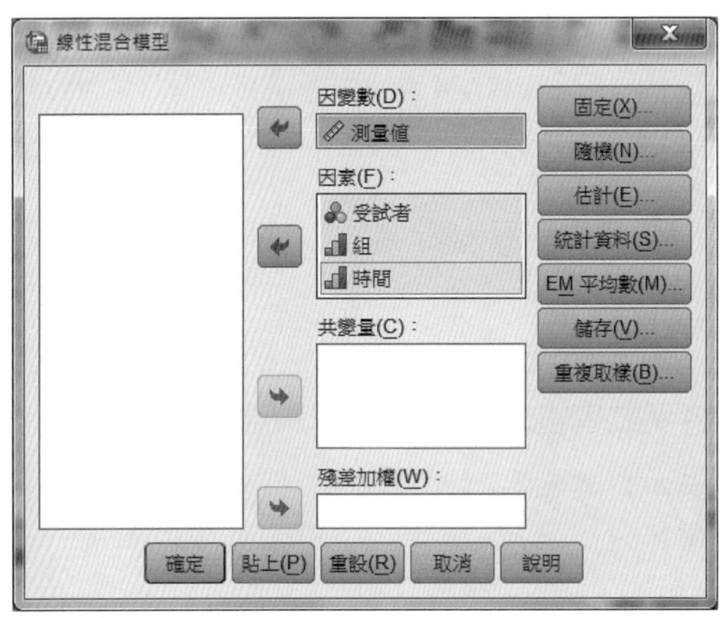

步驟 4 顯示固定效果頁面後，將【模型 (O)】如下構成。接著按一下 繼續 。

步驟 5 顯示隨機效果的頁面後。將受試者移到【模型 (M)】中，然後按 繼續 。

顯示 20.3.1 節的步驟 8 的頁面後，
之後的步驟，與步驟 8 到步驟 13 相同。

【SPSS 輸出 ・1】

混合模式分析

模式維度[b]

		N 層；層數	共變異數結構	N 參數；參數數目
固定效果	截距	1		1
	組	2		1
	時間	3		2
	組 *時間	6		2
隨機效果	受驗者[a]	5	變異數成分	1
殘差				1
總計		17		8

←①

a. 在 11.5 版中，已變更 RANDOM 副命令的語法規則。您的命令語法所產生的結果可能與先前版本產生的結果不同。如果使用的是 SPSS 11 語法，請查看現有語法參考指南以取得詳細資訊。

b. 依變數：測量值.

資訊條件ª

-2 限制對數概似值	191.649
Akaike 的訊息條件 (AIC)	195.649
Hurvich 和 Tsai 的條件 (AICC)	196.220
Bozdogan的條件 (CAIC)	200.005
Schwarz 的貝葉斯條件 (BIC)	198.005

←②

以越小越好的形式顯示資訊條件。

a. 依變數：測量值.

固定效果

固定效果的類型 III 檢定ª

來源	分子自由度	分母自由度	F	Sig。
截距	1	4	450.792	.000
組	1	20.000	22.351	.000
時間	2	20.000	288.165	.000
組 *時間	2	20.000	5.713	.011

←③

a. 依變數：測量值.

【輸出結果的判讀 ・1】

① 與 20.3.1 節的【SPSS 輸出 ・1】的輸出結果比較時……

並無反覆效果「組 * 時間」的部分。

在變量效果的地方，列入受試者。

② 資訊量基準與 20.3.1 節中的【SPSS 輸出 ・1】的輸出結果一致。

③ 有關固定效果的變異數分析表與 20.3.1 節中的【SPSS 輸出 ・2】的輸出結果一致。

【SPSS 輸出 ・2】

固定效果估計[b]

參數	估計	標準錯誤	自由度	t	Sig。	95% 信賴區間	
						下限	上限
截距	132.80000	6.3626514	8.266	20.872	.000	118.20952	147.39048
[組=1]	28.2000000	5.5687222	20.000	5.064	.000	16.5838491	39.8161509
[組=2]	0[a]	0	.	.	.	.	.
[時間=1]	-75.800000	5.5687222	20.000	-13.612	.000	-87.416151	-64.183849
[時間=2]	-11.000000	5.5687222	20.000	-1.975	.062	-22.616151	.6161509
[時間=3]	0[a]	0	.	.	.	.	.
[組=1] * [時間=1]	-26.600000	7.8753624	20.000	-3.378	.003	-43.027718	-10.172282
[組=1] * [時間=2]	-12.400000	7.8753624	20.000	-1.575	.131	-28.827718	4.0277182
[組=1] * [時間=3]	0[a]	0	.	.	.	.	.
[組=2] * [時間=1]	0[a]	0	.	.	.	.	.
[組=2] * [時間=2]	0[a]	0	.	.	.	.	.
[組=2] * [時間=3]	0[a]	0	.	.	.	.	.

a. 這個參數多餘，因此設爲零。
b. 依變數：測量值.

←④

共變異數參數

估計共變異數參數[a]

參數	估計	標準錯誤	Wald Z	Sig。	95% 信賴區間	
					下限	上限
殘差	77.5266667	24.5160846	3.162	.002	41.7135882	144.08696
受驗者 變異數	124.89000	97.5327980	1.280	.200	27.0260231	577.12938

a. 依變數：測量值.

←⑤

【輸出結果的判讀 ・2】

④固定效果的參數估計

與 20.3.1 節中的【SPSS 輸出 ・2】的輸出效果一致。

⑤共變異數的參數估計值

幾乎與 20.3.1 節中的【SPSS 輸出 ・2】的輸出結果一致。

第 21 章　階層線性模式

21.1 簡介

在醫護研究的領域中，階層性的資料結構相當常見。例如在醫院收集的病患資料，有一些是用來描述病患特徵的變數，如性別，年齡等；另外，有一些變數則在表現醫院的特性，如醫院層級別：醫學中心，區域醫院，地區醫院。此時，用傳統的迴歸模式來分析，會忽略了群體層級的影響（組內相關），而造成誤差的變異被低估。所以，較為適當的方法為使用多層次分析（multilevel analysis）——也就是目前廣被使用的階層線性模式（Hierarchical Linear Model, HLM）。

在階層結構的資料中，主要的特徵為具有個體層級以及群體層級，例如上述的例子中，病患即為個體層級，而不同的醫院即為群體層級。或病患即為個體層級，而不同的醫師即為群體層級，亦即個體是鑲套（nested）在群體之下。此外，在重複測量設計中，針對每一受試者（subject）在不同時間點測量感興趣的反應變項（response），亦可視為階層化的資料，在這種情形下，個體層級為不同的重複測量，而群體層級為不同的受試者（subject）。階層線性模式分析上的想法即為將第一層各分層的迴歸係數（coefficient）當成是第二層反應變數（response），這樣的方式即為斜率結果變項（slope as outcome）分析。在執行分析的軟體上，目前大多以 HLM 軟體或 SPSS 來進行階層線性模式的分析，以下以 SPSS 來說明。

21.2 範例

1. 資料形式

在資料格式上 HLM 軟體與 SPSS 的要求有些不同，有使用過 HLM 軟體的人大都知道，必須將不同階層的資料建置在不同的檔案裡，但在 SPSS 中只要集中在同一個數據檔即可，但第二階層的變項需先進行聚集（aggregation）才行。

此處所使用的資料是虛構的。本研究假定是針對台中地區 45 所地區醫院，以醫師爲對象實施問卷調查，每所醫院抽取 3 至 6 位不等的醫師，總共取得了 200 位醫師的資料，問卷中是以量表針對「醫師治療能力」、「院長領導能力」與「醫院滿意度」等變項進行蒐集，研究目的是想調查「醫師治療能力」與「院長領導能力」對「醫院滿意度」的影響情形（資料參 21-1.sav）。

由於 200 位醫師隸屬在 45 所醫院底下，因此第一階層爲醫師層次，第二階層則爲醫院層次，在我們收集的變項中，「醫師治療能力」與「醫院滿意度」屬於第一階層變項，而「院長領導能力」屬於第二階層變項。模型圖如下。

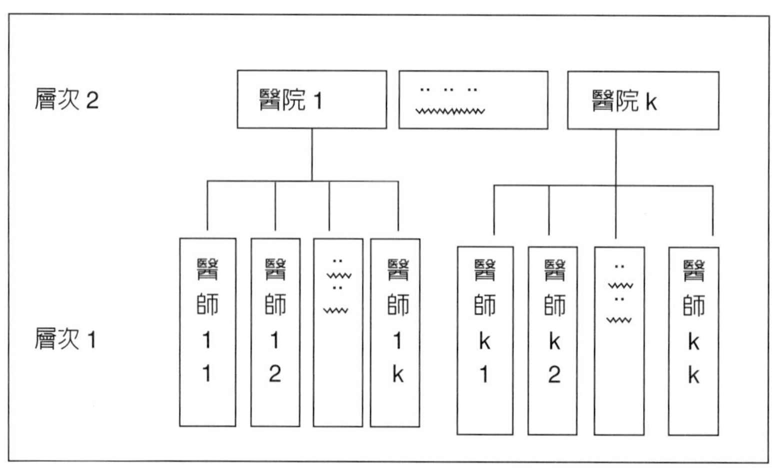

數據模型建構如下：

Level 1:

$$Y_{ij} = \beta_{0j} + \beta_{1j} X_{ij} + r_{ij}$$

Level 2:

$$\beta_{0j} = r_{00} + r_{01} W_j + u_{0j}$$

$$\beta_{1j} = r_{10} + r_{11} W_j + u_{1j}$$

鍵入資料時，必須先建立一個欄位作爲第二階層的群體編號（如：醫院代碼），這樣資料才有辦法判別哪些個體是來自於哪一個群體，譬如說前 5 位醫師來自第一所醫院。由於「醫師治療能力」與「醫院滿意度」屬於第一階層變項，因此每一位醫師都會有自己的分數；雖然「院長領導能力」屬於第二階層變項，但資料蒐集時我們先收到的是原始分數，所以在鍵入時仍先輸入每位醫師所回答的「院長領導能力」，但因爲「院長領導能力」屬於第二階層變項，每一所醫院只能有一位「院長領導能力」，因此我們必須將資料轉變成像是「平均院長領導能力」，同一所醫院的分數需要一樣，此作法我們稱之爲聚集（aggregation），譬如說將第一所學校 5 位醫師對院長領導能力予以平均得出爲 5.75 分。像這樣，第二階層所投入的變項需要加以聚集才行。

以下是輸入到 SPSS 的原始資料。

	醫院代碼	醫師編碼	醫師治療能力	院長領導能力	醫院滿意度
1	1	11	4.83	3.40	4.43
2	1	12	5.67	4.45	5.00
3	1	13	6.00	5.50	5.57
4	1	14	6.33	4.56	6.00
5	1	15	7.00	6.70	6.57
6	2	21	5.17	4.50	4.86
7	2	22	5.50	6.65	5.71
8	2	23	6.00	5.50	6.00
9	2	24	6.33	6.00	6.43
10	2	25	7.00	5.50	7.00
11	3	31	5.67	5.50	6.00
12	3	32	6.17	5.55	6.14
13	3	33	6.50	5.60	6.43
14	3	34	7.00	5.50	6.57
15	4	41	4.83	3.45	4.14
16	4	42	5.83	4.56	5.00
17	4	43	6.00	5.54	5.29
18	4	44	6.33	5.50	5.86
19	5	51	4.83	6.00	4.43
20	5	52	5.67	6.00	5.00
21	5	53	6.00	5.50	5.57
22	5	54	6.33	5.25	6.00
23	5	55	6.50	6.50	6.57

2. 分析步驟

步驟 1 開啓 SPSS 後，從【資料 (D)】中點選【聚集 (A)】。

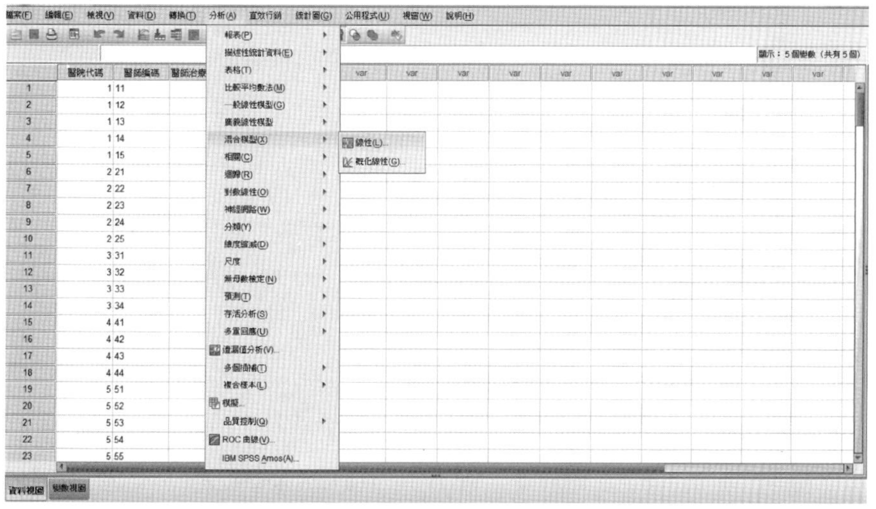

步驟 2 將醫院代碼移入【分段變數 (B)】中，將院長領導能力移入【變數摘要 (S)】中。出現院長領導能力 _mean。點選新增聚集變數至作用中【資料集 (D)】。按 確定 。

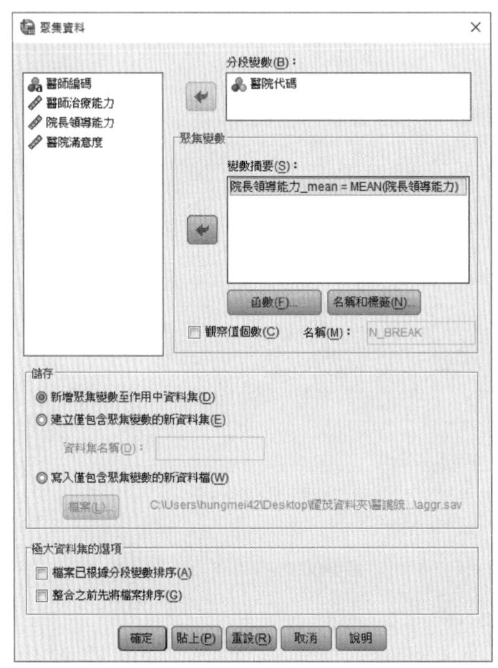

得出如下輸出結果。

*21.sav [資料集1] - IBM SPSS Statistics Data Editor

7 : 醫師治療能力 5.50

	醫院代碼	醫師編碼	性別	醫師治療能力	院長領導能力	醫院滿意度	院長領導能力_mean
1	1	11	1	4.83	4.75	4.43	5.75
2	1	12	1	5.67	5.25	5.00	5.75
3	1	13	0	6.00	6.00	5.57	5.75
4	1	14	0	6.33	6.25	6.00	5.75
5	1	15	0	7.00	6.50	6.57	5.75
6	2	21	0	5.17	6.00	4.86	6.80
7	2	22	1	5.50	7.00	5.71	6.80
8	2	23	0	6.00	7.00	6.00	6.80
9	2	24	0	6.33	7.00	6.43	6.80
10	2	25	1	7.00	7.00	7.00	6.80
11	3	31	1	5.67	6.25	6.00	6.63
12	3	32	0	6.17	6.25	6.14	6.63
13	3	33	0	6.50	7.00	6.43	6.63
14	3	34	0	7.00	7.00	6.57	6.63
15	4	41	1	4.83	5.00	4.14	5.75
16	4	42	1	5.83	5.50	5.00	5.75
17	4	43	1	6.00	6.00	5.29	5.75
18	4	44	1	6.33	6.50	5.86	5.75
19	5	51	0	4.83	4.75	4.43	5.75
20	5	52	1	5.67	5.25	5.00	5.75
21	5	53	1	6.00	6.00	5.57	5.75
22	5	54	0	6.33	6.25	6.00	5.75
23	5	55	0	7.00	6.50	6.57	5.75

資料視圖 變數視圖

步驟 3 回到【變數檢視】中，將變數院長領導能力 _mean 改名爲平均院長領導能力。

	名稱	類型	寬度	小數	標籤	數值	遺漏	直欄	對齊	測量	角色
1	醫院代碼	數值型	8	0		無	無	8	右	名義(N)	輸入
2	醫師編碼	字串	8	0		無	無	8	左	名義(N)	輸入
3	性別	數值型	8	0		{0, 男}...	無	8	右	名義(N)	輸入
4	醫師治療能力	數值型	8	2		無	無	8	右	尺度	輸入
5	院長領導能力	數值型	8	2		無	無	8	右	尺度	輸入
6	醫院滿意度	數值型	8	2		無	無	8	右	尺度	輸入
7	平均院長領導能力	數值型	8	2		無	無	25	右	尺度	輸入

點一下【資料視圖】出現如下結果，顯示已更名。

	醫院代碼	醫師編碼	性別	醫師治療能力	院長領導能力	醫院滿意度	平均院長領導能力
1	1	11	1	4.83	4.75	4.43	5.75
2	1	12	1	5.67	5.25	5.00	5.75
3	1	13	0	6.00	6.00	5.57	5.75
4	1	14	0	6.33	6.25	6.00	5.75
5	1	15	0	7.00	6.50	6.57	5.75
6	2	21	0	5.17	6.00	4.86	6.80
7	2	22	1	5.50	7.00	5.71	6.80
8	2	23	0	6.00	7.00	6.00	6.80
9	2	24	0	6.33	7.00	6.43	6.80
10	2	25	1	7.00	7.00	7.00	6.80
11	3	31	1	5.67	6.25	6.00	6.63
12	3	32	0	6.17	6.25	6.14	6.63
13	3	33	0	6.50	7.00	6.43	6.63
14	3	34	0	7.00	7.00	6.57	6.63
15	4	41	1	4.83	5.00	4.14	5.75
16	4	42	1	5.83	5.50	5.00	5.75
17	4	43	1	6.00	6.00	5.29	5.75
18	4	44	1	6.33	6.50	5.86	5.75
19	5	51	0	4.83	4.75	4.43	5.75
20	5	52	1	5.67	5.25	5.00	5.75
21	5	53	1	6.00	6.00	5.57	5.75
22	5	54	0	6.33	6.25	6.00	5.75
23	5	55	0	7.00	6.50	6.57	5.75

步驟 4 從【分析 (A)】中選擇【混合模型 (X)】，在從中選擇【線性 (L)】。

	醫院代碼	醫師編碼	醫院滿意度	平均院長領導能力
1	1	11	4.43	5.75
2	1	12	5.00	5.75
3	1	13	5.57	5.75
4	1	14		5.75
5	1	15		5.75
6	2	21		6.80
7	2	22	5.71	6.80
8	2	23	6.00	6.80
9	2	24	6.43	6.80
10	2	25	7.00	6.80
11	3	31	6.00	6.63
12	3	32	6.14	6.63
13	3	33	6.43	6.63
14	3	34	6.57	6.63
15	4	41	4.14	5.75
16	4	42	5.00	5.75
17	4	43	5.29	5.75
18	4	44	5.86	5.75
19	5	51	4.43	5.75
20	5	52	5.00	5.75
21	5	53	5.57	5.75
22	5	54	6.00	5.75
23	5	55	6.57	5.75

步驟 5 將醫院代碼移入【受試者 (S)】方框中，按 繼續 。

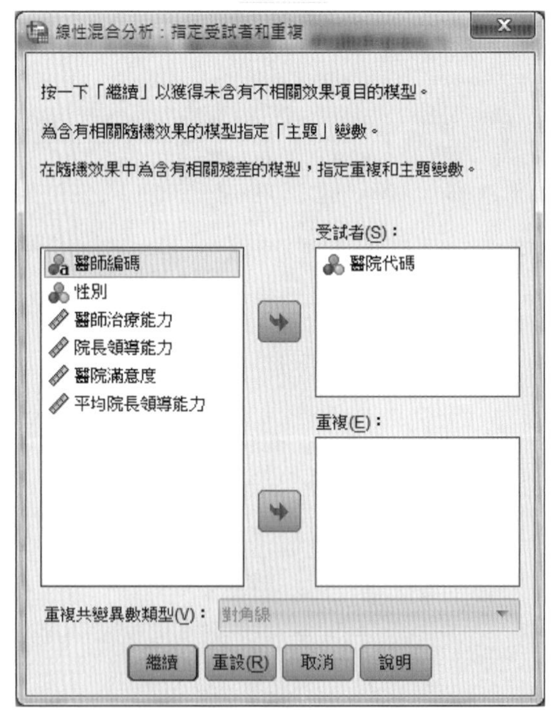

步驟 6　將醫師治療能力、平均院長領導能力移入【共變量 (C)】中。

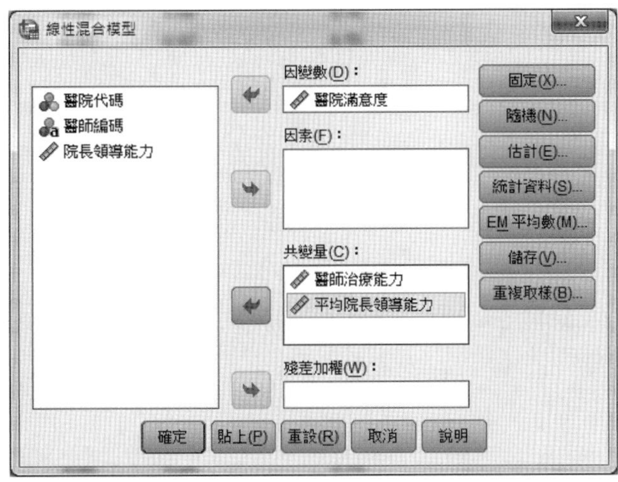

（註）：選入變項，先將依變項丟入因變數（Dependent），接著將解釋變項丟入因素（Factor）與共變量（Covariate），若您研究中的解釋變項為類別變項，就必須丟到因素（F）欄位，若解釋變項為連續變項，就必須丟到共變量欄位（例子中為連續變項）。

步驟 7　按一下【固定 (X)】後，選擇【建置項目 (D)】，框選兩者後按【新增 (A)】。【模型 (D)】中出現有交互作用項。按 繼續，回到前頁面。

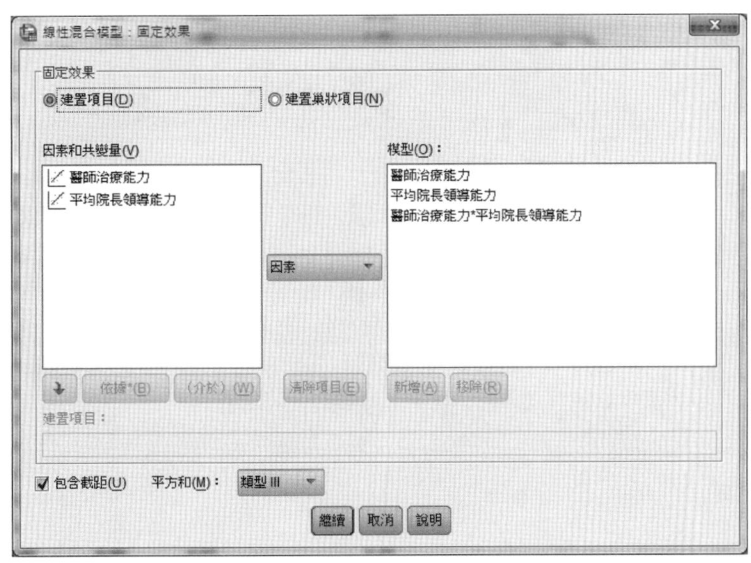

（註）：若想以 SPSS 軟體進行 HLM 分析時，需先將第一階層與第二階層的模式予以組合 Combine（如下圖右下角）起來，在模式進行選擇變數時，若您將變項同時框選，並按【新增 (A)】時，模式它會自動幫您建立交互作用項，因此若您有自己特定想要討論的模式，則必須搭配下方的【主效應（main effects)】與【交互作用（interaction)】來選擇模式。

另外，需注意的地方是要將左下角的【包含截距 (U)】打勾（預設已經勾選），因爲大部分的模式都還是會設定截距項的部分，此處相當於在 HLM 中的 β_0。

步驟 8 點一下【隨機 (N)】。勾選【包含截距 (U)】，再將【受試者 (S)】中的醫院代碼移入【組合 (O)】中。

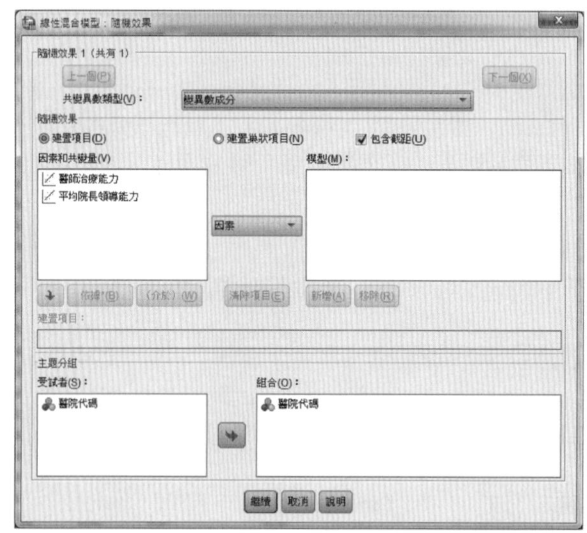

（註）：隨機效果的部分則要小心，共變異數型態直接用「變異數成分」（預設），一般在進行分析的時候，大部分都會開放估計截距項的隨機效果，這是認為每所醫院的醫院滿意度是不相等的，當然您也可以假設沒有隨機效果項的存在，不過這樣就會失去使用 HLM 來進行分析的強項，因此我們必須勾選右上角的【包含截距 (U)】（預設是未勾選的），接著將左下方的醫院代碼（第一階層與第二階層的連結變數）丟到右邊的【組合 (O)】（Combinations）中，這樣軟體才知道要依據哪個變項作為階層連結。

若在第二階層加入有解釋變項來進行預測時，若想加入估計斜率項的隨機效果，則需要把該斜率項的解釋變項丟到右邊的【模型 (M)】中（如平均院長領導能力，此稱為脈絡變項），此時所對應斜率項的隨機效果就會加入估計，值得注意的地方是丟到右邊【模型 (M)】裡的變項為第二階層的變項。

於上述式子中，u_0 是代表每所醫院的醫院滿意度是不相同的，u_1 則是代表每所醫院中醫師治療能力影響醫院滿意度是不相同的，當然，如果此斜率項與截距項沒有開放加入，也是忽略了 HLM 的強項，但如果研究樣本並沒有很多，或者模式比較複雜時，有可能會因為開放太多隨機效果進行估計因而導致跑不出結果，或執行的時間太長，此時就必須考慮犧牲掉隨機效果項了，一般來說都是先犧牲斜率項的隨機效果，但仍會先保留截距項的隨機效果。

步驟 9 點一下【估計 (E)】，照預設，按 繼續 。

步驟 10 點一下【統計資料 (S)】，設定所需統計量，此處選擇【參數估計值 (P)】、【共變異數參數的檢定 (A)】。

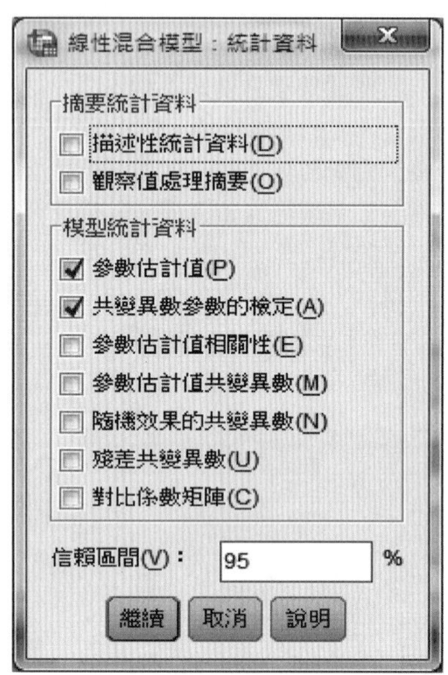

（註）：可依照需求選擇自己想要得到的統計量，一般最少應該選擇【參數估計值 (P)】與【共變異數參數的檢定 (A)】，這樣才能得到所有項目的參數估計值，以及誤差項與隨機效果的檢定結果。

步驟 11 點一下【EM 平均數 (M)】，此處不選定。按 繼續 。

步驟 12 回到原畫面後，按 確定 。

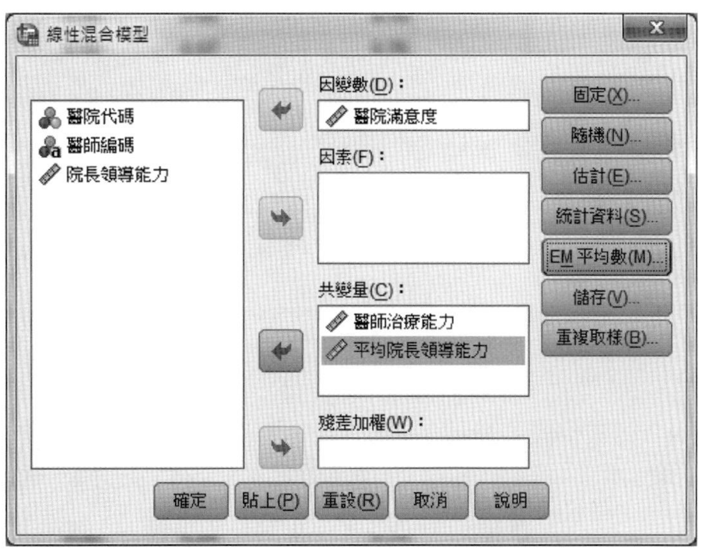

3. SPSS 輸出

由於開放斜率項的隨機效果後，部分參數估計不出來，因此僅保留截距項的隨機效果重新執行分析，並以此結果來說明。

在固定效果方面，HLM 軟體會跑出兩種結果，上面的結果是以一般的標準誤進行檢定，而下方則是利用強韌（robust）標準誤進行檢定，一般研究者都是以強韌（robust）標準誤爲結果；但 SPSS 僅提供一般的標準誤檢定，這部分是比較可惜的。

在輸出的判讀部分，對初學使用者來說，HLM 必須搭配參數符號，因此有時候可能會比較混淆不清，但 SPSS 軟體則是可以直接由變項去判別其估計效果。輸出的判讀與一般迴歸的方式一樣，先去檢定變項是否有達顯著水準，接著去看其估計値的正負，最後敘述統計結果。以醫師治療能力爲例，治療能力達顯著水準，且迴歸係數 2.037 爲正値，表示當醫師的治療能力越良好，其醫院滿意度會越高。此外，醫師治療能力與平均院長領導能力並無交互作用。

在隨機效果方面，SPSS 軟體與 HLM 軟體估計出來的結果仍有些差異，不過因爲 HLM 軟體的隨機效果有符號表示，因此會比較清楚的知道是哪一項隨機效果，但 SPSS 軟體另外還會提供各隨機效果的顯著性，以瞭解各階層是否還有其他預測變項可以考量進來，譬如說隨機效果 r 與 u_0 的變異數分別爲 1.45885 與 0.49078 皆達顯著水準（$p < .05$），表示第一階層與第二階層仍有其他解釋變項可以考量以供解讀說明。

平均院長領導能力是脈絡變項，通常是放在第二階層中，例中隨機效果中只有截距項並未列入此脈絡變項，但如果可求出它的隨機效果時仍要列入，此時式子即可寫成如下。

Level 1:

醫院滿意度 $= \beta_{0j} + \beta_{1j}$ · 醫師治療能力 $+ r_{ij}$

Level 2:

$\beta_{0j} = \gamma_{00} + \gamma_{01}$ · 平均院長領導能力 $+ u_{0j}$

$\beta_{1j} = \gamma_{10} + \gamma_{11}$ · 平均院長領導能力

將 level 2 的式子代入 level 1 的式子中即得如下的混合模式。

醫院滿意度 $= \gamma_{00} + \gamma_{10}$ · 醫師治療能力 $+ \gamma_{01}$ · 平均院長領導能力 +
γ_{11} · （醫師治療能力 * 平均院長領導能力）$+ u_{0j} + r_{ij}$

以式子表示時即爲

醫院滿意度 = –7.249 + 1.21824．醫師治療能力 + 1.21824．平均院長領導能力 – 0.18073．醫師治療能力 * 平均院長領導能力 + u_{0j} + r_{ij}

$\gamma_{00}, \gamma_{01}, \gamma_{11}$ 爲固定效果。r_{ij}, u_0 爲隨機效果。此模式的離異係數（deviance）爲 233.278，值愈小愈好，表示模式愈佳。範例中第一層的誤差項變異數爲 0.049078，值甚小。第二層誤差項的誤差項變異數 SPSS 並未顯示。

Mixed Model Analysis

Model Dimension[a]

		Number of Levels	Covariance Structure	Number of Parameters	Subject Variables
Fixed Effects	Intercept	1		1	
	醫師治療能力	1		1	
	平均院長領導能力	1		1	
	醫師治療能力 * 平均院長領導能力	1		1	
Random Effects	Intercept[b]	1	Variance Components	1	醫院代碼
Residual				1	
Total		5		6	

a. Dependent Variable: 醫院滿意度.

b. As of version 11.5, the syntax rules for the RANDOM subcommand have changed. Your command syntax may yield results that differ from those produced by prior versions. If you are using version 11 syntax, please consult the current syntax reference guide for more information.

Information Criteria[a]

-2 Restricted Log Likelihood	233.279
Akaike's Information Criterion (AIC)	237.279
Hurvich and Tsai's Criterion (AICC)	237.341
Bozdogan's Criterion (CAIC)	245.835
Schwarz's Bayesian Criterion (BIC)	243.835

The information criteria are displayed in smaller-is-better form.

a. Dependent Variable: 醫院滿意度.

Fixed Effects

Type III Tests of Fixed Effects[a]

Source	Numerator df	Denominator df	F	Sig.
Intercept	1	172.412	3.468	.064
醫師治療能力	1	166.032	9.781	.002
平均院長領導能力	1	173.240	3.068	.082
醫師治療能力 * 平均院長領導能力	1	166.986	2.418	.122

a. Dependent Variable: 醫院滿意度.

Estimates of Fixed Effects[a]

Parameter	Estimate	Std. Error	df	t	Sig.	95% Confidence Interval	
						Lower Bound	Upper Bound
Intercept	-7.249600	3.892766	172.412	-1.862	.064	-14.933216	.434015
醫師治療能力	2.037894	.651599	166.032	3.128	.002	.751406	3.324382
平均院長領導能力	1.218244	.695510	173.240	1.752	.082	-.154520	2.591009
醫師治療能力 * 平均院長領導能力	-.180731	.116216	166.986	-1.555	.122	-.410173	.048712

a. Dependent Variable: 醫院滿意度.

Covariance Parameters

Estimates of Covariance Parameters[a]

Parameter		Estimate	Std. Error	Wald Z	Sig.	95% Confidence Interval	
						Lower Bound	Upper Bound
Residual		.145885	.016695	8.738	.000	.116574	.182566
Intercept [subject = 醫院代碼]	Variance	.049078	.018363	2.673	.008	.023572	.102182

a. Dependent Variable: 醫院滿意度.

參考資料

1. HLM 可參閱統計顧問林星帆統計顧問在晨晰部落格中的說明：http://dasanlin888.pixnet.net/blog/post/78079297-spss%E6%93%8D%E4%BD%9Chlm%E6%95%99%E5%AD%B8(%E4%B8%8A)
2 溫福星，階層線性模式，雙葉書局，2006。
3. 謝俊義，HLM 階層線性模型，鼎茂圖書出版，2006。

第 22 章 結構方程模式——探討因果關係

22.1 多母體的聯合分析

針對 3 家綜合醫院的利用者，進行如下的意見調查。

表 22.1.1　意見調查表

項目 1	您對此綜合醫院的照明覺得如何?					[照明(bright)]
	1	2	3	4	5	
壞						好
項目 2	您對此綜合醫院的色彩覺得如何?					[色彩(color)]
	1	2	3	4	5	
穩重						花俏
項目 3	您對此綜合醫院的休息空間的地點覺得如何?					[空間認知(space)]
	1	2	3	4	5	
不易使用						容易使用
項目 4	您對此綜合醫院的巡迴形式覺得如何?					[動線(moving)]
	1	2	3	4	5	
容易了解						不易了解
項目 5	您經常利用此綜合醫院嗎?					[使用次數(frequency)]
	1	2	3	4	5	
不利用						利用
項目 6	您對此綜合醫院的掛號收費覺得如何?					[掛號費用(fee)]
	1	2	3	4	5	
便宜						貴

以下的數據是有關 3 家綜合醫院 A、B、C 的利用者滿意度的調查結果。

表 22.1.2　綜合醫院類型 A

NO.	bright	color	space	moving	frequency	fee
1	3	3	3	4	2	4
2	3	3	2	5	2	3
3	2	4	2	2	3	3
4	4	2	3	4	1	3
5	3	3	2	3	4	1
6	4	2	2	5	5	3
7	3	3	2	5	5	3
8	2	4	3	2	1	3
9	4	2	3	4	4	1
10	2	4	3	2	5	3
11	2	2	3	3	4	4
12	2	3	2	5	4	1
13	3	4	2	5	1	4
14	4	3	2	4	1	3
15	3	3	1	5	1	4
16	3	4	3	3	2	3
17	4	3	3	4	2	4
18	2	4	2	5	2	4
19	4	2	2	4	1	4
20	4	2	2	4	3	4
21	3	3	1	4	3	2
22	3	3	3	5	1	3
23	4	3	2	5	2	3
24	2	4	3	5	2	2
25	2	4	4	2	4	4
26	5	3	3	1	2	3
27	5	4	4	5	2	3
28	5	5	4	4	4	3
29	5	5	4	5	4	1
30	5	1	3	5	2	4

表 22.1.3 綜合醫院類型 B

NO.	bright	color	space	moving	frequency	fee
31	3	4	3	2	2	2
32	2	3	3	5	5	4
33	3	3	3	1	3	3
34	3	4	3	4	4	2
35	2	3	2	3	1	3
36	3	3	2	4	3	3
37	3	3	4	4	4	1
38	1	5	2	4	4	1
39	4	2	2	4	3	2
40	4	2	1	3	1	4
41	4	2	3	5	1	2
42	3	3	2	5	1	3
43	2	4	2	5	3	2
44	3	3	3	4	5	2
45	4	4	3	4	3	2
46	4	3	3	3	5	3
47	4	4	3	4	5	2
48	2	2	4	2	3	2
49	4	4	2	3	3	2
50	2	2	3	4	3	2
51	4	4	2	5	4	3
52	3	3	2	4	4	4
53	4	4	2	4	3	4
54	3	3	5	3	4	2
55	4	4	4	1	4	2
56	2	4	2	5	1	4
57	3	4	4	5	2	4
58	3	4	4	3	1	3
59	4	4	3	4	4	2
60	3	3	2	4	2	4

表 22.1.4　綜合醫院類型 C

NO.	bright	color	space	moving	frequency	fee
61	4	2	2	2	5	3
62	2	4	3	2	4	1
63	5	4	4	1	4	4
64	3	3	3	2	3	1
65	5	1	2	3	2	3
66	3	3	3	2	3	2
67	4	4	4	2	3	4
68	3	3	3	1	5	1
69	3	3	3	2	5	3
70	4	4	3	1	5	1
71	3	3	5	2	5	2
72	3	3	3	3	4	2
73	3	4	2	3	2	2
74	4	4	2	3	3	3
75	2	5	3	3	4	3
76	3	3	2	2	2	3
77	4	3	3	4	3	3
78	3	3	2	5	2	3
79	3	3	4	2	4	4
80	4	4	2	5	1	4
81	3	3	3	2	2	3
82	3	3	3	2	2	5
83	3	3	4	3	4	3
84	3	3	4	4	2	2
85	3	4	5	1	3	1
86	4	4	4	2	2	2
87	4	4	2	4	2	3
88	3	3	2	2	2	4
89	5	2	3	3	1	2
90	4	3	4	3	1	5

想分析的事情是？

1. 在以下的路徑圖中，想按照 3 家綜合醫院調查
室內照明、外觀色彩、空間認知、動線、使用次數、掛號費用之間的關聯性。

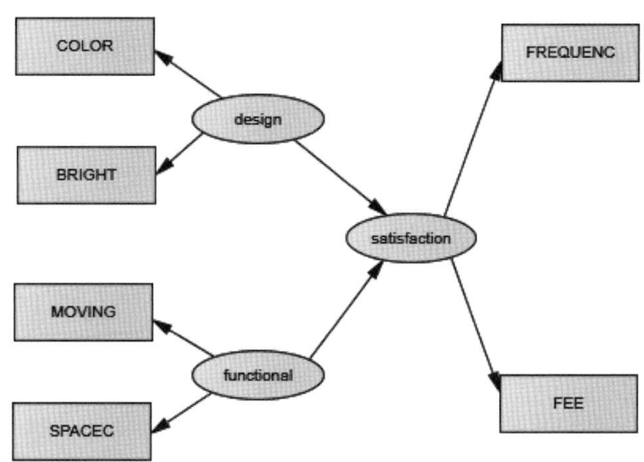

此時

1. 從設計性來看，對利用者滿意度之影響在綜合醫院 A, B, C 之間有何不同？
2. 從機能性來看，對利用著滿意度之影響在綜合醫院 A, B, C 之間有何不同？
3. 設計性最高的綜合醫院是 A, B, C 之中的何者？
4. 機能性最高的綜合醫院是 A, B, C 之中的何者？
5. 利用者滿意度最高的是 A, B, C 之中的何者？

此時可以考慮如下的統計處理。

【統計處理】

使用結構方程模式分析，所用軟體 Amos 製作如下的路徑圖：

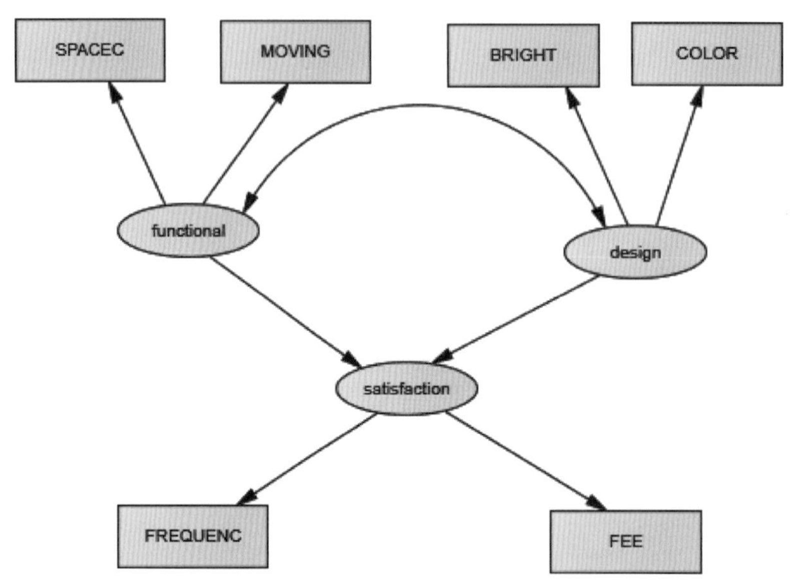

利用多母體的聯合分析，分別估計 3 個類型中的如下路徑係數：

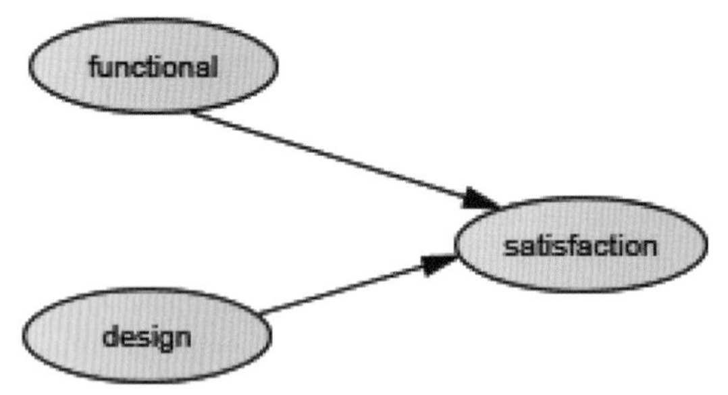

利用平均構造模式，針對

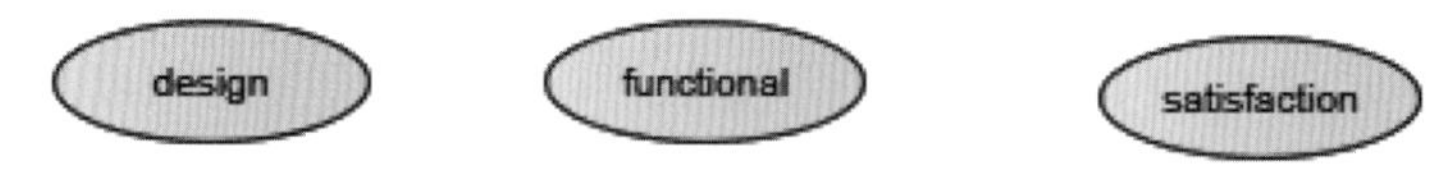

比較 3 個類型的平均之差異。

撰寫論文時 • 1

1. 結構方程模式分析之情形

進行多母體的聯合分析之後，從設計性到利用者滿意度的路徑係數，得出如表 22.1.5 所示。

表 22.1.5

係數 / 類型	未標準化係數	標準化係數
綜合醫院 A	–0.383	–0.234
綜合醫院 B	–2.380	–0.666
綜合醫院 C	–0.681	–0.427

因此，設計性與利用者的滿意度不一定有關聯。

從機能性到利用者滿意度的路徑係數，得出如表 22.1.6 所示。

表 22.1.6

係數 / 類型	未標準化係數	標準化係數
綜合醫院 A	0.144	0.046
綜合醫院 B	1.811	0.089
綜合醫院 C	1.728	0.651

因此，機能性與利用者的滿意度有關聯，但綜合醫院 A 比綜合醫院 B、C 來說，其關聯略低。

撰寫論文時 • 2

設計性與機能性的平均值，得出如表 22.1.7 所示。

表 22.1.7

類型＼平均值	設計性	機能性
綜合醫院 A	0	0
綜合醫院 B	–0.248	0.097
綜合醫院 C	0.045	0.490

因此，以綜合醫院 A 為基準時，在設計性上，綜合醫院 B 較差。

在機能性上，綜合醫院 C 較具優勢。

設計性與機能性在平均值的周邊的利用者滿意度，得出如表 22.1.8 所示。

表 22.1.8

類型	滿意度
綜合醫院 A	0
綜合醫院 B	0.473907
綜合醫院 C	0.391075

因此，可知綜合醫院 B 的滿意度最高。

在此分析中，模式適合度指標的 RMSEA 是 0.000。

由以上事項可以判讀出什麼呢？

【數據輸入類型】

表 22.1.2 ～表 22.1.4 的資料，如下輸入。

	類型	照明	色彩	空間認知	動線	使用次數	門票費用	var
1	1	3	3	3	4	2	4	
2	1	3	3	2	5	2	3	
3	1	2	4	2	2	3	3	
4	1	4	2	3	4	1	3	
5	1	3	3	2	3	4	1	
6	1	4	2	2	5	5	3	
7	1	3	3	2	5	5	3	
8	1	2	4	3	2	1	3	
9	1	4	2	3	4	4	1	
10	1	2	4	3	2	5	3	
11	1	2	2	3	3	4	4	
12	1	2	3	2	5	4	1	
13	1	3	4	2	5	1	4	
14	1	4	3	2	4	1	3	
15	1	3	3	1	5	1	4	
16	1	3	4	3	3	2	3	
17	1	4	3	3	4	2	4	
18	1	2	4	2	5	2	4	
19	1	4	2	2	4	1	4	
20	1	4	2	2	4	3	4	
21	1	3	3	1	4	3	2	
22	1	3	3	3	5	1	3	
23	1	4	3	2	5	2	3	
24	1	2	4	3	5	2	2	
25	1	2	4	4	2	4	4	
26	1	5	3	3	1	2	3	
27	1	5	4	4	5	2	3	
28	1	5	5	4	4	4	3	

	類型	照明	色彩	空間認知	動線	使用次數	門票費用	var
64	3	3	3	3	2	3	1	
65	3	5	1	2	3	2	3	
66	3	3	3	3	2	3	2	
67	3	4	4	4	2	3	4	
68	3	3	3	3	1	5	1	
69	3	3	3	3	2	5	3	
70	3	4	4	3	1	5	1	
71	3	3	3	5	2	5	2	
72	3	3	3	3	3	4	2	
73	3	3	4	2	3	2	2	
74	3	4	4	2	3	3	3	
75	3	2	5	3	3	4	3	
76	3	3	3	2	2	2	3	
77	3	4	3	3	4	3	3	
78	3	3	3	2	5	2	3	
79	3	3	3	4	2	4	4	
80	3	4	4	2	5	1	4	
81	3	3	3	3	2	2	3	
82	3	3	3	3	2	2	5	
83	3	3	3	4	3	4	3	
84	3	3	3	4	4	2	2	
85	3	3	4	5	1	3	1	
86	3	4	4	4	2	2	2	
87	3	4	4	2	4	2	3	
88	3	3	3	2	2	2	4	
89	3	5	2	3	3	1	2	
90	3	4	3	4	3	1	5	
91								

22.2 指定資料的檔案

步驟 1 點選開始 =>SPSS Inc=>Amos 17 =>Amos Graphis。

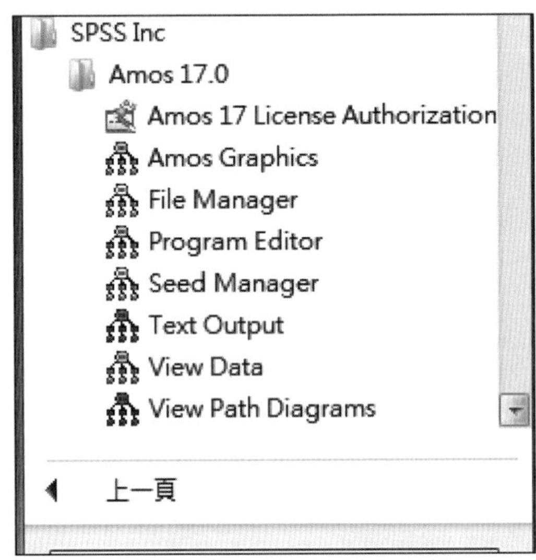

步驟 2 顯示以下頁面後，從 Analyze（分析）的清單中，選擇 Manage Groups（組管理）。

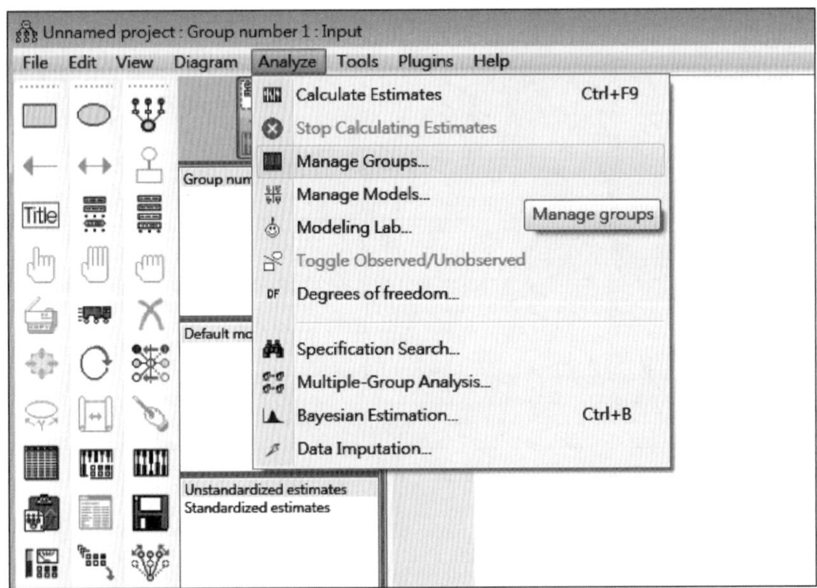

步驟 3 如下，Group Name（組名）成爲 Group number 1。

Manage Groups
Group Name
Group number 1
New Delete Close

步驟 4 因之，如下輸入 typeA。

然後，按 Close。

Manage Groups
Group Name
typeA
New Delete Close

步驟 5 接著從 File（檔案）的清單中選擇 Data Files（資料檔）。

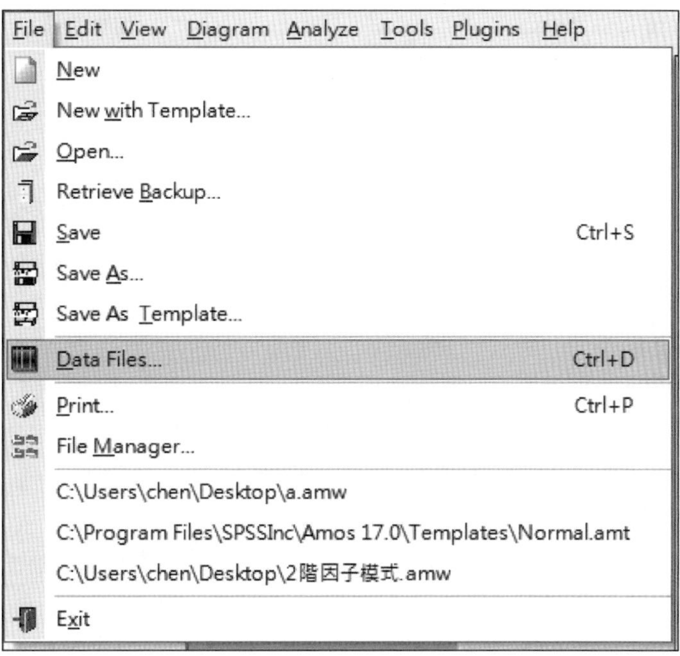

步驟 6 顯示 Data Files（資料檔）的頁面後，按一下 File Name（檔名）。

Data Files

Group Name	File	Variable	Value	N
typeA	<working>			

File Name　Working File　Help

View Data　Grouping Variable　Group Value

OK　Cancel

☐ Allow non-numeric data　☐ Assign cases to groups

步驟 7 指定用於分析的檔名（21.1.1）按一下【開啟舊檔 (O)】。

步驟 8 回到 Data Files（資料檔）的頁面後，如下在 File（檔案）的欄位，顯示用於分析的檔名 18.1.1.sav。

接著，資料因分成了 3 個類型，因之按一下 Grouping Variable（分組變數）。

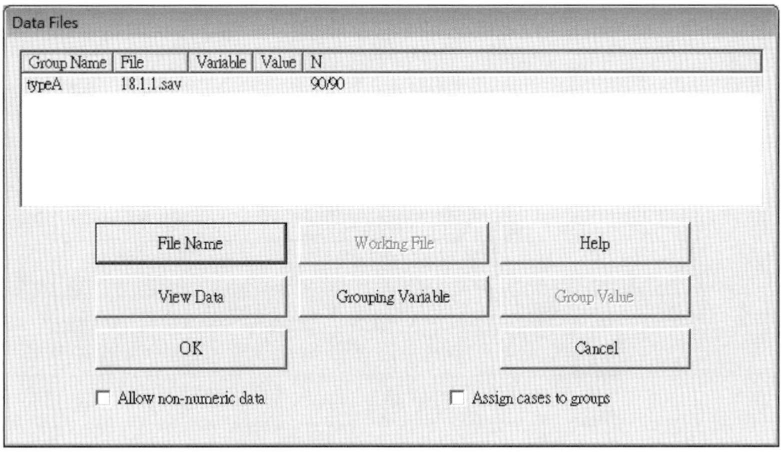

Data Files

Group Name	File	Variable	Value	N
typeA	18.1.1.sav			90/90

File Name　Working File　Help
View Data　Grouping Variable　Group Value
OK　Cancel
Allow non-numeric data　Assign cases to groups

步驟 9 顯示 Choose a Grouping Variable（選擇分組變數）的頁面後，選擇 TYPE（類型），按 OK 。

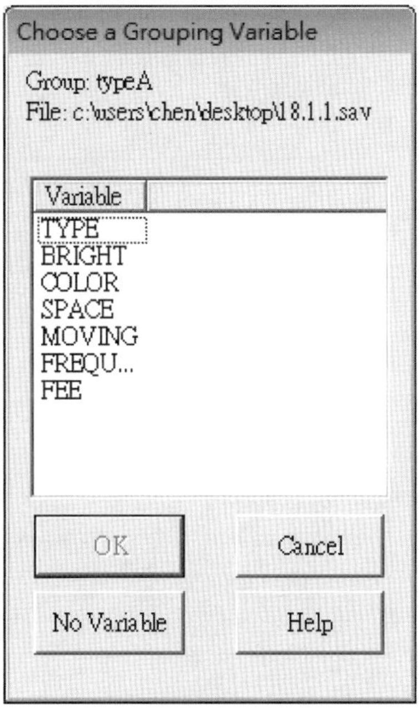

Choose a Grouping Variable

Group: typeA
File: c:\users\chen\desktop\18.1.1.sav

Variable
TYPE
BRIGHT
COLOR
SPACE
MOVING
FREQU...
FEE

OK　Cancel
No Variable　Help

步驟 10 於是，在 Variable（變數）的欄位，列入分組數名「TYPE」。接著，按一下 Group Value（組值）。

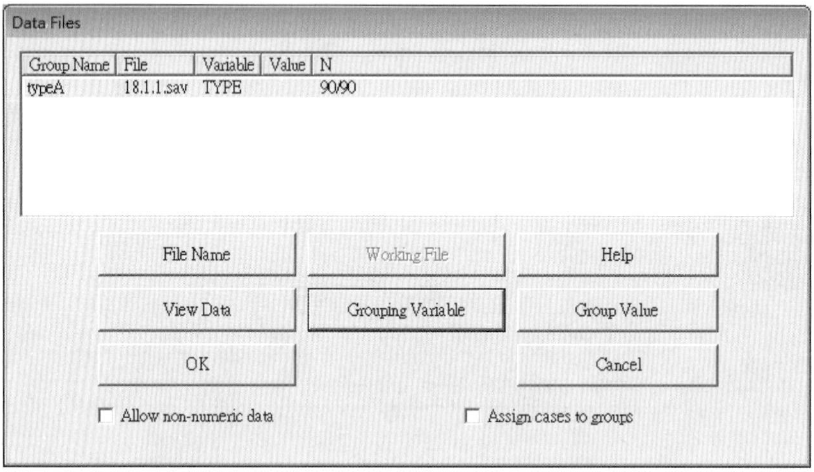

Data Files

Group Name	File	Variable	Value	N
typeA	18.1.1.sav	TYPE		90/90

File Name　Working File　Help
View Data　Grouping Variable　Group Value
OK　Cancel
Allow non-numeric data　Assign cases to groups

步驟 11 顯示 Choose Value for Group（組識別值）的選擇頁面後，選擇數值之中的 1，按 OK 。

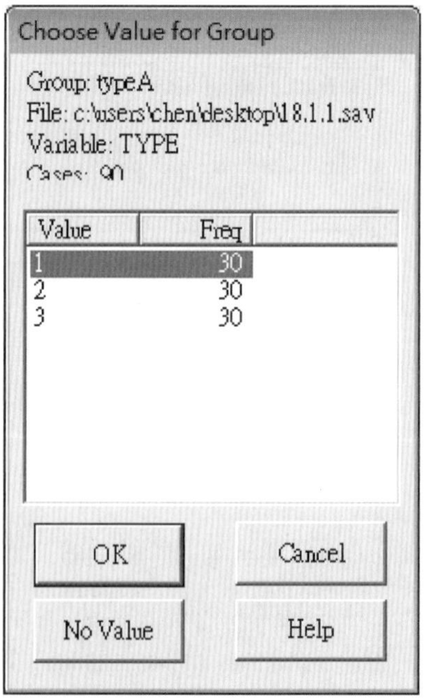

Choose Value for Group

Group: typeA
File: c:\users\chen\desktop\18.1.1.sav
Variable: TYPE
Cases: 90

Value	Freq
1	30
2	30
3	30

OK　Cancel
No Value　Help

步驟 12 在 Data File（資料檔）的頁面中的 Value（數值）欄位顯示 1。然後，按 OK 。

Data Files

Group Name	File	Variable	Value	N
typeA	18.1.1.sav	TYPE	1	30/90

File Name | Working File | Help
View Data | Grouping Variable | Group Value
OK | Cancel
Allow non-numeric data | Assign cases to groups

22.3 繪製共同的路徑圖

步驟 1 此分析由於想指定平均值與截距，所以從 View（檢視）的清單中選擇 Analysis Properties（分析性質）。

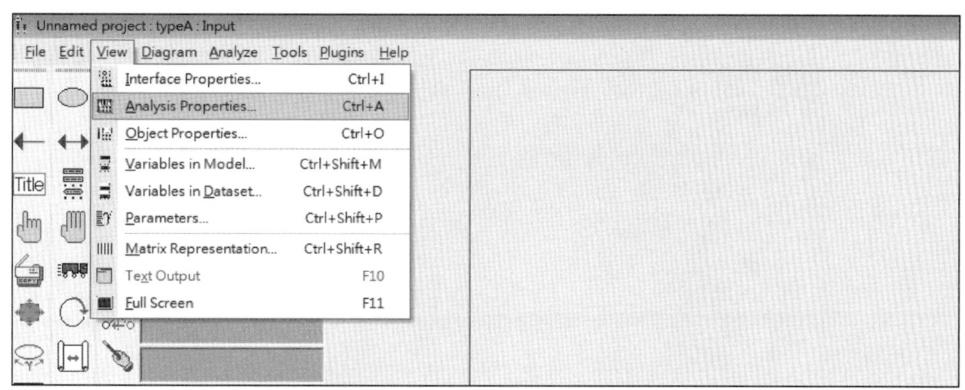

步驟 2 顯示 Analysis Properties（分析性質）的頁面後，點一下 Estimation（估計）勾選 Estimate means and intercepts（估計平均值與截距），也點一下 Output（輸出），勾選 Standardized estimates（標準化估計值），然後關

閉此分析性質之視窗。

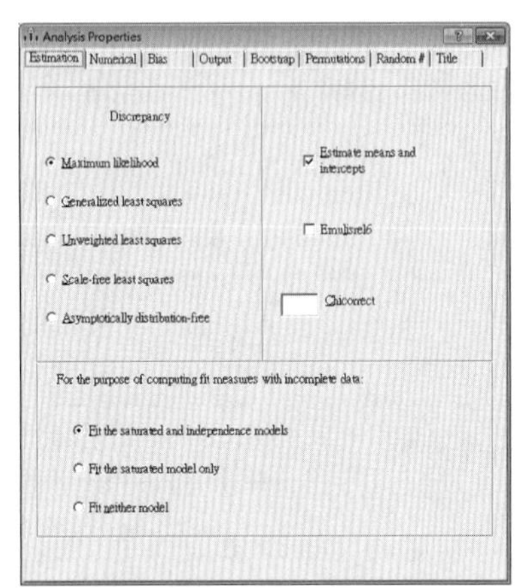

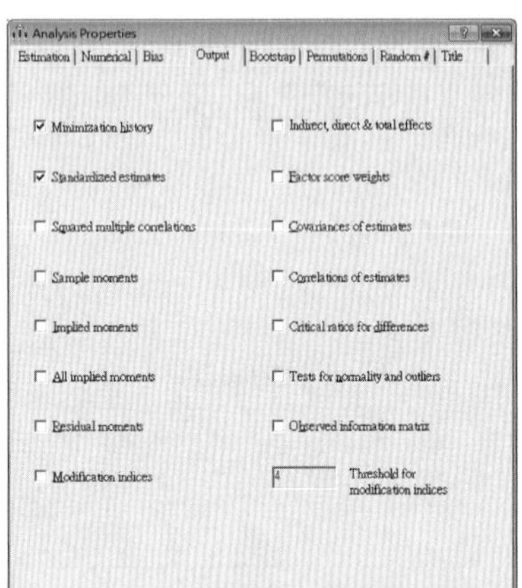

（注：此處的點選是針對潛在變數的設定。）

步驟 3 回到 Graphics 的頁面後，如下繪製了路徑圖。

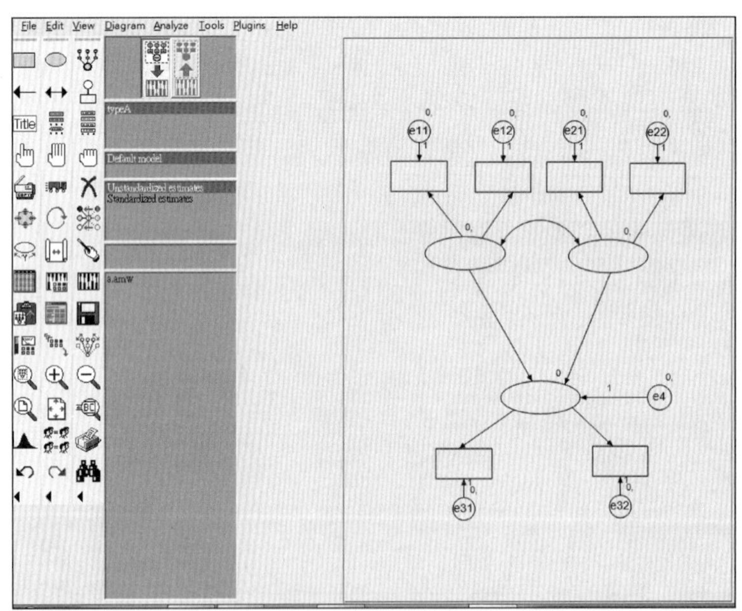

（注）因在步驟 2 中對估計平均值與截距已有勾選，所以在圓或橢圓的右肩上加上 0。此意指以類型 A 為基準，因之類型 A 的平均 = 0。

e11 等的變數名，如在圓上連按兩下，會出現物件性質之頁面，然後如下輸入變數名即可。

步驟 4 爲了在□中輸入觀察到的變數名，從 View（檢視）的清單中選擇 Variales in Dataset（資料組中所含有的變數）。

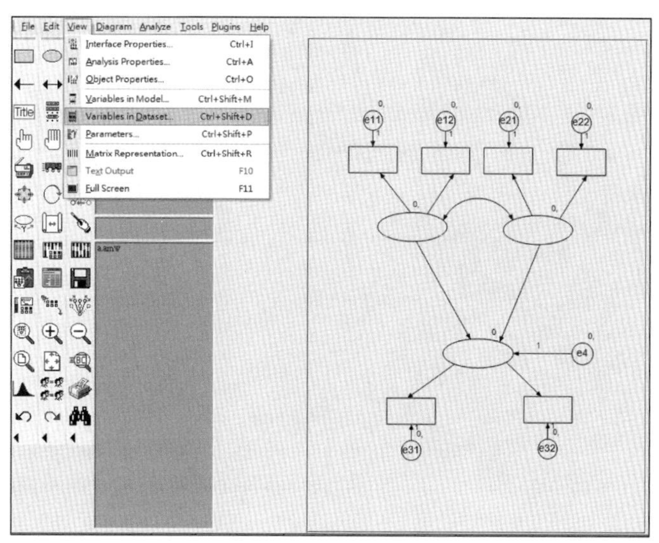

步驟 5 如下顯示 Variables in Dataset（資料檔的變數名）的頁面，按一下用於分析的變數名，再拖曳到□之上。

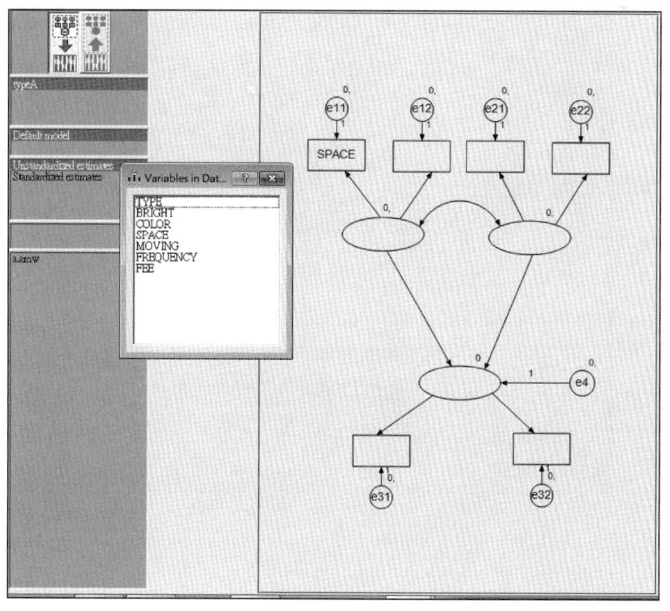

步驟 6 重複此動作，變數名的投入結束後，關閉資料組中所包含變數的頁面。

（注）如投錯名稱時，在□上按兩下，在所出現的物件性質的頁面上即可刪除。

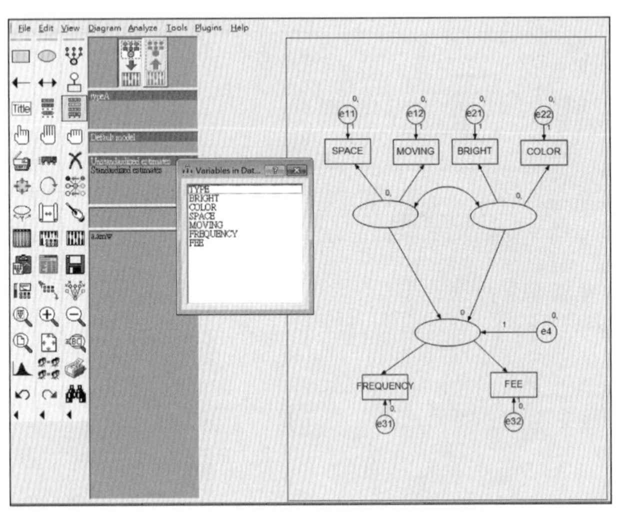

步驟 7 其次，爲了在⬭之中放入潛在變數名，在⬭的圖示上按右鍵，然後選擇 Object Properties（物件性質）。

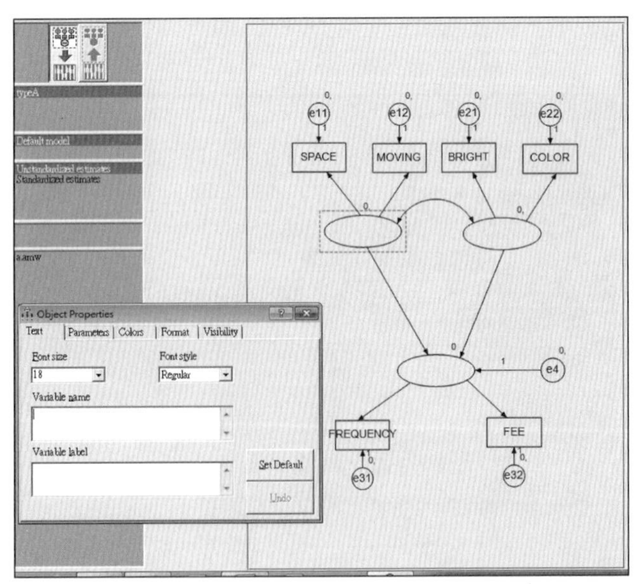

步驟 8 在 Text Tab 的 Variable name（變數名）中輸入潛在變數名，再關閉頁面。

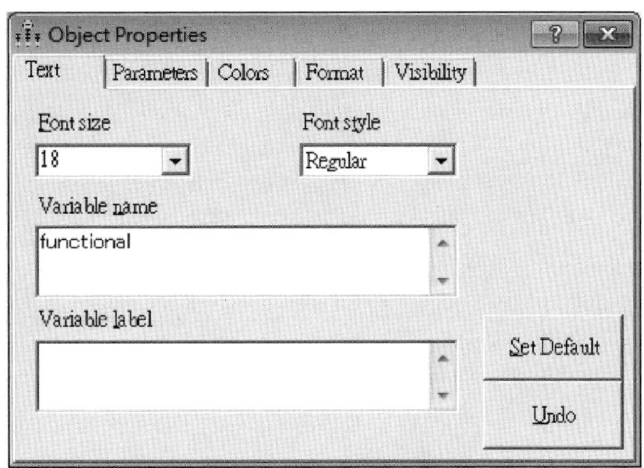

步驟 9 於是在⬭之中放進了潛在變數名（functional）。

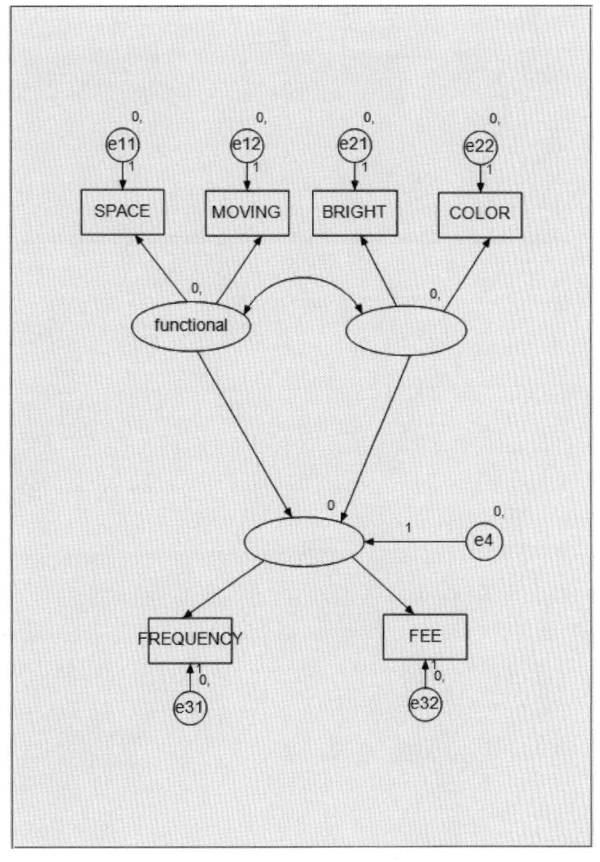

步驟 10 重複此動作，完成的圖形如下所示。

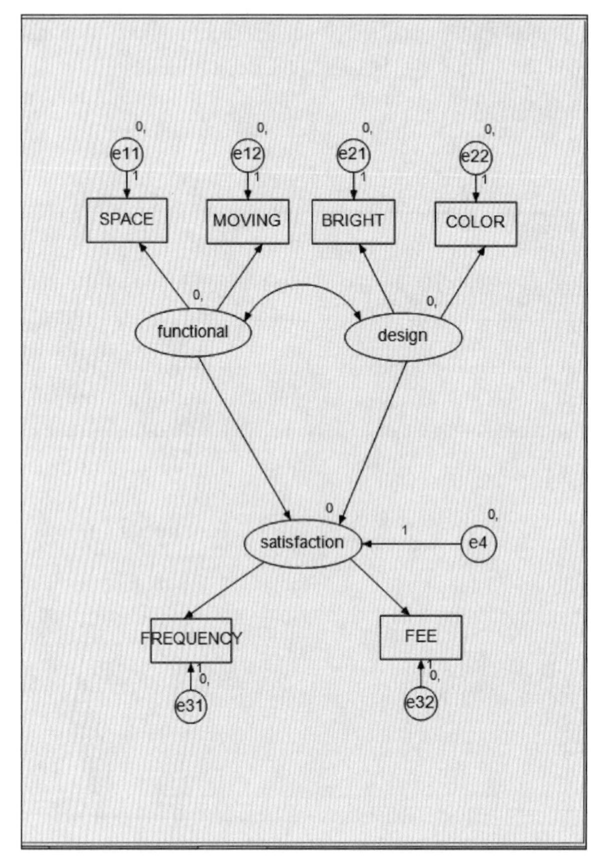

22.4 指定共同的參數

步驟 1 為了將 space ◀— functional 的參數固定成 1，右鍵按一下箭頭的上方，選擇 Object Properties（物件性質）。

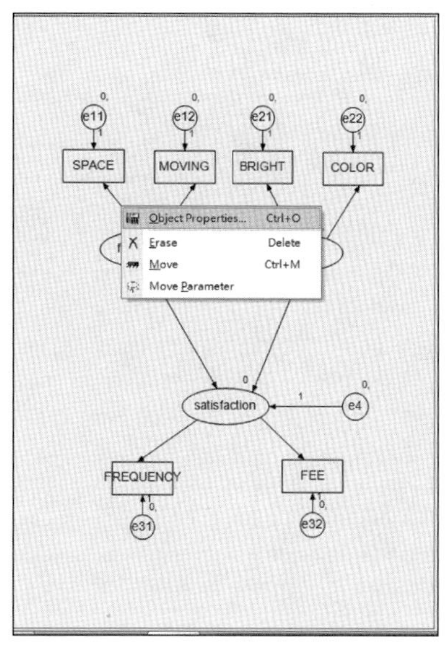

步驟 2 顯示 Object Properties（物件性質）的頁面後，在 Parameters Tab（參數）的 Regression weight（迴歸加權）中輸入 1，再關閉頁面。

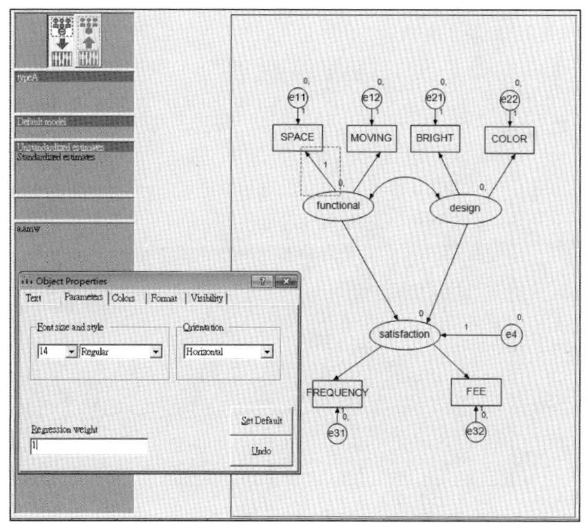

步驟 3 於是路徑圖的箭線上放入 1。

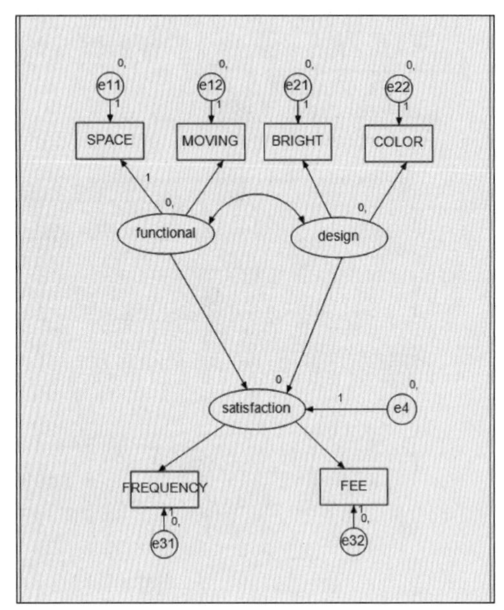

步驟 4 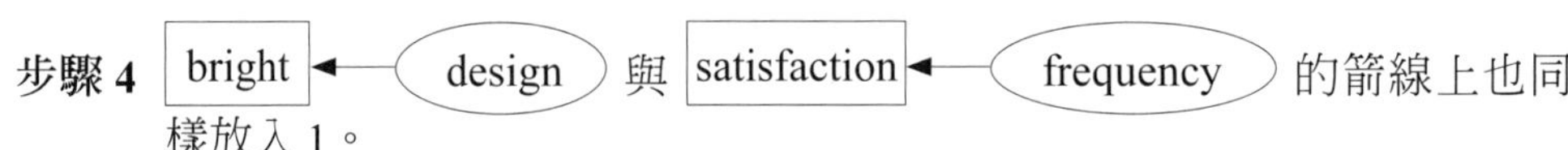

的箭線上也同樣放入 1。

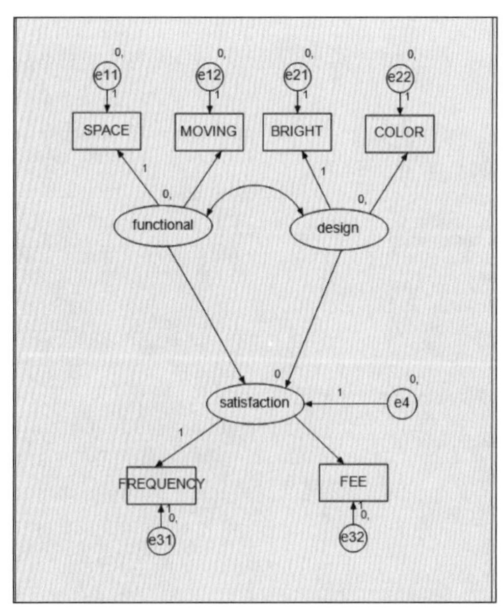

步驟 5　接著對剩下部分的參數加上名稱。

因此，從 Plugins（插件）的清單中選擇 Name Parameters（參數名）。

（Amos 22 是直接從分析（analyze）中點選）。

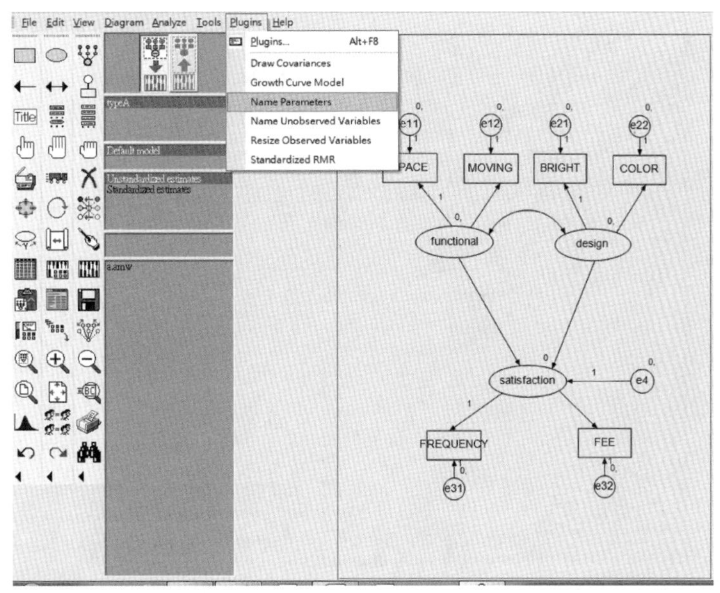

步驟 6　此處，如下勾選後按 OK 。

Amos Graphics

Prefix	Parameters
C	☑ Covariances
W	☑ Regression weights
V	☐ Variances
M	☑ Means
I	☑ Intercepts

OK　　Cancel

步驟 7 於是如下在路徑圖上加上了參數名。

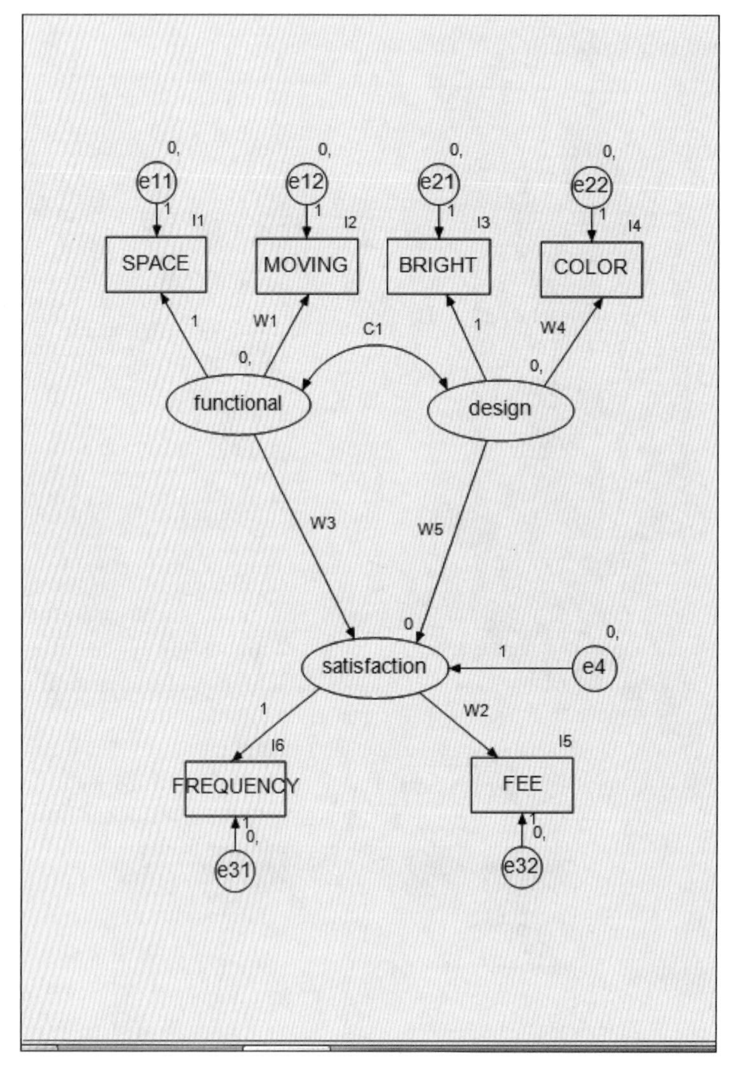

22.5 資料的組管理

步驟 1　3 個類型爲了在相同的路徑圖上進行分析可進行資料的組管理。

從 Analyze（分析）的清單中選擇 Manage Groups（組管理）。

（Amos 22 是直接從分析（analyze）中點選）。

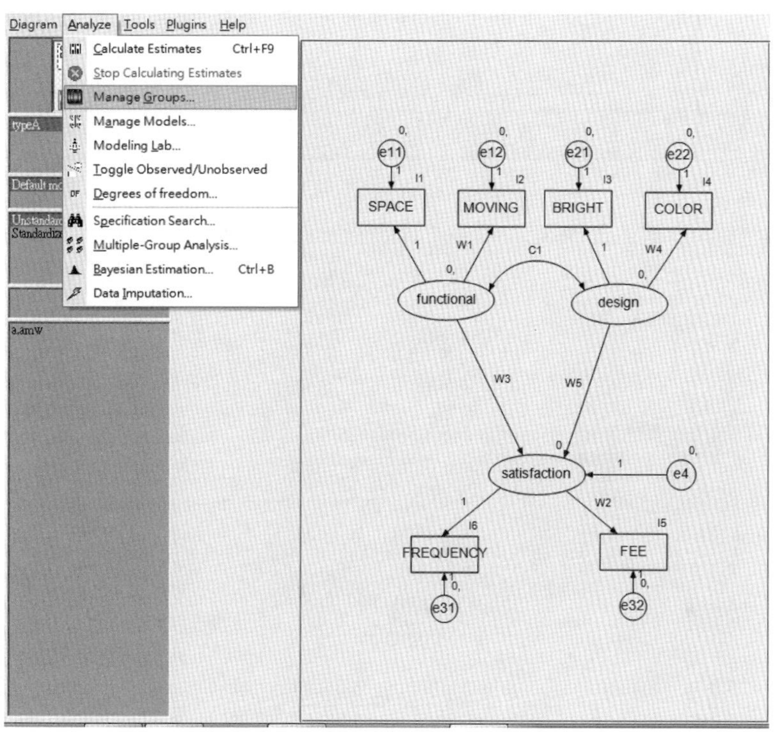

步驟 2　如下，Group Name（組名）的欄位變成 type A（類型 A），按一下 New（新增）。

Manage Groups

Group Name

typeA

New　Delete　Close

步驟 3 由於 Group Name（組名）變成 Number 2，乃輸入 type B（類型 B）再按 New（新增）。

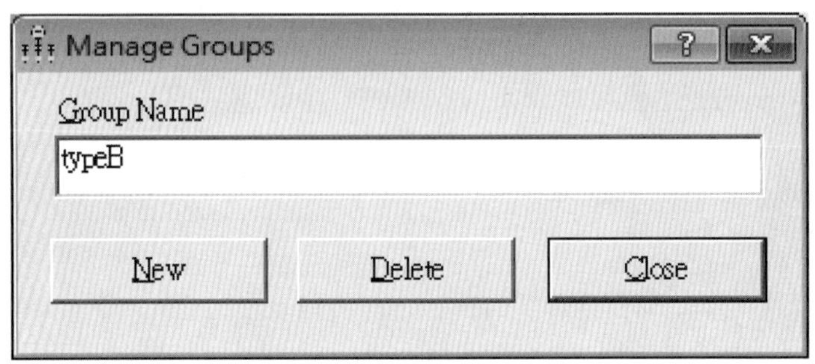

步驟 4 接著，輸入 type C（類型 C）之後，按 Close。

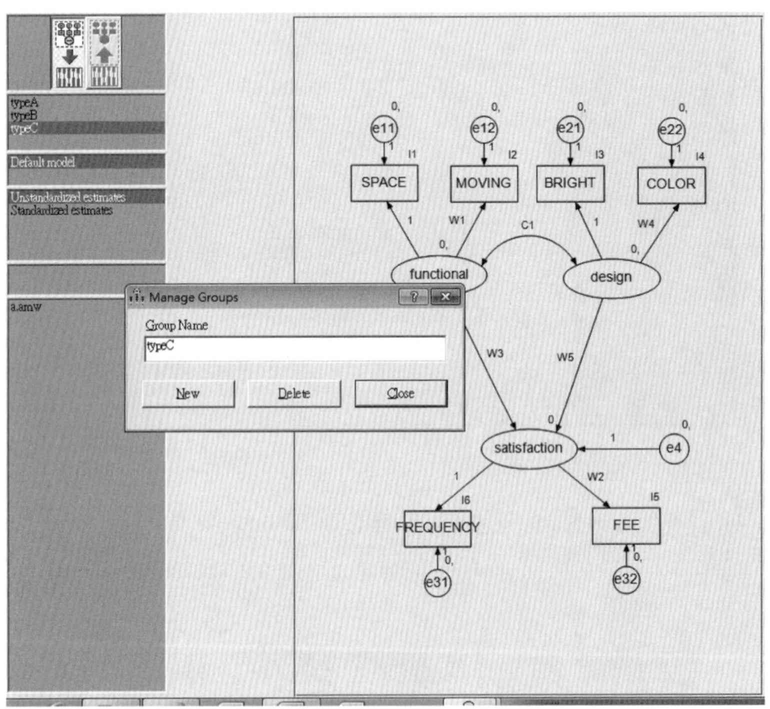

步驟 5 為了分別指定類型 B 與類型 C 的資料，從 File（檔案）的清單中選擇 Data Files（資料檔）。

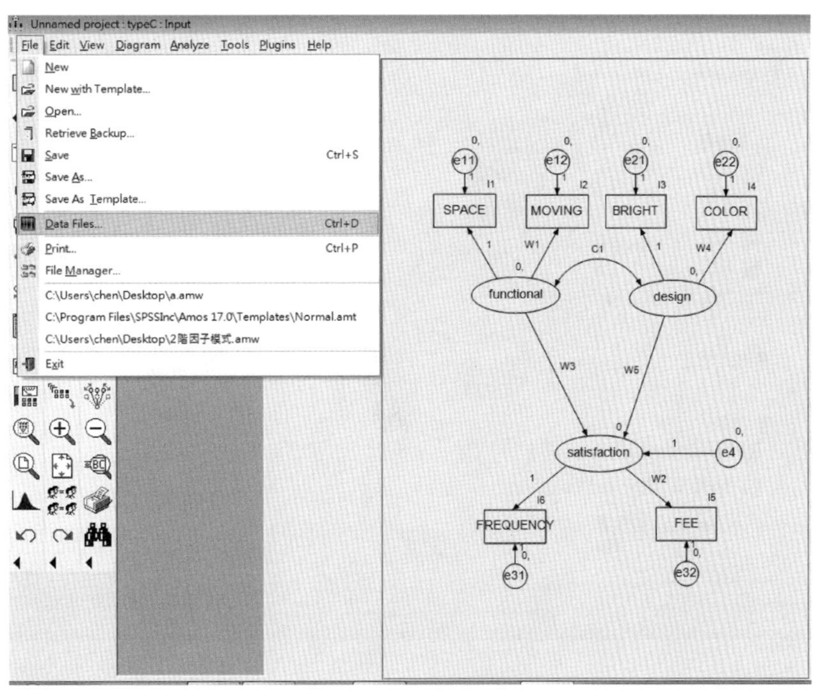

步驟 6 顯示 Data Files（資料檔）的頁面後，選擇 type B（類型 B），按一下 File Name（檔名）。

Data Files

Group Name	File	Variable	Value	N
typeA	18.1.1.sav	TYPE	1	30/90
typeB	<working>			
typeC	<working>			

File Name | Working File | Help

View Data | Grouping Variable | Group Value

OK | Cancel

☐ Allow non-numeric data ☐ Assign cases to groups

步驟 7 與類型 A 一樣指定檔名（21.1.1），按一下【開啓舊檔 (O)】。

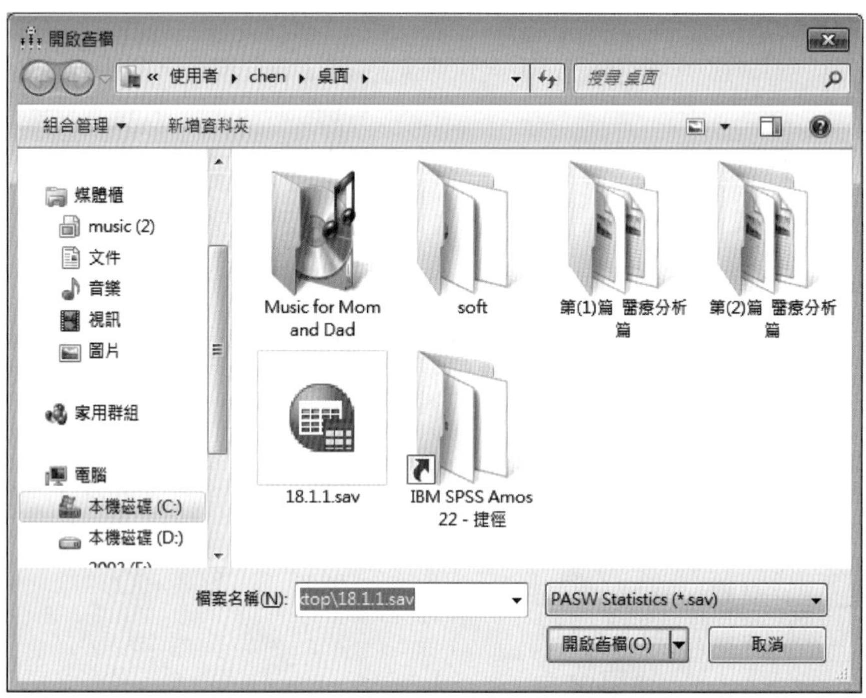

步驟 8 接著，與前述 21.2 節的步驟 8~11 相同，設定分組變數名與組的識別值。於是，類型 B 的資料檔即如下加以設定。

Data Files

Group Name	File	Variable	Value	N
typeA	18.1.1.sav	TYPE	1	30/90
typeB	18.1.1.sav	TYPE	2	30/90
typeC	<working>			

File Name | Working File | Help

View Data | Grouping Variable | Group Value

OK | Cancel

☐ Allow non-numeric data　☐ Assign cases to groups

步驟 9 類型 C 也與步驟 6~8 同樣設定。

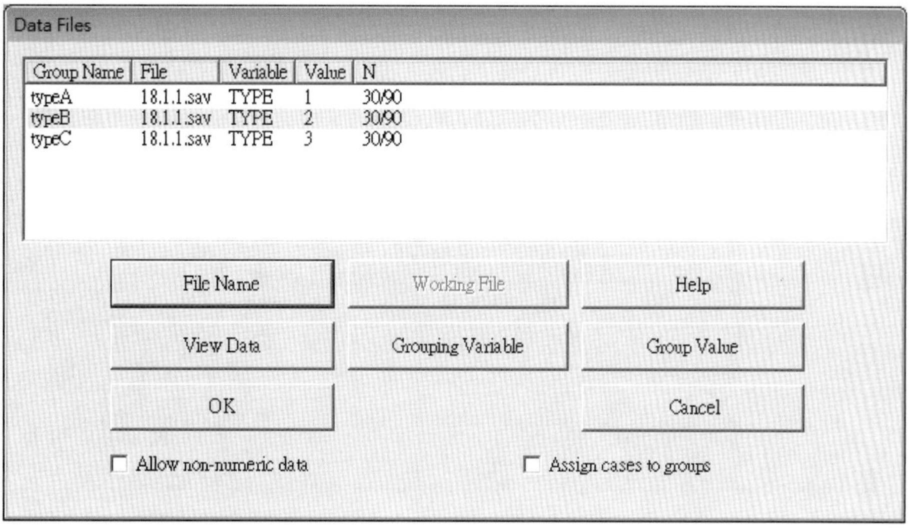

Data Files

Group Name	File	Variable	Value	N
typeA	18.1.1.sav	TYPE	1	30/90
typeB	18.1.1.sav	TYPE	2	30/90
typeC	18.1.1.sav	TYPE	3	30/90

File Name　Working File　Help

View Data　Grouping Variable　Group Value

OK　Cancel

☐ Allow non-numeric data　☐ Assign cases to groups

（注）為了對 3 個綜合醫院 A、B、C 的潛在變數貼上「相同名稱」
設計性　機能性　滿意度
，有需要將「參數 W1, W2, W3 之值共同設定」。

22.6 於各類型中部分變更參數的指定

步驟 1 按一下類型 B 時，出現與類型 A 相同的路徑圖。

爲了變更 (functional) → (satisfaction) 的參數名稱，在箭線上按兩下，於開啓之 Object Properties（物件性質）中，將 Regression weight（迴歸加權）從 W3 變更爲 W32。

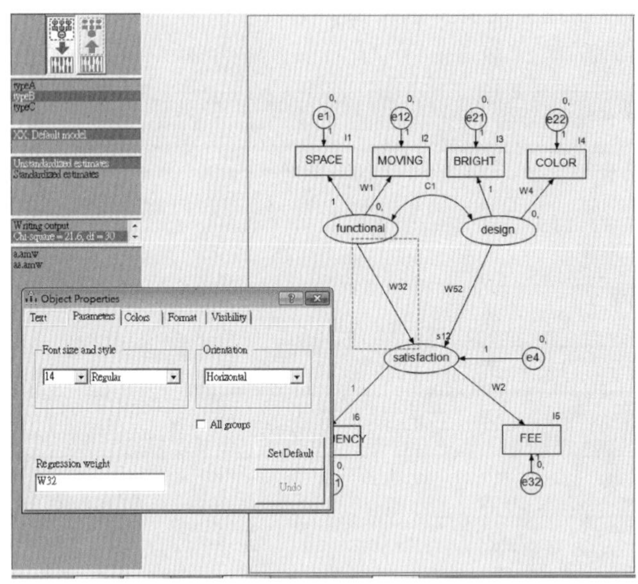

（注）要先將 all group 的勾選取消喔！

步驟 2 同樣，將 (design) ⟶ (satisfaction) 的參數按兩下，於開啓之 Object Properties（物件性質）中，將 Regression weight（迴歸加權）從 W5 變更爲 W52。

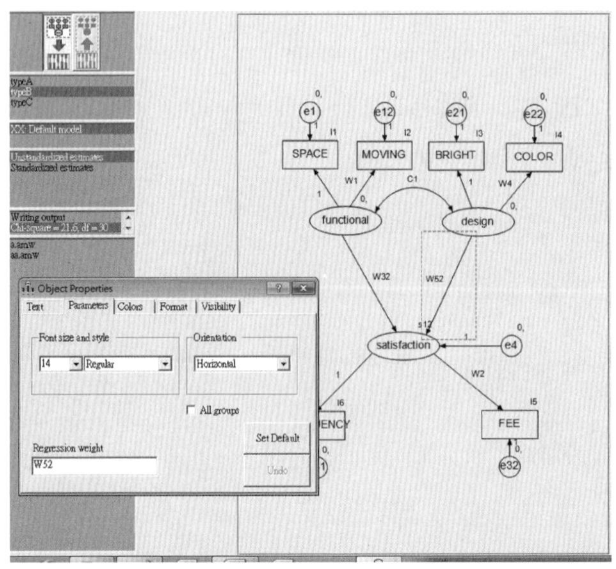

步驟 3 接著，將 (functional) ↔ (design) 的參數按兩下，於開啓之 Object Properties（物件性質）中，將 Covariance（係數）從 C1 變更爲 C12。

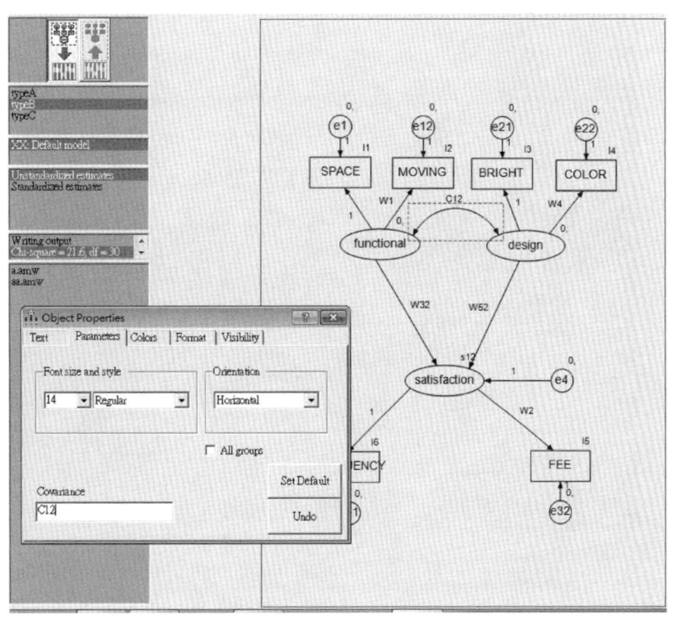

步驟 4 爲了變更 (functional) 的平均的參數名，在 (functional) 之上按兩下，於開啓之 Object Properties（物件性質）中，將 Mean（平均）從 0 變更爲 h12。

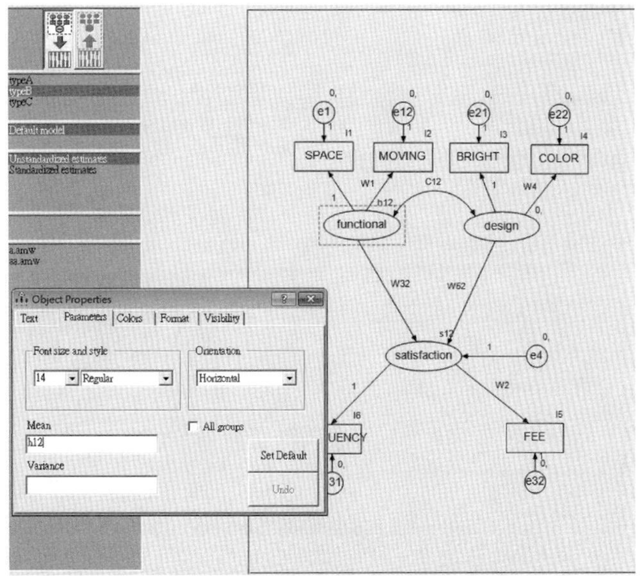

步驟 5 (design) 的 Mean（平均）也一樣從 0 變更爲 h22。

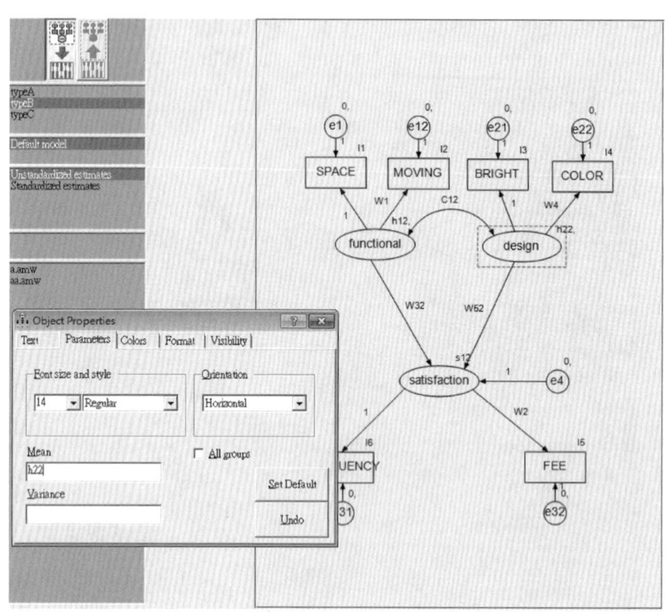

步驟 6 最後，爲了變更 (satisfaction) 的截距的參數名，在 (functional) 之上按兩下，將 Intercept（截距）從 0 變更爲 S12。

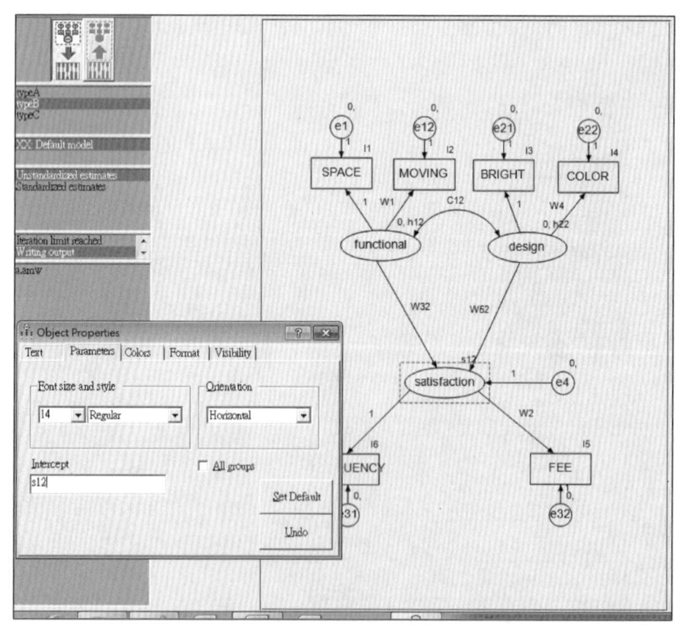

步驟 7 類型 B 的參數名變成如下。

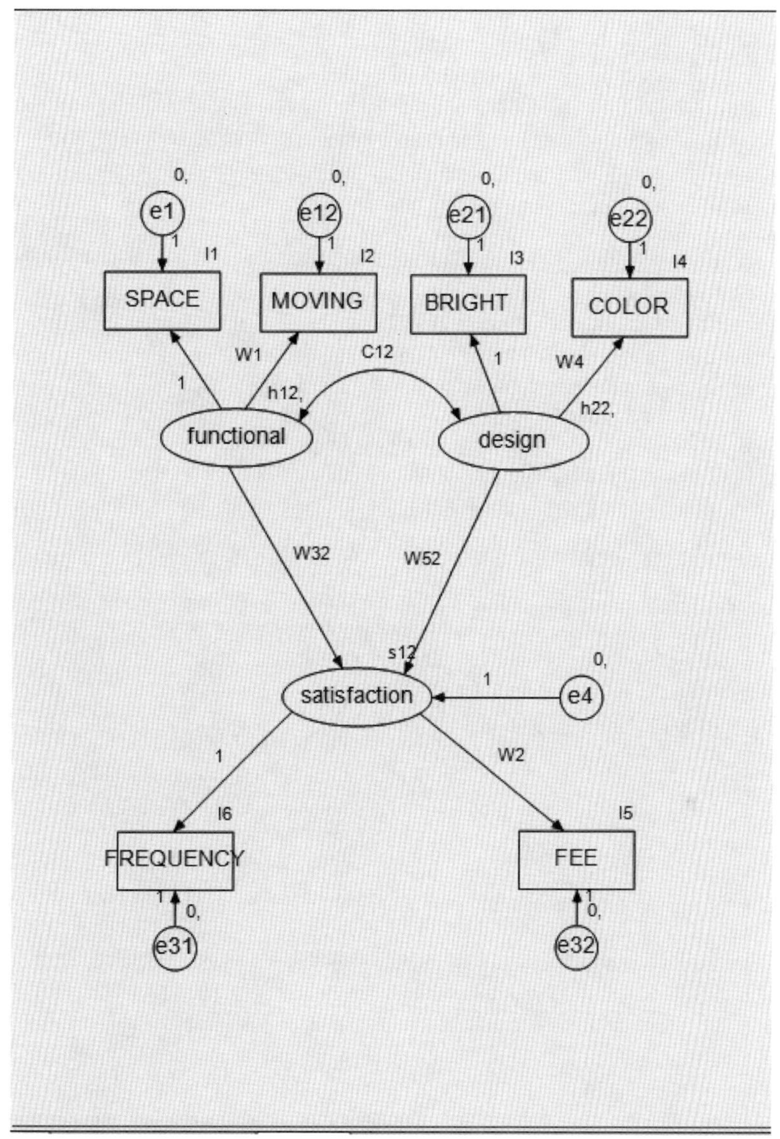

步驟 8 類型 C 的參數名變成如下。

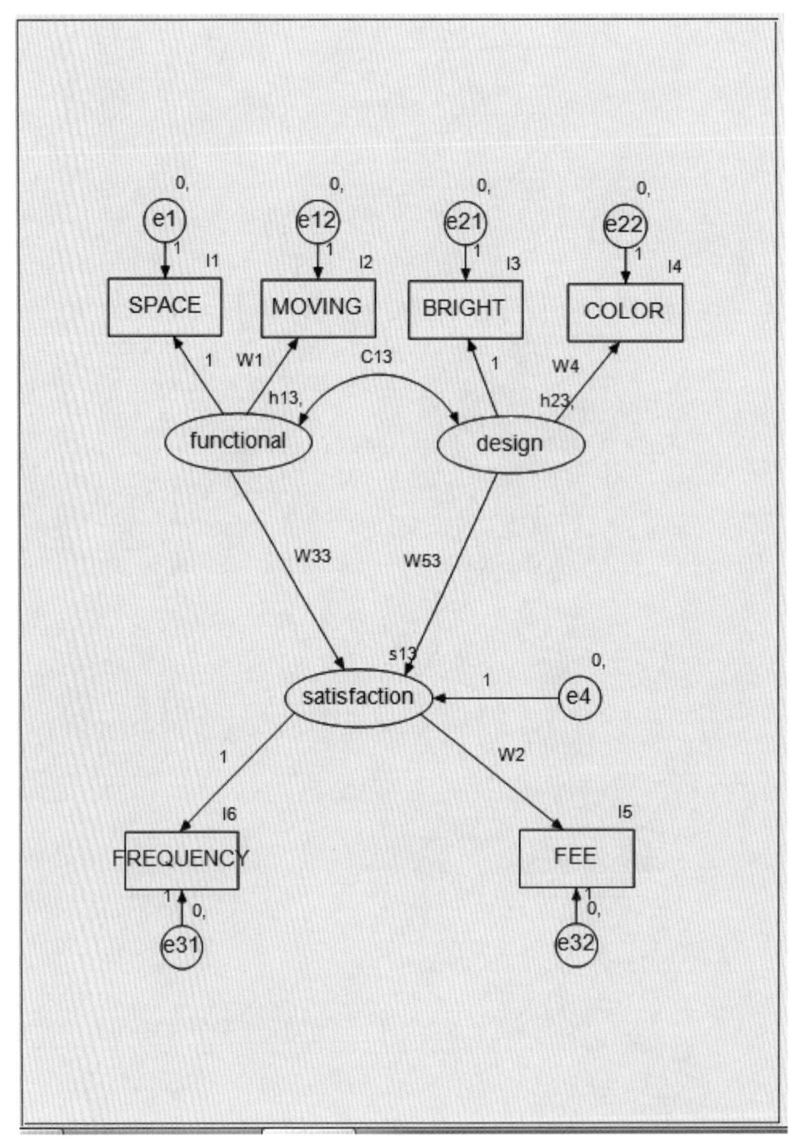

22.7 Amos 的執行

步驟 1　從 Analyze（分析）的清單中，選擇 Calculate Estimates（計算估計值）。

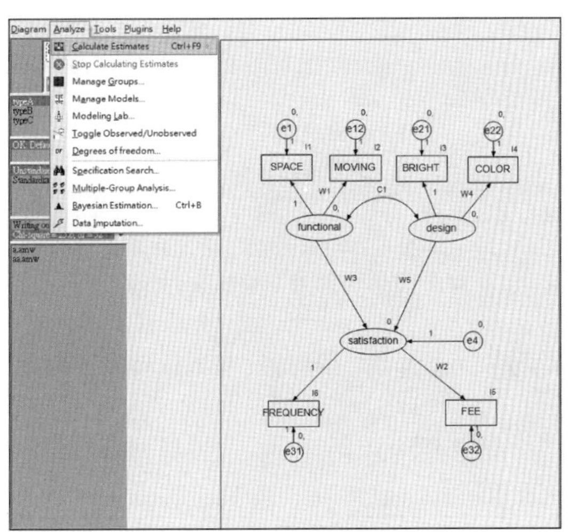

步驟 2　類型 A 的未標準化估計值，變成如下的頁面。

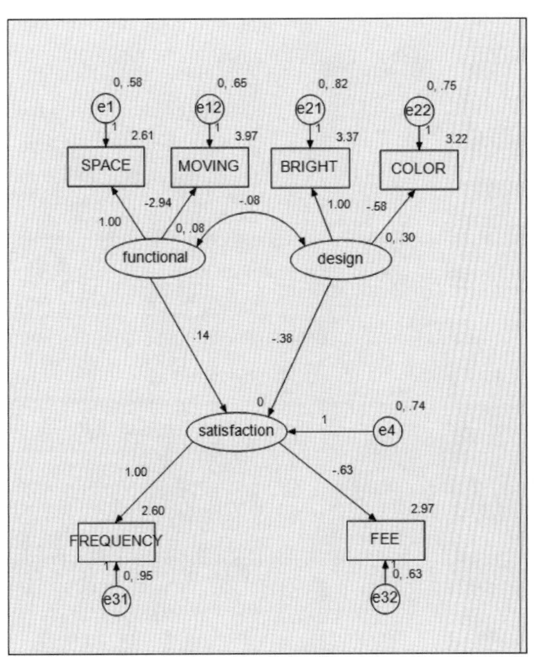

（注）xx 模式 1 變成 OK 模式 1 時，計算即已完成。

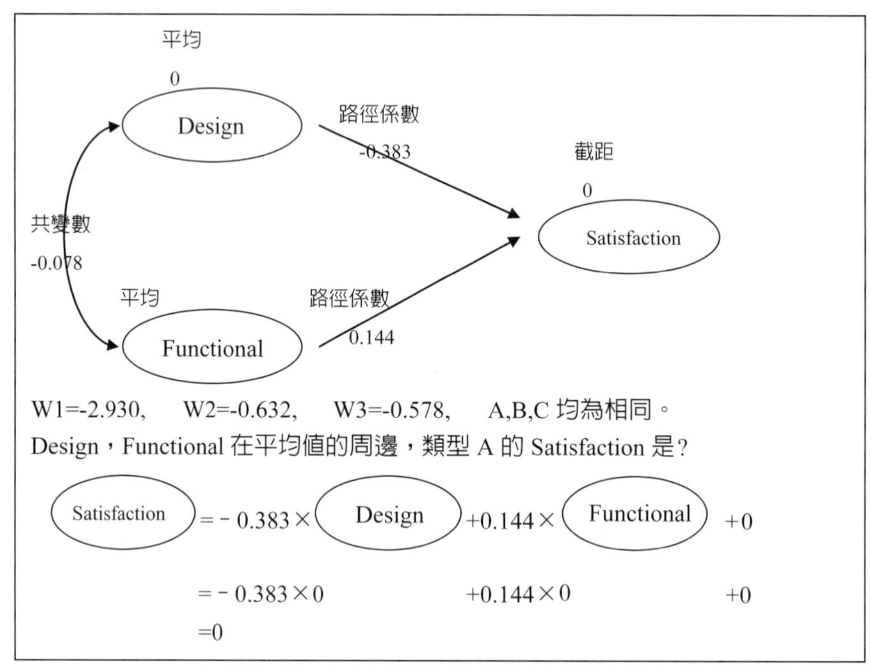

類型 A 的輸出結果

步驟 3 類型 B 的未標準化估計值變成如下。

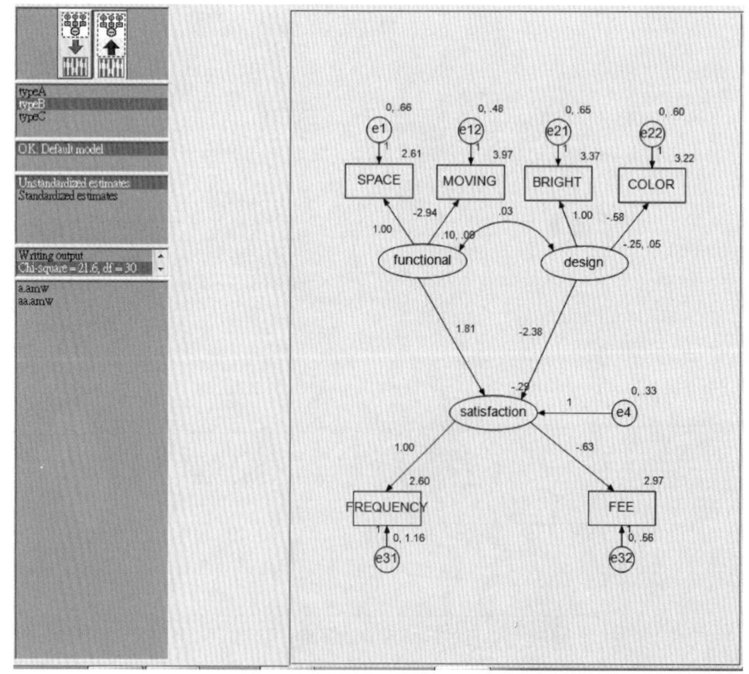

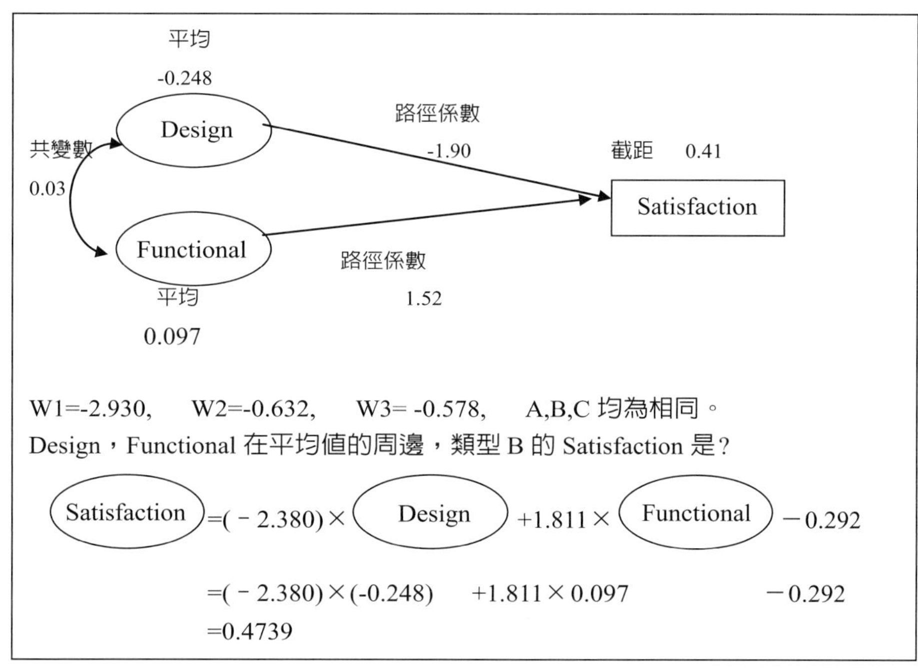

類型 B 的輸出結果

步驟 4 類型 C 的未標準化估計值變成如下。

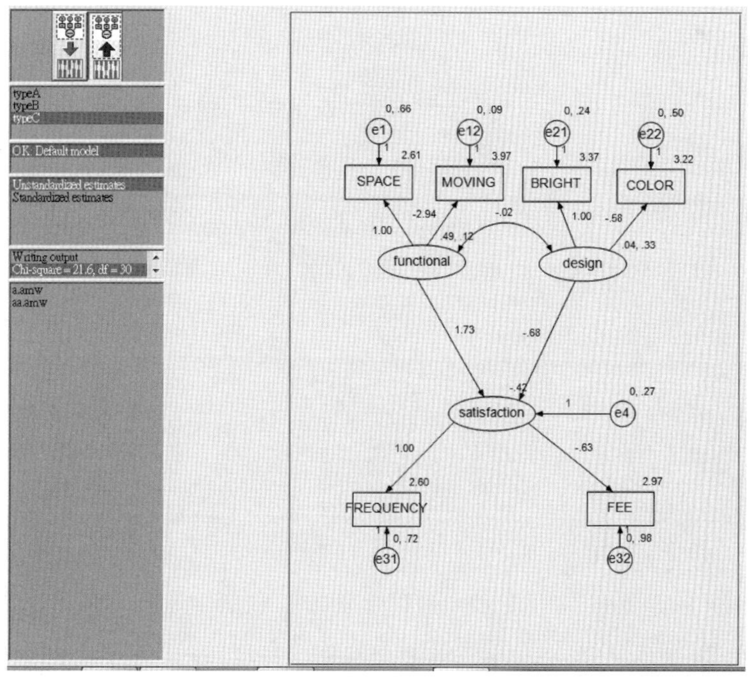

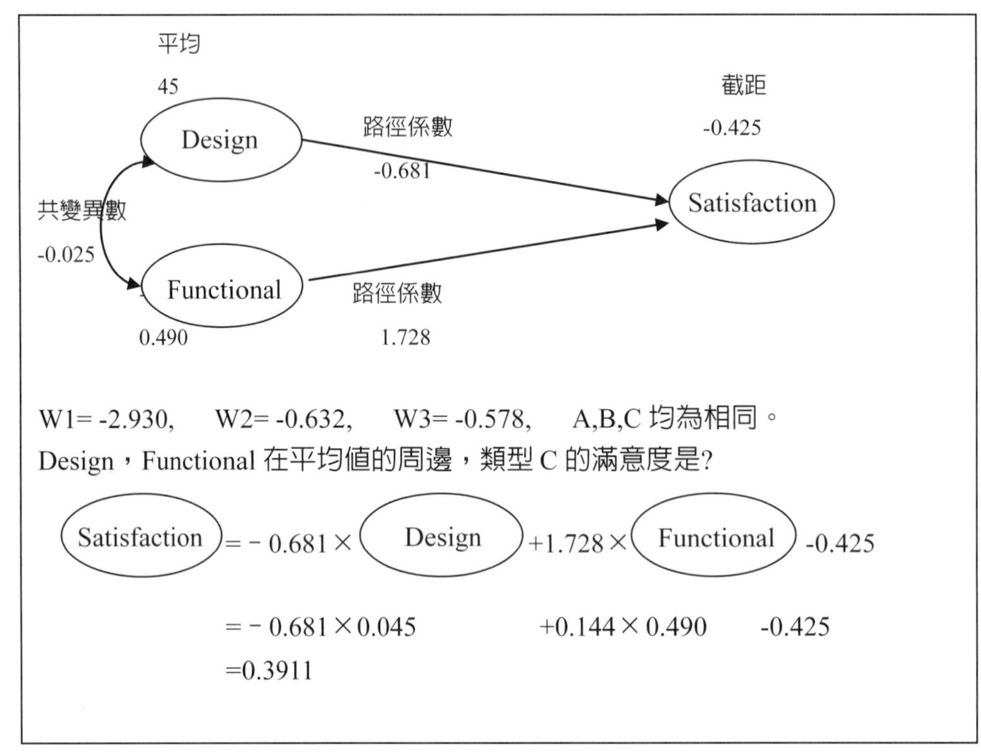
平均
45
Design
路徑係數
-0.681
截距
-0.425
Satisfaction
共變異數
-0.025
Functional
路徑係數
1.728
0.490
W1= -2.930, W2= -0.632, W3= -0.578, A,B,C 均為相同。
Design，Functional 在平均值的周邊，類型 C 的滿意度是?
Satisfaction = − 0.681 × Design +1.728 × Functional -0.425
= − 0.681 × 0.045 +0.144 × 0.490 -0.425
=0.3911

類型 C 的輸出結果

22.8 輸出結果的顯示

步驟 1 從 View（檢視）的清單中，選擇 Text Output（文字輸出）。

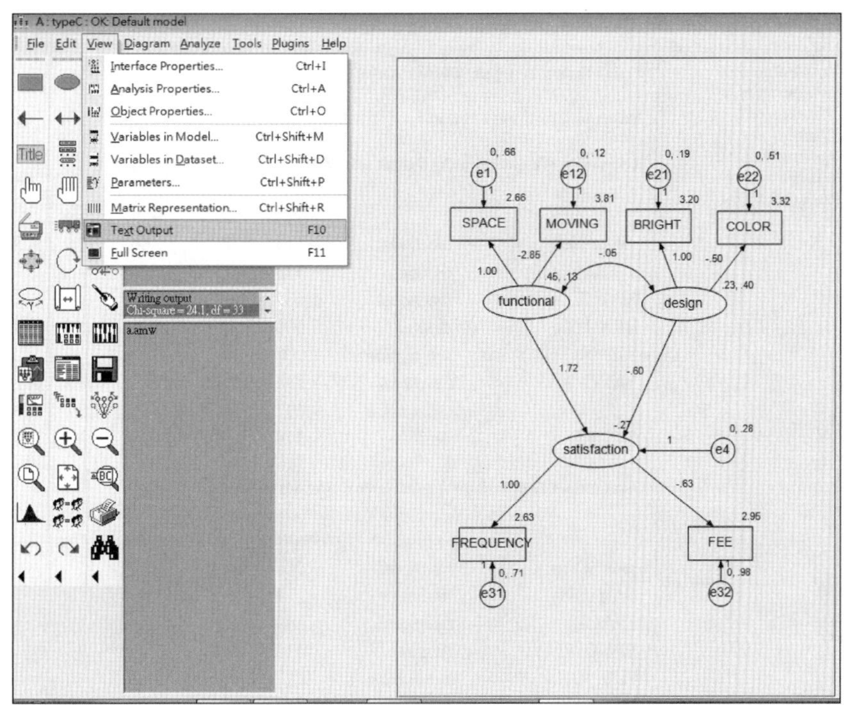

步驟 2 顯示了如下的 Amos Output 頁面。

首先，按一下 Estimates（參數估計值），觀察輸出結果。

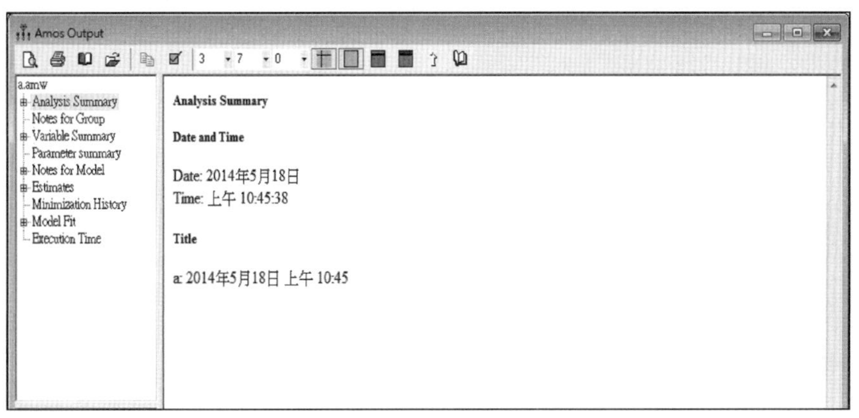

步驟 3 點一下 typeA，針對 Estimates（參數估計值）如下顯示路徑係數。

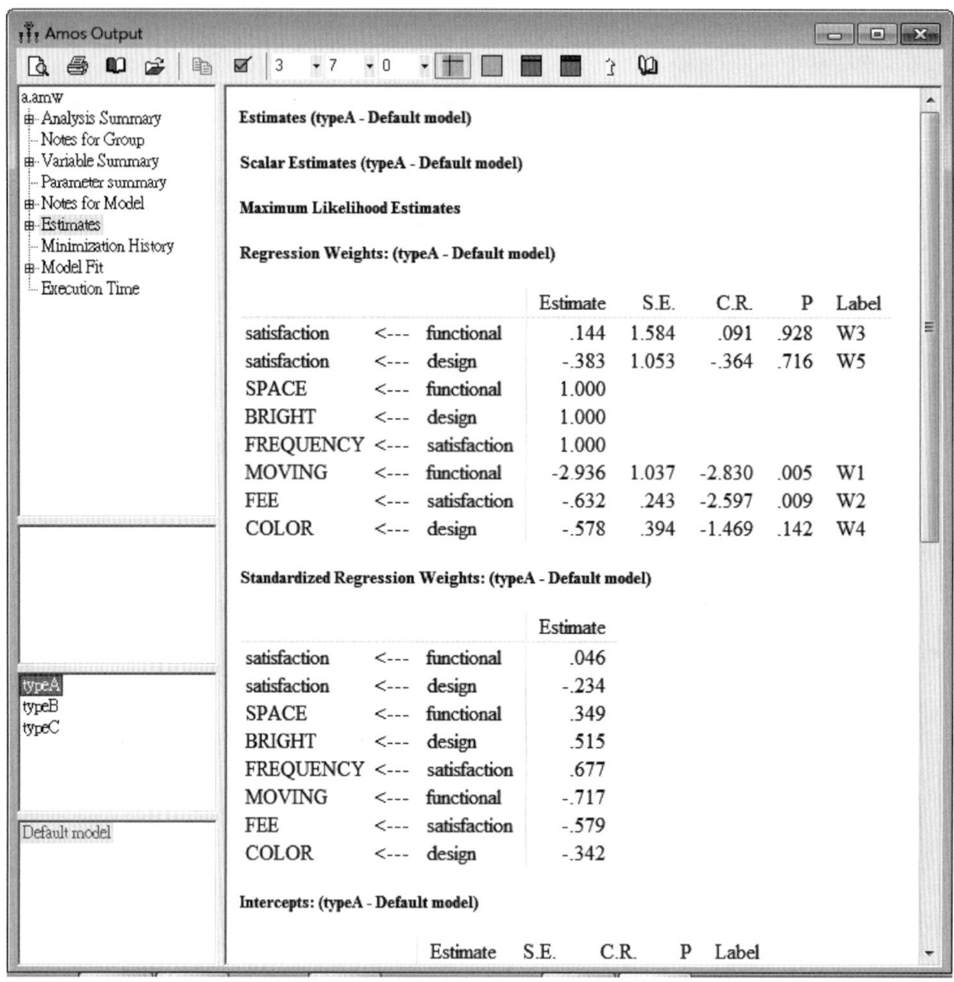

Estimates (typeA - Default model)

Scalar Estimates (typeA - Default model)

Maximum Likelihood Estimates

Regression Weights: (typeA - Default model)

			Estimate	S.E.	C.R.	P	Label
satisfaction	<---	functional	.144	1.584	.091	.928	W3
satisfaction	<---	design	-.383	1.053	-.364	.716	W5
SPACE	<---	functional	1.000				
BRIGHT	<---	design	1.000				
FREQUENCY	<---	satisfaction	1.000				
MOVING	<---	functional	-2.936	1.037	-2.830	.005	W1
FEE	<---	satisfaction	-.632	.243	-2.597	.009	W2
COLOR	<---	design	-.578	.394	-1.469	.142	W4

Standardized Regression Weights: (typeA - Default model)

			Estimate
satisfaction	<---	functional	.046
satisfaction	<---	design	-.234
SPACE	<---	functional	.349
BRIGHT	<---	design	.515
FREQUENCY	<---	satisfaction	.677
MOVING	<---	functional	-.717
FEE	<---	satisfaction	-.579
COLOR	<---	design	-.342

Intercepts: (typeA - Default model)

	Estimate	S.E.	C.R.	P	Label

點一下 typeB，針對 Estimates（參數估計值）如下顯示路徑係數。

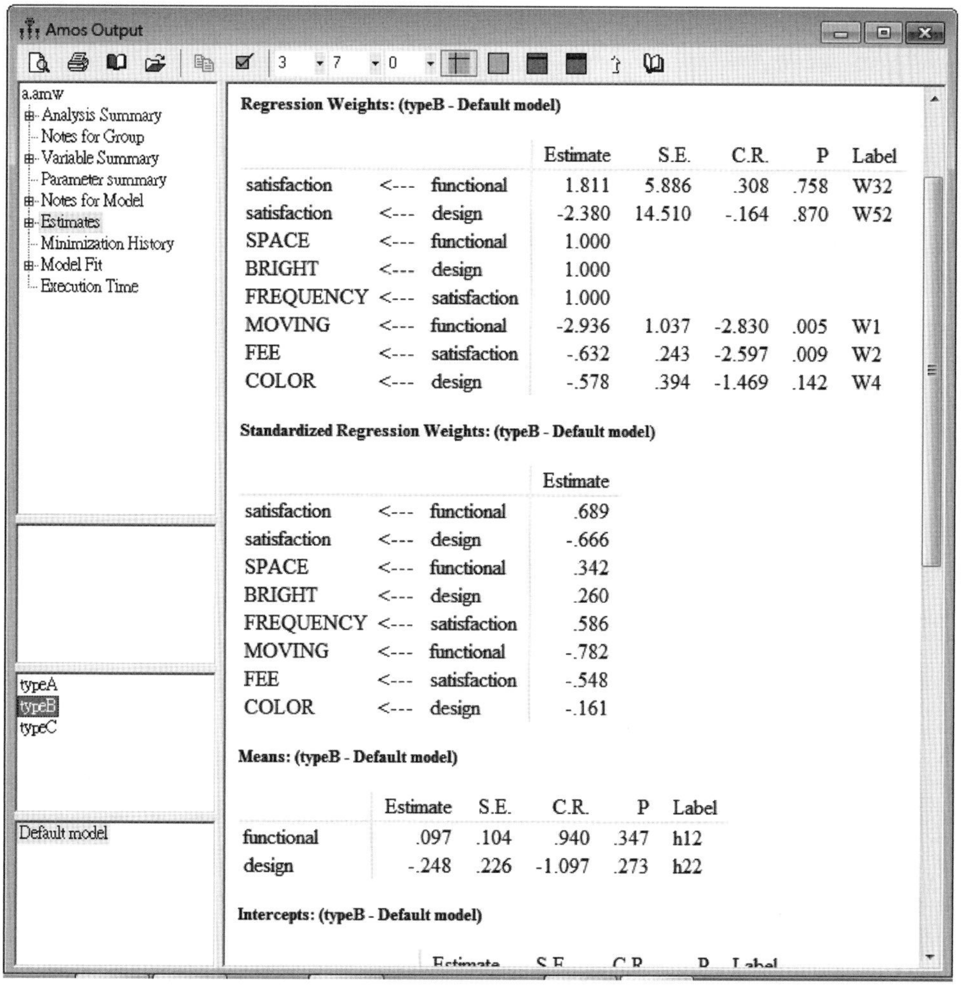

Amos Output

a.amw
Analysis Summary
Notes for Group
Variable Summary
Parameter summary
Notes for Model
Estimates
Minimization History
Model Fit
Execution Time

typeA
typeB
typeC

Default model

Regression Weights: (typeB - Default model)

			Estimate	S.E.	C.R.	P	Label
satisfaction	<---	functional	1.811	5.886	.308	.758	W32
satisfaction	<---	design	-2.380	14.510	-.164	.870	W52
SPACE	<---	functional	1.000				
BRIGHT	<---	design	1.000				
FREQUENCY	<---	satisfaction	1.000				
MOVING	<---	functional	-2.936	1.037	-2.830	.005	W1
FEE	<---	satisfaction	-.632	.243	-2.597	.009	W2
COLOR	<---	design	-.578	.394	-1.469	.142	W4

Standardized Regression Weights: (typeB - Default model)

			Estimate
satisfaction	<---	functional	.689
satisfaction	<---	design	-.666
SPACE	<---	functional	.342
BRIGHT	<---	design	.260
FREQUENCY	<---	satisfaction	.586
MOVING	<---	functional	-.782
FEE	<---	satisfaction	-.548
COLOR	<---	design	-.161

Means: (typeB - Default model)

	Estimate	S.E.	C.R.	P	Label
functional	.097	.104	.940	.347	h12
design	-.248	.226	-1.097	.273	h22

Intercepts: (typeB - Default model)

Estimate	S.E.	C.R.	P	Label

點一下 typeC，針對 Estimates（參數估計值）如下顯示路徑係數。

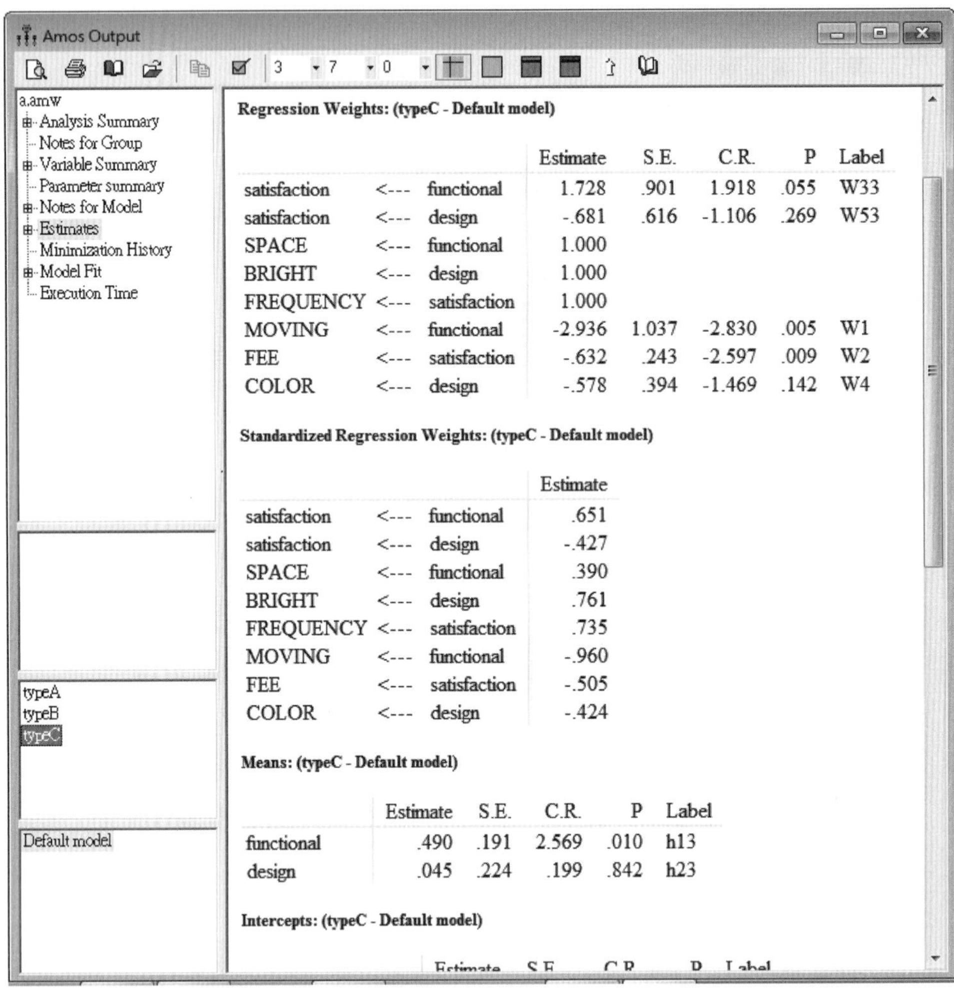

Regression Weights: (typeC - Default model)

			Estimate	S.E.	C.R.	P	Label
satisfaction	<---	functional	1.728	.901	1.918	.055	W33
satisfaction	<---	design	-.681	.616	-1.106	.269	W53
SPACE	<---	functional	1.000				
BRIGHT	<---	design	1.000				
FREQUENCY	<---	satisfaction	1.000				
MOVING	<---	functional	-2.936	1.037	-2.830	.005	W1
FEE	<---	satisfaction	-.632	.243	-2.597	.009	W2
COLOR	<---	design	-.578	.394	-1.469	.142	W4

Standardized Regression Weights: (typeC - Default model)

			Estimate
satisfaction	<---	functional	.651
satisfaction	<---	design	-.427
SPACE	<---	functional	.390
BRIGHT	<---	design	.761
FREQUENCY	<---	satisfaction	.735
MOVING	<---	functional	-.960
FEE	<---	satisfaction	-.505
COLOR	<---	design	-.424

Means: (typeC - Default model)

	Estimate	S.E.	C.R.	P	Label
functional	.490	.191	2.569	.010	h13
design	.045	.224	.199	.842	h23

Intercepts: (typeC - Default model)

Estimate S.E. C.R. P Label

步驟 4 按一下 Model Fit（模式適合度）。

如下顯示有關適合度的統計量。

Amos Output

a.amw
- Analysis Summary
- Notes for Group
- Variable Summary
- Parameter summary
- Notes for Model
- Estimates
- Minimization History
- Model Fit
- Execution Time

typeA
typeB
typeC

Default model

Model Fit Summary

CMIN

Model	NPAR	CMIN	DF	P	CMIN/DF
Default model	51	21.552	30	.870	.718
Saturated model	81	.000	0		
Independence model	36	61.747	45	.049	1.372

Baseline Comparisons

Model	NFI Delta1	RFI rho1	IFI Delta2	TLI rho2	CFI
Default model	.651	.476	1.266	1.757	1.000
Saturated model	1.000		1.000		1.000
Independence model	.000	.000	.000	.000	.000

Parsimony-Adjusted Measures

Model	PRATIO	PNFI	PCFI
Default model	.667	.434	.667
Saturated model	.000	.000	.000
Independence model	1.000	.000	.000

NCP

Model	NCP	LO 90	HI 90
Default model	.000	.000	4.813
Saturated model	.000	.000	.000
Independence model	16.747	.067	41.468

FMIN

①CMIN 是卡方值

（顯著）機率 0.870 > 顯著水準 0.05

可以認爲模式是合適的。

如（顯著）機率 < 顯著水準 0.05 時，可以認爲模式是不適合的。

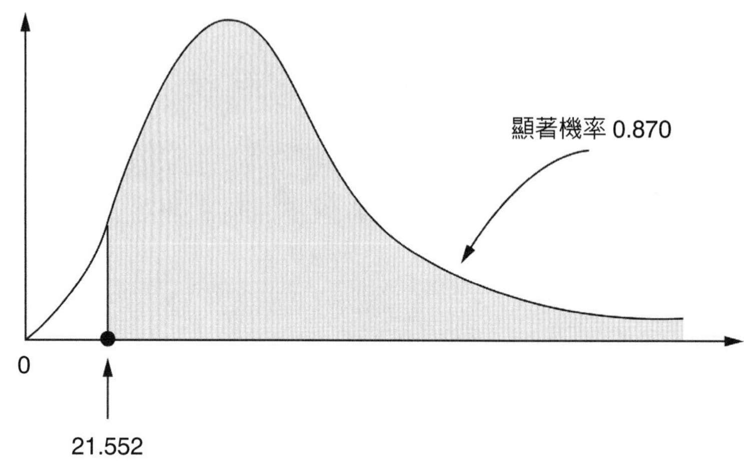

②NFI = 0.651。

NFI 接近 1 時，模式的適配可以說是好的。

NFI = 0.651，因之模式的適配可以認爲是好的。

③RMSEA 未滿 0.05 時，模式的適配可以說是好的。

RMSEA 在 0.1 以上時，模式的適配可以說是不好的。

RMSEA = 0.000，因之模式的適配可以認爲是好的。

④AIC 是赤池資訊量基準。

AIC 小的模式是好的模式。

（注）對 SEM 有興趣的讀者可參閱另一書《醫護統計 AMOS 使用手冊》。

一點靈

步驟 1 想輸出標準化估計值時，從 View（檢視）的清單中，選擇 Analysis Properties（分析性質）。

: OK: Default model

View Diagram Analyze Tools Plugins Help

Interface Properties... Ctrl+I

Analysis Properties... Ctrl+A

Object Properties... Ctrl+O

Variables in Model... Ctrl+Shift+M

Variables in Dataset... Ctrl+Shift+D

Parameters... Ctrl+Shift+P

Matrix Representation... Ctrl+Shift+R

Text Output F10

Full Screen F11

步驟 2 接著在 Output（輸出）的 Tab 中，勾選 Standardized estimates（標準化估計值）

再關閉 Analysis Properties（分析性質）的視窗，即可計算估計值。

Analysis Properties

Estimation | Numerical | Bias | Output | Bootstrap | Permutations | Random # | Title

☑ Minimization history

☑ Standardized estimates

☐ Squared multiple correlations

☐ Sample moments

☐ Implied moments

☐ All implied moments

☐ Residual moments

☐ Modification indices

☐ Indirect, direct & total effects

☐ Factor score weights

☐ Covariances of estimates

☐ Correlations of estimates

☐ Critical ratios for differences

☐ Tests for normality and outliers

☐ Observed information matrix

4 Threshold for modification indices

參考文獻

1. 石村貞夫；「利用 SPSS 的變異數分析與多重比較的步驟」，東京圖書公司，1997 年
2. 田部井明美；「利用 Amos 結構方程模式的資料處理」，東京圖書公司，2001 年
3. SPSS Inc.;「SPSS Base for Windows User's Guide」, SPSS Inc. 1997
4. James L. Arbucke, Werner Wothke;「Amos 4.0 User's Guide」, Small Waters Corporation, 1999
5. 石村貞夫；「利用 SPSS 的醫學、齒學、藥學的統計分析」，東京圖書公司，2006 年
6. Cronbach L. J.;「Statistical Tests for Moderator Variables: Flaws in Analyses Recently Proposed 」Psychological Bulletin, 102(3)，414-7，1987 年
7. 石村貞夫；「利用 SPSS 的多變量分析的步驟」，東京圖書公司，1998 年
8. 柳井晴夫，緒方裕光；「利用 SPSS 的統計分析」，現代數學社，2006
9. 石村貞夫；「利用 SPSS 的時間數列分析的步驟」，東京圖書公司，1999 年
10. 柳井晴夫，緒方裕光；「統計的基礎與應用」，現代數學社，1999
11. 石村貞夫；「利用 SPSS 的統計處理的步驟」，東京圖書公司，2001 年
12. 吳佳昌；「結核病都治計畫實施成效評估—傾向分數配對法之應用」，長庚大學醫務管理學碩士論文，2001 年
13. 石村貞夫；「利用 SPSS 的臨床心理、精神醫學的統計處理」，東京圖書公司，2006 年
14. 林文德，謝其政（Chi-Jeng Hsieh），邱尚志（Shang-Jyh Chiou），吳慧俞（Hui-Yu Wu），黃一展（I-Chan Huang）；「以傾向分數配對法評估糖尿病論質計酬方案之成效」，臺灣公共衛生雜誌，29 卷 1 期，P54 – 63，2010 年
15. 石村貞夫；「利用 SPSS 的類別分析的步驟」，東京圖書公司，2001 年
16. 李敦義；「綜合高中分流政策對學生學習成就的影響：以 TEPS 資料分析爲例」，教育科學研究期刊，56(2)，107-135，2011 年
17. 石村貞夫；「利用 SPSS 的建築設計、福祉心理的統計處理」，東京圖書公

司，2005 年

18. Thoemmes F. (University of Tübingen);「Propensity score matching in SPSS」

19. 有關廣義估計方程式 GEE 請參閱晨晰統計顧問公司在晨晰統計部落格中的三篇文章（http://goo.gl/ts7y0b; http://goo.gl/Dy69Sb; http://goo.gl/LiUJ78）

20. 有關使用廣義估計方程式 GEE 的名詞解釋可參閱以下文獻說明：「IBM SPSS Advanced Statistics 22」

21. 蔡芳榆：「廣義估計方程式與廣義線型混合模型在入侵紅火蟻試驗資料的應用」，碩士論文，國立臺灣大學農藝學研究所，2005 年

22. Jaccard J., Turrisi R., Wan C.;「Interaction Effects in Multiple Regression」, Newberry Park,，CA，1990 年

23. David P. Mockinnon;「Introduction to statistical mediation analysis」, Arizona state University，2010 年

24. 石村貞夫：「利用 SPSS 的線性混合模式與其步驟」，東京圖書公司，2004 年

25. 永田靖，吉田道弘：「統計多重比較之基礎」，科學社，2001 年

26. 有關 HLM 階層線性模型可參閱晨晰統計顧問公司在晨晰部落格中的文章（http://dasanlin888.pixnet.net/blog/post/78079297）。

27. 溫福星：「階層線性模式」，雙葉書局，2006 年

28. 謝俊義：「HLM 階層線性模型，鼎茂圖書出版公司，2006 年

29. 有關中介與干擾變數之應用請參閱三星統計服務公司張偉豪顧問之說明 http://www.tutortristar.com

30. 陳順宇：「結構方程模式」，心理出版社，2007 年

31. 有關中介與干擾變數的 Sobel 檢定請參下列網站 http://quantpsy.org/sobel/sobel.htm

國家圖書館出版品預行編目資料

醫護統計與SPSS：分析方法與應用／楊楊秋月，陳耀茂著. ——四版.——臺北市：五南，2023.07
面；　公分
ISBN 978-626-343-825-5（平裝）

1.CST：統計套裝軟體　2.CST：統計分析

512.4　　112001417

5J62

醫護統計與SPSS —分析方法與應用

作　　者— 楊秋月、陳耀茂（270）
發 行 人— 楊榮川
總 經 理— 楊士清
總 編 輯— 楊秀麗
副總編輯— 王俐文
責任編輯— 金明芬
封面設計— 王麗娟
出 版 者— 五南圖書出版股份有限公司
地　　址：106台北市大安區和平東路二段339號4樓
電　　話：(02)2705-5066　　傳　　真：(02)2706-6100
網　　址：https://www.wunan.com.tw
電子郵件：wunan@wunan.com.tw
劃撥帳號：01068953
戶　　名：五南圖書出版股份有限公司

法律顧問　林勝安律師

出版日期　2015年 4 月初版一刷
　　　　　2016年11月二版一刷
　　　　　2020年10月三版一刷
　　　　　2023年 7 月四版一刷

定　　價　新臺幣1100元

經典永恆・名著常在

五十週年的獻禮——經典名著文庫

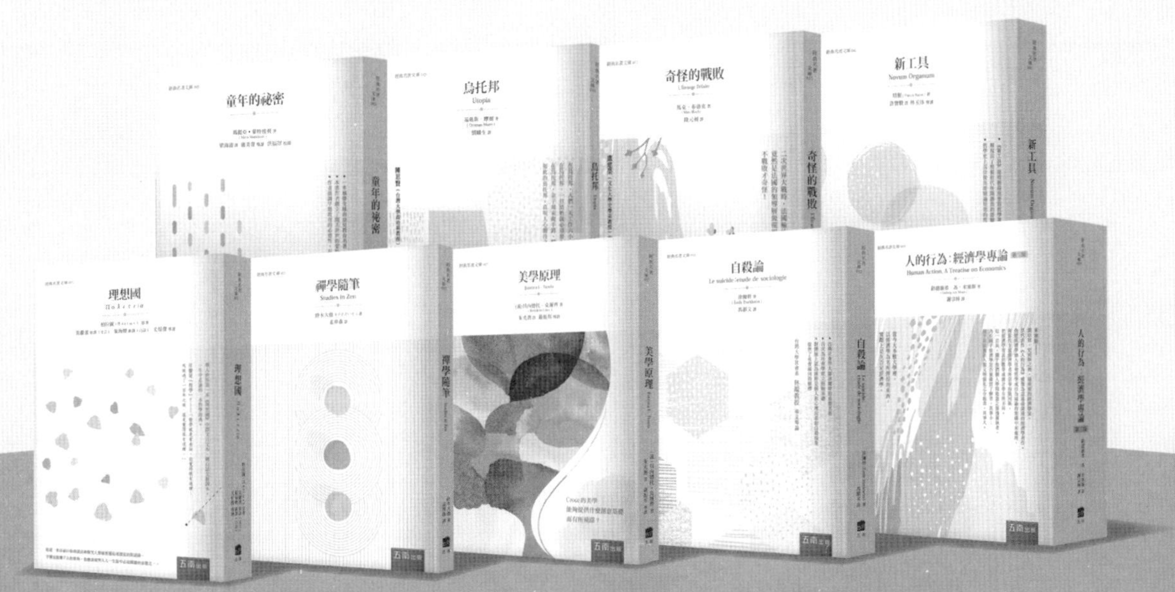

五南，五十年了，半個世紀，人生旅程的一大半，走過來了。
思索著，邁向百年的未來歷程，能為知識界、文化學術界作些什麼？
在速食文化的生態下，有什麼值得讓人雋永品味的？

歷代經典・當今名著，經過時間的洗禮，千錘百鍊，流傳至今，光芒耀人；
不僅使我們能領悟前人的智慧，同時也增深加廣我們思考的深度與視野。
我們決心投入巨資，有計畫的系統梳選，成立「經典名著文庫」，
希望收入古今中外思想性的、充滿睿智與獨見的經典、名著。
這是一項理想性的、永續性的巨大出版工程。
不在意讀者的眾寡，只考慮它的學術價值，力求完整展現先哲思想的軌跡；
為知識界開啟一片智慧之窗，營造一座百花綻放的世界文明公園，
任君遨遊、取菁吸蜜、嘉惠學子！